中央高校基本科研业务费
——华中科技大学自主创新研究基金（项目批准号2015AE012）项目成果

中国新闻传播教育年鉴（2016）

中国新闻史学会新闻传播教育史研究委员会 编

武汉大学出版社
WUHAN UNIVERSITY PRESS

图书在版编目(CIP)数据

中国新闻传播教育年鉴. 2016/中国新闻史学会新闻传播教育史研究委员会编. —武汉:武汉大学出版社,2016. 10
ISBN 978-7-307-18611-8

Ⅰ. 中… Ⅱ. 中… Ⅲ. 新闻学—传播学—教育研究—中国—2016—年鉴 Ⅳ. G210 - 54

中国版本图书馆 CIP 数据核字(2016)第 214248 号

责任编辑:王智梅　　责任校对:李孟潇　　版式设计:韩闻锦

出版发行:**武汉大学出版社**　(430072　武昌　珞珈山)
(电子邮件:cbs22@ whu. edu. cn 网址:www. wdp. com. cn)
印刷:武汉精一佳印刷有限公司
开本:787 × 1092　1/16　印张:62　字数:1262 千字　插页:16
版次:2016 年 10 月第 1 版　　2016 年 10 月第 1 次印刷
ISBN 978-7-307-18611-8　　定价:168. 00 元

《中国新闻传播年鉴（2016）》编委会

《中国新闻传播年鉴（2016）》编辑部

主　　任　周婷婷（华中科技大学）

成　　员　张　昆（华中科技大学）
何志武（华中科技大学）
刘建明（武汉大学）
张德胜（武汉体育学院）
陶喜红（中南民族大学）
胡国民（武汉大学出版社）

特约编辑（按姓氏笔划为序）

王党飞（石河子大学）	王鲁美（青岛农业大学）
韦　路（浙江大学）	邓绍根（暨南大学）
刘　丽（安徽大学）	刘英华（中国传媒大学）
刘瑞武（人民日报社）	许亚荃（南昌大学）
严　励（河南大学）	李　文（陕西师范大学）
李建新（上海大学）	李惠民（兰州大学）
吴　建（四川大学）	张小琴（清华大学）
张红军（南京大学）	张志安（中山大学）
张辉锋（中国人民大学）	陈开和（北京大学）
陈志强（浙江万里学院）	陈建云（复旦大学）
陈　娜（天津师范大学）	陈家义（山东科技大学）
武志勇（华东师范大学）	周伟业（南京政治学院）
周德仓（西藏民族大学）	单晓红（云南大学）
郑素侠（郑州大学）	赵　泓（华南理工大学）
段雪雯（南京大学金陵学院）	侯迎忠（广东外语外贸大学）
俞晓丽（上海交通大学）	骆正林（南京师范大学）
徐中民（黑龙江大学）	殷　琦（厦门大学）
卿志军（海南师范大学）	韩立新（河北大学）
谢　明（广西大学）	蔡　敏（重庆工商大学）
廖声武（湖北大学）	魏宝涛（辽宁大学）

1980年，中国人民大学新闻系教师与在此学习的苏联进修生合影。

1984年11月2日，中国新闻教育学会成立大会代表与相关领导合影。

1985年，中国人民大学新闻系举办建系30周年纪念活动。

1985年11月5日，中国新闻教育年会在南京政治学院新闻系召开。

1989年，台湾新闻教育代表团来访，系1949年后中国台湾地区新闻界代表团首次访问大陆。左为中国人民大学新闻系何梓华教授，中为台湾王鸿钧教授，右为台湾世新大学董事长成嘉琳女士。

1995年10月12日，“'95世界华文报刊与中华文化传播国际学术研讨会”在华中理工大学（华中科技大学前身）召开，图为与大会代表合影。

1995年10月，何梓华在中国人民大学新闻系成立40周年纪念会上致辞。

1997年4月12—16日，国家教委新闻学科教学指导委员会成立会暨第一次工作会议在南京大学举行。

1999年9月23日，华中理工大学举行方汉奇、丁淦林、赵玉明教授受聘仪式暨学术报告会。

1999年10月26日，中国广告教育研讨会在厦门大学举行。

2000年5月9日，教育部高等学校新闻学学科教学指导委员会暨中国新闻教育学会理事会在华中理工大学举行。

2001年10月21日，教育部高等学校新闻学学科教学指导委员会第二届全体会议在浙江传媒学院举行。

2001年10月23日，中国高等教育学会新闻学与传播学专业委员会第12次年会在浙江传媒学院举行。

2001年11月6日，第四届海峡两岸传播媒体迈向21世纪学术研讨会在汕头大学举行。

2001年11月，武汉大学新闻与传播学院与湘潭大学文学与新闻学院联合举办“全国WTO背景下中国新闻传播史走势”研讨会。

2002年11月，中国高等教育学会新闻学与传播学专业委员会2002年年会在深圳大学举行。

2002年11月，中国新闻改革学术研讨会暨中国新闻史学会2002年年会在广州举行。

2003年10月25日，第三届世界华文传媒与华夏文明传播国际学术研讨会在厦门大学举行。

2003年10月，教育部高等学校新闻学学科教学指导委员会二届三次会议在安徽大学举行。

2003年10月，中国高等教育学会新闻学与传播学专业委员会理事会五届二次会议在安徽大学举行。

2003年10月24日，中国新闻史学会常务理事会在厦门大学举行。

2004年4月，中国新闻史学会2004年学术年会在河南大学举行。

2004年11月21日，教育部高等学校新闻学学科教学指导委员会二届四次会议在陕西师范大学举行。

2005年9月23—27日，第四届“华文传媒与华夏文明传播”国际学术研讨会在香港中文大学召开。

2005年8月11日，中央实施马克思主义理论研究与建设工程考察团与吉林社科理论界专家学者座谈会代表合影。

2005年，中国人民大学新闻学院成立50周年之际，中国新闻教育学会、教育部高等学校新闻学学科教学指导委员会专家在中国人民大学合影。

2006年12月23日，“马克思主义理论研究与建设工程·新闻学概论”课题组研讨会在华中师范大学举行。

2007年10月12日，教育部高等学校新闻学学科教学指导委员会第二次全体会议在兰州大学举行。

2007年12月1日，第三次地方新闻史志研讨会暨中国新闻史学会第三届理事会第二次会议在复旦大学举行。

2008年10月11日，纪念穆青逝世五周年——新闻名篇与名记者全国学术研讨会在郑州大学举行。

2008年10月25日，中国新闻史学会新闻传播教育史研究委员会成立大会在北京大学举行。

2008年11月1日，中国高等教育学会新闻学与传播学专业委员会第六届理事会第二次会议在湖南大学举行。

2008年5月8—9日，中国新闻史学会常务理事会在广西大学举行。

2008年9月28日，第二届全国新闻策划学术研讨会在江西师范大学举行。

2009年6月，中国新闻史学会年会暨新闻传播专题史研究学术研讨会在南京举行。

2009年8月12—15日，中国高等教育学会新闻学与传播学专业委员2009年年会在内蒙古大学举行。
图为开幕式后，几位资深教授在休息室合影。
左一为邱沛篁、左三为何梓华、右三为刘树田、右二为吴高福、右一为吴文虎。

2009年8月，教育部高等学校新闻学学科教学指导委员会第三届第四次全体会议在四川大学举行，
图为与会代表在四川大学文科楼前合影。
前排自左至右为：蒋晓丽、黄湖、张昆、陈培爱、李良荣、曹顺庆、熊澄宇、倪宁、邱沛篁。

2009年10月，“媒介化时代的新闻传播教育：理念、目标及对策　全球知名
新闻传播学院院长论坛”在复旦大学开幕。

2010年9月25日，中国新闻史学会新闻传播教育史研究委员会第二次学术研讨会在华中科技大学举行。

2010年12月4日，中国高等教育学会新闻学与传播学专业委员会第六届理事会第四次会议在四川外国语大学举行。

2011年11月5日，中国高等教育学会新闻学与传播学专业委员会第六届理事会第五次会议在青岛农业大学举行。

2011年1月，“中国传媒大会·2010年会”在厦门举行。

2015年6月27日，中国新闻史学会新闻传播教育史研究委员会2015年年会在重庆工商大学举行。

2015年8月，中国新闻史学会公共关系研究委员会成立暨第一期战略传播与公共关系工作坊成立仪式在华中科技大学举行。

2015年10月25日，胡福明参加中国人民大学新闻学院60周年纪念大会并发言。

2015年10月25日，赵启正参加中国人民大学新闻学院60周年纪念大会并发言。

2015年10月25日，中国人民大学新闻学院60周年纪念大会现场。

2009年10月30日—11月1日，复旦大学举办新闻学院创建80周年庆典（一）。

2009年10月30日—11月1日，复旦大学举办新闻学院创建80周年庆典（二）。

2009年10月30日—11月1日，复旦大学举办新闻学院创建80周年庆典（三）。

1974年，北京广播学院朱羽君老师带领复校的首批学生在厦门前哨采访。

2013年7月，教育部成立新一届新闻传播学类专业教学指导委员会。

国家级教学名师、长江学者特聘教授高晓虹在指导学生进行专业创作。

2003年10月4日，华中科技大学新闻传播教育创建20周年庆祝现场。

2013年10月15日，华中科技大学国家传播战略协同创新中心成立仪式现场。

2013年10月4日，华中科技大学新闻传播教育创办30周年庆典现场。

记录历史，引领未来

张　昆

在人类社会发展史上，没有比今天信息时代更能说明传播重要性的历史阶段了。信息传播作为维系社会共同体的黏合剂，将分散的个体聚合成彼此相依、不可须臾分离的有机体。信息弥漫于人类生活的全部空间，渗透到社会系统的每个角落、各个层面。它就像空气，影响到人类的呼吸，丰富着人类的思想，引导着人类的行为。在社会系统的延续发展中，传播不仅在守望着社会、传承着文化、维系着社群，而且其本身就构成了人类生存的环境。作为人类环境的信息传播，不仅制约着人类的思维空间及其生存与发展的物理空间，而且决定了人类的精神境界。传播与社会同生共存，是历史进化的铁则。

一、新闻教育是新闻业的孵化器

正如无法想象一个没有传播的社会，我们同样也无法想象一个没有新闻传播教育的传播业。新闻传播从自发的社会活动演变成一项根系发达、枝繁叶茂的社会事业，除了社会需求的拉动，传播技术的支撑之外，还有一个十分重要的因素，那就是一批批具有专业技能和职业理想的传媒人的涌入。人自始至终都是传播的主体，是人类社会及其传播历史的主人。在传播本身进化的历史上，传媒人始终是决定性的因素。但是，传媒人不可能在真空中成长起来，传媒人的成长不仅需要空气、水分和阳光，更需要导师的教导与引领，就像医生、历史学家、天文学家一样。

信息传播作为一项社会职业，在西方社会，其早期历史上的行吟诗人，可以说是最早的传媒人和历史学家。在荷马史诗中，既有历史故事的陈述，也有最近新闻的报道。罗马帝国时期手抄新闻作者的新闻职业特征已经十分鲜明。在中国，新闻传播的早期历史最早则可以追溯到周朝，其宫廷中的史官，就承担着记录新闻和历史的职责。蔡元培先生主张，新闻与历史同源，他在为徐宝璜《新闻学》所作的序言中说："余惟新闻者，史之流裔耳。古之人君，左史记言，右史记事，非犹今日新闻中记某某之谈话若行动呼？"当然，他也深知新闻之与史又有差异："两者虽记以往之事，史所记不嫌其旧，而新闻所记愈新愈善，其异一；作史者可穷年累月以成之，而新闻则成之于俄顷，其异二；史者纯粹著述之业，而新闻则有营业性质，其异三；是以我国虽有史学，而不足以包新闻学。”① 在专业史官之外，朝廷还有“采诗之官，王者所以观风俗，知得失，自考正也”②。更有甚者，中国古制还规定：“从十月尽正月止……男年六十，女年五十无子者，官衣食之，使民间求诗。”“故王者不出户牖，尽知天下所苦。”③ 新闻传播由来已久，在东西方古代史上都可以得到印证。

万物皆有史，皆有其从来。英国历史学家卡尔·贝克尔在《人人都是自己的历史学家》一文中指出：“每个普通人，同你我一样，记忆种种说过做过的事情，并且只要没有睡着也一定是这样做的。假定这位‘普通先生’早晨醒来而记不起任何说过做过的事情，那他真要成为一个失去心灵的人了。……正常地说来，这位‘普通先生’的记忆力，当他早晨醒来，便伸入过去的时间领域和遥远的空间领域，并且立刻重新创造他努力的小天地，仿佛把昨天说过做过的种种事情联系起来。没有这种历史知识，这种说过做过事情的记忆，他的今日便要漫无目的，他的明日也要失去意义。”④ 新闻传播源远流长，新闻传播教育也不是无源之水，无根之木。

虽然我们还无法找到教育史上资料，来清晰说明古代社会如何培养职业新闻人。但是一个普通人，要成为能够记录与传播事实，胜任采访、写作、编纂的传播者，显然是需要一个复杂的学习或培训过程的。现有的证据表明，古代罗马最早第一批手书新闻采写者多是奴隶出身，作为奴隶主的会说话的工具，他们必须得到系统的技能训练才能进入职业角色；这种培训多以师傅带徒弟的方式进行，在工作中学习。而中国古代的史官，多具有家族传统，子承父业或者兄终弟及是职业技能培训的主要途径。春秋时期的襄公二十五年，齐国的崔杼杀了国君，“大史书曰：崔杼杀其君。崔氏杀之，其弟嗣书，而死者二人。其弟又书，乃舍之”⑤。另一个众所周知的事实是，太史令司马迁，就有家学渊源，他的父亲司马谈也担任过太史令。

关于古代新闻传播教育，因历史久远，资料淹没无闻，很难勾勒其全貌。可以肯定的是，古代社会有传播活动，有职业传播人，但是没有社会化的职业传播教育，这和其他行业十分相似。我们对古代传播的描述，更多的是根据片段材料的拼合，其间有很多

① 徐宝璜：《新闻学》中国人民大学出版社 1994 年版，序言。

② （东汉）班固：《汉书·艺文志》。

③ （春秋）左丘明：《春秋公羊传》。

④ ［英］卡尔·贝克尔：《人人都是自己的历史学家》，转引自张耕华：《历史哲学引论》，复旦大学出版社 2004 年版，第 153~154 页。

⑤ （晋）杜预注、（唐）孔颖达等正义：《十三经注疏·春秋左传正义》。

想象的成分。虽然历史学家也需要想象力，但是绝不能过于依赖想象，更不能陷入想象的泥坑而不能自拔。应该说，对古代传播及传播技能的培养情况，我们确实所知有限。这一方面是历史本身的原因，时代的长河滚滚向前，大浪淘沙，能够沉淀下来的，自然只是少数有分量的重量级的存在物。另一方面则是人们历史意识的缺失，没有及时地记录或保存相关的文献，或者是记录了，而因为种种原因而泯灭，从而给今人认识传播教育历史造成了困扰。

二、历史是新闻教育的起点

今天我们处在一个发达的信息社会，而支撑、维系这个社会的就是信息传播系统。这一系统直接源自于欧洲文艺复兴及随之而来的工业革命的需求。当信息传播与工业社会彼此互动，从而加速了社会历史的进程时，近代的新闻传播教育便应运而生了。在20世纪初，从美洲大陆到欧洲大陆，在不同的国家相继出现了大学新闻教育，并且形成了不同的传媒人才培养模式，而这些模式又随着全球化的进程，为其他国家和地区所借鉴、乃至吸收。中国的新闻传播教育正是在这个背景下发展起来的。

我们一般把1918年北京大学新闻学研究会的成立视为中国新闻教育的开端。从此，一系列标志性的事件，逐渐拉开了中国现代新闻教育的序幕。1922年，厦门大学成立了新闻学部（于1926年停办）。1924年，燕京大学新闻系成立，不久就因其先进的教学理念和高质量的人才培养，确立了在民国新闻教育中的地位，被视为民初中国大学新闻教育的“最优秀者”。1926年9月，复旦大学首次以新闻系名义正式招生。3年后，复旦大学正式成立新闻系，其首任系主任为留学日本早稻田大学的谢六逸教授。1936年，南京大学前身金陵大学创立“电影与播音专修科”，成为中国高等电影广播教育的源头。1946年，暨南大学新闻学系在上海成立。新中国成立后，中国人民大学于1955年成立新闻学系，由此新中国高等新闻教育事业开始发展起来。

截至2015年年底，全国681所大学开设新闻与传播类专业。而“985”、“211”大学中开设新闻与传播类专业的比例高达55.9%。这些学校拥有新闻与传播类专业教师6912人（其中硕士以上2943人）。设有1244个本科专业点，其中新闻326个，广电234个，广告378个，传播学71个，编辑出版82个，网络与新媒体140个，数字出版13个。其本科生在校学生总规模达22.5691万人。在此之外，还设有新闻与传播学一级学科博士点15个，一级学科硕士点75个，二级学科博士点3个，二级学科硕士点13个。① 真可谓洋洋洒洒，蔚为大观。中国新闻传播教育界不仅已然成为中国高等教育的重要的组成部分，而且因为其大量的专业人才培养和定向输出，成为支撑当代新闻传播

---

① 本数据系中国教育部新闻传播学类教学指导委员会2015年年底的统计数据。

体系的重要支柱。

作为一名新闻传播教育者，面对着全球化、数字技术发展和社会转型带来的挑战，面对着无所不至的信息和无所不能的传播，面对着学校所能与社会所需的差距，不仅深感自己肩负的责任重大，而且逐渐地失去了方向感。如何才能胜任新闻传播教育的天职，怎样才能满足社会的期待？虽然我们可以从许多渠道获得不少的知识资源和理论资源，诸如传播学研究、新闻学研究、传播法学研究、传媒经济研究、新闻传播实务研究、新媒体研究、品牌传播研究等，来引领我们的思维，相关的研究成果也是汗牛充栋；但是对于传媒教育能够起到本质性资鉴作用的新闻传播教育历史资源的发掘和累积，基本上还是付之阙如。如果说过去没有这方面的研究，没有进行这方面的开发，是因为认识方面的原因，或者是新闻传播发展的程度还不够；那么，今天则完全不同。新闻传播与传媒教育的发展已经达到了这样的程度，以至于我们有足够的物质资源和工具条件，来做我们的前人想做而没有做的工作。我们不能再任由这些历史资源随水漂流，湮没无闻。置身于新闻传播教育这个以培养历史记录者为天职的行业，我们在关注自然与社会变迁的同时，也应该关注、记录自身的历史，千万不能让我们的后人也重复我们今天的遗憾。

三、时代呼唤《中国新闻传播教育年鉴》

亡羊补牢，犹未为晚。从现在开始，编纂一本中国新闻传播教育年鉴，是解决新闻传播教育当前问题，满足社会的期待的可靠途径。所谓年鉴是以年为时间单位，全面、系统、真实地记录上年度特定领域新发展、新变化、新成就、新问题，有文字、有图片、有表格，有文献目录，有统计数据，有名著解读，有人物研究，有事件解析，有个案解剖，有全局纵览，有政策分析，具有数据权威、及时反应、连续出版的特点，兼具工具性、学术性和政策性。年鉴这种出版物，最早出现于欧洲，英国科学家培根在其《大著作》中，就引用了外国年鉴中有关天体运动的材料。事实表明，至少在13世纪中叶欧洲就已经有了类似年鉴的出版物。随着经济文化的发展，年鉴编纂出版遍地开花。大到全球政治经济，小到一个地区、一个城市、一个单位；宏观者如综合年鉴，全面记录特定地域的政治经济文化的综合发展变化，微观者仅涉及一个个具体的领域，如军事、卫生、体育、传媒等。在当代中国，年鉴的编纂出版空前繁荣。仅在经济领域，就有经济贸易、人口普查、宏观经济、能源电力、金融保险、石油化工、钢铁冶金等年鉴。在新闻传播领域，除20世纪80年代开始出版的《中国新闻年鉴》外，中国社会科学院新闻与传播研究所在2016年又由推出了《中国新闻传播学年鉴》。前者主要服务新闻传播业界，后者则重在新闻学术。这两本年鉴都与新闻传播教育有一定的联系，涉及新闻传播教育的某些内容，但不能完全涵盖新闻传播教育，也不能全面地满足新闻传播教育界的期待。于是编纂一本《中国新闻传播教育年鉴》，全面、系统、客观、连续地记录中国新闻传播教育的新发展、新变化、新问题、新成就、新经验，记录中国新闻传播教育的当代历史，维护中国新闻传播教育的文脉，为后人研究今天的新闻传播教育留下宝贵的第一手文献，是时代的要求，也是业界的期待。但是，这部《中国新闻传播教育年鉴》在内容建构方面，还必须与《中国新闻年鉴》、《中国新闻传播学年鉴》有所区隔，以避免内容的重复和资源的浪费。

正是基于这一认知，中国新闻史学会新闻传播教育史研究委员会决定承担起这一历史的责任。在经过多次周密论证，反复讨论后，新闻传播教育史研究委员会组成了年鉴编委会，拿出了《中国新闻传播教育年鉴（2016）》编纂大纲和具体篇目。从2015年5月到2016年7月，编委会动员了一百多人参与编写，经编辑部审定，最终完成的样稿近150万字。在编委会第三次全体会议上，又广泛听取委员们意见，在此基础上编辑部对文稿又进行了修改、精简，最终定稿。今天呈现在读者面前的《中国新闻传播教育年鉴（2016）》是中国新闻传播教育史研究委员会全体同仁共同努力的成果，也是中国第一本以新闻传播教育为主体的年鉴。

我们期待着《中国新闻传播教育年鉴（2016）》的出版，能够在服务中国新闻传播教育、促进新闻传播学术发展方面作出实实在在的贡献。其一，通过这本大型年鉴能够汇集、记录、保存大量的与新闻传播教育有关的数据、文献，年复一年地坚持下去，一本接着一本地出版下来，积沙成塔。它就是一部中国新闻传播教育的历史资料长编，其保存历史之功，不言自明。对于后来者认识今天的历史，是莫大的帮助。其二，这本年鉴因为全面地呈现中国新闻传播教育的实况，各大学院、各种流派、各种风格、各种模式、各种理念，尽展所长，对于每个新闻传播教育者，每个新闻学院院长、新闻系主任，在其决定本院（系）的办学方针、发展战略、路径选择时，提供了重要的参照系，是一种不可替代的学习、借鉴资源。其三，我们今天正处于一个转型的时代，全球化进程、社会转型、媒介转型不仅影响到社会的运行，更是直接影响到新闻传播教育。时空的压缩，使得新闻传播教育的环境顷刻间发生了根本的改变，其服务的传播业界发生了变化、业界对传播专业人才的需求也发生了变化。可是，新闻传播教育界本身的办学格局一如旧制，培养模式、课程体系、人才规格、办学理念、研究方向等，与社会变化和行业需求完全脱节。如何解决当前面临的问题，需求从历史中，从同行的成功的经验中获取智慧，而本年鉴正好可以满足这一需求。其四，本年鉴对于教育新政策、业界新动向、政治新变化的深入解读，对于新闻传播教育者，对于新闻院系的领导人也会有一定的帮助。

四、《中国新闻传播教育年鉴（2016）》构思

为了满足新闻传播教育发展的客观需求，我们希望这部年鉴既要全方位覆盖中国新闻传播教育的全部要素，又要突出重点，聚焦当下学界、业界关注的问题；既要有全面的综述性归纳，又要有深入的个案分析；既要有扎扎实实的统计数据和量化分析，又要有深刻的定性研究；既要立足国内新发展、新经验，又要兼顾国际和境外，注重新闻教育的他山之石；既要深入分析顶尖高校一流新闻院系的经验，又要关注一般院校面临的问题和苦恼；既要全面梳理新闻传播教育的完整人才链，又要突出本科和研究生的重要地位等。所有这些考虑，成了我们构思这部年鉴的出发点。

《中国新闻传播教育年鉴（2016）》由三个大的板块组成。第一板块总论篇，分两个部分，一是中国新闻传播教育简史。这一部分，简明扼要地勾勒了中国新闻传播教育的历史，从萌芽、生长、开花乃至结果，线索分明，脉络清晰。第二部分是不同类别的新闻传播教育发展综述，从九个方面分别综述了外语院校、民族院校、工科院校、体育院校、师范院校、农林院校、军事院校、兵团院校以及独立学院新闻传播教育发展演化的历史及现状。这一板块总的基调是历史回顾，解决过去的遗留问题，梳理不同类型的高校新闻传播教育从无到有、由昨到今的脉络。

第二板块是平台与人物篇。这一板块由五个部分的内容组成。第一部分是新闻传播教育界行业组织与专业学会介绍，分别就国务院学位委员会新闻传播学学科评议组、全国新闻与传播专业学位教育指导委员会、教育部高等学校新闻学学科教学指导委员会、中国新闻史学会、中国高等教育学会新闻学与传播学专业委员会、中国高等教育学会广告专业委员会、中国高等教育公共关系教育委员会、中国新闻文化促进会传播学分会、中国新闻史学会新闻传播教育史专业委员会的沿革、性质、职能及其活动做了全面的梳理和分析。第二部分就国内最具影响力的十五所新闻传播学院，包括中国人民大学、中国传媒大学、复旦大学、武汉大学、清华大学、华中科技大学等，就其历史沿革、办学理念、培养模式、课程体系、科学研究、社会服务等做了比较全面的梳理。第三部分研究生教育和博士后流动站。在这部分综述了全国新闻传播学博士点、硕士点设点情况、招生情况，介绍各一级学科博士点、二级学科博士点、跨学科博士点的办学情况及其特色；同时综述了全国现有的新闻传播学一级学科博士后流动站的运行情况，各主要站点的特色等。第四个部分为教育家研究，这可以说是本年鉴的亮点。它不仅包括对七位已故新闻教育家，如陈望道、谢六逸、王中、安岗、顾执中、罗列、马星野，还对十位不在院长、主任岗位的老院长、主任做了口述史的研究。如此集中地对这些影响中国新闻传播史的教育家的教育理念及其办学实践的探索，在国内学界还是第一次。第五个部分是新闻传播学教授名录，《中国新闻传播教育年鉴（2016）》共收录了110多名教授，

虽然每个教授只有数百字篇幅，但基本上勾勒了其学术轮廓和个性特征。

第三个板块是成果与政策。这个板块也由五个部分组成。第一个部分包括专业、课程、教材、实验室建设、教学成果奖和各级名师奖。第二个部分是各类学生竞赛。第三个部分是专业与学科评估，主要是本科专业评估、专业硕士评估和博士点评估，重点是由国家学位中心进行的一级学科评估。第四个部分是科学研究与学术交流。这部分为与既有的《中国新闻传播学年鉴·2015》相区隔，对各类项目课题只做了统计意义上的梳理，对于学术研究成果、学术会议的综述、介绍也仅限于新闻传播教育领域。第五个部分是收录了与新闻传播教育紧密相关的重要文件和权威的专业统计数据。

这部《中国新闻传播教育年鉴（2016）》虽然凝聚了编者和作者的心血，虽然编委会做了大量的工作，群策群力，集思广益，但是毕竟是第一次尝试，没有陈规可循，没有经验借鉴，必然会留下不少的瑕疵和遗憾。譬如，因为参与者众，年鉴前后行文的风格难以完全统一；不同章节之间，同一主体的内容因为分属于不同的作者，而每位作者都力求小而全，难免会出现重复；有些章节的内容出自本单位的作者，有些作者是事主的学生，与对象的距离相对近了些，在中立性方面不一定能够做得令人满意；在体系结构方面，因为顶层设计不够完善，有些应该覆盖到的地方还没有覆盖到，例如台港澳地区，2016 年版就没有涉及；个别篇章行文不够规范，有的过于简练有的又过于铺陈，以致部分章节缺乏必要铺垫，或显得较为冗长。虽然问题不少，但是作为中国教育史上第一本新闻传播教育年鉴，其开拓建树之功，也是不容忽视的客观存在。

作为编者我们深信，《中国新闻传播教育年鉴（2016）》作为一本具有资料性、权威性、政策性、及时性的信息密集型工具书是应时而生的，它应该会在中国当代新闻传播教育史上发挥积极的建设性作用。但是我们深知，以我们现有的力量在一个比较短的时间段内，完成如此规模的工作量，还需做大量的整合工作，出现这样或那样的问题是免不了的。我们能力有限，但是有自知之明。好在这本年鉴会继续出版下去，2016 年版存在的遗憾，应该会在 2017 年得到解决，随着 2018 年、2019 年版的相继推出，我们相信，《中国新闻传播教育年鉴》一定会趋于成熟，臻于至善。

目　录

一、总 论 篇

二、平台与人物篇

三、成果与政策

一、总　论　篇

第1章 中国新闻传播教育简史

1.1 中国新闻传播教育的初创

中国新闻传播教育发端于20世纪上半叶。

五四运动以后，中国内部各种危机日益加深，外敌侵略依然不断，中国人民反帝反封建的斗争如火如荼。在教育上，为解决中国的各类社会问题和教育自身的发展问题，各种门类的教育学科不断出现和系统化发展。

中国新旧文化的更替是在中国政治和社会结构体制发生变化的过程中，在中国结束几千年封建社会的统治、逐渐向资本主义过渡的过程中，在中国人的传统思想逐步地开始接受西方进步思想的过程中，在世界历史发展的进程有了根本改变的过程中完成和实现的。

1917年年初，陈独秀应北大校长蔡元培之聘出任北大文科学长，李大钊、钱玄同、胡适、鲁迅等成为《新青年》的主要撰稿人，新旧文化的更替进一步深入。他们反对旧文学、提倡新文学；反对文言文，提倡白话文。1917年1月，胡适在《新青年》上发表《文学改良刍议》，主张以白话文代替文言文。陈独秀发表了《文学革命论》，认为文学无论在形式上和内容上都要进行一次革命，要提倡“国民文学”，通俗的“社会文学”。鲁迅则把反封建的革命性与白话文的创造性相结合，树立了新文学的典型，并于1918年5月在《新青年》上发表了第一篇白话文小说《狂人日记》。

辛亥革命后，民国初建，《临时约法》规定：“人民有言论著作刊行之自由。”一时新办报刊如雨后春笋，蔚为大观。新闻传播教育也开始发展壮大起来。全国报界联合会于1920年5月在广州举行第二次会议，倡议设立“新闻大学”，并通过了《新闻大学组织大纲》。由于该会不久即告解散，通过的决议也就成了纸上谈兵。但仔细品味这个大纲，对日后我国新闻传播教育的良性发展还是大有裨益的。全国报界联合会所倡议之《新闻大学组织大纲》如下：

第一条 新闻大学之宗旨：(1) 造就新闻专门人才，(2) 促进全国新闻业之发达，(3) 补助国际舆论，(4) 输入新文化。

第二条 新闻大学之成立，由全国报界联合会选举委员5人，择定国内相当之大学筹备组织之。

第三条 新闻大学设立于择定大学内，即各为某大学之新闻大学科。

第四条 新闻大学之经费，由择定大学与本会两方合并筹足固定基本金30万元，存储生息，以作当年经费之用，以后视发达之程度，逐渐推广。

第五条 新闻学主要学科，由大学教授会定之。

第六条 新闻大学应附设函授科、周行科，使国内现在从事新闻事业及一般有志入学而不得者，皆得受大学同等之教育，并促进社会之文化。

第七条 新闻大学视经济之状况，应聘请国际有名望之新闻学大学主持教授。

第八条 谋新闻大学之发达起见，得设立各种名誉职，授予各方之热心援助本大学者。

第九条 本大学学员之收录，由筹备员与择定之大学协定之。

第十条 本大纲一切应行修改，或未尽事宜，均由筹备员与择定大学两方协议定之。

以上诸多背景的呈现，昭示着中国新闻传播教育已经具备了发端的条件。1918年10月14日北京大学开设新闻学讲座，这是中国新闻传播教育起步的标志性日子，是中国新闻传播教育的首诞之日。百年以来，中国新闻传播教育在传承的基础上发展，在历史的积淀中前进，在时代的洪流中壮大，在社会的需求下转型，在理念的转变后完善，在科技的助力下升变，在国际交流与融合的背景下走向国际化。

据统计，1920—1926年，全国高校共创办了12个新闻系（科），初步形成了较为完善的新闻传播教育的系统。

1920年，上海圣约翰大学创办了新闻系。该系由美籍教授卜惠廉（W. A. S. Pott）提议设立，附于普通文科内。聘请当时密勒氏评论报主笔柏德生（D. D. Ptterson）担任系主任，授课时间都在晚间。当时选修这个专业的学生有40~50人，并发行英文《约大周刊》。校长见学生对新闻学颇有兴趣，乃函告美国董事会，从美国聘请了1名新闻学教授前来任课。1924年，武道（M. E. Votan）来华任系主任。开设课程有新闻、编校及社论、广告、新闻学历史与原理等，以英语讲授，每学期学生50~60人。圣约翰大学原为美国基督教圣公会所设，课程设置与当时美国大学新闻系的大致相同，可以说完全是仿美式。1942 年年底，太平洋战争爆发，日军占领上海，圣约翰大学报学系被迫停办。后于 1947 年恢复，武道再度担任系主任。上海解放后，由黄嘉德任系主任，教授有汪英宾、助教有武必熙等人，课程大部分改用中文讲授。原英文《约大周刊》停办，改出中文周刊《约翰新闻》。1952 年院系调整时，圣约翰大学报学系并入复旦大学新闻系。

1922 年，爱国华侨陈嘉庚创办厦门大学，开设 8 个学科，其中有报学 1 科。在此之前，该校在北京、上海、广州、福州，以及新加坡、马尼拉等城市的报纸上刊登了招生广告。该校新闻学科的设置，广告宣传在先，实际成立在后。草创伊始，教授缺乏，仅有 1 名学生，课程与文科相同，徒有其名。翌年夏，有一些江浙学生负笈前往，报学科人数增加至 6 人。但学校当局重视理论，漠视其他学科，报学科学生乃组织同学会，要求学校当局聘请主任，添设课程，购买图书与印刷机器，并介绍同志加入此科。1922 年冬，学校聘孙贵定为报学科主任。孙于报学颇有心得，锐意经营，报学科遂日有起色。1923 年厦门大学发生学潮，教授 9 人和全体学生宣布离校，赴沪创设大夏大学，报学科也因此停办了。

1923 年，北京平民大学创立报学系，由徐宝璜担任系主任，教授有《京报》社长邵飘萍、国闻通讯社社长吴天生。首创 4 年学制，加上 2 年预科，共 6 年，为国人自办正规新闻传播教育之始。学生分 3 班，其中男生 105 人，女生 8 人。他们在课外组织“新闻学研究会”，于 1924 年出版《北京平民大学新闻学系级刊》，每半月出 1 次，王豫洲任主编。该系的课程比较齐全，共设 46 门。

1925 年春，上海南方大学创立报学系，《申报》协理汪英宾兼任系主任，分设本科与专修科。该系宣布办系宗旨为：“报业，高尚之职业也。惟其感化人民思想及道德之重大无比，故亟宜训练较善之新闻记者，以编较善之报章、而供公众以较善之服务。报业之为职业也，举凡记者、主笔、经理、图解者、通信员、发行人、广告员，凡用报章或定期刊以采集设备发行新闻于公众者皆属之。本科之唯一目的，为养成男女之有品学者，以此职业去服务公众。”该系还曾规定：凡学生修完必修与选修各课满 80 学分而经毕业考试及格者，由学校授予“报学士”学位。南方大学报学系创设时仅有本科生 18 人，专修科 5 人，选修生 80 多人。戈公振等为教授。该系还成立南方大学通讯社，由学生外出采访新闻，免费提供给上海各报采用。1926 年因闹学潮反对该校校长而停办。从此再没有复课。

1926 年，上海光华大学、大夏大学、沪江大学都增设报学系，开设有新闻学、广告学等科目。同时，上海复旦大学也在中国文学科中将原设立的新闻学讲座扩大为“新闻学组”，聘陈望道为系主任。与此同时，南方一些大专院校，如南京中央大学、广州中山大学及上海商学院等，也开设了新闻科或“新闻学概论”一类的科目。这种现象说明，新闻传播教育已为国人所喜爱和敬重，也受到了社会的广泛重视。

新闻函授教育在初创时期迅速发展。上海的新闻函授教育创办较早，1925 年由周孝庵等成立的上海新闻大学在法租界茄勒路昌兴路 1 弄 1 号设立了新闻函授部，招生广告宣布：“本大学根据实验参以新闻学原理，以造就优秀之男女记者，服务新闻界为宗旨。”男女“有志新闻事业者，随时均可入学”，“报名者分文不收”，“学费低廉”。因此受到普遍欢迎，报名者达 700 多人。同年 9 月，上海新闻文化界人士“为普及国人于国内政治社会各项高尚新闻知识，造就新闻人才起见”，在上海法租界贝勒路承道里 1 号，设立了上海新闻专修函授学校，不收学费，6 个月为 1 期。第一期招收学员 200 余名。1932 年 6 月，上海新世纪函授社也增设了新闻函授科，内分本科、选科和研究 3 类。

1.2 初创时期新闻传播教育的代表院系——燕京大学新闻系

燕京大学新闻系于 1924 年初创，1929 年正式建系，到 1952 年全国高等院校院系调整并入北京大学，经过了艰难曲折而又不断发展壮大的成长历程，时跨 23 年，在中国新闻传播教育事业和新闻人才的培养诸方面取得了不凡的业绩，人所共知，世所称道。

燕京大学新闻系的设立，是时势所趋，亦时势所需。它适应了中国社会、政治、经济变革、发展的需要。燕京大学在建校之初即提出：“大学不仅应有文学院、神学院及医学院、并应努力建教育学院、商学院、新闻学院、农业及林业系。”1922 年，燕京大学首度计划把新闻系列入学科建设日程，拟请时任美国合众社驻北平记者贝思（C. D. Bess）来校执教，未果。然后，燕京大学校长又与美国密苏里大学联系，想与世界上第一所新闻学院合作来完成燕大新闻传播教育的起步。

1924 年，燕京大学新闻系正式创立，美国人白瑞华（Ros Well B. Britton，音译名为布立顿）为系主任，蓝序（Veanon Nash，英译名聂世芬）等为教授。学系建制、设施均不完备，仅在文学院开设了用英语讲授的新闻学课程。计划 4 年修完 16 门专业课：报学原理（新闻学概论）、比较新闻、报纸采访、编辑、社论、特写、通讯、英文写作、报业管理、广告、发行、印刷与出版等。虽然受到学生的欢迎，一开始就有 11 人选修，终因经费支绌，教学设施和教学力量不足，又缺少这一应用学科必需的中外报纸、通讯社、电台、图书资料、实习资料、实习园地等，因而教学质量难以保证。

1926 年 5 月，燕京大学迁入尚未最后竣工的海淀新校址，百事待兴，校务繁忙，新闻系课程暂维持现状。这年 10 月，白瑞华教授离校回美国筹款，蓝序教授代理系主任。1927 年，白瑞华因病辞职，新闻系课程暂停。

燕京大学新闻系当时提出："燕大新闻系的目的，是借着鼓励许多受过良好教育，有理想的人从事新闻工作，以协助中国发展出高尚、富有服务精神及负责任的新闻事业。课程主要是让学生得到初步的新闻训练，以期他们能把新闻事业树立成最有潜力的事业，成为促进公益及国际友好关系的砥柱。"①

借鉴密苏里大学新闻学院的教学、教育经验，新闻系的《本系学则》指出："新闻学乃多方面之学科，与人生任何部分均有关系。因此，新闻人才，不但具有专门的知识与训练，对于各种学识皆宜有清晰之概念。所以本学系对于新闻的专门学识极为注重，而同时对于其他与新闻有特殊关系的学科亦为重视。"因此，要求主修新闻专业的学生，副修一门与新闻有特殊关系的学科，如政治、经济、社会、历史等，主张新闻系应培养"今日中国报界所缺乏的……有远见、有魄力、有主张……能负重大责任、有创见及改革能力的领袖人才。"②

彼时燕京大学新闻学课程，按这一要求分为四类：

> 必修基础课：国文一年、英文两年，16 学分；法学院政治、经济、社会学基础课选读 2 门；理学院数、理、化、生物基础课选读一门；历史基础课一门；共 20 学分。并按全校本科生必修体育的规定，修完三年体育课，共 6 学分。
>
> 主修课：新闻专业课程，包括实习和论文，共 44 学分。
>
> 副修课：选定一门学科，不得少于 20 学分。
>
> 选修课：依本专业学习需要及本人志趣选修其他学科、约 30 学分以上，4 年修满 136 学分。学生编级，按各人所得学分编定，大体是：

一年级	第一学期	0~18 学分
	第二学期	19~35 学分
二年级	第一学期	36~54 学分
	第二学期	55~71 学分
三年级	第一学期	72~88 学分
	第二学期	89~103 学分
四年级	第一学期	104~136 学分

① 李寿朋、王士谷等：《燕京大学史稿》，北京：人民中国出版社 1999 年版，第 92 页。

② 李寿朋、王士谷等：《燕京大学史稿》，北京：人民中国出版社 1999 年版，第 93 页。

这样的课程安排和选课、学分制度，体现了燕京大学新闻传播教育的基础训练要求与通才教育的特点，既有利于培养学生独立思考与发展的能力，又可以受到全面的基础教育，培养既有专业学识，又有较广泛的知识基础的新闻人才。《本系学则》规定："本系课程理论与实习并重。实习共有三方面：一、本学系之刊物；二、报纸杂志之投稿；三、假期间及毕业后在报馆之实习。"

与密苏里大学新闻学院的合作，除了交换研究生和交换教授，双方承认本科学历，毕业生可以直接报考两校的新闻学硕士研究生。这使得燕京大学的新闻传播教育在那个时期就具有了国际合作的模式，具有了国际的办学思维，无疑是执牛耳者。

1.3 国民党统治时期的新闻传播教育

从 1928 年国民党建立了统一全国的政权，到 1949 年国民党退败台湾，这是中国近代历史上一个特殊的时期，也是中国的新闻传播教育在经历了初创与起步期之后，逐渐发展的一个时期，也是中国新闻传播教育多元呈现、类型迭出、流派纷呈、进步明显的时期。

从 1928 年到 1937 年日本侵略者发动全面侵华战争，南京政府为期 10 年的统治，经历了较为快速的发展。在此期间，中国向西方国家全面开放，可惜西方却忙于解决自己的问题。苏联开始了斯大林的统治时期，美国经济经历了大萧条时期，而纳粹德国则开始兴起。日本侵略中国未曾受到亚洲以外势力的制约。为求建国良策，30 年代的中国人纷纷师法西方，这种对西方模式的依赖成为南京政府和西方国家的共同利益的纽带，南京政府制定的现代化规划几乎就是全盘西化。全面开放，为新闻教育的发展创造了一个较好的国际环境。①

南京政府成立后，制定了一些发展新闻事业和教育事业的政策。在新闻事业方面，国民党政府从一建立它的统治之日起，便开始建立包括通讯社、广播电台、报纸在内的新闻事业系统。从 1928 年起，国民党政府结束"军政时期"进入"训政阶段"，作为"宪政"的准备。对新闻界摆出"凡属嘉言，咸当拜纳"，扶持"正当言论机关"的姿态。与此相配合，南京政府于 1932 年 1 月通令取消电报新闻检查，1933 年 8、9 月间，又发出《保障正当舆论》和《切实保障新闻从业人员》的通令。② 在教育方面，国民

① 费正清：《中国：传统与变迁》，北京：世界知识出版社 2002 年版，第 58 页。

② 方汉奇、张之华：《中国新闻事业简史》，北京：中国人民大学出版社 1998 年版，第 25 页。

党政府重新制定了教育宗旨、教育政策，颁布各项教育法令、法规、纲领。在三民主义旗帜下，突出民族主义思想和传统伦理道德，强化国民党的政治要求。同时，也兼采西方的教育学说，在学校实践中汲取资本主义国家的教育制度和管理方式，学校类别、层次及数量都有不同程度的发展。①

抗战爆发后，出于爱国传统，也出于反对帝国主义文化渗透和文化侵略的一部分，中国新闻事业和新闻教育仍有一定的发展。

1928 年秋，谢英伯在广州创办了中国新闻学院，后改名为中国新闻学校。这是目前所知道的中国最早的一所专业新闻学校。1928 年 12 月，民治新闻专科学校在上海创办。1929 年秋，上海复旦大学在原新闻学讲座、新闻学组的基础上，正式成立新闻系。这一时期创办的新闻教育还有：1931 年创办的济南新闻函授学校，1932 年创办的沪江大学商学院新闻科，这是该校与《时事新报》、《大晚报》、《大陆报》、申时电讯社合办的。1931 年秋开办训练班，次年正式成科，初聘汪英宾为系主任，后聘黄宪昭为系主任；此外还有分别由史量才和周孝庵负责的申报新闻函授学校（1933 年 1 月）和新闻大学函授科。1933 年民国大学新闻专修科在北京创立，初由曾铁忱主持，后由吴秋尘、张友渔主持，学生创办有《民国新闻》和到民国通讯社实习。成舍我及北平“世界日报”的北平新闻专科学校和赵君豪的上海商学院新闻专修科也于 1933 年创办。

从 1937 年抗战爆发到 1949 年，中国新闻教育迈入了进一步发展的阶段。这一阶段战乱频仍。先是有 8 年的对外抗战，继而又爆发了近 4 年的国共内战，绝大部分时间在战乱和动荡中度过。但是新闻教育仍然有较大的发展，抗战爆发后，不少新闻系科院校内迁，随着大后方和各抗日民主根据地新闻事业的蓬勃发展，除了老的院校继续招生外，又新创办了 19 所为新闻单位输送人才的新闻系科和院校。抗战胜利后，内迁的院校复员，为了适应新闻事业发展的需要，又相继在国民党统治区和解放区新创办了 14 所新闻系科和院校。两项加起来，这一阶段一共创办了 33 所新闻系科和院校，超过了以往的总和。

抗日战争开始以后，国民党军队中也开始进行新闻教育。1938 年 5 月，国民党在武汉大学创办了留日归国人员训练班，康泽任主任。这个“训练班”有“新闻组”，由谢然之主讲。1940 年，国民党中央训练团举办新闻研究班，国民党军队政治部副部长张厉生兼任班主任。这个训练团后来改名为“军中文化工作人员训练班”，内部仍设立新闻系。抗日战争胜利后，国民党军队中的新闻教育又有进一步的发展。在此期间，军队中举办了各种类型的新闻训练班，主要培养军中政工人员和新闻报道人员，但并没有

① 张惠芬、金忠明：《中国教育简史》，上海：华东师范大学出版社 2001 年版，第 527～545 页。

把新闻学作为一门学问来研究和传授。

此外，在国民党统治区，抗日战争爆发以后也新办了一些新闻学系。其中较著名的有 4 个：

1942 年广州国民大学创办的新闻学系。该系由文学院院长黄铁球兼主任。第二年随学校迁往广东曲江。抗战胜利后又迁返广州荔枝湾，由当时的《大光报》社长陈锡余兼任系主任。

1945 年 8 月，位于四川璧山的国立社会教育学院也设立新闻系，学生只有几十人。该院院长陈礼江聘请老报人俞颂华担任系主任。俞曾任过《星洲日报》、《光明报》、《广西日报》、《大刚报》等十几种报刊的总编，也曾任过上海中国公学和暨南大学、沪江大学、持志大学、劳动大学、国立政治大学等大学的教授，是著名的新闻工作者和教育家。他上任以后，精心擘画，聘请了好几位既有理论、又有丰富实践经验的新闻工作者到系任教，如请《申报》经理马荫良讲《报业经营与管理》，请著名新闻工作者曹聚仁讲《新闻写作》，还约请校内外的知名人士、如金仲华、叶圣陶、顾颉刚、王芸生、费彝民等来系作学术演讲或座谈。另一方面，又大力添置书刊，建立新闻系资料室。1946 年，新闻系随社教学院迁至苏州拙政园。1947 年 10 月，俞颂华病逝，由马荫良继任新闻系主任。苏州社教学院新闻系一直到 1952 年才停办。

1945 年秋，上海成立了中国新闻专科学校，校长陈高傭。

1946 年，上海暨南大学创办新闻系，冯鲁山担任系主任，一年后改由詹文浒担任。1949 年 9 月该系停办，学生并入复旦大学新闻系。

上述 4 个新闻校、系在中国新闻教育史上有一定的位置。但是，总的来看，从抗日战争爆发至全国解放前夕，国民党统治区新闻教育事业的发展是缓慢的。这除了客观上的战争环境、政治动乱、经济凋敝以外，国民党政权的腐败无能、不重视新闻教育也是重要原因。

1.4 复旦大学新闻系的创办及发展

早在 1924 年，教育先驱陈望道等目睹我国新闻专业人才奇缺的现状，学习“欧美各报，多托学校代办新闻科，故人才辈出，报业乃兴”的先进经验，认为为了改变我国地方报纸“实属不堪”的现状，必须开创中国的新闻教育事业。

1924 年，当时担任复旦大学国文部主任的邵力子，鉴于复旦学生仰慕老校友于右任创办《神州日报》、《民呼》、《民吁》、《民立报》的业绩和对新闻工作的爱好，倡设

"新闻学讲座"，经校方同意，聘请有名望的主笔、记者、编辑来校讲授新闻学知识。

1926 年 9 月，国文科改名为中国文学科，科主任刘大白锐意革新，在科内增设新闻学组，聘请曾在日本早稻田大学留学的谢六逸教授主持新闻学组教学工作，陈望道和邵力子共同担任新闻学的讲座。当年 9 月就招收了一批专攻新闻学的本科生。1927 年秋，陈望道接任中国文学科主任，继续为新闻学组招收本科生。1928 年秋，聘《时事新报》主笔陈布雷为新闻学组学生讲授社论写法、聘《时事新报》经理潘公弼主讲新闻编辑。1929 年春，聘请《时事新报》经理潘公弼主讲新闻采访，《申报》编辑主任马崇淦主讲《新闻学》。

1929 年 9 月，复旦大学调整学科，原中国文学科分别成立中文、新闻两个系，新闻专业从中文系独立出来，谢六逸担任新闻系首任系主任。聘请《申报》总经理助理戈公振主讲《中国报学史》，《时事新报》编辑周孝庵主讲《新闻编辑》、《报馆实习》，《申报》编辑赵君豪主讲《新闻学》。

当时的《复旦大学新闻学系简章》明言："社会教育，有赖报章，然未受文艺陶冶之新闻记者，记事则枯燥无味；词章则迎合下流心理；于社会教育，了无关涉。本系之设，即在矫正斯弊，从事于文艺的新闻记者之养成，既显示以正确之文艺观念，复导以新闻编辑之规则，庶几润泽报章，指导社会，言而有文，行而能远。"简章规定 4 年制本科生的培养目标为："养成本国报馆编辑人才与经营人才。"施教方针"则在灌输新闻学知识，使学生有正确的文艺观念及充分之文学技能，更使之富有历史、政治、经济、社会与各种知识，而有指导社会之能力"。课程设置，本着"理论与实践并重，教学与科研并重"的精神，安排 4 类课程。第 1 类为基础知识（必修课），如中国文学、英语、第二外语、心理学、伦理学；第 2 类为专门知识课，如报学概论、新闻编辑、新闻采访、报馆组织与管理、广告学、发行、照相术、绘画、印刷术；第 3 类为辅助知识课，如政治学、经济学、历史、地理、外交概论、法学概论；第 4 类为写作技术课，如评论练习、通讯练习、新闻写作、速记术、校对术等。一二年级主要学习基础知识与辅助知识课，三四年级注重专门知识与写作技术课。在业务实践方面，低年级结合课程学习，去报社参观；高年级学生，课堂学习时间减少，除去报社实习外，在校要参加校刊《复旦五日刊》的采编工作。1931 年还成立"复新通讯社"，作为新闻系学生的实习机构；社内分设计、编辑、采访、交际、校对等部门，均由学生担任，每日发稿两次，供上海、江苏、浙江各大报采用。

1931 年，国民政府教育部聘请谢六逸教授制定大学新闻系课程及设备标准，作为国内各大学新闻系的准绳。

其时，复旦大学新闻学的研究成果有三：一是创办新闻学刊。先后创办有《新闻世界》、《明日的新闻》、《新文学期刊》，1936 年 1 月，还出版过一本关于首届世界报纸展览会的专刊《报展》。二是出版过一批新闻学专著，计有学生陶良鹤著的《最新应用新闻学》（1930）、郭箴一著的《上海报纸改革论》（1931）、杜绍文著的《新闻政策》（1931）；教授谢六逸著的《新闻教育之重要及其设施》（1930）、管照微主编的《新闻学论集》（1933）等。三是举办首届世界报纸展览会。1934 年，为庆祝复旦大学建校 30 周年，学会会员舒宗桥、唐克明、夏仁麟、盛澄世、盛维紧等发起筹办。经过一年时间征集展品，展览会于 1935 年 10 月 7—11 日开幕，参观者达 1 万多人次，被誉为“中国新闻史上的创举”。主要展品是 33 个国家的 2000 多种报纸，其中本国报纸 1500 种，有《京报》、《循环日报》、《申报》创刊号。外国报纸 500 种，有英、美、日、德等国大报，不少展品是直接从外国征集来的。对一些献身于新闻事业的杰出人物，如邵飘萍、史量才等，作了专门介绍，有传略、照片。展览会还设有机器展览部，陈列从在沪外国印刷商处借来的多种新型的铸字、排字、印刷机器，并且当场进行操作表演。

1938 年 1 月，复旦大学西迁到重庆，借寓菜园坝复旦中学的旧址上课，由于谢六逸当时尚留在上海租界，副校长吴南轩聘中央日报社长程沧波为新闻系代主任，主讲“新闻评论”、“新闻采访”等课程。代主任程沧波主持系务后，聘请胡健中主讲“报业管理”、刘光炎主讲“新闻编辑”及“报馆实习”、路透社记者赵敏恒讲授“新闻英语写作”。8 月，原系主任谢六逸到达重庆，因胃病加重辞职回贵州老家。从 1938 年 9 月起，程沧波正式兼任复旦新闻系主任，并委托《中央日报》总编辑刘光炎处理日常系务与指导学生报馆实习事务。这个时期，由于日机几次狂炸重庆，菜园坝校舍被毁，办学条件困难重重。

从 1941 年 9 月起，由陈望道代理新闻系主任。

1942 年元旦，复旦大学由私立改为国立，在重庆北碚夏坝兴建新校舍。同年 9 月，陈望道教授正式接任新闻系主任。倡导民主办学，把“宣扬真理，改革社会”作为办系指导原则。他鼓励学生坚持真理，有胆有识，“广博知识，学有专长”，并把“好学力行”作为新闻系的系铭，主张“做一个记者，除熟悉新闻业务之外，最好还掌握一门专长”。他除亲自讲授“修辞学”、“伦理学”课程外，还与讲师李光诒合开“评论练习”课程。

在课程设置方面，为了使本科学生“广博知识，学有专长”，从 1945 年 9 月起，由原规定的 4 年制的 136 个学分增加到 146 个学分；由原来的不分组，改为高年级（三、四年级）学生按兴趣与专长分设文史哲组、财政金融组、政治外交组，选修有关课程。

在师资队伍方面，专任教授聘有曹亨闻（伦敦大学新闻学硕士、上海英文《大英晚报》本埠栏编辑）、祝秀侠（加尔各答《印度日报》总主笔），兼任教授有冯烈山、王一之、赵君豪、王文彬，专任副教授有王研石（《时事新报》总编辑），兼任副教授陈伯吹、舒宗桥，兼任讲师沈有秩、蔡兆漉，专任讲师有李光诒，助教有杨思曾、林淑英（菲律宾华侨）。

从1943年秋天开始，新闻系出现了一项新的活动——“新闻晚会”，每周六一次，这是研究时事讨论学术的新形式。有报告、有讨论、有争鸣，气氛热烈、活跃。每次晚会通常有一个主题，如“新闻与政治”、“中国将向何处去”、“我们的出路何在?”这是中共复旦地下支部以复旦大学新闻学会名义组织的，不仅有本系学生参加，而且吸引许多外系师生参加，从1943年至1946年6月，前后共110次，成为新闻系的一项传统活动。

新闻系学生在中共复旦地下支部领导下，还以进步社团名义创办了20多种壁报，新闻馆建成后，中共复旦地下支部还一度利用广播收音室每天收听延安新华广播电台广播，新华社的重要消息一经收录，立即传遍复旦校园，所以新闻馆被称为“夏坝的延安”。①

新闻系学生运用自己专业特长，主办了不少小报，如《复旦新闻》、《嘉陵风》、《记者报》等，有20多种，有油印的，也有铅印的，而多数则是手抄壁报。许多系友，在不同的岗位上，为争取民主自由，反内战、反饥饿、反迫害，奔走呼号，甚至献出了自己的生命。

解放战争时期，上海新闻著名人士来系兼课的有《新闻报》总编辑赵敏恒，《东南日报》总编辑杜绍文、《大美晚报》总编辑袁伦仁、《申报》副总编辑卜少夫，《大公报》主笔萧乾、《观察》周刊主编储安平等人。上海亚伟速记学校校长唐亚伟，被聘为新闻系的《速记》副教授。

这个时候，复旦新闻系的全体师生已经看到了全国解放的胜利曙光，因此他们一方面积极准备迎接全国解放，另一方面则更加刻苦认真地学习。因为他们意识到，新中国成立后需要更多的为社会主义服务的新闻人才，广大师生把爱国的热情融注在学习的具体行动之中，这也是复旦新闻教育思想的一种具体体现。到1949年，复旦大学的新闻教育走完了它在旧中国的里程，随着中华人民共和国的诞生，它又在新中国的怀抱里得以健康成长，不断进步，为新中国的新闻事业开始了新的征程。

---

① 李光诒：《夏坝时期的复旦新闻系》，载《重庆报史资料》1991年第9期。

1.5 中华人民共和国的成立与新闻传播教育的调整、发展

1949 年新中国成立以后，中国共产党领导的人民群众当家做主，各项事业进入了崭新的发展阶段。社会主义乃至共产主义的理念、理想和意识形态占据了绝对的主导与统治地位，在砸烂一个旧世界，建设一个新中国的浪潮中，新闻传播教育步入一个转型与调整的发展阶段。党和政府旋即开展了对旧教育、旧文化的改造以及进行新的规划、布局，社会主义的新闻传播教育事业进入了一个新的发展阶段。对旧的新闻传播教育采取的是改造与扬弃，中国人民大学新闻系的创办，北京广播学院的设立等是具有标志性意义的重大事件，苏联模式在这个时期曾经是一个效法的模式，整个新闻传播教育简约但并不简单。

这一时期新闻传播教育的一个明显的变化是对过去的否定。新中国成立前以美国和自由主义的模式建立起来的新闻传播教育体系由香花变为毒草。所有的新闻院系按党和国家的政策和意识形态的需要而被收编、合并、重整与改造。例如，燕京大学并入北京大学，其新闻系成为北大中文系的一个专业，复旦大学新闻系虽然保留下来，但它的运作则与以往有了很大的不同。这样的转型与调整持续到 1955 年，中国人民大学新闻系成立，同年，北京广播学院成立，专门培养电子媒介的人才，而成为一个明显的标志。

在新中国成立初期，中国新闻传播教育是以苏联为师。到了 60 年代初中苏交恶，一些新闻传播教育的专家包括新闻传播教育单位也在实践中认识到苏联的模式并不是可以完全照抄照搬的，于是国家对苏式新闻传播教育作了一些修改，但基本理念及架构仍然是苏式的。

新中国新闻传播教育源自共产主义意识形态，把媒介看做是党国的工具，因此新闻传播教育的目的是为国家培养新闻“干部”。课程强调的是学生对政治意识形态的忠诚，其次才是专业技能的训练。

在教育方面，中央及各级人民政府接管改造旧教育，采取“规定文化教育政策”、“接管旧学校”、“团结改造知识分子”、“确定教育为工农服务的方向，改革课程和学制”、“进行院系调整”等一系列方法和措施，按照中国人民政治协商会议 1949 年 9 月 21 日至 30 日通过的《中国人民政治协商会议共同纲领》第 5 章关于“文化教育政策”中规定的新中国教育的性质与任务，对旧的教育进行了全面的改造。规定新中国教育的性质和任务是：中华人民共和国的文化教育为新民主主义的，即民族的、科学的、大众的文化教育，人民政府的文化教育工作，应以提高人民文化水平，培养国家建设人才，

肃清封建的、买办的、法西斯主义的思想，发展为人民服务的思想为主要任务。在教育的调整中采取了有步骤地实行普及教育，加强中等教育和高等教育，注重技术教育，加强劳动者的业余教育和在职干部教育，给青年知识分子和旧知识分子以革命的政治教育等措施，使教育的思想和内容适应革命工作和国家建设的需要。

在新闻事业方面，新中国成立伊始，中共中央和中央人民政府即对全国新闻事业进行调整与充实，使人民新闻事业获得长足的发展，形成了一个以人民日报社、新华通讯社和中央人民广播电台为中心的公营新闻事业网，对私营新闻事业进行了有效的改造，帮助他们改造宣传报道的内容，走上为人民服务的道路。

中国新闻传播教育在 1949—1966 年调整与发展中，也大致经历了 1949—1952 年对旧新闻传播教育的接管、1953—1957 年的调整、1958—1966 年的发展 3 个阶段。但就实际情况而言，接管、调整、发展的工作是交叉进行的。

对于旧新闻传播教育机构的接管，是对整个旧教育机构进行整顿的一个组成部分。1949 年后，随着各大城市的解放，党和政府接管了原国民党政府的公立学校，逐步接办私立学校，接收外国津贴的学校，改变和加强对这些学校的领导。在这一过程中，对一些学校的新闻系科同时进行整顿和改造。如对国民党直属的南京国民党中央政治大学新闻系，就连同该校一起接管封闭。对于一般的新闻传播教育机构，则及时进行改造和调整。当时这类新闻传播教育机构主要有北京的燕京大学新闻系，上海的复旦大学新闻系、圣约翰大学新闻系、民治新闻专科学校、中国新闻专科学校，苏州的社会教育学院新闻系，广州的国民大学新闻研究班，重庆的南泉新闻专科学校等。这些新闻传播教育机构，在旧中国总体上实行的是资产阶级新闻传播教育。新中国接管后，首先对它们的办学方针和教学内容进行初步改造，取消原有的旧政治课程，开设马克思列宁主义的政治理论课，如普遍设有“辩证唯物论与历史唯物论”、“新民主主义论”等课程，帮助学生初步学习了解为人民服务的正确政治立场、观点、方法。在教学方法上，注重理论和实际联系，组织学生参加农村土地改革和抗美援朝、保家卫国等政治社会运动，进一步改造思想，逐渐改革新闻学专业课内容，学习无产阶级新闻观点，并用以清理批判资产阶级新闻观点。

1952—1953 年，全国高等院校统一进行院系调整，党和政府加强了对新闻传播教育的领导并有计划地发展。调整的目的是优化结构，合理布局，把一些不符合办学精神的新闻传播教育单位撤销或经改制后并入其他学校，同时创办新的新闻传播教育机构。上海华东新闻学院、暨南大学新闻系、圣约翰大学新闻系、中国新闻专科学校等先后并入复旦大学新闻系，北京的燕京大学新闻系并入北京大学中国语言文学系，改设编辑专业（后改称新闻专业）。苏州的社会教育学院新闻系早在 1950 年春随该学院并入江苏文化教育学院后停办。重庆的南泉私立新闻专科学校于1950年停办。1950年在政府扶持下复校的上海民治新闻专科学校，到1953年秋停办。经过这次院校调整，不仅使分散的新闻传播教育机构得到合理的合并，教学管理力量更加集中和充实，而且进一步修正和制定了比较切合实际的新闻教学计划。新设置的北京大学中文系新闻专业，从1952年到1955年的4年中，一面接受燕京大学新闻系并入的3个年级的90余名学生，继续培训直至全部毕业分配，一面逐步招收新学生，累计达250余人，相当于原燕京大学新闻系在校生的近3倍。①

1954年中共中央发布了《关于改进报纸工作的决议》，该决议第5部分专门就培养和训练新闻干部问题做了具体规定，要求“扩大现有的大学新闻系的学生数目，逐步地充实省（市）以上的报纸、通讯社、广播电台、期刊和出版机关的干部。中央民族学院及各地少数民族干部学校应负责培养少数民族文字出版的报纸、期刊、出版机关以及广播电台和通讯社所需要的少数民族新闻干部”。这个决议的公布，使中国新闻传播教育出现了一次发展高潮。同年，中央高级党校（当时的马列学院）设立了新闻班，1954年9月1日开办第1期，学制2年，到1957年11月止，共举办3期。每期有学员30~50人，主要培训中共省（市）委机关报的总编辑、副总编辑、编委和农民报的总编辑，省级以上报纸的党委编辑组长和记者，以及条件与此相当的新华通讯社、广播电台和出版机关的党员干部。不少中共省（市）委党校也调训了各级党报的新闻干部。

根据该决议的精神，各大新闻系都扩大了招生名额。复旦大学新闻系1954年招生96名，1955年招生112名，此后几年招生人数均在100名上下，各主要新闻单位经常派负责干部和有经验的新闻工作者，到大学新闻系讲课并接受新闻系学生实习，承担了培养新闻事业接班人的任务，显示了社会主义教育制度的优越性。

1955年，中国人民大学创办了新闻系。1958年，北京大学中文系新闻专业合并到中国人民大学新闻系。该系除培养新闻本科生外，还增办了以招收在职干部为主的2年制新闻专修科及各种不同类型的新闻干部培训班，师生800余人，成为当时规模最大的新闻传播教育机构。

1958年以后，新闻传播教育事业曾一度有一个较大的发展。

从1958年到1960年，全国新创办的新闻院系有：北京广播学院、杭州大学新闻系、江西大学新闻系、暨南大学新闻专业、安徽大学新闻专业、南京大学附属新闻学校、西北政法学院新闻系、山东大学新闻专修科、江苏省新闻专科学校等。中华全国新

---

① 张之华：《建国初期新闻传播教育与新闻学研究概述》，载《新闻研究资料》第15期；孙正一、孙婷婷：《新中国新闻事业50年概述》，载《新闻战线》1999年第10期。

闻工作者协会和各主要新闻单位还成立了新闻红专学院，广泛组织在职新闻干部学习政治理论、时事政策和文化业务知识。

1961 年，复旦大学新闻系曾招收过两名新闻史专业的研究生，成为我国第一所培养新闻研究生的大学。由于这些新建的新闻传播教育单位大多是仓促上马，缺乏合格的师资和必要的图书设备，难以保证教学质量。随着经济困难时期的到来，新成立不久的系科又纷纷下马。1961 年，中共中央提出“调整、充实、巩固、提高”的八字方针。接着国务院高等教育部下达了《教育部直属高等院校暂行工作条例（草案）》（简称《高教 60 条》）贯彻中央的方针，这些新建的新闻系科大多停办，经过充实巩固下来的只有北京广播学院和暨南大学、江西大学新闻系等为数不多的几家。其中 1959 年创办的北京广播学院是新中国第一所为全国广播电视事业培养专门人才的高等院校。

1.6　中国人民大学新闻系的创办及意义

1954 年秋，中央提出要在人民大学办新闻系，而且提出要适合于中国的形势、用马克思主义毛泽东思想来建立起一个新闻教育阵地。中央决心要让社会主义新闻事业在中国生根发芽，使其成为一项伟大的事业。在各项事业的发展中，理论和舆论的建设应该走在前头。这是从宏观方面来讲。从微观方面来讲，过去许多老新闻工作者有不适应今天工作的弱点，而接受过系统学习的由新中国自己培养的新的新闻人才，数量少，但社会需求大，加之我国的新闻事业在那一时期有较大的发展，新闻人才的培养就显得尤为紧迫。

中国人民大学新闻系的创办受到党中央、中央人民政府和中央领导的高度重视和直接关怀，从组织筹备到拟定具体计划，都是在党中央的领导下进行的。中央当时的精神是要把形势发展得更好更快一些，新闻工作如何跟上形势的发展就成了党和政府关心的一件大事。1954 年，《中共中央关于改进报纸工作的决议》中“扩大现有的大学新闻系的学生数目”的决议，为人大新闻系的成立提供了契机。加之，新中国成立以后尚没有建立起一个自己的新闻系。50 年代初中期，我们一切都向苏联学习，中国的新闻传播教育从教学要求到课程设置，很多系科都如法炮制，但在实际教学过程中又觉得教学效果不理想，新闻业务课除了一门报刊史外，统一归到一起叫“新闻工作的理论与实践”，把理论、报纸宣传、采编工作以及业务性、技术性问题都包罗在内。这样不仅难以培养起各有专长的教师与学生，也做不好基础训练。一门包罗万象长而又长、形统而实分的课程实在影响教学效果及师资成长和教材建设。那个时候，有相当多的新闻界人士认为：大学新闻系培养出来的学生没啥用，新闻人才要靠党校来再培养；也有说文史学科毕业生也可以，或者主张招大学文科程度好的毕业生施以短期业务训练的办法来培养新闻人才，似乎新闻系要不要都无关紧要。再看看全国，南只有一个复旦（已合并了圣约翰、民治等校），北只有一个北大，新闻传播教育的前景不容乐观。党和政府注意到这方面的情况，于是决定创办中国人民大学新闻系，以此来顺应时代和新闻事业发展的要求，来具体落实《中共中央关于改进报纸工作的决议》的精神，来实现新闻传播教育的新突破；并借新闻传播教育所取得的成果来说明新闻传播教育并不是可有可无的教育，也不是可以被其他学科替代的教育，而是社会主义教育体系中不可或缺的一个重要的组成部分，是在社会主义建设与发展中起着重要作用的一种教育。

1955 年春，中国人民大学新闻系筹备处在北京市东城区校本部挂牌办公。第一件事是招贤纳士。从全国各地调来章南舍、鲁西良、华青禾、汪溪、秦明、黄河等同志，担任新闻系的教学骨干和行政领导工作，又请到了本校的著名教授何洛、汪金丁、赵澧等同志，并配备了系党总支和系办公室的工作人员。

1955 年 9 月 1 日，中国人民大学新闻系正式开学，系址在北京市东城区海运仓，首任系主任为安岗。该系的培养目标是：培养和提高新闻与出版事业方面的记者和编辑人才。第一年招收学生 90 人左右，全部是由北京和全国各地报社、通讯社、广播电台、出版部门报送在职新闻工作人员应试，经过学校考试合格后录取的，他们都是在新闻出版工作岗位上工作了 3 年以上的调干生，有一定的实际工作经验，活动能力很强，学习劲头很大，学习 4 年后再回到原单位。第二年招生时，从 4000 余考生中录取 314 人，其中由新闻与出版专业部门报送应试的在职人员 164 人，自由报考的具有一定社会实际工作经历的各行各业青年 150 人，入学后分别实行 3 年制和 4 年制两种学制。从第三年起，开始逐渐招收应届高中毕业学生。该系教学计划的安排，除新闻业务课外，侧重“政治理论和语言文学”、“哲学”、“政治经济学”、“中共党史” 4 门政治理论课的学习。语言文学方面设有“语法修辞”、“现代汉语”、“古代汉语”、“中国文学史”、“文学引论”、“外国文学史”和“外语”（俄、英、日、法语任选一种）等课程。此外，还开有系列专题讲座和部分选修课。该系创办有教学和实习用的报纸《新闻与出版》报，创刊初期，订户多达 12 万份，影响遍及于全国新闻出版界。

《新闻与出版》报是一张铅印对开 4 版大报，半月出 1 期，1956 年 10 月 15 日正式创刊（9 月 9 日出有 1 期试刊号），到 1957 年 12 月 25 日至第 30 号停刊。中国人民大学校长吴玉章为创刊号撰写《发刊辞》，明确指出：“人民的新闻出版事业是用马克思列宁主义教育人民的重要宣传事业，它要求担任这一工作的人员，必须具有一定的马克思列宁主义理论水平，具有足够的基本业务理论和知识，丰富的语言文学知识和较高的写作能力。”他希望新闻系的教学工作，要“以马克思列宁主义的立场、观点、方法来总结我国有着悠久历史传统的新闻出版工作经验，认真研究中国和外国的新闻出版事业的现状，通过科研逐步解决目前工作中存在的实际问题”。《新闻与出版》报努力实现《发刊辞》提出的要求，它设有多种专栏：评论、新闻动态、新闻讲座、新闻论坛、报刊史料介绍、报纸工作讨论等，总共发表 100 多篇新闻方面的论文、经验总结和研究资料文章，同时，还广泛介绍了苏联和其他社会主义国家，印度、缅甸、埃及等一些亚非国家，以及美、英、法、意、日等世界各国的新闻出版事业、新闻传播教育状况和经验。这张报纸不仅办成新闻业务教学的活教材和学生练笔的实习园地，并且在一定程度上成为全国新闻出版工作者交流经验、传递信息、提高业务的一个园地。出版到第 5 号即受到读者来信 1000 多封，受到全国新闻出版队伍的欢迎和支持。在《新闻与出版》存在的 1 年 3 个多月中，经历和反映了新闻出版界从贯彻执行党中央的“百花齐放，百家争鸣”的方针到反右派斗争的开展与扩大化这一过程，在提倡新闻学研究方面有成绩，也有失误，为总结研究这一时期的经验留下了可贵资料。

安岗认为，社会主义新闻学是马克思主义的学科，用马克思主义的立场、观点、方法教育学生，是培养社会主义新闻人才的关键。因此，新生入学的第一年，就是学习四大理论课：马克思主义哲学、政治经济学、科学社会主义、现代革命史。同时学校还认为：社会主义的新闻工作者不仅要具备共产主义的世界观，而且要有丰富的知识；不仅要了解现实社会的情况，而且要了解中国历史和世界历史；不仅要有政治经济知识，而且要有文学、法律以及自然科学的知识；不仅要熟练地运用汉语，而且要至少学会一门外语。只有在德智体各方面全面发展的人，才配做一名新闻工作者，才能更好地为人民服务。因此，当时新闻系开设的课很多，学生除学习 20 多门必修课外，还有 10 多门选修课供选学。

中国人民大学新闻系的教学安排，既体现了那一时期党对新闻传播教育的具体要求，又合理地吸收了北京大学、复旦大学等兄弟院校的精华，把教育与培养人的目标很好地结合了起来，为中国人民大学新闻传播教育开了个好头，为中国人民大学的新闻传播教育在全国乃至世界赢得应有之地位奠定了基础。当然，处在当时的特定历史时期，一些课程的安排，如大量的劳动课就显得不尽合理，但作为新闻传播教育的尝试，出现些偏差也是不足为奇的。

中国人民大学新闻传播教育在政治上突出了党性和群众性。建系之初来该系任教的是从事党的领导工作和党的新闻事业的业务尖子，创办过程中一直坚持了党对中国人民大学新闻传播教育的核心领导，在教材组织和教学安排中常以人民日报对新闻稿件的处理作为范例，体现了党的特色。在业务上突出了实践性。中国人民大学新闻系最初招来的是有新闻实践经验的新闻从业人员，施以对口培养，在教学中他们也安排多次到新闻单位实习，现身说法的情况在教学中时常出现。

与复旦大学、北京大学等院校相比，中国人民大学新闻系坚持“强调基础，注重实践”的指导思想，加强对学生马克思主义理论基础教育、文化基础知识教育和专业素质的训练，力求使学生在校期间“思想教育不断线，实践锻炼不断线，写作训练不断线”，注意在“新”、“活”、“深”字上下工夫。目的是使学生毕业后，新闻业务知识比较扎实，新闻敏感较强，文字表达能力较好，到工作岗位后上手快，后劲足，适应性和竞争性强。

1.7 新闻传播教育的灾难时期

1966—1976年，中国发生了“轰轰烈烈”的“文化大革命”，史称“十年浩劫”。新闻传播教育像其他行业一样，并没有躲过这场“浩劫”，或者，由于沾了新闻这个意识形态明显的属性而遭受的劫难更为甚。

“文革”时期，新闻教育的教师饱受摧残，正常的教学生活被改变，教师的工作发生了严重的扭曲，在“文革”后期“恢复”的新闻教育，也发生了极度的变形与扭曲。

写“交代材料”是许多教师在“文革”中经常被要求做的事，许多时候，要一直写到“过关”为止。大部分教师有过被训斥、批斗、抄家等经历。

更让教师难以接受的是，除了《毛泽东选集》等少量书籍之外，教师无书可读，在“五七干校”主要也不是念书，而是接受劳动改造，老师要向“工农兵大学生学习”。广大教师在学术被“阉割”之后，政治上也遭受了严重的歧视。

经过相当长时间的停顿和瘫痪之后，1970年，北京大学招收第一届工农兵学员，学员在分专业时又在中文系恢复了新闻专业。从1970年招第一批工农兵学员起，北京大学中文系新闻专业又分别于1973年、1974年、1975年、1976年招工农兵学员。同时，还在1974年、1975年招了2届新闻专业的进修班，在1975年招了一届新闻专业的专题研究班。原中国人民大学新闻系蓝鸿文、秦珪、胡文龙、张昕等4位教师于1971年1月调到北大中文系办新闻专业。中国人民大学新闻系在“文革”中被迫停办，新闻系教师全部下放到江西余江县进行劳动改造。在蓝鸿文等4人于1971年调到北京大学之后，其他教师也于1973年6月按建制分配到北京大学中文系新闻专业。中国人民大学有老师回忆当时的情形时说：教师由江西回到北京大学，从整体上保持了这支队伍没有散，中国人民大学新闻系的资料也得以完好地保存下来，这不能不说是不幸之中的幸事。北京大学中文系新闻专业从 1970 年至 1976 年共招了 5 届 3 年制的工农兵学员，毕业生 304 名。①

在此前后，复旦大学新闻系也开始招收 3 年制的工农兵大学生。除北京大学、复旦大学于 1970 年后开始招收工农兵学员外，还有以下几所院系在“文革”期间有过新闻传播教育。北京广播学院在“文革”期间停止招生，于 1973 年经国务院批准，恢复重办，并于 1974 年重新开始招生。江西大学新闻系 1966 年停办。1973 年江西大学复办后，调回了原新闻系部分教师，在中文系设置新闻教研组，并于 1974 年起，开办 1 年制的新闻干部进修班，学员由各新闻单位推荐，结业后仍回原单位工作。其后共办 4 期，为江西省轮训了各级新闻干部约 160 人。其中第 4 期新闻干部进修班中，有一部分学员学习了电视摄影专业课程，结业后被推荐到江西电视台及其所属记者站工作，为江西电视事业作出了贡献。

广西大学中文系新闻专业于 1972 年经教育部批准成立。从 1972 年至 1976 年，先后共招收了 3 个班级的学生。学制是：72 级、73 级为 3 年半；76 级为 2 年半。

以上几所高校的新闻传播教育，基本包括了“文革”中新闻传播教育的全部。

“文革”中的新闻传播教育，是一段被扭曲的新闻传播教育，具体从以下几个方面印证：

（1）从培养目标看。

“教育革命”是从属于“文革”的一个重要组成部分。“文革”的指导思想，是“无产阶级专政下继续革命”的理论。“文革”的第一个正式文件——1966 年 5 月 16 日中共中央通知指出：“高举无产阶级文化革命的大旗、彻底揭露那些反党反社会主义的所谓‘学术权威’的资产阶级反动立场，彻底批判学术界、教育界、新闻界、文艺界、出版界的资产阶级反动思想，夺取在这些文化领域中的领导权。”在教育界则要“改革旧的教育制度，改革旧的教学方针和方法”，必须彻底改变“资产阶级知识分子统治我们学校的现象”。该通知指出学校在“资产阶级统治下”是“三脱离关门办学”（脱离无产阶级政治、生产劳动、工农大众）；是用对付敌人的考试方法对工农子女，实行“资产阶级专政”，用分数线把工农子女卡在校门外，实行“文化专制”；是用“智育第一”、“知识私有”、“个人奋斗”、“读书做官”的资产阶级思想毒害工农子女，使他们在这样的学校里“一年土二年洋，三年不认爹和娘”，忘本变质，成为新的“资产阶级

---

① 方汉奇：《新闻史的奇情壮彩》，北京：华文出版社 2000 年版，第 270~285 页。

知识分子”和“精神贵族”。①

因此，“文革”中的教育界，当然包括新闻传播教育界在内的教育目的，就是按“五七指示”办事，就是“革命”。新闻传播教育的培养目标是“造反英雄”、“白卷英雄”、“打、砸、抢英雄”，新闻传播教育从属于“运动”的需要。

当时包括整个文科教育在内的核心内容就是“文科就是要办成写作组”，新闻传播教育应该服从和服务于文化大革命的需要，在林彪、“四人帮”眼中，它是一种工具而不是一个系统、一门学问。另一种理念就是“开门办学”，学生要到工厂、农村去，到报社等新闻媒体去，在和工农的接触与生活中学习提高。新闻传播教育要求学生既要上大学，又要管理大学、改造大学（上、管、改）。由于有这一要求，学生和老师在学校都很难定位，谁教育谁的问题也变得模糊起来，新闻传播教育成为政治运动的一种副产品或牺牲品。

（2）从教学内容看。

新闻理论主要教“工具论”——新闻是无产阶级专政的工具等；新闻史主要讲被“四人帮”歪曲了政治斗争史；新闻业务主要讲如何写批判文章等。

新闻传播教育的教学内容在“文革”中的“突出表现”是“语录化”。1967 年 12 月 7 日，中共中央、国务院、中央军委、中央“文革”小组颁发陈伯达等摘编的《毛主席论教育革命》一书，作为无产阶级教育革命的纲领，号召所有学校立即掀起学习和执行这一纲领的群众运动。此书出版后，马上在新闻传播教育领域掀起学习热潮。

新闻传播教育的主要内容表现在了对马克思主义经典作家有关教育的语录、方针政策和教育经验的汇编与注解上。如有的教学讲义，直接以马列著作和毛主席著作中有关教育革命的论述为基本教材，再选编一些辅助教材。有的教学讲义虽不直接采用语录，但基本框架、内容都围绕“语录”主题展开。新闻传播教育成为“教育经典注释学”、“无产阶级政策解释学”、“语录文件汇编学”。

课程中虽然有政治课、业务科、文化知识课等内容，但主要的教学要求还是培养学生要会写新闻报道、小评论、调查报告、大批判稿为主。新闻传播教育成为阶级斗争的工具，教学活动的开展，一切围绕写大批判稿和为政治服务的目标而设定。课程设置和教学内容都是临时拼凑的，因为要强调学工、学农、学军和批判资产阶级，又要安排一定的时间参加业务学习、参加劳动和狠批“右倾翻案风”之类的政治运动，课堂学习的时间相对减少，外语全免。新闻传播教育更多地与政治结合起来，学生按部队的排、

---

① 周全华：《“文化大革命”中的“教育革命”》，广州：广东教育出版社 1999 年版，第 48～49 页。

班编组，马、恩、列、斯、毛等的新闻思想成为理论学习的主要内容。

（3）从教学秩序和教学方式看。

在为期 10 年的“文革”中，随着阶级斗争理论的不断升级，新闻传播教育失去了对自身规律的探求，专业自主意识丧失，新闻传播教育成了政治运动的“附庸”和“工具”。新闻传播教育以“破”字当头，以“批”字开路，教学秩序被无休无止的运动冲击得七零八落，教学方式则完全依运动进行的过程和不断变化的形势而变化。“文革”中“停课闹革命”、“批判修正主义教育路线”、“形形色色的教改”、“工宣队进驻学校”，“斗批改”、“上管改”、“清队整党”、“大批判”等大小运动，无一不在新闻传播教育的教学秩序和教学方式上体现出来。

“文革”中，新闻传播教育完全打破了传统的教学组织形式，“打破老三段，火烧三层楼”（即专业教学按照基础课、专业基础课、专业课三段进行），把过去新闻传播教育中的三段教学法斥为“关门打基础、脱离实践，从理论到理论”，贬斥理论是“空洞无用的大杂烩”，“一大堆书本破烂”，要“开门实践—实践—实践”，要“边干边学”。

据时任北京大学新闻专业负责人的蓝鸿文教授回忆：“文革”中工宣队进驻学校，成为学校一切工作的领导和指挥者。“文革”前 17 年的教学方法与教学内容都被否定，因此，在“破旧”的情况下如何“立新”，谁也不好说，只好根据形势和上级的要求来择机发展。

学生按部队建制分为班、排等，每个班成立支部，以专业为单位建立分总支来领导专业的教学。教学情况一方面是依赖北京大学政治、历史、语言文学等方面的力量，另一方面是强调和坚持实践。如他们到北京火车站蹲点教学，到“六厂二校”教学与实践，到一些报社如北京日报社、天津日报社、山东大众日报社、山西日报社、辽宁日报社等教学与实习，有时报社的文章或报社的办报思想和要求就是他们学习的内容。在“开门办学”思想的指导下，教师和学生走出校门的时间不比在校时间少，去的地方也不固定，要体现与工农的结合，教学中势必要结合当地的形势与特点，因此，教学中存有随意性也在所难免。

（4）从学生水平看。

能在“文革”中上大学的学生是“幸运”的。因为那时的大学入学资格的取得不必像现在一样参加高考，千军万马过“独木桥”，那时只要“出身好”、“有个好爸爸”、“祖辈都是劳动人民”、“思想觉悟高”，或是在“运动”中表现出色，经推荐就可进入大学学习。学员主要来自工厂、农村和部队，以政治保证为第一要素，社会上通称这一时期的大学生为“工农兵大学生”。这种希望一夜之间就把工人、农民变成无产阶级知识分子的不切实际的做法，由于学员在中小学校中基础打得不好，识字不够多而告失败。工农兵大学生有以下几个特点：

学生全部来自工业、农业第一线和现役军人；

入学不经考试，全部由群众推荐和组织遴选；

年龄偏大；

没有严格的学历要求，高中毕业、初中毕业乃至小学程度的都有，水平参差不齐；

各人的文化基础不同，入学后的勤奋程度不同，学习成绩的好坏差别很大。

“文革”中的新闻传播教育很难用“特点”二字总结概括。因为它既不同于传统的新闻传播教育，又不同于共产党早期的新闻传播教育，也有别于“文革”前17年的新闻传播教育。它的教育理念的错误，课程和教学内容的杂乱无序和教学方法的随意，很难让人把这与“教育”挂起钩来。如果一定要承认它是新闻传播教育，也只好说它是新闻传播教育的一出“闹剧”。

1.8 改革开放与新闻传播教育的复苏与初步繁荣

1978年以后，中国步入了改革开放的新时代。

中国新闻传播教育的复苏可分为1976—1978年和1978—1982年两个阶段。

1976—1978年是准备阶段。这一阶段的主要任务是拨乱反正和重整教学秩序。1977年高考制度恢复，北京大学中文系新闻专业和复旦大学新闻系都通过考试录取了以应届高中毕业生为主，以及因上山下乡而失去念大学机会的往届高中毕业生为辅的本科生。不再以推荐和遴选方式招收工农兵学员。学制也一律改为4年。1978年，中国人民大学复校，新闻系随之恢复。并将北京大学新闻专业的原中国人民大学新闻教师及图书资料归还建制。北京大学新闻专业停办，学生并入中国人民大学。这一阶段，全国新闻系（专业）只有北京大学（1978年9月以后为中国人民大学）、复旦大学和刚刚恢复招生的暨南大学、北京广播学院4家。

1978—1982年是恢复阶段。这一阶段除中国人民大学、复旦大学两校新闻系外，又陆续增办了郑州大学、安徽大学、中国人民警官大学、四川大学、山西大学、河北大学6个大学新闻系（专业），以及一所培训在职人员的全国记协职工新闻学院。大学本科和大专一级的新闻传播教育单位，达到12个。此外，还创办了一所中专——湖南广播电视学校。

在教学上，摆脱了长期以来“左”的思想的影响，突破了一些禁区，澄清了一些被搅乱了的新闻学观点，教学计划参考了“文革”前的模式并稍有调整。

1983 年 5 月，中共中央宣传部和国家教育部联合召开了新中国成立以来的第一次新闻教育工作座谈会，着重讨论了改革和发展新闻教育的问题，提出《关于加强新闻教育工作的意见》并作为会议正式文件下发。该文件指出，新中国成立以来，中国新闻教育所培养的人才无论数量和质量都不能适应新闻事业发展的需要，新闻教育必须在保证质量的前提下有较快、较大的发展。同时会议还就积极进行新闻教育改革，不断提高教学质量问题提出了具体意见和措施。在此次会议的推动下，出现了新闻教育的办学热潮。

1983 年，吉林大学、兰州大学、新疆大学、宁夏大学、武汉大学、华中工学院、厦门大学先后增设了新闻系或新闻专业。至此，全国设有新闻专业的院校已达 21 所，已提前实现了新闻教育发展规划中提出的要求：“1985 年原各大行政区至少应有一所高等院校设置新闻专业。”1983 年，全国共有新闻系（专业）教员 518 人，在校的新闻专业学生共 2814 名，其中本科生 1877 名，研究生 177 名，进修生 380 名，函授生 380 名。为了适应新闻事业发展的需要，改变长期以来我国新闻教育实际上以报学为主的专业单一化状况，1983 年除继续办好适应性较强的新闻专业外，有条件的院校已逐步增设或正在积极筹备广播电视、新闻摄影、新闻事业管理和广告等专业。特别值得一提的是，为加强对外宣传工作，补充我对外宣传人才的严重不足，北京大学、复旦大学、暨南大学、北京外国语学院和上海外国语学院从 1983 年暑假开始试办第二学士学位制的国际新闻专业和国际文化交流专业，加上北京广播学院已经开办的国际广播干部班，共招收学生 176 名。这些专业都实行“定向招生、定向分配”的原则，分别为新华社、中新社、广播电视部、中国日报社以及文化部外文出版局、对外联络局等单位，培养了具有坚定政治立场和较高的理论政策水平、了解中外历史、文化和现状，有坚实的中文基础并能用外语从事对外宣传的干部。

发展新闻教育，提高教学质量，关键在于师资队伍。根据全国新闻教育工作座谈会提出的要求，中国人民大学新闻系 1983 年开始举办“新闻理论”和“中国新闻事业史”两个教师进修班，共接受 16 所高等院校派来的进修老师 25 人，并已于 10 月开学上课。

在新闻教育改革方面，多数新闻院系按照新闻教育工作座谈会提出的意见制订或修订了教学计划，加强了基础理论、基础知识和基本技能的教学，贯彻理论联系实际的原则，并积极组织编写教材。

同年 9 月，杭州大学、四川大学、江西大学和郑州大学等中文系新闻专业的同志，还专门就如何办好大学中文系新闻专业的问题在杭州举行了新闻教学和科研研讨会。他们决定互相加强联系，密切合作，及时交流各门课程教学大纲、学术资料和专业教材，在校际建立专业教师相互应邀讲学的关系，并积极聘请有丰富实践经验的新闻工作者担任兼职教师。这是在当时各校新闻专业师资配备不齐的情况下提高教学质量的好办法。

新闻教育单位和新闻单位的密切合作，相互支持，是办好新闻教育的重要保证。1983 年有关高等院校在校舍极为紧张的条件下适当扩大了新闻专业的招生名额并尽可能承担培训在职新闻干部的任务。同时，很多新闻单位也把培养和造就新闻人才看做是义不容辞的责任，大力支持新闻教育。新疆、甘肃、湖北等省区的新闻单位都为新闻院系输送了一些水平较高、能胜任教学工作的师资，有些报社还派业务骨干去学校讲授新闻业务课。如新疆大学新创办的新闻专业，由于专业教师一时调不齐，业务课主要依靠新疆日报社原来干部培训班的教学力量。新华社也在人力、物力上大力支持了复旦大学试办的国际新闻专业。

这一年在职新闻干部的培训工作也有了较大的发展。中共中央党校举办了第二期新闻干部班，招收中央和省、市、自治区新闻单位以及新华社分社的业务骨干共 135 名。中国人民大学除继续在北京开办函授新闻专业外，还在西安和天津两地增设新闻干部函数班。中共新疆自治区委宣传部在社会科学院研究生院新闻系的帮助下，在北京举办了一期新疆新闻干部进修班，比较系统地学习了新闻理论和新闻业务课，并请首都新闻界有关负责同志、专家作专题报告。课程学习结束后，还组织学员分组到 16 个省市的少数民族地、州、县报实习参观，为新疆新闻事业的发展培训了一批业务骨干，同时也为新疆各民族新闻干部训练了一支教学力量。华中工学院在批准成立新闻系后，根据湖北省各新闻单位的积极要求，立即首先举办了 2 年制的新闻干部专修科，在中共湖北省委宣传部的支持和组织下，通过严格的入学考试，第一期招收了 100 名学员。其他如郑州大学、广西大学等也都开办了新闻教育专修科。很多省、市、自治区党委宣传部都十分重视新闻队伍的建设，采取各种方式培训在职新闻干部。此外，中国记协在与工人日报社合作试办新闻干部培训班的基础上，1983 年正式成立了中国记协职工新闻学院，为首都各新闻单位的在职干部举办 3 年制的新闻专修科，并开办了面向全国地方新闻单位的干部进修班。新华社成立了干部进修学院，人民日报社试办 2 年制的在职新闻研究生班。这些不仅符合党的两条腿走路，加快发展高等教育的方针，而且符合党关于干部逐步实现革命化、年轻化、知识化、专业化的战略精神。但是也应看到，在一个短的时期之内，新闻教育的规模、数量上的如此之快，势必导致诸如师资不足、教材缺乏、教学设备差，实践设施不够完善等方面的问题，以至于实际从事这方面工作的同志有“萝卜快了不洗泥”的感慨，这是需要在发展中加以解决的。

据统计，我国设有新闻传播系、专业的院校，1978 年只有 8 所，到 1992 年，全国设有新闻学类专业教学点的普通高等院校有52所，共设新闻学类专业77个，其中包括新闻学专业39个，国际新闻专业6个，广播电视新闻专业9个，广告学专业21个，播音专业1个，体育新闻专业1个。全国在校生的情况：共有1.719万人。其中博士研究生335人，双学士生274人，本科生6026人，专科接本科生407人，专科生2418人，函授生7430人。新闻院系培养的这些毕业生，有力地支持了新闻事业的发展。

新闻函授、广播电视大学新闻专业和高等教育自学考试新闻专业等培养新闻人才的方式，也成为这个时期高等院校新闻教育的一个补充。在职新闻干部的培训工作也取得了很大的成绩。1982年，中华全国新闻工作者协会职工新闻学院成立，主要培训在职新闻干部，使他们经过3年业余学习，取得大专学历。1984年，安徽日报社开办新闻刊授大学，近2万人报名。1985年，全国省市以上13所新闻刊授、函授学校在学学员达23万人。同年，中央广播电视大学开始设立新闻专业并着手招生，当年招生近2万人。1986年，国家教委成立全国高等教育自学考试指导委员会新闻专业委员会，制订新闻学专业自学考试计划。职业培训缓解了新闻事业发展中新闻人才奇缺的状况，从1984年到1988年，经过自考和培训取得新闻专业大专文凭的人数达2万人。总之，中国新闻传播教育已经形成了多种层次（研究生、本科、专科）、多种形式（普通高校、成人高校、函授、自学考试等）和学科专业门类比较齐全的新闻传播教育体系。

新中国成立初期，由于全国新闻专业教学点不多，在校学生少，新闻师资队伍人数偏少，估计在100人。到1978年为止，全国从事新闻教育的教师约为170人，1989年年底达880人。新闻师资队伍不断扩大，教师队伍的素质明显提高。到90年代初中期，全国在职新闻学教师共有1011人。其中教授132人，副教授352人，讲师358人，助教137人，其他32人。1999年初则更增加为1600多人，相当于解放初期的16倍。这是一支教学经验丰富和在新闻理论、新闻史及新闻业务的研究方面取得丰硕成果的教师队伍。

新闻教材建设进展较快。1983年以前，公开出版的新闻学教材仅4种，至1989年增加到近百种，列入国家教育委员会“七五”教材编写规划的新闻教材和参考资料共40种（其中由中国人民大学编写的有22种，由复旦大学编写的有16种），并以陆续出版。新闻学专业主要课程的教材和参考资料已相继配套，还出版了一批学术专著和译著。据资料介绍，从1900年到新中国成立前的1949年年底，由中国人撰写、出版的新闻学教材、专著共446种，平均每年只出版新闻类书籍9种。全国解放后这类书籍的出版数量明显提高。据不完全统计，从1950年到1985年的35年中，我国大陆共出版各类新闻教材和专著774种，平均每年20多种。1986年以来，新闻教材，专著出版的增长势头更盛，截至1999年年底，共出版近千种，平均每年在70种。这类教材、著作所涉及的领域极为广泛，新闻理论、大众传播理论、媒介发展史、新闻务实、边缘新闻知识等应有尽有，无所不包。这类教材和著作的出版，对于促进新闻教育、普及新闻知识，发挥了重要的作用。正如孙中山先生 1923 年在为伍超所著的《新闻学大纲》撰写的序言中所指出的那样，它们“立论本于国情，举例由于实践，直接裨益于新闻事业，间接有造于国家社会，亦可谓应时势之需要者矣”。

新闻教育改革在改革开放以后也迈出了新步伐。为适应各种现代化传播媒介的需要，各新闻院系调整了培养目标，拓宽了专业口径，开设了一批新课程，如“传播学”、“公共关系学”、“社会心理学”、“新闻美学”、“新闻管理学”、“广播电视新闻制作”、“电视新闻摄影与编辑”，以及“经济”、“法律”、“自然科学基础”等课程。广大教师还注重教学内容和教学方法的改革，认真组织学生参加社会实践，重视学生实际能力的培养。各新闻院校根据自己的条件，探索不同的办学模式。如中国人民大学提出培养的新闻专业学生要“政治嗅觉灵一点，知识面宽一点，动手能力强一点，适应面广一点，后劲足一点”。在办学中“强调基础、重视实践”。注意发挥综合大学多学科互相渗透、文史功底好的优势。华中理工大学（现更名为华中科技大学）提出“打好专业基础，调整知识结构，培养动手能力，造就全能记者”。发挥本校文、理、工、管多学科优势，使传统的新闻文科型人才向多学科相互渗透的新闻复合型人才发展，造就一批懂科技、管理、经济，掌握现代化技能，会摄影、能开车的“一专多能”的新闻人才。北京广播学院提出“拓宽知识面、加强口头表述训练，增加相关学科、文理渗透、力求一专多能、全面发展”的教育方针，发挥本校广播、电视多学科的优势，使学生由“编、采”向“编、采、播、评、控”多功能发展。中国新闻学院招收第二学士学位生，根据社会的需要招收经济、法律、科技、体育、军事、民族等不同类型的新闻报道班，提出“在系统传授新闻理论基础上，强调新闻采编实践”的教学方针，发挥新华社名记者、名编辑多，师资力量强、外语好，设备先进的优势，采取边学习、边实践、师傅带徒弟的教学方法，以培养具有较强实践能力的高层次新闻实际工作者为主，而不是专门从事新闻理论研究的人员。复旦大学、武汉大学、四川大学、江西大学等都努力发挥各自的所长，办出自己的特色。加强对在职新闻干部的培训，提高新闻队伍的素质仍是我国新闻教育面临的重大任务。上海在 1985 年成立的上海新闻广播电视职业学校的基础上建成了一个教学设施比较齐全的新闻广播电视培训基地，中国记协职工新闻学院与工人日报社联合举办企业报主编新闻研修班，中国新闻学会与中国社科院研究生院新闻系联合举办了以地、市报纸总编为主要对象的高级新闻研讨班。中国各级各类的新闻教育以此为标志开始复苏。

1.9　世纪跨越与新闻传播教育的万紫千红

1989年，由于众所周知的原因，中国的新闻传播教育受到了挫折，绝大多数新闻院校受到了程度不同的影响。如有的学校推迟当年毕业的学生毕业，一些学校的毕业生没有毕业或者因为其他原因而离开了学校；1989年入学的新生加强了政治理论课的教育和强化了军训，有的学校在次年减少了新闻专业的招生人数，个别“严重”的新闻院校被停止了招生。这个局面直到1992年因为政局和形势发生了变化，才得以改变。

1992年10月12日至18日在北京召开的中国共产党第十四次全国代表大会，根据邓小平南方谈话精神，确立了社会主义市场经济体制。

1990年，国务院学位委员会第九次会议通过的《授予博士、硕士学位和培养研究生学科、专业目录》中，将新闻学列入文学门类一级学科中国语言文学之内，与中国现代文学、中国古代文学、语言学、现代汉语、汉语史等并列为二级学科。

世纪之交前的1999年，中国的高等教育发生了历史性的嬗变，由政府部门做出的“大学扩招”的决定圆了许许多多想进入大学的青年学子的梦。中国高等教育实现了由精英教育到大众化的转变。

中国的新闻传播教育正是伴随着这样的一个历史性的变革走向了21世纪。21世纪的中国新闻传播教育，其规模、范围、内涵、关联性、国际性、时代性等均在原有基础上进行了“大幅跨越”，百花齐放、群鸟高歌、全球联动、万紫千红的局面开始呈现。

1.9.1　制定新标准、树立新目标

2000年9月10日，教育部高等教育司向各有关省、自治区、直辖市教委（厅）各有关文科高等学校下发了《新闻学类专业基本教学条件》的通知。就新闻学、广播电视新闻学、广告学、编辑出版学4个专业，提出了在师资、教学方案、教材、图书资料、专业实验、校外教学实习基地6个方面的具体要求，为新闻传播教育该如何发展，指明了方向。

新闻传播教育的两个关键要素是教材和教师，教材决定了教学的方向和内容，教师承担着具体实施的任务。它们两者之间的起承转合相生相变决定、制约、导引着新闻传播教育的发展，而且经过它们之间的组合调配，可以衍生出许多的奇变来。所以，尽管这是一个从新闻传播教育发端的那一刻起就引起人们探讨的话题，但却是一个永远也不会画上句号的研究命题。

1990年，第一次全国新闻学科系主任联席会议上就提出和讨论过新闻学专业的核心课问题。与会者基本同意设立核心课，大家在集思广益的基础上确立了“新闻学概论”、“中国新闻史”、“外国新闻事业”、“新闻采访”、“新闻写作”、“新闻评论”、“新闻编辑”、“马列新闻原著选读”、“公关与广告”、“广播电视新闻”、“基础写作”、“古代汉语”、“中国当代文学”13门课为新闻学专业核心课程。1996年10月，国家教委高等教育司制订了“面向21世纪教学内容和课程体系改革计划”，“新闻学专业主干课程教学内容改革研究”成为第一批新闻类立项的项目。确立了新闻学专业的9门主干课程，它们是：“新闻学概论”、“传播学”、“中国新闻事业史”、“外国新闻事业史”、“新闻采访”、“新闻写作”、“新闻编辑”、“新闻评论”、“新闻摄影”。这个核心课程的内容，虽然比1990年商定的13门少了4门，但实质的东西没有变，那就是注重新闻实务，注重以“新闻”为核心展开相关知识与技能的传授。它的“业务性”很强，学生按这个大纲的要求接受教育和培训后，可以“上手快”，能马上适应媒体的工作。但由此而产生的后果，也即后来被学界认可的结果是，以这种方式培养的学生后劲不足，学术底蕴差，发展潜力不大，只能做“短跑运动员”，不能跑“马拉松”，更不能跑“超长距离”。

2003年以后，教育部组织专家对新闻学专业主干课程的设置进行了立项研究，并有了具体的结论，大体是：保留原有的“新闻学概论”、“传播学”、“中国新闻事业史”三门课程不变；把原来的“外国新闻事业史”调整为“外国新闻事业”，力求全面、系统地介绍外国新闻事业的流与变，在了解掌握外国新闻事业的同时，学习借鉴他们的先进经验和可取做法；原来的“新闻采访”与“写作”两门课合并为一门，事实上在新闻工作的具体实践中，“新闻采访与写作”也是不分的；“新闻编辑”和“新闻评论”合并为一门，这也是培养学生综合能力的一条途径。另一方面，现在的知识比过去不知翻了多少倍，学生的知识基础比过去提高了很多，他们的知识面和感悟能力远胜于过去的人，因此这样的浓缩他们完全可以接受；拟新增的三门课程是“传播科技”、“媒介经营与管理”、“媒介与社会”。

1.9.2 通才教育的倡导、科技知识的强化和人文精神的注入

专家指出，新闻传播教育应淡化专业教育，加强通识教育，培养国际视野，提升全面素质；加快实现人文学科的“社科化”，以及某些方面的自然科学化，推进新闻传播教育的多向综合改革发展应是我国新闻传播教育改革的方向之一。此外，在新闻传播教育的改革中还应把“教育统得太死，各院系特色不明，政治性强调过度，缺乏创造力，沿袭几十年的新闻传播教育体制”等方面的意见考虑进去，以全球化的眼光和专业化的

决策来重新制定中国新闻传播教育的发展蓝图。教育改革不应停留在表面的浅层次上，而应从解决问题的根本入手，确确实实根除那些与新闻传播教育发展不相适应的因素，靠国际通用的先进做法为中国新闻传播教育的发展创造良好的条件。

中国科学院院士，中国大学生人文教育指导委员会主任杨叔子教授说："一个没有科技的民族是个一打就垮的民族，一个没有人文科学的民族是个不打自垮的民族。"现代教育中，倡导通才教育、人文与科技并重是方向之一。

所谓通才教育就是以培养通才为目的的教育，这种教育着眼的是培养学生全面而广泛的认知能力、知识和技能的纵深储备、宽泛的工作适应能力，使其在未来发展中具有的巨大的可塑性。就新闻传播教育而言，通才教育除了要求学生掌握必要的新闻传播学的知识外，还应该在哲学、社会学、人类学、法学、历史学、教育学、管理学、经济学等诸多的领域有深入的学习和研究，能够有目的、有针对性地和新闻传播的具体实践相结合。这些"通才"应该是知识面更广，思路开阔，洞察力强，有较强的社会活动能力。

早期美国新闻传播教育家约瑟夫·普利策相信，新闻学教育的目的是培养优秀记者。为了实现这个理想，他在 20 世纪捐款哥伦比亚大学建立了新闻学院。当时，有人不同意建立新闻学院，他们认为，优秀的新闻记者是天生的，记者的新闻敏感和写作灵感是凭直觉。为此，普利策 1904 年在《北美评论》上写道："一个人的'新闻鼻'可以在摇篮里诞生，但是他的新闻直觉却不可能是天生的。跟许多伟大的素质一样，新闻直觉需要通过教育、培训和实践来嗅出和判断善恶、是非、真假、美丑、成功失败。"

简而言之，新闻学教育是培养头脑中塞满了各种知识，并对世界万物都有好奇心的未来记者。"塞满各种知识"是教给学生已知的；"对世界万物都有好奇心"是让学生探求未知的。对这两个核心，我们完全可以把它解读为"通才教育"。

传统的新闻传播教育囿于认识所限，也困于科技在新闻传媒中的应用尚不广泛，新闻从业人员几乎不涉及高科技，因此它更多强调和侧重的是人文、文史类的教育。能完成工匠式的编采写等即可。现在的情况则大不相同了。为了培养能够适应现代传媒的人才，我国新闻传播教育加强了科技知识的灌输，一改以往的纯"文科"课程设置。如不少院校要求新入学的学生要学习"高等数学"、"概率统计"、"应用物理"、"计算机原理和应用"、"影视艺术制作技能"、"美术"等课程，而现代传播技术的高科技也能够比较及时地出现在新闻传播的教学当中，如电脑文字及图片处理、摄影、摄像、多媒体作品编辑制作、数据库建立与维护等。

在美国，新科技对新闻传播教育和新闻机构的运作带来了翻天覆地的变化。20 多年前，一些发烧友记者以拓荒者的心情，开始使用计算机辅助传统的采访，用软件分析政府运作数据、财经资料、市政和各种社会现象。1989 年，美国“国家计算机辅助新闻报道协会”（the National Institute for Computer-Assisted Reporting，简称 NICAR）成立，是新闻传播教育人文与科技并重的具体体现。

在网络和数字化时代，新闻对于科技的依赖性越来越强，新闻竞争正逐步演变为高科技的竞争，新闻制作的全过程都与科技结合在了一起，试想一下，如果现在的新闻从业人员不会电脑、不会利用网络资源，不懂得一些多媒体知识，他们的工作将会是怎样？

现代新闻传播教育重视科技，但不能将新科技绝对化和迷执化。相反地，新科技的要求也凸显了人文和基本语文训练的重要性，否则只会“垃圾入，垃圾出”。因为无论科技发达到何种程度，它也只是一个辅助性的工具，传播制作的现代化并不代表新闻本身的含义。要采写出上乘的新闻作品，人文知识是根本保证之一。对人文知识的掌握，对传统文化的认知，对新闻工作者所必备的素养的养成而言，是须臾也离不开人文知识的。这似乎又回到了新闻传播教育几十年所走过的老路上了，但历史已经证明是正确的东西，是不能轻易否定的。没有把创意、文采、思想、意境和视野输入先进的计算机、摄录机里，得出的只是苍白的低劣成品。

面对高科技之受宠，已有不少有识之士已提出，传媒界，包括新闻业的最大危机，是内容贫乏，内容制作人不足。无论高科技怎样发展，万变不离其宗，受众追求的还是内容，还是新闻本身所能给他们带来的满足与快乐。

概言之，21 世纪的新闻传播教育，必须培养人文及信息科技训练兼备的新传媒人。他们擅长搜集、分析、处理信息，以大众可接受的语言传播出去；他们是多面手，除了驾驭文字的能力之外，能掌握各种媒介平台，广播、互联网，把报刊、电台以及电视节目上网。各种媒体的汇流和渗透、人才的交流互补、平面媒体人才进入广播及新媒体已成潮流，也只有多面手的新闻工作者才能赶上市场的需要。

1.9.3 国际化特征鲜明

2000 年以来，我国的新闻传播教育规模有所扩大，除了经济较为发达的地区外，以往经济欠发达省区、西部地区、少数民族地区等均有了自己的新闻传播教育，布局不合理的现象得到改善。新闻传播教育层次结构有所提高，全国除了设立本科院系的新闻传播教育的点逐年增多外，每一次硕士、博士学科点的增设都有新闻传播学，说明我国的新闻传播教育正由培训型教育向研究型教育发展。新闻教学的专业结构细化，相应的配套举措得体。一些能够适应时代之需的课程如传媒现代化、媒介管理、网络传播理论、多媒体运用等涉及新技术手段和高科技成果的课程能及时纳入教学之中。对于早在西方立足的传播学课程的引进，虽然经历一波三折，但终究在教学中取得了重要的地位。传播学的课程如传播学概论、媒体论、效果论、受众研究专题、传播政策、国际传播、政治传播、信息社会论、信息产业等课程，替代了原来不太适宜的课程，在一定程度上实现了学科之间的相互渗透、交叉、综合。

这一时期的新闻传播教育大胆借鉴国际上的做法，走国际化发展的道路。所谓中国新闻传播教育的国际化，就是面向世界发展中国的新闻传播教育，培养有国际视野、国际知识、国际水平、国际参与和竞争能力的新闻传播人才，就是中国新闻传播教育在继承和保持自己业已形成的良好传统和行之有效的教学方法的基础上，根据时代的进步和社会的需求，以发展中国的新闻与传播事业并使之成为繁荣和促进新闻事业的健康发展，维护国家长治久安、民族复兴和人民幸福安康的有力武器为出发点，吸收国际新闻传播教育领域中先进的东西，以全球化的眼光和标准来进行我们的新闻传播教育，其目的是培养出优秀的新闻传播事业的人才，在全球新闻传播的竞争中树立中国的良好形象，在国际国内的媒体上充当排头兵和主力军，为新闻传播事业的再上层楼作贡献。要实现中国新闻传播教育的国际化，就应站在国际新闻传播教育的制高点上，以为世界各国所认可的模式来重新审视和调整中国新闻传播教育的发展方向。

按照国际惯例，新闻传播教育应该突出通识教育和新闻技能的传授。如美国印第安纳大学新闻学院规定，新闻专业的毕业要求是学生要修满 120 学分，其中非专业课学习必须占到 90 学分。为此，新闻学院为学生开设 130 门以上的课程供大家选修。这样安排的目的，在于使学生对于许多他们感兴趣的知识领域可以有所涉猎。教师认为，新闻系学生应该做一个“杂家”，什么都懂，但不是“专家”，在校期间，对什么都只知道大概，不精深，就可以了。

1998 年 10 月，联合国教科文组织在巴黎召开了世界高等教育大会，最后通过的《21 世纪的高等教育：展望和行动世界宣言》提出了一个重要观点：国际性是高等教育质量的一个内在组织部分。这也就是说，高等教育要发展和提高，必须积极推行教育国际化。

在中国新闻传播教育迈向国际化的过程中，按国际通行的惯例调整安排了教学内容，开设了相应的国际知识方面的课程，大胆引入传播学理论和实证研究方法，加强现代传播科技的应用课，逐步减少甚至取消了传统新闻学教学中已经明显不再适合于当今形势的课程，加大了选修课比例，在教学中采用国外先进教材，开设双语教学，引进国外智力等。

不仅如此，许多高校还举办了新闻传播教育的国际研讨会，邀请世界级的专家到会交流，多方位地进行沟通与合作，加快了中国新闻传播教育与国际的接轨和融合。

尽管我国的新闻传播教育迈开了国际化的步伐并取得了一定的成绩，但这些成绩的取得与我国作为传媒业大国和经济大国的地位仍然很不相称。据世界报业协会发布的信息，2005 年，我国日报总发行量、日均发行量都位居世界第一，已经取代日本成为世界日报发行量最大的国家。而与国际社会对话、沟通，需要一大批“向世界说明中国”的新闻人才，需要世界一流水准的新闻学院。在这个意义上，我们依然缺乏国际化办学的视野和理念，与“世界一流”的新闻院校的差距甚大。如美国密苏里大学新闻学院学生中有 1/3 是来自世界 30 多个国家的“国际学生”，其目标是进行“全球化的国际教育”。我国已加入 WTO，国外著名新闻院校正以各种方式抢滩中国新闻传播教育市场，我们必须适应世界高等教育国际化趋势，直接参与到世界范围的新闻传播教育竞争之中。

1.9.4 中国新闻传播教育史学会成立

2008 年 10 月 24 日，以主要研究中国新闻传播教育的历史、发展、流变、特点、规律、人物、院校（系）、展望等为主要内容的中国新闻史学会新闻传播教育史研究委员会（简称中国新闻传播教育史学会）在北京成立。这个学会的主要任务就是研究中国的新闻传播教育，在历史和中外新闻传播教育的坐标体系中寻找当今中国新闻传播教育的准确定位和理想的发展路径。华中科技大学吴廷俊教授当选为学会首任会长，另有 7 位教授当选为副会长。

中国新闻传播教育史学会是在中国的新闻传播教育发展到一个特殊的历史时期成立的。从纵的方面看，经历了 90 余年发展历程的中国新闻传播教育有了自身的升变要求；从横的方面看，世界新闻传播事业和世界新闻传播教育在带给中国新闻传播教育一些有益的启发和启示的同时，也加深了国人在这个事情上的紧迫感、危机感、责任感、使命感。从实际情况看，进入新世纪的中国新闻传播教育出现了许多新的变化和新的趋势，新闻传播教育界有了比较强烈的对此问题进行研究，以寻找它科学发展的愿望；对一些发展中出现的问题有了分析其原因，给予正确疏导和解决的要求，而整个社会办学层次的多元化在提供给新闻传播教育更广阔的土壤的同时，也提供了诸多的研究题材。同时也有不少疏于管理、教学失范、鱼龙混杂等问题出现，教学秩序不能保证，教学水平良莠不齐等问题成为必须面对的问题。中国新闻传播教育史学会就是带着这样的使命应运而生的，它是中国第一个以中国新闻传播教育史为研究对象的组织。

中国新闻传播教育史学会要对中国新闻传播教育史进行系统、条理、全面的研究；它要理析其中所有的组成、要素、结构；它要对新闻传播教育领域的一些重要课题进行学术攻关；它要为中国新闻传播教育未来的发展探路。

学会确立了“依法办会、民主办会、学术办会、勤俭办会、奉献办会”的指导思想，希望团结全国乃至世界新闻传播教育界的同仁，凝聚大家的智慧和研究力量，总结和反刍历史、描述和探求未来、交流与合作谋事、横向与纵向的结合等是与会代表经过讨论后达成的共同愿望。在今后一个比较长的日子里，学会将开展的四项主要工作：第一，加强新闻传播教育史资料收集、整理工作；第二，加强对新闻传播教育机构及著名新闻传播教育家的个案研究；第三，广泛开展外国新闻传播教育史的研究；第四，密切关注考察中国新闻传播教育的现状。要将历史与现实结合起来，可以通过开办学术研讨会的形式，每年确定一个主题，开一次会议，如围绕新闻教育与传播教育的关系开会专门讨论。

1.9.5　省部共建模式的出现①

省部共建模式由上海市委宣传部和复旦大学率先“试水”。

2001 年 12 月 24 日，上海市委宣传部与复旦大学达成协议，决定共建复旦大学新闻学院，协议从共建的目标、任务、共建形式、职责、经费、附则六个方面对作为甲方的中共上海市委宣传部和作为乙方的复旦大学的权责关系进行了详细的规定，正式开创了我国“‘部校共建’新闻人才培养模式”的先河。

2013 年 12 月 20 日，中宣部、教育部在复旦大学召开现场会，总结推广复旦大学部校共建新闻学院的做法，并指导 10 个省市党委宣传部门与高等学校签署共建协议。会议指出，要把部校共建作为战略任务、基础工程，遵循新闻教育规律，遵循新闻人才成长规律，发挥业界学界各自优势，携手培养有正确立场、人民情怀、责任担当的一流新闻人才。要努力打造合作平台，探索合作形式，逐步建立科学合理、行之有效的合作机制，使新闻人才培养更加契合新闻事业发展的时代需求，走出一条新闻教学与新闻实践深度融合的新路。

会议当天，包括北京市委宣传部与中国人民大学、江苏省委宣传部与南京大学、山东省委宣传部与山东大学、安徽省委宣传部与安徽师范大学、湖北省委宣传部与武汉大学、广东省委宣传部与暨南大学就签署了共建协议。之后吉林省委宣传部与吉林大学、四川省委宣传部与四川大学、海南省委宣传部与海南师范大学、重庆市委宣传部与重庆师范大学也陆续签署了共建协议。

随后，部校共建进入高峰期：2014 年 2 月 18 日，由江西省委宣传部与南昌大学共

---

① 王大丽、吴廷俊：《中国新闻教育新热潮：部校共建新闻学院》，载《新闻大学》2015 年第 1 期。

建的南昌大学新闻与传播学院正式成立；4 月 4 日，湖南省委宣传部与湖南师范大学商讨《部校共建新闻学院实施方案（草案）》，正式开启共建工作，6 月 19 日，该院院务委员会成立；4 月 9 日，内蒙古自治区党委宣传部与内蒙古师范大学共建传媒学院签约；4 月 29 日，光明日报社与中国政法大学共建光明传播学院；5 月 4 日，河北省委宣传部分别与河北大学、河北师范大学签署共建新闻学院协议；5 月 8 日，甘肃省委宣传部与西北师范大学共建新闻学院；5 月 28 日，新华社与北京大学签署共建新闻与传播学院协议；6 月 26 日，山西省“部校共建卓越新闻传播人才培养基地”合作协议举行签约仪式，山西省委宣传部、省教育厅与山西大学、山西日报报业集团、山西广播电视台和山西传媒学院进行共建；6 月 27 日，云南大学新闻学院成立，由中共云南省委与云南大学共建；7 月 7 日，北京师范大学与光明日报社商讨共建新闻传播学院，双方商定，由双方联合成立领导小组和工作小组，加强新闻传播学院的顶层设计，完善组建方案，制订具体工作计划，加快新闻传播学院的筹建步伐；7 月 8 日，广西壮族自治区党委宣传部与广西大学共建新闻传播学院；7 月 11 日，浙江省委宣传部与浙江大学签署共建传媒与国际文化学院协议，成立部校共建传媒学院院务委员会；7 月 23 日，贵州省委宣传部与贵州师范大学共建传媒学院举行签约仪式并召开第一届院务委员会第一次全体会议；9 月 17 日，天津市委宣传部与天津师范大学举行共建新闻传播学院工作启动仪式；9 月 25 日，人民日报社与清华大学共建新闻与传播学院举行签约仪式……全国诸地“部校共建”工作仍在继续。

“部校共建新闻学院”所涉范围甚广：从省市上来看，不仅囊括了北京、上海、广州等领跑全国传媒业、高等教育事业发展的省市区域，也包括其他次发达甚至相对落后的省市。从整体上来看，基本包括了除港澳台地域之外的华北、华东、华南、华中、东北、西北、西南 7 大区域；从所有所涉新闻学院的发展历史上来看，既包括复旦大学、中国人民大学、武汉大学等老牌新闻学院，也包括清华大学、北京师范大学等相对年轻的新闻学院，还包括南昌大学、云南大学等借“共建”东风新成立的新闻学院；同时，在合作主体上，与高校合作的单位也从单纯的“部”（即各级宣传部）发展到了“部”与“媒”（即各级“媒体”）。

1.9.6 新闻传播教育发展的经验与教训

21 世纪以来，中国新闻传播教育经历了学科地位、办学规模、专业设置、人才培养模式、师资队伍结构、教材出版、教学内容等各方面的变化，取得的成绩令人欢欣鼓舞，经验与教训同样给人以启迪和思考。

主要的经验与教训体现在以下几个方面：

（1）在宏观方面，要进一步处理好质与量、新闻教育与传播教育、新闻院系的人才培养层次与院系地位等几组关系，增强新闻传播教育的科学性。要用改革精神和开放思想指导中国新闻传播教育的发展，提高新闻传播教育的竞争力；并在大胆实践的基础上摸索发展中国新闻传播教育的新范式新途径，从根本上改变不适合新闻传播教育良性发展的内外部环境和教育体制。

从国内外横向比较看，我国新闻传播学教育中存在的一些问题，已经制约和影响了它的可持续发展。这些问题主要表现为：一方面，过分注重外延扩张，内涵发展较为缺失，如，1995—1999 年，5 年中新增新闻学与传播学类专业点 50 多个，平均每年增加超过 10 个，2000—2004 年，5 年中新增新闻学与传播学类专业点 335 个，平均每年增加近 70 个，2005—2007 年，每年平均增加的数字突破了 100 个。相应的许多措施跟不上，导致许多新闻与传播院校经费不足，师资不够，教学工作不能正常有序的进行。另一方面，超常规发展带来人才培养的供大于求；管理和监督不严，高层次人才培养质量堪忧；课程设置不尽合理，专业精神在新闻教育中迷失；整体的无序性，与实践脱节，影响了教育的质量和声誉；新闻传播学的研究仍需规范，研究的方法和理论还需要不断创新。针对以上情况，可采取如下举措：调整结构，内涵挖潜，促进新闻传播学教育的可持续发展；适应市场，以需求为导向，大力培养复合型人才；面向时代，紧跟现实，全面繁荣新闻传播学研究。

（2）认识与行动结合。实践表明，我国新闻传播教育的发展落后于新闻传播事业的发展，已经是不争的事实。新闻教育培养出来的学生学术底蕴不够，科技含量不足，虽然上手快，但发展后劲不足的问题比较严重。而 21 世纪是信息经济和知识经济占主导地位的时代，新闻传播教育要能够为信息经济和知识经济服务。为此，新闻传播教育要采取果断行动，以“新闻传播观念的转变”、“现代新闻传播模式和方法的训练”、“现代新闻传播设备和技术的掌握”、“新闻传播经营管理人才的培养”为抓手，进行专业与职业相结合的教育。在“强化基础、注重实践”、“宽口径、厚基础”、“文科与理科渗透、艺术与技术结合”、“建立产学研联盟”、“实施素质教育、培养创新能力”、“立足国内、放眼世界”、“面向国际化、面向数字化、面向个性化”等具体目标下，以确实可行的行动来向理想的目标靠近。

（3）教授治学，给学校以更多的自主权与主动权。国内新闻传播教育还是条条框框比较多，行政指导比较多。新闻传播教育的行政化在教育和高校日益行政化、权力化的今天，无疑加强了权力的砝码而降低了教授等专业人士的权责。这是与传统的规律和国际新闻传播教育的规律相违背的。新闻传播教育的出路是给学校、给专业、给教授多一些主动权，包括课程设置、用人政策、课程的评比等方面。一些学校以看重官员的级别及其所能够带来的“资源”为考量，“海选”高官、名人入主新闻传播院校，引发了全国范围的跟风，搅浑了一池清水，效果如何，还有待历史做出客观评价。

教授治学可以使我们从专业的角度明白新闻传播教育的目的是什么，即明白新闻课程、专业点，培养学生的具体目的。培养学者、研究员、教授，还是培养一线的编辑、记者或者电视编导等，手段和方法是各不相同的。一个是专业型的课程，另一个是研究型的课程。在不同的前提下，师资配置、课程内容，甚至对生源的要求都是不一样的。

在教授治学的同时，也应该相信教授具有的管理能力和水平。事实已经证明，教授治学是高等学校取得科学、和谐发展的必要前提，也可以视为金科玉律，它当然适应于新闻传播教育。

（撰稿人　李建新）

第2章　不同类别院校新闻传播教育发展综述

2.1　我国外语外贸院校新闻传播教育发展综述

20世纪80年代，在中国新闻教育逐渐恢复，各地集中兴办新闻传播院系的新形势下，我国外语外贸类院校新闻传播教育也开始萌芽，并随着改革开放的不断深入，以及社会经济的不断发展而逐步形成一定的办学规模，着重培养“外语+新闻、财经（经贸）+新闻类”的复合型人才。时至今日，全国设有新闻传播学院的外语外贸类院校共8所，设有文化传播学院的2所，另有2所开设了新闻传播学课程。从发展历程来看，我国外语外贸类院校新闻传播教育大致经历了80年代国际新闻双学位双专业的开设、90年代新闻传播系的创办、21世纪最初十年新闻传播学院的组建和之后的繁荣发展四个发展阶段。

2.1.1　我国外语外贸院校新闻传播教育发展历程

1. 第一阶段（1983—1990），外语外贸类院校新闻传播教育的萌芽期

20世纪80年代初，改革开放、经济发展等一系列社会变革使得社会对于沟通中外，连接世界的人才需求日益旺盛。1983年，为了加强对外宣传工作，补充我国对外宣传人才的严重不足，北京外国语学院（现北京外国语大学）和上海外国语学院（现上海外国语大学）开始试办第二学士学位制的国际新闻专业和国际文化交流专业，实行“定向招生、定向分配”的原则，为新华社、中新社等多家单位培养外宣人才，标志着以对外宣传为主导的国际新闻传播人才培养开始起步。1983年6月，上海外国语学院在英语系下开设国际新闻专业。次年，上海外国语学院在全国首次举办“英语+国际新闻”双学士专业班，国际新闻专业从三年级英语专业学生中招收学生30名，继续修读3年国际新闻专业课程，毕业时授予英语和国际新闻专业双学士学位。1986年，该校英语系又设立英语国际新闻研究生专业，至1990年暂停招生。1987年，获国家教委同意增设国际新闻专业，学制五年，于 1988 年秋季开始招生（1992 年学制改为四年）。1988 年，上海外国语学院成立上海外语音像出版社和传播系，成为我国国际新闻传播专业建设最早的高校之一，也标志着我国外语外贸类院校新闻传播教育的发端。

2. 第二阶段（1990—2000），外语外贸类院校新闻传播专业建设起步时期

20 世纪 90 年代，以上海外国语学院、四川外国语学院（现四川外国语大学）和广东外语外贸大学为代表的外语外贸院校，结合自身外语学科优势，整合校内专业资源，开设了具有鲜明国际化特色的新闻传播院系或专业，推动我国外语外贸院校新闻传播教育快速发展。

最早创设新闻传播学院的是上海外国语学院。1993 年 5 月 7 日，在传播系的基础上，上海外国语学院新闻传播学院正式成立，由国际新闻系、传播系和上海中学生英文报社 3 个实体组成。创建之初，学院主要有国际新闻学、传播学、广告学三个专业领域。1994 年，上海外国语学院更名为上海外国语大学，国际新闻系于 1998 年更名为新闻系。

1995 年，四川外国语学院基础部汉语教研室筹办国际新闻专业。1996 年，招收首届国际新闻方向学生。1998 年，教育部批准该校开办新闻学本科专业。同年，新闻学专业并入国际文化交流学院。

1995 年 5 月，原广州外国语学院与广州对外贸易学院合并组建广东外语外贸大学。1997 年，广东外语外贸大学在原英语系下创设国际新闻专业，开始在“英语+新闻”的复合型人才理念下培养国际新闻传播专门人才。

3. 第三阶段（2001—2010），外语外贸类院校新闻传播教育大发展时期

进入 21 世纪以来，随着各个领域的对外开放与国际交往活动日益频繁，对于国际新闻传播人才的需求与日俱增，也为外语外贸类院校新闻传播教育迎来了大发展的好时机，各校纷纷加大新闻传播教育办学力度，开设新闻传播系或专业，培养外语+外贸+新闻传播类复合型专门人才，得到了社会的广泛认可。

2001 年，北京外国语大学在英语学院设立国际新闻与传播系，作为全国外语外贸类院校中较早成立的国际新闻与传播系，其新闻传播专业建设和学科发展自此进入规模化发展阶段。2009 年，北京外国语大学新闻学专业被批准为教育部特色专业。

2001 年，广东外语外贸大学成立新闻系，隶属原国际文化交流学院。2005 年，该校成立新闻与传播学院，同年，增设广告系，2007 年开办播音与主持艺术系，并于同年招收第一届播音与主持艺术专业本科生。2010 年，新闻与传播学院新闻学专业被广东省教育厅确立为省级特色专业。

2001 年，西安外国语学院（现西安外国语大学）开始招收新闻学专业本科生。

2006 年，经教育部批准，西安外国语学院更名为西安外国语大学。同年，该校在新闻学专业基础上组建新闻与传播学院。

2001 年 9 月，四川外国语学院新闻学专业重新回到社科系，设立国际新闻教研室并招生。2003 年由重庆市教委正式批准在原英语语言文化系设立广告学专业，同年开始招生。2005 年 5 月，四川外国语学院社科系新闻学专业与英语语言文化系广告学专业分别从原教学单位独立，合并组建成新的新闻传播学院。2006 年，学院设立网络传播方向，并于 2014 年升格为网络与新媒体专业。2008 年，又设立广播电视新闻学专业与播音主持艺术专业。

2003 年，北京第二外国语学院新闻学本科专业首次于春季招生。2008 年，北京语言大学新闻系国际新闻专业正式招收本科生。

4. 第四阶段（2011 年至今），外语外贸类院校新闻传播学科建设上台阶时期

进入 21 世纪的第 2 个 10 年，外语外贸类院校新闻传播学科建设在已有发展特色和规模的基础上，又迎来一轮新的发展机遇，那就是新闻传播学一级学科硕士点的设立以及研究生教育的普及。

早在 1998 年，上海外国语大学获批新闻学硕士学位授权点，该硕士点是全国传统语言类高校中首次增设的新闻学复合专业硕士点，开启了我国外语外贸类院校新闻传播研究生教育的征程。2007 年，四川外国语学院依托外语学科硕士点开始招收文化与传媒方向硕士研究生。2009 年，中宣部会同教育部在北京外国语大学、清华大学、北京大学、中国人民大学、中国传媒大学 5 所院校设立国际新闻传播硕士培养基地，为中央主要外宣媒体培养具有“全球视野、中国立场”的国际新闻报道和对外传播应用型高级专门人才。这一系列尝试是我国外语外贸院校新闻传播硕士点建设与研究生教育的开端，而外语外贸类院校新闻传播学硕士点建设的大发展时期，则是从 2011 年开始的。2011 年 4 月，上海外国语大学、北京外国语大学双双获得新闻传播学一级学科硕士授予权。2012 年年底，上海外国语大学又增设广告学二级学科硕士点，成为拥有新闻学、广告学、广播电视学、网络与新媒体、教育技术学 5 个本科专业，以及新闻学、传播学、广告学、教育技术学 4 个硕士点的学院。2012 年，上海外国语大学新闻传播学科入选上海市高校一流学科（B 类），是上海市高校新闻传播学科中唯一选入一流学科建设的学科。

2012 年，北京外国语大学—博尔顿大学全媒体国际新闻硕士项目获教育部批准，成为国内有国际合作背景的国际新闻硕士项目典型代表，2013 年该项目获得全国新闻学与传播学教学创新项目奖。2014 年 7 月，北京外国语大学国际新闻与传播学院成立，自此，全国主要外语外贸类院校全部成立了新闻传播学院，也标志着我国老牌外语类院校国际新闻传播教育迎来新一轮轻装上阵，重新出发的发展机遇。2015 年，北京外国语大学在外国语言文化一级学科博士点目录外自主设置“国际传播学”二级学科博士学位授权点，国际新闻与传播学院与学校国家重点学科英语语言文学专业合作，培养国际新闻传播方向的硕士和博士生，成为我国外语外贸类院校新闻传播学院中少有的能培养博士生的学院之一。

广东外语外贸大学新闻与传播学院自建院以来也一直探索“专业+外语”、“订单式人才培养模式”，被广东省教育厅确立为省级人才培养模式创新试验区，2013 年又被确立为“卓越新闻传播人才教育”省级综合改革试点单位，并获得全国新闻传播学教学创新奖。2013 年，该院在中国语言文学一级学科下自主设置“文化传播与媒介”二级学科硕士点，2014 年获教育部批准增列新闻与传播硕士专业学位授权点。两个硕士点均从 2015 年开始招生。目前，广东外语外贸大学新闻与传播学院已有新闻学、广告学、播音与主持艺术、网络与新媒体四个本科专业，设有新闻与传播硕士专业学位授权点和文化传播与媒介二级学科学术硕士点，学术硕士下设媒介与国际传播、文化传播史论、传播与社会发展、文化传播与应用传播等研究方向，专业硕士下设国际新闻实务、政府传播与危机管理、城市传播与文化创意产业、新媒体与品牌传播、口语传播与主持艺术等研究方向。

2011 年，四川外国语学院文化与传媒方向硕士点申请成为独立的目录外二级学科硕士点，更名为文艺与传媒。2013 年，四川外国语学院更名为四川外国语大学。2014 年，四川外国语大学新闻传播学院新闻与传播专业硕士点获教育部批准，2015 年正式招生。该学院同时申请在外国语言文学一级学科博士点下设跨文化传播博士研究方向，目前下设新闻学、网络与新媒体、广告学、广播电视学、播音与主持艺术、广播电视编导六个本科专业，新闻与传播硕士以及文艺与传媒硕士两个硕士专业。

2011 年，西安外国语大学国际新闻方向硕士研究生开始招生，属于“外国语言学及应用语言学”一级学科硕士点下设立的一个研究方向，由新闻与传播学院与英文学院联合培养。2014 年，西安外国语大学新闻与传播学院正式获得新闻与传播硕士专业学位（MJC）授予权。学院现有：新闻学（英语）专业、广播电视学（英语）专业（原广播电视新闻学专业）、广告学（英语）专业、广播电视编导专业、播音与主持艺术专业 5 个本科专业，以及新闻与传播硕士专业学位授权点，下设国际新闻采编和国际公关广告两个研究方向。

2014 年 10 月，北京语言大学在原人文学院、社会科学学院与首都文化研究基地的基础上，组建成立了人文社会科学学部。新闻传播学院为学部内设 5 个教学机构之一，开设国际新闻本科专业。国际新闻专业既注重新闻学专业课程（新闻传播基础理论课程、新媒体技术课程、国际政治与国际传播课程），也注重外语交际课程（听说读写、英语报刊选读、英文翻译、英文写作）以及计算机网络应用课程，目标是培养既懂专业，又有外语优势，兼具网络技术的复合型对外传播人才。

天津外国语大学国际传媒学院成立于 2013 年，学院前身分别为汉文化传播学院和教育技术与信息学院，涵盖了中国语言文学、新闻传播学、艺术学、教育学和计算机科学与技术五大一级学科。学院目前拥有本科专业 7 个，分为 10 个专业方向，其中新闻学专业分为“国际新闻”、“网络新闻”专业方向；传播学专业设立了“跨文化传播”专业方向；广告学专业分为“会展策划”专业方向和“中日 2+2”项目班；数字媒体技术专业是基于信息科学、数字技术、网络技术及大众传媒理论的复合型专业；教育技术学专业分为“信息技术”、“影视编导”专业方向。

2015 年 6 月 17 日，中国国际广播电台与北京第二外国语学院签订合作协议，共建北京第二外国语学院国际传播学院，专业设置除了现有的新闻学之外，增加传播学、互联网等专业，培养多语种、跨文化、全媒体的高素质国际新闻传播人才。

除此之外，大连外国语大学于 2005 年成立文化传播学院，设新闻传播教研室，开设有新闻传播学相关课程。2011 年首都经济贸易大学成立文化与传播学院，设有广告学系和传播学系，培养国际型、复合型、应用型传媒广告业人才。对外经济贸易大学和上海对外经贸大学虽然没有成立新闻传播学院，但都设有新闻传播类课程，培养新闻英语专门人才或财经新闻人才。

2.1.2　我国外语外贸院校新闻传播教育的基本特征

我国外语外贸院校新闻传播教育从无到有，从小到大，现已成长为中国新闻传播教育大家庭中重要的组成部分，特别是在国际新闻传播教育与人才培养领域产出了丰硕的成果，形成了一定的影响力。概括而言，我国外语外贸院校新闻传播教育发展过程，呈现出如下基本特征：

1. 专业建设与学科发展凸显国际化特色

纵观我国各大外语外贸类院校创办的新闻传播学院，由于其学校本身具有的国际化特色，学院建院伊始都非常强调国际化办学理念。这种理念首先表现在学生的国际化，通过与国外新闻院校、媒体机构联合办学，使学生获得赴国外交换、交流学习以及实习实践的机会，同时也接受国外学生到国内进行交流学习。其次，还表现在师资队伍的国际化，通过大量引进有国际化教育背景的师资，或直接引进国外师资，或选派中青年骨干教师出国进修、访问学习，以提升学院教师队伍国际化的水平。最后，还表现在教学科研活动的国际化，不仅有全英、双语教学，还开设大量引自西方的国际化专业课程。

另外，通过积极主办国际学术研讨会或鼓励师生参与国际学术交流活动等形式，加强国际学术交流与合作。

北京外国语大学国际新闻与传播学院目前已与英国博尔顿大学合作开展“北京外国语大学、博尔顿大学全媒体国际新闻硕士”项目；与英国莱斯特大学、兰卡斯特大学、爱尔兰国立大学梅努斯分校的本科层次合作项目；与新西兰奥克兰大学的硕士研究生1+1合作项目，与奥地利维也纳大学和莎尔兹保大学合作的传媒研究生交换项目；还有与美国加州大学伯克利分校和长岛大学以及英国剑桥大学的寒暑期夏令营项目等。北京外国语大学国际新闻与传播学院拥有一支朝气蓬勃、多元化、具有国际视野和跨文化传播能力的师资队伍。绝大多数教师具有国外访学的经历，如剑桥大学、哈佛大学等世界一流大学，以及美国密苏里大学新闻学院等世界一流新闻院校。同时还聘请国内外知名学者以及媒体专家和记者担任兼职或客座教授。有两名长期聘请的业界客座教授，负责教授英文采写和英文评论写作。

广东外语外贸大学新闻与传播学院与美国密苏里大学新闻学院、西弗吉尼亚大学、俄亥俄大学，英国兰开夏大学新闻系，台湾义守大学、香港浸会大学传理学院等国内外高校建立了本科生交换项目或双学位项目；与英国利兹大学、西敏斯特大学，澳大利亚昆士兰科技大学等国际知名大学建立了“硕士 1+1”合作项目，还与这些高校建立了长期的学术互访交流关系。至今已有近 200 名师生通过各类国际合作项目到境外交流访问学习。该校新闻学院师资队伍中具有境外学历或访学经历者占 74%，常年聘有专职外教 3 人，从事英语新闻报道、国际传播、影像与视觉传播及其他全英课程的教学，全院从事全英教学教师超过 40%。

上海外国语大学新闻传播学院“国际化”办学特色日益明显，不断加强与美国和欧洲的新闻传播院校合作，先后与美国哥伦比亚大学新闻学院、南加州大学、科罗拉多大学、迈阿密大学、马里兰大学、肯特州立大学、佛罗里达大学、蒙塔纳大学，捷克英美大学，英国牛津大学以及澳大利亚麦考瑞大学等著名高校实行科研交流和师生互访，积极开拓学生海外访学、实习项目（包括“全球新闻报道”暑期实习项目），学生出国进修攻读学位和短期交流人数逐年增加。

西安外国语大学新闻与传播学院重视国际交流合作，现与美国林登州立大学建立了传媒专业实践交流项目，每年选派学生赴美进行专业实习，同时与俄克拉荷马州立大学、密苏里州立大学等多所国际知名高校签订合作培养协议，学生可参加“1+2+1”或“3+1”等联合培养项目前往这些高校学习，学院也接收国外高校学生前来学习。

四川外国语大学新闻传播学院与香港浸会大学、美国肯特州立大学、德雷克大学、英国普利茅斯大学等 10 余所国内外高校建立了合作关系，推动本科人才互换、2+2、

3+2等人才培养项目。

2. 学科专业融合，强化复合型人才培养特色

我国外语外贸类新闻传播院校第二个共同特点在于，外语外贸学科专业与新闻传播专业的深度融合，不断探索与实践复合型人才培养模式。

北京外国语大学新闻学专业 2009 年被评为教育部高等学校特色专业。该专业特色主要体现在三个方面：一是融合式教学模式。学院目前开设课程包括英语课程、新闻专业核心课程和与国际新闻传播专业相关的通识课程三大板块。英语课程与英语专业基本一致，要求学生毕业时通过英语专业八级考试，并用英语撰写毕业论文。除“中国新闻史”、“中文新闻采访与写作”等少数课程外，其余专业课均使用英语讲授，如“英语新闻采访与写作”、“英语报刊编辑”、“国际新闻编译”、“英语经典新闻作品评析”、“英语播音与主持”、“国际传播”、“传播学概论”、“传媒研究方法与学术写作”、“新闻伦理”等。二是跨学科学位课程。新闻学专业的本科毕业生可获得“新闻学学士学位”；如选修双专业课程，还可获得“新闻—英语双专业”证书；选修法学、外交和经济学等辅修课程，还可获得双学位证书。三是紧跟传媒技术前沿。该专业利用中外合作项目的外教师资，较早开设了全媒体新闻制作实务课程。

上海外国语大学新闻传播学院经过 30 余年的发展，坚持探索在该校多语种环境下的“外语（多语种）+国际新闻传播”的融合创新教学和科研模式，已形成“国际型、实践型”的学科特色。在教学实践中，上海外国语大学新闻传播学院从市场对人才的需求出发，对各专业进行定位，扬长避短，努力培养英语基础厚实、专业口径较宽、具有鲜明特色的复合型人才。各专业在英语教学上，与英语专业本科生同教材、同要求、同试卷，用英语开设部分专业课程。其中，国际新闻专业是上海外国语大学最早设立的复合型专业学科。经过 20 余年的发展，该专业已成为上海外国语大学最热门的学科之一。该专业学生既学习英语，又学习新闻传播的有关理论及技能，学业结束后授予文学学士学位。广告学专业成立于 1998 年，是一个宽口径的复合型专业。学生既学习英语，又学习传播、营销、广告的理论与技能，学业结束授予文学学士学位。2011 年 7 月，上海外国语大学新闻学专业入选教育部第六批高等学校特色专业建设点。

广东外语外贸大学新闻与传播学院自建院以来也一直探索“专业+外语复合型人才培养模式”，在新闻学与广告学两个本科专业中尝试开办全英教学班，大部分课程全英授课。同时，面向全校语言类和其他专业开设本科双学位、双专业班和辅修课程，培养复合型人才。还与“21 世纪经济报道”合作探索“专业+外语+外贸订单式人才培养模式”，连续开办三届“财经新闻班”，订单式培养财经新闻报道专门人才。2010 年，该院新闻学专业被广东省教育厅确立为省级特色专业。2012 年，广东外语外贸大学新闻与传播学院被广东省教育厅确立为省级人才培养模式创新试验区，2013 年又被确立为“卓越新闻传播人才教育”省级综合改革试点单位，并获得全国新闻传播学教学创新奖。

西安外国语大学新闻与传播学院以“英语专业化、专业特色化”为办学理念，注重双语教学。新闻学课程设置涵盖“国际传播”、“英语新闻阅读”、“英语新闻听力”、“英语新闻报道与写作”、“新闻编辑”、“中国新闻史”、“外国新闻史”、“新闻理论”、“新闻采访与写作”、“新闻编辑”、“新闻评论”、“传播学”、“新闻摄影”、“新闻道德与规范”等。

对外经济贸易大学英语学院英语专业开设的财经新闻实验班，专门招收形象和气质俱佳、具有表演才能或其他特长的本科生。该专业实验班旨在培养具有扎实的英语基本功、宽厚的人文素养知识和敏锐的新闻洞察力，拥有较强的跨文化沟通能力，能够用英语熟练从事经济新闻采编和报道的新闻英语专门人才。

上海对外经贸大学国际商务外语学院开设了新闻学专业经济新闻报道方向，以培养专业的英语财经新闻从业人员。

3. “政媒产学研”合作，培养创新型人才

近年来，我国外语外贸类院校新闻传播学院普遍加强与新闻媒体、企业、政府机构等的合作共建，开展多种形式的政媒产学研合作，探索创新型人才培养模式，为用人单位输送专业对口、理论功底深厚、实践能力强、适应多种岗位需求的优秀复合型专业人才。

北京外国语大学国际新闻传播系与 2010 年中国日报社结成合作共建单位，2013 年又与新华社组成合作共建单位，组织大量学生到新华社、中国日报社等单位进行实习，使实践教学工作不断提升。

北京第二外国语学院国际传播学院由中国国际广播电台与北京第二外国语学院合作共建，充分发挥双方学科和平台优势，在国际传播学院的学科专业方向设置、人才培养模式创新机制、国际新闻传播师资队伍、新闻实习实训基地五个方面实施共建，共同培养专业背景复合、理论实践并重的复合型、实践性、跨文化的国际传播人才。来自中国国际广播电台的一线媒体人为学生量身定制课程，订单式培养，直接回应社会对外语类新闻人才的需求。

作为推进“上外—新华社战略合作项目”的重要内容，上海外国语大学新闻与传播学院设立了“多语种国际新闻特色班”，以第二专业辅修的形式、面向上外小语种二年级学生招生，学生在两年内修完 40 个学分可获得新闻学第二专业学位（国际新闻）。

2015 年，广东外语外贸大学新闻与传播学院又与羊城晚报报业集团共同组建“广外—羊晚全媒体与国际传播研究院”，研究院与羊城晚报报业集团合作共建“全媒体与国际传播研究院”，下设卓越新闻传播人才培养基地、多语种国际舆情研究中心、全媒体创新实验中心、政府传播与危机管理咨询实训中心、区域形象与品牌传播咨询策划研究所、广外—羊晚新闻传播图书资料中心等分支机构，作为双方在全媒体发展、科学研究、人才培养、社会服务领域全方位合作的“政—媒—产学研一体化”的新型高端智库型平台。学院还与新华网、南方网、广东电视台、香港卫视、澳亚卫视、《澳门商报》、新加坡联合早报网等多家境内外媒体建立了实习基地和合作关系。

总体上看，我国外语外贸类院校新闻传播教育虽然起步较晚，但发展迅速，尤其是进入 21 世纪以来，各学校在原有国际新闻传播专业基础上纷纷组建学院或系，使得外语外贸类院校新闻传播教育向前迈进了一大步，学科建设、专业建设、师资队伍、教学科研、人才培养等各方面均有大幅度的提升。在国家不断加强软实力建设，提升国家形象与国际话语权，强化国际传播的大好形势下，我们完全可以期待，外语外外贸类院校新闻传播教育必将迎来新一轮大发展的良好机遇，在中国新闻传播教育中占据重要的地位，发挥更大的积极作用。

（撰稿人 侯迎忠）

2.2 民族院校新闻传播教育发展综述

民族院校新闻传播教育是中国新闻传播教育重要组成部分，具有鲜明的中国特色与民族特色，主要使命是培养少数民族新闻传播人才。民族院校新闻传播教育建立之始，就显示出独特的气质。经过半个多世纪的探索发展，逐步形成了专业化、规范化的发展态势。少数民族新闻传播教育，开始从边缘融入主流。

2.2.1 民族院校新闻传播教育产生之背景

民族院校的诞生与发展，具有特殊历史背景，肩负着重要历史使命。新中国成立不久，毛泽东主席在给中共西北局和彭德怀的电报中明确指示：“要大批培养少数民族干部……各省省委及一切有少数民族存在的地委，都应开办少数民族训练班，或干部训练学校。”① 发展民族教育事业、培养大批少数民族人才的任务被提上了党和国家的重大

① 《毛泽东文集》第 6 卷，北京：人民出版社 1999 年版，第 20 页。

议事日程。1950年，中央人民政务院第60次会议正式批准《培养少数民族干部试行方案》和《筹办中央民族学院试行方案》，并由周恩来总理亲自签发公布。《培养少数民族干部试行方案》明确规定："在北京设立中央民族学院，并在西北、西南、中南各设中央民族学院分院，必要时还可增设。"《筹办中央民族学院试行方案》明确规定了民族院校三项办学任务："一、为国内各少数民族实行区域自治以及发展政治、经济、文化建设培养高级和中级干部。二、研究中国少数民族问题，以及各少数民族的语言文字、历史文化、社会经济、宣传并介绍各民族的优良历史文化。三、组织和领导关于少数民族方面的编辑和翻译工作。"根据中央的要求，1950年8月，西北民族学院（西北民族大学前身）在兰州诞生；1951年5月，贵州民族学院（贵州民族大学前身）在贵阳诞生；1951年6月，中央民族学院（中央民族大学前身）及其西南分院（西南民族大学前身）分别在北京、成都诞生；1951年8月，云南民族学院（云南民族大学前身）在昆明诞生；1951年11月，中央民族学院中南分院（中南民族大学前身）在武汉诞生；1952年3月，中央民族学院广西分院（广西民族大学前身）在南宁诞生；1956年，青海民族学院（青海民族大学前身）在西宁诞生；1958年，西藏公学（西藏民族大学前身）在陕西咸阳诞生。20世纪八九十年代，东北民族学院（大连民族大学前身）、西北第二民族学院（北方民族大学前身）、湖北民族学院相继成立。进入新世纪，经过合并改组，内蒙古民族大学成立。此后，呼和浩特民族学院、四川民族学院列入民族院校名单。截至2009年，中国建立了15所民族院校，其中6所由中央民族事务委员会主管，9所由地方政府主管。中国民族院校与民族地区的高校一道，形成了主要面向中国少数民族聚居区、兼顾少数民族散杂居地区的办学布局。60多年来，各民族院校以打造"三个重要基地"为发力点，即"培养少数民族高素质人才重要基地"、"研究我国民族理论和民族政策重要基地"和"传承和弘扬各民族优秀文化重要基地"，逐渐发展成为从中央到地方、多方协同发展格局。

民族院校新闻传播教育寄托于民族院校自身的发展，顺应民族新闻传播事业需要而产生。民族新闻传播事业以及少数民族地区社会发展离不开民族新闻传播教育事业。我国少数民族新闻事业的诞生，主要是以少数民族语言媒介报纸以及少数民族地区的报纸为标志。1905年创办的蒙古文《婴报》，是我国境内最早的少数民族文字报刊，标志着我国少数民族信息传播媒介的创建，是我国少数民族新闻传播事业产生发展的重要里程碑。为了支持民族新闻传播事业的发展，早期少数民族新闻传播教育，主要形式是新闻短期培训班，主要目的是训练民族新闻媒介从业人员的新闻专业技能与基本新闻知识。新疆日报社于1939年9月至1941年连续举办了三期新闻技术训练班，被认定为中国少数民族新闻传播教育的开端。新中国成立以后，广西日报社、西藏日报社等民族地区新闻单位也举办了类似的新闻业务训练班，主要目的是强化培训民族地区新闻传播从业人员业务能力。早期新闻培训班是民族新闻传播教育的萌芽阶段，尚不属于正规学院教育。这一时期的民族新闻传播教育培养目的单一、教育体系不健全，授课内容分散、不系统，学员知识结构不完整，不足以支撑日益发展的民族新闻传播事业。创建正规化、科学化的新闻传播专业教育迫在眉睫。1953 年，内蒙古蒙文专科学校（呼和浩特民族学院前身）成立新闻编译专业，主要以培养能够使用蒙古文的编辑和记者，为内蒙古地区新闻事业发展输入专业人才。1961 年，中央民族学院（中央民族大学前身）开办新闻研究班，招收学员 30 名，学制 2 年，以培养少数民族新闻从业人员为主要目的。作为比较正规的民族新闻传播教育，民族院校新闻传播教育对民族新闻传播事业的发展，民族新闻传播人才的培养，民族文化传承与发展作出了突出的贡献。进入新世纪，各民族院校在原有专业的基础上，纷纷成立新闻传播院系，民族新闻传播教育步入正轨，繁荣发展（见表 2-1）。

表 2-1　**15 所民族院校新闻传播院系名单**

序号	管理单位	学校名称	二级学院名称	办学地区
1	国家民委	中央民族大学	文学与新闻传播学院	北京
2		中南民族大学	文学与新闻传播学院	湖北武汉
3		西南民族大学	文学与新闻传播学院	四川成都
4		西北民族大学	新闻传播学院	甘肃兰州
5		北方民族大学	新闻系	宁夏银川
6		大连民族大学	文法学院	辽宁大连
7	地方省、自治区政府	云南民族大学	文学与新闻传播学院	云南昆明
8		内蒙古民族大学	传媒学院	内蒙古通辽
9		西藏民族大学	新闻传播学院	陕西咸阳
10		广西民族大学	传媒学院	广西南宁
11		湖北民族学院	文学与传媒学院	湖北恩施
12		贵州民族大学	传媒学院	贵州贵阳
13		青海民族大学	文学与新闻传播学院	青海西宁
14		四川民族学院	网络与新媒体专业	四川康定
15		呼和浩特民族学院	传媒学院	内蒙古呼和浩特

2.2.2 民族院校新闻传播教育发展历程

1. 民族院校新闻传播教育发展简述

民族院校新闻传播教育属于中国新闻传播教育的重要组成部分，与中国一般新闻传播教育具有大同小异的发展历程。总体来说，我国民族院校新闻传播院系成立时间晚，专业基础弱，发展速度慢，依附性强。最初，许多民族院校的新闻传播院系依附本校汉语言文学、翻译等其他文科专业发展起来，鲜有新闻院系是独立发展的。学界普遍认为，正规民族新闻传播教育的起点是 1961 年中央民族大学新闻研究班的成立。然而，早在 1953 年，内蒙古蒙文专科学校（呼和浩特民族学院前身）就成立了蒙古语授课新闻编译专业，是边疆少数民族地区新闻传播专业教育开始的标志。发展至今，呼和浩特民族学院传媒系一直保持着蒙古语授课的特色，为内蒙古地区新闻传播单位培养人才。民族院校新闻传播教育应该是以 1953 年内蒙古蒙文专科学校新闻编译专业的创办为起点。

民族院校的新闻传播教育大致经历了三个历史发展阶段。

第一阶段：起步探索时期（1953 年蒙文专科学校新闻编译专业成立至 1984 年中央民族学院开设四年制新闻专业）。这一时期民族院校新闻传播教育依然保留了最初民族新闻传播教育的形式，即以培训班的形式开展新闻技能训练和新闻知识的学习。民族新闻传播教育的直接目的，是为民族新闻传播事业发展培养民族新闻从业人员以及管理干部，服务民族地区新闻媒体单位。民族院校新闻教育最早培养的一批新闻人才，已经成长为中国各项民族事务发展的重要推动力量。1966 年，“文化大革命”开始，党的民族政策遭到践踏，民族院校新闻教育一度停滞。由于客观形势的变化，中央民族学院（中央民族大学前身）新闻训练班学员结业后，没有继续兴办新闻研究班。但是，早期的民族院校新闻教育，为民族院校系统的新闻专业教育奠定了基础。

第二阶段：迅速发展时期（20 世纪 80 年代至 90 年代）。改革开放以后，中国民族院校参照内地新闻院系办学机制，纷纷设立新闻传播相关专业，稳步推进少数民族新闻传播教育发展，形成了大专、本科、硕士研究生多层次专业教育体系与新闻学、广告学、广播电视新闻学等较为全面的专业格局。1984 年，中央民族学院（中央民族大学前身）中文系开设四年制新闻专业，1989 年开始招收民族硕士研究生。根据当时形势，挂靠民族学硕士点，招收攻读民族报刊研究方向的学生，先后开设了“中国少数民族新闻史”、“中国少数民族新闻学概论”、“民族摄影学”、“中国少数民族新闻业务研究”、“影视民族学”等“民字号”课程。1989 年，原内蒙古蒙文专科学校新闻教研室和文学教研室合并组成新闻系，是内蒙古自治区第一所设立蒙古语新闻学专业的院系；1995

年，中南民族学院中文系开设新闻学专业；同年，贵州民族学院创办新闻学本科专业；1996 年，西藏民族学院语文系利用在内地办学优势，开办新闻专业，首届招生 29 人；1997 年，广西民族学院开设播音与主持艺术专业，为之后创建传媒专业奠定了基础；1999 年，西北民族学院设立广播电视、新闻学和广告学专业。这一时期民族院校新闻传播院系尚未实现相对独立发展，主要依附汉语言文学相关专业的师资力量和教育资源，从课程设置上也明显偏向汉语言文字、比较文学等人文学科类课程。这种情况直到 2000 年才有所改善：中国民族院校开始搭建新闻专业学科框架，树立新闻传播专业教育理念，民族新闻传播教育开始转入正轨。

从 1996 年起，新闻学被提升为国家一级学科，正式定名为“新闻传播学”，中国新闻传播教育体系从单一的本科教育发展到具有博士、硕士、本科、专科、自考、在职培养等多层次格局，民族新闻传播教育也有了重大发展。

第三阶段：转型提升时期（2000 年至今）。进入 21 世纪，特别是 2005 年以后，以各民族院校纷纷改组合并，成立新闻传播院系为主要标志，中国民族新闻传播教育驶入全面发展的快车道。民族高等教育规模不断扩大，招生人数也逐年攀升。2002 年的数据显示，全国民族院校、民族地区的新闻学专业点高达 61 个，大多数升为新闻传播院系，实现较为独立的专业发展。民族院校新闻传播院系开始以新闻传播学科发展为中心，从课程设置、学科建设、师资队伍、实习基地、研究平台、科研立项等方面做出调整，以新闻传播学专业发展规律为指南，大力发展民族新闻传播教育。2002 年，中央民族大学执行学院建制，成立文学与新闻传播学院，发展成为多层次人才培养的文科学院。2005 年，西藏民族学院成立新闻传播学院，是西藏自治区唯一一所新闻传播学院，开设新闻学、广告学、广播电视新闻学、播音主持四个专业，2010 年，开始挂靠民族学专业，招收少数民族新闻传播事业研究方向硕士研究生，与中国人民大学、复旦大学我国两所顶级高校新闻传播院系建立对口支援关系，获得迅速发展。2008 年，中南民族大学在原有文学院的基础上，增设新闻学、广告学、广播电视新闻学等新闻传播学门类专业，整合更名为文学与新闻传播学院，拥有新闻传播学与民俗学两个硕士点。同年，西北民族大学成立新闻传播学院，下设新闻学、广播电视新闻学、广告学和广播电视编导 4 个本科专业。贵州民族学院（贵州民族大学前身）传媒学院开设了新闻学、广播电视新闻学、广播电视编导、传播学、远程教育技术广告学、教育技术、数字媒体艺术、播音主持 9 个普通本科专业。2010 年，申报“新闻学”与“传播学”两个硕士点，成为全省和全国民族院校中第一个完整拥有两个二级学科硕士点的高校。2010 年，呼和浩特民族学院改组成立传媒系，开设新闻学、播音主持、摄影 3 个专业，学生培养层次从专科升格为本科。青海民族大学在原有汉语言文学专业基础上，整合师资力量成立文学与新闻传播学院，下设广播电视新闻学专业教研室，拥有中央财政与地方共建的广播电视传媒实验室。2014 年，广西民族大学传媒学院挂牌成立，开设播音与主持艺术、广播电视编导、编辑出版学和传播学四个本科专业，同年，学院影视文艺理论与创作硕士点开始招生。截至 2015 年年底，15 所民族院校均开设了新闻传播专业点，其中有 6 所成立了独立的新闻传播学院或传媒学院，6 所院校与文学专业共同组建了文学与新闻传播学院，1 所与法学专业合并组建文法学院。中央民族大学作为少数民族教育的最高学府，是唯一的“211”、“985” 重点建设民族院校。民族院校新闻传播院系逐步实现专业化发展，并成为我国民族新闻传播研究以及民族新闻传播人才培养主要基地。

2. 民族院校新闻传播教育现状概述

中国民族院校新闻传播教育从无到有，从单一发展到全面发展，形成了较为系统、多语种、多层次、多渠道、特色鲜明的新闻传播教育体系。从中央到地方，国家部委直属民族院校与地方民族院校一道，为少数民族地区社会发展与民族新闻传播事业发展培养一批又一批民族新闻传播人才，特别是在西部大开发中，发挥了无法替代的作用。由于地域、经济、政治、文化等影响因素共同作用，中国民族院校新闻传播教育形成了兼具共性与个性的教育特色。

1）学科建设

由当前中国民族院校新闻传播院系学科和学位点建设统计情况可知，15 所民族院校均设置了新闻传播学科相关专业，包括新闻学、传播学、广播电视新闻学、编辑出版学、播音与主持艺术等，其中 9 所院校设置了新闻传播学科一级或二级硕士学位点（见表 2-2）。

在中国民族地区，信息传播环境与历史文化与非少数民族地区有着明显的区别，民族新闻传播媒体发展所需要的新闻传播人才与一般新闻媒体单位也略有不同。针对少数民族地区社会发展需求与民族新闻传播人才需求，民族院校新闻传播教育在专业设置上有所体现。在西藏、新疆、内蒙古等少数民族聚集区，民汉双语传播是重要特征，民族语言媒体与汉语媒体长期共同存在。2013 年，响应教育部、中宣部号召，中央民族大学文学与新闻传播整合校内资源，与藏学院联合成立藏汉双语新闻基地班，生源来自中国 5 个藏区，致力于培养藏汉双语卓越新闻传播人才。西藏民族大学新闻传播学院根据区内外学生的不同情况，分为区内班与区外班，因材施教，制定符合学生发展的培养计划。建院 10 年间，为西藏地区新闻单位和相关部分输送了大量的新闻传播人才。贵州民族大学传媒学院，经过不懈的努力，将该校新闻传播学建设成为省级重点学科。呼和浩特传媒学院，位于内蒙古自治区，从成立之初即确立了蒙语教学特色，所有专业实行蒙语授课，为内蒙古地区民族新闻媒体单位输送精通蒙汉双语的少数民族新闻传播人才。

2）人才培养

教育的核心是人才培养，学校的中心环节是教学。进入新世纪，中国民族新闻传播教育与中国民族高等教育事业一道，以人才培养为中心，向各民族地区与民族事务各单位输送各类人才。据粗略统计，至 2015 年年底，我国 15 所民族院校在校生已逾 20 万人，其中新闻传播专业在校生 11391 人，包括硕博生、留学生 522 人。本科生中新闻学专业 3086 人，广播电视新闻学专业 2388 人，广告学专业 1950 人，编辑出版专业 556 人，播音主持专业 1108 人，其他新闻传播相关专业 1781 人。民族院校设立 39 个新闻传播学科专业点，培养专科生、本科生、硕士生等，形成了具有各个层次、各种形式的民族新闻传播教育。

表 2-2　　民族院校新闻传播院系专业设置统计表

学校名称	专业设置							培养层次
	新闻学	传播学	广播电视学	广告学	编辑出版学	播音主持艺术	网络与新媒体	
中央民族大学	√			√				本科、硕士
中南民族大学	√		√	√				本科、硕士
西南民族大学	√		√					本科、硕士
西北民族大学	√		√	√				本科、硕士
北方民族大学	√	√		√				本科、硕士
大连民族大学	√							本科
云南民族大学			√	√			√	本科
内蒙古民族大学								本科
西藏民族大学	√		√	√		√		本科、硕士
广西民族大学	√	√	√		√	√		本科、硕士
湖北民族学院	√		√		√			本科、硕士
贵州民族大学	√	√	√	√		√	√	本科、硕士
青海民族大学			√	√				本科
四川民族学院							√	本科
呼和浩特民族学院	√					√		本科

中国各民族院校新闻传播学教育能够按照国家的规定，完成专科三年、本科四年的

专业培养计划。同时，各民族院校又根据自身地域优势、教育资源，在人才培养目标上有所体现。国家民委主管民族院校，从人才培养目标设定上更偏重新闻传播学知识与技能的培养，地方政府主管民族院校，则更偏重为民族区域发展需求培养新闻传播人才。我们选取部分民族院校新闻学专业人才培养目标，以此显示不同类型民族院校新闻传播教育的人才培养特色（见表2-3）。

表2-3 **不同民族院校新闻学专业人才培养目标**

院校名称	培养目标	管理单位
中央民族大学	新闻学藏语基地班：为全国特别是藏族地区培养具有健全人格、较为宽广的人文和社会科学视野，掌握新闻传播学专业理论知识，熟悉全媒体运作特性，具有新闻职业精神，能够用藏汉双语在新闻传播领域从事新闻生产、产业经营以及传媒相关行业工作的应用型新闻传播人才 新闻学：培养具有健全人格、宽广人文和社会科学视野，掌握新闻传播学专业理论知识，熟悉全媒体的运作特性，具有新闻职业精神及应用能力与创新能力，能够在新闻传播领域从事新闻生产、产业经营以及传媒相关行业工作的复合型新闻人才	国家民委
中南民族大学	培养适应21世纪社会需要，德、智、体、美全面发展，具有良好的新闻传播理论素养并掌握相关技能，文化功底扎实，熟悉我国新闻传播政策法规，初步具备新闻传播学学科研究工作潜质，能够胜任新闻传播、新闻教育、新闻管理、新闻研究、出版宣传、机关文秘，以及其他文化传播工作的复合型高级专门人才	国家民委
北方民族大学	培养具备系统的新闻理论知识与实际技能，具有宽广的文化与科学知识，熟悉我国新闻、宣传的政策法规，能在新闻、出版、宣传部门从事编辑、记者与管理经营等工作的新闻学高级专门人才和应用型人才	国家民委
西藏民族大学	培养具有复合型知识结构、熟练专业技能和全面发展能力的新闻传播人才。可胜任报纸、广播电视、网络媒体的采编、节目策划、节目制作与管理及其他宣传部门的工作，同时能够在西藏等少数民族地区从事专业研究和教学工作	西藏自治区政府
广西民族大学	培养具备系统的新闻学知识与技能，拥有较广博的文化与科学知识背景，能在报刊、广播、电视、网站等媒体以及政府宣传部门、企事业单位从事新闻采、写、编、评工作的专业人才或从事新闻学教学与科研方面的专门人才	广西壮族自治区政府

续表

院校名称	培养目标	管理单位
湖北民族学院	培养具备系统新闻传播理论知识与技能、宽广的文化与科学知识，熟悉我国新闻、宣传政策法规，综合素质高，专业能力强，在融媒时代能够在新旧媒体从事新闻策划、采写、传播等新闻实务以及在政府部门、新闻与出版单位、学校、大型企事业单位等从事新闻采编、公关策划及经营管理等工作的复合型专门人才	湖北省政府
呼和浩特民族学院	培养具有系统的新闻理论知识与技能，拥有较广博的科学与文化知识，能在内蒙古自治区以及蒙古语文协作八省区各级各类媒体从事新闻采访编辑、经营管理、理论研究工作以及在党政机关、企事业单位从事新闻宣传工作的蒙汉兼通的新闻学高素质应用型人才	内蒙古自治区政府

3）课程设置

民族新闻传播教育兼备一般新闻传播教育共性与民族高等教育个性，中国民族院校新闻传播学课程设置，既包括一般新闻传播教育所要求的专业课程，同时部分新闻传播院系充分挖掘自身优势，注重内涵发展，开发了一系列民族特色课程（见表 2-4）。

表 2-4　**部分民族院校新闻传播教育民族特色课程**

院校名称	课程名称	课程简介
中央民族大学	“藏文写作” “藏文文法” “藏族文学史” “汉藏翻译” ……	新闻专业（藏语基地班）专业必修课，共 432 课时，51 学分，藏族历史文化相关课程占总共专业必修课一半以上。培养学生藏语文应用能力，能够精通藏语文，使学生能够胜任藏语、藏汉双语传播环境的工作
西南民族大学	“少数民族新闻传播史”	专业选修课，34 课时，2 学分。介绍我国当代少数民族新闻传播媒体的发展和少数民族新闻传播学的研究工作，具有重要的学术价值和启迪意义
西藏民族大学	“西藏新闻传播史”	专业必修课和特色课程，34 课时，2 学分。内容包括西藏原始信息传播、古代新信息传播、近现代新闻传播和当代新闻传播。介绍西藏地区新闻传播事业的出现、发展和基本特点，使学生对西藏自治区新闻传播事业的历史和现状有基本的了解

续表

院校名称	课程名称	课程简介
呼和浩特民族学院	“新闻学原理”	专业必修课，64 课时，4 学分。蒙古文教材，主要介绍新闻学概论的基本概念、基础理论及技巧，为学生今后从事新闻媒体工作打下理论基础。通过本课程的讲授，要求学生对新闻学的理论知识有系统的了解和掌握

关于新闻传播专业课程设置，民族院校大体包括四个部分：

(1) 公共课，属通识教育课程，包括“思想政治教育”、“大学英语”等，目的是提高大学生的人文素养和社会科学基础知识，占课程体系的 35%~40%；

(2) 学科基础课，指新闻传播学专业的基础类课程。例如“新闻学概论”、“传播学概论”等，奠定专业学习基础，占课程体系的 20%~25%；

(3) 专业方向课，通常分为必修和选修课程。例如“网络编辑”、“国内外新闻传播史”等，是较为深入的专业学习，占课程体系的 25%~30%；

(4) 实践类课程，包括专业实习、职业规划课程等，占课程体系的 10%~15%。课程基本覆盖了新闻传播学专业培养要求，但同质化情况较为明显。

此外，民族院校新闻传播教育还特别注重新闻传播实验室、实验中心建设，培养学生新闻业务能力，提高专业知识与技能。实践课程成绩计入学生考评系统，并逐渐加大实践课程比例，以适应新闻传播学教育应用型人才培养要求。

4) 师资建设

近几年来，中国民族院校利用地缘、对口支援优势，努力提高师资教学科研水平，提升教师素质，在数量与质量上，有较为显著的提高。粗略统计，15 所民族院校共有教师 596 人，其中教授 102 人，副教授 176 人，讲师 239 人，其他 79 人，副高以上职称教师所占比例较前几年有明显的增加。在民族院校新闻传播教育教师队伍中，有多位教授享受国家和省、自治区特殊津贴，在民族新闻传播研究领域作出了突出贡献。此外，与一般高等院校新闻传播院系相比，民族院校新闻传播院系，特别是位于少数民族地区院校，少数民族教师占了相当比例，包括蒙古族、回族、藏族、苗族、土家族、哈萨克族教师，体现了民族新闻传播教育师资队伍特色（见表 2-5）。

5) 科研情况

以少数民族新闻传播研究为特色，针对民族问题研究领域的重大议题，民族院校新闻传播院校形成了多层次、多视角、多方位的研究格局，产生了一系列颇有影响力的研究成果，在新闻传播研究领域，独树一帜。从科研成果上看，关注少数民族地区自然地理环境、受众需求、民俗文化，民族新闻传播研究成果展现出中国民族地区社会与信息传播发展进程，具有区域特色、民族特色，是传承与弘扬优秀民族文化重要平台（见表 2-6）。

表 2-5　　**部分民族院校新闻传播院系师资情况统计**

院校名称	师资情况（单位：人）			
	教授	副教授	讲师	其他
中央民族大学	21	17	20	0
湖北民族学院	9	22	15	0
中南民族大学	9	10	10	1
西北民族大学	7	9	28	14
西南民族大学	18	20	20	3
大连民族大学	4	5	5	2
青海民族大学	11	17	14	0
云南民族大学	10	22	20	10
广西民族大学	5	6	12	7
西藏民族大学	2	11	15	9
呼和浩特民族学院	3	1	10	19

说明：师资数量包含新闻传播专业所属院系整体师资规模。

表 2-6　　**部分民族院校新闻传播院系科研项目**

项目名称	院校名称	负责人	项目类别
“少数民族语文的新闻事业研究”	中央民族大学	白润生	国家级
“中华优秀传统文化传承体系研究”	中南民族大学	高卫华	国家级
“中国少数民族新闻传播教育的目标与改革途径研究”	西藏民族大学	周德仓	国家级
“民族地区新媒体舆论引导机制研究”	西南民族大学	林晓华	省部级
“甘青川藏族口传文化汇典（青海子课题）”	青海民族大学	卓玛	国家级
“当代东北地区少数民族新闻传播史研究（1949—2010）”	大连民族大学	于凤静	国家级

续表

项目名称	院校名称	负责人	项目类别
“民族地区新闻传播功能研究——以西藏、新疆地区少数民族语言广播、电视媒体为研究样本”	中央民族大学	赵丽芳	省部级
“媒介传播与南方少数民族地区和谐社会的构建”	湖北民族学院	杨光宗	省部级
“中西部传媒与社会发展研究”	西北民族大学	刘俭云	省部级
“新闻传播学名词术语的蒙译问题研究”	呼和浩特民族学院	王高娃	省部级
“西部环境新闻教育体系构建与人才培养模型研究——以贵州为例”	贵州民族大学	颜春龙	省部级

2.2.3 民族院校新闻传播教育发展特点

中国民族院校新闻传播教育，致力于培养少数民族新闻传播专业人才，具有鲜明的少数民族文化气质，在中国的新闻传播教育中体系中占有不可替代的位置。

1. 承载国家民族事业之历史使命

民族院校新闻传播教育负有推进民族地区发展，维护民族地区稳定，捍卫祖国统一和民族团结的伟大政治使命。民族院校新闻传播教育具有鲜明的民族政治色彩。

2. 采用“民汉”双语（多语）教育模式

国家通用语言与少数民族语言媒介构成的双语或多语传播模式，是民族地区新闻传播的最典型特征。民族院校用汉语、少数民族语言双语或多语进行专业教育，成为民族院校新闻传播教育的特色和优势。

3. 中国民族新闻传播研究基地

民族院校主要分布在中国少数民族聚居的西部地区，也是少数民族新闻传播的大本营，汇聚了少数民族新闻传播的主要专业教学和研究阵容，毫无疑问地成为中国少数民族新闻传播研究基地。

4. 少数民族文化传播平台

民族院校居于中国少数民族聚居区，也是少数民族文化的核心地区。新闻传播媒介必然承担民族文化传播的使命，新闻传播教育由此也成为民族文化传播的高端平台。

5. 中国国家对外传播研究基地

少数民族地区社会经济和文化发展，一直是中国国家对外传播的重要支撑点。以传播中国民族地区发展为己任的少数民族新闻传播事业，必然构成中国国家对外传播的组成部分。以培养少数民族新闻传播人才为目标的民族院校，则成为国家对外传播的基地。

6. 中国本土化新闻传播创新基地

少数民族新闻传播非常典型地体现了中国特色新闻传播的特殊规律，是新闻传播本土化的主要途径之一。富有少数民族特色的民族院校新闻传播教育，必然成为中国新闻传播本土化创新基地。

（撰稿人　周德仓　贾美娜　卞丽敏）

2.3　工科院校新闻传播教育发展巡礼

2.3.1　第一梯队

清华大学、华中科技大学、上海交通大学是理工科大学所办新闻传播学院的第一梯队。在 2015 年教育部发布的各专业排名中，这 3 所大学的新闻传播学均排在国内高校前十位，分别排名第 5、6 和第 10 位。

理工科大学兴办文科，肇始于 20 世纪 80 年代，一批教育家痛感工科大学人文气息缺失，认识到理工不与文科交叉，很难适应未来学科的发展。因此，纷纷创办文科专业。而第一个创办新闻系的，便是 1952 年成立的华中工学院（后改名华中理工大学、华中科技大学）。

1. 华中科技大学新闻传播教育发展概况

1983 年 7 月 6 日，华中工学院新闻系正式成立，这是我国工科院校成立的第一个新闻系。新闻系的成立，得力于原华中工学院院长朱九思的极力申请和支持。而且，他是最早反思办学道路的教育家之一，“文革”期间即对全面照搬苏联单科办学模式产生怀疑。到了 80 年代初，他越发坚定了把华中工学院办成文理工管兼有的综合性大学的愿望。申办新闻专业也与朱九思的自身经历有关，他曾当过《冀热辽日报》和《湖南日报》总编辑，有丰富的新闻从业经历。新闻专业的创办，适应了 20 世纪 80 年代中国新闻事业蓬勃发展的需要。

1983 年 9 月，首届新闻干部专修班开学，102 名学员基本上是湖北省新闻界的业务骨干，学制两年，分为报纸班和广电班两个班。第一批任课老师申凡、程道才、汪苏华、程世寿等，都是从新闻业界进入高校首次上课的教师。1984 年夏，华中工学院与光明日报社湖北记者站、中华国际技术开发总公司联合创办了《改革信息报》。该报公开出版发行，反响热烈，有多篇作品获奖。次年 9 月因为经费原因停刊。

1984 年 9 月，新闻干部专修班迎来首届 73 名本科生。除了新闻院系传统的课程外，还开出了高等数学、自然科学概论、计算机及算法语言等必修课，及西方经济学等文理交叉的课程。为了适应现代记者的工作需要，新闻系要求学生对摄影、摄像、英文打字、开汽车等各种技能都要学习。新闻系系主任汪新源自信地说道：“和人大、复旦、武大办的一样，我们就不办了。”华中工学院新闻系初创时期，在很短的时间里聚集了一批受过新闻专业教育且具丰富新闻实践经验的教师，给中国新闻教育带来了一股清风，开创了工科背景的大学创办新闻专业的先例，走出了一条“文理交叉”的办学之路。80 年代末，由于国内环境的变化，新一届校领导班子在管理方式上，没有形成一套行之有效的符合文科发展规律和现代文科发展趋势的管理制度和管理机制，还存在简单套用工科管理模式管理文科的问题，给新闻系的发展带来了一些影响。进入 90 年代，在学校机构不断变动、青年教师流动性加大的不利情况下，新闻系苦练内功，把科研推上台阶，把教材配套，拓展对外交流，为自己打开新的发展空间。

1992 年至 1997 年为探索新特色阶段，开始思考如何进一步坚持“应用为主”，同时将前一阶段的“文理渗透”特色推向跨学科“远程交叉”、传播文化与传播科技结盟的新层面上。1996 年，获新闻学硕士学位授予权，同年开始招生广播电视学本科专业学生。

1998 年 4 月，新闻系与学校现代教育技术中心合并组建为华中理工大学新闻与信息传播学院。

1998 年至今，为学科建设大发展阶段。1998 年初，学院正式提出“实行新闻学与传播学并重，人文、社科与信息学科大跨度交叉，传播文化与传播科技紧密结盟，培养既有扎实的人文、社科功底，又能掌握现代传播工具的现代化新闻与信息传播人才”的学科发展和人才培养新思路，在三个方面进行了转变：一是从单学科教育转向多学科综合教育；二是从侧重技能训练转向技能训练与学理教育并重；三是从廉价教育转向高投入教育。1998 年，在学校的大力支持下，在理科二年级学生中选拔组成网络新闻本科班，1999 年正式招生网络新闻传播学专业本科学生，2000 年开始招生广告学本科专业学生，2000 年取得传播学硕士学位授予权，2003 年更是迈上一个新的台阶，获得新闻学博士学位授予权，2005 年获得传播学博士学位授予权，成为全国五家拥有新闻传播学一级学科博士授予权的院校之一。2011 年开设了播音主持艺术专业，面向全国招生，增强了学院的综合实力。

2. 清华大学新闻传播教育发展概况

清华大学新闻与传播学院于 2002 年 4 月 21 日正式成立，其前身是 1985 年在中文系设立的编辑学方向和 1998 年 10 月成立的传播系。清华大学新闻与传播学院的成立，正值世界进入媒体作用日益显著和媒体技术快速发展的全球化时代，也是我国改革开放逐渐深入的重要历史时期。在中国加入世界贸易组织，并在国际社会中扮演日益重要的角色的时候，中国的新闻与传播无论是在学术方面还是在实践领域，都面临着前所未有的机遇和挑战。在这样的历史背景下，清华大学在 1985 年中文系设立的编辑学方向和 1998 年 10 月成立的传播系基础上，整合校内外和国内外多方资源，组建了新闻与传播学院。清华大学利用其国内顶尖高校的平台优势，先后调入学界和业界重量级人物，使之很快成为新闻传播学一方重镇。我国新闻传播界资深人士、《人民日报》原总编辑范敬宜先生担任首任院长。2011 年 3 月，时任国家新闻出版总署署长、国家版权局局长柳斌杰先生受聘担任学院第二任院长。目前，郭镇之、陈昌凤、李彬在新闻传播史领域，崔保国在媒介经济与管理领域，熊澄宇、金兼斌在新媒体传播领域，李希光在国际传播与健康传播领域，尹鸿在影视与媒介文化领域，都能独当一面。

2014 年，在中共中央宣传部和教育部部署下，清华大学决定与人民日报社共建新闻与传播学院。目前，学院已形成一支理论与应用兼顾、国际和国内学术背景融合，多学科、多专业交叉的精干高效的教师队伍；具有博士学位的教师、具有国外长期学习和工作经历的教师、具有媒体实际工作经验的教师比例，在国内高校同类学科中均名列前茅。尤其在国际传播、媒体与科技、艺术相结合和影视理论与批评等方面的学术研究中取得一定的优势。

3. 上海交通大学新闻传播教育发展概况

上海交通大学媒体与设计学院成立于 2002 年 9 月。教学以文理渗透，手脑并重；技术、学术、艺术融合；国际化，数字化，产学研一体化为特色。在学科建构方向上，新闻与传播学、艺术学、管理学等学科交叉互补，融合创新，共同发展。学院下设新闻与传播系、电影电视系、设计系、文化产业管理系，现有数字新闻与传播、广播影视编导、视觉传达艺术设计、景观与环境艺术设计、工业设计、文化产业管理 6 个本科专业（及方向）；传播学、新闻学、广播电视艺术学、设计艺术学和美术学 5 个硕士点；工业设计工程硕士、数字媒体艺术与技术工程硕士、传媒 EMBA、MFA（艺术专业硕士）、新闻传播专业硕士 5 个专业硕士点；以及文化产业与媒介管理二级博士点。近 5 年来，出版论著 300 多部，发表论文 500 多篇，承担了包括国家社科重大项目、教育部重大攻关项目、国家社科项目、国家自然科学项目等在内的国家级、省部级、国际合作课题 100 多个，总经费逾 1500 万元。建立了国内领先的广电、摄影、设计、信息效果实验室，成立了上海交通大学全球传播研究院、媒体文化与社会发展高级研究院、设计管理研究所、美国电影研究中心、交互设计研究所、珠宝时尚产业研究中心、数字媒体艺术研究所、上海交通大学—新浪互联网传播研究中心、交大—上海证券报联合实验中心、中国新闻发言人培训与研究中心、东森两岸四地传播与社会发展研究中心等 20 多个研究机构，还有一个专业展览馆——程及（著名旅美华人画家）美术馆，以及三个国家级重点研究基地——上海交通大学国家文化产业创新与发展研究基地（文化部），两岸文化产业研究中心（文化部），都市文化与传播研究中心（教育部），和一个大学生实践教育基地——上海交通大学大学生全媒体中心。

学院首任院长张国良教授 2002 年发起成立中国传播学会（中国大陆传播学界第一个学术团体），被选举为首任会长。他曾任复旦大学新闻学院副院长、信息与传播研究中心（教育部文科重点研究基地）主任。2006—2014 年，任上海交通大学媒体与设计学院院长。现任院长李本乾教授在媒介经济、葛岩教授在广告艺术，单世联、蒋宏教授在文化传媒产业研究领域，都有一定的影响力。

2.3.2 第二梯队

湖南大学新闻传播与影视艺术学院、华南理工大学新闻与传播学院等构成了理工科大学所办新闻传播学院的第二梯队。

1. 湖南大学新闻传播教育发展概况

湖南大学新闻学专业创办于 1995 年，2002 年成立新闻与传播学院，设新闻学、广告学两个本科专业；2010 年 1 月，广播影视艺术学院和新闻与传播学院合并，更名为新闻传播与影视艺术学院，设有表演、播音与主持、广播电视编导、新闻学（新闻学方向）、新闻学（广播电视新闻方向）、新闻学（媒介经营管理方向）、广告学等多个艺术本科专业，其中新闻学专业（含三个方向）是国家级特色专业。学院拥有新闻传播学一级学科硕士学位授予权。建有 1 个省级人文社科重点研究基地（湖南省文化产业研究基地），2 个校级研究机构（湖南大学传媒与文化产业研究中心、湖南大学科技新闻与传播研究所），1 个联合研究机构（湖南红网网络传播研究中心）。

2015 年教育部发布的各专业排名中，湖南大学新闻传播学排第 18 位。

2. 华南理工大学新闻传播教育发展概况

华南理工大学新闻与传播学院成立于 2004 年 7 月。2003 年，原人文社会科学学院招收首届传播学本科生，第二年人文社会科学学院撤销，在此基础上新成立新闻与传播学院、法学院和艺术学院。新闻与传播学院在原传播学专业基础上，另设立广告学、编辑出版学专业。经过十余年的发展，现有新闻传播系、品牌传播系、视听传播系、网络传播系和实验教学中心、人文素质教育中心。本科开设新闻学（跨媒体新闻方向）、传播学专业（网络与新媒体方向以及视听传播方向）、广告学专业（品牌传播方向），并招收外向型人才实验班（新闻传播学类国际班，与美国密苏里大学新闻学院、罗格斯大学新闻学院联合培养本科“2+2”双学位）。学院拥有新闻传播学一级学科硕士学位授权点以及新闻与传播硕士专业学位授权点。2015 年，联合马克思主义学院在马克思主义中国化研究二级学科博士点下设置“马克思主义新闻传播研究”博士学位授权方向（交叉学科方向）。

建院以来，学院坚持走差异化、特色化的发展之路，建设“文科中的工科”，充分利用学校作为“985 工程”和“211 工程”国家重点建设高校的资源优势和广东省作为新闻传媒业大省的地域优势，以合作筑平台，以改革谋发展，积极与广东省的各大报业集团、广播电视台和门户网站等传媒业界开展协同创新，重点发展品牌传播、视听传播和新媒体传播等方向，已逐渐形成自己的办学特色和研究优势。

2.3.3　第三梯队

中南大学、西安交通大学、南京理工大学、上海理工大学、浙江工业大学、中国地质大学、中国海洋大学、成都理工大学等构成了理工科大学所办新闻传播学院的第三梯队。

中南大学文学与新闻传播学院在原中文系的基础上于 2002 年 7 月成立。新闻传播学科分为新闻系、数字出版系，有广播电视新闻学和数字出版两个本科专业，有新闻传播学一级学科硕士学位授权点和新闻传播学专业硕士学位授权点。学院设有现代传播研究所和新闻研究所，以及新闻传播教育中心，以及非线性编辑室、演播室、录音室、多媒体信息中心和多功能学术报告厅等。

西安交通大学新闻与新媒体学院成立于 2015 年 4 月。自 2004 年起开始设置传播学学术型硕士点，2011 年开始招收新闻与传播硕士专业学位研究生。学院专注新闻传播学理论与实践和新媒体创新发展，以新闻传播、新媒体等学科专业为主体，兼顾西安交大计算机、大数据、电子信息、网络安全、管理工程等优势学科，适应网络与媒体融合、数字技术与网络传播、新媒体与社会信息安全、舆情监测与分析等具体学科前沿技术创新和社会发展的需要。学院注重培养和吸收多学科师资力量，重视与政府部门、学界、业界合作，聘请国内外知名学者、业界专家、政治精英担任讲席教授和外聘专家，形成具有多学科背景，多领域、高层次、开放式的师资科研队伍体系。

上海理工大学出版印刷与艺术设计学院是在原出版印刷学院、艺术设计学院基础上于 2007 年 5 月合并组建而成，是工、文、艺有机融合的多科类学院，是国家新闻出版总署与上海市政府共建的学院。学院现设有印刷与包装工程、网络与新媒体、出版与数字传播、广告、艺术设计、环境设计、动画与公共艺术、工业设计、美术等 9 个系，7 个研究所。15 个本科专业（方向）。现有新闻传播学一级硕士学位授权点，印刷光学工程和传媒管理两个二级学科博士学位授权点。学院是国家新闻出版总署出版印刷人才培养基地，印刷出版学科是上海市重点学科，建有现代出版印刷国家级实验教学示范中心、国家新闻出版总署数字传播科学重点实验室、国家新闻出版总署数字印刷工程研究中心。

南京理工大学设计艺术与传媒学院成立于 2010 年 7 月，现有 3 个系——工业设计系、艺术设计系、新闻传播系，1 个省级科研平台——江苏省现代工业设计工程中心，1 个省级实验教学示范中心——艺术设计实验教学中心，2 个研究中心——江苏省工业设计中心、南京理工大学传播与传媒发展研究中心。

浙江工业大学人文学院是一个涉及中国语言文学、新闻传播学和艺术学 3 个一级学科的综合性文科学院，新闻传播学科包含新闻学系、广告学系和播音主持艺术系。

中国地质大学艺术与传媒学院成立于 2006 年 5 月。学院下设新闻传播系、音乐系、当代艺术系、景观学系、视觉传达系、交互设计系 6 个系，拥有广播电视学、音乐学（音乐制作与传播方向）、音乐学（音乐表演与传播方向）、环境设计、视觉传达设计、动画六个本科专业或专业方向。学院具有设计学、新闻传播学一级学科硕士学位授予权，其中设计学是湖北省重点学科。新闻传播学学科体现了媒体与艺术交融发展的特点。

成都理工大学传播科学与艺术学院成立于 2001 年，下设电影电视系、表演与播音系、美术系、传播系 4 个系，其中新闻传播学设置有广播电视编导、广告学、广播电视新闻学专业，以及传播学硕士学位授权点。学院建有电视科教纪录片研究所、传媒艺术教育研究所。

中国海洋大学于 2002 年设立编辑出版学本科专业，2003 年成立新闻与传播学院，增设新闻学本科专业，2007 年与文学院合并为文学与新闻传播学院，设立新闻与传播学系。2008 年在汉语言文字学硕士点设立话语与传媒研究、广告与语言文化两个方向，招收硕士研究生。2011 年申请获得“传媒文化”硕士点，设有新闻与社会文化、影视文化、广告与品牌文化三个研究方向，从 2013 年开始招生。新闻与传播学系注重应用与实务研究，将“新闻理念、知识结构、专业技能”三位一体作为办学特色。

华中科技大学创办新闻专业，为工科背景高校发展新闻传播学科开辟了先路。而自 20 世纪 90 年代末以来，工科院校纷纷创办新闻传播专业，一是适应了工科大学向综合型大学发展，使人文与理工交叉融合的趋势，二是满足了大学扩招的要求。新闻传播学属于应用型文科，工科大学创办相关专业，具有先天的优势，相较于传统文科专业，更容易得到社会认同，同时降低了就业的压力。

这些高校的新闻传播专业，除了中南大学、浙江工业大学、中国海洋大学少数几家是在原中文系基础上建立的之外，都以文理交叉或传播与艺术交叉为特色，突出工科中的文科，将新媒体技术与应用等作为发展方向。总体而言，这些院校各擅所长，从成立之初即尽量凸显个性，力争后来居上。尤其是有“985”、“211”平台依托的高校，学科发展更为迅猛，在这一序列中起到了领军的作用。

（撰稿人　赵　泓）

2.4　体育院校新闻传播教育发展综述

2.4.1　筚路蓝缕，以启山林：体育新闻教育的初创

20 世纪 80 年代，随着我国改革开放国策的确立，特别是国际奥委会宣布恢复中国在国际奥委会的合法席位，我国的体育事业开始走向世界并初步形成奥运战略。1984 年洛杉矶奥运会上，中国共夺得 15 枚金牌，标志着我国体育事业冲出亚洲，登上世界体育舞台，在国际上确立了体育大国的地位。随着竞技体育水平不断提高，国人备受鼓舞并掀起体育热潮。

这一时期体育报刊业的发展出现了从未有过的繁荣景象。中央和各省市综合性日报、党报陆续成立体育部，开辟体育版和体育专栏；1980 年，中央电视台体育部成立。1982 年，中央人民广播电台体育部成立，体育报道已经成为广电新闻的重要内容之一。大部分省市级电视台在 1980—1986 年成立体育部，开办体育节目。1984 年 1 月，新华社成立与国内部、国际部、对外部等重要业务部门并列的体育部，把体育新闻列入重点发稿项目，统发对内、对外的体育稿件。我国体育新闻传媒与体育新闻教育获得了更大的生机，迎来了更广阔的发展空间。

伴随着体育参与、体育观赏人群的快速增加和信息社会的迅速发展，大众传媒通过对体育信息的选择、加工、反映和重建，产生了一种以体育赛事活动为文本，以体育信息为传播内容，以文字、图像、音响、色彩等系统符号为形式的新的体育新闻传播形态。为适应这种体育传播媒介形态的变化，上海体育学院审时度势，为满足媒体对体育

新闻专门人才的需求，于 1985 年率先创办体育新闻教育。上海体育学院尝试从 1983 级本科生中选拔了 16 名品学兼优的学生，采用与复旦大学新闻学院合作培养的形式，对学生进行新闻业务强化训练。功夫不负苦心人，这 16 名学生毕业时便受到了上海电视台、南京日报社等全国多家媒体的欢迎和认可。

试验班开局之良好，效果之显著，让所有为体育新闻教育默默耕耘的学人信心倍增，也引起了上级主管部门的高度重视。1987 年，当时的国家教委、国家体委组织专家在西安进行专业论证，一致认可上海体育学院这一创举。同年，上海体育学院获准从体育教育专业的新生中选拔 12 人，开办了本科四年制体育新闻专业试点班，同时确定新增设体育新闻专业，从 1989 年开始，正式在全国招收体育新闻专业本科学生，这标志着我国体育新闻教育事业从这里起航。

2.4.2 渐进发展，彰显特色：体育新闻教育发展阶段及特征

1. 体育新闻专业确立、探索阶段（1989—1998）

1）发展概况

1989 年，经原国家教委、国家体委的正式批准，上海体育学院正式开办体育新闻专业，同时下达年招生指标为在全国范围内招生 30 人。从这一年开始，该校设置体育新闻专业本科，该专业毕业学生获得的学位由教育学学士改为文学学士。

在艰辛的探索过程中，上海体育学院逐渐找到一条发挥本院优势，借助复旦大学等兄弟院校的师资力量和社会媒体资源，促进教学质量提高的办学新途径。在“夯实基础、追求真实”精神的指导下，体育新闻教育学人们和衷共济，潜心经营，向全国各地的新闻单位输送合格的体育新闻专业人才。据 1993 年 7 月 3 日出版的《文汇报》报道，“二十六名全国首批体育新闻专业毕业生经过双向选择，已经全部分配到位”，“上门征聘的新闻单位络绎不绝，呈供不应求态势”。首届毕业生在社会上赢得广泛声誉，为体育新闻专业教育的进一步发展奠定了坚实的基础。

在体育新闻专业人才得到学界认可和收到业界欢迎业绩的鼓舞下，拓展办学规模，提高体育新闻教育教学质量，创办体育新闻系的设想在“上体”人孜孜不息的追求中开始孕育。1994 年 5 月，上海体育学院正式挂牌成立体育新闻系，成为全国第一个专门培养体育新闻工作者的院系。当时提出的教学目标是：要求该专业的学生掌握从事体育新闻报道所必需的社会学科知识、较广泛的体育学科理论和体育专业知识、新闻学基本理论和体育新闻报道的技能，并要求有一定的外语和电脑操作能力。主要分配去向是新闻、出版单位，体委及其他宣传部门。

上海体育学院体育新闻系的成立，是体育院校学科建设和院系治理结构改革的重要

成果。然而，体育新闻学科建设迫在眉睫，正是在上海体育学院新闻人的共同努力下，体育新闻学科建设、课程建设、教师队伍建设和实验室建设等新的问题得以逐步解决，体育新闻专业教育有了初步的培养模式，并粗具规模。上海体育学院体育新闻系也被誉为“体育新闻记者的摇篮”。

2）基本特征

这一阶段体育新闻专业教育主要呈现如下特征：

第一，一枝独秀，开创先河。体育新闻专业教育在上海体育学院正式设立，开辟了我国体育新闻教育的先河，为新闻媒体和体育宣传部门培养了大批体育新闻专业人才，为我国体育事业和新闻事业发展作出了积极的贡献。同时，体育新闻专业的设立和体育新闻系的成立，改变了体育院校专业布局和院系结构，使以单一体育教育训练为主的体育院校增加了文化氛围，提升了学生的文化素养，优化了校园文化建设。

第二，实务为重，彰显特色。这一阶段体育新闻专业教育突出体育特色，学科归属基本是以体育学为母学科，新闻教育教学内容以平面媒体的采访、写作、编辑和评论为主，体育教育教学主要是以体育基本知识、历史文化、各项目技术战术、赛事组织规则等。重点是解决体育知识与新闻知识技能的结合，培养“复合应用型”体育新闻人才。但是，由于体育新闻教育是新增专业，在教师的数量和结构、教材编写和实验室建设方面，还显得有些稚嫩，体育与新闻教育的结合仍然是在探索之中。

第三，应时而生，顺势而为。这一阶段随着我国成功举办北京亚运会等大型国际体育赛事，电视逐渐增加对体育赛事的转播，特别是 1995 年央视体育频道的开播和各省市体育频道的设立，电视体育传媒人才需求不断增加，上海体育学院体育新闻专业与时俱进，适当增加了广电采访、录制、播送和体育赛事解说的教学内容，为广电体育媒体输送专业人才。

2. 体育新闻教育专业调整、扩容阶段（1999—2009）

1）发展概况

1997 年我国对高校学科专业结构进行调整。新闻学由原先的二级学科升为一级学科，更名为新闻传播学，下设新闻学和传播学两个二级学科。随着新闻学科专业的调整，1999 年体育新闻专业更名为新闻学专业（体育新闻方向），这一调整明确了体育新闻教育作为二级学科新闻学的一个方向，其母学科为新闻学，体育新闻教育重点是在新闻学母学科指导下，突出体育新闻特色的教育。在此背景下，继体育新闻学之后，体育传播学也顺应学科建设和发展的潮流，随之诞生与发展，各开办体育新闻专业的院校在开设体育新闻方面的课程教学的同时，也纷纷增设了体育传播学方面的课程。

为了实现 2010 年将我国适龄人口的高等教育入学率提高到 15%这个目标，国家做出了1999年高校大规模扩招的决定，并且还将新办专业的权力下放到各省市批准。① 在这种社会大背景下，全国各地拉启了大规模开办体育新闻专业的序幕。从1999年开始，每年都有高校成功增设体育新闻专业，先是南京师范大学在其新闻传播学院下设的新闻学专业中开设了体育新闻方向。紧接着，北京体育大学、广州体育学院、吉林大学、成都体育学院4家高等院校在2000年开办新闻学（体育新闻方向）教育，武汉体育学院、天津体育学院、河南大学在2001年创办体育新闻专业，2002年西安体育学院创办体育新闻专业，2003年北京联合大学应用文理学院、南京体育学院、哈尔滨体育学院开办体育新闻专业，2004年首都体育学院、沈阳体育学院、郑州大学相继开设体育新闻专业。在各院校纷纷上马体育新闻专业的同时，老牌院系上海体育学院新闻系也加快了发展步伐，逐年扩大招生人数，拓宽招生地域。到2004年，该校新闻系共有本科毕业生605人，其毕业生在新闻媒体发挥了重要作用，为我国体育新闻传播事业的发展作出了积极贡献。

为加强体育新闻高层次人才的培养，1996年和2000年开始成都体育学院和上海体育学院先后从体育人文社会学硕士点中招收体育新闻方向的研究生，之后一些院校也开始在体育人文社会学硕士点中招收体育新闻方向的研究生。2003年上海体育学院开始从体育人文社会学博士点中招收体育传播方向的博士研究生，2006年上海体育学院和成都体育学院成功增设了新闻学硕士学位点，其毕业研究生授予文学硕士。高层次体育传媒人才改变了体育新闻媒体从业人员的知识结构和学历结构，为体育传媒发展发挥了重要作用。

随着体育新闻教育的快速发展，学科建设和学术研究已成为提升体育新闻教育质量的重要环节。为推动体育新闻学术研究，2004年中国体育科学学会正式增设体育新闻传播分会，每年召开一次全国范围的体育新闻传播学术年会，全国体育传媒学界和业界的学者在体育新闻教育、体育新闻史、体育新闻理论与实务、体育传播、体育广电传媒、体育网络与新媒体、国外体育新闻研究等领域进行学术交流，通过广泛交流和深入研究使体育新闻教育和科研学术水平不断提升。

为适应媒体和体育新闻传播国际化发展需要，2004年上海体育学院同澳大利亚堪培拉大学签署本科学生学分相互承认“2+2联合办学”模式之后，全国各体育学院体育新闻院系先后同美国、英国、澳大利亚、加拿大、德国、法国、日本、韩国和越南等国大学建立体育新闻教育国际交流关系，通过国际交流拓展了师生的视野，提高了体育新

① 哈艳秋、张琳：《拆解教育的围墙——对我国新闻教育网络发展态势的思考》，载《现代传播（中国传媒大学学报）》2003年第6期。

闻传播的国际化水平。

随着2001年我国成功申办和2008年成功举办北京奥运会，中国体育事业和体育传媒业迅速发展。这一时期，体育新闻传播因其巨大的社会影响和广泛的受众群体，成为媒体激烈竞争的主战场之一，我国的体育新闻传播事业呈现出前所未有的繁荣景象。特别是广电媒体和网络与新媒体的快速发展，传媒技术的不断创新，为体育新闻传播提供了广阔的空间。同时，伴随体育赛事的商业化运作为体育新闻传播提供更为活跃的报道素材，大众传媒也开始了自身的商业化运作进程，自主加入竞争激烈的市场经济浪潮中，从而准备了更为成熟的体育新闻报道机制，开辟了更为广阔的前景。体育运动的国际化也使得体育传播的内容更加丰富多彩，迎来了体育新闻传播的全球化时代。

此外，随着我国体育参与和体育观赏人群数量的增加，越来越多的人开始关注自身健康，谋求生命质量，正视体育休闲的意义，这些也成为体育新闻和体育传播的新领域。在这样的背景下，体育电视形成以中央电视台体育频道（CCTV5）为第一层次，北京、上海、广东等地方等电视台体育频道为第二层次，山东、湖北等地方电视台联合组成的中国体育联播平台（CSPN）为第三层次的格局。同时，随着信息技术的迅速发展，网络媒体和新媒体体育信息传播逐渐成为主流渠道。

体育新闻教育为适应媒体的变革，不断调整专业和师资队伍结构，修订教学计划，加强实验室建设，注重培养广播电视和网络体育传媒人才，为我国电视媒体和网络媒体输送了大批既懂体育又懂传媒的专门人才，使我国的体育新闻教育迈入了一个新的发展阶段。成都体育学院体育新闻系师生在奥运期间运用相应技术进行舆情监督，定期向国家体育总局新闻司汇报，发挥了体育新闻传播舆情监督的作用。

2）基本特征

这一阶段体育新闻教育呈现如下主要特征：

第一，专业重构，规模扩大。体育新闻专业更名为新闻学专业（体育新闻方向），使得体育新闻教育进行专业重构，由过去体育类体育新闻专业划归为非体育类新闻学专业（体育新闻方向），体育新闻教育遵循新闻教育规律，课程设置更加科学合理。这一时期，由于体育新闻教育规模的快速扩容，更多的新闻传播专业教师和具有业界经验的教师充实到体育新闻教育领域，使得体育新闻教育和科学研究得到较快发展。同时，由于体育新闻教育超规模发展，有些学校在教师不足，实验室不足，教学条件不足的情况下，年招收150名左右的学生，在教学实践中难以满足学生的要求，这种盲目扩招规模严重影响了教学质量。

第二，集群发展，共建学科。中国体育科学学会体育新闻传播分会的成立，标志着我国体育新闻教育已形成一定规模，并且具有优化的体育新闻传播科研队伍结构和较强的科研水平。通过广大教师的辛勤耕耘，先后发表了大批学术论文，出版了几十部教材和专著，在科研水平不断提高的同时，也提升了体育新闻教育质量。这一时期，体育新闻传播相关领域的硕士研究生和博士研究生培养数量也在逐渐增加，这些高层次人才改变了体育传媒队伍和体育新闻教育师资结构，提高了学术水平和办学质量。

第三，与时俱进，开拓视野。这一时期通过国际合作办学和学术交流，使体育新闻教育和体育传播的国际化程度得到提高。体育新闻教育更加注重理论与媒介实践相结合，传统媒体与新媒体相融合，开始重视网络和新媒体体育传播人才的培养。

3. 体育新闻教育转型、发展阶段（2010 年至今）

1）发展概况

随着网络与新媒体迅速发展，传统媒体与新兴媒体的融合，改变了体育信息传播的流程、方式、内容和规则，体育新闻传播人才培养要适应体育传媒发展的需求。近年来，我国体育媒体在融合发展上进行了积极探索，经历了互动、整合、深度融合等不同发展阶段。互联网体育传播已呈现移动化、社交化、视频化、互动化趋势，各种体育信息传播介质的边界更加模糊，体育媒体开始依靠大数据、云计算等信息技术深层挖掘体育信息内容，将不同媒介形态集中到一个多媒体数字平台上，实现报纸、广播、电视、电脑、手机等信息终端的功能一体化。体育传播内容更加海量化、碎片化，传播形态更加多样化、立体化，传统媒体与新兴媒体融合发展已成为媒体自身发展的必由之路。

媒介融合导致体育信息传播模式产生变革，要求体育传播者灵活运用多种媒体与受众互动，促使我们重新定位体育新闻教育职能，由培养复合应用型体育传媒人才向培养适应媒介融合的全媒体型体育传媒人才转变，是媒介变革时代的选择，也是体育新闻教育主动适应社会媒介需求的选择。

为实现培养全媒体型体育新闻传媒人才的目标，各校体育新闻教育开始修订教学计划，转变教育理念，调整培养目标，重构课程体系，更新教学内容，引进新媒体教师，加强实践环节，改革教学方法和评价方法等，构建起全媒体型人才培养模式。

这一时期全国各体育院校的体育新闻教育不断发展，呈现出专业数量、教师队伍、招生人数等方面均不断扩大的趋势，在新闻学专业的基础上，相继增设了广播电视编导、播音主持艺术、广告学、公共关系、视觉传达设计、网络与新媒体等新专业。在研究生培养方面，设有新闻学、传播学、艺术学等学术型硕士和专业型硕士学位授予点，还有些学校从体育类硕士学位点招收硕士研究生，全国体育高校新闻传播院系在校本科学生近 5000 人，研究生 300 人，教师达到 200 人。

各校体育新闻教育在发展过程中，不断总结经验，结合本地域本校的实际进行改革创新，错位竞争，形成了各自办学特色。上海体育学院根据以视频为引领的多媒体网络化发展特点，以中国高校影视学会体育影视专业委员会为依托，每年举办一次全国大学生体育影视比赛，大力培养体育视频制作人才。武汉体育学院作为湖北省首批省级试点学院，拥有新闻传播学省级重点培育学科和“互联网+体育”省级培育特色优势学科群，在智慧体育领域进行攻关研究。成都体育学院在国际体育传播领域研究独树一帜，每年主持召开一次国际体育传播论坛，在国内外产生了较好的影响。广州体育学院根据地方语言特点，同乐视体育合作，用粤语解说转播体育赛事，既培养了学生的专业技能，又达到了为社会服务的目的，收到了良好的效果。

2）基本特征

这一阶段体育新闻教育呈现如下主要特征：

第一，媒介融合，转型发展。媒介融合时代，体育信息传播内容的生产方式、传播渠道和受众需求都发生了深刻变化，体育信息传播模式由单终端、单走向、单形态向多终端、多走向、多形态转型。这迫使我们重新定位体育信息传播者职能，要求新闻从业人员学会使用各种采编技术，掌握各种科技手段，操控各种先进设备，做到采、写、编、评、摄、录、校、播样样精通。体育新闻教育开始顺应媒介的变革和时代对体育传媒人才新的需求，由培养单一型记者、编辑向全媒体型传媒人才转型。这一阶段体育新闻教育虽然在全媒体型传媒人才培养方面有了一些改革，但由于这是一项涉及教师结构、教学条件等多种因素的工程，还有很长的路要走。

第二，专业拓展，层次提升。随着体育新闻教育的发展，各院校体育新闻院系纷纷增加相关专业，扩大招生数量，有的院校播音主持艺术专业每年招收 100 多名学生，呈现超规模发展现象。在规模不断扩大的同时，办学层次也得到提高，继上海体育学院、成都体育学院拥有新闻学二级学科硕士点之后，武汉体育学院、广州体育学院等高校成功增设了新闻与传播一级学科专业硕士学位点。继北京体育大学、上海体育学院开办体育人文社会学体育新闻传播方向博士点之后，武汉体育学院从 2015 年开始，招收体育人文社会学媒体体育方向博士生。未来体育新闻教育要根据控制规模、提高质量的原则，实现可持续发展。

第三，因地制宜，特色发展。经过多年的发展，各院校体育新闻教育在不断总结经验的基础上，深入探索，勇于创新，逐步形成各自特色，既提高了办学质量，又为服务社会做出了贡献。

2.4.3　体育新闻教育现状

我国体育新闻教育经过 30 年的发展，学科建设和学生数量具有一定规模，专业水平不断提高，教师队伍结构趋于合理，实验室建设和教学条件不断得到改善，为体育媒体和相关部门培养了大批专业人才，为我国体育事业和传媒事业的发展作出了积极贡献（见表 2-7）。

表 2-7 **全国体育高校新闻传播院系情况一览表**

（不完全统计，截至 2015 年 12 月）

内容 数量 单位	专业数量		学生数量		教师数量			承担科研项目			教材专著		获奖数量		实验室数量
	本科	研究生	本科	研究生	教授	副教授	讲师	国家级	省级	厅级	教材	专著	省级	厅级	
北京体育大学	2	2	660	100	4	6	7								6
上海体育学院	2	2	446	68	4	9	4	6	18	22		19			6
武汉体育学院	4	2	1400	100	7	15	10	11	30	40	15	25	5	10	10
成都体育学院	2	4	634	82	7	9	8	9	14	20	7	18	3	5	5
广州体育学院	3	2	738	46	6	18	5	5	15	18	16	6	1	0	16
沈阳体育学院	2	3	527	228	2	7	6	5	22	17	10	5	4	3	6
天津体育学院	1	2	120	20	0	6	5	1	20	5	10	5	0	0	3
西安体育学院	3	1	937	38	2	7	24	3	5	6	3	2	10	3	8
首都体育学院	3	3	464	32	6	15	14	2	9	11	12	24	5	7	6
南京体育学院	1	1	300	15	1	2	3	1	4	10	2	2			4
哈尔滨体育学院	1	1	132	1	1	0	8	0	3	2	3	1	1	0	4
总数	24	23	6358	730	40	94	94	43	140	151	78	107	29	28	74

从表 2-7 中可以看出全国体育学院体育新闻教育专业设置不断增加，在校本科学生数量达到 6358 人，硕士研究生 730 人，博士研究生 11 人，教师数量 228 人，承担国家课题 43 项，出版专著 107 部，实验室 74 个。

专业设置主要以新闻学为基础，排在第二位的是播音与主持艺术专业，有四个院系设置该专业。以下依次是电视编导专业、广告学专业和网络与新媒体专业。沈阳体育学院设置网络与新媒体专业，该专业是国家专业设置目录中新增专业，未来社会对网络与新媒体人才有大量需求。

目前在校学生数量基本稳定在 6300 人左右，其中新闻学专业（体育新闻方向）4000 人，电视编导专业 800 人。播音与主持艺术专业学生 1600 人，属超规模发展，应适当控制招收学生的数量，不断提高办学质量。

体育新闻教育已经形成一支结构较为合理的教师队伍，教师学缘结构基本是新闻学、中文、体育和英语专业，体育与新闻的结合一直是教师需要解决的问题。由于教师年龄结构相对比较年轻，业界经验不足，在师资队伍建议上应注重学界和业界的互通。职称结构上以副教授和讲师居多，其科研能力还有待进一步提高。

近些年来，随着社会媒体对体育传媒人才需求的增加，相关院校都在加大体育新闻教育建设的步伐，但由于各地条件不同，学校重视程度差异较大，各校差异较大。

从总体上来看，武汉体院新闻传播学院在专业设置、学生数量、教师数量、承担国家课题等方面均在全国同类院系的前列，其发展势头良好。各院系经过多年的努力，形成了体育传媒人才培养模式，各具特色。

2.4.4　体育新闻教育代表性院校及特色

1. 北京体育大学体育传媒系

北京体育大学体育传媒系成立于 2005 年 2 月，是中国体育科学学会体育新闻传播分会会员单位，中国新闻学会体育传播专业委员会挂靠单位。

该系 2000 年设立新闻学（体育新闻方向）专业，2013 年设立广告学本科专业，在校生近 700 人。10 多年来，本科生广泛就业于各级各类新闻媒体、政府及企事业单位等，从事新闻传播、媒介管理、公关及广告等工作，此外，到海外和国内知名院校继续深造的学生比例达 40%。

该系现有一个体育人文社会学博士学位点（体育新闻方向），一个学术型体育人文社会学硕士学位点（体育新闻方向），一个专业型硕士学位点（新闻与传播专业）。现有在校博士生、硕士生近百人。

该系教师团队由体育传媒系十余名专任教师和长期聘请的学界和业界知名专家学者共同组成，目前有博士生导师 3 人，硕士生导师 10 余人。

该系下设体育新闻和广播电视两个教研室、体育新闻与传播研究中心；拥有非线性编辑实验室、虚拟演播室、实景演播室、平面编辑实验室、摄影实验室，以及先进的 EFP 六讯道移动转播系统和新媒体一体化平台等教学、科研和社会服务设施。多年来，该系教师在体育新闻传播理论、大型体育赛事媒体服务、奥运传播、中国近现代体育新闻传播史、体育新媒体等领域均取得了国内一流的研究成果；学生在全国各类学科竞赛中屡获佳绩。

2. 上海体育学院体育新闻传播与外语学院

1985 年，上海体育学院开始培养体育新闻传播人才，是国内第一所开办体育新闻专业的院校。1987 年，经国家教委、国家体委专家组论证，上海体育学院开设本科四年制新闻专业试点班。1989 年，国家教委、国家体委批准上海体育学院正式设置新闻专业（体育新闻方向），同时下达当年招生指标 30 人。1994 年 5 月，我国第一个体育新闻系在上海体育学院挂牌成立。2007 年，体育新闻系和英语系合并成立体育人文学院。2012 年，更名为体育新闻传播与外语学院。

2000 年，上海体育学院体育新闻教育从体育人文社会学专业硕士点开始招收体育新闻方向硕士研究生，2003 年从体育人文社会学专业博士点开始招收体育新闻传播方向博士研究生，2006 年，上海体育学院取得了新闻学硕士点开始招收新闻学硕士研究生。2014 年获批艺术（广播电视）专业硕士学位点。现有在校本科学生 420 人，硕士研究生 100 人，博士研究生 5 人。

上海体育学院目前设有新闻学（体育新闻方向）播音与主持艺术等两个本科专业，拥有新闻学、艺术（广播电视）硕士研究生授予点。拥有广播电视演播室、虚拟演播室、非线性编辑实验室（2 个）、播音主持教学实验室、媒介创意实验室、摄影教学实验室、视觉设计实验室。专业教师 23 人，组建新闻、广播电视、播音主持与艺术、新媒体 4 个教学团队。在专业建设中，上海体育学院构建“四三二一”的体育新闻教育模式。四个板块即：新闻传播、体育新闻传播、文史和体育。三个结合即：理论与实践结合、课内与课外结合、校内与校外结合；两个重点即：教师队伍和教材建设；一个坚持即：始终坚持把正确的舆论导向放在首位。在教材建设方面，《体育传播学》获得 2011 年上海市教委优秀教材二等奖；在课程建设方面，“体育传播学”为上海市精品课程。

专业建设目标为坚持立足体育新闻、依托上海、服务全国、面向世界的办学定位，培养符合体育新闻专业发展需求和社会媒体需求，具有较高国际化教育程度、创新精神和实践能力的全媒体型体育传媒人才。

体育新闻传播与外语学院体育新闻教育以教师队伍建设与学科建设为重点，以学生发展为本位，以教学与科研为主线，以培养符合社会需求的全媒体型专业人才为目标，丰富内涵、扩展外延，建设有特色、高质量、具有较强国际国内影响力，在全国居领先地位的体育新闻专业和播音与主持艺术专业。

3. 武汉体育学院新闻传播学院

武汉体育学院新闻传播学院从 2001 年开始专业办学，2006 年 7 月独立建立院系，2013 年被批准为湖北省首批高校改革试点学院，是全省高校近 30 家新闻传播院系的唯一代表。

该院新闻传播学一级学科 2013 年被评为湖北省省级重点培育学科，也是“楚天学者”特聘教授设岗学科。2015 年，由该院牵头申报的“互联网+体育”学科群被评为“十三五”校级优势特色学科群，并被列为省级培育学科群。十几年来，共主持承担了

11 项国家社科基金项目以及数十项省部级科研项目，国家级项目立项数位居全国同类院系前茅。

该院现有一个体育学博士点（体育人文社会学专业媒体体育方向），一个学术型硕士学位点（体育学下属体育新闻传播学专业），一个专业型硕士学位点（新闻与传播专业）。从 2015 年起，开始承担博士后合作研究项目。现有在校博士生、硕士生逾百人。

该院现有新闻学、播音与主持艺术、广播电视编导、视觉传达设计四个本科专业，在校生 1400 人。其中，新闻学、播音与主持艺术两个专业为省级综合改革试点专业。现有三门省级精品课程，其中，“体育解说评论”（2013）、“现代体育与社会进步”（2015）为省级精品视频公开课。该院现有专任教师 35 名，其中教授 7 名（包括 2 名二级教授），博士生导师 3 人，副教授 15 名，具有博士学位或博士在读的教师 20 余名。2016 年，“张德胜湖北名师工作室”被湖北省委组织部、湖北省教育厅批准为首批省级名师工作室。

该院始终坚持“开放办学、特色立院”的办学宗旨，在人才培养、科学研究、社会服务、文化传承等领域全面实行协同创新，毕业生就业率高，受到用人单位广泛好评。

4. 成都体育学院新闻系

成都体育学院于 1996 年在国内率先开始培养体育人文社会学体育新闻方向研究生。2000 年经教育部批准开设新闻学本科专业，目前有新闻学和广播电视编导两个专业。2013 年，新闻学专业入围四川省卓越新闻传播人才教育培养计划。2015 年，新闻学专业成为学校首批在省内一本线招生的专业之一。

在研究生培养层面，除体育人文社会学体育新闻方向以外，新闻系于 2006 年获新闻学二级学科硕士授予权；2011 年获得新闻传播学一级学科硕士学位授予权；2014 年获得新闻与传播学专业学位授予权。在学校申请博士点建设中，新闻传播学成为体育学的支撑学科之一。2014 年开始招收体育学专业体育文化传播方向博士生。目前成都体育学院新闻系有本、硕、博各类在校生 800 余人。

2005 年，成都体育学院新闻系倡导并创建中国体育科学学会体育新闻传播分会，任会长单位至今。近年来曾先后邀请喻国明、陈力丹、周树华、李天宗等多位国内外高端学者和金宝成、师旭平、徐济成、杨明、张斌等多位业界顶尖专家讲学。

新闻系师资队伍中现有二级教授 3 人，享受国务院津贴专家 2 人，省学术技术带头人 3 人，后备人选 1 人，博士生导师 2 人，硕士生导师 18 人，正高级职称 8 人，具有博士学位的教师占 50%左右。

5. 广州体育学院体育新闻与传播系

广州体育学院体育新闻与传播系的核心专业是体育新闻专业，该专业于2000年试办，2002年正式招生，同年招收体育人文社会学专业体育新闻方向研究生，2010年被评为广东省特色专业建设点。2009年，播音与主持艺术专业正式招生。2011年，获体育新闻传播学二级学科硕士授权点。2012年，获广东省大学生实践教学基地。2014年，获新闻与传播专业硕士学位授权点，同年获得了广东省高等院校实验教学示范中心。2015年，广播电视编导专业正式招生。

该系拥有一支学缘广泛、专业合理、素质精良、充满活力的师资队伍，现有专任教师28名，其中，教授6名，副教授9人，占全系教师数的55%；博士（含在读）14人，占全系教师数的50%；硕士生导师15人，占全系教师数的55%。该系倡导教书育人、为人师表，系主任王晓东教授是国家社科基金项目负责人、广东省千百十工程省级培养对象。同时聘请了白岩松、刘建宏，喻国明、徐济成、孙正平、王泰兴、金宝成、丘克军、王义军、陈伟胜等十余位知名人士担任客座教授。

该系面向全国招生，致力于培养适应市场需求、突出体育特色的应用型创新人才。实习实践、成人成才，是其最显著的特色。一方面，在人才培养方案中，科学安排、分步实施“一调查三实习”制度。毕业生就业率高达95%以上，其中，媒介就业率达65%。2014年12月5日，该系与乐视体育合作共建乐视体育广东站，探索着我国体育新闻人才培养的一条新路。合作以来，完成了近千场赛事直播，覆盖英超、欧冠、中超、意甲、美洲杯、CBA、篮球欧锦赛、美锦赛、游泳世界杯、帆船赛等众多赛事。每月均有近两百条新闻资讯在这里完成采集、编辑、发布。近300名同学以不同形式参与了乐视体育实习工作，其中18名同学成为乐视体育的正式员工。此外，乐视体育捐赠人民币150万元在广州体育学院设立乐视体育奖学金，实现了人才培养和经济效益的双丰收。

该系坚持以教学带动科研，以科研促进教学。15年来，共主持承担国家级课题5项，省部级课题13项，厅局级课题15项，院级教学、科研课题40项，公开出版专著、教材20部，发表学术论文100多篇。

（撰稿人　肖焕禹　张德胜　李峰）

2.5 师范院校新闻传播教育发展综述

师范院校是我国高等教育的重要组成部分，师范院校也是我国高等教育的一个重要源头。1902年成立的京师大学堂师范馆（今北京师范大学前身）和1902年筹建的三江师范学堂（今南京大学、东南大学、南京师范大学等前身）等一批师范学堂，是后来国内很多著名大学的前身或源头。传统师范院校的主要任务是培养各类师资，但现代师范院校基本都发展成综合性大学，文、艺、理、工等各类学科齐全。新闻传播学不属于培养师资的学科，新闻传播教育的历史并不漫长，但师范院校的新闻传播教育的发展势头良好。师范院校学科设置较为齐全的特色，为新闻传播教育的发展提供了丰厚的土壤。

2.5.1 师范院校新闻传播教育在全国的分布

教育发展需要教师，教师培养需要师范院校，因此发展师范教育一直是我国高等教育的重要任务。1951年，教育部召开第一次全国师范教育会议，确定每个大行政区至少创建一所健全的师范学院，此后全国陆续建立了一批师范院校。1978年改革开放后，教师队伍的短缺再次推动了师范院校的发展。进入20世纪90年代中后期，随着教师缺编的缓解、高等教育的调整，一些师范院校开始向综合性大学转型。因为新闻传播事业是新时期的朝阳产业，新闻传播学科能够吸引到优质的生源，所以在师范院校走综合化发展道路的时候，新闻传播学科成为师范院校热衷开设的重点专业之一。艾瑞深中国校友网发布的《2015中国师范类大学排行榜》对全国143所师范本科院校进行了排名，这里的“师范院校”有的已经转型为综合性院校，院校名称不再标有“师范”字样，只是还承担师范教育的功能或享受师范特有的待遇，如临沂大学、绍兴文理学院、昭通学院等。如果剔除没有“师范”字样的院校，榜单中涉及的师范院校共有115所，其中有88家师范院校开设了新闻传播相关专业（见表2-8）。

表2-8 **全国开设新闻传播专业的师范院校分布情况**

所在省份	师范院校	教学点数量
北京	北京师范大学（新闻与传播学院）	1
上海	华东师范大学（传播学院）	2
	上海师范大学（人文与传播学院）	

续表

所在省份	师范院校	教学点数量
天津	天津师范大学（新闻传播学院）	1
重庆	重庆师范大学（重庆新闻学院）	2
	长江师范学院（传媒学院）	
河北	河北师范大学（新闻传播学院）	4
	唐山师范学院（中文系）	
	廊坊师范学院（文学院）	
	河北民族师范学院（中文系）	
陕西	陕西师范大学（新闻与传播学院）	3
	咸阳师范学院（文学与传播学院）	
	渭南师范学院（网络安全与信息化学院）	
山西	山西师范大学（教育技术与传媒学院）	2
	太原师范学院（文学院）	
内蒙古	内蒙古师范大学（传媒学院）	2
	集宁师范学院（中文系）	
辽宁	辽宁师范大学（影视艺术学院）	2
	沈阳师范大学（文学院）	
吉林	东北师范大学（传媒科学学院）	5
	吉林师范大学（传媒学院）	
	长春师范大学（传媒学院）	
	吉林工程技术师范学院（传媒与数理学院）	
	白城师范学院（传媒学院）	
黑龙江	哈尔滨师范大学（传媒学院）	1
江苏	南京师范大学（新闻与传播学院）	5
	江苏师范大学（传媒与影视学院）	
	盐城师范学院（文学院）	
	淮阴师范学院（传媒学院）	
	江苏第二师范学院（现代传媒学院）	

续表

所在省份	师范院校	教学点数量
浙江	浙江师范大学（文化创意与传播学院）	2
	湖州师范学院（文学院）	
安徽	安徽师范大学（新闻与传播学院）	6
	淮北师范大学（文学院）	
	安庆师范学院（传媒学院）	
	阜阳师范学院（文学院）	
	合肥师范学院（艺术传媒学院）	
	淮南师范学院（文化创意与传播学院）	
福建	福建师范大学（传播学院）	4
	闽南师范大学（新闻传播学院）	
	泉州师范学院（文学与新闻传播学院）	
	宁德师范学院（中文系）	
江西	江西师范大学（传播学院）	4
	江西科技师范大学（文学院）	
	赣南师范学院（新闻与传播学院）	
	上饶师范学院（文学与新闻传播学院）	
山东	山东师范大学（传媒学院）	3
	曲阜师范大学（传媒学院）	
	齐鲁师范学院（文学院）	
河南	河南师范大学（文学院）	7
	信阳师范学院（传媒学院）	
	洛阳师范学院（新闻与传播学院）	
	商丘师范学院（新闻传播学院）	
	南阳师范学院（新闻与传播学院）	
	安阳师范学院（传媒学院）	
	周口师范学院（新闻与传播学院）	

续表

所在省份	师范院校	教学点数量
湖北	华中师范大学（新闻传播学院）	4
	黄冈师范学院（新闻与传播学院）	
	湖北师范大学（文学院）	
	湖北第二师范学院（文学院）	
湖南	湖南师范大学（新闻与传播学院）	3
	衡阳师范学院（新闻与传播学院）	
	湖南第一师范学院（文学与新闻传播学院）	
广东	华南师范大学（文学院）	3
	岭南师范大学（文学院）	
	韩山师范学院（文学与新闻传播学院）	
海南	海南师范大学（文学院）	1
广西	广西师范大学（新闻与传播学院）	4
	广西师范学院（新闻传播学院）	
	玉林师范学院（文学与传媒学院）	
	广西民族师范学院（中文系）	
四川	四川师范大学（影视与传媒学院）	6
	西华师范大学（新闻传播学院）	
	绵阳师范学院（新闻与传播学院）	
	乐山师范学院（文学与新闻学院）	
	内江师范学院（范长江新闻学院）	
	成都师范学院（文学与新闻学院）	
贵州	贵州师范大学（文学院）	5
	贵州师范学院（文学院）	
	黔南民族师范学院（中国汉语言文学系）	
	遵义师范学院（人文与传媒学院）	
	兴义民族师范学院（文学与传媒学院）	
云南	云南师范大学（传媒学院）	2
	玉溪师范学院（文学院）	

续表

所在省份	师范院校	教学点数量
青海	青海师范大学（人文学院）	1
甘肃	西北师范大学（人文与传播学院）	2
	天水师范学院（文学与文化传播学院）	
新疆	喀什师范学院（人文学院）	2
	伊犁师范学院（人文学院）	

从表 2-8 的统计可以看出，目前在中国大陆除西藏、宁夏两省区外，其他 29 个省、市、区均在师范院校设有新闻传播类专业。本次统计没有考虑到港澳台师范院校情况，在今后的研究过程中期望能够将港澳台（尤其台湾）的情况统计出来，这样师范院校新闻传播类专业在全国的布点情况就比较全面了。为了整体直观地反映师范院校新闻传播类专业的布点情况，下面将各地新闻传播教学点的数量标注到中国行政版图上（见图 2-1）。

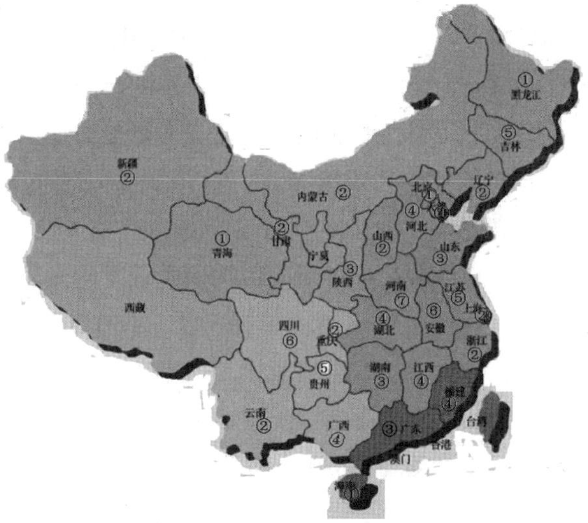

图 2-1　师范院校新闻传播院系在全国版图上的分布

从分布图 2-1 中可以看出，中东部地区开展新闻传播教育的师范院校较多，其中河南省开设新闻传播类专业的师范院校最多（共 7 所），第二是安徽和四川（每省均 6 所），第三是江苏、贵州（每省均 5 所），第四是河北、福建、江西、湖北、广西（每省区均4所）……通过对统计数据进行简单分析可知，各省开展新闻传播教育的师范院校的多少，主要取决于三个因素：一是该省师范院校的多少，二是该省高考生源状况如何，三是该省新闻传播事业发展状况。目前开设新闻传播类专业较多的省份主要都是人口大省，这些省人口较多、师范院校分布较多，所以在师范院校转型中开设的新闻传播类专业也比较多。

2.5.2 师范院校新闻传播院系专业设置情况

师范院校开展新闻传播教育，最早主要是新闻学教育；但是随着传媒产业的不断发展，新闻传播教育的内涵也发生了重大变化。当前，媒介融合已经成为一种无法阻挡的历史趋势，它使传媒生态正在发生翻天覆地的变化。在媒介融合的环境下，传统的媒介结构和资源格局不断被破坏，新闻与广告融合、事实与观点融合、纪实与虚构融合，新媒体与老媒体融合、素材和成品融合。在激烈竞争的媒介市场中，那些内容活泼、形式生动、包装精美的传播内容，更容易被广大受众所接受。媒介融合给新闻传播教育带来了巨大的挑战，美国很多高校纷纷将新闻学院更名为传媒学院（如2008年4月，美国伊利诺伊大学经过大学委员会的批准，正式将新闻学院更名为传媒学院），新闻传播教育更加侧重于培养适合于媒介融合的人才。暨南大学谭天主张，应“把‘新闻学与传播学’改为‘传播学与传媒学’。这样既兼顾学术与应用，也拓展内涵与外延”①。正是在这样的背景下，我国师范院校的新闻传播院系设置的新闻类、传播类、传媒类的专业覆盖文学和艺术学等好几个门类，专业设置的情况变得更加复杂。

1. 师范院校新闻传播类专业的分布情况

教育部发布的《普通高等学校本科专业目录（2012年）》（简称《目录》）是高校本科专业设置的重要依据。目前，国内新闻传播院系设置的专业主要覆盖文学和艺术学两大门类。《目录》中文学门类下设新闻传播学类（0503）一级学科，它包括新闻学、广播电视学、广告学、传播学、编辑出版学5个专业，在特设专业中新闻传播学类下新设网络与新媒体、数字出版两个新专业。《目录》艺术学门类下有艺术学理论类、音乐与舞蹈学类、戏剧与影视学类（1303）、美术学类、设计学类5个一级学科，戏剧与影视学类有表演、戏剧学、电影学、戏剧影视文学、广播电视编导、戏剧影视导演、戏剧影视美术设计、录音艺术、播音与主持艺术、动画10个本科专业；在设计学类下面包含数字媒体艺术；美术学类下面包含摄影专业。在特设专业部分戏剧与影视学类又新设了影视摄影与制作专业。目前全国有88家师范院校开设了新闻类、传播类、传媒

---

① 谭天：《从“新闻学与传播学”到“传播学与传媒学”》，载《新闻记者》2015年第12期。

类专业，为了简化统计工作，这里选择《2015 中国师范类大学排行榜》前 40 位作为对象，考察师范院校新闻传播院系专业设置情况。需要特别指出的是，这里沿用师范大学排行榜目的不是排序，而是为统计专业设置情况找到一个视角。因为排行榜前 40 位基本囊括了带“大学”的师范院校，所以前 40 个高校新闻传播教育状况足以体现师范院校新闻传播教育整体现状（见表 2-9）。

表 2-9　　**师范院校新闻传播院系专业设置一览表**

类别／院校	文学门类（新闻传播学类）						艺术学门类（戏剧与影视学类、设计学类、美术学类）						
	新闻学	广播电视学	广告学	传播学	编辑出版学	网络与新媒体	戏剧影视文学	广播电视编导	播音与主持艺术	动画	数字媒体艺术	影视摄影与制作	摄影
北京师范大学（新闻与传播学院）				▲	▲								
华东师范大学（传播学院）	▲		▲		▲			▲	▲				
华中师范大学（新闻传播学院）		▲	▲	▲	▲			▲					
东北师范大学（传媒科学学院）		▲	▲					▲	▲				
南京师范大学（新闻与传播学院）	▲	▲	▲			▲		▲				▲	
湖南师范大学（新闻与传播学院）	▲	▲	▲		▲	▲		▲	▲				
华南师范大学（文学院）					▲								
陕西师范大学（新闻与传播学院）	▲				▲	▲		▲	▲				
福建师范大学（传播学院）		▲	▲					▲	▲				
浙江师范大学（文化创意与传播学院）			▲				▲						

续表

类别 / 院校	文学门类（新闻传播学类）						艺术学门类（戏剧与影视学类、设计学类、美术学类）						
	新闻学	广播电视学	广告学	传播学	编辑出版学	网络与新媒体	戏剧影视文学	广播电视编导	播音与主持艺术	动画	数字媒体艺术	影视摄影与制作	摄影
天津师范大学（新闻传播学院）	▲	▲	▲					▲	▲				
安徽师范大学（新闻与传播学院）	▲		▲			▲			▲	▲			▲
西北师范大学（人文与传播学院）	▲							▲	▲	▲			
山东师范大学（传媒学院）							▲	▲	▲		▲		
上海师范大学（人文与传播学院）		▲	▲		▲		▲						
广西师范大学（新闻与传播学院）	▲				▲	▲							
江西师范大学（传播学院）	▲	▲	▲	▲				▲					
河北师范大学（新闻传播学院）	▲	▲	▲					▲	▲				
哈尔滨师范大学（传媒学院）		▲						▲	▲	▲			▲
河南师范大学（文学院）		▲					▲					广播电视制作	
云南师范大学（传媒学院）		▲	▲					▲	▲	▲			
四川师范大学（影视与传媒学院）		▲				▲		▲	▲	▲	▲		
内蒙古师范大学（传媒学院）								▲					

续表

类别 院校	文学门类（新闻传播学类）						艺术学门类（戏剧与影视学类、设计学类、美术学类）						
	新闻学	广播电视学	广告学	传播学	编辑出版学	网络与新媒体	戏剧影视文学	广播电视编导	播音与主持艺术	动画	数字媒体艺术	影视摄影与制作	摄影
辽宁师范大学（文学院影视艺术学院）	▲		▲					▲	▲	▲			
曲阜师范大学（传媒学院）	▲		▲								▲		
江苏师范大学（传媒与影视学院）		▲	▲					▲				▲	
重庆师范大学（重庆新闻学院）	▲							▲			▲	▲	▲
贵州师范大学（文学院）		▲							▲				
山西师范大学（文学院、教育技术与传媒学院）					▲			▲	▲				
海南师范大学（文学院）	▲	▲											
吉林师范大学（传媒学院）	▲				▲			▲		▲	▲		
西华师范大学（新闻与传播学院）	▲					▲			▲				
沈阳师范大学（文学院）	▲												
淮北师范大学（文学院）	▲		▲										
青海师范大学（人文学院）	▲								▲				
商丘师范学院（新闻传播学院）		▲				▲		▲	▲				
总　计	19	17	17	3	10	8	4	22	19	7	5	4	3

在表 2-9 中，排行榜前 40 名中首都师范大学（9 位）、新疆师范大学（27 位）、广东技术师范学院（36 位）没有相关专业，杭州师范大学（22 位）在文化与创意学院开设了网络与新媒体专业。从该表统计数据来看，师范院校新闻传媒类专业数量排序依次是广播电视编导（22）、新闻学（19）、播音与主持（19）、广播电视学（17）、广告学（17）、编辑出版学（10）、网络与新媒体（8）、动画（7）、数字媒体艺术（5）、戏剧影视文学（4）、影视摄影与制作（4）和摄影（3）。这里是从“以新闻传播学为主”的院系着手对相关专业进行统计，如果从艺术学、影视艺术为主体来统计师范院校的专业设置，艺术门类下的相关专业还会增加。如北京师范大学艺术与传媒学院设有数字媒体艺术、影视学等专业，南京师范大学文学院设有播音与主持专业等。

2. 师范院校新闻传播教育的创办历程

1918 年 9 月，北京大学政治系开设新闻选修课，即徐宝璜主讲的“新闻学大意”，一般认为这是中国新闻传播教育的起源时间点。“1920 年，上海圣约翰大学成立报学系，开始了中国高等院校正规的新闻教育。”①新中国成立前师范院校新闻传播教育状况有待考证，但目前华东师范大学传播学院已将自己的办学历史追溯到解放前。华东师大传播学院官方网站记载，该院新闻传播教育可追溯到 1926 年大夏大学创办的报学系和 1915 年光华大学创办的广告学专业。新中国师范院校新闻传播教育的发展可分为三个阶段：新中国成立后到 1978 年、1979 年到 1998 年、1999 年至今。

从现有资料统计来看，天津师范大学是新中国成立后最早进行新闻传播教育的师范院校。1959 年天津师范学院受天津市委宣传部委托创办了新闻学专业，1999 年天津师范大学在此基础上成立新闻传播学系，2003 年建立新闻传播学院。1962 年受三年自然灾害的影响，江苏新闻专科学校被迫停办，相关师资队伍和教学实施并入南京师范学院。后经教育部批准，1964 年南京师范学院在政教系招收了第一届新闻学专业本科生。后因种种原因新闻专业一度停办。1977 年，经过省委宣传部、省教育厅、新华日报社和南京师范学院的共同努力，新闻专业在南京师范学院中文系得以恢复招生。1995 年南京师范学院新闻学专业从中文系迁出，与电教系合并组建新闻与传播学院。据《中外新闻传播教育发展研究》一书记载：“文革”开始后全国新闻院系外迁或停办，“保留下来的有 6 所，即北京的燕京大学新闻系、上海的暨南大学新闻系、圣约翰大学报学

① 辛欣、雷跃捷等：《中外新闻传播教育发展研究》，北京：中国传媒大学出版社 2009 年版，第 74 页。

系、复旦大学新闻系、民治新闻专科学校和苏州的社会教育学院新闻系”①。1978 年改革开放后师范院校的新闻传播教育重新发展起来：1985 年江西师范大学开始新闻传播教育；湖南师范大学 1992 年创办新闻学专业，2001 年成立新闻与传播学院；北京师范大学 1993 年在中文系创办编辑出版专业，2003 年设立传播学专业；西华师范大学 1994 年开办新闻学专业，2004 年创办播音与主持专业，2006 年组建新闻与传播学院。

1999 年高校大规模扩大招生规模，师范院校新闻传播教育也进入大发展时期。1999 年，当年高校招生人数增加 51. 32 万人，招生总数达 159. 68 万人，增长速度史无前例地达到 47. 4%；之后 2000 年的扩招幅度为 38. 16%，2001 年为 21. 61%，2002 年为 19. 46%；到 2003 年，中国普通高校本专科生在校人数超过 1000 万。“据统计，1994 年以前，全国新闻学类专业点共有 66 个；1995—1999 年，5 年共增加 58 个专业点，每年平均增加 10 个左右，这是十分正常的。但是 2000—2002 年，3 年间共增加新闻学类专业 204 个，每年平均增加 68 个。其中仅 2003 年一年，就新增加专业点 100 个。”② 全国师范院校新闻传播类专业绝大部分是扩招以后才建立起来的，尤其是播音与主持艺术、广播电视编导、网络与新媒体等专业更是与新时期的高校扩招和传媒繁荣直接相关。师范院校新闻传播教育通常起源于两个系科：中文系、电教专业（后为教育技术学专业），一般新闻学、编辑出版学、播音与主持等专业大多起源于中文系，广播电视新闻学、广播电视编导、数字媒体艺术等大多起源于教育技术专业。目前还有很多高校的新闻传播教育在文学院（中文系）、教育技术系，或者成立的学院将教育技术与新闻传播统一在一起。师范院校新闻传播教育大面积覆盖，一方面来自学校走综合化的冲动，另一方面来自生源市场的竞争。

2. 5. 3　师范院校新闻传播教育质量工程建设

1999 年开始的高校扩招是由多种社会原因造成的，扩招本身对社会稳定、国家发展作出了巨大贡献。然而，在扩招中因为学校发展太快，很多高校的专业设置和学科结构不尽合理，学生的实践能力和创新精神亟待加强，教师队伍整体素质亟待提高，人才培养模式、教学内容和方法需要进一步改进。高等院校肩负着人才培养的重要使命，提高高等教育质量，既是高等教育自身发展规律的需要，也是办好让人民满意的高等教育、提高学生就业能力和创业能力的需要，更是建设创新型国家、构建社会主义和谐社

---

① 辛欣、雷跃捷等：《中外新闻传播教育发展研究》，北京：中国传媒大学出版社 2009 年版，第 74 页。

② 徐培汀：《中国新闻传播学术史》，重庆：重庆出版社 2006 年版，第 403~404 页。

会的需要。因此，从“十一五”开始教育部在全国开始实施“本科教学质量与教学改革工程”，在2006—2010年的5年时间内共向工程投入25亿元。2011年财政部、教育部联合下文继续实施本科教学质量与教学改革工程。本科教学质量工程的建设包括专业结构调整与专业认证，课程、教材建设与资源共享，实践教学与人才培养模式改革创新，教学团队与高水平教师队伍建设，教学评估与教学状态基本数据公布，对口支持西部地区高等学校等内容。下面主要围绕教学质量工程来梳理师范院校本科教学的基本情况。

1. 师范院校新闻传播院系专业与实验室建设

全国共有本科高校1000多所，设置的本科专业有400多个。为了帮助全国高校形成自己的专业特色与专业品牌，2007—2011年期间教育部和财政部联合，立项建设了7批国家级特色专业。其中新闻传播类的立项情况如下：第1批（2007）有21个特色专业（18个新闻学、1个广告学、1个广播电视新闻学、1个广播电视编导），其中有2个特色专业属于师范院校（南京师大新闻学、天津师大新闻学）；第2批（2007）有2个特色专业（1个新闻学、1个播音与主持艺术）；第3批（2008）有4个特色专业（1个影视学、1个广播电视编导、1个新闻学、1个传播学），北京师范大学影视学名列其中；第4批（2008）有5个特色专业（2个新闻学、2个广告学、1个广播电视编导），上海师范大学广告学名列其中；第6批（2010）有8个特色专业（5个新闻学、1个传播学、1个编辑出版、1个广播电视新闻学）。7批共有新闻传播类特色专业37个，师范院校占有4个，占比为10.8%。

在2007—2009年进行的国家级“人才培养模式创新实验区”的评审中，共有5个创新实验区获批立项，其中2个为师范院校，它们是陕西师范大学“具有西部特色的播音与主持艺术跨学科复合型人才培养模式创新实验区”（2007），东北师范大学“学研产复合型影视艺术专业人才培养模式创新实验区”（2009）。2005年教育部启动实验教学示范中心建设和评审工作，在“十一五”期间共评出16家传媒类实验示范中心，其中师范院校占5席，它们是华南师范大学信息传播实验教学中心（2007）、东北师范大学传媒实验教学中心（2008）、陕西师范大学数字传媒技术实验教学中心（2008）、天津师范大学新闻传播实验教学中心（2008）、浙江师范大学信息传播实验教学中心（2008），师范大学在国家级实验教学示范中心中占比31.3%。

因为各类国家级教学质量工程申报竞争激烈，有些项目申报需要限额申报，所以师范院校新闻传播类院系要想冲出学校、冲出本省就很不容易。但在相关项目的省级评审中，师范院校的成绩相对较好。如南京师范大学新闻学专业是省级特色专业，传媒实验教学中心是省级教学中心；陕西师范大学新闻传播学院有2个省级特色专业，2个省级教学团队，2 个省级人才培养模式创新实验区，陕西省新闻专业唯一的综合改革试点单位；福建师范大学传播学院是福建省人才培养创新试验区，江西师范大学广告学为江西省品牌专业、特色专业和综合试点改革专业，云南师范大学广播电视新闻学是云南省特色专业，安徽师范大学新闻学、广告学、播音与主持艺术、动画 4 个专业为省级特色专业，重庆师范大学数字影视制作实验教学中心是省级实验教学示范中心等。

2. 师范院校新闻传播院系教师、教材和课程建设

教育部质量工程项目中有教学名师、重点教材和课程建设等内容，这些带“国家”字样的各类工程项目是高校竞争的重要指标。在各类质量工程项目评选中，因为新闻传播学科本身比较年轻，在相关项目中斩获的荣誉并不多。师范院校与 985 高校相比本身处于弱势，因此获得“国”字头奖项的机会就更少，目前稍有作为的是国家级规划教材评选。在“十二五”国家级规划教材中，新闻传播类教材获批 30 本，其中师范院校有 4 本教材，它们是上海师范大学的广告创意学、中国广告经典案例评析，南京师范大学的当代电视编辑，华东师范大学的影视剪辑。在省级质量工程建设方面，师范院校新闻传播院系取得的成果也很少。华东师范大学传播学院刘秀梅所授课程《影视剪辑》获批上海市重点课程（2009）和精品课程（2012）；天津师范大学新闻与传播学院刘卫东曾获天津市教学名师称号，“新闻学概论”、“广告策划与创意”两门课获市级精品课程等。

3. 师范院校新闻传播院系教学改革与培养质量

在国家级教学成果奖的申报评选中，因为申报限额的原因，即使综合性的“985”、“211”高校都难有大的成就。在近三届国家教学成果奖评选中，新闻传播学科只有 5 个项目获奖，其中，2005 年南京政治学院新闻系获得二等奖，2009 年中国人民大学、中国传媒大学获得二等奖；2013 年复旦大学、武汉大学获得二等奖。师范院校新闻院系目前在国家级教学成果奖中还是空白。由共青团中央、中国科协、教育部和全国学联共同主办的“挑战杯”全国大学生系列科技学术竞赛，是全国性的大学生课外学术实践竞赛。自 1989 年首届竞赛举办以来，挑战杯逐渐得到高校和社会的认可，被誉为当代大学生科技创新的“奥林匹克”盛会。新闻传播学科在挑战杯竞赛中有取得优异成绩的空间，但目前师范院校新闻传播院系重视不够，取得的成绩也非常有限。在省级教学成果奖方面，江西师范大学传播学院“基于模拟职业化训练的新闻传播类专业实践教学模式研究与应用”、“以能力为主线，多向融通式的‘四元六化八制’新闻传播人才培养模式”获江西省教学成果一等奖；南京师范大学“四级递进、两翼开放、产学协同——新闻传播复合型人才培养模式的建构与实践”获江苏省教学成果一等奖等。

在教学改革和人才培养实践中，师范院校取得了一些成就：西北师范大学人文与传播学院以“传媒六艺”（礼、乐、摄、制、书、说）为切入点，致力于培养大学生的文化创意素质、编导设计能力、新闻采编水平和传播沟通技巧。江西师范大学传播学院树立“素质为本、实践为用、面向业界、培养能人”的办学理念，确立“乐学善思、知行合一”的学风建设目标，形成“以赛促学、以赛促教，赛学结合”的实践教学理念。该院开设金牌记者实验班、与广州暨南大学新闻与传播学院开展3+1协同育人项目。重庆师范大学传媒学院师生创作的影视作品，如《歌者》、《稻收》、《重庆少年》、《茶香》、《玉叶陈香》等，入围国际国内电影节并获得重要奖项。吉林师范大学传媒学院注重办学发展的“三个符合度”，即人才培养目标与社会发展需求的符合度，专业、课程和教学体系与人才培养目标的符合度，师资队伍、办学条件与专业、课程和教学体系的符合度。学院实施“传媒应用型人才‘331素质’结构”，“331素质”即具备三项核心素质（专业核心知识、专业核心技能、专业核心思维），三个支撑素质（专业价值观、文化驾驭力、生活经验与认知）和一个终极素质（审美实践创造力）。师范院校人才培养的创新实践，为提高新闻传播人才的培养质量提供了保证。

2.5.4 师范院校新闻传播学学科建设情况

专业是高校根据社会分工需要而划分的学业门类，专业一般会对应特定的社会职业，这些职业的从业人员从事的是较为高级、复杂、专门的脑力劳动。专业是社会分工、学科知识和教育结构三位一体的组织形态，其中社会分工是专业存在的基础，学科知识是专业的内核，教育结构是专业的表现形式。专业是在一定学科知识体系的基础上构成的，离开学科的知识体系，专业也就丧失了其存在的依据。学科是自然科学、社会科学两大知识系统内知识子系统的集合概念，是科学体系中学术相对独立、理论相对完整的科学分支，不同的学科就是不同的科学知识体系。学科发展的目标在于知识的发现和创新，学科以知识形态的成果（即科研成果）服务于社会，科研成果一般又可分为科学型和技术型两种。学科建设一般包括学科方向建设、学科基地建设、学科的学术成果建设、学科队伍建设、人才培养体系建设、学术环境建设等内容。师范院校早年主要侧重于师范类的专业教学，学术研究、学科建设重视不够。20世纪90年代后，在国内高校普遍重视科研、重视排名的大环境下，师范院校也奋起直追，并在文科科研方面迅速发展，成为全国学科建设的重要力量。新闻传播院系属于师范院校非师范类的学术群体，多年来师范院校新闻传播学科建设取得了一定的成绩。

1. 师范院校传播与传媒类研究生培养情况

研究生教育是在本科专业学习后对学生进行研究性学习、创新性学习的教育阶段。

随着知识经济的到来，社会各行各业不仅需要具有一定专业知识的本科人才，而且还需要具有研究性、创新性的高层次人才，因此我国研究生教育在“文革”后快速发展起来，研究生教育规模逐渐成为世界第一。国内高水平大学都非常重视高层次人才的培养，有条件的师范院校新闻传播院系都积极发展研究生教育。师范院校传播与传媒类硕士研究生教育点分布情况如表 2-10 所示。

表 2-10　**师范院校传播传媒类硕士点分布情况表**

高　　校	高校类别	一级学科 硕士点	二级学科 硕士点
北京师范大学	985/211 教育部直属	新闻传播学	新闻学/传播学/出版学
华东师范大学	985/211 教育部直属	新闻传播学 戏剧与影视学	新闻学/传播学 广播电视艺术学/电影学 新闻与传播硕士/出版硕士/艺术（广播电视）硕士
南京师范大学	211 省部共建（2015）	新闻传播学	新闻学、传播学 戏剧与影视学 新闻与传播硕士/艺术（广播电视）硕士
湖南师范大学	211	新闻传播学 戏剧与影视学	新闻学/传播学 戏剧与影视学 新闻与传播硕士/出版硕士
陕西师范大学	211 教育部直属	新闻传播学 戏剧与影视学	新闻学/传播学 文艺与文化传播/广播电视艺术学/新媒体艺术学/电影学/戏剧戏曲学/影视批评学 新闻传播硕士/出版硕士
东北师范大学	211 教育部直属		新闻学 广播电视艺术学/艺术学理论
华中师范大学	211 教育部直属	新闻传播学	新闻学/传播学 新闻传播硕士
西北师范大学	省部共建（2009）	艺术学理论 戏剧与影视学	文化与传播 艺术硕士

续表

高　　校	高校类别	一级学科 硕士点	二级学科 硕士点
福建师范大学	省部共建（2012）	新闻传播学 艺术学理论 戏剧与影视学	广播电视艺术学硕士
江西师范大学	省部共建（2012）	新闻传播学	新闻传播硕士
云南师范大学	省部共建（2013）	戏剧与影视学	新闻学
安徽师范大学	省部共建（2013）	新闻传播学 戏剧与影视学	新闻与传播硕士
山东师范大学	省部共建（2014）		传播学 广播电视艺术学 新闻与传播硕士
江苏师范大学	省部共建（2014）		设计学 戏剧与影视学
河北师范大学	省部共建（2014）		艺术理论
浙江师范大学			广播电视艺术学
天津师范大学		新闻传播学	新闻学 传播学
上海师范大学		新闻传播学 戏剧与影视学	新闻学/传播学 广播电视艺术学/电影学/艺术学理论
哈尔滨师范大学			戏剧与影视学 工业设计工程（含媒体策划与创作、新闻实务等方向）
河南师范大学			文艺学 戏剧与影视学
四川师范大学		戏剧与影视学	戏剧与影视专业硕士
辽宁师范大学			中国现当代文学（影视编剧）
曲阜师范大学		戏剧与影视学	广播电视 电影

续表

高　　校	高校类别	一级学科 硕士点	二级学科 硕士点
重庆师范大学			艺术与传媒 艺术专业硕士 文艺学（影视传媒）
吉林师范大学			出版专业硕士 媒介文化
西华师范大学			文艺与传媒 新闻与传播专业硕士
赣南师范学院			媒介文化传播 广播电视
广西师范学院			新闻学
长春师范大学			艺术（广播电视）硕士

师范院校中有 211 工程高校 8 所，其中华南师范大学没有传播传媒类硕士生教育，省部共建高校中广西师范大学、首都师范大学没有传播传媒类硕士生教育。根据上表全国有 29 所师范院校的新闻院系进行硕士生教育，占 88 家拥有新闻传播类专业的师范院校的 33.0%。新闻传播学发展到今天，越来越向传播传媒学演变。“传播与传媒研究至少需要三大学科集群的支持，一个是传播学科群（包括传播学、新闻学、社会学、心理学、政治学等），一个是传媒经济学科群（包括经济学、管理学、市场营销学等），一个是信息科学技术群（包括统计学、信息技术、数据挖掘、视觉设计等）。”①从表 2-10 的硕士研究生专业设置情况来看，师范院校传播传媒类硕士主要在新闻与传播学、戏剧与影视学两个一级学科下面设置。目前拥有传播传媒类一级学科硕士点的师范院校有 15 所，有的高校是在相关学科中进行传播传媒类硕士教育，如哈尔滨师范大学在工业设计工程学科下招收研究生，研究方向为媒体策划与创作、新闻实务等。

博士生教育是研究型大学的一个重要指标，博士生教育不仅培养具有科研能力的专门人才，而且也是研究型大学的一支重要科研力量。国外一些高水平大学，研究生对学校研究成果的贡献率能够达到 60%~80%。因此，抓好博士研究生的教育工作，既是研究型大学的重要指标，也是研究型大学的基本保障。目前，全国师范院校中开展传播传

① 谭天：《从“新闻学与传播学”到“传播学与传媒学”》，载《新闻记者》2015 年第 12 期。

媒类博士教育的单位如表 2-11 所示：

表 2-11　　师范院校传播传媒类博士点分布情况表

高　　校	高校类别	一级学科博士点	二级学科博士点
北京师范大学	985/211 教育部直属		中国现当代文学 （现代出版与文化传播/网络传播/新闻传播理论与实务）
华东师范大学	985/211 教育部直属	新闻传播学 （2010）	新闻学 传播学
南京师范大学	211 省部共建（2015）		新闻学（2006）
湖南师范大学	211		中国现代新闻传播史（2011）
陕西师范大学	211 教育部直属		文艺与文化传播 媒介与社会变迁 传媒博士（与澳大利亚 ECU 联合培养）
华中师范大学	211 教育部直属		文化传播学
福建师范大学	省部共建（2009）	艺术学理论 （另建博士后流动站） 戏剧影视学 （另建博士后流动站）	
西北师范大学	省部共建（2009）		文化与传播

我国博士点设置主要采取专家评审制度。2005 年教育部组织的全国博士点评审，一些没有申报成功的高校对程序提出了不少质疑。2010 年博士点申报教育部采取配额制，部属院校博士点指标下达给学校，省属院校博士点指标下达给各省。2010 年后博士点申报工作基本停滞，目前实行的是基本稳定、动态调整的政策。因为新闻传播学属于新兴学科，它与其他学科在校内、省内竞争时，一定程度上处于弱势，所以师范院校的新闻传播类博士点不多，且以二级学科博士点为主，博士点基本是依托中国现当代文学、艺术学等博士点招生。真正拥有新闻传播学博士点的只有两家，华东师范大学拥有新闻与传播学一级学科博士点，南京师范大学拥有新闻学二级学科博士点。

2. 师范院校新闻传播院系学科点建设与研究特色

相对于“985”高校、部属院校，师范院校的学术资源相对匮乏，因此在全国学科排名中不占优势。在 2012 年教育部的学科评估中，全国有 48 所新闻传播院系参加，其中包含 7 所师范院校，但排名结果并不突出（见表 2-12）。师范院校目前较难获得国家级的学科资源，拥有的学科资源主要以“省级”为主。湖南师范大学拥有 2 个省级研究基地：中国传播与现代化研究中心、湖南省传媒发展研究基地以及省级重点学科“新闻传播学”；南京师范大学新闻学是省级重点学科；西北师范大学拥有“新闻传播学”、“艺术学理论”2 个省级重点学科。2013 年年底，中宣部、教育部联合发出《关于地方党委宣传部门与高等学校共建新闻学院的意见》，其后各地宣传部与高校共建新闻学院，为新闻学院带来了较为丰厚的专业与学术资源。目前师范院校已有 8 所与宣传部共建新闻学院。共建新闻学院可以发挥宣传部门的政治、组织优势，媒体从业人员的敬业、实践优势，高校的学术、科研优势，三方强强联合可以共同打造新闻学院的核心竞争力。

表 2-12　　师范院校新闻传播学学科排名和部校共建情况

类别	相关高校	名次/年份
2012 年教育部学科评估排名	华东师范大学	并列第 13 名
	南京师范大学	并列第 16 名
	陕西师范大学	并列第 19 名
	上海师范大学	并列第 27 名
	天津师范大学	并列第 30 名
	东北师范大学	并列第 36 名
	云南师范大学	并列第 36 名
宣传部、高校共建新闻传媒学院	安徽师范大学	2014
	内蒙古师范大学	2014
	西北师范大学	2014
	重庆师范大学	2014
	湖南师范大学	2014
	陕西师范大学	2014
	北京师范大学	2014
	福建师范大学	2014

在学术研究方面，师范院校依托自身的学科优势和区位优势，逐渐形成了一些独具特色的学术研究领域。如北京师范大学设有媒介文化素养教育研究中心、媒介文化与产业研究中心、中华文明传播研究中心、传播效果实验室等学术机构；华东师范大学设有教育新闻传播研究中心、视觉艺术与行为研究中心、上海市演讲与口语传播研究会等研究机构；南京师范大学设有传媒与社会发展研究中心，民国新闻史研究所等；湖南师范大学设有文化与传播研究所、传媒伦理与法制研究所等；福建师范大学设有网络文化研究中心、影视艺术研究所、台湾传媒与舆情研究所等；西北师范大学以国家“一带一路”战略、甘肃省建设文化大省和“华夏文明传承创新区”为契机，设立了甘肃文化传播研究中心、西部戏剧与影视文化研究所、影视策划与制作中心等机构；云南师范大学设有少数民族文化传播研究中心、新媒体与文化创意研究中心及云南省舆情研究基地；安徽师范大学建有安徽省重点人文社科基地创意产业发展研究中心；天津师范大学设有大众传播与社会发展研究所、天津地方新闻史研究所、天津市社会心理学会宣传与传播心理学专业委员会等。

近年舆情监测成为新闻传播学研究的重点领域，也是新闻院系与党政部门合作的重要领域，因此全国师范院校新闻院系先后成立了舆论研究与舆情监测的相关研究机构，积极为党政部门、社会各界打造思想库、信息库和人才库。北京师范大学建立了大数据舆情分析基地、社会化媒体舆情监测基地、舆情议程设置研究基地等机构；湖南师范大学建立了湖南省社会舆情监测与网络舆情研究中心，引进 CATI（计算机辅助电话调查系统）和 WO（网络舆情监测系统），以提高舆情采集与数据分析能力；西北师范大学拥有甘肃省教育厅设立的甘肃省教育网络舆情监测中心；南京师范大学建立舆情研究中心，自 2013 年以来连续出版《江苏政务舆情》，每月定期向省委省政府报送江苏政务舆情；重庆师范大学在共建后将舆情研究作为重点教学与研究方向；西华师范大学建立舆情调研实验室，并招收网络舆情应对与危机传播方向的硕士。

2.5.5 结论

我国师范院校是新闻传播教育的一个重镇，涉及的省份和院校数量都比较多。师范院校新闻传播教育在全国的分布基本平均，涉及的院校多少大致与所在省区的传媒发展、人口规模相适应。师范院校新闻传播教育最早主要是从新闻学开始的，随着传媒的不断发展新闻传播教育逐渐向影视艺术延伸。由于影视艺术相关专业、新媒体相关专业的开设，师范院校新闻传播院系大多走上文理交叉、技艺结合的发展道路。从专业设置来看，全国师范院校新闻传播院系开设最多的专业是广播电视编导，其次是新闻学和播音与主持，新闻学已经不再占有主导地位。新闻学退出新闻传播教育的龙头地位，一方面显示了传媒环境的变化，新闻传播学科必须据此思考学科的内涵重建；另一方面也暴露出专业设置的功利和盲目，师范院校需要通过自我检讨寻找发展前景。师范院校新闻传播院系在课堂教学与实践教学方面，均有不同程度的教学改革和实践创新，但在国家重点学科、国家级教学名师、国家级教材、国家级精品课程、国家级教学成果奖等方面还有很多工作要做。师范院校传播传媒类硕士教育分布较为合理、规模恰当，但传播传媒类博士生培养还受到很多限制，只能采取“寄人篱下”的方式曲线培养。师范院校新闻传播院系在科学研究方面挖掘各自的资源，形成了一批具有特色的研究领域和研究成果。在国家社科基金项目的研究中，师范院校在新闻传播学科内占 1/6 强，为全国新闻传播学研究作出了重要贡献。2015 年 8 月 18 日，中央全面深化改革领导小组第 15 次会议审议通过了《统筹推进世界一流大学和一流学科建设总体方案》，决定统筹推进建设世界一流大学和一流学科，推动实现我国从高等教育大国到高等教育强国的历史性跨越。国务院于 2015 年 11 月初向全国印发了该总体方案，下一步将会进入具体实施阶段。师范院校是新闻传播教学与研究的重要力量，但“双一流”建设对象是“基础好、综合实力强的高校”，师范院校因为现有的身份和地位，后续发展更多还需要依靠自身挖潜。

（撰稿人　骆正林）

2.6　农林院校新闻传播教育发展综述

2.6.1　农林院校新闻传播教育的办学现状

截至 2015 年年底，在全国 41 所农林类普通高等学校中，有 11 所开设了新闻传播类专业，其中 7 所学校开设广告学专业，3 所学校开设新闻学（2 个新闻学教学点，1 个广播电视新闻学），3 所学校开设传播学专业，1 所学校开设编辑出版专业。

农林院校新闻传播学专业办学层次较高，皆为省属及以上重点建设学校。

（1）开设新闻传播类专业的 12 所农林类普通高等学校，有中国农业大学、华中农业大学、四川大学 3 所国家“211”工程重点建设学校，广东海洋大学、江西农业大学、南京林业大学、吉林农业大学、浙江农林学院、福建农业大学和中南林业科技大学 7 所国家林业局、农业部与各省共建的省属重点大学，青岛农业大学为首批“山东省应用型人才培养特色名校”。

（2）农林院校新闻传播学专业办学较晚，大多开设于 2000 年左右；2000—2005 年为专业建设迅速发展，现有 14 个专业已申请开始办学；2005 年以后至今为平稳发展期。

农林院校最早开办新闻传播类专业的是南京林业大学，1996 开设广告学专科，1999 年招收广告学本科生，2002 年广告学专业被评为南京林业大学特色专业；2000 年华中农业大学开办广告学本科专业，浙江农林大学开办新闻传播学本科专业，2001 年江西农业大学开办新闻学本科专业，中国农业大学开办传播学本科专业，2003 年青岛农业大学开办传播学本科专业，2004 年吉林农业大学开办传播学本科专业，下设广播电视、网络与新媒体两个专业方向，中南林业科技大学开设广告学本科专业。

（3）农林院校新闻传播类专业大多数在综合学院，以本科教育为主；少数学校培养新闻传播方向的硕士；没有农林院校可以培养新闻传播类博士研究生。

11 所开设新闻传播类专业的农林院校中，没有学校有资格培养新闻传播类博士研究生。这 11 所学校新闻传播类专业所在学院拥有硕士学位授予点，有 3 所学校培养新闻传播类硕士研究生：中国农业大学的新闻传播类专业设在人文与发展学院，2005 年开始招收传播学硕士研究；南京林业大学的新闻传播类专业设在人文社会科学学院，招收广告伦理方向的硕士研究生；华中农业大学的新闻传播类专业设在文法学院，2007 年开始招收传播学硕士研究生；有 4 所学校的新闻传播类专业所在学院依托农林院校的优势培养农业推广类硕士，分别是江西农业大学人文与管理学院，吉林农业大学人文学院，浙江农林大学文化学院，青岛农业大学动漫与传媒学院。

（4）农林院校新闻传播类专业教学点较少，学校设立专业也较为单一。

11 所农林院校开设了 14 个新闻传播类专业，每个学校大多设立一个新闻传播类专业，少数几个学校有 2 个新闻传播类专业。其中，4 所农林院校设立了 2 个新闻传播类专业：广东海洋大学开设新闻学和编辑出版专业，南京林业大学开设广告学和广播电视新闻学专业，浙江农林大学开设新闻传播专业和广告学专业，青岛农业大学开设传播学专业和广告学专业。7 所农林院校设立 1 个新闻传播类专业：江西农业大学开设新闻学专业，中国农业大学开设传播学专业，吉林农业大学开设传播学，福建农业大学开设广告学专业，华中农业大学开设广告学专业，中南林业科技大学设立广告学专业，四川农业大学设立广告学专业。

（5）农林院校设立新闻传播类专业有新闻学、广告学、传播学和编辑出版 4 个专业。

11 所农林院校开设了新闻学、广告学、传播学和编辑出版 4 个专业。其中广告学最受欢迎，有 7 所院校设立——吉林农业大学、东北林业大学、南京林业大学、浙江农业大学、福建农林大学、青岛农业大学、华中农业大学、中南林业科技大学、四川农业大学；其次是传播学专业，4 所院校设立——中国农业大学、青岛农业大学、吉林农业大学、浙江农林大学；再次是新闻学专业，有 3 所院校设立——南京林业大学、江西农业大学、广东海洋大学；最少的是编辑出版专业，只有 1 所院校设立——广东海洋大学。

（6）农林院校的新闻传播类专业影响力还需要有较大的提升。

农林院校的 14 个专业大多数为普通专业，迄今为止还没有国家级重点建设专业；省级特色专业 2 个，浙江农林大学的广告学专业为省级特色专业，青岛农业大学的传播学专业为省级特色专业；校级特色专业 2 个，南京林业大学的广告学专业为校级特色专业，浙江农林大学的新闻传播专业为校级特色专业。

（7）农林院校新闻传播类专业在课程设置方面共性较多，个性特色还需要凝练，大多没有做到与学校的农林类优势学科相交叉。

农林院校新闻传播类本科专业设置的专业基础课、专业课与综合性大学的专业设置区别不大，课程设置更多注重学生新闻传播专业技能的训练，如中国农业大学的传播学专业主干课程为“中外新闻传播史”、“传播学概论”、“新闻学概论”、“新闻采访与写作”、“舆论学”、“文艺美学”、“基础摄影”、“影视导论”等。

2.6.2　农林院校新闻传播类专业的代表院校

1. 中国农业大学人文与发展学院传播学专业：农业与乡村传播

中国农业大学是国家“211”工程和“985”工程重点建设的教育部直属高校。中国农业大学坚持德育为先、能力为重、全面发展的人才培养理念，培养具有爱国情怀和社会责任感、熟练掌握专业知识与技能、综合能力强的拔尖创新人才。

传播学专业属于人文与发展学院，设有国际发展研究中心、中国生态补偿政策研究中心、农业与农村法治研究中心、农民问题研究所、高等教育研究室、乡村传播研究所、推广与创新管理研究中心、性别与发展研究中心等研究咨询机构。学院已形成教育、研究、培训和咨询为一体的综合性功能体系，有着广泛的国际交流、长期的对外合作和巨大的社会影响。

学院 2001 年开始招收传播学专业本科生，是中国第一批设立传播学专业的高等院校，并于 2005 年开始招收传播学专业硕士研究生。

传播学专业培养具备现代媒体传播的基础理论、基础知识和基本技能，适应信息化社会与知识经济时代的要求，掌握现代电子媒体特别是电视媒体与网络多媒体传播的基本技能，胜任从事影视传播、新闻传播、网络传播、广告及媒介经营管理的高级专门人才。教学和学术研究范围主要包括乡村传播学、影视传播和应用传播学等领域，初步形成以农业与乡村传播为特色，以影视媒体传播为重点，应用传播学与理论传播学相互促进，新闻传播、网络传播、广告传播与媒介经营管理协调发展的整体学科构架，旨在培养具有人文社会科学素养，能够驾驭现代媒体技术的文理交叉、技艺结合、具有深厚的理论基础和实践能力的研究型和高级复合型传播人才。

专业特色是在农业科教影视领域。为了适应21世纪信息社会和知识经济时代要求，该专业在完成传播学基本培养规格和基本训练的同时，在高年级设置了影视传播（侧重纪录片、科教片创作）和传播理论与实务（侧重新闻与网络新媒体）两个专业方向，学生可以根据自身的特点和兴趣选择相关专业方向深入学习。

学生创作的影视和广播广告作品也先后多次获得时报广告金犊奖、中国大学生广告大赛等的重要奖项。其中，蓝凯丽、王柳新、谢彤华、张议文同学拍摄的《不知道的下一个》在2012年第三届现代汽车大学生营销创意大赛中获得视频广告银奖。

媒体传播系毕业生的深造率达到50%以上，遍及美国纽约大学、天普大学、波士顿大学、德州农工大学、迈阿密大学、密歇根大学以及英国拉夫堡大学、日本早稻田大学，我国香港大学、香港中文大学、清华大学、北京大学、中国人民大学、北京电影学院、中国传媒大学等知名学府。同时，毕业生主要在国内知名新闻媒体机构、出版机构、中央和地方政府及企事业单位的宣传部门、教育部门、农业技术推广等部门以及国际知名4A广告公司和公关公司，从事编导、记者、主持、广告、公关、管理等方面的工作。

2. 青岛农业大学动漫与传媒学院传播学专业——省级特色专业，涉农传播

青岛农业大学动漫与传媒学院2003年开始举办传播学专业。学院拥有20多年科技传播、动画制作、传播学研究、艺术创作和影视创作的深厚积累。建院以来，学院致力于培养既掌握现代传播理论，又能以理论为指导，从事影视编导、动画、艺术设计、多媒体制作、网站建设与管理以及广告策划与制作的传媒高级专门人才，立足青岛，面向社会，充分发挥自身特色和优势，积极寻求与地方政府和文化创意产业合作，探索出了一条产学研相结合、为经济社会发展服务的新路子。

传播学专业作为我国第二批建设的专业：2008年，传播学教学团队被评为山东省优秀教学团队；2009年传播学专业被评为山东省级特色专业；2011年，作为学校应用型特色名校建设工程中重点建设的十大专业进行为期3~5年的专业建设；现拥有1个山东省实验示范中心、1个山东省农业传播学实验室、1个山东省农业科技数字媒体传播工程中心。另外，青岛市传播学会、青岛市计算机学会影视动漫专业委员会均设在该院。

传播学专业的培养目标是培养德、智、体、美全面发展，掌握传播学、新闻学、影视编导、网络传播的基本理论和知识，具有敏锐的社会观察能力，具有能够进行多媒体信息的策划、采访写作、编辑和传播等传播业务实战能力，能够从事传播项目策划与管理、影视创作、网络传播等工作的应用型传媒人才。

专业核心课程有“传播学导论”、“新闻学概论”、“摄影艺术与技术”、“摄像艺术与技术”、“影视剪辑与数字化制作”、“计算机网络技术”、“网站创建与管理”、“网络传播”、“传播学研究方法”、“媒体经营与管理”。

传播学专业的办学特色是依托农业院校的优势，培养学生对农传播的素养。学院有着悠久的对农传播历史。多年来共创作农业科教电视片 565 部，其中 23 部获省、部级政府奖，由科学出版社、金盾出版社等出版 246 部，中央电视台第七套节目播出 520 多部。目前承担全国农村党员教育专用农业科教片类教材的制作项目，承担省、青岛市相关科研项目以及山东龙大、鲁花等大型农业企业的横向课题 10 项，完成了青岛农业科技传播平台、青岛农村综合服务平台等青岛市级项目的建设，目前正在运行和维护中。青岛农业大学动漫与传媒学院的学生大多来自农村，他们对自己的家乡和亲人也有着深厚的感情，在学校内有着深厚的农学氛围，在课程设置方面我们加上农业基础知识等必修课程，并且鼓励学生到学院外选修相关的农业科学方面的知识；学院主持运行并维护的青岛农业科技传播平台、青岛农村综合服务平台，都吸收感兴趣的同学参与其中，多方面培养学生对农传播的基本素养。

2012 年 5 月，学院“农业院校应用型传媒人才培养模式的改革与创新”项目获得中国高等教育学会新闻学与传播学委员会颁发的“中国新闻学与传播学创新项目”奖。学生中有近百人次在全国 ITAT 技能大赛、山东省大学生艺术节、山东大学生数字影像创作大赛和青岛动漫大赛中获奖，2009 级学生创作纪录片《我的村庄我的家》，把自己的家乡“搬上”微电影；学生创作的纪录片《支农日记——照相》荣获“身边的精彩——山东省微电影展映活动”评委会特别奖。

3. 南京林业大学人文社会科学学院广告学专业——校级特色专业：重视专业能力培养

南京林业大学的新闻传播教育主要在该校人文社会科学学院下设的广告与传播学系内展开，该系开设了广告学和广播电视学 2 个本科专业，拥有美学硕士点（传播美学、设计美学方向）。广告学专业 2000 年被列入国家大学生文化素质教育基地之一；2002 年 6 月被确定为南京林业大学特色专业建设点；2003—2005 年顺利完成第 6 批校级重点课程群的建设；2005 年在高校本科教学评估中获得有关专家的一致好评；2006 年广告与数码影视实验中心被确定为中央与地方共建高校基础实验室；2007—2009 年广告学专业建设项目被学校评定为优秀。

广告与传播学系拥有一支年龄、职称结构合理、政治素质高、业务能力强、社会影响大的师资队伍，与南京日报报业集团、大贺传媒、卓越广告、雷迪欧广告等20多家媒体机构和广告经营单位合作建立了专业实习基地。同时，该系还拥有中央与地方共建的数字传媒实验实训中心，拥有国内一流的广告、影视、数码创作设备。广告学专业的培养目标是培养适应社会主义市场经济建设需要，熟练掌握现代广告基本理论和基本知识，有较强的广告策划与创意、广告文案写作、广告设计与制作以及品牌营销推广能力的高级广告专门人才。重视实际能力的培养，加强跨学科知识的整合是本专业的鲜明特色。通过学习，学生应具有现代广告策划、创意、制作、发布的基本能力，以及市场调查、数据分析与品牌营销的基本知识；熟悉广告法律法规，具备一定的公关能力；能洞悉中国广告业的发展现状与趋势，了解发达国家广告业的前沿动态。

该系现有各类在校生500余人，先后在国际广告金犊奖、全国大学生广告艺术大赛、中国广告协会学院奖等各类广告大赛中获得多项大奖，共获得金奖3项、银奖9项、铜奖20余项，并连获得第八届、第九届中国大学生广告艺术节学院奖优秀组织奖。

2.6.3 结语

农业院校新闻传播教育总体上处于稳定发展阶段，农林院校新闻传播学专业办学层次较高，皆为省属及以上重点建设大学；农林院校新闻传播学专业办学较晚，大多开设于2000年左右，2000—2005年期间专业建设发展迅速，2005年至今处在平稳发展期；农林院校新闻传播类专业大多数在综合学院，以本科教育为主，少数学校培养新闻传播方向的硕士；没有农林院校可以培养新闻传播类博士研究生；农林院校新闻传播类专业教学点较少，学校设立专业也较为单一；农林院校设立新闻传播类专业有新闻学、广告学、传播学和编辑传播四个专业；农林院校的新闻传播类专业影响力还需要有较大的提升；农林院校新闻传播类专业在课程设置方面共性较多，个性特色还需要凝练，大多没有做到与学校的农林类优势学科相交叉。

与之相反的是，我国对农传播的实践呼吁大量的涉农传媒人才。改革开放以来，我国媒介经过了30年的蓬勃增长时期。但在蓬勃繁荣的背后，对农传播却是一片沉寂——以电视为例，截至2008年上半年，仅有8个专门开办的对农频道，不到频道总数的0.4%。而且中央电视台播出的农村节目仅占整个16套节目的2%左右。即便是这些很少的对农频道，迄今为止，中国的电视媒体，没有一家设在乡村，信息传播在前沿的把关人——编辑、记者，由于远离农村，不了解农村，不了解农情，不熟悉农民的想法和心情，因此也很难选择农民。

因此，今后农林院校新闻传播类专业应加大与学校的优势学科相交叉，在培养学生新闻传播专业能力的基础上，加大对学生农林学科基本素养的培养力度，培养我国对农传播领域需要的，热爱三农、了解三农、愿意为三农发展服务的高级传媒人才。

（撰稿人　王鲁美）

2.7　独立学院和民办学院的新闻传播教育

独立学院和民办学院是我国高等教育的重要组成部分，是大学教育由精英教育向全民教育过渡的有效途径。自 20 世纪 80 年代后期先后起步至今，独立院校和民办院校为我国社会发展和国民经济建设培养了千千万万的优秀人才，他们中的许多人已经成为各行各业的骨干甚至是领军人物。就独立学院和民办学院的新闻传播类专业而言，其每年的招生人数和在校学生的规模同样是非常可观的。面对我国人口众多和教育受重视程度的提高，高等教育资源仍然紧缺的情况下，在未来的发展中独立学院和民办学院将继续承担扩大高等教育规模、培养高层次应用人才的责任。

2.7.1　独立学院和民办学院的概念与区别

独立学院和民办学院并不是一般所认为的相同性质的“民办院校”，而是不同性质的两类高等学校，由于所有制性质和投资渠道的不同，它们呈现出相较于公立大学，更为复杂的状况。

1. 独立学院

按照教育部有关文件的说法，“独立学院，是指实施本科以上学历教育的普通高等学校与国家机构以外的社会组织或者个人合作，利用非国家财政性经费举办的实施本科学历教育的高等学校。独立学院是民办高等教育的重要组成部分”。① 我国独立学院产生于 1999 年，以浙江大学与杭州市人民政府联合创办浙江大学城市学院为标志。截至 2015 年 12 月 4 日，全国有独立学院 266 所。根据上述说法，独立学院的情况应该是比较清楚的，但实际情况是独立学院本身的情况比较复杂，主要有四种情况：一是完全由一所大学自主设立的，俗称为“全资独立学院”，如南京大学金陵学院、东南大学成贤

---

① 教育部《关于规范并加强普通高校以新的机制和模式试办独立学院管理的若干意见》，教发（2003）8 号，简称“教育部‘8 号文件’”。

学院等；二是由大学和民营企业或外资企业联合设立的，如中国传媒大学南广学院、四川大学锦城学院、厦门大学嘉庚学院等；三是由大学和地方政府（或政府联合有关国营企业）设立的，如浙江大学宁波理工学院、浙江大学城市学院、北京电影学院现代创意媒体学院等；四是由大学和地方经济开发区等国有企事业单位联合设立的，如天津师范大学津沽学院等。尽管资金来源渠道不同，但共同点是，它们都是依托母体而建设和发展的，在专业设置、师资力量、日常管理、各种办学条件等方面深受母体学校的影响。

2. 民办学院

有关方面对民办学校的定义是："民办学校是指国家机构以外的社会组织或者个人，利用非国家财政性经费，面向社会依法举办的学校或其他教育机构。"① 民办高校是民办学校中实施高等教育的院校，民办学院是其通俗的名称，在法律上被称为民办院校。如江苏省的三江学院、浙江宁波的万里学院、北京的吉利大学等。截至 2015 年 5 月，全国共有民办高校 447 所。根据目前情况，民办学院有实施学历教育的，也有实施非学历教育的。民办学院与独立学院主要的区别在于，民办学院没有固定的实施本科教育的大学作为依托母体，在专业设置、师资力量、日常管理、各种办学条件等方面情况更为复杂，运行机制和办学水平差别很大。另外，在民办学校中还有一些中等职业学校和技工学校，全国还有成人高校 292 所，其中也设置了一批与高等学校相应的专业，承担为不同行业培养初级专业人才或就业后再教育的工作。

2.7.2 独立学院和民办学院新闻传播教育教学的特点

自 21 世纪以来，为了生存，许多独立学院争办短线专业、热门专业、低成本专业，导致独立学院和民办学院兴办了许多雷同专业，造成了许多专业成为"长线"。新闻传播事业和媒介技术的发展在一段时间中对本专业人才的吸纳量大增，释放了专业人才紧缺的信号，促使我国新闻传播教育短期内高速发展，众多不同类型的高校对举办新闻传播类专业积极性空前高涨，独立学院和民办学院积极跟进，同样大量设置了新闻传播类专业或专业方向。目前全国大多数独立学院和民办学院设置了目录内或目录外新闻传播类专业。

另外，许多独立学院和民办学院还设置了艺术类和工科类的与新闻传播教育相关的专业或专业方向，如广播电视编导、广告艺术设计、产品与包装设计、播音主持、广播电视工程、动漫设计与制作、印刷工程等，限于时间和精力，这一类院校的新闻传播教育状况不在本文的陈述范围中。

---

① 《中华人民共和国民办教育促进法》。

1. 办学理念和培养目标

不论是独立学院还是民办学院，其新闻传播教育教学都突出的是“应用型人才”的培养，南京大学金陵学院等独立学院明确提出了与母体大学新闻传播学院“错位竞争”的办学理念。独立学院和民办学院的新闻传播教育机构都明白，无论是生源质量还是办学条件，以及在国内外的知名度，都很难同公办院校直接竞争，所以只能寻找自己独特的出路。四川传媒学院提出紧密结合四川省乃至西部经济发展对人才培养的需求，努力培养人文素养、科学素养、职业素养三位一体高素质应用型人才，形成了文、理、经、管、法、艺、工、教多学科协调发展的学科专业体系，并在“跨界合作”人才培养模式探索上取得了一定成效。浙江万里学院在“以生为本，以师立校，面向市场，国际接轨”办学理念的指导下，探索高等教育大众化形势下专业发展的新路。传播系率先以新闻学专业为试点进行了专业改革，通过教育思想大讨论认识到不能局限于传统新闻教育的模式，而要瞄准新时代新闻传播人才市场的需求，把握自己的办学理念和生源特点，走一条独特的办学之路，这就是：以生为本，与市场对接，培养社会所需的高素质、应用型新闻传播人才。通过几年的教改实践，新闻学专业有了较快的发展。

纵览众多独立学院和民办学院新闻传播教育教学状况，在办学理念和培养目标上，都将培养应用型人才作为自己同高水平综合大学错位竞争的立足点。独立学院和民办学院相对灵活的机制也为这样的办学理念和培养目标提供了政策性的支持。众所周知，当今传媒技术的发展几乎是一日一变，在教育教学中对技术和设备的更新换代以及对教师教学方法和教学内容的创新要求都很高。而受制于传统管理制度的约束，公立大学在专业调整、实验室设备更新、师资调整等方面都比较滞后，往往是当调整到位的时候已经落后了。而独立学院和民办学院的新闻传播教育教学则可以根据技术的发展随时调整自己的技术装备和师资力量。南京大学金陵学院传媒学院就曾在全国高校中率先建设融合媒体实验室，在建院之初就将最新的传播技术和传播理念引入教育教学过程。无论是专业设置还是教学方案制定、课程安排、教学与实验手段等，都力图紧追当代媒介发展的最新动向，引导学生掌握新媒体技术，参与媒介的发展过程。如在掌媒专业的课程考核中就曾经要求学生开设个人微博，并将规定时间内的粉丝量和影响力作为评定成绩的主要依据，打破了传统的成绩考核方式，有效地提升了学生的学习兴趣，对培养专业动手能力有积极作用。

另外，为了提升学院的知名度和美誉度，也为了激励学生的学习精神，各学院都将考研率作为重要的努力目标。在各校都有不同的措施鼓励和帮助那些基础较好、有学术研究潜质的学生，争取有更多的学生进入国内外的著名大学继续深造。基础较好的一些独立学院和民办学院新闻传播类专业的学生考研录取率基本可以保持在 10%以上。

2. 专业设置

在初创阶段，众多的独立学院新闻传播类的专业设置一开始就深受母体大学新闻传播学院现有专业和师资状况的影响，尽管专业名称（包括学院、系）有些别致，但主要的课程和任课的教师，仍然对应的是母体大学的相应专业。中国传媒大学南广学院设有文化管理学院、新闻传播学院、播音主持艺术学院、国际传播学院、广播电视学院、摄影学院、戏剧影视学院、艺术设计学院、传媒技术学院、动画与数字艺术学院 10 个二级学院，这些学院和专业同中国传媒大学多有相同，多年来传媒大学的老师和管理人员也就承担了主要的教学和管理工作。2008 年湖北省 17 所省属高校举办的 20 所独立学院，共有 416 个本科专业获准招生。这些专业直接与母体高校雷同的有 403 个，比例高达 96.87%；而其中 13 所独立学院的专业设置则与母体高校完全相同。当然，也有的学校一开始就明确了和母体院校“错位竞争、特色发展”的办学思路和专业设置原则。南京大学金陵学院传媒学院从 2007 年建院起便在专业特色上区别于南大新闻传播学院，在目录内专业下设置了具有特色的专业方向，如财经新闻、掌上媒体、网络与新媒体、微电影、策略传播等。浙江大学城市学院的传媒与人文学院除了设置传统的新闻学、广播电视学、广告学专业，新设了会展经济与管理专业，以适应最新的社会传播需求。

民办学院的专业设置则比独立学院更加灵活，并且常常根据市场的需求及时调整专业和专业方向。如河北传媒学院设有影视艺术学院、新闻传播学院、艺术设计学院、舞蹈艺术学院、表演艺术学院、信息技术与文化管理学院、国际传播学院、艺术体育学院 8 个二级学院，33 个本科专业，26 个专科专业，3 个专业硕士研究生专业，涉及艺术学、文学、工学、管理学等学科门类。普通全日制在校生 14000 多人。学院建有各种教学场地，配有非线性编辑室、录音棚、摄影棚、虚拟演播实验室、语音实验室、多功能演播厅、大剧场等实习实训场地。2012 年开始招收艺术硕士（广播电视领域），艺术硕士下设有电视编导与制作、移动媒体视频节目创作、播音与主持艺术、动漫创作、编剧、传媒音乐应用、电视广告等研究方向。2015 年开始招收新闻与传播硕士和翻译硕士。仅其中的新闻传播学院 2008 年 8 月开始建院，目前便已开设网络与新媒体、播音与主持艺术、广播电视学、编辑出版学、传播学 5 个本科专业和新闻采编与制作、主持与播音两个三年制专科专业，在校生近 4000 名。学院设有 4 个系：融媒体新闻与播音系、网络与新媒体系、配音表演与微电影系、声音与策略传播系。这样的办学速度和规模令许多公立大学也望尘莫及。

3. 学历层次

独立学院和民办学院的学历教育层次差别也很大，基本上同我国高等教育的整体状况相同。就全国情况而言，独立学院和民办学院的学历层次已经包括了从专科到硕士研究生的各种学历层次，虽然从事硕士研究生教育的独立学院和民办学院还是极少数，但这却是众多独立学院和民办学院的努力方向，众多学校将获得研究生培养资格作为现阶段提升层次和影响力的重要目标。根据近十几年来的媒体用人要求，独立学院和民办学院的新闻传播类专业学生毕业后进入中央级主流媒体的可能性较小，甚至有些省级的媒体也拒绝接受独立学院和民办学院新闻传播类专业的毕业生，这就由市场倒逼这些学校不得不设法提升自己的学历教育的层次，而提高招生层次（由专科到本科、由“三本”到“二本”）和提升办学层次（由本科到硕士）就成为可努力的明确方向。限于目前教育体制的规定，众多独立学院和民办学院新闻传播类专业很难在短期内获得硕士研究生的培养资格，有的独立学院开始探索同母体大学联合培养的模式，挂靠在母体大学的相关研究生授权单位尝试研究生的培养。

4. 教学方法和教学内容

独立学院和民办学院新闻传播类专业的教学过程同样表现的机动灵活，调整和变化几乎在随时进行。考察各校的教学计划可以看出，独立学院中对母体大学依赖性较强的学院，其教学计划受母体大学的影响较大，而民办院校无母体大学依托，教学计划的个性化就比较明显。但无论是独立学院和民办学院新闻传播类专业，注重实验、实训和参赛都是教学过程中的显著特色。虽然在教学计划和教学过程中也安排了一定的基本理论和基础知识的内容，但教学的重点基本上都放在实验实训和参赛等方面。为此，这些学院普遍建立了依托当地和全国媒体机构、广告公司、相关企业事业单位的教学实习基地，制定了从一年级开始的“四年一贯制”的实习实训制度，将校内实习实验条件同校外实习基地有机结合，将教学内容和实习实训有机结合，实现实习实训的“实战化”。三江学院等学校的新闻传播类实验室 24 小时对学生开放，鼓励学生充分利用本校资源培养操作能力。众多的独立学院和民办学院新闻传播类专业同相对固定的媒体建立紧密型合作关系，充分利用兼职教师（导师）的业务资源和业界人脉关系，结合媒体报道计划与媒体共同商定学生实习实训项目，或直接承接媒体选定的报道题目，组织在校师生按照特定媒体的报道需要和报道风格进行针对性的“实战”训练，充分调动了师生参与的积极性，并为学生积累了未来就业求职的成果资源。

各校近年来积极与国内外专业领域的众多评奖机构和竞赛机构联络，打开师生参赛渠道。借鉴“以赛代练”的教学模式，直接聘请纽约广告节、中国大学生广告节等高层次竞赛机构的组织者或评审专家进入学院，聘请国内外著名媒体和 4A 广告公司的知名专家进入学院，从本专业发展前沿的角度对师生进行辅导和训练，使教学内容和教学方法紧扣行业发展的最新趋势，及时将新思想、新理念、新技术、新手段带入学习和训练过程，在短时间内明显达到了职业化训练的目标。这种做法在一定程度上弥补了许多没有实践经验的教师在教学和研究中的缺陷，使应用型人才的培养目标直接落在了行业的实际应用中，避免了空洞的“实验和实践”教学的弊端。由各校近年来在国内外大赛获奖和在知名媒体发表作品的情况看，教学方法和内容的这种探索成效是显著的。

2.7.3 独立学院和民办学院新闻传播教育师资队伍来源和培养

独立学院在初创时期，秉承的是母体大学的办学理念和办学模式，依托的是母体大学现有的办学资源和社会影响力，调集母体大学的优质师资是当时独立学院立足的重要招牌。因此母体大学是独立学院师资来源的主渠道。据估计，众多独立学院在初创时期的专任教师至少有三分之一是由母体大学在职教师兼任的，另外有三分之一是聘用了包括母体大学在内的不同高校退休教师，剩下的三分之一才是独立学院自己的招聘的专任教师。众多民办院校在创办之初的师资主要也来自公立大学的退休人员和“跳槽”人员，他们有丰富的教育教学经验和管理经验，为这些院校的教育教学尽快走上正轨发挥了重要作用。国内在20世纪90年代中期以来退休的一些新闻传播院系的院长（系主任）和专业骨干教师大部分曾经在独立学院和民办学院的新闻传播院、系从事管理工作或教学工作。有的新闻院系在一段时间内同时有数位原著名高校的新闻院系的院长（系主任）在校，对于短时间内提升这些学院（系）的知名度和管理、教学水平效果明显。这样做，对充分利用和盘活普通高校富裕的教师资源、直接学习和借鉴著名大学新闻传播院系的办学经验、通过提高师生比改善新办高校的办学效益发挥了重要作用。例如，中国传媒大学南广学院建校之初的管理干部和基础骨干教师均由中国传媒大学本部派出，对于教学和管理的尽快正规化、吸引优质生源都发挥了积极作用。但对于众多的退休和外聘教师来说，毕竟身份和心态都不同于原先的“正式编制”时期，多数独立学院和民办院校的教师都把自己摆在一个“打工者”的位置上，缺少“建设者”和主人翁意识，缺乏对独立学院的认同感、归属感和共同的价值观念，也不去关心学院的建设，很难形成学院自主发展的向心力和凝聚力。后来随着办学时间的延长，各校开始注重专职教师队伍的建设。

目前独立学院和民办学院的新闻传播师资基本上是一支“双师型”的队伍。包括专职教师和兼职教师两大类。其中专职教师的来源一是来自于高校的本科生、硕士生和少量博士生，其中以各校2000年以后的硕士生为主。而兼职教师分别来自公办大学的现职教师和与专业相关的企事业单位和政府机构。随着各公立大学近年来的发展导致的师资饱和，国内大学毕业的硕士生和博士生直接进入公立大学任教的难度越来越大，迫使许多有志于教育事业的硕士博士退而求其次选择了独立学院和民办学院新闻传播教育教学，使得独立学院和民办学院专职教师的学历学位层次逐步提高。但目前仍以硕士学位者居多，博士学位者比例仍然偏低。目前有一些独立学院和民办学院对未来新进教师的入门条件已经提高到博士学位获得者，以期在尽可能短的时间内提升教师队伍的水平。随着近年来媒体行业的变化，有一批媒体人先后选择了离开。他们中的许多人选择了高校教师作为自己的新职业，由于已经具备足够的社会经验、职业经历和生活条件的积累，他们的新职业适应能力较强，对薪资和生活待遇的要求也不很苛刻，很受独立学院和民办学院的欢迎。加之他们丰富的媒介从业经验，很适合独立学院和民办学院的教学需求，对培养"应用型人才"有独到的优势。他们在从业过程中较少遇到公办大学中的科研项目和成果发表的压力，正好弥补了理论研究功底较差的短板。出于"应用型"人才培养的需求，独立学院和民办学院的新闻传播专业还特别看重来自业界教师的职业资源，包括他们的人脉资源、技术资源和媒体资源，如发稿的便利、实习机会的获得、就业优先等。

独立学院和民办学院新闻传播专业教师的工资福利待遇（包括未来的医疗保险和养老保险）、在职培养、对外学术交流平台以及职称晋升是制约教师队伍稳定与发展的主要因素。特别是处在成长期的高学历青年教师，公办大学对他们有巨大的吸引力，一旦晋升副高以上职称，达到公办大学招聘的基本条件后，许多人便立刻选择了"跳槽"，这成为独立学院和民办学院师资队伍不稳定的一个重要因素。因此，现有统计口径中独立学院和民办学院拥有的教授、副教授等高级职称教师仍然多为公办大学的退休教师或来自高校和业界的兼职教师。

2.7.4　独立学院和民办学院新闻传播专业的学生

1. 学生数量

独立学院和民办学院的日常运转经费来源主要是学费。尽管其生均的学费标准明显高于公办大学，但限于国家物价管理部门批准的收费标准，各校仍然感到经费紧张。为增加收入，只有尽可能地扩大招生规模。所以这些学院中的新闻传播类专业的学生数量也大大多于公立大学的相应专业。例如四川传媒学院有在校生 2 万余人，河北传媒学院有在校生 1.4 万余人，其中新闻传播学院有在校生近 4000 人，中国传媒大学南广学院则有学生 1.2 万余人，其中新闻传播学院有在校生 1000 多人，成都文理学院传媒学院有在校生 3500 余人，南京大学金陵学院的传媒学院有在校生 1060 人。独立学院和民办学院的新闻传播教育单位学生规模普遍远大于公办大学。学生人数众多带来的直接后果是学生与教师比例远大于公办大学，南京大学金陵学院传媒学院专业教师与学生的比例为 1∶50。导致在学生管理和课堂教学、实验教学方面难度加大，教师常常是疲于应付。每年的毕业设计（论文）指导力量严重不足，有的教师要指导三四十名学生，精力不济，直接影响毕业设计（论文）的质量。同时也直接影响实验和实训教学，实验设备和指导教师严重不足。

2. 学生来源

独立学院和民办学院的学生主要来自于国家统考生，大部分独立学院和民办学院目前是在大学招生时的第三批录取，俗称“三本”。近些年来也有部分学校开始向“二本”过渡，出现了同一个学校中既有“三本”，又有“二本”的情况。有的学校则已经完成了过渡，全部按照“二本”招生，如南京大学金陵学院。统招生是独立学院和民办学院学生的主体，但“三本”和“二本”的一字之差，却蕴含的是这些学校之间生源质量的差别，也给不同的学校在教育教学方面带来了不同的问题。由于收费和就业等原因，独立学院和民办学院每年都有一定数量的学生不来报到。在学生内部，情况也较为复杂，如经济发达地区的独立学院和民办学院中家庭富裕的学生较多，和贫困地区或家庭贫穷的学生之间反差较大，影响到互相关系的处理甚至影响到学习情绪。有的学生家庭本身有产业，他们上学只是为了一张文凭，所以专业思想较差，也缺乏学习动力。

3. 学生的管理

独立学院和民办学院的学生管理普遍不同于知名高校，普遍实行大班化的管理。各校的学生管理干部队伍配备完善（包括学校的学生工作处、院系的学生工作组、辅导员、班主任或班导师等）。有些学院的学生管理在一定程度上采用了中学的管理模式，如严格的作息时间、早操时间、上课点名等，对于新闻传播教育相对需要灵活时间的某些课程和实验实习等显得不很适应。

4. 学生的学习特点

鉴于应用型人才的培养目标和学生自身的特点，在引导学生学习过程中突出实验实训和“以赛代练”的学习和训练模式，强调“实战型”的教学方法。在课程安排上，除了传统的课堂教学外，许多学院结合专业主干课程专门开设了相应的实训课程，每周都有一定的课时由教师带领学生进行专业训练，完成相关的实验或实践项目，在专业培养方案中占有一定的学分。为调动学生的学习积极性，利用独立学院和民办学院教师同新闻传播业务部门和有关社会机构的关系资源，寻找各种类型的社会服务项目或专题研究项目，由教师带领组成规模不等的项目小组，将学生的实习实验训练同社会需求直接结合，开展所谓“实战型”的学习与训练。同时关注国内外的各种专业性或需要使用专业技能完成的比赛，有目的地组织参赛，使学习和训练过程同国内外一流的专业水平相结合，保持了同业界前沿的密切联系，调动了学生参加这些高水平比赛的积极性，非常有利于专业学习。在这些比赛中独立学院和民办学院新闻传播专业的同学不断有奖项获得就是很好的证明。

与高层次大学不同的是，独立学院和民办学院新闻传播专业许多教师可以得到所谓的“横向课题”。有的教师自己就有专业公司或参与专业公司（媒体）的工作，学生在实训时可以参与进行。有的教师建立了固定的或临时性的“工作室”、“项目组”，选择学生作为其相对固定的工作人员，并发给一定的劳务费。学生也因此得到锻炼，有的学生在校期间也组建了自己的公司，和同学一起走上了创业之路。

5. 学生的就业状况

独立学院和民办学院新闻传播类专业的学生就业局限较大，主要表现如前所述中央级媒体基本进不去，省级媒体也很难进去，所以能够就业的主要是中小城市媒体，许多民办企业也是学生就业的重要取向。近年来开始倡导并采取措施支持学生自主创业，取得一定经验和成就。相对于重点大学学生而言，独立学院和民办学院新闻传播类学生比较能吃苦，能放得下身段，不怕失败勇于探索。

2.7.5　独立学院和民办学院新闻传播教育目前存在的主要困难和问题

1. 独立学院和民办学院新闻传播的实验条件普遍较差

新闻传播教育是一种软、硬件投入都很大的专业教育，尤其是对强调应用性教育为主的独立学院和民办学院新闻传播教育而言，对实验室、实验设备、实验技术师资的要求很高。虽然相对公办大学来说独立学院和民办学院的收费较高，但真正能用于新闻传播教育的投入相当有限。新闻传播教育是“文科”的观念在独立学院和民办学院新闻传播教育中同样存在，导致各校的新闻传播类专业争取基本的实验室建设都很困难。近年来媒介技术和设备的快速发展又进一步加大了办学的困难，千辛万苦争取到一点资金改善了一点条件，转眼就过时了，无论是技术还是设备都普遍落后于产业领域。有的学院电视设备还停留在模拟时代，甚至连电视台早已不用的设备和技术仍然在教学中使用。学生学到的技术到工作岗位后根本不能使用，用人单位不得不重新培训。

实验室和实验设备的数量也极为有限，由于学生人数众多，各校实验室的人均面积非常可怜，实验设备数量的人均拥有量也是个无法言说的数字。尤其是摄影摄像设备、编辑设备、网络设备等，经常是十几个甚至几十个人共用一台（套）机器（仪器），一些主动性差的学生基本上得不到上手的机会。有的学校不得不在招生和学生选择专业时提出要求希望学生自备相关的设备，如照相机、摄像机、电脑等，也包括一些价格昂贵的软件。

2. 图书资料严重匮乏

独立学院和民办学院的新闻传播系（院）基本上没有自己的图书资料室，主要依靠学校的图书馆。一些专业性强的图书资料无法得到保证，例如一些国外图书、音视频材料和软件，学校图书馆基本上是不会采购的。即使是国内出版或制作的一些图书和资料，也不能保证，如一些价格较高的广告图册、摄影集、正版影视作品等，数量极少。

3. 应用型办学特色不够明显，套用综合性公立大学的办学模式

尽管这些学院都强调自己的应用型办学思路和学生动手能力的培养，但限于强大的传统大学办学理念的影响和一系列相关政策的限制，在许多学院中真正具有实验实训能力的教师在许多涉及个人成长发展问题上面临无法克服的障碍，影响了在实验实训方面的热情和投入。

4. 师资队伍不够稳定，整体水平亟待提高

独立学院和民办学院新闻传播专业的专任教师普遍年轻，许多人只是将这份职业作为向更高层次迈进的跳板，如各省在教师评定职称时仍然不分学校性质而将所谓“科研”放在首位，考察的是“项目”、“论文”等所谓的“指标”，这让那些长期在新闻传播第一线工作具有丰富实践经验和高超新闻传播技术的实践实验型教师颇为头疼，他们中的许多人不会也不屑于写那些不痛不痒的“论文”，自然也就成为职称晋升的短板，迫使有的教师不得不寻找新的出路。而考虑到办学成本等因素，各学院都给教师规定了相当沉重的教学任务，普遍要求在每周课堂教学量12课时以上，有的甚至达到20课时。几乎将全部时间和精力用于课堂教学的教师，无法在所谓的“科研”上投入必要的成本，形成了业务活动中的“短板”。加之独立学院和民办学院普遍存在的薪资待遇较差和未来的住房保障、社会保障、养老保障的不确定性，使独立学院和民办学院教师的快速流动呈普遍现象。

5. 学生学习情绪不够稳定，普遍有“不如重点大学、一本大学”的自卑心理

条件较好的独立学院和民办学院新闻传播类专业的教学过程中可以比较方便地调用母体大学教师或高薪聘请学界、业界的名师大腕开设高水平课程，对学生学习情绪的稳定和学习积极性提高有重要作用，而一般的学校师资水平的限制，也在一定程度上影响学生的学习情绪。每年的求职就业过程中一些用人单位有意无意的学校、学历歧视，同样是影响学生情绪的重要因素。有的省级新闻媒体或其他业务单位，明确招人时非“211”以上学生不要，对独立学院和民办学院新闻传播类专业学生的自尊心和自信心都是极大的打击。

（撰稿人　段雪雯　段京肃）

2.8　军事院校新闻传播教育发展综述

系统、正规的军事新闻传播教育主要集中于南京政治学院军事新闻传播系，通过梳理南京政治学院军事新闻系发展阶段、主要成绩、办学经验等问题，可以呈现军事新闻传播教育的主要情况。

2.8.1　军事新闻教育发展阶段

1. 军事新闻教育的初创、探索期（1984—1994）

这一时期的军事新闻教育主要培训层次为专科教育。根据吴廷俊教授的梳理，1978—1988 年是中国新闻教育在拨乱反正之后“重新启动，初度发展阶段”。① 1977 年，全国高等院校恢复统一招生制度，北京大学、复旦大学、北京广播学院新闻系或新闻专业开始招生。1978 年，中国人民大学新闻系恢复招生。1983 年，中共中央宣传部与教育部联合召开了新中国成立以来的第一次新闻教育工作座谈会，会议提出，为了适应新闻事业发展的需要，新闻教育必须在保证质量的前提下有一个较快、较大的发展。在这次会议的推动下，全国出现了一次新闻专业办学热潮，新闻教育在国内迅速普及。② 军事新闻教育事业作为中国新闻教育事业的一个重要组成部分，同样也面临着百废待兴的局面。当时，不少从事军事新闻工作的记者、编辑都是基层战士报道员出身，为数不多的科班出身的编辑、记者，基本上是由地方大学培养的，系统、正规的军事新闻教育事业有待人们去开拓。

1977 年 11 月，“南京政治学校”组建。1986 年 6 月，学校更名为“南京政治学院”。建校伊始，主要是培养政治教员和政治工作干部。1983 年 6 月，总政治部向学校下达了开办“新闻专业”的任务。学校十分珍惜这一教学任务，安排复旦大学新闻系毕业的郑旷和刘亚负责筹办新闻专业的具体工作。1984 年 1 月，王知十副校长带领郑旷等人去复旦大学新闻系、上海解放日报社和上海人民广播电台考察。在复旦大学新闻系考察、学习了 7 天。复旦大学新闻系详细介绍了教学情况，并提供了很多资料，包括

---

① 吴廷俊：《问题与成绩同行：1978—2008 中国新闻教育发展研究》，载《新闻大学》，2009 年第 2 期。

② 吴廷俊：《问题与成绩同行：1978—2008 中国新闻教育发展研究》，载《新闻大学》，2009 年第 2 期。

复旦大学新闻系系史、历年教学大纲、教学计划等十分珍贵的资料。筹备组参观了复旦大学新闻系图书馆、摄影洗印工作室、教室。上海人民广播电台台长龚学平和解放日报社副总编辑陈迟，向筹备组详细介绍了情况。经过反复斟酌，学校决定将复旦大学新闻系的教学大纲和教学计划移植到南京政治学校新闻专业，并根据教学时间做了一些压缩和调整。

1984 年 5 月下旬，该校正式提出成立新闻教研室的计划。原教务处长郑旷和教务处参谋刘亚负责筹办新闻专业。同年 6 月下旬正式成立新闻学教研室。教研室成立至 1985 年 9 月，只有郑旷、刘亚、李金宝、陶象卿、徐乘、顾勇华、余琦等教员。

1984 年 7 月开始面向全军招生，学制是两年制大专。1984 年 9 月 1 日，全军第一个共 77 人的新闻大专班开学。从此，中国军事新闻教育翻开了熠熠生辉的一页。1985 年出版的《中国新闻年鉴》记载了这件事情。

1987 年 2 月，经总部批准，新闻教研室更名为军事新闻学系。教员队伍不断壮大，外请授课比例逐步减少。1991 年，设立新闻理论教研室和新闻业务教研室，业务教研室分为采、写、编、评、摄、播等方向。

从 1988 年起，大专班既招收干部学员，也招收战士学员。从 1990 年开始，只招收战士学员。要求报考者具有中专或高中毕业文化、具备新闻工作经验、22 岁以下。学制也由原来的两年改为三年。1994 年开办本科教育之后，专科教育也没有停办，直至 2003 年才全部取消军事新闻专科培训任务。

2. 军事新闻教育的成长、壮大期（1994—2004）

1994 年，军事新闻教育由最初的专科教育转向本科教育，新闻学专业开始招收应届高中毕业生，学制四年。培养目标是军队新闻宣传工作岗位的政治干部。

开设本科课程之始，新闻系再次借鉴了复旦大学等地方高校的教学计划、教学内容，同时，也按照军事新闻人才培养需要进行了调整。有了 10 年专科新闻教育经验的积累，本科新闻教育也具备了较好的基础。通过全体师生的努力，第一届本科生培养相当成功。

1994 年，经总参谋部、总政治部批准，学院招收新闻学硕士研究生。1995 年，招收第一届新闻学硕士研究生，最后录取了任东升、曾嘉、王传宝 3 人。首批硕士生导师是徐乘教授、董根清教授、巩衍杞教授、盛沛林副教授。1996 年，学院获得新闻学硕士学位授予权，成为全军唯一的新闻学专业硕士学位授权点。共设 4 个培养方向：军事新闻理论、军事新闻业务、广播电视新闻、战时新闻工作。

3. 军事新闻教育的发展、创新期（2004 年至今）

在第三个十年里，根据教学需求的变化，军事新闻传播系的内部结构历经多次调整。2003 年 11 月，全军第十五次院校会议明确国防教育人才培养要向战场聚焦。新闻系调整指导思想，军事特征更加鲜明。2004 年 8 月，新闻系更名为军事新闻传播系，成立了新闻传播教研室、广播电视网络教研室、文化传播教研室。2004 年，获传播学专业硕士学位授权点。2006 年 7 月，军事新闻传播学被纳入江苏省“十一五”重点学科。2007 年，“军事新闻传播学”列为全军“211 工程”重点建设学科专业。

2012 年，教研室重组，设立军事新闻理论教研室、军事新闻业务教研室。另设军事外宣研究中心、军事新闻研究所等研究机构。

2005 年，经国务院学位委员会批准，学院设立新闻学专业博士学位授权点，成为当时全国 15 家新闻传播专业博士授权点之一。首批博士生导师是刘亚、蔡惠福和王林三位教授，首届招收了翁淮南、曾嘉、刘大勇三名博士。设有军事新闻理论与历史、军事外宣、军事电子媒介传播等研究方向。现任的博士生导师共有 7 人，他们是濮端华、刘开骅、王传宝、赵志刚、吴兵、熊忠辉、顾黎教授。

现在，军事新闻教育在学历教育方面，结构完整，教育质量较好。已建有本科（新闻学专业）、硕士（1 个一级学科和 2 个二级学科）、博士三级培养机制。

在任职教育方面，面向部队开设了全军出版管理干部培训班、编辑室主任岗位培训班、全军新闻干事培训班、全军宣传干部培训班、全军摄影干部培训班、全军对外宣传骨干培训班、全军文化、新闻出版单位师、团级领导干部培训班、全军编辑出版干部轮训班、新闻采编人员资格培训班、全军外宣骨干培训班、军事新闻专业的国防生培训班等多个班次。军事新闻宣传岗位任职教育逐步走向常态化、正规化和系统化。军事新闻传播系成为全军重要的岗位任职培训基地和中心。

2.8.2　军事新闻传播教育主要成绩

经过 30 多年的努力，军事新闻传播学教育取得一系列丰硕成绩。概括起来，可以归纳为：锻造了一支过硬的教员队伍；培养了一批批优秀的新闻学子；推出了特色鲜明的系列教学、科研成果；形成了军味浓郁的办学氛围和育人模式。

1. 锻造了一支过硬的教员队伍

从创系开始，新闻系教员队伍建设走五湖四海之路。有从其他单位选调来的，有地方大学科班出身的，有从军事新闻媒体转岗过来的，也有新闻系自己培养的硕士、博士。30 多年来，曾经战斗在军事新闻教育界的同志，有几位已经离开我们，也有不少教员达到最高服役年限，退出现役。也有一些教员转业到地方高校、政府部门任职。也有一些调到其他相关单位，如军事院校或部队出版社、报社。教员队伍整体保持相对稳定，也具有一定的流动性。

经过30年的发展，军事新闻传播系逐渐拥有了一支军事素质较高、教学、科研能力强的教员队伍。新闻系现有干部、教员50多人，其中专职教员40多名；有教授8名、副教授11名，高级职称比例约为48%；教员中具有博士、硕士学位的34名，硕博比例约为85%。先后共有8人次获得全军院校育才奖金奖或银奖，1人荣获军队专业技术一类岗位津贴。有多名教员加入全国性新闻传播学术团体，1人担任中国新闻史学会常务理事，2位教授为全军外宣常备专家。2位年青教员通过选拔，担任联合国军事观察员，执行维和观察任务。大多教员有部队任职、代职经历，不少教员参与过各种部队演练，担任新闻舆论管控指导。

2. 培养了一批批优秀的新闻学子

作为全军唯一的新闻教育专业系，经过三十多年历代新闻教育工作者的默默耕耘，广大军事新闻学子的奋力拼搏，结出了累累硕果。从军事新闻传播系走出去的新闻人活跃在全国军事新闻领域。全军新闻单位大约有四分之一的编辑记者是军事新闻传播系的毕业生。他们当中有15人担任社长、总编等职务。军队媒体每天刊播的新闻稿件，都有他们的作品，军队每次重大活动报道行动都有他们的身影，全国、全军每届新闻奖评奖，都能找到他们的名字。从“军事记者摇篮”走出来的三千桃李中，已走出9位共和国将军，先后有陈德春、贾永、杜树人、朱金平4人获得“长江韬奋奖”，40多人次获得“中国新闻奖”，先后有数百人次获得“中国人民解放军新闻奖”等全军性、军区级、省级新闻奖项。在读学员每年都有数人次在全国或全军新闻传播专业性的各类比赛中获奖。

3. 推出了特色鲜明的系列教学科研成果

1）军事新闻传播学教材渐成系列

1987年1月，时任新闻系主任郑旷主编了一本由20所大学新闻系教师联合编写的教材《当代新闻学》。参加编写的20所院校包括中国社会科学院研究生院、南京政治学院、华中工学院、兰州大学、郑州大学、广西大学、北京国际关系学院、四川大学、河北大学、南京大学、南京师范大学、天津师范大学、辽宁大学、黑龙江大学、吉林大学、宁夏大学、新疆大学、安徽大学等。《当代新闻学》以新闻信息、新闻传播事业、社会主义新闻工作、新闻伦理为基本框架，吸取国内外新闻学研究的最新成果，借鉴与新闻学相关的哲学、信息科学、传播学、舆论学、社会学、宣传学、心理学、美学、伦理学等学科的知识，内容丰富多彩。时任中国新闻教育学会会长温济泽在序中评价该书“在过去对新闻学研究的基础上，就当前新闻工作和新闻改革中的新问题提出了一些新的见解，其中有些是很有见地的”。教材博采各家所长，大胆改革创新，努力做到科学性、系统性、知识性和可读性的统一，是一本很有特色和影响的新闻学理论教材。

到 90 年代初，教员们在日常教学中逐渐积累了一些讲义和教学资料，但是成体系的军事新闻教材仍然没有。1991 年，时任新闻系主任的卢志超和顾勇华、刘亚、蔡惠福等一起研究，酝酿编写一套军事新闻学教材。到 1995 年，这套教材基本出齐。十本教材包括：《新闻学概论》、《中国新闻史教程》、《军事新闻采访》、《新程序消息写作学》、《通讯写作教程》、《新闻评论学与习》、《新闻摄影学》、《广播电视教程》、《军队报纸编辑工作》、《军队新闻工作》。

此外，新闻系还策划出版了十多本《军事新闻传播教学丛书》以及《军事新闻传播研究丛书》，分别被解放军出版社和新华出版社列为重点图书。

2）知名军事记者研讨活动卓有成效

从 2000 年开始，新闻系有计划地举办了一系列著名军事新闻记者作品研讨会。江永红、高艾苏、贾永、李文朝、江宛柳、孙晓青等知名记者先后成为研讨的对象。举办系列研讨会可以创造一个军事新闻传播理论研究的平台，吸引军内外更多人关注、总结军事新闻宣传实践经验，交流心得体会和研究成果，推动和促进军事新闻传播理论研究的深入。著名军事新闻记者研究从个案分析入手，通过对微观现象、具体经验的解剖与总结，可以把握新时期军事新闻业务改革的发展和趋势，改进军事新闻教育模式和方法，提高新闻人才培养质量。同时也可以宣传新时期军队知名记者。历次研讨会规模和影响都比较大，地方高校知名学者以及军队新闻单位都派出代表参加研讨。会后均出版了研讨会论文集。

3）军事新闻传播研究成果丰硕

随着军事新闻实践的发展，军队新闻工作者逐渐意识到，在军队新闻工作的建设和发展中，出现了许多问题需要探讨、研究，要从理论上予以阐述和回答。没有切实的新闻理论研究，军队新闻事业的改革发展就难以得到思想理论上的引导和支持，就会延缓军事新闻事业前进的步伐。从 1997 年开始，新闻系每年联合一家军区、军兵种报社出版一辑《军事新闻论坛》。先后与人民前线报社、前卫报社、人民海军报社、战士报社、火箭兵报社、战旗报社合编《军事新闻论坛》6 辑。

建系以来，新闻系教员承担了 100 多项军事特色鲜明的各级各类研究课题。其中，国家社科基金课题包括：军事新闻学研究、军事传播学研究、中国人民解放军新闻史研究、大众传媒与非战争军事行动研究、基于信息共享的网络舆情信息工作机制建构与服务内容研究、加强我军国际传播能力建设研究、现代传播体系中的涉军信息及其传播机制研究、借助新媒体传播实施国防舆论动员研究，等等。这些课题大多如期结项，有些出版成为专著或教材，反哺军事新闻传播教育。

除了偏向学术的基础研究之外，军事新闻传播系还向军委总部提供决策咨询、专题调研报告和网络舆情评估等研究成果，直接服务于军委总部决策和军队建设改革。刘铁副教授主持编撰《中国军事舆情年度报告》，综述各年度的涉军舆情基本情况，并选取10个左右涉军舆情事件进行深度分析，由解放军出版社出版发行。魏超、肖飞等教员受国防部委托，向总部报送国防部新闻发布会效果评估月报和季报。此外，还与总部机关保持横向协作，完成专项涉军舆论引导任务。

4）形成了“军味”浓郁的教学成果和育人模式

30多年来，军事新闻传播学教育不断更新教学理念，完善教学方法，拓展教学模式，在教学工作上发展较快。推出了一批在军内外有较大影响的教学成果。有一项教学成果获得国家级教学成果二等奖、全军优秀教学成果一等奖。《探索构建“教、学、研、训”四环联动媒介素养情境教学模式》获得中国新闻学与传播学教学改革创新项目奖。《你也可能是“新闻发言人”》获全国第十六届多媒体教育软件大赛精品开放课程一等奖。

在教育管理和育人模式上，军事新闻教育与地方大学有比较大的差异。“博士、硕士、学士，首先是战士”。军队院校是学府，首先是军营。在校的是学员，首先是军人。新闻教研室成立之初实行的是教管分离的管理模式，教研室只管教学，不管学员队。后来转变为教管合一，学员队划归新闻系管理。学员的日常管理也就归属于学员队。学员队一般配备2~3名干部，负责思想教育、军事训练、日常管理。相对于地方大学，军事院校管理制度严格。因此，遵守纪律、体能训练、军事训练、政治素养养成成为教学管理的重要内容。当然，在专业学习上，鼓励打牢基础、大胆创新、不断进取、勇攀高峰。经过军事新闻传播学专业培育的学员，既具备军人的理想信念、身心素质，也具备新闻传播人才的专业素质，适合部队新闻宣传岗位任职需求。

2.8.3 军事新闻传播教育主要办学经验

1. 注重马克思主义新闻观教育，解决好立场、观点和方法问题，提升学员理论思维层次，增强发展后劲

不论是创系伊始的大专班，还是后来的本科学员、硕士、博士和任职班次，坚持开展马克思主义新闻观教育是军事新闻教育一直坚持的一个重要传统。内容层次有深浅，涉及范围有宽窄，但最基本的原理，最重要的原则，最核心的命题都教给了学员。本科阶段，教员讲解多一些，举例分析多一些。研究生阶段，自主研读多一些，经典文献阅读多一些。

从多年的实践来看，马克思主义新闻观教育对于学员成长的益处是多方面的。

第一，学习马克思主义新闻思想，可以激发学员从事新闻事业的理想和信念。学员从学习中知道，马克思、恩格斯、列宁、毛泽东、邓小平等革命领袖，都有着崇高的新闻理想信念，十分丰富的新闻实践经验。在学习马克思主义新闻观具体理论观点过程中，结合课程内容，教员都要给学员讲一讲这些历史故事，让学员了解马克思主义新闻观不是无源之水、无本之木，它来自于马克思主义先行者大量艰苦卓绝的新闻实践，蕴含着新闻救国救民的伟大理想。对于青年新闻学子来说，这些史实有着鼓舞人心的力量。

第二，学习马克思主义新闻思想，可以帮助学员提升理论思维层次，增强发展后劲。学习马克思主义新闻观，主要是解决“立场、观点、方法”问题。“新闻观是新闻舆论工作的灵魂”，有了正确的新闻观，才有可能培养出优秀的人才。如果新闻传播教育仅仅强调技术性和操作性的技能培养，忽视理论素养教育，忽视“立场、观点、方法”方面的教育，培养出来的学员在新闻观方面容易走偏，发展后劲不足。因为，完整的新闻传播教育不仅仅是“技”和“术”的教育，更是“道”和“本”的教育。

2. 引进来、走出去，开放办学，搞活军事新闻教育

军事新闻系创系伊始，教员严重不足，为了解决这一问题，当时系领导决定从全国、全军新闻单位聘请、选调专家、教授来为新闻系学员开课。例如，聘请邵华泽先生来为学员讲《新闻评论学》，聘请丁淦林教授来为学员讲《新闻事业史》，聘请具有丰富实践经验的一线记者、编辑为大家讲新闻采写和编辑。

尽管现在的新闻系拥有一批学历层次较高、结构合理的教员队伍，但开门办学的传统依然未变。新闻系每学年都要聘请几位国内一流专家学者来讲学；聘请著名校友为年青学员讲采写体会，讲心得，讲人生，讲未来。在课程体系上，适应部队院校教育实际，开设了军事、政治、哲学、历史、文化、社会、经济、历史、心理、文学、艺术等丰富多样的专业基础课程，拓宽了学员知识面，强化了军事政治素质。在专业课程方面，也没有闭门造车，除了自编教材，也大量采用了国内最新统编教材。与此同时，鼓励青年教员到中国人民大学、复旦大学、浙江大学、清华大学、南京大学、武汉大学、华中科技大学等地方大学新闻院系进行短期培训，甚至攻读硕士、博士学位。鼓励教员深入基层部队、新闻媒体单位代职锻炼，到地方大学参加学术活动。在教材、师资、信息、思想等方面尽力搞活，引入源头活水，吸收八面来风，吸引各路英豪。这样将看似较为专业、神秘和封闭的军事新闻教育推向了一个较为开放，较为广阔的新闻教育天地。

3. 注重实践，强化学员素质训练，突出能力本位

回首30多年军事新闻教育，突出实践、抓能力是一条重要的经验。首任系主任郑旷提出：“扎扎实实打基础，勤勤恳恳练笔头”，这一做法成为一项重要传统。

第一届新闻大专班毕业实习组织了赴云南前线战地采访小组。采访小组由余琦教员和一名队干部带队，他们冒着炮火到第一线采访。学员吴国雄为采写一组稿件，在连指挥所蹲了三天两夜。余琦到了“八十年代上甘岭”，同写信要求学习军事新闻的战士见面，并赠送专业书籍。余琦和战士一起蹲在猫耳洞里坚守阵地，并利用时间在野战帐篷给战士们讲课。

1987年6月，第二届大专班学员贾永在《中国青年报》实习。贾永在记者雷收麦、李伟中、叶研带领之下，共同采写了一组“三色”报道，把大兴安岭火灾报道引向深入，轰动一时。“三色”报道成为深度报道和灾难报道的经典案例。

后来每届学员专业实践热情都很高，采访的范围也很广。南京的鸡鸣寺、戒毒所、监狱都有人去采访过。通讯、消息、特写、纪录短片，写出来的东西体裁丰富，内容也有可圈可点之处。学员队一个月统计一次发稿情况，发出去的稿子登了没有，在哪一天哪一版。学员队通过这种方式鼓励学员勤奋练笔，有些学员中午从来不休息，持续写作，有的利用寒暑假采访，有的到偏远地区搞社会调查，有的到基层连队蹲点。这些学员，善于从实践中学习新闻采写和报道，能力素质发展很快。

因此，不论是当年的大专生，还是后来的本科生和研究生，每年都有大量的新闻稿件和评论文章发表在全国、全军各大媒体上。除了勤写勤练之外，还组织学员广泛开展“读报、评报”，“看电视、评电视”，“建网站、评网站”等新闻实践活动。学院和系为学员开展新闻实践提供广泛的平台，例如，院报、院电台、电视台、网站，系里承办的《新闻实习报》、《双拥报》以及学科专业网站等。在2110工程建设中，改建和扩建了6个标准较高的专修室，可以满足军事（战时）新闻采集发布、媒介素养情境训练、数字新闻编辑出版等专业实践需求。

每届学员毕业前要集中半年时间到军事新闻媒体进行毕业实习（大实习），每门实践性课程结束时要进行课程实习（小实习），不论毕业大实习，还是课程小实习都有相应的考核要求。新闻系毕业实习曾采取小分队形式，深入祖国的边防基层部队。曾经组织过西北边防行、东南海防行、东北边境行、红色寻根行等不同类型的小分队，把学员组织起来，到这些地方进行采访，写出了很多质量很高的稿件。除此之外，每年组织一次摄影大赛、一次DV大赛，一次“解放军报奖学金评奖”活动，从物质和精神上鼓励专业实践优秀的学员。

在融媒体时代，新闻传播实践跨越媒体边界，走向更加鲜活的创新局面。2016 年两会期间，解放军报融媒体携手军事新闻传播系，组成了“南京政治学院两会评论团”，王传宝教授领衔，中青年骨干教员刘大勇、李习文、陈飞、于夕红以及在读博士、硕士、本科学员共同合作，发表了一系列评论文章，话题设置具有针对性，讨论深入，国内多家主流媒体关注、转发其评论文章，产生了较大的影响。

在实践基础上，甚至有学员通过总结所学、所思，出版了专著。蔡惠福教员在 1990 级大专班学员班上讲“军事新闻采访”课时，提出了 550 多个问题，供学员思考，激发了学员的学习兴趣。最后，大家提炼了 88 个问题，由班上 74 位学员结合新闻采访实践，集体讨论，分头写作，反复修改打磨，写成了一本实践性较强的专业书《采访释疑 88》，1993 年由新疆青少年出版社出版。

从做中学，在做中练，这样培养出来的学员到任职岗位后，普遍受到用人单位欢迎。他们在专业成长快，适应能力强，综合素质高。只要去部队，一提到南京政治学院，人们就会讲到军事新闻传播系。30 多年来几代师资的辛勤耕耘，既培养了一大批优秀的军事新闻人才，也提升了军事新闻传播系在军内外的知名度和影响力。

（撰稿人　周伟业　宋　好）

2.9　新疆生产建设兵团院校新闻传播教育发展综述

2.9.1　新疆生产建设兵团院校新闻传播教育发展历程

1. 新闻传播教育起步于专科，以服务地方新闻发展为核心目的（1998—2001）

石河子大学师范学院中文系于 1998 年建立 2 年制新闻学专业，招收对象以垦区各农牧团场通讯员、宣传干事为主，每年招收两个班，总人数 90 人。2000 年，塔里木农垦大学文理学院开设新闻采编与制作专科专业，学制两年，并于同年 9 月招收第一届学生 23 人。2002 年 6 月，第一届新闻专科学生顺利毕业。2004 年，塔里木农垦大学文理学院顺应全国专科教育发展的大趋势，向兵团教育主管部门申请将新闻采编与制作专科的学制改为 3 年。2005 年，学院在 5 年专科教育的基础上，申报广播电视新闻学本科并获批。次年，开始招收第一届汉族本科学生，并停止招收专科生。

2. 顺应国内新闻教育发展热潮，新闻教育进入本科探索阶段（2001—2008）

2002 年，石河子大学师范学院中文系成功地申报广播电视新闻学本科专业，2003 年开始招生，当年招收本科学生 33 人。与此同时，塔里木农垦大学为了更好地做好文理学院文科专业的新闻采编与制作、汉语言两个专科专业的教学工作，学院将汉语教研室与汉语言文学和新闻专业相关的老师分离出来，组建了文学新闻教研室。新闻专业化教育在此后有了组织机构依托，取得较快发展。2008 年 5 月，塔里木大学①对文理学院进行拆分，原有人文学科改组成立人文学院。文学新闻教研室分为中国文学教研室和新闻教研室。新闻专业受到学院重视，逐年引进师资力量，招生规模扩大，进一步取得发展。

3. 积极创新，新闻特色化本科人才培养探索阶段（2008—2014）

2008 年，石河子大学文学艺术学院新闻专业独立，成立了专门的广播电视新闻系。在探索人才培养实践体系、复合型人才等方面进行了不断的创新。2013 年 9 月石河子大学文学艺术学院广播电视新闻系增设一个民族班，人数 27 人。2008 年，塔里木大学在对南北疆少数民族新闻事业进行调研后，了解到民族新闻工作者稀缺，开始招收民族本科学生。此后，招生规模维持在 3 个班 105 人左右的规模，其中 1 个民族班。2011 年 9 月，塔里木大学人文学院对新闻教研室与艺术教研室整合成立传媒系，新闻专业教育和对口支援高校接轨，办学水平逐步提高。

4. 高层次发展，构建研究生、本科生多层次人才培养体系（2014 年至今）

2013 年石河子大学新闻传播学科开始招收硕士研究生，每年 2~4 人，现有在校硕士生 5 人。石河子大学新闻传播专业相关硕士培养在 2013—2016 年主要依附教育学一级学科，培养新闻教育及影视艺术教育等方向。2016 年文学艺术学院汉语言文学专业一级学科专业硕士点申报成功后，新闻传播方向的硕士教育培养方向随之转变。2014 年，在浙江大学对口援助下，塔里木大学人文学院整合塔里木大学、浙江大学的师资力量，联合兵团电视台、新疆经济报系等新闻业界单位，成功申报新闻与传播专业硕士点，获得批准。2015 年开始招收第一届研究生，共 5 人。

新疆生产建设兵团新闻传播学科教学以多学科交叉融合为基础，以强有力的对口支援和开放办学为途经，致力于把学生培养成为符合中国特色的社会主义新闻传播事业和新疆信息管理及文化传播需要的应用型高层次人才，培养学生德才兼备，具有现代化传播理念与国际化视野，了解中国基本国情，熟悉新疆丰富文化与区情，熟练掌握新闻传播技能与方法，有思想有能力，有责任有担当，最终服务于新疆的发展和长治久安。

---

① 原塔里木农垦大学，2004 年 5 月更名。

2.9.2　新疆生产建设兵团院校新闻传播教育教学探索与改革

1. 本科教学培养体系的建立和变革

兵团新闻传播学科在教学内容上覆盖新闻学、传播学等多个学科内容。学科成立之初，即确立以面向社会、以新疆兵团地区媒介发展需求为关键，有针对性地培养理论功底过硬、实践能力强，适应社会尤其是新疆及兵团地区新闻媒体发展变化的新闻人才为学科发展目标。无论在课堂教学还是课外实践，本学科点紧密围绕这一目标，同时立足地域优势，结合生源及就业特点，以及新疆及兵团媒介发展需要，在为社会输送优良人才的同时，也逐渐形成兵团新闻事业研究、新疆传媒研究等富有特色的研究方向。

石河子大学文学艺术学院广播电视新闻系现有新疆社会发展与文化传播研究及新媒体与少数民族地区发展研究两个研究团队，12 名在职教师，其中 4 人副高级以上职称。围绕着研究团队建设，主要开展了两方面的工作，一方面是提升青年教师学历，依托对口支援高校的支持，鼓励教师攻读博士学位，目前已有 5 位教师分别在北京大学、华中科技大学、复旦大学攻读博士或从事博士后研究。另一方面是培养中青年学术骨干，通过课题申报、研究论文发表、专著出版等管理和政策支持，提高团队中青年学术研究水平。近五年来，新疆社会发展与文化传播研究团队已获得国家级课题 3 项，省部级课题 3 项，在相关学术领域发表论文 10 余篇；新媒体与少数民族地区发展研究团队获国家级课题 2 项，省部级课题 1 项，在相关学术领域发表论文近 10 篇。初步建立起以教授、副教授为学术带头人，平均年龄不足 40 岁，职称结构相对均衡，年轻而富有朝气的学术团队及特色鲜明的学科方向。

塔里木大学传媒系现有广播电视学、学前教育、艺术设计 3 个本科专业和广告设计与制作 1 个专科专业，合计 23 个班，770 名学生。学生的文体活动异彩纷呈，课余生活丰富多彩。塔里木大学传媒系教师现有教师 26 人，87%以上具有硕士学历，1 名副教授，21 名讲师，4 名助教。其中，新闻与传播学现有 11 名专业教师，其中副教授 1 人，讲师 10 人。他们坚持现代教育理念，积极推进教学改革和科学研究，为培养理论与实践相结合的应用型人才而不懈努力，以科研带动师资队伍发展和教学质量提高，提高育人水平。

石河子大学广播电视新闻系自学科成立始，培养理论与专业技能都过硬的专业人才，尤其是为兵团新闻事业发展输送优秀人才成为了学科发展重点。

兵团新闻传播专业主要培养广播电视新闻的采写、编辑人员以及纸媒、新媒体传播业务的应用型专门人才，学生接受系统的新闻理论教育和广播电视新闻采写、编辑以及节目策划与编导、摄影摄像、影视制作等业务技能训练，使其成为具有较高新闻业务素质的德、智、体全面发展的传媒人才。毕业生能从事新闻采写、拍摄、编辑等工作，从事广电节目的播音主持工作，能在政府、企事业单位从事宣传工作，从事广告、影视作品的编导、制作工作。

兵团新闻教育在加强专业教师教学质量的同时，将优秀媒体人请进课堂，聘请中国新闻奖获得者为客座教授，并承担教学任务；同时为使学校教育与业界需求顺利对接，学科点同兵团各级电视台、晨报等媒体建立长期稳定合作关系，将其作为课外实践定点实习单位。

2. 实践教学的探索与改革

根据专业情况，石河子大学及塔里木大学在本科实践教学中，均系统地组织开展了校园相关的技能大赛，包括 DV 制作大赛、微电影比赛、配音大赛、纪实摄影比赛、绘画书法比赛、服饰设计大赛等活动。学生立足专业，发挥特长，得到了全面系统的专业实践训练。

在教学实践中，将实践教学与理论教学结合。根据近年来新闻实务的需要，以及专业的特点，强化实践教学。提高实践教学的课时，加强实践教学的实训学时，将实践课程（电视摄像、新闻摄影等）适度前置。设置针对性较强的技能训练课程，比如“新媒体工作坊”、“专业技能小学期” 等。

在实践操作层面，除通过进修访学、考硕读博等途径提高教师专业水平外，还通过引进高层次人才达到提升教师整体水平的目的。解决教师专业实践经验匮乏问题也受到重视，现有教师多是科班出身，没有在媒体工作的经验，对于实践性要求非常强的新闻专业来说，是难以满足教学需要的。虽然可以通过聘请媒体人员担任客座教授弥补不足，但兵团不具备地域优势，想聘请到既有丰富新闻实践经验，又有较强教学能力的新闻工作者来校授课，并不是一件容易的事，这种方法也难以保证教学的连续性与严谨性。如今尝试在完成正常教学的基础上，有计划地派出教师去师级以上媒体蹲点，集中参与各项新闻实践活动，积累实践经验。

3. 课程改革

为适应新媒体技术发展对专业人才培养带来的冲击，同时加强学生媒体业务实践能力，2013 年，学科点充分利用调整人才培养方案契机，打破以传统媒体素质培养为主的培养模式，设立媒体工作坊和集中实践环节，培养学生适应新媒体发展需要，加强学生综合媒介实践和理论水平，课程设置上加大学生自主实践学习力度，增设包括新媒体、新疆传媒、舆情分析监测等特色项目的专业能力拓展模块。2006 年和 2009 年，石河子大学广播电视新闻系学科点为适应人才需求，两次调整人才培养方案，在课程设置上逐渐加大对实践能力培养，扩大实践类课程所占比例，同时将本学科采写核心课程采用综合化设置，将采写类核心课程群，整合在“采访与写作”这一大模块课程体系下，再化整为零，分别开设包括采访、写作、评论、专题报道的“采访与写作（一）”到“采访与写作（四）”的子课程，打破各分类课程间壁垒，整合课程资源，促进各分类课程的梯度化设置的合理性，设置适宜本学科专业特色发展的采写课程体系化建设培养方案，同时加大摄影摄像等课程实践力度，培养学生专业实际运用能力等，这些专业课程建设构想受到了学校的肯定，《广播电视新闻学专业人才培养方案》获得校优秀奖。

4. 培养特色

石河子大学新闻传播学科点自 2006 年至今，已经有 520 余名毕业生，学生就业率始终保持在 90%以上，主要就业方向以新疆生产建设兵团各新闻媒体机构为主，还有一部分毕业生到中央电视台、凤凰卫视、各省级电视台等就业，同时也有部分毕业生到企业和事业机构从事文化宣传等工作。本学科点毕业生的就业地点以新疆及各生产建设兵团为主，成为新疆尤其是兵团地区新闻人才培养的一个重要基地。塔里木大学传媒系已毕业学生 700 余人，他们绝大部分在新疆从事新闻传播、党政宣传、企业宣传等工作。部分就职于疆内和疆外的毕业生已经在成为所在媒体的骨干力量，也有越来越多的毕业生在新华社、凤凰卫视、浙江卫视、中国改革报、湖南卫视等知名媒体就职。

2. 9. 3　新疆生产建设兵团院校新闻传播教育师资建设与科研成果

新疆传媒研究对新疆新闻事业的发展、甚至新疆地区的长治久安都具有重大意义。致力于应用研究，探索新疆社会发展规律和文化传播现状，为政府发展提供决策咨询是该专业方向学术研究的目标及价值取向。熊建军老师主持的国家级课题针对“新疆形象的历史形成与现代发展以及对外传播策略”进行了细致的梳理与探讨，是对新疆社会发展进行的有益的探索。兵团新闻事业研究也是本方向多年来致力研究的领域之一，研究以 1954 年新疆生产建设兵团成立以来报刊、广播电视以及网络新媒体等的发展为研究对象，探索新疆兵团事业发展的历史轨迹以及发展规律，同时将兵团新闻事业发展过程中形成的特有新闻理念、业务特色以及经营管理和新闻教育作为研究重点，并探索兵团新闻事业未来发展方向。本学科点多人在这一研究方向上成果显著。高山老师多年来立足兵团新闻事业研究和教学，2010 年度其兵团社科基金项目“新疆兵团新闻事业史”成功立项，并于 2013 年 10 月出版《新疆生产建设兵团新闻事业史》，成为本学科“兵团新闻史”课程的重要参考资料。2009—2012 年间，学科带头人王立昌教授主持的教育部人文社科项目“边境农牧团场广电事业现状及发展模式研究——以新疆生产建设兵团为例”，完成前期调研和研究报告撰写，所撰写的咨询报告《关于兵团边境农牧团场广播电视事业发展的建议和思路》2012 年 9 月被新疆生产建设兵团宣传部、广播电视局采纳，为兵团新闻事业未来发展规划提供了详实研究资料。

2.9.4 结语

兵团新闻传播相关专业以多学科交叉融合为基础，以强有力的对口支援和开放办学为途经，致力于把学生培养成为符合中国特色的社会主义新闻传播事业和新疆信息管理及文化传播需要的应用型高层次人才。兵团新闻高等教育需要深入研究人才培养面临的问题和解决对策，寻找自身发展规律，根据教育对象、教育宗旨、教育目标以及培养规格等方面的特殊性探寻富有兵团特色的人才培养模式，与兵团经济和社会发展的要求相适应，以形成兵团高校新闻专业人才培养的特色。增设有关兵团新闻发展历史和兵团媒体改革前沿研究有关的内容，使学生对在特殊背景和体制中发展起来的兵团及兵团事业有基本的认识。在培养理念上，建立“跨媒体记者”的概念，不拘泥于报纸、电视还是网络等单一媒体需求，而以新闻采写能力、职业道德培养为重心，打牢基础，再辅以各类媒介技术使用能力的训练，使学生能够适应兵团以党报为核心的媒介融合发展趋势。当然，这也是当前媒介融合背景下我国新闻人才培养的趋势，兼顾了学生内地就业的需求。

（撰稿人　王党飞　高山　王立昌）

二、平台与人物篇

第3章　新闻传播教育界行业组织

3.1　教育部高等学校新闻学学科教学指导委员会

3.1.1　机构概况

我国的新闻传播教育发展已近百年。自改革开放以来，传播学被引入国内，新闻传播学于1997年成为一级学科。随着信息化时代的到来，特别是新兴媒体的飞速发展与革新，新闻传播学与其他学科间的融合不断加强，全国各层次的新闻传播高等教育发展迅速。目前，新闻传播学类本科专业布点达到1080个，占到全国专业布点总数的2.31%，新闻传播学类专业在校本科生达到23万，占到全国普通高校本科生总数的1.61%。

为加强对高等学校新闻传播人才培养工作的宏观指导与管理，推动新闻传播教育教学改革和教学建设，进一步提高人才培养质量，教育部聘请新闻传播教育领域的专家组成高等学校新闻传播学类专业教学指导委员会。1997年教育部成立第一届新闻学学科教学指导委员会，中国人民大学何梓华担任教学指导委员会主任委员，并主持完成两届教指委工作；2006年，第三届新闻学学科教学指导委员会成立，由复旦大学李良荣担任主任委员。教学指导委员会自1997年成立以来，开展多项重大新闻教育改革课题研究，出版面向21世纪的新闻学系列教材，起草《新闻学类专业基本办学条件》报告，切实推动了我国新闻传播学科的建设与发展。

2013年5月，教育部成立新一届教学指导委员会（以下简称教指委）。本届教指委由来自39所不同高校新闻院系的40位专家学者组成。中国传媒大学副校长胡正荣教授担任主任委员，新闻传播学部学部长高晓虹教授担任副主任委员兼秘书长。此外还有来自中国人民大学、清华大学、复旦大学、武汉大学、暨南大学、四川大学的6位学者担任副主任委员。教指委秘书处设在中国传媒大学新闻传播学部。

该机构的主要工作职责包括：

咨询：为教育部和高等学校提供关于国内外新闻传播学科专业教育发展的意见咨询和建议。

制定标准与规范：接受教育部委托，研究专业结构和布局，制定新闻传播类专业规范、教学质量标准、课程教学基本要求、实验教学的基本条件，承担本科专业设置的核定任务。

指导：指导新闻传播学科和专业建设、课程建设、教材建设、实训基地建设、实验室建设等工作。

评估：根据国家对新闻传播学科专业人才培养目标的有关要求，以及社会经济发展对人才的实际需要，对新闻传播学科专业教学质量进行监督和评估。

服务：组织师资培训，沟通信息，交流教学建设和教学改革经验，宣传推广优秀教学成果。

3.1.2 主要活动

新一届教指委自成立以来，坚持严谨务实的工作作风，召开五次全体会议，针对教学质量国家标准研制、新闻传播伦理与法规课程体系建设、部校共建新闻传播学院等问题进行专项研讨，着力推动新闻传播学教育国际化，取得丰硕成果。

1. 研制新闻传播学专业类本科教学质量国家标准

自从2013年7月教育部部署此项工作以来，教指委高度重视，深入调研，广泛听取意见与建议，召开多次会议进行专项研讨，目前已经顺利完成“国标”研制工作。在未来，“国标”将成为各高校新闻传播类专业准入、专业建设以及专业评估的依据。

2. 开展专项调研，提供咨询报告

教指委自成立以来，结合中国新闻传播教育教学领域的热点难点问题，先后开展全国高校新闻传播教育现状调研、部校共建新闻传播学院调研、媒介融合与新闻传播教育改革创新调研、媒介伦理与法规调研等多项调研，并写调研报告提供给教育部作为政策制定的依据。

3. 组织培训课程，编写案例教材

2014年3月15日至16日，教指委在中国传媒大学举办了“新闻传播伦理与法规”专题培训。来自清华大学、北京师范大学、南开大学、上海外国语大学等全国83所高校的120多位教师参加了培训。同时，教指委组织各高校共同编写《媒介伦理与法规》教材。

4. 推动新闻传播高等教育国际化

2014 年 10 月，教指委组织代表团到法国，与里尔高等新闻学校、法国新闻学院十四校联盟商谈合作，设立中法大学生新闻奖并组织评选。2014 年 11 月，教指委组织代表团参加美国国家传播学会 100 年年会，搭建国际交流平台。参访西北大学新闻学院、传播学院，并与师生代表座谈。2015 年 5 月，邀请教指委委员参加在中国传媒大学组织的“全球化时代的传播、媒介与政府治理”国际学术会议。2015 年 8 月，教指委组织代表团参加美国新闻与大众传播教育学会年会，并组织中国学者招待会，搭建学术交流与战略合作的平台。

（撰稿人　刘　丽）

3.2　全国新闻与传播专业学位研究生教育指导委员会

3.2.1　机构概况

全国新闻与传播专业（Master of Journalism and Communication，MJC）学位研究生教育指导委员会是国务院学位委员会和教育部领导下的新闻与传播专业学位教育的专业性组织。

2010 年 1 月，国务院学位委员会第 27 次会议审议通过了新闻与传播硕士专业学位设置方案，决定在我国设置新闻与传播硕士专业学位。为了加强对新闻与传播专业学位研究生教育的规范管理，促进专业学位研究生教育的健康、有序发展，国务院学位委员会、教育部、人力资源和社会保障部共同决定成立全国新闻与传播专业学位研究生教育指导委员会。

2011 年 3 月，根据《关于批准全国金融等专业学位研究生教育指导委员会秘书处挂靠单位的通知》（学位办〔2011〕19 号文件）的精神，全国新闻与传播专业学位研究生教育指导委员会秘书处挂靠北京大学。

该组织的宗旨职能包括：

（1）协助国家有关主管部门，制定有关新闻与传播硕士专业学位教育的发展规划；

（2）为国家有关主管部门提供新闻与传播硕士专业学位教育方面的建议和咨询；

（3）组织、开展新闻与传播硕士专业学位研究生教育的调查、研究工作，推动新闻与传播专业研究生教育培养模式的改革与创新，对新闻与传播硕士专业学位培养单位的教学活动提供指导和咨询；

（4）负责全国新闻与传播硕士专业学位研究生入学考试的研究、命题等工作；

（5）推动与协调新闻与传播硕士专业学位教育各培养单位的师资培训工作；

（6）制定新闻与传播硕士专业学位教育指导性培养方案和教学大纲，组织编写、评选、推荐优秀新闻与传播硕士专业学位教材；

（7）制定全国新闻与传播硕士专业学位教育评估标准、评估程序和办法，实施办学质量认证，组织开展教学评估工作；

（8）研究、推动新闻与传播专业学位与职业资格的有效衔接，加强学位授予单位与行业企业实践部门的联系与协作；

（9）促进新闻与传播硕士专业学位教育方面的国际交流与合作；

（10）受国家有关部门委托，承担与新闻与传播硕士专业学位教育有关的其他工作。

3.2.2 主要活动

第一届全国新闻与传播专业学位研究生教育指导委员会根据教育部相关文件精神，本着统筹兼顾、重点突出的原则，紧紧围绕提升教学质量和教学水平的目标开展各项工作。

从2011年至今，教指委搭建教学和学术交流平台，成功召开了四次教指委工作会议和一次授权单位全体会议。该委员会确定了全国新闻与传播专业硕士指导性培养方案，并经国务院学位委员会办公室批准后转发至各培养单位；建立了全国新闻与传播专业硕士首批48所培养单位的通信联络平台，并且编发了《全国新闻与传播硕士专业学位教育指导委员工作简报》，汇总了2011年全国新闻与传播专业硕士招生及录取情况。据提供数据的33所高校统计显示，2011年全国新闻与传播硕士专业学位实际录取人数为878人。修订了全国新闻与传播硕士专业学位考试大纲，使2012年全国新闻与传播硕士专业学位的招生工作顺利完成。

完成了《新闻与传播硕士学位基本要求》的撰写，加强了培养方案和课程体系的建设工作，制定并完善了案例库的相关制度及案例编写工作，开展了“专业学位研究生教育与文化产业发展对话”等活动，启动了示范性联合培养基地遴选与宣传推广工作，并完成了首轮新闻与传播学位授权点专项评估工作。建立全国新闻与传播硕士专业学位教育指导委员会网站，完善《全国新闻与传播硕士（MJC）专业学位教育指导委员工作简报》的编发工作，加强信息交流，提升新闻与传播硕士专业学位教育指导委员会的社会影响。对目前48所新闻与传播硕士专业学位授权点中的部分单位进行调研，了解其招生培养情况以及面临的问题，撰写调研报告，提出解决问题的方案，提高全国新闻与传播专业硕士教育质量。

教指委的下一步工作：

一是要尽快制定新闻与传播专业学位教育发展规划。对未来一段时间内的 MJC 培养单位规模、招生政策、学科建设方向及教学培养体系等方面进行规划，在此基础上，形成前瞻、科学的 MJC 学位教育中长期战略规划报告。同时，教指委还要督促各培养单位制订本校的“MJC 专业学位教育发展规划”，使整个 MJC 学位教育有一个较长远的布局和较高的起点。

二是要尽快提出完善、科学的培养方案。在 MJC 专业学位设置论证报告中，提出了一个初步的 MJC 培养方案。这个方案对 MJC 的培养目标、招生对象、学习方式、学习年限、培养方式、课程设置、学位论文及学位授予等方面提出了指导性要求。下一步需要对这个培养方案进行深入讨论，积极借鉴国外新闻与传播专业学位研究生教育的经验，把握专业学位研究生教育的特点，面向我国新闻传播事业发展趋势及社会需求，进一步完善和修订 MJC 培养方案和课程体系。

三是要建立起规范的工作制度。这次确立的 48 所培养单位，都具有较强的教学科研能力和学术水平。但好的学校，不一定能办好专业学位教育。在师资选聘、教学标准、工作流程、档案管理、质量控制与评价等方面都要建立起规范的制度。要尽快建立起 MJC 教指委的议事、决策、组织、运行等制度，规范教指委的工作流程和工作内容，明确教指委的权责体系。

四是落实师资队伍建设。通过引进与培训相结合的思路、通过高校与社会共同办学的途径、通过建立学校与业界的“双导师”机制，来强化师资队伍。会后，教指委必须拿出可行的师资建设指导方案、师资的考核与评价方案，督促各培养单位尽快建立起合格的师资队伍。此外，将继续完善核心课程的大纲和教材编写工作，推进案例库的建设以及案例教学的评优推广，加强师资力量培训。召开新闻与传播专业硕士授权点全国教学研讨会。组织优秀教学案例评选工作，充实案例库，并将优秀案例进行推广等。

3.2.3　人员构成

2011 年 3 月 18 日，由国务院学位委员会、教育部、人力资源和社会保障部联合举办的全国专业学位研究生教育指导委员会成立会议在北京会议中心召开，新闻与传播硕士等 29 个专业学位教育指导委员会成员出席了开幕式。当天下午，首届全国新闻与传播硕士专业学位教育指导委员会召开了第一次工作会议。

国家新闻出版广电总局孙寿山副局长被聘为全国新闻与传播专业学位研究生教育指

导委员会主任委员，具体人员名单如下：

主任委员	孙寿山
副主任委员	徐　泓　陈陆军　余昌祥
委　　员	马国仓　尹　鸿　王　瑶　王晓晖　叶蓁蓁　石义彬　孙月沐 孙玉胜　吴　飞　张　昆　李　丹　李宏葵　林如鹏　黄　瑚 黄星民　喻国明　蒋晓丽　谢新洲　雷跃捷　戴元光
秘书长	谢新洲（兼）
副秘书长	徐胜帝　黄俊平

（撰稿人　刘　丽）

3.3　国务院学位委员会学科评议组

3.3.1　机构概况

国务院学位委员会学科评议组是国务院学位委员会领导下的学术性的工作组织，全称为“国务院学位委员会新闻学与传播学学科评议组”。负责对全国高等学校和科研机构各级新闻学与传播学一级学科学位授予单位进行审核。

该评议组的主要任务包括：第一，评议和复核有权授予硕士学位的高等学校和科研机构及其学科、专业；评议和审核有权授予博士学位高等学校和科研机构及其学科、专业和指导教师；第二，拟定各学科门类授予学位的学科、专业目录，协助制订贯彻实施学位条例的规章、办法；第三，对于不能确保所授学位水平的单位及学科、专业，可以进行检查并向国务院学位委员会提出停止或撤销其授予学位资格的建议；第四，审议各有关部门和单位上报国务院学位委员会的有关授予硕士学位和博士学位的争议事项。新闻学与传播学一级学科评议组是该组织 11 个学科评议组之一。

学科评议组成员总数为 500 人左右。本学科评议分组成员名额 7～15 人，至多不超过 19 人（学位委员不包括在内），并设召集人 3 人左右，负责主持评议分组工作。国务院学位委员会委员是有关学科评议分组的当然成员。学科评议组成员由国务院学位委员会聘任（均系兼职），任期 3 年。学科评议组成员可以连续聘任。每一届学科评议组的成员，至少应有 1/3 的成员系上一届的成员。各学科评议分组设秘书一人。秘书由召集人和国务院学位委员会办公室商洽，由国务院学位委员会办公室聘请，任期 3 年。国务院学位委员会学科评议组的日常工作，由国务院学位委员会办公室联系，并协助处理。

3.3.2　主要活动

1980 年 12 月，国务院学位委员会第一次（扩大）会议，决定设立学科评议组，负责全国学位授予单位的审定工作。1981 年 6 月，国务院学位委员会第二次会议决定，建立国务院学位委员会学科评议组，并通过聘请学科评议组成员的名单，第一届学科评议组即告成立。第一届学科评议组按学科门类设立了 44 个学科评议分组，聘请学科评议组成员 407 人，加上参加评议组工作的 29 名学位委员，共计 436 人。为适应学位评议工作的需要，在 1983 年 3 月举行的国务院学位委员会第四次会议上，通过了学位评议组增补成员及临时约请专家名单，将学科评议分组由 44 个调整为 48 个，新增补成员 79 人。这样，第一届学科评议组共设 48 个学科评议分组，学科评议组成员共 515 人。

国务院学位委员会学科评议组第三次会议 1986 年 5 月 25 日至 6 月 2 日在北京召开。会议按照“坚持标准，严格要求，保证质量，公正合理”的原则，进行同行评议，无记名投票表决，通过了新增博士学位学科专业点 671 个，硕士学位学科专业点 2045 个，博士生指导教师 1797 人。

3.3.3　人员构成

国务院学位委员会第七届新闻传播学学科评议组成员名单如下：

清华大学　陈昌凤

复旦大学　黄　旦

武汉大学　石义彬

中国人民大学　喻国明

华中科技大学　张　昆

中国社会科学院　唐绪军

（撰稿人　刘　丽）

3.4　中国新闻史学会

中国新闻史学会（The Chinese Association for History of Journalism and Mass Communication，CAHJC）是中华人民共和国境内新闻传播学方向唯一的一家以研究中外

新闻传播历史与现状的单位和个人自愿结成的全国性一级学术团体，系非营利性社会组织，业务主管单位为国家教育部。本会宗旨：遵守国家宪法、法律、法规和相关政策，遵守社会道德风尚，联络、团结全国新闻传播史专家，推动新闻传播史研究，促进新闻传播学的发展。本会务范围为：（1）召开新闻传播史学术会议；（2）制订新闻传播史和相关领域的科研课题或计划，组织会员进行研究；（3）举办新闻传播历史与现状展览；（4）协助会员承接国家、教育部和相关部门委托的科研项目；（5）在新闻出版部门批准下，出版、发行新闻传播学报刊；（6）协助出版机构出版、发行新闻传播学著作，举办新闻传播史的纪念活动；（7）进行新闻传播历史与现状的调查，以及相关资料的收集、整理，保存；（8）评选和奖励优秀新闻传播史研究成果；（9）从新闻传播史角度，评选优秀传媒机构、优秀新闻传播作品和优秀新闻传播工作者；（10）组织新闻传播史和相关学科的培训工作；（11）开展新闻传播史中外学术界交流活动；（12）会员通联、会费管理等日常会务工作；（13）其他符合本学会章程的活动。

3.4.1 中国新闻史学会筹备与创办

中国新闻史学会的成立，首先得力于中国的改革开放，得力于思想战线上的拨乱反正，得力于“左”的思想禁锢的解除，它是在这样的大的政治经济和文化背景下创办和发展起来的。在“文革”10年和“文革”前17年的那种“左”的和“极左”的政治和学术氛围下，是不可能成立中国新闻史学会这样的全国性的学术社团和从事目前由学会牵头进行的这些学术交流活动的，更不要说走出国门和国际上的同行学者们交流了。其次，中国新闻史学会的创立，也和20世纪80年代中期全国各省市广泛开展本省市闻史志编写活动有一定关系。中国新闻史学会最早的一批会员，参加中国新闻史学成立大会有关活动的相当多的一部分会员，就有不少是那一时期在“盛世修史”的号召下投入省市新闻史志编写工作的老新闻工作者。他们是中国新闻史学会最早的一批会员和那一时间段的新闻史学会活动的积极参加者。最后，中国新闻史学会的成立，也和20世纪80年代中期新闻教育大发展有一定的关系。新闻教育的大发展，呼唤和促进了新闻史教学研究的发展，扩大了新闻史教学研究工作者的队伍，从那时到现在，高校的新闻史教师始终是中国新闻史学会的中坚和核心力量。

中国新闻史学会的酝酿和筹备始于1986年，是年7月24—26日，吉林大学、暨南大学、河北大学、山西大学、中央民族大学、中国新闻学院、四川大学、安徽大学、黑龙江大学、广西大学、宁夏大学、郑州大学、华中理工学院、天津师范大学14所新闻院校在长春市吉林大学召开《中国新闻史（古近代部分）》教材编写第二次会议期间，邀请中国人民大学新闻系教授方汉奇、社科院新闻所副所长王凤超前来指导。方汉奇教授除对该书的编写提出了许多指导性的意见外，并提议大家能不能想想办法，创办一个全国性的中国新闻史研究团体。这个倡议得到了与会专家的热烈响应，并就成立中国新闻史学会与参会人员交换了意见。会议商定将这个未来的社团定名为“中国新闻史学会”，公推中国人民大学新闻系教授方汉奇教授牵头，筹建中国新闻史学会，并推举张涛任秘书，白润生协助，负责筹建学会具体事项。

张涛教授回京后，立即向相关部门了解社团申请手续。中宣部、新华社相关部门均表示，不负责办理社团的申报事宜。1988 年夏，民政部成立社团和民办非企业单位管理司，专门负责民间社团的申办和审批工作。

首先要成立申办领导小组。方汉奇与张涛商议，决定成立“中国新闻史学会筹备领导组”，以领导小组的名义办理申办工作。为了申办方便，商定筹备领导小组即为史学会的常务理事会。经过通信联络，同仁们决定方汉奇担任领导小组的组长，宁树藩、陈业劭担任副组长，丁淦林等学者担任领导小组成员。领导小组决定张涛担任秘书长，谷长岭担任副秘书长，申办筹备领导小组就此成立了。其次，根据规定，社团要有一个挂靠单位。经过商议，决定挂靠中国人民大学。筹备领导小组得中国人民大学新闻系的同意后，向人民大学校部递交了申请挂靠的报告。人民大学的有关领导同意挂靠，并发来了同意挂靠的文件。再次，根据民政部的规定，申办史学会得由中国社会科学院出具资质证明。于是，张涛以领导小组起草了给社科院的报告，并附上中国人民大学的有关文件，跑到社科院办公厅。社科院办公厅很快同意批准，并给民政部社团司发去了同意史学会成立的文件。最后，民政部社团司规定社团必须有办公经费、办公用房、办公电话等硬件设施。在这方面，方汉奇教授提供了极大的支持。学会经费暂借用方老师个人的一笔科研经费，办公室也暂借用方老师的一间房子，电话也借用方老师的一部电话。人民大学出具文件，证明这些硬件设施确实存在。学会的办公经费的有关报告还得由人民大学的财务管理部门出具证明文件。一切手续和申请报告完善后，交给民政部社团司地方处，转呈民政部领导审阅批准。

1989 年 4 月 3 日，具有法人地位的全国性一级社团——中国新闻史学会经民政部 1989 年民社函字第 138 号文件批准登记，正式批准成立。学会虽然成立，但由于政治风波的影响未能开展任何活动。1990 年，国家民政部及有关部门发出通知，要求所有的社团进行登记，国家一级社团必须到民政部社团司登记处申办登记。中国新闻史学按照民政部的要求，重新履行手续。1991 年 9 月 23 日，重新登记申请，得到了民政部的批准，并由部长崔乃夫签发了第 0650 号“中华人民共和国社团登记证”，确认中国新闻史学会为具有法人地位的全国性学术团体，宗旨是促进我国新闻史学术研究的发展，业务范围是理论研究、学术交流，活动地域是全国，会址设在北京，负责人方汉奇。从此，中国新闻史学会成为具有法人地位的全国性社会团体。

3.4.2 中国新闻史学会第一届理事会（1989—1998）

1992年6月11—13日，中国新闻史学会在北京广播学院召开成立大会，来自国内外的近百名专家学者参加了会议。会议期间收到学术论文50多篇。中共中央宣传部新闻局局长王福如，全国记协书记处记王哲人，中国人民大学新闻学院院长何梓华，中国新闻学院副院长刘斌江，北京广播学院院长常振铮，老新闻工作者、中国新闻学会会长温济泽等出席了成立大会并讲了话。方汉奇会长代表理事会在成立大会上做了《关于中国新闻史学会筹备成立和成立后工作情况的报告》。与会代表的发言，主要集中在以下三个问题上：第一，对中国新闻史研究的回顾和总结。如方汉奇的发言《中国新闻史研究的历史与现实》，全面回顾了1927年戈公振的《中国报学史》出版以来中国新闻史研究的历程及其取得的成果。第二，关于在新闻史研究中发扬实事求是的精神和注意防“左”的问题。第三，关于研究中国新闻史的学风问题。与会人士一致认为，与实事求是的思想路线相联系，研究中国新闻史必须有老老实实的态度和严谨的学风。会议期间还举办了中国新闻史研究成果展。展品由中国人民大学新闻学院资料室和北京广播学院广播电视史志资料中心提供。

大会代表通过学会《章程》，选举方汉奇任会长，宁树藩、陈业劭等任副会长。为了便于工作，中国人民大学新闻系谷长岭老师出任秘书长，张涛任副秘书长。

中国新闻史学会第一届理事会名单（1989—1998）

顾　问（以姓氏笔画为序）

丁关根　王强华　朱穆之　杜导正　邵华泽　吴冷西　陆定一　严济慈　秦　川
徐心华　郭超人　温济泽

理　事（以姓氏笔画为序）

丁一岚　丁淦林　卫元理　马光仁　王　敬　方汉奇　尹韵公　孙文铄　宁树藩
白润生　李寿山　张　涛　张之华　陈业劭　谷长岭　何炳然　杨兆麟　杨润时
钟　紫　赵玉明　姚志能　俞家庆　秦绍德　夏晓林　梁洪浩　高维进　葛思思
颜义先

常务理事（以姓氏笔画为序）

丁淦林　方汉奇　孙文铄　宁树藩　张　涛　谷长岭　何炳然　赵玉明　姚志能

会　长　方汉奇

副会长　宁树藩　陈业劭　赵玉明（1992年起）　姚志能（1992年起）

秘书长 谷长岭

副秘书长 张 涛

古长岭秘书长向会员代表大会代表工作指出学会的会务工作主要有以下几个方面：(1) 发展会员。成立以来已陆续吸收团体会员 46 个，个人会员 400 余人。(2) 独自或联合举办学术会议。主要有 1992 年 6 月在北京广播学院召开的成立大会及学术讨论会；1993 年 4 月在成都召开的全国首届地方新闻史志研讨会；1994 年 3 月在北京召开的徐宝璜诞辰一百周年纪念会；1995 年 10 月在武汉举行的世界华文报刊与中华文化传播国际学术研讨会等。(3) 出版学术刊物。学会成立以来，先是出版了两期铅印的《中国新闻史学会通讯》。1993 年年底，又创办了大型中国新闻史学术刊物《新闻春秋》，在广大会员和有关单位的大力支持下，已出版到 5 期。此外，学会会长、副会长、理事等还做了大量通联工作和争取赞助工作。

3.4.3 中国新闻史学会第二届理事会 (1998—2004)

按学会《章程》规定，会员代表大会每五年举行一次，选举新一届理事会及会长、副会长、秘书长。因此，第一届理事会从 1997 年秋天起，即开始筹备会员代表大会事宜。在上海会员的积极支持下，会议定于 1997 年秋在上海召开代表大会。后来由于技术性原因，以及赞助费用未能如期到位，才延期举行。1998 年 5 月 11 日，由中国新闻史学会、上海社科院新闻所、复旦大学新闻学院、解放日报社联合主办的"中国新闻史学会换届暨 98 新闻史学术研讨会"在上海开幕，来自海内外的 80 多位新闻史学界专家学者和上海各新闻媒介负责人参加了会议，上海市委宣传部副部长贾树枚出席了开幕式并讲话。当时学会有个人会员近 400 人，团体会员 45 个，并吸收日、美、意、新加坡、澳大利亚等国的中国新闻史研究者为名誉会员。该届会议正值世纪之交，也是 20 世纪最后一次中国新闻史学界的学术盛会，除根据会章进行换届选举外，会议还就中国新闻史研究的思想观念、研究方法、史料等进行深入探讨，对中国新闻史研究的历史与现状进行评估，全面总结中国新闻史学术研究的历史经验，以及展望面向 21 世纪中国新闻史的研究前景。会议由拜耳中国有限公司独家赞助。方汉奇会长在大会报告中指出："现在理事会即将换届。新的五年即将开始，这将是跨世纪的一个五年，祝愿我们的学会，在新的五年中，继续前进，再上一层楼。祝愿我们的会员们，在各自的研究领域内，刻苦钻研，取得更加丰硕的成果。"大会选举产生了中国新闻史学会第二届理事会。

中国新闻史学会第二届理事会名单（1998—2002）

顾　问（以姓氏笔画为序）

丁一岚　丁关根　王文彬　王强华　朱穆之　杜导正　邵华泽　杨兆麟　吴冷西
陆定一　严济慈　胡道静　秦　川　徐心华　郭超人　温济泽　龚学平

理　事（以姓氏笔画为序）

丁凤麟　丁淦林　卫元理　马光仁　王士谷　王绿萍　王毅人　王燕春　仇伟康
方汉奇　白润生　宁树藩　尹韵公　乔云霞　向纯武　刘　亚　刘家林　刘建明
李　文　李华年　李斯颐　吴廷俊　谷长岭　闵大洪　张之华　张　涛　陈业劭
陈昌凤　郑德金　赵玉明　姚志能　姚福申　秦绍德　徐明新　梁洪浩　郭镇之
黄　瑚　阎焕书　曾宪明　曾建雄

常务理事（以姓氏笔画为序）

丁淦林　卫元理　马光仁　王毅人　方汉奇　宁树藩　尹韵公　吴廷俊　谷长岭
张　涛　陈业劭　赵玉明　姚志能　姚福申　秦绍德　黄　瑚　曾建雄

会　长　方汉奇

副会长　丁淦林　马光仁　王毅人　宁树藩　尹韵公　吴廷俊　谷长岭
陈业劭　赵玉明　姚志能　秦绍德

秘书长　谷长岭（兼）

副秘书长　黄　瑚

《新闻春秋》杂志社

社　长　方汉奇（兼）

副社长　陈业劭

主　编　谷长岭

2002年年初，中国新闻史学会在哈尔滨市举办第二届地方新闻史志研讨会。学会秘书长谷长岭同志向赵玉明教授说：“最近民政部有规定，国家一级社团的主要负责人年龄不能超过70岁，现在方老师已是76岁高龄，幸亏教育部特别保荐了一下，才允许留任至本届期满，也就是到2003年。方老师有意由你来接班，将学会挂靠北京广播学院，请广播学院支持学会的工作。”赵老师表示：“责无旁贷，愿意为老师们办一件实事。”10月9日，北京广播学院院长办公会讨论后，同意学会挂靠广院，并于10月10日专门下文件《关于中国新闻史学会秘书处挂靠北京广播学院有关事宜的决定》：“一、同意中国新闻史学会秘书处挂靠北京广播学院。二、北京广播学院为中国新闻史学会秘书处提供工作方便，落实办公用房、购买办公设备；办公用房及所购设备的产权归学校所有，由中国新闻史学会秘书处使用。三、北京广播学院为中国新闻史学会秘书处提供活动经费，经费的使用、管理等事宜，按双方商定意见办理。四、北京广播学院推荐赵玉明同志为中国新闻史学会会长候选人，丁俊杰同志为该学会秘书长候选人。”

中国新闻史学会 2002 年年会于 2002 年 11 月 6—7 日在广州暨南大学召开，期间分别召开了两次全体常务理事会。在第一次常务理事会上，学会秘书长谷长岭教授首先通报了 2002 年 8 月民政部颁发的中国新闻史学会“社会团体法人登记证书”等相关情况：中国新史学会证书编号为社证字第 4591 号，代码为 5000591—6，法定代表人方汉奇。史学会业务范围：理论研究、学术交流、业务培训、书刊编辑、国际合作、咨询服务。活动地域：全国。注册资金 10 万元人民币。业务主管部门：教育部。证书有效期：自 2001 年 3 月 19 日至 2006 年 3 月 19 日。发证日期 2001 年 3 月 19 日。办公场所：北京，中国人民大学资料楼。经过充分协商，常务理事会做出如下决定：根据民政部上述证书的精神，决定本年会不进行学会的换届工作，有关换届事宜延至 2004 年年会期间进行。上次年会所选举产生的第二届理事会的相关人选和组织机构基本保留，方汉奇教授继续担任学会会长。

推举副会长赵玉明教授为学会的常务副会长，主持学会的正常工作。学会秘书处由中国人民大学新闻学院移设到北京广播学院。推举北京广播学院的丁俊杰教授为学会新的秘书长，谷长岭教授不再兼任秘书长职务。增选李磊同志为副秘书长。

增选丁俊杰、王洪祥、李彬、李磊、李建伟、胡太春、张昆、徐新平、蒋含平 9 人为理事；确认程曼丽、蔡铭泽为常务理事；增选丁俊杰、李彬、张昆、陈昌凤为学会的副会长。

决定学会的《新闻春秋》杂志编辑部仍设在中国人民大学新闻学院，谷长岭教授继续担任杂志的主编，方汉奇教授继续担任杂志社的社长。应陈业劭教授的请求，同意免去陈业劭教授担任的《新闻春秋》杂志社副社长的职务，推举赵玉明教授接替陈业劭教授担任杂志社的副社长。计划恢复出版《新闻春秋》，并责成杂志主编提出计划方案。

调整后中国新闻史学会第二届理事会名单（2002—2004）

顾　问（以姓氏笔画为序）

丁一岚　丁关根　王文彬　王强华　朱穆之　杜导正　邵华泽　吴冷西　陆定一
严济慈　杨兆麟　胡道静　秦　川　徐心华　郭超人　温济泽　龚学平

会　长　方汉奇

常务副会长　赵玉明

副会长 丁淦林 马光仁 王毅人 宁树藩 尹韵公 吴廷俊 谷长岭 陈业劭 陈昌凤 姚志能 秦绍德 蔡铭泽

秘书长 丁俊杰

副秘书长 李磊（常务） 黄 瑚

常务理事（以姓氏笔画为序）

丁淦林 丁俊杰 卫元理 马光仁 王毅人 方汉奇 宁树藩 尹韵公 李 彬 吴廷俊 谷长岭 张 昆 张 涛 陈业劭 陈昌凤 赵玉明 姚志能 姚福申 秦绍德 黄 瑚 曾建雄 程曼丽 蔡铭泽

理 事（以姓氏笔画为序）

丁凤麟 丁淦林 丁俊杰 卫元理 马光仁 王洪祥 王绿萍 王毅人 王燕春 仇伟康 方汉奇 白润生 宁树藩 尹韵公 乔云霞 向纯武 刘 亚 刘家林 刘建明 李 文 李华年 李 彬 李 磊 李建伟 李斯颐 吴廷俊 谷长岭 闵大洪 张之华 张 昆 张 涛 陈业劭 陈昌凤 郑德金 赵玉明 胡太春 姚志能 姚福申 秦绍德 徐明新 徐新平 梁洪浩 郭镇之 黄 瑚 阎焕书 曾宪明 曾建雄 程曼丽 蒋含平 蔡铭泽 颜义先

《新闻春秋》杂志社

社 长 方汉奇（兼）

副社长 赵玉明（兼）

主 编 谷长岭

2004 年 4 月，中国新闻史学会第二届理事会届满。从 1998 年 5 月至 2004 年 4 月将近 6 年的时间，第二届理事会先后召开了六次常务理事会和两次在京常务理事会，学会主要做了以下几个方面的工作：

第一，进行了会员重新登记工作。原有团体会员 46 个，个人会员 400 余人。近几年来由于多种原因，会员情况变化较大，经重新登记，现有团体会员 30 个，个人会员 132 人。第二，独自或与有关单位举办了多次学术研讨会，主要有 1998 年 5 月在上海召开的中国新闻史学术研讨会，2001 年 8 月在兰州大学召开的第二届世界华文传媒与华夏文明传播国际学术研讨会，2002 年 1 月在哈尔滨召开的中国地方新闻史志学术研讨会，同年 11 月在广州暨南大学召开的中国新闻改革学术研讨会及中国新闻史学会年会，2003 年 10 月在厦门大学召开第三届世界华文传播与华夏文明传播国际学术研讨会等。第三，继续编印内部不定期刊物《新闻春秋》杂志三期，其中 1998 年 5 月第 6 期为

1998 年上海中国新闻史学术研讨会专辑，2003 年 12 月第 7 期为纪念毛泽东诞辰 110 周年，毛泽东与新闻工作专辑，2004 年 3 月第 8 期为纪念彭翼仲诞辰 140 周年暨《京话日报》创刊 100 周年专辑。开始出版《新闻春秋》论文集，第一本为暨南大学新闻与传播学院主持编印的《中国新改革学术研讨会暨中国新闻史学会年会论文集》（2003 年 6 月四川大学出版社出版），第二本为兰州大学主持编印的《第二届世界华文媒与华夏文明传播国际学术研讨会论文集》（2004 年 4 月兰州大学出版社出版），第三本为厦门大学新闻与传播系资助的《新闻春秋——第三届世界华文传播与华夏文明传播国际学术研讨会论文集》（2004 年 8 月厦门大学出版社出版）。

3. 4. 4　中国新闻史学会第三届理事会（2004—2009）

2004 年 4 月 23—24 日，中国新闻史学会于在河南开封市河南大学召开了“中国新闻史学会 2004 年年会暨全国新闻传播史教学学术研讨会”。在开幕式上，方汉奇教授致辞说：“中国新闻史学会曾经先后在北京、上海、武汉、兰州、广州等地召开过年会研讨会。到河南开封来开会，这还是第一次。在开封召开中国新闻史方面的学术研讨会，对新闻史教学研究工作者来说，具有特殊的意义。这不仅因为开封是著名的历史文化名城，是战国时代的魏，五代时期的梁、晋、汉、周和北宋及金朝后期的首都，而且因为这里曾经是古代中国报纸和出版的重要中心。”他用“八方风雨会中州”来形容此次盛会。会议期间，与会的 80 多位代表就方汉奇教授和卓南生教授所作的主题报告以及全国中外新闻传播教学工作进行了热烈的学术研讨，参观了各地代表所送的近年来出版的中外新闻史专著与教材展览。大会分三组（中国新闻史组、外国新闻史组、传播专项史组）进行了专题演讲、论文宣读和自由讨论等学术交流活动，并对中外新闻史的教学体系、目标、地位、教材编写、教学手段等诸多问题进行了深入全面的探讨。会议期间也召开了第三届理事会议，推举选出了新一届常务理事会成员，并由第三届常务理事会推选产生了中国新闻史学会新一届领导成员。全体会员代表大会审议通过了中国新闻史学会《章程》修改草案，审议通过了第二届史学会秘书长丁俊杰教授所作的会务报告，审议通过了学会团体会员和个人会员的收费标准，原则上通过了设立相关二级分会组织的计划，审议通过了 2004 年度学会工作计划，决定加强《新闻春秋》系列出版物（专版、专刊、论文集和网站）的业务工作，责成新一届的秘书处着手会员的组织建设工作。

中国新闻史学会第三届理事会名单（2004—2009）

名誉会长　方汉奇

顾　　问　（以姓氏笔画为序）

丁淦林　王强华　宁树藩　朱穆之　陈业劭　杜导正　邵华泽　杨兆麟　徐心华　龚学平

名誉顾问　李　瞻（中国台湾）　卓南生（新加坡）　郭振羽（新加坡）

会　　长　赵玉明

常务副会长　程曼丽（2008年起）

副 会 长（以姓氏笔画为序）

丁俊杰　尹韵公　吴廷俊　张　昆　陈昌凤　陈培爱　秦绍德　黄　瑚　蔡铭泽

秘 书 长　雷跃捷

副秘书长　李　磊（常务）　李　春

常务理事（以姓氏笔画为序）

丁俊杰　马　艺　王大龙　王　醒　尹韵公　乔云霞　刘　亚　李　文　李　彬　李　磊　李润波　杨海军　吴廷俊　张　昆　陈昌凤　陈培爱　郑亚楠　郑德金　单　波　赵玉明　秦绍德　徐新平　郭镇之　黄　瑚　商娜红　程曼丽　曾宪明　雷跃捷　蔡铭泽

特邀理事（以姓氏笔画为序）

卫元理　马光仁　王洪祥　王绿萍　白润生　张之华　谷长岭　姚福申

名誉理事　李少南（中国香港）　彭家发（中国台湾）

个人理事（以姓氏笔画为序）

丁俊杰　尹韵公　李建伟　李　春　李敬一　李斯颐　李　磊　刘建明　刘家林　闵大洪　陈玉申　杨　磊　沈　毅　胡太春　赵玉明　郭镇之　倪延年　秦绍德　曾建雄　程曼丽

团体理事代表（以姓氏笔画为序）

于　克　马　艺　王　亮　王　醒　王金珊　王晓梅　王润泽　方晓红　甘险峰　田中阳　乔云霞　任广耀　刘　亚　刘九州　刘大保　刘行芳　刘运峰　阮　卫　阳美燕　何扬鸣　吴　飞　吴予敏　吴廷俊　员怒华　张　昆　张　英　张　谦　张丽萍　李　文　李　彬　李　雪　李　瑛　李红艳　李建新　李润波　李道荣　李慧丽　杜骏飞　杨建州　杨星星　杨海军　肖　峰　武占江　陈彤旭　陈昌凤　陈信凌　陈培爱　陈婉莹　陈敏毅　陈雪军　周　敏　周定泰　周德仓　郑亚楠　郑德金　胡连利　赵中颉　赵丽芳　赵振祥　徐新平　殷　俊　高卫华　高金萍　商娜红　屠凤娥　黄　河　黄　瑚　黄菊芳　龚　炜　曾宪明　程道才　董广安　谢鼎新　廖声武　蔡铭泽　樊亚平　薛文婷　戴元光

《新闻春秋》杂志社

社　长　赵玉明（兼）

副社长兼主编　陈昌凤

中国新闻史学会外国新闻传播史研究委员会会长　郭镇之

中国新闻史学会新闻传播教育史研究委员会会长　吴廷俊

中国新闻史学会网络传播史研究委员会会长　杜骏飞

中国新闻史学会教学研究基地——世纪阅报馆馆长　李润波

在大会闭幕式，新任会长赵玉明教授讲话时指出：第三届理事会今后工作的总要求为四个字："求真务实"。所谓"求真"，就是在新闻传播史的研究上要求真，要以实事求是的治学态度把新闻传播史的教研工作推向新水平。所谓"务实"，就是要把史学会的工作做到实处，切切实实地为大家、为新闻史学会办几件实实在在的事情，进一步扩大新闻史学会在新闻界、教育界、社科界的影响，并提出了办好学会的方针：第一是要依法办会。我们是全国唯一的新闻教育研究工作的一级社团，上面有教育部、民政部门直接管理，有社团条例、有学会章程，我们必须在遵守国家相关法规条例的前提下来开展我们的会务工作。第二是民主办会。过去方老师、宁老师等主持学会，年高德劭，一呼百应，我们大树底下好乘凉。今后我们办会就要充分发挥学术民主，充分发挥每个会员、理事、常务理事、特邀理事和顾问的积极性、创造性，特别是发挥常务理事会的作用。当会长、副会长、常务理事、学会理事不是挂名的，我们提倡每个人、每位会员，尤其是理事、常务理事都要为学会出把力、办实事。民主办会的另一含义就是会员、理事要监督常务理事、会长、副会长把实事办好，把好事办实。第三是学术办会。我们的学会是一个组织、推动新闻传播史研究的社团。每个成员特别是理事、常务理事应该是新闻传播史某个方面的专家、学者。每次开会研讨都要以文会友，携文与会，按照双百方针开展讨论争鸣。我们要把学会创办的《新闻春秋》品牌打响。《新闻春秋》每年出版一本大型研讨会专辑，每年编印两期《新闻春秋》专刊。我们一定要《新闻春秋》这个品牌办出特色办出水平。我们还要筹建二级学会，由一个或几个常务理牵头，组织学术领域相近的研究者，深入研讨各类专项新闻传播史。第四是勤俭办会。现在经费紧张，要勤俭，将来条件好了，也要勤俭办会，不能浪费，更不能挪用会费。学会要建立财务审核制，要勤俭办事、节约办事，该用的花，该省的省。第五是奉献办会。我们提倡以奉献的精神来办会，有钱出钱，有力出力，过去我们曾争取过许多高校、报社、公司及社科院的支持做了许多事情，现在更要以奉献服务的精神为提高新闻传播史的研究水平和搞好新闻史学会的工作贡献出每个人的聪明才智。赵玉明教授希望全体会员与新一届学会领导班子一起，同心同德、共同努力，开拓中国新闻史学会新的工作局面。

2005年5月21—22日，中国新闻史学会第三届理事会第二次常务理事会议在湖南大学新闻与传播学院召开。中国新闻史学会原秘书长丁俊杰教授已出任中国传媒大学副校长，会议决定他不再担任秘书长，推选为副会长。推举中国传媒大学雷跃捷教授为学会新任秘书长，并增补为常务理事（原为理事）。另由于副秘书长（常务）李磊同志已被任命为中国传媒大学南广学院系主任，较长时期将在南京工作，会议决定聘任中国传媒大学李煜（女）、刘书峰为秘书，办理秘书处日常事务。2006年6月3—4日，中国新闻史学会第三届理事会第三次常务理事会议在天津师范大学新闻传播学院召开。会议增补中国记协新闻发展研究中心主任王大龙和南京政治学院军事新闻传播系刘亚教授为常务理事；并经充分讨论和投票决定，同意清华大学新闻与传播学院和华中科技大学新闻与信息传播学院分别筹备组建外国新闻传播史和新闻传播教育史两个专业研究委员会。对秘书处主持设计的中国新闻史学会网站和宣传册（草稿）提出了改进意见，决定会标、网站和宣传册经修改后将于近期正式启用。2006年6月26日起，中国新闻史学会网站网址为：http：//cahjc. cuc. edu. cn 试运行。2007年3月26—27日，中国新闻史学会第三届理事会第四次常务理事会议在河北大学召开。世纪阅报馆馆长李润波同志和黑龙江大学新闻传播学院院长郑亚楠教授作为学会教研基地及团体会员的代表被增补为常务理事首次出席常务理事会议。设立了“中国新闻史学会教学研究基地——世纪阅报馆”。2007年12月2日，中国新闻史学会第三届理事会第二次会议在复旦大学召开。会议增补武汉大学新闻传播学院副院长单波教授为常务理事。2008年5月8—9日，中国新闻史学会第三届常务理事会第五次会议在广西大学召开。这是为2009年换届做准备的一次会议。常务理事会一致同意将“三个有利于”作为换届工作的指导原则，即“有利于学会的团结与和谐；有利于学会的健康发展；有利于新闻传播史的学科建设”。经过常务理事会协商选举，北京大学新闻与传播学院当选为本会常务副会长单位，并同意该院推荐的程曼丽教授为本会常务副会长。会议建议在下届理事会修改《章程》时，可考虑将“会长可连任两届”的规定改为：“如有适宜单位和人选，则以一届为宜”，以便有利于调动各方积极性。会上，赵玉明会长代表理事会首先向经上级主管部门批准成立的“外国新闻传播史”、“新闻传播教育史”两个研究委员会会长郭之、吴廷俊颁发了证书和印章，并听取了他们的筹办报告和计划。会议讨论通过了南京大学新闻传播学院关于成立“网络传播史论”研究委员会的申请，待南京大学报来正式材料后，由秘书处向教育部、民政部有关部门办理相应手续。2009年4月2日，中国新闻史学会第三届理事会第六次常务理事会议在北京中国传媒大学召开，听取了雷跃捷秘书长关于第三届理事会工作的报告，商讨了换届会议有关人事安排事项，并就加强二级学会的管理、修改学会《章程》等有关问题进行了讨论。

在赵玉明会长的主持下，中国新闻史学会第三届理事会各项工作取得了全面发展。

第一个方面，继续主办和参与主办涉及中外新闻传播史方面的研讨会和座谈会。这是学会自成立以来的一项传统项目，是学会的基础性工作。首先是把业已在海内外打响的两年一届的世界华文传媒与华夏文明传播国际学术研讨会，由厦门（第三届，2003 年）推向中国香港（第四届，2005 年）、中国台湾（第五届，2007 年）、新加坡（第六届，2009 年）。此外，还召开了第三届地方新闻史志研讨会（2007 年，上海）。其次，继续开展多方面的新闻传播史专题研讨会和座谈会，大致可以分为两类：一类是对新闻传播历史人物的研讨和座谈；另一类是对新闻传播史中一些具体问题的专门研讨和座谈。这些研讨活动不仅吸引了新闻院系，还吸引了文史学界、中央和部分地方新闻单位，以及港台、海外的有关人士，客观上扩大了学会在学术界和业界的影响。

第二个方面，把《新闻春秋》打造成学会的品牌出版物。《新闻春秋》是中国新闻史学会内部出版的不定期刊物，1994 年 1 月创刊。刊名由著名书法家、学会顾问邵华泽同志所写，另两位顾问陆定一、吴冷西同志也为《新闻春秋》题字、题词。“新闻春秋”是新闻传播史及相关研究的形象化表达，我们希望通过它来代表并推动新闻传播史研究的发展。

第三个方面，围绕新闻传播史的教学和研究工作，开辟新的活动领域。近年来，高校新闻传播史的教学出现了被边缘化的问题，中青年新闻传播史教师的培训工作亟待加强。有鉴于此，学会主办“全国新闻传播史教学学术研讨会”（2004 年，河南），与教育部新闻学教学指导委员会、中国新闻教育学会合作开办“全国高校新闻传播史师资高级培训班”（2004 年，北京），参训的近 60 名中青年教师经考核合格，获得了教育部高教司颁发的证书。2005 年，新闻传播学科教育部人文社会科学重点基地、“985”国家哲学社会科学创新基地在武汉大学召开联席会议。中国新闻史学会与四个教育部基地、三个“985”基地、两位教育部社科委员联合召开的“4+3+2+1”联席会议，因此，学会获得了一个新的交流机会，得以出席历次联席会议。为了对中青年教师和学生进行革命新闻传统教育，我们还在高校开办了“红色报刊展高校行”活动。为了探讨新闻传播史专著和教材编著中遇到的新情况、新问题，学会专门汇编了近几年来方汉奇、宁树藩和丁淦林教授等发表有关论文和谈话，收入《新闻春秋》论文集第 8 辑内，以期引起新闻史学界的关注。

第四个方面，创办二级学会。按照民政部的有关规定和学会《章程》，中国新闻史学会作为一级社团，可以组建若干二级分会，以推动学会工作向纵深发展。2005 年，学会组建二级分会事项应本着“成熟一个，组建一个”的原则，严格按照民政部有关文件进行准备，除了硬件上的准备外，凡拟牵头组建二级分会的高校新闻学院应提出书面申请，同时必须组建筹备组，筹备组至少由5个新闻院系在该领域的国内知名教授签署同意。经过近两年来的不懈争取，民政部和教育部有关部门先后批准学会成立两个二级分会。2008年10月和11月，中国新闻史学会新闻传播教育史研究委员会和中国新闻史学会外国新闻传播史研究委员会分别在北京举行了成立大会，中国新闻史学会网络传播史研究委员会的申请得到批准。

3.4.5 中国新闻史学会第四届理事会（2009—2014）

2009年6月7日，为期两天的“中国新闻史学会2009年年会暨新闻传播专题史研究学术研讨会”在南京胜利闭幕。来自全国高校、新闻研究机构及部分媒体的近200名代表分为十个小组举行研讨，围绕新闻传播史专题展开热烈的交流。论题涉及：新中国60年与改革开放30年新闻传播史研究回顾，中外新闻传播史、中国地方新闻史志、媒介史与媒介制度、新闻人物与传播思想研究、新闻传播史研究方法等。会议期间，中国新闻史学会召开了第三届会员代表大会暨理事会议和第四届理事会第一次会员大会，进行了学会换届工作，选举产生了第四届理事会组织机构。

中国新闻史学会第四届理事会名单（2009—2014）

名誉会长 方汉奇 赵玉明

顾　　问（以姓氏笔画为序）

丁淦林 王强华 宁树藩 朱穆之 陈业劭 杜导正 邵华泽 范敬宜 杨兆麟 徐心华 龚学平

名誉顾问（以姓氏笔画为序）

李瞻（中国台湾） 卓南生（新加坡） 郭振羽（新加坡）

会　　长 程曼丽

副 会 长（以姓氏笔画为序）

丁俊杰 王润泽（2012年增选） 尹韵公 吴廷俊 张 昆 陈昌凤 陈敏毅 秦绍德 顾勇华 黄 瑚

秘 书 长 赵为民

副秘书长 邓绍根（常务） 陈开和 李 磊

特邀理事（以姓氏笔画为序）

卫元理 马光仁 王大龙 王洪祥 王绿萍 白润生 乔云霞 刘建明 张之华

谷长岭　闵大洪　郑德金　胡太春　姚福申

名誉理事（以姓氏笔画为序）　李少南（中国香港）　彭家发（中国台湾）

常务理事（以姓氏笔画为序）

丁俊杰　马　艺　万京华　方晓红　尹韵公　王润泽　田中阳　刘大保　刘　亚
刘家林　吴廷俊　张　昆　李　文　李　磊　李建伟　李润波　杜骏飞　陈昌凤
陈信凌　陈敏毅　单　波　郑亚楠　胡连利　赵为民　赵振祥　秦绍德　顾勇华
郭镇之　黄　瑚　黄菊芳　商娜红　程曼丽　董广安

《新闻春秋》杂志社

社　长　程曼丽（兼）

副社长兼主编　王润泽

二级分会和基地

中国新闻史学会新闻传播教育史研究委员会会长　吴廷俊

中国新闻史学会外国新闻传播史研究委员会会长　郭镇之

中国新闻史学会网络传播史研究委员会会长　杜骏飞

中国新闻史学会少数民族新闻传播史研究委员会会长　赵丽芳

中国新闻史学会台湾与东南亚华文传媒史研究委员会会长　赵振祥

中国新闻史学会教学研究基地——世纪阅报报馆馆长　李润波

中国新闻史学会教育实践基地主任　殷　俊

程曼丽会长向大会报告时阐述了第四届理事会以学术工作为中心的基本工作思路是：(1) 推动新闻传播史的学术研究。继承和发扬中国新闻史学会多年形成的优良传统和作风，巩固已有的研究阵地和阵容，继续发挥老一辈和中青年学者在新闻史学术研究、学科建设和学术活动中的引领作用。(2) 拓展学术交流平台。坚持开放包容的原则和国际化的视野，通过各种类型的学术会议，学会会刊、通讯以及二级分会的发展，完善新闻传播通史和类别史的研究和交流平台。(3) 培育新闻传播史研究的年轻学者。通过培训、会议等多种形式，努力吸引和培养年轻学者，壮大新闻传播史研究队伍，扩大学会的社会影响力。总之，我们的表态就是四个关键词：继承，创新，搭建平台，提供服务。围绕上述工作思路，在名誉会长、会长和各位副会长以及诸位常务理事的指导下，在学会全体会员的共同努力下，第四届理事会顺利开展了各项工作。

1. 中国新闻史学会秘书处的日常工作

1）《中国新闻史学会通讯》的编辑制作

2009 年至今学会共制作了 20 期《中国新闻史学会通讯》。通讯对学会的学术活动、工作进展、各位理事和会员的最新成果等重要信息进行汇总，并以电子邮件等方式发送给全国各地的理事及会员们，以便大家及时了解并关注史学会的工作动态。《中国新闻史学会通讯》作为学会内部沟通的重要渠道，有效增强了会员的凝聚力。

2）电子邮箱与网站维护

秘书处有专人负责学会电子邮箱 shixuehuipku@ gmail. com 的邮件收发，以及学会网站（http：//xwsxh. pku. edu. cn）的维护和更新，充分利用各种渠道保障学会信息能够及时传达给各位理事与会员。史学会网站开设了“学会动态”、“学术信息”、“新闻史论研究”、“学者专题”、“新闻图史”以及“新闻史论茶座”等专栏，已成为广大新闻史论研究者与爱好者了解史学会动态与学术信息的开放性平台。

3）学会年检工作

自 2009 年以来，学会顺利通过了民政部 2009、2010、2011 和 2012 年度的年检，2013 年度的年检材料已经上报教育部和民政部。自 2011 年起新增的财政部学会账号年检，学会也都顺利通过。根据主管单位教育部和登记机关民政部的要求，2013 年 6 月学会顺利完成了第三届理事会在 2004 年修订的《中国新闻史学会章程》的核准手续。

4）会员发展工作

学会会员数量稳步增加，学会队伍正在不断扩大。自 2009 年换届以来，截至 2014 年 10 月底，学会的团体理事会员单位由 81 家增加至 111 家；个人会员亦由 198 人增加至 232 人。新增加的个人会员多数都是国内各新闻院校的中青年教师和在校博士、硕士研究生。新增加的海外会员有莫斯科大学新闻系叶甫根尼·扎伊采夫教授、菲律宾《世界日报》总主笔侯培水先生、美国伯克利加州大学东亚研究院魏定熙教授、韩国梨花女子大学陈细晶教授、新加坡学者舒圣祺以及台湾地区学者周庆祥等。

2. 积极组织开展学术交流和研讨活动

自 2009 年 6 月至 2014 年 10 月，中国新闻史学会共主办、参与主办了 35 次学术会议、研讨活动等。其中有国内高校新闻传播史学者的一系列常规性研讨会，也有与国内新闻传播业界联合举行的学术交流和研讨，如与人民日报新闻研究中心联合举行的中共党报史研讨会、与新华社新闻研究所共同主办的“新华社 80 年历程回顾与思考”学术研讨会等；以及国际学术会议，如与新加坡南洋理工大学联合举办的“世界华文传媒与华夏文明国际学术研讨会”、与美国伯克利加州大学东亚研究院和中国台湾舍我纪念馆联合举办的“中国新闻史国际学术研讨会”、与菲律宾《世界日报》社等联合举办的

“华文传媒与海外华人社会” 学术研讨会等。参与通过这些学术活动，扩大了史学会与国内新闻传播业界和国际学界的学术联系，提高了学会的社会影响。此外，为加强新闻史论年轻学者的培养，中国新闻史学会与北京大学新闻学研究会联合办了三届 “新闻史论青年论坛”，连续举办了五届 “全国新闻史论师资特训班”，共培训了 100 位年轻学员，他们分别来自 3 个国内新闻机构、1 所海外大学和 64 所国内高校。

3. 公开出版会刊《新闻春秋》

2010 年与中国人民大学书报资料中心签订了战略合作协议，双方决定携手推进《新闻春秋》纸刊的正式出版及数字刊的探索和实验，共同打造中国新闻史领域的权威学术期刊。自 2011 年起，学会会刊《新闻春秋》以电子刊及纸质版形式出版，并于 2012 年初获得 CN 刊号，由学会内部刊物转为公开出版的学术刊物。《新闻春秋》现已建立了专门的网站（http：//xwcq. zlzx. org）以及网上投稿系统，并自 2013 年起每季度出刊，内容全文上网，读者可通过《新闻春秋》网站免费下载电子版全文。在中国记协名誉主席邵华泽、学会常务理事顾勇华书记的关心下，中国新闻史学会会刊《新闻春秋》已覆盖记协全体常务理事。

4. 组织出版新闻传播史系列著作

五年来，史学会与新闻出版总署、中国新闻文化促进会、人民出版社等单位合作，参与组织编写和出版了一系列有影响的新闻传播史著作。2012 年起，学会参与了由原国家新闻出版总署组织的《中国名记者》系列丛书编写工作，该丛书遴选出近代以来 400 位各具特色、有代表性的著名记者，从 1874 年创办《循环日报》的中国第一个报刊政论家王韬开始，介绍他们的生平事迹，选登他们的代表性作品并加以评析。计划出版 20 卷，目前已经出版了两卷。2013 年 9 月，《中国新闻史研究辑刊》（初编）由台湾花木兰文化出版社出版发行。此辑刊是中国新闻史学会与台湾花木兰文化出版社的长期合作项目，由中国新闻史学会名誉会长方汉奇教授任主编，现任会长程曼丽教授和副会长王润泽教授任副主编，以出版中国大陆优秀新闻史博士论文为主。该书共 12 册。此外，由程曼丽会长和乔云霞特邀理事主编的 10 卷本《中国新闻人物志》已经完成编写，下月即将正式出版。在刚刚过去的 10 月 26 日，学会举办了《中国新闻传媒人物志》出版座谈会。该丛书由国内 18 所高校及媒体单位近 70 位研究人员参与编写，历经三年完成，选取了清末民初以来中国新闻事业发展史上 100 多位有代表性的新闻人物，每位人物配以照片、评传等代表作品等，在很大程度了弥补了国内新闻传媒人物研究的不足。学会名誉会长方汉奇先生、赵玉明先生，会长程曼丽教授等一批成员参与了这套丛书的策划、编写工作。

5. 与《人民日报》官方微博开展合作

2012年7月24日，经程曼丽会长与人民日报新闻协调部协商，中国新闻史学会与人民日报官方微博合作正式推出“新闻史上的今天”专栏，由中国新闻史学会供稿，在之后的约一年时间内每日定期发布与当日日期相关的中外新闻史内容一篇。专栏微博首发当日被转发百余次，收到近百条评论，并得到较为广泛的社会关注和学界好评，最多时转发量达上千人次，成为人民日报官方微博的品牌专栏。来自北京、南京、上海、武汉、广州等地的一批史学会年轻学者参与了该微博专栏的内容制作。

6. 加强二级分会及机构建设和管理

2009年第四届理事会成立以来，学会每年至少召开一次常务理事会会议，至今已召开七次。自换届以来，学会新成立了两个二级分会，即设在中央民族大学的中国新闻史学会少数民族新闻传播史研究委员会，和设在厦门大学的中国新闻史学会台湾与东南亚华文新闻传播史研究委员会。此外，根据2012年第四次常务理事会决议，学会新设立传媒教育实践基地，即重庆工商大学传媒发展中心。学会秘书处和各分支机构保持了密切的沟通和联系，相互支持和配合，推进了学会整体工作的有序开展。

在全体会员和理事的共同努力，中国新闻史学会已经成为我国新闻传播史学界温暖的聚会、交流平台，我们期待着学会未来有新的发展和进步。

3.4.6 中国新闻史学会第五届理事会（2014—2019）

2014年11月1—3日，“中国新闻史学会2014年年会暨中国新闻传播专题史研究学术研讨会”在广州暨南大学举办。来自全国150多所高校、新闻研究机构及部分媒体的200余名代表参加了会议，与会代表分为10个小组围绕新闻传播史专题进行了热烈的学术研讨。会议期间召开了中国新闻史学会第四届理事大会暨会员大会和第五届理事大会暨会员大会，进行了换届工作，选举产生了中国新闻史学会第五届理事会组织机构，清华大学新闻与传播学院副院长、博士生导师陈昌凤教授成为中国新闻史学会新任会长，清华大学新闻与传播学院副院长、博士生导师史安斌教授当选为中国新闻史学会秘书长。

中国新闻史学会第五届理事会（2014—2019）

名誉会长 方汉奇 赵玉明 程曼丽

顾　　问（按音序排列）

陈敏毅 陈业劭 顾勇华 宁树藩 秦绍德 吴廷俊 尹韵公

名誉顾问（按音序排列）

郭振羽（新加坡）　李金铨（美国）　李　瞻（中国台湾）　卓南生（新加坡）

会　　长　陈昌凤

副 会 长（按音序排列）

丁俊杰　黄　瑚　刘家林　单　波 王润泽　张　昆　赵振祥

秘 书 长　史安斌

副秘书长　邓绍根　常　江

秘　　书　白　丹

特邀理事（按音序排列）

白润生　方晓红　谷长岭　哈艳秋　胡太春　刘 亚　刘大保　马　艺　闵大洪
倪延年　乔云霞　石长顺　王绿萍　姚福申　张之华　郑德金

名誉理事（按音序排列）

李少南（中国香港）　彭家发（中国台湾）

常务理事（按音序排列）

艾红红　陈昌凤　陈建云　陈开和　陈先红　陈信凌　陈卫星　邓绍根　丁俊杰
董广安　董天策　杜骏飞　樊亚平　郭镇之　胡连利　黄　瑚　李建伟　李建新
李润波　李　文　李秀云　廖声武　林如鹏　刘家林　曼叶平　潘　岗　濮端华
商娜红　单　波　史安斌　宋兆宽　孙有中　田中阳　万京华　王明华　王润泽
王晓梅　吴　飞　武宝瑞　向　芬　谢耘耕　徐新平　杨海军　殷　俊　喻国明
张红军　张举玺　张　昆　张晓锋　赵丽芳　赵云泽　赵振祥　郑亚楠

《新闻春秋》杂志社

社　长　陈昌凤（兼）

副社长兼主编　王润泽

二级分会

中国新闻史学会新闻传播教育史研究委员会 会长　张　昆
中国新闻史学会外国新闻传播史研究委员会 会长　孙有中
中国新闻史学会网络传播史研究委员会 会长　董天策
中国新闻史学会少数民族新闻传播史研究委员会 会长　赵丽芳
中国新闻史学会台湾与东南亚华文新闻传播史研究委员会 会长　阎立峰

中国新闻史学会编辑出版史研究委员会 会长	李建伟
中国新闻史学会广告与传媒发展史研究委员 会长	杨海军
中国新闻史学会公共关系史研究委员会 会长	陈先红
中国新闻史学会传媒经济与管理研究委员会 会长	喻国明
中国新闻史学会视听传播研究委员会 会长	林如鹏
中国新闻史学会舆论学研究委员会 会长	谢耘耕
中国新闻史学会新闻传播思想史研究委员会 会长	陈卫星

陈昌凤会长在报告时表示：中国新闻史学会未来五年将着力在以下三个方面推动学会的发展：一是拓展学术研讨活动。不仅要发扬老一辈专家学者的带头作用，巩固已有的研究阵地与阵容，保持新闻史研究在全国新闻学研究中的领先地位，而且着力打造青年学者论坛，鼓励青年学者的学术活动；加强与国际一流学术机构的交流与合作；加强多媒体传播力度，充分利用新媒体科技弘扬新闻与传播史研究成果。二是坚持通过学术联系现实、服务社会的原则，促进学会研究对社会现实的观照。三是加强学会的出版编辑工作，努力把《新闻春秋》进一步打造为符合学界标准的一流刊物，加强史学会内部成员的沟通交流，定期评选优秀成果，扩大学会的社会影响力。围绕上述工作思路，在学会全体会员的共同努力下，第五届理事会正在顺利开展了各项工作。（1）中国新闻史学会微信公众号于 2014 年 12 月 8 日上线，成为及时公布学会动态、联络会员的纽带。（2）2015 年，设立“新闻传播学国家学会奖”，并组织了评选和颁奖。（3）加强了二级分会的组织建设和管理，批准成立了七个二级分会，分别是中国新闻史学会编辑出版史研究委员会、中国新闻史学会广告与传媒发展史研究委员、中国新闻史学会公共关系史研究委员会、中国新闻史学会传媒经济与管理研究委员会、中国新闻史学会视听传播研究委员会、中国新闻史学会舆论学研究委员会、中国新闻史学会新闻传播思想史研究委员会，并对二级分会工作加强了指导和管理。（4）积极组织和召开学术会议，如中国新闻史学会年会、民国新闻史学术论坛、抗战新闻史青年学者论坛等。（5）会刊《新闻春秋》正常出版。（6）加强国际化学术交流。2015 年 1 月 12—13 日，第一届“向世界传播中国”学术研讨会在哥伦比亚大学举行。2016 年 1 月，第二届“向世界传播中国”学术研讨会在以色列特拉维夫大学孔子学院举行。

（编撰人　邓绍根）

3.5　中国高等教育学会新闻学与传播学专业委员会

3.5.1　机构概况

中国高等教育学会新闻学与传播学专业委员会（原名：中国新闻教育学会）于1984 年 11 月 2 日在北京成立。学会是首都七所高等院校新闻系（专业）根据 1983 年全国新闻教育工作座谈会的意见发起筹备的，全国 30 所高等院校新闻系（专业）的代表参加了此次会议。

历经近 30 年的成长与发展，该机构共选举产生了七届理事会，理事单位从 1984 年的 30 个，增至 2012 年的 169 个；从最初主要以全国知名的新闻院、系及专业为主，到涵盖了包括综合性大学，师范、财经、政法、军事、外语类大学，以及民办大学在内的各类新闻院系和专业，不同类型的学校、不同的培养目标、不同的办学模式和不同的办学特色，使理事单位的构成更加全面而多样。为促进中国新闻学与传播学的学科建设、教学改革、人才培养、学术研究等方面的沟通交流与提升发展，发挥了积极而显著的作用。

2008 年北京奥运会前夕，西藏发生“3. 14”事件，西方媒体集中对事件进行歪曲报道，对我国进行政治攻击。面对尖锐复杂的国际舆论局势，我会发布了《中国新闻学界致西方媒体的公开信》，以国际新闻界有所共识的职业道德准则和媒体社会责任为依据，对西方媒体违背真实、践踏公正的做法进行了严肃的分析。此公开信成为“3. 14”事件中中国学界发表的唯一一份文本声明。新华社以中文和英文向世界播发，在国内外引起广泛影响。此举受到高教学会的表扬。

3.5.2　主要活动

1983 年，中宣部和教育部组织召开了新闻教育工作座谈会，提出新闻教育亟待改革和发展，并为此作了具体规划。

1984 年，中国新闻教育学会于 1984 年 11 月 2 日在北京正式成立。全国 30 所高等院校新闻系（专业）的代表参加了大会。

1985 年，学会在广西桂林举行第一届年会，着重讨论在新的形势下如何遵照“面向现代化、面向世界、面向未来”的要求进行新闻教育改革，28 所大学新闻系（专业）和社科院研究生院新闻系、全国记协新闻学院、新华社干部进修学院等 40 名代表参加了会议。

1996 年，完成了对全国高校新闻院、系（专业）会员单位第一次基本情况调查。

1998 年，第一届新闻学学科教学指导委员会成立。

同年 10 月，教育部高等学校新闻学学科教学指导委员会、中国新闻教育学会、新闻院系院长系主任联席会在江苏省南京市和苏州市举行。讨论了新闻学专业人才培养的目标问题；新闻学专业的通才教育和专才教育的关系问题；新闻学专业的课程体系和教学内容的改革问题；新闻学专业的本科生教学和研究生教学的层次区分问题。

2001 年发表全国高校新闻院、系（专业）会员单位第二次基本情况调查结果广告学研究分会成立。

2003 年发布《新闻类专业（非会员单位）情况调查》。传播学研究分会成立。

2004 年广播电视研究分会成立。启动马克思主义新闻理论教材建设相关事宜，在北京、上海、南京、长沙、武汉等地召开座谈会，展开调研工作。承担教育部《21 世纪新闻人才需求调查》和《新闻人才培养发展战略》两项课题。

2005 年启动第一届全国大学生广告艺术大赛，参赛院校 534 所，作品 8 万件左右，获奖面分布 28 个省、市、自治区、200 余所院校的 1800 名学生和 20 多位教师。对广告学专业的发展起到了积极的推动作用。

5 月教育部课程改革评审会上，新闻传播学类获得三个二等奖，分别是：南京大学丁柏铨教授《新闻采访写作》、厦门大学陈培爱教授“厦门大学广告建设与发展”、中国传媒大学高晓虹教授“电视系列教材”。

7 月推选 3 门课程成为国家精品课程，分别为中国传媒大学胡正荣教授“新闻学理论”、武汉大学张昆教授“世界新闻史”、中国人民大学涂光晋教授“新闻评论”。

9 月向高教司推荐国家“十一五”教材 37 本。

10 月学会五届五次理事会在新疆召开，学会理事单位增至 112 个。大会讨论了关于新闻传播学专业建设与专业评估、加强人文素养教育、新闻传播国际化、新闻阅评与媒介批评等相关问题。

3.5.3 人员构成

理 事 长 高 钢

副理事长 黄 瑚 石义彬 高晓虹 张昆

常务理事 支庭荣 李惠民 吴 建 李 岩 段京肃 商娜红 戴元光 张小琴 阎立峰 文 然 吕 艺 陈 刚 吴信训 高晓虹 闻保卫 喻国明 李建伟 孙瑞祥

秘书处　周勇（秘书长）　王斌（副秘书长）　庄德莹（秘书）

监　事　李建伟　刘卫东　白贵

理　事　丁迈　郑亚楠　卜卫　陈亮　吕萌　徐琴媛　沈正赋　周建国
郭可　冯霞　肖焕禹　甘险峰　方晓红　蔡骐　濮端华　陈信凌
廖声武　董广安　高红玲　赵丽芳　单晓红　薛金强　张立斌　王醒
张芹　王高娃　罗自文　王擎　王晓华　杨立川　田秋生　刘九州
高炜　李珮　陈立生　张健　鲍海波　张秉政　李丽　程金福
罗朋　林晖　邹火明　池平　赵文晶　彭祝斌　武黎　李道荣
季水河　王哲平　张金桐　鲍伟　史振洪　吴晓春　王声平　齐爱军
高卫华　杨魁　郑保章　李建伟　翟江虹　司马兰　严三九　黄昌林
朱光保　刘建民　余霞　孔祥军　章晓英　于翠玲　张伟　李金宝
钟克勋　陆小华　侯月娟　仇学英　柳邦坤　卢翠莲　金梦玉　金月成
黄建友　刘乃歌　张英　叶同春　陈敏直　王新兰　涂光雍　汤志民
赵晓春　武鸿鸣　李双　刘行芳　祝玉华　余瑞祥　周怡　肖华锋
刘辉　王小燕　李世举　谭亚娜　曲茹　张军　雷鸣　徐新民
黄慕雄　邱丽梅　陈文高　汤劲　李芳　周鲲鹏　李斌　徐凤兰
严功军　王梅芳　李克　张淑玉　蔡振亚　宋祖华　方雪琴　许全亮
卓光俊　杨溟　石磊　姚劲松　王金星　祁晓霞　朱月昌　包晓光
张菊样　李黎明　徐君康　于瑞桓　冯霞　李凤清　徐小立　刘迅
刘志武　杨琳　赵微　黄箐　安文军　胡蔚涛　于松明　梅潇
刘绍芹　任健　钱晓文　靳海涛　范明献　刘鹤文　林凌　张俐
韦济木　王长潇　李敏霞　敖特根白乙拉

（撰稿人　刘丽）

3.6　中国高等教育学会广告教育专业委员会

3.6.1　历史沿革

2009 年 7 月 25 日，中国高等教育学会广告教育专业委员会经民政部批准在北京登记成立。

2009 年 11 月 21 日，在北京万寿宾馆召开成立大会暨第一次会员代表大会。大会进行了揭牌仪式，并选举产生了以丁俊杰为理事长的第一届理事会，刘瑞武、倪宁、陈刚、吴予敏、金定海、张金海为副理事长，刘瑞武兼任秘书长，乔均、许椿、张翔、韩志强、张树庭为副秘书长，理事会邀请全国人大代表、教育部原副部长吴启迪任名誉理事长。

2010 年 2 月 8 日，在北京召开秘书长工作会议。会议制订了 2010 年工作计划。讨论了理事长和副理事长的工作分工，进一步明确职责，并为各位理事长、副理事长安排了相应的秘书长作为联络人。

2010 年 7 月 21 日，在南京大学新闻传播学院组织召开常务理事会议。副理事长吴予敏向常务理事会汇报了承办第三次广告教育论坛的计划方案。常务理事讨论研究了论坛的策划设想，确定了论坛主题。

2012 年 1 月 8 日，在中国传媒大学召开了理事长办公会。会议由理事长丁俊杰主持，秘书长刘瑞武就理事会工作情况、4 月份广西研讨会、大广赛工作事宜等做了汇报。会议讨论决定增补黄合水、乔均为副理事长（同时免去乔均的副秘书长之职）；增补许正林、杨效宏、姚曦为副秘书长；并且增设武汉大学为常务理事单位。

2012 年 4 月 20 日，在广西艺术学院召开常务理事会议。会议传达了当年中国高等教育学会秘书长会议的精神，通报了副理事长、副秘书长的人选变动，听取了广西艺术学院关于第四届中国广告教育论坛的准备工作报告，对首届广告教育优秀论文征集与评奖工作进行了报告，通报了学会发展会员单位、日常管理工作的具体事宜。到会常务理事对学会的发展和建设发表了有益的意见与建议。

2013 年 11 月 23 日，在上海大学第一会议室召开了常务理事会议。会议由倪宁副理事长主持。丁俊杰理事长围绕如何落实十八届三中全会精神、《国家十二五教育发展规划纲要》发言，指出今后要加强专业委员会成员之间的交流和互助，继续发挥广告教育专业委员会的功能，在教材建设、课程改革、加强与业界互动等方面进一步开展工作。

2014 年 7 月 4 日，在内蒙古科技大学艺术与设计学院召开了常务理事会议，会议由副理事长乔均主持。会议通报和研讨广告教育专业委员会及大广赛的相关工作。

2014 年 12 月 20 日，在温州大学召开了理事长工作会。秘书处汇报了本年度开展和完成的各项工作，理事长、副理事长、秘书长们商议了今后的工作及换届等事项。会议同意设立大广赛海南赛区，并对下一届大广赛展开了讨论。

2015 年 12 月 4 日，在重庆大学艺术学院召开常务理事会议。同意中国传媒大学国家广告研究院副院长张翔为常务副秘书长；同意增补浙江大学为副理事长单位，胡晓云为代表；增补深圳大学传播学院胡莹为副秘书长；同意河南大学新闻与传播学院宋若涛为常务理事单位代表。

3.6.2　宗旨

中国高等教育学会广告教育专业委员会是全国高等学校广告类专业及相关专业的教师自愿组成的全国性研究广告学、广告教育科学及相关学科的学术团体，是中国高等教育学会所属的二级分支机构，是经教育部审批、民政部核准的非营利性社团组织。

专委会的宗旨是：以马列主义、毛泽东思想和邓小平理论为指导方针，贯彻党和国家的教育方针和“百花齐放、百家争鸣”的方针，遵守宪法、法律、法规和国家政策，开展广告教育理论与实际问题的研究，总结经验，探索规律，为广告教育的改革与发展服务。

专委会以研究高校广告教育理论和实践问题为对象，以促进国内高校广告教育的发展为目的，以提高大学生的综合素质和能力为目标的学术团体。专委会是高校广告教育学术交流的主渠道，始终坚持为政府决策提供建议，为学校工作提供借鉴，为专业教师提供指导，为大学生提供服务的宗旨，致力于推进中国高等广告教育事业的发展。

3.6.3　理事会名单

名誉理事长　吴启迪

理　事　长　丁俊杰

副 理 事 长　乔　均　陈　刚　倪　宁　吴予敏　金定海　黄合水　刘瑞武　胡晓云

常 务 理 事　丁俊杰　陈　刚　程士安　过伟敏　韩志强　胡晓云　胡　莹　黄合水　黄也平　金定海　江绍雄　李正良　刘瑞武　马　泉　倪　宁　乔　均　宋若涛　孙瑞祥　吴予敏　许正林　杨海军　杨立川　杨同庆　杨先顺　杨效宏　姚　曦　由磊明　张树庭　张　翔　郑丽勇

3.6.4　已开展工作情况

1. 举办学术年会

专委会成立后至 2016 年共举行了五届年会。年会已经成为目前国内广告教育领域最高规格的学术研讨活动和交流平台。各届年会简要情况分述如下：

第一届学术年会以“新媒体时代的广告前沿问题研究”为主题，于 2010 年 7 月 21 日至22日在南京与“2010广告前沿问题国际学术研讨会”同期举办，来自国内外的100多名专家学者到会。全国人大常委会委员、教育部原副部长、广告教育专业委员会名誉理事长吴启迪参加会议并讲话。年会共举办了四场学术演讲，这些演讲结合了广告业的前沿学术成果和广告业实践，具有前瞻性和启发性。会上进行了分组交流，主题分别为“品牌理论与消费行为”、“广告教育及跨文化研究”、“广告媒体与广告创意策划”。与会代表围绕相关问题，结合自己的研究和教学实践进行了热烈的研讨与交流。本次会议反映了广告界的最新学术动态，展示了国内外知名广告企业的最新广告实践，也促进了对广告学教育的探索发展。

第二届学术年会于2012年11月3日在西南交通大学举行。各高校相关专业教师170余名代表参加了会议。中国高等教育学会副会长兼秘书长范文曜到会致辞。本次学术年会以“创新与诠释”为主题，重点研讨广告产业发展趋势；在新形势下，广告教育的应对策略；研讨广告教育的新理念，力争在学理上实现新的、经典的阐释；交流各高校广告教育实践教学经验；分享各高校广告教育改革新成果。以分论坛的形式进行了题目为“媒体技术创新引爆产业革命”、“转型环境下的品牌创新与受众研究”、“高校广告教育如何应对与变革”的学术交流。与会者不仅研讨、交流两年来各自的理论研究和教学实践的新成果，同时更加充分认识到落实国家文化产业发展战略高等学校所肩负的重任，国家高新技术的发展以及广告模式新变化带给广告教育的挑战和机遇，广告教育理念和内容创新的紧迫性，以及面对新形势、适应新变化广告教育教学改革的艰巨性。

第三届学术年会于2013年11月24日在上海大学伟长楼国际会议中心召开。适逢上海大学开办广告教育专业20周年，上海大学承办了本届年会。原国家教育部副部长吴启迪、上海大学党委书记于信汇、中国高等教育学会副会长兼秘书长范文曜、上海市广告协会秘书长薛九委等领导出席会议并致辞。年会主题为“国家广告产业发展机遇与趋势”。来自北京大学、复旦大学、中国人民大学、中国传媒大学、韩国翰林大学、武汉大学、四川大学、暨南大学、深圳大学、上海外国语大学等120多位专家学者集聚一堂，分别就广告产业发展与国家经济发展、广告产业的结构变化与发展趋势、广告产业发展与广告教育改革进行了讨论。同时也共庆上海大学开办广告教育专业20周年。

第四届学术年会暨第五届中国广告教育论坛于2014年7月4日至5日在内蒙古科技大学艺术与设计学院举行。来自全国各地的30余所高校百余名专家学者、高校教师和媒介精英共襄盛举，谋划中国广告教育的未来。会议主要围绕“广告专业人才的跨界培养”、“产学研视域下的中国广告教育”和“广告边界与概念的变化之于广告教育”三个议题展开。

第五届学术年会暨第六届中国广告教育论坛于2015年12月5日在重庆大学虎溪校区

图书馆报告厅举行。来自全国各地七十多个单位的百余名专家学者、高校教师共同参与此次活动。会议主题为“传承·颠覆·升级——中国高等广告教育体系（内容）的完善与重构”。上海奥维斯市场营销服务公司首席创意长林展贤先生以“未来广告从业人员的挑战与通才化教育探讨”、上海大学许正林教授以“近 10 年来西方广告学术研究的基本走向与主流问题”、中国传媒大学广告学院新媒体系马澈副主任以“新媒体专业教育的发展与跨界探索”、中国传媒大学广告学院院长、国家广告研究院院长丁俊杰教授以“广告教育的可能性探讨”为主题进行了演讲。围绕“广告教育分论坛：广告教育的困惑与出路”、“新媒体教学分论坛：新媒体的机会与挑战”两个议题展开讨论。广告教育分论坛由山西大学文学院广告系韩志强主任主持，新媒体教学分论坛由中国传媒大学国家广告研究院副院长张翔教授主持。

2. 组织学术交流活动

2010 年 11 月 19 日至 21 日，在深圳大学举办第三届中国广告教育论坛。全国各地的 91 所院校的 130 余名专家、学者与教师参加。本届论坛主题是创意产业与广告教育改革。论坛集中探讨了新兴创意媒体产业的发展对传统广告业态的挑战，以及由此带来的广告教育改革的深度和广度问题。论坛采用主题发言、论坛研讨以及分组研讨等方式，就中国广告教育改革问题进行了深入的探讨和交流。来自日本、韩国、中国台湾与内地广告界的专家作了专题发言，总结交流各自在广告教育改革方面的经验和案例，如在创造性人才培养模式、课程体系、精品课程及教材、实验教学体系、国际化教育、教学法、创业教育、师资培养、校企合作等方面的成功实践。与会代表还参观了第三届全国大学生广告艺术大赛获奖作品的巡展。

2011 年 1 月 19 日至 22 日，在北京举办了第一期面向大广赛指导教师的创意策划培训班。来自全国各地 41 所高校的 58 名老师参加了培训。通过本次培训，提高指导教师对参赛学生指导方式、方法的创新，加强各地院校之间的交流互通，缩短各赛区参赛作品差距，使边远地区院校教师能吸取先进的教学方法、教学理念，从深层次推动广告教学改革，促进全国广告教育平衡发展。以达到“促进教改、启迪智慧、强化能力、提高素质”的目的。

2011 年 11 月 18 日至 20 日，在北京举办了第二期大广赛广告策划案指导教师培训班。共有来自全国 20 所高校的 25 名老师参加。本次培训主要针对第四届大广赛“广告策划案”评审过程中与现场提案中看到的成功案例与出现的问题，结合专家的实践经验，重点讲授“广告策划案”的定位、创作、执行、提案等技术问题，及指导教师在指导过程中应贯彻的教育思想与指导方法等，使指导教师对“广告策划案”能有更深层次的理解，以提高教师的指导能力，进而促进教学质量的提高。

2012 年 1 月，组织了首届全国高校广告教育优秀论文评选活动，评奖活动两年一次。本次共收到各类论文 235 篇，内容涵盖了广告、传播、品牌营销等研究领域。评出一等奖论文 2 篇；二等奖论文 5 篇；三等奖论文 8 篇；优秀论文 10 篇。2012 年 4 月 22 日，在第四届中国广告教育论坛上进行了颁奖仪式，为获奖者们颁发了证书。

2012 年 4 月 20 日至 22 日，在广西艺术学院举行第四届中国广告教育论坛。共有 87 所高校的 150 多名学者和专业教师到会。本届论坛的主题是："数字媒体时代的广告教育。"论坛集中探讨了数字媒体发展对传统广告业带来的挑战，以及由此带来的广告教育的变革问题，如"应对数字媒体变化的广告课程体系改革"、"媒体整合趋势下的广告教育变革"、"数字媒体时代下的广告人才培养与实践教学育人"、"广告教育如何为当地经济文化建设服务"等问题，并对数字媒体时代下广告教育的走向提出可借鉴的建议。

2014 年，组织了"第二届全国高校广告艺术教育优秀论文"评选活动，共收到参评论文 81 篇。评出一等奖论文 2 篇；二等奖论文 3 篇；三等奖论文 5 篇；优秀论文 6 篇。2014 年 11 月 16 日，组委会在第六届大广赛颁奖典礼上为获奖的论文作者颁奖。

2014 年 3 月 28 日至 30 日，第三期大广赛指导教师创意策划培训班在北京举行。来自全国 24 个分赛区 80 多所高校 129 名教师参加了培训。中国人民大学新闻学院执行院长、专委会副理事长倪宁教授出席培训班开学典礼并致辞。这次培训开阔了教师们的学术视野，引发了教师们对新背景、新形势下教育教学改革的深入思考，加深了教师们对大广赛在人才培养中重要作用的认识，进一步调动了教师们参与大广赛的积极性，并对指导学生参与创作、获得好成绩充满信心。培训班还组织学员们到 798 艺术区参观。

2014 年 7 月 4 日至 5 日，在内蒙古科技大学举办第五届中国广告教育论坛。会议主要围绕"广告专业人才的跨界培养"、"产学研视域下的中国广告教育"、"广告边界与概念的变化之于广告教育"三个议题展开。来自全国 30 余所高校的百余名专家学者、高校教师和媒介精英共襄盛举，谋划中国广告教育的未来。

2014 年 12 月 20 日至 21 日，全国广告学高等教育实践教学专题研讨会在温州大学育英图书馆举行。来自 15 所高校的 21 位广告教育专家学者参加了会议。本次研讨会就广告专业实践教学改革与创新教学模式、大广赛与实践教学改革的关系、数字时代的挑战与广告（实践）教育的回应等一系列前沿热点问题展开讨论。刘瑞武秘书长、丁俊杰理事长、上海师范大学金定海教授、人民大学倪宁教授分别以"创意腾飞不断成长——'大广赛'十年坚守"、"流变与反思：如何看待广告"、"从你开始，激活心智——互动时代的创意发想"、"关于变革时代广告传播人才培养的思考"为题进行讲座。会议还就大广赛获奖作品的创作经验进行经验交流和专题点评。

2015 年 3 月 27 日至 29 日，在北京举办第四期大广赛指导教师培训班。来自全国 194

名教师参加了培训。国际平面设计大师、国际平面设计联盟 AGI 会员、中国分会主席靳埭强博士以“盗用、借鉴、承传、立新”，上海师范大学人文与传播学院副院长、博士生导师金定海教授以“任性不任意——想象与原创的对话”，梅高（中国）创意咨询机构总裁董立津先生以“广告创意领域的竞争力开发”，刘瑞武秘书长以“激发创新，梦想成真”，中国传媒大学国家广告研究院副院长张翔教授以“大广赛广告策划的组织与训练”；大广赛优秀指导教师、北京印刷学院设计艺术学院研究生导师刘秀伟教授以“设计‘奖’道理——我们能带学生走多远”为主题的精彩演讲，让参加培训的教师收获颇丰，不仅有理论的提高，眼界的开阔，同时分享到优秀教师的宝贵经验，更是进一步学到了调动学生参赛热情、指导学生创作并获得好成绩的具体方法。

2015 年 12 月 5 日至 6 日，在重庆大学艺术学院召开了第六届中国广告教育论坛。来自全国各地 70 余所高校、150 余名专家学者、高校教师到会。本次论坛的主题是“传承·颠覆·升级——中国高等广告教育体系（内容）的完善与重构”。

2016 年 3 月 25 日至 27 日，在北京举办第五期大学生广告艺术大赛指导教师培训班。来自全国 121 所高校 173 名教师参加。由广告策划、平面、动漫、影视方面的业界专家、知名学者、大广赛资深评委解析广告精品，传递前沿广告创作信息。

3. 开展全国大学生广告艺术大赛

全国大学生广告艺术大赛（简称大广赛）是由教育部高教司指导，教育部高等学校新闻传播学类专业教学指导委员会、中国高等教育学会广告教育专业委员会主办，中国传媒大学、全国大学生广告艺术大赛组委会承办的全国高校唯一的文科赛事。也是迄今为止全国规模最大、覆盖高等院校、参与师生人数多、作品水平高的政府赛事，2012 年被《京华时报》评为“最受大学生欢迎的赛事”。

大广赛的形式是：政府指导、学生为主、企业参与、专家评审、专业机构承办；宗旨是促进教改、启迪智慧、强化能力、提高素质。大广赛的特点是：一次参赛、二次评审(作品在各分赛区进行评选，学生的作品可获得分赛区的奖项，按比例提交大广赛组委会进行总评审，评出优秀奖及一、二、三等奖)；大广赛的机制是：全国 29 个分赛区同步进行。大广赛的目标是：办成具有国际水平的大学生广告艺术大赛，为中国广告业培养卓越人才。

自 2005 年至 2016 年，大广赛已成功举办八届赛事及“2014 南京青年奥林匹克运动会专题设计竞赛”。经过多次办赛的积累和探索，大广赛已经成为具有社会公信力、在高校和业界享有良好声誉和重要影响的高端专业赛事，是高校广告、艺术设计、传播、营销、公共关系、影视艺术等相关专业成熟、稳定的实践教学平台。

大广赛从 2005 年的首届至第四届每两年举办一届，为充分发挥赛事对各地高校相关专业教育教学改革、建立创新型实践教学模式的促进作用，及为在校大学生提供更多参与真实题目创作的机会，从2013年第五届开始每年举办一届。

大广赛的成功举办对高等教育和人才培养具有特殊的意义和价值，主要包括：

（1）顺应了《国家中长期教育重大改革和发展规划纲要》的理念，对建立高校、企业、社会组织的密切合作，多方协同培养人才机制做出有益的探索。

（2）以竞赛方式组织的实践教学活动，搭建起实践教学平台，推动了广告艺术教育实践教学创新，提高了高校的教学质量，为建立新型的高等教育教学方式提供了理论依据与实践支撑。

（3）全国几千所高校、百万名在校大学生同时进行一项实践教学活动，这是创举，竞赛的成果对各地高校相关专业教学质量是一种科学的、带有竞争性的评价，对其他专业具有极强的示范作用。

（4）通过参与大广赛，增强了各地高校和教师之间的交流，提高了教师理论联系实际和执教的能力，带动和促进了欠发达地区教学质量的提高，起到了很好的整合各地教育资源、加强师资队伍建设的作用。

（5）大广赛丰富了在校大学生课外文化生活，使学生在校学习期间能够理论联系实际，实践教学有的放矢，通过参与真实题目创意，提高了大学生的创新意识，激发了大学生的创意灵感，加强了对大学生实践能力、综合素质、人际交往能力与团队合作意识的培养，进而提高了人才培养质量和就业竞争力，使人才培养更加接近社会需求。

（6）大广赛将素质教育、专业教育和职业教育融会贯通。大广赛的成果和反映的问题，为高校广告专业教育人才培养模式、课程设置、教学内容、教学方法的改革和完善提供了多方面有价值的依据，对广告艺术等相关专业教育教学改革起到了推动和促进作用。

（7）大广赛与企业联系紧密，为高校与企业搭建起交流的桥梁。企业的真实需求进校园、进课堂，使教学工作更具针对性和真实性；行业专家进校园，传播先进的创意理念和新颖的传播手段，开阔了教师和学生的视野。

（8）行业参与大广赛的评审，能够有机会发现和选拔优秀就职人员，进行人才储备。企业参与大广赛，在为大学生提供真题真做的同时，让品牌走进校园，不仅从大学生的作品中得到启示，也延伸了企业品牌在青年学生中的影响，取得了广告对目标群体精准定位的效果。

（撰稿人　刘瑞武、郑毅）

3.7　中国高等教育学会公共关系教育专业委员会

3.7.1　机构概况

中国高等教育学会公共关系教育专业委员会（以下简称公关专委会）是中华人民共和国民政部批准成立的国家二级学会，是中国高等教育学会的常务理事单位，是我国高等教育领域公共关系学科成立时间早、规模大、影响力强、辐射面广、组织架构完善的学术社团。1995年5月在西安成立，至今已经历了20个春秋。公关专委会现已发展成为会员遍及全国大部分高校，凝聚力、向心力日益增强，专家学者云集，科研成果荟萃，知名度、美誉度不断提升，对外影响力不断扩大的学术团体。

1995年5月26日，中国高等教育公共关系专业委员会成立大会暨首届学术年会在西安召开，来自全国各地的65所高校，92位代表与会，中国国际公关协会和中国公关协会发来贺电，当地省委领导致信祝贺。

大会选举产生了委员会首届理事会：理事108人，常务理事32人。理事会聘请我国著名高等教育家潘懋元教授、杨子叔院士、宋振琪院士、李京文院士为专委会高级顾问。

理 事 长　李健荣
副理事长　邱伟光　李敏慎　管文虎
秘 书 长　崔义中
常务理事（按姓氏笔画排列）
丁乐飞　干　勤　王庆同　刘连新　刘振通　曲醒夫　许克毅　邢　颖　齐　冰
何慧星　张连海　张德成　李泽或　李健荣　李敏慎　杜建国　杨富斌　邱伟光
孟祥才　范振杰　段明亮　赵传蕙　赵　星　赵洪恩　徐国定　崔义中　崔含鼎
阎照武　游为民　韩红　廖为震　管文虎

1995年6月10日我会机关刊物《高教公关通讯》开始出刊内部发行，它通过特写、简讯、动态报道、学术探讨、名人访谈、会员通讯、信息交流、综合报道等形式，将我国高教公关教育活动摄入自己的广角镜，成为广大公关同仁的知心朋友。

1996年7月16日在第二届学术年会上，委员会正式成立四个机构：学术委员会：主任李敏慎教授；教材编委会：主任邱伟光教授；公关实践指导中心：主任管文虎教授；高教公关专家讲学团：团长李健荣教授。

2003 年 5 月，在“非典”肆虐的特殊时期，该会采取通讯形式成功举办了第二届会员大会。

第二届会员通讯大会选举产生了我会第二届理事会：理事 127 人，常务理事 34 人。

理 事 长 李健荣

副理事长 邱伟光 李敏慎 管文虎 阎照武

秘 书 长 崔义中

常务理事 34 人（名单略）

委员会第二届理事会决定，将已经出刊 71 期的内刊《高教公关通讯》更名为《高教公关》，每年出 10 期左右。

2004 年 2 月 28 日，该会由民政部批准成立中国高等教育学会公共关系教育专业委员会，并颁发了社证字第 3892—43 的《社会团体分支（代表）机构登记证书》，业务范围：理论研究、学术交流、专业培训、书刊编辑、咨询服务。

2006 年 4 月 1 日该会理事长李健荣教授被选为中国高等教育学会理事。

2008 年 7 月，该会在长春吉林大学召开了第三届会员代表大会暨第十届学术年会。

大会总结了该会健康发展的经验：坚持正确原则是根本，搞好教学科研是核心，发挥育人作用是关键，加强组织建设是基础，上级领导支持是保证，理财服务公关是前提。

大会选举产生了该会第三届理事会：理事 218 人，常务理事：65 人。

理 事 长 阎照武

副理事长 邱伟光 冯 培 王 群 姜钟松 夏昌祥 彭向刚 贺德亮 李敏慎 管文虎 范振杰 曲醒夫

秘 书 长 姜钟松（兼）

名誉理事长 李健荣

常务理事 65 人（名单略）

该会第三届理事会决定，学会总部地点由西安迁至青岛。内刊《高教公关》更名为《高教公关天地》，双月刊。

2012 年 4 月，中国高等教育学会公共关系教育专业委员会网建立运行。同年 8 月，发行了 132 的内部刊物《高教公关天地》停刊。

2012 年 8 月委员会理事长阎照武教授当选中国高等教育学会第六届理事会常务理事。

2013 年 7 月，委员会第四届会员代表大会暨第十五届学术年会在北京教育行政学院召开。

大会选举产生了委员会第四届理事会：理事 418 人，常务理事 77 人。

理 事 长　阎照武

副理事长　冯　培　王　群　姜钟松　彭向刚　鲍善冰　韩喜平　吴满意　陈　敏　贺德亮　夏昌祥

秘 书 长　姜钟松（兼）

名誉理事长　李健荣

新增顾问　邱伟光、管文虎

常务理事（按姓氏笔画排列）

万成海	马志强	尹　雯	尹明丽	王　群	王文奎	王先斌	王晓霞	王富强
韦冬雪	冯　培	史　锋	尼玛拉姆	田丽艳	龙志鹤	伊青泉	刘　伟	刘玉来
刘业英	刘向先	刘庆龙	刘绍芹	吕　萍	孙瑞祥	庄莉红	邢　伟	阮兴树
何　辉	何修猛	余　玫	吴姗娜	吴满意	张　雷	张发德	张振宁	张德成
李　文	李玉鸿	杨　俊	杨　晨	杨丽萍	杨继瑞	邵喜武	陈　敏	陈小桃
陈锦伦	周海燕	郎群秀	郑旭辉	侯　苹	姜钟松	胡建新	胡淑芳	贺德亮
赵世清	赵世鸿	赵宇峰	夏昌祥	徐增阳	贾永生	钱振林	章汝先	阎照武
黄东升	彭向刚	景庆虹	褚云茂	蒋　楠	韩喜平	甄　珍	赖雄麟	鲍善冰
熊卫平	熊晓红	缪春萍	谭昆智	穆建刚				

2014 年元月阎照武理事长不幸突然病逝。4 月，经该会理事通讯推选、中国高等教育学会批准，由姜钟松教授继任第四届理事会理事长。

2014 年 5 月四届二次理事长工作会议在北京召开，会议提议增选李玉鸿（新疆农业职业技术学院党委书记）为副理事长、陈家义（山东科技大学教授，副秘书长）为常务理事并改任秘书长，会后于常务理事会会议获得通过。

2015 年 3 月，经中国高等教育学会审核，通过重新登记成为中国高等教育学会的分支机构，统一遵循和执行高教学会的章程，该会会员均为中国高教学会会员。

3.7.2　主要活动

20 年来，该会始终坚持正确的办会方针，立足高校，立足育人，以促进公共关系专业教学科研为第一要务，全体会员不懈努力，取得了可喜成绩。

1. 举办各种类型学术专题研讨会近百次

专委会坚持每年举办一次学术年会，至今已办十七届，各届学术年会内容丰富，形式多样，教育家潘懋元教授、杨子叔院士、李京文院士、周远清教授及教育部高教司和高教学会的领导多次莅临会议作报告，有效地促进了学术交流和信息沟通。该会先后于海口、重庆、上海、北京、广州等地召开公共关系专业学科建设专题研讨会，对公共关系专业学科的建设与发展进行广泛深入的研讨。2011年在教育部调整专业名录工作过程中，专委会及时呈送了《请将公共关系学列入〈普通高等学校本科专业目录〉的报告》，同时，还积极与部分高校的公共关系学专业负责人联系，共同努力为公共关系学列入《普通高等学校本科专业目录（2012年）》作出贡献。

2005年7月和2015年7月分别在南昌、太原隆重召开公关专委会成立10周年和20周年庆典大会。

2. 会员公开发表学术论文近千篇、出版公共关系专业教材、著作近百本

2000年8月中国高等教育出版社出版发行由该会组织30多位专家撰写的《现代公共关系丛书》，共六册。分别是《现代公共关系原理》、《公共关系实务操作》、《公共关系策划谋略》、《公共关系礼仪文化》、《公共关系心理策略》、《公共关系语言艺术》等。2005年初阎照武教授撰写的调研报告《切实加强公共关系专业学科建设》报教育部，并在核心期刊发表；2011年由邱伟光教授和杨晨博士为组长的科研团队分别完成的《关于全国公共关系学本科专业发展现状调查报告》，并予以公开发表。2012年组织部分高校专家统一编写了普通高校的《公共关系学》教材和职业高校的《公共关系实务》教材，较好地适应了实施公共关系素质教育、提高教学和人才培养质量的需要。其中《现代公共关系原理》等多部优秀教材被列入国家精品教材系列。

3. 专委会自筹资金资助科研课题立项50余项

专委会重点资助了以邱伟光教授、彭向刚教授、姜钟松教授、管文虎教授、张宁教授、高永军教授、景庆虹教授等为负责人的《公共关系教学内容、模式、方法研究》、《公共关系学的概念与基础范畴研究》、《公共关系的本质及其规范体系研究》、《高教公关专委会核心理念、组织发展研究》、《大陆、港台、美国地区公关学科概况与结构特色》、《基于公共关系学理论的高校突发事件对策研究》等十余项重点科研课题；向几十项一般课题发表论文、评审等提供资助；向中国高等教育学会推荐“十二五”立项高教科研课题4项；向中国高等教育学会推荐第七次和第八次全国高等教育研究优秀成果10项。近200名公共公关教师参与研究工作。

4. 获得或评选各类先进人物遍布各高校

2006 年由中国公关协会主办，中国公关协会学术委员会和《公关世界》杂志社共同承办的“中国公关教育 20 年突出贡献奖评选”中，在 23 个“中国公关教育 20 年突出贡献奖”获奖的单位中，该会团体会员有 10 个学校，占 42.6%；在中国公关教育 20 年突出贡献奖获奖的 53 位个人中，该会理事有 22 人，占 41.5%；在中国公关教育 20 年 10 位杰出人士中，理事有 4 人，占 40%。在 2007 年首届中国公关十位杰出人物、十位优秀人物评选，该会李健荣、邢颖、吴友富荣获公关十杰称号；冯兰、张雷、施恩亚荣获公关十优称号。2009 年该会理事长阎照武教授荣获中国公共关系“十大人物”称号，李健荣、邢颖、冯兰、张雷、施恩亚、张云、陈小桃、杨丽萍、徐国定等荣获“中国公关杰出人物”称号。专委会先后评定公关教育“杰出贡献者”6 人，公共关系专业教育名师 102 人，教书育人楷模 20 人，礼仪导师 90 人。表彰优秀科研教学成果诸多批次：其中著作、教材 34 部，多媒体课件 12 部，论文 153 篇，公共关系专业优秀微课作品 27 件，获奖人数达 395 人次。

5. 成功举办两届全国大学生礼仪大赛

2010 年、2012 年先后在昆明和上海举办了两届全国大学生礼仪大赛，共有包括台湾高校在内的 45 支大学生礼仪队伍参加全国决赛。专委会认真坚持公益团体性质，两次举办全国大学生礼仪大赛，不收取任何费用，并给获奖团体和个人颁发证书和奖金，所需经费全部由专委会承担，赢得了广大教师和大学生的称赞，在社会上赢得了良好的声誉。

3.7.3　近期规划

按照中国高等教育学会年度工作部署和社团分支机构赋予的职能，坚持依法照章办会，认真履行社团职责；践行“学以育人、同以致和”的核心理念，以大学生公关素质教育教学和人才培养为中心任务；以理论研究、学术交流和协调专业学科发展为主要内容；以务本求真、和谐共进的会风为组织保障，努力在实施公共关系素质教育、提高公关教育质量和公关教师的整体实力等方面发挥应有的作用。

1. 专委搭台、会员唱戏，为会员施展才能搭建好“四个平台”

一是学术理论交流平台。这主要是举办学术年会或专题研讨会，办好专委会网站。年会和专题研讨会要突出学术交流的特点，紧紧围绕教学和人才培养的现实问题进行深入的理论探索，不断提高学术理论交流的水平和效果。网站要充分依靠广大会员的参与和支持，办好重点栏目，发表一批学术理论性强、分量重、影响大的文章，力求提供更多的信息，进一步增强网站的学术性、实用性和可读性。二是名师示范讲学平台。目前专委会已拥有 140 余名教学名师，今后，要继续从公共关系必修课、公选课和专业课教学过程中精选教学名师，进一步壮大名师队伍，充分发挥教学名师在开展示范性教学方面的作用，为教学名师施展才能建设更广阔的平台。三是策划咨询服务平台。专委会拥有一批在国内或省市内颇有名气的专家，曾取得了很好的社会效益和经济效益。今后专委会要主动介绍推荐专家参与某些公关策划咨询工作，承担有较大分量和影响力的项目，为专家服务学校和社会经济、政治、文化发展建立发挥才能的平台。四是专业学科发展协作平台。认真总结公共关系专业学科发展的成功经验和做法，要特别重视和充分发挥现有公共关系本科专业院校的示范带动作用，引导更多的高校申办公关本科专业，继续为各相关院校开展公共关系专业设置、学科发展等搭建良好的协作平台。

2. 有序公正、提升质量，继续开展好五大传统活动项目

一是基本理论研究。坚持做好两年一次的专委会教育教学科研课题立项申报工作，确定若干重点科研课题，下达基本理论研究任务，给予较多的经费支持，争取出一批具有学术理论价值和实际指导作用的标志性成果。二是教材建设。为更好地实施公共关系素质教育，提高教学和人才培养质量的需要，专委会一方面将积极支持会员单位的教师根据本校培养方案编写教材；另一方面继续开展调研活动，从全国选聘公共关系教学改革和教材建设专家，统一编写和出版普通高校和职业高校公共关系学通用教材和辅助教材，努力打造全国高校的精品教材。三是评比竞赛活动。为更好地调动教师的积极性和创造性，有效提升公关教育质量，定期开展评选教学名师、优秀教师、优秀论文著作教材、优秀科研成果和讲课比赛、微课作品比赛、大学生礼仪大赛等赛事活动。四是专业培训工作。修订公共关系专业培训教学大纲，确定课堂理论教学的重点和难点，拟定课外练习、实训作业题目，建立试卷库和评分标准，进一步规范公共关系专业培训行为，提高教育、训练的水平，为大学生增强公共关系素质、能力和就业、成才创造更好的条件。五是成果表彰奖励。做好在公关教学、教研和教书育人方面作出突出贡献的优秀教师和各项评比竞赛活动中获奖人员和优秀项目的表彰、奖励活动，利用各种渠道加大先进人物、优秀成果的宣传力度。

今后专委会将本着有用、有情、有趣的精神，引导我会向着有价值承担、有情有义、生动活泼的社团发展，不断增强吸引力，进一步强化内在凝聚以体现学会宗旨，加大对平台建设和主题活动的组织力度，提升服务水平，积极对外拓展以增强自身的生存和发展能力，促进学会规范有序、和谐健康地发展。

（撰稿人　陈家义　孙瑞祥）

3.8　中国新闻文化促进会传播学分会

3.8.1　机构概况

中国新闻文化促进会传播学分会，简称“中国传播学会”(Communication Association of China,CAC),于 2005 年 2 月在北京成立。它是中国大陆第一家经中国社会科学院批准，在中华人民共和国民政部登记注册的全国性传播学学术团体，也是至今获得政府部门批准的全国性最高级别的传播研究学术团体。

2006 年 4 月 21 日至 24 日，中国传播学会成立大会暨第九次全国传播学研讨会在保定河北大学召开，会议同时宣布中国传播学会正式成立。

中国传播学会的常设机构是理事会和秘书处，大会领导机构是“会长联席会议”。第一任会长为明安香（2005—2006)，兼秘书长，王怡红、杨瑞明、姜飞任副秘书长；第二任会长为尹韵公（2006—2014)，杨瑞明任秘书长。

2014 年 10 月，中国传播学会三届一次理事会通过改选，由中国社会科学院新闻与传播研究所所长唐绪军任新一届会长，中国社会科学院新闻与传播研究所传播学研究室主任姜飞任秘书长。

3.8.2　主要活动

自成立之日起，中国传播学会致力于携手海内外传播学学者以及对传播学研究有兴趣的团体和个人，以推进中国传播学发展、回应社会实践中的理论和实践问题、推动中国的现代化建设和世界传播交流的健康发展为己任，努力担负起继往开来的学术拓展使命，适应当今中国传播学研究蓬勃发展的趋势，为中国传播学研究的本土化发展与共同学术理想的实现作出贡献。中国传播学会的成立更好地整合了国内学术资源和社会力量，为国内科研力量创造了交流和发展的新平台。

中国传播学会成立以来，先后组织和主办了 2007 中国传播学高端学术研讨会“传播学研究在中国：反思与展望”、“世界华人传播学学术研讨会：西部与全球化”、中国首届文明论坛、第十届中国传播学大会、第十一届中国传播学大会以及第十二届中国传播学大会。特别支持和参与组织了“2007 奥运与体育新闻传播史研讨会”、中国第二届文明论坛、中国首届人际传播论坛、中国首届组织传播论坛等全国性学术研讨会。

2014 年 10 月 27 日，中国传播学会和中国社会科学院新闻与传播研究所在北京联合举办了第十二届中国传播学大会。大会以“传播与变革：新媒体，现代化”为主题，来自全国新闻传播研究机构、高校新闻传播院系以及媒体单位的近200人参加会议并进行研讨。全国政协委员、中国新闻文化促进会会长李东东，中国社会科学院秘书长、党组成员高翔出席大会并致辞。中国社会科学院新闻与传播研究所党委书记、副所长赵天晓主持了大会开幕式。

大会设5个分论坛，分别是“新媒体与传播”“传播与社会”“传播与文化”“中国人际传播论坛”和“新闻传播思想史论坛”。中国社会科学院新闻与传播研究所所长、中国传播学会会长唐绪军在大会总结致辞中提出本次传播学大会的风格特色：

第一，百人论道，形散神聚。传播学已经在中国落地30余年，传播学者队伍越来越壮大，研究视角愈来愈开阔，方法范式更加与国际接轨。参会学术主题范围广泛，既有传统的传播学理论、方法议题，也有新媒体语境下传播学之变化发展议题。但无论是不同的议题，还是不同的论坛，无不围绕着“传播与变革：新媒体，现代化”的主题展开，无不折射出对新语境下传播学发展的思考和探索。

第二，推举佳作，撷取精华。随着传播学科的日益成熟，学术成果也越来越多，数量的增长当然代表了学科的欣欣向上之势，但质量的提升也是学科地位及影响力的关键。本次传播学大会宣布了由中国社会科学院新闻与传播研究所学术委员会主持的“第二届（2013年度）全国新闻传播学优秀论文”遴选结果。《“解放”与“翻身”：政治话语的传播与观念的形成》等10篇学术论文和《叙述的陷阱——以复旦大学学生中毒案的两篇报道为例》等5篇业务论文当选。这是从中国大陆地区53种核心期刊中的8700多篇学术论文中遴选出来的。

第三，探索机制，达成共识。传播学的发展不仅需要诸多专家学者的个人努力，通过学会的努力推动中国传播学的整体发展更加重要。中国传播学会成立8年来一直致力于传播学科的建构发展，不断探索通过大会、论坛、学术专业委员会等推进学科发展的机制，努力和全国传播学界同仁达成共识。正如李东东在大会致辞时所说，“中国传播学会已经成为联系全国新闻与传播研究院所、教学单位、各类传媒机构及其专家学者的纽带，是开展新闻传播学术交流与合作的重要组织者”①。

3.8.3 人员组成

中国传播学会三届一次理事会通过了第三届中国传播学会会长、秘书长等人选，还通

① 李东东：《学界业界携手共进在变革时代——在第十二届中国传播学大会上的致辞》，载《新闻与传播研究》2014年第11期。

过了以下人选：

荣誉理事	陈崇山	丁柏铨	龚文庠	关世杰	何道宽	林之达	刘建明	罗以澄
	明安香	邱沛篁	邵培仁	吴廷俊	徐耀魁	熊澄宇		
副会长	白　贵	卜　卫	崔保国	戴元光	董天策	杜骏飞	郭庆光	顾理平
	韩　强	胡正荣	蒋晓丽	刘卫东	李本乾	陆绍阳	陆小华	孟　建
	芮必峰	商娜红	石义彬	吴予敏	吴信训	吴　飞	周荣庭	张　昆
	张立伟	支庭荣	张志安	朱国圣				
理事长	杜骏飞							
常务理事	蔡　敏	陈力丹	陈卫星	陈昌凤	陈　龙	程曼丽	段　鹏	段京肃
	丁俊杰	丁　未	高晓虹	高　钢	郭镇之	黄　瑚	胡智锋	胡　泳
	胡河宁	胡翼青	黄星民	金兼斌	罗自文	吕尚彬	吕文凯	南长森
	单　波	单晓红	石　磊	王怡红	吴　建	项国雄	杨伯溆	杨立川
	杨瑞明	严　励	严功军	易剑东	张咏华	张国良	郑保卫	
理事	陈嫣如	韩　彪	李永健	靖　鸣	孙英春	夏文蓉	殷晓蓉	

（撰稿人　中国传播学会秘书处）

3.9　中国新闻史学会新闻传播教育史研究委员会

中国新闻史学会新闻传播教育史研究委员会（简称：中国新闻教育史学会），是中国境内唯一一家专门研究中外新闻传播教育历史与现状的全国性学术团体，由单位和个人自愿结成，属于非营利性社会组织。它是中国新闻史学会下辖的第一个二级学会，接受教育部和民政部的业务指导和监督管理。中国新闻史学会后来又陆续成立了多个二级学会，如中国新闻史学会外国新闻传播史研究委员会、网络传播史研究委员会、少数民族新闻传播史研究委员会等。因为成员团结、活动丰富、成果突出，2016 年 4 月，在中国新闻史学会的首次优秀二级学会评选中，该会脱颖而出，以现场最高票数获评为 2015 年度优秀二级学会。

学会自成立以来，已走过了近八年的历程，目前正处于第二届理事会的任期之中。八年来，该会始终在努力贯彻学会的宗旨：遵守国家宪法、法律、法规和相关政策，遵守社会道德风尚，联络、团结全国新闻传播教育史专家，推动新闻传播教育史研究，促进新闻传播教育的发展。

3.9.1 历史沿革

学会的发起，源于2004年中国新闻史会学换届大会上的提议，本届学会任期内将发展成立二级分会。根据新闻史学会的要求，由华中科技大学吴廷俊教授牵头，并有五名以上教授表示支持，成立中国新闻史学会新闻传播教育史研究委员会，挂靠华中科技大学。华中科技大学对此十分支持，为其配备了专门的办公房间和相关设施，并划拨了十万元启动经费。

在此基础上，筹备组向上级有关部门提出申请，报请教育部、湖北省民政厅批复同意，并由中国新闻史学会报请国家民政部批准，同意成立中国新闻史学会新闻传播教育史研究委员会。后经湖北省民间组织管理局批复同意，由吴廷俊教授出任学会首任会长。

2008年7月2日，学会筹备组正式向外发布入会通知，到成立大会止，报名参加学会的团体会员达到58家，个人会员为30人。

1. 学会第一届理事会（2008—2013）

2008年10月24日，学会在北京正式召开了成立大会。会议由学会会长吴廷俊教授主持，特邀时任中国新闻史学会会长的赵玉明教授、常务副会长程曼丽教授莅临指导，共有60多位团体会员、个人会员代表前来参加。

会议经过讨论审议，表决通过了学会章程。并经过选举，产生了中国人民大学蔡雯教授等20名常务理事。在推选常务理事时，主要依据的标准是：优先考虑团体会员中拥有新闻传播学博士点的院系、历史悠久的新闻传播院系，以及平衡选择处在不同地域、代表不同学校类型的院系。

随后，新当选的常务理事召开了第一次会议，进一步选举确定了学会副会长、秘书长等职务的人事安排。具体名单如下：

中国新闻教育史学会第一届理事会名单

常务理事（以姓氏笔画为序）

马　艺　方晓红　石长顺　吕文凯　李建新　吴　飞　吴海荣　陈开和　陈志强
陈昌凤　郑亚楠　赵振祥　段京肃　姜　红　黄　瑚　黄升民　强月新　雷启立
蔡　雯　戴元光

会　　长　吴廷俊

副 会 长（以姓氏笔画为序）

石长顺　李建新　陈昌凤　黄升民　黄　瑚　强月新　蔡　雯

秘 书 长　石长顺（兼）

副秘书长　周婷婷

在学会成立之初，经会长吴廷俊教授谋划、各位会员商定，确立了主要的研究领域和方向。第一，加强新闻传播教育史资料收集、整理工作。第二，加强对新闻传播教育机构及著名新闻传播教育家的个案研究。第三，广泛开展外国新闻传播教育史的研究。第四，密切关注考察中国新闻传播教育的现状，要将历史与现实结合起来。

截至 2013 年 10 月，中国新闻教育史学会第一届理事会在任期内积极工作，组织会员们围绕上述的研究领域和方向，进行了不懈探索，取得了丰硕成果。在下一部分对学会开展主要工作的回顾中，我们将对此详细论述。

2. 学会第二届理事会（2013—　）

学会自 2012 年开始启动换届准备工作。当年 10 月，学会第四次学术研讨会召开期间，第一届会长吴廷俊教授就换届事宜和部分与会代表进行了先期磋商。11 月，学会秘书处向副会长单位和个人发送专函征询了关于研究会换届工作的意见。至 12 月初，6 家副会长单位和作为研究者个人代表出任副会长的李建新教授均已回复，表达了对于换届工作的意见。2013 年上半年，学会秘书处继续与他们及新增加的副会长单位：北京大学联系，商定了学会第二届会长、副会长的名单。华中科技大学石长顺教授被推选为第二届会长，清华大学陈昌凤教授等 7 人被推选为第二届副会长。并由首届会长吴廷俊教授出任学会的名誉会长。

2014 年，学会的组织机构经历了一次较大调整。会长石长顺教授提出申请，不再担任会长职务，并举荐华中科技大学张昆教授接替其出任第二届会长一职。学会原副会长陈昌凤教授荣任中国新闻史学会会长，清华大学推荐张小琴副教授接替其担任学会副会长。此外，由于学会团体会员和个人会员数量均有较大增加，一些团体会员单位提出了成为常务理事的申请。这些事项在 11 月 14 日召开的常务理事会上一一进行了商议表决。经全体与会代表表决，一致同意由张昆教授接任学会第二届会长，张小琴副教授接任学会第二届副会长。根据张昆会长提议，常务理事会同意聘请石长顺教授担任学会顾问。辽宁大学新闻与传播学院等五家新闻传播院系成为常务理事单位的申请，也得到表决批准。

2015 年，学会的常务理事数量进一步扩充。因为考虑到学会规模的扩大及中国新闻传播教育年鉴编写时应尽量涵盖不同地域不同类别代表性院校的需要，在当年 12 月召开的常务理事会议上，对于一些团体会员单位提出的希望成为常务理事的申请进行了讨论和表决。武汉体育学院新闻传播学院等14家新闻传播院系的申请得到了批准通过。

当前，学会第二届理事会的设置详情如下：

中国新闻教育史学会第二届理事会名单

常务理事（以姓氏笔画为序）

丁俊杰　王立昌　邓绍根　刘建明　刘晓丽　许亚荃　孙云宽　孙瑞祥　严　励
李　文　李建新　李惠民　杨星星　吴　飞　吴　建　吴海荣　何志武　张小琴
张红军　张志安　张辉锋　陈开和　陈建云　周伟业　周德仓　郑素侠　赵　泓
侯迎忠　骆正林　徐中民　徐　琼　卿志军　陶喜红　阎立峰　蒋含平　韩立新
韩　强　程丽红　雷启立　蔡　敏

名誉会长　吴廷俊

顾　　问　石长顺

会　　长　张　昆

副 会 长（以姓氏笔画为序）

丁俊杰　刘建明　李建新　何志武　张小琴　张辉锋　陈开和　陈建云

秘 书 长　何志武（兼）

副秘书长　周婷婷

在第二届理事会的任期内，学会继续广泛吸收积极谋求发展的新闻传播院系与热心新闻传播教育研究的学者入会。截至2016年4月底，学会的团体会员总数为85家，个人会员总数为143人。

3.9.2 主要工作

1. 召开了一系列专题研讨会

学会自成立以来，一直特别重视集结对新闻传播教育有兴趣、有经验、有思考的各方同仁，通过专题研讨会的形式，就新闻传播教育领域的重大研究课题展开多角度、多层面的深入探讨，交流切磋、建立共识，以切实推动中国新闻传播教育的变革、进步。研讨会一般每年召开一次，到目前为止，已经召开过六次全国性的学术会议。

2008年10月，学会的成立大会与“北京大学新闻学研究会成立90周年暨中国新闻教育、新闻学研究90周年”学术研讨会一并在北京大学召开。与会代表全程参与了这次学术研讨会。众所周知，北京大学是我国新闻教育和新闻学研究的重要发源地。1918年，蔡元培、徐宝璜、邵飘萍等先贤创办了北京大学新闻学研究会，被誉为“中国报业教育之发端”。学会的成立大会，选择与北京大学新闻学研究会成立 90 周年的纪念活动同时举办，别具深意，即希望通过这样一种有意义的方式拉开学会正式活动的序幕。这次研讨会上，学会会员代表通过回溯中国新闻教育的源头，重新审视、思考了中国新闻传播教育的流变。

2010 年 9 月，学会与华中科技大学新闻与信息传播学院联合主办了第二次学术研讨会。会议在华中科技大学召开，紧扣当下中国新闻传播教育界共同面临的重大转型，将“媒介融合时代中国新闻传播教育的变革”确定为会议主题。来自全国 50 余所高校的 80 位代表齐聚一堂，展开热烈讨论。在会议的主题发言环节，四位老师相继登台：中国人民大学蔡雯教授宣讲了《媒介融合对新闻教育的挑战及应对策略》，南京大学段京肃教授分享了《教育传播中平等与自由的追寻——对高等教育中专业主义理念构建的思考》，天津师范大学马艺教授带来了《实验·实践·实用——谈新闻人才培养的可持续发展思路》，华中科技大学石长顺教授阐述了《媒介融合与新闻教育改革》，都包含着不少真知灼见。分组讨论环节，与会代表围绕“融媒时代新闻传播教育变革研究”、“融媒时代新闻传播教育特色研究”、“融媒时代新闻传播教学体系研究”、“境外融合新闻传播教学模式研究”、“融媒时代新闻传播教育发展研究”、“融媒时代新闻传播教育素养研究”等主要议题展开了充分交流。

2011 年 10 月，学会与天津师范大学新闻传播学院联合主办了第三次全国性学术会议。会议在天津师范大学召开，参会的四十多位代表来自全国三十多所高校。这一次的会议主题是“新闻专业主义与新闻传播教育”。主题发言环节中，中国人民大学蔡雯教授、天津师范大学刘卫东教授、华中科技大学石长顺教授、清华大学雷建军副教授、南京师范大学方晓红教授等依次演讲。他们介绍了各自学校在招生制度、培养方案、实践安排等方面最新的改革尝试、成效体会，并探讨了当前中国新闻传播教育面临的主要挑战与应对方略。分组讨论的主要议题包括“新闻传播教育与新闻专业精神培育”、“媒介融合时代新闻传播教育的变革”、“新闻传播教育特色发展研究”、“新闻传播实践教学改革研究”、“新闻传播教育模式创新研究”、“国外新闻传播教育发展经验研究”等。

2012 年 10 月，学会与广西大学新闻传播学院、上海大学国际新闻传播教育研究中心联合主办了第四次学术研讨会。会议在广西大学召开，与会和投稿的近 60 位代表共计来自 40 余所高校。研讨会的主题与当前新闻传播教育面临的关键问题契合，确定为“媒体转型与新闻传播教育改革”。此次会议上，会长吴廷俊教授回顾了近 5 年来大陆学界对新闻传播教育进行研究的情况，总结了所取得的进展，也指出了其中的问题，勉励研究同仁继续为之努力。随后五位教授放眼海内外，带来了极具启发性的主题演讲，分别是清华大学陈昌凤教授的《融媒时代新闻教育的转向与学科思维》、浙江大学吴飞教授的《给新闻传播教育以根基，还新闻传播教育之灵魂》、上海大学李建新教授的《新闻教育的三个镜鉴——基于对密苏里大学新闻学院的分析》、华中科技大学何志武教授的《多元融合语境下传媒复合型人才培养模式的转型》、广西大学吴海荣教授的《“联合与共建”办学模式的探索与实践》。研讨会期间，与会代表分为三组，围绕“媒介融合时代新闻传播教育的变革”、“新闻传播教育办学模式和课堂教学的改革”、“中国新闻传播教育的历史回顾”、“国外新闻传播教育与研究的启示”等主要议题各抒己见，进行了广泛而深入的探讨。

2014年11月15日，学会第五次学术研讨会在华中科技大学召开，主题为“职业教育发展与中国新闻传播教育改革”。在主题发言环节，华中科技大学石长顺教授、中国人民大学赵云泽副教授、清华大学张小琴副教授、武汉大学强月新教授、西藏民族学院周德仓教授相继登台，和大家分享了他们对于新闻传播教育发展的深入思考，及所在院系新闻传播教育改革的新近探索尝试。下午的分组讨论中，与会代表分为了四组，主要议题包括“中国新闻职业教育发展的历史与现状”、“新媒体环境下新闻传播教育的变革”、“不同层次类型新闻教育机构的特色打造”、“卓越新闻传播人才培养的内涵与案例”、“新闻传播教育实践教学创新”等。

2015年6月27日，学会第六次学术研讨会在重庆工商大学召开。来自全国近40所高校新闻传播院系的80余名专家学者与会，对中国新闻传播教育的昨天、今天和明天进行了理性思考与热烈争鸣。在上午的主题报告环节，邱沛篁、李建新、蔡敏、丁柏铨、陈培爱、李建伟等教授先后登场。下午的讨论分为两个小组进行，与会代表围绕“中国大陆新闻院系教育改革探索”、“中国新闻教育学家的教育思想与实践”、“国外新闻教育改革的经验”、“当代中国新闻教育改革的坐标”、“新闻人才的培养目标、培养模式、课程体系的改革与实践”、“新闻教育的其他相关问题”六大议题畅所欲言。在下午的讨论中，一个新加入的环节：新老院长对话会引起了与会代表的广泛关注与浓厚兴趣。新老院长就新闻教育的理念、定位及其与市场和新媒体技术等的关联进行了深入讨论。

2. 推出了一批有分量的研究成果

1）研究专著与论文的发表

学会的不少会员，都是新闻教育方面的研究专家。自学会成立以来，他们不断有重量级的研究成果推出。比如学会首届会长、现任名誉会长吴廷俊教授，一直是新闻传播教育孜孜不倦的研究者与勇于开拓的实践者。2013年9月，他精选出历年发表的有关新闻传播教育研究的代表性论文共27篇，结成文集《新闻传播教育的认知与践行》，由复旦大学出版社正式出版。该书由新闻传播教育史论、新闻传播教育改革论、新闻传播教育认知论、新闻传播教育践行论 4 个单元组成，总计 28.1 万余字。书中记录了吴廷俊教授纵观新闻传播教育历史、现状与未来的深邃思考。

又如学会现任会长张昆教授，在 2012 年出版了专著《新闻教育改革论》。全书收录了张昆教授论述传媒教育的论文、讲话、报告及媒体专访数十篇，总计 35 万字。内容涉及新闻人才培养、新闻教学改革、新闻学科建设等多个方面，既有对实际新闻教育工作的经验总结，也有对人才培养一般规律的理性探讨，颇具启发借鉴意义。

学会的副会长中，有一位个人会员代表，上海大学的李建新教授，是新闻传播教育史方面的研究专家。在学会创办后，他重点研究了改革开放以来中国新闻传播教育的发展。为配合这一段历史的研究、撰写，他收集了不少资料，已先期完成中国主要新闻传播院系近 30 年情况的个案简介，并写作了数位当代中国新闻传播教育名家的小传。还曾到与中国新闻教育渊源颇深的美国密苏里大学新闻学院访问了 8 个月，有数篇相关论文发表。

2）史料的收集整理

学会成立时确立的另一项主要职责是收集整理中国新闻传播教育的各种相关史料、资料。这里略举几例。2009 年，复旦大学新闻学院迎来成立 80 周年的院庆，学会专门派人赶赴复旦大学新闻学院，在院资料室、复旦大学档案馆、复旦大学教务处等地收集了复旦大学新闻学院自诞生以来，在不同时期使用过的教学计划、课程资料等物，并走访了部分新闻学院资深教师了解情况。

又如第一届理事会任期内，学会向所有团体会员单位及个人会员工作的单位，共计全国七十多家新闻教育机构发出了“新闻传播院系调查表”。调查全国主要新闻传播院系在建制沿革，本科专业和研究生学位点设置，教学队伍构成，毕业生和目前在校学生情况等各方面的信息，并收集了他们本科各专业各年级的教学计划和硕博士培养方案。

3）编纂《中国新闻传播教育年鉴》

尽管国内目前每年都有一二十种与传媒业有关的年鉴、蓝皮书出版，但专门聚焦于新闻传播教育领域的年度回顾著作还付之阙如。当前新闻传播手段、形式的变化带来的传播模式变化，媒介融合背景下专业人才需求的演变，媒介融合时代传统媒体的生存与发展战略，网络化时代的传播自由与社会责任，新的媒介格局决定的社会变迁，这些问题都在催动新闻教育界通过不断的实践和探索给予新的解答。在这样快速变化的进程中，及时捕捉中国新闻传播教育的面貌，总结在改革中走在前列的院系的先进经验，共同探讨发展中遇到的重大问题，来为今后的发展提供更加坚实的基础，就显得尤为重要。

学会自创办之初就希望能通过出版年鉴，来全面系统地梳理中国新闻传播教育的发展现状及进行历史回顾，但当时各方面的条件都还不够成熟。2015 年，学会第二届理事会联合多位会员群策群力，正式启动了《中国新闻传播教育年鉴》的编纂工作，首次推出的是《中国新闻传播教育年鉴（2016）》。该年鉴经初拟大纲、征集意见修改后，又召集组建了编委会与编辑部，并于 12 月 12 日在中山大学召开了编委会第一次会议，集中讨论年鉴的编写凡例与分工合作方案。编委会成员 40 余人，分别来自全国各种类型的新闻传播院系。

3.9.3 未来规划

1. 进一步加强组织建设

目前从学会的团体会员与个人会员数量上看，规模已经不小，但相对目前中国新闻传播教育专业点的分布，学会还要继续壮大的发展潜力。今后，除了继续发展团体会员，学会还将特别重视发展个人会员。一方面努力邀请一些已经卸任的新闻教育界的资深院长、副院长成为学会的荣誉会员，这些过来人见证了中国新闻传播教育界几十年的发展，本身就是活历史。如果他们能加入到学会中，可以大幅提高学会的学术含量。另一方面也将注意吸纳一些真正对新闻教育、对新闻教育的历史感兴趣的老师，他们拥有良好的学术背景、较高的学术热情以及充裕的研究时间，可以进一步增强学会的研究实力。

2. 做好年鉴系列的编辑出版工作

《中国新闻传播教育年鉴》的编辑出版，将成为学会今后每年的重点工作，是学会会员研究成果的集中展示。有了《中国新闻传播教育年鉴（2016）》打下的基本框架、奠定的良好基础，每年我们还将不断总结在编辑工作中遇到的主要问题并探讨改进方案，追求扬长避短，力争将“年鉴”系列打造为学会耀眼的学术名片。学会将努力做到资料收集的全面、及时和资料分析时的提炼增值。全面——体现在资料需从全国大多数新闻传播院系收集，覆盖全国主要的新闻传播院系种类。及时——是要尽量收集当年的最新数据，密切追踪不断变动中的数据，这样数据才有较大的价值。提炼增值——一是指数据不仅是罗列出来，而且要带着问题去梳理分析；二是指数据要从纵向的历史比较和横向的地域、类型比较中，充分彰显出意义来。

3. 开好一年一度的学术研讨会

学会的历次学术研讨会，都注重做到了三个结合。一是理论与实际相结合，注重依据各校不同的具体情况加以分析。二是理想与现实相结合，关怀的不仅是新闻传播教育，还包括对中国高等教育乃至中国教育整体的深层思考。三是境内与境外相结合，实时追踪到新闻传播教育较为发达的国家、地区的发展动态。这一优良传统学会将继续传承与发扬下去。学会将继续密切联系中国新闻传播教育的发展实际，确立前沿、重大的会议主题，开好学会一年一度的全国性学术会议。集结学会内外的有识之士，围绕会议主题展开充分交流、深入探讨，以达成共识、相互激发。同时，学会还将尽可能地寻找机会，与其他教育、研究机构合作，共同组织新闻传播教育方面的交流研讨活动。

中国新闻史学会新闻传播教育史研究委员会，将继续发扬之前积累的宝贵经验与优良传统，弥补以往的缺憾与不足，围绕中心工作，推进学会建设。学会将与诸位同仁一道踏实前行，继续为推动中国新闻传播教育的研究开展和实践发展而不懈奋斗！

（撰稿人　周婷婷）

第4章　新闻院系巡礼

4.1　中国人民大学新闻学院

4.1.1　学院简介

中国人民大学新闻系于1955年4月始建，是新中国成立后第一所由党中央创办的高等新闻教育机构。首任系主任，是曾长期在晋冀鲁豫解放区从事新闻工作的《人民日报》副总编辑安岗。1988年，在新闻系的基础上成立新闻学院。多年以来，人大新闻学院一直保持着稳步发展的良好态势，并以更加昂扬饱满的精神步入新的时代。

新闻学院学科领航全国，拥有新闻传播学一级重点学科，是中国新闻教育学会会长所在单位，国务院学位委员会新闻传播学科评议组成员所在单位，中华全国新闻工作者协会理事单位。1999年，以新闻学院为依托的中国人民大学“新闻与社会发展研究中心”获准为教育部人文社会科学百所重点研究基地之一。2000年，新闻学院首批获得新闻传播学科一级学科学位授予权。2004年，新闻学院新闻传播学博士后流动工作站成立。至此，新闻学院成为国内高等新闻教育最为齐全的单位之一，完全涵盖本科教育、硕士教育、博士教育以及带有半工作性质的博士后教育。2008年，新闻学院新闻传播实验中心被评为“国家级实验教学示范中心”。2004年、2009年、2013年，在教育部组织的三次全国一级学科评估中，新闻学院新闻传播学科始终名列全国第一。

新闻学院学术名师云集。学院拥有雄厚的教学与科研力量，现有专任教师50多人。既有甘惜分、方汉奇教授等我国新闻传播学界泰斗，也有郭庆光、蔡雯、喻国明、陈力丹、杨保军等一批我国新闻传播学界名师，形成了既成熟又富有活力的教学科研团队。

新闻学院学生成就突出，学生多次获得全国和北京市“挑战杯”课外学术创新奖、广告界学生奖项最高荣誉“金犊奖”等各类奖项，并有多项调查和研究项目获得国家级创新实验计划立项，多位同学在国外学术会议和国内核心期刊上发表论文。

4.1.2　历史沿革

1958 年 6 月，北京大学中文系新闻专业（创办于 1952 年，脱胎于 1924 年成立的燕京大学新闻系）整个建制地并入中国人民大学新闻系，为中国人民大学新闻系增加了一大批教学骨干，中国人民大学新闻系师资团队的力量空前壮大，其“血液”中兼有一脉相承的三所新闻院系的“基因”。人大、北大以及之前的燕大，其智慧与力量的汇聚，造就了中国新闻传播教育的一所殿堂，这所殿堂为新中国的新闻传播事业培养和输送了一大批优秀的专业人才。

20 世纪 60 年代至 70 年代，中国人民大学新闻系在曲折中发展。1973 年，中国人民大学停办。作为一个专业，中国人民大学新闻系并入北京大学中文系。1978 年，中国人民大学复校，新闻系也按建制重返中国人民大学校园，开始谱写改革年代的新闻传播教育的新篇章。

20 世纪 80 年代至 90 年代以来，中国人民大学新闻学院一直保持着稳步发展的良好态势，并以更加昂扬饱满的精神步入 21 世纪。2004 年、2009 年、2014 年，中国人民大学新闻传播学科综合实力在教育部一级学科评估中连续三次排名该学科全国第一，这一荣誉在中国高校中是独一无二的。

一甲子须臾而往，六十载弹指而过。已拥有 60 年历史的中国人民大学新闻学院共培养了 10000 余名毕业生，他们的足迹遍布世界各地，他们用手中的纸笔与镜头记录着祖国的命运，也用心中的理智与情感觉察着时代的变迁。

新闻学院已成为新中国新闻事业重要的人才培养基地、国家建设智囊库、新闻传播理论创新基地、国内外学界与业界的交流平台，她始终保持着它的思想与信仰，始终保持着它的力量与勇气，她立足新闻传媒业发展的现实需求，为创办世界一流新闻传播学院而努力奋斗着。

4.1.3　现任主要领导人

院　长：赵启正

执行院长：郭庆光

书　记：蔡　雯

副院长：杨保军、周勇、胡百精

副书记：张辉锋、蒙彬

4.1.4 师资情况

1. 教授（20位）

蔡雯、陈力丹、陈绚、高钢、郭庆光、胡百精、匡文波、刘海龙、倪宁、盛希贵、宋建武、王润泽、杨保军、杨钢元、喻国明、赵永华、钟新、周建明、周小普、周勇。

2. 副教授（23位）

陈阳、丁汉青、高贵武、韩晓宁、黄河、雷蔚真、李沁、马少华、任悦、孙利军、王斌、王菲、王莉丽、王树良、翁昌寿、许向东、许颖、颜梅、殷强、张迪、张辉锋、赵云泽、周俊。

3. 讲师（11位）

常江、陈继静、方洁、李彪、刘宏宇、刘洪珍、潘曙雅、Tabe Bergman、王亦高、于东东、张金玺。

4.1.5 机构设置

1. 教学科研机构

1）新闻传播文献中心

新闻学院目前拥有全国最好的新闻传播实验中心与新闻传播文献中心。新闻学院资料室始建于1955年，后更名为新闻传播文献中心，目前拥有国内最丰富的专业藏书和文献。现有图书资料包括：新闻学、传播学、广播电视新闻学、摄影、广告、出版与发行、媒介经营与管理、综合性工具书等。特别是，文献中心收藏新中国成立之前报刊3600余种，包括《强学报》、《清议报》、《万国公报》、《京报》（黄皮）等珍贵报刊资料。

2）新闻传播实验中心

实验室一直是新闻学院的重点建设项目。新闻系新闻传播实验中心始建于1955年，初期主要从事新闻摄影教学和实验活动。1990年，新闻学院建立了国内新闻院系第一个激光照排实验室，领一时风气之先。1997年，新闻学院实验室被重新加以整合，更名为新闻传播实验教学中心，并被列入校级“211工程”建设（第一期）新闻学子项目建设的重点。2002年年底，中国人民大学“211工程”子项目“新世纪新闻传播学科整合创新工程”获得通过，新闻传播实验中心是该项目的标志性成果。2008年，新闻学院新闻传播实验中心被评为“国家级实验教学示范中心”。2014年11月，新闻传播实验中心购进一批最新的摄影摄像器材，以适应新时代学生们的要求。

3）《国际新闻界》编辑部

《国际新闻界》（Chinese Journal of Journalism & Communication，CJJC）是由中华人民

共和国教育部主管、中国人民大学主办的新闻传播学综合性学术月刊，刊载国内外新闻传播学各领域理论和应用研究的原创性成果，是新闻传播学科唯一的国家社科基金首批资助期刊、全国中文核心期刊、全国新闻核心期刊、中文社会科学引文索引（CSSCI）来源期刊之一。《国际新闻界》编辑部是稿件处理单位，也负责期刊的日常运作。

4）新闻与社会发展研究中心办公室

中国人民大学新闻与社会发展研究中心，其前身为 1986 年 10 月成立的中国人民大学舆论研究所及此后相继成立的现代广告研究中心、媒介经营管理研究所、港澳台新闻研究所和视听传播研究中心，1999 年 11 月，以现名重新组建，2000 年 9 月被批准为教育部人文社会科学重点研究基地。新闻与社会发展研究中心是中心的办事机构，负责中心的日常运营工作。

2. 行政办公机构

1）学院办公室

服务范围：学院日常管理工作；国际接待工作；学院财务工作；教室、办公室及其他硬件管理工作；学院各项活动筹备工作及组织工作等。

人员：甘光千、赫剑婷、赵晋、石萌。

2）党团学办公室

服务范围：党务工作；团务工作；学生会管理各项工作；毕业生就业各项工作；各级各类先进评选工作等。

人员：刘佳、陆瑶、吴翼翔。

3）教务科

服务范围：本科生、硕士生、博士生的招生、培养、毕业等各项工作；教师教学任务认定与审核工作；学生海外交流各项工作；学院工会工作；科研项目申请与审批工作等。

人员：蒋秋榕、张怡、吕紫爱、刘媛媛、徐雅琴、庄德莹。

4.1.6　培养理念

1. 通识专能的教学理念

结合新闻传媒行业人才需求，新闻学院坚持宽口径、厚基础、理论与实践并重的人才培养目标。目前，本科各专业课程均由学科基础课群、专业核心课群、专业选修课群组成，遵循学科资源共享、通识专能兼顾、求实创新并举的办学思路。同时，学生具有跨学科专业学习的优良条件和丰富机会，以期建立学生的复合知识结构，激发学生的创新潜质。

2. 面向媒介融合时代的课程设计

多种媒体形式间的交互与融合，为新闻传播教学提出新的要求。目前，新闻学院将跨媒体教学纳入本科生教学之中，鼓励同学以开放的态度尝试跨媒体实践业务，培养学生的跨媒体思维和动手能力。学院于2009年起开始举办“接力杯”跨媒体作品大赛，通过制作跨媒体作品的方式，推动学生专业知识和实际技能水平提升。

2014—2015年，学院课程又有进一步调整，大幅度加强“互联网写作”、“数据新闻制作”、“媒介融合报道”等课程，积极与社会发展潮流相匹配、相适应。2015年夏，新闻学院2012级本科生董骁及其团队，以其异彩纷呈的数据新闻作品《“据”说奥斯卡》，荣获由西北师范大学举办的“首届中国数据新闻大赛”学界组（唯一）一等奖。

3. 设立各级各类实验班

与其他院系组建联合培养团队，是新闻学院打破学科交叉障碍、探索复合型人才教育体系的有力尝试。学院自2011年起开办新闻-法学、新闻-国际政治实验班，鼓励学生挖掘两个学科之间的相关性，拓展视野，广泛涉猎。

同时，中国人民大学为中宣部、教育部首批“国际新闻传播方向”硕士研究生项目试点高校之一，新闻学院自2009年起筹划设立“国际新闻传播方向”硕士研究生实验班，选拔兼具外语技能与新闻素质的学生，注重培养其国际化视野和现代传播理念。

4. 注重开展实践活动

新闻传播的学科要求学生注重理论与社会现实的结合。新闻学院秉承“深入基层生产一线、感受社会发展脉搏”的理念，先后组织学生赴江苏、山东等地开展实践活动，深入工厂、农村、社区进行实地调查采访，加强对国情条件的理解，成为“接地气的新闻人”。该院十分重视通过与业界互动增强学生实践能力，先后组织学生参观人民日报社、北京青年报社、北京人民广播电台、优酷网等传媒机构，提升学生对传媒实践情况的了解和与传媒精英的交流。同时，新闻学院与多家媒体单位建立了实习生实践基地，帮助学生提升实际操作能力，在就业时更好地与企业对接。该院于2014年联合腾讯公司创办“互联网媒体腾讯课堂”，依托腾讯在网络媒体领域的实战经验、专家资源、产品优势，致力于培养新型网媒人才。

2013年起，该院先后设立多个微信公共号。“新闻就业彩虹之路”、“新闻一家人”分别注重就业信息发布和团学活动信息沟通。史论部、新闻系、传播系、广告与传媒经济系、广播电视系均已成立微信订阅号，与各界师生分享学术资源与研究成果，成为课堂与学术交流的创新延伸。

4.1.7　专业设置

1. 本科

新闻学院目前拥有新闻学、传播学、广播电视新闻学、广告学四个本科专业。本科新生入学第一年学习新闻传播学科的基础课程，一年后根据学生的兴趣爱好及学习成绩确定专业方向。

1）新闻学专业

该专业为各类新闻媒体及各类文化宣传单位培养专业新闻人才。核心课程为“新闻写作”、“新闻编辑”、“媒介融合报道”等新闻业务课程，同时兼顾新闻与传播理论课程。

2）传播学专业

该专业为政府、企业、传媒和其他社会组织培养公共传播人才。核心课程为“公共关系”、“编辑出版”、“媒介融合技术”等传播业务课程，同时兼顾新闻与传播理论课程。

3）广播电视新闻学专业

该专业为广播电视机构及各类文化宣传单位培养专业人才。核心课程为“广电采编与后期制作”等广电业务课程，同时兼顾新闻与传播理论课程。

4）广告学专业

该专业为创意文化产业培养广告、创意、经营等方面的专业人才。核心课程为“广告创意与表现”、“媒体经营与管理”等业务课程，同时兼顾新闻与传播理论课程。

5）本科双学位实验班

为培养创新人才，新闻学院与人大法学院合作组建“新闻-法学”实验班，与国际关系学院合作组建“新闻-国际政治”实验班。实验班学生从本科新生中选拔，单独编班，联合培养，按独立培养方案授课。毕业时获得文学学士和法学学士（副修）两个学位。

“新闻-法学”实验班毕业生就业方向：适宜在新闻媒体从事法治新闻报道，在党政机关、企事业单位从事公共传播与宣传管理工作，还可从事传媒立法、司法与法律服务工作，以及在相关领域从事教育与科研工作。

“新闻-国际政治”实验班毕业生就业方向：适宜在新闻媒体从事国际新闻报道，在党政机关、企事业单位从事公共传播与宣传管理工作，还可从事外交、外事与涉外事务服务工作，以及在相关领域从事教育与科研工作。

6）国防班

2010年9月，响应学校号召，人大新闻学院开始招收武警国防生。国防生既是在校学生，又是“准军人”。自此，按相关规定，人大新闻学院每年招收约30名武警国防生。自2010—2015年，学院已连续招收五届，共计150余名国防生。

2. 硕士

人大新闻学院目前拥有新闻学、传播学、广播电视新闻学、传媒经济学四个学术型硕士专业。2011年，新闻学院开始招收新闻传播学专业硕士。自此，学术型硕士和专业型硕士在招生培养方面平分秋色。学术型学位按学科设立，以学术研究为导向，偏重理论研究，培养研究人员；专业型学位则以专业实践为导向，重视实践和应用，培养在专门技术上受到正规的、高水平训练的专业人才。攻读专业型学位的硕士研究生，将由来自学界、业界的两位导师进行共同指导。

攻读学术型学位的硕士研究生，又特别根据其英语水平及专业水平，选拔组建“国际新闻传播方向”硕士研究生实验班，该班硕士研究生，同样将由来自学界、业界的两位导师进行共同指导。

3. 博士

新闻学院目前拥有新闻学、传播学、传媒经济学、广播电视新闻学四个博士专业。博士专业是学术型硕士的继续延伸，基本以学术研究为导向，偏重理论研究，培养大学教师和科研机构的高层次人员。博士生培养规模，每年约招收25人，以全脱产学制为主。人大新闻学院培养的博士研究生，无论为人，还是学养，均获社会各部门一致好评。

4. 博士后

人大新闻学院自2004年起建立新闻传播学博士后流动站，站内不再分专业，均为“新闻传播学”。10年来，共培养博士后人员20余人。博士后在站人员具有半工作半教育的性质，按学校人事处规定，人大新闻学院博士后人员在站期间需完成核心期刊学术论文5篇，同时呈交水平相当于博士毕业论文的博士后出站报告1篇。

4.1.8 学科建设

1. 系部概况

1）新闻系

新闻系组建于原新闻采访写作教研室和新闻编辑教研室的基础之上，是一个老中青结合的团队。新闻系目前已经把“新闻编辑”和“新闻评论”建设成国家级精品课和北京市精品课，2008年获“北京市优秀教学团队”称号。系部开设本科课程有“基础采访写作”、“高级采访写作”、“新闻编辑”、“新闻评论”以及“调查性报道”、“人物报道”、“新闻特写”、“杂志编辑”等；研究生课程包括“新闻采访写作研究”、“新闻编辑研究”、“新闻评论研究”、“媒介融合与新闻实务”。

2）传播系

传播系培养具有社会责任感和公共精神、通晓新闻传播理论和方法，掌握媒介融合规律、知识和技能，能够创造性地解释和解决现实传播问题，适应传媒、政府、企业和其他社会机构需求的高级传播人才，具体包括在新媒体、摄影与视觉传播、出版与文化产业、公共传播等行业任职的优秀人才等。研究领域主要包括新媒体传播、视觉传播、公共传播和文化产业，并在这些领域取得了较有影响力的学术成果。

3）广播电视系

广播电视专业成立于 1985 年，为全国同类专业最早开设的一批。2009 年，广播电视系成立，同年获得硕士学位授予权，开始招收广播电视专业硕士研究生。本专业一方面培养以广播电视新闻为核心的应用型专业人才，包括编辑、记者和策划创意人才等；另一方面，培养面向广播电视业的研究型人才。

该专业的课程包括对从事广播电视行业所需要的基础技术的训练，如“音频视频内容制作”；对从事广播电视新闻采编工作所需要的基本技能、专业意识的训练，如“广播新闻报道”、“电视新闻报道”等；对涉及广播电视行业发展和广播电视媒介传播规律的深层次问题的学习和研究。

4）广告与传媒经济系

中国人民大学广告与传媒经济系成立于 2009 年 11 月。主要包括广告学与传媒经济学两个专业。面向本科生的广告学专业核心课程包括“广告学概论”、“广告策划”、“广告媒体策略”、“广告文案”、“广告创意与设计”、“媒介经营与管理”、“公共关系学概论”、“新闻理论”、“传播理论”、“跨媒体传播实验”、“市场营销学”等。面向硕士研究生的传媒经济专业核心课程包括“传媒产业发展研究”、“传媒经济研究”、“公关理论与实务”、“广告理论与实务”、“出版理论与实务”、“媒介市场分析”、“新闻传播学研究方法”等。

5）新闻史论教学研究部

中国人民大学新闻史论教学研究部，成立于 2009 年 11 月，由新闻学院原新闻史教研室和新闻传播理论教研室合并而成，负责学院新闻史、新闻理论、传播理论与传播研究方法、新闻伦理与法规等基础学科的教学、科研工作。本部开设的必修课程有“中国新闻传播史”、“外国新闻传播史”、“中外新闻传播史研究”（研）、“新闻理论”、“传播理论”、“传播学研究方法”、“新闻伦理与法规”、“新闻理论研究”（研）、“传播理论研究”（研）、“新闻传播学研究方法”（研）、“新闻伦理与法规研究”等。

2. 学术期刊

新闻学院为中国新闻传播教育事业作出了巨大贡献，其中之一即体现为大量学术著作与学术期刊的编辑出版。目前，人大新闻学院主要负责两本学术期刊的出版工作，一为《国际新闻界》，二为《新闻学论集》。

1961 年 4 月 25 日，新闻系内部刊物《国际新闻界简报》创刊，蒋荫恩任主编。1981 年 3 月，《国际新闻界》正式公开发行，每 3 个月发行一期，后又改为双月刊。进入 21 世纪以来，《国际新闻界》经过多次改版，从双月刊改为月刊，版式大小亦有多次调整。

《新闻学论集》创办于 1980 年，甘惜分任主编，面向全社会出版。创刊初期颇具影响力，至第 9 辑而达顶点，平均每年出版 2 册。1986 年后，出版频率逐渐放慢，1999 年底出版第 18 辑后，处于休刊状态。2007 年，由中国人民大学新闻与社会发展中心再次启用这个名称，恢复出版。

3. 学术著作及获奖情况

除了刊物之外，新闻学院的教职员工们一直笔耕不辍，撰写并出版了大量质量优异的学术著作，以及翻译出版相关学术译著。丰硕成果的取得，有赖于辛勤的耕耘。据一般估算，新闻学院每年为中国学术界奉献学术著作或译著约 25 本。多年来，新闻学院的教职员工们的学术作品亦屡屡获奖。

（新闻学院教职员工撰写的部分学术著作或教材）

新闻学院教师部分作品获奖情况

获奖成果名称	作者	获奖日期	奖项名称	获奖级别	授获等级
西方新闻采访与写作	刘明华	1998 年 10 月	国家教委人文社会科学研究优秀成果奖	省、部委级	三等
试论网络传播中专业机构的舆论功能	彭兰	1999 年 6 月	"新中国新闻事业五十年" 百篇优秀论文奖	省、部委级	其他奖
《蜜蜂华报》研究	程曼丽	2000 年 12 月	北京市哲学社会科学优秀科研成果奖	省、部委级	二等
传播学教程	郭庆光	2000 年 12 月	北京市哲学社会科学优秀科研成果奖	省、部委级	二等
中西新闻比较论纲	童兵	2000 年 12 月	北京市哲学社会科学优秀科研成果奖	省、部委级	二等
中国新闻事业通史（第三卷）	方汉奇	2002 年 11 月	吴玉章人文社会科学奖	省、部委级	一等
网络信息制作与发布	彭兰	2002 年 11 月	中央广播电视大学优秀文字教材	/	二等
中国新闻事业通史（第三卷）	方汉奇	2003 年 2 月	第三届中国高校人文社会科学研究优秀成果奖	省、部委级	一等
受众心理与传媒引导	郑兴东	2003 年 2 月	第三届中国高校人文社会科学研究优秀成果奖	省、部委级	二等
新闻摄影的道德选择与道德评价	盛希贵	2003 年 11 月	第三届中国文联文艺评论奖	省、部委级	三等
突发公共危机背景下的传播路径、效果与策略研究	喻国明	2004 年 10 月	北京市第八届哲学社会科学优秀成果奖	省、部委级	二等
新闻价值论	杨保军	2006 年 10 月	中国高校人文社会科学研究优秀成果奖	省、部委级	三等
在华俄文报刊研究（俄文）	赵永华	2007 年 1 月	中国人民大学优秀科研成果奖	校级	/
媒体信任危机的历史与辩证的思考	王润泽	2007 年 4 月	中国人民大学优秀科研成果奖	校级	/
中国共产党新闻思想史	郑保卫	2007 年 10 月	吴玉章奖	省、部委级	/

续表

获奖成果名称	作者	获奖日期	奖项名称	获奖级别	授获等级
中国网络媒体的第一个十年	彭兰	2007年10月	吴玉章奖	省、部委级	一等
新闻活动论	杨保军	2009年9月	高等学校科学研究优秀成果奖	/	二等
中国危机管理报告（第一卷）	胡百精	2009年9月	高等学校科学研究优秀成果奖	/	三等
变革传媒：解析中国传媒转型问题	喻国明	2009年	第十届中国人民大学优秀科研成果奖	校级	优秀
新闻精神论	杨保军	2009年	第十届中国人民大学优秀科研成果奖	校级	优秀
中国传媒发展指数报告（2008）	喻国明	2010年10月	第十一届北京市哲学社科优秀成果奖	省、部委级	二等
微博：一种新传播形态的考察——影响力模型和社会性应用	喻国明	2012年9月	第十二届北京市哲学社科优秀成果奖	省、部委级	/
精神交往论：马克思恩格斯的传播观	陈力丹	2012年10月	第六届吴玉章人文社会科学奖	省、部委级	一等
北洋政府时期的新闻业及其现代化（1916—1928）	王润泽	2012年10月	第六届吴玉章人文社会科学奖	省、部委级	青年奖
精神交往论：马克思恩格斯的传播观	陈力丹	2012年12月	第六届“高等学校科学研究优秀成果奖（人文社会科学）”著作奖	省、部委级	/
新闻道德论	杨保军	2012年12月	第六届“高等学校科学研究优秀成果奖（人文社会科学）”著作奖	省、部委级	/
中国社会舆情报告（2010）	喻国明	2012年12月	第六届“高等学校科学研究优秀成果奖（人文社会科学）”研究报告奖	省、部委级	/

4. 案例库建设

此外，特别值得一提的还有“新闻传播学案例库”建设项目。案例库于 2005 年正式启动，有 13 个案例库建设小组，分头建设以下 13 个案例库。截至 2015 年 3 月，已经开发成功的案例有 721 个。这些案例已经全面应用于本科生与研究生的主干业务课程与部分需要进行案例教学的理论课程的课堂教学中。2012 年，新闻传播学案例库荣获北京市高等教育教学成果奖一等奖。

13 个案例库分别是：新闻采写案例库、新闻编辑案例库、新闻评论案例库、新闻摄影案例库、广播新闻案例库、电视新闻案例库、新媒体传播案例库、广告案例库、公共关系案例库、编辑出版案例库、媒介经济案例库、新闻伦理与法规案例库、传播学研究方法案例库。

5. 研究中心

与人大新闻学院并行的学术机构为“中国人民大学新闻与社会发展研究中心”。该中心组建于 1999 年 11 月，前身是中国人民大学舆论研究所，后又融合陆续发展起来的现代广告研究中心、媒介经营管理研究所、港澳台新闻研究所、视听传播研究中心等。经多年整合，至 2013 年，中国人民大学新闻与社会发展研究中心下设研究所 7 个，分别是：新闻与传播研究所、舆论研究所、传媒经济研究所、公共传播研究所、新媒体研究所、视听传播研究所、新闻伦理与法规研究所。中国人民大学新闻与社会发展研究中心为教育部人文社会科学百所重点研究基地之一。

（撰稿人　中国人民大学新闻学院）

4.2　中国传媒大学新闻传播学部

4.2.1　院系历史沿革

中国传媒大学新闻传播学部由电视学院、新闻学院、传播研究院三个教学单位及 15 个研究中心组成。作为国内新闻传播教育机构的排头兵，新闻传播学部的历史可追溯至 1954 年建校之初。60 年来，新闻传播学部为新中国培养了大批传媒人才，被喻为“中国广播电视人才摇篮”。

作为新中国最早开展新闻教育的高校之一，中国传媒大学新闻传播学科在 2012 年第三轮学科评估中位列全国第一。中国传媒大学副校长胡正荣教授担任国务院学位委员会第七届新闻传播学学科评议组召集人、2013—2017 年教育部高等学校新闻传播学类专业教学指导委员会（以下简称“教指委”）主任委员，新闻传播学部学部长高晓虹教授为副主任委员兼秘书长，新闻传播学部为教指委秘书处所在单位。2013 年 11 月，教育部办公厅发布关于成立“全国卓越新闻传播人才教育培养指导委员会、专家委员会”的通知，该校袁军副校长担任指导委员会主任委员，新闻传播学部学部长高晓虹担任专家委员会主任委员。

4.2.2 机构设置及相关部门负责人

新闻传播学部学部长为长江学者高晓虹教授；党委书记、副学部长为胡芳教授；副学部长为何苏六教授、吴敏苏教授、刘昶教授、王晓红教授。

1. 电视学院

电视学院前身是 1959 年设立的电视摄影班，1980 年独立成为电视系，1997 年成立学院。作为国内历史最久、声誉最高的电视专业教育机构，电视学院始终引领着我国电视教育的发展。四十多年来，电视学院建立了科学完善的教育体系，积累了丰富的教学经验。电视学院的现任负责人为曾祥敏教授。

2. 新闻学院

新闻学院的新闻学教育始于 1959 年，共招收了编采专业 3 个班共 140 名四年制本科生，并因之成为新中国创办最早的新闻学专业教学点之一。目前学院本科生教育共设新闻学、传播学（含媒体市场调查与分析方向）、网络与新媒体（媒体创意）三个专业、四个方向。学院同时还承担着硕士生和博士生的教学培养。新闻学院现任院长由副学部长刘昶教授兼任。

3. 传播研究院

传播研究院成立于 2010 年 4 月，是综合性新闻传播学教学与科研机构，包括国际传播研究中心、欧洲传媒研究中心、国际新闻研究所、非洲传播研究中心、受众研究中心、舆论研究所、传媒教育研究中心、网络舆情研究所、民族文化传播与发展中心、赵月枝（长江学者）工作室、传播政治经济学研究所、出版研究中心、中国国际传播战略与发展研究中心等 13 个研究中心（所）。传播研究院的现任院长为雷跃捷教授。

4.2.3 办学规模

新闻传播学部目前在校本科生人数 1300 余人，在校硕士研究生人数 890 余人，在校博士生人数 160 余人。学部现有教师 163 人，教师队伍规模适度，教师团队教学能力突出，能够满足教学需要。现有专任教师中，拥有高级职称的教师占总人数的 76%；45 周岁以下的教师人数占教师总人数的 60% 以上；拥有博士学历的专任教师占比达到 80%，毕业于海外知名高水平大学的教师人数占比为 15%。80%的教师有海外进修学习一年或者短期访学的经历。学部下设专业图书资料室、实验室，其中电视节目制作实验教学中心为北京市实验教学示范中心。

4.2.4　专业设置

新闻传播学部电视学院本科设有以下专业：广播电视学、编辑出版学、广播电视编导、影视摄影与制作。设有学术型硕士专业：广播电视学、广播电视艺术学、国际新闻学、新媒体等；设有新闻与艺术两个类别的专业型硕士专业：全日制 MFA 广播电视、全日制 MJC 新闻与传播硕士；设有在职 MFA 广播电视专业；自 2012 年起，设有全英文授课的国际留学生硕士专业国际新闻方向和新媒体方向。电视学院设有两个博士专业：广播电视学和互联网信息。

新闻传播学部新闻学院本科共三个专业：新闻学专业、传播学专业、网络与新媒体专业。新闻学院研究生学生培养与研究方向主要包括新闻史、新闻理论、新闻业务、网络新闻及新媒体、报刊理论与实践、舆论学基础、应用舆论学、舆论调查、传播研究方法、传播心理学、广播学、新闻实务、媒介市场调查与分析等。新闻学院设有新闻学和传播学两个博士点。

新闻传播学部传播研究院硕士生教育设有传播学、传媒教育、编辑出版学、出版专业。博士生培养设有传播学、国际新闻学、编辑出版、舆论学专业。自 2011 年起，开设全英文授课的发展中国家国际传播硕士专业方向。

4.2.5　学科建设

学科建设以马克思主义新闻传播观为指导，以新闻传播现实问题为牵引，以“大传播、融媒体、小综合”学科群为立足点，以人才培养、理论创新、社会服务为出发点，以推动传统媒体和新兴媒体面向社会、面向世界、面向未来融合发展为目标，植根传统媒体、引领新兴媒体，致力于建设具有中国特色、国内领先、国际一流的新闻传播学科。

师资团队中，有 3 名长江学者特聘教授、2 名中宣部“四个一批”理论人才、1 名国家级教学名师、2 名全国优秀教师、3 名北京市教学名师、7 名霍英东青年教师、3 名有突出贡献中青年专家、3 人入选百千万人才工程国家级人选、13 人入选教育部新世纪人才支持计划。

本学科以宽口径的新闻传播学为基础，以广播电视为专业特色，以融媒体发展为方向，同时率先在全国高校创建广告教学单位，最早成立网络传播学院，培养符合各类媒体需求，服务传媒各行业的专门人才，在传媒高等教育领域具有独特优势。

4.2.6 教学成果

经过多年的不断探索与教育教学实践，依托学校在传媒领域的学科特色和综合优势，新闻传播学部在专业建设、人才培养、师资队伍培育、精品课程建设、教育教学改革等方面都取得了累累硕果。

——拥有 4 个国家级特色专业：新闻学、传播学、广播电视新闻学、广播电视编导。

——拥有 2 个国家级优秀教学团队：高晓虹教授作为带头人的“广播电视新闻学教学团队”；胡正荣教授作为带头人的“传播学教学团队”。

——建设 4 门国家级精品课程：新闻理论、传播学、广播电视节目制作、电视艺术学。

——建设 2 门国家级精品视频公开课：“理解人类传播”、“走进电视编辑”。

——建设 3 门国家级双语教学示范课程：“电视新闻导论”、“国际传播”、“电视现场报道”。

——荣获 4 项国家级、北京市级教育教学成果奖：

《广播电视新闻学教学内容与课程体系改革》荣获国家级教学成果二等奖、北京市高等教育教学成果一等奖。

《21 世纪传媒人才综合素质“五条线”教学体系》荣获国家级教育教学成果奖二等奖、北京市高等教育教学成果奖一等奖。

《国际新闻传播人才培养模式研究与实践创新》荣获国家级教育教学成果奖二等奖、北京市高等教育教学成果奖一等奖。

《基于前沿需求的三个转型：传播学教育模式的创新实践》荣获北京市高等教育教学成果奖一等奖。

——建设 1 个国家级人才培养创新实验区：广播电视编导人才培养模式创新实验区。

4.2.7 科研成果

经过多年的打造积累，新闻传播学部集聚了全国最有影响力的新闻传播研究团队，科研实力突出，科研成果丰硕。

科研项目（2012—2015）

项目来源	项目类别	项目名称	项目负责人
国家社会科学基金项目	重大项目	中国特色国际新闻传播人才的培养模式与创新研究	高晓虹
国家社会科学基金项目	重大项目	互联网群体传播的特点、机制与理论研究	隋岩
国家社会科学基金项目	重大项目	国际传播发展新趋势与加快构建现代传播体系研究	胡正荣
国家社会科学基金项目	重大项目	中国特色社会主义新闻传播理论的构建	高晓虹
国家社会科学基金项目	重点项目	中国国际传播学术话语体系建构研究	李智
国家社会科学基金项目	重点项目	网络语言对话语权、社会情绪、价值观的影响研究	隋岩
国家社会科学基金项目	重点项目	媒介融合背景下的我国媒体政策与法律研究	李丹林
国家社会科学基金项目	重点项目	“三网融合”背景下的我国广播电视媒体发展战略研究	黄升民
国家社会科学基金项目	特别委托	新媒体环境下的重大突发事件舆论引导研究	高晓虹
国家社会科学基金项目	一般项目	20 世纪中国播音室史史料学研究	马玉坤
国家社会科学基金项目	一般项目	面向自然语言处理的话语连贯研究	李佐文
国家社会科学基金项目	一般项目	我国国际传播话语体系建设的理论创新研究	李继东
国家社会科学基金项目	一般项目	新媒体语境下的新闻叙事研究	曾庆香
国家社会科学基金项目	一般项目	中国在非洲国家形象与影响力研究	张艳秋
国家社会科学基金项目	一般项目	战后有关“钓鱼岛”问题的话语建构与传播研究	刘建平
国家社会科学基金项目	一般项目	网络舆情监测与引导机制研究	张树庭
国家社会科学基金项目	一般项目	中国出版产业结构及其演变趋势研究	赵洪斌
国家社会科学基金项目	一般项目	我国广告传播研究的现状及趋势	丁俊杰
国家社会科学基金项目	一般项目	中国国际新闻报道研究	张毓强

续表

项目来源	项目类别	项目名称	项目负责人
国家社会科学基金项目	一般项目	马克思主义新闻观研究	高晓虹
国家社会科学基金项目	一般项目	公共文化服务保障法	范周
国家社会科学基金项目	青年项目	中国共产党反腐败传播历史研究（1921—2020）	姬德强
国家社会科学基金项目	青年项目	中外电影外译史研究	金海娜
国家社会科学基金项目	青年项目	区域特色文化产业发展研究	陈娴颖
国家社会科学基金项目	青年项目	媒介融合背景下的视听文本叙事研究	冯宗泽
国家社会科学基金项目	青年项目	中国对欧传播效果与策略研究	甘露
国家社会科学基金项目	青年项目	中国近现代女性观的演变与文学内外的新女性形象研究	颜浩
国家社会科学基金项目	青年项目	我国网络媒体公信力研究	詹骞
国家社会科学基金项目	青年项目	马克思主义在我国少数民族地区传播研究	葛艳玲
国家社会科学基金项目	青年项目	中国在非洲的国际影响力和国际话语权建构研究	龙小农
国家社会科学基金项目	后期资助项目	新的诠释：网络视频传播范式及意义研究	王晓红
国家社会科学基金项目	后期资助项目	黄金十年：省级卫视发展与调控研究（2005—2015）	郎劲松
国家社会科学基金项目	后期资助项目	媒介融合背景下中国广播电视舆论引导能力研究	段鹏
国家社会科学基金项目	中华学术外译项目	符号中国（英文版）	隋岩
国家社会科学基金项目	中华学术外译项目	影视文化论稿（英文版）	金海娜
全国艺术科学规划项目	一般项目	新中国画报史——图像中的社会变迁	曹培鑫
全国艺术科学规划项目	一般项目	文化传播理论	隋岩
全国教育科学规划课题	青年项目	构建适合我国国情的大学校长遴选机制研究	李巧针
教育部人文社会科学研究项目	规划基金项目	身边的数据会说话	丁迈

续表

项目来源	项目类别	项目名称	项目负责人
教育部人文社会科学研究项目	规划基金项目	多元语境下的俄语媒体语篇研究	徐洪征
教育部人文社会科学研究项目	规划基金项目	传播技术路径下的中国大众媒介变迁史研究	李煜
教育部人文社会科学研究项目	规划基金项目	新媒体公共文化服务合作治理研究	高慧军
教育部人文社会科学研究项目	规划基金项目	新媒体前沿发展报告	胡正荣
教育部人文社会科学研究项目	规划基金项目	中国共产党国际传播思想研究	张毓强
教育部人文社会科学研究项目	规划基金项目	研究型大学教师绩效评价制度研究	耿益群
教育部人文社会科学研究项目	规划基金项目	跨文化传播前沿理论的本土化研究	孙英春
教育部人文社会科学研究项目	规划基金项目	在媒介融合背景下国际新闻传播人才培养的理念与方法研究	高晓虹
教育部人文社会科学研究项目	规划基金项目	中美社区报发展模式及趋势研究	陈凯
教育部人文社会科学研究项目	规划基金项目	中国宗教广播史研究	艾红红
教育部人文社会科学研究项目	规划基金项目	风险社会视阈下的网络传播——技术、利益与伦理	张燕
教育部人文社会科学研究项目	规划基金项目	金融危机背景下中美企业媒体应对策略比较研究	冯丙奇
教育部人文社会科学研究项目	青年基金项目	“全球南方”视野下的拉美传播及中国思考	张志华
教育部人文社会科学研究项目	青年基金项目	国外反腐败传播研究：理论、策略与案件	姬德强
教育部人文社会科学研究项目	青年基金项目	基于附随扩散模型的我国手机阅读用户扩散的实证研究	程静薇

续表

项目来源	项目类别	项目名称	项目负责人
教育部人文社会科学研究项目	青年基金项目	加强我国广电传媒国际传播能力建设研究	段鹏
教育部人文社会科学研究项目	青年基金项目	当代中国口述史发展现状及对策研究	王宇英
教育部人文社会科学研究项目	青年基金项目	“五四”前后北京的文化生产与新文学的传播	颜浩
教育部人文社会科学研究项目	青年基金项目	中国公共舆论对外交的影响	刘朋
教育部人文社会科学研究项目	青年基金项目	公共突发事件中广播媒体的责任、功能及应急体系建设	王宇
教育部人文社会科学研究项目	基地重大项目	媒体融合背景下广播电视新闻理念与形态发展创新研究	曾祥敏
教育部人文社会科学研究项目	基地重大项目	中国广播电视新闻人才发展战略研究——以媒介融合为背景	刘昶
教育部人文社会科学研究项目	基地重大项目	媒介融合背景下提高我国广播电视舆论引导能力研究（基础项目）	段鹏
教育部人文社会科学研究项目	基地重大项目	基于广播电视与新媒体的中国国际传播力建设研究	胡正荣
教育部人文社会科学研究项目	基地重大项目	创新与融合：中国地方电视传播新格局研究	高晓虹
教育部人文社会科学研究项目	基地重大项目	国际传媒秩序重构与中国传媒业发展战略	李怀亮
教育部人文社会科学研究项目	专项任务项目	县市级政府网站语言文字使用状况监测与研究	段鹏
教育部人文社会科学研究项目	自筹经费项目	奥运传播理论体系下的体育国际传播发展策略研究	王大中

4.2.8 国际新闻传播硕士人才培养

2009 年，根据中宣部、教育部要求，新闻传播学部承担了国际新闻传播硕士人才培养工作。经过几年的实践摸索，形成了富有特色的国际新闻传播人才培养体系。

在人才培养过程中，高度重视马克思主义新闻观教育，强化学生的政治意识、大局意识、责任意识、阵地意识，让学生树立起正确的人生观和价值观。通过“请进来，走出去”的方式，创新思想政治教育的内容与形式，配合中宣部组织由副部长以上级领导主讲的国情教育讲座，配合中国记协组织“三项学习教育校园巡讲”，带领学生参加中国新闻奖、长江韬奋奖研讨会。同时，带领学生“走出去”，将国情教育与新闻实践相结合，利用每年暑期时间，赴延安、井冈山、贵州、重庆、华东省市和河南兰考等地开展调研活动，赴法国寻访周恩来、邓小平等老一辈革命家们的奋斗足迹，参访我国主流媒体的驻外站点，拓展视野，增强国家传播能力建设的使命感。

在课程体系建设方面，坚持特色发展，致力于保持在全国同类专业中的优势地位，针对国际新闻传播人才培养，开设六大类课程：基础理论类、国际关系类、专业英语类、传媒业务类、实务训练类、系列讲座类，使学生掌握“讲好中国故事”、“传播中国声音”的知识与技能，打牢国际传播业务功底。同时，打通课内外教学，借助每周的英语训练、主题班会以及定期出版的班级刊物，将专业能力训练与班级管理相结合。

为给学生营造更好的学习氛围，学部充分利用资源，平均每学期开展 16 场面向研究生的“当代媒体前沿问题系列讲座”，邀请主流媒体的主管领导、资深编辑记者和中国新闻奖、长江韬奋奖获得者为学生授课。规模化、制度化、程序化的业界讲座成为研究生课堂的有益补充，结合日常培养中的媒体考察、现场教学、专业实践等内容，逐渐形成了立体化、多层次、全空间的人才培养特点。

4. 2. 9　部校共建

新闻传播学部目前与中央人民广播电台、中央电视台签署共建新闻传播学部的协议，共建以马克思主义新闻观为指导，双方共同推动新闻传播理论教学与实践教学有机结合，发挥国家主流媒体优势和中国传媒大学新闻传播学教育优势，在学生实习实践、融合媒体示范平台建设、应急报道研究以及节目创新研发等方面开展深度合作，同时为国家复合型新闻传播人才和国际新闻传播人才培养模式探索出一条新路。

此外，新闻传播学部还与北京市委宣传部达成合作意向，先后完成了宣传部委托的“如何在媒体融合发展形势下加强媒体内容管理、确保正确导向”，“当代电视剧传播平台和渠道分析”等调研，并撰写调研报告。

4. 2. 10　社会服务工作

新闻传播学部一向重视社会服务工作，通过与业界保持密切联系，将社会服务作为教学科研的有益补充，从而提高学界与业界的交流水平，锻炼师生的实践能力。学部积极发挥自身学科优势、智库优势、资源优势，参与政府部门的战略规划以及媒体部门的改革发展研讨，根据媒体从业人员的需求设计完整的培训项目，与媒体机构设立横向科研项目、开办专题讲座。近几年来，为包括中央电视台、浙江广电、北京电视台等在内的中央级媒体、省级卫视频道提供了多项专业培训。

由学部师生团队历时两年拍摄制作的人文地理纪录片《走进和田》，在中央电视台综合频道、电影频道、军事农业频道，以及凤凰卫视、兵团卫视、北京电视台等多个平台播出后，受到了广泛的关注和好评。2014 年 9 月，《走进和田》获得第十三届精神文明建设“五个一工程”奖（2012—2014）。

由学部师生创作的电视新闻纪录片《逝》获得第 24 届中国新闻奖三等奖。作为首次获中国新闻奖的高校创作作品，《逝》是学部多年来坚持专业实践教学体系改革所取得的重要成果。

4. 2. 11 国际化办学

随着国际间交往日益频繁，当今的人才培养不再是单边突围，更需要拓展双向思维。自 2012 年起，开设国际新闻与传播硕士研究生班（Master’s Degree for International Journalism and Communication），让留学生深入中国、了解中国、传播中国。截至 2015 年年底，累计培养国际留学生 61 人，已招收的学生来自于美国、英国、澳大利亚、挪威、巴基斯坦等 34 个国家和地区。除了国际新闻与传播硕士研究生班之外，学部自 2011 年起承担“发展中国国家国际传播硕士项目”，共培养了来自 47 个发展中国家的 132 名学生。

学部为国际留学生精心打造了 12 门全英文授课的课程，包括人文背景教育，新闻传播学理论教育与实践能力培养，具有跨文化、多语种、跨学科背景的培养特色。此外，积极打通国际班与本科、研究生的课堂，建设国际化的教学环境，让国际留学生参与中国本土的社会活动，使他们更丰富地认识中国，增进理解。

4. 2. 12 “半夏的纪念”北京国际大学生影像展

“半夏的纪念”北京国际大学生影像展是新闻传播学部的品牌学生活动，是辅助专业教学实践的重要平台。这项品牌学生活动起源于 2003 年。在“非典”时期，中国传媒大学电视学院的学生利用专业所学，用影像记录社会，拍摄了大量原创影像作品，并在校内举办了第一个由学生自发组织的原创作品展映活动。当时正值半夏，同学们借用鲁迅先生最喜欢的词语“纪念”，将活动命名为“半夏的纪念”。从此，“半夏的纪念”

成为学校乃至全国非常知名的品牌学生影展。

经过 14 年的积累与发展，“半夏的纪念”北京国际大学生影像展从自发的学生活动成长为国际知名的青年影展，已经成为诸多青年学子心目中名副其实的“奥斯卡”，从这里走出去的青年影像作品在北京大学生电影节、四川国际电视节、德国波茨坦国际大学生电影节、法国 FIPA 国际电视节等众多国内外重要影像赛事中崭露头角。2015 年，第 13 届“半夏”共征集到来自美国、英国、瑞典、日本等国家和地区在内的 964 部作品，并开始在全国范围内进行影像巡展，真正搭建起全国性质的青年影像交流平台。

2016 年，“半夏的纪念”北京国际大学生影像展以“大学生讲中国故事”为主题，体现了当代青年学子关注国家和社会发展的责任担当，展现了大学生积极投身社会、践行梦想的时代风貌。与此同时，“半夏”得到了中国高等教育学会、新闻传播学类专业教学指导委员会的大力支持，在包括北京大学、清华大学、中国人民大学、北京师范大学、复旦大学、武汉大学、暨南大学、湖南大学、南开大学等百所高校进行影像联展，真正为全国乃至全世界的青年学子创造了影像交流与学习的氛围，也成为新闻传播人才培养的重要实践平台。

（撰稿人　中国传媒大学新闻传播学部）

4.3　复旦大学新闻学院

4.3.1　学院介绍

复旦大学新闻学院是中国历史最悠久的新闻教育机构，其前身是复旦大学新闻系，素有“记者摇篮”之称。

早在 1924 年，复旦大学开始兴办新闻教育。是年，陈望道提出开创新闻教育事业的建议，时任国文部主任的老报人邵力子开设“新闻学讲座”，聘请新闻界成功之士来学校讲授新闻学知识。1926 年 9 月，国文科更名为中国文学科，科主任刘大白在科内增设新闻学组，并以“复旦大学新闻系”的名义对外招生，谢六逸主持新闻学组的教学工作，陈望道和邵力子主持新闻学讲座。

1929 年 9 月，中国文学科经调整分为中文、新闻两个系，新闻系正式成立，与中文系并列并进入其独立发展时期，谢六逸任系主任，提出“期与国外大学新闻学科媲美”的办学目标，聘请原《时报》总编辑、时任《申报》设计部副主任戈公振，《时事新报》编辑周孝庵，《申报》编辑赵君豪等主讲“中国报学史”、“新闻编辑”、“新闻学”等课程。1931年，新闻系创建复新通讯社，作为学生实习机构，每日发稿两次，供上海、江苏、浙江各大报采用。1935年，新闻系举办“世界报纸展览会”，展出33个国家的2000多种报纸，被誉为“中国新闻史上的创举”。1930—1937年间，新闻系与上海新闻界联系密切，被聘为兼任教授的上海新闻界名人有黄天鹏、郭布陶、章先梅、樊仲云、夏奇峰等。

1937年抗战爆发后，复旦大学及其新闻学系面临危急存亡之秋，复旦大学部分师生决然内迁，1937年12月底辗转抵达战时首都重庆，并立即借用位于重庆菜园坝的复旦中学校舍复学。当时，由于日机轰炸，校舍几度被炸毁、几度被迫迁址，其他办学条件也极为恶劣。但是，在复旦大学校友、时任国民党中央机关报中央日报社社长程沧波等各界人士的支持与帮助下，新闻系在劫难中奋进与发展。1938年11月1日，程沧波正式兼任新闻系教授，翌年4月1日正式兼任新闻系主任。此时，著名报人赵敏恒（曾任英国路透社中国分社社长）、胡健中（曾任东南日报社社长、时任中央日报社社长）、刘光炎（时任《中央日报》总编辑）等应聘在新闻系主讲新闻学各门主干课程，刘光炎一度协助程沧波处理日常系务。

1941年9月，陈望道担任代系主任，1942年9月任系主任。陈望道主持系务后，主张民主办学，把“宣扬真理、改革社会”作为办系指导原则，并提出“好学力行”作为系铭。1943年3月1日，新闻系恢复复新通讯社，陈望道自任社长。自1943年秋开始，新闻系举办“新闻晚会”，研究时事、讨论学术，时间上一般安排在周六，自1943年至1946年6月共举办过110次，成为新闻系的一项传统活动。1944年，新闻系为创建新闻馆发起募捐，后建成一座400平方米的“新闻馆”。1945年4月5日，复旦新闻馆举行开馆典礼，与会者600多人，馆门悬挂于右任的题词：“复旦新闻馆，天下记者家。”同日，新闻系第2次“世界报纸展览会”在新闻馆开幕。在重庆时期，在新闻系执教的教授还有曹亨闻、祝秀侠、冯列山、王一之、赵君豪、王文彬等，副教授有王研石、陈伯吹、舒宗侨等。1946年6月，新闻系随同学校一起迁回上海，应聘来新闻系兼任教职的新闻界知名人士有杜绍文、袁伦仁、卜少夫、萧乾、储安平等。

1949年5月上海解放后，新闻系得到长足发展。上海刚解放时，新闻系留有赵敏恒、曹亨闻、舒宗侨、杜绍文、杨思曾等专任教师和70余名学生。1949年8、9月间，先后停办的暨南大学新闻系和中国新闻专科学校的学生大部分转入新闻系。1950年7月，陈望道不再担任新闻系主任，上海解放日报社社长恽逸群接任，至1952年3月去职。1950年华东新闻学院停办后，王中、余家宏、杜月郇3位教师于10月调入新闻系任教。1951 年 9 月民治新闻专科学校停办，学生转入新闻系。1952 年 9 月，全国高校院系调整，圣约翰大学新闻系停办，教师汪英宾、伍必熙和学生 44 人转入新闻系。至此，新闻系经数度扩展，已成为新中国实力最强的新闻教育机构。1952 年 10 月，王中担任新闻系主任，至 1957 年 7 月去职。1956 年 9 月，王中提出“破除迷信、坚定信心、组织力量、调动因素”的办系方针，并撰写《新闻学原理大纲》，就新闻学的一些基本观点提出了独到的见解。同年，新闻系建立摄影实验室，为国内高等学校最早创办的摄影实验室之一。1956 年 3 月至 1957 年 6 月，新闻系创办《新闻学译丛》季刊，郑北渭担任主编，介绍国外新闻学研究的成果和动向，首次将“大众传播”这一概念（译作“群众思想交通”）介绍到国内来。1949—1957 年间，上海新闻界知名人士应聘来新闻系主讲课程或讲座的有王芸生、刘时平、冯岗、刘思慕、陆怡、乐静、凌建华、丁柯、宋军、张映吾、秦加林、吴建、王维、苗力沉、邹凡扬等。1957 年 9 月，丁树奇、李龙牧、陆灏调入新闻系工作，丁树奇担任代系主任，1958 年 3 月担任系主任，至 1960 年 7 月去职。之后，主持系务工作的有副系主任吕梁、伍必熙、李龙牧等。1961 年 9 月，新闻系招收、培养新闻学研究生，李龙牧任研究生导师，为国内培养新闻学专业研究生之始。1966 年 6 月“文化大革命”开始后，新闻系一度停止招生，教学与科研活动全部中断，至 1970 年 12 月开始招收学制为 3 年的工农兵学员，至 1976 年 10 月共招收过 6 届学员。

4.3.2 改革开放时期的复旦新闻教育

“文革”结束后，特别是改革开放后，复旦大学新闻系进入了高速发展时期，并于 1988 年经教育部批准扩建为新闻学院。

1977 年底全国高校招生恢复统考制度后，新闻系于 1978 年春起通过统考招收 4 年制新闻学专业本科生，同年秋开始招收硕士研究生。1978 年 3 月，创建新闻学研究室，同年 7 月编印“文革”后国内第 1 家新闻学刊物《外国新闻事业资料》（1980 年改名《世界新闻事业》），在国内率先介绍传播学理论与知识。1979 年 6、7 月间，举办全国首次新闻理论教学座谈会。9 月，王中复出担任新闻系主任。1981 年，创办大型学术季刊《新闻大学》，向国内外公开发行，在历年全国新闻传播学核心刊物评选中一直稳居前列；建立学制为 3 年的新闻学专业硕士研究生点；开始招收外国留学生。1983 年 9 月，创建国际新闻专业（初为本科双学位专业，后改建为本科专业，至 1998 年在国家高等教育专业调整中被一体撤销而停止招生）、书刊编辑专业（本科专业，至 1989 年 7 月停办）。1984 年，建立新闻学专业博士点，学制为 3 年，自翌年起招生，王中被任命为国内第一批新闻学专业博士生导师之一；新建广播电视新闻学本科专业，建成广播电视实验室，并开办新闻学专业专科国家自学考试点。是年，徐震担任新闻系主任。1985年6月，复旦大学文化与传播研究中心成立，由新闻系代管。1986年，以复旦大学新闻系名义编写出版的《新闻学基础教材丛书》问世，为国内出版的第一套比较完整的新闻学教材，建成了一套具有中国特色的新闻传播学课程体系。

1988年，经教育部批准，复旦大学新闻系扩建为新闻学院。6月10日，复旦大学新闻学院宣告成立，为国内高校最先建立的新闻学院，徐震担任首任院长，下设新闻系、新闻研究所以及广播电视新闻学、国际新闻、新闻摄影3个专业。1990年，丁淦林担任院长。1993年，建立传播学硕士点。是年，陈桂兰担任常务副院长（主持日常工作），1996年担任院长。1994年9月，建立广告学本科专业。1995年4月8日，建立新闻学院董事会，并设立“中国复旦新闻教育发展基金”，旨在借助社会力量、加快发展新闻教育事业。1996年，新闻与传播学科被列为国家“211工程”重点学科建设项目。1998年，设立传播学博士点。1999年3月，新闻传播学博士后流动站成立，为国内高校新闻院系中最早建立的博士后流动站；5月，在原有的电子排版实验室的基础上建立电子采编实验室，由24台计算机组成一个局域网，可实现网上信息采集、写稿、编稿、排版到输出报纸大样的电子化，为国内高校新闻教学之首创。1999年，龚学平担任新闻学院名誉院长。2000年，新闻传播学博士点成为国内首批具有一级授予权的博士点；新闻学院代管的文化与传播研究中心改建为信息与传播研究中心，翌年被教育部批准为国家文科重点科研基地。

2001年，新闻学院的广播电视专业、广告专业扩建为广播电视新闻系、广告系；建立广播电视艺术学硕士点；传播学专业被教育部评定为国家重点学科；黄芝晓担任新闻学院院长。是年12月，中共上海市委宣传部与复旦大学签订共建新闻学院的协议，成立由市委宣传部领导、上海市各大媒体负责人及复旦大学有关院系负责人组成的院务委员会，王仲伟担任院务委员会主任，首创“部校共建”的新闻教育模式。2002年，建立传播学本科专业，初以网络传播为方向，后增设媒介经营与管理等方向，同时建立传播系。2003年5月，新建广播电视新闻学博士点、广告学硕士点。是年，承担了国家“211”工程“媒介发展与社会进步”、国家“985”工程一期的科研攻关任务。2004年6月，赵凯担任新闻学院院长。2004年年底，承担国家“985”工程2期“新闻传播与媒介化社会”哲学社会科学创新基地的建设任务。2005年，新闻学院迁至国定路400号（原上海应用技术学院）新院区，图书楼、办公楼和教学楼总建筑面积达9300平方米。2006年，建立传媒与舆情调查中心，因在国内外重大热点事件舆情实证调查领域的影响力而于2008年正式成为中宣部舆情直报点之一，为上海地区高校唯一的一家直报点。2009年、2010年，连续招收了两届两年制国际新闻传播硕士研究生，培养从事对外宣传、主流媒体国际报道和驻外新闻业务工作的高层次专门人才。2009年，本科实践教学成果《依托“共建”机制，锐意改革创新，不断提高教学实习质量——复旦大学新闻学院本科教学实习成果》获上海市教学成果二等奖；新闻传播实验教学中心被评为上海市级实验教学示范中心、国家级实验教学示范中心建设单位。2012年10月通过教育部验收，正式获得国家级新闻传播学实验教学示范中心资质。2011年，建立新闻与传播硕士专业学位；与上海市外宣办共建上海市公共传播培训中心。2013年，本科教学成果“依托“部校共建”机制，培养媒介融合时代新闻传播人才”获上海市教学成果奖特等奖，翌年9月获国家级教学成果二等奖。

自1978年改革开放以来，曾先后在新闻系、新闻学院执教的专任教授、副教授有王中、李龙牧、徐震、舒宗侨、余家宏、郑北渭、宁树藩、林帆、丁淦林、叶春华、陈韵昭、徐培汀、董荣华、夏鼎铭、张四维、葛迟胤、马棣麟、胡志寰、周胜林、姚福申等。此外，数十位著名新闻工作者应聘担任兼职教授或兼课，其中有穆青、赵超构、徐铸成、陆诒、杨瑛、王维、马达、邹凡扬、陆灏、邵华泽、范敬宜、丁法章、陈念云、居欣如、龚心瀚、龚学平、丁锡满、周瑞金、张启承、石俊升、何慧娴、李仁臣、赵化勇等。

自复旦大学创建新闻教育后培养出的近万名新闻传播专业人才，遍布全国和世界各地，其中有不少毕业生已成为中国新闻传播事业的骨干力量，担任新闻传媒机构、新闻教育机构、新闻科研机构以及其他相关部门的领导职务，为中国新闻传播事业的发展以及中国社会各项事业的发展作出了重要贡献。

4.3.3　复旦新闻学院的人才培养

目前，新闻学院建立了包括本科生、硕士生、博士生以及博士后、国内外访问学者、进修教师等多层次的新闻传播人才教育体系。设有新闻学、传播学、广播电视学、广告学4个博士点，新闻学、传播学、广播电视学、广告学、媒介管理学、新闻与传播6个硕士点（包括“新闻与传播”专业学位），新闻学、广播电视学、广告学、传播学4个本科专业。其中新闻与传播硕士专业学位，设有新闻与传播、财经新闻、新媒体传播、全球媒介与传播国际双学位项目4个方向。

在机构及建制上，新闻学院下设新闻、传播、广播电视、广告4个系。

新闻系设有新闻学专业，在长期的发展过程中积累了独特的教学、科研经验，取得了为国内外同行瞩目的丰富成果，并建立了广泛的学术联系，并始终保持全国一流水平。在本科生层次，其培养目标是为报社、通讯社等新闻媒介培养记者、编辑、管理人才以及新闻教学和研究人才，要求学生了解马克思主义新闻学基本原理和新闻宣传的政策法令，熟悉中外新闻事业的历史和现状，懂得并掌握新闻采访、写作、编辑、评论、摄影等各方面基本知识和基本技能，有较高的文字表达水平，能比较熟练地掌握一门外语，会使用计算机等现代信息处理设备。同时还培养硕士或博士研究生，培养新闻学高级人才。传播系设有传播学专业，培养研究生先于培养本科生，主要培养适应新媒体发展的采编及管理人才，要求掌握马克思主义新闻学基本原理和新闻传播政策，具有新闻学、传播学知识背景，熟悉媒体运作和了解网络媒体应用技能，掌握社会经济市场商务信息分析原则与方法，能从事网络媒体采编业务，市场与商务信息分析、数据管理。广播电视系设有广播电视学专业，在本科生层次旨在培养有较高政治思想觉悟、较高广播电视新闻业务能力与实际操作能力的专门人才，要求掌握马克思主义新闻学基本原理和新闻宣传政策，熟悉中外广播电视的历史和现状，掌握广播电视新闻采访、写作、编辑、摄影、录音、口播等专业知识和基本技能，具有较广泛的知识，较高的文学修养，较强的社会活动能力，并能熟练地掌握一门外语，还要求学生体魄健壮、反应敏捷、口才出众、举止大方。该专业设有广播电视实验室，有完备的摄影、录像、图像编辑、录音、配音、演播等设备、器械和场所。

在研究生层次，除培养广播电视新闻高级人才外，还设有广播电视艺术学专业，培养广播电视艺术高级人才。广告系设有广告学专业，主要培养广告策划与管理的专门人才，要求学生熟悉国内外广告事业的历史、现状和发展趋势，懂得并掌握广告策划和管理的业务知识和基本技能，具有较为广博的知识和较强的公共能力，能熟练掌握一门外语，懂得电脑操作与广告设计。同时还培养广告学硕士生或博士生，培养广告学高级人才。

此外，新闻学院目前拥有国家级实验教学示范中心——新闻传播学实验教学中心，中宣部舆情直报点——传媒与舆情调查中心、上海市公共传播培训中心、屠海鸣图书楼等教学辅助机构。

2011 年，上海市外宣办、新闻学院共同设立了上海市公共传播培训中心，内设有新闻发布、媒体访谈、突发事件新闻处置、对外传播活动策划等多个教学实践场所，具有教学设施完备、培训功能齐全、理论与实践结合紧密等特点，是新时期推进新闻发布、对外传播培训的新平台。目前，该中心建成了包含数字媒体制作室、节目包装制作室、灯光摄影室、传媒效果与心理实验室、传媒与舆情调查中心、影视观摩视听区等分区的拥有全媒体内容生产制作能力的试验中心已基本实现了本科阶段的大部分教学任务都在实验教学中心完成的建设目标，成为了新闻学院本科教学的内容生产平台。

屠海鸣图书楼，即新闻学院资料室，始建于 1955 年，收藏了极为丰富的报刊资料，其中新中国成立前中文期报刊的收藏数量达 3800 多种，藏有《民钟》自 1922 年创刊号始的大部分原件、《时务报》创刊号、韩国人在中国创办的中文期刊《汉城周报》第 16 期等罕见的珍贵报刊资料。还藏有现当代新闻传播类图书 25000 余册，外文图书 2250 余册（英、俄、日），中文期刊 7000 册，新闻传播类期刊 110 种（新闻传播核心期刊为主），外文期刊 30 余种。藏有 1949 年后出版的中央级主要报纸和部分省市报纸 70 余种。

新闻学院现有在读本科生、硕士生和博士生（包括港澳台地区学生和外国留学生）学生总数 1010 人，其中本科生 669 名（含留学生 132 人），硕士生 279 名，博士生 70 名，其中留学生 19 人。

新闻学院现有在职教职工 73 人，其中教授 21 人（博士生导师 16 人），副教授 20 人，讲师 11 人；教师中具有博士学位 46 人，硕士学位 5 人，学士学位 1 人。还聘请了一批学识精湛、经验丰富的知名专家、学者为兼职教授和兼职研究员，并聘请外籍专家担任顾问教授。专业学位研究生教育采用学界与业界合璧的“双导师制”。

复旦大学新闻学院的教学基地有：上海报业集团（即原解放日报报业集团和文汇新民联合报业集团）、人民日报社上海分社、新华社上海分社、中新社上海分社等。为适应专业硕士研究生实习实践的需求、加大学生实践能力的培养力度，新闻学院与校外单位合作成立了以下两个实践基地：与上海广播电视台（SMG）合作建立“复旦大学新闻与传播专业学位研究生专业实践基地”，为上海市教委资助建设实践基地项目；与陆家嘴金融城人才发展中心合作，成立“复旦大学新闻与传播专业学位研究生专业实践基地”，联合培养“新闻与传播（财经新闻方向）”专业学位硕士研究生，在课程、教学、实习等各方面为此项目提供全面支持，邀请来自金融领域的业界专家讲座、授课，并推荐学生至金融机构或财经媒体实习实践。此外，还有境外实习基地，如香港无线电视台（TVB）、香港南华早报社等。

4.3.4 适应融合时代的教育改革

复旦大学新闻学院的新闻传播学科在国内同类学科中处在领先地位，系国家重点一级学科、博士一级学科授权点。

在科研方面，复旦大学新闻学院瞄准中国新闻传播学领域重大课题，聚集团队进行集中攻关，承担的科研项目数量多、规格高。目前已承担的纵向科研项目有：国家级科研项目 36 项，教育部科研项目及广电总局、体育总局等部级社科项目 106 项，省级科研项目 70 项，以及“985 工程”、“211 工程”首批和重点建设学科科研项目共计 27 项。另据不完全统计，本学科还承担政府部门委托研究项目 43 项，其他科研项目 121 项。科研项目立项经费总额超过 4600 万元。这些项目中包括国家哲学社会科学基金重大项目5项，教育部重大课题攻关项目3项。目前已产出的一批在国内领先的创新性学术成果，在引领国内新闻传播学研究、带动学科发展创新等方面发挥了重要作用，在相关研究领域居于国内领先水平，并具备了国际对话的能力和基础，在国内外赢得了良好的声誉，荣获教育部全国高等学校人文社会科学优秀成果奖、上海市哲学社会科学优秀成果奖、上海市邓小平理论研究和宣传优秀成果奖等省部级以上重要科研奖项共计49项。已在各类学术期刊及理论刊物上发表的学术论文，据中国知网数据库统计，仅1989—2013年间，发表于国内学术期刊等的第一作者论文共计3899篇，平均每年156篇。另外，发表于国际SSCI/SCI期刊的高水平论文共计37篇。其中不少论文常被《新华文摘》、《中国社会科学文摘》、《人大复印资料》等有影响力的文摘全文转载。已发表论文被引用频次也较高，根据中国知网数据库的统计，第一作者论文平均每篇被引频次达到4.4次，其中被引频次最高的30篇论文总被引频次达到983次，平均每篇被引32.8次，最高的一篇达到83次。已出版的大量学术著作，为充实和丰富我国新闻传播学理论体系作出了重要贡献。据可查的资料显示，仅1999年至今出版的、为第一作者的学术专著达117部，总字数超过2500万字。《新闻大学》不仅是国内创办最早的新闻传播学术刊物之一，而且在全国历届新闻核心期刊评选中一直名列前茅。

在教学方面，复旦大学新闻学院最先开设新闻学概论、传播学概论、马克思主义新闻思想等为数甚多的本学科主干课程并最先编写这些学科的教材，所编写出版的《新闻学基础教材丛书》、《宣传学丛书》、《新闻学高级教程丛书》、《新闻与传播学系列教材（新世纪版）》、《新闻传播学研究生核心课程系列教材》等，均为国内率先出版的新闻学与传播学系列成套教材之一，覆盖面遍及新闻传播学科的各研究方面，为兄弟院系专业普遍采用，影响广泛。在获教育部批准建设新闻学特色专业后，新闻学院在人才培养模式创新方面勇于改革创新，推出了一系列全新的新闻传播人才培养模式。

1. 实施旨在培养复合型新闻传播人才的本科教学“2+2”跨学科培养模式

自2012年起，新闻学院将新闻传播学科各专业四年本科教学培养过程分成两个为时2年的阶段：第一阶段（即第一、二学年）要求学生系统修读一个非新闻传播学科类专业的主干课程；第二阶段（即第三、四学年）在此基础上进一步修读新闻传播学科类课程。在第一阶段，目前可供学生选择的非新闻传播学科类专业有8个：法学、社会学、政治学与行政学、国际政治学、行政管理学、经济学、汉语言文学、电子信息科学与技术，并拟逐年增加可供选择专业。

在第二阶段，打破原有的新闻传播学类各专业之间的堡垒，制定了一个适用于新闻传播学（一级学科）各专业使用的教学培养方案，将原来4个专业的各类课程整合为3个递进式的课程层级：一是学科基础课程，为新闻传播学科类各专业学生所共同修读，旨在打下厚实的新闻传播学科理论与知识根基，其中包括为顺应媒介融合历史趋势而新开设并着力建设的媒介融合课程群。二是专业必修课程，为各专业学生各自修读，但各专业必修课程的学分数较前大加削减，控制在 20 个学分左右，并要求向其他专业学生开放，其他专业学生修读后可抵作选修课程。三是学科选修课程层级，分为新闻传播、艺术传播、公共传播、商业传播 4 个模块，供新闻传播学科类各专业学生自由选择与修读。

2. 进一步探索实施以专业硕士培养衔接“2+2”培养，即“2+2+2”（或者“2+3”）培养模式的可能性

新闻学院于 2011 年设立新闻与传播硕士专业学位，学制 2 年，旨在培养财经新闻、影视艺术、媒体融合等交叉学科的高层次应用型人才。目前，下设新闻与传播综合与财经新闻两个方向，定位于培养实务型人才。一是在课程设置上突出实务性和学科多样性，除设置新闻传播学专业课程之外，还开设经济、法律、政治等学科的课程，既拓宽学科背景，又突出专业训练，引导学生从多学科、多视角观察现实问题。二是在师资配备上强调尊重专业经验，跨学科课程依托复旦大学学科优势聘请经济学、金融学、法学等学界专家讲授，实务类课程依托“部校共建”资源优势聘请新闻传播业界专业水准一流的实务家担任授课教师，并建立健全校内外双导师制，鼓励校外导师参与专业硕士研究生培养全过程。

3. 加强马克思主义新闻观教育，培养“让党放心、让人民满意”的新闻传播后备人才

新闻学院历来重视马克思主义新闻思想教育的传统，“马克思主义新闻思想”一直作为专业必修课要求新闻学院本科生必修，现已被评定为国家精品课程，并作为学校层面的人文类基础课面向全校开放，目前每学期选修该课的人数约 800 人，包括文、理、医等不同学科与专业。该课程的特色可概括为“四个结合”与“一支团队”。“四个结合”，一是理论与实践结合：在讲授马克思主义新闻观时，特别强调理论与实践的密切结合，创造了马克思主义新闻理论与当下现实紧密结合的授课方式。二是马克思主义新闻观与其他新闻理论结合：在开放式的教学中，把马克思主义新闻观与非马克思主义新闻理论一起教给学生，并在对二者进行比较分析中把马克思主义新闻观的真理性说透。三是研究和教学的结合：始终关注实践中的新情况、新问题，通过研究、攻关，把握新形势下新闻传播实践发展。四是专精和普及的结合：“专精”是指对新闻专业的本科生、研究生进行专门的马克思主义新闻观理论教育，培养他们马克思主义新闻理论的专业能力。“普及”是指对非新闻传播专业的学生，提高课程教育，提高他们的马克思主义新闻传播理论素养。“一支团队”，是指一支教学研究团队的培养，目前已形成了以童兵教授为带头人、3 位年轻教师为骨干的“马克思主义新闻思想”任课教师团队。这一教学团队，知识结构、年龄结构合理，实力厚实，既保证了授课质量，也保证了课程开设的可持续性。

4. 顺应媒介融合趋势

该校已开设“媒介融合概论”、“融合报道”等全新课程，将新媒体、新技术引发的理念、知识框架以及实践方式等各方面的调整状况贯穿于整个教学体系之中。为了加强有关新媒体技术的教学内容，2015 年制定的《本科教学培养方案》新增“数据分析与信息可视化”、“媒介技术导论”、两门新闻传播学类各专业必修的专业基础课程。

在国际交流与合作方面，本着培养富有国际视野，具有国际话语能力的新闻传播人才的宗旨，已推出如下举措：一是“引进来，走出去”，打造国际化师资队伍，大力提高国际化办学水平。依托学校和国家留学基金委的资助，每年不定期邀请海外知名专家、学者为学生授课、讲座、参与国际双学位项目管理；同时鼓励青年教师“走出去”参加国际学术会议、参与国际合作课题和访问考察，2010 年派出 40 人次左右赴境外深造、访学和交流，2013 年这一数字增加到 60 余人次。与此同时，2011 年 12 月，全职引进原路透社美籍记者 Doug Young（阳歌）来院工作，2011 年 2 月被聘为新闻学院外籍授课专家，2011 年 12 月被聘为全职教师，不仅为该院财经新闻专业硕士学位项目授课，并参与该项目的发展规划与管理。2012 年起，兼职聘用原澳洲莫道克大学 David Maguire 教授，先后为该院财经新闻专业硕士和 LSE 及法国巴黎政治大学硕士双学位项目研究生授课并参与项目管理。二是与国际一流新闻院校深化战略合作，加强国际教学科研合作，扩大国际学术影响力。目前，学院与英国伦敦政治经济学院、法国巴黎政治大学、美国密苏里大学、美国弗吉尼亚联邦大学、日本早稻田大学、澳大利亚悉尼大学等国际一流新闻院校建立了战略合作关系。此外，国外如奥地利萨尔茨堡大学、澳大利亚墨尔本大学、莫斯科国立大学，以及中国香港城市大学、台湾政治大学、铭传大学、香港恒生管理学院传播学院、澳门科技大学等都与该院签有交流协议。2010 年度，接待来访学者和代表百余人，主办多次大规模的国际学术会议；2011 年，接待海外一般来访参观 80 人次，邀请了 5 位海外知名学者来该院授课并举办了多次国际学术研讨会；2012 年，接待海外高校领导及学者 40 余批次 120 多人。三是围绕复合型应用型人才培养模式，建立完善的选拔机制，跨专业选拔、跨学科培养优秀“种子学生”，接受新闻传播学科理论和实务的训练后，根据我们的国际合作战略布局，以及国际一流新闻院校联合培养，以双硕士学位项目为主。目前已开展的联合培养项目包括：与美国密苏里大学新闻学院合作的“2+2”本科双学位项目；与日本早稻田大学合作的双学士学位项目；与英国伦敦政经学院（LSE）合作的“全球媒介与传播”双硕士学位项目；与法国巴黎政治大学合作的“传播与媒介”双硕士学位项目；与美国弗吉尼亚联邦大学合作的“策略公共关系”双硕士学位项目；与悉尼大学合作的“健康传播”双硕士学位合作项目。

（撰稿人 黄 瑚）

4.4 武汉大学新闻与传播学院

4.4.1 历史沿革

武汉大学新闻与传播教育始于1983年的新闻系，吴肇荣教授担任该系第一任系主任，时任中国新闻工作者协会主席的吴冷西同志担任名誉系主任，著名新闻教育家毕奂午教授、何微教授曾在新闻系任教。1984年新闻系正式招收了第一届新闻学专业本科生，次年获新闻学硕士学位授予权并开始招收硕士研究生；1985年增设了广播电视新闻专业；1993年增设了广告学专业。1995年新闻系更名为新闻学院，吴高福教授任院长。1998年新闻学科获准为湖北省重点学科，同年获得传播学硕士学位授予权。1999年4月，武汉大学学科调整，新闻学院和图书情报学院合并，成立了大众传播与知识信息管理学院。同年获新闻学博士学位授予权，次年开始招收新闻学博士生。2000年8月四校合并成立新的武汉大学，在2000年12月的院系调整中，学校将原武汉测绘科技大学的印刷学科与原武汉大学的新闻传播学科合并，成立了新闻与传播学院，罗以澄教授担任院长。

4.4.2 现任主要领导人

书　　记：吴爱军
院　　长：石义彬
副 书 记：张　琦、楚　静
副 院 长：单　波、强月新、程　明、王　滨
院长助理：姚　曦

4.4.3 办学理念

培养有思想的新闻人，培养负责任的传媒人。

4.4.4 办学规模

学院现有在校全日制学生近 1500 人，其中本科生 700 余人，硕士、博士研究生 700 余人；各类成人教育学生近 300 人。学院现有专任教师 54 人，教授 21 人（含博导 17 人）、副教授 19 人、讲师 14 人；90%以上的教师具有博士学位以及在国外或境外学习、访问、交流、讲学经历；有 1 位国家级教学名师、1 位入选国家第一批“万人计划”、4 位教育部新世纪优秀人才、3 位享受国务院政府特殊津贴、2 位珞珈杰出学者、1 位楚天学者特聘教授、5 位珞珈学者特聘教授、5 位珞珈青年学者。此外，学院还聘请了 50 多位海内外知名的新闻传播学者和业界人士担任学院的兼职教授或客座教授。

4.4.5 机构设置

学院组织机构包括管理机构、教学机构（系）、科研机构及支撑机构。其中管理机构包括党政办公室、本科生工作办公室、研究生工作办公室及教育发展与培训办公室。教学机构包括新闻学系、广播电视新闻系、广告学系及网络传播系。科研机构包括武汉大学媒体发展中心、新闻与传播研究所、跨文化传播研究中心等 6 个研究中心及《新闻与传播评论》编辑部。支撑机构包括国家级新闻传播学实验教学示范中心、图书分馆等。

4.4.6 专业设置

学院现设新闻学、广播电视、广告学、网络传播 4 个系；6 个本科专业和专业方向：新闻学、传播学、广播电视新闻学、广告学、播音与主持艺术、广告设计方向。

4.4.7 专业特色

学院拥有新闻传播学一级学科博士学位授予权，5 个二级学科博士学位授予权：新闻学、传播学、跨文化传播学、广告与媒介经济、数字媒介；5 个硕士学位授权点：新闻学、传播学、数字媒介、广播电视艺术理论、新闻与传播硕士专业学位；一个新闻传播学博士后科研流动站；一个省级一级学科重点学科：新闻传播学；拥有一个教育部人文社会科学重点研究基地武汉大学媒体发展研究中心、一个国家级实验教学示范中心：武汉大学新闻传播学实验教学中心。一个教育部、财政部支持的人才培养模式创新实验区：多媒体时代记者型主持人培养模式创新实验区。

4.4.8 科研改革

在科学研究方面，学院历来十分注重创新与发展。已形成了理论研究与关注现实并服务于国家新闻传播发展战略相结合的科研思路，注重整合配置学术资源，开创了一系列有特色的研究领域，科研实力不断增强。从创办之初便十分注重创新与发展，努力探求、解决新闻传播事业面临的重大理论与实践问题，不断夯实自己的学科优势。经过多年努力逐步形成了新闻学原理研究、新闻传播实务与文化研究、台港澳新闻研究、中西新闻比较研究、新闻传播思想发展研究、广告理论与实践研究等富有特色的研究领域。我国著名新闻教育家何微教授编撰的中国新闻思想发展研究多卷本资料汇编，开创了该领域的研究之先河；樊凡教授、单波教授主编的《中西新闻比较论》是国内最早涉及新闻学比较研究的论著之一；吴肇荣教授著的《作家型记者》，罗以澄教授著的《新闻采访学教程》、《新闻采访学新论》，吴高福教授著的《新闻学基本原理》等一批专著、教材，或具有开拓性，或在学科体系上有新的发展，充分体现了在新闻传播学研究上的特色和功力。“七五”期间，新闻系就承担了当时国家教委组织的新闻学基本原理、新闻写作学统编教材的编写任务；“八五”、“九五”期间，学院又获批承担了6项国家及部委重点课题的研究任务，并有10多项科研成果获得国家和省部级奖励。同时还十分注意科研为实践服务、为现实服务，切实加强与新闻媒体的科研合作，先后进行了新闻工作者的职业道德观、电视受众、武汉地区改革开放与传播关系的问卷调查等研究活动，为媒介发展出谋划策。

现有1个“十五”、“211工程”重点建设项目：新闻传播与中国社会文化发展；1个“十一五”、“211工程”重点建设项目：社会转型与中国大众媒介改革；一个国家“985工程”哲学社会科学创新基地；新闻传播与媒介化社会创新基地；2个CSSCI收录源刊：《新闻与传播评论》、《中国媒体发展研究年度报告》；根据2012年第三轮国家学科评估结果，该院学科综合实力全国排名第三（得分第三）、位次第四。

国内、国际交流与合作领域不断扩大。早在20世纪80年代就与香港中文大学、台湾朝阳科技大学共同举办过学术研讨会；不定期选派年轻教师到国内重点大学和新闻单位进修和学习，不断提高教师队伍的教学和研究水平。当时还聘请了一批知名新闻学者和资深新闻工作者担任兼职教授或名誉教授，如吴冷西、徐铸成、陆灏、李普、杨伟光、范敬宜、方成等。逐步建立起了与新华社、中央电视台、湖北电视台、人民日报社、经济日报社、光明日报社、湖北日报社等一批媒体的长期、良好的合作关系，为武汉大学新闻传播教育发展奠定了坚实的基础。同时与美国、日本、澳大利亚、加拿大等国家建立了合作交流关系。

2001年来，学院共举办各类全国性和国际性学术会议21次，其中2004年6月和法国波尔多三大组织传播中心联合举办的“跨文化传播国际学术会议”，2005年举办的“中美媒体生态与媒介改革学术会”、“两岸传媒迈向21世纪学术研讨会”和2006年举办的“武汉中国光谷国际动画沙龙年会”，以及2007年举办的“政治传播国际学术会议”、“公共危机与跨文化传播国际学术会议”，2008年的“广告与文化传播国际学术会议”，2011年的“跨文化传播国际学术会议”等，在国内外产生了深远影响，境内外学者给予了高度评价。

现今学院每年要主办一到两次大型国际学术会议，先后与美国伊利诺依大学传播学院、法国波尔多三大组织传播中心、英国桑德兰大学媒介研究中心、新西兰坎特布雷大学政治学与传播学院、韩国成钧馆大学放送学院，以及我国台湾铭传大学传播学院、台湾文化大学传播学院、香港城市大学英文传播系、香港中文大学新闻与传播学院等30多所教育、科研机构，建立了长期稳定的交流合作关系。

4.4.9 学科建设

学院长期以来重视学科建设。2002年以学院为主体的联合攻关项目“现代传媒与中国社会、文化发展”被列为国家“十五”、“211工程”重点建设项目，这标志学院进入国家重点建设的行列，该项目在2006年的项目总结验收中获得了专家组的较高评价。2003年学院一举获得传播学博士点和新闻传播学一级学科博士点，新闻学科则通过了省级重点学科的评审。2004年“武汉大学媒体发展研究中心”成为教育部人文社会科学重点研究基地；“新闻传播与媒介化社会创新基地”被列为国家“985工程”二期重点建设项目，该项目总建设经费2400万元。学院2001年创办的《新闻与传播评论》和2003年创办的《中国媒体发展年度报告》两份学术性刊物，在学界已产生了良好的社会反响。

2001年以来学院以本科教学“创优迎评”为契机，以“三创教育”为主题，以提高人才的培养质量为目标，不断提高本科教学水平和人才培养质量。2004年学院学生获湖北省大学生优秀科研成果一等奖2项，二等奖6项，2004年、2005年，学院学生连续夺得“中国大学生广告电视辩论赛”冠军，由学院举办的“新闻先生、新闻小姐大赛”和“谁将主持2008北京奥运”等活动在武汉地区高校中影响广泛。2006年10月在教育部的本科教学评估检查中学院的本科教学工作获得了很好的评价。在研究生教学工作中，结合学制调整和培养机制改革，积极拓展研究生培养新模式，学院根据教育部和学校的有关规定，先后两次修订了研究生的培养方案，使之趋于合理、科学和规范，研究生科研创新能力不断增强，学术氛围更加浓厚，学术素养明显提高，2003年以来学院研究生公开发表的学术成果连续多年居全校文科学院和国内同类院校的前列；以学院研究生、本科生为主体创办的“珞珈新闻与传播论坛”已成为武汉大学十大学生学术品牌之一；2004年10月学院成功承办了首届“全国博士生学术论坛新闻传播学分论坛”。

2004年12月，学院媒体发展研究中心获准为教育部人文社会科学重点研究基地；同年，由学院单独组织申报的国家“985工程”二期建设项目“新闻传播与媒介化社会”也获准成为国家“985工程”哲学社会科学创新基地；新闻学科被湖北省评为有突出成就的创新学科。2006年12月“武汉大学新闻传播学实验教学中心”通过教育部评审，成为全国第一家传媒类国家级实验教学示范中心。该中心教学实验设施齐备，拥有先进的专业演播厅、多媒体报刊编辑实验室、广播电视非线性编辑实验室、录音室、摄影实验室等，总面积1090平方米，实验设备400多台（套），设备总资产达1000多万元。院图书资料室面积达1000平方米，拥有中外图书50000余册，订有中外报刊230余种；电子阅览室可与校图书馆共享电子文献资源，可供利用的网络和光盘数据库有400多个；现刊阅览室可供100名读者同室阅览。学院综合办学实力已位居国内同类专业院校的先进行列。

2013年12月，中宣部、教育部决定开展地方党委宣传部门与高等学校共建新闻学院工作。武汉大学新闻与传播学院作为第一批试点单位，由湖北省委宣传部与武汉大学共建。根据共建协议，双方将共建精品课程、骨干队伍、实践基地和研究智库，力争用5年左右的时间，将学院建设成为马克思主义新闻观的教育高地、培训高地和理论高地；国家高素质新闻传播人才、优秀新闻工作建设者培养和湖北省新闻宣传系统在职干部培训的重要基地；推动形成立足湖北、面向全国的新闻事业与文化产业发展国家级智库；在全国特别是第一批部校共建的新闻学院中发挥示范、引领和辐射作用。

（撰稿人　刘建明）

4.5 清华大学新闻与传播学院

4.5.1 学院介绍

清华大学新闻与传播学院于2002年4月成立，学校聘请我国新闻传播界资深人士、

《人民日报》原总编辑范敬宜先生担任首任院长。2011 年 3 月，时任国家新闻出版总署署长、国家版权局局长柳斌杰先生受聘担任学院第二任院长。学院前身是 1985 年在人文学院设立的编辑学方向和 1998 年成立的传播系。

新闻与传播学院在清华大学建设世界一流大学的发展过程中，成长迅速，成效显著。2007 年获得新闻传播学一级学科博士学位授予权，现设有博士后工作流动站；文化部在学院设立了国家文化产业研究基地，中国文联设立了中国文艺评论基地；学院编辑出版公开发行的学术期刊《全球传媒学刊》；学院目前也是全国新闻传播学学科唯一的国家一级学会中国新闻史学会会长单位；在全国新闻传播学学科评估中已跨入一流行列。2014 年，在中共中央宣传部和教育部部署下，清华大学与人民日报社共建新闻与传播学院。学院还与中国日报社、国家外文局签订了全面战略合作协议。从 2013 年开始，学院在人民日报社等机构的支持下，开始主办一年一度范敬宜新闻教育奖，这也是目前面向全国的唯一的新闻教育奖。

学院以“素质为本、实践为用、面向主流、培养高手”为办学宗旨，聘请一批学界和业界权威人士组成顾问委员会，以确保学院的学科发展方向和办学理念契合国家和社会的需求，并始终站在国内和国际学术发展前沿。目前，学院已形成一支理论与应用兼顾、国际和国内学术背景融合，多学科、多专业交叉的精干高效的教师队伍；尹鸿、熊澄宇、郭镇之、李希光、陈昌凤、李彬、彭兰等著名学者担任了各学科方向的学术带头人。具有博士学位的教师、具有国外长期学习和工作经历的教师、具有媒体实际工作经验的教师比例，在国内高校同类学科中均名列前茅。

在学院建院十周年之际，时任中共中央宣传部副部长、中央对外宣传办公室和国务院新闻办公室主任王晨认为，清华大学新闻与传播学院秉承清华大学先进的办学宗旨和办学理念，形成了鲜明的精神追求、严谨的学术品格和突出的实践特色，为中国新闻传播界培养和输送了一批高层次、复合型、创新型的新生力量，在马克思主义新闻观、国际传播、新媒体传播、广播影视传播、文化产业与媒介经营等多个领域取得了重要成果，为国家新闻事业的发展、新闻传播政策的制定、新闻传播观念的变革作出了独特的贡献。教育部党组副书记、副部长杜玉波评价说，清华大学新闻与传播学院在学科建设和人才培养方面进行了积极的探索，取得了令人瞩目的成绩。清华大学百年校庆前夕，由来自美国、英国、新加坡等国家和地区的知名专家组成的国际评估组肯定了清华新闻与传播学院“致力于建设世界一流的新闻传播学科”的努力，并指出“新闻学院追求卓越的发展速度令人印象深刻”。

学院高度重视新闻传播创新型人才培养。人才培养层次覆盖本科、本科双学士、学术硕士、专业硕士、博士各个层面。学院还培养国防生以及国家国际新闻传播后备人才；面向全球招收全英文财经新闻硕士研究生。来自 20 多个国家的留学生已接近全院学生总数四分之一。学院强调对学生宽厚的通识基础、复合的知识结构、专业化的职业素质、国际化的交流能力的培养。80%以上的毕业生进入主流媒体、政府机关、高等院校及国家大型企业工作。学生的专业素养、工作态度受到用人单位好评，近年来已有多位毕业生获中国新闻奖等重要奖励。国内外媒体近年来多次报道学院在实践教学、国际化办学、人才培养等方面的经验和成绩。

学院目前建有 5 个跨院系的校级研究中心、5 个院级研究机构以及若干对外合作建立的应用性研究机构，承担了众多国家级、省部级及社会委托的科研项目，为党和政府相关部门提供了大量决策咨询和应急服务，人均科研经费位居全国同类院系前列，一些研究成果在学术界产生了重要影响，部分成果为国家主管部门提供了决策依据。同时，学院还整合国内外相关资源，通过研究生课程进修班、各种不同层次的培训以及公益服务，为中央、国家机关以及各级党政部门、媒体、企业和个人提供政府公共关系、新闻发言人、国家形象、城市形象、文化产业、企业传播等方面的专业培训。

2005 年 4 月，时任总理温家宝在阅读新闻与传播学院学生撰写的农村回乡调查报告之后给范敬宜院长回信指出："从事新闻事业，我以为最重要的是要有责任心，而责任心之来源在于对国家和人民深切的了解和深深的热爱。只有这样，才能真正做到用心观察、用心思考、用心讲话、用心作文章。"① 这段话为学院的人才培养和科学研究指出了方向。新闻与传播学院正发挥清华大学的多学科优势，努力推动具有中国特色和国际水准的新闻与传播教育和研究的创新发展，为国家培养"对祖国和人民有深切了解和深深热爱"的"面向实际、面向世界、面向未来"的高素质新闻与传播人才，为民族复兴和人类进步贡献力量。

4.5.2　组织架构

学院实行院为实体的建制，在学院平台上组织教学。依托全校综合学科的背景，充分调动国内外的人才资源，以"小实体，大联合"的模式组织教学与科研队伍。

学院为促进科研工作的开展，本着"精干、高效、综合、开放"的原则，下设若干研究中心。中心成为资源共享、优势互补、动态流动的学术科研发展平台。

1. 清华大学新闻与传播学院

顾问委员会主任：赵启正。

国际顾问委员会主任：西摩·托平（哥伦比亚大学新闻学院讲座教授，普利策奖评

---

① 此信于 2005 年 6 月 17 日发表于《人民日报》头版。

选委员会前主席)。

院务会：院　长：柳斌杰。常务副院长：陈昌凤。党委书记：胡　钰。副院长：崔保国、史安斌、周庆安。党委副书记：梁君健。

学术委员会主任：熊澄宇。

学位委员会主任：尹鸿。

教学委员会主任：陈昌凤。

2. 院级中心

新媒体传播研究中心主任：彭兰。

影视传播研究中心主任：尹鸿。

传媒经济与管理研究中心主任：崔保国。

新闻研究中心主任：陈昌凤。

公共关系与战略传播研究所主任：范红。

3. 校级中心

马克思主义新闻学与新闻教育改革研究中心主任：柳斌杰；执行主任：王君超。

文化产业研究中心（国家文化产业研究中心）主任：熊澄宇。

国际传播研究中心主任：李希光。

国家形象传播研究中心主任：范红。

伊斯雷尔·爱泼斯坦对外传播研究中心执行主任：史安斌。

4. 合作研究机构

清华—日经传媒研究所负责人：崔保国。

首都网络文明研究基地负责人：金兼斌。

中国文艺评论基地负责人：尹鸿。

4.5.3　人才培养目标与理念

1. 培养目标

培养具有高度社会责任感、历史使命感和职业荣誉感，面向实际、面向世界、面向未来的高素质新闻与传播人才。

2. 专业建设理念

“素质为本、实践为用、面向主流、培养高手”为学院办学宗旨和专业建设理念。在课程设置、培养方式、教学内容、课外扩展、毕业引导等方面深入开展新闻与传播教育的改革，强调正确的世界观和新闻观，重视通识教育基础上的宽口径专业素质，强化全球视野、国情意识、职业理想、实践能力。

3. 培养层次及专业方向

1）本科生

新闻学（新闻与传播）专业；

新闻学第二学士学位。

2）硕士研究生

新闻学、国际新闻传播、影视传播、新媒体传播、媒介经济与管理、英文项目全球财经新闻（GBJ）；

新闻传播专业硕士（MJC）；

信息艺术设计（交叉学科）。

3）博士研究生

新闻与传播史论、全球传播、广播影视传播、新媒体传播、文化产业与媒介经济、新闻传播与社会发展。

国防生培养：从2007年开始，应解放军总政治部要求，学院每年招收新闻学专业国防生，为部队培养舆论战人才。学院为国防班制定了专门的培养方案，开设了“舆论战导论”及“军事对外宣传”等必修课程。

国际新闻传播硕士培养：2009年学院被国家有关部门列为培养国家国际新闻传播后备人才培养基地，招收国际新闻传播硕士，为国家主流媒体选拔培养适应全球信息流通背景下新闻传播事业发展的高端人才。

国际学生项目：2007年开办面向全球招生的全英文教学的“全球财经新闻”（Global Business Journalism）硕士项目。该项目得到美国国际记者协会（ICFJ）及美林集团、德勤集团的赞助和支持，聘请多位国际知名财经媒体专家执教，彭博通讯社为该项目提供了数据终端和数据使用权。

4.5.4 教学特色

注重相关学科交叉融合、培养熟练的国际交流能力、强调社会实践与专业实践的结合、全学科推动工作坊工作室教学模式、建构学生全媒体实践教学平台。

1. 宽基础、菜单式、阶梯形培养方案

加强本科生人文素质和自然科学基础以及学生实践能力的培养，以模块化菜单规划人文社会科学与自然科学的基础课程；高年级根据学生的专业兴趣，划分若干专业阶梯课组，培养学生专业技能；形成通与专、规定与自选、理论与实践相结合的课程体系。

2. 开放式、国际化办学

从美国、英国、瑞典、日本等国的知名高校引进多名具有博士学位的中青年骨干，聘请了40多位来自学界和业界的海外专家开设新闻传播专业的前沿课程，来自20多个国家和地区的留学生人数约占全院学生人数的四分之一。中外学生共同学习，创造了学院的国际化学习环境；“新闻传播专业英语阶梯课程”保证本科全程英语专业课程的连续性；支持学生到境外高校或境外媒体交流学习；出版和使用英文系列原版教材。用英语和中英双语为本科生和研究生开设的专业课程已超过30门。学院在国际化办学和双语教学方面的探索得到了国内外同行和媒体业界的肯定。

3. 社会实践与专业实践相结合

成立融合网络、电视、报纸、新媒体的学生清新传媒社，保证学生在实践中学习，在学习中实践。为本科生开设系列专业实践工作坊，提高学生专业技能；在专业教学全过程中强调理论与实践相结合；将社会实践、媒体见习和专业实习纳入培养方案。清新时报社、清新时报第三方智能手机应用程序（APP）、清影工作室、清新视界、清田工作室、清华大学电视台等都成为学生重要的校内新闻传媒实践平台。已在人民日报社、中国新闻社、中央电视台、解放军报社、环球时报社、新华网、腾讯网、凤凰网、北京电视台、北京广播电台以及部分海外媒体建立“教学科研实习基地”。

4. 精品课程建设

已建成国家精品课程“新闻采访写作”和“中国新闻传播史”，清华大学精品课程“马克思主义新闻观”、“数字媒体基础”、“传播学研究方法”、“影视传播研究”等。有10多种主要教材入选国家和北京市教材规划。

5. 新生导引计划

自2008年起成为清华大学新生导引项目的试点院系之一，学院为一年级新生设立指导教师，组织资深教授和青年教师、高年级学生和优秀校友参与“新生引导”、“主题活动”、“个别辅导”等，促进新生的健康顺利成长。

4.5.5 教学成果

1. 教学成果

“新闻与传播教学改革实验研究”、“新闻学课堂实践教学的改革与创新”先后获北京市教学成果奖；多项成果获清华大学教学成果奖。

“新闻采访与写作”、“中国新闻传播史”获国家精品课程、北京市精品课程称号；《全球新闻传播史》、《中外广播电视史》等先后被评为北京市高等教育精品教材；多人次先后被评为全国十大教育英才、北京市高校教学名师。

2005年6月16日，《人民日报》在头版刊登温家宝总理看到该院学生李强的回乡调查报告《乡村八记》后给范敬宜院长的亲笔回信及《乡村八记》部分内容。

2006 年 1 月 16 日，教育部发出《关于印发〈清华大学新闻与传播学院教学与实践相结合调研报告〉的通知》；《光明日报》2006 年 2 月 7 日全文刊登该调研报告。

该院本科生、《清新时报》总编辑、中国高校传媒联盟执行主席李燕茜作为中国青年代表团的唯一代表受到正在加拿大多伦多参加 G20 首脑峰会的国家主席胡锦涛的亲切接见。

2007 年 6 月 14 日教育部高教司发出《关于转发〈 清华大学新闻与传播学院马克思主义新闻观教育经验报告〉的通知》。

2011 年 12 月由哥伦比亚大学新闻学院讲座教授、普利策奖评委会前主席、美国《纽约时报》前执行总编 Seymore Topping 率领的专家组对该院进行了国际评估。专家们对该院在新闻传播专业人才培养的国际化探索方面所取得的成绩给予了充分的肯定。美国高等教育界的权威期刊《学府》（*Academe*）和哈佛大学尼曼新闻基金会出版的《尼曼报告》（*Nieman Report*）等海外媒体均发表专文介绍该院在新闻传播专业国际化方面所做的探索。

2011 年 7 月该院硕士毕业生曾维康志愿到广西乡镇基层工作，其撰写的硕士论文《农民中国：江汉平原一个村落 26 位乡民的口述史》一文得到社会各界重视和媒体热议。2012 年 3 月，《文汇报》以 3 期共 12 个版面的篇幅报道了曾维康的成长和他撰写的口述史；5 月，高教出版社出版发行该书，英国剑桥大学出版社拟翻译出版。

2. 学生实践教学平台

1）清新时报

由该院主管、学生自办的《清新时报》是该院本科生日常实习的重要基地。该院本科生在《清新时报》做记者、编辑。该报定位为清华的校园社区报纸，以“新闻纸、真媒体和实践基地”为建设原则，致力于创建一个高度拟真的办报环境，培养学生的专业实战能力。目前，《清新时报》已经成为清华大学校内最具影响力的媒体之一，并开发了清新时报第三方智能手机应用程序（APP），初步形成全媒体实践平台。

2）清影工作室

清影工作室成立于 2006 年春，是在学院老师的支持和指导下的学生影视业务学习和实践组织。清影工作室自成立以来，已经制作完成的作品有纪录片《大肆》、《大一》、《四・川》、《2008・纪》、《未名湖》、《戏末》、《扇鼓・乐》、《喜业》、《百年一日》、《关于宝泉岭的 N 支歌》等。这些纪录片作品受到各方高度评价。《大肆》等多部作品在全国数个电视台播放，并获得了四川电视节金熊猫奖等国内外奖励，多部作品入围国际电影电视节展。清影工作室还陆续举办影片观摩和学术沙龙活动，成为教师、研究生和本科生业务和学术交流的平台。2014—2015 年，清影工作室摄制的纪录片《飞鱼秀》、《喜马拉雅天梯》进入全国电影院线放映，《喜马拉雅天梯》被《人民日报》评为年度五大优秀影片之一。

3）清新视界

由影视传播研究中心教师指导的学生电视和网络视频教学实践平台。先后制作了数十期新闻专题片、网络栏目，在多家网络平台上线。多期节目引起了广泛关注，成为青年网络文化的有影响力的载体。

4.5.6 科学研究

新闻与传播学院承担了大量国家级、省部级、学校以及社会委托的科研课题。科学研究的主要方向包括马克思主义新闻理论、新闻改革和新闻教育改革、传播学理论与研究方法、全球传播研究、广播影视传播研究、新媒体传播研究、文化产业与媒介管理、媒介与社会调查等；一些研究成果在学术界产生了重要影响，部分成果为国家主管部门提供了有力的决策依据。

1. 部分代表性研究项目

“中国文化产业学学科体系建设研究”，国家社科基金重大项目，尹鸿，2010

“我国文化产业政策研究”，国家社科基金重大项目，熊澄宇，2009

“舆论引导力与社会舆情预警系统研究”，国家社科基金重大项目，李希光，2008

“我国发展文化产业的理论与实践研究”，国家社科基金重大项目，熊澄宇，2004

“新中国六十年新闻事业史研究”，国家社科基金重点项目，李彬，2009

“我国文化软实力发展战略研究”，国家社科基金重点项目，李希光，2008

“社会网络中的舆情演变机制研究”，国家社科基金一般项目，金兼斌，2011

“国外电视新闻频道涉华报道研究”，国家社科基金青年项目，王维佳，2011

“领导干部的媒体素养和媒体执政能力研究”，国家社科基金一般项目，史安斌，2010

“新形势下的报刊经营体制改革研究”，国家社科基金一般项目，崔保国，2006

“公共外交与对外宣传战略研究”，国家社科基金一般项目，胡显章，2005

“我国传媒业民营资本准入指标体系研究”，国家社科基金青年项目，赵曙光，2005

“记者招待会与新闻发布会研究”，国家社科基金一般项目，李希光，2004

“党报宣传艺术新论”，国家社科基金一般项目，范敬宜，2003

“我国文化领域科技发展与规划研究”，全国艺术科学规划课题，熊澄宇，2004

“进入新世纪的中国电影发展战略与策略”，全国艺术科学规划重大课题，尹

鸿，2003

“全球化背景下国际新闻传播人才培养模式创新研究”，教育部社科重大攻关课题，史安斌，2010

“全球化背景下中国影视文化问题发展战略研究”，教育部社科重大课题攻关课题，尹鸿，2005

“基于微博的表达权与‘理想的传播情景’”，教育部人文社科一般项目，王君超，2011

“互动视频节目形态与商业模式研究”，教育部人文社科一般项目，刘惠芬，2008

“中美新闻发布的机制构建和传播效果比较研究”，教育部人文社科青年项目，史安斌，2008

“1990 年代以来我国城市居民人际交流手段的演变及其社会意义”，教育部人文社科一般项目，金兼斌，2005

“‘走出去’的第一阵地——中国电视与东南亚”，国家广播电影电视总局社科研究重点项目，郭镇之，2009

“面向 Web 的社会网络理论与方法研究”，国家自然科学基金重点项目（子课题），金兼斌，2009

“高等学校的危机管理和媒体应对”，北京市教育科学规划课题，史安斌，2007

“北京市传媒产业的发展机制与发展模式研究”，北京市哲学社会科学“十一五”规划项目，赵曙光，2006

“中央电视台国际传播能力建设研究”，中央电视台海外传播中心，陈昌凤，2011

“北京市属媒体奥运宣传报道策划实施效果评估”，北京市新闻工作者协会，陈昌凤，2008

2. 主办的主要学术会议

中国土耳其传媒会议：2011 年 10 月上旬由土耳其中东科技大学和清华大学新闻与传播学院联合主办的第一届中土传媒会议在土耳其安卡拉召开。与会学者就中土两国的媒体概况、新闻教育、电视产业等多方面情况进行了交流，并且展映了清华大学新闻与传播学院雷建军副教授执导的纪录片《2008 · 纪》。

中英文化创意产业政策峰会：2011 年 7 月 11 日由清华大学国家文化产业研究中心和英国文化协会共同主办的“中英文化创意产业政策峰会”在英国伦敦召开。中英双方的文化产业专家就彼此共同关心的问题进行了探讨，实地考察了伦敦创意产业的相关机构。来自文化部、国家广播电影电视总局发展研究中心、北京市文化产业改革发展办公室的代表参加本次论坛。

清华传媒论坛：2011 年开始，每年举办一届清华传媒论坛《中国传媒产业发展蓝皮书》发布会。来自国内外传媒学界专家、国内主流媒体业界专家以及相关政府部门的领导参加了研讨会。

中美互联网学术研讨会：2011 年 4 月 4 日在中国清华大学新媒体传播研究中心主任熊澄宇教授和美国普林斯顿大学信息与技术政策研究中心主任 Ed Felten 教授的共同主持下，来自中国清华、北大、人大、南大、中科院、社科院及美国普林斯顿、哈佛、哥伦比亚等高等院校和科研机构的专家学者们，在美国普林斯顿校园召开了首届中美学者互联网学术研讨会，就互联网对两国社会发展的影响进行了充分的讨论，最后达成并签署了《中美学者关于互联网学术研究的共识》。

华语媒体高峰论坛：2011 年 4 月 1 日由清华大学新闻与传播学院和凤凰卫视主办的“华语媒体高峰论坛——迎接全媒体时代”在清华大学举行。来自内地、香港、台湾的媒体领袖、著名学者，对“全媒体”以及“全媒体时代”华文媒体的应对策略进行了阐述，共同探讨如何迎接全媒体时代。

中国健康传播大会：2009 年开始，由清华大学和卫生部联合举办的中国健康传播大会在清华大学召开。传播大会已经成为公共卫生领域具有社会影响力的品牌大会。

软实力与政府传播国际研讨会：2009 年 9 月 8 日，由清华大学国际传播研究中心主办的软实力与政府传播国际研讨会在清华大学召开。来自美国、英国、澳大利亚、韩国、日本、法国、瑞士、德国和中国等国家的 60 所大学、研究机构和政府部门的 150 位专家学者出席了研讨会。会议就包括新中国的软实力建设 60 年、国家品牌与地区品牌、突发事件的传播力、网络时代的传播力等议题开展研讨。

中国国家形象传播清华论坛：2015 年，由新闻与传播学院和国家形象传播研究中心举办的国家形象传播清华论坛举行。

新闻教育院长与总编高峰论坛：2015 年开始举行一年一度的新闻教育院长主编高峰论坛。人民日报社、光明日报社等主流媒体的总编与来自全国各主要新闻学院的院长共同探讨新闻教育的发展。

4.5.7 海外交流与合作

学院与海外的新闻传播院系和媒体机构建立广泛联系，积极合作，为优秀学生创造海外学习和深造机会。其中与美国普度大学传播学院、亚利桑那州立大学新闻学院、英国威斯敏斯特大学传媒学院、香港中文大学新闻与传播学院、美国彭博新闻社、英国路透社、日本经济新闻社、《南华早报》、宏盟集团等院校和媒体机构建立了长期的合作伙伴关系。

近五年来，共有 80 多人次教师、数百余人（次）的本科生和硕士生在海外进行学术交流和专业实践。学院还聘请《商业周刊》前总编 Bob Dowling，《时代周刊》欧洲版前总编 Ann Morrison，彭博新闻社亚太区高级编辑 Lee Miller 等多位国外媒体的业界高手执教清华。与彭博集团合作建立了国内高校首个财经新闻实验室，与宏盟集团合作设立了“宏盟基金”、设立了“清华—南华早报奖学金”、“清华—杜孟传播奖学金”等多个项目促进学院的教学科研和人才培养。借助清华大学的高端平台，学院经常组织学生参加各种高水平外事活动，与国际政要、媒体高管、知名学者和记者等进行面对面交流。该院学生已成为清华大学与国外领导人、社会名流对话的重要参与者，并发挥了积极作用。

4.5.8　继续教育

学院师资精锐、学风务实，国内外教学资源丰厚，专业理念与时俱进。近年来，面向各级政府部门、媒体、企业和个人，举办了数以百计的各种层次的在职人员专业培训。其他各类短训班为更好地为社会服务，满足政府及传媒骨干人才继续学习的需要，学院常年面向单位开设短期培训班。

学院根据用人单位的需要，专门组织以单位为基础的研修班，制订特殊研修计划，进行有针对性的培养。近年来先后为中国人民解放军总政治部、北京军区政治部、中国国际广播电台等开办了研究生课程进修班。

从 2010 年开始，学院陆续为中央和国家机关司局级领导干部开办了“媒介融合背景下的中国媒体与社会发展专题班”和“文化事业与文化产业专题班”等多个自主选学专题班。

从 2011 年开始，北京市委组织部委托学院承办北京市领导干部文化产业创新与发展专题研讨班。

清华大学—汤森路透全球新闻实务系列高级工作坊。该项目每年在汤森路透基金会支持下，根据工作坊主题选派资深记者培训师来华参与工作坊的新闻实务培训项目。清华大学新闻与传播学院负责项目的运作和管理。工作坊的宗旨是“与中国新闻界一道打造负责任、有质量的新闻报道”。该项目以公益形式为国内记者提供学习交流机会。

中德媒体使者研修项目系列高级实务训练工作坊。该项目每年选拔部分中国和德国的主流新闻媒体记者，为他们分别安排为期三个月的交流互访和培训进修，旨在推动中国和欧洲，特别是中德两国记者及其他境外主流媒体记者之间的交流与互信，增进世界对中国的认识和理解。

此外，还开设媒体经营与管理、电视频道运营与节目创新、城市形象与品牌传播、企业品牌与战略传播、新闻记者专业培训、新闻院系教师专业培训、新闻发布与媒体关系管理、突发事件应急管理、网络和新媒体时代的执政能力建设、新媒体与网络舆情、文化体制改革、文化产业发展、大数据与社会发展等方面的专题培训。

（撰稿人　尹　鸿）

4.6　华中科技大学新闻与信息传播学院

华中科技大学新闻与信息传播学院的前身为创立于 1983 年的华中工学院新闻系，开启了国内工科大学创办新闻传播类专业的先河，1998 年成立新闻与信息传播学院。学院秉持“文工交叉，应用领先”的办学理念，30 多年来历经几代学人的开拓奋进，已发展为国内一流的新闻传播学术重镇，并形成了完整的新闻传播类专业人才培养链。

当前，学院共有教职员工 50 余名，全日制各类学生 1000 余人。在历次的教育部本科专业评估中，学院在全国同类学科综合排名中均名列前茅，分别取得了第四名（2004）、第七名（2009）和第五名（2012）的佳绩。

4.6.1　历史沿革

华中科技大学新闻与信息传播学院 30 多年来的发展历程，走的是一条改革创新、特色取胜的发展之路。其间的创业史、创新史大致可划分为以下四个阶段。

1. 初创摸索阶段（1983—1991）

1983 年新闻系创办时，作为国内工科大学的第一个新闻学专业，作为华中科技大学（当时还是华中工学院）的第一个文科系，如何发展并没有前例可循。由于师资队伍及其他教学资源的限制，在课程设计方面，新闻系不可能像综合性大学那样，建构以人文社会科学为基础的培养体系。但是华科大新闻学人却另辟蹊径、大胆革新，果断地将高等数学、计算机语言、科学技术史等纳入课程体系。这一做法，令学界业界耳目一新，后来逐渐为其他综合性大学所采纳，变成了新闻教育界的主流。经过摸索，在这一阶段，新闻系确立了“应用为主，文理渗透”的办学方针。

2. 艰辛探索阶段（1992—1997）

在这一阶段，无论是社会大环境还是学校小环境，对于新闻系的发展都不太有利。然而，在困难重重的环境中，新闻系的领导和老师们仍然在顽强推进文理交叉的办学创新。他们一方面进一步坚持“应用为主”，另一方面尝试将前一阶段的“文理渗透”特色推向跨学科的“远程交叉”，即传播文化与传播科技结盟的新层面上。新闻系与海外的学术交流逐步打开，特别是 1995 年与新加坡南洋理工大学、中国新闻史学会合作，共同召开了“95 世界华文报刊与中华文化传播国际学术研讨会”，显著扩大了新闻系的社会影响。这个会后来每两年一届，一直延续至今。教学方面迎来的突破是：1996 年获得新闻学硕士学位授予权，同年开始招生广播电视学本科专业学生，科研也开始走上正轨。

3. 迎风起飞阶段（1998—2005）

1998 年 4 月 28 日，在原新闻系的基础上正式成立新闻与信息传播学院。学院抓住了新闻传播教育大发展、华中科技大学争创世界一流综合性大学的外部机遇，自身奋起直追、辛苦耕耘，迎来了一个飞速发展的阶段。

1998 年年初，学院正式提出学科发展和人才培养的新思路，实行新闻学与传播学并重，人文、社科与信息学科大跨度交叉，传播文化与传播科技紧密结盟，培养既有扎实的人文、社科功底，又能掌握现代传播工具的现代化新闻与信息传播人才。主要从三个方面进行了转变：一是从单学科教育转向多学科综合教育；二是从侧重技能训练转向技能训练与学理教育并重；三是从廉价教育转向高投入教育。

学院的创新尝试不断，特别是 1998 年从校内理工科大二学生中选拔了 22 人实行“2+2”培养组成网络新闻本科班，开创我国网络新闻教育之先河。并于 1999 年起开始正式招收网络新闻传播学专业的本科学生。2005 年，又在全国高校第一个评论团组织——新闻评论团的基础上，创办了新闻评论方向班，为媒体培养十分稀缺的新闻评论人才。这一阶段，学院的办学思路不断拓宽，还从 2000 年起开始招收广告学本科专业学生。

与此同时，学院的学科建设也不断取得突破，迈上了一个又一个新台阶。2000 年获得传播学硕士学位授予权。2003 年获得新闻学博士学位授予权，2005 年获得传播学博士学位授予权，成为当时全国五家拥有新闻传播学一级学科博士授予权的院校之一。

4. 发展壮大阶段（2006 年至今）

在这一阶段，从外部看办学形势比较有利，国家增加了对教育的投入，新闻学院申报的许多项目、基地、示范中心一一获得了批准，学校各级领导对新闻学院的重视程度也日益提高。从内部看新闻学院的领导班子由一批老的创建者交给了 40 岁左右的中年人，顺利实现了新老交替。在新班子的带领下，学院以新的姿态开始追逐新的更高的目标。

学院在继承原有优良传统、办学特色的同时，进一步开拓创新。学院的办学理念从早期的文理交叉推进发展为多学科交叉，充分利用学校理工科、文科其他学科、艺术类专业的资源背景，实现了与多个不同学科的交叉融合。学院的培养目标依据社会所需调整为培训具备融媒体思维和技能的复合型人才。与之相应，在教学实践层面也进行了一系列的改革。

这一阶段，学院在教学与学科建设方面取得的主要突破包括：2011 年级正式开始招收播音与主持艺术专业的本科学生。陆续设立了广播电视传播学博士点（2006）、广播电视传播学硕士点（2007）、广告公关硕士点（2007）、编辑出版专业硕士点（2010）、广告与媒介经济博士点（2012）、公共关系学博士点（2013，为国内第一个公共关系学博士点），2007 年获批建立新闻传播学博士后流动站。

同时，学院的科研也迎来了大丰收。无论是学术著作的出版，期刊论文的发表，重量级科研项目、科研奖项的获得，还是有影响学术会议的召开，老师们都有亮眼的表现。特别是青年教师科研群体的崛起，十分引人注目。

4.6.2 人员机构

1. 主要领导人

院　长：张　昆
书　记：詹　健
副院长：钟　瑛、何志武、陈先红
副书记：李　磊

2. 师资队伍

学院拥有一支结构合理、富有活力、精练高效的高水平创新团队。全部在岗的 38 位教师中，既包括拥有“国务院学科评议组成员”、“马工程首席专家”等称号的领军学者，也有一批具有“青年拔尖人才”、“新世纪优秀人才”称号的优秀青年师资。

教授（15 人）	赵振宇、石长顺、舒咏平、孙发友、欧阳明、张昆、钟瑛、刘洁、何志武、陈先红、余红、王溥、唐海江、郭小平、张明新
副教授（15 人）	唐志东、胡怡、余奇敏、陈少华、李贞芳、袁艳、顾建明、李卫东、闫隽、邓秀军、彭松、鲍立泉、徐明华、牛静、李华君
讲师及助教（8 人）	甘世勇、于婷婷、周婷婷、刘锐、龚超、曾一帆、张梅兰、彭媛

整支队伍具有以下四个明显特征：

（1）队伍以中青年为主体，梯队完备，年龄结构合理。35～54 岁的老师占全体老师总数的 60%，其中教授 10 人，占总数的 2/3，是学院绝对的主力军。

（2）学科来源多元化，队伍中除了新闻传播学科外，有近半师资来自相邻学科，包括社会学、哲学、政治学、语言学、文学、管理学以及计算机科学等，这有助于学院的跨学科交叉发展。

（3）由来自业界和学界精英构成“双资”队伍比例协调。业界师资是学院发展的一个重要抓手，目前形成了业界和学界师资各占半壁江山的基本格局。

（4）队伍具有良好的国际化视野，有一半以上师资具有海外访学经历，有三分之一左右在海外有 10 个月以上的研习经历，多人在海外获得学位，并担任各类国际学术机构职务。

4. 6. 3　机构设置

1. 教辅机构负责人

党政办公室主任：王维真

资料室负责人：彭巧莲

实验中心负责人：张华鸣

社会教育部办公室负责人：万哲华

分团委负责人：杨丽萍

学工组负责人：姚　坦

2. 实验中心

新闻与传播教学实验中心成立于 2006 年，前身是 1983 年组建的华中工学院新闻系的摄影实验室和电视实验室，于 2007 年获批为省级实验教学示范中心。目前，新闻与传播实验中心按功能划分，主要分为 8 个大类实验室：计算机与多媒体实验室、广播电视实验室、广告摄影实验室、网络与新媒体传播实验室、演播厅、形体房、录音间及传媒与舆情调查实验室。实验中心共有建筑面积 1124 平方米（其中专业实验室 540 平方米、演播室 584 平方米），现有教学仪器设备 1441 台，价值 1364. 57 万元。

3. 主要研究机构

1）国家传播战略协同创新中心

国家传播战略协同创新中心是由华中科技大学牵头，由包括中国人民大学、复旦大学、中国外文局、解放军南京政治学院、湖北日报传媒集团、湖北广播电视台（集团）六家高校、院所和媒体机构协同，致力于从理念、制度和实践三个面向，对国家层面的传播战略进行全方位、系统化研究的协同创新体。中心于 2013 年 6 月成立，2013 年 10 月初正式挂牌，中心设在华中科技大学。

目前，中心下设战略传播研究院、公共传播研究所、新闻传播与舆情调查实验室等研究机构，拥有研究人员近百人。致力于通过各协同单位在机制体制改革方面的不断探索和创新，进行深度融合，真正实现跨区域、跨学校、跨学科、跨行业的互动联合，形成高校、院所、政界、业界与军方的互补优势。预期在今后十年内，中心将建设成面向国家文化与传播战略诸问题的特色新型智库。

2）媒介技术与传播发展研究中心

华中科技大学媒介技术与传播发展研究中心是湖北省重点人文社科研究基地。2006 年 12 月，经湖北省教育厅批准，正式挂牌成立。研究中心从理论建构、制度创新和应用探索等三个层面研究媒介技术与传播发展的有关问题，根据传播技术的最新发展，对人类社会的传播现象进行前瞻性、创新性的研究。

此外，学院下设的研究机构还包括：新闻评论研究中心、网络传播与新媒体发展研究中心、广播电视与新媒体研究院、品牌传播研究所、电子与网络出版研究所、华中科技大学·湖北日报传媒集团媒介发展研究院等。

目前学院设立有两个国家级二级学会，中国新闻史学会新闻传播教育史专业委员会、中国新闻史学会公共关系专业委员会，这在国内是唯一的一家。学院还有两个省级一级学会，湖北省新闻传播教育学会、湖北省科技新闻学会。

4.6.4 人才培养

1. 专业设置

目前学院共设有新闻学、广播电视新闻、广告学、传播学、播音与主持艺术五个本科专业。其中新闻学（2007）、广播电视新闻（2009）被评为国家级特色专业。传播学专业在国内最早开始网络新媒体教育。新闻学专业的“新闻评论实验班”教育，开创了评论人才培养创新的新路径，受到了学界、业界的普遍好评。

在研究生层面，拥有新闻学、广播电视学、广告与公关、传播学四个学术型硕士点，出版、新闻与传播两个专业硕士点。设立有新闻学、传播学、广播电视与数字媒体、广告与传媒经济和公共关系五个博士点。

各层次的专业人才培养都体现了综合素质与专业水平、理论功底和业务技能的均衡发展。毕业生上手快，后劲足，视野开阔，思维活跃，有较强的大局意识和强烈的责任感，深受业界和学界的欢迎。

2. 培养特色

30多年来，学院始终走在全国新闻传播人才培养改革领域前列。对本科生的培养，学院强调学生的动手能力，注重多学科复合特色取胜，素质教育与技能教育并重，注重建设专业教学实践基地。对研究生的培养，注重从多方面提升研究能力，拓宽学生知识结构，开阔理论视野。

当前学院的教学改革，致力于建立与媒介融合时代相适应的融媒全流程培训，主要从以下四个方面展开：

（1）制定创新性培养方案。课程体系由通识课程、基础课程、专业课程、专业交叉课程组成，形成宽口径、厚基础、强专业、重交叉的递进型课程体系。

（2）组建双师型教师队伍。除了注重从业界引进资深新闻人担任教师、从业界聘请兼职教师外，近年来与媒体联动推行“双挂”制度，选派教师到业界挂职和吸引业界人士到学院挂职；使得新闻传播教育能密切追踪业界实践，人才培养能很好适应业界需要。

（3）调整实验程序设计。改变了以往业务实验课各立门户不相关联的做法，依据融合媒体新闻业务的流程重新设计。

（4）编撰通用型课程教材。相继编撰了一批适应融合媒体发展需要的新教材，如视听新媒体系列教材等。

3. 学生创新团队

学院特别注重以多种方式培养学生的创新实践能力。2004年3月，学院大学生“多维”创新基地启动，系该校首个文科院系创新基地，为培养学生的创造力和专业意识搭建了学习与交流的平台。创新基地经过十多年的发展，形成了四大知名的创新团队。

1）红树林策划创意团队

团队成立于2002年，由陈先红教授作为首席指导专家，指导教师还包括李华君副教授、张明新教授、李贞芳副教授等。这是一支以培养“创意思维—策略制定—问题解决”三种核心专业能力的咨询策划创意团队。团队的主要活动包括晒书会、头脑风暴、学术沙龙、红树林大讲堂等。团队成员还在老师的指导下，积极参与了中国公共关系策划大赛、全国大学生广告艺术大赛等赛事，不断创造佳绩。

2）V-fun第二视觉影视实践创新团队

团队成立于2009年5月，主要指导老师为胡怡副教授、邓秀军副教授、余奇敏副教授；旨在打造华中地区顶尖影视创作团队，为爱好影视创作的大学生提供一个学习、锻炼、交流的平台，用影像记录时代、记录生活。近年来，团队成员积极创作，获得了全球华语大学生影视奖最佳剧作奖，并连续获得全国大学生计算机设计大赛（文科）一等奖。由 V-fun 第二视觉影视实践创新团队成员担任导演、编剧等主创的毕业电影活动，也成为学校毕业季一道靓丽的文化风景。

3）Loading 团队

团队成立于 2010 年 10 月，主要指导老师为余红教授，及陈少华、鲍立泉、李卫东三位副教授。团队主攻互联网产品设计和开发，制作了中国信息安全网、华中科技大学志愿者网等多个网页，开发了童话世界等手机应用。并连续承办了华中科技大学飞航杯科技节之互联网产品设计大赛。

4. 评论学社

学社前身是校“新闻评论团”，在 2012 年 10 月发展成为“华中科技大学评论学社”，并被学校立项为“校园文化品牌建设项目”。主要指导老师包括赵振宇教授、顾建明副教授，及何志武、孙发友、欧阳明、刘家俊等教授。学社以“评论时事，引导舆情，研究方法，培育人才”为宗旨，与国内多家媒体合作开展活动，共同为学社会员搭建交流、历练、创新、发展的平台。学社设置了四个平台：时事评论会、文化与生活论坛、评论学术讲座、舆论监测与引导工作室，创办了一个“评论学社网站”和一份报纸《热言》。

4.6.5　学科建设

1. 学科平台建设

学院的新闻传播学科是湖北省重点建设的一级学科重点学科，也是华中科技大学学科建设的重中之重。2008 年，被纳入“211 工程”建设项目。2010 年，“新媒体与社会发展创新平台”单独立项进入了“985”工程三期。学院还设有湖北省重点文科基地媒介技术与传播发展研究中心（2007），并与湖北省广播电视总台联合建设了广播电视与新媒体研究院。2013 年成立了国家传播战略协同创新中心。2016 年，又与企业联合组建了华中科技大学新媒体实验室。这些优良的学科平台，为学院的特色学术研究打下了坚实的基础。

2. 学科特色凝聚

依托学院的传统优势领域，以及结合当前国家社会的发展、技术行业的变迁来规划学科未来的走向，学院目前形成了四大特色研究领域。第一是战略传播研究，致力于国家形象、政府公关、危机传播、舆论监督、品牌传播的研究，带头人有张昆教授、赵振宇教授、陈先红教授、舒咏平教授、张明新教授。第二是新媒体研究，致力于新媒体管理、网络文化的研究，带头人有钟瑛教授、余红教授。第三是新闻传播史论研究，致力于中外新闻传播史、专门史、党报理论、传播学理论与方法的研究，带头人有唐海江教授、刘洁教授、欧阳明教授、吴廷俊教授。第四是广播电视研究，致力于公共电视、数字媒体、电视文化的研究，带头人有石长顺教授、何志武教授、郭小平教授。

3. 学术品牌打造

学院还打造了一系列海内外知名的重量级学术品牌。由华中科技大学与中国新闻史学会联合创立于 1995 年的“华文传媒与华夏文明传播国际学术论坛”，已经先后在国内外八个城市举办了九届，在国际新闻传播学术界产生了重大的影响。由华中科技大学与香港城市大学联办于 2007 年的“广告与公共关系国际学术论坛”，也先后在中国（含香港、澳门、台湾地区），以及美国、泰国、新西兰举行了八届，成为国际学术界讨论公共关系学术的重要平台。开始于 2013 年的“国家传播战略高峰论坛”，已在武汉连续举办了三次，成为国内学界、业界、政界讨论国家传播战略的重要论坛。

4.6.6　教学成果

1. 省级以上精品视频公共课/资源共享课

序号	课程类别	课程名称	主讲教师/课程负责人	批准年份
1	国家级精品视频公开课	社会进程中的公民表达	赵振宇	2015
2	国家级精品资源共享课	外国新闻传播史	张　昆	2013
3	国家级精品视频公开课	传播的历程	张　昆	2012
4	省级精品视频公开课	公民记者	何志武	2013
5	省级精品视频公开课	公关的智慧	陈先红	2014
6	省级精品视频公开课	社会进程中的公民表达	赵振宇	2014
7	省级精品资源共享课	电视专题与专栏	郭小平	2014

2. 国家级规划教材

教材名称	主要作者	出版年月	获批年月	出版单位
网络传播导论	钟瑛，罗昕	2012/08	2014/10	中国人民大学出版社

续表

教材名称	主要作者	出版年月	获批年月	出版单位
当代电视实务教程	石长顺	2007/01	2008/01	复旦大学出版社
现代新闻评论	赵振宇	2005/02	2008/01	武汉大学出版社
新闻报道策划	赵振宇	2008/05	2006/08	武汉大学出版社

4.6.7 科研成果

学院的在编在岗教师虽然只有38人，但是在高质量地满足本科及研究生教学的前提下，在科学研究方面取得了突出的成绩。在2012—2015年间，在研国家重大课题2项，国家社科基金重点课题3项，一般课题（青年基金、后期资助等）18项。出版专著、教材50余本、在国内A类期刊发表学术论文99篇。

1. 国家级科研项目（2012—2015，在研）

项目来源	项目类别	项目名称	项目负责人
国家社会科学基金	重大项目	互联网管理与中国特色网络文化建设	钟　瑛
国家社会科学基金	重大项目	跨文化传播中的中国国家形象建构研究	张　昆
教育部人文社科项目	重大项目	“中国新闻传播史”重点教材	吴廷俊
教育部人文社科项目	重大项目	“新闻评论”重点教材	赵振宇
国家社会科学基金	重点项目	应对突发事件舆论引导系统构建	赵振宇
国家社会科学基金	重点项目	构建和发展现代传播电视传播体系研究	石长顺
国家社会科学基金	重点项目	中国国家形象建构中自主品牌传播国境与对策研究	舒咏平
国家自然科学基金	面上项目	移动社交网络中政府形象传播机理及治理研究	李卫东
国家社会科学基金	一般项目	政府调控新媒体的公共关系策略研究	陈先红
国家社会科学基金	一般项目	互联网时代网络舆论发生机制研究	余　红
国家社会科学基金	一般项目	“三网融合”与广播电视新闻传播研究	何志武

续表

项目来源	项目类别	项目名称	项目负责人
国家社会科学基金	一般项目	我国数字出版“走出去”的发展机理及动态评价研究	陈少华
国家社会科学基金	一般项目	成舍我及其“世界报系”研究	唐海江
国家社会科学基金	一般项目	多语种国际受众的媒体使用特点与我国对外传播力提升研究	徐明华
国家社会科学基金	一般项目	基于用户行为大数据分析的微博反腐机制研究	邓秀军
国家社会科学基金	一般项目	新媒体环境下中国参与建构全球媒介伦理的路径研究	牛　静
国家社会科学基金	青年项目	多市场接触视角下企业公关非伦理行为的互动机制和治理策略研究	李华君
国家社会科学基金	青年项目	视频网站著作权纠纷及其防范管理机制研究	牛　静
国家社会科学基金	青年项目	中美贸易摩擦中的舆论战研究	闫　隽
国家社会科学基金	青年项目	转型期新媒体传播与政治信任研究	张明新
国家社会科学基金	青年项目	基于移动社交网络的青年群体“微生活”消费模式研究	于婷婷
国家社会科学基金	后期项目	风险社会的媒体传播研究：社会建构的视角	郭小平
教育部人文社会科学研究项目	规划基金项目	网络传播心理学研究	申　凡
教育部人文社会科学研究项目	规划基金项目	晚清报刊及其民族主义话语建构	唐海江
教育部人文社会科学研究项目	规划基金项目	新媒体广告研究	舒咏平
教育部人文社会科学研究项目	专项任务项目	数字时代大学生学术规范教育调查	赵振宇
教育部人文社会科学研究项目	规划基金项目	基于知识管理的网络舆情监测与应用研究	陈少华
教育部人文社会科学研究项目	规划基金项目	基于社会计算的微博舆论生成模式与引导机制研究	邓秀军

续表

项目来源	项目类别	项目名称	项目负责人
教育部人文社会科学研究项目	规划基金项目	中美新闻评论比较研究	顾建明
教育部人文社会科学研究项目	规划基金项目	虚拟社区中艾滋病患者的自我表露与社会支持研究	刘　瑛
教育部人文社会科学研究项目	规划基金项目	大数据环境下移动社交网络治理体制研究	李卫东
教育部人文社会科学研究项目	青年基金项目	互联网使用对医患互动的影响研究——基于机构方程模型的实例分析	刘　瑛
教育部人文社会科学研究项目	青年基金项目	国际贸易摩擦中的舆论策略	闫　隽
教育部人文社会科学研究项目	青年基金项目	云计算环境下移动互联网的传播模式、舆论演化模型及管理机制研究	李卫东
教育部人文社会科学研究项目	青年基金项目	民主化进程中传媒与政治信任之关系的实证研究	牛　静
教育部人文社会科学研究项目	青年基金项目	中国国家形象之海外构建的理论与实证研究	徐明华
教育部人文社会科学研究项目	青年基金项目	社会监控视域下的社交媒体实名制研究	刘　锐
教育部人文社会科学研究项目	青年基金项目	土家仪式传播与土家族文化价值观建构研究	张梅兰

2. 省级以上科研获奖（2012—2015）

奖励类别	获奖等级	获奖项目名称	获奖人	获奖年度
湖北省第九届社会科学优秀成果奖	二等	旗报——深圳特区报史稿	张昆等	2015

续表

奖励类别	获奖等级	获奖项目名称	获奖人	获奖年度
湖北省第九届社会科学优秀成果奖	三等	系统视野下的突发事件舆论引导框架构想	赵振宇	2015
湖北省第九届社会科学优秀成果奖	三等	网络民意与公共政策的“民间智库”	何志武	2015
湖北省第九届社会科学优秀成果奖	三等	媒体竞争分析：架构、方法与实证	张明新	2015
武汉市第十四次社会科学优秀成果奖	三等	企业社会化媒体营销传播策略研究	于婷婷等	2015
武汉市第十四次社会科学优秀成果奖	三等	从最美人物的网络传播看社会主义核心价值体系建设	徐明华	2015
武汉市第十四次社会科学优秀成果奖	三等	中国新闻教育的初曙——以北京大学新闻学研究会为中心的考察	周婷婷	2015
湖北省第八届社会科学优秀成果奖	二等	新闻传播史体系的三维空间	张昆	2013
湖北省第八届社会科学优秀成果奖	二等	西方媒体对中国的环境形象建构——以《纽约时报》“气候变化”风险报道（2000—2009）为例	郭小平	2013
湖北省第八届社会科学优秀成果奖	二等	新闻及其时空观辨析	赵振宇	2013
湖北省第八届社会科学优秀成果奖	二等	城市政府业务重组的原理与方法	李卫东	2013
湖北省第八届社会科学优秀成果奖	三等	电视话语的重构	石长顺	2013
武汉市第十三次社会科学优秀成果奖	优秀	媒体竞争分析：架构、方法与实证	张明新	2013
第六届吴玉章人文社会科学成果奖	优秀	中国新闻史新修	吴廷俊	2012

（撰稿人　周婷婷）

4.7 四川大学文学与新闻学院

4.7.1 新闻传播学科概况及发展历程

1. 历史沿革

四川大学新闻传播实践和教育历史悠久，从1898年尊经书院创办《蜀学报》算起，已经历了百余年的历程。

早在20世纪60年代，四川大学就考虑创建新闻专业，并从复旦大学要来了两名新闻专业毕业生作为储备师资，但由于种种原因，办学未遂。直到1979年5月18日，国家教委正式发文（79教高字第044号文），批准四川大学增设新闻专业，这一美好心愿终得以实现。1980年3月，学校安排中文系程述章和邱沛篁老师到复旦大学、中国人民大学、北京广播学院等兄弟院校进行调研，初步探索川大自己的办学模式。1980年5月23日，校长康乃尔亲自主持召开校长办公会议，专题讨论新闻专业筹建工作。会上，程述章和邱沛篁介绍了当时中国新闻教育的几种模式，汇报了南北取经的见闻和收获；设立了由唐正序、邱沛篁、吴茂楠3位老师组成的四川大学新闻专业筹备组，新闻专业的筹建工作进一步展开了。按照学校部署，中文系成立了新闻学教研室，由邱沛篁、张惠仁两位老师负责。

四川大学中文系新闻专业，于1981年9月开始招收第一批本科生30人、第一批新闻干部专科生54人。这是四川高等院校在改革开放时期诞生的第一个新闻专业。四川大学新闻专业，从1981年到1984年，共招收了94名本科生，并在81级、83级两届招收94名专科生。

1985年6月，四川大学正式建立新闻系，下设办公室、新闻史论教研室、新闻业务教研室、新闻实验室等机构，后又增设了新闻研究室。中文系主任唐正序兼任新闻系主任，邱沛篁任副主任。新闻系成立后，直属学校领导，学校党委十分重视新闻系的建设和发展，包括直接为新闻系配置领导班子。1989年，在文艺学专业下设新闻研究方向，招收硕士研究生。1993年7月，新闻系取得新闻学硕士授予权。1993年，新闻系建立广告教研室，由新闻系党总支副书记吴建兼任教研室主任，负责广告学专业的筹办。同年，新闻系试办广告学专科，为申请广告学本科专业做准备。1994年1月，国家教委批准川大设立广告专业，当年开始招收广告学本科生。从此，新闻系广告专业正式建立，并在教育和科研上不断取得丰硕成果。

1995年11月，四川大学将新闻系扩建为新闻学院，首任院长邱沛篁，副院长吴信训，党总支书记曾繁铭，副书记吴建。新闻学院下不设系，直接设立新闻学教研室、广告教研室、广播电视教研室、新闻实验室等教学机构。同年 12 月，国家教委批准川大增设广播电视新闻专业。这样，四川大学新闻学院有了新闻学、广告学、广播电视新闻三个本科专业。

1998 年 7 月，学校院系调整，组建文学与新闻学院，曾从中文系分出去的新闻学科，又与中文学科合成一个学院——文学与新闻学院。1999 年，广告教研室升为广告系，为新闻学科的发展又开拓出新的一支生力军；学院还将原属于中文系的编辑出版专业划归新闻传播学科，使得新闻传播学科拥有四个本科专业（新闻学、广播电视新闻学、广告学、编辑出版学）。2000 年 9 月，传播学硕士点获准设立，新闻传播学一级学科下两个二级学科点全部齐备。

21 世纪初，文新学院重新调整了系所结构，新闻传播学科分设了新闻系、广告系、广播电视电影系，筹建传播系，调整和新成立了新闻传播研究所、广告研究所、广播电视研究所、报业发展研究中心，组建了“523 新闻传播技能实验室”。从 2000 年起，在文艺学博士点下设立了文艺与传媒研究方向，开始招收博士，邱沛篁、李杰、蒋晓丽、欧阳宏生教授先后开始担任此方向博导。2005 年，新闻学获得国务院第十批博士学位授予权，这也是我国西部高校中新闻传播教育的第一个博士点。2007 年，四川大学新闻学专业经国家教育部、财政部批准，列为全国第一批高等学校特色专业建设点。2010 年又获得了新闻传播学一级学科博士学位授予权，迄今为止，仍为西部地区唯一的新闻传播学一级学科博士授予权点。

至此，四川大学新闻传播学科设有新闻系、广告系、广电系、传播系、新闻传播研究所、广告研究所、广播电视研究所、报业发展研究中心等教学科研机构，一个新闻传播学一级博士学位授权点，新闻传播学为四川省一级重点学科，有新闻学、广电新闻学、广告学、编辑出版学等多个本科专业，一个国家级特色专业，一个四川省新闻人才培养基地，形成了本科生、硕士生、博士生与博士后等多层次的办学体系。

2011 年 10 月，文学与新闻学院再次进行专业调整，新闻传播学科由四个系精简成两个系。新闻系和广播电影电视系合并为新闻系，系主任张小元；2013 年，张小元教授退休，操慧接任系主任。广告系和传播系合并为广告与传播系，系主任杨效宏。

2011 年，四川大学文学与新闻学院获得新闻与传播、出版学两个专业硕士学位点，这是全国首批新闻传播类的专业硕士点，2012 年两个专业硕士点开始招收。

2013 年，四川大学新闻传播学博士后流动站获批正式建立。

2014 年，四川省哲学社会科学重点研究基地舆论与社会信息传播研究中心成立。

2015 年，四川大学批准学院建立“网络与新媒体”专业，由张放副教授任负责人，当年开始招收本科生。

2013 年 12 月，四川大学党委常委会通过决议，同意建立四川大学新闻学院，四川大学文学与新闻学院一套班子，两块牌子。同年，四川省委宣传部与四川大学签约共建四川大学新闻学院。

2. 历届主要负责人及任职时间

1995 年 11 月，学校正式批准成立新闻学院，邱沛篁教授任院长，吴信训任副院长，曾繁铭任党总支部书记，吴建任副书记。新闻学院还建立了两个研究所，即新闻传播研究所，由邱沛篁任所长，向纯武任副所长；广播电视研究所，由吴信训任所长。

1998 年 7 月，文学与新闻学院班子是由原文学院的一部分、中文系及新闻学院三个班子重新组合而成，毛建华任党委书记、吴建任副书记，曹顺庆任院长，吴信训、谢谦、吴茂楠等任副院长。这届班子到 2001 年又调整为毛建华任书记，肖薇任副书记，曹顺庆任院长，吴建、谢谦、吴茂楠任副院长。到 2005 年，又调整为熊兰任书记，罗梅任副书记，曹顺庆任院长，吴建、雷汉卿、杨文全任副院长。2010 年学院领导再次换届调整，熊兰任书记，罗梅任副书记，曹顺庆任院长，副院长有吴建、雷汉卿、傅其林。

新闻系从 1985 年成立以来，系主任（教研室）主任先后是唐正序、邱沛篁、吴信训、周啸天、张小元、操慧；广告系系主任（教研室主任）先后是吴建、李杰、杨晓明、杨效宏；广播电视新闻系系主任（教研室主任）先后是吴信训、黎风、曹峻冰、李宜篷；传播系系主任（教研室）主任先后是李苓、吴琳、白冰。

4. 7. 2　教育

1. 师资力量

四川大学党委和新闻传播学科的各位领导，如邱沛篁、吴建和李苓教授，都非常重视师资队伍建设，注意引进和培养人才。经过 30 多年的潜心规划，目前学院拥有一支高水平的师资队伍。截至 2015 年 12 月，四川大学新闻传播学科有专职教师 45 人。他们中有教授 14 人，副教授 12 人，讲师 17 人，研究员 2 人；具有博士学位的教师达到 80%以上，既有一批在学界拥有一定声望和知名度的中老年学者，也有一批来自日本、德国、美国，以及我国香港和内地著名高校的、富有朝气和学术潜力的青年教师。

除了专职教师，四川大学新闻学院还聘请了许多业界的骨干精英作为兼职教师或研究生业界导师，为新闻传播学科的本科生和研究生授课讲学，起到拓展学识视野，弥补实践不足的巨大作用。

2. 教育层次与专业设置

1）本科生培养

目前四川大学新闻传播学科有五个本科专业和一个筹建专业：

（1）新闻学：培养具有扎实、系统的新闻传播理论基础及熟练的新闻采访、编辑、写作、评论、摄影等专业技能的新闻学高级专业人才。就业方向：到报社、杂志社、广播电台、电视台、出版社、互联网站担任编辑、记者工作，也可到党政机关、企事业单位从事新闻宣传工作或到新闻教学与研究部门任职。

（2）编辑出版学：培养具有编辑出版学基本理论素养、专业基础知识、创新精神与综合能力的高素质复合型高级编辑出版人才。就业方向：到出版社、杂志社、其他传媒产业和宣传、文教部门等机关和企事业单位从事编辑、出版、发行及其经营管理等实际工作。

（3）广告学：培养具有扎实的广告理论基础、广博的人文素养、较强的广告传播学专业知识和操作能力，能从事广告创意、设计制作、经营管理等工作的广告学复合型创新人才。

（4）广播电视新闻学：培养具有系统的电视、广播新闻传播、广播电视编导理论基础及熟练专业技能，具有较高政治水平、文学艺术修养的电视与广播记者、编辑、编导、策划、制作、播音、主持人等高级专门人才。

（5）网络与新媒体专业：为应对新媒体日新月异的发展，培养急需的网络与新媒体专业人才，于 2014 年正式筹建，2015 年获准建立并招生。

（6）数字出版专业（筹）：几年来，国内外数字出版方兴未艾，蓬勃发展，为了适应新形势，新闻学院于 2014 年开始筹建数字出版本科专业。

2）研究生培养

（1）博士：

2000 年，四川大学在文艺学博士点下招收第一届“文艺与传媒”博士生。

2005 年，在中国语言文学一级学科下增设了“文艺与传媒”“广播影视文学”和“文化批评”等与新闻传播学科相关的博士点，由新闻传播学科的博导参与博士生的培养。

2007 年四川大学新闻学博士点开始招生。

2011 年，开始按照新闻传播学一级学科下的新闻学、传播学两个博士点招生。

2014 年，在新闻传播学一级学科下增设网络与新媒体、广播电视学、广告与媒介经济、编辑出版、符号学等博士点并开始招生。现有在校博士生 43 人。

（2）硕士：

四川大学新闻传播学科现有新闻学、传播学、网络与新媒体、广播电视学、广告与媒介经济、编辑出版学、符号学七个硕士点，新闻与传播和出版两个专业硕士点 。近五年来，每年招生 120 人左右。现有在校研究生 340 人。

3）成人教育

除了新闻传播的本科和研究生教育，也很注重成人教育。

1981—1988 年，先后创办五届新闻干部专科班，共招生 236 人。

1989 年、1990 年创办新闻专业证书班两届，共招生 152 人。

1996—2002 年，创办新闻研究生课程进修班七届，共招生 449 人。

1992—2002 年，创办新闻函授班，包括本科和专科，共招生 830 人。

1996—2004 年，创办新闻自考班，包括本科和专科以及专升本班、外地网络班，共招生 1512 人。

……

四川大学新闻传播成人教育，是在省市新闻传媒单位的大力支持下创办的。它既为新闻传媒单位培养和提高了在职从业人员的理论和业务素养，又密切了学校与新闻传媒单位的关系，增强了新闻学院的社会影响，推动了新闻教学和科研工作的发展。

2014 年，四川大学文学与新闻学院停止新闻传播学科的自考与函授招生。

3. 学生情况

1981 年 9 月，四川大学新闻专业首届本科生和干部专科生进将近百人入学。随着专业的增多和研究生培养的增加，新闻传播学科的招生规模逐步扩大。

到 2005 年，新闻与传播专业的研究生招生规模已经累计达到了 600 余人（包括博士和硕士），新闻与传播学科各专业的本科生的招生规模已累计超过 2000 人。

随着高校本科扩招和四川大学研究生招生比例大大提高，到 2015 年，新闻传播学科在校博士后、博士研究生、硕士研究生近 400 人，本科生 746 人。

35 年来，四川大学新闻学院为国家输送和培训了各级各类新闻传播人才超过一万人。

四川大学新闻传播学在人才培养方面获得了前所未有的成绩，在新闻传播校友中，既有担任国内其他高校新闻传播学院院长、学术带头人的学界优秀人才，又有担任媒体高层领导的业务骨干，培养质量受到同行高度评价，毕业生亦得到社会各界用人单位的认可。

4. 办学特色

四川大学从新闻专业成立以来，一直不断求索，探寻自己的办学特色。

从首届新闻专业本科班开始，就在重视上好专业课的同时，充分利用四川大学的综合优势，加强文学、史学、哲学等基础课教学，培养学生深厚的人文底蕴。

由于新闻学是实践学科，为了开拓学生视野、丰富学生知识、增强学生动手能力、加强师生与新闻实践单位的联系，新闻系探索出独具特色的实践教学模式，四川大学新闻学科创始人之一的邱沛篁教授称之为“请进来，走出去”。“请进来”，就是邀请新闻传媒单位的老总、老编辑、老记者和社会各界名流来新闻系教学；“走出去”，就是积极组织师生到新闻单位参与新闻实践、社会调查和科研工作，认真抓好学生的实习教学，密切学校和社会，尤其是新闻传媒单位的联系。为了使这种“请进来，走出去”的办学模式经常化、制度化、组织化，新闻学院先后成立了新闻系社会实践指导委员和广告学专业委员会，同时在教学课程上不断更新，发展教学与科研并重型教学模式。不管院系和专业怎样分合变换，新闻传播学科始终保持并发展着“请进来，走出去”的办学特色，各个具体专业与业界合作创建了一批又一批实践实习基地，学生年年都去实习锻炼。这种办学模式，先后获得了国家级优秀教学成果一等奖和二等奖。2013 年年底，四川省委宣传部和四川大学携手共建新闻学院，其具体措施，实质上就是“请进来，走出去”的进一步发展。

2009 年，四川大学新闻系再次因为毕业论文环节的教学改革闻名全国。在新闻系系主任张小元老师的呼吁下，在四川大学和文学与新闻学院的大力支持下，《（四川大学）关于坚持“高质量、多元化”原则，进一步加强本科毕业论文（设计）工作的补充意见》出台，“毕业论文（设计）可以不仅仅是传统形式的毕业论文（设计），也可以是反映学生真才实学和创新能力的与专业相关的作品、设计、竞赛取得的成果、在报纸杂志上发表的优秀文章”。顶着巨大的压力，2010 年 7 月，新闻系首批三位同学以新闻作品取代传统毕业论文参加答辩，顺利毕业。新闻系的这一勇敢尝试，在国内高校产生了深远的影响，成为整个新闻传播教育改革的突破口，受到了社会各界的肯定。

4.7.3　科研情况

1. 科研工作概况

科研和教学是相辅相成的，四川大学新闻传播学科素来重视科研，积极创造条件，鼓励教师们投身科研工作，并取得了累累硕果。

20 世纪 80 年代，办学伊始，四川大学新闻系就十分重视教材建设工作，积极鼓励并支持老师们著书立说，逐步建立起具有自己特色的教材系统。新闻系还高度重视科研工作，千方百计为教师提供发表学术论文的园地。在学校文科学报和出版社的大力支持下，编辑出版了《新闻学论丛》6 辑，收录本系教师论文 200 篇；编辑出版了《大众传播研究》两期，收录本系教师论文 40 余篇。

20 世纪 90 年代新闻学院成立前后，科研方面成果更为突出。凝聚学院教师共同智慧的《实行教学科研与社会实践相结合，探索文科教学改革途径》荣获 1993 年国家优秀教学成果一等奖，《开创密切联系社会新思路、探索培养新闻人才新模式》荣获 1997 年国家优秀教学成果二等奖，430 万字的《新闻传播百科全书》1998 年出版并获得四川省人民政府社科优秀成果二等奖。

近五年来，四川大学新闻传播学在新闻传播与社会发展、传媒与文化产业、广播电视学、网络与新媒体、传播符号学等方向上形成了鲜明的特色，在国内外公开学术期刊发表论文691篇，出版专著43部，先后获得部省级优秀学术成果一等奖1项、二等奖4项、三等奖10项。据高等教育出版社2008年出版的《中国高校哲学社会科学发展报告》显示，2006年四川大学新闻传播学科发表CSSCI来源期刊论文排名全国第五。四川大学新闻传播学的科研成果不仅赢得了学界的认可，还受到了业界的好评，多次被国家、省市相关部门和单位采纳或批示。

此外，四川大学新闻传播学学科还承担了包括国家社科基金重大招标项目“新形势下提升舆论引导力对策研究”和国家社科基金重点项目“我国文化产业政策研究”等在内的13项国家社科基金项目和40多项部省级项目。近五年来共获得纵向、横向科研项目60余项，研究经费总额近千万元。

近10年来，学院承担的主要科研项目有：

（1）国家社会科学基金项目20个：

欧阳宏生：社会主义核心价值观引领民生新闻发展走向研究（13AXW014）
王炎龙：微博公益传播的机制、效果与规范研究（13BXW040）
赵毅衡：当今中国文化现状与发展的符号学研究（13&ZD123）
曾娅妮：我国儿童电视的现实困境与优化路径研究（12CXW012）
罗　鹭（兼）：元代印刷文化与文学研究（11CZW036）
赵毅衡：一般叙述的符号学研究（11XWW001）
刘　肖（兼）：西方媒体在国际政治中的角色与作用研究（11XGJ008）
徐　沛：图像与启蒙：清末民初画报研究（10CXW050）
黎　风：图像文化时代的影像诗学（10BZW034）
蔡尚伟：我国文化产业政策研究（09AZD032）
吴　建：汶川地震重灾区灾后信息传播系统的恢复重建与发展研究（09BXW009）
操　慧：新闻报道的亲和力研究：理论、测评与对策（09CXW005）
蒋晓丽：新形势下提升舆论引导力对策研究（08&ZD060）
蒋晓丽：中国大众传媒对社会主义核心价值体系的传播与运用研究（08BXW002）
赵毅衡：符号学理论研究：近年发展与模式更新（08BWW001）
李　苓：传媒使用与西部汉藏羌地区和谐社会构建的系统研究（08XXW003）
蒋晓丽：从3.14事件看西方媒体（社科规划办通字［2008］12号）
曹顺庆（兼）：我国文化软实力发展战略研究（07AXW003）
欧阳宏生：电视传播与社会主义核心价值的实现（07BXW015）
李春霞：中国西部彝族新农村建设中传播系统的研究（06CMN008）

（2）教育部人文社会科学研究项目12个：

黄顺铭：中国新闻从业者的“阐释共同体”：对于当前几种主要新闻话语的研究（13YJA860011）

李建华（兼）：中国网络传播制度研究——基于新制度经济学的视角（13YJC860016）

彭　虹：三网融合时代重大灾害中的科学传播及其机制建设研究（12YJA860011）

欧阳宏生：电视综艺节目的版权客体界定及侵权界定（11YJA760054）

王炎龙：公益性出版的制度化创新研究（10YJC860044）

张　放：移动互联网应用及其对中国社会文化特质的影响研究（10YJC860060）

刘　肖（兼）：我国重大突发事件的国际舆论表现形态、生成机制与应对策略研究（10YJC860026）

蒋晓丽：新媒体技术与大学生核心价值观培养研究（09JD710034）

杨效宏：中国文化元素与中国动漫内容产业的互动研究（06JA860007）

徐　沛：图像与现代化：1884—1945 中国画报中的视觉文化研究（06JC860004）

蒋晓丽：传媒对公共情绪的宣导抚慰功能在西部地区的特殊作用（05JA860009）

王炎龙：网络语言的传播与控制研究——兼论未成年人网络素养教育（05JC860013）

在学术交流方面，四川大学新闻传播学近十年来不仅举办了中国广播电视行业发展 2007 年度系列报告会暨 2007 中国电视传媒年度报告会、第四届中国广告趋势论坛暨成都品牌峰会（2009）、“纪念 5·12 汶川地震一周年危机传播与中国经验高峰论坛”（2009）、“2009 中国电视传媒年度报告会”、 “21 世纪中国电视文化建构高端论坛（2011）”、“首届中国美丽乡村论坛（2015）”等一系列高水平、高规格论坛及研讨会，还举办了大型国际学术会议——“2007 年世界华人传播学学术研讨会”、“第一届文化与传播符号学国际学术研讨会（2015）”等，有效地扩大了新闻传播学科在国内外学界的影响。

2. 研究所、实验室设置情况

新闻研究所：成立于 1994 年 12 月，其学术特色重在研究新闻理论、新闻业务和新闻史方面的实际问题，紧密为新闻实际工作服务并在报业研究方面颇具特色。首任所长为邱沛篁，现任所长为欧阳宏生。

广播电视研究所：成立于 1995 年。它为高校师生科研、实践作品成果提供及时发表、出版的机会，在“教学、科研、实践”上开创了一条社会与高校互利合作共同发展的新路子。首任所长吴信训，现任所长蔡尚伟。

广告研究所：成立于 1998 年。旨在形成广告学专业的产、学、研一体化良性发展，已初步形成实践性、文化性、前瞻性的研究特色。首任所长为李杰。

文化传播研究中心：创办于2003年12月，是集研究、咨询、培训以及其他相关专业活动于一体的学术机构。中心的宗旨在于综合发挥四川大学的学科优势，联合国内外有关学术力量，运用科学研究方法和手段，面向地方与国家战略需求，开展前瞻性、战略性和创新性的文化研究。现任所长为王炎龙。

文化产业研究中心：成立于2004年，是四川大学所属的从事文化传播与文化产业基础理论、应用理论、管理决策理论研究的跨学科、跨院所的综合性研究机构。中心的宗旨是发挥各学科综合优势，深入研究世界文化产业特别是亚太地区文化产业发展的历史、现状及走向，为中国文化产业的发展提供建设性思路与方案，提供有关决策咨询服务，培养和培训有关专门人才，为文化产业的可持续发展提供智力支持。现任主任为蔡尚伟。

符号学—传媒学研究所：2008年12月创立，隶属于四川大学文学与新闻学院，由赵毅衡教授主持。该研究所系统把符号学方法扩展至传媒学、文化研究、叙述研究，以及中国典籍研究，拓宽了符号学运动的封面。(1)出版专业辑刊《符号与传媒》(Signs&Media)；(2)建立网站"符号学论坛"，编辑电子刊物《符号学—传媒学研究动态》；(3)编辑《符号学丛书》、《符号学开拓丛书》；(4)出版《当代符号学译丛》；(5)开设符号学与符号叙述学课程，并招收硕博士。

除上述研究所之外，四川大学新闻传播学科还建有一批教学实验室，如四川大学文科综合实验教学示范中心新闻传播分中心，拥有广告效果测试实验室、电视演播厅、一体化广播电视演播室、广播电视编导实验室、摄影摄像实验室、微机局域网实验室等；还在筹建新媒体实验室、视觉传达设计实验室、全媒体演播实验室、语义出版实验室、传媒与舆情调查分析室等传播技能与研究实验室。

4.7.4 结语：共建迎来新机遇

2011年11月19日上午，四川大学望江校区西五教演播厅，宾朋满座，连过道和门口都被挤得水泄不通，四川大学文学与新闻学院在此举行"四川大学新闻传播教育三十周年庆典"。30年来，经过老中青三代教职员工的不懈努力，四川大学新闻传播学科取得了丰硕的成果，发展成了"整个西部地区新闻传播学科当之无愧的带头兵"。

2013年，四川大学新闻学院又迎来了一个新的发展契机。

"为深入实施卓越新闻传播人才教育培养计划，创新新闻传播人才培养机制、提高新闻传播人才培养质量，中宣部、教育部决定借鉴上海经验，开展地方党委宣传部门与高等学校共建新闻学院工作。"中宣部、教育部于2013年12月20日在上海召开了上海市委宣传部与复旦大学共建新闻学院现场会，会上，四川省委宣传部常务副部长邹吉祥与四川大学党委书记杨泉明签署了《中共四川省委宣传部与四川大学共建新闻学院协议》。新闻学院成为全国首批 10 个部校共建新闻学院之一。按照共建四川大学新闻学院 2014—2018 年五年规划，未来 5 年，部校双方将在管理机构、精品课程、骨干教师队伍、实践教学基地、人才培养机制创新、舆情研究智库建设、基础设施等方面开展共建，推动形成高等新闻传播教育与四川省新闻实践相互贯通、深度融合、协同发展的新格局，努力建设全国一流新闻学院。

（撰稿人　吴　建）

4.8　北京大学新闻与传播学院

北京大学是中国新闻学和新闻教育的摇篮。早在 1918 年，北京大学就开设了中国历史上第一门新闻学课程，创办了中国第一个新闻学研究团体“北京大学新闻学研究会”，由蔡元培校长亲任会长。新中国成立以后，北京大学成为全国院系调整后第一个新设新闻专业的大学，之后尽管几度经历专业合并与重设，仍为我国新闻传播事业培养了大批优秀人才和中坚力量。2001 年 5 月 28 日，北京大学恢复成立新闻与传播学院。经过十多年的探索实践，北京大学新闻与传播学院逐步形成具有北大特色、适应时代发展的较为完备的学科体系。截至 2014 年年底，学院有在职教师 27 人，其中：教授 15 人，副教授 12 人，硕士生导师 27 人，博士生导师 12 人。

4.8.1　学院现任领导及历任领导

自学院成立以来，出任过学院领导的有以下老师：

院长	常务副院长	副院长	党委（总支）书记	副书记	任期
陆绍阳		陈刚、俞虹、刘德寰、吴靖	陈刚	王洪波	2013 年至今
邵华泽	徐泓	陈刚、程曼丽	赵为民、冯支越	孙华	2006—2013
邵华泽	龚文庠	谢新洲、陈昌凤	赵为民	孙华	2001—2006

4.8.2 学院教师（副高职称以上）

学院师资力量雄厚，副高以上教授广泛分布于新闻传播领域的各主要研究方向。

姓名	职称	研究方向
陈刚	教授	广告学
陈汝东	教授	传播学理论与应用、修辞学理论与应用、传播伦理学、语言伦理学等
程曼丽	教授	世界新闻传播史、国际传播、公共关系、海外华文传媒研究
胡泳	教授	新媒体业务与经营
刘德寰	教授	市场研究、新媒体研究
陆地	教授	媒介产业研究、广播电视概论、媒介政策与法规
陆绍阳	教授	影视艺术、电影评论
吕艺	教授	新闻采写与新闻编辑
师曾志	教授	编辑出版、公共传播
吴靖	教授	媒介理论、媒介与文化研究、“公共领域”理论与公共传播实践、视觉文化研究
肖东发	教授	编辑出版、年鉴学
谢新洲	教授	媒介经营管理，网络传播
许静	教授	传播学理论、舆论学
杨伯溆	教授	全球化与传播、本土化与传播、因特网与社会、跨国传播、媒介理论、研究方法
俞虹	教授	电视传播，媒介文化
陈开和	副教授	中外新闻传播、国际传播、媒体与国际关系
何姝	副教授	广播电视
史学军	副教授	广告研究
田丽	副教授	新媒体与网络传播，媒体经营管理，编辑出版
王维佳	副教授	新闻理论、战略传播
王秀丽	副教授	新媒体、网络传播、公共关系、公共舆论
王异虹	副教授	跨文化传播、国际传播、科学传播、传播学研究方法（内容分析研究法）
徐金灿	副教授	广告心理
余璐	副教授	广告设计

续表

姓名	职称	研究方向
张积	副教授	新闻出版法制、中国近现代新闻出版文化、秦汉法制史
周忆军	副教授	广播电视新闻
祝帅	副教授	广告理论、广告史

4.8.3　机构设置情况及相关部门负责人

1. 系别简介

新闻学系：

主任：吕艺；副主任：陈开和。

新闻学系下设新闻学、国际新闻、网络新闻等专业方向，旨在培养掌握国家政策法规，具备系统的新闻理论知识与网络时代的传播技能，具有宽广的文化与科学知识，能在新闻、出版、宣传部门从事编辑、记者与管理工作的高级专门人才。

广播电视学系：

主任：陆地；副主任：周忆军。

广播电视学系旨在培养具备系统的新闻传播理论知识与广播电视专业技能、宽广的文化与科学知识，熟悉我国新闻、宣传政策法规，能在广播电视等新闻与宣传部门从事编辑、记者与管理等工作的广播电视学高级专门人才。

传播学系：

主任：师曾志；副主任：王异虹。

传播学系下设传播学、国际传播、传播管理等方向，培养具备传播学基础理论与方法，能在大众媒体、信息产业和其他相关部门从事管理和实务工作的专门人才。

广告学系：

主任：陈刚。

广告学系注重广告产业与广告服务模式、中国农村媒介接触与市场、中国广告史等方向的教学与研究，强调应用性和操作型的学习和训练，旨在培养适应互联网时代和国际化环境的高层次广告实务和经营管理人才。

2. 研究院、研究中心（所）

北京大学新媒体研究院：成立于 2014 年 2 月，谢新洲教授担任院长。研究院致力于推动新媒体理论研究、技术创新和产业发展，培养具有现代意识、国际视野和创新精神的复合型人才。研究院与业界、学界广泛开展合作，建立了“舆情管理与产业情报实验室”、“信息交换与网络安全实验室”、“新意互动互联网战略实验室”等实验室和研究基地，在大数据舆情分析、数字生态圈建设、新媒体用户行为分析等方面打造产学研互动平台。

北京大学国家战略传播研究院：成立于2015年4月，由程曼丽教授担任院长。研究院致力于现代国家信息和传播治理问题的研究，其主要研究和咨询领域涉及国际传播和形象建设、公共外交、地方政府的传播治理、企业国际化进程中的传播战略、互联网治理和传媒产业政策等。

北京大学传播与文化研究所：成立于2002年，龚文庠教授担任所长，研究所主要研究传播理论、媒体理论与实践。注重理论与实践的结合，科研与教学的结合，积极推进传播学的本土化。

北京大学现代广告研究所：成立于1999年，陈刚教授担任所长。研究所依托于北京大学的学术资源、研究力量及教学优势，经过多年发展，现已成为中国广告学研究、教育培训、市场研究和企业咨询的重要基地。

北京大学现代出版研究所：成立于2001年，肖东发教授任所长。近期担负的重点科研课题有三个方面：出版经营管理及案例研究；中外传播媒介史，包括国家社科重点课题“中国出版通史”及中国印刷术起源与发展研究；电子出版与网络传播研究。

北京大学新媒体营销传播研究中心：成立于2007年12月，拥有着丰富的行业资源和雄厚的研究实力，由陈刚教授担任研究中心主任。中心围绕新媒体环境下的营销传播问题进行系列研究，形成新媒体环境下营销传播模式的系统理论框架，以此来启示整个行业尤其是学术研究领域对新媒体营销传播更广泛和深入的探讨。

北京大学新闻学研究会：历史上的北京大学新闻学研究会创建于1918年10月14日，由时任校长蔡元培亲自发起并担任会长。2008年4月15日，北京大学新闻学研究会恢复成立，研究会秉承历史传统，在开展新闻史论研究的同时，努力关照社会现实，以学术研究服务于新闻人才的培养，加强新闻史研究的内容和比重；对新闻业务的研究，也更加注重学理层面，逐渐形成新闻史论研究的特色。

北京大学视听传播研究中心：成立于2009年3月，陆地教授任主任，陆绍阳教授任副主任。该中心是以广播影视节目（栏目）形态研发和策划、广播影视节目制作与包装、广播影视产业发展战略规划和咨询以及新媒体视听技术追踪为重点的综合性研究机构。

北京大学新闻与传播学院公共传播与社会发展研究中心：成立于2012年，师曾志教授任主任。中心秉持北大学术精神和人文关怀，在社会发展的大视野下致力于公共传播领域的学术研究、国际交流、媒体培训和公益合作，旨在搭建政界、学界、企业界、媒体同仁、公益同仁跨界交流、融通合作的平台，以公共传播推动社会发展，以社会发展丰富公共传播。

4.8.4　专业设置及所开课程

学生培养与研究方向主要包括：学院本科设有新闻学、广告学、编辑出版学和广播电视学四个专业。2014 年，学校在校全日制本科生 468 人（国内学生 341 人，留学生 127 人）。2014 届本科四个专业毕业生共计 107 人（含留学生 22 人），授予学士学位 105 人。2014 年开设本科课程共计 76 门，其中必修课程 52 门，限选、非限选课程 24 门，主干课程 6 门。研究生教学工作：学院设有新闻学和传播学 2 个硕士点，传播学博士点和新闻传播学博士后流动站。研究生专业方向涵盖国际新闻、新闻传播实务、新闻传播史论、国际传播与跨文化交流、大众传播、新媒体与网络传播、广告理论与实务、媒体经营管理、编辑出版学等诸多领域。

4.8.5　所承担的国家级、省部级科研项目、课题

2014 年立项的国家级、省部级科研项目、课题一览表：

项目名称	项目类别及编号	负责人
增强中国对外传播文化软实力深度研究	国家社科基金重大项目	关世杰
广告产业中国模式的理论建构研究	国家社科基金重点项目	陈刚

2014 年结项的国家级、省部级科研项目、课题：

项目名称	项目类别	负责人
新时期中国文化国际影响力评估（第二期）	文化部	关世杰
中国电影发展的“顶层设计”	国家广电总局	陆绍阳

4.8.6　硕士点和博士点的设置、招生情况

院设有新闻学和传播学 2 个硕士点、新闻学和传播学 2 个博士点，以及新闻传播学博士后流动站。研究生专业方向涵盖国际新闻、新闻传播实务、新闻传播史论、国际传

播与跨文化交流、大众传播、新媒体与网络传播、广告理论与实务、媒体经营管理、编辑出版学等诸多领域。

硕士点情况：新闻学专业共分三个方向：闻史论、新闻实务、国际新闻。传播学专业共分六个方向：国际传播与文化交流、大众传播（含广播影视）、新媒体与网络传播、广告学、媒体经营管理、编辑出版学。为了适应我国社会发展对媒介产业高层次人才的需要，经国务院学位委员会批准，北京大学 2011 年招收攻读新闻与传播硕士专业学位（Master of Journalism and Communication，MJC）研究生。新闻与传播硕士专业学位的培养目标是培养具备良好的政治思想素质和职业道德素养，具有现代新闻传播理念与国际化视野，深入了解中国基本国情，熟练掌握新闻传播技能与方法的高层次、应用型新闻传播专门人才。

博士点情况：传播学专业共分 11 个方向：全球化与传播、新媒体传播与社会、媒介经营管理、新媒体与网络传播、广告理论与实务、品牌传播、市场与媒介分析、传播学研究方法、影视文化与产业、当代修辞传播学理论与应用、传媒理论与法规政策。新闻学专业共分 5 个方向：世界新闻传播史、国际新闻传播、广播电视研究、节庆文化与新闻传播研究、媒体与社会变迁。

4.8.7　新闻传播学刊物及学术网站

教师姓名	职　称	任职期刊	出版单位名称（集刊填写）	担任职务
陈刚	教授	《广告研究》（《广告大观·理论版》）	广告大观杂志社	主编
程曼丽	教授	《北大新闻与传播评论》	北京大学出版社	管理兼编辑
陆地	教授	《新闻与传播》	中国人民大学书报资料中心	主编
肖东发	教授	《出版业》	中国人民大学书报资料中心	主编

《广告大观》杂志是经国家新闻出版总署批准，面向国内外公开发行的广告营销与传播类专业期刊。《广告大观》杂志是国内唯一以旬刊出版的广告营销与传播类专业期刊，按上中下旬分别出版《广告大观(综合版)》(上旬刊，即《创意传播》)、《广告研究(理论版)》(中旬刊，即《广告研究》)、《广告大观(媒介版)》(下旬刊，即《媒介》)。

《北大新闻与传播评论》集汇集了北京大学新闻与传播学院以及部分其他高校的教师在 2011 年的代表性学术成果，内容分为国际传播、创意产业、视觉传播、编辑出版、传播学理论与方法等几个部分。

《新闻与传播》关注中国新闻传播学学界的前沿思考、新锐观点，发现中国传媒业界的创新理念、开拓实践，提供海外传媒的最新动态、经验教训；为新闻传播学师生打开视界，为传媒业界人士解惑充电，为爱好关心新闻传播的朋友引领门径。主要栏目：本期关注、理论前沿、业务研讨、新闻教育、以史为鉴、传媒经济、报业论坛、广电视野、新媒体探索、广告公关、新闻与法、他山之石、媒介批评、实证研究。

《出版业》凝聚全国高校出版专业、出版研究机构的科研精粹，关注国家出版工作的方针政策，精选出版理论研究方面的优秀学术文章；研讨各类图书与期刊的编辑、营销、发行等相关工作；解读业界发展态势，重点关注出版改革、数字出版、版权产业等领域；评点国际发展方向，介绍国外出版界的成功经验，搭建学界与业界沟通对话的桥梁。主要栏目：本期关注、发展战略、学术平台、业界观察、出版改革、数字出版、书业经纬、期刊纵横、出版法苑、中外比较、出版史论、环球出版。

4.8.8　博士后流动站情况

2009年年底，北京大学新闻与传播学院建设成立了新闻传播学博士后流动站，并于2010年3月招收了首批3名新媒体与网络传播、传播学理论与研究方法、整合营销传播与广告研究方向的博士后研究人员。2011年，在新闻史、传播学理论研究与方法、国际传播与跨文化交流、编辑出版、新媒体与网络传播、全球化与传播、视听传播、整合营销传播与广告、媒介经营与管理等研究方向中招收四名博士后研究人员入站。

4.8.9　国际学术交流情况

2014年学院教师参加各类国内学术会议61人次，参加国际学术会议27人次；外出讲学54人次，11人次赴外社会考察；合作研究12人次。

2014年5月28日，在北京大学新闻与传播学院恢复建院13周年之际，北京大学与新华社签署了《新华社与北京大学共建新闻与传播学院协议》，学院迎来了新的发展际遇。新华社和北京大学领导高度重视共建工作，9月23日，新华社社长李从军同学亲自到北京大学给500多名师生举办了“关于推进传统媒体与新兴媒体融合发展的思考”的讲座。

在国际合作方面，学院与北京大学欧洲高校中心（European University Center）商讨于2014—2015学年度合作开设欧洲媒体研究研究生课程；与the Università della Svizzera italiana（USI）联合举办了“媒介与传播研究中欧对话”暑期班；与柏林自由大学、都柏林大学、荷兰Twente大学等接洽商讨合作事宜；开设跨文化交流暑期课程；与夏威夷大学合办第二届英语媒体论坛。

4.9　暨南大学新闻与传播学院

暨南大学新闻与传播学院发源于1946年上海暨南大学新闻学系，是中国创办最早的三家新闻院系之一。学院成立于2001年，已成为华南学术重镇、传媒人才摇篮。学院现任院长为南方报业传媒集团原“掌门人”范以锦教授。目前学院已形成“本科（双学位）-硕士-博士-博士后”多层次的人才培养体系。70年来，学院为海内外培养了6000多名毕业生，为中国新闻传播教育事业作出了积极贡献。

4.9.1　历史沿革

暨南大学的新闻传播教育历史可以追溯到1928年。是年1月，暨南大学聘请留学哈佛大学的叶公超出任外国文学系主任兼教授。6月4日，他持笔撰写的《英国文学系课程指导书》列出“初级科目”，其中就有“新闻学”课程，具体时间和学分为：“每周二小时，一年修完，四学分。”8月，聘请《申报》编辑马崇淦出任新闻学课程“报学概要”讲师。课堂新闻教学的同时，马崇淦注意“理论与实际并重”，重视学生新闻业务能力的培养。为了开拓新闻视野，他利用自己在申报馆工作的便利条件，在课余假日时间组织报学班（或称新闻学班）同学前往上海各大报馆，“练习采访与编辑”，定期同新闻界人士座谈交流。马崇淦一个学期的新闻教学，受到学生好评，“学者极感兴味”。1929年春季开学时，原来仅外国文学系学生选修，扩大至“政治、经济、文学三系共选修”，一时“加入该班选习之人数激增，竟超过原额四倍以上”。1929年3月，马崇淦积极准备在暨大组织成立新闻学研究会，聘请报界名流莅校讲演，筹划出版新闻刊物。他当时授课受欢迎的程度，《申报》曾以“暨大新闻学班卖座甚满”为题进行报道。1929年7月，随着叶公超先生离校北上和马崇淦先生被复旦大学聘为新闻学讲师，暨南大学遗憾地停止了刚刚起步的新闻传播教育活动。

抗日战争爆发后，暨南大学真如校舍毁于炮火。1941年夏，暨南大学在福建建阳复校，新闻学火种薪火相传。以卢宗汉等为首的学生组织成立“新闻学会”，以研究新闻、阐扬三民主义为宗旨，积极开展新闻研究和新闻出版工作，“为宣扬校誉，联络校友及练习新闻工作起见。”新闻学会出版《南风》周刊，“每天从当地美军电台和建阳县政府电台拿来国内外新闻的电讯稿件加以编辑，并且有评论，有副刊，有插图等，在校园中张贴时，常常围了一大堆观众，很受同学们欢迎”。抗战胜利后，暨南大学于1946年6月迁回上海办学。同年8月，暨南大学文学院增设新闻学系，聘请资深报人冯列山出任系主任，招生新闻主修学生 30 名同学，系统开展新闻传播教育，标志着暨南大学新闻传播教育正式进入正规发展的新时期。暨南大学新闻学系第一任系主任为冯列山先生。冯列山（1907—1998）新加坡著名华人报人。1924 年毕业于上海复旦大学，1932 年赴德国留学，1935 年在慕尼黑大学新闻学系获新闻学博士学位，成为第一个获得新闻学博士学位的中国人。在德期间，兼任上海《申报》驻欧特派记者，并为《东方杂志》等多家写稿。1937 年回国后在《申报》任职。上海被日军侵占后随《申报》迁往香港并任主笔。1938 年 8 月应聘前往新加坡出任新创刊的《星岛日报》主笔。1939 年星系报业收购新加坡《总汇新报》，主持该报改革。1941 年 12 月太平洋战争爆发后回到重庆，任复旦大学新闻系教授。1943 年迁居成都，在燕京大学新闻系任教兼在四川大学讲新闻学。抗战胜利后，暨南大学在上海复校，冯氏应聘主持该校新闻系两年。1947 年重返新加坡，任《南洋商报》主笔，继又兼总编辑直至 1972 年退休。著有《新闻讲话》一书，由新加坡南洋报社有限公司出版，现编有《冯列山新闻文集》。第二任系主任为詹文浒（1905—1973），上海光华大学哲学系毕业后，留学美国哈佛大学，获得硕士学位，回国后任上海世界书局编译所所长。1939 年 8 月，出任《中美日报》总编辑。1941 年 12 月，他前往重庆市，任中央日报社副社长，1943 年，任中史政治学校新闻学系主任。抗战胜利后，任《新闻报》总经理，1946 年兼任上海市记者公会理事。当时暨大新闻学系创办一年后，成绩显著，名声远扬。1947 年 8 月，詹文浒任上海暨南大学新闻学系主任后，报考学生多达 404 人，仅录取 22 名。他著有《报业经营与管理》、《新闻学概论》等书籍，并自任“报业管理”和“新闻学概论”课程讲师。他聘请邵鸿香讲授“英文新闻写作”、“英文新闻文选”；吴嘉棠讲授“采访学”；许君远讲授“报纸编辑”，并邀请社会著名记者报人来校讲学，如王芸生讲座“一个理想的报纸与报人”，赵敏恒讲座“国内外大事分析”。学生创办有刊物《暨南新闻》并成立了暨南通讯社。当时暨南大学新闻学系被誉为“培养发展华侨报业生力军的摇篮”。1949 年 8 月，上海解放后，暨南大学停办，新闻学系并入复旦大学新闻系。

1958 年，暨南大学在广州重建。1960 年，在中共广东省委宣传部支持下，暨南大学中文系开办新闻学专业，杜导正参与了专业建设工作。当时，杜导正先生被错划为党内右倾机会主义分子，被撤销一切党内外职务，派往暨南大学参与创办新闻专业。他到暨南大学向梁奇达校长报到后，积极参与筹备中文系新闻专业。第一届学生招生 40 人左右。至 1965 年“文革”前培养了 110 多名学生。1970 年，暨南大学因“文化大革命”停办，新闻学专业随中文系并入华南师范大学。1978 年，复校后的暨南大学重建新闻学系。历任负责人有杜导正、周冷、马戎、马彦珣、吴文虎、黄匡宇、马秋枫、蔡铭泽等。从此，暨南大学新闻传播教育走上不断发展的道路。

1985 年，暨南大学新闻学系被国家教委批准为我国第一批新闻学专业的硕士学位授予点，同时向海外招收兼读制硕士学位研究生。1996 年，经评估成为暨南大学的重点学科之一。至 1996 年，新闻学系拥有了新闻学硕士点、新闻学、国际新闻与传播、广告学专业学士点和新闻传播与公共关系大学专科的三个层次的人才培养体系，并向海内外招生。当时，暨南大学学科优势主要是：研究方向明确——新闻实务、历史、理论三者并重，其中某些方面在国内占据领先地位；传播学研究起步较早，广告学与公共关系系以及新闻边缘学科（新闻美学、新闻心理学）等研究业已开始。研究所的实验技术设施，包括电视、广告、摄影灯实验室和资料室、阅读室较为齐全，在国内各高校中属于一流水平。出版的学术著作影响广泛，如《怎样阅读英文报纸》一书，为国内同类书籍中第一本，1983 年至今累计印数达 10 万册。全国高等教育自学考试委员会下设的新闻学专业委员会决定出版 13 本教材中，暨大新闻学系承担了主编三本教材的任务。《新闻写作教程》、《现代逻辑与传统逻辑》分别获得省部级奖励。

2001 年，暨南大学新闻学系升格为学院，院长为蔡铭泽教授。现任院长为南方报业传媒集团原董事长范以锦教授，执行院长为支庭荣教授。新时期以来，暨南大学新闻传播学科不仅扩大了办学规模，而且提升了办学层次，先后开办广告学、广播电视新闻学、播音与主持艺术、国际新闻（全英文）、网络与新媒体等本科专业。2001 年获准建立传播学硕士点。2003 年，暨南大学新闻学专业入选广东省高校名牌专业，新闻学学科入选国务院侨务办公室重点学科。2005 年，“新闻事业经营管理”课程被批准为广东省精品课程。2006 年，获新闻学博士学位授予权，新闻学学科被确定为广东省重点学科。2007 年，获准建立新闻传播学博士后科研流动站。同年，与中文系合作建成广东省重点人文社科基地——海外华文文学与汉语传媒研究中心。2008 年，媒体实验中心获评国家级实验教学示范中心。2010 年，经国务院学位办批准，成为全国首批开办新闻与传播硕士专业学位（MJC）的培养单位。2011 年，获新闻传播学一级学科博士学位授予权，目前已建成本（双学位）—硕—博—博士后高级专门人才完整的培养体系。学院与美国、英国、马来西亚，以及中国香港、澳门、台湾等国家和地区的有关高校院系有着良好的合作办学关系。

暨南大学新闻与传播学院现任行政领导一览表

院长	执行院长	党委书记 兼副院长	副院长	党委副书记	副院长
范以锦	支庭荣	杨先顺	张晋升	姚淑兰	邓绍根

4.9.2 办学理念和规模

学院坚持“立足华南、辐射全国、面向港澳台、影响东南亚”的办学方针，在人才培养方面夯实基础、拓展视野、注重实践、强化能力，着力为新闻媒体和泛媒体用人单位培养应用型、复合型人才，形成了鲜明的人才培养特色。

学院办学规模大，师资力量雄厚。学院现有专任教师60多人，其中教授25人、副教授23人，博士生导师14人、硕士生导师28人。教师队伍中有全国模范教师1人、教育部新世纪优秀人才3人、全国新闻出版行业领军人才1人、全国广播电视十佳百优理论人才1人、广东新闻首届终身荣誉奖1人、“广东特支计划”宣传思想文化领军人才1人、广东省文化英才1人、广东省南粤优秀教师3人、广东省新闻教育“金钟奖”4人、广东高校优秀青年教师培养对象1人、珠江学者讲座教授1人，形成了新闻传播理论、新闻传播史、舆情与社会管理、传媒经营管理、海外华文传媒、广告公关与品牌传播等几个主要研究方向。“十二五”期间，学院教师承担国家社科重大攻关项目等各类纵向课题60多项、横向课题40多项，出版专著、教材近40部，发表学术论文600多篇，建有国家级精品资源共享课和国家级精品视频公开课2门，入选国家级规划教材4部，获教育部及广东省人文社科成果奖12项、中国新闻奖2项。

70年来，学院本科生教育贯彻面向港澳台、面向海外的办学方针，为国家以及海外华人华侨地区培养了6000多名优秀毕业生，不少毕业生已成为各级党政部门重要负责人、新闻媒体负责人、著名企业家，以及中国新闻奖、全国百佳新闻工作者、戛纳广告节金奖获得者。截至2015年6月，学院共有在读全日制研究生554人（其中港澳台侨及外国留学生8人），高级研修班学员215人，在读全日制本科生1147人（其中港澳台侨及外国留学生543人）。本科生中海外生占在读学生的47%。至2016年3月，学院有本科学生1185人，其中中国大陆学生683人，港澳台及外国留学生502人；研究生：硕士生494人（其中港澳台侨及留学生10人）、博士生39人（其中港澳台侨及留学生6人），高级研修班学生94人，共627人。

4.9.3 机构设置

暨南大学新闻与传播学院机构设置分为“三系”、“三办”和国际、省市、校级研究中心（所）。“三系”为新闻学系、广告学系、广播电视学系；“三办”为学院党政办、教科办和学工办。

1. 系别简介

1）新闻学系

新闻学系于1946年在上海创立，2001年，更名为新闻与传播学院。现任系主任是林爱珺教授，副主任是陈伟军教授。

新闻学系设有新闻学和国际新闻（全英文）两个专业。注重应用性，培养具备系统的新闻理论知识与专业技能、宽广的文化与科学知识，熟悉新闻传播规律和新闻政策法规，掌握采写编评摄专业技能和新媒体技术，在德智体美等方面综合发展的复合型新闻传播专业人才。

2）广告学系

广告学专业于1994年创办，1998年开始招收“公共关系”方向的硕士研究生，2001年随着新闻与传播学院的成立，广告学专业升格为广告学系，2002年开始招收“广告传播与策划”方向硕士研究生。现任系主任是星亮教授，副主任是朱磊副教授。

广告学专业培养适合于海内外广告公关公司和管理机构需要的高级专门人才，可从事各种媒体的广告策划、管理与市场调查、广告设计与制作以及广告教学等方面工作的专门人才。

2015年，网络与新媒体专业开始招生，强调突出“宽阔的文科+精干的理科”的交叉型人才素质培养模式，旨在培养具备基本的网络与新媒体思维方式、系统掌握网络与新媒体传播理论知识、熟练掌握基本的网络传播技术和应用开发能力，具备良好的网络与新媒体实践能力的复合型专业人才。具体培养方向包括融合新闻采编实务、数字产品内容策划、设计、研发、推广与运营、新媒体舆论环境下的公共传播、大数据分析与应用等。学生毕业后能够在传统新闻媒体的新媒体部门、网络与新媒体机构、数字出版企业、电子商务企业、数字营销传播机构、电信运营商、各类企业、政府部门、公益机构，从事网络与新媒体相关工作。同时，也为学生搭建各项目孵化平台，鼓励学生组建项目团队，自主创业。

3）广播电视学系

广播电视新闻学系于2001年创办。广播电视新闻学系设有广播电视新闻、播音与主持艺术两个专业。现任系主任是申启武教授，副主任是邱一江副教授。

广播电视新闻专业培养具备新闻传播学和广播电视学基本理论，掌握广播电视专业技能，具有较宽广文化科学知识的复合型新闻传播专业人才。强调理论与技能、知识与能力的结合。

播音与主持艺术专业创办于2009年，以新闻传播学为主导，为海内外各级电台、电视台及华语传媒机构培养普通话、粤语方言、英语等多个语种的新闻播音员、节目主持人、出镜记者，以及能担任各类机关单位及其他企事业单位公关、宣传部门发言人的新闻传播高级人才。

2. 国家级研究中心（所）、研究基地

暨南大学媒体实验教学示范中心于 2006 年获批为广东省实验教学示范中心。2008 年，获教育部批准为国家级实验教学示范中心。中心现有教师 40 多人、专职实验技术人员 11 人。近年来，中心在实验教学中开拓创新，积极推进教学改革，取得了丰硕成果，发表教学研究论文 50 多篇，科研论文 600 多篇，出版专著、教材 80 部。

媒体实验教学示范中心践行“开放式办学”的教学理念，积极与广东省各主要媒体、广告公司等传媒机构合作，共建媒体实习基地，作为媒体实验教学示范中心的有机延伸。已签订实习基地协议的主要有：南方报业传媒集团、羊城晚报报业集团、广州日报报业集团、广东广播电视台、广东省广告（集团）公司、21CN 网站等 19 家单位。媒体实验教学示范中心和媒体实习基地一内一外，形成互补平台，为全面提升实践教学的质量奠定了坚实的基础，先后举办了“暨大准记者南方训练营”、“暨大省广‘广告兵法’训练营”、“传媒领袖讲习班”等多项富有特色的实践教学项目。

媒体实验教学示范中心已逐步形成“基础性实验——综合性实验——设计性实验——创新性实验”的实验教学体系，环环相扣，层层深入，大力强化了创新实践能力的培养，为海内外特别是粤港澳地区培养了大批高素质创新型的优秀传媒人才，为促进港澳的稳定与繁荣、推动广东传媒大省建设作出了积极贡献。

3. 省部级研究中心（所）

广州市舆情与社会管理研究基地是从事舆情民意监测、研究和服务的专业研究平台，前身为建于 2005 年的暨南大学舆情研究中心，2012 年、2015 年两度入选广州市人文社会科学重点研究基地。

基地实行理事会领导下的主任负责制，现任主任为林如鹏教授。基地现有特约研究员 27 人，外聘研究员 25 人。基地的任务和目标是：为“互联网+”、“传播+”时代新闻传播学科的发展培育新增长点再攀新高峰；为卓越新闻传播人才培养提供成长的新空间；为国家治理体系的建构注入新内涵；为服务国家治理和地方经济社会发展的智库建设开拓新领域。

近几年来，基地承担了国家社科基金重大招标项目等各类课题 30 多项，定期编写《广东舆情动态》，与凯迪网络合作出版《舆情观察》10 辑，策划出版《舆情与社会管理黄皮书》10 多种。发布的国庆阅兵系列调查、世博会民意调查、亚运会系列调查、“骆家辉上任驻华大使认知与评价调查”、“数说财经”调查等成果，受到境内外众多媒体的广泛关注，《人民日报》、《中国日报》、《大公报》等境内外媒体纷纷报道。

在舆情直报方面，提交的埃博拉病毒防控、香港“占中”等热点问题的舆情报告，得到中央政治局常委的批示；通过南方日报社提交的保钓游行舆情内参，得到汪洋同志的批示。

在服务广东方面，2014 年、2015 年连续参与主办两届“粤治——政府治理能力现代化”广东探索经验交流会，与南方舆情研究院共同编撰出版《粤治新篇——政府治理能力现代的广东实践（2013—2014）》，全面介绍广东在推进政府治理能力现代化方面的探索成果。

4. 校级研究中心（所）

南方传媒研究院于 2012 年 12 月 22 日正式成立，为暨南大学与南方报业传媒集团共建，旨在更好地发挥双方各自的学术优势和媒体资源优势，为广东和华南地区提供上述有针对性服务。现任院长是杨兴锋教授，常务副院长是张晋升教授，副院长是南方报业传媒集团南方传媒学院执行副院长戴学东。

5. 中国新闻史学会视听传播研究委员会

2015 年 12 月 5 日上午，第五届全国广播学术研讨会暨中国新闻史学会视听传播研究委员会成立大会在暨南大学惠全楼多功能厅召开。来自全国广电媒体以及新闻院系 50 多家单位的代表参加会议。当日下午，在暨南大学行政楼会议室同时召开了中国新闻史学会视听传播研究委员会第一届理事会第一次会议。会议由暨南大学新闻与传播学院执行院长支庭荣教授主持，来自全国 55 家高校与媒体单位的 70 位理事或个人理事参与本次会议。理事会和常务理事会一致通过了暨南大学副校长林如鹏教授为会长，清华大学新闻与传播学院教授雷建军、北京大学新闻与传播学院教授陆地、武汉大学新闻与传播学院教授冉华、浙江传媒学院校长项仲平、南京大学紫金传媒研究院执行院长张红军、北京师范大学艺术与传媒学院教授张智华、中国人民大学新闻学院副院长周勇、中国传媒大学电视学院崔林教授、华中科技大学新闻与信息传播学院郭小平教授当选副会长，暨南大学新闻与传播学院执行院长支庭荣为副会长兼秘书长，副秘书长由暨南大学新闻与传播学院教授刘涛以及副教授王玉玮担任。

4.9.4　专业设置和特色

暨南大学新闻与传播学院目前拥有新闻学专业、广告学专业、广播电视学专业、网络与新媒体专业、播音主持专业、国际新闻（全英）六大本科生专业。

1. 本科生专业

1）新闻学专业

新闻学专业创办于 1946 年，是学院历史最为悠久、积淀最为深厚的专业。目前，该专业面向海内外招生，其中新闻学国际新闻方向招收境外生。新闻学专业现有专职教师 25 人，其中教授 14 人，副教授 7 人，80%的教师具有博士学位或正在攻读博士学位，形成了一支学历层次高、专业结构合理、年龄结构优化、教学创新能力较强的师资队伍。四个年级学生共 422 人，其中新闻学方向 246 人，国际新闻方向 176 人。

新闻学专业是首批国家级特色专业和广东省名牌专业，国家级专业综合改革示范点、国家级大学生新闻教育实践基地、广东省名牌专业、广东省重点学科、广东省专业综合改革示范点。目前具备本科、硕士、博士和博士后在内的人才培养体系。近年来，新闻学专业本着贴近媒体、贴近实践、贴近学生的教育理念，依托媒体实验教学中心的硬件平台，开发利用传媒实习基地的资源优势，通过对学生进行专业性的课程实验指导和有针对性的专业实习训练，提高其在传媒业务实践方面的思维能力、动手能力和创新能力，着力打造“课堂实验、媒体实习、社会实践”三位一体实践教学体系。与南方报业传媒集团合作的特色项目“暨大准记者南方训练营”经过五年的实践，取得了良好的社会效益，被评为“全国新闻学与传播学教学创新项目”，《与传媒紧密结合的新闻传播实践教学创新模式》被评为广东省高等教育第六届教学成果一等奖。“新闻事业经营管理”被评为国家级精品课程、国家级精品资源共享课，“新闻写作”被评为广东省精品课程。新闻学专业在新闻业务、传媒经营管理、新闻传播理论、中外新闻史等方面推出了特色鲜明的系列教材，与南方报业传媒集团、羊城晚报报业集团、广州日报报业集团、深圳报业集团等共同设立了合作密切的传媒实习基地，人才培养质量高。新闻学专业毕业生的就业率一直保持较高水平，就业去向大多为粤港澳的知名媒体或公司。

2）广告学专业

广告学专业创办于 1994 年，在国内属较早开办广告学专业的教学单位之一。本专业以培养高素质的创意、策划、传播、管理等复合型专门人才为使命，通过四年的学习，使学生具有系统的营销传播理论和深厚的专业知识，具备熟练的市场调研、策划创意、媒介策略和效果测评等专业技能，能够胜任国内外广告公司、公关公司，传播机构、咨询公司、市场调查机构、社会组织及企事业单位市场营销与宣传部门的相关专业工作。

2001 年升格为广告学系，下设广告学专业及广告学（数字媒体广告创意方向）两个专业（方向），目前招收学生规模约 80~100 人（含内招生和外招生）。广告系现拥有专职教师 15 人，其中教授 2 名、副教授 5 名、讲师 8 名，拥有博士学位（含博士在读）的人数为 12 人，占 80%。师资规模及教学科研水平在国内广告院校居于领先地位。四个年级学生共 338 人，其中内地学生 119 人，港澳台及海外学生 219 人。2014 年 3 月，该校广告学专业在中国科学评价研究中心发布的“中国大学本科教育分专业竞争力排行榜”中获得 5 星级评价，在全国 244 所开设此专业的高校中排名第 6 位。据“2014 年度中国大学各学科、各专业排名”，暨南大学广告学专业被评级为 A++级专业，在全国

251 所开设广告学专业高校中位列第 5，排名前 2%，也是暨南大学唯一的 A++级专业。

3）广播电视学专业

广播电视新闻专业 2001 年成立，是研究广播、电视及互联网等大众传播媒介新闻信息传播的基本理论与基本方法的新闻学应用专业。现有教师 16 名，其中教授 4 名，副教授 5 名（其中博士及在读博士 8 人），其中 6 位教师具有丰富的广电从业经历。同时，本专业还聘请全国多家广播电视台的优秀业务人员兼职任教。现有学生 215 名，其中内招 113 名，外招 102 名。已毕业学生 10 届，毕业去向多样，整体良好。

依托国家级媒体实验教学示范中心，该专业突出培养具有广播电视新闻学基本理论和宽广的文化科学知识，能在广播电台、电视台、互联网站等大众传媒及宣传、司法、文化以及企业管理等相关部门，从事编辑、采访、节日主持与管理等工作的新闻传播学高级专门人才。该专业强调理论与技能、知识与能力的结合。

4）网络与新媒体专业

2012 年，教育部在全新修订的新闻传播学科专业目录中，正式设立了网络与新媒体专业。暨南大学新闻与传播学院成为首批获得教育部正式备案招收网络与新媒体专业学生的重点院校之一。经过将近 3 年的精心筹备，暨南大学新闻与传播学院网络与新媒体专业 2015 年正式招生。

网络与新媒体专业作为新闻传播传统优势学科中孵化出的前沿专业，具有良好的资源基础、办学实力和雄厚的创新实力。目前，该专业汇聚了学院多个系的中青年骨干和教学精英，现有专任教师 10 名，其中教授 2 名，副教授 5 名，讲师 2 名，实验员 1 名。专任教师中有 7 人拥有博士学位。该教师团队所承担的已经结项和在研的国家社科基金项目超过 8 项，省部级社科基金项目超过 6 项，出版相关领域专著教材超过 10 部，在国内外权威期刊发表高质量论文 200 多篇，是国内网络与新媒体领域是实力最强、最具成长潜力的中青年团队之一。此外，学院多个系的中青年骨干教师还承担了该专业的众多全新课程和实践指导，相关任课老师在 20 名以上。

该专业强调突出“宽阔的文科+精干的理科”的交叉型人才素质培养模式。无论是专业课程设置还是专任教师的学科背景，都体现出文理兼容的特色；该专业瞄准融合新闻生产、数字（内容）产品研发与运营、网络舆情监控与公共传播等当前网络与新媒体行业急需而稀缺的专业型人才而设置相应教学方法；该专业首创“校内实习”，开设“数据新闻工作坊”、“数字产品工作坊”、“公共传播工作坊”，每个工作坊以真实项目为依托，由校内专业老师和校外业界专家共同指导，开展专项实践教学，持续出品系列作品并通过相关数字平台全方位展现；该专业联合传媒业、广告业、广电业以及新媒体公司等多方资源，打造创业创新创研孵化平台。网络与新媒体专业旨在培养具备基本的网络与新媒体思维方式，系统掌握网络与新媒体传播理论知识，熟悉并基本掌握网络与新媒体实践能力的应用型、复合型专门人才。

5）播音与主持艺术专业

播音与主持艺术专业创办于 2009 年，现有专任教师 15 人，其中教授 5 人，副教授 2 人。目前本专业在读学生 128 人。本专业依靠新闻与传播学院国家级实验中心，拥有各类演播室 3 个，配音间 16 个，与 20 多家电台、电视台签订实习基地，在教学实践中已形成了比较成熟的实践机制。

依托新闻与传播学院雄厚的学科基础和专业实力，该专业突出出镜记者和新闻主播的专业培养特色，着力打造课程实验、媒体实习和社会实践三位一体的实践教学体系，旨在为海内外媒体培养具有良好的政治、业务素质，能熟练应用普通话、粤语、英语等语言胜任新闻主播、节目主持人、出镜记者等岗位工作的口语传播专业人才。

6）国际新闻（全英）

该专业方向为广播电视系统、对外传媒机构、外事部门及企事业单位培养具有强烈的社会责任感和使命感、复合的知识结构和开放的国际视野，通晓新闻传播理论、熟悉新闻传播规律、掌握媒介传播技能，同时具有扎实的英语基础和应用能力的国际新闻传播高级专门人才。该专业毕业生不仅具有坚实的英语语言专业理论基础，良好的中英文语言表达和写作技能，同时具备采、写、编、评、译、制等国际新闻业务能力，能够从事记者、编辑、翻译、评论员及其他涉外管理工作等。

2. 硕士点

新闻与传播学院目前设有新闻学、传播学、广播电视学、广告学 4 个硕士学位授予点，新闻与传播和艺术学（广播电视）2 个专业学位授予点。目前，硕士点有校内外研究生指导教师 53 人，每年招生 200 多人。新闻与传播硕士专业学位研究生实行双导师制，即每名学生均由一名学术型指导教师，以及一名具有丰富实践经验、综合业务素质高的实践指导教师共同指导。学术型导师由本院教师担任，实践导师由业界专家担任。目前，学院聘有实践指导教师 100 多人。一直以来，暨南大学新闻与传播学院几乎每年都吸引近千人报考。

新闻传播学硕士培养目标为有中国特色的社会主义新闻传播业培养德才兼备、具有现代传播理念与国际化视野、了解中国基本国情、熟练掌握新闻传播技能与方法的应用型高层次人才。具体要求为：（1）掌握马克思主义基本原理与方法，具有良好的政治素养和政策水平；遵守法律、能够把握现代新闻传播职业理念，恪守新闻传播职业道德；具有强烈的爱国主义精神和高度的社会责任感；具有一定的职业理想，勇于创新，敏于实践，敢于担当。（2）熟练掌握新闻传播的基本原理，具备从事新闻传播实践所需要的专业素养、技能；能够胜任新技术变革对新闻传播工作提出的新要求。该专业的学习和研究范围涉及新闻与传播行业的核心知识和关键技能。核心知识包括：国内外主流新闻媒体、广告公关传播机构、政府或企业宣传部门的运作及其特点；国内外新闻与传播产业以及 IT 产业、文化产业等关联产业的历史轨迹、经验教训、最新发展动态和趋势及其政策启示；我国新闻与传播产业发展和行业管理的有关政策法规建设；基于经济学、管理学、社会学等跨学科理论知识对媒体发展与经济、社会的互动关系的探讨，对国家新闻与传播行业发展战略及其实施的探讨；我国新闻、广电、广告、公关行业当前存在的主要问题和解决对策，等等。关键技能包括：全面熟练地掌握各类媒体的新闻、公关、广告等业务技能，扎实系统地掌握新闻与传播产业和市场的调查、分析理论和方法，经培养具备入职和职业发展所需的个人能力，经培养具备一定的项目策划、运营和管理协调能力。

新闻与传播和艺术学（广播电视）方向以社会与行业的实践需求为导向，依托新闻传播学科的优势资源，突出“新闻传播+艺术+技术”的学科交叉特色，旨在培养具有广博的人文素养、系统的专业知识、熟练掌握广播电视专题策划和音视频制作以及新媒体艺术产品生产技能的应用型、复合型艺术专门人才。

3. 博士点情况

2006 年，获准设立新闻学博士点。2007 年，学院首次招收新闻学博士 8 人，其中外招生 4 人。2011 年，新闻传播学一级学科博士点获批，下设新闻学、传播学、广告学、广播电视学 4 个二级学科以及传媒经济学二级交叉学科。目前，新闻与传播学博士点有博导 14 人，每年招生 10 多人。

4. 博士后流动站

暨南大学新闻传播学博士后科研流动站设立于 2007 年。截至目前，流动站已招收博士后研究人员 17 人。博士后研究人员在站期间共承担了 10 多项省部级以上科研项目，其中国家社科基金重大项目一项——“中国南海问题主张的国际传播战略与国际话语权体系研究”、博士后科学基金项目 5 项，在 CSSCI 期刊发表学术论文 30 多篇，获得省部级科研奖励一项。

4.9.5　学科建设和改革举措

在学科建设方面，学院拥有国务院侨办重点学科（新闻学，2003）、广东省重点学科（新闻学，2006）、首批国家级特色专业（新闻学，2007）、广东省名牌专业（新闻学，2007）、广东省一级学科重点学科（新闻传播学，2013）。优势学科方向为：新闻传播理论、新闻传播史、新闻传播实务、传媒经营管理、数字营销传播、海外华文媒体等。在相关的专业排名中，新闻学排名全国第五，广告学、广播电视学排名全国第六，播音与主持艺术专业位列全国前十。在教育部组织发布的 2012 年学科评估中，暨南大学在新闻传播学类高校排名中并列第八。作为广东省新闻传播学类专业教学指导委员会主任委员单位，2014 年获批广东省华南新闻传媒协同育人中心，担负起推动广东省新闻传播专业建设的重任。同年，广播电视学专业获批广东省特色专业。

本科教育方面，学院目前设有新闻学、广告学、广播电视新闻学、播音与主持艺术、国际新闻（全英）、网络与新媒体 6 个专业。其中，新闻学专业为广东省名牌专业、国家级特色专业；广告学专业为广东省特色专业。本科教育以国家级教材和课程建设、各类专业训练营、大型暑期社会实践为特色。《新编中外广告通史》、《广播电视学概论》、《媒介管理》、《新闻事业经营管理》入选“十一五”或“十二五”国家级规划教材。“微博：微写与博识”入选国家级精品视频公开课。

在研究生教育方面，学院设有新闻学、传播学、广播电视学、广告学 4 个科学学位硕士专业，新闻与传播、广播电视（艺术学）2 个专业学位硕士专业，新闻学、传播学、广播电视学、广告学、传媒经济学 5 个博士专业方向。研究生教育以与传媒联合培养和开放共享为主要特色。学院研究生教育一直坚持面向媒体、服务社会的办学理念，把为媒体和社会培养高端人才和学科建设有机结合起来，先后与中央、省、市 100 多家新闻媒体、政府部门和企事业单位建立了实习实践基地。2008 年，学院与南方报业传媒集团、羊城晚报报业集团、广东电视台、广州日报报业集团共建广东省第一个文科研究生创新培养基地——“华南新闻传媒研究生创新培养基地”。2008 年起，学院每年 7 月举办一期面向全国青年教师和研究生学员的“传媒领袖讲习班”，邀请国内外传媒业领袖传经送道，共同探讨媒体改革创新的经验。“传媒领袖讲习班”至今已成功举办 8 期，在海内外的业界和学界引起了热烈反响。2011 年，学院与多家单位携手共建“广东省联合培养研究生示范基地”。

2013 年 12 月，学院成为全国首批“部校共建”单位。根据中宣部、教育部《关于地方党委宣传部门与高等学校共建新闻学院的意见》，广东省委宣传部与暨南大学签订共建新闻与传播学院协议，为新闻与传播学院的专业建设提供了良好的平台和保障。学院在延安、井冈山设立了 2 个马克思主义新闻人才培训基地。学院是中国新闻奖推选单位，推选的作品获得了中国新闻奖一、二、三等奖。学院是教育部新闻传播学教学指导委员会副主任、全国新闻与传播专业硕士教学指导委员会委员、教育部卓越新闻传播人才教育培养指导委员会和专家委员会委员、中国新闻史学会副会长、外国新闻史学会副会长、广东省新闻传播学教学指导委员会主任、广东省新闻学会副会长、广州市记协副主席等职所在单位。

现代社会已进入泛媒体时代，任何机构都可以运用自建的平台或借用别人的平台进行形象传播，这就促使各类机构重视吸纳具有传媒素养的人才，传媒学生的就业之路变得越来宽畅。基于以上的判断，暨南大学新闻与传播学院的学生应该在理论和实践两方面都要强化，努力将自己培养成能与业界匹配的人才。这种人才具备实操能力又拥有能启迪前瞻性思维的知识储备，不是消极地等着别人打造好了平台去坐享其成，而是准备去创业。无论到传统媒体还是泛媒体岗位就业都是如此。这些年，该院一方面抓好教材和课程建设，同时推进各类专业训练营、与业界联合打造创新基地、组织大型社会实践活动。另一方面，与美国、英国、瑞典以及我国香港、澳门、台湾等地区多所高校建立良好的科研和人才培养合作关系。今后，将有更多的创新举措推进。尽管眼下传统媒体的生存、发展遇到困境，但我们的传媒教育依然阳光灿烂。随着全媒体时代的到来，全社会大传播人才的需求在急剧增长。只要紧紧盯住人才市场变化，与时俱进地调整办学思路，传媒教育比以往任何时期都更有作为。该院传媒学生的持续学习能力和实践的创新能力在强化，暨南大学新闻教育的未来前景会变得越来越美好。

（撰稿人　邓绍根）

4.10　上海交通大学媒体与设计学院

上海交通大学媒体与设计学院成立于 2002 年。学院以高度国际化的宽广视野和学科交叉融合的办学理念，在国内率先整合传播学和设计学，创造出大传播、大设计、交叉平台的创新型学院。学院拥有新闻与传播系、电影电视系、文化产业管理系和设计系等四个系，具有本科、硕士研究生、博士研究生等国民教育全系列学位授权点：包括新闻与传播学、设计学 2 个一级学科硕士授权点；工业设计工程、新闻与传播、艺术硕士 3 个全日制专业学位硕士授权点；新媒体传播与管理、设计科学与工程两个一级交叉学科博士点；工商管理（媒介管理）二级学科博士学位授权点；媒介经济、媒介管理 2 个博士后工作分站。

学院有教职工 101 名，其中教授（含研究员）18 人，博士生导师 11 人。包括教育部长江学者讲座教授 2 名，教育部跨世纪优秀人才、教育部新世纪优秀人才 4 人，国家外专局高端外国专家、上海市东方讲座教授 1 人，享受国务院特殊津贴专家 2 名，SSCI 期刊编委 2 人。教师中数十位来自密歇根大学、北卡罗来纳大学、南加州大学、哥伦比亚大学、普度大学、德国曼海姆大学、莱斯特大学、华威大学、莫纳什大学等国际知名学府和国内复旦、北大等知名大学。

学院已形成了大传播、大设计两大学群；以大数据为平台的新媒体传播和计算新闻学、信息可视化设计与互动设计、文化产业管理、媒介经济与管理等学科特色。学院亦学习美国加州理工、MIT 模式，以科研带动教学发展，积极建设了数十个国家级、省市级、校级等基地、研究所、中心。学院承担了大量国家及省部级课题，其中国家社科重大、重点及教育部人文社科重大攻关项目数就有 10 项，名列国内同类院校前茅。

学院多学科高速发展获得卓越成绩。在教育部第三轮学科评比中，新闻传播学科跻身全国十强；在 2012 年及 2014 年的 QS 学科排名中，新闻与传播学科跻身世界百强；在 2015 年 QS 学科排名中，艺术与设计学科跻身世界第 28 位。

学院亦是一个高度国际化的单位。在学术合作上，与国际传播学会 ICA 多年合作举办新媒体国际论坛；与美国南加利福尼亚大学、哥伦比亚大学，英国威斯敏斯特大学、拉夫堡大学，日本东京大学、中国香港中文大学，新加坡国立大学等密切合作；与中国台湾政治大学、香港城市大学，以及新加坡国立大学，英国伯明翰城大等大学签署学生交换计划。

学院也是交大学生生源最国际化的单位。截至 2015 年 12 月，学院在读学生 1200 多名，其中本科在校生人数 731 人（留学生 246 人），研究生 421 人。此外开设全英文教学硕士、博士项目，面向全球招收学生，目前已有来自美国、非洲、东南亚等国家的 20 多位海外研究生。

学院 10 多年来，杰出校友辈出。2015 年上海国际电影节上，学院首届毕业生吴飞跃导演作品《我的诗篇》荣膺金爵奖最佳纪录片奖；热播剧《爱情公寓》系列由学院毕业生韦正导演；《里约大冒险》等好莱坞大片 CG 设计师刘澍亦为学院卓越校友。2007 级研究生姜峰和 2009 级研究生吴昊的作品《私人的按摩师》获得纽约广告节学生组平面设计类金奖。

目前，学院拥有省部级以上研究基地 6 个，包括全国哲学社会科学规划领导小组“国家社科基金决策咨询点”、国家文化部国家文化产业创新与发展研究基地、国家文化部“文化部两岸文化研究基地”、国家互联网信息办公室互联网舆情基地“上海交大舆情研究实验室”、上海市哲学社会科学创新基地“上海市文化创意产业发展战略研究基地”、上海市哲学社会科学创新基地“新媒体与社会研究中心”等。已连续十年发布《中国文化产业蓝皮书》；编辑的《中国文化产业评论》是行业内唯一入选 CSSCI 集刊的刊物；李本乾教授发布蓝皮书《中国传媒竞争力研究报告》在学界与业界均收获良好的社会反响。

自2012年以来获得多项省部级奖励，如2012年，李本乾获得教育部第六届高校哲学社会科学优秀成果三等奖、获得教育部高校艺术教育科研论文三等奖、获得上海市邓小平理论研究二等奖，单世联获得高校人文社科优秀成果二等奖；2014年，李武获得上海市第十二届哲学社会科学优秀成果二等奖，童清艳获得上海市第十二届哲学社会科学优秀成果二等奖；2015年，谢耘耕获得高校人文社科优秀成果二等奖，胡惠林、王婧合作获得高校人文社科优秀成果三等奖。

学院学生每年约50%以上走出国门，进入剑桥大学、康奈尔大学、哥伦比亚大学、密歇根大学、南加州大学等世界名校深造，亦为国内外主流媒体、国际公关和媒介机构、跨国企业、政府各级公务部门、银行、专业机构等培养了一大批高端人才。

（撰稿人　俞晓丽）

4.11　上海大学上海电影学院

上海大学是上海市属、国家“211工程”重点建设的综合性大学，是国家教育部与上海市人民政府共建的高校。上海大学的历史可追溯到20世纪20年代，时有“武有黄埔、文有上大”之美誉。

新上海大学于1994年5月，由上海科技大学、上海工业大学、原上海大学和上海科技高等专科学校四校合并而成。

目前，上海大学新闻传播学科为一级学科，设有新闻学、广播电视学、广告学、艺术与科技（会展）等本科专业；拥有新闻学、传播学等学术硕士点和新闻与传播专业硕士点；拥有新闻与传播学博士点和博士后流动站。

上海大学新闻传播教育的一个鲜明特色是秉承老校长钱伟长教育思想的精髓——“培养全面发展的人”、“拆除四堵墙”等。即：拆除学校和社会之墙，校内各系科、专业、部门之墙，教育与科研之墙，教与学之墙，重点围绕新闻学、广播电视新闻学、广告学等展开专业教育，同时借助学校诸多学科的优势和学院其他学科的优势，不断为新闻传播教育植入新的时代元素。在新闻人才培养的过程中，学院以适应社会需求和新闻传播事业的发展为嚆矢，重视实行厚基础、宽口径、重实践、深学养的人才培养模式，形成了卓有成效的办学特色。

4.11.1　上海科技大学时期的新闻传播教育

上海大学新闻传播教育肇始于学校的前身之一——上海科技大学。

上海科技大学的新闻专业招生最早始于 1985 年。当时的中文教研室设有“科技新闻与秘书”专业（二年制大专）。1987 年 6 月 4 日，上海科技大学按照文理渗透的办学宗旨建立了新闻与人文科学系，设有科技新闻专业（学制二年）。1989 年起，该专业连续三年未正规招生，转而招收夜大学（科技新闻与秘书）专科生。1992 年恢复招生，科技新闻专业改为新闻专业。1993 年增设涉外秘书专业，学制 2 年。1997 年起这两个专业停止招生。该系设有新闻教研室、文艺教研室和管理教研室。名誉系主任为王维，兼职系主任陈迟，主持日常工作的副系主任先后有吴义方、王家骏、黄炜。

4.11.2　上海大学时期的新闻传播教育

1994 年 5 月，新上海大学成立。原上海科技大学新闻与人文科学系与原上海大学文学院电视艺术系、原上海科技专科学校电子技术系共同组建上海大学影视艺术技术学院。并调整组建了上海大学影视艺术技术学院新闻传播系。新闻传播系整合了原 4 个学校新闻传播教育的资源。1995 年开始本科专业教学，招生专业为“电视编辑”（新闻方向）。1996 年“广播电视新闻学”本科专业开始招生，同年停止专科招生。2005 年“新闻学”本科专业开始招生。

1995—2000 年间，黄炜担任新闻传播系主任、影视艺术技术学院副院长。这个时期，该校的新闻传播教育设有电视编辑专业（新闻方向），本科，学制四年，授学士学位；新闻专科、涉外秘书专科，学制均为两年。1996 年，电视编辑专业变更为广播电视新闻学，本科专业，学制四年，授学士学位。1999 年，建立新闻学本科专业，学制四年，授学士学位。

2000—2016 年期间，新闻传播系历任系主任为：戴元光（2000—2003）、吴信训（2003—2007）、张咏华（2007—2010）、郑涵（2010—2011）、赵士林（副系主任，主持工作，2012 年至今）。

这一时期设有广播电视新闻学（2012 年教育部学科目录调整，原“广播电视新闻学”专业改名为“广播电视学”）和新闻学两个本科专业，学制四年，授学士学位。专业课程设有“新闻学概论”、“传播学概论”、“网络新闻传播”、“中外新闻史”、“新闻伦理与法规”、“传播学研究理论与方法”、“传媒经济与管理”、“电视纪录片与专题片”、“数据新闻理论与实务”、“融合媒体报道与写作”、“英语新闻”等。

上海大学广告学系于 1993 年 5 月在原上海大学文学院创建，系上海市高校中第一个创办的广告学专业，该系 1995 年 4 月合并到上海大学之后，一直是上海大学一个独立建制的系。直至 2005 年 3 月并入上海大学影视艺术技术学院，成为上海大学影视艺术技术学院下属的广告学系。1993—2015 年间，历任系主任为：张祖健（1993—2005）、许正林（2005—2010）、查灿长（2010 年至今）。

这一时期，设有广告学和艺术与科技两个本科专业（2012 年教育部学科目录调整，原会展专业更名为艺术与科技专业），学制四年，授学士学位。专业课程设有“传播学”、“市场营销学”、“公共关系学”、“广告学原理”、“广告策划与创意”、“广告文案”、“广告经营管理”、“广告媒体研究”、“广告法规”、“广告设计与制作”等。

上海大学上海电影学院成立于 2015 年 7 月 5 日，它的前身是上海大学影视艺术技术学院。现任院长为著名导演陈凯歌、执行院长为何小青教授。在国家和上海重视发展电影产业的背景下，学院在新闻传播教育方面力求创新与突破，并相应调整了发展思路，拟将新闻传播学与戏剧影视学、艺术学理论等学科交叉融合，凸显有影视特色的新闻传播学。

2015 年年底，新闻传播学被确定为上海市“新闻传播高原学科建设项目”。在“高原学科”的目标和要求之下，新闻传播教育将围绕国际化发展目标，推进新兴媒体课程体系建设，强化特色学术优势，聚焦国际前沿，服务于国家与地方重大社会发展与学术研究需求。

4.11.3 学位与研究生教育

到 2016 年，上海大学的新闻传播教育已经实现了本科、硕士研究生、博士研究生教育的全覆盖，同时拥有了新闻传播学博士后科研流动站。

2000 年获批传播学硕士学位授予点，2001 年开始招收传播学硕士研究生，学制三年，当年招生 13 人。

2003 年获批新闻学硕士学位授予点，2004 年开始招收新闻学硕士研究生，学制三年，当年招生 9 人。

2006 年获批新闻传播学一级学科硕士学位授予点，2007 年开始按照新闻传播学一级学科招收硕士研究生，学制三年，当年招生 45 人（含外国留学生 1 人）；2015 年招生 68 人（含外国留学生 2 人）。

2006 年获批传播学博士学位授予点，2007 年开始招收传播学博士研究生，学制 3~4 年，当年招生 10 人。2011 年获批新闻传播学一级学科学位授予点，2012 年开始按照新闻传播学一级学科招收博士研究生，学制 3~4 年，当年招生 14 人（含外国留学生 1

人)；2015 年招生 8 人。2009 年新闻传播学博士后流动站获批，截至 2015 年，出站 3 人，在站 4 人。

该学科博士点在新闻传播学基础理论研究、传媒制度研究、传媒经济研究、新媒体研究、国际传播研究等领域已形成了学术特色。

4.11.4　对外交流与合作

上海大学新闻传播学科与美国密苏里大学、肯塔基大学、俄克拉荷马大学、田纳西大学、罗格斯大学、密苏里大学堪萨斯分校、英国伦敦大学金斯密斯学院、德国科隆新闻学院、瑞典延雪平大学等建立了合作办学项目，以及学术研究交流项目。学位教育方面，包括学士学位、硕士学位、博士生联合培养等。

上海大学新闻传播学科不仅与国内外学界、业界、政界建立了一系列专业合作平台，而且建立了一些重要研究基地，包括上海市教委人文社会科学重点研究基地——影视与传媒产业基地、上海市社会科学创新研究基地、上海市人民政府发展研究中心工作室、国家新闻出版广播电视电影总局发展研究中心—上海大学新媒体协同创新研究中心、上海大学—密苏里大学新闻学院媒介融合研究中心等。

2012 年，新闻传播系教授李建新创作出版了以国际交流为内容的专著《穿越密西西比》，这是到目前为止美国密苏里大学唯一资助出版的中文专著。

4.11.5　学术研究及其成果

上海大学新闻传播学的学术研究近十几年来，取得了丰硕成果，如上海市高校教育高地建设项目(2003—2006)、上海市重点学科(传播学)建设项目(2006—2012)、上海市 211 工程“传媒产业与传媒制度”建设项目(2009—2012)、上海市高等教育内涵建设“085”建设项目(2010—2015)、上海市一流学科戏剧与影视建设项目(2013—2015)、上海市新闻传播卓越人才培养计划(2014—2018)、上海市新闻传播高原学科建设项目(2015—2017)等，已成功申报国家级、省部级社会学科、人文科学规划项目。

在课题方面，上海大学新闻传播系教师承担的各级各类项目超过 60 项，包括以下的主要项目：

2015 年度，国家社科基金项目：“新媒体视角下传播伦理从职业伦理到公民伦理的演变研究”，张咏华。

2014 年度，国家新闻出版广电总局部级社科研究项目：“4G 前景下广电行业面临的竞争新格局及其应对策略研究”，吴信训。

2011 年度，国家社科基金项目青年项目：“‘网络热点’转化至‘网络群体性事件’的机理及临界预警建模研究”，吴小坤。

教育部人文社会科学研究项目：“当代密苏里新闻教育新范式及其在中国的应用的可行性研究”，李建新。

2010 年度，国家社会科学基金项目青年项目：“新生代农民工信息需求层次与传播机制研究”，陶建杰。

教育部人文社会科学研究项目：“中国化媒介批评教材体系创新”，郝一民。

2009 年度，教育部人文社会科学研究一般项目：“转型期社会主义核心价值体系建设中传媒话语的意识形态策略”，赵为学。

2008 年度，全国艺术科学规划项目：“联网时代欧美文化产业制度转型危机：版权体系的重构”，郑涵。

教育部人文社会科学研究项目：“国际电影审查与分级制度研究”，郑涵。

国家广播电影电视总局部级社科研究项目：“构建电视新闻数字化传播新体系研究”，吴信训。

2007 年度，国家社科基金立项项目：“传媒议题设置、2008 北京奥运会与中国体育的国际化”，张咏华。

2006 年度，教育部人文社会科学研究一般项目：“当代西欧主要国家的传媒政策及近期转型”，张咏华。

自 2000 年以来，上海大学新闻传播学科点教师出版的专著有 150 余 部，其中多有著作获得国家与省部级奖项，诸如《中国传播思想史》（金冠军、戴元光）、《当代西方传媒制度》（郑涵、金冠军）获得 2009 年度教育部高等学校科学研究优秀成果著作类三等奖，《欧洲传播思想史》（许正林）获得 2006 年上海市第八届哲学社会科学优秀成果著作类二等奖，《当代西方传媒制度》（郑涵、金冠军）与《传播学研究理论与方法》（戴元光）分别获得 2008 年上海市第八届哲学社会科学优秀成果著作类二等奖与三等奖。另外，《传播学通论》（戴元光、金冠军）获得国家普通高校优秀教材奖，《新编广报电视新闻学》（吴信训）、《新闻编辑》（许正林）等获得上海市高校精品课程教材。《基督教传播与大众媒介》（许正林）等获得上海市学术著作出版基金资助。

此外，学院老师还在国内外知名媒体，如美国《圣路易新闻》报、《人民日报》（包括《人民日报·海外版》）、《中国新闻出版报》、《中国社会科学报》、《文汇报》、新浪网等媒体发表相关新闻作品和探讨新闻业务的文章，体现了理论与实战的对接，也扩大了上海大学新闻传播教育在国内外的影响。

（撰稿人　王晴川　郑涵　李建新）

4.12　浙江大学传媒与国际文化学院

4.12.1　历史沿革

浙江大学传媒与国际文化学院的前身为原杭州大学新闻与传播学院，是浙江省最早开展新闻传播教育和研究的部门。1958 年，杭州大学开始设立新闻系，后因高等院校专业设置调整而停办。1978 年，杭州大学和浙江日报社商定，在中文系开办新闻学专科。1982 年，为适应需要，筹建了中文系新闻专业，学制四年，并在当年招收新闻本科。1988 年，重新恢复新闻系建制，成立了杭州大学新闻系。为了适应社会和新闻业发展的需要，除了原有的一个新闻学专业，又先后建立了广播电视新闻专业和广告学专业。1993 年，杭州大学与浙江日报社、浙江广播电视厅、浙江省新闻出版局、新华社浙江分社等数十家浙江新闻媒体一起，建立了杭州大学新闻与传播学院。1998 年，杭州大学和浙江大学、浙江农业大学、浙江医科大学合并成立新浙江大学，学院遂成为浙江大学新闻与传播学院，隶属于浙江大学人文学院。2006 年，原浙江大学新闻与传播学系与国际文化系合并，组建了新的学院——浙江大学传媒与国际文化学院。

4.12.2　主要领导人

院长：吴飞，浙江大学传媒与国际文化学院求是特聘教授，博士生导师，浙江大学学位委员会委员。享受国务院政府特殊津贴，兼任国务院新闻学科专业学位教指委委员、教育部新闻学科教学指导委员会委员、国家互联网研究中心聘约研究员、中国新闻史学会外新史分会副会长、浙江省记协常务理事，《中国社会科学》、《新闻与传播研究》等多家学术刊物评审专家。

书记：吕国华，兼浙江大学传媒与国际文化学院副院长，副教授。

副院长：李杰，笔名李思屈，教授、博士生导师。浙江大学中国海洋文化传播研究中心主任，数字娱乐产业研究中心主任，《中国娱乐与创意产业》主编，《中国传媒报告》副主编，国内多家学术期刊编委、评审员。英国艺术与人文研究会文化政策与文化创意产业海外项目评审员，日本大阪府立大学客座教授，日本吉田秀雄纪念事业财力 2002 年度客座研究员。

副院长：胡志毅，教授，博士生导师，美学与批评理论研究所所长，中国话剧理论与历史研究会常务理事、中国高校影视学会理事、中国高校教育学会影视专业委员会理事、中国电影家协会理论评论工作委员会委员，《文化艺术研究》编委。曾获得国家教育部第二届社会科学优秀科研成果奖二等奖（第2名）、浙江省第七届和第十五届哲学社会科学优秀成果三等奖。

副院长：韦路，美国华盛顿州立大学传播学博士，教授、博士生导师，新闻传媒与社会发展研究所所长，浙江大学求是青年学者，教育部新世纪优秀人才，浙江省151人才。曾获首届“新闻传播学国家学会奖”之杰出青年奖、浙江省哲学社会科学优秀成果一等奖、浙江省“五四”青年奖章等重要奖项。主要研究领域为新媒体传播、政治传播、国际传播等。

副书记：王玲玲，副研究员，传播学硕士，休闲学博士，硕士生导师，全球职业生涯规划咨询师（GCDF）。先后在浙江大学材料系、浙江大学党委宣传部、浙江大学外国语言文化与国际交流学院任职。在大学生思想教育、大学生职业生涯规划、休闲传播、休闲文化与休闲教育领域有一定研究。承担十多项省市级课题，出版一部专著，曾获国家旅游总局优秀学术成果一等奖一项。浙江省休闲学会秘书长。

4.12.3 办学理念

浙江大学传媒与国际文化学院坚持“厚德博识、自由宽容”的院训。全力培养具有深厚的文化功底、娴熟的传播与表达技能、良好的社会道德、宽阔的国际视野的“传媒精英”，并精心塑造博识睿智、明思慎辨、协调沟通能力卓越、研究能力出众、胜任公共事务的“国际政治精英”。

学院着力于学科交叉和会聚，加强国际交流与合作，努力建构传媒科学与国际文化的新型研究平台、教育平台和传播平台，建立一支对传媒与社会文化具有深入研究力、影响力乃至领导力的高水平学术梯队，培养一批具有国际视野的、对传媒与文化具有深入感受力、研究力、创造力和领导力的传媒和跨文化传播人才，努力建设成为国际先进、国内一流，在教学与研究、师资队伍建设与社会服务等方面均具有国际水平的学院。

4.12.4 办学规模

浙江大学传媒与国际文化学院现有教职员工66人，其中教授17人，副教授29人。现有2个省级重点研究基地：浙江省娱乐与创意产业研究中心、浙江大学传播与文化产业研究中心。2个博士点：新闻传播学（一级学科）、美学。7个硕士点：传播学、新闻学、美学、戏剧与影视学、汉语国际教育专业硕士、广播电视专业硕士、新闻与传播专业硕士。3 个教学系：新闻与传播学系、国际文化学系、影视艺术与新媒体学系；5 个研究所：传播研究所（省级重点学科）、美学与批评理论研究所（省级重点学科）、新闻传媒与社会发展研究所（省级重点学科）、广播电影电视研究所、国际文化和社会思想研究所。

学院现有全日制学生 663 人，其中留学生 142 人。具体情况如下：

本科：大陆学生 272 人，留学生 100 人，总计 372 人；

硕士：中国大陆学生 160 人，留学生 37 人，总计 197 人；

博士生：中国大陆学生 89 人，留学生 5 人，总计 94 人。

4.12.5　机构设置

1. 系别设置

1）新闻与传播学系

浙江大学新闻与传播学系，是浙江省最早开展新闻传播教育和研究的科研院系。1958 年，杭州大学开始设立新闻系，后因高等院校专业设置调整而停办。1988 年，杭州大学新闻系恢复成立。1993 年，杭州大学与浙江日报社、浙江广播电视厅、浙江省新闻出版局、新华社浙江分社等数十家浙江新闻媒体一起，建立了杭州大学新闻与传播学院。该系设有新闻传媒与社会发展研究所、传播研究所。现任主持工作的系副主任为沈爱国副教授。

2）国际文化学系

国际文化学系于 1999 年新浙江大学成立之时建立。现设有汉语国际教育本科专业，汉语国际教育专业学位硕士点、美学博士点。国际文化学系将是浙江大学与海外进行广泛学术联系与合作交流的重要窗口，该系设有美学与批评理论研究所、社会思想研究所。现任主持工作的系副主任为刘翔副教授。

3）影视艺术与新媒体学系

影视艺术与新媒体系筹建于 2007 年，根据新成立的传媒与国际文化学院统筹，下设原隶属于新闻与传播学系的广播电视学、广告学两个本科专业，其中广播电视学本科专业设置于 1994 年 ，广告学本科专业设置于 1993 年，2007 年设广播电视编导方向。在电视新闻学、农村品牌研究等领域研究居于国内先进水平。目前由范志忠教授担任系主任。

2. 院系级研究中心（所）

1）传播研究所

浙江大学传播研究所成立于 1997 年，其前身是 1990 年成立的杭州大学新闻传播研究室。1995 年获传播学硕士学位授予权，2007 年获传播学博士学位授予权，共同建有新闻传播学一级学科博士点和博士后流动站。学科方向包括传播与媒介理论、媒介文化、文化产业、广告学、公共关系等等。多年来，传播研究所科研实绩在浙江大学人文社科 60 多个研究所中一直位于前列，是浙江大学重点建设的研究所，传播学是浙江省重点学科。现任所长为邵培仁教授。

2）新闻传媒与社会发展研究所

浙江大学新闻传媒与社会发展研究所成立于 1997 年，其前身是 1989 年的杭州大学新闻学教研室，是浙江省最早的新闻传播研究机构。1999 年获硕士学位授予权，2006 年获新闻学与传播学一级学科博士点，2012 年被列为浙江省重点学科。经过十多年的发展，该学科已经成为海内外享有盛誉的新闻学研究和人才培养基地，在新闻史研究、新媒体研究、新闻社会学研究和国际传播研究等方面居于全国领先水平。现任所长为韦路教授。

3）广播电影电视研究所

浙江大学广播电影电视研究所成立于 2000 年，2001 年获戏剧与影视学硕士学位授予权，2009 年获艺术硕士（广播电视专业）授予权，2014 年依托新闻与传播学一级学科博士点，设置影视与文化创意产业博士点，经过十五年的发展，该学科已经发展成为国内外具有较大学术声誉的电影电视艺术专业人才培养和研究机构，在中国电影理论、纪录片和广播电视学方面研究居于国内先进水平。现任所长为范志忠教授。

4）美学与批评理论研究所

浙江大学美学与批评理论研究所成立于 1998 年，是国内美学、艺术学理论和文艺理论教学与科研的重要基地。美学与批评理论研究所自成立以来，一直致力于新的社会情境中美学问题的前沿研究，致力于美学原理的重构和中国古典美学的现代诠释，致力于西方现代美学以及政治美学、戏剧影视美学和诗学的最新进展的研究。在上述诸多领域具有全国影响力，在艺术哲学与批评美学、中国美学，特别是西方现代美学、现代艺术史与批评史方面，居于全国领先水平。现任所长为沈建平（沈语冰）教授。

5）国际文化和社会思想研究所

浙江大学社会思想研究所成立于 2006 年。研究所以综合性跨学科研究为特色，整合浙江大学传媒与国际文化学院的多学科资源，如美学、传播学、中国现当代文学与汉语国际教育等，并联手浙江大学国际教育学院的教学与科研力量，立足高层次的国际学术交流与成功对话，培育德才兼具的高水准复合型的新世纪人才。在硕士生培养方面，拥有汉语国际教育（教育学专硕）和媒介与社会思想（传播学科硕）两个专业方向。现任所长为潘一禾教授。

3. 校级研究中心（所）

1）浙江大学数字娱乐产业研究中心

浙江大学传播研究所数字娱乐产业研究中心现有教授3人，副教授3人，讲师2人。以数字娱乐产业特征及发展规律为研究重点，通过对浙江省“数字浙江，动漫天堂”的建设实践经验的研究，比较其他地区和国家的不同发展模式和经验，探索数字娱乐产业的基本规律。2004年成立以来出版学术专著7部，发表论文40余篇。完成教育部博士点基金研究项目“媒介的美学：传媒产业化时代的审美精神”、浙江省重点课题“数字娱乐产业品牌营销”和横向课题10余项。

2）浙江大学影视制作与传播中心

浙江大学影视传播制作与传播中心系浙江大学传播研究所的影视制作基地。该中心技术设备先进，技术水平领先。近年来为机关、企业和电视台策划制作了大量的影视节目，并分别获得国家教学成果奖、全国社科青年学术著作奖、省部级成果奖及省教委优秀社科成果奖。美国、澳大利亚，以及香港、中国台湾等地的影视业界的专家也多次来该中心交流理论和实践经验，并与中心建立了密切的联系。

3）浙江大学国际影视发展研究院

浙江大学国际影视发展研究院，由浙江大学与海宁市人民政府共建，是隶属于浙江大学的校设研究机构，以“立足浙江，服务中国，辐射全球”为总体要求，打造为集影视文化产业研发、服务、成果转化、产业培育、科技孵化为一体的创新平台，影视产业研究、纪录片创作、国际节展等领域在国内外具有较高的学术声誉。目前由罗卫东教授担任院长，范志忠教授担任执行院长。

4）浙江大学中国海洋文化传播研究中心

浙江大学中国海洋文化传播研究中心，由浙江大学与新华社共同建立。李杰教授担任研究中心主任。研究中心成立于2013年，拥有一支长期从事海洋文化产业研究的学术团队，同时联合国家海洋局与海内外海洋领域的专家学者共同致力于海洋文化传播与学术研究。中心目前和教授4人，副教授3人，博士生学位研究人员10人。2014年，经国家海洋局宣教中心审核批准，浙江大学中国海洋文化传播研究中心成为首批全国文化产业示范基地。

4. 省部级研究中心（所）

1）传媒与文化产业研究中心

浙江大学传播与文化产业研究中心是整合浙江大学传播研究所和浙江传媒学院相关资源合作共建基地。中心依托两校的一个博士点、三个硕士点和三个省级重点学科的优势，对国家传播与文化产业发展及浙江文化大省建设中面临的重大实践问题和重大理论问题开展研究。中心主任为邵培仁教授。

2）娱乐与创意产业研究中心

浙江省娱乐与创意产业研究中心成立于2008年，是浙江省文化产业重点研究基地，研究中心由浙江大学负责管理，研究中心主任为邵培仁教授。研究中心的主要任务是汇聚浙江大学文化与创意产业研究领域的创新思维、优秀成果，根据国家的产业政策和导向，配合文化行政主管部门，对本省乃至全国文化建设和文化产业发展的一系列实践和理论问题进行研究，提供政策建议和相关解决方案。

4.12.6 专业设置

学生培养与研究方向主要包括：本科分为新闻学、广播电视学、广告学和汉语国际教育四个专业，硕士分为新闻学、传播学、美学、戏剧与影视学、新闻与传播专业硕士、广播电视专业硕士、汉语国际教育专业硕士7个专业，博士分为新闻传播学和美学两个专业。

4.12.7 专业特色

新闻传播学的专业特色在于大力推进理论教学与实践相结合的教学改革举措。部校共建基金及教育部卓越人才培养基地基金支持举办的“业界大咖进课堂”活动及新闻评论工作坊项目，取得了良好效果。

汉语国际教育专业的教学特色体现在国际化的求学氛围，复合型的培养模式以及专业热门且具有广泛就业前景的中华语言和文化的对外传播与跨国交流，优越而开阔的学业“上升”空间。

广播电视学的专业特色在于变单人授课、授课过程失控的状态为团队合作，积极引入工科课程教研组的经验。同时加强课程合作国际化程度提高，和国外高校进行教学合作，开设原味外教课程。

广告学的专业特点在于对学生要求较高，特别是建构的能力、解决问题的能力。亮点在于对学生的策划、创意能力的注重和培训。

戏剧与影视学的专业特色在于对戏剧影视美学与批评、影像研究、电子媒介交织的文化艺术属性研究以及各类语言传播现象的研究，探索戏剧与影视创作规律。

4.12.8 改革举措

2015年，浙江大学传媒与国际文化学院以“教育教学大讨论”为主题，以“全面提升人才培养质量”为目的，进一步探讨卓越新闻传播人才和文化艺术人才培养的目标和定位，继续深化教育教学改革，不断提高教学质量和人才培养水平。

浙江大学传媒与国际文化学院研究现有教学模式和培养方案的优势和局限，结合国内外一流专业培养方案和课程体系，进一步完善学院通识课程、大类课程和各专业课程，特别是各类核心课程的规划和建设；探讨本科卓越人才培养模式，讨论本硕博贯通培养模式及其实践方案；探讨研究生教育新模式，打通新闻传播与汉语国际教育的资源，形成新闻、传播、文化产业、社会思潮、美学等不同模块相互支持的研究生教学特色模式；探讨专业硕士教育特殊规律，探讨模块化管理新模式。

4.12.9　学科建设

浙江大学传媒与国际文化学院拥有新闻传播学、戏剧与影视学两个科学学位的一级学科。

1. 新闻传播学

1）学科建设思路

第一，新闻传播学本身具有较强的学科交叉特性。随着人类步入信息社会，以信息传播为核心研究对象的新闻传播学科也越来越受到其他人文社会科学，甚至自然科学的关注，这为新闻传播学的进一步交叉发展创造了良好条件。第二，浙江大学学科门类齐全为学科交叉提供了肥沃的土壤。第三，该院的学科现状也决定了必须采取学科融合的思路才能化零为整，形成合力。

2）教师队伍情况

浙江大学新闻传播学一级学科共有全职教师 45 人，其中浙江大学文科资深教授、浙江省“新世纪 151 人才工程”第一层次培养人员 1 人，教育部长江学者特聘教授 1 人，浙江省宣传文化系统“五个一批”人才 2 人，教育部新世纪优秀人才 1 人，省级有突出贡献中青年专家 2 人，享受国务院政府特殊津贴 2 人，入选浙江大学基础研究人才支持计划教师 3 人，荣获宝钢优秀教师奖教师 4 人，浙江省“新世纪 151 人才工程”第二层次培养人员 3 人，浙江省“新世纪 151 人才工程”第三层次培养人员 1 人，浙江大学求是青年学者 8 人。

2. 戏剧与影视学

1）学科建设现状

浙江大学戏剧与影视学一级学科硕士点（原广播电视艺术学硕士点）自 2001 年开始招生，学制 2 年；2009 年，与人文学院艺术系共同申请，获得国家艺术硕士教育指导委员会批准招收广播电视领域艺术硕士（MFA）。学科点目前每年招收广播电视领域艺术硕士（MFA）10 名，学制 3 年；戏剧与影视学专业学科硕士 1~2 人，学制 2 年。

经过多年努力和建设，浙江大学戏剧与影视学一级学科硕士点依托学院新闻传播学博士后流动站，传播学、新媒体与数字技术两个博士点、浙江大学国家影视动画教学研究基地。学科点拥有传媒实验中心（浙江省重点实验室）、浙江大学影视制作中心（原国家广播电影电视部颁发的广播影视制作经营许可证）等，具有完备的创作、展映、表演设施和相关场地。

2）教师队伍情况

戏剧与影视学学科拥有一支以中青年教师为主要骨干，学术水平较高、知识和年龄结构合理的教师队伍，结构合理，富有学术竞争力。其中，高级职称的指导教师有6名，海归博士2人。其中范志忠教授担任教育部戏剧与影视学教指委委员、45届坦佩雷电影节国际评委、中央电视台节目评奖专家、中国电视艺术委员会特邀评论员等，还受邀参加国内外重要影视创作和评奖活动等。具体而言，共有教学科研人员11人，其中教授2人，副教授23人，具有博士学位人员占研究生导师人数的98%以上。

（撰稿人　韦　路）

4.13　华东师范大学传播学院

4.13.1　历史沿革

华东师范大学新闻传播教育诞生于20世纪20年代民族危亡之际，前身是大夏大学、光华大学，这两所学校分别于1924年和1925年即开始兴办报学专业教育。大夏大学于1928年创办了我国最早的广告学系，1937年又创办新闻学系。戈公振、汪英宾、谢六逸、王造时、曹聚仁、陆梅僧等著名新闻传播学者先后在大夏、光华执教和任职，培养出邓拓、储安平、张稚琴等著名新闻记者和新闻学者。一时英才辈出，文华璀璨。

华东师范大学新闻传播教育崛起于中华民族伟大复兴的21世纪。2004年，撤系建院，成立华东师范大学传播学院。首任院长为王晓玉教授，现任院长为严三九教授。朱梅任党委总支书记、副院长为陈虹教授、冯果教授、满方博士。

华东师范大学传播学院师资力量雄厚，学科梯队完整。传播学院现有专任教师54人，其中教授15人，副教授25人，讲师13人。其中，紫江讲座教授2人，终身教授2人，入选教育部“新世纪优秀人才支持计划”4人，入选上海市“曙光人才”1人。传播学院师资队伍具有学历层次高、国际化程度高和传媒业界经验丰富等特点。70%具有博士学位，9%毕业于海外著名大学，另有 41%拥有海外著名大学访学研究经历，多位教师曾在新闻传播业界工作多年，并担任重要职务。学院曾聘请国务院参事室主任王仲伟担任名誉院长，同时聘请美国普渡大学传播学院塞弗尔教授、西北大学新闻学院哈姆教授、上海广播电台台长黎瑞刚、《文汇报》总编黄强、中央电视台主持人郎永淳、上海电视台主持人曹可凡等 31 位海内外知名专家担任兼职教授和客座教授。此外，传播学院推出的“国际学术交流月”、“中国新闻奖得主工作坊”、“全球华文传媒顶尖记者驻校计划”，每年邀请国际知名专家和记者驻校短期工作一周到一月，现已举办 4 年，累计到校的知名学者和记者达 40 余人。

华东师范大学传播学院先后入选“教育部新闻传播创新实践教育基地”和“上海卓越新闻传播人才培养建设基地”。

4.13.2　办学理念

华东师范大学传播学院秉持“多元办学、学科融合、知行合一，创新卓越”理念，聘请学界业界精英领袖，汇聚国内国外优质资源，营造多学科交叉融合教育生态环境，致力于培养：跨媒体，具有全媒体传播能力；跨文化，具有国际传播才能；跨学科，具有多学科交叉融合知识结构；跨领域，能够适应新闻传播理论实践高层次、多方面需要的卓越新闻传播人才。

4.13.3　办学规模

目前，华东师范大学传播学院全日制学生达到 816 人，包括博士研究生 26 人，硕士研究生 199 人，本科生 591 人，专升本夜大学学生 294 人，其中来自日本、韩国、乌克兰、哈萨克斯坦、蒙古、越南、马来西亚等地留学生 16 名。此外，每年还有十多名来自中山大学、山东大学，以及台湾铭传大学、台湾师范大学、中华文化大学等境内外兄弟高校的交流生。

4.13.4　机构设置

华东师范大学传播学院下设新闻学、传播学、广播电视学三个系。另设有传播学研究中心、纪录片研究中心、影视创编研究中心、视觉艺术与行为研究中心 5 个研究中心，以及中华文化国际传播研究院和密苏里新闻学院—华东师范大学全球战略性传播研究中心两个研究院。

4.13.5 专业设置

华东师范大学传播学院现设新闻学、广告学、编辑出版学、广播电视编导和播音主持艺术五个本科专业；拥有新闻学、传播学、电影学、广播电视艺术学、文学与传媒等五个硕士学位点和新闻与传播、艺术学两个专业硕士点，以及新闻与传播学一级学科博士点和新闻学、传播学、文学与传媒二级学科博士点，还有文艺学—影视文学理论博士招生方向。

新闻学系成立于2004年，现任系主任为陈红梅副教授。新闻学系下设新闻学和广告学两个专业。新闻学专业旨在培养高质量、有特点的复合型新闻传播人才，为日益发展的新闻业输送一流的策划、撰稿、编辑和记者。该专业的培养特点是强化学生的人文修养和综合创新能力，要求毕业生既要具备扎实的知识功底、开阔的人文视野、熟练的语言表达，又能系统掌握现代新闻传播业的基本业务技能，以胜任现代新闻传播媒介的工作要求，并使自己具备持续发展的潜力。

广告学专业旨在适应现代社会对市场营销、广告策划、创意、宣传、经营人才的迫切需求，为各种层次的市场营销公司、广告公司、媒体广告部门、企业内部的广告策划部门和政府的宣传公关部门等培养高级专门人才。该专业坚持坚持文化素养与专业素养结合，市场意识和创新意识并重，专业理论学习与实践能力培养同步的培养原则，将学生的创意能力与现代传播技术有机融合在一起，以适应现代社会的竞争和挑战，胜任各行各业与市场营销和广告宣传有关的工作。

传播学系成立于2002年，现任系主任为肖洋副教授。传播学系主要包括编辑出版学专业。该专业依托学校丰厚的人文传统与出版资源，旨在培养具备系统的现代编辑出版理论知识与实践应用技能的高级专门人才。强调学生应具备宽广的文化底蕴与专门的学科知识，熟悉我国出版、宣传政策法规，掌握出版产业各个环节的基本技能，适应数字化条件下新型出版市场的需求。

广播电视学系成立于1992年，现任系主任为陈虹教授。广播电视学系下设广播电视编导学和播音与主持艺术学两个专业。广播电视编导专业旨在为广播影视、文化传播和新闻宣传部门以及企事业单位的影像制作部门培养具有理论素养和策划操作能力的综合型人才。该专业强调理论联系实际，通过扎实的理论学习和制作短片、文案写作、节目策划等教学活动来提高学生的思维品质和动手能力，以使其将来能从事电影电视节目撰稿、策划、编辑制作、广告策划与制作，以及影视文化经营管理工作。

播音与主持艺术专业为适应文化建设蓬勃发展的迫切需要，培养具有较高政策理论水平，丰富的文化内涵以及播音与主持技巧的专门人才，该专业强调专业素养、艺术素养和文化素养并重，艺术感觉与现代传播技术融合，要求学生能胜任广播电台、电视台、网站以及其他媒介的播音、节目主持、新闻采写、编辑制作，以及宣传公关、媒介管理等各项工作。

4.13.6 专业特色

华东师范大学传播学院在人才培养机制创新上，第一，开展团队式教学科研模式，现已建成三大新闻传播类专业核心教学科研团队和四大辅助教学科研团队。第二，实施开放式实训教学模式，已创建上海著名新闻节目主持人工作室，建成华东师范大学——解放日报集团新闻传播学类文科实践教育基地，在实践教学创新上形成自身特色和突出优势。第三，实施校内外结合、产学研结合的人才培养模式，在上海桃浦文化产业园区建立面积600平方米的卓越传播人才孵化基地，并与华东师范大学出版社、美国佩斯大学联合培养出版专业硕士，走到同行前列。第四，推行国际化联合培养模式，与美国西北大学建立“国际新闻主播1+1+1硕士双学位项目”，与美国加州大学北岭分校传播学院建立全方位合作（MOU），与英国诺丁汉大学传媒及创意产业签订全方位合作协议（MOU），与英国诺丁汉特伦特大学媒体学院、拉夫堡大学社会科学系、利兹大学传播学院设立1+1+1硕士双学位项目。

4.13.7 改革举措

近年来，华东师范大学传播学院全面提高新闻传播各个领域的科研教学能力和水平，并集中优势力量以战略性传播（Strategic Communication）为核心，以教育战略性传播、中华文化国际战略性传播、新媒体战略性传播研究为重点，力争取得突破性发展，从而将本专业建成整体实力全国一流，特色研究全国领先、国际知名的高水平、研究性新闻传播学科。

传播学院经过十多年的建设，教研设备先进，教学资源丰厚。传播学院现设有全媒体实验中心，拥有先进的专业虚拟现实演播厅、新闻演播室、创意与智慧媒体实验室等30个教学实验室、3个器材管理室和一个数据中心，实验教学总面积达2500平方米，总资产1080万元。

传播学院与业界合作紧密，成果丰硕。在新华社、上海报业集团、世纪出版集团近40家一流新闻媒体、出版机构、广告公司设立教学实习基地，为学生提供了广阔的实践天地和一流的实习平台。此外，由华东师范大学传播学院联合兄弟院校发起的上海大学生电视节，经上海电视节批准，作为上海电视节的新增子项目于2008年正式启动。每年有来自北京大学、中国传媒大学、香港浸会大学、澳门大学、台湾师范大学，以及新西兰东部理工大学、韩国东国大学等国内外百余所高校的数百名学生和作品参加上海大学生电视节的 DV 短片和动画短片大赛。2010 年上海大学生电视节又升格为上海电视节特别项目，2013 年大学生电视特别项目入选教育部“高校文化建设优秀项目”。历时九年，上海大学生电视节已成为国内外知名、大学生自主举办的“全国青年影视盛典”，是国内最具权威性和最具影响力的大学生电视节。

4.13.8　学科建设

近 5 年来，华东师范大学传播学院承担国家社科重大基金项目 1 项，国家社科基金项目 14 项，省部级项目 10 项，获得各类项目经费共计 985 万元。

华东师范大学传播学院近年来在《新闻与传播研究》、《国际新闻界》、《新闻大学》、《现代传播》等 CSSCI 期刊发表论文 169 篇，在 *International Journal of Communication* 等 SSCI 期刊、《传播与社会学刊》TSSCI 期刊等海外等知名学术期刊，以及其他学术专业期刊发表论文 300 余篇。

华东师范大学传播学院在国家、省部级社科基金项目的支持下，以及“华东师范大学精品教材出版基金”、“华东师范大学传播学院学术出版基金”等出版基金的资助下，出版学术专著 32 本、教材 21 本。

传播学院新闻专业的研究成果观点新锐、方法严谨、论证严密，资料坚实，逐渐引起学界的广泛关注、获得学界的普遍好评，其中获得“上海市哲学社会科学优秀成果奖”、“上海市哲学社会科学优秀成果网络理论宣传优秀成果奖”、国家广电总局举办的“全国广播电视学术著作评选”等省部级以上奖项 7 项。在 2011 年度中国人民大学《复印报刊资料》转载学术论文指数排名中，该学科的转载量位居全国第 7 位，综合指数（0.613348）位列全国第 7 名。传播学院新闻传播学科在 2013 年全国学科评估排名中得分排名并列第 7 位，绝对排名第 13 位。

传播学院与国内多个专业学会合作，先后举办和承办了中国教育传播高峰论坛（2010）、第七届全国新闻与传播心理研讨会暨中国社会心理学会传播心理专业委员会第四届年会（2010）、口语传播国际高峰论坛（2012）、全球战略性传播高峰论坛（2013）、中国新闻史学会第四届理事会会议（2014）、“戏剧与影视教学指导委员会”年会（2014）等具有较大影响的学术会议。

（撰稿人　路鹏程）

4.14　南京大学新闻传播学院

4.14.1　学院概况

南京大学新闻传播学院正式成立于 2003 年 12 月。在人才培养过程中，南京大学新闻传播学院坚持通才教育与专才教育相结合，坚持理论与实践相结合，坚持思想教育与业务素质教育相结合，所培养的人才受到了用人单位的普遍欢迎。

学院现有“新闻传播学”一级学科博士学位授予点、“新闻传播学”一级学科硕士学位授予点。学院下设三个系：新闻与新媒体系、应用传播系、广播电影电视学系。学院设有新闻与政治研究所、传播与社会研究所、网络传播研究中心、影视与文化研究所、城市形象传播研究中心、中华文化图像传播研究所、南京大学奥美创意研究院、南京大学紫金传媒研究院（常设北京）等研究机构；并拥有南京大学传媒教学示范中心(国家级)、江苏省哲学社会科学研究基地（社会舆情分析与决策支持研究基地)、中国南海研究协同创新中心传播学部、江苏紫金传媒智库《中国网络传播研究》（CSSCI 来源集刊）等教学科研与学科平台。学院是二级学会中国新闻史学会网络传播史专业委员会的创会单位，目前也是二级学会中国新闻史学会新闻传播思想史专业委员会的创会单位和挂靠单位。

2013 年 12 月，江苏省委宣传部与南京大学签订了共建新闻传播学院的协议，以建设一流新闻传播学院为目标，以马克思主义新闻观为统领，大力推进体制机制创新，整合资源，拓展视野，加强国际交流，提升新闻传播学科的综合创新能力和服务国家需求能力，培养优秀的党的新闻宣传工作者、新闻传播教育和研究人才，力争成为国内领先、富有国际影响的新闻传播学院。

学院目前教职工总数 50 人，其中专任教师 39 人，博士生导师 9 人，教授 19 人，副教授 13 人。在校学生总数近 1000 人，其中在读硕士研究生 200 余人、在读博士研究生 40 多人。建院 10 多年来，学院教师先后发表 CSSCI 来源期刊论文近 800 篇，主持研究国家与教育部社科基金重大项目 4 项、国家社科基金重点及一般项目近 30 项，省部级社科基金项目 30 多项。学院在新闻传播史论、新媒体新闻传播、传媒经营管理、电视与影像传播研究等研究领域成就卓著。在新闻实务研究、党报主流媒体研究、传播社会学、政治传播学与文化研究等方面逐渐也形成了自己的鲜明特色。“新媒体传播与当代中国研究”是学院学科建设“十三五”规划的主要发展方向。

近两年来，南京大学新闻传播着力打造了“418 博士午餐会”、“409 硕士之家”、南大新传读书会等一系列高质量、有特色的学术活动，努力营造浓厚的学术气氛。学院密切关注国际国内传播学研究领域的前沿动态，注重与学界的交流和沟通，连续组织和承办了中欧传媒高峰论坛、新闻传播学 CSSCI 来源期刊双年会暨“期刊发展与新闻传播学变革”主编论坛、中国新闻史学会新闻传播思想史研究委员会成立大会暨第三届中外新闻传播思想史高峰论坛等多场高水平的学术研讨活动。

4. 14. 2　历史沿革

南京大学的新闻传播学科，发端于 1936 年南京大学前身金陵大学的“电影与播音专修科”，是中国最早的电影广播教育单位，也是中国影音传播高等教育的起源。学科创办者孙明经先生是杰出的新闻传播教育家，中国电影教育的奠基人，中国电视事业的先驱，也是联合国教科文组织首批委员。

1958 年，南京大学开始设立新闻专修科，后因遇国家暂时困难而停办。然而在如此艰难的办学条件下，新闻专修科培养了包括刘向东、苏子龙在内的一批江苏传媒界的领军人物。

1986 年，经教育部批准，恢复南京大学新闻专业，该专业暂时设立在南京大学中文系，裴显生教授成为首位新闻专业主任。1986—1993 年，新闻专业为中国新闻界培养了大批优秀的中青年领军人物，向熹、孙璇、陆峰等就是其中的杰出代表。

1992 年 10 月南京大学设立新闻传播学系，丁柏铨成为创系主任。1993 年 9 月第一批新闻学专业的学生进驻南京大学浦口校区。1994 年，新闻传播学系迎来了第一批新闻学硕士研究生。此后，新闻传播学系为业学两界均培养了大量优秀人才。

2003 年 12 月正式成立南京大学新闻传播学院，方延明成为学院首任院长。目前学院院长为卜宇，执行院长为杜骏飞。

4. 14. 3　主要领导

院　　长：卜　宇
执行院长：杜骏飞
党委书记：刘　源
副 院 长：李　声、张红军、胡翼青
副 书 记：范　赟

4. 14. 4　主要教学与研究机构

1. 新闻与新媒体系

新闻与新媒体系的前身为南京大学中文系新闻专业，1993 年改名为南京大学新闻传播学系新闻学教研室，2003 年改名为南京大学新闻传播学院新闻学系，2014 年改名为新闻与新媒体系。目前该专业拥有专职教师 16 人，其中具有高级职称的教师 14 人，系主任为王辰瑶。新闻学专业在南京大学首创“3+0. 5+0. 5”的实践教学模式，意在培养具有较强动手能力和一定理论素养的复合型新闻人才。30 年来，该系（专业）向全国输送本科毕业生 1000 多名，不少人已经成为所在单位的领军人物与骨干员工。

2. 应用传播学系

应用传播学系前身是 1993 年成立的南京大学新闻传播学系系广告研室，2003 年改名为南京大学新闻传播学院广告学系，2014 年改名为应用传播系。目前该专业拥有专业教师 13 人，其中具有高级职称的教师 9 人，系主任为胡菡菡。20 多年来，该系（专业）向全国输送本科毕业生 1000 多名。广告学专业面向广告公司与相关单位，培养具有较强策划创意能力和动手能力的广告专门人才和经营管理专门人才，广告学专业向全国输送本科毕业生 300 多名。

3. 广播电视电影学系

广播电视电影系的前身是南京大学新闻传播学院广播电视新闻系，于 2014 年更名为广播电视电影学系。该专业拥有专业教师 8 人，其中具有高级职称的教师 7 人，系主任是庄永志。广播电视新闻学专业面向广播电视，培养具有较强业务技术，具有创新精神和策划能力的专业人才和经营管理专门人才。2007 年，该专业有了第一届本科毕业生，近 10 年来，该系（专业）向全国输送本科毕业生 200 多名。

4. 南京大学网络传播研究中心

南京大学网络传播研究中心创设于 2001 年。中心由中国江苏网出资 50 万元援建，挂靠南京大学新闻传播学院，是国内最早成立的高校网络传播研究中心，也是中国新闻史学会网络传播史研究会的创会单位。中心现有组织结构包括：网络传播实验室、新媒体传播实验室、网络舆情监测与分析实验室、《中国网络传播研究》编辑部。中心相关课题团队拥有研究员 13 人，兼职研究员 15 人，中心主任是巢乃鹏。中心核心成员先后出版学术著作 30 余部，发表论文近 300 篇，并主持和参与国家级和省部级网络传播研究相关课题 40 余项，其中包括 2 项国家社科基金重大项目。

5. 南京大学新闻与政治研究所

南京大学新闻与政治研究所为南京大学设立的学术研究机构，于 2014 年 12 月成立。研究所学术研究方向为新闻史论、新闻生产，具体领域包括中国近现代新闻史、美国新闻史、新闻舆论、新闻法规与伦理、负面新闻传播、新闻与社会记忆、新闻话语与叙事、媒介与公共政策、新闻传播与政治等。研究所围绕上述方向开展研究活动，定期组织小型学术沙龙，举办专题学术研讨会，出版系列专著。研究所承担本研究所专职人员所指导的学术型硕士研究生的学术研究活动及论文指导工作，并依托江苏省委宣传部与新闻传播学院共建的平台，与省内主要新闻媒体机构合作，开展业务能力培养的双向交流与指导。研究所现有 11 名专职研究员，2 名兼职研究员，研究所现任所长是陈堂发。

6. 传播与社会研究所

南京大学新闻传播学院传播与社会研究所成立于 2014 年 12 月 31 日，是南京大学新闻传播学院的常设科研机构。该研究所的主要研究方向是：传播理论与传播学术史、传播社会学理论与实践，政治传播、发展传播学、文化研究，传播心理学与健康传播等。研究所的主要职能除了开展各种相关科学研究，负责本研究所专职人员所指导的学术型硕士研究生的学术研究活动及论文指导工作外，还承担传播思想史专业委员会各种学术活动的组织工作。研究所现有 8 名研究员，3 名兼职研究员，研究所现任所长是胡翼青。

7. 影视与文化研究所

南京大学新闻传播学院传播与社会研究所成立于 2014 年 12 月 31 日，是南京大学新闻传播学院的常设科研机构。该所是南京大学新闻传播学院整合学术资源、从事广播电视学研究的专业机构，也是南京大学新闻传播学院与江苏广播电视总台、南京电视台等进行战略合作的产学研基地。研究所的主要职能是开展各种产学研相结合的影视方面的专门研究，同时承担本研究所专职人员所指导的学术型硕士研究生的学术研究活动及论文指导工作。研究所现有 7 名专职研究员，7 名兼职研究员，研究所现任所长是张红军。

8. 南京大学媒介经济与管理研究所

南京大学媒介经济与管理研究所成立于 2014 年 12 月 31 日，是南京大学新闻传播学院的常设科研机构，前身是南京大学国际研究所。该所旨在整合本院以及校内外相关研究人才与研究资源，旨在搭建较为活跃的学界与学界、学界与业界密切交流的学术平台，构建比较稳定的科研生产机制，产出具有较高显示度的科研成果，加强研究生培养质量，促进新闻传播学院媒介经济、媒介经营管理、文化传媒创意等方向整体研究水平的提升，同时为政府制定传媒管理政策、为相关媒体经营决策等提供智力支持。在科研的同时，研究所还承担本研究所专职人员所指导的学术型硕士研究生的学术研究活动及论文指导工作。研究所现有6名专职研究员，11名兼职研究员，研究所现任所长是丁和根。

9. 中华图像文化研究所

南京大学新闻传播学院中华图像文化研究所成立于2012年6月，是南京大学新闻传播学院的常设科研机构。研究所的主要研究任务是在大科学的视野之下，采用多学科交叉的研究方法，全面梳理和分步骤整理中国及大中华地区的相关图像，在确认迹象性图像、相似性图像和象征性图像的前提下，分析图像的技术性范式、图像的构成性范式和图像的社会性范式，阐释来自图像的生产技术场域、自身构成场域和社会传播场域的意义，探索建立中华图像文化的理论方法和学术体系。研究所现有5名专职研究员，12名兼职研究员，研究所现任所长为韩丛耀。

10. 南海舆情监测与传播管理平台

南海舆情监测与传播管理平台为国家“2011计划”南海平台建设的子平台，该平台以南海议题的国际国内舆情监测、南海国家战略诉求与对话为主要学术领域，汇集该领域的前沿专家，通过信息采集、数据挖掘、调查研究、情报处理、社会人类学分析、媒介内容分析、案例研究、精英意见评估、国际学者访谈等研究路径，形成政治传播的评估报告及治理策略论证。平台建有“南海中英文国际舆情监测平台”、“东南亚小语种舆情监测平台”以及南海舆情数据库，监测范围包括平面媒体、网络媒体以及社交媒体，基本实现对全球范围内主流媒体关于南海问题的相关报道的实时监测与历史回溯。平台基于中文、英文、日文、小语种的舆情监测结果，定期发布《南海舆情简报》，辅助政府部门以及专家学者对南海局势的观察和相关问题的研究，平台会根据南海形势形成专题报告报送决策部门，如《南海舆情监测与文化交流研究》、《南海主权斗争及对亚太社会舆论的影响咨询报告》。该平台的平台长为杜骏飞。

11. 南京大学紫金传媒研究院

南京大学紫金传媒研究院成立于2015年3月，作为南京大学新闻传播学院设立在北京的教学、科研、培训基地，紫金传媒研究院以“聚焦媒体实务”为特色，搭建一个新闻传播学界和业界保持密切交流、互利共赢的平台，一方面为南京大学新闻传播学院师生在北京开展教学、科研、实习提供服务；另一方面，也为传媒界人士参与南京大学新闻传播学院的教学、科研、培训提供便利。目前，紫金传媒研究院与中国国际广播电台、共识传媒集团、“视觉中国”集团等单位签订了战略合作协议，首批聘请的研究员有来自人民日报社、中央电视台、中国国际广播电台、中国证券报社、经济日报社、《三联生活周刊》杂志社、共识传媒、视觉中国等媒体的知名人士。

12. 南京大学文化创意产业平台

南京大学文化创意产业平台系国内首批高校双创示范基地南京大学双创示范基地的子平台，获批成立于2016年5月，目前正处于创建的起步期。该平台由南京大学新闻传播学院牵头，由影视戏剧产研中心、创意传媒产研中心、艺术设计产研中心在内的三大产研中心组成，平台负责人是杜骏飞。该平台的主要职能转化教学思路，将学生培养与政府、媒体、企业、社会等服务对象联系在一起，根据本专业特点，不断创造文化创意工作室、文化创新孵化器、创意工场、展览培训等新业态。

（撰稿人　胡翼青）

4.15　厦门大学新闻传播学院

4.15.1　发展概述

厦门大学新闻教育历史悠久。1922—1926年，厦门大学就有了自己早期新闻教育，开创了中国人自己办新闻教育的历史。1983年，成立新闻传播系，在中国大陆率先以“传播”冠名，集中体现了厦大新闻传播人“敢为天下先”的开拓精神。2007年，成立了新闻传播学院，标志着厦门大学新闻传播教育进入了新的快速发展时期。现在，学院正在全力打造“面向海洋、亚洲一流的现代化新闻传播学院”，为中华民族的复兴，世界和谐的构建培养具有国际化胸怀，掌握数字化技能的新闻传播高级人才。

学院办学条件良好，环境美丽幽静。拥有2幢面临大海近3500平方米的教学行政大楼，一幢近1000平方米的传播技术实验大楼。实验中心拥有完善的教学、科研设备。中心设备价值约1500万元，内设演播厅、导播室，录音棚、摄影棚、混音棚、数字电影调色室，非编机房、广告心理实验室、舆情研究实验、广告设计实验室、模拟电视台教学网络系统、多媒体教室等，为学院教学与研究提供保证。

目前全院教职员工69人，其中在编专任教师48人，包括教授11人，副教授23人；教师中拥有博士学位39人，占在编专任教师总数的81.3%；教育部新世纪优秀人才支持计划入选2人，福建省新世纪优秀人才支持计划入选2人，福建省教学名师1人；学院还从国外聘请著名教授担任讲座教授，并常年聘任外籍教师在本院工作。

4.15.2　学科建设

学院现已形成较为完善的学科体系。设有新闻学系、广告学系、传播学系三个系，另设有传播研究所 1 个，以及品牌与广告研究中心、厦门大学海峡媒体研究中心、传播战略研究中心 3 个中心。拥有新闻传播学一级学科博士学位授予权，新闻传播学一级学科硕士学位授予权，新闻传播学硕士专业学位授予权；拥有传播学省级重点学科，新闻传播学博士后流动站；是中国新闻史学会“台湾与东南亚华文新闻传播史研究委员会”挂靠单位。

1. 新闻学系

厦门大学新闻教育一直追赶着时代的步伐。1922 年创办“新闻学部”，开创中国人自己办新闻高等教育的历史。1984 年创办五年制的国际新闻专业，新华社《对外参考》1984 年第 9 期对此评论说“厦门大学国际新闻系的开办，填补了我国高等文科教育的一项空白”。厦门大学的国际新闻专业，师资力量的配置与教学课程的设置都是新闻与英语“两栖型”，培养能用英语采编的新闻记者与编辑，为中国在世界上的崛起准备了国际宣传的人才。1998 年根据教育部新颁布的学科及专业目录，国际新闻专业改名为新闻学专业，国际新闻办学方向不变。厦门大学国际新闻学生，大多数活跃在世界各地。

20 世纪 80 年代末，电视逐渐发展成为中国主流媒体。厦门大学根据这一趋势，于 1989 年开办广播电视新闻学专业。香港传播学者余也鲁先生为该专业筹集资金，购买了必需的设备，传播技术实验室也由此建立。广播电视新闻学专业的开办，由此，新闻教育融入了当代电子媒介时代，更加丰富多彩，生动活泼。该专业的毕业生，大多数活跃在从中央到省、市的广播电视新闻战线上。

2007 年，新闻传播学院成立，“新闻学”与“广播电视新闻学”两个专业合为新闻学系，在教学层面促进了平面媒体与电子媒体的融合，最后融入数字化的浪潮中。厦门大学较早开展网络媒体教学。1995 年，该校就举办网络传播讲座，1996 年开设“网络传播”选修课程，1997 年在国内率先开通新闻院系专用教学局域网，并确定教学发展新战略，让网络媒体内容尽可能进入相关课程，先后增设了网络传播、报纸网站规划设计、网络信息资源查询等课程。2002 年，参与策划了《大学新闻专业网络传播教材》。在全球化、数字化的背景下，厦门大学的新闻教学将在媒体融合的时代，实现新发展与突破。目前，新闻系已经发展成为本科、硕士和博士教育完整的体系。

2. 广告学系

厦门大学新闻传播学院广告学系于 1983 年 6 月成立，是经国家教育部批准创办的中国第一个广告学专业，并在全国首先确立了中国广告教育的基本模式，素有“中国广告人才的‘摇篮’”、“中国广告教育的‘黄埔军校’”称誉。秉承校训“自强不息，止于至善”的精神，多年来，厦门大学广告学系积累了丰富的办学经验，形成了鲜明的办学特色，在人才培养、学科建设、科研创新、团队构建等各方面取得了丰硕的成果：1984 年招收中国第一届广告本科生，制定了第一套广告教育人才培养方案，设计了第一套课程体系；1987 年出版了第一本广告学教材；1993 年出版了国内第一套广告学丛书《二十一世纪广告从书》，此后又出版《现代广告学教程系列》、《普通高等教育“十五”国家级规划教材》；1995 年开始招收广告方向的研究生；2000 年创建“中国广告教育研究会”；2005 年以来，广告学系先后与奥美广告等跨国广告公司、美国伊利诺伊大学香槟分校建立战略合作关系和良好的互动；2006 年创办《广告学报》；2007 年开始招收广告方向的博士生，2007 年还被教育部批准为第一批中国高等学校广告专业唯一的特色专业建设点。2010 年以来，出版《现代广告》（学术季刊）至今。目前，厦门大学广告学系建立了一支具有国际学术交流能力的教师团队，这支团队先后争取到国家社科基金、自然科学基金和教育部等省部级课题，在广告教育、广告理论、广告史、公共关系、品牌与广告、媒体效果评估等领域发表论著。其中，以实证研究为特色的一批成果，不仅获得同行赞誉，成为业界指南，并得到国际认可。此外还从美国聘请著名教授为讲座教授每年定期来进行教学和科研。

广告学系专业培养目标：培养德才兼备，理论与实务并重，熟悉和掌握广告策划、品牌规划、媒体计划、公共关系、广告创意、文案写作、平面广告设计、影视广告制作、广告管理、市场调研、活动营销等技能、创新思维，适应新媒体传播环境的高级 AE 人才和高素质广告实务人才。目前，厦门大学广告人遍布广告界，大量的毕业生、进修教师等已经成为中国学界和业界的骨干力量和领军人物。

3. 传播学系

厦门大学新闻传播学院传播学专业 2009 年招收第一届本科生，2011 年成立传播学系，是国内第一个以口语传播学和战略传播学为教学和研究重点的传播学专业。课程内容包括大众传播、口语传播、战略传播的理论，以及公共演讲、说服、语艺修辞、媒体关系、新闻发布、危机公关等课程。课程设置的核心目标是培养学生熟悉中外大众传播、口语传播与战略传播的理论和技能，既有丰富的知识和宽阔的视野又有较高的传播道德素质，能够综合运用大众传播媒介和数字化媒介在政府部门和企事业单位等社会组织机构中负责对内、对外的信息发布和沟通工作。传播学系师资力量雄厚，国际学术交流活跃，多位教师在欧美知名大学学习并获得博士学位，同时聘请了多位欧美大学的著名学者担任讲座讲授。传播学系的学生在各级学科竞赛中成绩优秀，并摘得 2012 年全国大学生广告公关大赛金奖。

4. 传播研究所

1986 年，厦门大学新闻传播系设立了传播研究室，作为系内部科研协调机构。1993 年，在香港著名传播学学者余也鲁教授的倡议和支持下，厦门大学成立传播研究所。研究所设立的目的，主要是开展华夏传播研究。在香港余也鲁教授、台湾徐佳士教授、北京孙旭培研究员与厦门大学郑学檬教授的倡导下，研究所于 1993 年与 1997 年分别召开了两次多学科学者参加的华夏传播研究学术会议。在这基础上，先后推出了论文集《从零开始——首届海峡两岸中国传统文化中传的探索座谈会论文集》、《华夏传播论》及《华夏传播研究丛书》。

1999 年，传播研究所扩大为传播理论研究室与传播技术研究室，加大了传播技术支持力度。2005 年，传播研究所采用灵活管理方式，根据研究需要及实际情况，与中新社合办了华文传媒研究中心、并设立闽台新闻研究中心、市场调查研究中心、国际广告研究中心，作为全系科研的平台。

迄今为止，研究所取得了丰硕的成果，承担了国家社科规划重点课题及国家社科基金课题 6 项，教育部与省级课题 13 项，出版了教材、专著 80 多部，召开了 5 次大型全国性和国际学术会议，并积极与美国、日本以及我国台湾、香港等地开展学术交流活动。

5. 品牌与广告研究中心

品牌与广告研究所是隶属于新闻传播学院的研究机构，成立于 2002 年 9 月，全所现有全兼职人员 12 人，所长黄合水教授，副所长林升栋教授、陈经超博士。中国科学院心理研究所应用心理学专家、博士生导师、该校兼职教授马谋超研究员担任名誉所长。该研究所自成立以来出版或修订再版了品牌与广告方面的论著几十部，其中《广告学概论》和《广告心理学》为国家级规划教材，《广告调研方法》为教育部“研究生教学用书”；在国内外刊物发表论文、研究报告 200 多篇；荣获 5 项社科基金项目课题，3 项自然科学基金项目，还有若干项省部级项目；若干论文、著作荣获省社科优秀成果奖；承担中央电视台广告部、国家工商局、招商银行、厦门广电集团等机构和企事业单位委托的横向研究项目几十项，研究成果得到委托单位的肯定和实际运用，并产生了良好的效益；创办《广告学报》，主编《现代杂志》（学术季刊），为中国广告搭建了学术交流平台；参与中央电视台广告部组织编写的《中国市场品牌成长攻略》系列丛书；参与招商银行主办的金融品牌价值论坛；参与 Interbrand 与 21 世纪经济报道主办的中国品牌价值管理论坛；参与各种媒体主办的品牌、营销、广告案例奖项的评比。该研究所在广告史、广告理论、品牌理论、品牌形象及其设计、媒体效果、广告心理、跨文化广告、新媒体广告等领域取得了丰硕的成果，在实证研究方法上也走在全国的前列。

6. 厦门大学海峡媒体研究中心

厦门大学海峡媒体研究中心于2009年9月28日正式成立。张铭清教授担任中心主任，阎立峰教授为副主任，研究中心的成立得到了国台办新闻局、厦门大学社科处的鼎力支持。

海峡媒体研究中心以两岸资讯传播及两岸传媒产业和文化产业合作交流的现状远景作为基本研究方向，以服务于国家重大需求，推动两岸资讯一体化为核心目标，以大学、媒体、政府三方共建作为机制保障，走产、学、研一体化的路子，注重成果的实际应用性和现实指导性，研究报告获得过中央领导的重视。中心加强与台湾学术界和新闻界在“产学研”各领域的合作，构筑两岸新闻传播研究交流平台。中心的成立，有利于在涉台学术研究、人才培养、新闻实务和行政管理各领域之间建立起长期、持续和稳定的合作关系，提升厦门大学新闻传播学科的学术地位和影响力，从而大大加快朝着建设亚洲一流的新闻传播学院的目标迈进的步伐。

海峡媒体研究中心现有研究力量包括教授7人，副教授和助理教授10人，学术梯队人员充足，年龄和知识结构分布合理，同时还聘请国家涉台及文化宣传部门负责人担任中心的专兼职研究员。中心依托新闻传播学院的一级学科博士点和一级学科硕士点，招收培养“台湾新闻研究”方向的博士生和硕士生，并接收进修教师和国内外访问学者。

7. 战略传播研究中心

厦门大学新闻传播学院与美国密苏里大学新闻学院在2012年3月合作成立战略传播研究中心。以战略传播研究中心为平台，两院的教师在战略传播课程设置、教材撰写及合作研究等方面开展了广泛的合作。

战略传播研究的主要内容是综合运用各种传播媒介和传播力量在目标受众中达成预定的传播目标效果。密苏里大学新闻学院的战略传播课程包括有关社交媒体管理、文案写作、媒体计划、公共关系等方向的理论和技能课程。

8. 新闻传播实验中心

新闻传播实验中心始建于1989年，经过20多年的建设，现已拥有超过1500万元的设备资产。下属实验室有：演播厅、导播室，录音棚、摄影棚、混音棚、数字电影调色室，非编机房、广告心理实验室、舆情研究实验、广告设计实验室。为学院4个专业开设了30多门实验课程，并承担学生课外技能训练任务。实验室实行开放式管理，学生可在其中充分利用实验设备资源，建立自己的工作小组，开展自主、互助式学习。目前，该实验室为省级实验教学示范中心，并配合校宣传部，承担厦门大学新闻节目制作的工作。

9. 新闻传播博士后流动站

厦门大学新闻传播学博士后流动站成立于 2012 年，依托厦门大学新闻传播学院。新闻传播学院教学科研基础雄厚，学科齐全，师资队伍梯队完整，结构合理。现拥有新闻传播学一级学科博士学位授予权，涵盖新闻学、传播学和广告学 3 个二级学科博士点和硕士点，其中传播学为省级重点学科。

目前，学院正以学科建设为龙头，以教学和科研为中心，跟踪国际前沿研究，进一步凝练学科方向，努力提升各个学科的学术水平。流动站热忱欢迎国内外有志于在新闻传播学科领域做开拓研究的优秀博士毕业生申请进站。

4.15.3　人才培养

在本科教育方面，厦门大学新闻传播学科本科教育成绩突出，特色明显。1983 年在国内综合性大学率先创办了广告学专业和国际新闻专业，1985 年设广播电视新闻学专业，2008 年增设传播学专业。2005 年，“中国广告人才培养模式的创建与推广”教学项目获得教育部优秀成果二等奖。2007 年，广告学专业获教育部批准为第一批高等学校特色专业建设点；2010 年，新闻学专业获批为省级第六批高等学校特色专业建设点。

在研究生教育方面，厦门大学是中国最早培养新闻研究生大学之一。早在 1983 年，厦门大学就招收了硕士研究生。1994 年，正式设立新闻学硕士点。2002 年，增设传播学硕士点。2005 年，设立二级学科传播学博士点与一级学科新闻与传播学硕士点。2011 年，设立一级学科新闻传播学博士点。2012 年，设立新闻传播学博士后流动站。至此，厦门大学已经建立了学士、硕士、博士、博士后等完整的新闻传播教育体系，成为中国新闻传播教育的“南方之强”。

学院成立 30 年来，已为社会培养了 82 名博士研究生，1177 名硕士研究生，2619 名本科生，1332 名本科双学位（辅修）学生，64 名全日制大专生，497 名函授本、专科生，1000 名应用型自考大专生，以及 2000 余名各类进修、培训人员。培养的学生遍布全国党政、企事业宣传或市场营销部门，各大媒体、著名广告公司。

学院现有在校博士生 50 人，硕士生 221 人，本科生 567 人，本科双学位（辅修）学生 988 人。学生们积极践行“自强不息、止于至善”的精神，活跃在学术科研的最前沿，踊跃参加“中国大学生广告辩论赛”、“中国大学生公共关系策划大赛”、“全国大学生广告艺术大赛”、“挑战杯创业计划大赛”等国家级大型赛事，并获得了冠军和金奖等佳绩；有多人的英文论文入选“哈佛大学世界大学生论坛”，多人次获得“人民网优秀论文奖”等学术类奖励。学院还举办了“厦门大学记者节”、“厦门大学公益广告大赛”、“我爱你，再见”毕业影展等富有新传专业特色的学术赛事。他们还活跃在社会实践的第一线，发起“乡村图书馆”品牌志愿服务活动，助力社会主义新农村文教事业；“We Love Amoy”等多支暑期社会实践队受到国家级主流媒体的关注和报道，展示了学生关注社会、情系民生的良好形象。

（撰稿人　殷　琦）

第5章　研究生教育与博士后流动站

5.1　硕士生教育

5.1.1　新闻与传播硕士学术学位教育综述（2011—2015）

2011—2015年，在经济全球化背景下，国际间的竞争更为激烈，作为新兴大国，我国在主动参与并积极应对国际竞争的过程中，迫切需要提高国际传播能力、增强国家软实力，这也给新闻传播活动提出了新的要求。同时，这几年也是新媒体快速发展时期，Web2.0技术的广泛应用给新闻传播业界带来一些颠覆性的变革，这些变革也冲击着新闻传播教育。国际传媒业参与中国传媒市场竞争的大幕已经拉开，人才竞争会异常激烈，我国文化传媒业人才市场需求也正经历着转型。在上述背景下，新闻与传播学硕士学位教育面临新的挑战与前景。

1. 新闻传播学硕士教育现状

1）学位点分布与招生情况

新闻与传播学术型硕士是以学术研究为导向，偏重理论和研究，以培养高层次研究人员为目标的学位教育。1961年9月，复旦大学新闻系招收了两名研究生，成为我国高校新闻专业首次培养研究生的单位。“文革”开始后，研究生教育也随着新闻专业的废止而停止了招生。1977年中国决定恢复研究生制度。1978年，中国社会科学院成立新闻研究所和中国社会科学院研究生院新闻系，当年，该系只招收研究马克思主义新闻理论、中国新闻事业史、中国共产党新闻事业史、世界新闻事业、新闻业务和英语新闻写作这6个专业的研究生，首批研究生共85名。同年，中国人民大学新闻系招收了8名新闻学研究生，复旦大学新闻系招收了4名新闻学研究生。这一年全国共招收了97名新闻类专业研究生。1979年北京广播学院新闻系开始招收研究生，侧重马克思列宁主义新闻理论的教育与培养，并开始注意研究和探讨西方新闻学。从1981年起，中国实行了学位制，这一年毕业的1978级新闻研究生中大多数获得了硕士学位，至此，中断了多年的新闻学研究生的培养工作得到了恢复并有了较大发展。至2000年后，新闻传播学硕士教育进入快速发展期。

2010年1月，国务院学位委员会第27次会议审议批准设立新闻与传播硕士、出版硕士两个专业学位。新闻与传播学硕士研究生培养分为了学术硕士与专业硕士两种类型。同年9月，48所高校获得了首批新闻与传播硕士专业学位授予权，14所高校获得了首批出版硕士专业学位授予权，至今已有115所院校获得新闻与传播硕士专业学位授予权。

2013年9月10日，教育部于下发了《2014年全国硕士学位研究生招生工作管理规定》，对硕士研究生培养工作做了部分政策性修改。其中取消了“公费读研”制度，变更为“国家对所有纳入国家计划的全日制硕士研究生均安排定额拨款，所有纳入国家计划的全日制研究生都要缴纳学费，并建立多项奖助体系，提高研究生待遇水平”，新招生计划中还取消了报考者“年龄一般不超过40周岁”的限制，同时规定本校推免留校生不得超过计划人数的50%，并要求各高校对推免生的留校数量做出书面限制，规定不得高于教育部下达的留校限额，总数量不得超过本单位硕士研究生招生计划的50%，各专业必须留出一定比例招生计划用于招收统考考生。

这三点变化对完善我国硕士研究生的学科培养体系，推进入学考试改革有很大促进作用，尤其是对优秀硕士研究生在校期间的生活、科研提供了科学化经济保障。考生年龄限制的取消，满足了大龄考生对研究生学习、生活的追求，为所有渴望深造的人群提供了一个公平的竞争环境。这对于整个新闻传播硕士教育的发展是有利的。

至2015年，我国设有新闻传播学硕士点的院校发展到100所，其中东北地区6所，西北地区7所，华北地区23所，华东地区24所，华南地区10所，西南地区13所，华中地区17所。从分布来看，这些高校多集中于高等教育和经济较为发达的华北与华东地区，东北、西北地区设立学术硕士学位点的院校尤其少，这也反映出新闻传播高等教育的地区分布严重不均。100所院校中，“985”高校27所，“211”高校34所，普通高校39所，比例分布递减。

从表5-1可以看出，多数院校在近五年期间的招生人数呈下降趋势，其中一个原因在于这一时期专业硕士点的设立并得到快速发展。随着2013年“公费读研”制度取消，2014年考研人数由2013的176万人下降至172万人，2015年考研人数继续下跌至164.9万人，考研人数的下降对新闻与传播学术硕士的招生造成了一定影响。但是，在考研人数下降的情况下，报考专业硕士的人数却增加了9万。不同于新闻传播学硕偏重理论与研究的培养模式，新闻与传播专硕点以专业实践为导向，重视实践与应用，是以培养具有实践能力的人才为目标的，专业硕士大多数采取两年的培养时间，向社会输出在专业和专门技术上受到正规的，高水平训练的高层次人才，就业机会也相对更多。从考取难度、培养时间、学业压力、就业前景等方面来看，新闻与传播专业硕士分流了一部分学术硕士的生源。另外，由于新闻与传播学术硕士毕业后大多进入科研所或者综合类大学，但现在科研单位和国内高校门槛越来越高，有的几乎非博士不要，这也使得新闻与传播学术硕士报考数量下降。

2）学科建设与研究方向设置情况

新闻传播学科自 1997 年从文学一级学科跃升为一级学科以来，列入了新闻学、传播学两个二级学科。自此，大多数开设新闻与传播学术性硕士点的院校开始进行新闻学、传播学传统二级学科的人才培养。随着教学经验的不断积累，大批院校根据本校办学经验与特色的基础，在二级学科中设置了编辑出版学、广告学、广播电视新闻学、播音与主持艺术、广播电视编导、网络与新媒体、公共关系等专业。如四川大学 2015 年在原有的新闻学、传播学的基础上，开设了广告与媒介经济、广播电视学、网络与新媒体、编辑出版等专业。另外，还有许多院校根据自身的优势创办了很多特色的新闻教育专业，如北京体育大学开办了体育新闻学硕士专业；广播电视院校开办播音与主持硕士专业；西北政法大学开设的法制新闻与传媒法学术硕士等。在自设二级学科不断增加的情况下，为满足不断变化的社会需求和媒体行业的发展，没有进行学科调整的院校也对学术类新闻传播学科原有的研究方向进行调整与优化，如华东师范大学在 2015 在传播学硕士研究生，分为传播理论与实务、编辑出版与传媒文化研究、电影文化传播与理论研究、书法文化与传播心理、广告理论与广告史研究五个方向的基础上增加了电影文化传播与理论研究、电影文化传播与理论两个研究方向。

近年来，互联网、手机等媒体形态得到空前的发展，媒介出现了整合的趋势，并且向报业、广电、通信领域等方面进行全方位渗透，媒体间的界限逐渐模糊，同时新媒体层出不穷，媒体终端很多新技术新知识需要掌握，这对新闻教育提出了新的要求。传统新闻业新闻人才培养模式自然会面临复杂的局面和强烈的变革诉求，在媒介融合背景下，急需具备跨学科知识的新闻人才、掌握新媒体技术的新闻人才和具有高度职业精神的新闻人才。传媒教育为了应对这个问题，紧跟新闻传媒业的发展步伐，必须适时地完善学科建设与研究方向调整，以及相关的理论课程结构，并配备一整套完整的实践系统，打造一种全媒体环境下的传媒人才培养模式，从而培养出理论知识强，个性十足，复合创新的媒体创意人才。为此，许多高校在 2011—2015 年间进行学科自设与研究方向不断调整，如中国传媒大学在 2011—2015 年，招收的新闻传播学术专业研究生的类型都不尽相同。

3）课程设置和人才培养模式情况

近年来，具有较强实力的新闻与传播院系不断进行培养方向与模式的创新探索，其中，以适应全球化传播与融媒技术背景的国际新闻传播教育发展尤为突出。中国人民大学新闻学院新闻学国际新闻传播方向，目标为培养“掌握新闻传播理论与实务的相关知识，掌握国际政治国际关系、国际经济与金融、国际法律基本知识，具备较强的英文与中文新闻采编应用能力，熟练运用一门外国语言，掌握多媒体新闻传播基本技能”，能够在“媒体、政府、国际组织、跨国公司或教学研究机构从事新闻报道、外交、国际文化交流等相关工作”的复合型新闻学人才。其课程设置包括公共课、学科基础课与专业课、选修课三大块，其中专业课中设置了“英语新闻消息写作”、“英语特稿写作”、“英语新闻评论写作”、“英汉新闻编译”、“广播电视英语写作”等专业课程，而选修课程则由“国际政治经济法律系列”、“新闻传播或其他学科前沿系列”课程构成，体现出鲜明的专业化特征，十分契合社会的需求。

清华大学一直以“国际新闻传播”作为其新闻传播学科建设方向，在适应对外传播与文化软实力大发展的时代，提出了“全球、全媒、全民”的国际传播教育思路。其中“全球”指新闻传播学的教学和科研应当紧紧围绕媒体、文化全球化的主题进行调整和变革，以“全球传播”代替传统的“国际传播”，并建立起“对外传播”、“公共外交”、“国家品牌行销”等传播理念。“全民”则是适应移动媒体环境下“受众”成为“参与生产的消费者”的变化，在探索“人人都是记者”、“人人都是新闻发言人”的背景下，新闻舆论与政府治理之间的互动成为新闻传播学界应当关注的重要领域，并催生出“公民新闻”、“媒体执政”、“危机传播”等新的关注点。“全媒”则适应融媒时代的要求，在校内的专业人才培养和中，注入“全媒体”和“全传播”的理念，加强新闻从业者、新闻学研究者和新闻教育工作者这三个群体之间的互动。在这一思路下，清华大学在国内新闻院校中率先设立“英语新闻采编”硕士方向，至2011年年底，已向各级政府外宣部门和媒体输送了50多名相关学科方向的硕士毕业生从事一线工作，2012年，在院学习的相关专业方向学生超过百人，其中包括来自15个国家和地区的39名全英文硕士项目的留学生。

还有一些院校通过对外硕士项目合作来提升硕士培养质量。北京外国语大学国际新闻与传播学院以“融合国际新闻教育模式”来适应媒介融合环境，这一项目面向全球传媒行业市场需求，旨在培养具有跨语言、文化能力、有创新精神、有全媒体技能、有一个专业强项的“四有”人才。此项目设置了一套融合课程体系，主要内容包括基础新闻写作、社交媒体、信息图片等新媒介表现形式，并增加了数据新闻课程，具体有“摄影和图片编辑”、“新闻基本原理”、“新闻和特稿写作”、“音频”、“视频”、“电影摄像”、“信息图”、“数字平台+多媒体”、“视觉新闻作业”、“社会媒体”、“视觉新闻制作”等，大大提高了学生的思维能力、专业能力，并开拓了其视野。“融合国际新闻教育模式”还创建了“背包教学”模式。学员和教师背包上课，装备平等，学员背包中的装备和所学技能与实际工作对接，学习各种媒体技能，与实际工作无缝对接。虽然这一项目最终授予的是专业学位，但其培养思路与模式以及课程设置最值得新闻传播学硕士教育所借鉴。

同样，复旦大学也将新闻教育推向国际化标准，如其新闻学院与英国伦敦政治经济学院（LSE）合作，积极推进硕士研究生教育的国际化。成功开设了“全球媒介与传播”专业双硕士学位项目，面向全球招生。这种国际化教育吸引了众多才子，每年30%的硕士研究生从全国高等院校的优秀毕业生中免试录取。研究生就业率多年保持在99%以上，多前往主流新闻单位和企事业单位的市场或公共关系部门。

2013 年 6 月教育部、中宣部于联合下发《关于加强高校新闻传播院系师资队伍建设实施卓越新闻传播人才教育培养计划的意见》，明确提出要实施卓越新闻传播人才培养计划，不断深化高等新闻传播教育综合改革，提高新闻传播人才培养质量；并且要求高校要创新人才培养模式，强化实践教学环节，逐步推动新闻教学与新闻实践相结合。在此背景下，很多高校积极行动起来，与相关媒体机构建立紧密联系，构建校媒合作办学平台，探索校媒合作的办学模式，以期培养出适应时代发展要求的高端新闻传播人才。2014 年 5 月，北京电视台与中国人民大学新闻学院共同发起“台校新人培养行动”，学生可以组队研发、策划并制作适用于北京电视台四大新媒体平台的原创媒介内容产品。学生参与内容生产，极大扩展了受众市场，也创造了另外一种全新的实践教学方式，即高校教学资源从封闭到开放的转变，学生从被动学习到主动创造的转变，教学方式从模拟训练到置身实践的转变等。另外，暨南大学新闻与传播学院依托广州市舆情与社会管理人文社科重点基地，积极发挥新闻传播学科在社会治理中的作用，发挥高校智库的社会服务功能，不仅坚持编写《广东舆情动态》和《舆情观察》，还积极根据省委省政府和社会各界的需求，撰写舆情报告。2015 年 7 月以来，每月承办“广州新观察”圆桌会议，通过热点话题探讨，推动广州市的建设和发展。通过这种“走出去”和“请进来”的方式，实务课的教学内容与传媒发展相结合，学生自觉学习、研究实务的积极性提高，在理论与实际紧密结合的教学氛围中受到良好的熏陶，有利于综合素质的全面提高，成为受社会欢迎的实用型人才。

2. 面临的问题与挑战

1）培养目标与模式面临变革

当前，新闻传播教育所面临的最为重要的问题在于媒介环境的变化给人才培养带来的巨大变革压力。2010年后，媒介融合的进程明显加速，大数据技术普遍应用，各地传统媒体纷纷开始探索媒介融合路径以实现全媒体、融媒体传播，媒介融合不仅改变了媒介的传播模式、生态环境，使媒体面临转型，同时也使传播全球化进一步成为现实。进入21世纪以来，我国建设国际传播能力的理念由“统筹国内国外两个大局，努力增强中国文化软实力”进阶至“讲好中国故事，传播好中国声音”。从我国国际传播能力建设的目标来看，“塑造中国良好的国际形象”逐渐被“建设中国对外话语体系”取代。国际新闻传播理念也从信奉“内外有别”原则的“（对）外宣（传）”升级为更具想象力、更符合新闻传播规律和生态的“对外传播”“公共外交”“国家品牌行销”等。在这些背景下，新闻传播教育也走向了必然的变革之路。

在新闻与传播学硕士教育层面，首先面临着培养目标与模式变化的压力。就研究生培养来说，既不能脱离新闻传播实践环境，又要打好理论研究基础，因此进一步地提升专业能力，适应媒介环境，并形成从媒介实践中发现问题、研究问题、解决问题、形成新思维与新观点的能力是最为重要的目标，这就要求培养方向与媒介环境变化紧密结合，培养目标向社会需要型转化，培养模式兼顾思维能力与专业能力的结合。

在变革培养模式与教学内容，适应新媒体发展方面，西方走在前列，尤其是美国的新闻教育改革为我国高校新闻人才培养也提供了不少经验。如哥伦比亚大学新闻学院设有科学硕士、文学硕士和双学位项目以及各类新媒体研究中心，各有侧重地进行专业培养。2011年，哥伦比亚大学推出了“数字新闻”课程；2013年，取消了新闻学科学硕士项目中基于媒介（报纸、杂志、广播、新媒体）的课程和教学组织方式，以体现新闻业界多媒体融合的趋势，要求学生学习“新闻经营与管理”课程，在培养、生产优质新闻能力的同时，也增强学生的新闻营销能力。新闻学文学硕士面向有3~15年工作经验的学生，在课程方面设置了政治、艺术与文化、科学健康与环境、商业与经济四个方向，培养目标强调专业素养和专业能力的创新。哥伦比亚大学新闻学院还与其他学院一起提供双学位项目，其方向包括：新闻与商业、新闻与计算机科学、新闻与国际及公共事务、新闻与法律、新闻与宗教。这种以新闻为核心，以内容为主技术为辅的培养模式给我国高校新闻传播学硕士教育给予启示，但与之相比，我国更多院校的新闻传播学硕士培养仍缺乏环境促动。

从专业设置来看，传统的新闻学、传播学、广告学等专业仍是主流方向，与新兴媒体相关或体现媒介融合特色的专业依然较少。从表5-1也可以看出，全国高校新闻传播学硕士专业方向较为单一，各专业以媒介经济、媒介管理、网络新闻传播、广告学概论、新闻伦理、新闻法规、新闻传播心理学等传统专业课程为主。这就导致学生知识面狭窄，很难适应媒介发展的现实需求，不仅不易提升实用的专业能力，而且更难以提升基于现实的问题意识。

2）地区发展不平衡

近年来，新闻传播学硕士点增长明显，截至2015年，我国招收新闻与传播学研究生的学校有100所，全国共有新闻与传播学硕士点192个，与十年前相比增加了69个。在100所招生院校中，分布于东北、西北、西南地区的院校明显较少，多数学校集中于华北、华东、华南，呈现出明显的地区发展不平衡。

这种不平衡首先是由我国高等教育发展不均衡所导致的。改革开放以来，我国教育事业取得了巨大成就，但高等教育资源尤其是优质高等教育资源区域分布不均的问题仍然十分突出。我国中西部地区在国民经济建设中占有十分重要的地位，但由于受经济基础、自然条件等方面的制约，中西部地区与率先改革开放的东部沿海地区相比，经济发展相对滞后。我国39所“985”高校、112所“211”高校等优质高等教育资源，中西部地区省份一般只有2~3所，有的省份甚至只有1所。13个省份仅有1~2所中国百强高校，另有贵州、宁夏、青海、新疆和西藏五省或自治区的百强院校数量尚未实现零的突破。而优质高等教育资源的分布一样，多数重点科研机构的布局分布也不合理，中西部地区总量偏少。2013年1月29日，教育部学位与研究生教育发展中心发布2012年学科评估结果，参评高校共计57所，进入新闻传播学科前十名的西部院校只有四川大学，其他西部院校的新闻传播学科排名均比较靠后。

数量上的不平衡只是一个方面，另一方面则在于发展程度的不平衡。“985”、“211”高校专业发展普遍较为迅速，但部分普通院校，尤其地处偏远地区的院校则存在着发展困境与问题。国家教育资源明显向“985”、“211”院校倾斜，普通院校资源较少，地理位置偏远则加剧这一劣势的增长，使办学条件较弱。这些高校新闻教育面临的困境涉及多个方面，其中对外联络少、缺少教学硬件是最为突出的问题。

新闻传播具有实践性的学科特点，即使是新闻传播学硕士教育，也不能脱离实践进行，因此，培养既具有严谨敏锐的思维能力，又具有胜任新闻传播实践的专业能力，是人才培养的双重目标。这一双重目标的达成，既需要具有前瞻性的专业教学，又需要充分地切入实际，所以加强与业界学界的联络，保持先进的教学理念，与加强教学硬件建设就尤为重要。但是，由于所属高校层次较低、经费缺少、地处偏远等原因，不少高校很难获得对外联络的条件与机会，教学设备也较为陈旧，存在着设备严重不足、落后老化、虚置浪费等现象。以实验教学改革为核心的实验教学示范中心是培养学生实践能力、创新能力和提高教学质量的平台，国家级实验教学示范中心的数量已成为衡量高校整体办学水平的一个重要标志。至2013年，全国7大行政区均有传媒类国家级实验教学中心，其中华北地区3个，华东地区5个，华南地区3个，华中地区2个，东北、西北、西南地区各 1 个。实验教学中心所属大学的类型及地区分布尽量体现了均衡性原则，有利于不同区域、不同类型高校实验教学水平的共同提高，但整个西部地区只有 2 个，分别是陕西师范大学数字传媒技术实验教学中心和云南大学新闻传播实验教学中心，数量明显偏少。

以西部为代表的偏远地区普通高校如何在全球化和媒介融合背景下改善教育条件、增强人才培养实力是一个紧迫课题。《国家中长期教育改革和发展规划纲要（2010—2020 年）》明确提出要缩小东西部教育差距，实现教育公平、公正，提高高等教育质量。国家加强对西部教育的扶持，也为均衡新闻传播学教育资源与实力提供了良好的机遇。

3）师资结构不合理

师资力量是高校发展的重要支撑点，强大的师资力量能促进学校教育的发展。随着人才竞争的加剧，师资状况越来越引起教育界的重视，就新闻传播学来说，媒介融合趋势的不断加强对高校新闻院系教师的队伍建设提出了更高的要求，新闻传播学硕士研究生的培养更需要理论与实务能力兼备的优秀师资。但是，当前我国新闻传播师资力量仍然有待完善。

师资结构的问题之一是各类院校师资呈现出较为明显的强弱不均。“985”、“211”院校师资门槛高，对优秀人才的吸引力更大，近年来或是吸收国内一流高校培养的博士生，或是引进海外优秀人才。这些人才在深造期间或已取得丰富的研究成果，或已具备突出的研究特长，进校之后就可发挥成熟师资的作用。但是，普通院校仍然缺乏对于优秀人才的吸引力，尽管一些地方普通高校近年也实现了拥有博士学位教师比例的提高，但在质量与数量方面都仍然显得不足。长此以往，将使高校人才培养间的差距越来越大。

另一问题是引进师资与有业界经验的师资仍然不足。我国新闻传播院系的专职师资多数来自国内大学培养的学术型教师，分为新闻传播专业与非新闻传播类专业两种。前者受过系统、严格的学术训练，完整掌握了新闻传播的理论知识和科学研究的基本方法，对专业理论知识的掌握和理解都较为深入。后者来自与新闻传播相近的人文社科类专业，或是与传播技术相关的计算机等理工类专业，这些教师的第一专业虽然不是新闻传播学，但拥有交叉学科的优势，往往可以将各自专业理论知识与新闻传播学结合，实现研究视角与方法的创新，这有利于拓展新闻传播学的研究空间，也有利于开阔教学视野，以及完善学生的知识结构。

但上述师资结构也导致了一些问题，如华中科技大学新闻与信息传播学院院长张昆 2011 年曾撰文指出，我国高校传媒教育呈现出明显的封闭性。这首先表现为与国际新闻传播学术界的隔绝。由于国内的传媒教育视野比较狭窄，对国际传媒教育界的现状及其发展演变趋势的了解不够深入，虽然不少新闻传播院系不断加强与国外知名大学新闻传播院系交流，但总体而言，国内新闻传播院系基本上置身于国际传媒教育与新闻传播学术的主流之外，难以与传媒教育的国际常规接轨。其次，由于现有师资队伍中有传媒经验的只占少数，使新闻传播人才培养呈现出与新闻传播业界疏离的现象。2012 年的一项数据表明，有传媒工作经验的教师在全国新闻传播专业教师中的比例仅为 20%①，硕士生导师中的比例更少。这导致我国新闻传播硕士研究生过于重学术而轻实践，硕士研究生的课程设置大部分是理论课，整个研究生阶段都是以纯理论培养为导向。在课程设置时大概分为以下几类：公共必修课、专业必修课、选修课以及专业实践。公共必修课主要是马克思主义理论课、外语课程和学科基础课。专业课是根据研究方向安排的课程，由研究生院直接设置课程，学生选择的自主性不强，只能根据课程设置上课。选修课的设置一般安排是区别于新闻传播专业的其他专业的课程，如市场营销、管理经济学、法律、市场研究等，这部分学生根据自己的兴趣爱好选择，然后由别的相关学院的老师授课。选修课的设置有一定的自主性，只是分量较小，很多时候只能选择一门学科，而且课程只有一学期，难以形成深入了解。就取得学位硕士学历条件来说，首先必须修满课程学分并考核合格后，进入学位论文写作阶段，然后学位论文在导师指导下，由硕士研究生本人按计划进度独立完成。学位论文以理论性为主，只有专硕的学生才可以用案例分析和调研报告的形式提交。

新闻传播学科的应用性决定其必须围绕新闻传播实践，研究生层面的人才，不仅要有开阔的视野、合理的知识结构、科学的理性思维品质，更要有驾驭传播技术、胜任新闻传播全流程各环节的业务能力。理论与知识层面的培养，可以通过课堂教学来完成，但传播业务能力的培养则需以密切关注并参与实践来实现。但当前的师资结构很难较好地完成这一培养目标。加之在将科研作为考评教师、乃至院系实力的环境下，缺乏实践经验的教师更将兴趣置于科研领域，成为纯学术型师资，从而塑造了整个学科的师资特征，进而造成多数高校的学生，即使到研究生阶段，仍不能形成对新闻传播实践活动的熟悉与了解，因而难以形成对实践问题的独特思考，与其他专业学生相比，并没有自己独一无二的优势。

近年来，一些高校在对于硕士培养模式与方法的变革中，出现了利用灵活方式形成师资优势的探索。如北京外国语大学中外合作“北外—博尔顿全媒体国际新闻硕士项

---

① 宋永琴：《国内高校推进媒介融合型教育的“冷”思考》，载《现代传播（中国传媒大学学报）》2012 年第 9 期。

目”构建中形成了有特色的融合型师资，师资队伍由一个核心团队与外围团队组成，形成“小核心大外围”结构。核心团队由3位成员组成，相对稳定。外围团队由6名成员组成，处于流动状态。他们当中有英国人、美国人、澳大利亚人、中国人。外围团队成员皆来自业界，3位核心团队教师中有两位本身也是多媒体记者，但长期穿梭于学界和业界。这些教师分别掌握不同的媒体技能，如音频、图片摄影、视频摄影、信息图表制作、社会媒体、编辑等。另外，该项目还定期邀请其他国际著名全媒体记者和研究者前来讲座或讲课。中国人民大学新闻学院将学界、业界精英主讲的“新闻与传播前沿讲座”作为硕士选修课程，效果显著，这一经验仍需更多高校新闻传播学硕士培养工作结合自身实际条件作为参考。

4）课程设置过于陈旧

在当前新闻传播学硕士研究生课程设置中，多数高校缺乏对于新媒体、新技术课程的引入，基础课程中缺少人文学科基础专业课构成，专业课特色不足，选修课缺少前沿性。硕士研究生阶段的很多新闻理论和技巧训练都与本科类似，如本科课程是新闻学、摄影摄像技术等，到硕士研究生就变为新闻学研究、摄影摄像研究课程，虽然加上“研究”二字，但内容上大同小异。此外，不少高校的选修课，仍然属基本理论课，学生接触的只是一些浅层次的理论知识，并没有真正学到和了解这门课程，难以做到实际运用，因此业界需要的一专多能型的复合型高层次人才在硕士教育课程系统中难以培养。

早在20世纪90年代，中国高等教育界就提倡培养复合型人才，加上我国一向注重对学术型硕士的培养，因此把新闻传播学术学术硕士培养成复合型、高层次应用型人才就成为一项迫在眉睫的任务。在研究生培养阶段，新闻传播学科采取学术与专业硕士采取分类培养的方法，学术型硕士培养目标在于既注重全方位知识的汲取，又要为特定的研究方向打下扎实的综合知识基础。因此在课程设置时，既需开设理论课、专业课、基础课，又需强调科学、哲学、艺术的多元施教，打破自然科学、社会科学、人文科学的界限，提供宽广的知识学习平台。最常开设新闻学学术型专业学位课有：“新闻传播理论”、“新闻传播史”、“新闻传播实务研究”、“新闻传播思想史研究”、“学科方法论”等。

但是，新闻传播学术型研究生关注和研究的现象与问题涉及政治、经济、文化和社会诸多领域，因此，课程设置既需要学科的交叉与融合，也需要借助各种现代科学方法，并结合新闻传播日新月异的现实实务来开展。而传统新闻传播学术型研究生课程使研究生的在校学习活动与研讨、撰写课程论文和学位论文，毕业答辩等大多围绕理论研究来展开，有关传媒实务方面的内容较少涉及，按照这种课程设置与人才培养模式下的新闻传播学术研究生专业素养和实操能力很难得到相应的提高，这也导致了研究生毕业后去媒体或其他企事业单位从事各种同新闻传播活动密切相关的实际工作，往往底气不足，与用人单位期望值相去甚远，不能迅速与职业接轨的等一系列问题，因此重新调整新闻传播学科研究生课程设置和人才培养思路，让学术型硕士培养过于褊狭的问题亟待解决。

3. 未来发展方向展望

1）设置新专业，加强课程建设，打通学科壁垒

由表 5-2 可以看出，我国大部分高校新闻传播学研究生专业设置以新闻学、传播学、广告学等传统方向为主，没有明显的差异。但在媒介融合与国际化传播背景下，随着硕士人才培养目标、模式与方法的变化，当前的专业设置很难满足现实需求。相对来说，国外高校在设置新闻传播学研究生的专业方向上没有统一的标准，而是随着媒介环境的变化及时调整，因而其称谓和名目也显得种类多样，既有传统新闻学和传播学中广告、公关等得到共识的专业方向，也有不少基于本校特点和专长的特色专业，如密苏里新闻学院拥有较为齐全的新闻教育项目，它的研究生教育与本科生教育在不同层面展开，本科教育目标在于拓宽人文社会科学基础，培养通用型的“全媒体”人才，硕士教育则为了培养高层次的媒体专业人才。密苏里大学硕士研究生教育分为两年制与“4+1”两类，其中两年制的硕士研究生的项目方向分得很细，共有媒体融合新闻、战略传播、新媒体、媒介管理、设计、编辑、环境报道、杂志设计、国际新闻、新闻摄影、新闻媒体与社会、公共政策新闻与广告等 16 个方向。这些给我国高校新闻传播硕士研究生教育提供了借鉴，不仅有助于根据自己的专长设计和开办新的专业方向，也能避免同质化竞争造成的资源浪费。

在密苏里大学新闻研究生院，每个方向都有各自项目核心与核心课程，该院非常注重打破学科壁垒，邀请其他学科的专家和教授到新闻学院授课，并且摒弃空泛的“通识教育”，而是利用自己学校的优势，如哲学系、法律系等，确定某一领域或者某一个社会问题为课程拓展的主题，设计出适应学校条件并且有突出特色的课程。教学任务由新闻学院教师与外聘教师组成团队来担当，形成跨学科的团队教学方式。这种方式已经在美国大多数的媒介融合课程中建立起来。按照密苏里大学新闻学院媒介融合专业的创始人迈克·麦金的解释，媒介融合是一个实践性很强的专业，对老师自然也有很高的要求，但是到目前为止，学院还没有一位老师能够教所有的媒介技能。所以，他们每门课都是团队授课，每个老师只需要把自己最擅长的部分教授给学生。跨学科的团队教学模式理论被认为是融合环境下最有效的教学方法，它适应了媒介融合课程的需要，加深了学生对专业知识的掌握，实践中则能使学生掌握跨媒介的技能，采用多种方式完成新闻任务。

这种方式很值得我国高校新闻传播院系参照。目前，我国新闻传播专业教师的学科背景正在多样化，但仍以新闻传播学科为主，跨学科的师资仍然不占主体地位。由于高校人员流动性弱，每年可吸收的新师资人数就更有限了，然而即使是具有跨学科背景的教师，在教学中也只能专于一个方向，因此，在新专业设置方面也需要以整合师资的方法来支持教学。尤其是新媒体相关专业和外国类、财经类、体育类院校所设的专业中，更需要以整合资源的方式来实现专业建设的充分支撑。

2）构建特色专业，充分发挥本土优势

我国新闻传播学科建设中，部分高校也形成了特色专业，但这些特色专业仍限于新闻学、传播学、广播电视新闻学、广告学等传统专业领域，新专业建设近年来有所发展，但特色仍然不足。多数高校所培养出的新闻传播学硕士缺乏个性化特征，相互之间没有区别，与其他专业硕士研究生相比，也缺乏自身的专业优势。在我国，各个地区特点不同，各个高校类型与优势也各不相同，在人才竞争条件下，构建自己的特色专业才是获得发展空间的有效办法。

特色专业建设应与高校新闻传播学科发展定位与优势结合起来。高校应该加强立足本土化，按照自身的实际情况，制定有特色、有个性的人才培养目标和教学政策，正确地认识自身的条件并借鉴和吸收其他院校的成功经验为己所用。同时，高校还要明确人才流向，作为地方高校新闻院系，毕业生往往就地就业，因此对本地区传媒人才的需求特征应有充分的了解，在这一前提下有针对性地进行教学定位和培养，以提高人才适用性。再者，高校还应充分集中和整合学校的所有学科的优势，突出自己专业的特色，对于体育院校、财经院校、艺术院校、政法院校的新闻传播专业来说，与学校特色学科相结合，更易打造人才培养优势。例如，随着传媒环境的不断变革，体育新闻硕士教育也在不断改进。北京体育大学、上海体育学院、武汉体育学院、成都体育学院等体育院校已经开始跟随媒介融合的大趋势，一方面全面培养硕士生的新闻素养和能力；另一方面有针对性地开设“网络体育传播”、“体育新媒体”等课程，以使学生更好地迎接数字信息技术飞速发展带来的挑战。不过，仍有部分院校并没有充分意识到改革传统新闻教育的重要性，忽视了综合性教育和时代性教育的要求。此外，一些地方民族大学的新闻传播类专业，还可以充分发挥少数民族地区的特有优势，在民族新闻的教学与研究中取得成果。

3）改善师资结构，优化师资力量

当前我国一些高校新闻传播学硕士研究生培养效仿美国实行了“双导师”制，尤其在新闻传播专业硕士培养方面较为普遍。学生可以选择一个专长于学术研究的学术导师，一般为校内专职导师，还可以选择一个业界资深从业者作为业界导师。业界导师负责指导和监督学生的实习以及实践经验的传授，学界导师负责指导学生理论知识和研究方法的学习。一些新闻院系也主动聘任业界精英走进课堂，定期或不定期地授课或讲座，将实践经验和业界前沿动态带到课堂。

从新闻传播学硕士研究生培养来说，校内专职导师仍是最为重要的师资来源，对于校内专职教师来说，适应媒介融合与国际化传播背景，提高实践教学能力也有不少途径。香港城市大学媒体与传播系教授祝建华在 2013 年撰文总结如何构建适应大数据时代新闻与传播学教育的师资力量，提出“走出去”、“请进来”两种思路。前者指现有师资通过在校内跨学科进修听课、去媒体带职实习、与相关学科合作开课、合作研究等方式改变知识结构并深入媒体实践；后者指通过招收跨学科教师、跨学科博士后、跨学科学生、新媒体兼职教师等方式使师资构成更为多样化。在这些条件下，取得共识、招募新人、紧贴技术和市场的走向，将是创新专业和课程能否持久成功的关键因素。

4）加强对外交流，适应全球化传播需求

面对我国全球化传播战略的要求，以及我国新闻传播学硕士教育国际化的趋势，加强对外交流，适应媒介融合环境与全球化传播要求成为未来新闻教育方向之一。当前本土新闻传播人才“重专业学习、重外语学习、重技能训练”的培养模式有其优势之处，在加强对外沟通交流合作的基础上，这一优势能够发挥更大的作用。近年来，我国一些高校非常重视新闻传播教育领域的国际合作，尤其在国际新闻传播人才培养方面取得了显著成就，比如，中国传媒大学设立的“发展中国家国际传播硕士”项目获得 2013 年中国新闻教育学会颁发的“新闻传播教育创新奖”。2013 年，该校与加拿大西蒙菲沙大学开始合作运行以培育“全球化”学术型人才为目标的“全球传播”双硕士项目，该项目旨在吸引发展中国家的信息传播精英来华交流学习，培养理解中国国情与价值理念的“中国范”海外传播人才。到 2014 年，该项目共培养了来自 46 个非洲、亚洲、欧洲、拉丁美洲等发展中国家的 105 名优秀新闻从业者及高级行政信息管理人员。

加强对外交流更是普通院校开拓视野，提升人才培养水平的途径。相对于“985”、“211”院校来说，普通高校在我国教育资源分配中处于相对劣势，如果能够通过对外交流开辟中外合作的空间，引进海外新闻传播教育的先进经验与方法，有效加强人员交流，一方面借用海外师资进行授课、讲座，另一方面将本校师资派往海外深造，对于新闻传播学硕士教育来说应该是不无裨益的。

5. 1. 2　新闻与传播硕士专业学位教育综述（2011—2015）

专业学位教育，旨在培养应用型高层次专门人才，是高等教育改革和发展中的一项重要变革。2002 年，在教育部和国务院学位委员会联合发布的《关于加强和改进专业学位教育工作的若干意见》中，对开展专业学位教育的目标和意义作了明确的阐释：“当前必须不断改革和完善我国学位与研究生教育制度，促进专业学位教育的健康发展，为社会主义现代化建设培养大批应用型高层次专门人才。”可以说，在应用性较强的学科中设置硕士专业学位，已经成为我国当前改革研究生培养制度的一个趋势。2009年，教育部再次发布《关于做好全日制硕士专业学位研究生培养工作的若干意见》，决定自当年起，扩大招收以应届本科毕业生为主的全日制硕士专业学位范围。这次扩大招收专业学位的背景在于，随着科学技术突飞猛进，新知识、新理论、新技术日新月异，职业分化越来越细，职业的技术含量和专业化程度越来越高，对专门人才的需求呈现出大批量、多规格、高层次的特点。世界各国高等教育都主动适应这种变化，积极进行人才培养目标和培养模式的调整，大力提高人才培养的适应性和竞争力。随着我国经济社会的快速发展，同样迫切需要大批具有创新能力、创业能力和实践能力的高层次专门人才。研究生教育必须革新以培养教学科研人才为主的方向与模式，加大应用型人才培养的力度，促进人才培养与经济社会发展实际需求的紧密联系。

新闻学与传播学作为应用型学科，所培养的人才主要面向新闻机构及相关单位，从事的正是紧跟社会科技与文化发展潮流、需要充分创造力和实践力的信息传播职业。然而在专业学位设置以前，在新闻传播教育体系中，尤其是研究生教育层面，大多数高校基本上只设有以研究型为主的硕士学位，常常无法满足新闻媒体对专业型新闻与传播专业人才的需要，使得这方面的人才供应出现短缺现象。因此，开设新闻与传播专业学位教育对于优化新闻与传播人才结构，提升新闻从业人员的理论和业务水平，完善我国新闻学与传播学教育体系，进而实现社会建设服务最大化具有重要意义。

在此背景下，国务院学位委员会于2010年进行硕士专业学业调整，于2010年下发了《关于下达2010年新增硕士专业学位授权点的通知》，新闻与传播专业硕士学位位列其中，获得授权的高校共48所，并于2011年开始招生。

2013年11月18日，国务院学位委员会下达《关于开展增列硕士专业学位授权点审核工作的通知》，推动研究生教育布局结构调整，开展增列硕士专业学位授权点审核工作，2014年7月14日，《关于下达2014年审核增列的硕士专业学位授权点及撤销的硕士学位授权点名单的通知》发布，又有56所高校增设了新闻与传播专业硕士点。

新闻传播硕士专业学位是以培养新闻传播业应用型高层次专门人才为目标的研究生教育项目，它以新闻传播学为知识背景和教育基础，在培养模式与方法上进行革新，不仅在于完善和发展我国新闻传播学教育体系，也在适应和满足我国新闻传播业对职业化、高质量人才的需求。

1. 国内新闻传播专业硕士教育的发展

自 1918 年北京大学组建新闻学研究会开设新闻教育以来，我国的新闻传播教育已经走过了近一百年的历程。新闻传播学教育肇始于实践基础上的新闻理念与业务认知，继而发展为新闻理论、新闻史及新闻业务三大领域。改革开放以来，我国新闻传播事业迅速发展，新闻传播学教育在巩固与提高本科教学质量的同时，逐渐注重与加强研究生教育，特别是硕士教育的发展，为开设新闻传播硕士专业学位教育提供了丰富的经验。这些经验为新闻传播硕士专业学位教育奠定了良好的基础。

随着新闻传播实践的不断丰富和新闻传播学研究的逐步深入，近些年来我国新闻传播学教育的专业方向领域不断扩大。如今已经形成了新闻理论、传播理论、新闻传播史、新闻采编实务、广播电视、广告、编辑出版、传媒经营与管理、新媒体、国际传播、对外文化传播以及公共关系等众多专业方向，大大丰富了教学内容。这些专业方向不但在本科生培养层次开设，在研究生教育层次也同样开设，并形成了一套相对成形的“理论+实践”教育模式，培养出了大量新闻传播人才。

纵观新闻传播教育的发展历史可以看到，新闻传播学科设立的初衷在于为新闻事业培养实践人才的现实需要。因此，从根本意义上讲，新闻传播学教育是以培养具有实践能力的人才为目标的。后来，随着新闻传播学术研究的开展以及学科发展中对研究型人才的需求，新闻传播学教育开始出现研究型人才培养模式，逐渐形成了培养传媒从业者和培养研究者两种不同的教育模式，体现在本科与研究生两种教育层次。经过多年实践，学位教育发展迅速，如今已基本形成了学士、硕士、博士三个学位层次并举的专业学位体系。自 1991 年开始实行专业学位教育制度以来，我国研究生教育发生变化，体现学术性与职业性结合的专业学位逐步受到认可并得到推广，2011 年，新闻传播硕士专业学位开始招生。

截至 2015 年，我国招收新闻与传播硕士专业学位研究生的学校有 105 所，2011—2015 年的计划招生人数统计结果呈现出两大特点：

第一，在 2011—2015 年的 5 年中，绝大多数获得授权的学校增加了专业学位的招生指标，专业学位硕士研究生计划招生人数占新闻与传播专业硕士生总招生计划的比重大幅增高。新闻与传播硕士专业学位越来越受重视，这与我国硕士专业学位教育的走势是一致的。

第二，新闻与传播专业硕士点大多分布于华东、华中和华北这些经济相对发达、人口相对密集的地区。华南、西南、西北、东北地区开设新闻与传播专业硕士的院校相对较少，而且开设此专业院校集中在省会城市。相应地，东部地区的信息资源、人力资源、财力资源、课题项目资源、媒介资源均优越于西部地区，因而东部高校新闻与传播硕士专业学位研究生教育相对而言发展得更为充分。

2. 国内新闻传播专业硕士教育的现状

按国务院学位委员会的培养要求和国外的成功经验，以及用人单位对人才素质的要求，新闻与传播专业硕士学位获得者应该具备特定职业所要求的专业能力和专业素质，具备从事这个高层次专业工作的基本条件，即能够运用相应的理论、知识和技术，合理地完成专业工作。就理论知识而言，应夯实新闻学与传播学基本知识、原理和方法，其中马克思主义新闻观、新闻传播基本规律、中外新闻传播史、新闻职业精神和新闻职业道德，应该成为核心内容。就技术能力而言，应既有包括政治敏感，把握全局、发现和处理问题的能力以及新闻职业敏感性等能力，又有熟练地把握采、写、编、评、摄、播等新闻生产各环节技能技巧的能力。

为适应上述需求，同学术型学位相比，专业学位教育在培养方向、课程设置、培养模式和师资队伍建设等方面，都有不同之处。在培养方向方面，以培养在专业和专门技术上受到正规的、高水平训练的高层次人才为目标；在师资方面，由校内教师和新闻传播业界专家组建“双师型”师资结构；在课程方面，充分反映新闻与传播实践领域对专门人才的知识与素质要求，推出应用型主干课程体系和新闻实务、广告与传媒经济实务等业务实践性课程，采取互动教学、案例教学、体验与设计等教学方法；在培养模式方面，突出新闻与传播实践导向，重视实践和应用，重视实践教育，实践教学时间不少于半年。

近五年来，新闻与传播专硕改革的主要内容偏重于以下几个方面：优化课程设置、加强实践环节、人才培养的创新以及师资力量和结构的变革。

1）课程设置

为适应信息时代的需求，国内各新闻传播院系对课程改革进行了深入研究，培养跨媒体综合性人才的教学与管理格局正在拉开序幕。各个新闻传播院系在学生培养方案的设计上均有各自的规章和特色，而相似之处大体可以归为以下几个方面：基本的新闻学理论课程、实务型课程、实验教学课程、人文社科和自然科学课程、应用英语课程等。另外，各学院在实践教学部分还设计了诸如社会实践、媒体实习、跨媒体工作坊等不同实践学分，在教学方案设计中较为充分地体现出了新闻传播学科重实践的特点。当然，各院系开设的课程各有特色，为适应媒介生态变化，与时俱进地增加了新媒体传播课程和双语类课程。各高校在课程建设中各有建树，而中国人民大学、复旦大学、清华大学等高校尤为突出，加入了人文、外语、历史、文化等跨专业课程。

2）实践环节

加强教学与实践的结合，创办校园，媒体增强学生的动手能力，或加强与业界的互动联系，由学生直接进入新闻单位参与新闻采编实践，几乎是各院系共同认可并采用的实践教学手段。获得授权的各院系均与多家媒体联合设立了教学实践与研究基地，加强同学校所在地媒体的合作。各院系还积极推动新闻传播实验室建设，设置新闻媒体实验室供学生们模拟操作，通过专业实验学习来提高学生实际操作能力，为学院的教学和科研提供支持和服务。另外，各院系还积极邀请媒体从业者来院讲学、担任业界导师或参加研讨会、学术论坛、学术沙龙等活动。高校院系间也建立了互访讲学、协同创新合作研究等双向合作交流关系。

我国高校的新闻与传播院系先后组建了一批研究机构，这些机构为专业学位教育提供了学术基础与视野，有助于使实践培养避免陷入“技能化”层面。其中较有影响的有中国人民大学新闻与社会发展研究中心、复旦大学信息与传播研究中心、中国传媒大学广播电视研究中心、武汉大学媒体研究中心 4 个教育部人文社科重点研究基地和中国人民大学中国新闻传播研究国家哲学社会科学创新基地、复旦大学新闻传播与媒介化社会研究国家哲学社会科学创新基地、武汉大学新闻传播与媒介化社会研究创新基地和清华大学文化产业研究中心四个国家级哲学社会科学创新基地。

3）人才培养

在专业硕士人才培养方面，各院系进行了诸多尝试和创新，以适应媒介环境变化对复合型新闻传播人才的需求。在修订教学培养方案时，各院系普遍突出了“素质为本、实践为用”的理念，提倡宽口径、厚基础，突出国际化、实践性的特点。在具体教学计划中，普遍增加了通识课程的分量，并鼓励跨专业选修，以夯实学生的人文功底，培养认知社会的能力，打破现有专业的壁垒。

全球化时代需要通晓外语和国际媒体惯例、拥有国际意识的新闻传播人才，许多院系通过教育资源整合、课程体系重组、教学模式创新的方式，积极探索联合培养国际新闻传播人才。这些院系注重引进师资的国际化背景，注意不同学科的交叉，拓展国际视野和学科视野。许多院系支持教师、学生到海外学习、进修或考察，加强与海外新闻机构、新闻传播院系的交流，还积极开展授课模式和教学方法改革，在教学方法上推广案例式、研讨式教学和实践教学，改变以往一般以课程论文进行考核的单一方式。对于新闻传播方面的实务性、能力性课程，通过丰富的实践活动，提升学生的社会工作和新闻传播实践能力。

4）师资力量

目前各院系在新闻传播学师资队伍建设方面已形成职称分布大致均匀的教学梯队。师资队伍不仅在数量上剧增，其质量也发生了很大变化。这表现在，一是所从事学科专业的范围不断扩大，除新闻学外，还包括传播学、广播电视学、广告学、编辑出版学、公共关系学、传媒经济学等。二是拥有的学历和学位层次大幅提高，其中拥有博士学位者的人数逐年增加，特别是在青年教师中，许多新闻传播院校拥有博士学位教师的人数已占到一半左右。在教师的选拔机制和要求方面，具有博士学历是聘用的基本要求。

此外，国务院学位委员会提出，针对硕士专业学位教育的需要，必须建设一支“双师型”的师资队伍。所谓“双师型”，指从事硕士专业学位教育的教师，由两部分人构成。其中占总数三分之二的，是在高校执教的专任教师，另外占三分之一，是从新闻传播实践部门请来，专门为硕士专业学位研究生执教的兼职教师。这两支教师队伍构成统一的“双师型”执教团队。

3. 新闻传播专业硕士教育的困境和问题

经过几年的发展，当前我国新闻传播专业硕士教育已形成一定规模，但其中也存在一些困境和问题，总结起来主要以下几点：

1）课程及研究方向设置特色欠缺

在调查统计中可以发现，在“新闻与传播”这一专业类别下，对研究方向上做出特色细分的高校并不占多数。除北京、广州、重庆等地的个别学校开设危机传播、品牌传播、公关与危机传播、经济新闻等细分研究方向外，多数学校设置的方向大同小异，以诸如新闻实务、广播电视新闻、网络新闻等常规方向为主。这反映出我国新闻传播专业学位教育未能像欧美国家那样真正做到具备实践针对性。在获得专业学位授权的高校新闻与传播院系中，专硕的专业选修课大多为10~36门不等，按照学分的要求，学生需从中选出4至8门以完成学业要求。研究方向与课程设置的宽泛化和随机性导致专业性不强，其后果是在实践环节学生难以很好地完成专项实习任务。概言之，目前我国新闻与传播硕士专业学位的方向设置仍停留在趋同化、普遍化阶段，立足于自身优势的特色化设置方式，仍需加强。

2）专业学位和学术学位培养路径的边界不清

在对中国人民大学、中国传媒大学、复旦大学、上海交通大学、浙江大学、武汉大学、暨南大学等多所大学的新闻专业学位和科学学位的课程设置及培养方案进行对比研究时，我们发现，一些学校在课程设计和培养目标层次上对两种类型的教育进行了有意识的区分。例如，中国人民大学在科学学位和专业学位研究生的养上，在课程安排、毕业设计等方面做了不同要求，在课堂教学方面，“新闻史论”等课程的讲授深度和广度也有所不同。但是，更多的院校，专业学位和学术学位虽然在培养目标上强调差异，但具体的课程设置、实践安排并无明显区分。

3）培养方案同质化

各院校培养方案和培养模式的雷同。各院校相互之间的借鉴和模仿使专业学位研究生教育很容易陷入同质化竞争的困境。双导师制、“必修 + 选修”的课程模块、“新闻作品”+“学术论文”的毕业设计形式等，固然是专硕培养的共通模式，但在共通基础上的特色培养却是实现人才市场差异化竞争优势的关键。对表 5-1 中第一批开设新闻与传播专硕教学点的高校进行比较分析发现，多数高校在基本培养方案上确实比较相似，即只体现了共通之处，而缺乏独特优势。针对这些问题，一些学校已经开始通过打造特色方向形成独特的竞争力：如中国人民大学对国际新闻方向的倾斜，复旦大学对财经新闻方向的重视，湖南大学在文化创意课程方面的打造，都显示出各院校在避免同质化竞争方面所做的努力。如何快速形成差异化竞争的格局和满足多元市场需求，迫切需要各院校作出理论探索和实践回应。

4. 当前新闻传播专业硕士教育的实践探索和发展趋向

数字电视、移动技术、智能手机、平板阅读等为代表的新媒体和新技术的迅速崛起，打破了多年以来报纸、杂志、广播、电视等传统媒体构成的媒介生态，媒介融合成为大趋势。在这一背景下，新闻传播专业硕士教育也在实践中不断探索，呈现出新的发展趋向。

1）“跨学科”、“专业化”、“复合型”的人才培养模式

当前新闻传播业朝向更加深层的“媒介融合”方向发展，这对于新闻传播业者的业务能力提出了全新的要求，即需要成为“多面手”，成为“复合型”新闻传播人才。所谓“复合型”新闻传播人才，就是既具有熟练的新闻传播基本业务技能，又具有适应数字化发展需要，能够掌握多种新媒体技术，进行多样化新闻信息采集和处理，同时还能从事媒介管理和经营等工作。随着媒介融合的深入及其带来的人才需求变化，全球的新闻传播院系和新闻培训机构都对自身的教学内容和培养模式开始了重新审视和调整，其中以培养“具备全媒体业务技能的新闻人才”的密苏里模式与培养“拥有复合型知识结构的专家型人才”的哥伦比亚模式最为人所熟知。就教学内容的调整来看，国内新闻传播院系大部分遵循了这两种培养模式，也有部分高校采取了两种模式结合的综合教学方针，培养目标从精通单一技能的专业型人才向掌握多专业技能、多学科知识的复合型人才转移。

传媒生态的不断变革，使得适应需要的复合型人才出现较大缺口，加速培养这种复合型人才，成为当前新闻人才培养的当务之急。媒介融合后两类新型人才尤其重要：一类是能够在多媒体集团中进行整合传播策划的高层次管理人才，另一类是能够运用多种技术工具的全能型记者编辑。新闻传播院系更要从专业设置、课程改革、师资队伍建设

等多方面着眼，与时俱进，培养具有“全媒体”业务技能的新闻人才和复合型知识结构的专家型人才。

2）不断增强的国际交流与合作

调查显示，各高校在专硕培养中都较为重视国际合作，努力实现人才“国际化”。近五年间，北京大学、华东师范大学、清华大学、厦门大学、上海大学、中国传媒大学以及中国人民大学等高校新闻与传播院系在教学国际化方面做出了新的举措，其中，一部分国际化教育资源主要集中投放在研究生教学层面。全球化冲击对国内新闻传播院系既是一种“挑战”，也是一种“机遇”。要提升新闻传播教育的国际性水平、与国际更好地交流对话，国内新闻传播院系未来要探索“国内海外合作培养”机制，加强与海外高水平新闻传播院校的交流与合作，推进双方的教师互派、学生互换、学分互认，积极利用海外优质教育资源，探索形成灵活多样、优势互补的新闻传播人才培养机制。

中国真正意义上的新闻与传播硕士专业学位研究生教育才只有短短四年时间。作为后来者，更应重视借鉴国外先进的办学理念与教学经验，尤其是在信息全球化的今天，唯有多吸取国外成功的办学经验，方能有助于最终形成具有自身特色的办学模式。国外知名高校在设置新闻传播学研究生的专业方向上没有统一的标准，既有传统新闻学和传播学中广告、公关等得到共识的专业方向，也有许多基于本校特点和专长的特色专业。如美国密苏里新闻学院的研究生培养主要有 21 个方向：广告、新闻融合、环境报道、深度广播电视采访、国际传播、调查性报道、法律与冲突解决传播、杂志设计、杂志编辑、杂志写作、新闻设计、新闻编辑、新媒体与社会、新闻报道与写作、摄影新闻、公共关系新闻、广播新闻报道（无需专业经验）、电视新闻报道（无需专业经验）、电视新闻报道（需专业经验）、策略传播，以及视觉编辑与管理。相比国外，我国各高校新闻传播学研究生的专业方向基本相同，没有明显的差异。我国高校在专硕培养中也不能墨守成规，应该大胆地根据业界需要以及自身专长设计和开办新的专业方向，明确各高校在新闻传播学教学中的定位，避免同质化。

3）“大新闻传播”格局的形成

在对中国人民大学、清华大学、中国传媒大学、武汉大学、暨南大学等多所大学的培养方案进行分析的基础上，可以看到，专业硕士的培养模式整体上呈现出向“大新闻传播”理念转变的特点。各高校开始打破传统掣肘，重视学科间的交叉和融合，注重市场需求，逐渐形成了“大新闻传播”格局。譬如中国人民大学新闻学院提出的“两重”和“双跨”战略（“两重”是既重视学生的知识基础，又注重学生基本学习能力的培养。“双跨”是指跨学科、跨媒体）。其培养目标强调从培养单一的“应用型人才”向培养能够在社会各行业发挥能量的“战略型”人才转变，从而实现多元化的就业方向。再如，中国传媒大学确立“植根传媒、依托社会、面向世界开放办学”的办学理念，一方面建立新闻传播大框架、细分新闻传播小专业，在基础教育上强调市场适用性和专业化人才细分培养；另一方面，具有国际化视野，2013 年起与英国威斯敏斯特大学合作举办国际媒体商务硕士学位等项目，都是比较成功的探索。

表 5-1　　**2011 年与 2015 年新增招生新闻与传播专业硕士的高校名单**

所在地域	学校名称	新闻与传播硕士增设情况	
		2011	2015
华东地区	1. 山东大学	√	
	2. 山东师范大学	√	
	3. 烟台大学		√
	4. 厦门大学	√	
	5. 复旦大学	√	
	6. 上海交通大学	√	
	7. 华东师范大学	√	
	8. 上海体育学院		√
	9. 上海大学	√	
	10. 上海理工大学		√
	11. 南京大学	√	
	12. 苏州大学	√	
	13. 南京师范大学	√	
	14. 解放军南京政治学院		√
	15. 安徽大学	√	
	16. 中国科学技术大学	√	
	17. 安徽师范大学		√
	18. 浙江大学	√	
	19. 浙江工业大学		√
	20. 浙江传媒学院	从 2012 年开始招生	

续表

所在地域	学校名称	新闻与传播硕士增设情况	
		2011	2015
华中地区	1. 郑州大学	√	
	2. 河南大学	√	
	3. 河南工业大学		√
	4. 武汉大学	√	
	5. 华中科技大学	√	
	6. 武汉理工大学		√
	7. 华中师范大学	√	
	8. 湖北大学		√
	9. 湖北民族学院		√
	10. 中南财经政法大学		√
	11. 武汉体育学院		√
	12. 中南民族大学		√
	13. 湘潭大学		√
	14. 湖南大学	√	
	15. 中南大学		√
	16. 湖南师范大学	√	
	17. 南昌大学	√	
	18. 江西师范大学	√	
	19 江西财经大学		√
华北地区	1. 内蒙古大学	√	
	2. 内蒙古师范大学		√
	3. 山西大学	√	
	4. 北京大学	√	
	5. 中国人民大学	√	
	6. 清华大学	√	
	7. 北京工商大学		√
	8. 北京印刷学院		√

续表

所在地域	学校名称	新闻与传播硕士增设情况	
		2011	2015
华北地区	9. 北京师范大学	√	
	10. 首都体育学院		√
	11. 中国传媒大学	√	
	12. 北京体育大学		√
	13. 中央民族大学		√
	14. 河北大学	√	
	15. 河北传媒学院		√
	16. 南开大学	√	
	17. 天津师范大学	√	
	18 天津外国语大学		√
	19. 天津体育学院		√
华南地区	1. 暨南大学	√	
	2. 中山大学		√
	3. 华南理工大学		√
	4. 华南师范大学		√
	5. 广州体育学院		√
	6. 广东外语外贸大学		√
	7. 海南大学		√
	8. 海南师范大学		√
	9. 广西大学	√	
	10. 广西艺术学院		√
东北地区	1. 黑龙江大学	√	
	2. 吉林大学	√	
	3. 长春工业大学		√
	4. 东北师范大学	√	
	5. 吉林艺术学院		√
	6. 辽宁大学	√	

续表

所在地域	学校名称	新闻与传播硕士增设情况	
		2011	2015
东北地区	7. 大连理工大学		√
	8. 沈阳师范大学		√
	9. 东北财经大学		√
	10. 沈阳体育学院		√
西北地区	1. 新疆大学	√	
	2. 塔里木大学		√
	3. 新疆财经大学		√
	4. 兰州大学	√	
	5. 兰州财经学院		√
	6. 西北大学	√	
	7. 西安交通大学	√	
	8. 西安工业大学		√
	9. 西安工程大学		√
	10. 长安大学		√
	11. 陕西师范大学	√	
	12. 西安外国语大学		√
	13. 西北政法大学		√
西南地区	1. 西藏民族学院		√
	2. 四川大学	√	
	3. 电子科技大学	√	
	4. 西南财经大学		√
	5. 西华师范大学		√
	6. 成都体育学院		√
	7. 四川外国语大学		√
	8. 西南政法大学	√	
	9. 重庆师范大学		√
	10. 西南大学		√
	11. 重庆大学	√	
	12. 云南大学	√	
	13. 贵州民族大学		√
	14. 云南财经大学		√

表 5-2　　　　**部分院校硕士生招生情况（2011—2015）**

<table>
<tr><td rowspan="7">中国人民大学（新闻学院）</td><td rowspan="2">专业
年份</td><td colspan="4">学硕</td><td colspan="2">专硕</td></tr>
<tr><td>新闻学（推免）</td><td>传播学（推免）</td><td>传媒经济学（推免）</td><td>广播电视学（推免）</td><td colspan="2">新闻与传播（推免）</td></tr>
<tr><td>2015</td><td>51(35)</td><td>33(19)</td><td>11(7)</td><td>13(9)</td><td colspan="2">31(6)</td></tr>
<tr><td>2014</td><td>56(42)</td><td>28(15)</td><td>10(5)</td><td>12(7)</td><td colspan="2">35(0)</td></tr>
<tr><td>2013</td><td>51(33)</td><td>37(21)</td><td>10(6)</td><td>14(7)</td><td colspan="2">32(1)</td></tr>
<tr><td>2012</td><td>43(35)</td><td>46(18)</td><td>10(7)</td><td>13(9)</td><td colspan="2">37(0)</td></tr>
<tr><td>2011</td><td>69(40)</td><td>33(11)</td><td>9(5)</td><td>8(6)</td><td colspan="2">25(0)</td></tr>
<tr><td rowspan="7">复旦大学（新闻学院）</td><td rowspan="2">专业
年份</td><td colspan="4">学硕</td><td colspan="2">专硕</td></tr>
<tr><td colspan="4">新闻传播学</td><td colspan="2">新闻与传播</td></tr>
<tr><td>2015</td><td colspan="4">48</td><td colspan="2">58</td></tr>
<tr><td>2014</td><td colspan="4">54</td><td colspan="2">63</td></tr>
<tr><td>2013</td><td colspan="4">51</td><td colspan="2">46</td></tr>
<tr><td>2012</td><td colspan="4">65</td><td colspan="2">42</td></tr>
<tr><td>2011</td><td colspan="4">74</td><td colspan="2">33</td></tr>
<tr><td rowspan="7">清华大学（新闻与传播学院）</td><td rowspan="2">专业
年份</td><td colspan="4">学硕</td><td colspan="2">专硕</td></tr>
<tr><td colspan="4">新闻传播学</td><td colspan="2">新闻与传播（推免）</td></tr>
<tr><td>2015</td><td colspan="4">19</td><td colspan="2">53(43)</td></tr>
<tr><td>2014</td><td colspan="4">19</td><td colspan="2">52(39)</td></tr>
<tr><td>2013</td><td colspan="4">20</td><td colspan="2">57(37)</td></tr>
<tr><td>2012</td><td colspan="4">19</td><td colspan="2">52(36)</td></tr>
<tr><td>2011</td><td colspan="4">0</td><td colspan="2">67(47)</td></tr>
<tr><td rowspan="7">华中科技大学（新闻与信息传播学院）</td><td rowspan="2">专业
年份</td><td colspan="4">学硕</td><td colspan="2">专硕</td></tr>
<tr><td>新闻学（推免）</td><td>传播学（推免）</td><td>广播电视与数字媒体（推免）</td><td>广告与媒介经济（推免）</td><td>新闻与传播（推免）</td><td>出版（推免）</td></tr>
<tr><td>2015</td><td>15(7)</td><td>10(5)</td><td>8(4)</td><td>9(5)</td><td>29(15)</td><td>20(10)</td></tr>
<tr><td>2014</td><td>14(7)</td><td>17(7)</td><td>7(4)</td><td>10(4)</td><td>25(13)</td><td>21(10)</td></tr>
<tr><td>2013</td><td>20(8)</td><td>11(5)</td><td>14(5)</td><td>13(8)</td><td>25(12)</td><td>21(10)</td></tr>
<tr><td>2012</td><td>24(8)</td><td>10(6)</td><td>13(5)</td><td>10(7)</td><td>30(13)</td><td>20(10)</td></tr>
<tr><td>2011</td><td>22(7)</td><td>17(7)</td><td>13(6)</td><td>9(4)</td><td>27(12)</td><td>19(10)</td></tr>
</table>

续表

学校	专业/年份	学硕					艺术硕士(推免)	专硕
		新闻学(推免)	传播学(推免)	广告学(推免)	广播电视学(推免)	传媒经济学(推免)		新闻与传播(推免)
暨南大学(新闻与传播学院)	2015	22(11)	18(13)	12(12)	10(8)	不招生	30(8)	116(30)
	2014	20(5)	16(2)	13(4)	8(5)	不招生		149(39)
	2013	18(4)	16(9)	11(5)	11(5)	8(3)		146(52)
	2012	36(20)	28(20)					144(42)
	2011	65(26)	33(15)					53(8)

学校	专业/年份	学硕		专硕
		新闻学(推免)	传播学(推免)	新闻与传播(推免)
浙江大学(传媒与国际文化学院)	2015	3(3)	3(3)	43(25)
	2014	3(3)	2(1)	39(13)
	2013	3(3)	3(3)	48(18)
	2012	3(3)	5(5)	37(11)
	2011	7(1)	9(4)	36(19)

学校	专业/年份	学硕		专硕	
		新闻学(推免)	传播学(推免)	新闻与传播(推免)	出版(推免)
华东师范大学(传播学院)	2015	6(4)	6(4)	30(19)	20(8)
	2014	7(4)	7(3)	43(23)	20(14)
	2013	8(4)	8(3)	40(13)	
	2012	7(5)	9(3)	33(4)	
	2011	6(3)	12(4)	25(7)	

学校	专业/年份	学硕		专硕	
				新闻与传播(推免)	
		新闻学(推免)	传播学(推免)	财经新闻方向	交互设计方向
中山大学(传播与设计学院)	2015	21(14)	28(20)	20(10)	9(2)
	2014	24(11)	19(11)		
	2013	22(9)	18(10)		
	2012	23(10)	14(8)		
	2011	27(10)	11(4)		

续表

学校	年份＼专业	学硕		专硕
		新闻学(推免)	传播学(推免)	新闻与传播(推免)
吉林大学(文学院)	2015	12(3)	6(3)	66(11)
	2014	10(5)	5(3)	59(25)
	2013	10(6)	5(2)	49(21)
	2012	12(5)	6(4)	36(18)
	2011	12(11)	6(4)	33(10)

学校	年份＼专业	学硕		专硕	
		新闻学(推免)	传播学(推免)	新闻与传播(推免)	出版(推免)
河北大学(新闻传播学院)	2015	29(5)	20(3)	60(3)	19(1)
	2014	27(4)	16(2)	70(3)	10(1)
	2013	29(5)	23(3)	55(20)	32(1)
	2012	30(5)	29(3)	51(0)	23(1)
	2011	42(6)	30(2)	29(0)	18(1)

学校	年份＼专业	学硕			戏剧与影视学(推免)	播音与主持艺术(推免)	艺术学(推免)	专硕		
		新闻学(推免)	传播学(推免)	编辑出版学(推免)				新闻与传播(推免)	出版(推免)	广播电视学(推免)
河南大学(新闻与传播学院)	2015	9(2)	10(1)	0	1(0)	0	0	39(2)	16(2)	39(2)
	2014	6(1)	11(5)	6(1)	5(2)	6(2)	0	22(1)	7(0)	69(0)
	2013	11(1)	17(3)	7(1)	15(4)	0	0	15(2)	8(1)	50(5)
	2012	22(3)	16(4)	0	18(4)	0	0	19(4)	8(1)	28(1)
	2011	21(1)	23(3)	0	0	0	21(3)	19(4)	6(0)	0

学校	年份＼专业	学硕		专硕
		新闻学(推免)	传播学(推免)	新闻与传播(推免)
郑州大学(新闻与传播学院)	2015	12(4)	11(5)	39(11)
	2014	5(2)	10(2)	25(21)
	2013	9(3)	15(2)	20(14)
	2012	17(3)	13(2)	55(17)
	2011	20(2)	13(3)	41(5)

续表

	专业／年份	学硕		
北京外国语大学(国际新闻与传播学院)		新闻学	传播学	
	2015	14	12	
	2014	10	10	
	2013	10	10	
	2012	10	10	
	2011	20	0	
中国农业大学(人文与发展学院)	专业／年份	学硕		
		传播学		
	2015	4		
	2014	9		
	2013	6		
	2012	5		
	2011	5		
辽宁大学(新闻与传播学院)	专业／年份	学硕		专硕
		新闻学(推免)	传播学(推免)	新闻与传播(推免)
	2015	15(3)	15(1)	35(5)
	2014	15(4)	15(1)	35(6)
	2013	15(6)	15(1)	35(5)
	2012	17(2)	15(1)	30(4)
	2011	15(2)	15(1)	20(3)
河海大学(公共管理学院)	专业／年份	学硕		
		新闻学(推免)		
	2015	10(3)		
	2014	10(5)		
	2013	10(2)		
	2012	15(4)		
	2011	13(2)		

续表

	年份\专业	学硕		专硕
		新闻学(推免)	传播学(推免)	新闻与传播(推免)
新疆大学(新闻与传播学院)	2015	7(1)	14(3)	46(1)
	2014	8(3)	7(1)	36(7)
	2013	11(3)	9	39(4)
	2012	7(1)	16(2)	46(10)
	2011	24(2)	0	35(5)

	年份\专业	学硕
		新闻传播学
北京交通大学(语言与传播学院)	2015	13
	2014	12
	2013	8
	2012	10
	2011	0

	年份\专业	学硕	专硕
		新闻传播学(推免)	新闻与传播(推免)
浙江工业大学(人文学院)	2015	11 (1)	20(4)
	2014	12(0)	0
	2013	12 (6)	0
	2012	11 (2)	0
	2011	15 (1)	0

	年份\专业	学硕	
		新闻学	传播学
渤海大学(文学院)	2015	25	15
	2014	17	10
	2013	15	6
	2012	15	16
	2011	31	0

续表

	年份＼专业	学硕	
		新闻学(推免生)	传播学(推免生)
广州大学（新闻与传播学院）	2015	5(0)	3(0)
	2014	7(1)	1(0)
	2013	8(1)	4(0)
	2012	6(0)	2(0)
	2011	9(1)	0

（撰稿人　严　励）

5.2　博士生教育

5.2.1　综述

中国新闻传播教育发轫于20世纪20年代初复旦大学、大夏大学、光华大学等开创的新闻学、报刊学和广告学，至今已有90多年的历史。然而，中国新闻传播教育得到快速健康发展则得益于改革开放的不断深入、我国新闻传播事业的迅猛发展和全球新闻业的巨大变革。在20世纪80年代，我国新闻传播类专业教育主要集中在一些大城市的重点综合性院校。到90年代，新闻传播类专业教育逐渐在全国各地铺开。进入21世纪以后，新闻传播类专业成为各大高校普及性学科专业，截至目前，全国开设660多个新闻传播类本科专业。随着中国新闻传播类本科教育的扩展，硕士与博士层次人才的培养也快速扩容。

1. 新闻传播学博士教育沿革

中国新闻传播学科的博士教育始于1984年，中国人民大学和复旦大学招收第一批新闻学博士研究生。1997年，国务院学位委员会决定将新闻传播学升格为一级学科，下设新闻学和传播学两个二级学科。1998年，复旦大学和中国人民大学率先获得传播学博士授予权，实现了国内新闻学、传播学博士教育的“双轮驱动”。20世纪末，中国传媒大学、中国社会科学院和武汉大学先后加入新闻传播学博士教育阵营，打破了中国人民大学和复旦大学独领风骚的局面。

跨入 21 世纪，中国新闻传播学博士点不断增多。2000 年，复旦大学和中国人民大学成为首批新闻传播学一级博士点。2000—2005 年间，中国传媒大学、武汉大学获得新闻传播学一级学科博士点，清华大学获得传播学博士点，华中科技大学获得新闻学博士点。2005 年，国务院学位委员会评审新增了 4 个新闻学博士点、4 个传播学博士点和 2 个新闻传播学一级博士点，其中新增的新闻学博士点分别有暨南大学、四川大学、南京师范大学、解放军南京政治学院；新增的传播学博士点有厦门大学、北京大学、浙江大学和上海大学；新增的新闻传播学一级博士点有清华大学和华中科技大学。2010 年，国务院学位办批准增列新闻传播学一级博士点 9 个，其中暨南大学、四川大学、厦门大学、北京大学、浙江大学和上海大学由原来的二级博士点拓展为一级博士点，华东师范大学、山东大学、河北大学直接由一级硕士点升格为一级博士点。2015 年 12 月 31 日，经南京大学学位委员会讨论通过，设立“新闻传播学”一级学科博士学位授权点。

除了新闻传播学一级学科博士点和新闻学二级学科博士点之外，还有 17 家高校通过整合新闻传播学科和其他学科资源设立了 20 多个交叉学科博士点、挂靠学科博士点（博士专业）。设置新闻传播学与其他学科交叉博士点的高校有上海交通大学和苏州大学，这类博士招生培养一般由新闻传播院系独立运行。上海交通大学 2006 年经国务院学位委员会备案，由媒体与设计学院依托工商管理一级学科设立媒介管理二级学科博士点。2015 年上海交通大学媒体与设计学院着眼新闻传播学科发展，新设立了新媒体传播与管理、设计科学与工程等两个交叉学科博士点，目前暂未招生。苏州大学设立的交叉学科博士点，是该校凤凰传媒学院 2011 年设立的媒介文化产业博士点，涵盖传媒与文化产业研究、传媒与大众文化研究、新媒介研究等研究方向。此外，刚刚设立新闻传播学一级博士点的南京大学、2011 年由该校新闻传播学院依托社会学设立的“大众传播与媒介管理”二级学科博士学位授权点（2013 年起新闻传播学院独立运行），也属于交叉学科博士点。

新闻传播学挂靠博士点（专业方向）主要是挂靠所在学校已有的一级学科博士点学科下，设立二级学科博士点或者开设博士招生方向，博士点专业代码根据挂靠学科代码编制，相关招生培养工作一般由新闻传播院系与挂靠点联合进行。目前，设立新闻传播学科挂靠博士点（专业方向）的高校有 15 家，其中挂靠中国语言文学的有 6 家：安徽大学媒介文化博士点、华中师范大学文化传播学博士点、吉林大学文学传播与媒介文化博士点、陕西师范大学文艺与文化传播博士点、云南大学文化传播博士点、北京师范大学现代出版与文化传播。挂靠外国语言文学的有 3 家：河南大学跨文化传播博士点、湖南大学文化传播博士点、北京外国语大学国际传播博士点。挂靠哲学的有 2 家：湘潭大学新闻哲学与媒介文化博士点和中国科学技术大学挂靠在哲学一级学科的新媒介文化哲学研究、科技传播等研究方向。挂靠公共管理的有 2 家：中山大学政治传播学博士点、中国科学技术大学传媒管理博士点。挂靠中国历史的有 1 家：湖南师范大学中国近现代新闻传播史博士点。挂靠法学的有 1 家：重庆大学新闻法学博士点。挂靠教育学的有 1 家：西南大学传媒文化教育、传媒文化产业博士点。挂靠马克思主义理论的有 1 家：陕西师范大学媒介与社会变迁博士点。除陕西师范大学文艺与文化传播博士点设立于 2007 年之外，其余均在 2010 年以后设立，其中北京师范大学北京师范大学现代出版与文化传播等博士招生方向和北京外国语大学国际传播博士点要到 2016 年才招收首届博士研究生。

目前，全国共有 36 家单位设置了新闻传播学类博士教育点，其中设立新闻传播学一级学科博士点的单位共 16 家，设立新闻学二级博士点的单位共 3 家，设立交叉学科博士点的单位 2 家，设立挂靠博士点的单位有 15 家。但是，随着地方党委宣传部与高校共建新闻学院的深入和《国务院学位委员会关于开展博士、硕士学位授权学科和专业学位授权类别动态调整工作的通知》（学位〔2015〕40 号）的出台，新闻传播学博士教育正在或者即将发生新的变化。在中宣部、教育部关于地方党委宣传部门与高等院校共建新闻学院的意见指导下，2014 年不仅现有的一批新闻传播院校与地方党委宣传部门或主流媒体签订共建协议，而且新建立了北京师范大学新闻传播学院、云南大学新闻学院、吉林大学新闻传播学院等，推动着新闻传播教育的格局不断变化。根据 2015 年出台的《国务院学位委员会关于开展博士、硕士学位授权学科和专业学位授权类别动态调整工作的通知》（学位〔2015〕40 号）的精神，各学位授予单位可以在国务院学位委员会批准的学位点总量范围内自行撤销学位授权点并可以增列其他学位授权点，各省级学位委员会可以在全省范围内统筹调整学位授权点，为有条件的高校设立新闻传播学博士点提供了新的契机。

2. 新闻传播学博士教育规模

1984—1998 年，全国只有中国人民大学、复旦大学拥有新闻学博士授予权，担任博士研究生导师的是甘惜分、方汉奇、王中等一批老资历学者，每年招收培养的博士研究生数量十分有限。自 1999 年开始，中国的高等教育进入超常规发展的规定，新闻传播类专业的发展尤其迅猛。当然，新闻传播学博士教育规模也快速发展既有来自高等教育大背景的原因，也有自身发展的内生动力：一方面是新闻传播专业教育极速发展，导致博士研究生需求量不断扩大。改革开放之后，随着中国新闻传播事业超速发展，传媒产业市场化不断深入，新闻传播类人才缺口巨大，新闻传播专业成为众多高校的争相开设的“香饽饽”，开设新闻传播类专业点从原来的十几个一度发展到 400 多所高校开办

700 多个专业（方向）。专业师资建设需要大量博士人才。另一方面是新闻传播学科的夯实和专业人才队伍的壮大，为博士教育提供了有力的保障。1997 年，新闻传播学一级学科地位确立之后，专业设置不断细化，从只有一个新闻专业，发展到新闻、国际新闻、广播电视、广告、国际新闻、出版编辑、传播学、媒体创意等十余个相关专业（方向），博士研究方向也有了广阔的拓展空间。20 世纪 90 年代以后，随着本土培养的优秀硕博士和从海外学成归国的洋博士不断成长并成为博士研究生导师，国内新闻传播教学科研力量日益壮大，博士点格局不断拓宽。

2010 年国务院学位委员会对新闻传播博士点进行大范围调整之后，新闻传播学一级博士点和新闻学二级博士点基本稳定下来，博士招生规模也比较稳定。2010 年全国新闻传播学（不含南京政治学院和交叉学科、挂靠学科）博士研究生共招录 215 人。2011 年，新增的新闻传播学学科一级博士点运行之后，全国新闻传播学（不含南京政治学院和交叉学科、挂靠学科）博士招录人数出现了较大幅度的增加，当年大约招录博士研究生 250 人。2011 年之后，全国新闻传播学（不含南京政治学院和交叉学科、挂靠学科）博士招录人数年均增幅小于 5%，2015 年大约招录 280 人。2010—2015 年，上海交通大学、南京大学、苏州大学的新闻传播学交叉学科博士年招生总量大约为 30 人。各挂靠学科博士点（专业方向）的招生名额一般需要所挂靠的一级学科统筹安排，所以每年的招生数量变化比较大，但是 2010 年之后随着挂靠学科博士点（专业方向）的增加和博士研究生导师人数的增多，博士研究生招生规模总体上呈上升趋势。

3. 新闻传播学博士教育分布

我国当前开展新闻传播学科博士教育的单位分布情况呈现如下特点（见表 5-3、表 5-4、表 5-5、表 5-6）：

（1）从培养单位的历史来看，新闻传播学一级博士点、新闻学二级博士点的新闻传播类专业教育大多具有较长的历史，其中学科专业点历史最长的有 90 多年，历史最短的也有 30 多年。19 家一级、二级博士点单位中，新中国成立前开办新闻类教育的有 6 所，新中国成立之后到 1977 年开办新闻教育的有 4 所，改革开放后开办新闻传播教育的有 9 所。与之不同的是，17 所交叉学科博士点、挂靠学科博士点（专业方向）单位中，只有 1 所在新中国成立前开展过新闻传播类相关的专业教育，其余均在 1978 年后才设立新闻传播类专业，而且半数以上是 1990 年以后设立的。

（2）从培养单位综合实力来看，36 所招收新闻传播学博士的单位高度集中在重点大学。19 所属于“985 工程”兼“211 工程”大学，占总数的 50%；12 所“211 工程”大学，占总数的 30. 6%；1 所国内顶尖科研院所，1 所军队“2110 工程”重点建设院校；3 所省属重点大学。从培养单位的类型来看，有 25 所属于综合类大学，5 所师范类大学，2 所属于人文类院所（中国人民大学和中国社会科学院），1 所理工类大学（华中科技大学），1 所传媒艺术类大学（中国传媒大学），1 所外语类大学（北京外国语大学），1 所军事类院校（南京青年政治学院）。总体而言，新闻传播学博士培养单位是以实力较强的综合性大学为主。

（3）培养单位地域分布不平衡。首先，36 所新闻传播博士培养单位分布在全国 17 个省市，少数民族自治区没有 1 所。其次，只有四川大学、云南大学、陕西师范大学、重庆大学、西南大学 4 所在西部，吉林大学 1 所在东北，其余都在东部。而且，19 家一级、二级博士点单位中，只有四川大学 1 所在西部。再次，高度集中在中心城市，仅北京和上海两地就有 11 所，占总量的 30.6%。

（4）博士培养承担主体多样化。36 所新闻传播博士培养单位中，27 所是由新闻传播学院（或类似名称）作为单一的二级教学科研单位承担。2 所是由 2 个及以上的二级教学科研单位承担，即中国传媒大学和北京大学。四川大学、浙江大学、上海大学、山东大学、上海交通大学、湘潭大学和中国科学技术大学 7 所单位的承担主体则属于交叉型学院，新闻传播作为其中一个三级教学单位实际负责培养工作。

表 5-3 **新闻传播学一级博士点**

单位名称	备注
中国人民大学	985、211
中国传媒大学	211、艺术类
复旦大学	985、211
武汉大学	985、211
清华大学	985、211
华中科技大学	985、211
北京大学	985、211
四川大学	985、211、西部
浙江大学	985、211
暨南大学	211
厦门大学	985、211
上海大学	211
华东师范大学	985、211
山东大学	985、211

续表

单位名称	备注
河北大学	
南京大学	985、211

表 5-4　　**新闻学二级博士点**

单位名称	备注
中国社会科学院	研究院所
南京师范大学	211
解放军南京政治学院	军事院校

表 5-5　　**新闻传播学交叉学科博士点**

单位名称	博士点名称	备注
上海交通大学	媒介管理、新媒体传播与管理	985、211
苏州大学	媒介文化产业	211

表 5-6　　**新闻传播学挂靠博士点（专业方向）**

<table>
<tr><th>单位名称</th><th>博士点（专业方向）名称</th><th>挂靠学科</th><th>备注</th></tr>
<tr><td>安徽大学</td><td>媒介文化</td><td rowspan="5">中国语言文学</td><td>211</td></tr>
<tr><td>华中师范大学</td><td>文化传播学</td><td>211</td></tr>
<tr><td>吉林大学</td><td>文学传播与媒介文化</td><td>985、211</td></tr>
<tr><td>云南大学</td><td>文化传播博士点</td><td>211、西部</td></tr>
<tr><td>北京师范大学</td><td>现代出版与文化传播等方向</td><td>985、211</td></tr>
<tr><td rowspan="2">陕西师范大学</td><td>文艺与文化传播</td><td rowspan="2">马克思主义理论</td><td rowspan="2">211、西部</td></tr>
<tr><td>媒介与社会变迁</td></tr>
<tr><td>河南大学</td><td>跨文化传播</td><td rowspan="3">外国语言文学</td><td></td></tr>
<tr><td>湖南大学</td><td>文化传播</td><td>985、211</td></tr>
<tr><td>北京外国语大学</td><td>国际传播</td><td>211</td></tr>
</table>

续表

单位名称	博士点（专业方向）名称	挂靠学科	备注
湘潭大学	新闻哲学与媒介文化	哲学	
中国科学技术大学	新媒介文化哲学研究、科技传播等研究方向		985、211
	传媒管理	公共管理	
中山大学	政治传播学		985、211
湖南师范大学	中国近现代新闻传播史	中国历史	211
重庆大学	新闻法学	法学	985、211、西部
西南大学	传媒文化教育、传媒文化产业	教育学	211、西部

5.2.2 新闻传播学一级学科博士点（16 个）

1. 中国人民大学新闻传播学博士点

中国人民大学新闻学科点始于 1955 年建立的新闻系。中国人民大学新闻系是新中国成立后党和政府领导创办的第一家新闻教育机构。1958 年，以燕京大学新闻系为基础组建的北京大学新闻专业并入中国人民大学新闻系，由此汇聚中国人民大学、燕京大学和北京大学三校力量的中国人民大学新闻系开启了中国新闻教育的伟大历程。1988 年，新闻系改名为新闻学院。

中国人民大学新闻传播学科发展至今，涌现出安岗、罗列、余致浚、甘惜分、方汉奇、张隆栋、蓝鸿文、郑兴东、成美、何梓华、秦珪等一批全国知名的教授，形成了优良的学术传统，成为中国新闻传播教育事业的一面旗帜。新闻学院现为国家 211 工程、985 工程重点建设单位，教育部人文社会科学重点研究基地（新闻学）所在单位，教育部高等学校新闻学科教育指导委员会主任单位、中国高等教育学会新闻学与传播学专业委员会会长所在单位，建立了本科、硕士、博士、博士后 4 个层次的新闻传播教育体系，是国内新闻传播教育最为齐全的单位之一。

中国人民大学是国内最早开展新闻传播学博士教育的两所院系之一。1984 年获得新闻学博士点授予单位。1998 年设立传播学博士点。2000 年获得新闻传播学一级学科博士授予权。目前，新闻传播学博士点设有 4 个二级博士点：新闻学、传播学、传媒经济学、广播电视学。

中国人民大学新闻学院是社会公认的中国新闻事业重要的人才库、智囊库、理论创新基地和国内外学界、业界的交流平台，正立足新闻传媒业发展的现实需求，积极打造世界一流新闻传播学院，为博士研究生教育提供了良好的软硬件条件。学院拥有全国新闻院系中资料最为完备的资料室，保存有解放前的报刊样本 3765 种、报纸影印本 422 本，新中国成立后的报纸合订本 1100 余本，期刊 2700 本，中外图书资料 20000 余册。建有融广播电视、新闻摄影、网络传播和广告学于一体的新闻传播实验中心，下设广播电视及多媒体出版实验室、新闻及广告摄影实验室、新闻采编及网络新闻实验室，实验用房面积达 1500 平方米，设备 1500 件，硬件设备总值约 3570 万元，软件价值约 200 万元，已经成为集报社模拟系统、数字报纸出版系统、网站发布系统、新闻摄影、广告摄影、电视摄像、PC 数字图片制作系统、苹果数字图片制作系统、非线性编辑系统、电视演播厅、传播效果研究等多功能平台。新闻学院编辑出版全国中文核心期刊《国际新闻界》。

中国人民大学新闻学院，已经为社会培养百余位新闻传播博士毕业生。许多毕业生已经成为中国新闻传播学科研、教学的骨干力量和优秀代表，正辛勤奋斗在中国新闻事业的一线。现有在读博士近百名。2010—2015 年，中国人民大学大学新闻学院共招收博士研究生 127 人，其中 2010 年 28 人，2011 年 29 人，2012 年 35 人，2013 年 35 人，2014 年 31 人，2015 年 36 人。

2. 中国传媒大学新闻传播学博士点

中国传媒大学既是教育部直属的国家“211 工程”重点建设大学，也是国家 985“优势学科创新平台”项目重点建设高校行列，其前身是创建于 1954 年的中央广播事业局技术人员训练班。建校 50 多年来，学校培养了大批信息传播领域高层次人才，为党和国家的传媒事业以及经济社会发展作出了重要贡献，被誉为“中国广播电视及传媒人才摇篮”、“信息传播领域知名学府”。

1998 年，中国传媒大学成为博士学位授予单位，正式拉开了其新闻传播博士研究生教育的序幕。新闻传播学是中国传媒大学的优势学科，实力十分雄厚，其中新闻学是国家重点学科，传播学是国家重点培育学科。根据“结构合理、层次分明，重点突出、特色鲜明，优势互补、相互支撑”的学科建设思路，新闻传播学科作为中国传媒大学的主干学科支撑着其他学科发展，并于其他学科相互渗透和融合，因此新闻传播学博士研究生教育散布在新闻传播学部（电视学院、新闻学院、传播研究院）、协同创新中心（新媒体研究院、传媒科学研究所）、广告学院、经济与管理学院、文化发展研究院等多个院部，表现出专业分支细致和交叉普遍等特点。当前，新闻传播学博士研究生招生专业既有常规的新闻学、传播学，也有根据学校情况自设的若干专业。新闻学和传播学主要依托新闻学院和传播研究院。新闻学院是中国传媒大学老牌院系，办学历史悠久，师资力量雄厚。传播研究院是2010年中国传媒大学整合校内学科资源，为打造的具有优越的学科竞争实力和完善的国际合作网络的传播学学科前沿阵地而成立的，目前负责组织校内传播学专业所有研究方向的研究生教学和培养工作。新闻学专业，下置新闻理论与历史、新闻采编和报刊理论3个研究方向，雷跃捷、陈作平、郎劲松、谢国明等7人担任博士生导师。传播学专业，下置理论传播学与传播史、国际传播、受众与传媒生态、传媒政策与法规、传播研究方法、大众传播与国际关系和政治传播6个研究方向，胡正荣、陈卫星、赵月枝和隋岩等21人担任博士生导师。

中国传媒大学作为一所行业特色鲜明的高校，学科建设始终紧贴发展前沿，各类人才培养高度对接行业需求。在新闻传播学博士研究生培养上，中国传媒大学充分体现了自身特色，整合全校学科资源增设了7个二级博士点：国际新闻学、广播电视新闻学、传媒经济学、编辑出版学、舆论学、广告学、广播电视语言传播。

中国传媒大学新闻传播学博士点拥有一支规模庞大、实力雄厚博士生导师队伍，其中包括2名“长江学者”特聘教授、2名“长江学者”讲座教授、4名国务院学位委员会学科评议组成员、3名“新世纪百千万人才工程”国家级人选和一大批业界领军人物。建有艺术研究院、传播研究院、新媒体研究院和文化发展研究院，建有国家广播电视网工程技术研究中心（共建)、媒介音视频教育部重点实验室、教育部人文社会科学重点研究基地广播电视研究中心、广播电视数字化教育部工程研究中心、国家语言资源监测与研究中心有声语言分中心、国家工商行政管理总局全国公益广告创新研究基地、文化部国家文化贸易理论研究基地、北京市哲学社会科学研究基地（首都传媒经济研究基地)、国家新闻出版广电总局高校人文社科研究基地（新闻学与传播学研究基地、广播电视艺术学研究基地、语言学及应用语言学研究基地）等，为新闻传播学博士培养搭建了良好的科研实践平台。承担了一系列国家社科基金、教育部、新闻出版广电总局等重大项目，产出了一批重要的科研成果，尤其在广播电视研究领域独具优势。主办的教育部“名刊工程”期刊《现代传播》，在新闻传播学术界具有较大影响力。

中国传媒大学在新闻传播学博士生教育上十分注重实践应用能力的培养，明确规定了博士生实践要求。新闻传播学博士研究生的实践，既可以是教学实践，也可以是专业实践。教学实践可安排本科生或硕士生授课（课程部分内容)、辅导、指导本科生或硕士生创作实习、协助指导本科生、硕士生相关研究等，专业实践可安排科研任务，也可安排田野调查工作。实践环节完成之后，博士生须填写《中国传媒大学博士研究生实践调查考核表》，并提交不少于3000~5000字的实践报告或田野调查报告。

中国传媒大学作为信息传播研究领域的学术重镇学校，负责举办一年一度的全国新闻学与传播学博士生论坛、亚洲传媒论坛、中国传播论坛等高层次国际学术会议，并与

200 多所国外知名大学、科研与传媒机构建立了交流合作关系，发起成立了“传媒高等教育国际联盟”，为新闻传播学博士培养提供了多方面的学术交流渠道。学校建有国家级广播电视与新媒体实验教学中心、动画与数字媒体实验教学中心，北京市级广告实践教学中心、动画实验教学中心、影视艺术实验教学中心、传媒技术实验教学中心、电视节目制作实验教学中心等，多媒体教室、演播馆、实验室等，为新闻传播学博士培养提供了精良的硬件保障。

3. 复旦大学新闻传播学博士点

复旦大学新闻学是中国历史最为悠久的新闻学科点。1929 年建立新闻系，迄今已有 87 年的历史。复旦大学新闻系成立之后，从旧中国到新中国，沐风栉雨 90 多年，是中国新闻教育史上唯一一个未曾中断的新闻教育机构，也是中国培养新闻传播人才的重镇。改革开放以来，复旦大学新闻传播学科发展极为迅猛，建立起了本科、硕士、博士、博士后四个层次完备的新闻传播学教育体系。

复旦大学 1984 年设立新闻学博士点，1998 年设立传播学博士点，2000 年成为国内首批具有新闻传播学一级学科授予权的博士点。复旦大学新闻传播学博士点，拥有一批全国知名的学科领军人物和富有科研潜力的中青年学术骨干，其中有国务院新闻传播学科评议组召集人 1 名，教育部新闻传播学科教学指导委员会主任 1 名，中国新闻教育学会副会长 1 名，中国新闻史学会副会长 2 名，中国高校影视学会常务副会长 1 名，中国广告学会副会长、学术委员会副主任各 1 名。聘请了一批学识精湛、经验丰富的外籍专家、知名专家、学者为顾问教授、兼职教授和兼职研究员，充实和拓展了博士点师资建设。现任博士研究生导师有李良荣、童兵、孙玮、陈建云、张涛甫、谢静、廖圣清、曹晋、黄旦、黄瑚、刘海贵、朱春阳、顾铮、陆晔、孟建和孙少晶等人。

复旦大学新闻传播学博士点，设有 4 个招生专业：新闻学、传播学、广播电视学、媒介管理学。

复旦大学新闻传播学博士点坚持以“国内一流，国际知名”为目标，为博士研究生教育提供优质的教学科研服务。重视博士生课程建设，开设有社会科学前沿、新闻传播学前沿、媒介经济、新闻传播政策与法规、当代新闻传播实务研究、当代广播电视理论与实务、新闻传播学经典选读和世界传播学说史等。建有国内高水平的现代化新闻传播实验中心，收有国内珍贵的近现代报刊资料，为博士研究生的研究与学习提供了保障。新闻学院发起创建了国内第一个传播学学术团体——“中国传播学会”，构筑了“中国传播学论坛”、“中外新闻传播理论研究和方法暑期学校”和“中国新闻传播学科研究生学术年会”、“复旦大学博士生学术论坛之新闻传播学篇”等全国知名的学术平台，以及 1982 年创刊的国内新闻传播学核心期刊《新闻大学》，为博士研究生提供了良好的学术交流渠道和学术实践园地。新闻传播学博士研究生培养秉承复旦大学“学术独立，思想自由”的百年学术传统，在博士生导师、学科带头人的引领下，不断探索全球化与新媒体发展的环境下传媒业发展的新规律和中国媒体发展的新特点和新形势，把握理论的制高点，不断推进基础理论创新。自1984年复旦大学新闻学院设立博士点以来，许多毕业生已经成为中国新闻传播学科研、教学的中坚力量，为中国新闻传播业的发展作出了积极贡献。

2010—2015年，复旦大学新闻学院共招收学历教育博士研究生127人，其中新闻学61人、传播学44人、广播电视学17人、媒介管理学5人。自2013年起，媒介管理学并入新闻学专业招收博士研究生。目前，在读博士生80多人。

4. 武汉大学新闻与传播博士点

武汉大学1983年成立新闻系，是该校新闻传播学科发展之始。2000年12月成立新闻与传播学院。经过30余年的发展，历经多次院系调整，武汉大学新闻传播学科体系日益完善，发展实力不断增强。新闻与传播学院现设新闻学、广播电视、广告学、网络传播四个系，建有6个本科专业和专业方向，5个硕士学位授权点，以及新闻传播学一级学科博士点，包括新闻学、传播学、跨文化传播学、广告与媒介经济、数字媒介5个二级博士点。拥有新闻传播学博士后科研流动站。形成了从本科、硕士、博士到博士后，体系完备的新闻传播教育体系。

武汉大学于1999年获得新闻学博士学位授予权，次年开始招收新闻学博士生。2003年，经国务院学位委员会批准，获得新闻传播学一级学科博士学位授予权。借助新闻传播学一级学科博士点这一平台，学院又成功申报了跨文化传播、广告学、媒介经营与管理三个子学科博士点。现有博士生导师17人，包括国家级教学名师1人、入选国家第一批“万人计划”1人、教育部新世纪优秀人才4人、享受国务院政府特殊津贴3人、珞珈杰出学者2人、楚天学者特聘教授1人和珞珈学者特聘教授2人等一批在全国范围内颇有影响的学术带头人。近三年来，该博士点先后承担国家级、省部级课题60余项，横向课题40余项，项目总经费近2000万元，年均发表学术论文200篇、出版论著（教材）近10部，先后获教育部人文社会科学优秀成果奖多项，省级社会科学优秀成果奖10余项。建有一个“十五”、“211工程”重点建设项目：新闻传播与中国社会文化发展；一个“十一五”“211工程”重点建设项目：社会转型与中国大众媒介改革；一个国家“985工程”哲学社会科学创新基地：新闻传播与媒介化社会创新基地；2个CSSCI收录源刊：《新闻与传播评论》、《中国媒体发展研究年度报告》。

武汉大学新闻传播学一级博士点现设5个二级博士点：新闻学、传播学、数字媒介、广告与媒介经济、跨文化传播学。

在新闻传播学博士研究生教育中，新闻与传播学院结合武汉大学学制调整和培养机制改革要求，先后两次修订培养方案，使之趋于合理、科学和规范，不断提升学生的学术创新能力。新闻传播学博士生基本培养年限为 3 年，最长学习年限 6 年。学习期间，博士研究生必须修满学分，通过学科综合考试、参加学术交流、完成一定量的经典文本阅读、参与规定的实习实践，并以武汉大学为第一作者单位在 C 刊及 C 刊扩展版上发表不少于 2 篇本专业学术论文（其中至少有 1 篇为 C 刊），或在 SSCI 或学校奖励期刊发表 1 篇专业学术论文。

武汉大学新闻传播学是湖北省重点一级学科。经过几代学者文化的积淀与传承，新闻传播学科逐步形成了新闻学原理研究、新闻传播实务与文化研究、台港澳新闻研究、中西新闻比较研究、新闻传播思想发展研究、广告理论与实践研究等富有特色的研究领域，产生了中国新闻思想发展研究多卷本资料汇编、《中西新闻比较论》、《作家型记者》、《新闻采访学教程》、《新闻采访学新论》和《新闻学基本原理》等一批具有开拓性的专著或教材。新闻与传播学院拥有全国高校第一家传媒类国家级实验教学示范中心：武汉大学新闻传播学实验教学中心，该中心教学实验设施齐备，拥有先进的专业演播厅、多媒体报刊编辑实验室、广播电视非线性编辑实验室、录音室、摄影实验室等，总面积 1090 平方米，实验设备 400 多台（套），设备总资产达 1000 多万元，为博士研究生培养提供了优良的软硬件保障。建有专业图书资料室，拥有中外图书 50000 余册，订有中外报刊 230 余种；电子阅览室可与校图书馆共享电子文献资源，可供利用的网络和光盘数据库有 400 多个；现刊阅览室可供 100 名读者同室阅览。

武汉大学新闻与传播学院现有在读博士生近百名。每年招录研究生分为两类：一是一般计划招生，含非定向招生、定向招生、少数民族骨干计划及对口支援计划招生；二是优秀人才招生，含北京班招生和深圳班招生。2010—2015 年，共招录博士生 200 余人。

5. 清华大学新闻与传播博士点

国内多数高校新闻传播教育始于新闻专业，而清华大学得新闻传播教育则肇始于 1985 年在中文系设立的编辑学方向和 1998 年 10 月成立的传播系。2002 年 4 月 21 日，清华大学新闻与传播学院正式成立。学院秉持综合性、研究型、开放式、素质为本和实践为用的办学理念，先后聘请国内新闻传播界资深人士、人民日报社原总编辑范敬宜，原国家新闻出版总署署长的柳斌杰为院长，并聘请一批学界和业界权威人士组成顾问委员会，以确保学科发展方向和办学思路更加契合国家和社会的需求，且始终站在国内和国际学术界发展前沿。2014 年，清华大学与人民日报社签署协议，决定共建新闻与传播学院，在人才培养、师资队伍建设、科学研究等方面开展全方位合作。

清华大学新闻与传播学院以建设成为兼有教学、科研、培训和咨询功能的一流的新闻与传播学院为目标，不断增强学科基础，并围绕着国际传播、影视传播、新媒体传播、媒介经营与管理等主要方向，逐渐形成了精干的新闻与传播教学科研师资团队，增强了在学界、业界的影响力，尤其在国际传播、媒体与科技、艺术相结合和影视理论与批评等方面的学术研究中取得一定的优势。学院目前建有国家文化产业研究中心、马克思主义新闻学与新闻教育改革研究中心、国际传播研究中心和伊斯雷尔·爱泼斯坦对外传播研究中心4个跨院系的校级研究中心，其中文化产业研究中心分别于2005年被批准为国家级哲学社会科学创新研究基地、2006年被命名为国家文化产业研究中心。同时，还有影视传播研究中心、新媒体传播研究中心、传媒经济与管理研究中心、新闻研究中心、公共关系与战略传播研究所和媒介调查实验室5个院级研究机构，以及若干对外合作建立的应用性研究机构。学院承担了众多国家级、省部级及社会委托的科研项目，为党和政府相关部门提供了大量决策咨询和应急服务，人均科研经费位居全国同类院系前列，一些研究成果在学术界产生了重要影响，部分成果为国家主管部门提供了决策依据。

经过多年发展，清华大学新闻与传播学院办学实力猛增、成绩显著，已经进入全国一流行列。学院于2003年设立传播学博士点，2005年获得新闻传播学一级学科博士学位授予权。目前，学院在新闻传播一级学科下设置了6个博士招生方向：

（1）新闻与传播历史及理论研究，由李彬担任博士生导师。

（2）全球传播研究，由李希光、范红和史安斌等人担任博士生导师。

（3）广播影视传播研究，由尹红担任博士生导师。

（4）文化产业与传媒经济，由崔保国、柳斌杰和熊澄宇等人担任博士生导师。

（5）新闻传播与社会发展，由陈昌凤和王君超等人担任博士生导师。

（6）新媒体研究，由金兼武和沈阳等人担任博士生导师。

清华大学新闻与传播学院2010—2015年共招录博士生共84人，其中2010年15人，2011年14人，2012年14人，2013年13人，2014年14人，2015年14人。

6. 华中科技大学新闻传播学博士点

华中科技大学新闻与信息传播学院的新闻学学科点始建于1983年。当时，华中工学院创办了全国工科院校中的第一个新闻系，以“应用为主，交叉见长”为特色，开始探索新闻学教育改革和新闻学研究创新的新路子，受到新闻学界、业界的关注与好评。20世纪90年代中期以后，学院将学科建设理念进一步凝练为“走新闻传播科技与新闻传播文化相结合的道路，实行人文学科、社会科学与自然科学、技术科学的大跨度交叉”，继续致力于新闻学教育改革和新闻学研究创新。1998年，华中科技大学大学正式成立新闻与信息传播学院。

经过多年的发展，华中科技大学大学新闻与信息传播学院已经成为国内一流水准的新闻传播学术重镇，形成了完整的新闻传播类高级专业人才培养链。该学科点于 1996 年获新闻学二级学科硕士学位授予权，于 2003 年获新闻学二级学科博士学位授予权，于 2005 年获新闻与传播学一级学科博士学位授予权，于 2007 年获得新闻传播学博士后流动站授予权。2013 年，采用跨院系跨学科共建的方式设立国内首个二级学科公关博士点。近年来，在教育部、中国管理科学研究院等权威机构发布的学科评估、研究生评价中，华中科技大学大学新闻传播学科排名稳居前列。

目前，华中科技大学新闻传播学博士点，设有 5 个二级博士点：新闻学、传播学、广播电视与数字媒介、广告与媒介经济、公共关系学。

华中科技大学新闻传播学博士点拥有一支以吴玉章奖获得者和教育部跨世纪优秀人才为代表的老中青相结合的教学科研团队。由申凡、吴廷俊、赵振宇、刘洁、易继明、张昆、范建得、孙发友、钟瑛、舒咏平、陈先红、石长顺、何志武和余红等人担任博士研究生导师。学科发展特色鲜明，从 20 世纪 80 年代的“应用为主，交叉见长”发展思路，到 90 年代的“走新闻传播科技与新闻传播文化相结合的道路，实行人文学科、社会科学与自然科学、技术科学的大跨度交叉”，一直在新闻教育界、学界独树一帜。学院建有湖北省重点文科研究基地——“媒介科技与传播发展研究中心”，承担了一系列从国家社科基金重大招标课题到各类省部级课题纵向科研项目和社会各界委托的横向项目，获吴玉章奖 1 项、省部级社会科学成果奖（政府奖）多项、省教学成果一等奖 2 项。学院先后与国内一些知名大学签订了合作办学协议，实现资源共享；与美国、英国、澳大利亚、新加坡，以及中国香港、澳门、台湾等 10 多个国家和地区的高等院校、科研院所建立了交流与科研协作关系。

2010—2015 年，华中科技大学共招录新闻传播学博士研究生 77 人，其中 2010 年 13 人，2011 年 10 人，2012 年 13 人，2013 年 13 人，2014 年 14 人，2015 年 14 人。

7. 四川大学新闻传播学博士点

四川大学 1979 年经教育部批准开办新闻学专业，是我国改革开放后教育部第一批批准成立的三个新闻学专业点之一。于 1981 年招收第一届新闻专业学生，1985 年建立新闻系，1995 年成立新闻学院。1998 年中文系与新闻学院合并组建文学与新闻学院。

四川大学文学与新闻学院成立之后，新闻传播学科依托文学学科资源，在文艺学专业下开设了文化与传媒方向招收博士生，由邱沛篁、李杰、蒋晓丽和欧阳宏生等人担任博士生导师，先后招收培养博士生 20 余人。2005 年获得新闻学博士授予权，成为西部第一家新闻学博士点授权单位。2010 年获批为新闻传播学一级学科博士点。当前，新闻传播学一级学科下开设了5个二级博士点（专业）：

（1）新闻学。下置新闻传播业务、新闻传播史论和新闻传播与社会发展3个研究方向，由欧阳宏生、朱天、蔡尚伟、操慧、蒋晓丽和尹韵公等人担任博士生导师。

（2）传播学。下置公共传播、传媒与文化产业、传播学前沿研究3个研究方向，由蔡尚伟和蒋晓丽等人担任博士生导师。

（3）广播电视学。下置广播电视史论、广播电视新闻、广播电视经营与管理、电视文化与纪录片4个研究方向，由欧阳宏生、朱天和侯洪等人担任博士生导师。

（4）网络与新媒体。下置新媒体与社会文化、网络与新媒介产业2个研究方向，由朱天、蒋晓丽和蔡尚伟等人担任博士生导师。

（5）符号学。下置传播符号学、符号学理论、艺术与设计符号学3个研究方向，由蒋晓丽、赵毅衡、唐小林和陆正兰等人担任博士生导师。

此外，依托学院多学科优势，在中国语言文学一级学科下开设了中华文化国际传播、文艺与传媒2个与新闻传播学相关的博士招生专业：

（1）中华文化国际传播。下置中华文化国际传播研究、跨文化传播学研究、中华文化国际传播史3个研究方向，由曹顺庆、傅其林和王晓路等人担任博士生导师。

（2）文艺与传媒。下置文化与传媒、音乐艺术研究、文化科技、影视剧研究4个研究方向，由曹顺庆、吴兴明、阎嘉、姜生、蒋晓丽、王晓路、易丹、欧阳宏生和黎风等人担任博士生导师。

四川大学文学与新闻学院作为一个多学科交融的学院，新闻传播学博士教育发展受益于中国语言文学、艺术理论等其他学科的支持与交流。学院十分重视对学生学术根底与学术研究能力的培养。每学期都开展大型系列学术讲座，邀请国际、国内著名学者主讲，大大拓展了全院师生的学术视野。

四川大学文学与新闻学院在2010—2015年招录新闻传播学博士生共99人，其中2010年16人，2011年15人，2012年11人，2013年12人，2014年28人，2015年17人。招录文艺与传媒专业博士生共20人，其中2010年3人，2011年4人，2012年1人，2013年4人，2014年5人，2015年3人。招录中华文化国际传播专业博士生3人，其中2014年1人，2015年2人。

8. 北京大学新闻传播学博士点

北京大学是中国新闻学和新闻教育的摇篮。北京大学是国内最早开设新闻学课程的高等学府，在这里诞生了中国新闻教育史上第一本新闻学著作、第一个新闻学研究学术团体和第一份新闻学期刊。北京大学也是在新中国成立初期全国院系调整后第一个新设新闻学专业的大学，其间尽管几度经历了新闻专业整合与重设，仍为我国新闻传播领域培养了大批的优秀人才和中坚力量。2001 年 5 月 28 日，北京大学恢复成立新闻与传播学院，并依托日益增强的新闻学和传播学学科基础，整合全校资源，逐步形成具有北大特色、适应时代发展的新闻与传播学研究和教学模式。学院形成了包括新闻学、传播学、广告学、编辑出版学、网络传播、广播影视、跨文化交流、公共关系、媒体经营管理等一系列的学科群，建立了本科、硕士和博士三个层次的人才培养体系。

北京大学新闻与传播学院于 2005 年设立传播学博士点，2010 年获得新闻传播学一级学科博士学位授予权。当前，学院在新闻传播学一级学科下开设了 2 个二级博士点：(1) 新闻学。下置国际新闻传播、广播电视研究、节庆文化与新闻传播研究、媒体与社会变迁 4 个研究方向。(2) 传播学。下置广告理论与实务、品牌传播、影视文化与产业、话语学理论与实践、当代修辞传播学理论与应用、电视理论与批评 6 个研究方向。程曼丽、陈刚、陆地、师曾志、陆绍阳、陈汝东和俞虹等人担任博士生导师。博士生在学习期间要求公开发表有开拓性、创新性的成果，申请学位论文前一般应在国内核心刊物或国际重要刊物上至少发表或被接受 2 篇论文，或参与一项省部级或校级项目重要成果（项目成员排名在前三名）。

此外，北京大学新媒体研究院于 2015 年开始招收传播学博士研究生，主要有全球化与传播、新媒体传播与社会、媒体经营管理、新媒体与网络传播、市场与媒介分析、传播学研究方法、传播学批判理论与文化研究、新媒介技术的社会使用与文化史 8 个研究方向，谢新洲、杨伯溆、刘德寰和吴靖等人担任博士生导师。新媒体研究院在博士研究生培养方案与课程设置上，充分与国际并轨、与行业对接，并聘请新媒体领域的国内外知名学者、优秀从业人员参与到教学中。研究院开设多门前沿课程，包括社会化媒体研究、数据挖掘与分析、社会网络分析、移动互联网研究等，致力于培养具有丰厚的人文、社会科学知识底蕴，具备扎实的新媒体理论和研究基础，具有现代意识、国际视野和创新精神的复合型人才。

北京大学新闻与传播学院 2010—2015 年招录新闻传播学博士生共 76 人，其中 2010 年 13 人，2011 年 17 人，2012 年 14 人，2013 年 9 人，2014 年 15 人，2015 年 8 人。新媒体研究院 2015 年招录新媒体与网络传播博士生共 2 人。

9. 暨南大学新闻与传播学院

暨南大学于 2005 年获得新闻学博士学位授予权，开设新闻传播理论、新闻传播史、新闻传播业务、传媒经营管理、媒介文化与媒介批评等招生方向。2010 年，获新闻传播学一级学科博士学位授予权，从新闻学一个专业逐步发展至传播学、广告学、传媒经济学和广播电视学。范以锦、林如鹏、支庭荣、林爱珺、蒋建国、李异平、杨先顺、邓绍根、陈伟军、星亮、申启武、刘涛、蔡铭泽、吴予敏和杨兴锋等人担任导师。

暨南大学新闻传播学博士研究生实行弹性学制，全日制博士研究生学制为3年，硕博连读学制为5年，兼读制博士研究生学制为4年，非在职博士生如在学习期间提前完成培养计划，并且各方面表现突出，可申请提前毕业。博士生的学习年限根据具体情况可适当延长，最长不得超过7年。在博士生课程设置上，每个专业都开设了新闻传播学术前沿和新闻传播学研究方法论等相同专业学位课程，而非学位课则针对各专业量身打造，其中新闻学、传播学、广播电视学和广告学4个专业开设了学科前沿讲座、媒介与社会专题研究、新闻传播史论专题研究、广告史论专题研究、品牌传播专题研究、广播电视专题研究和新媒体专题研究等多个课程，传媒经济学则根据其多学科交叉融合的特点，整合校内新闻传播、经济、管理等学科资源联手开设了学科前沿讲座、传媒经济专题研究、传媒与文化产业管理专题研究、传媒与社会专题研究、新媒体专题研究、品牌传播专题研究、区域经济理论与政策研究和财务管理研究等课程。博士生在读期间必在导师指导下确定科研方向及完成学位论文，并按照暨南大学文学类学科博士生毕业要求发表科研论文。

暨南大学新闻与传播学院注重学科建设和学术研究，有效推动新闻传播学一级学科博士点发展。新闻学于2003年被评为国务院侨办重点学科，新闻学、新闻传播学于2005年和2013年先后被评为广东省重点学科、重点一级学，在新闻传播理论、新闻传播史、新闻传播实务、传媒经营管理、数字营销传播和海外华文媒体等方面具有一定优势。“十二五”期间，学院教师主持国家社科基金重大招标项目等各类课题80多项，出版专著、教材50部，发表中文学术论文近600篇、SSCI论文8篇，获教育部人文社科二、三等奖及广东省哲学社科成果奖8项、吴玉章奖1项。学院的研究生教育以与传媒联合培养和开放共享为主要特色，建立了华南新闻传媒联合培养研究生示范基地、华南新闻传媒协同育人中心，创办了公益性“传媒领袖讲习班”、研究生新闻传播实务前沿讲座等。

暨南大学新闻与传播学院在2010—2015年招录新闻传播学博士生共55人，其中2010年7人，2011年7人，2012年10人，2013年9人，2014年11人，2015年11人。

10. 上海大学新闻传播学博士点

上海大学新闻传播学一级学科博士点设在上海电影学院。上海大学上海电影学院，成立于2015年7月5日，其前身为1995年成立的上海大学影视艺术技术学院。学院设影视艺术系、新闻传播系、影视工程系、广告学系四个系和电视制作部及影视实验中心，形成了覆盖学士、硕士、博士三个层次的教育体系。学院可授予博士学位的学科有戏剧与影视学、新闻与传播学、艺术学理论、数字媒体技术与应用、文化创意产业发展与管理5个学科和方向，拥有新闻与传播博士后流动工作站。

上海大学上海电影学院每年约招收 20 名博士研究生。上海大学 2005 年获得传播学博士授予权，曾开设了传播理论与方法、中国传播思想研究、广播电视新闻、传媒经济与文化产业、国际传播与跨文化交流等多个招生方向。2010 年获得新闻传播学一级学科博士授予权后，开设了 7 个博士研究生招生专业：(1) 中国新闻与传播思想研究，由许正林、戴元光和郝一珉担任博士研究生导师。(2) 传播理论，由郑涵和戴元光担任博士研究生导师。(3) 传媒经济与文化产业，由吴信训担任博士研究生导师。(4) 国际传播与跨文化交流，由张咏华担任博士研究生导师。(5) 中外传媒制度，由郑涵担任博士研究生导师。(6) 广播电视与数字媒体，由吴信训和张咏华担任博士研究生导师。(7) 广告与会展，由张敏、许正林和查灿长担任博士研究生导师。

上海大学上海电影学院作为一个拥有多学科的学院，在教学、科研和人才培养上均具有多学科融合发展的特点。在博士研究生教育上，各学科的交叉融合有利于构建丰富全面课程体系，拓宽博士研究生的学科视野，创新博士人才培养模式。学科资源的深度整合，也可以推动新兴博士研究生专业或研究方向发展。上海大学新闻传播学、戏剧与影视学的交融产生了影视产业与新媒体研究方向。这一研究方向扣准了电影产业和媒介技术迅速发展的时代趋势，利用上海大学电影学、传播学的学科优势，将电影研究放在媒介与产业、艺术与技术的语境中探索电影的生态环境，其研究内容主要包括影视产品的生产与管理、市场与观众、新媒体技术与影视艺术的结合与开发等领域。该博士招生方向设置在戏剧与影视学一级学科下，由聂伟和饶曙光担任博士研究生导师。

此外，上海大学上自主增设的数字媒体技术与应用、文化创意产业发展与管理 2 个博士点也属于新闻传播学与其他学科交叉的专业（方向）。

2010—2015 年，上海大学招录新闻传播学博士研究生共 53 人，其中 2010 年 8 人，2011 年 8 人，2012 年 8 人，2013 年 13 人，2014 年 9 人，2015 年 7 人。招录数字媒体技术与应用专业博士研究生共 4 人，其中 2014 年 2 人，2015 年 2 人。影视产业与新媒体研究每年招录的博士研究生人数由所属的戏剧与影视学一级学科统筹确定。

11. 浙江大学新闻传播学博士点

浙江大学于 2005 年获得传播学博士授予权，曾开设传播与媒介理论、媒介经济与管理、数字娱乐与文化产业、大众传播与社会、传播文化与媒介批评、影视文化传播等研究方向。浙江大学在 2010 年获得新闻传播学一级学科博士点。现设有新闻学研究、传播学研究、国际传播研究、影视动漫传播研究和文化创意产业研究 5 个博士招生专业或研究方向。担任博士研究生导师的有吴飞、黄少华、韦路、施旭、邵培仁、李岩、李红涛、李东晓、章宏、范志忠、王小松、李杰、卫军英和沈语冰等人。新闻传播学博士教育旨在学生具有坚实的理论基础、系统的专业知识、熟练的专业技能；既有敏感的本土关怀意识，又有开阔的国际视野，并富有创新思维和创新能力，能从事新闻传播教学、研究工作或者胜任公共传播沟通方面的实际工作。具体培养目标如下：

（1）有良好的人文关怀和社会责任意识，遵纪守法，具有良好的道德品质、学术修养和高度的事业心，拥有富国强民、促进社会进步的远大抱负。

（2）具有坚实宽厚的新闻传播学的理论基础和系统的专业知识；掌握本专业学科前沿知识，洞悉新闻传播业的历史与现状；具有强烈的创新意识和独立从事创造性研究的能力；能承担国家或省部级的科研项目；能够承担国内外学术交流任务；能独立担任本专业基础课和一门专业课的主讲。

（3）掌握一门或一门以上外语，能熟练阅读、查阅本专业的外文文献资料，并具有一定的外语写作和进行国际学术交流的能力。新闻传播学博士研究生，在学习期间必须修满学分、参加中期考核、撰写6篇读书报告、完成毕业论文和论文答辩，才能毕业和申请学位。在新闻传播学博士研究生课程上，浙江大学划分为新闻传播研究、影视与文化创意产业研究2个方向，根据各自特点进行了差异化设置。

浙江大学新闻传播学博士点具有良好的教学、科研和实验设备，为博士研究生成长提供了良好的硬件保障。传媒与国际文化学院建有新闻教学实验中心，包括3个专业课程教学实验室和1个教学实践基地。实验室面积近1000平方米，设备投入逾160万元。学院下属资料室拥有图书资料逾2万册，各类中外学术期刊一百多种。

2010年以来，浙江大学招收新闻传播学博士研究生共70人，其中2010年秋季7人，2011年9人，2012年13人，2013年13人，2014年12人，2015年16人。

12. 华东师范大学传播学博士点

华东师范大学2010年获得新闻传播一级学科博士授予权，于2011年开始招收博士研究生。新闻传播学博士点秉承华东师大厚重、踏实的治学传统，依托华东师大文史哲人文学科的学术资源，发挥华东师大传播学院特色学科优势，经过多年建设已经取得显著成绩。新闻传播学一级学科博士点现设新闻学、传播学2个二级学科博士点。新闻学博士点师资力量强，教师教学经验丰富，有一批在国内新闻传播界和新闻传播教育界颇具知名度的教师，现任博士研究生导师有严三九、陈虹、武志勇、刘秀梅等，并且建立了由七位教授、博士研究生导师和多位副教授、硕士研究生导师组成的专业导师团队，这些导师曾任各级宣传部、电视台、电台、网站以及新媒体单位的记者、编辑、策划、编导等，有深厚的理论研究功底和丰富的新闻传播实践经验。新闻学博士点开设了新闻理论与实务、新媒体与传媒管理、广播电视新闻与危机传播、新媒体与数字内容创意、中国新闻史、大众传媒与社会变迁等研究方向，每年招录4名左右博士研究生。新闻学博士研究生实行4年学制，并开设“传播学经典”、“新闻传播实务研究”、“新闻理论专题”、“新闻事业与社会发展”、“中外新闻传播史专题”等 20 多门课程，构建了科学合理的人才培养体系。

传播学博士点主要招生方向为有传播理论与实务、编辑出版与传媒文化研究、电影文化传播与理论研究、书法文化与传播心理、中国书法的海外传播，广告理论与广告史等，每年招收 5 名左右博士研究生。由周斌、冯果、吕新雨、雷启立、聂欣如和杨海军等担任传播学博士研究生导师，并且建立了 6 位教授、博士研究生导师和 8 位副教授、硕士研究生导师组成的专业导师团队。传播学博士研究生实行 4 年学制，开设“传播学经典”、“纪录片研究”、“传媒文化与社会”、“新媒体研究”、“电影理论研究专题”、“影视艺术理论”、“书法文化专题研究”、“广告理论与广告史专题研究”和“传媒经济专题研究”等课程，构建了科学合理的人才培养体系。传播学博士点设立之前，华东师范大学于 2005 年开设“文学与传媒”研究方向，招收培养博士研究生。

华东师范大学传播学院特别注重培养学生的职业道德、创新能力和综合素质。秉承本校办学特色，在博士研究生教育中着重培养学生的科研能力、实践能力和创新精神，要求熟悉专业研究领域的研究成果和最新动态，能够站在学术前沿，运用先进的研究方法和手段进行创造性研究，在学期间发表具有较高质量的科研成果或者形成具有较高质量的实践成果，熟练掌握一门外语，略通第二外国语，具有专业的献身精神，为人正派，身心健康，毕业后能较快地独当一面，成为教学和科研或新闻传播单位的专业骨干。

13. 厦门大学新闻传播学博士点

厦门大学 2005 年设立传播学博士点，拉开厦门大学新闻传播学博士教育的序幕。在传播学二级学科博士点下，厦门大学新闻传播学院曾设置了广告学、品牌与广告、传播和社会发展、台湾传媒研究、媒介发展史、媒介与公共关系等研究方向。2010 年，获得“新闻学与传播学”一级学科博士学位授予权，下设新闻学与传播学两个二级学科博士点。2012 年，新闻传播学院在新闻传播一级学科博士点下自主增设“广告学”二级学科博士点。当前，厦门大学新闻传播学院在新闻学下，开设了台湾传媒研究、媒体关系研究、广播电视研究、新闻与社会发展和舆论学 5 个研究方向；在传播学下，开设了传播和社会发展、华夏文明与媒介变迁 2 个研究方向；在广告学下，开设了广告学、品牌与广告 2 个研究方向。由张铭清、赵振祥、阎立峰、朱至刚、邹振东、陈嬿如、谢清果、黄合水、林升栋、黄星民、许清茂和岳森等人，担任新闻学、传播学、广告学 3 个学科的博士研究生导师。新闻传播学院的博士研究生实行 4 年学制，在课程上设置了“新闻学（传播学、广告学）前沿”、“新闻学（传播学、广告学）经典研究研读”作为学位专业课，根据各研究方向安排了若干学位选修课。

此外，2015 年厦门大学在新闻传播学一级学科下，整合新闻传播学院和海外教育学院的学科资源增设了“汉语国际推广”二级学科博士点，并且开设了汉语国际推广规律研究、汉语国际推广战略研究、汉语国际推广载体研究、汉语与中华文化世界传播研究 4 个研究方向，郑通涛等人担任博士研究生导师。

厦门大学新闻传播学科在广告学、品牌传播、华夏传播、台湾东南亚传媒等研究领域形成自己的研究特色，其中广告专业是教育部特色专业，以广告专业为特色的传播学是福建省重点学科。新闻传播学拥有一支人才结构合理、梯队完整的学科队伍，现有专职教师 48 人，其中博士生导师 10 人，具有博士学位的教师 36 人，含教育部新世纪人才 2 人、厦门大学讲座教授 2 人、福建省教学名师 1 人。近三年来，先后承担国家级及省部级重大、重点和一般科研项目 30 项，以及各类横向科研项目 28 项，三年科研总经费 640 多万元，其中纵向科研总经费 239 万元。近五年来，获得省级社会科学优秀成果奖 9 项，出版学术专著 30 部，在国内外学术期刊公开发表论文 380 多篇，其中被 SSCI、EI、ISTP 等收录 19 篇。学术交流非常活跃，新闻传播学院与国内外的院校和研究机构建立了密切的学术联系，举办多次有影响的国际性、全国性学术学议，每年都有许多国内、外著名专家应邀前来讲学访问。

2010—2015 年，厦门大学新闻传播学共招录博士研究生 57 人，其中 2010 年 10 人，2011 年 11 人，2012 年 10 人，2013 年 9 人，2014 年 8 人，2015 年 9 人。

14. 山东大学新闻传播学博士点

山东大学 2010 年获得新闻传播学博士学位一级学科授权。山东大学是我国第三批获得新闻传播学一级学科博士授予权的高校，也是山东省第一个设立新闻传播学博士点的高校。目前，学院在新闻传播学一级学科博士点下设置了新闻学和传播学两个二级学科点。其中，新闻学下置理论新闻学、应用新闻学和历史新闻学 3 个研究方向，传播学下置视觉艺术传播、媒介文化学、广告学、传播理论和新媒体研究 5 个研究方向。现有刘明洋、甘险峰、李克、李欣人等人担任专职博士生导师，并且聘请了一批校外兼职合作导师。山东大学获得新闻传播学博士授予权之前，依托文学与新闻传播学院的文学学科优势，整合文艺学和传播学、设计艺术学等学科资源，设立了文学与艺术传播交叉学科博士点。在文学与艺术传播博士研究生培养中，开设了文艺传播学研究、视觉传达设计研究、品牌传播研究、设计信息传播与接受、影视艺术专题、城市符号研究等传播类课程。

近年来，山东大学将新闻传播学作为新兴学科大力扶持，发展成效显著。新闻传播学现有专任教师近 30 人，其中教授 9 人、副教授 9 人，先后承担国家社科基金及其他省部级以上项目多项，出版了一批高水平学术论著。2015 年 1 月，作为全国 10 个部校共建试点省份之一，山东省委宣传部与山东大学全面启动部校共建新闻学院工作，为山东省新闻传播事业发展和新闻传播学学科建设注入了全新动力。文学与新闻传播学院先后建立了多媒体实验室、网络实验室、广告学实验室、新闻摄影实验室、非线性编辑实验室、微机室，虚拟演播室、大数据与精确传播实验室等新闻传播类实验室，为教学和科研提供了良好的环境。

山东大学新闻传播学博士研究生实行 4 年学制，现有在读博士研究生 18 人。2012—2015 年山东大学共招录新闻传播博士研究生 19 人，其中 2012 年 5 人，2013 年 5 人，2014 年 4 人，2015 年 5 人。

15. 河北大学新闻传播学博士点

河北大学是“文革”之后，首批设立新闻学专业的高校。2000 年，学校正式成立新闻传播学院。2010 年，获得国家首批新闻与传播硕士、出版硕士两个专业硕士学位授予权。2011 年，获得新闻传播学一级学科博士授予权。该博士点目前设置了新闻学、传播学两个二级博士点，其中新闻学下设新闻史论、新闻传播实务 2 个研究方向，传播学下设文化传播和编辑出版 2 个研究方向。由白贵、孙旭培、杨秀国、胡连利、任文京、陶丹和田建平等人担任博士研究生导师。

河北大学新闻传播学院现有教师 76 人，其中高级职称教师 54 人，博士及在读博士 39 人，平均年龄 39.9 岁，7 人在全国本专业重要学会兼任理事以上职务，形成了一支职称结构、学缘结构、年龄结构相对合理的发展型教师团队。近 5 年来，学院承担了近 10 项国家课题和 30 余项省部级研究课题，出版学术专著 20 余部，在权威及核心刊物发表论文 400 余篇。先后获得省级以上科研奖励 12 项。在理论新闻学、应用新闻学、文化传播学、编辑出版学 4 个方向具有一定的研究实力，并已在新闻舆论监督研究、舆论引导研究、新闻亲和力与正能量传播、少数民族报刊史与区域新闻史、网络舆情与传媒数字化、数字出版、编辑出版史等领域取得了丰硕的研究成果。

2012—2015 年河北大学共招录新闻传播学博士研究生共 20 人，其中 2012 年 5 人，2013 年 5 人，2014 年 5 人，2015 年 5 人。

16. 南京大学新闻传播学博士点

南京大学新闻传播学一级学科博士点设立于 2015 年，目前该学位点暂未招录博士研究生。新闻传播学博士点设立之前，南京大学 2011 年整合新闻传播学院办学力量，依托南京大学社会学学科优势，在社会学下设立“大众传播与媒介管理”二级学科博士学位授权点。自 2013 年起，新闻传播学院独立运行“大众传播与媒介管理”二级学科博士学位授权点。现任博士研究生导师有杜骏飞、潘知常、郑欣、丁和根、胡翼青和陈堂发等人，每位导师根据自己研究专长分别开设了 2 个研究方向。目前，在读博士研究生近40人。

学院设有新闻与新媒体系、应用传播系、广播电影电视学系3个教学系；设有新闻与政治研究所、传播与社会研究所、网络传播研究中心、影视与文化研究所、城市形象传播研究中心、中华文化图像传播研究所、南京大学奥美创意研究院等研究机构；拥有南京大学传媒教学示范中心（国家级）、江苏省哲学社会科学研究基地（社会舆情分析与决策支持研究基地）、中国南海研究协同创新中心传播学部、《中国网络传播研究》（CSSCI来源集刊）等教学科研与学科平台。目前教职工总数49人，其中专任教师44人，博士生导师6人，在职教授19人，副教授13人。学院教师先后发表论文2000余篇，主持研究国家社科基金重大、重点项目5项、一般项目18项，省部级社科基金项目数十项，在新闻史论、传播理论、新媒体传播、传媒经营管理、电视与影像传播研究等研究领域成就卓著。

5.2.3 新闻传播学二级学科博士点（3个）

1. 中国社会科学院新闻学博士点

中国社会科学院新闻与传播研究所成立于1978年8月，原名新闻研究所。在新闻研究所组建之前，中国社科院于1978年6月建立了新闻系，在于为中央主要新闻单位培养高层次的新闻人才，以“迅速解决干部中青黄不接的问题”。新闻研究所1997年11月更名为新闻与传播研究所，2008年新闻系更名为新闻学与传播学系。目前，新闻学与传播学系以新闻与传播研究所为依托开展教学和科研活动，是我国培养新闻传播学高端人才的基地，也是我国新闻传播学研究的高端殿堂。新闻与传播研究所的人才培养主要是研究生层次，并于筹建当年招收了第一届研究生，1998年获得新闻学博士授予权。

经过多年发展，中国社会科学院新闻学博士点建设取得较大进展。2010—2015年，新闻学设有新闻业务研究、新闻史研究、传媒经营管理研究、传播与社会发展研究、新闻法治与伦理研究等博士研究生招生方向，由尹韵公、唐绪军、李仁臣、卜卫、姜飞、宋小卫等人担任博士研究生导师。此外，新闻与传播研究所还有一批在中国新闻传播研究领域拥有一定的影响力的学者参与了博士的培养工作。2010—2015年，共招录新闻学博士研究生24人，每年4人。

新闻学博士点依托中国社会科学院丰富的研究资源和雄厚的研究实力，拥有可强大发展后劲和光明前景。30多年来，新闻与传播研究所以马克思主义、毛泽东思想、邓小平理论和“三个代表”重要思想为指导，坚决贯彻落实科学发展观，坚持新闻的党性原则，坚持理论联系实际学风，坚持“双百”方针和“二为”方向，既积极探讨新媒体发展一般规律和中国新闻传播事业特殊规律的基础研究，又大力开展具有重大理论意义和现实意义的课题研究，出版发表了大量的专著、译著、论文、研究报告等，涌现出一批在学界业界拥有一定的影响力的新闻传播学者，为我国新闻与传播研究事业发展作出了一定贡献。新闻与传播研究所已经成为我国新闻学、传播学以及网络新媒体研究领域的学术重镇、党和政府在该领域首选的“智囊团”和“思想库”。党的十七大以来，根据中央部署和中国社科院的发展要求，新闻与传播研究所以新闻学和传播学基础理论为基础，注重重大传媒理论和实际问题的研究，争取把新闻与传播研究所建设成为“学科门类较为齐全、社会影响力较大、学术竞争力较强、具有与国际新闻传播学界对话能力”的新闻传播研究机构，努力构建一流的新闻与传播学科，培养优秀的新闻与传播人才，探索先进的新闻与传播理念。力争在众多的新闻与传播研究机构中继续发挥其不可替代的重要作用，继续保持已有学科的领先和优势地位，为促进我国社会主义新闻与传播事业的健康蓬勃发展，为推进我国社会主义物质文明、政治文明和精神文明的建设，为构建社会主义和谐的小康社会努力作出新的更大的贡献。

中国社会科学院新闻与传播研究所设有马克思主义新闻学研究室、传播学研究室、网络学研究室、媒介研究室 4 个专业研究室，1 个信息室，1 个编辑室，1 个综合办公室。设有全国性学会 1 个：中国新闻文化促进会传播学分会。设有 7 个非实体研究中心，其中，院级中心 1 个：新媒体研究中心（院级）；所级中心 6 个：北京新闻与公关发展中心、媒介传播与青少年发展研究中心、传媒发展研究中心、世界传媒研究中心、传媒调查中心、广播影视研究中心。设有 3 个实验室或实验基地：全球影视与文化软实力实验室、中国舆情调查实验室和中国跨文化传播研究与实践基地。拥有 3 种高水平的定期出版物：学术月刊《新闻与传播研究》、大型年刊《中国新闻年鉴》和年度蓝皮书《中国新媒体发展报告》。新闻与传播研究的新闻学博士教育拥有国内顶尖的软硬件条件。

2. 南京师范大学新闻学博士点

南京师范大学新闻学科始于 1964 年政教系开设的新闻专业，迄今已有 50 余年。1995 年，成立新闻与传播学院。经过多年的经营，新闻学专业在江苏省省内已经颇具影响，在全国有一定知名度。目前，学院设有新闻系、广播电视系、广告系、摄影系、网络与新媒体系 5 个系。拥有 3 个学术型硕士点、1 个专业型硕士点和江苏省普通高校唯一的新闻学博士点。新闻学曾于“十五”、“十一五”期间两次被评为江苏省普通高校唯一的新闻学省重点学科，新闻传播学被评为“十二五”期间一级学科重点培育学科，新闻学专业分别被遴选为江苏省品牌专业和国家首批特色专业。“江苏省新闻人才培训中心”、“江苏省党委政府新闻发言人培训基地”也挂靠在新闻与传播学院。

南京师范大学新闻与传播2005年设立新闻学博士点以来，承担了一批国家社科基金重大招标项目、国家社科基金及其他省部级课题，开垦出新闻法学教育与研究的领域，开拓了“大众传媒与农村社会发展”的研究空间，出版了全国最早的新闻法学和媒介与农村研究专著，开设了全国第一家媒介与农村社会发展研究中心，并在新闻法学和媒介与农村社会发展这两个领域形成了一定特色和优势。2010—2015年，新闻学开设过新闻传播理论、中国新闻史、新闻法学、新闻摄影学、广播电视学、发展新闻学、新闻史论、媒介文化等博士研究生招生方向，由方晓红、倪延年、顾理平、靖鸣、于德山、李培林、张晓峰等人担任博士研究生导师。2010—2015年，每年招录4名左右新闻学博士研究生。

新闻学博士研究生学习年限一般为3年，采取主导师负责制和导师组集体指导相结合的方式，主导师负责督促博士生完成课程学习和学位论文写作，导师组根据学科发展的实际情况指导博士生展开相关领域的科学研究。在读期间，博士生应至少参加1次国内外学术会议并宣讲论文，同时在学院层面主持1次以上学术报告会或学术沙龙，应独立或以第一作者身份、以南京师范大学为第一署名单位发表2篇CSSCI期刊论文。

3. 放军南京政治学院新闻学博士点

解放军南京政治学院新闻系是全军唯一的军事新闻人才培养基地，不仅在陆海空三军有广泛的影响，在全国高校新闻院系中也有良好的声誉，被誉为“军事记者的摇篮”。新闻系建于1984年，最初仅招收进修学员，1994年起招收本科生，1995年起招收研究生，目前拥有新闻学和传播学硕士学位授予权。2005年经国务院学位委员会批准，获得新闻学博士学位授予权，成为军队系统首个新闻学博士点授权单位。新闻学博士研究生培养坚持理论与实践相结合的育人原则，实行院校、部队“双导师制”，即由南京政治学院博士生导师和解放军报社或其他部队单位的导师共同指导。

解放军南京政治学院新闻学博士研究生培养极富军队特色。新闻系下辖军事新闻学、舆论战、广播电视网络、中文4个教研室以及4个学员队，有近50名专职教员，并且聘请了一批军内外知名记者和军队媒体主要领导担任兼职教授。建有国内同类院校和专业一流水平的新闻编辑实验室、广播新闻实验室、电视新闻实验室、新闻摄影实验室等现代化专业实验室，为军事新闻教学适应传播手段的现代化、拓宽与丰富教学内容提供了优越的条件，为人才培养质量提供了必要的硬件保证。近年来，新闻系为凝练富有军事特色新闻专业人才培养体系，对教学指导思想、课程设计、教学内容、实践环节以及硬件建设等方面进行了调整，并且取得一系列国家级和军队级教学成果奖励。承担完成30多项国家社科基金项目、全军科研规划项目和江苏省社科基金项目。

5.2.4　新闻传播学与其他学科交叉博士点（2 个）

1. 上海交通大学媒介管理等博士点

上海交通大学立足媒体与设计学院、人文艺术研究院的新闻传播学科资源，在工商管理一级学科自主设置的媒介管理二级学科博士点。这一博士点经国务院学位委员正式备案，2006 年开始招收博士研究生。经过多年发展，形成了以李本乾、胡惠林、姜进章、凌金涛、林迅、刘士林、李亦中、单世联、邵国松、童清艳、谢耘耕、席涛、薛可、姚君喜、张国良、赵怡和周武忠等博士生导师为核心的教学和科研队伍，并且另外还聘请了 3 位海外著名高校教授、知名学者担任兼职博士生导师，在媒介产业管理、组织传播理论、文化产业、媒介市场营销与管理、传媒集团管理、媒介法律与政策、文化创意产业发展研究、大众传媒与娱乐文化研究、传媒文化研究、全球化与传媒等前沿领域有着卓著的研究成果，承担和完成了多项国家、省部级研究项目，获得市或省部级奖多项。

媒介管理博士点兼跨文学、传播学和管理学三大学科，具有鲜明的跨学科性质，可以促进多学科的交融和发展。该学科以文学艺术自身的知识体系和学术问题为研究主体并考察传播媒介、文学艺术管理与文学艺术发展的关系及其规律。这不仅将扩展文学艺术研究的领域而且也扩大了传播与管理学的研究范围，对于两个学科的建设和发展都有着积极的意义。在博士研究生培养上，紧跟新闻传播学、文化学、管理学、影视学、文化产业等多学科步伐，建立了丰富多样的课程体系，旨在培养适应国际化需要的高层次文化产业与媒介管理的高级人才。博士学位获得者应该具备宽厚、复合、外向的知识结构，掌握并能熟练运用管理学、传播学、文化产业等学科的理论、技能和方法，敏锐地发现文化产业与媒介管理理论与实践中不断出现的新问题，拥有严密的逻辑思维能力和较强的理论创新能力。上海交通大学工商管理（媒介管理）专业每年大约招收 10 名博士研究生。

2015 年上海交通大学媒体与设计学院着眼新闻传播学科发展，设立了新媒体传播与管理交叉学科博士点。新媒体传播与管理交叉学科博士点以数字媒体技术的应用为依托，面向计算传播、数字媒体、网络舆情和媒介管理等研究方向展开，从媒体既具有意识形态属性又具有产业属性的特征出发，从理论上分析全球数字媒体发展中出现的新问题。

2. 苏州大学媒介文化产业博士点

苏州大学媒介文化产业博士点是苏州大学凤凰传媒学院 2011 年设立的交叉学科博士点，涵盖传媒与文化产业研究、传媒与大众文化研究、新媒介研究等研究方向，由陈龙、马中红、陈霖、张健、曾一果等人担任博士研究生导师。媒介文化产业博士点设立之前，2008 年新闻传播学科在中国语言文学一级学科挂靠设立了媒介文化博士研究生招生专业，设有传媒与文化产业、传媒与大众文化等研究方向。

苏州大学凤凰传媒学院是由 1995 年成立的新闻传播系发展而来。2005 年苏州大学成立文学院·新闻传播学院，“一套人马、两块牌子”。2009 年，苏州大学在整合原文学院·新闻传播学院所属新闻传播学科专业的基础上，与香港凤凰卫视集团在整合双方相关资源优势的基础上合作组建苏州大学凤凰传媒学院。学院将在中国传媒与新媒体技术人才培养领域里，充分利用双方的资源优势和品牌影响力，坚持高起点、高标准、应用型、国际化，以先进办学理念为指导，探索高等教育创新人才培养模式，以提升中国传媒教育软实力为使命，建设具有产学研一体化特色的国际化教育基地。

5.2.5 新闻院系挂靠其他学科的博士点（15 个）

1. 中山大学政治传播学博士点

中山大学政治传播学博士点是由中山大学传播与设计学院依托政治与公共事务学院，在行政管理学下设置的博士研究生招生方向。政治传播学博士点的前身是 2011 年由传播与设计学院、政治与公共事务学院联合设置的行政管理（公共传播管理方向），并且挂靠在政治与公共事务学学院招生，每年招录博士研究生 5 名左右。由胡舒立、吴飞、陈卫星、展江和张志安等人担任公共传播管理方向的博士研究生导师。2015 年，行政管理（公共传播管理方向）招生录取工作由传播与设计学院单独组织，并且更名政治传播学，由杨小彦、张志安和胡舒立等人组成博士研究生导师组。

中山大学传播与设计学院成立于 2003 年，现有新闻学系、公共传播学系、创意媒体设计系 3 个系。学院以“于学术界有学术之根，于业界有影响之力”为目标，近年来以新媒体研究和教学为重点，致力于培养既具科学及人文素养、又具有新媒体传播技能的应用型、复合型人才，逐步形成“以通识教育为基础，以创意教育为中心，以实践教学为重点”的鲜明特色及优势。学院引进或聘任了一批国内外享有盛誉的新闻传播学者、传媒业界精英组建了横跨学界、业界的专兼职师资队伍。学院拥有“985”基地“中山大学全媒体研究院”，建有苹果实验室、网络动漫、非线性编辑、演播、数字媒体等近 10 个专业实验室，为学生提供了良好的学习条件。

2. 安徽大学媒介文化博士点

安徽大学是改革开放之后最早设立新闻学科点大院校之一。1980 年，安徽大学经安徽省教育厅批准开办新闻学专业；1984 年，经国家教育部批准设立新闻学专业；1998 年，成立安徽大学新闻学系；2003 年，安徽大学与安徽日报报业集团合作共建，成立安徽大学新闻传播学院。

安徽大学拥有新闻传播学一级学科学术硕士学位授予权，拥有新闻与传播硕士（MJC）、出版硕士（MP）两个专业硕士学位授予权，坚持“夯实基础、重在应用、面向地方”的人才培养方针。新闻传播学科建设注重理论研究和应用研究均衡发展，近 5 年来，承担国家社科基金项目 13 项（含 2 项重点项目）、省部级项目 20 项，荣获教育部高校科学研究优秀成果奖二等奖 1 项，安徽省社会科学文学艺术出版奖 2 项。作为首席专家单位承担教育部“马克思主义理论研究和建设工程”重点教材《中国新闻传播史》编写工作。建有 1 个国家级实验教学示范中心“安徽大学新闻传播实验教学中心”，1 个国家级特色专业（新闻学专业），1 个安徽省人文社科重点研究基地“安徽大学舆情与区域形象研究中心”，1 门国家级精品课“新闻学概论”，1 门教育部精品视频公开课“当代媒介素养”。

2013 年起，安徽大学新闻传播学院挂靠文学院的“中国语言文学”一级学科招收媒介文化方向博士研究生。目前，“媒介与文化传播”作为中国语言文学一级学科下增设的二级博士点，开设媒介文化理论、媒介文化史等研究方向。芮必峰等人担任博士研究生导师。

3. 河南大学跨文化传播博士点

河南大学跨文化传播博士点是 2012 年河南大学新闻与传播学院挂靠外国语学院的外国语言文学一级学科设立的二级博士点。

河南大学新闻与传播学院是河南省第一所培养新闻与传播学人才的学院，现有新闻学、编辑出版学、广播电视新闻学、广告学、播音与主持艺术 5 个教学系，学科专业设置比较齐全。建有国家级新闻与传播学实验教学示范中心、编辑出版研究中心、传媒研究所、纪录片研究中心、中部传媒与社会发展研究院 4 个科研机构，拥有一批学历、职称结构合理的教学科研队伍，近年来共获得国家社科基金项目 12 项，省部级课题 29 项，厅局级科研项目 94 项，国际合作科研项目 2 项，出版著作 68 部，在国家核心期刊发表论文 278 篇，获得省部级科研成果奖 17 项，学术科研发展迅速。新闻传播学是河南省重点一级学科，拥有新闻传播学一级硕士学位授权点和编辑出版、新闻与传播、广播电视 3 个专业硕士学位授权点。编辑出版专业为河南省特色专业，新闻与传播学院是中国编辑出版学高等教育研究会会长单位。学院具备完善的教学、科研实验器材与设备，为研究生培养提供了良好的硬件保障。

4. 湖南大学文化传播博士点

湖南大学新闻与传播学科创办于 1995 年，2002 年获得新闻学、传播学两个二级学科硕士点，2004 年获得新闻传播学一级学科硕士学位授予权，设有新闻传播史论、新闻实务、媒介经营管理、广告传播、影视传播、科技新闻与科技传播、文化创意与活动产业等富有特色的研究方向；2010 年获得新闻传播硕士专业学位授权点，设有新闻业务、媒介管理、广告实务、科技传播、文化创意、影视创作 6 个方向。2010 年在外国语言文学一级学科下设立文化传播二级学科博士点，开设文化传播研究方向，现任博士研究生导师有彭祝斌、向志强和王国平 3 人。

湖南大学新闻传播学拥有一支具有多学科背景与知识结构的创新人才队伍。现有专任教师和研究人员 68 人，其中教授 15 人，副教授 28 人，博士 19 人，博士后 5 人，具有海外研习和访学经历 10 人，博士生导师 3 人，教育部新世纪优秀人才 2 人，教育部新闻学科教学指导委员会委员、教育部戏剧影视广播类专业教学指导委员会委员 2 人，中国新闻教育学会理事与特邀理事 2 人，湖南省新世纪“121 人才工程”1 人，湖南省青年骨干教师培养对象 5 人。建有湖南省文化产业研究基地、湖南大学科技新闻与传播研究所、湖南大学活动产业研究中心、湖南大学文化创意产业研究中心、湖南红网网络传播研究中心等研究机构。近 5 年来，共承担各类科研项目 100 多项，其中包括国家社科基金重大课题子项目 1 项、国家社科基金一般项目 5 项、国家自然科学基金 1 项；公开发表论文 420 多篇，出版专著教材 46 部；获省部级以上教学科研成果奖 15 项。

5. 湖南师范大学中国近现代新闻传播史博士点

湖南师范大学 1992 年创办新闻学专业，2001 年 3 月成立湖南省首家新闻与传播学院。设有新闻学、编辑出版学、广播电视学、广告学、网络与新媒体 5 个系，拥有新闻传播学一级学科硕士点、戏剧与影视学一级学科硕士点以及新闻与传播和出版两个专业学位硕士点。自 2011 年起，挂靠湖南师范大学历史文化学院中国史学科成立湖南省第一个新闻传播学博士招生方向——“中国近现代新闻传播史”。中国近现代新闻传播史博士点设有中国近现代报刊史、中国大众媒介与大众文化发展史、中国新闻思想史和中国近现代出版史等研究方向，由田中阳、蔡骐、徐新平、龚维忠、廖志坤、吴果中等人担任博士研究生导师。

湖南师范大学新闻传播学是湖南省“十二五”重点学科。拥有一支实力雄厚的教学科研队伍，其中包括教授 15 人（含二级教授 3 人、博士生导师 9 人）、教育部新世纪优秀人才支持计划 1 人、湖南省“新世纪 121 人才工程”2 人、国家新闻出版总署和湖南省新闻出版行业领军人才 3 人等。建有“湖南省新闻人才培训中心”、“湖南省出版人才培训基地”、湖南省高校哲学社会科学重点研究基地“中国传播与现代化研究中心”、湖南省社会科学研究基地“湖南省传媒发展研究基地”等研究机构。近 5 年来，共承担各类科研项目 100 多项，其中国家社科基金一般项目 15 项，省部级重大重点项目 10 余项，科研到账经费 500 多万元；出版学术专著 50 余部，在专业学术期刊发表学术论文 600 余篇；荣获全国高等学校科学研究优秀成果奖（人文社会科学）二等奖 1 项、湖南省哲学社会科学优秀成果奖一等奖 1 项、二等奖 3 项、三等奖 3 项。

2014 年 6 月 29 日，中共湖南省委宣传部和湖南师范大学共建新闻与传播学院，将推动湖南师范大学新闻传播学科发展，形成区域性的新闻传播人才培养的重要基地、新闻传播科学研究基地。

6. 华中师范大学文化传播学博士点

华中师范大学新闻传播学教育发轫于 1994 年，本科教育始于 1995 年，设新闻传播系于文学院。2012 年 9 月，新闻传播系与信息技术系联合组建信息与新闻传播学院。2013 年 6 月，以原新闻传播系为基础，成立新闻传播学院。学院现有新闻学、广播电视新闻学、网络与新媒体三个本科专业，拥有新闻传播学一级硕士学位授权点和新闻与传播硕士专业学位授予点。与文学院共建“文化传播学”博士点，2014 年开始招收博士研究生。文化传播学博士点挂靠中国语言文学一级学科，由新闻传播学院与文学院分别设点招生，其中文学院开设文学传播、出版文化研究方向，由张三夕、范军担任博士研究生导师；新闻传播学院开设媒介伦理、危机文化传播研究方向，由江作苏、喻发胜担任博士研究生导师。

华中师范大学新闻传播学是湖北省一级重点学科，有一支结构合理、特色鲜明的师资队伍，其中教授 6 人、享受国务院特殊津贴专家 1 人、全国新闻出版行业领军人才 1 人。承担各级各类科研课题多项，与中央级、省级媒体建立了良好的合作关系。实验设备齐全，图书资料丰富，能够充分满足博士研究生的教学科研需求。

7. 吉林大学文学传播与媒介文化博士点

吉林大学文学传播与媒介文化博士点是吉林大学文学院 2014 年在中国语言文学一级学科下增设的二级博士点，包括文学传播理论、文学媒介传播史、影视文学与影视文化传播等研究方向，由黄也平、程丽红、蒋蕾、孔朝蓬、王俊秋等人担任博士研究生导师。

按照中共中央宣传部和教育部关于地方党委宣传部与高等学校共建新闻学院的要求，2014 年 3 月 22 日吉林省委宣传部与吉林大学签订共建新闻与传播学院协议，成为全国首批十个部校共建试点学院之一。新闻与传播学院以文学院原有的新闻学系、传播学系和广播电视艺术系的师生为主体，拥有新闻新闻学、广告学、播音与主持艺术和广播电视编导等本科专业，新闻传播学一级硕士点、戏剧与影视学一级硕士点、新闻与传播专业硕士点、广播电视艺术专业硕士点。有新闻传播及相关学科现有专职教师 43 人，其中教授 10 人（含博士生导师 6 人），副教授 10 人，讲师 23 人，学历层次基本实现博士化。

8. 陕西师范大学文艺与文化传播、媒介与社会变迁博士点

陕西师范大学文艺与文化传播、媒介与社会变迁史是陕西师范大学新闻与传播学院挂靠在文学院的中国语言文学一级学科、马克思主义学院的马克思主义理论学科设立的二级博士点。文艺与文化传播注重将文化研究与现代传媒结合、理论与实践结合，该博士点2007年经教育部备案，设有当代文艺与文化传播研究、文学与传媒研究、广播影视与文化传播等研究方向，现任博士研究生导师有李震和张积玉。媒介与社会变迁博士点2012年起招生，设媒介社会学研究方向，现任导师有鲍海波等。此外，新闻与传播学院和澳大利亚ECU联合设有1个传媒博士培养点。

陕西师范大学新闻与传播学院建院于2000年，是西北地区首家以学院建制的传媒教育机构。2014年12月，中共陕西省委宣传部与陕西师范大学共建新闻与传播学院协议。学院现有新闻学、编辑出版学、网络与新媒体、广播电视编导、播音与主持艺术5个本科专业，新闻传播学、戏剧影视学2个一级硕士一级学科点，新闻传播硕士、出版硕士、广播电视艺术硕士3个专业学位硕士点。现为陕西省新闻专业唯一的综合改革试点单位，拥有国家级实验教学示范中心1个、国家级人才培养模式创新实验区1个、省级特色专业2个、省级教学团队2个、省级人才培养模式创新实验区2个。近5年来，完成各类科研立项100余项，科研经费总计1000多万元。

9. 西南大学传媒文化教育、传媒文化产业博士点

西南大学传媒文化教育、传媒文化产业博士点是由西南大学新闻传媒学院挂靠教育技术学设立的博士招生方向，分别于2010年、2012年开始招生。这两个博士点主要整合新闻传播学科师资力量，依托西南大学教育学学科优势，侧重媒介素养教育研究。现任博士研究生导师有董小玉、周安平等人。

新闻传媒学院是西南大学成立之后，由原西南师范大学文学院、计算机与信息科学学院，原西南农业大学信息中心部分专业组建而成。现有新闻学、广播电视编导、播音与主持艺术3个本科专业，新闻传播学和戏剧影视学2个一级学科硕士授权点、新闻与传播专业硕士授权点。建有新闻传播研究中心、文化传播研究中心、大后方电影研究中心、影视传播与道德教育研究中心4个研究机构。先后承担国家社会科学基金项目5项，教育部社科基金项目6项，国家广电总局项目2项，重庆市纵横向项目40余项，承担重庆市教改项目4项（其中重大项目2项），科研经费达400余万元；出版专著20余部，发表核心论文200余篇，荣获重庆市社会科学成果奖等科研奖励多项。新闻传播学学科是重庆市重点学科，新闻学专业是重庆市特色专业学院，形成了“开放·融合·实践”的学科专业特色，已成为西部新闻传媒教育重要基地。

10. 湘潭大学新闻哲学与媒介文化博士点

湘潭大学新闻哲学与媒介文化是湘潭大学文学与新闻学院 2013 年挂靠哲学设立的博士研究生招生专业。该学位点 2003 年获得新闻学硕士学位授予权，2006 年获得传播学硕士学位授予权，2010 年获得新闻传播学一级学科硕士学位授予权。现有教授（高级记者、高级编辑、编审）16 人，副教授（主任记者、主任编辑）7 人，博士生导师 7 人、硕士生导师 23 人。导师队伍中，有“全国优秀教师”1 人、“国家教师名师”1 人、“享受国务院政府特殊津贴专家”3 人、“国家社科基金学科评审组专家”2 人、“全国宣传文化系统‘四个一批’人才”2 人、“全国记协常务理事”1 人、“湖南省优秀社会科学专家”1 人、“中国新闻奖一等奖获得者”1 人、“湖南省优秀青年社会科学专家”1 人。近年来，主持国家社科基金、教育部人文社科项目、广电总局项目等各类科研项目 87 项，经费 304.7 万元，其中国家社科基金项目 7 项，经费 91 万元，获省部级科研奖 18 项，在国内知名出版社出版著作 41 部，在《新闻与传播研究》、《国际新闻界》、《新闻大学》、《新闻记者》、《光明日报》、《中国出版》等刊物上发表新闻传播论文 400 多篇，其中 CSSCI 源刊论文 176 篇，20 余篇被《新华文摘》、人大复印资料等全文转载或摘录观点。

新闻哲学与媒介文化主要设有马克思主义新闻观研究、媒介哲学与大众文化研究、新媒介与社会发展研究三个方向。

11. 云南大学文化传播博士点

云南大学新闻学科点始于 1985 年设立的新闻学专业。1999 年成立新闻系，归属于人文学院。2014 年 6 月，根据中宣部与教育部要求，云南大学与中共云南省委宣传部共建新闻学院。目前，新闻学院正在筹建新闻系、广播电视系、网络与新媒体系和广告系。拥有新闻学、广播电视学、网络与新媒体 3 个本科专业，其中新闻学为国家级特色专业和云南省重点建设专业。获得新闻传播学一级学科硕士授权点，设有传播学、新闻学、文化传播 3 个硕士点，获得新闻与传播专业硕士学位授权点。现有专任教师 21 人，其中博士生导师 2 人、硕士生导师 10 余人，教授 5 人、副教授 7 人，外聘教师 10 余人，已形成一支实力强、学历高的教学科研队伍。办学条件良好，建有 1 个国家级实验教学示范中心（新闻传播教学实验中心）。

云南大学文化传播学博士点是人文学院 2012 年，整合新闻传播学科资源挂靠在中国语言文学一级学科下自主设置的博士招生培养方向。目前，该博士点有影视文化传播、民族文化传播等研究方向，由张宇丹、郭建斌担任博士研究生导师。

12. 中国科学技术大学传媒管理博士点

中国科学技术大学传媒管理博士点是中国科学技术大学人文与社会科学学院挂靠公共管理一级学科设立的博士招生方向，2012 年开始招生。传媒管理主要培养具有深厚管理只是背景、扎实数字管理操作技能、先进的传媒市场运作理念、熟悉信息与传播领域的相关法规政策，既能从事传统媒介与新媒介经营管理与决策咨询以及相关教学科研工作，也能胜任企事业单位的传播策划、形象传播、品牌管理等的高级专门人才。

媒介管理学博士点的主要依托人文与社会科学学院的科技传播与科技政策系，拥有新闻传播一级学科硕士点、新闻与传播专业硕士授予权。科技传播与科技政策系的新闻传播学学科建设和学术研究具有鲜明的科技、人文交融特色，在科技传播、科技政策、知识管理、信息管理与信息系统等方面具有较大优势。传媒管理博士点主要设有传媒事业管理、知识管理应用、新媒介研究等研究方向，汤书昆、周庭荣等人担任博士生导师。

由于人文与社会科学学院设有哲学博士一级学科点，所以科技传播与科技政策系在哲学学科下也开设了新媒介文化哲学研究、科技传播等博士招生方向，由汤书昆、周庭荣等人担任博士生导师。

13. 重庆大学新闻法学博士点

重庆大学新闻法学博士点是新闻学院 2013 年依托法学院的法学一级学科博士点自主设置的新闻法学二级学科博士点。新闻法学是新闻传播学与法学的交叉学科领域，是对规范新闻和信息等传播活动与新闻传播事业的相关法律条文、专门性法律、法规、政策及其法理与实践的研究。重庆大学新闻法学博士点主要设有新闻传播法理、新闻法规与传播伦理、新闻传播与法治、新闻传播专门性法律、新闻传播法制史论 5 个研究方向。

重庆大学新闻学科点始于 1998 年设立的广播电视新闻学专业。2004 年，获得新闻学、传播学、广播电视艺术学 3 个二级学科硕士学位授权点；2006 年，获新闻传播学一级学科授权点；2007 年，组建文学与新闻传媒学院；2010 年，获得新闻与传播专业硕士学位授权点；2012 年，重组更名为新闻学院。2007 年，新闻学被评为重庆市拟建设重点学科，与中国人民大学新闻与社会发展研究中心等校内外机构联合建有新闻传播与区域发展研究院等科研机构。拥有一支实力比较雄厚的教学科研队伍，近五年先后主持省部级以上科研项目 33 项。建有技术设备先进、综合功能齐全的全媒体传播实验中心，能够满足博士研究生教学科研需求。

重庆大学新闻法学博士点现任博士生导师有董天策、郭小安、张小强、曾润喜和齐辉等人。

14. 北京师范大学现代出版与文化传播等博士点

为落实中宣部、教育部关于地方党委宣传部门与高等院校共建新闻学院的要求，2014 年 11 月北京师范大学成立新闻传播学院，并与光明日报社合作共建。北京师范大学新闻传播学院成立之前，新闻传播类学科专业设置在文学院，最早可以追溯到中文系 1993 年创立的编辑出版学专业。新闻传播学院现有传播学、新闻学、出版学等专业，拥有新闻传播学一级学科硕士点，积极发展了“马克思主义新闻学”、“文化传播”、“媒介素养教育”、“数字出版”、“新媒体传播”、“传播效果分析”等特色学术方向。学院拥有一支学缘结构、年龄结构合理，教学和科研能力较强的师资队伍，目前正立足于优势学科发展方向，努力构建国家智库，积极为各级政府及社会各界提供决策参考与咨询服务。

北京师范大学新闻传播学院成立之后，挂靠中国现当代文学二级学科设立了现代出版与文化传播、网络传播、新闻传播理论与实务等博士招生方向，由秦艳华、张洪忠和王长潇担任博士研究生导师。这些博士招生方向于 2016 年开始招生。

15. 北京外国语大学国际传播博士点

北京外国语大学国际传播博士点是该校国际新闻与传播学院挂靠外国语言文学一级学科设立的二级博士点。该学位点 2011 年获得新闻传播学一级学科硕士授权，国际新闻与传播专业 2009 年被批准为教育部特色专业。国际传播博士点的特色在于依托北京外国语大学英语学院雄厚的师资和广泛的影响力，采用英语语言文学和新闻传播学有机融合的非传统教学模式，致力于培养当今社会紧缺的跨文化国际新闻传播高端人才。课程设置包括英语课程、新闻专业核心课程和与国际新闻传播专业相关的通识课程三大板块，除“中国新闻史”、“中文新闻采访与写作”等少数课程外，其余专业课均使用英语讲授。该博士点拥有一支朝气蓬勃的具有跨学科跨文化视野的师资队伍，专职教师均获得国内名牌大学或国外一流大学的博硕士学位，先后在国外高等学府访问和深造，能够熟练使用英语讲授新闻传播专业课程；建有专业图书室、数据库、案例库，与国外著名新闻院校、传媒机构有广泛合作，能够满足国际传播博士的培养需求。

北京外国语大学国际传播博士点主要设有跨文化传播、国际战略传播 2 个研究方向。跨文化传播的研究领域是不同文化的传播和中西文明比较研究；国际战略传播致力于国家形象、国家形象广告与国家公共关系、战略思想、品牌战略传播等。该博士点于 2016 年开始招生，由孙有中、何辉等人担任博士研究生导师。

（撰稿人　李　科）

5.3 博士后流动站

5.3.1 中国新闻传播学博士后培养总体概述

中国新闻传播学博士后的培养经历过一个短暂的萌芽时期。在1997—1998年间，复旦大学在该校的中文系里设置了新闻传播学博士后培养的计划，根据博士后培养的要求拟定了培养的条例等，并聘请了该校新闻学院的丁淦林教授为博士后的指导老师。但是在这两年的时间里，并没有招生，属萌芽时期。

1999年，经国家人事部和全国博士后管委会批准，复旦大学新闻学院设立新闻传播学博士后流动站，这是我国设立的第一个新闻传播学的博士后流动站。陆地、吴水平2人进站学习与研究，他们成为我国第一批新闻传播学的博士后。他们的指导老师丁淦林教授，是我国第一个新闻传播学的博士后导师。以他们进站为标志，昭示了中国新闻传播学博士后培养的正式起步。复旦大学新闻传播学博士后一家独有的局面一直持续到2003年。从2003年开始，陆续有中国人民大学新闻学院、中国传媒大学等单位取得了设立新闻传播学博士后流动站的资格，到2013年年初为止，全国已有12家单位设立了新闻传播学博士后流动站，在全国范围内开展了新闻传播学博士后的培养，详细情况见表5-7：

表5-7　**中国新闻传播学博士后单位名录①**

序号	单位名称	建站时间	主管部门	电话	传真
1	复旦大学	1999. 11	人事处	021-65643992	021-65642129
2	中国人民大学	2003. 10	人事处	010-82509370	010-82509722
3	中国传媒大学	2004. 9	学科建设办公室	010-65779185	010-65783649
4	清华大学	2007. 8	人事处	010-62785765	010-62788178
5	暨南大学	2007. 8	研究生院	020-85225890	020-85220048
6	华中科技大学	2007. 8	人事处	027-87557406	027-87542527
7	上海大学	2009. 6	研究生部	021-66133510	021-66132245

① 该数据系综合各博士后流动站、中国博士后网站资料整理而成。

续表

序号	单位名称	建站时间	主管部门	电话	传真
8	武汉大学	2009. 6	人事处	027-68754011	027-68754011
9	北京大学	2009. 12	人事部	010-62751229	010-62751229
10	厦门大学	2012. 7	人事处	0592-2187039	0592-2183984
11	中国社会科学院	2012. 7	博士后管理委员会	010-85196495	010-85196137
12	四川大学	2012. 7	人事部处	028-85405390	028-85405915
13	山东大学		人事部	0531-88366036	0531-88365388
14	浙江大学		人事处	0571-88981453	0571-88981976

新闻传播学博士后流动站设站的目的是旨在培养、吸收和造就高层次的优秀新闻人才，为国家新闻领导部门、新闻决策部门、新闻管理部门、新闻业务部门、新闻教育部门及中国传媒和世界传媒业培养高级新闻人才。新闻传播学博士后教育的过程是让那些进入博士后流动站的人员完成一个“由学习者到研究者的完全转变”。为了实现这个目标，新闻传播学博士后培养一般比较注重研究能力，对死记硬背书本、考试能力突出而实战能力比较弱的不大青睐。如博士后录用基本的条件是：在核心期刊发表两篇以上的论文、有自己的科研项目者优先、有两位以上的专家推荐、有明确的进站后的研究计划等。所有这些条件都是从研究能力以及研究水平进行考量的，而没有也不计划以考试的成绩来作为录用的标准。从表 5-7 的信息来看，所有 12 家设站单位都是我国新闻传播学研究与新闻传播教育中水平高、业绩优秀者，国内诸多顶级学者大多集合在这些单位，而且这些单位在国际化的道路上也走在了前列，这也就从组织、制度、人才、落实等各方面保证了博士后培养的质量，使得设立新闻传播学博士后流动站的目的和实际的结果取得了比较的统一。

5. 3. 2　新闻传播学博士后培养的目标与要求

在某种程度上讲，博士后不同与在校学生，他们必须完成由学习者到研究者的完全转变。

1. 以研究者的标准进站

博士后的录用不是以考试的形式，代之以本人申请、专家推荐、设站单位考核、管理部门把关认定和批准等相结合的方式。其中，能否取得进站的资格，申请者的研究成果、研究能力、研究潜力占相当大的比例。博士后期间已经没有具体的课程，也不再进行考试，主要的工作就是研究。

为此，各个博士后流动站选择博士后的条件是：确有研究课题，有研究能力，有创造能力。

2. 以研究者的要求做事

在传统意义上，人们往往视博士后为学生的成分大一些，因为博士后在出站时如果考核合格的话，国家人事部要为其颁发有关证书。这和大学生、硕士生、博士生在毕业时拿毕业证学位证没有两样。但它们之间最大的不同在于：大学生等的教育是以成绩为主要依据的，而博士后的培养则主要以成果为考核依据。博士后没有课，不必因循在校学生“三点一线”的模式，其管理也完全靠自觉。那么博士后在站期间到底做什么呢？做研究！每一个进站的博士后都知道，他们在写进站申请的时候，会填写一个十几页的表格，而其中的一个主要的内容就是你有什么研究课题，计划进站后研究哪个课题，或从事哪些方面的研究，同时还要给出你以前的研究成果，倒是在学生时期特别看重的学习成绩不是主要的取得进站资格的指标。在站期间，每一位博士后都要在国内或国际的核心刊物上发表4篇以上的论文，还要尽可能多地出成果。

3. 以研究成果来考核

每个博士后流动站都有一套严格的考核标准以评判每位博士后在站学习研究期间的优劣。进站资格的取得考核的是其有无研究能力及研究能力的大小，开题和中期考核看重的是博士后在不同的研究阶段的工作业绩和研究成绩，博士后的出站报告以及出站答辩则是对博士后整个学习研究阶段的综合考核。一个高水平、高质量的博士后研究工作报告是申请博士后的最基本的条件之一，它与申请博士学位的博士论文相比有过之而无不及。

4. 以全面兼修来拓展研究的范围

博士后的研究没有了专业的限制，要在更大的平台上实现更全面的发展，它不是为了学习而学习，为了研究而研究，它的主要目的也由硕士、博士期间的学习和继承别人的知识而转移到在前人知识的基础上创造和构建新的知识和理论的层面，是古人所言之“尽善”。正所谓“偏工易就，尽善难全”。在某一个方面达到“工”的水平是容易的，而要全面取得成绩，做全能运动员就比较难。博士后恰恰是要做全能运动员，要兼修而不是“偏工”。

5. 以提高和超越来实现研究的主旨

在国家有关博士后培养的文件中有“博士后研究制度是人才开发的重要措施”，“培养高级专门人才”，“学术交流，博采众长”，“创造、创新”等文字，通过对这些文件和文字的解读不难发现，博士后培养的一个重要使命就是超越。

据悉，国家在博士后培养方面的投入是巨大的。这既是学习借鉴了国外高级人才的培养模式，也是从全面提高我国的科学文化水平出发作出的英明决策，更是保证我国各级、各类学科不断有新人出现，形成长江后浪推前浪的良好态势的有力举措。国家的期望当然是博士后能在学习研究中取得突破，实现超越。同时这种期望也具体地体现在了设站单位的选择，培养和考核指标的设定，制度保证和待遇等几个方面。由此，“超越”是博士后研究的最终目标。博士后由大学、硕士、博士一路走来，上课和考试他们驾轻就熟，他们是我国应试教育的佼佼者。但博士后如何完成由学习到研究的转变，完成由学习者到研究者的转变是实现超越的关键。

（撰稿人　李建新）

第 6 章　教育家研究系列

6.1　新闻教育家研究

6.1.1　“记者之师”——著名新闻教育家陈望道研究

陈望道（1891—1977），原名参一，单名融，字任重，笔名佛突、雪帆、晓风等，一位全方位的历史人物。他，首译了《共产党宣言》，是 1921 年中共上海地委的首任书记，中国共产党的重要创始人之一。他，从事高等教育半个世纪，创办了复旦中文、新闻二系，为复旦新闻系的实际创始人之一。他是我国现代修辞学体系的开拓者和奠基人，著名的语言学家，新中国成立后的复旦大学首任校长、中国科学院的首批常务学部委员，也是我国新闻教育的开拓者。限于篇幅，下面仅就他在教育（尤其在新闻教育）上作出的重大贡献略述一二。

1. 早年的求学和报刊实践生涯

1891 年 1 月 18 日，陈望道出生在浙江省义乌县分水塘村的一户农民家里，其父陈君元继承祖业以务农为生。陈望道兄妹五人，他居长。陈望道从 6 岁起在村上私塾里攻读“四书五经”等传统书籍，并在课余学习拳术和参加田间的各项劳动。16 岁那年，陈望道到县城绣湖书院（后改为县立第一高等小学）学习数学和博物。一年后，他又回到分水塘村邀人兴办村学，招募村童入学。在村里办学一年后，深感自己知识贫乏，便前往省立金华中学就读，并获得优异的成绩。

1915 年年初，陈望道留学日本，分别于东洋大学文科、早稻田大学和中央大学法科学习，同时还到东京物理夜校攻读物理和数学。在日本的四年半时间里，他以惊人的毅力，学完了法律、经济、物理、数学以及哲学、文学等多门课程，最后毕业于中央大学法科，获法学士学位。在留日期间，陈望道开始接受马克思主义的学说和共产主义思想。

1919 年国内“五四”运动爆发，陈望道于同年 6 月毅然回国，受聘担任了“浙江一师”的国文科教员。期间，主要从事国文和国文教育的改革，同时支持学生办刊物。在从事国文和国文教育的改革中，陈望道和夏丏尊、刘大白、李次九四位国文教员不但提倡白话文反对文言文，而且为推广白话文提出了传授注音字母、倡导拼音和使用标点符号，以及出版国语丛书《新式标点用法》、《国语法》、《注音字母教授法》等各项改革措施。

当年在“浙江一师”师生编辑出版的众多报刊中，以《浙江第一师范校友会十日刊》和《浙江新潮》的影响最大。陈望道对施存统、宣中华、俞秀松等学生的办报都给予了极大的友持。在此期间，陈望道还在郑振铎主编的《时事新报》副刊《学灯》及《浙江一师校友会十日刊》等报刊上发表了《扰乱与进化》、《我之新旧战争观》、《浙江的一颗明星》、《改造社会的两种方法》等多篇文章。在这些文章中，他运用辩证唯物的观点提出了对社会改革的一些具体设想，成为当时促进社会改革的一员闯将。

除了鼓励学生自己办刊物，陈望道还在校内设置了报刊贩卖部，出售全国著名的进步报刊，诸如《新青年》、《每周评论》、《解放与改造》、《星期评论》等，每天都有销售。

因为办刊物，“浙江一师”的学生施存统在陈望道的指导下写了一篇《非孝》的文章登在他们自己办的杂志《浙江新潮》第二期（1919 年 11 月）上。《非孝》这篇文章只是提出了这样一个问题：中国历来主张孝道，“百善孝为先”，如果我爱母亲，可是父亲虐待母亲，我要对母亲尽孝，就要反对父亲；可是，对父亲同样要尽孝，我又不可能反对他。我该怎么办？文章阐明了：要求“父慈则子孝”，不可片面地苛求儿子尽孝这样一种观点。然而，就是这样一篇文章，被当局视为洪水猛兽。省教育厅以“非孝、废孔、公妻、共产”的罪名下文罢免校长经亨颐的职务，同时开除陈望道等四位国文教员。因为经校长坚持抵制不办，反动当局竟调动军警进驻学校，妄图强行驱散学生停办学校。1920 年 3 月 29 日，当局更是增派军警至七八百人，将三百多名学生团团围困在操场。此时年仅 28 岁的陈望道就在学生当中，与同学们一起面对军警的枪口和刺刀。此时有名学生跑到警长面前说：“你不肯牺牲五十元一月的薪俸来摧残我们，我却宁肯牺牲性命以全人格！”说着就拔起警长的指挥刀要自杀，陈望道乘此向军警大喊道：“学生都被逼得要自杀了，你们还不后退！”警长只得下令撤退三尺。后来，在全国各界人士和海外侨胞的声援下，当局收回成命，“一师”的斗争终于取得了胜利。陈望道站在潮头，无愧为五四新文化运动的先驱。

2. 开创中国新闻教育

“一师风潮”后，陈望道于 1920 年 5 月来到上海。9 月，经邵力子介绍他进入复旦大学国文科，开设了文法、修辞课程。1924年起，他又开设了美学、因明学和新闻学讲座等课程。陈望道目睹当时新闻专业人才奇缺的现状，学习“欧美各报，多托学校代办新闻科，故人才辈出，报业乃兴”的先进经验，认为为了改变我国地方报纸“实在非常失望”的现状，必须开创中国的新闻教育事业，为此开办了“新闻学讲座”这一课程。

1926年9月，国文科改名中国文学科，陈望道和邵力子共同担任“新闻学讲座”讲师，同时招收了第一批专攻新闻学的本科生。1927年秋，陈望道接任中国文学科主任，把原有的新闻学讲座扩充为新闻学组，特聘名人讲授“新闻编辑”、“报馆组织”、“新闻采访”与“新闻学”等专业课程，同时继续为新闻学组招收本科生。①

因为有了以上基础，1929年复旦调整系科时，陈望道才有可能把新闻专业从中文系独立出来另成立了一个新闻学系，复旦大学从此有了自己创办的新闻系。这是当时全国首创的一个新闻教育机构，由谢六逸任系主任。陈望道始终关心着这个由中文学科孕育出来的新闻教育机构。

在1929年有了新闻系以后，1931年发生了这样一件事：那一年，复旦左派学生聚会，中文系的一位学生敲响了学校的校钟。按照规定，学生是不能随意敲响校钟的，为此，校长决定开除这位学生，要时任中文系主任的陈望道副署，陈望道为了保护这位左派学生，没有签字。为此惹恼了学校当局，陈望道不得不在那一年离开了复旦。

从1931年离开复旦到1941年再回到复旦，差不多有10年时间，在此期间，陈望道办《民国日报》副刊《觉悟》和主编《妇女评论》，创办《太白》杂志，开《大江书铺》，办《大江月刊》，同时出版《修辞学发凡》、《因明学》、《望道文辑》等著作，从事的都是与新闻及其出版息息相关的事业。

1938年抗战爆发后，复旦迁校至四川重庆北碚。1940年，陈望道从上海经香港辗转到重庆，又回到了设在北碚夏坝的复旦大学。1941年9月起，他被任命为新闻系代理主任，第二年9月任新闻系主任，直到1950年7月辞去这个职务。在他担任新闻系主任的8年时间里，他的教育理念及其实践使新闻系有了很大的发展。

1942年出任新闻系主任后，陈望道提出了“宣扬真理，改革社会”的办系方针和“好学力行”的系铭。

在讨论确定新闻系系铭的过程中，有人曾提出以“打成一片”四个字作为系铭，这四个字受到同学们的欢迎，眼看要举手通过了，陈望道说：我建议还是以“好学力行”作为新闻系的系铭为好，因为学行并重，理论联系实际，这才是对新闻人根本的要

---

① 李建新：《中国新闻教育史论》，新华出版社2003年版，第103~104页。

求。经过讨论，最后确定了陈望道提出的“好学力行”作为新闻系的系铭。

为了实现“宣扬真理，改革社会”的办系方针和“好学力行”的系铭，以培养出“有巩固基础、有发展前途的新闻文字工作者”，陈望道十分注意理论与实际相结合。为了实现“理论与实际相结合”这一办学理念，在课程设置上，他把“哲学原理”、“伦理学”（也就是“逻辑学”）作为必修课，希望学生能学会辨证地看问题，具有逻辑思维的能力；同时开设了注重实用又与社会需求紧密相连的“新闻采访”、“新闻编辑”、“新闻英语写作”、“新闻评论”和“报馆实习”等专业课程。在聘用师资方面，除了邀请有办报经历的人作专职教师、邀请新闻名家做兼职教师外，还经常请于右任、邵力子、王芸生、叶楚伧等知名人士来校作短期讲课，做专题报告、开座谈会等。他除了自己开“修辞学”、“伦理学”课外，还讲授新闻专业课“评论练习”，他提出新闻评论写作必须“有胆有识”。胆，就是要有敢讲真话的胆量；识，就是所讲的话要有见地。陈望道鼓励学生坚持真理，有胆有识，学有专长。

陈望道录用人才别具一格，一旦录取后，对学生要求严格。他要求学生去人多的地方（如茶馆等）历练写作；要求学生随时注意身边发生的事情，以历练敏感性。有这样一件事，1944 年复旦大学在重庆招生，湖南青年张啸虎报考新闻系，他数学考了零分，但两篇作文（一篇白话文，一篇文言文）都考了一百分。作文能考到一百分，在复旦大学的考试史上是从来没有的。按照规定，主科只要有一门考了“零分”，就不能录取。时任新闻系主任的陈望道认为一个报考新闻系的学生，一支笔能这样棒，应该破格录取。经过他力争，终于打破常规，这位同学被破格录取了。这件事传开后，颇为轰动。后来这位“才子”在辽宁省电台工作，1979 年后任湖北省社会科学院研究员、文学研究所所长，1991 年逝世后留下了二百余万字的著作。还有这样一件事，一次陈望道上课后不急于讲上课的内容，却提出了一个问题要求同学们回答，他问：“哪一位同学能告诉我，我们每天来上课要经过的那座桥，两边的护栏有几根?”同学们面面相觑，没有一个人举手回答。陈望道严肃地说：“我们作为未来的新闻人，要随时注意身边的事情，要有敏感性。”

陈望道十分注意培养新闻系学生的实际操作能力。为解决学生实习困难，陈望道恢复了原有的复旦新闻通讯社，并且自任“复新通讯社”社长、出版复新社的《通讯稿》刊物，由学生当编辑。每周五发油印稿一次，免费供给重庆各大报社使用。他还鼓励学生办壁报，这是一种实习性质的刊物，所办的壁报有《夏坝风》等 30 多种。为了创造培养学生的环境，他还在新闻系开办了一个“新闻晚会”。这个新闻晚会每周一次，以讨论时事、进行学术研究的形式开展活动，人人都可以自由发言，探讨国内外大事。在晚会上，学生轮流做主席，不但练习口才，还要能控制会场，更要能出讨论的题目。晚会的主题事关国家前途，有“新闻与政治”、“我们的出路何在”、“中国将向何处去”等。据统计，晚会前后举办过100多次，陈望道常去看看，周谷城、邵力子都曾参加过，重庆记者也常来。由于影响很大，引起复旦校方的担心，陈望道却说：“出了事情，我负责!”新闻系成了当时复旦民主力量最强的一个系。

为了“使有志新闻事业的青年更能学以致用”，陈望道于1944年开始募集资金创办当时中国高校的第一座新闻馆。①

“复旦新闻馆，天下记者家。”为了筹集资金，在炎热的夏天，陈望道中午以烧饼充饥，晚上睡在朋友家臭虫很多的床上，因为过度疲劳，他卧病了一个多月。1945年4月5日，他亲自募捐筹建的新闻馆终于落成。在新闻馆的落成典礼上，他发表了“新闻馆与新闻教育问题”的讲话。陈望道说，“现在中国新闻教育机关急需解决的问题似乎有两个：一个是如何充实教学的设备与内容，使有志新闻事业的青年更能学以致用。二是如何与新闻事业机关取得更密切之联系，使学与用更不至于脱节。筹建新闻馆是想尝试解决第一个问题的一部分，以为解决第二个问题的基础”。

大学里建立新闻馆，是当时新闻教育事业的一个创举，得到了社会各界尤其是新闻界的广泛赞许和热烈祝贺。重庆文化界、教育界人士萧同兹、王芸生、潘梓年、胡秋原等和复旦师生五百多人参加开幕典礼。《新华日报》发来了“为新闻自由而奋斗”的贺电。国民党元老于右任也发来了《新闻自由万岁，中华自由万岁》的演讲词。

新闻馆设有编辑室、会议室、印刷所、图书室以及收音广播室等，为新闻系的教学实习提供了一个良好的基地。学生们利用新闻馆的设备，收听延安新华广播电台的广播。这里成了全校进步师生争取自由的活动场所，被誉为“夏坝的延安”。

在陈望道主持下的新闻系，从1941年到1945年，短短的几年有了很大的发展。以招生为例，1941年报考新闻系的学生仅32人，为那一年报考复旦学生总数的6.4%；而办学4年后的1945年，报考新闻系的学生增为479人，占了那一年报考复旦学生总数的22.4%。

1945年抗战胜利后，陈望道随复旦大学回到上海，继续担任新闻系主任。新闻系的房子坐落在现今复旦大学望道路最西端的小桥流水景区，那座小楼仍叫新闻馆。因为每周的“新闻晚会”和经常举行的学生聚会，新闻馆前面的那块空地，人们称它为复旦的民主广场。在1945年到1949年新中国成立前，新闻系不断进步，声誉日盛。陈望道也被誉为“记者之师”。

---

① 陈望道：《新闻馆与新闻教育问题》，见《陈望道全集》第五卷，浙江大学出版社2011年版，第255页。

新中国成立后，1952 年陈望道被任命为复旦大学校长，工作十分繁忙，但他对新闻系仍是十分关心。他亲自邀请上海解放日报社社长恽逸群出任新闻系主任，邀请大公报王芸生、文汇报徐铸成等新闻名家到新闻系讲课。1952 年全国高校院系大调整中，上海市高教局准备停办复旦大学新闻系，与复旦新闻系同样有名的燕京大学新闻系并入北京大学后，也没有办新闻系，只是在中文系中设置了一个编辑专业。陈望道得知高教局以苏联只有党校才能办新闻系为由要停办复旦新闻系后，两次专程上北京。先找到教育部，教育部说没有办法，他又去找周恩来总理。总理请示毛泽东主席后，毛泽东说："既然陈望道要办，就让他办。"这样复旦新闻系才得以保留下来，成了全国新闻院系中历史最悠久、唯一薪火不断的一个院系。

从 1924 年开设新闻学讲座，1926 年招收了第一批本科生，到 1927 年陈望道把原有新闻学讲座扩充为新闻学组，继续招收本科生，直至 1929 年成立全国首创的新闻教育机构——新闻学系，1942 年起又接任该新闻学系主任达 8 年之久，他为新闻系的崛起作出了不可磨灭的贡献，陈望道无愧为开创中国新闻教育的鼻祖，我国新闻教育的实际创始人。

3. 为复旦大学崛起作出重要贡献

复旦大学原为一所私立大学，1945 年改为国立。1949 年新中国成立后，经历了 1950 年、1952 年二次大的院系调整，如何把调整后的新复旦办成为一所新型的社会主义大学和国家重点大学，这个重任历史性地落到了时任校长陈望道的肩上。他为建设有中国特色的社会主义高等教育事业，作出了开创性的探索；他的教育理念及其实践，为复旦大学在 50 年代崛起，一跃为国内重点大学，作出了重大的贡献。

1）倡导科学研究和树优良学风、校风的办学治校理念

关于学校的发展，陈望道说："高等学校的发展一般有三个阶段：一、办校务的阶段；二、教务的阶段；三、科学研究阶段。如果一所学校只停留在办校务和教务的阶段，不进一步向科学研究阶段发展，这所学校的教学质量和学术水平肯定不能提高。"在 1952 年陈望道任复旦大学校长以后，对于经两次院系调整后形成的新复旦，校务办了，教务也办了，现在要发展、壮大就必须搞科学研究。陈望道认为，一个学校不发展科学研究，教学工作就上不去，培养德智体全面发展的人才，贯彻高校十六条也就成了一句空话。他曾对复旦教师深有感触地说："要对文化有所创造，不能把别人的东西翻来覆去地讲，教师一定要从事科学研究，要进行创造性劳动，否则文化事业就不能发展，教育事业也不能发展。"正是在这一思想的指导下，复旦大学从 1954 年开始，在每年校庆的同时举行科学报告讨论会。在 1954 年的校庆节，陈望道专门为复旦校刊题写了如下的内容："综合大学应当广泛地经常地，结合教学，开展科学研究工作，为祖国

建设服务。今年校庆的种种活动，如举行科学讨论会、著译展览会等，就以促进科学研究为中心。这是一个创举，希望大家合力完成这个创举。希望大家踊跃发表现有的成就，争取更大的成就。”①

两年后的1956年，党中央向全国知识分子发出向科学进军的伟大号召，陈望道在复旦大学的51周年校庆暨第三次科学报告讨论会上又作了“如何开展科学研究”的专题报告。陈望道说：“我们的科学讨论会应结合学校经常的工作，经常性的科学研究工作来筹备进行。”“应吸收学生到科学工作中来。”“应结合教学、理论探讨、学术思想批判和结合生产、建设实践等方面”来进行。结果，在1956年这一年中全校学生中成立了科学小组77个，成员598人，举行过的小型科学报告会、科学讨论会在146次以上。全校教师提出的科学报告也有117篇。

1959年5月17日，中共中央发出《关于在高等学校中指定一批重点学校的决定》，北京大学、中国人民大学、复旦大学等16所高校被指定为全国重点大学。陈望道认为，对于一所培养社会主义建设人才的全国重点大学来说，开展经常化的科学研究工作，以促进教学质量的提高，这里还有一个学风和校风的建设问题。在他的建议和主持下，复旦大学的校务委员会和行政办公会议，在1961年、1962年和1963年的3年时间里，曾先后多次讨论学风和校风的建设问题。尤其是1963年3月26日，陈望道主持召开了一次在复旦校史上堪称空前的、专门讨论学风的校务委员会扩大会议。在会上，陈望道就学风的建设问题作了全面的论述。他说：“一、学风问题是学校工作中最广泛、最基本的问题。学风问题和科研、教学、实验室以及资料收集、图书管理等各项工作都有密切关系。……由于学风问题同以上各种工作都有联系，所以我们说它是最广泛、最基本的问题，希望引起大家的特别注意。二、学风问题一定要做到有破有立，理由是不破不立。……联系到我们学校里，应该强调些什么，哪些是属于不正派的应该破除的，都应该开展讨论。总之一句话，学校应该提高学风，培养学风。三、学风的培养和提高不是一朝一夕能够做到的。学风必须是从小的地方到大的方面都应该注意到的，它是要作长期的、多方面的努力才能完成的事；是要有革命干劲、科学精神才能做到的事。为此，我们就应该做到时刻注意，随时努力坚持好的正确的方向，使它成为一种非行不可的风气。四、一个好的学风，一定要靠大家努力，使它不断提高，让它真正树立起来，要自然而然形成一股风气。又说：学风的问题，有的需要进行教育，有的并不需要教育，环境就能影响一个人。学生一进校门，自然会受到环境的影响，不管是好的还是坏的。有

① 邓明以：《陈望道传》，复旦大学出版社2005年版，第276、276~277页。

个好的学风，邪气就不会抬头了。”①

离开三月份这次学风问题的全校大讨论之后，仅隔两个月，陈望道又在 58 周年校庆暨第 9 届科学报告讨论会的开幕式上，对培养学风的问题作了全面的补充。他说，“我个人认为，学风问题是一个综合性的问题”，“包含的内容很繁复，涉及的方面也很广泛，也许同机关的一切人（师生员工）和一切事（教学、科学研究等等）都有关系，但又不是虚无缥缈，不可捉摸的”。“只要我们经常讲，经常注意，就可以动员一切人在一切事上注意这种综合表现。”又说：“我个人认为，优良学风的形成是一个需要长期的思想上启发和行动上实践的问题。需要做的事很多，但主要可以从两方面去做，一要思想先行，也就是要有好的思想来启发、指导。我们要以马克思列宁主义、毛泽东思想来指导我们的教学、科学研究工作。思想不先行，不以正确的好思想来启发、来指导，就会有迷失方向的危险，那就不可能形成优良的学风。譬如，为谁学习、为谁研究、为谁服务的问题，以什么思想来学习、来研究、来服务的问题，要很好地解决这些问题，需要有正确的思想来指导。二要有行动实践，优良学风的培养和发扬还需要我们在行动上实践。要以正确的思想为指导，专心致志向科学技术作精益求精、坚持不懈的努力，通过实践，使好的思想成为力量。1958 年以来，我校许多青年同志，发扬敢想、敢说、敢做的精神，不怕困难，敢于探索，坚持到底，终于在新专业、新学科的建设上作出了成绩。……我们许多教师，在做学问的过程中，也是一丝不苟，严格要求。他们对资料务必亲自查到底，力求确实可靠，他们对实验数据务必亲自检验，力求准确完备，这些都是优良学风在行动上的实践。”陈望道最后说：“发扬新学风不是一朝一夕之事，也不是一人两人之事，首先要大家重视，大家来作长期的、坚持不懈的努力，这样才会逐步发展，最后成为一致奉行的风气。”这样，陈望道对于为什么要培养学风和校风，培养什么样的学风和校风以及怎样培养学风和校风，都作了系统的阐明，为全校师生指出了努力的方向。②

在陈望道倡导科学研究和新学风发展复旦大学理念的影响下，复旦大学的方方面面都有了长足的进步。至 1959 年，全校师生员工近 8000 人；同新中国成立前相比较，校舍面积增加了 1. 75 倍，仪器总值增加 14 倍，图书数量增加 7. 4 倍。

经过院系调整、开展教学改革和科学研究，复旦大学还取得了许多重大的科技成果。诸如：第一支医用 X 光管、第一台电子模拟计算机、第一台质子静电加速器，都首先由复旦研制成功。

---

① 邓明以：《陈望道传》，复旦大学出版社 2005 年版，第 283 页。

② 邓明以：《陈望道传》，复旦大学出版社 2005 年版，第 284~286 页。

2）倡导学校教育与社会实践相结合

学校教育必须同社会实践相结合，这是陈望道办教育的一贯思想。早在1923年到1927年他担任共产党办的上海大学中文系主任、教务长、代理校务主任的时候，就致力于把学校教育和社会实践结合起来，鼓励并同师生一起走向社会，到工人和人民群众中展开活动。正是这样，“上大”为党培养了大批有学问、有能力的干部。“上大”也成为1925年“五卅”运动的重要策源地之一。1929年陈望道担任地下党办的中华艺术大学校长，他同样鼓励师生关注社会现实，走近群众生活，使中华艺大吸引了不少进步师生和左翼文化人士，成为他们的活动中心。

新中国成立后，他担任复旦大学校长，更是非常注意使学校教育与社会实践相结合。1958年，时任复旦大学勤工俭学指导委员会主任委员的他，指导全校勤工俭学活动热烈展开，同时又及时关照和提醒有关方面，务必注意青年学生正在长身体的特点，劳动量不能和工人、农民一样，要放宽一些。

3）倡导“又红又专”，培养德智体美全面发展的人才

陈望道认为，大学培养出来的人才，一定要具备较高的政治觉悟，又具有专业培养目标所要求的科学知识水平。所以，他很赞成“又红又专”的提法。1958年复旦校庆，他就作了这样的题词：“没有一个学生不是又红又专，是我们复旦大学最大的校庆！我们要争取这样的校庆！我们要祝贺这样的校庆！”在1962年9月3日复旦大学的迎新大会上，陈望道又向同学们提出了“希望你们坚持又红又专的方向”的要求。①

陈望道曾多次论证政治和业务、红与专的辩证关系。他说：“在我们知识分子中还需要很好地解决红与专的关系问题，亦即政治与业务的关系问题。有一种讲法叫重业务轻政治。我认为重业务并没有错，我们要加速建设四个现代化的强国，当然需要重业务，问题出在不该轻政治。同时是否所有的人都已重业务了？这也是个问题。在政治和业务的关系中，强调政治的重要性，决不意味着可以忽视专业。知识分子坚定地走社会主义道路，拥护党的领导，是解决政治方向问题，解决为谁服务的问题，这是首先必须解决的根本问题。但是解决了这问题还是不够的，还要解决一个服务得好不好的问题。因此政治与专业的关系，应当是统一的，不可分割的，我们既要重政治，又要重视专业。重视政治和重视专业也应该是统一的。”② 陈望道认为，红与专是应该统一的，是能够统一的，也是可以统一的。

---

① 陈望道：《努力学习，争取在德、智、体、美各方面都能有新的成就》，见《陈望道全集》第五卷，浙江大学出版社2011年版，第339页。

② 邓明以：《陈望道传》，复旦大学出版社2005年版，第274页。

在“知识有罪”、“读书无用”等谬论喧嚣的“文革”年代，复旦大学团委和学生会举办书法展览，请他题词，他仍然写了笔力苍劲的“又红又专”四个大字，表达了他对“又红又专”这个教育方针的坚持。

作为一校之长的陈望道，为复旦呕心沥血，才使新中国成立后复旦的各项工作很快走上轨道，迅速崛起而成为国内一流名校。

在复旦大学校园内有一条“望道路”，在“望道路”西头南侧有一个《望道园》，园中竖立着陈望道的半身铜像，陈望道的名字将永远为复旦人所铭记。他的功业，他的精神，他的风范，他的英名，将为人们所永远缅怀，永远纪念。

（撰稿人　陈振新）

6.1.2　中国现代新闻教育家谢六逸

谢六逸（1898—1945），是我国新闻教育事业的开拓者之一，现代文学史上著名的新文学家，我国报纸副刊编辑名家。他曾主编《文学旬刊》、《立报·言林》副刊和《国民》等多种刊物，在社会上引起广泛影响。他在长期的办报过程中，形成了丰富的新闻、编辑思想。1929年在复旦大学创建新闻系，任首届系主任。他对新闻学研究和中国的新闻教育事业都作出了很大贡献。谢六逸先生一生淡泊名利，在短暂的生命中，在文学、新闻和教育等众多领域建树颇丰。他还是一位爱国知识分子，为中华民族的抗日运动呐喊；他极富正义感，不畏强权为民请命。他的一生为后人留下了非常宝贵的精神财富。

1. 考取官费生留学日本

谢六逸，1898年出生在贵州的书香仕宦之家。祖父、父亲两人都曾在朝为官，母亲亦能娴熟诗文。他从小就在诗书的熏陶中长大，养成爱好读书的习惯，家庭教育为他奠定了很好的国学功底。谢六逸以优异成绩通过了贵州官费生的留日考试，这开启了他的留洋学习生活。

1919年，谢六逸进入日本早稻田大学学习政治经济学。“多读、深思、慎作”是他的学习信条。学习中，他开始思考社会改革、妇女以及平民教育等问题，并对文学表现出异常浓厚的兴趣。当时他最常去的地方是早稻田大学的图书馆、东京郊外的吉祥寺，因为这些是他可以安静读书的好地方。他学习刻苦，对社会问题极为关注，进入学校不久，便陆续向国内杂志投稿，在报刊上讨论各种社会问题。1920年2月，他在《新中国》发表《欧美各国的改造》，纵论世界各国改革的状况。这时他已经注意到了俄国社会主义革命，并“意识到产业国有即社会主义公有是经济发展的方向”①。他当时对民主就有了深刻的理解，他说“德谟克拉西（democracy）的基础，是由使人聪明的方针，配当适才于适合的场所，各人以最高效率发挥天赋的才能”②。他还看到了文学与女性的关系，他觉得妇人问题与近代文学有相提并论的必要。在《平民教育》杂志上他还阐释了对平民教育的独特理解。“教国民人人都有独立人格的与平等思想的教育，就叫平民教育”，是“平等主义的教育，不是阶级主义的教育”，是“为造就一般公民的教育，不是造就少数贵族或有特殊势力之人的教育”。③

2. 主编上海《文学旬刊》

1922年3月30日，谢六逸从早稻田大学毕业，回国后来到上海。文学研究会1921年1月在北京宣告成立，他成为第一批入会的会员，《小说月报》、《文学旬刊》，是当时谢六逸和国内同仁们活动的重要阵地。此时，新文化运动的战场已由北京转移到上海，文学研究会的活动中心也到了上海。他从入会之时起，就是文学研究会的积极支持者以及热心的撰稿人。可以是说，谢六逸在日本留学期间不仅有志于文学，而且用自己的实际行动，投身到新文学运动中。回到上海，谢六逸的到来，壮大了当时新文化运动的力量。1922年4月中旬来到上海，他即进入商务印书馆“办事”，参与《综合英汉辞典》校订工作。这期间他做事非常低调，人也随和，“叫干什么就干什么”。即使这样，他一开始就遭遇不顺，让一些人觉得有些“呆”，最终遭到辞退，于是“改在馆外‘办事’”，仍然要校订《综合英汉辞典》。为了生计，他在私立大学上课，开始了他的教学生涯。在沈雁冰主持《小说月报》期间，因为他改革版面而遭到商务印书馆守旧派的压制和打击，于是愤然辞去主编职务，为了不使杂志停刊，由原来《文学旬刊》主编郑振铎接任。《文学旬刊》在郑振铎离开后就缺少了主编，谢六逸由沈雁冰、郑振铎推荐，经过文学研究会各会员决议，正式担任《文学旬刊》的主任编辑。这是谢六逸首次直接从事报刊编辑出版活动。他独立担任该刊主编，从第58期（1922年12月中旬出版）一直干到第72期（1933年5月上旬）。在这期间，他发表了大量的文学作品。1924年4月，谢六逸担任中华书局出版的《儿童文学》月刊主编，发表了不少儿童文学作品。

在日本留学期间，谢六逸对文学理论兴趣浓厚，他发表的第一篇文章就是关于文学问题。针对当时的中国文艺，他发表在《小说月报》上的《文学上的表象主义是什

---

① 秋阳：《谢六逸评传》，贵州民族出版社1997年版，第40页。
② 秋阳：《谢六逸评传》，贵州民族出版社1997年版，第41页。
③ 秋阳：《谢六逸评传》，贵州民族出版社1997年版，第47页。

么?》一文进行了评论，“要一蹴而学象征主义的文艺，那就未免不自量，仍然要跌到旧浪漫主义（传奇派）去”，“因为没有受过科学的洗礼，便要倾向神秘；没有通过写实，就要到象征，简直是幻想罢了”。①

他对西方小说的发展做了系统的研究，完成了对文学研究具有重大开创意义的《西洋小说发达史》，获得高度评价。他提出西方近代小说的发展历史：以神话为源头，历经浪漫主义、自然（写实）主义、新浪漫主义的发展脉络，并对每个阶段作了深入的阐释。“《西洋小说发达史》1922 年在《小说月报》发表时（13 卷 1—11 号），就在文坛引起了广泛的注意，并在新文学运动中产生了深远的影响”，是“一部最初的、恐怕也是到现在为止最好也最详的西洋小说史”。②

3. 开创复旦新闻教育

在任《文学旬报》主编四年之后，1926 年谢六逸受聘成为复旦大学中文系教授，1929 年，在他的建议之下创办新闻系。他在建议中指出，“普及教育之利器，首数报章，以其一纸风行，力能转移社会趋向也”，但新闻业的现状实在难以令人满意，只能够堕落人心，而起不到启迪和激励社会之效。所以，他提出“欲矫斯弊，从事文艺的新闻记者之养成，既示以正确之文艺观念，复导以新闻编辑之轨则，庶几润泽报章，洽自社会，言而有文，行而能远”，故拟设新闻系。③

谢六逸在《中国文学系往何处去?》中阐发了他的办学思想。他主张：大学文科教育必须注重“三性”：（1）学术性——有独立完成学术的使命；（2）社会性——养成对社会有犀利的观察能力；（3）实用性——理论与实际相结合，人才的培养必须适应社会环境的需要。按照这些设想，他对新闻系的课程和实践教学都非常重视。谢六逸在新闻教育中的一项开创性工作是编制新闻学教学计划，并对各科课程列出细目，“使教与学皆有所遵循”。他在复旦大学新闻系开设的课程有“实用新闻学”，“新闻学概论”，“通讯练习”等。在《新闻教育的重要及其设施》中，他将新闻学教育的课程内容分为五个方面：基础知识、专门知识、辅导知识、写作技能和实践与考察。为了增强学生的动手能力以便将来更好地适应社会的需要，谢六逸主持的新闻系将学界和业界的精英都请来给学生们上课。文学院内聚集着国内硕学之士，有邵力子、刘大白、叶圣陶、丰子恺、洪深、陆侃如、冯沅君、徐中舒、曹聚仁、郑振铎、余楠秋、傅东华、顾仲彝、徐蔚南、陈望道、孙寒冰、萧乾、赵景深、陈子展等。在新闻实务方面有上海报界人士加

① 陈江、陈庚初编：《谢六逸文集》，商务印书馆 1995 年版，第 311 页。
② 陈江、陈庚初编：《谢六逸文集》，商务印书馆 1995 年版，第 311 页。
③ 陈江、陈庚初编：《谢六逸文集》，商务印书馆 1995 年版，第 311 页。

盟授课，其中有《申报》总管理处设计处主任戈公振，《时事新报》主笔陈布雷，《新闻报》编辑郭步陶，中央通讯社记者兼《民报》编辑陈万里，《文化建设》月刊主编樊仲云，《时事新报》编辑黄天鹏、周孝庵，《新闻报》印刷部主任章先梅等。另一方面，他带领学生们动手办报，边学边实践。他对实践教学的设想是："一是大学新闻，要办成日刊，编辑、营业、印刷，由学生分任，教授负责指导。二是办通讯社，并且向外发稿。三是建立研究室、阅报室和储藏室。"① 为了扩大学生的视野，增加报界的交流，1935 年 10 月，复旦大学三十周年校庆，谢六逸与新闻学四年级学生舒宗侨、唐克明等筹办了规模空前的"世界报纸展览会"，展览的报纸一共包括 33 个国家的 2000 多种报纸，其中中国报纸 1500 多种。"世界报纸展览会"在当时广有社会影响。借世界报展以推动我国新闻业的前进，是谢六逸向社会普及新闻学知识的一大举措。

除了加强新闻教育的师资之外，他还非常重视硬件的建设。"一是新闻学系专用建筑物，也就是要建一幢新闻学系的教学楼，而且是'钢筋混凝土的四层'楼房，并对各层的用途都有预想的分配：底层为印刷机器间，照相制版间，其上为教室，新闻储藏室，屋顶为气象台，传书鸽饲养处等。二是印刷机器、照相制版机的购置。三是应用于报纸的科学的各项设备。四是新闻研究所的设立。五是世界各著名报纸的搜集与储藏。六是世界各通讯社，各大学新闻学系的联络。七是本系永久资金的募集。"②

在当时，面临的最大困难是新闻理论研究的匮乏。谢六逸非常重视新闻理论的研究，在此方面用力甚多。要想开展教学首先要有教材，这无论是对新闻理论还是新闻实践都非常重要。1933 年，谢六逸在担任上海《申报》新闻函授学校教授期间，先后编撰了《实用新闻学》、《新闻资料储藏研究》、《国外新闻事业》等书由该校作为教材出版，大江书铺还出版过他编著的《新闻学概论》。他还指导学生广泛地研究新闻问题，大力推动新闻的研究。在他的大力支持下，复旦大学学生先后发刊了多种新闻学理论刊物。1930 年校刊《新闻世界》半月刊创刊，1931 年学生黄奂若创办《明日的新闻》半月刊，1934 年学生唐克明创办的《新闻学期刊》出版。他还以新闻学学会的名义陆续出版了新闻系学生撰写的《最新应用新闻学》（陶良鹤）、《上海报纸改革论》（郭箴一）、《新闻政策》（杜绍文）等专著。③ 这些都极大地促进了新闻学研究氛围的形成。

对于新闻教育，他明确提出要开办新闻专业或者新闻系，而且对中学生进行新闻知识的普及也是必要的。"他阐明新闻教育应该分成两个层次实施，所谓新闻教育，包含

① 秋阳：《谢六逸与复旦大学新闻系的创办》，载《新闻大学》1997 年第 3 期。
② 秋阳：《谢六逸与复旦大学新闻系的创办》，载《新闻大学》1997 年第 3 期。
③ 胡正强：《试论谢六逸的新闻教育实践与理论贡献》，载《煤炭高等教育》2003 年第 2 期。

着两种意义，（一）就普通的学校来说，应该设新闻学的学科（Journalism Course）由教师讲授新闻学的常识，并指导学生为学校办‘学校新闻’。（二）就专门以上的学校说，应该开办新闻学系（School of Journalism）为本国报馆培植人才。”不仅如此，他认为中等学校设新闻课对学生有很多的益处，这体现了他对提高国民新闻素养的急切心情。在普通学校开设新闻的课程，他提出有如下益处：（1）写作能力的养成；（2）新闻阅览的研究；（3）新闻好坏的鉴别；（4）职业教育的预备；（5）由报纸上的记载，受到活鲜鲜的教育。① 谢六逸能有这样的想法与他具有的国际视野是分不开的，他曾经就专门研究和介绍过日本的“学校新闻”。

谢六逸在新闻人才的培养中提出新闻记者应当具备的能力和素质。他认为：第一，身体健康，“新闻记者对于 Sports 应该热心参加或选择一种作为自己的嗜好”。第二，明快，即要性格开朗，“忧郁性的人决不适宜于新闻记者的专业，像一个多愁善感的才子便没有做新闻记者的资格”。② 第三，机智。第四，热情。第五是常识，即知识面要广，特别是要具备一些急需的常识性知识。

除此之外，他非常重视新闻记者的道德素质，“新闻纸在道德方面应宣扬善良的人生，不在暴露社会罪恶，它能训练读者同时培养读者对于社会认识的正确性，应做到善良观念的启发与反省，向上意志的养成”③。这也正是谢六逸认为记者应当报道的新闻的价值所在。

通过几年的艰苦奋斗，他将新闻系办得有声有色，当时获得了广泛好评，在江南独树一帜，与北平燕京大学新闻系并称“瑜亮”。

4. 编辑《言林》和《国民》

谢六逸虽然在早期已经编辑过《文学旬刊》，但是《言林》副刊和《国民》周刊的编辑却是他编辑生涯的巅峰。在谢六逸的编辑生涯中，最能体现出他的才干的，是他所主编的《立报》的《言林》副刊和生活书店的《国民》周刊。

《立报》是老报人成舍我主办的一份小型报，《言林》是它下面的一个副刊。《立报》提倡新闻大众化，提倡文章短小精悍。这份报纸的名称就暗示这个意思，即站在马路边或挤在电车上都能把文章看完。《言林》在办刊伊始就将“短小精悍”作为自己的宗旨，在开场白中，他指出：“本报的标语是‘五分钟能知天下事’，因此我的开场白只能花费阅者五秒钟。小型报跟短文章，现在很流行，这是因为大众很需要它们的原

① 陈江、陈庚初编：《谢六逸文集》，商务印书馆 1995 年版，第 274 页。
② 陈江、陈庚初编：《谢六逸文集》，商务印书馆 1995 年版，第 286、287 页。
③ 胡正强：《试论谢六逸的新闻教育实践与理论贡献》，载《煤炭高等教育》2003 年第 2 期。

故。现代人过着劳苦挣扎的生活，只能够看看小型报跟短文章。报纸面积虽小，小中可以见大。文章不怕短，短中可以见长。篇幅虽然紧缩，品质却已增高，这就是我们的希望。这块草地，从今天起开放，凡对人生社会、百般问题，喜欢开口的人，都请到这里来谈天。"① 这体现了谢六逸报纸要从读者需要出发的报刊思想，与《立报》的宗旨相吻合。

在编辑《言林》的过程中，还形成了为社会所称赞的"言林体"。谢六逸提倡在《言林》上写二三百字的短文，陈子展将这种精悍、隽永的文体称为"言林体"。谢六逸自己就以六逸、中牛、毅纯、无堂、宏徒等笔名在《言林》上发表大量幽默诙谐而充满正义感和战斗热情的短文，比如《谈"本位文化"》、《墨晶眼镜》、《"非常时"的文艺家》、《夹叙斋随笔（二）芳邻的浪人》、《夹板斋随笔（七）杂志短命年》、《夹板斋随笔（十）谈鬼》、《国号》、《夏夜漫笔（二）》、《新年谈文》等。

1937年春，经胡愈之推荐，谢六逸出任上海生活书店创办的《国民》周刊主编。当时，生活书店办的《新生》、《永生》等杂志相继被国民党当局下令查禁。中国正在面临着亡国灭种的危险，《国民》的创办正是要呼吁民众投入抗日的民族救亡运动之中，在这危难之际，谢六逸可谓是临危受命。"谢六逸在出任主编前曾与胡愈之、茅盾商议，提出以'无奇不有'为该刊编辑方针，得到茅盾赞许。"② 谢六逸主编《言林》和《国民》时都有一个特点，体现在其内容的"杂"上。《言林》刊载了谈论各方面的评论、诗歌、短言、游记、日记等多体裁文章，谈古论今，评说时事，品评各种社会现象，几乎无所不包。《国民》也突出"无奇不有"。《国民》周刊设有多种多样的栏目，内容非常丰富，如评论、专论、日本研究、通讯、小说、报告文学、随笔、札记、诗、读者信箱、短简、时事一周、新闻漫画、青年修养等。

《国民》是一份为大众办的杂志，他提出"创办这个周刊的动因，只是略尽国民一份子的责任"，目标是"希望本刊成为全国民众的言论机关"。③ 谢六逸认为新闻事业是大众的事业，同时他清醒地意识到西方报馆发展有逐步形成垄断的趋势，而这样报纸就会成为少数人的工具而不是大众的公器。他将《国民》办得有声有色，战时成为动员民众抗日的重要阵地。在谢六逸主持下，《国民》周刊紧密联系现实生活，采用短评、专论、通讯、诗歌以及图画、照片等各种形式，宣传救亡，动员抗日，揭露当局对日妥协投降的行径。同时，也刊登一些知识性、趣味性的作品。《国民》周刊既有战斗

---

① 陈江、陈庚初编：《谢六逸文集》，商务印书馆1995年版，第298页。
② 王建辉：《编辑风格精悍的胖子谢六逸》，载《出版广角》1999年第11期。
③ 陈江、陈庚初编：《谢六逸文集》，商务印书馆1995年版，第305页。

的激情、活泼的朝气，又有悉心的关怀、温暖的问候，深受广大读者的喜爱，发行量达到 10 万册。抗日救国是当时中国人民的根本利益，他在报刊中发表大量的文章呼吁民众团结抗日，比如《需要切实的工作》、《如何消灭汉奸》、《出版界动员问题》、《关于保卫大上海》等文章。对当局的消极抗日他在报刊中加以揭露，忿忿地写道："逃避的心理在今日是决不许存在的啊！"①

《国民》周刊于 1937 年 5 月 7 日创刊，同年 11 月 19 日终刊，前后共出版 19 期。虽仅有短短数月，但对重大事件都进行了报道。通过对"七君子案"、"七・七卢沟桥事变"、"庐山时局座谈"、"八・一三事变"的报道，致使《国民》周刊的发行数字跃升至十万份，成为当时拥有广泛的读者、极具影响力的刊物。《国民》创刊之后，即与《立报》相呼应，对"七君子案"连续进行报道。"七君子"入狱后，随着事态的发展，刊物相继发表了《爱国无罪》、《七君子案开审》等评论，《"爱国无罪"听审记》、《想起了章乃器先生》、《宋庆龄等赴苏（州）请求羁押记》等通讯报道，具实抗议，据理力争，反复申辩"救国无罪，应该是天公地道的"。当时，由于当局的报刊检查，导致一些文章中途夭折，但他不畏强权，万不得已就采取"开天窗"的方式，让民众知道这是当局对言论自由的钳制。

在编辑的生涯中他还总结出了很多有价值的方法。在杂志的编排中，他对形式非常重视，认为"美观"的形式才能引起读者的兴趣。他在版面的编排上也力求"杂"，力图推陈出新。谢六逸主张杂志的形式和编排也要"力求其杂"。他反对"杂志老是因袭这个旧套"。他认为，杂志的形式不能这样几十年一贯制，老是一副呆板的、僵化的面孔，而应该"在排式上求复杂，在使用铅字上也求复杂，在插图或饰图上求复杂"，时时给读者以耳目一新的感觉。② 在主编报刊的过程中，他还总结出一些很好的做法并写成书以便他人参考。如他专门撰写了《新闻储藏研究》，其中他还对剪报和新闻索引两种方法进行了比较和深入研究。他还对新闻标题进行了研究，指出新闻标题在现代报纸中具有"提倡快读"、"引起注意"、"宣传新闻"三大功能。

同时他也对编辑、记者人员的能力提出了要求。他说，编辑、记者必须精通编辑技巧，另外还要掌握"忍"、"狠"、"等"三种本领。他在文章中以一种幽欢的语言和略带夸张的手法来说明他的这个三字诀。所谓"忍"，是说在组稿、特别是向名家组稿时，"会面时除接连行九十度的鞠躬礼而外，还得用各种方法和他们联络，目的在于使他们的好文章都在自己的杂志上面登出"。编辑、记者"要脸皮厚"，要"非做百忍堂

---

① 秋阳：《谢六逸评传》，贵州民族出版社 1997 年版，第 40 页。
② 陈江：《谢六逸编辑生涯述评》，载《编辑之友》1988 年第 5 期。

主不可”。所谓“狠”，是说对于佳作“允许极高的润金”，“不吝啬稿费”，即使杂志老板有意见，也下狠心不去管他。所谓“等”，是说倘若“作家住在外埠的，如果拍电报还不见稿子寄来，就得花一笔旅费，派遣记者去坐索”；“作者住在近处的，屡次催促，不见稿来，发稿期迫，只好带了‘辨当’（饭盒）到他家中去坐候”。① 这个三字诀，在现今看来依然具有借鉴价值。

5. “报章文学”与“新闻为人生”

谢六逸对于新闻性质的认识，可以从他的《什么是报章文学?》一文中看到。在主编《言林》的过程中，他实际上已经有意识地将新闻文体与一般的文学作品区分开来，并将其理论化。谢六逸认为“报章文学狭义的解释，应该是：以新闻现象做题材的记叙文，略称新闻文体”②。“报章文学”就是“新闻文体”，其中蕴含着谢六逸的新闻本位思想，即新闻具有自身独特的属性。谢六逸虽然也属于资产阶级新闻学者，但他始终坚持认为“新闻原是事实的报道”，新闻无论其内容和形式都离不开事实，“事实是新闻的本源和基础，没有事实就没有新闻”。③ 他认为新闻是一种对事实的记录，“对于事实的记录，纯以‘事实’为对象不掺杂空想或偏见，目的在以确切的事实告诉读者，而读者所急欲知道的也是那事实，而非作者的私见”，同时，新闻也是对新近事实的报道，“构成报纸的重要元素是新闻，其最大目的是以最新的事实，用最迅速的方法，报告给读者”。他还说，“Journalism 不是向后的，它的眼睛，注视前方，向前直进，它犹如站在社会的尖端而向前进的火车头一样，对于某一社会的状态与前进的方向，我们可以凭借在社会里头所有的 Journalism 知道得最快而且最精确”。④ 这一对新闻本质的理解现今依然散发着其思想的光芒。

新闻文体与普通的记事文究竟有何差别？他认为，第一，新闻文体是对于事实的记录，纯以“事实”为对象，不掺杂空想或偏见。目的在以确切的事实告诉读者，而读者所急欲知道的也是事实，而非作者的私见。普通的记事文纯以文学家个人的见解为立场，这是二者最大的区别。第二，新闻文体以简练为主，不取空泛或堆砌的描写。他以幽默的口吻说，“几篇皇皇大文，每篇长若千言，据说每篇都是数年研究的结晶品，参考书籍在数百种以上……不幸六七十万言的杂志，被几篇皇皇大文章一塞，早已塞得胀鼓鼓了，即有空白，又再补上近于‘乌鸦在天空放屁的理论与实际’”，“这样的东西

---

① 转引自陈江：《谢六逸编辑生涯述评》，载《编辑之友》1988 年第 5 期。

② 转引自李雄燕：《谢六逸的“报章文学”思想》，载《新闻爱好者》2010 年第 10 期。

③ 转引自胡正强：《谢六逸新闻思想论略》，载《华东船舶工业学院学报（社会科学版）》2003 年第 3 期。

④ 陈江、陈庚初编：《谢六逸文集》，商务印书馆 1995 年版，第 309 页。

难以称作杂志”，不过是“论丛”或“论集”而已。① 但是，普通的记叙文字则不然，可随作者的意思抒写。“如果是游记，尽可将某地的风景详加描绘，加上作者的心境描写，也无不可。但在新闻文体，这种写法是不适宜的。”第三，“新闻文体宜写现状，不宜用回忆录或传记文体，普通记事文则不受此种限制”②。

谢六逸从事文学研究提倡“文艺为人生”，而他从事新闻事业同样是以“为人生”为办报之本。他认为报刊是“反映时代，为民喉舌”，即报刊肩负着为社会大众服务的使命。他曾经撰写《文学与民众》一文，主张“文学的民众化是可能的”，他希望“多有几个替民众设想的创作天才”。在从事新闻事业的过程中，他仍然坚持报纸要为民众服务。“近代的报纸是一所极（好）的文化大学。而且是永无卒业时期的大学……要想把知识普及化、民众化，没有比报纸更大更适宜的机关了。”③ 他主张，“新闻价值的判断应该主要着眼于新闻的社会效益”④。他形象地把新闻比做大众了解社会的精神上的交通机关。“阅读‘新闻’（报纸）有什么好处？原来社会上的交通机关有两类：一类是火车、轮船、飞机。一类就是‘新闻’。我们除了物质的交通机关而外，还得需要精神上的交通机关。我们要知道社会的活动。除了借助‘新闻’（报纸）是没有其他适当方法的。”⑤ 他还说：“如果办报的人能够认识到这一点他们就应该引导社会向前走去，不该躲藏在环境的后面，以求媚于少数的阅者。”⑥ 因此，他反对将报纸当成私人意见的发声器，而是要大家都来讲话的“公共平台”。

他曾经对中国报馆的现状发出这样的感慨：“中国现在著名的报馆里，有许多的记者连新闻价值是什么还不清楚。”“中国的新闻纸在什么年代才会有起色呢？我们的回答是‘就在新闻记者们不至于误认要人太太身上掉了一根毛发’都有新闻价值的时候。”⑦ 可见其批判之犀利，而当时的中国报纸并没有发挥好它的功能，相反却起到了坏作用，“恶劣的报纸，正如毒物一般，在每天的早晚，残杀最有为的青年，颓唐健全的国民”。当时的报界现实的确让人担忧。各种低俗的、毒害人民的新闻就会大量出现。

---

① 转引自陈江：《谢六逸编辑生涯述评》，载《编辑之友》1988 年第 5 期。

② 陈江、陈庚初编：《谢六逸文集》，商务印书馆 1995 年版，第 311 页。

③ 转引自李雄燕：《谢六逸的媒介素养思想》，载《新闻爱好者》2010 年第 8 期。

④ 转引自胡正强：《谢六逸的报刊编辑思想》，载《编辑之友》2003 年第 3 期。

⑤ 转引自李雄燕：《谢六逸的媒介素养思想》，载《新闻爱好者》2010 年第 8 期。

⑥ 转引自胡正强：《谢六逸新闻思想论略》，载《华东船舶工业学院学报（社会科学版）》2003 年第 3 期。

⑦ 转引自胡正强：《谢六逸新闻思想论略》，载《华东船舶工业学院学报（社会科学版）》2003 年第 3 期。

“近来上海有几家报纸，据说已经改善，颇注意社会栏，但仔细一看记事的材料，则不出‘抢’、‘奸’、‘杀’、‘自杀’。”① 谢六逸认为，要改变这种状况还需要提高国民的媒介素养，不然光靠记者是不行的。不过他也提出“将国内的报纸痛快地批评一下，一方面促进各报的改善，一方面使阅者知道辨别报纸的好坏”。由于他对当时新闻界的大量批评，被一些学者评价为：“原复旦大学新闻系第一任主任谢六逸先生才是中国媒介批评学的首创者。”②

在新闻学的研究方面，他还对国外通讯社的发展情况以及世界新闻事业的状况向国人进行介绍，特别是对于日本的新闻事业他做了相当深入的研究，写作了《日本的杂志》、《日本的学生新闻》和《日本的新闻事业》等论文。这些研究成果大大地拓宽了国人在新闻研究领域中的视野，对于中国新闻事业的发展起到了推动作用。

6. 在艰难中奋战到最后一刻

由于上海被日本人占领，沦为“孤岛”，《国民》出版半年就被迫停刊。谢六逸于是离开上海转辗香港，1937 年年底，谢六逸携带家眷回到贵阳。这时复旦大学和大夏大学联合内迁到了西南。1938 年春，两校分立，恢复原校，谢六逸仍到重庆复旦大学任新闻系主任，半年后又返回贵阳大夏大学，从此他便永远离开了自己一手开创新闻教育事业的复旦大学。不过，之后他还是继续从事着教学与办报活动。刚从上海辗转来到贵阳，就一面在学校讲课，一面与蹇先艾、李青崖等组织“每周文艺社”，1938 年 1 月在《贵州晨报》发刊《每周文艺》，公推蹇先艾主编。中华文艺界抗敌协会在汉口宣告成立，谢六逸被选为理事。后来由于遭受敌机轰炸，《每周文艺》被迫停刊，他于 1939 年 4 月创建《抗建》，并担任主编，提出“抗战必胜，建国必成”口号。1940 年，应华向渠约请，与马宗荣一道共同为文通书局创办编辑部，并创办《文讯》月刊，任主编。1944 年，兼任《中央日报（贵阳版）》研究室主任，时间半年。

谢六逸到贵阳后，几乎每天盼着战争能够早日结束，但对于当时的战事他并不乐观，有着自己清醒的认识，他在《文讯》第一卷第二期上发表《敌情估计》，提醒大家要认识到所处形势的严峻，不应对敌人抱有任何的侥幸心理，而对应对各种可能的变化要有心理准备。回到贵阳后，尽管他自己生活已陷入窘境，但仍然关心着家乡社会事业的发展。1942 年他发表《贵阳缺少的是什么?》一文，犀利地指出“贵阳缺少的东西不是别的，就是艺术的空气”，而“有意义的艺术可以培养大家的品格”，所以，他“希

① 转引自李雄燕：《谢六逸的媒介素养思想》，载《新闻爱好者》2010 年第 8 期。

② 胡正强：《谢六逸不应被遗忘的新闻批评家》，载《新闻知识》2004 年第 4 期。

望贵阳有一所完全的艺术馆”。① 对场馆的内部构成等，他也提出了详尽的建议。后来，他这一建议也被当局所采纳。1943 年，谢六逸被举荐为贵州省第二届临时参议会委员，1944 年被选为驻会委员、第三审查委员会（教育文化）召集人，他对贵州的教育事业积极建言。1945 年，贵州省主席杨森推行“短衣运动”，下令组织“剪衣队”，满街去剪市民的长衣，闹得人心惊慌。谢六逸愤然撰文《对于“剪衣队”的意见》，批评此举“不免要扰民，这就窃为智者所不取了”②。《中央日报》起初拒登此文，在作者亲赴报馆并在文末加注“文责自负”后方才刊出。就在抗战胜利的前夜，谢六逸由于从 1945 年 5 月开始病情突然加重，三个月后就在贵阳逝世，年仅 47 岁。当时社会各界，对于谢六逸的逝世都十分惋惜：“一代报人、一名学者，就这样在贫病交加之中，极不情愿地告别人世，怎不叫人扼腕太息！”③

（撰稿人　杨　秀）

6.1.3　新中国理论新闻学奠基人王中

王中（1914—1994），原名单勳，山东高密人，1914 年 6 月 17 日出身于一个地主家庭，从幼年开始接受了良好的文化教育。我国著名的新闻学家、杰出的新闻教育家。

他青年参时代加革命，于 20 世纪 40 年代末投身新闻教育事业，从此开始了长期的新闻教学与研究工作。在实践活动中，王中深感我国新闻事业的发展迫切需要新闻理论的支撑，因此他致力于探索新闻发展的规律，研究新闻理论。王中一生勤于思考，敏于实践，对真理执著追求。50 年代的他，满怀着理想，视野开阔，思想丰富，很早便提出了报刊的“商品性”等观念，在当时的新闻界引起了巨大的反响。1956 年，他经过认真调研之后编写的《新闻学原理大纲》，为我国新闻学向系统化、科学化发展作出了贡献。虽然在“反右”斗争及“文化大革命”这样特定的历史时期中历经磨难，但豁达、乐观的心胸以及对真理坚贞不渝的信仰让他坚持渡过了长达 22 年的艰难岁月。随着改革开放的到来，王中重返讲台，终于得以继续他被迫中断的新闻理论研究，使其新闻理论观点得以深化和完善，他为此奉献了自己的余生。王中对新闻理论的探索及研究

---

① 陈江、陈庚初编：《谢六逸文集》，商务印书馆 1995 年版，第 120~126 页。

② 陈江、陈庚初编：《谢六逸文集》，商务印书馆 1995 年版，第 130 页。

③ 朱建华：《论谢六逸的报刊出版活动》，载《贵州师范大学学报（社会科学版）》1997 年第 1 期。

对后世的新闻理论建设影响重大，被称为新中国理论新闻学的奠基人。

1. 从投身革命到任教华东新闻学院

1932 年 9 月至 1935 年 7 月，王中在济南山东省高级中学读书。当时的中国内外交困：军阀割据，国共内战，日本侵占东三省。那时他积极参加学生运动，敢于公然揭露国民党教师，称其“满口仁义道德，一肚子男盗女娼”，也因此被校方关过禁闭。1935 年 9 月王中考入在青岛的国立山东大学外文系，作为一名爱国知识青年，他积极参加了随后爆发的“一二・九”学生运动；随着民族危亡的加剧，又于 1936 年参加了抗日民族先锋队。1937 年 7 月，日军发动全面侵华战争，王中毅然投笔从戎，投身于抗日革命战争中。1937 年 7 月至 1938 年 2 月，他在青岛和高密组织抗日游击队，并于 1938 年加入了中国共产党，任支部书记，那一年他 24 岁。1938 年 3 月，他为自己改名字为王中，对于这个名字，他说“笔画少好认，干脆利落”。

王中曾在方毅、谷牧等同志领导下从事抗日救亡宣传和兵运工作。由于他是文人出身，不久便让他做报纸。他开始与谷牧一起办油印小报《火线下》，1940 年转移到山东抗日根据地，先后担任中共中央山东分局宣传部主办的《大众月刊》编委，中共中央山东分局机关报《大众日报》编辑、编委、通联部副部长、编辑部主任，新华社山东总分社编辑部主任，滨海《农民报》、鲁中区《鲁中日报》总编辑，中共济南市委机关报《新民主报》编辑部主任等职。直至解放后王中来到上海，此前有十余年时间他都从事着党报实践活动，具有十分丰富的办报经验，这为他此后的新闻理论研究，尤其是党报理论研究，奠定了相当的基础。王中不肯墨守成规，他爱琢磨，好革新，在解放区办报时他就曾根据群众的需要做过一些改革，受到过表扬。后来，王中一离开老区，就觉得当时城市里的众多报纸还是“老一套”，需要改革。

1948 年，中共中央华东局为适应新解放区需要大批新闻干部的要求，于 11 月在山东济南创办了济南新闻学校，恽逸群任校长，当时担任济南《新民主报》编辑主任的王中兼任该校教师，讲授新闻学理论课。

三大战役结束后，解放军即将渡江南下，解放全中国。中共中央华东局宣传部考虑到江南解放后需要大批新闻干部，决定在上海创办一所新闻学校，由恽逸群、王中、宋军等筹备。1949 年 5 月 27 日，上海解放。王中随军南下，任上海市军管会新闻出版处新闻室军代表，参加新闻系统接管工作。7 月，上海华东新闻学院正式成立，恽逸群任院长，王中任教务主任。教师、职工还有许铭、余家宏、李人揖、周竹轩、杜月村、谢叔良等。因恽逸群担任解放日报社社长，工作十分繁忙，学院的教务工作全由王中具体主持。

王中在主持华东新闻学院的教务工作时，强调打破旧的闭门教学、单纯向学生灌输书本知识的教学模式，主张教学应当理论联系实际。在制订教学计划时，既有必要的课堂教学，也安排师生下工厂、农村参加劳动。要求学生既要在校内吸收新闻专业知识，也组织学生到新闻单位参加实际新闻工作；对学生既要给他们传授知识技术，又要组织他们参加政治学习，注意改造思想、提高觉悟，树立为人民服务的思想。

2. 主持复旦新闻系锐意改革

1950 年，时任复旦大学校务委员会副主任的陈望道看中了王中，点名把他调进复旦新闻系。王中于当年 8 月到复旦新闻系担任教授后，讲过一个学期的“新闻学概论”课，此后从 1951 年至 1955 年没有讲过新闻课程，作为新闻系代理主任也没有抓具体工作。这段时期他的主要职务是复旦副教务长、校党委统战部长。

1956 年 1 月，中共中央召开关于知识分子问题的会议，毛泽东在会上号召全党学习科学知识。一个“向科学进军”的热潮在全国迅速出现，复旦校园里也洋溢着研究气氛。在这种形势下，王中回到新闻系，开始主持系务。但是，当时新闻系面临着一些急需解决的问题。

其一，如何从“学苏联”造成的沉闷局面中解脱出来？为“全面学习苏联”，复旦新闻系 1952 年取消学分制改用学年制，并开始大量精简合并新闻专业课程，把原来的多门专业课程，合并为一门“新闻工作理论与实践”。1954—1955 年，新闻系参照苏联的教学计划组织教学，采用苏联的新闻学教学大纲与教材，还请了苏联专家来作学术报告。当时，苏联的新闻理论教材，基本内容就是马克思、恩格斯、列宁、斯大林有关新闻工作的语录，以及联共（布）有关新闻工作的决议；新闻事业史教材，基本上和联共（布）党史没有什么区别；新闻写作教材，基本上把文学写作和新闻写作混为一谈。这种脱离实际的枯燥内容、僵硬形式，不受师生欢迎，也让王中很不满意。有一次学校请了苏联专家到新闻系讲课，王中对教师们说：不要听他的，苏联报刊史的路子太狭，我们不能照搬他们的做法，要总结我们自己的办报经验。他还批评苏联报刊史教材，说那种一个党报接着一个党报的介绍，就是报刊史吗？

其二，如何跟上新闻改革的形势？1956 年，以《人民日报》改版为代表的新闻改革步伐开始加快。王中主张：报社一有动作，新闻系教师就要能对它做理论分析，并预见它的发展趋向。而当时新闻系的科研尚停留在一般性的评报上，远远达不到这种要求。

其三，如何提高师资水平？50 年代初，新闻系的青年教师工作与学习热情很高，但缺乏实践经验，研究理论的信心不足，不知从何着手。

为解决以上问题，王中一一采取了行动。在王中主持下，新闻系全面恢复了“新闻学概论”、“新闻编辑”、“新闻专题”、“新闻摄影”等课程，他亲自为高年级本科生讲授“新闻学原理”、“评论写作”、“新闻专题”课程。为了开阔学科的视野与范围，王中还请老教授汪英宾、舒宗侨、储玉坤为青年教师介绍西方资产阶级新闻学理论。

王中找一些中青年教师商量，以新闻系资料室为主体，组织力量，于1956年3月到1957年6月，在新闻系出版了内部发行的季刊《新闻学译丛》，这是国内第一家新闻学译文刊物。它除了介绍社会主义国家和资本主义各国共产党、工人党进步报刊工作经验外，还专门辟出“资本主义国家新闻事业”一栏，大量介绍美国、日本等西方国家的新闻事业、新闻理论发展情况，还对新闻价值、读者兴趣、报刊职能等基本理论编发了若干专题。该刊在我国首次刊登了介绍“群众心理交通”（即“大众传播”）的文章。

1956年5月，王中还主持在新闻系举办了“中国报刊史料展览会”，这在1949年后的国内还是首创，展品有复旦新闻系珍藏的，有上海图书馆借来的，还有复旦中文系教授乐嗣炳收藏的大革命失败后中共地下党领导工会组织秘密出版的工人小报和传单，十分珍贵。

在此期间，王中布置新闻系全体青年教师每人写一篇论文，题目是“党和党的宣传工作”。论文要求阐述党和党的宣传工作的关系，党的各种宣传工具所具有的特点和不可替代的作用，以及如何按照各种工具的特点去发挥作用。

《人民日报》改版后，王中于1956年7月至8月中旬，率领余家宏、郑北渭、朱振华、张四维、居欣如等人参加的复旦新闻系教师团去无锡《工人生活报》、南京《新华日报》、济南《大众日报》、青岛《青岛日报》考察这次新闻改革的成就与问题，以便展开下一步的新闻理论教学与研究工作。他每到一处都仔细听取报纸工作者的经验和工作中的苦衷，然后加以思考、概括。在这些报社的座谈会上，他也发言阐述了自己的新闻观点。返沪后，他撰写了《新闻学原理大纲（初稿）》，并据此开始讲授“新闻学原理”课程。

1956年4月，中共中央确定“百花齐放，百家争鸣”为党的科学和文化工作的方针。5月，刘少奇分别同新华社、中央广播事业局负责人谈话，发表了对于新闻工作的重要意见。7月1日，《人民日报》改版。这些，对王中研究新闻理论都有极大的鼓舞与推动作用。他的理论兴趣日益浓厚。他把研究新闻理论，作为新闻系教学改革、联系实际、培养师资及其他多项工作的中心环节。

王中在这段时期的新闻理论研究中，提出了一些引人注目的新观点。

（1）报纸的“两重性”。

1957年1月22日，在解放日报业务学习座谈会上，王中说：“报纸有两重性：一重是宣传工具，一重是商品，而且是在商品性的基础上发挥宣传工具的作用。商品就是要使人买后有用，改进报纸工作，主要是解决如何把报纸变成为群众所需要的东西。”① 同年3月11日，他在上海人民广播电台讲课时又解释说，商品性是指报纸的流通方式，报纸是以商品形式流向读者，它不同于标语、口号、传单等宣传品。

王中先后对“两重性”有过多种解释：如A性、B性的结合，A性指报纸向人们提供新闻的性能，B性指作为政党宣传工具的性能；党报是党的报纸，也是人民的报纸；党报是党的宣传机关，也是党所领导的企业，等等。他还曾把自己说的“要在商业性的基础上发挥宣传工具的作用”，改为“必须结合人民大众的所需要的内容和喜闻乐见的形式，才能发挥政治斗争作用”。

他讲商品性时，没有强调获取利润。他说：“商品不能用赚钱不赚钱作为标志”，“社会主义制度下商品生产的目的是满足人民的需要，为人民服务”。

（2）新闻事业是社会产物。

王中把新闻事业作为一种社会现象来考察，认为新闻事业的产生与发展，同社会需要与社会条件有着密切关系。他认为，社会发展到一定的历史阶段，由于人们对政治、经济、文化各方面的需要产生了新闻事业，它要随着社会条件的变化而变化，要适应社会需要。“新闻事业是社会产物包括了新闻是阶级斗争工具的含义”，这是因为社会需要新闻，不同的党派便以自己的观点和政治目的通过新闻事业影响读者，新闻事业的党派性也由此产生。这是王中当时讲得最多的一个观点，后来人们称之为“社会需要论”。②

（3）办报要根据读者需要。

这是王中讲得最多的一个观点，后来人们称之为“读者需要论”。1956年8月4日，王中在南京《新华日报》一次座谈会上的发言中提出了这一理论。他说：“报纸要根据读者的需要，只把报纸当作党的宣传武器，不把它当成读者要花5分钱购买的一种商品，报纸必然不会受到读者欢迎的。”③ 1956年8月10日，在《大众日报》编辑部全体干部会议上的报告中他再次阐释了“报纸和读者的关系”，认为报纸赖以存在的基

① 王中：《新闻事业的发展规律和报纸的职能（1957年1月22日在解放日报社业务学习座谈会上的谈话）》，见《王中文集》，复旦大学出版社2004年版，第16页。

② 王中：《新闻学原理大纲（前三章讲课提纲）》，见《王中文集》，复旦大学出版社2004年版，第30页。

③ 王中：《办报人要有读者观念（1956年8月4日在南京〈新华日报〉一次座谈会上的发言记录）》，见《王中文集》，复旦大学出版社2004年版，第4页。

础是“供给读者消息，让读者在报纸上说话”。① 王中对此观点还做过一些论述：资产阶级新闻学把群众作为“顾客”，无产阶级新闻学把群众作为报纸的主人；资产阶级报纸寻求读者不健康的兴趣，无产阶级报刊发展读者正当的兴趣和高尚的情操；办报人要有读者观念，报纸要根据读者需要来办；报纸应该进行读者调查，研究读者心理。

（4）按经济区办报。

这是王中于1956年作过一些调查研究后提出来的。他认为，人们的经济、文化等生活都是以交通、文化、经济中心的城市来联络周围地区的，例如苏南一些城镇的居民就要看上海的报纸来获取更多的信息。报纸在中心城市出版，发行到周围农村与集镇，传播消息快，内容丰富，更贴近群众生活。因此要按经济区域办报、要以大城市为中心办报。他的这种想法，在学生中和南京、济南、青岛等地报社讲过，还向有关方面负责人提出过。

（5）重视新闻学研究。

王中反对“新闻无学”的观点，在他写的《新闻学原理大纲》中，第一讲就是“新闻学的形成、发展及其范围”。他认为，“新闻学是由新闻事业发展的需要而产生的”。第一个办报的人自然不会学新闻学，也讲不出多少道理，以后办报的人多了并且不断总结经验，上升成为理论，就形成了对于实践有指导意义的新闻学。新闻学包括历史、理论、应用三个部分，而“以社会诸条件对新闻事业的决定作用为研究重点”。在报社、广播电台的讲话与讲课中，王中强调要把研究办报和研究看报结合起来。

余家宏、丁淦林在《王中研究新闻学的经过与贡献》一文中评论说，王中研究新闻理论，显然只是为了适应当年客观形势的需要。他们认为，同样明显的是，王中的新闻理论观点有着反映当年客观形势的时代烙印。王中同其他教师有着类似的思维习惯，他在研究新闻理论时，从拟订大纲入手，表现了由理论原则到工作实务、由远到近的特点。但是，他毕竟有多年的革命新闻工作经验，到学校任教后仍保持同新闻界的联系，因此他能够敏锐地抓住实际工作中的重要问题，提到理论高度加以分析。

3. 历经磨难的22年艰辛岁月

1957年初的一天晚上，复旦新闻系的学生突然接到学校的通知，要到解放日报社听王中的报告，还专门派了两辆卡车，把1955级的一百余人从学校送到汉口路的解放日报社。当晚，同学们感到奇怪，因为王中报告的主要内容与平时讲的“新闻学原理”并没有什么差别；在场的听众，除了个别新闻界人士外，也只有听过这课的学生们，为

---

① 王中：《报纸和读者的关系（1956年8月10日在〈大众日报〉编辑部全体干部会议上的报告）》，见《王中文集》，复旦大学出版社2004年版，第7页。

什么要跑到解放日报社来听呢？后来大家才知道，这一年，政治风云变幻，“反右”斗争扩大，王中不幸在被批判之列，这次报告进行了录音，即是为了“引蛇出洞”，得到王中“反动”的“证据”。紧接着，一场批判王中的浪潮铺天盖地席卷而来。

1957 年 6 月 16 日《解放日报》头版头条发表《办报要有立场》的社论，指名道姓地批判王中的学术观点是“资产阶级”的。一夜之间，王中成了全国新闻界最大的“右派”。当时王中立即写了反驳文章《评论文写作和新闻学上的几个问题——评〈解放日报〉1957 年 6 月 16 日社论》。文章说：“该社论也对我本人的新闻学提出了不同意见，作出了我‘否认报纸是阶级斗争工具，否认报纸有阶级性’的论断。”王中尖锐指出：“很可惜，这篇文章没有写好，论证问题的方法很不科学”，“文章只有几个结论，理由没有讲明白，没有说服力”。从社论的文风到理论观点，一路反驳，既有说服力，又尖锐辛辣。不过，这种文章在当时是不可能被发表的。王中一直保存着文章的底稿，直至 23 年后，才发表在《复旦学报》1980 年第 1 期上。

随着反右斗争的开展，王中的新闻理论被说成反党理论。他曾奉命赴北京参加第二次新闻工作座谈会，会上被专门批判。但王中对强加给他的种种罪名，据理一一给予驳斥，使批判无法进行下去。1957 年 8 月 12 日新华社电讯称：“党内右派分子，复旦大学新闻系主任王中，在今天举行的北京新闻工作者座谈会上，对他的反党言论继续抵赖，他的恶劣态度受到了与会同志的一致斥责。”会议“决定让他回到上海做交代”。尽管北京批斗的火力很猛，他仍对上海报界和复旦师生存着“幻想”，以为返沪后会获得“谅解”。谁知他刚下火车，就见到“打倒王中，批臭其反动理论”的大横幅，而此起彼落的口号声，正是来自复旦的师生代表。批判会上说他反党，王中慨叹：“我是共产党员，难道自己反自己不是？”接下去的批判更多、更猛烈，1958 年 4 月人民日报社办的《新闻战线》还发了一篇文章叫《大家都来批判王中》。

王中也反思过自己的做法，他写过检讨，但是从来没有承认过自己的新闻理论是错的。在上海召开的对他的一次批判会上，批判者无法驳倒他的观点，有人就以势压人，提出要给王中戴上右派帽子。他毫无畏惧地说：“戴上就戴上吧！”“帽子的口径大小、分寸，是不是那么恰当？……我自己没有错，都是正确的。”

1958 年年初，王中被开除党籍，撤销了原本的复旦大学党委常委、统战部部长、副教务长、新闻系主任等一切职务，从原来的三级教授降为行政十五级，还加“留用察看”。

1960 年 9 月，王中得以“摘帽”后，曾向当时新闻系教师支部提出过重新入党的要求，但没被理会；他的职务和待遇也没有恢复。之后，他被调到新闻史教研组工作。

在新闻史教研组，王中阅读了一些近代报刊，较为细致地研究了数家资产阶级革命派报纸，并与资产阶级改良派报纸做了对比分析。1962—1963 年，他开始了对清末民初“竖三民”即《民呼日报》、《民吁日报》、《民立报》的研究，撰写了 5 万字的长文，并于 1963 年 5 月在新闻系做了相应的学术报告。复旦新闻学院教授宁树藩评价说，王中的研究在新闻史研究方法上有了突破，此前，新闻史学的研究更注意评述所宣传的思想、观点及其作用与意义，而对于新闻学科应着重解释的宣传经验、宣传规律却无动于衷，也就是一味跟着政治史、思想史研究路子走，而丧失学科的特色。王中则不然，他在开始查阅报纸之后不久，就确定以“苏报案”后的“竖三民”宣传策略变化作主要研究目标，写出上海革命报纸如何应对当时形势进行曲折多变的迂回宣传，令人耳目一新。

4. 复出后深化新闻理论研究

“文革”结束之后，不少人多次找组织要求为王中平反，有的领导却认为王中是被报纸点过名的，得等等再说。1978 年，王中收到老革命家、新闻工作者、新闻教育家，中国人民大学新闻系创办者之一、首任系主任安岗从北京的来信，说中央对右派政策将有重大改变，有可能平反，王中看了后很高兴。安岗给中宣部写信说：王中在“反右”前后没有任何反党言论，而且他的理论观点也已被实践证明是正确的。复旦大学原党委书记、时任《光明日报》总编辑的杨西光签字证明：“完全同意安岗同志意见。”

1979 年 1 月，王中得到平反，被恢复党籍、职称、职务和待遇，再次出任复旦大学新闻系主任，并主持创立复旦大学分校，担任校长。

1981 年 6 月，王中被聘为国务院学位委员会文学分科评议组成员，成为我国新闻学界参加该评议组的第一人。随后被评定为博士生导师，1984 年招收了两名博士生，这也是我国最早的一批博士生。他还担任上海市新闻学会副会长、中国新闻教育学会副会长等学术职务。同年，他力主创办了《新闻大学》杂志，并带头撰稿，杂志的第 1 期至第 5 期，每期都有他的一篇理论研究文章。

王中再度活跃在教学与研究的岗位上。他除了担负着繁重的行政工作，还要指导硕士生、博士生，为研究生讲新闻理论课，并撰写了多篇论文。

他一如既往，为了适应教学需要，从一些基本理论问题着手研究，有深化过去观点的，也有开拓新领域的，但对新闻工作实践的论述不如 20 世纪 50 年代多。这是因为他和新闻业界隔绝了 20 多年，加上世事变迁，他在新闻界的老朋友们不少已退休，有的已去世；他自己也年事渐高、身体欠佳，不能像昔日那样外出调查。

在先后撰写的《论新闻》、《论传播工具》、《论宣传》、《新闻学的第二课题》、《论新闻事业的阶级性》等一系列论文中，王中深化和提出的新闻观点大致有如下一些：

1）新闻的阶级性问题

同 20 世纪 50 年代一样，王中把新闻活动、新闻事业、新闻报道等，作为社会现象来研究，认为这些都是由客观存在、社会条件以及人类需求来决定的。从这种基本认识出发，王中认为，原始社会就有新闻传播活动，但它没有阶级性。阶级出现后，新闻事业被用作阶级斗争的工具，它才具有阶级性。资产阶级和无产阶级都各自运用新闻事业为自己的阶级利益服务。但是，新闻事业阶级性的表现是复杂的，资产阶级报纸有的明确宣布自己的政治宗旨，有的则竭力把“赚钱”同宣传政治主张结合起来，有的甚至也会为了扩大销路而刊登某些不利于本阶级的新闻。无产阶级报纸也不是任何场合都公开声明自己的阶级性、党派性，而是要视具体环境、不同读者对象而定。而新闻报道，也需要具体分析。“新闻报道是事实的反映，是人的意识活动，并非社会意识。它可以附有社会意识，也可以不附有社会意识，因此，并非全有阶级性。”① 重大的政治新闻当然具有阶级性，而有些新闻，如有关自然现象的新闻，部分科技、文化、体育新闻等，都不必人工贴上阶级性的标签。

2）新闻的定义

王中分析了中外人士对“新闻”这个词的理解和定义，分析了新闻活动产生、发展的历史条件与物质基础，认为社会的客观存在决定了人类的新闻活动。人类从原始社会开始，为了彼此联系，就需要有传递信息的新闻活动。以后，随着生产方式、社会结构的变更与进步，人际关系更为密切，人们更为关心外界变动的情况，对于新闻的需要因而也更为迫切。可以说：“关系决定需要，变动决定新闻。”据此，王中提出新闻的定义是：“新闻是新近变动的事实的传布。”王中进一步提出，在实际生活中存在着两个“新闻”概念，上述定义只是其中之一，即“是作为社会现象的新闻活动，不计传播的方式；而另一个专指通过大众传播工具所传播的新闻”②。新闻学术界讨论的新闻价值、新闻的性质等课题，实际上涉及的是后者，它所要解决的是传媒要选择什么样的事实以及如何选择的问题，王中称之为“新闻学的第二课题”。然而，除了《新闻学的第二课题》这篇论文外，王中在使用“新闻”这个概念时，往往是不加区分的，有时单指前者或后者。

3）新闻与意识形态的关系

王中认为，新闻是事实，意识形态是观念，“只有特定形式的观念，没有事实，那不能构成新闻，只能是评论或学术论文。然而没有观念，只有事实的新闻却是存在的。在有一定观念的新闻中，新闻中的事实和观念是可以分离的，它不像意识形态那样，去

① 王中：《论新闻事业的阶级性》，见《王中文集》，复旦大学出版社 2004 年版，第 297 页。
② 王中：《新闻学的第二课题》，见《王中文集》，复旦大学出版社 2004 年版，第 277 页。

掉了观念，什么也没有了。新闻中，读者可以去掉观点，留下事实”①。

4）宣传学

宣传学是王中在20世纪80年代研究的一个新课题。他论述了宣传与政党的关系、宣传的性质、宣传的方法、政党宣传成败的关键等问题，提出“新闻工作者要懂得宣传学”②，因为“既要提供新闻，又要进行宣传，这是报纸的两功能”③。他继续用“张德功”为笔名，撰写了《宣传艺术的魅力》一文，介绍莎士比亚的剧本《裘力斯·恺撒》中安东尼和勃鲁托斯的辩论，分析这两个剧中人的演说词的宣传鼓动艺术。

除此之外，王中也继续了他在20世纪50年代就很感兴趣的传播学研究教学。打倒“四人帮”后复旦新闻系经他手第一次招收的三名研究生，都是外文系毕业的，一律专攻当时十分新鲜的“传播学”。1978年，在王中的建议下，复旦新闻系开设了介绍传播学的课程，还出版了不定期刊物《外国新闻事业资料》。

“文革”结束后不久，极“左”思想仍环绕在学术界，有些学者搞科学研究不实事求是，而是靠摸政治风向，迎合领导意图，搞政治标签等。王中对此十分痛恨，针对这些怪现象，他先后发表了《谈谈研究生的科学研究》、《谈谈新闻学的科学研究》、《新闻学研究中的三个问题》等论文，严正批驳了这股学术不正之风。

平反之后，王中体力渐衰。80年代初他有一次去北京，自称是“自带遗体来向大家告别”。自1985年起，王中的脑萎缩病情渐渐表现出来，尽管他学术研究的兴趣正浓，但已力不从心。80年代后期，他不得不放下研究工作，卧床养病。有一段时间，他几乎没法说话，只能瞪着眼睛在一旁听大家发言。据中国人民大学教授甘惜分回忆，1988年他去王中家里探望时，“见他痴然坐在沙发上，精神疲惫，说话困难”④。

1989年，在复旦新闻系60周年系庆的时候，王中是庆祝会上的中心人物。他坐着轮椅来参加会议，大家要求他讲讲话。麦克风送到他面前，与会众人静静期待着。王中战战兢兢用沙哑的声音只讲了一句：“我还活着，这是一大胜利！”

1993年秋，复旦新闻学院教授宁树藩前去探访王中，带去了刚收到的1993年第2期《新闻研究资料》，内载有蔡铭泽写的《新闻界的反右斗争》一文。文中讲到王中当年参加北京新闻界召开的右派批判会的表现。宁树藩把其中的一段读给王中听：“奇怪的是被批判者为了顺利‘过关’，往往自我丑化，对所揭发的问题，无论有无一概承

① 王中：《论传播工具》，见《王中文集》，复旦大学出版社2004年版，第239页。
② 王中：《论宣传》，见《王中文集》，复旦大学出版社2004年版，第254页。
③ 王中：《论宣传》，见《王中文集》，复旦大学出版社2004年版，第243页。
④ 甘惜分：《满怀凄恻祭王中》，载《新闻记者》1995年第2期。

认。一直不承认‘错误’的只有复旦大学新闻系主任王中。”开始，王中一直在静静地听，当宁读到“只有复旦大学新闻系主任王中”时，王中忽然嚎啕大哭。宁树藩“毫无思想准备，一下子惊呆了”。①

1993年4月24日，上海新闻界的知名人士和王中的老同事、弟子代表共150余人在复旦大学5102演讲厅，举行了王中从事新闻工作55周年暨80华诞庆贺会，并举行新闻改革理论研讨会。

1994年10月8日下午3时50分，王中在上海病逝，享年80岁。

（撰稿人 刘 艺）

6.1.4 罗列的新闻教育实践及思想

1. 罗列生平

罗列（1921—2012）原名卢鸿略，广东澄海冠山乡人。1940年，罗列从上海民治新闻专科学校毕业。几个月后（1940年10月），他参加革命，成为一名共产党员。新中国成立前，他曾担任《江淮日报》、《苏中报》等报的记者，对当时人民所进行的抗日活动以及在根据地推进的民主建设展开报道。后担任《新东台报》总编辑，《新华日报》（华中版）编委和经理等职，推动解放区报业实务的发展。逐渐成为一位能力全面、经验丰富的新闻工作者。自1948年开始，罗列先后负责华中新闻专科学校、苏南新闻专科学校等校的新闻教育工作，为急需新闻专业人才的华中地区培养和输送了大批新闻干部，其自身也积累了大量新闻教育工作经验。

新中国成立后，罗列曾在上海《解放日报》工作，担任编委和秘书室主任。1953年3月，罗列来到北京大学中文系，担任新闻专业副教授兼新闻教研室主任，后成为中文系副主任，主要主持新闻专业方面的教育工作，对新中国的新闻教育的起步作出了不可磨灭的贡献。1958年，北京大学中文系新闻专业并入中国人民大学新闻系。罗列来到中国人民大学新闻系，并负责管理任务以及教学任务。

在“文革”中，罗列被“打倒”，下放到北京第一机床厂接受劳动改造。1976年“文革”结束，1978年中国人民大学复校。罗列积极参与“文革”中被撤销的中国人民大学的复校工作，为人大新闻系的恢复和发展尽心尽力。后筹备创办汕头大学（任汕头

---

① 宁树藩：《音容宛在 思念长存——纪念王中同志九十诞辰和逝世十周年》，载《新闻大学》2004年夏季刊。

大学筹备委员会办公室主任，并于1981年9月担任汕头大学副校长和党委副书记）；因为在新闻教育方面的成就与贡献，罗列在1988年被中国教育学会聘为顾问。1993年，在新闻教育界工作数十年的罗列退休，20年后——2012年9月22日，罗列因病于北京逝世，享年91岁。

2. 罗列的新闻教育实践

1）新中国成立前

1948年，距离中国新闻教育的开端——1918年蔡元培、徐宝璜等人创办的北京大学新闻学研究会已有30年，中国的新闻教育已具雏形。一方面基本按照英美的办学模式，并逐渐摸索形成自己的模式与标准；另一方面以报学教育为主，其宗旨是传授办报经验和新闻学理研究，主要是培养实践人才。同时，由于当时政治动荡，战火不断，新闻报刊以党报为主，以宣传政治倾向与报道时事政治为主要内容。

此时，已是知名新闻工作者的罗列来到了位于江苏省射阳县的华中新闻专科学校，开始了其数十年的新闻教育事业：

（1）给学生授课，具有科学性与专业性。当时，现代新闻学教育在中国仍属于起步阶段，专科院校请的老师多由新闻工作者兼职担任，虽然其教学有利于学生联系实际，开拓视野，但也偶尔出现授课随意化的问题。罗列在注重传授学生实践经验的同时授课十分专业，当时中国新闻教育尚没有标准教材，他便以毛泽东《在延安文艺座谈会上的讲话》和陆定一《我们对于新闻学的基本观点》为指导，参考恽逸群的《新闻学讲话》，结合他自己的学习实践经历，主讲“新闻学概论”。在课后还安排小组讨论和全校性讨论，并在最后进行总结提升。听他课的学生反映罗列的课在当时是专业性最强的课之一，有的还称呼他为“科班出身”。

（2）接受中央指示，支持速成班。罗列担任华中新闻专科学校教育长期间，该院共培育三期学生（累计至改名苏南新闻专科学院前），平均一期5、6个月结束，课时短，课程极为浓缩。① 学生前期以听课为主，后期则以实习为主，最后还要进行总结。速成班培育相当一批可用的新闻工作者，缓解了当时对新闻人才“供不应求”的情况。

（3）要求新闻学子学习马克思主义理论体系与党的思想。华中新闻专科学校是党在解放区设立的最早的新闻专科学校，党课与马克思主义理论课程是当时的必修课与选修课。校内每周还坚持过党、团组织民主生活会，开展批评与自我批评，以坚定对马克思主义与革命的信心。

---

① 吴镕：《新记者的摇篮——一位苏南、华中新闻专科学校的回忆》，网址见 www. rmzxb. com. cn，访问日期，2012-07-05。

（4）按照学院要求组织学生参加实践，提高新闻实践水平。罗列回忆，当时的学员，只要上完采访课，即组织采访实习，在驻地开展采访活动；上完编辑课就从报社拿来通讯员的稿件进行编辑，加上自己采访的稿件，以班级为单位出版手抄报。当时校部还办了校报《新记者》，以提升学生的办报实务能力。

2）新中国成立后

（1）新中国成立初期至“文革”前。新中国成立初期的新中国百废待兴，新闻教育亦是如此，如何建立中国自己的新闻教育，培育适应新中国国情的新闻人才，成为当时的重要工作。

在高校的新闻教育方面，对旧时代的新闻教育，国家接管之后花大力气进行全面整改，同时国家也加强对新中国的新闻教育的控制与规划，实现有计划地发展，使教育的思想和内容符合革命工作与国家重建的需求。①

在培育新闻人才上则是双线发展：一方面继续坚持通过工作实践来培养和提高新闻工作干部，另一方面又充分利用有利条件在高校进行正规教育训练。

1953—1958年，罗列担任北京大学中文系新闻教研室主任（职称为副教授），主持新闻专业工作。在此期间，他的主要新闻教育实践如下：

第一，按照党的政策，团结和聚集有新闻教育才智的新老知识分子。

当时，因教育资源被高度整合，北大新闻系的教学力量大大下降，留系教育人员十分缺乏。罗列量才重用张隆栋，请来蒋荫恩兼课，并通过各种渠道先后调来方汉奇、甘惜分、孙觉和刘爱芝等人；同时，每年选调新闻专业毕业生来本专业工作，以及安排老教授发挥专长带青年教师，培养了郑兴东等一批优秀青年教师，逐渐加强了专业教学力量。

第二，设计新闻专业的课程（尤其是新闻业务课程）。当时教育部统一规定了大学生的政治理论课的授课内容，但专业基础课与专业课却需要罗列等一线教育工作者自己设计。罗列和同事们一起分析探讨，搜集借鉴古今中外的新闻教育实践，从新闻干部必备的条件入手，研究如何进行新闻业务、基础理论与政策、文史知识、语言表现能力等的训练，做课程的具体安排。在实践中，根据现实情况，采取首先从内容较为稳定的课程做起，如写作基础，报刊史，新闻基本理论等。而实践性较强的课程，如采写、编辑等，则采取新闻单位讲课和教师协助编写教材的方式进行。

1958年9月，北京大学中文系新闻专业并入中国人民大学新闻系，罗列随同前往，后担任人大第二任系主任。在这段时期，罗列经历了北大新闻教育的“大跃进”时期，

① 李建新：《中国新闻教育史论》，新华出版社2003年版，第178~180页。

后针对这一现象以及所产生的问题，罗列根据党中央的方针政策，在吴玉章校长的帮助下，整顿教学秩序，制订新的教学计划：

第一，使科研与教学研究重回正轨。面对“大跃进”期间过分注重劳动教育和社会实践，教学工作停滞的情况。罗列首先加强科研室的教学和科研活动，把下放连队的教研员调回教研室，集中力量进行教学研究与教材建设工作，为开课做好准备。同时对1958年下半年的缺课进行补课，对没有学好或安排不当的都设法弥补和加以调整。

第二，修改教学计划，适当调整劳动与学习的比例。罗列坚持“既重视实践，也不忽视理论知识；既重视道德，也不忽视智育和体育；既有专业知识；也要有一般的知识和理论基础”的原则。调高理论学习与专业学习在教学计划中的比例，适当缩减劳动规模，并根据学校调整，实行九个月学习，两个月或较多时间劳动，一个月休假的办法，以达到“把课上好，也把劳动实习等其他方面做好”的要求。

第三，“以办报为纲”，办报促进教学。强调在业务课教学上，把办报作为教学手段之一，兼用平日实习与集中实习两种办法。通过办报来加强理论与实际的联系。

第四，进行教材编写。在罗列等人的努力下，到1959年暑假，中国人民大学新闻系编写出一批新闻业务讲义，其中包含汪溪、蓝鸿文编写的《新闻采访讲义》，余致浚、张文远等人编写的《报纸编辑讲义》，甘惜分、王肖山编写的《通讯写作讲义》等课程讲义。这些讲义基本构建了各门学科的体系结构和理论框架，对新闻学的课程设置和开创具有中国特色的新闻学具有开拓之功。

第五，保证马克思列宁主义等政治理论和无产阶级新闻理论的学习。中国人民大学立足于对无产阶级新闻理论的深入研究，向广大新闻系的学生开设无产阶级新闻理论课程，其中包括安岗回系讲授的“政论写作”、“新闻学概论”以及刘贯文的“新闻写作”等。同时，中国人民大学的新闻教育，相当重视培养学生的党性意识、群众意识和无产阶级意识。①

在罗列等人的努力下，中国人民大学的新闻教育逐渐发展成熟。可惜好景不长，之后陷入了“反右倾”与“学术批判”的高潮，罗列等老一辈受到批判，教学工作也受到了严重干扰。

（2）“文革”结束后。从1978年起，罗列开始积极参加“文革”中被撤销的中国人民大学的复校工作，尤其为中国人民大学新闻系的恢复与发展付出了诸多心血。

“文革”中，中国高等院校的新闻系皆遭受了破坏。教学工作无法正常开展，教育方法、理念被严重扭曲。所幸“文革”结束后，我国久经混乱的教育路线得以拨乱反

---

① 李建新：《中国新闻教育史论》，新华出版社2003年版，第203页。

正，教学工作也最终恢复正常。从 20 世纪 80 年代起，中国的新闻教育迎来了复苏与发展的热潮，而如何在接下来风云变幻的时代中走有中国特色的新闻教育之路，成为当时复建工作的核心问题。面对这样的状况，罗列当时采取多种措施，在推动中国人民大学教学回归正轨的同时，探索走向新时代的道路。

第一，抓教材，即重视教材的编写工作，注重教材的专业性与实用性。罗列动员教师抓紧整理多年积累的科研成果，编写教材，做到“先有后好”，这段时间出现了大量的优秀教材，其中甘惜分的《新闻理论基础》和方汉奇的《中国近代报刊史》尤为出色。

第二，抓人才，即建设师资队伍，中国人民大学复校之初，针对当时新闻教育界出现的老教育家们年事已高，而新人又尚未成长起来“青黄不接”的现象，新闻系采取多种手段建设教师队伍，包括将优秀研究生毕业留校任教，从新闻单位和其他业务单位调入骨干教师，注重老教师带新教师，为优秀教师提供海外进修考察，单位锻炼的机会。1983 年，中国人民大学开办“新闻理论”和“中国新闻事业史”两个教师进修班,① 这里面就包含有罗列等老一辈的努力与推动。

第三，积极推动学科的研究工作，在他的主持下，《国际新闻界》杂志改为铅印，再次出版，为教师提供科展示研成果的平台，并积极推动相关学科教育活动。在这个平台上，张隆栋教授引入了传播学，带动了国内这一学科的发展。

除此之外，政治思想工作罗列也始终没有放下，他积极支持并主动参与对学生的思想教育活动，带头为学生讲党课。

1981 年 5 月，罗列任汕头大学筹备委员会办公室主任，并于 1981 年 9 月，担任汕头大学副校长和党委副书记，为汕头大学的建立作出了重大贡献，这段时间罗列的工作重心主要在校务管理方面，但仍然十分关注中国人民大学新闻系的建设和全国新闻教育的发展繁荣，1988 年，中国人民大学研究生学院聘请他为新闻学博士学位答辩委员，1993 年 10 月被评定为“为高等教育作出突出贡献”者。这是社会与国家对他耕耘教育一生的最好评价。

3. 罗列的新闻教育思想

在罗列工作的时代，中国的新闻教育仍处于起步或发展阶段。在这一过程中，罗列通过不断地实践与学习，逐渐形成了自己的新闻教育思想。

1）重视用马克思主义理论培养学生，以“让学生树立无产阶级为人民服务的新闻观”为教育核心

---

① 李建新:《中国新闻教育史论》，新华出版社 2003 年版，第 258 页。

罗列早年便参加革命。终其一生，都是一位优秀的中国共产党党员，信奉并贯彻马克思主义理论，怀揣着无产阶级为人民服务的人生观与价值观。

他在《十年来我国的新闻教育》中对新闻系的学生表达过这样的期望——“我国大学的新闻系毕业生，不是为个人的出路而奔走钻营，他们会成为光荣的人民新闻战士，会成为一个社会主义建设者”①。

无论在哪里进行新闻教育工作，进行马克思主义理论教育，都是罗列工作的一个重点。他意识到，以马克思主义理论武装头脑，树立为人民服务的思想，进而形成正确的“三观”，对于一个向民众传播信息的新闻人来说是至关重要的。而我国的新闻教育，也正是要培育出这种为国为民，有正义感的新闻工作者来。

2）把握正确的政治方向，注重培养学生辨别判断事物的能力

罗列始终具有很强的政治敏锐性与政治鉴别力，懂得如何从政治上分析以及处理问题。他制订的新闻教育计划以及所采取的措施，无论是新中国成立前的华中新闻专科学院，或是新中国成立后的北京大学、中国人民大学，往往都与当时的时代环境及政治要求相适应。

不仅对于自己是如此要求，对于所教导的学生们，他也提出了相应的要求。

罗列反对新闻教育脱离政治生活及政治思想，反对把教育与政治、社会想脱离的“坚实基础论”，他认为学生，尤其是学新闻的学生，在学校里只学习新闻理论知识是完全不够的，他要求并培养学生对党的方针政策、政治局势关注、分析的能力，他曾这样写道：“新闻人要具有正确的政治立场以及对具体事物的判断能力，这是他们首先要打好的基础。”②

3）把教学工作的质量摆在首位

罗列对于教学能力极为注重，从教材、师资的配备等方面都着手进行提高。

抓教材，教材可使之后的新闻教学有所依据。尤其是中国人民大学复校后的教材编写，避免了“文革”刚结束时没有教材可能导致的教学混乱。

抓师资，罗列注重厘清思路、方向，即我们应当需要什么样的人才来建立什么样的教育体系，以及如何选拔培育这种人才。思路，方向的确定，促进了我国高等院校的师资队伍建设。

4）强调理论基础与实践相结合

这一点是新闻教育者的共识，罗列也不例外，但对于二者的看法，罗列是有一个变

---

① 罗列：《十年来我国的新闻教育》，载《新闻战线》1959 年第 18 期。

② 罗列：《批判新闻教育中的资产阶级路线》，载《新闻战线》1958 年第 11 期。

化过程的：在新中国成立前乃至新中国成立初期，新闻学仍处于报学为主的阶段，出于当时新闻工作者的短缺以及社会环境的风云变幻，以及自己亦是一名一线的新闻工作者的缘故，罗列注重实践，讲求应用，比如让学生参观农村的土地改革，尽早为他们提供宣传实践的工作平台等。

而在“文革”之后，罗列根据自己几十年的工作经验以及国内外新闻教育的情况，将理论学习的位置提高了，他比较了复旦新闻系等重视新闻学专业理论学习以及综合素养的大学与民治新闻专科学院等主要教授实践的院校，发现接受系统理论学习的学生“后劲大”，于是他强调教学要重视“三基四性”（指基础理论、基本知识、基本技能，以及科学性、系统性、完整性、严密性），提高对理论的重视——“排几号铅字有什么难的，一两个星期就把你教会。真正的好编辑不在于这个。比如要作好标题就要有文学修养和政治理论水平”。他在北京大学、中国人民大学、汕头大学的新闻教育实践中，他始终坚持“理论联系实际 ，首先应重视基础”①。于是加强基础理论教育，将原本重实践轻理论的学风转变了过来。

5）提倡通识教育

罗列认为：“要培养一个合格的新闻记者……还要加强文学、艺术、历史等方面的学习。忽略这两点，就会后患无穷。”②

他要求新闻学子们不仅要具有一般新闻工作者的采访、印刷、编辑等技巧，还需要成为以马克思主义武装头脑，拥有丰富新闻理论及文史哲社科知识等的通识型人才。在这方面，罗列在新闻系学生的课程安排上做出合理的安排，除了一般的新闻理论学习以外，新闻系的学生每周都会有一定的文史哲课程以充实自我、提升学养。即使在“文革”期间，罗列亦教导“机床文艺”的年轻人多读文学史学方面的书籍。

总体而言，罗列新闻教育思想中，党的政策及指导思想是导向，实践锻炼是核心，理论学习是基础保障，通识教育是必要辅助，目的是培育通晓社科知识、掌握实践能力的新闻工作者。

（撰稿人　刘峻雨）

6.1.5　安岗的新闻教育实践与思想

安岗（1918—2013），中国现代史上著名的报人、新闻教育家，在革命战争年代从

① 罗列：《让学生打下坚实基础》，载《高教战线》1983年第8期。

② 罗列：《让学生打下坚实基础》，载《高教战线》1983年第8期。

事新闻宣传工作；新中国成立后，担任《人民日报》副总编辑，20 世纪 50 年代中后期，担任中国人民大学新闻学系主任。“文革”结束后，又担任中国社会科学院新闻研究所所长、《经济日报》总编辑。对中国人民大学的新闻教育起到了奠基性的作用。

1. 安岗生平

安岗，原名安正元，笔名郑远。1918 年生于河北一个职员之家。1935 年在汇文中学读高中时，他积极给当时天津《益世报》主编写信，希望进行新闻工作的实习机会，得到了对方的热情支持，这一段经历使安岗与新闻事业结下了不解之缘。1936 年，安岗来到太原，参加了薄一波组织的“牺牲救国同盟会”，并于 1937 年正式加入中国共产党，从此开启了他的新闻生涯。革命战争期间，安岗曾任晋东南战地动员委员会宣传部部长，1938 年 5 月任太行区《胜利报》编辑主任、社长，1941 年 7 月起历任《晋冀豫日报》副社长、社长，1943 年 10 月任《新华日报》太行版副总编辑，1945 年 9 月任新华通讯社晋冀鲁豫前线总分社社长兼新华总社特派记者，1946 年 6 月任晋冀鲁豫《人民日报》副总编辑。他在新闻战线上的各项工作，为革命战争的胜利作出了重要贡献。新中国成立后，安岗继续在新闻业工作，于 1949 年 10 月起任《人民日报》副总编辑，1955 年 4 月起任中国人民大学新闻系主任、教授，1959 年任《人民日报》副总编辑、社务委员。“文革”结束后，安岗先后担任中国社会科学院新闻研究所所长、《经济日报》总编辑、中华全国新闻工作者协会书记处书记、主席团委员，首都新闻学会副会长。1980 年参与创办北京新闻学会（后改名首都新闻学会），以社科院新闻研究所为基地，团结全国相关研究力量，开展新闻学学术研究，有力地扭转了“新闻无学”的错误观念。在办报方面，他先后负责创办《市场报》和在美国出版的《中国市场》、在日本出版的《中国经济动向》等报刊。1995 年 12 月离休。离休后仍笔耕不辍，在新闻、公关事业等领域积极开拓。2013 年 4 月 28 日，因病逝世。

安岗是我国新闻事业的领导人之一，著名的新闻记者、评论家、新闻教育家。新中国成立后，他凭借从多年的革命新闻事业中总结出的大量新闻教育经验，积极投入到中国人民大学新闻系的建立与发展当中，总结并提出了系统的新闻教育思想，并针对性地将其付诸实践。在培养新闻人才的过程中，将“知行合一”的传统、理论联系实际的精神等埋藏于新中国新闻教育的根基，为我国新闻教育事业的开创作出了很大的贡献。在我国新闻教育不断深化发展的今天，回顾安岗的新闻教育思想与实践，对于研究我国 20 世纪新闻教育事业的历史轨迹和促进当代新闻教育的健康发展不无启发和借鉴意义。

2. 安岗的新闻教育实践

安岗不仅是一位出色的新闻工作者，也是一位出色的新闻教育家。具体来说，他的新闻教育实践始于新中国成立后。1949 年毛泽东在中南海接见了胡乔木、邓拓和安岗，提出要办中国自己的报纸，也要办中国自己的新闻教育。1955年春，安岗开始筹办中国人民大学新闻系，这是他在新闻教育的岗位上初次进行实践。“文革”后，安岗又担任中国社会科学院新闻研究所所长，继续奋斗在新闻教育战线。他将自己在革命战争时期及新中国成立后的新闻实践经验发挥在办学中，进行了一系列富有创新意义和深远影响的新闻教育实践。

（1）领导创办中国人民大学新闻系并担任系主任，为新闻系的创建与早期发展做了大量工作。具体如下：

第一，在教学科研中努力贯彻马克思主义、毛泽东思想。安岗在多篇文章和谈话中都强调，学生要学习马克思主义理论，树立马克思主义的世界观、人生观和价值观，要善于运用马克思主义的立场、观点和方法去观察客观世界、判断客观事实，揭示事实真相。要在马克思主义、毛泽东思想的指引下开创中国特色的新闻教育事业，传承党的新闻理论和实践经验，为社会主义建设培养新闻人才。此外，安岗还带头讲授马列的政论写作、毛泽东宣传思想等课程。在他的组织推动下，中国人民大学新闻系同时编辑出版了《马克思恩格斯论报刊》、《列宁论报刊》、《毛泽东论报刊》等著作。这些活动潜移默化地提高了教师和学生的马克思主义思想水平和党性修养，也为新闻系的教学指出了基本方向。

第二，在师资方面上积极招揽人才。20世纪50年代，安岗访问莫斯科大学时，有位苏联著名老学者问他：“你办新闻系的方针是什么？”他回答了“广罗天下人才”六个字。这句回答真实地体现出了安岗办新闻教育的一个理念。建系之初，他曾对学生说过：“我要让你们在校学习期间把知识吃饱！”而要做到这一点，关键在师资人才。为此，他聘请了不少有真才实学，即使在今天看来也称得上是一流水平的人士来校讲授新闻课程。这种做法开阔了学生们的眼界，也极大地活跃了新闻教育的空气，起到了很好的效果。①

第三，努力增强新闻教育的实践性。安岗本人抗战初期就从事新闻领导工作，在创办中国人民大学新闻系前，任《人民日报》副总编辑，具有丰富的一线新闻工作经验，对新闻教育的实践性——紧密联系实践，必须培养学生了解实践、具有实践动手能力的特点认识得很透彻，也非常重视。建系初期，由于教师是从各不同单位调来的——据蓝鸿文统计，做过新闻工作的至少有20人，而且大部分是抗战时期参加革命的（他们大多数担任教研室主任及以上职务）；同时，还吸收了一批从其他大学新闻系和相关专业

① 佚名：《“把知识吃饱”——忆安岗主任的一些新闻教育思想》，http://yingyu.100xuexi.com/view/specdata/20100427/72539F1F-1D2C-4396-A07A-8EB04993B579.html，2010年4月27日发布。

毕业的本科生和研究生。因此，当时新闻系的教师队伍来源比较多样，知识结构与特点也不尽相同。由于新闻学培养的学生需要有很强的实践能力，而部分教师来自非新闻单位甚至非新闻专业，对新闻业的实践了解不多，所以，教学突出实践性的思想首先体现在了此时对教师队伍的要求之中。安岗为此做出决定：对没有新闻工作经验的教师，新闻系给他们提供各种机会，接触实际，获取经验；对于有实践经验的教师，则要求他们“再实践”，如和《人民日报》挂钩，到报社参与一线工作。他还派一些报社来的老教师列席报社的编委会，及时了解新闻工作的动向。同时，他和中宣部、新华社联系，派遣教师进入这些机构的资料室，阅读了解相关资料，包括有关中央负责同志撰写和修改的重大新闻、评论稿，并将这些珍贵资料做成卡片，供师生日常学习研究使用。

眼高手低是新闻工作者的大忌，为避免求知脱离实践，在吴玉章校长的支持下，安岗领导新闻系在建系初期就围绕教学办实体，创办了面向全国的《新闻与出版》和《汉语拼音报》两份报纸，供学生们学习之余亲自实践，利用这块园地探索学问，锻炼写作，通过自主采写稿件、自主编辑、自主印刷出版等活动，了解报纸的采写、编辑和出版过程。在1958年，新闻系还在不依赖学校资金人力支持的情况下，独立创办了印刷厂、剪报社（后称报卡社，现为学校的书报资料中心），作为学生日常学习排字、拼版、印刷、资料整合的基地。还通过组织到基层、报社实习等活动，使学生不总是接触“二手”材料，而是到工厂、农村、商店、居民区去和普通百姓交朋友，去真正体会实践、了解实践。这些宝贵的新闻实践全方位、多角度地培养了学生的动手操作能力。这一系列举措使得中国人民大学新闻系的毕业生到了分配单位后，能够迅速适应岗位、及时进入角色，受到报社同事们的认可与好评。

第四，组织编纂新教材。新闻系建系之初，面对着选择教材的难题。当时，原旧中国的新闻教材因为种种原因不适合继续使用，而苏联和西方资本主义国家的新闻教材又不能立足中国国情，只能作为参考，无法照搬照抄。实际形势决定了必须独立自主、自力更生编写一套以马列主义、毛泽东思想为指导的、总结了我们党的新闻工作经验的、符合我国国情的新闻学教材。安岗鼓励大家克服畏难情绪，研究上下“两头”：“上头”，就是重视研究马、恩、列、斯关于报刊的理论与实践，研究毛泽东等党中央负责同志关于报刊的理论与实践，研究党中央关于新闻宣传的决定、指示。“下头”就是重视研究新闻工作实际，去报社做调查。因此，在1956年下半年，中国人民大学新闻系抽调9名教师组成两个组，由安岗指挥，一个组去东北三省新闻单位做调查；另一个组去华东、上海、山东等省市新闻单位做调查，搜集编写教材的相关资料，历时三个月。他还亲自带了几名教员去山西日报社，住在那里，一面搞调查研究，一面编写教材，为大家做示范。新教材投入使用后，因为确实是经长期锤炼、深入结合实践的作品，并且适合新闻系的教学现状，能够做到有针对性，有的放矢，所以在教学实践中获得了学生和教师们的好评。

第五，为基层培养新闻宣传干部。1958 年全国出现了一个办县报的高潮，但同时基层又缺乏经验丰富的新闻工作者。安岗对此非常重视，他于当年夏天派党总支副书记邓茂生和教师蓝鸿文去河北、河南调查县报情况，之后又带他们去中宣部报刊处汇报，从而争取到了中宣部批准下文，开办了为时一年的县报班，为县报培养了一批人才。这一年的县报班，参加学习的有河北、河南两省的县报主编 200 多人。县报班的教学提高了基层新闻干部的专业素养，对当时基层新闻人才的培养和发展起了重要作用，也促进了县报的专业化发展。

（2）兼任中国社科院新闻与传播研究所所长，再一次投身到新闻教育事业中。

“文革”结束后，安岗重新回到人民日报社工作，面对着人才培养因为受到文革干扰而变得青黄不接的现状，他经过一番思索后决定：新闻教育还要继续办。于是在人民日报社的编委会上，他提出要创建新闻研究所，从而为报社培养高水平干部人才。这一举措受到编委会的有力支持。于是在 1976 年研究所成立后，安岗开始主持人民日报社新闻研究所的教学工作。后来，时任中国社会科学院院长的胡乔木又让其兼任中国社科院新闻与传播研究所所长。由于是第一任所长，他不仅为研究所的建设和发展做了诸多开创性工作，同时还要在百忙之中亲自为研究生授课。针对当时拨乱反正的形势需要，安岗提出了“研究我们的读者”的口号，以严谨的学术作风为国家新闻单位培养了新一代新闻人才。当时的新闻研究所可谓人才辈出，尤其是 20 世纪 80 年代早期毕业的一批研究生，大多成为新闻行业的骨干，如名记者艾丰、中国新闻文化促进会理事长李东东等。

3. 安岗的新闻教育思想

纵观安岗投身新闻教育事业的历程，是一个用马列主义理论指导实践的过程。他认为，新闻教育是一个“让思想长上翅膀”的过程，新闻系的系主任不应该是“修道院的院长”，不应呆板地固守“课本中的死知识”，而应该鼓励学生们“走出去”，让思想和社会接触，等等。他的言行中蕴含的新闻教育思想，对我们当代新闻教育有着较好的启发作用。

1）马克思主义、毛泽东思想应该在新闻教育中处于指导地位，在新闻教育中应坚持党性原则

安岗曾讲：“在学校要着重打好马列主义理论基础和新闻专业基础。要着重学好政治理论和专业知识，打好了基础，工作起来才有后劲。”他将马克思主义与新中国的新闻教育有机结合，坚决在教育实践中贯彻马克思主义的基本原理，培养学生对马克思主

义的坚定信仰和对新闻事业的热爱，由此为新闻教育的发展确定了明确的方向。安岗在坚持马克思主义和毛泽东思想的指导地位时，也把党性原则作为马克思主义新闻教育观的精髓和核心，从 20 世纪 50 年代“摸着石头过河”的中国人民大学新闻系到 80 年代中国社会科学院新闻研究所的课堂上，安岗始终坚持党性原则。

2）新闻教育应培养学生高度的职业责任感

安岗认为，职业责任感应是新闻人不可或缺的核心素养，他说：“新闻教育要注意教育学生热爱新闻事业，对作为党和人民一项重要事业的新闻工作有高度的责任感。”在日常教学实践中，他很注重对学生传达这样的思想。

3）实践在新闻教育中具有重要作用，做到理论与实践相结合

安岗重视学生实习和教师实践，安排学生、教师到新闻单位实习锻炼，提高学生、教师对实际业务的熟悉程度。他同新闻系师生除了在课堂上探讨研究新闻理论外，还一起创办了《新闻与出版》和《新闻学报》，让师生参与其中，锻炼自己的动手能力。在其新闻教育理念中，他强调新闻教育必须手脑并用，新闻专业学生必须兼具很强的思考能力和动手能力。

4）创办实体以服务教学

安岗认为，在对学生的培养中，“要结合实践教，光说不成，要有实习报，实习工厂。以前办县报、厂报，这是个办法”。他认为，新闻教育离不开实体，应该创造条件创办实体来作为教育的辅助。

5）重视对新闻学的理论研究

安岗在 1957 年第 7 期《新闻战线》上发表的《让新闻学成长起来》一文，为新闻学的研究指出了研究内容：

首先，研究新闻学的理论和新闻学史，应从以下几个方面入手：（1）马克思列宁新闻学的基本理论；（2）世界各种派别的新闻学理论根源及其演变；（3）中国新闻学史（包括对中国资产阶级新闻学流派的研究）。

其次，要研究世界各国新闻事业的历史和现状，包括如下内容：（1）对世界各主要报纸（如泰晤士报，纽约时报等）的研究；（2）对世界各主要通讯社、广播电台、电视事业的研究；（3）对世界各主要国家的新闻政策和新闻立法的研究。

再次，我国新闻工作历史经验的研究和总结。内容有三点：（1）对中国报刊的历史、通讯社的历史和广播事业的历史的研究；（2）对中国传统的新闻编辑和采访方法的研究；（3）对中国人民民主革命时期各革命根据地和中华人民共和国成立以来各种新闻工作经验的研究和总结。

最后，要对新闻工作中若干重要问题进行研究。主要有：（1）对报社和通讯社的

组织形式、管理制度和工作方法的研究；（2）对新闻的基本要求、新闻报道的体裁和文风的研究；（3）对新闻报道效率问题的研究；（4）关于版面学和报纸编辑工作中美学原理的运用；（5）对新闻摄影学和广告学的研究等。

从这里我们可以看出，安岗作为新闻教育家，在我国社会主义新闻学刚刚建立之初的 50 年代已经对新闻学这一学科有了深入理解，从新闻理论、新闻业务、新闻史三个方面构建起了社会主义新闻学的基本体系。另外，在这三个方面中，从历史的纵向到跨出国门联系世界的横向，几乎“事无巨细”地为新闻学的研究指出了具体问题单。

而对于如何做好新闻学的研究，安岗又将其归纳为以下几个原则：

第一，抢救新闻史料，这是最迫切的。

第二，新闻出版工作要跟上新闻研究的需要，要舍得拿出点钱和纸来多出点新闻方面的书刊。

第三，要加快步子培育新人。

第四，研究工作更要面向实际解决新闻工作出现的新情况新问题，要使问题能提到理论的高度去解决。

第五，面向世界，发挥影响。中国共产党领导下的新闻事业，也是世界新闻事业的组成部分，应该对世界新闻事业发挥越来越大的影响。同时，中国的新闻研究工作也要同世界各国的新闻研究工作合作。

第六，要扩大新闻研究工作的范围，要加强对报纸的研究，也要搞好对广播电视等所有的新闻传播媒介的研究。

在这篇文章中，安岗为研究新闻学进一步指明了方向，以期更好地服务于新闻教育实践。①

6）重视编纂教材，注意经常修订

安岗认为教材是向学生输出知识的重要手段，新闻教育必须很好地编纂教材。他在当时强调，新闻教育面临的迫切任务是要认真地搞好教材建设，并建议成立一个全国性的教材编写委员会，同时开始制定教学大纲、编纂新闻史教材。而在日常，应时刻注意教材的修订，以更好地服务于教学的新需求。

7）新闻教育在招生和培养方面应以适应工作岗位需要为导向

安岗倡导招生与培养应更多考虑实际工作的需要。比如，他主张学生应该先积累一定的工作经验再进行专业学习，比如对于新闻系招收的应届高中生，可以先到报社实习两三年，在具备实习经验后再进行专业学习，这样学习更有针对性，毕业后上岗工作效

① 吕洋：《安岗新闻实践与新闻思想研究》，山西大学 2010 年硕士学位论文。

率更高。同时他主张应开放新闻双学位制，从别的院系招收新闻人才，也鼓励新闻系的学生积极学习其他专业，例如可以在两年新闻专业学习后，再根据用人单位的需求进行其他专业的学习。这样，学生不只有一门新闻学知识，还有其他专业的知识，将来走向工作岗位后，在报道领域上会更宽广，也会做到更专业，从而更适合用人单位的需要。

8）毕业生分配应扩大自主性，激发就业活力

1987 年，安岗提出在学生毕业分配方面可以扩大自主性，提倡毕业生自由选择、新闻单位择优录取的模式，从而可以形成一种良性竞争与选择机制，这样有利于新闻人才的合理利用和新闻业的更健康发展。

9）学生学习应在通识的基础上有所专精

安岗提出，“要让学生的思想飞向社会，到各种不同的环境中去，去认识社会，去了解人”，应为自己未来的报道工作打下深厚的文化积淀，所以，他认为开展通识教育应是新闻学教育的基本要求。同时，他又认为学生应有所专精，在某一方面成为内行，从而可以更胜任深入、专业化报道的任务。

（撰稿人　王国桢）

6.1.6　顾执中与民治新闻专科学校

在中国新闻传播史和新闻传播教育史上，顾执中是一个十分重要的人物。他不仅是一个杰出的报人，还是一个具有重大影响的新闻教育家。由其创办的民治新闻专科学校，为现代中国的新闻传播事业作出了不可磨灭的贡献。

1. 顾执中其人

顾执中（1898—1995），上海人，1914 年入教会中学，1919 年毕业，升入东吴大学，后因父病辍学。1923 年进入上海《时报》作记者，1927 年起被聘为上海《新闻报》记者。工作之余，致力于新闻教育事业，1928 年在上海创办民治新闻学院任院长。曾参加对日经济绝交大同盟，当选为常务理事及宣传部长，并与沈雁冰、乐嗣炳等组织教师救国会。“九一八”事变后，积极参加救亡运动。1934—1935 年出访欧洲及美、日等国，考察新闻及教育事业。抗战爆发后，参加支持新四军等工作，任上海人民赴第三战区第二次慰问团团长。前往皖南新四军总部慰问。1940 年 7 月被敌伪“通缉”，同年 8 月遭到敌伪特务狙击，颈部受伤。9 月逃出上海，经香港抵达重庆。1941 年 5 月赴缅甸仰光向华侨宣传抗战，并为侨胞办新闻教育。1942 年回重庆，创办重庆民治新闻专科学校。1944 年 2 月到 1945 年冬，前往印度加尔各答任当地侨报《印度日报》社长兼

总编辑。1946—1954 年，在上海续办民治新闻专科学校。1954 年，民治新闻专科学校停止招生，到北京任高等教育出版社编审。1963 年退休，此后在家中写中、英文回忆录，并经常为《人民日报》、《光明日报》、《北京晚报》等报刊撰写杂文及评论稿件，曾当选为全国政协第五、第六届委员并被聘为首都新闻学会顾问，中国新闻社理事等职。重庆民治新闻专科学校复校后任校长；1985 年冬任北京民治新闻专科学校校长。著有《西行记》、《到青海去》、《东北呼天录》及《战斗的新闻记者》等。

1995 年 4 月 16 日，顾执中在北京逝世，媒体播发了“著名的新闻工作者、新闻教育家顾执中因病在北京逝世”的消息，学界、业界进行了一些纪念活动，认为他“致力新闻教育事业”、“培养了一大批进步青年，投身新闻工作”、“在 72 年的漫长新闻工作道路上，他一直坚持真理、坚持进步”。

2. 民治新闻专科学校的教育实践

顾执中既是一个成功的报人，同时也因为创办民治新闻专科学校而享誉新闻教育界。

在民国成立之后的一段时间里，我国的社会、政治、文化、教育、经济等都取得了比较理想的发展，新闻传播事业发展较快，社会力量办学得到了社会的认可，民国报人中感知到新闻教育的重要性并开始尝试新闻教育的人在社会需要他们的时候勇敢地站了出来。顾执中就是其中的一位。

民国时期的新闻教育是“多元呈现”，而且各具特色，存在有大学、社会团体、民间、新闻媒体、报业经营者、政党、中外合作组织等创办和运营的新闻教育。①

顾执中的新闻教育属于民间新闻教育，但也有“社会团体、报业经营者、政党合作组织”等成分寓其间，也是一个小范围的“多元呈现”。

民国时期的新闻教育机构主要可分为四类，第一类是综合性大学新闻学系，一般采取四年制，如圣约翰大学、复旦大学等，师资力量强大、设备经费较多。第二类是新闻专科学校，采取两年制。如民治新闻专科学校、上海法学院新闻专修科等，其中由个人创办的私立新闻教育机构为其亮点。第三类是函授学校，如上海文化函授学院、申报函授新闻学校等。第四类是暑期补习班，如上海远东通讯社开设的暑期演讲会、华东暑期大学开设的新闻课程等，为各界青年、学生补习、进修提供便利。②

民国时期新闻学研究成果丰硕，据《中国新闻年鉴》统计，1903—1949 年，全国共出版新闻学著作 317 部，其中上海出版了 205 部，占 64.6%。国内最早的两本新闻学

① 李建新：《民国时期新闻教育思想的多元呈现》，载《学术交流》2016 年第 5 期。
② 李建新：《民国时期上海新闻教育的史论理析》，载《新闻与传播研究》2016 年第 3 期。

译著，松本君平的《新闻学》和休曼的《实用新闻学》便是分别由上海商务印书馆和上海广学会翻译出版的。1917 年，姚公鹤编写的《上海报纸小史》开国内新闻史研究的先河。1927 年，戈公振根据在上海国民大学授课的讲义编写《中国报学史》，成为新闻史研究的奠基之作。1935 年，刘觉民编写的《报业管理概论》为国内第一本新闻事业管理学著作。此外，黄天鹏编写的《新闻与新闻记者》、《中国的新闻事业》、《新闻学演讲集》，任白涛编写的《应用新闻学》，赵君豪编写的《中国近代之报业》、《上海报人的奋斗》，谢六逸编写的《实用新闻学》、《新闻资料储藏研究》和《国外新闻事业》等，在当时国内也有较大影响力。这些新闻学研究专著，多以教学讲义、课堂内容为基础。以教学需求推动学术研究，以研究成果促进教学活动，是民国时期上海新闻教育的特点之一。①

那一时期的上海，是新闻教育的中心之一。报业发达，报人云集，研究成果丰硕，社会需求大，经济支持有保证等诸多的条件，支持了顾执中在上海创办民治新闻专科学校。民治新闻专科学校是由报人顾执中等 6 人与 1928 年在上海创办的一个以培养新闻人才为主要目的的学校，到 1953 年最后一批学生分配完毕，历时 25 年。它的创办及发展过程大致可分为以下几个时期：

（1）初创时期。辛亥革命之后，上海的中国报馆一般只有搞编辑工作的内勤，几乎没有搞采访工作的外勤。其时，《新闻报》和《申报》的外勤记者也不多，在顾执中就职的时报馆中，也只有他一个外勤记者。就此他认识到，由于历史的发展，中国的报纸必然需要大批的新生力量，特别是外勤记者。同时，中国新闻工作者在政治思想方面，还远远落后于当时政治上的急剧发展，新时代的中国，急需要有新时代精神的新闻工作者。这种想法促使顾执中创办一所新闻专科学校。

1928 年夏，顾执中、沈颂芳、沈吉苍、闵刚侯、范仁齐、葛益栋 6 人协商，大家一致同意在上海创办新闻学校。大家当时觉得中国的民主政治前途暗淡，遂商议定名为上海民治新闻学院，每人出开办费 200 元，个别人因经济不宽裕只出了 100 元。因为估计到学校在经济上难以独立生存，因此，他们又兼办了民治中小学及民治补习学校，以便分担房租水电及校工等方面的开支。新闻报馆的董事长美国人福开森个人捐赠 500 元。民治新闻学院开班时一共只有 1600 元。当时的上海处在国民党反动派的统治之下，因民治新闻学院在政治上不与他们合作而屡受国民党的刁难和打击。开始时有关当局称不配称新闻学院，不准立案，后来改为民治新闻专科学校，仍不准立案。更甚者，在 1948 年冬，国民党政局竟下令上海市教育局来学校封门。

① 李建新：《民国时期上海新闻教育的史论理析》，载《新闻与传播研究》2016 年第 3 期。

民治新闻专科学校因资金不足，校舍简陋，规模甚小。第一届只招了 40 多个学生，是在 1928 年冬经考试入学的，投考者有不少的大学毕业生，有一位甚至是留学美国回来的博士。以后一般也只招 50 人，最多时超过 100 人。第一届任教的有严独鹤、李中道、戈共振等。先后到这个学校任教或作报告的都是当时的正规院校不敢请，也难请到的名人，如郭沫若、翦伯赞、艾思奇、柳湜、田汉、舒舍予等。该校为 2 年制，开设的课程有采访、编辑、新闻写作、管理、印刷、摄影、外文、时事分析、历史、地理、国际公法、军事常识、哲学等。重点是采访、编辑、时事分析及摄影，每学完 1 个学期即进行实习。初创时只设夜班，以后才添办白天班。他们录取新生不注重资格、不讲究文凭，而以德才为标准，根据考试成绩决定录取与否。报考者大部分没有高中毕业文凭，但也有不少是大学毕业生。这样不拘一格取人才的结果，大大提高了新生的质量。1920 年第二届学生，人数仍 40 人左右，“九一八”事变以后，民治新专的教授和学生，多参与抗日救亡运动，政治方面更趋明朗，因此更为国民党所嫉妒。从 1932 年起，学校迫于国民党的压力，改名为民治新闻专科学校。开设的课程有：采访、编辑、新闻写作、管理、印刷、摄影、英文（或俄文、日文）、时事分析、历史、地理、国际公法、军事常识、哲学等，另外还有实习和实践。从 1935 年冬到 1937 年的短短两年中，民治新专为了客观的需要，放宽了招生名额，人数最多在 100 人左右，开两班，授课者，有不少是党的负责救亡的同志。1937 年 11 月初，上海沦陷。民治新闻专科学校在 1938 年招考新生，人数限制在 20 人以内，在极度紧张的情况下仍然坚持上课和实习，1940 年 8 月 15 日，顾执中被敌伪特务击伤，民治新闻专科学校的工作暂告一段落，这时第六届学生已毕业，学校便被迫停办。

（2）在重庆、仰光和印度加尔各答时期。1941 年 5 月，顾执中经过多方周折，到了缅甸的仰光，在当地华人的帮助下，为《觉民日报》写社论，到华侨中学作时事报告，在这里，他办了 3 个月的民治新专短期班，学生有 40 人左右，功课大多由顾执中承担。1942 年春，顾执中回到重庆后即着手筹备民治新闻专科学校正式迁渝复课的工作。1943 年春开始正式上课，招收 59 人为迁校后的第 1 期学生。当时，抗日战争正在激烈地进行，上课采用 1 年分 3 个学期制，即 9 月 10 日至 12 月 14 日为第 1 学期，12 月 26 日至来年 4 月 1 日为第 2 学期，4 月 4 日至 7 月 8 日为第 3 学期。虞和瑞任教育主任兼教国际关系，舒舍予教新闻写作，冯玉祥教军事常识，陈翰伯教编辑，朱全康教报业管理，廖崇圣教经济学概论，普萨列夫教俄文，顾执中教新闻学概论，刘增华教心理学，陈尧圣教宣传，陆诒教采访，高集教编辑，勒吉甫教摄影，彭乐善教广播学。1944 年 2 月，顾执中被派往印度，任华侨办《印度日报》总编辑，暂别民治新闻专科学校。全体教职工以投票的方式公推陆诒为代理校长，陈翰伯为教务长，继续新专在重庆的工作。顾执中到印度后，在加尔各答办了一个民治新专短期班，为期3个月，每日上午上课，课程主要由顾负责。1945年10月，顾执中辞掉了在印度的工作回到重庆。此时，陆诒已以大公报记者的身份，到了上海；民治新闻专科学校由陈翰伯负责，加紧上课，提前结业，准备在上海复校。

（3）在上海和香港时期。陆诒1945年夏回到上海时，即恢复在民治新闻专科学校上课，先是只招了一个白班，约30人，1946年春；该校又招收一个夜班，学校共有学生80人左右。教师方面除了有顾执中、陆诒、陈翰伯，还请了郑振铎、彭文应、顾用中、董冰如等，第2个学期的学生全部参加民治通讯社工作，进行采访、编辑实习。该社学生采写的大多稿件，为上海诸多早、晚报所刊用。

1947年春起，民治新专分正、预科，内设编辑、采访、报业管理3系，夜班增至2个班、日夜班学生共160余人。在此期间，民治新闻专科学校还在香港设立分校，每期招收30人左右，这个分校一直办到1949年春天。

1949年后，民治新闻专科学校在上海复课，得到人民政府在政治上、经济上的支持。1951年改名为民治新闻学校，设报业、广播、新闻摄影3科，学年2制，以工农学生为主要招生对象，入学考试分国文、政治常识和口试。这个时期的教学内容根据新时期的特点进行了必要的调整，仍由顾执中和陆诒任正副校长。华东新闻出版局推荐上海劳动日报社总编辑秦加林为教务长，大部分民治新闻专科学校的任课教师在新中国成立后继续在民治新闻学校任教。工农学生上课学习十分用功、教学气氛颇为融洽。

1952年春，民治新闻学校招收了本科学生两级，每级45人，职工班一级50人，讲习班一级50人，全校有学生约有200人。1953年秋季，民治新闻专科学校停止招生。所有在校学生，分期分批由华东新闻出版局分配工作，不到年底，这批学生几乎全部分配。①

民治新闻专科学校的创办，说明了在渐次觉醒中的国人已对新闻教育有了较深刻的认识，中国人不仅可以办自己的新闻教育，也能办好。顾执中的办学风格是求实的。他不注重资历而注重实际水平，如第一届招生考试中，报考者不少是大学毕业生，有一位甚至是从美国回来的博士。求实风格还表现在开办夜班、白班，为不少学生听课提供了方便。顾执中的办学方向是进步的。民治新闻专科学校不设训育主任，对学生的政治活动不干涉，不压迫，使得不少学生可以参加进步的政治活动，出壁报、外出写标语等，“九一八”事变后，民治新闻专科学校的教授和学生很多人参加抗日救亡运动。1935年10月，顾执中从国外考察新闻与教育事业后，民治新闻专科学校的办学方向更为明确，

① 顾执中：《上海民治新闻专科学校的诞生与成长》，载《新闻研究与传播》1981年第5期。

他本人参加了共产党领导的抗日救亡运动，并积极聘请从事救亡工作的进步人士来校讲课。顾执中等不向国家要一分钱，靠自己的努力和灵活机智的工作，使民治新闻专科学校经历了 28 年的考验，为新闻教育留下了动人的传奇，也留下了宝贵的财富。

3. 顾执中的新闻教育理念

作为一个资深的新闻工作者和新闻教育家，顾执中对新闻人才培养有自己的理解。其新闻教育理念主要集中于以下几点：

1）新闻事业是专业职业，新闻人才需要专门培养

顾执中认为："新闻事业既成为专业职业，新闻工作员也需要专门人才，这种专门人才的培养，就是新闻工作员的教育问题，目前世界各国新闻教育已有相当发展。我国大学设立新闻学科的也很普遍。但是新闻学的体系尚未建立，新闻教育的基础也尚未巩固，以前一般人认为新闻学就是研究新闻纸的学问，而在新闻教育上也以新闻纸理论为中心，现在由于新闻事业领域的扩大，新闻教育的范围也随着广泛起来，新闻学不只是研究新闻纸的理论，而是研究整个新闻事业理论和实际，所以新闻工作员的教育，可以分为新闻教育的理论和新闻教育的实际两项分别讨论。"①

2）新闻学校是培养新闻人才的良好途径

顾执中说："不进新闻学院，也能干新闻工作，因此，就不需要新闻教育，今显然这个理由是不充分的。比如，虽然人不进农业学校仍能耕田，然而我们还是需要农业学校，虽然人不进师范学校仍能教书，然而我们还是需要师范学校，虽然人不进工业和技术学校仍能在工厂或矿山里工作，然而我们还是需要各种不同种类的工业和技术学校，诸如此类，不胜枚举。以彼例此，足见反对新闻教育的理由是肤浅的，不能成立。"②

顾执中及民治新闻专科学校学生在长时期的学习中，把报纸通讯社和新闻工作者是为人类求幸福求和平的任务，清清楚楚地作为新闻教育的理念和信念，日积月累地把这一个崇高圣洁的宗旨，灌输在每个学生的脑海中，使每一位学生的在校学习有了明确的目标。

3）新闻教育是综合性的教育

顾执中及民治新闻专科学校坚持在教学中把跟新闻工作有密切关系的知识和技能像编辑、采访、管理、印刷和发行等，有系统地传授给新闻系学生。由于新闻对人类社会影响的重要，这些有关新闻工作的知识和技能在实际工作前先行学习，并且要学习得非常之好，是必要的。他认为把从未学习和研究过新闻的人当做新闻记者，是一种冒险的

① 李建新：《中国新闻教育史论》，北京：新华出版社 2003 年版，第 83~84 页。

② 李建新：《中国新闻教育史论》，北京：新华出版社 2003 年版，第 84 页。

行为，因为报社和通讯社在新闻方面所犯的错误，有时竟会严重得不只是经济方面的损失，同时也是政治方面的对人类和国家极为不利的损害。由于新闻工作的特殊性，顾执中认为新闻记者的情操、态度、方法、思维等，与专业知识及专业知识之外的其他广博的知识一样，对新闻记者工作的成败构成重大的影响。因此，顾执中在教学中坚持新闻教育的综合性，尽可能多地把相关的知识与做记者的基本要求传授给学生。

顾执中还认为："新闻教育的另一种作用，是要把现在正在工作着的新闻工作者的各种先进经验和错误教训拿来放在学校中，分析研究，做出结论，以教育未来的新闻工作者。"①

顾执中这样说，也是这样教育要求他的学生，他的这些新闻思想为民治新专的长期稳定发展奠定了思想基础。

顾执中是活动在采访报道一线的记者，他对新闻教育的理解和认知是出于长期新闻工作中的实际经验，而非"学院派"的师承，因此他在设计民治新专的课程时，纯粹是从实际需要出发，不受西方模式的影响。

民治新闻专科学校的办学特点为：（1）一视同仁。他们在录取学生时不看资历，只以考试的成绩和文笔为判断是否录取的标准。（2）重视国文写作。顾执中强调国文写作的重要性。招生广告上特地说明："入学考试，特重国文，国文无根基者，概不录取。"（3）师生关系亲密。顾执中除了在报馆的工作外，其他精力和时间全部花在民治新闻专科学校上，他常在课余之暇常与学生接洽谈心。（4）对政治活动不指导、不干涉、不压迫。民治新专不设训育主任，不压制学生参加政治活动。学校师生政治觉悟较高，与共产党联系紧密，心系国家安危，也因此遭到国民党迫害。

4. 对顾执中新闻教育思想与实践的评价

顾执中是中国民间新闻教育的创首者和代表人物之一。民治新闻专科学校的成功运作，是他对中国新闻教育的最大贡献，他的"新闻教育是综合性的教育"的观点不仅应时，而且也超越了时空界限，可以视为他的代表性观点。

他认为，"新闻事业既成为专业职业，新闻工作员也需要专门人才，这种专门人才的培养，就是新闻工作员的教育问题……新闻学不只是研究新闻纸的理论，而是研究整个新闻事业理论和实际，所以新闻工作员的教育，可以分为新闻教育的理论和新闻教育的实际两项分别讨论"②，很有真知灼见。

顾执中把综合性教育的理念贯穿新闻教育的始终，经过多年的探索与实践，不仅完

---

① 李建新：《中国新闻教育史论》，北京：新华出版社 2003 年版，第 85 页。

② 顾执中：《报人生涯》，南京：江苏古籍书版社 1987 年版。

善了民治新闻专科学校的教学体系，而且也构建了相应的学术和理论体系，使报学成为了社会科学的一部分，对于报业的改进有重大的学术贡献。

（撰稿人　李建新）

6.1.7　马星野新闻教育思想与实践

马星野（1909—1991），浙江平阳人，原名允伟，1934 年毕业于美国密苏里大学新闻学院。1934—1937 年，马星野在“中央政治学校”（以下简称“政校”）及政校新闻学系的早期教育实践中初试其新闻专业主义思想，将其接受、认可并内化为自身教育理念的密苏里专业主义新闻教育模式以“模仿”的方式植入政校及政校新闻学系早期的新闻教育实践中，通过选拔优质生源、设置系统开放的课程、配备专业的师资队伍以及贯彻“做中学”的教育方针等，不断探索并积累经验，为其具有“马氏风格”的新闻人特征的不断发展、成熟和定型创造条件，打下基础，并一体推动了民国新闻教育及新闻事业专业化的进程。

1. 缘起

近代中国新闻事业发端于 19 世纪初，随后在不断的实践中得到稳步发展。而这个发展的重要成果之一就是其从一种客观存在的社会从业现象演化为一种社会公认的职业和行业，进而步入专业化的进程。实际上，这个过程并不是割裂的，而是自然和连贯的，它既源于新闻事业发展的自我需要，也因应了社会和时代对新闻事业发展提出的客观要求。

有学者认为：“民国初年开始出现职业记者……随着后继者的增加，职业记者作为一个群体得到关注。”“近代中国职业报人的出现，以民国初年黄远生为一标志性开端。”① 随后，徐宝璜、邵飘萍、戈公振、任白涛等在各自的新闻学著作中都对“报业——作为一个职业组织，作了较为全面的描述、研究和归纳”②。尽管有学者认为，“许多中国报人试图为其自身建立职业化模式时，实际上所构建的只是一种类似观念的东西”③，但是这种职业化现象的客观存在，同样具有重要的实践意义和学术研究价值。

---

① 罗映纯、林如鹏：《公共交往与民国职业报人群体的形成》，载《新闻与传播研究》2012 年第 5 期。

② 黄旦：《五四前后新闻思想的再认识》，载《浙江大学学报（人文社会科学版）》2000 年第 4 期。

③ ［澳］特里·纳里莫：《中国新闻业的职业化历程》，载《新闻与传播研究》1992 年第 3 期。

与此同时，由于“专业主义的基础首先是有一个独立的职业或行业”①，而“专业主义是一个职业专业化的必要条件，而非充分条件”②，因此这种职业化的实践和思想，至少为民国新闻职业向专业的演化提供了专业主义理念架构的基础和可能。

探讨民国新闻业的职业化实践和思想以及其对中国新闻业专业化进程的影响，就民国新闻史研究而言，是一个宏观的时代命题。本节以马星野新闻教育思想和政校新闻学系早期教育实践作为分析样本，希望能够通过一种微观的学术视角，更为准确探寻宏观时代背景下民国新闻人在职业化和专业化问题上所具有的共性和特征，并希冀借此对民国新闻史的宏观问题研究形成一个新的思路和方法。

2. 实践样本选择的理由

1928 年 5 月，马星野毕业于“中央党务学校”；1931 年由政校“保送美国密苏里大学研究新闻”，为“国立大学派遣留学生往国外研究新闻之开始”③；1934 年 7 月，马星野回到政校教授“新闻学科目”，并由此成为国民党体制内新闻人；1935 年 9 月，马星野奉命筹建政校新闻学系，在该系任教，并由此断续主长系务达 14 年之久。

1934—1948 年间，马星野“把现代化的新闻教育制度与方法，比较成套地引进中国来”④，开民国时期国立大学新闻学系之先河，桃李满园。由于他长期致力于新闻教育实践，被台湾地区新闻业学两界尊称为“新闻教育的拓荒者”⑤和“新闻教育的传教士”⑥。同时也由于他长期致力于新闻事业实践、新闻行政管理、新闻学理论研究等工作，也被台湾地区新闻业学两界尊称为“一代新闻宗师”⑦、“新闻事业发展史上跨时代的领袖人物”⑧、“新闻业学两界的标兵”⑨。1984 年 4 月，马星野获美国密苏里大学

---

① 黄旦：《传者图像：新闻专业主义的建构与消解》，上海：复旦大学出版社 2005 年版，第 19 页。

② 李良荣等：《当代西方新闻媒体》第 2 版．上海：复旦大学出版社 2010 年版，第 126 页。

③ 马星野：《政大新闻教育的回顾与前瞻》，载《新闻与时代》，台北：云天出版社 1970 年版，第 102 页。

④ 姚鹏：《星沉：他是跨时代的领袖人物》，载《“中央”日报》，1991 年 3 月 16 日。

⑤ 杨倩蓉：《马星野老师：新闻教育拓荒者》，载《提灯照路的人：政大新闻系 75 年典范人物》，台北：政治大学传播学院 2010 年，第 1 页。

⑥ 陈百龄：《新闻教育的传教士——马星野》，载《教育・爱：台湾教育人物志 V》，台北：教育资料馆 2011 年，第 98 页。

⑦ 骆训诠：《马星野：一代新闻宗师》，载《薪传：政大传播学院落成纪念特刊》1990 年刊，第 47 页。

⑧ 姚鹏：《星沉：他是跨时代的领袖人物》，载《“中央”日报》，1991 年 3 月 16 日。

⑨ 楚崧秋：《执着于理想与现实之间》，见《马星野先生纪念集》，台北：“中央”日报出版部 1992 年印行，第 55 页。

新闻学院颁发的“杰出新闻事业终生服务最高荣誉奖章”。

在马星野丰富的新闻事业生涯中，对于专业化的新闻教育理念的构建和实践是其遂行具有自身特色的新闻专业主义思想的重要指标之一，也是马星野推动民国新闻事业专业化进程最具影响力的贡献。这是一个渐进的过程。其发源于马星野在密苏里新闻学院所接受的西方新闻专业主义教育，初试于其在政校新闻学系早期的教育实践，发展于其对于民国新闻记者从业道德和职业信念的思考和阐扬，成熟于其在为理想与现实之间“恰到好处”的平衡而奋斗的过程中，最终内化定格于其具有中国传统道德特征、鲜明时代特色和个人风格的中国式的新闻专业主义理想之上。

这也是一个庞大而复杂的系统化的进程。囿于篇幅，本节选取了“政校新闻学系早期新闻教育实践”这一阶段，也就是 1934—1937 年，即从政校开设“新闻学科目”并由马星野任教到政校新闻学系因抗战爆发而西迁之前的一段时期作为主要研究对象。从政校新闻学系的创办，到第一届新闻学系学生毕业，是一个相对稳定，并且完整的教育过程。这是马星野专业主义新闻教育理念由内在的认同到外在的初试的转折阶段，也是其以后思想日益发展、成熟，并再次内化定格的重要基础。因此，以此作为研究样本，是具有一定代表性的。

3. 马星野新闻教育实践的初试

现代的系统的新闻学教育是新闻专业化的重要指标之一。“马星野认为当时设立新闻系，培育新闻人才，因为国家发展影响最普及、时间上最快奏效的，莫过于做新闻事业。……报纸作为传播媒体，是国家发展的推手，而办好一份报纸则需要有优秀的新闻记者，新闻才能专业化，媒体组织才能够健全。”① 在 1934—1937 年间，马星野将自己已经认同内化的密苏里专业主义新闻教育理念外化为在政校新闻学系从初创到第一届学生毕业这一阶段的教育实践中，以较为成功的初试为以后的新闻专业主义教育思想和实践的成熟打下了扎实的基础，并对推动民国新闻教育的职业化、专业化进程，产生了深远的影响。

1）民国早期新闻学教育概况

一般认为，中国近代的新闻学研究与新闻教育始于 1918 年北京大学新闻学研究会的成立。该会的会长虽然是时任北大校长的蔡元培，但其实际的主持人则是毕业于美国密歇根大学的徐宝璜。之后，中国的新闻校（系）如雨后春笋般发展起来：在 1920—1929 年间，上海的圣约翰大学、南方大学、沪江大学、大夏大学、光华大学、复旦大

---

① 陈百龄：《新闻教育的传教士——马星野》，载《教育·爱：台湾教育人物志 V》，台北：教育资料馆 2011 年印行，第 103 页。

学，北京的平民大学、民国大学、国际大学、燕京大学以及东南沿海的厦门大学等纷纷成立新闻（学）系、报学系、报学科等新闻教育机构。同时，在广州和上海还分别成立了中国新闻学校和民治新闻学院等新闻专科学校（院）。① 值得注意的是，这些新闻教育单位有两个基本特点：一是均为私立大学；二是其主持人大多具有在西方尤其是美国学习新闻学的背景，或者直接就是西方人。比如，除了前面提到的徐宝璜以外，还有汪英宾（密苏里大学新闻学院、哥伦比亚大学新闻学院）、梁士纯（密苏里大学新闻学院）以及美国人白瑞华（密苏里大学新闻学院）等。因此，有学者认为，“现代的新闻教育直到20世纪二三十年代才从美国移植到中国”②。

2）马星野与政校新闻学系早期教育实践

与前述特点之一不同，民国国立大学系统的新闻学教育，是从政校新闻学系的建立开始的；与前述特点之二相同，马星野也是有着美国密苏里大学新闻教育背景的新闻教育者。因此，在民国新闻教育职业化、专业化的大背景下，马星野的新闻教育理念和实践在专业主义方面初步显示出了其与时代共有的特性和自身独有的特征。

（1）遴选优质的生源。1934年5月，马星野在密苏里大学新闻学院“得新闻学士学位”后回国。据马星野回忆，1934年7月，刚刚回国的他即被当时兼任政校校长的蒋介石召见，并令其在政校从事新闻教育，训练新闻记者。随即，9月，政校于“外交系开设‘新闻学’选修科目……第二学期改为外交、政治、法律和经济四个系的共同选修”③。据政校新闻学系一期毕业生彭河清回忆，由于新闻学“是一门新鲜学问，相当吸引人，一、二年级同学选修这门课的不少”，人数有三四十位。④

1935年9月，国民党中央常会决议在政校设立新闻学系，马星野负责筹建工作。11月间，政校教务处通知该校国文、英文达到一定水准而志愿改入新闻学系的同学先行登记。实际上，在新闻学系正式成立之后，由于当时政校要求是该校读完二年级的学生才有资格转入新闻学系，所以政校新闻学系一期学生是由“三年级的同学（大学部第六期）转入”⑤ 的。因此，作为政校新闻学系首批学生，这批“半路出家者”全部从政

---

① 徐培汀：《中国早期的新闻教育》，载《新闻传播与研究》1981年第4期。

② 李金铨：《民国知识人办报以图重回政治中心》，载《东方早报》，2013年8月7日。

③ 马星野：《自述（手稿，非出版物）》，见《马星野档案》，台北：“中央研究院”近代史研究所档案馆，馆藏号：099-01-01-01-001。

④ 彭河清：《新闻系和马老师：追忆新闻系创办情形》，载《新闻学人》，台北：台湾政治大学新闻学会1968年印行，第1页。

⑤ 曹圣芬：《开创时期的政大新闻系》，载《感恩怀旧录》，台北：“中央日报”社1981年印行，第139页。

校大学部第六期的108人中选出，共有11人，分别为：来自法律系的邵德润、曹圣芬，教育系的王汉中、钱震，外交系的马志铄，财政系的彭河清、吕渭祯、朱沛人，行政系的赵炳烺、黄寿鹏、储玉坤。而在当时的政校，这批同学均是学习成绩较好，中、英文根底不错的学生。新闻学系初办之时，曾先后由政校教务主任程天放和刘振东兼任系主任的名义，而实际负责系务的则是马星野。

由此可见，在最初一批新闻系学生的选拔上，政校和马星野是非常慎重和有前瞻的。挑选好的生源，为政校新闻学系的专业化教育打下了良好的基础；而对这批学生提出中英文俱佳的要求，体现出马星野即将依照密苏里教育模式培养和训练政校新闻人才的理念。

（2）打造优秀的师资队伍。在当时的环境和条件下，配备优秀的新闻教育师资是马星野面临的最大难题。马星野“对老师人选的物色非常重视，尤其对当时战时首都的名报人，都请来讲课”①。根据政校新闻学系学生彭河清、曹圣芬、吴俊才、袁尘影、葛思恩等人的回忆，这一时期，政校新闻学系的课程设置及师资队伍的大约情况是：

在专业课方面，有马星野讲授“新闻学概论”、“新闻事业史”、“新闻写作”、“社论写作”；刘觉民、黄天鹏讲授“报业组织与经营”（“报业经营与管理”）；汤德臣讲授“采访与编辑”（“新闻采访”）；钱华讲授“新闻采访”、“新闻编辑”；沈颂芳讲授“新闻编辑”；俞颂华讲授“编辑学”；赵敏恒、顾执中讲授“采访学”；钱沧硕等讲授“编辑学”；王芸生讲授“评论”；戴公亮讲授“摄影”等。

在基础课方面，有左舜生讲授“中国近代史”；寿勉成讲授“现代经济问题”；赵兰坪等讲授“经济学”；萧孝嵘讲授“心理学”；孙本文讲授“社会问题”；胡贯一、詹文浒讲授“哲学”；陈石孚讲授“政治学”；戴德华（Edward G. Taylor）与妻子怀娣（Roberta White）以及周其勋、高植等分别讲授“新闻英语”、“英文写作与英文”。其他课程还有“文学与写作”、“广告学”、“会计学”等。②

此外，还有诸如陶希圣、董显光、曾虚白、潘公展、刘光炎、王平陵、萧同兹、许孝炎、陈博生、王芃生等③，以及储安平、戈宝权、彭乐善、甘乃光、谢然之等“富有写作、编辑、采访经验的名记者、国际问题专家和其他专家学者”和新闻事业管理者也

---

① 吴俊才：《无尽追思 不尽怀念——永怀马老师星野先生》，见吉人编：《马星野先生纪念集》，台北：“中央日报”社出版部1992年印行，第19页。

② 葛思恩：《记早期的政治大学新闻系》，载《新闻与传播学研究》1989年第1期。

③ 林元辉：《一步一脚印：政大新闻教育六十年大事纪》，台北：政治大学新闻系1995年印行，第2~3页。

被请来“讲授专业课或做专题报告和学术演讲”①，使得专业理论与业务得以在新闻教育中相互印证和补充。

我们在这里不厌其烦地列举了政校新闻学系的诸多课程和授课教师，甚至在一定程度上超出了1934—1937年这个研究的时间范围，是因为尽管政校新闻教育还处于的起步阶段，但是马星野已经能够有意识地以专业的眼光搭建系统的优良的教师队伍。然而，马星野在师资选择范围上有一个非常明确的标准，即与国民党不在同一政治“道路”上的师资是被排除在外的。“老师们要以身作则，以人格感化，确定三民主义新闻工作者之志向。”② 因此，政校所具有的国民党党校性质使马星野在延揽师资时，一方面有了召集体制内外政、业、学三界名人的便利，另一方面也在客观上限制了他选择教师的方向和范围。他选择的标准只能是在一个政治方向上的“不拘一格”和“兼容并包”；而对另外的政治方向上的教师，他不能也不会去做选择。这是政校和国民党体制内新闻教育必然的要求和选择。

（3）科学设置课程与贯彻“做中学”的方针。马星野认为，一个好的新闻记者，不仅应具有专业的新闻学知识和娴熟的专门技巧，更应具有广博的学识和更全面的综合素养。同时，他认为：“新闻学需要许多其他社会科学、人文科学和语文学科来陪衬，所以我对新闻系课程的分配比例是：社会科学占百分之五十，人文和语文学科占百分之二十五，新闻专业科目占百分之二十五。”“一般而论，新闻记者所需要的社会科学方面的知识，要远比专业技术来得重要，所以当我主持政校新闻系时，特别注重社会科学的比重。”③ 正是基于对新闻学科本质和内涵的准确把握，马星野才能以专业的眼光为政校新闻学系建立了一个较为完整科学的课程体系。同时，对此观点，马星野在政校新闻教育实践中始终坚守，并努力地有步骤地加以实现。

同时，早在密苏里新闻学院学习期间，马星野就深受沃尔特·威廉姆斯（Walter Williams）“做中学”教育思想的影响，强调通过实践学习技能，以掌握知识，构建理论体系。在政校新闻学系期间，马星野认为，“新闻是离不开实际的”，他确实也在不遗余力地推动这个理念的实现。

在当时没有足够经济能力的情况下，政校新闻学系虽然不能像密苏里新闻学院那样

① 袁尘影：《悼念星野师》，见吉人编：《马星野先生纪念集》，台北：“中央日报”社出版部1992年印行，第139页。

② 马星野：《在中国文化学院新闻学会第三次新闻学术座谈会致辞》（手稿），见《马星野档案》，台北“中央研究院”近代史研究所档案馆藏，馆藏号：099-01-02-01-037。

③ 马星野：《我从事新闻教育的经过》，见《马星野档案》，台北：“中央研究院”近代史研究所档案馆，馆藏号：099-01-02-02-010。

办一张《密苏里人报》，但还是办了一份杂志，给学生们实习，培养学生的实际动手能力。这份杂志就是著名的《中外月刊》（Sino-Foreign Monthly）。该刊物的刊名由新闻系第一届学生钱震提出，在形式和内容上模仿了美国风行的杂志《现代史料》和《时代周刊》（Times）的风格。政校每月拨款 300 元，其余的采访、写稿、编辑、校对、印刷、发行、会计等方面完全由新闻系同学自行打理。这份杂志是政校新闻学系学生的实习刊物，“在中国新闻史上，这也是第一本纯新闻性的杂志”①。而一经发行，最高销量达到 3000 份，成绩可观。② 抗战爆发，政校西迁，《中外月刊》不得已停刊，但是政校新闻学系重视培养动手能力的传统没有变，在湘西芷江复课后，马星野同他的学生们又创办了《芷江日报》、《南泉新闻》、《新闻学季刊》等作为学生的实习阵地，并使之发扬光大。

此外，马星野还非常重视教育实习活动。1937 年 3 月，政校新闻学系第一届同学的学习课程全部结束，并举行毕业考试；4 月，马星野即亲自带领全体学生去上海实习。在上海，马星野首先在八仙桥青年会举行记者会，隆重介绍政校首批新闻系毕业生。随后又参访复旦大学新闻系、沪江大学新闻系和《中华日报》。而具体的实习工作则是在上海两家著名的报纸：《申报》、《新闻报》进行的，为期一个月；回到南京后，这批学生又到国民党中宣部实习。从这个安排过程我们可以看出，在长达两个月的实习中，学生们既有与新闻教育单位的交流，也有深入新闻工作一线的经历；既了解了民间报业组织的运行状况，也熟悉了管理部门的工作内容。这种实习，对于学生初步了解专业的新闻工作实际，迅速适应从校园到社会的转变，尽快进入新闻工作者角色起到了积极的作用。同时，马星野在政校新闻学系建立之初，即以新闻学系师生为基本会员，创办了政校新闻学会，并以此会进行对外交流，使之成为政校最活跃的社团之一，使学生初步具有了新闻学术的组织意识。

这一时期，通过创办《中外月刊》、建立政校新闻学会以及安排充实而有效的实习活动等，马星野将“即教、即学、即做”的“三合一”学习法理念融入专业教育中，着力探索着民国新闻教育理论与实践相结合的专业教育模式，培养了学生研究新闻学的兴趣和实际从事新闻工作的经验和能力。

对于这种专业新闻教育所应达成的目标，马星野认为：要做一个现代中国新闻记

---

① 曹圣芬：《开创时期的政大新闻系》，见《感恩怀旧录》. 台北：“中央日报社”1981 年印行，第 140 页。

② 马星野：《我从事新闻教育的经过》，见《马星野档案》，台北：“中央研究院”近代史研究所档案馆藏，馆藏号：099-01-02-02-010。

者，必须具备多方面的条件：（1）学识、技能、敏锐的新闻感和辨别是非的能力。唯其如此，方能判断新闻的价值，以及读者对国家社会的重大影响；（2）良好的语文基础。英文是必需的，能再擅长西班牙和法国等语文更好。很好的国语文，更是最基本的条件。（3）新闻事业的专门技巧，包括编辑、采访、速记、打字、撰写社论等。①

4. 结语

现代专业的新闻教育源于西方，而中国近代的新闻教育所具有的移植性是自模仿西方开始。加布里埃尔·塔尔德（Gabriel Tarde）认为："发明经过静悄悄的模仿而得到传播之后，我们还是可以称之为社会进化——这就是社会的基本事实。""模仿在人身上的表现是从内心走向外表的"，"每一个模仿行为都在创造条件，使新的模仿行为成为可能，使之越来越自由与合理，同时又使之具有更加精确的性质"。②

作为最早赴密苏里大学学习新闻的公派留学生，马星野无疑受到了密苏里的深刻影响，并对密苏里的新闻教育理念、教育方式、教育内容乃至新闻价值观产生认同。因此，我们可以在政校新闻学系早期的教育教学理念和实践中比较清晰地看到一种"模仿"的痕迹。然而，处于初试阶段的马星野，做得更多的还是"模仿"，其自有的专业主义新闻教育理念的架构尚未系统搭建，其自身的新闻道德规范理念尚未完全厘清和成熟。但这种"模仿"却是他个人、政校新闻学系、民国新闻教育乃至民国新闻事业专业化进程中不可绕过的必经之路。

这个"模仿"并不是中国新闻事业专业化进程的终点，而只是个发端。在以后的政校新闻学系教育实践中，马星野仍然在不断思考着专业化的新闻教育在更高层面上的问题，并通过撰写新闻学系"系歌"歌词、拟定"中国新闻记者信条"、提出"三民主义的新闻事业建设"理念和"新闻自由论"等，更多地将其对于密苏里所提倡的新闻道德与专业精神的理解与中国时代及现实社会的实际需求相融合，在模仿中走向创造，并循着这一脉络走向成熟，并最终形成了其作为国民党体制内新闻人的以"三民主义"为新闻的政治导向，以西方新闻专业主义思想为实用方法，以中国传统儒家精神追求为价值核心的"马氏风格"特征。对于这一内容，笔者将作另文加以详细探讨。

（撰稿人　王继先）

---

① 马星野：《我从事新闻教育的经过》，见《马星野档案》，台北："中央研究院"近代史研究所档案馆藏，馆藏号：099-01-02-02-010。

② ［美］特里·N. 克拉克：《传播与社会影响》，何道宽译，北京：中国人民大学出版社 2005 年版，第 147、151 页。

6.2　院长自述或口述史研究①

6.2.1　何梓华与中国人民大学新闻传播教育

何梓华，1931年出生，广东南海人。1949年考入燕京大学西语系后转新闻系。1952年随院系调整转入北京大学中文系学习。1953年本科毕业后先后在北京大学和中国人民大学新闻系担任讲师、副教授、教授。历任中国人民大学新闻学系副主任、主任，中国人民大学新闻学院副院长、院长。国务院政府特殊津贴获得者。曾任教育部新闻学学科全国教学指导委员会主任、中国新闻教育学会会长、全国高等教育自学考试指导委员会新闻学专业委员会主任等职务。

1949年夏，刚解放的上海还残留着硝烟的气息，一个18岁的青年学生只身踏上了北上的火车，前往燕京大学报到，他就是何梓华。

从1949年至1999年，在几十年的教学生涯中，他先后在北京大学新闻专业和中国人民大学新闻系担任助教、讲师、副教授、教授。历任中国人民大学新闻系副系主任、系主任。从1988年中国人民大学新闻学院建院起，何梓华又先后担任新闻学院副院长、院长，直到退休，是中国人民大学新闻学院迄今为止任职时间最长的院长。

在任期间，他和系的领导班子，承前启后，勤奋工作，为“文革”后中国人民大学新闻系的恢复与发展，为以后中国人民大学新闻学院在全国新闻界的学术领军地位奠定了基础。踏实与谦虚是他所坚守的，他说：“人大新闻学院能有今天，是全系教职工奋力拼搏的结果。工作是大伙做的，成果里自然有我的一份微薄贡献，但更多的成绩是大家共同努力的结果。”

此外，在职期间，他还兼任中华全国新闻工作者协会理事会常务理事、教育部新闻学学科全国教学指导委员会主任、中国新闻教育学会会长、全国高等教育自学考试指导委员会新闻学专业委员会主任等职务，并主持制定了新闻学科“八五”、“九五”科研规划。

---

①　依各位院长出生年月排序。

1. 阴差阳错，投身新闻

新中国成立前，何梓华在上海沪江大学附属中学念书，这是一所由美国教会开办的学校。学校里的所有课程，包括物理、化学等，即使是中国老师上课，也采用英语教学，学生所学的历史、地理课程自然也是外国的历史与地理。何梓华就是在这样的环境中度过中学时代的。

1949 年 5 月，何梓华参加了大学入学考试。由于中学全部采用英语教学，他的理科功底较为薄弱。于是，他报考了燕京大学的西语系和上海沪江大学的经济系，并且都被录取。然而，最终他还是选择离开家乡，去北京就读。

新中国成立之初，战乱的破坏还未修复，交通十分不便，从上海到北京，坐火车整整需要 72 小时。在漫长的组团北上途中，青年学生聚在一起，彼此开始结识。其中有学经济的，也有学新闻的，学外语的却只有他一个。来到北京之后，学校为新生分配住房，他们又被分到了一起。一来二去，何梓华便跟新闻系的同学混熟了。为了外出参观游玩，方便同行、避免时间冲突，也因为对新闻产生了兴趣，他干脆从西语系转到了新闻系。不过，毕竟是十八九岁的年轻人，转系的时候，何梓华并没有太多宏伟的理想，只是模模糊糊地觉得新闻不错，将来可以到全国各地采访，开阔眼界，却没想到，从此与新闻教育工作结下不解之缘。

当年的燕京大学，全校不过八百人，一个系平均也就三五十人，新闻系有一百多学生便算是全校的大系了。在校园里，新闻系的学生既自豪又活跃，他们自己编了系歌，头两句是："我们是天下第一大系，天下的大系我们第一。"张狂之态为人们所侧目。1950 年，全国开展土地改革运动，新闻系师生上书国家新闻总署，要求参加社会实践，何梓华和同班同学到广西参加了土改。

1952 年，我国高等学校进行了院系调整，燕京大学被撤销，新闻系作为一个专业被并入北大中文系。此时，何梓华已是三年级的学生。1953 年，他们这个班的同学便成了院系调整后北大新闻专业的第一届毕业生了。

毕业前夕，何梓华与其他同学一样，面临着分配志愿的抉择。比起留校任教，何梓华更愿意到报社工作。一方面是因为他的普通话不很标准，担心做不好教学工作；另一方面是因为他曾在《人民日报》、《文汇报》等新闻单位实习，更愿意到业务部门经受锻炼。工作需要和个人志愿产生了矛盾，怎么办？好在当年在党团的政治思想教育下，应届毕业生普遍都有"在党指定的岗位战斗"和"服从国家统一分配"的共识，何梓华终于安下心来，留在北大任教了。担任助教初期，他跟随苏联专家学习和研究"苏共报刊史"。1956 年，他光荣地参加了中国共产党。1958 年，中宣部和教育部决定将北大新闻学专业并入中国人民大学新闻系，何梓华从此开始了在人大新闻系的教育生涯。

2. 百废待兴，重建队伍

众所周知，新中国成立以后，政治运动此起彼伏，教学秩序受到了干扰和冲击，特别是文化大革命的十年动乱，更是对教育事业的严重摧残。1970 年 10 月，北京市革命委员会通知学校停办，中国人民大学被解散了，直到 1978 年党的十一届三中全会之后，学校才得以恢复重建。从 1958 年的合并到 1978 年的中国人民大学复校，何梓华和其他所有的教师一样，在折腾中度过了宝贵的 20 年。

复校之后，他们对中国人民大学重建工作充满了热情和干劲。好在一切为时未晚。复校时，罗列、甘惜分、余致浚、张隆栋等老一辈新闻教育工作者不过五六十岁，何梓华这一代教师正处在 40 岁左右的好年纪。凭借着人大新闻系原有的班底，他们开始了百废待兴的恢复重建工作。

何梓华从 1981 年起开始参与新闻系的领导工作，1984 年任系主任直至退休。在将近 20 年的时间里，他和系领导班子的成员牢记罗列、余致浚等老一辈同志的叮嘱，要认真抓紧抓好人才和教材的建设工作。他们深刻地认识到，不管是办一个学校，还是办一个系，首先都需要有一支政治上、业务上比较强的教师队伍，才能把工作撑起来。此外，还需要有几位学术造诣比较深的名师，这样才能创出品牌，竖起标杆。当时新闻系的专职教师队伍中，既有资深的学者，也有崭露头角的后起之秀。比如，甘惜分、张隆栋、方汉奇分别是长期研究新闻理论、外国新闻史和中国新闻史方面的专家；蓝鸿文、郑兴东和秦珪 3 位老师在新闻采写、报纸编辑和报刊评论方面学有专长。在系的统一领导下，上述各位老师各以其渊博的知识，撰写教材、专著，成为本门学科的学术带头人。

在重视发挥现有教师积极性的同时，系领导班子为了确保教师队伍后继有人，避免出现断层，反复强调资深教师应把培养青年教师和研究生的工作抓紧抓好，帮助他们把理论功底和业务功底打扎实。童兵和郑保卫师从甘惜分教授，甘老师要求他们通读马恩全集，在此基础上编写出《马克思、恩格斯新闻工作年谱》；蓝鸿文教授要求他所指导的研究生张征，沿着范长江当年写《中国西北角》所走过的路程重走一遍，把沿途的所见所闻与《中国西北角》的记载做一对比，这样，路走完了，稿子见报了，在此基础上硕士论文也完成了。俗话说，严师出高徒，新闻系的青年教师就是这样在导师严格的指导下成长起来的，他们后来都成为新闻系的骨干教师。要打好业务根底，除了导师的督促，还得靠青年教师和研究生的自觉刻苦钻研，耐得住坐冷板凳。刘建明教授在校攻读研究生学位时，不仅通读了系资料室的大部分新闻藏书，而且还做了大量的读书卡片；后来成为《深圳特区报》副总编的钱汉江，在校时，为了撰写硕士学位论文——《十月革命前的真理报》，在翻阅原版报纸的基础上，摘录了大量的原始资料。论文答辩时，有一位专家称赞说：“论文引用的资料，我们都没有看到过。”现在，中国人民大学新闻学院教师的中坚力量大部分是那时候培养起来的。

除了本校的教师队伍之外，为了进一步加强对新闻改革新鲜经验的学习和研究，贯彻理论联系实际的良好学风，新闻系还聘请了 20 多位兼职教授。他们中有的是报纸、广播电台、电视台、通讯社的资深记者或负责人，有的是党政机关的领导，有的是学术造诣较深的教师。他们经常向广大师生及时通报上级领导机关关于宣传报道的新精神，介绍新闻事业发展的新情况、新经验和新问题，并就自己分管的专业作专题报告。这对提高新闻教学的质量起了极为有益的作用。

人才和教材是办学的两个基本条件，没有师资固然不能办学，有了师资而没有教材，同样也不能把教育工作做好。新中国成立后的 30 年，适用于新闻系的教材本来就不多，期间又经历了政治运动的错误批判和否定，复校时，学生面临着无书可读的局面。新闻系的领导意识到，当务之急便是为学生编写教材。当时，学校也要求各系编写教材作为迎接即将到来的校庆的献礼。甘惜分教授长期从事新闻理论方面的研究，便自告奋勇编写新闻理论教材。方汉奇教授则负责他所擅长的中国新闻史教材，张隆栋教授负责外国新闻史。其他诸如新闻编辑学、新闻采访学、报刊评论等相关教材的编写工作也都分别开展，教师们根据自己所长分兵把守，全力投入教材建设。前后只用了几年的时间，系里就搭建起了主要教材的基本框架。

教材编写过程中，系领导提出教材编写分三步走。

第一步是“先有后好”。由于当时的情况十分紧迫，学生急需一批既符合中国国情，又顺应时代发展的新教材。因此，系里决定先将教材的框架搭建起来，解决学生的燃眉之急。等到再版时，再根据反馈的情况对教材进行修订，逐步提高和完善。

第二步是“成龙配套”。当教材的基本框架确定下来后，就继续编写一些用以配合主教材的教学参考用书。以新闻理论教材为例，除了基本教材，还配套编写了《马克思、恩格斯新闻工作年谱》、中国共产党关于新闻工作的政策文件汇编等辅助教材。至于编辑、采访、写作、新闻史等业务课程，也都各自编写了配套的教学参考用书。

第三步是“填补空白”。当教材充实起来后，就需要对教材中没有涉及的空白点和疑难点进行查漏补缺。系里鼓励教师对教材中的空白点、疑难点开展专题研究，其科研成果可弥补教材之不足。据何梓华回忆，“方汉奇教授主编的近代新闻史中，有一份澳门出版的报纸叫《蜜蜂华报》，对该报，我们了解得很少。于是，方汉奇教授就让他当时的博士生程曼丽去研究这份报纸，并以此作为博士论文的选题。程曼丽在图书馆找到了这份葡萄牙文版的报纸。为了读懂报纸的内容，她到外语学院学习了葡萄牙文，然后根据《蜜蜂华报》原文版提供的资料，写成博士论文，填补了近代新闻史研究的空白。

像《蜜蜂华报》这样一份小报，教师上课时很少会讲到，大部分人一辈子也不会接触到它，但是作为专著填补学术研究上的空白则是有意义、有价值的”。

经过这样三个阶段，新闻系的教材建设得以逐步完善，质量也有了大幅度的提高。1983 年，全国掀起了兴办新闻系的热潮，各地新成立的新闻系纷纷采用中国人民大学新闻系编写的教材。到 90 年代，新闻学院已编写专业教材、教学参考用书、专著、译作共 100 多种。数量之多、门类之全，在全国名列前茅。其中有 15 种教材先后被评为优秀教材。有的教材如《当代中国新闻事业史》、《外国新闻事业史简编》填补了报刊史研究的空白。《中国近代报刊史》、《报纸编辑学》还获得了吴玉章奖金新闻学奖一等奖。这一切都是与新闻系教师队伍的集体努力分不开的。

3. 全面发展，力争上游

何梓华说：人才建设不仅仅指的是教师队伍建设，从广义上说，还应当包括新闻学类专业学生的教育与培养。我们办学的目的就是为国家培养专业人才。国家需要一支“政治强，业务精，纪律严，作风正”的新闻工作队伍，高等学校新闻系应责无旁贷肩负起这一光荣使命。

中国人民大学复校后的 20 年里，新闻系根据国家需要，采取多样化的办学形式，为新闻业务部门输送了大批品学兼优的新闻人才，受到了用人单位的普遍赞誉。国家对人才的需求是多方面的：一般的新闻报道工作大量需要政治业务水平和职业素养良好的本科毕业生，而从事教学、科研工作的单位则需要具备较高学术水平的高层次毕业生。为此，新闻系从 1978 年复校起，便开始招收硕士生；1984 年开始招收博士生，为全国教学科研单位输送了一批高层次的专门人才。另外，一些专业报刊，除了要求毕业生掌握新闻专业的知识外，还希望毕业生具备另一学科的基本知识，新闻学院开设的双学士学位班，为专业媒体输送了具备多种专业素养的新闻人才。

何梓华回忆，在正常的本、硕、博招生之外，有些办学形式是和整个新闻界的状况密切相关的。比如，刚粉碎“四人帮”的时候，全国各地急需大批新闻人才，很多新闻单位将职工送来新闻系培训，就开办了两年制的大专班和大专起点本科班以及一年制的进修班；当 1983 年全国各地新办的新闻系急需师资的时候，就开办师资培训班；在高等学校招生名额有限的情况下，为了满足青年学生参加新闻工作的愿望，新闻学院承担了全国和北京市的高等教育新闻专业自学考试的组织工作和开考工作，鼓励社会青年走自学成才道路；为了满足有志于新闻，却身处全国各地的学子，新闻学院还在中央电视台主办了电视大学新闻班；通过学校的函授学院，还先后在北京、山东、天津、湖南、新疆、陕西、山西开设了定期面授的新闻函授班。

1984 年，为了配合自学考试的开考，在中宣部新闻局的支持下，新闻系和工人日报社合作，共建中华新闻函授学校。学校为函授生单独编写适用的教材，普及了新闻学的基本知识，并为自学考试招生提供了大量生源。新闻系用办学所得劳务费在安徽太平市购置了一幢600平方米的小楼，建立了“人大新闻系黄山新闻培训中心”。这个中心既是新闻系短期培训新闻人才的基地，又是召开新闻学术研讨会和教师度假休养的基地，在全国新闻院校中这是绝无仅有的。人大代校长张腾宵同志称赞说：“新闻系没有把办学创收所得私下分掉，而是用于教学，这样做很好。”

从一年制、二年制的专修科，到本科生、硕士生、博士生、博士后，还有函授、电视大学……人大新闻系的办学形式和办学层次，门类齐全，多样适用，这在全国高校新闻专业中是独一无二的。中国人民大学副校长谢韬同志曾经表扬新闻系在办学方面有开拓创新精神。

新闻专业人才的培养，不管采用什么办学形式，最重要的是要保证质量，这是对国家，对人民负责任的表现。人大新闻学院的毕业生，无论是在过去还是现在，在社会上是有口皆碑，在新闻业务部门普遍受到欢迎，中国人民大学副校长李震中同志曾用八个字总结了新闻系的办学经验：“强调基础，重视实践”，这是符合新闻教育的办学规律的。长期以来，新闻系在办学过程中，十分注重对学生进行基本理论，基本知识，基本技能的传授，同时，也十分注意引导学生投身社会实践。新闻系的毕业生到新闻媒体工作后由于表现良好，大多数成为所在单位的领导和业务骨干。

党的十一届三中全会以后，舆论调查开始在我国兴起。何梓华等系领导认为，舆论调查在国外已很普遍，但在我们国内还没有受到重视；舆论学作为一门新兴的学科，在国内还少有人研究。因此，系里大力支持甘惜分建立舆论研究所的提议。1986年，舆论研究所成立，面向全国开展舆论调查，这在高等院校里是头一个。它的任务，一是为新闻媒体服务，对大众传播媒介的受众进行调查研究，为增强传播效果提出建议。二是为党政机关服务，发挥智库的作用，研究当前的形势、政策落实的情况，对广大人民群众关心的社会问题进行舆情调查，然后将信息反馈上去，为领导部门制定政策提供依据和参考。三是培养舆论调查人才，为未来组建队伍做准备。四是在上述三项实践的基础上，争取早日建立舆论学这门新学科。在甘惜分教授、喻国明教授的领导下，到20世纪90年代末，舆论研究所已完成调研项目40多个。其中有一些调研成果受到领导机关的重视和媒体的好评，有的在国内产生了广泛影响。舆论研究所的兼职研究人员撰写了专著，开设了舆论学方面的课程，希望今后能通过舆论研究所把舆论学这门新学科建设起来。

随着科学技术的发展，印刷工艺告别了“铅与火”，排版开始采用电脑编排新技术，“激光照排”这一新名词进入了大家的视野。为培养能适应新形势需要的合格人才，20 世纪 90 年代初，中国人民大学新闻学院开始筹建激光照排实验室，这是最早建立激光照排实验室的新闻院系。学院与北大方正合作，在国家教委、北京市委和《福建日报》、《羊城晚报》、《河北日报》、《北京日报》、《北京晚报》、北京电视台、北京人民广播电台、《北京青年报》的大力支持下，终于建成了从文字录入到组版，基本上能满足教学实习需要的激光照排实验室。彭兰教授本科就读于计算机专业，后来又取得了新闻与计算机的双学位，是这方面的专家，也是高校中最早开设激光照排课程的教师。

4. 齐心协力，成就辉煌

辛勤的劳动迎来了丰收的喜悦。新闻系全体教职工在系领导班子的带领下，万众一心，开拓创新，经过多年的奋力拼搏，在人才培养和教材建设上，在教学工作和科研工作上，都取得了显著的成绩。

1983 年，北京市新闻工作者协会决定，在新闻媒体、新闻院校和新闻研究单位中，每两年一次开展先进集体和先进个人的评选活动，每个单位只能申报其中的一项。系领导成员明确表示，在争取荣誉面前，应坚持“先集体后个人；先党外后党内；先群众后领导”的原则。从 1984—1988 年，中国人民大学新闻系连续三届都被评为先进集体。

取得这样可喜的成绩，新闻系上上下下都很高兴。有一天，何梓华见到当时的校长袁宝华，便半开玩笑地说：“我们新闻系连续六年三届被北京市新闻工作者协会评为先进单位，结果是墙里开花墙外香，在外面我们倒是吃香了，怎么在学校里一点反应都没有呢？”袁校长平时比较严肃，对教师要求严格，大家都有点怕他，这一次他却笑逐颜开地说：“应该奖励，应该奖励！”后来，袁宝华校长为了肯定新闻系的成绩，鼓励新闻系教职工百尺竿头更进一步，特地颁发了一座奖杯，这在人民大学的历史上是绝无仅有的。

几乎是在第三次被评为先进集体的同时，中国人民大学新闻学专业被国家教委评为全国新闻学专业唯一的重点学科点。1987 年，国家教委决定在各个学科中都评选一到两个重点学科点，并将有限的人力、物力、财力选择性地投入重点学科点，支持它们把专业办好。教委要求重点学科点在专业建设和教学改革方面应起示范作用；同时希望其他同类专业能向重点学科点看齐。参加重点学科点评议的专业首先必须有博士点，拥有博士授予权。然后根据教学情况、科研成果、师资实力、实验设备、毕业生数量和质量以及外界的评价等条件，组织专家进行综合评议。结果在 1988 年，中国人民大学新闻学专业光荣地被评为全国新闻学专业中唯一的重点学科点，从而确定了中国人民大学新闻系在新闻教育界的学术领先地位。

在何梓华的主持下，中国人民大学新闻学院积极同国外新闻院系开展学术交流。除了邀请外国专家、学者来校作学术访问外，学院还派出教师到国外或讲课、作学术报告、参加学术研讨会，或短期进修、攻读学位。这对加强学院和国外新闻院系的联系，增进教师对外国传播媒介现状及发展状况的了解很有帮助，有利于在学术研究上逐步同国际接轨。早在1989年，中国人民大学新闻学院便邀请台湾政治大学新闻传播学院、文化大学新闻系、辅仁大学和铭传大学新闻系的学者来北京，共同探讨新闻教育问题。此后，海峡两岸的新闻学术交流和学者互访才日益频繁起来。此外，新闻学院还与香港树仁学院合作办学，连续多年定期派出教师到香港授课，为他们培养了本科生、硕士生和博士生。

教育部十分重视新闻教育，它通过所属的新闻学学科教学指导委员会和新闻学自学考试委员会，实施对全国新闻教育工作的领导。中国人民大学新闻学院以其在全国新闻教育界中的学术地位，多次被选定为这两个委员会的牵头单位，顺理成章，何梓华也就被教育部任命，成为兼任这两个委员会的负责人。除了本职工作外，他兼任这两个委员会以及后来成立的学术团体——中国新闻教育学会的负责人长达十载有余，通过这些组织，他和兄弟新闻院校建立了密切的联系。何梓华认为，要顺利开展和做好工作，最重要的是正确处理好新闻学院与兄弟新闻院校的关系。不论办学历史的长或短，新闻院校之间地位都是平等的，彼此之间应当互相尊重，互相学习，互相支持；工作中要发扬民主，讨论重大议题时，应耐心听取各种不同意见；在评审科研项目，评选优秀教材等重大问题上，必须坚持公平竞争，不谋私利搞特权。委员会和教育学会所营造的团结友爱，宽松自由的良好氛围，增强了这些组织的凝聚力和向心力，每次年会，新闻院校都争先恐后，积极争取成为下届年会的承办单位。正是在兄弟新闻院校的支持和帮助下，中国人民大学新闻学院才有可能较好地完成教育部所交付的任务，才能不断巩固自己在新闻教育界的地位。

5. 退而不休，发挥余热

20世纪90年代末，何梓华从新闻学院一线领导的岗位上退了下来，但他为新闻教育所做的工作并没有停止。为了发挥老教师的作用，学院通过返聘方式，请何梓华开设新闻专题课。他利用所掌握的媒体资源，每周邀请一位新闻媒体负责人或资深新闻工作者来校授课，目的是帮助学生及时了解当前新闻第一线出现的新情况和新经验；上级领导对新闻工作的新指示；以及新媒体的发展给新闻工作带来的新变动和新问题……新闻专题课不断给学生带来新的信息，因而受到普遍的欢迎。

何梓华和成美在1999年曾主编出版高等教育出版社“十一五”国家级规划教材——《新闻理论教程》，该教材经多年使用反应良好。为适应新时期需要，高教出版社要求对其进行重新修订，并作为面向21世纪课程教材于2008年出版。

2004年，党中央开始部署具有战略意义的“马克思主义理论研究和建设工程”（简称“马工程”），目的是要求用当代马克思主义指导哲学社会科学各学科的教材建设，逐步建立具有中国特色的社会主义学科课程体系。中宣部和教育部聘请何梓华作为首席专家负责《新闻学概论》教材的编写。经中宣部审批的编写组由三方面人员：高校教师，科研人员和媒体领导共 20 多人组成，其中包括人民日报社总编辑、新华社总编辑、中央电视台副台长、中国记协书记、中宣部新闻局局长……根据中央的安排，第一阶段重点编写哲学社会科学中最重要学科的基本理论教材；这一阶段的工作完成后，各学科将在此基础上，配套编写业务性教材。党中央对教材编写的质量要求很高，希望所编教材能做到学校师生满意，媒体人员满意以及上级领导满意。因此，编写工作难度很大，经过长达五年的努力，教材才得以问世。回顾这段工作，何梓华不无遗憾地说：“直到现在，我们还是感到教材存在很多不足，还没有达到中央‘三满意’的要求。用当代马克思主义指导各学科的教材建设是一项长期工程，我们编写的教材可提高和改进的空间还很大。”后来，教育部又聘请何梓华参加“马工程”第二批教材的评议工作，最近他刚完成《编辑工作》和《新闻采访与写作》两部教材初稿的评审。

6. 心系教育，展望未来

何梓华从事新闻教育工作数十年，对新闻教育事业和中国人民大学新闻学院怀有很深厚的感情。他关心新闻教育事业的发展，既为它的发展感到高兴；也为它存在的问题感到担忧。据他回忆，1982 年左右，中宣部曾经组织一次关于新闻人才需求情况的调查，调查结果显示，新闻人才的缺口高达 11 万人。值得高兴的是，这一调查结果有力地推动了 1983 年全国新闻教育事业的大发展。然而，好景不长，到了 90 年代初，教育部高教司明确宣布新闻学类专业是长线专业，不足十年时间，新闻学类专业竟然从缺口 11 万人变成毕业生供过于求的专业！为了改变这种不利情况，何梓华领导新闻学教学指导委员会协助高教司，起草了一份旨在控制办学规模的文件，文件规定：申办新闻学类专业必须经过高教司批准，准入条件包括师资队伍、课程设置、图书数量、实验室设备等具体指标。文件下发后，开始取得了初步成效。没想到仅过了一年，教育部却把审批权下放给各省市教育厅，从此，办学规模逐渐变得难以控制。据何梓华统计，2006 年全国新闻学类专业已发展到 661 个，如果一个专业以每年招收 50 人计算，本科四年将招收 200 人，661 个专业的在校生人数将达到 13 万，每年的毕业生人数将达到 33000。而当时全国领有记者证的新闻工作者人数才 15 万，供大于求显而易见。如今又过去了 10 年，听说专业点已发展到近千。不正常的发展带来的负面效果是毕业生质量下降，这是令何梓华感到忧虑的。他认为，办学的目的是为国家培养人才，是一项十分严肃的任务，希望这个问题能引起教育部和新闻教指委的重视，并采取适当措施加以解决。

何梓华也十分关心中国人民大学新闻学院今后的发展。他说，过去我们靠团结，靠实干，奠定了学院在全国的领先地位。今后，我们还是要继续加强党总支和系行政、系领导与教职工、教师之间和师生之间的团结。有了团结友爱、自由宽松的氛围，才能产生凝聚力和向心力，学院才能群策群力解决面临的各种困难。学院工作千头万绪，何梓华希望学院领导要重视调动全体教工的积极性和创造性，继续发扬新闻学院扎实工作的实干精神，认真踏实地把各项任务完成好。

俗话说，创业容易守成难。当前，兄弟新闻院校的教学质量在不断提升，中国人民大学新闻学院面临着严重的挑战。为了学院今后的发展和再创辉煌，他建议学院领导抓好下列几项工作：第一，学院需要统筹安排，制订一个教师队伍建设的中长期培养计划，在发挥老教师作用的同时，要研究采取各种必要措施，为学科带头人和未来接班人的培养创造条件；学院现有三位老教师正分别担任“马工程”业务教材的首席专家，学院要大力支持他们的工作，因为所编教材质量的高低，关系到中国人民大学新闻学院今后的声誉。第二，中国人民大学新闻学院的毕业生在国内享有较高的知名度，从长远看，学院应加大国际新闻人才培养的力度，不断扩大新闻学院在国外的影响力。第三，随着新兴媒体的发展，新技术的日新月异，学院领导要有创新思维，并根据习近平总书记提出的“培养全媒型、专家型人才”的要求，认真修改培养方案，坚持专业口径宽阔、学识基础扎实、实践能力较强的办学思路，把学生培养成为能适应新时代需要的合格新闻人才。

（撰稿人　隋　洁　赵云泽）

6.2.2　赵玉明的新闻教育改革理念与实践

赵玉明，山西汾阳人，1936 年出生。1955 年考入北京大学中文系新闻专业，1958 年转入中国人民大学新闻系，1959 年毕业后到北京广播学院任教，至 2007 年退休。中国传媒大学（原北京广播学院）教授、博士生导师，国务院政府特殊津贴获得者，“全国优秀博士论文指导老师”。现任国家新闻出版广电总局《中国广播电视年鉴》主编，中国新闻史学会名誉会长，国家社科基金项目新闻学学科规划评审组成员。曾任中国人民大学新闻系副主任、主任，副院长等职务；兼任国务院学位委员会第四届学科评议组新闻传播学学科（首届）评议组成员、教育部高等新闻学学科教学指导委员会副主任委员、中国新闻史学会会长、中国广播电视协会广播电视史研究委员会会长。

1. 筚路蓝缕：初任新闻教师阶段（1959—1977）

1959 年赵玉明从中国人民大学新闻系毕业，来到刚刚升格为本科院校的北京广播学院，从学生身份转为教师身份，成为新闻系的第一批本科生教师，从此开始了半个世纪的新闻教育之路。

20 世纪 60 年代初的北京广播学院教学设备简陋，那时的新闻系也正值初创时期，作为来自中国人民大学新闻系等综合性大学文科的应届毕业生，赵玉明是教师来源的新生力量之一。

赵玉明初到北京广播学院，先后在广播史教研组、广播业务教研室担任新闻系 59 级、60 级、64 级、65 级“新闻广播史”、“中国广播史”和“广播概论”等课程的教学工作。作为刚刚本科毕业来到新闻系任教的年轻教师，为了积累教学经验，尽快适应教师角色，赵玉明在“老广播”的带领下，边干边学边教，逐步熟悉教学业务，逐步成长起来。院系领导对办好新闻系，开创广播电视新闻教育非常重视，赵玉明全身心地投入到了教学工作当中。

为了教好广播史课程，赵玉明坚定地认为打好研究基础至关重要，于是他采取了理论与实践并举提升教学能力和水平的方法。在实践方面，他常常到北京图书馆查看与广播史有关的各种书刊，到中央广播局的档案室翻看所有能找到的关于延安（陕北）台的广播稿和有关史料，从这些书刊、广播稿和史料中挖掘广播史教学资料，不断充实和提升自己，再在课堂上倾情传授给学生；在理论方面，为了给 59 级的学生讲好“中国广播史”课程，他努力挤出课外时间再次回到中国人民大学去旁听“报刊史”的课程，逐步认识到何为人师，学会了如何教授学生，如何跟学生沟通，如何打造最有教学效果的课堂。

到“文革”前夕时，赵玉明已经初步成为一位教学娴熟、经验丰富的新闻系教师。即使后来受到“文革”的影响，北京广播学院迁址至现在所在位置，等待它的命运是“试行停办”，但赵玉明依然没有停下新闻学教育实践的步伐。

1969—1970 年，他同学校其他师生一样，成为下放的一员，开展劳动锻炼。他同在校教师和 65 级学生在河北农村同吃同住同劳动，白天下地劳动，晚上政治学习。学校下马后，1970 年秋，他同其他大多数北京广播学院职工一起被下放到中央广播局河南淮阳“五七干校”。1970 年 11 月初，中央广播局因为筹备延安广播历史展览的需要，将赵玉明调回北京。在之后的一年时间里，赵玉明充分发挥自身广播史方面的经验积累，和几位老广播人一起投入到了延安广播历史展览的筹备当中，默默进行着没有课堂和学校的新闻学教育实践。

1971 年延安广播历史展览结束后，赵玉明被分配到中央人民广播电台新闻部上班，成为业界的实践者和探索者。赵玉明在新闻部的工作是编辑，主要参与早晨“报摘”和晚上“联播”节目的工作，这项工作持续了一年半有余。在这项工作中，他真正把新闻学理论应用到了新闻实践当中去，并在新闻实践中检验和修正理论，在新闻实践中进一步明确新闻学教育需要改进的地方，为以后重新回归到新闻教学工作中打下了坚实的实践基础。

1972 年冬，北京广播学院恢复，在淮阳“五七干校”的教职工陆续返回北京。1973 年春天赵玉明也返回了三年来魂牵梦萦的新闻系，回归到了他热爱和渴望的新闻教育事业中。重新恢复的北京广播学院满目苍凉，赵玉明和其他复课的教师一道不畏艰难，一边劳动修整校园，一边备课，准备迎接新生前的所有工作。1974 年和 1975 年，新闻系恢复招生，两届工农兵学员相继报到，赵玉明在新闻系广播业务教研室担任 74 级、75 级“广播概论”课的教学工作。

总之，这一时期赵玉明正在从一个初出茅庐的大学毕业生成长为广播电视的教育工作者。

2. 崭露头角：“文革”后新闻系任教阶段（1978—1983）

“文革”结束后，全国各项工作开始拨乱反正，北京广播学院的教学工作也逐渐步入正轨。1978 年，恢复高考后的首届（77 级）大学生入学。1980 年，北京广播学院的教学机构作了较大幅度的调整，原来有七八十人、四个专业的大新闻系分为四系、一所、一部，基本上奠定了后来广院教学机构的格局。调整后的新闻系只剩下了编采专业（后改称新闻学专业）一个专业，拥有十多名教师，其中就包括留下来的赵玉明。他先后承担了编采专业四年制本科班 77 级、78 级、79 级和暑假后入学的 80 级共四个班约 150 人左右的“广播史”课的教学。

1978 年国家恢复了中断十多年的研究生培养制度。同年 7 月赵玉明应邀参加了中国社会科学院新闻研究所首届硕士研究生入学口试、阅卷及录取等项工作。1979 年，在当时北京广播学院确定的第一批硕士生指导教师中，赵玉明位列其中，开始招收新闻学专业广播史方向硕士研究生。1979 年赵玉明开始指导他新闻教育生涯中的第一名硕士研究生。

伴随着北京广播学院院系学科调整的完善，教师职称评审工作也开始恢复。1978 年 12 月，根据教育部的部署，北京广播学院开始了“文革”后的第一次教师职称评审工作。赵玉明等“文革”前到校任教的中年教师均评定为讲师。1983 年，赵玉明晋升为副教授。同时，在 80 年代初，学校积极吸收符合条件的中年教师入党，在这样的背景之下赵玉明于 1981 年 6 月加入中国共产党。

这一时期赵玉明曾任新闻系广播史教研室主任，在此前后分别为新闻系、文编系和播音系的各年级开设中国广播史课。教学科研工作要不断提高水平就必须与调查实践结合起来，才可以收到事半功倍之效，赵玉明对此坚信不疑，在 60 年代开始任教之初就形成了这一观念。但由于时代和条件的限制，直到 1980 年秋这一愿望才得以实现，实现了自己到延安去的愿望，一方面瞻仰革命圣地，另一方面考察延安台旧址，以充实教学研究的内容，这也是北京广播学院第一次学术性调研活动。

1979 年夏天，赵玉明随新华社历史调查组到延安和瓦窑堡开展调研，初步了解了延安台旧址的情况，为广播史调研做了准备，之后他向新闻系正式提出调研计划并获得学校批准，决定以“北京广播学院”名义组成延安（陕北）新华广播电台历史调查组。赵玉明作为策划组织者和组员加入此次调研活动。1980 年秋在齐越等老广播的带领下，调研正式启动，经过近一个月，行程约 3000 公里的调查访问，先后考察了延安（陕北）台的编辑部、播音室和发射台的 14 处旧址，记录和拍摄了大批人民广播史的第一手资料。这次调查为之后中央广播事业局更改人民广播诞生纪念日和筹备清凉山上的延安广播历史展览提供了可靠的史实依据。

从 1959 年开始从事中国广播史教学工作起，赵玉明就暗下决心要编写出一本中国广播史，经过这次调研活动之后他的这一理想逐步成为现实。调研结束之后，赵玉明和研究生一起整理编写了《调查报告》和《调查日记》。作为成果，他开始着手三件事：第一是多方收集、分类整理了已有的广播史料，特别是开始征集解放区广播回忆录；第二是陆续主持或与他人合作出版了《中国人民广播回忆录》（共四集）、《解放区广播历史资料选编》、《人民大众的号角——延安（陕北）广播史话》和《旧中国的上海广播事业》等书；第三便是开始构思中国现代广播史的框架，并陆续写成初稿在《北京广播学院学报》上连载，后来还印成小册子，名曰《中国广播简史》，1983 年被全国新闻高级职称评审委员会编印的《全国新闻系统测试复习提纲》指定为参考书目之一。

总之，这一时期赵玉明的新闻学术与教育实践用一个字概括就是“严”。这里面包含了三层含义，一是教学工作的严肃，二是治学的严谨，三是对学生要求的严格。

3. 才华试水：二次创业的新闻系领导阶段（1984—1988）

1980 年分系以后，新闻系开始结合教学科研的要求，逐步迈出了开放办学的步伐。通过调入“文革”前名牌大学新闻系毕业且有多年新闻实践工作经验的老毕业生，选拔留用本系优秀的本科毕业生和获得硕士学位的研究生等，在此基础上分系后组建的史论编采等教研室也逐步发展起来，使全系的教学科研力量不断得到加强，为二次创业奠定了人才基础。

新闻系二次创业时期之初，一度面临系领导班子缺位的困难情况。学校及时调整充实领导班子，1984 年 3 月赵玉明开始担任新闻系副主任，分管教学科研和招生工作。

1985 年春，赵玉明开始主持新闻系日常工作。1986 年 8 月任代理系主任职务。1988 年 1 月开始任新闻系主任。赵玉明本人也于 1988 年 5 月晋升为教授。

在赵玉明担任新闻系领导时期，和其他系领导一起，团结全系教职员，齐心协力使新闻系的各项工作正常有序展开，教学科研不断进步，逐步摆脱了新闻系重建初期师资力量薄弱，教学设备奇缺，培养模式单一的状况，新闻教学硕果累累。赵玉明带领全系员工主要从以下几方面开拓了新闻系的迅速发展和进步。

1）增加办学层次和组织编写广电特色教材

由于刚刚经历十年动乱，广电系统新闻干部青黄不接，新参加工作的青年干部大多没有经过专业培训，很难适应工作需要，而大学招生人数有限，且学制三四年，远水不解近渴，于是新闻系开办的不同学制在职培训应运而生，主要形式有为地方广电局台办短期培训班、干专班、研究生班和助教进修班以及函授教学、电大讲座等。

新闻系从 1959 年开办到 1980 年分系时，由于多种原因，虽曾经编印过如《中国新闻广播文集》及各专业的参考性教材，但尚无一套适应本系教学需要的系统性教材。而此时新闻系的基本教学力量经过十几年的磨炼，加之广院停办期间，不少教师都曾到中央三台①工作过一段时间，都不同程度地积累了广播新闻的实践经验，为编写有本系特点的教材打下了基础。

为此，以赵玉明为代表的新闻系领导不失时机地号召大家边讲课、边编写教材。功夫不负有心人，经过两三年的埋头写作，到 1986 年春，第一套 8 种新闻广播业务系列教材在内部出版，首先供本校新闻学专业的函授专修科急用，经过试用再加修订调整后，从 1987 年起由中国广播电视出版社作为广播电视新闻系列教材陆续公开出版。为了适应广电系统培训业务干部和外校开办广电专业的需求，1988 年，又在上述八种系列教材的基础上，加以补充、提炼，推出了《实用广播电视新闻学》（上、下册）；后由该校出版社公开出版，内容上进一步突出了广电新闻学的特色。执笔者中既有本系老教师，又有青年教师，以本系教师为主，还有校内其他单位的教师和广电部地方宣传局的同志，是一本集诸家之长的教材。

2）组织编纂广电辞书扩大新闻系的影响

赵玉明在分管教学科研工作的实际工作中感到广播电视学是一门年轻的、具有蓬勃发展前景的学科，但是一直缺乏一本广播电视专业的工具书，这给广播电视的研究人员特别是众多师生的工作和学习带来诸多不便。于是在 1987 年，赵玉明提出编纂《广播电视简明辞典》的建议，并得到学校领导的大力支持，由新闻系牵头，组织校内部分师

---

① 中央人民广播电台、中国国际广播电台、中央电视台。

生，还邀请了中央三台等单位的有关同志共同撰写了 1800 多个条目。1989 年校庆前夕，中国第一部中型广播电视专业辞典问世了。10 年后，《广播电视辞典》再次修订，成为广大广播电视工作者和研究者了解广播电视不可或缺的案头书。

3）创办全国第二家广告学专业

分系之后，新闻系只有一个专业即新闻学专业，发展空间不大。1984 年，赵玉明应邀到厦门大学新创办的新闻传播系讲学的同时，了解到该系已开办中国大陆第一个广告学本科专业，赵玉明随即向该系咨询了筹办广告学专业的事项。

回京后，赵玉明立即向学校作了汇报，并提出由新闻系筹办广告学专业的建议，此建议经学校原则同意后，广告学专业的筹办工作也紧锣密鼓地开始了。筹办工作从两方面着手，一方面在系内选拔优秀毕业生留校送到广告部门开办的培训班学习，同时动员系内具备条件的教师进行新闻、广告教学双肩挑，一边教好新闻专业课，一边准备广告专业课。

与此同时，利用在京的有利条件，除在广电系统调查外，赵玉明又先后组织人员到中宣部新闻局、国家工商局广告司、中国广告协会、中国对外经济贸易广告协会以及中国广告联合总公司和其他广告公司做广泛调查，内容包括广告管理、广告业务、广告人才需求等。这些调查有的由校领导带队，有的由赵玉明本人牵头进行，这个过程持续了两三年。

1988 年 11 月，国家教委批准了北京广播学院呈送的开办广告学专业的论证报告，该校成为中国大陆第二个开办广告学专业的高校。1989 年秋，第一届广告学专业本科生入学。

4）撰写代表作《中国现代广播简史》

赵玉明在 80 年代初撰写的《中国广播简史》小册子在这一时期得到了进一步充实修订。1986 年经过充实修改后以“中国现代广播简史”为名印成内部教材使用。1987 年由中国广播电视出版社正式出版，至今包括再版重印，印数已达两万册以上。这本书是第一部比较系统、全面记述 1923—1949 年间中国广播事业的专著，填补了中国广播史研究的空白，丰富了中国新闻史的内容。这本书在中国广播电视学会 1990 年主办的首届全国广播电视学术著作评选中曾获二等奖。

总之，这一时期赵玉明的新闻学术教育思想渐进成熟。

首先，努力营造和谐宽松的学术环境，使教师各施所长，把主要精力集中到教学研究之中。改革开放以来，随着知识分子政策的逐步落实，教师教书育人的积极性普遍提高，以赵玉明为代表的系领导因势利导，着眼于发挥教师的主动性和创造性。

其次，发挥广播学院新闻系优势，探索开放式办学新路。

当时，新组建的新闻系虽然弱小，但却有两个与生俱来的优势：一是全国广电系统本科高校中唯一的一个新闻系，二是全国高校新闻系学科中唯一一个独具广电特色的新闻系。要实行开放式办学就要充分发挥上述两个优势，从两方面着手，一是要走出校门，闯进广电系统一显身手，在广电改革开放服务中，提升自身的业务水平；二是广泛参与全国新闻学科乃至新闻业界的有关活动，扩大视野，发挥广电优势的积极作用。

从此，本着为广电改革开放服务的宗旨，不同层次的在职培训应运而生，一度形成办班高潮，这一时期的新闻系先后轮流派出有关教师为各地广电局台以及广电部地方宣传局举办的全国性广电系统新闻培训班讲课，既为十多个省市的地方局台培训了干部，又提高了学校和新闻系在广电系统的声誉和影响力，同时也有利于教师接触广播宣传实际，反过来又提升了校内教学水平。

此外，从广泛参与全国新闻学科乃至新闻业界的有关活动来说，作为众多新闻院系中唯一具有广电特色的广院新闻系在新闻教育领域乃至新闻业界大有用武之地。从1979 年中国社科院新闻研究所创办《新闻研究资料》起，赵玉明和新闻系有关教师就多次在该刊发表广播史方面的文章，并参加有关新闻史编写的研讨会。20 世纪 80 年代初，应广西大学新闻系教师之邀共同商讨编写《中国新闻业史》一书，首次将民国时期的广播事业写入史书之中。1983 年春，教育部为筹备召开新中国成立以来首次新闻教育座谈会，专门组织了调查组，赵玉明等人均参加该组活动，负责分管广电系统的调查工作。同年春，《中国大百科全书》第一版编纂工作启动，赵玉明开始参与新闻卷中广播电视部分条目的组稿和撰稿工作，后任新闻卷编委会中国新闻事业分支编写组成员。随后，赵玉明还参加了中国记协组织的《新闻工作手册》中广电条目的有关工作，为此后由新闻系牵头组织校内教师编纂中国第一部广电专业辞典——《广播电视简明辞典》工作打下了基础。1984 年，又和兄弟院校新闻系的教师共同参与组建中国新闻教育学会，11 月该会成立。1986 年 6 月，赵玉明作为新闻系副主任兼广播史教研室主任策划和组织召开了解放区广播史研讨会，这是改革开放以来北京广播学院主办的第一次学术研讨会。1987 年，赵玉明作为课题组成员分别参加了“十五”期间国家社科重点项目《中国新闻事业通史》和《新闻事业与现代化建设》的部分科研工作。1986 年，他代表学校参与筹建中国广播电视学会，并任首届副秘书长，1987 年，赵玉明又和几位老广播一起组建了中国广播电视学会史学研究委员会。

在此期间，北京广播学院新闻系被评为北京市新闻系统先进集体，赵玉明本人也被评为北京市优秀新闻工作者。

在赵玉明的带领下，这一时期的新闻系正是由于注重发挥上述两个优势，经过近十年的不懈努力，终于走出了一条开放式办学的新路；不仅扩大了北京广播学院的社会影响，也为提高培养人才的质量打下坚实的基础。日后也证明，20 世纪 80 年代陆续走出校门的毕业生经过二三十年不等的实践磨炼，涌现出一批在广电系统和行业以及其他岗位上的优秀人才，这些既是广院新闻系办学成功的业绩也是学校对社会贡献的缩影。

4. 砥砺前行：走上学校领导岗位阶段（1989—1998）

1989 年 3 月，经群众代表推荐、民主评议、学院党委讨论和考核并经广电部批准，赵玉明走上了北京广播学院领导岗位，是学校领导班子中的第一位教授。作为副院长，主要分管教学科研工作，后来又增管《中国广播电视年鉴》、广播学院董事会等工作。在这一时期的教学实践当中，赵玉明是典型的“双肩挑”，既要分管学校教学科研管理工作，也要完成自身教学科研任务，并真正做到了于公于己两不误。除此以外，九年间他积极参与促成了几件对学校长远建设有益的实事，值得一记。

1）“中央三台奖”的设立与实施。

1989 年春天，赵玉明刚进入学校领导班子不久了解到该校对学生的奖励除国家设立的人民奖学金外，尚无社会上提供的奖学金，于是萌生了请为之输送了几百名优秀毕业生的中央三台在该校设立奖学金的想法。这样一来既可以奖励广院优秀学生，又便于中央三台从中发现和选用合格人才，一举两得。经过与中央三台领导和人事部门多次联系磋商，1989 年校庆之际达成一致意见并签署了协议书。

1990 年 12 月 8 日，首届“中央三台奖学金”颁奖大会在广院举行。赵玉明代表学校汇报了“中央三台奖学金”的设立和评审经过。大会向首次获奖的 8 名优秀学生和 6 名优秀教师（含教育工作者）颁发了获奖证书和奖金。从此，每年一度的中央三台奖的评审和表彰成为了该校重大活动之一，迄今为止已颁发 26 届，受到了全校师生的特别关注，成为学校最高荣誉的奖励。1997 年，他卸任校领导前夕，又促成了民营企业星光集团在该校设立了研究生奖学金，每年 20 万元，迄今已颁发了 19 届。

2）首获国家社科基金项目

以赵玉明为课题负责人提出申报“中国广播电视通史”为国家社科基金项目。1990 年年底，该项目荣获批准，成为北京广播学院乃至广电系统的第一个国家社科基金项目。此后，从 1992 年起，赵玉明应聘开始担任国家社科基金项目新闻学学科规划、评议组成员。从这一年起，北京广播学院每年均有新闻传播学方面的申报课题被批准列入国家社科基金项目。国家社科基金和广电部级课题的立项以及历年的获奖成果，对提高北京广播学院和广电系统的科研水平起到了积极的促进作用，也为北京广播学院申报新闻传播学博士点和进入“211 工程”高校增添了有力数据。

3）原广电部部级科研立项和部级奖学金的建立

1996 年 4 月，赵玉明第五次作为新闻学学科评审组成员参加全国社科项目评审会议。经评审，北京广播学院在新闻学学科方面一举获得三个立项，资助总金额达到7.3万元，这是1990年以来最多的一次，标志着该校科研水平和竞争力有了新的提高。

会后赵玉明起草了《关于全国哲学社会科学“九五”规划工作暨项目评审会议情况汇报——兼谈对我部设立高校科研立项和奖励的建议》，报送原广电部教育司。在报告中就设立部级科研立项和奖励，提出了三条建议，希望能以此为契机，使上述愿望早日实现。该建议得到了原广电部领导的肯定，在6月份召开的广电部部属高校工作会议上作了进一步讨论，并将有关内容写入部属高校人文社科研究“九五”规划要点之中。经评审后，当年该校即获得广电部人文社科科研立项24个，资助65万元，同时广电部又资助在教委立项的15个科研项目33.8万元。加上其他方面的科研经费，使该校1996年的全年科研经费突破100万元，达到134.7万元，创造了历史最高水平。第二年，广电部部级高校科研奖励也开始实施。

4）参与筹建学校首届董事会

1993年3月，新一届学院领导班子组成，经研究将筹建广播学院董事会列入议事日程，并决定由赵玉明负责筹备，担任具体筹建工作。接受任务后，赵玉明通过对国内十多所建有董事会和教育基金会的高校的调查，了解到建立董事会的有关程序、组建原则和取得的成果。

1994年年初，赵玉明和有关同志起草的董事会章程（草案）和有关报告，经过学校讨论后，很快得到原广电部的批准。7月中旬，校董事会成立大会召开，33个董事单位的代表与会，会上倡议各董事单位和广电系统“有钱出钱，有力出力”，共同办好北京广播学院。会议通过的《章程》中明确了董事会是广播学院最高层次的办学咨询机构，对办好北京广播学院发挥指导、支持和桥梁三种作用。会议决定由赵玉明担任副董事长（常务）兼秘书长，负责董事会的日常工作，至1998年卸任，短短几年中为学校筹措了近千万元的办学资金。

5）主抓《中国广播电视年鉴》，扭亏为盈

《中国广播电视年鉴》（以下简称《年鉴》）是受原广电部现国家新闻出版广电总局的委托，由北京广播学院编纂的。1985年经原广电部批准召开了首届年会。第一届《年鉴》编委会成立时，当时赵玉明任编委。1989年4月调整编委会后，赵玉明任副主编。首卷《年鉴》（1986年版）于1987年出版。1993年组建第二届编委会后，赵玉明任主编至今。

《年鉴》编委会换届前后面临的最大困难是经费短缺，从90年代起，原广电部对《年鉴》的拨款逐渐减少。为了缓解经费困难问题，《年鉴》先是由广播学院和中央电视台合编，由中央电视台每年资助部分印刷费。《年鉴》经费的困难初步得到缓解。

为彻底解决经费困难问题，经与编辑部同时反复研究，决定三管齐下。第一，在 1995 年内两次写报告，提出将《年鉴》日常经费列入广电部事业费范围内，从 1995 年起每年拨给补助经费 5 万元（1998 年增至 10 万元）。第二，1998 年学校领导班子换届，赵玉明不再分管《年鉴》日常工作，但在这一年的编委会主任会议上决定，中央人民广播电台、中国国际广播电台也参与合编《年鉴》，并提供一定经费。第三，《年鉴》编辑部也积极采取多种措施，如适当收取费用刊登广播电视台台标、彩页和台庆专辑，奖励特约编辑扩大《年鉴》发行量，办理广告经营许可手续等。在《年鉴》各编委会的通力协作下，终于在赵玉明离开《年鉴》领导岗位之际，经费困难问题得到解决，并且扭亏为盈，为办好《年鉴》，提高《年鉴》质量，保证按期出版奠定了物质基础。

6）解决学校图书馆经费紧缺问题

自赵玉明分管学院图书资料工作特别是图书馆以来，面临着两个方面的严峻问题，一是应拨图书经费不到位，二是图书价格猛涨。

1996 年 5 月 17 日召开了一次全院图书资料工作会议，根据会议的讨论，赵玉明起草了《关于加强和改进图书资料工作的意见》。为了多方筹措图书资料经费，该意见中提出了多项措施，主要有：

第一，学院本年确保国家拨款的 3%作为图书事业费；

第二，学院每年计划外收入的 2%拨交图书馆作为图书事业费的补充；

第三，每年向原广电部教育补助金申请 50 万元的专业书刊补助费；

第四，学院董事会每年从基金投入所得中拨出 10 万元作为专业书刊补助费。

经过多方面努力，到 1997 年，北京广播学院当年图书经费达到 90 万元，创造历史最高水平，初步解决了该校图书经费紧缺的问题。

7）主持编撰中国第一部广电专业百科全书《中外广播电视百科全书》

20 世纪 80 年代初赵玉明曾参与《中国大百科全书·新闻卷》的部分组织、撰稿工作。但他发现受制于百科全书的编写体例，完整的广播电视知识被分别编入新闻卷、文学卷和电子学卷，对需要寻求广播电视完整知识的人来说很不方便。因此，在 90 年代初，赵玉明积极倡议并组织学院的部分教师开始编写广电专业百科全书。在框架体例、部类划分、条目设置、目录编排、释文撰写和资料选编方面几经斟酌，经过三年多的努力，这部百科全书于 1995 年出版并获得了原广电部高校科研成果一等奖。

8）参与学校申请博士学位授予权和进入“211 工程”高校的前期准备工作。

北京广播学院申博的历程始于 1989 年春天。当时赵玉明刚刚走上学校领导岗位，作为副院长分管教学研究工作，外出参加的第一次会议就是部署关于第四批申报博士点的工作。此后历经 1992 年、1996 年第五、六批申博工作，虽未能实现突破，但奋斗的脚步却从未停止。特别从 1993 年以后，在明确争取进入“211 工程”高校行列过程中，加大了对学科建设的投入力度。这些都为申请博士点创造了有利条件和奠定了扎实的基础。

1996 年赵玉明任教育部新闻学科教指委副主任委员。1997 年 5 月，新闻学升格为一级学科，首次组建新闻传播学学科评议组，赵玉明成为国务院学位委员会首届新闻传播学科评议组成员之一，并且是北京广播学院第一个进入学科评议组的成员。在赵玉明成为新闻传播学学科评议组成员的前后五年间，学科评议组先后两次召开评审会议。1998 年第一次评审会议，北京广播学院顺利通过新闻学博士点的评审，北京广播学院实现了历史上乃至广电系统高校博士点零的突破。2000 年第二次评审会议，北京广播学院成为新闻传播学一级学科点（含传播学博士点）授权单位。这一年，北京广播学院还同时成为新闻传播学博士后流动站，这在该校新闻传播学学科建设和人才培养以及全校的发展史上都是具有重大意义的事件，同时也为该校争取进入“211 工程”打下了坚实的基础。

此外在这一时期，1992 年，赵玉明成为当年全校四名获 100 元档政府特殊津贴的专家之一。从 1997 年起，赵玉明开始任中国广播电视学会广播电视史研究委员会会长，负责规划并组织了四届中国广电史志研讨会。1991 年，赵玉明成为中华全国新闻工作者协会（以下简称“中国记协”）第四届理事会理事，后又连任第五届理事直至 2001 年。在此期间，赵玉明又先后担任中国记协主持的“韬奋新闻奖”第一届至第三届评委和“范长江新闻奖”第二届评委。

总之，赵玉明在这一时期的新闻教育实践硕果颇丰，学术教育思想日臻成熟。在广播电视史学研究上，赵玉明提出了一系列新观点和新理论。他认为，从某种意义上说，广播电视史学研究的创新较之于广播电视理论和实务研究的创新难度更大些，在广播电视史学的研究上应坚持创新；在新闻学教学理念上，赵玉明践行了“授之以鱼，不如授之以渔”的教学理念。赵玉明在他所承担的研究生“中国新闻史”课中注重教给学生学习和研究的方法，重视对学生能力的培养。

5. 余热生辉：卸任学校领导重归教学科研阶段（1999—2006）

1998 年 2 月赵玉明卸任北京广播学院领导职务，这一期间他曾经任职的新闻系在经历了半个世纪的发展历程后，终于扩建成为了新闻传播学院，而北京广播学院也于 2004 年正式更名为中国传媒大学。

卸任后的赵玉明重归教学科研，继续为中国广播电视新闻教育事业发光发热。1999 年赵玉明成为学校首批博士生导师，招收了新闻学专业中国广播电视史研究方向的首名博士生。从 2004 年开始，赵玉明又成为本校新闻传播学博士后流动站第一批合作导师，先后招收博士后科研人员三人，与之共同进行有关课题的科学研究工作。到 2007 年赵玉明退休为止，共指导了 12 名博士生。

赵玉明离开学校领导岗位后，先后辞去学校董事会的常务副董事长职务，不再负责《中国广播电视年鉴》的日常领导工作，但仍兼任主编职务。

2001 年，经学校推荐，在中国广播电视学会主办的首届全国“十佳百优”广播电视理论工作者评选中，赵玉明被评为“十佳”之一。从 2001 年起，赵玉明开始担任北京广播学院教育部人文社科基地——广播电视研究中心首届学术委员会主任，并于 2005 年起主持该中心的重大课题，致力于推动广播电视学学科的建设工作。

2004 年赵玉明作为课题负责人的国家社科基金项目“中国广播电视通史”结项完成并出版发行。《中国广播电视通史》采用“寓论于史，论从史出，史论结合”的治史方法，详细记述了 1923—2000 年的中国广播电视事业，并对不同阶段广播电视事业发展的规律做了深刻探讨。这部著作先后获第四届全国高校人文社科研究优秀成果二等奖、第五届吴玉章人文社科一等奖。

继 1994 年《中国大百科全书》新闻卷及《中外广播电视百科全书》问世的十年后，2004 年赵玉明又参与到了《中国大百科全书》（第二版）新闻学分支学科部分的编撰工作中。为了缅怀广院老一辈创业领导人，赵玉明参与征集、撰稿并主编了《周新武纪念文集》、《永远的怀念——温济泽纪念文集》、《八十年来家国——梅益纪念文集》和《风范长存——左荧纪念文集》。

2002 年，赵玉明参与筹建并任副会长的中国新闻史学会进行换届准备工作。同年 11 月召开的中国新闻史学会年会上赵玉明被推举为常务副会长，主持学会日常工作，学会秘书处移到在北京广播学院。2004 年，赵玉明担任中国新闻史学会会长。在赵玉明任会长期间，学会主要通过三种方式来打造《新闻春秋》这一品牌出版物：首先是继续编辑《新闻春秋》专刊；其次是将学会主持出版的论文集作为《新闻春秋》的专辑，公开出版；再次是与新闻业界的报刊如《中华新闻报》、《新闻与写作》等合办《新闻春秋》专栏，及时刊发有关学会的报道和新闻传播史方面的文章、史料等。

2004 年，北京广播学院更名为中国传媒大学后，新闻传播学院进一步发展，后扩展成为新闻传播学部。

6. 不渝不辍：退休以后的教学科研阶段（2007 年至今）

2007 年，赵玉明从中国传媒大学教学岗位上正式退休，被返聘为博士生导师及《中国广播电视年鉴》主编。同年，被评为本校首批二级教授。这一年 9 月 10 日，在中国传媒大学教师节庆祝大会上，学校领导宣读了《关于授予赵玉明等四位教授“中国传媒大学突出贡献教授”称号的决定》。

在此期间，赵玉明完成了对指导的博士生和合作的博士后的教研任务，使他们顺利结业。2008 年 11 月赵玉明获得中国高等教育学会新闻学与传播学专业委员会授予的“中国新闻教育贡献人物”称号。2009 年获得中宣部、新闻出版总署授予的为编纂《中国大百科全书》(第二卷)“作出的突出贡献”荣誉证书。2010 年指导博士研究生薛文婷完成的博士论文《中国近代体育新闻传播历史研究（1840—1949）》被评为全国优秀博士论文，这也是 1999 年全国百篇优秀博士论文评选以来，中国传媒大学第一次获得这项殊荣。赵玉明也因此获得了教育部、国务院学位委员会颁发的“全国优秀博士论文指导教师”荣誉证书。赵玉明将获得学校的各项奖励总计 30 万元设立为“赵玉明教授研究生助学金”，用于奖励中国传媒大学学习成绩优良生活困难的研究生，迄今已颁发五届。

2012 年，赵玉明主持完成了中国传媒大学广播电视研究中心立项的教育部人文社科重点研究基地重大项目——“广播电视学学科体系建设研究”，对广播电视学的学科地位和架构等提出了比较系统完整的见解。同年 9 月获得中国老教授协会授予的“老教授科教工作优秀奖”。

2013 年是中国高等教育学会成立的第 30 个年头，学会常务理事决定对从事高教工作逾 30 年，对高等教育事业作出过重要贡献的 30 位学者进行表彰，赵玉明教授成为新闻传播学方面唯一获此表彰的人员，这也是国家、社会、时代对这位资深的广播电视教育工作者致以的崇高敬意。

2014 年在校庆 60 周年、赵玉明从教 55 周年之际，汇编半个世纪以来教学科研成果(专著及辞书除外)、从教治学经历和认识以及人世沧桑回顾和思考的三卷本《赵玉明文集》问世。在这之后，他参与主编的《广播电视学学科体系建设研究》和《新修地方志早期广播史料汇编》相继出版。近年来，他已决定将半个世纪以来收集到的有关广播电视、新闻传播的史志书刊资料几千册（件）全部无偿捐赠给中国传媒大学图书馆，筹建“广播电视史志资料研究中心”，以供开展相关教研工作需求。

老骥伏枥，志在千里。几十年的时间里，伴随着中国广播电视学科和中国广播电视教育事业的发展壮大，赵玉明起承转合的教学科研经历也成为中国广播电视新闻教育工作者集体的缩影。现在，赵玉明虽已离开中国新闻教育事业的一线岗位，但他依旧孜孜不辍，继续为中国新闻教育事业作出新的贡献。

（撰稿人　刘英华　刘勇锃）

6.2.3　刘树田与兰州大学新闻教育

刘树田，1936年生于山东。十岁随父母移居上海，在复旦大学附近的居民区度过了少年和青年时代。1955年考入复旦大学新闻系，读完五年制本科后于1960年毕业，被分配到兰州大学中文系任教。1984年兰大中文系新闻专业独立为新闻系，他担任第一任系主任。从1984年到1997年，他担任系主任达13年之久。

说起我这辈子，可以说，生活在两个一公里之内。从小学到大学，生活在以复旦大学为中心的一公里以内；参加工作后，生活在以兰州大学为中心的一公里以内。除去实习、出差等工作外，我的主要人生轨迹都是在这两个一公里之内完成的。

1. 求学岁月：从同济附中到复旦

我1936年出生于上海一个普通群众家庭。父亲做生意，母亲是家庭主妇，兄弟姐妹一共七个。除了弟弟、姐姐和我后来从事教育工作之外，其余四个兄弟姐妹都在部队工作。

考大学前，我原本想学工科。主要因为，第一，当时我就读于同济附中，同济附中非常注重工科，在工科方面非常强，工科方面的老师很优秀；第二，50年代中期，国家提出了“向科学进军”的口号。当时，这个口号在全国叫得很响亮，非常吸引人，一时成为很多行业努力的方向，也成为许多年轻人选择理想时考虑的最重要因素。“向科学进军”，学工科自然是最直接的途径。在这种背景下，考大学时我就打算填报工科。但是，没有料到的是，高考体检的时候，我的身体被发现不符合工科的要求，主要是平足。学不了工科，老师说，那就学文科吧。于是，不得不考虑文科类专业。

准备学文科时，我也没有很明确的目标说一定要学新闻。那时，我的兴趣还是比较广泛的，工课、理科、文科都行；文科中，也没有对哪一个学科有特别的偏向。后来报了新闻专业，只是因为自己觉得，如果学文科，中文显然是最基本的，而新闻专业一开始就属于中文系，加上我喜欢接触社会，兴趣比较广泛，因此就选了新闻。决定选新闻时，复旦大学自然是首选。一来，复旦大学离我家很近，二来，复旦大学新闻专业不仅在复旦是很强的，而且在全国也很强、很有名。于是，就报了复旦大学新闻专业，并以平均80多分的成绩被录取了。这个成绩在当时复旦大学的录取分里是相当高的。

我进复旦大学的时候，正好赶上学制由4年变成5年，所以，我的大学是上了5年的，从1955年一直上到1960年。虽然上了五年的大学，但真正扎扎实实的上课、学习，却只有1年半，即1955年入学到1956年后半年开始的这一段时间。当然，这1年半里，确实学得很扎实，也学到了不少东西。那时我们同学里面有不少人水平很高，有些同学上中学的时候就在报纸上发表过好些文章，入复旦后更是勤奋。这使得我们当时整体的学习环境和氛围很好，大家都很努力。同时，与人大新闻系较贴近政治不同，复旦新闻专业更贴近新闻业务本身，更注重实践，学生练笔和实践的机会较多。系里经常组织学生到《解放日报》、《文汇报》去实习，包括大实习和小实习，大实习半年，小实习经常安排在假期。复旦新闻的这种特点使我们的大学生活虽然只是扎扎实实学了一年半，但收获还是很大的。

一年半之后，即从1956年后半年开始到1960年毕业，我们的大学生活基本上是在连续不断的政治运动中度过的。1957年反右，1958年大跃进，1959年反右倾，一直“运动”到1960年毕业。因为一直搞运动，最后的毕业论文大家大多是凑合着写了一篇交差。当然，并不是说，运动时期我们就一点东西都没学到。复旦有个特点，无论什么运动，它不会完全放弃专业，单纯去搞运动。它可以往你这边靠，但它的业务是不丢的。其他学校一搞运动，专业学习就完全停了，复旦没有，所以，即使搞运动的那几年，我们的专业学习还是有的。另外，在参加政治运动过程中，我们也有收获。运动中大家政治热情很高，相互辩论，写辩论文章，经常12点之前不会睡觉。文字、思想等，在这个过程中都有所提高。

当然，说起在复旦的生活，至今回忆起来，收获最大的还是上课。那时复旦很多老师的课，包括采写编评等，都上得很好。老师们上课很认真，我们学生也非常好学。当时课程安排很紧（我指的是最开始的那一年半），每周最起码8门课，每门课一般都在三、四个学时以上。回忆起那时不少老师的教学，我至今还记忆犹新，尤其是王中老师的课。

王中老师在第一学期就给我们上课，上的是“新闻理论”。王老师上课最大的特点是，特别实在，一点不教条，讲得很活，从来没有一二三四、甲乙丙丁之类条条框框。他讲课从来不拿稿子，娓娓道来，完全是他自己思考出来的东西，但每当你听完他一节课，一些观念就不知不觉扎根在你脑海中了。每次王中老师上课的时候，不少外系的学生都跑来听课，窗口、门口都站满了学生。我有个自认为并不夸张的说法，从那时起一直到现在，新闻教育界里，没有谁的课能超过王中老师的课。

遗憾的是，在1957年的反右运动中，王中老师被打倒了。刚开始批王老师的时候，我们学生都是“保王派”，百分之九十的学生认为王老师的观点有道理。王老师是老革命、老党员，他从没否认过报纸是阶级斗争的工具这个观点，他只是认为，报纸不仅仅是阶级斗争的工具，还具有商品性，因此，不能把报纸仅仅看做阶级斗争的工具。像他的办报要有读者观念、要考虑读者需要等观点，也不是要否认党性观念，只是想对已有的党报理论进行补充。虽然王老师的观点很客观，很实事求是，并不容易被批倒，但是，因为对王老师观点的批判很快超出了观点争鸣的范畴，很快将王老师定性为右派、反革命，因此，我们这些年轻人也很快开始转变立场，跟着写批判王老师的文章，在《解放日报》等报纸上发表。毕竟，年轻人还是很单纯、很幼稚的。这些事，现在回想起来，仍然感到很遗憾，由此也更加怀念王中老师。

2. 到最边远的地方去：从复旦到兰大

大学生活结束时，大家都面临确定工作去向的问题。那时大学生毕业，不像现在，需要自己到处去找工作，而是只须填报志愿，由学校分配。当时的基本情况是，越是重点学校的学生，填报志愿时越要选择到最边远、最艰苦的地方去，一般会选择去边疆。这并不是出于强迫，当时的学生可以说个个都是一腔热血，怀着支援国家建设的热情，志愿到祖国最需要的地方去。

当时填报志愿的时候，我的第一志愿填的是西藏，第二志愿是青海，第三志愿是甘肃。填完志愿没几天，分配结果出来了，第一志愿、第二志愿都没让我去，而是让我来甘肃。那次有四个同学分配去了西藏，都是挑的身体很好的。后来知道，之所以没让我去西藏、青海，主要是考虑到我身体不算太好，因此将我分到不算太边远的甘肃。当时学生分配，不像现在，是全家的事，父母会为此周密筹划，劳心伤神。我当时从填报志愿一直到最终分配，父母都没干涉，没管，分配结果出来了，他们也没有太多担忧，分了就分了，服从国家分配嘛。

到甘肃后，单位确定在兰州大学。兰州大学中文系 1959 年开办起了新闻专业，急需新闻专业教师，我被分配到兰州大学就是为了给中文系新闻专业的学生带课。我当时主要负责“新闻理论”课的教学任务。中文系新闻专业 1959 年创办后，一共招了三届学生。1965 年之后三届学生全部毕业离校，就没有新闻专业的学生了。虽然新闻专业没了，中文系还让我继续上了一年新闻方面的课，主要是觉得上一些新闻方面的课对中文系学生很有好处，因为，当时中文系学生毕业后有很多要去新闻单位工作。一年之后，新闻方面的课程停了，我开始转到文论方面，主要是担任马克思主义经典文论的教学，一直延续到 1983 年复办新闻专业。

当时停办新闻专业，和大环境有关系。1959 年创办新闻专业是基于很多新闻单位对新闻专业人才的强烈需求，但是很快，伴随着三年困难时期的到来，大学教育开始紧缩，很多大学 50 年代先后创办的新闻专业相继停办。一直到“文革”结束后，伴随着新闻事业的蓬勃发展，对新闻人才的需求急剧上升，创办新闻专业的热潮才重新开始，只是有些院校的新闻专业是复办，有些是新办。兰大中文系也开始于 1983 年复办新闻专业。

说到最初来甘肃工作，虽然给我分配的正式单位是兰州大学，但甘肃日报社当时也希望我能到那边工作。于是，我就在教书之余，经常去甘肃日报社跑新闻，两头上班。有课时，就来上课；没课时，就出去采访。那时，我不管上课还是出去采访，都骑着一辆破自行车。我当时跑的是工交口，兰州工业主要分布在西固区，因此，我那时经常骑着自行车去偏远的西固。我一个星期基本跑三天，一大早就骑着自行车出发。由于很难吃到馍馍，出发前往往买四个洋芋蛋。不敢立即吃掉，总是留到到了兰州主城区和西固交界的深沟桥，才在深沟桥的马路边把洋芋蛋吃完，然后进入西固，去“兰炼”或“兰化”采访。路上一般要花费四个小时以上。那时候其他倒没什么，主要是饿，不过毕竟年轻，也就熬过来了。

3. 建系时光：天时、地利、人和

1983 年兰州大学决定复办新闻专业时，还只是准备将其作为中文系的一个专业来办，但复办后的第一届学生进校的 1984 年，新闻系却已经诞生了。这一级学生，也就是 84 级，就成了兰州大学新闻系历史上的首届学生。

兰州大学最初准备复办新闻专业，乃至于最终直接办成了新闻系，既与“文革”结束后新闻战线拨乱反正，急需大量具备新闻学基本理念、掌握新闻工作规律和业务能力的人才这一大背景有关，也与当时教育部、甘肃省与甘肃主要新闻单位的支持密切相关，同时，也与兰州大学自身的努力分不开。

前边说到，兰州大学最早的新闻专业，本身隶属于中文系，后来因为经济困难停办了。80 年代初，面对全国范围复办和新办新闻专业的热潮，兰州大学也希望恢复以前停办的新闻专业。恢复新闻专业，对中文系来说，意味着自己所属的专业能够较多样化，意味着专业的拓展，因此，中文系对复办新闻专业的热情挺高，挺积极主动。

当时复办的时候，教育部和甘肃省都很支持。教育部从地域布局角度考虑，希望能在其所属的西北高校创办一个新闻专业，刚开始考虑的是陕西，但陕西的高校不积极，于是就支持对复办新闻专业很积极的兰州大学。

从兰州大学新闻专业复办这件事看，甘肃省确实不保守。当时，甘肃省主动承诺支持兰州大学办新闻教育。这一点，与当时甘肃省委宣传系统对新闻理论与实践问题的重视有很大关系。当时在全国影响很大的西北五报新闻学术讨论会①就是甘肃省具体承办

---

① 西北五报新闻学术讨论会是由甘肃日报社、陕西日报社、青海日报社、新疆日报社、宁夏日报社共同发起的学术讨论会，于 1980 年 5 月 5 日至 12 日在兰州举行。应邀参加的有四川、辽宁、吉林、河北、河南、山东、江苏、广东、湖南九省省报和其他五家报纸的同志，中国社会科学院新闻研究所和吉林、陕西等省四个新闻研究单位的同志，中国人民大学、北京广播学院、复旦大学、暨南大学等 6 个新闻教学单位以及内蒙古、宁夏和甘肃三省（区）广播事业管理局的同志，共 40 个单位、83 人。中共中央宣传部新闻局及陕西、甘肃、宁夏、青海四省（区）委宣传部的同志出席了讨论会（《西北五报举行新闻学术讨论会》，载《新闻战线》1980 年第 6 期）。

的。那次讨论会不仅来了众多新闻单位代表，而且来了很多新闻学界大家，像甘惜分、王中等都来了。当时甘肃省还办了一个《新闻理论与实践》① 的刊物，刊登新闻理论、历史、业务、政策等方面的文章，面向全国发行，影响很大。这些都说明，甘肃省当时对新闻理论与实践问题的确很重视。既然重视新闻理论与实践问题，支持兰州大学办新闻教育就是情理当中的事了。而且，当时省内的确很需要人才，这也是在给甘肃省培养人才。

当时的媒体也很支持我们。那个时候，媒体和高校可谓一盘棋，就像一家人。兰州大学准备复办新闻专业时，甘肃日报社、新华社甘肃分社非常支持。当时从甘肃日报社调来了两人，从新华社调来 3 人，像张默、李海峰，就是从甘肃日报社过来的，担任摄影课的王振山就是从新华社过来的。

当时新闻单位的人到高校来当老师，主要看两个方面，一是你必须有较好的学历背景，倒不一定非要学新闻专业出身，但是具备较好的学历这一点却无论如何都不能少；二是你得对新闻专业感兴趣。从这两点看，当时从新闻单位来的几个人，不仅具备很好的学历背景，而且都是新闻科班出身，对新闻业务和理论都很有兴趣，也很有心得。像张默、李海峰是从复旦大学毕业的，王振山是从中国人民大学毕业的，他们都很出色。

这么多新闻科班出身的人共同参与复办兰州大学新闻专业，这也是为什么本来要在中文系复办的新闻专业，最终却直接办成了新闻系的重要原因。当时除了从新闻单位调来的几位中国人民大学、复旦大学出身的人外，还有从兰州大学校部机关调来的牛振国、唐少卿和一直在中文系任教的我。牛振国、唐少卿是中国人民大学新闻专业毕业的。这么多人出身于复旦大学、中国人民大学新闻专业，这是后来我们与复旦大学、中国人民大学长期保持非常密切而良好关系的重要原因。

说实话，我个人当时觉得办成隶属中文系的新闻专业其实对新闻专业是最有利的，因为毕竟，新闻专业是离不开汉语言文学的基础的。若在中文系办新闻专业，就可以更方便、更充分地借用汉语言文学专业的老师的力量，这对学生是绝对有好处的。但是从新闻专业本身的发展角度来说，如果有条件办成系，对新闻学科的发展自然是最好的。

从新闻单位调来的和从校部机关过来的新闻科班出身的老师，再加上从中文系分过来的一些老师，建系之初整个教师队伍加起来有十几个人。与现在不少新闻院系师资队伍四五十甚或五六十人的规模相比，十几个人似乎有点太少，但在当时，这个数已经是相当不错了。当时不少大学新办新闻专业，就七八个或十余人就办起来了。

---

① 《新闻理论与实践》，1979 年由甘肃省新闻研究所创办，属内部综合性学术刊物，半月刊，全国发行。1983 年改由甘肃省记协、新闻学会、省新闻研究所合办。1995 年终刊。

虽然只有十几个人，但大家干劲都很足，对教学工作很上心、很努力，每个人都差不多带两门以上的课。虽然当年本着支援国家建设的目标来到甘肃的不少人后来大多相继离开了“兰大”，离开了西北，但在新闻系创办之初，他们确实做了不少工作，起到了不可忽视的作用。他们是当时建系的基本班底。

4. 创造光荣：全国前五，西北老大

从 1978 年到 1984 年兰州大学新闻系创办之前，全国恢复或新办的新闻专业或新闻系已经有差不多 10 家。因此，兰州大学新闻系的创建时间的确不如一些大学的新闻系早。但是，兰州大学新闻系的起点却比其他院系明显要高一些，如前边说到的出身于复旦大学、中国人民大学的科班教师的数量，甘肃省和教育部对我们的支持等。正因为这些，兰州大学新闻系创办之后，很快在全国新闻教育系统中获得了众所公认的地位。

从建系到 1997 年，我一直担任新闻系主任。在和全国新闻教育、新闻实践领域很多领导、同行，包括教育部一些领导交流的时候，他们都非常认可我们的地位。在各种交流中，我们和复旦大学、中国人民大学新闻系的负责人完全是可以平起平坐的，他们从来不把我们看成是无足轻重的，一直对我们很重视，很尊重，是很平等的那种哥们关系。兰州大学本身是重点学校，教育部相对也更关心些。因此，在西北，兰州大学新闻系绝对算是老大了。在全国新闻教育圈，当时兰州大学新闻在大家心目中也一直被排在前五，中国人民大学、复旦大学、北京广播学院、武汉大学，接下来就是兰州大学。即便是武汉大学，虽然在大家心目中排在第四，但当时武汉大学的教师并不敢说他们就比我们强。当时，我们基本上是齐名的。当然，现在不少东部发达地区的新闻院系，包括武汉大学在内，条件确实比我们好，发展很快，这一点我们不得不承认。

当时兰州大学新闻系之所以有这样的地位，很大程度上得益于我们与复旦大学、中国人民大学天然存在的血脉联系和多年交流维持的良好关系。我们和复旦大学、中国人民大学之间的特殊情缘和血缘，以及与此相关的密切交流，是其他兄弟院系所没有的。我们的师资队伍本身也非常努力，不仅在教学上很努力，在课程体系、教材建设、办系经验等方面，我们也都取得了不少成绩，兄弟院系在这些方面对我们是绝对认可的。当时几次全国性课程改革，我们都参与其中，而且走在前面。我们既继承和汲取了复旦大学、中国人民大学的不少好经验，同时也发展出了我们自己的一些好做法。

我们的对外交流与学习一直抓得比较紧。我们在新闻学自学考试委员会、教指委等新闻教育领域的重要团体组织中一直处于核心地位。当时教育部委托复旦大学、中国人民大学创办的教师进修班，我们积极选派年轻教师去参加、学习。当时曾选派段京肃、李文去中国人民大学学习，选派戴元光、李惠民、孔祥军去复旦大学学习。这些被选派进修学习的老师大多成为新闻系的教学科研骨干和中坚力量，不少人后来相继成为系主任、院长或副院长。戴元光等人那本被外界评价为国内第一本较为系统、深入地介绍传播学基本理论的书《传播学原理与应用》，就是他在复旦大学进修之后与其他学校的老师合作取得的标志性成果，外界给予的评价是很高的。

当时兰州大学新闻系之所以获得那样高的地位，与我们培养的学生质量高、口碑好有更直接的关系。毕竟，新闻教育单位的核心目标与任务是教书育人，学生就是你的产品，你的产品不行，你自然没地位、没影响。在这方面，我们的学生很争气，在外界口碑很好。我们的学生当时去中央级新闻单位的很多，工作都很出色，影响很好，尤其是新华社系统。我们很多学生在新华社系统工作，干得都很好。现在新华社不少分社的社长、副社长就是兰州大学新闻专业毕业生。在《人民日报》系统，我们的学生虽然没有在新华社的多，但干得也不错。

我们的毕业生之所以口碑好、广受欢迎，从业界的反馈和评价看，主要是因为他们具有三个方面的鲜明特点：一是专业基础扎实，上路快，后劲足；二是踏实，能吃苦耐劳，有吃苦的作风；三是政治上比较稳当，不爱冒尖，政治方向正确。这三点到现在为止都是绝对保得住的，也是大家公认的。这几个方面的特点，既和兰州大学本身勤奋求实、艰苦朴素的校风有关，也与我们从事新闻教育的理念与做法直接相关。

我们对新闻专业的教学特点的把握，我觉得还是比较好的。我们的新闻教育，既注重理论，又注重实践，两头都不偏废。其实，新闻教育办得好不好，这个问题的确是关键。这话大家平时都在说，但它绝对是最重要的，绝不是空话。有些学校，片面重视技能培养，找几个写作老师，觉得让学生学会写消息，就可以了；有的学校呢，没有好一点的采写编评等业务课老师，讲课全是理论化的东西，从理论到理论，不注重实践，上课基本上空对空。这些都是不行的，不可能培养出适应新闻单位需要的学生，更不可能受媒体欢迎。

理论与实践结合，关键是要看落实，要体现在课程体系的设计中，体现在平时的课堂教学中，体现在对学生的日常训练中。这一点上，我觉得，我们做得一直是不错的。比如，在如何对待实习这个问题上，我们一直安排有大实习和小实习，大实习半年，小实习主要利用假期。这个模式这么多年一直贯彻下来了。比如，为了培养学生的动手能力，在实习和课堂训练之外，我们过去曾经探索出了一个很有效的做法，那就是办黑板报。过去中学里大家都办黑板报，而我们却把办黑板报作为对新闻专业一、二年级学生进行动手能力培养的重要方式。

当时规定，每个学生办一期，写稿子、编辑等都是学生自己干。每期黑板报出来了，大家都会驻足观看，评头论足。这给办的学生很大压力，同时也成为一种动力。办好了，首先能获得每天驻足观看的师生的认可，这本身就是一种激励。每次办完我们还要评比，办得好的就给奖励。

黑板报版面尺寸有限，内容务求短小精悍，消息一般几十个字。但是，你可别小看这几十个字，要把一篇消息交代清楚，写得生动，那是很不容易的。消息五要素也罢，四要素也罢，最主要的信息你得交代清楚，最主要的新闻价值你必须体现出来。因此，看似小儿科，真正做好却不容易，也因此，对锻炼学生动手能力很有效。

我们的新闻教育一开始就是这么做的，踏踏实实，没有什么花架子。我们在教学方面最大的特点就是能够把理论和理念的培养贯穿到教学实践的各个环节中去，融会到学生的血液中去。这对于学生能力的培养是无形的。我们的学生在外界口碑好、质量高，主要原因就在这个方面。他们可能不太会说，但是他们能实实在在地干，他们拿出来的东西很好，这是最有说服力的。

5. 反思与希望：希望兰州大学把这个头带起来

干新闻教育几十年，也有一些遗憾。最大的遗憾是，几十年来一直忙于教学、忙于培养新闻人才，对如何把新闻教育、新闻教学工作搞得更好，更符合新闻教育的规律，更符合社会对新闻教育的要求，却缺乏深入而专门的研究。虽然兰州大学新闻系和一些新闻院系一样，有自己一些较好、较有效的经验和做法，但从整体来看，多数情况下大家都是在摸着石头过河，零打碎敲，缺乏对新闻教育和教学问题的系统化、专门化的研究。不研究或很少研究教学问题，这可能是文科不少学科的共同问题，只是新闻学科表现得有点突出。

与不研究教学相关，我总觉得一直以来我们许多新闻院系的培养目标、教学计划、课程体系还是有问题的。新闻教育和新闻学科发展到现在，确实已经不错了，但是我们没有人很好地加以总结。现在最大的问题是，培养目标不明确，教学计划和课程体系不科学，缺乏有机性。在课程设置方面，想起什么课就设什么课，社会需要学生具备哪方面技能，就设一门相对应的课程，今天加一门课，明天加一门课，不同课之间的内在关系是什么，缺乏全盘的、整体的考虑。课与课之间，表面看似乎是有机的，但是究竟是什么关系，又不清楚。这些都需要有人进行深入的专门化的研究。毕竟，新闻传播学已经成为一级学科了，在新的时代，它承担的任务也不一样了，因此如何使新闻传播专业的培养目标、教学计划、课程体系变得更加科学化、体系化，就成为急需研究的十分重要的事。

我退休之前还在思考这些问题，但是这么多年来却没看到有多大的进展，从课程体系的建设，到每一门课程的培养目标、教学观念、方法、途径等，一直缺乏专门的全套的研究。无论是学科建设，还是课程体系建设，都必须有这么一套。没有这么一套，始终成不了真正科学的东西。在我看来，课程设置应尽可能考虑得更细一些，更有针对性一些，也更具有整体性、关联性一些。教学最讲究内在联系，而不是表面的东西。要让课程设置更有利于学生的培养，让一门课能带动几门课。新闻教育需要关注实践领域的需要，但这个需要不是零碎的需要，应该具备长远的、整体的眼光。应该从更大和更高层面上来考虑新闻学科和课程体系的架构，应该深入研究新闻传播学科与相关学科的关系，使新闻教育的外延得到适当延伸。

学科建设和课程体系建设的最终目标是培养人才。新闻学，是一门政治性和实践性都很强的学科。培养新闻人才，最怕培养出书呆子。我一直认为，在培养新闻人才方面，最重要的是扩展其视野，提高其认识社会、接触社会的意识和能力。当然，文字功底是最基本的。文字功底好的同时，视野必须要开阔，要有接近群众、接近社会的意识和能力，要接地气，要大众化一些。其次要有较强的判断问题和分析问题的能力，对社会问题与现象，尤其对政治领域的问题，要有敏锐的反应，思路要清晰，出活要快。学科建设和课程体系建设必须有利于这种人才的培养。

这些问题，都需要有人来进行专门的研究。然而，现在很多老师不愿在这方面花费太多时间和工夫，大家更重视学术问题的研究，而很多学术研究的选题距离新闻教育实际和社会生活实际大多比较遥远，这的确是个问题。我希望兰州大学新闻专业的老师能在新闻教育规律的研究方面下点工夫，把这个头带起来。

（口述：刘树田　执笔：樊亚平　张颖）

6.2.4　吴文虎与暨南大学新闻教育

吴文虎，广东中山人。1957 年毕业于复旦大学新闻系，先后在甘肃省团报、团刊任记者编辑，在甘肃矿山、基建机构从事宣传工作。1981 年调入暨南大学新闻系任教。1992—1997 年，吴文虎老师正式担任暨大新闻系的第四任系主任。

1. 人生经历

在吴文虎文选《拐点集》的序言中，宁树藩评价吴文虎为“从传播学到媒介经济，一直是先行者”，吴予敏也赞美他“您的思维与情感，时时显得比年轻人还要年轻”。凡与之有过接触的人都知道，无论是穿着打扮、聊天话题还是使用的物件，他从来没有跟不上时代的时候。也因此，武老师和年轻人特别处得来，跟青年人一起吴老师很快能找到许多共同的兴趣，吴老师也因此有很多忘年之交的朋友。

吴文虎老师用“爱玩儿”评价自己，“有时候比年轻人还年轻，主要是自己贪玩，我超前是玩的超前”。“前段时间有个新加坡学外语的活动，我真的就是贪玩，报了名，后来打电话给我，说我年纪这么大了，为什么还要学习外语，我告诉她我贪玩，我觉得挺好玩的”，吴文虎老师风趣地说。在媒介发展日新月异的今天，吴文虎老师仍然没有落后于“90后”们。微信、微博从刚出来就开始用，几乎每天都会在朋友圈更新微信。由于自身患有白内障，吴老师每天只能上一个小时的网，用有限的时间来浏览最新发生的新闻，对网络流行语更是信手拈来。

这跟吴文虎老师的出生不无关系，他虽然祖籍为广东中山，却因父母工作的原因，出生在上海，人生的前21年也都在上海度过，这其中也包括在复旦大学本科四年时光，深受上海国际大都市的影响。吴文虎当时思想就很潮，很小就看过好莱坞的片子，很早就穿过牛仔裤，也是从那时候爱上喝咖啡。吴文虎老师边说边指着桌上的咖啡机，前几天吴文虎老师的儿子专门给他买了雀巢胶囊机。

吴老师时时显得比年轻人还要年轻人，也就不奇怪，当时吴文虎老师很多论题，都走在前面，都是新近的。即便如此，我们仍然不能忘记，书总要一本本看的，理论也是要一点点了解的，吴文虎老师在繁忙的教学、行政工作之余，还能了解、掌握那么多新的东西，其中的艰辛恐怕只有他自己知道。

1957年，吴文虎老师还是个21岁的毛头小伙，大学刚刚毕业。一毕业，他和一帮同学联名写信给《中国青年报》，要求到祖国最需要的地方去，吴文虎却怎么也没有想到，他在甘肃一待就是24年。至今回想起在甘肃的那段经历还历历在目：“当时就是爱国，响应祖国号召，当然可能有盲目性，但我不后悔，没有甘肃这段经历，也不可能有现在的我。”

24年间，吴文虎老师足迹几乎遍布整个甘肃地区，先后下去过40多个县，甘肃最穷最苦的地方他都呆过。在甘肃青年报社时，他作为报社唯一的大学生，迅速凭借清秀的“笔杆子”被领导重用，经过两年多时间，便成为报社的头牌。经常一个整版一个整版地报，当时甚至还出了自己的作品集——小册子。

吴文虎老师很快便被调到共青团甘肃省委，经常跟着领导下乡搞调查研究，深入群众，这段时间让吴文虎老师迅速成长，见识了很多未曾接触过的东西，也体味了农民生活的酸甜苦辣。吴文虎老师回忆，记得当时在习仲勋搞运动的陇南市两当县，也是当时话说出土匪的地方，穷乡僻壤苦，全是石头窝子。就是这么地方养活了两万农民。期间，还认识了生命中的另一半，他的妻子，全玉门市的三八红旗手。

“活在高原腹地，甘肃父老乡亲的性格几乎和黄土高原一样憨厚、沉静而内敛，给了我很深刻的印象。想到西北，想到戈壁，眼前便会是腾起一轮苍凉的圆月、一柱傲直的孤烟、一片无际的瀚海——”说起在甘肃的这些年，吴文虎老师至今津津乐道，“毕业时，我对南方并不欣赏，我认为杭州太妩媚了。长河落日圆，大漠孤烟直，这种东西很符合年轻的我。20 年后我到杭州去开会，我觉得杭州也不错嘛”。岁月如歌，回首这 24 年，吴文虎老师刻满岁月沧桑的脸上依然流露着昔日奋战的笑靥。

吴文虎教授曾于 1991 年 9 月赴美国访问，历时将近一年。先是在美国南方绿树掩映、温暖宜人的德克萨斯州立大学度过了秋冬，继而迎着风雪北上，在印第安纳的普渡大学落脚，逗留至初夏。抵埠后和寒假期间，还去过不少地方游览，足迹遍及美国的东西南北。

说起对美国的第一印象，吴文虎老师感受最深的是美国高速公路的观感。“记得当初在高速公路上行驶时，顿时感到视野开阔，路面平直，来去各有四股单向车道，公路上经常是三四辆汽车齐头并进，风驰电掣。”当时美国书商把许多文学名著和畅销小说都灌制成录音带出售。这样，驾驶者在旅途中就可以借此消磨时间。

吴文虎老师喜欢饮茶，在美国每一次饮茶，几乎都留下了一小段难忘的回忆，仿佛饮茶时茶香在口，回味无穷。正宗的粤式早茶、中西合璧的早茶、美式夜茶，或苦或甜、或清或淡，味道也大相径庭。前几年，吴文虎老师每当和亲友在广州茶楼饮早茶时，便会想起在美国饮茶的种种经历，想起在天之涯、海之角的祖国亲人给予他的温暖和关照。

秋日映照下的德克萨斯州立大学，校园里充满了动和静的和谐之气。然而，对吴文虎来说，更感兴趣的是分布在一些主要街口上的自动售报机。它们呈一字排开。每天早上，当人们来到校园时，售票机早已放好了当天出版的各种重要的报纸。售票机几乎遍布大小城镇的主要街区。有了这种使用方便的自动售报机，专门零售报纸、杂志的报摊或报亭在美国也就几乎不复存在了。

2. 教育理念

暨南大学新闻系于 1978 年复办，当时的暨南大学几经分割，人才四散飘零，复办艰难重重，师资紧缺。1981 年，已过不惑之年的吴文虎在复旦大学陈韵昭教授的推荐下，前往广州暨南大学教书，从此开始了漫漫 20 年的教师生涯。暨南大学学新闻学系具有外向型、应用型的特点，也是暨南大学学科建设中独有的特色之一。80 年代初期，新闻系总共有十几位老师，他们并非都是新闻学专业的科班出身，但大多数有过新闻实践经验，都是来自报社、电台和电视台的。除了教授专业课程之外，暨大新闻系还办了一系列有关的学术讲座，经常会邀请报社、中国新闻社等业界的记者来上课，学科建设粗具规模。

1982 年春天，吴文虎老师开设了他的第一门课程——“新闻学概论”，在经过不断地摸索、论证和实践检验后，他明确了新闻专业学生应该具有采、写、编、评、摄的专业技能，最终确定了“新闻学概论”、“新闻史”、“新闻采访”、“新闻写作”、“新闻评论”、“新闻摄影”等一系列学科课程的设置。1982年，第一次全国传播学研讨会的召开，标志着传播学正式引入中国。时任新闻系主任的马戎有意让吴文虎老师继续开设传播学课程，然而由于当时传播学尚属新兴学科，吴文虎老师并没有急于开设，而是花了一年的时间选择去北京社科院新闻研究所和上海复旦大学访问，向张黎、郑北渭、陈韵昭等著名学者学习请教，在1984年访问结束后，吴文虎老师返回暨大第一次开设了“传播学概论”课程。而当时在全国的院校中，只有中国人民大学和复旦大学开了传播学课程，在吴文虎老师的带领下，暨南大学成为国内第三家开设传播学课程的高校。有一次恰逢香港中文大学的一批研究生来暨南大学访问，他们在半个月的访问期间听了两次吴文虎老师传播学课程，给出了极高的评价，从此传播学作为外国“舶来品”，也成为暨南大学新闻系的特色学科。

暨南大学新闻系复办以来，经历了第一任系主任周冷、第二任系主任马戎和第三任马彦珣，1992年，吴文虎老师正式担任暨大新闻系的第四任系主任。上任后，吴文虎老师把主要精力放在了教学和科研上，提出了“外求团结，内求发展”的八字口号，以作为整个暨南大学新闻系发展追求的内在精神。

他首先从课程建设抓起，从基础做起，要求每一个老师的每一门课都要有教学大纲，没有大纲就不能上讲台。从前一些老师上课没有教学大纲，在课堂上吹牛，没有尽到教师教书育人的职责，因此首先应该有教学大纲。

其次是召开了很多学生座谈会，听取他们对所学课程的看法和意见。吴文虎老师并不要求学生对“暨大”新闻系歌功颂德，而是要求他们多挑毛病，多提意见，这样做一方面可以促进老师改进教学，另一方面也能指导老师该怎么改。当时的“暨大”新闻系还处于重建阶段，吴文虎老师不求名不求誉，一心想先做好打基础的工作，只有把教学的基础工作做好，才能让暨南大学新闻系这样有着历史渊源百年大系立足于不败之地。

可惜的是，由于当时新闻系的老师多来自报纸、电台等媒体机构，进入高校后并没有搞科研的传统，都专注于教学工作。于是吴文虎老师就带头自己开始搞科研，发表学术论文多篇，编撰了多部专业著作，受到了学校的赞赏。在吴文虎看来，新闻系不必追求名扬海内外，整个暨南大学新闻系的学科建设主要就是抓两件事：科研和教书，只要这两件事能站稳脚，就能立足于不败之地。在吴文虎的带领下，当时系里的大多数老师开始在这两方面狠下工夫。他在任期间还引进了刘家林、黄匡宇等知名学者，这些老师都具有自身明显的学科优势，如研究新闻史的刘家林老师学术功底深厚，对于历史文献逐页研究；黄匡宇老师在广播电视方面有自己独到的见解。这些人才的引进使暨南大学新闻系中国传媒教育“华南重镇”的品牌更加响亮。

1994 年的一天，一个厦门大学广告系的学生赴广州找吴文虎老师，希望能够成为他的学生并想在广州找工作。这件事情对吴文虎老师触动很大，他突然意识到厦门大学已经先暨南大学一步办起了广告系。当时全国有一些专科学校开始培养广告人才，而有广告专业的本科学校并不多，只有北京广播学院和厦门大学两家，但吴文虎老师深刻地认识到，必须抓紧办起广告专业，才能让暨南大学新闻系有更长足的发展，并且要办就要立足于更高的起点，不办大专，直接申报本科点，这样四年以后就可以快速发展起来增办硕士点，培养研究生。

当时全校申办的新增专业大概有十几个，广告专业就是其中之一。在吴文虎老师慷慨陈词的演说和各方专家的专业论证之下，评委全票通过了对暨南大学新闻系新增广告专业的评定，广告专业在 1994 年迅速创办起来。第一届广告专业的学术并非全都会写会画，为了让广告学子迅速成长，扩大广告专业影响力，吴文虎老师四处奔走，最终联系到暨南大学图书馆，找来一些板子将学生的作品做成展板，在图书馆举办了第一次广告专业学生作品的小型展览，为广告专业的起步奠定了基础。

那时候很缺广告专业的师资力量，1994 年吴老北上在北京参加出国访问前的培训，碰到后来到暨南大学新闻系任教的涂虹老师，他向涂虹咨询有没有能够胜任广告教学的教师人选，涂虹第一个推荐的就是她的同学李苗。回到暨南大学后，吴文虎老师开始招兵买马，也自然将李苗老师招致麾下。在吴文虎老师的带领下，暨南大学广告专业师资力量逐渐壮大，课程设置也更加合理，广告专业按照常规办学路线发展起来，迅速成为最热门的专业之一，生源从未间断，报考人数逐年增多。

吴文虎老师十分重视新闻传播理论走出国门，与世界对话，同时也非常重视将传播理论与中国实际结合，实现本土化。他认为，想要在专业上有所建树，首先应该向国内学术界的大家虚心请教学习，如果有条件更应该出国去学习，国外的学术环境相对宽松，学术氛围也更为自由，因此出国学习主要得靠自己，要打好扎实牢固的外语功底。他经常鼓励系里的年轻老师去国外继续深造学习，也很鼓励青年学生走出去，拓宽自己的眼界，不管是美国实证学派还是欧洲经验学派都应该择取自己感兴趣的去学习更加原汁原味的东西，去挖掘、去深造。他还认为要多建立新闻系学生的海外实习基地，到目前为止，暨南大学新闻传播学院已与美国、欧洲、东南亚地区等世界多国媒体建立了学生合作实习项目。

吴文虎老师于 1992 年开始担任硕士导师，直至 2002 年退休。在他看来，研究生培养与本科生教育最大的不同就是方法问题。本科生主要应该着眼于学习方法，掌握吸收前人总结得来的知识精髓，变成自己的知识储备；研究生更应该注重研究方法，而不是人云亦云，要能够标新立异、讲究创新，在前人研究的基础上走出新路。

作为一名大学教授，吴老师是非常自豪的。对他而言，大学就是培养学生自由思想和塑造人格的地方，而老师就应该在做学问上下工夫，开拓新的学科，寻找思路，拓宽学生的视野，才能够给学生带来彻底的解放。新闻学科的教育最重要的就是理论与实践的教育，而更应注重学生的实践经历培养，这样才能达到更高的理论高度。

3. 学术思想

吴文虎老师主要从事新闻学、传播学、公关关系学、广告符号学以及媒介产业经营管理等教学和研究工作，从他的个人学术足迹来看，1985 年以前主要研究新闻理论，1986 年开始涉足传播理论，90 年代中期则又扩展到媒介经济的相关研究，吴文虎老师的个人学术历程也是跟随时代发展变化不断前进的，他学术研究的很多论题都是走在时代前沿的。

在新闻理论方面，吴文虎老师认为新闻真实是如实反映客观事实，不必也不可能纳入“现象真实与本质真实的统一”，客观报道才是新闻工作所应追求的原则，也是新闻业的伦理底线。他主张客观对待西方新闻学，西方新闻学对真实性原则的阐述尽管由于出发点不同，受到世界观和阶级偏见的影响，但其理论基本是正确的，观点也是鲜明的，是所有新闻工作者应该遵循的普遍伦理。

我国的新闻传播学科从新时期以来有了极为迅速的发展，其中一个重要的领域就是传播学的崛起。这门学科在 20 世纪 80 年代最初传入国内的时候，其价值还并未在学术圈内达成共识，吴文虎老师较早肯定传播学的学科价值，是最早介入传播学领域的学者之一，他认为传播学中的信息论是现代社会进步发展的关键所在，并提倡着力于研究和发现传播学的中观理论和微观理论，然后再聚沙成塔，尝试把各种相关理论整合成一种更完整、更高层次的理论。虽然传播学起源于西方，但他建议中国的传播学一定要结合本土形成跨学科研究，改变单一的新闻学科背景状况；否则，本来就是由多学科构成的传播学就难以得到充分发展。吴文虎老师这些关于传播学的观点、思想汇编成《传播学概论》一书，即使在今天，仍未失去其积极的意义。

1991 年春天，吴文虎老师赴北京语言大学出国培训部学习英语，为后来为期九个月的美国访学做准备。同年秋天，他以暨南大学新闻系主任身份赴美国德克萨斯州立大学和普渡大学访问。访学期间，吴文虎老师开始将研究兴趣转移至广告学和符号学。1992 年 6 月，吴文虎老师返回暨南大学，开设了广告学相关课程，并带领暨南大学新闻系成为全国最早开办广告学专业的一批高校院系之一。他撰写的《广告的符号世界》一书，将广告学与罗兰·巴特、索绪尔等符号学理论以及社会学相结合，从符号学角度去分析广告现象，很早就为广告学在国内的发展奠定了基础。

在媒介经济方面，吴文虎老师也是先行者之一。他很早就注意到改革开放对新闻事业发展产生的影响，长期以来一直思索关于新闻事业发展变革的问题，主要立足于广东地区新闻改革的经验总结，从广东地区的文化传播传统和市场格局中看到了本土传媒的生机与活力，由此上升为新闻传播理论的思考，涉及传媒生态和市场竞争问题、舆论导向与新闻趣味性问题、地区媒体市场定位问题、媒体与市场及受众的关系问题、传媒经济和新闻体制改革问题等。他指出在市场经济条件下的主流媒体是社会的一种客观评价，而并非是自封的。1999 年，吴文虎老师主编《新闻事业经营管理》教材，从新的视角构建了新闻事业经营管理学科的理论框架，用经济学、管理学和新闻传播学的跨学科角度研究我国新闻媒介实行企业化管理和集约化、规模化经营的特点和规律，反映了改革开放以来新闻媒介产业经营管理的新变化和新趋势，显示出深刻的人文关怀和先进的新闻传播理念，获得当年教育部的全国优秀教学成果二等奖。

作为老一辈从事新闻教育和学术研究的学者，吴文虎老师十分重视培育新闻传播学科建设生力军，特别是那些有着开阔的学术视野和学术责任感的中青年学者，鼓励他们的创新之作。现在活跃在新闻学术前沿领域的郭庆光、李彬、张咏华、吴予敏等学者专家都曾得到他热情的鼓励与支持，并与他成为关系极好的忘年之友。他指出虽然传播学是国外传来的学科，但研究传播学的青年学者首先应关注改革开放以来我国大众传播和新闻传播所发生的巨大变革，用本土化的视角研究社会科学，包括经济、政治、文化等各个方面。

2006 年，退休后的吴文虎老师将自己多年学术研究的精髓集结成文集，命名为《拐点集》出版，不断反映着他求新求变、趋时趋势和开放进取的治学态度。吴文虎老师个人学术路径的延伸其实就是改革开放后整个中国新闻传播实践和研究的历史变化的缩影，是复兴中国新闻教育和新闻学术建设的重要拐点。

（撰稿人　张晋升　刘蓓　马兆林）

6.2.5　曹璐与中国传媒大学新闻传播教育

曹璐，1937 年出生，中国传媒大学教授、博士生导师。1955 年考入北京大学中文系新闻专业，1959 年任教于北京广播学院新闻系，历任北京广播学院（现中国传媒大学）新闻系主任、新闻传播学院院长。获中国传媒大学“有突出贡献专家学者”称号，享受国务院政府津贴。

1. 从北京大学到北京广播学院：新闻教育事业的起步阶段

“我是1952年来到北京上高中的，当时叫女二中（北京市第二女子中学），现在叫东直门中学。我高中的时候为初中生做了两年半的少先队辅导员，后面还被评为北京市优秀辅导员。因为这段经历，高中毕业的时候，我们的团委书记建议我报考学前教育专业，所以我原本第一志愿填的是北京师范大学教育系，第二志愿才填的是北京大学中文系。后来班主任说我这样填不行，得把两个调过来。就这样，我被北大中文系录取了。我们班当年考上清华北大的同学，有十多位。”曹璐回忆说，“我们那时候的年轻人，都是受理想主义教育长大的，从刘胡兰到卓娅舒拉，对革命英雄主义充满了美好的向往和崇拜。我高中的班级还是以英雄来命名的保尔班，每天早晨，我们都要念保尔的那段誓言：人的一生应当这样度过……虽然还没有经历到‘文革’，但是已经很有仪式感了，我们就是这样一代人”。

1955年，曹璐考入北京大学中文系新闻专业。回忆起北大的求学经历，她说道：“在北大的三年还是很塑造我的，我喜欢那里开放、包容的文化氛围。进校后不久我们就要分文学、语言和新闻的专业方向，我觉得新闻专业可能对政治素养要求比较高，所以就报了自己喜欢的文学，但后来还是分到了新闻。那时候我们都是服从分配，很简单。按照北京大学新闻专业的课程安排，前两年新闻专业与语言文学专业合上，所以我当时有幸聆听了一批大师级学者的课程，包括高明凯、王力先生的语言学；游国恩、吴组缃、王瑶、林庚先生的文学史课；林涛先生的现代汉语课等。我现在还记得老先生们上课时的情景：黑板上墨宝般的板书强劲挥洒，每位先生独具个性的话语表达和手势动作，课堂形成一种特有的气场。有些先生的方言较重，大家格外认真听课记笔记，努力追赶着课堂的速度和节奏，从中感到老先生们的深厚学养给莘莘学子带来的启迪和力量。北大新闻专业的课程也颇具特色。方汉奇先生的报刊史，几张卡片就把新闻史中的人物、事件、背景、意义讲得深入浅出，通透精辟；甘惜分先生的新闻理论，尤其是对报纸党性的讲解颇具棱角；蒋荫恩先生的报纸编辑，引用《人民日报》的版面、标题、评论做案例分析，还介绍英国《泰晤士报》、《卫报》的版面标题、排版方式等。这些都对我——这个缺乏社会实践，未能突破高中生式学习的人来说，是一种全新的启发，从中也体现了50年代新闻教育开放、包容和专业化的学理特色。这些不仅是专业课程的学习，也是一种专业精神的启蒙。”

1958年8月，被誉为中国新闻学和新闻教育摇篮的北京大学新闻专业被合并至中国人民大学新闻系，正值大学四年级的曹璐也随着院系的调整，成为中国人民大学的一员。1959年7月，曹璐从中国人民大学新闻系毕业，和十多位人大新闻系毕业生一起分配至北京广播学院（现中国传媒大学）任教，从此开始了她终生学广播、教广播的教师职业生涯。

曹璐回忆说，“建校初期的北京广播学院校址在北京复兴门外木樨地附近，一座五层灰色的办公楼，和北大、人大相比，显得有点简陋。教室、办公室、宿舍、食堂、图书馆、实验室都在这幢灰楼中，好处是相对紧凑、灵活。虽然是百废待兴，但是广播学院从开办之日起就体现了鲜明的系统办学优势和广电学科特色。分到广播学院，我觉得还是挺幸运的”。

曹璐介绍道，“在我的印象中，广播学院的办学特色主要有这样几个方面，其一，学院决策层具有丰富的广播实践和管理经验，不仅是系统办学也是内行办学。第一任院长周新武是解放前的老大学生、中共地下党员，参加过‘一二·九’抗日学生运动，还做过多年的部队和地方宣传教育领导工作。解放后，他是第一任华东电台台长、上海电台台长。副院长兼新闻系系主任左荧也是一位老广播，是延安新华广播电台对国民党军广播的主管。解放后，他担任了广播事业局地方广播部主任、国际联络部主任，60 年代他主持广播系统的录音报道研讨会，发表了《谈录音报道》（见《广播业务》，1957 年第 9 期）一文，其中对录音报道的界定、音响要素、真实性原则等进行了规律性的梳理。这些论述至今仍是广播听觉文本规律研究的奠基性论述，也对我产生了很重要的影响”。

“其二，学院非常重视专业教学基础建设和师资队伍培养。新闻系建系初期就组建了新闻理论、新闻史、新闻编采业务等教研室，教研室骨干大多是来自广播一线的老广播。当时，被错划右派的一批专业人才也调进了广院，承担了重要的教学任务，在新闻系初建时期他们成为智库型教学资源。比如原广播事业局副局长温济泽，他曾经在自述中提及‘在这几年中，我又向系里建议开设两门新的课程，一门叫做‘政策讲座’，聘请了党政机关有关负责人如吴晗等人来校讲课。还有一门叫做‘社会知识’，组织同学们到工厂、农村参观，到新闻单位实习，使教学密切联系实际’。”

值得一提的是，当年刚刚参加工作不久的曹璐正好担任了温济泽所承担的“政策讲座”与“社会知识”两门课程的助教，温济泽的呕心沥血与言传身教给了曹璐留下了一生难忘的影响、也因为这段经历，曹璐将温济泽称为“永远的老师”。曹璐继续说道，“‘政策讲座’和‘社会知识’两门课程为学生提供了开放的课堂，调动了同学们专业学习的积极性、创造性。很多年后一位校友还回忆说：‘母校和老师给我们安排的课程尽心而实际，尤其令我难忘的是‘政策讲座’和‘社会知识’课，当时真的没有想到，许多内容和感悟使我们受益如此久远，乃至终身。’此外，温济泽老师还先后为新闻系 59 级、60 级、64 级、65 级同学主讲新闻写作和广播业务课，校友这样评价他的讲课：‘温老师讲课能从一点生发出去，纵横驰骋之后又回到原点，让你领略知识和思考的力量。’这位同学将温济泽老师称为‘点燃生命之火的人’”。

“其三，新闻系开办之初重视青年教师的培养，放手给青年教师挑担子，以老带新的方式参加课堂教学和教材基础建设。总的说来，广院的初创期还是做了很多基础性工作的，比如新闻系抽调地方台的‘笔杆子’共同编写广播理论、广播史、广播业务的教学大纲，并投入大量精力编辑出版了我党从延安至60年代初有关新闻广播的政策文献和代表性文论。编辑出版了《新闻广播论集》（上下集），编辑了延安时期至60年代初的代表性广播作品选——《广播稿选》等。今天，这些教材、教案已经变旧发黄，而老院长周新武、老主任左荧以及被学生称为‘点燃生命之火’的温济泽老师都已作古驾鹤西去。但是他们传承下来的爱学校、爱专业、爱学生的敬业精神，在50多年后的今天显得更为珍贵。”说到此，曹璐非常欣慰。

2. 从“文革”到改革开放——在时代变革中推动教学科研

“分到广播学院，一个是做广播，一个是做老师，让我慢慢对人生、事业和终生选择有了一些感悟，这一点我很感谢广播学院。从1959年到现在的这55年里，我从事的正是我所喜欢的，这就是人生的难得。”曹璐聊起了时任中央广播事业局局长的梅益。“现在想起来，真是挺佩服那时候广电局的领导梅益。1958年大跃进之后，自然灾害、粮食短缺都显出了端倪，国家已经开始出现了经济困难，可就是在那个时候他们居然看到了广播电视发展的前景，这确实是很有远见的。广播学院原来只是一个培养技术干部的培训班，后来变成专科学校，再后来升格为一个局属的大学，我想这一批广电局的领导们对广播事业的发展、广播电视队伍的培养，是高瞻远瞩的。同时，因为是广播局办学，所以广播学院的系统优势很明显，很重视对政治、政策、国情的了解，重视对社会的认知，这也是国家对广播电视新闻人才培养的定位，体现了它的办学思想。”曹璐谈道，“总的说来，广院的初创期还是做了很多基础性工作的，比如我们整理了从延安时期到60年代中央关于广播电视的所有文件，出了厚厚两本有关广播电视的文集，还有延安台和大跃进时期的稿选，我们还邀请了地方台一些部主任和笔杆子过来一起编写广播史、广播理论、广播业务的教材，尽管当时都还只是些油印的提纲型材料。另外，经过我们建校初期这几年的培养，也为全国输送了大批广播电视优秀人才，他们在后来的工作岗位上都成长得非常好。所以说，广播学院在广播电视的研究和教育方面确实起步比较早，为新中国的广播电视教育事业起到了奠基性的作用”。

然而，由于特殊的历史原因，初建不久的北京广播学院就在时局的动荡中行进得愈发坎坷。1966年，江青、陈伯达、张春桥、姚文元等人到广播学院公开支持造反派并宣布成立“临时文化革命委员会”，广播学院由此陷入全面内乱，大批老干部、老教师遭到残酷迫害，部分学生陆续到全国各地进行“大串联”活动。1970 年，中央广播事业局军管小组向中央报送《请求停办广播学院的报告》，全体教职工下放参加劳动锻炼，至此，广播学院一度停办。

“时代变革影响世界，影响社会，影响到每一个人。作为社会晴雨表的新闻业和新闻教育的发展，受到时代动因的影响更为鲜明。文革后期，广院重办。工宣队紧急召回下放教师，紧急上马招收了 74 级工农兵学员入学，第二年又招收了 75 级工农兵学员入学。广院新闻系虽有 1959 年建系以来的教学基础和师资储备，但基于大环境的影响和制约，两届学员在新闻教育的理论框架和新闻规律等方面的学习存在着诸多误读。所幸这两届学员毕业前后赶上了‘四人帮’倒台，经过拨乱反正的学习、培训，使他们在理论和实务层面有了新的提高。1979 年正值新闻学硕士点恢复招生，不少同学考取了新闻学硕士研究生，这才进入了人生专业与事业的新平台”。

她说：“当时全国基本上都是这样，很多大学都解散了。我先是在河北中部的望都县劳动了半年多，然后就转到了中央广播事业局在河南周口市中部的淮阳‘五七’干校，前后待了一两年。受 1971 年林彪‘九·一三’事件的影响，我和其他干校劳动的老师们才陆陆续续地回到了北京。回来之后，我就被分到了中央人民广播电台对台广播部，从 1972 年到 1974 年，在那里又干了两年才回到广院。经历了十年浩劫，新闻教育又迎来了新的发展时期。”曹璐对北京广播学院新闻专业的重建如数家珍：“1977 年教育部恢复高考制度，1978 年年初，广院新闻专业迎来了 77 级编采专业 39 名同学入学，此后的 37 年，新闻系坚持每年正常招生，并且学生人数和专业都有所拓展，这也象征着广院的新闻学教育进入了良性发展时期。1988 年，新闻系筹办广告专业，1989 年广告专业招生成为继厦门大学之后大陆第二家广告学专业。1994 年，广告专业升格为广告学系，之后又晋升为广告学院。”

不仅如此，从 1979 年开始招收硕士研究生的北京广播学院新闻系经过多年的发展，已经从当年的新闻史、新闻理论、广播电视新闻、新闻业务等研究方向拓展至如今的传播学、新闻心理学、报刊研究、媒体调查统计、网络与新媒体等多种研究方向。1998 年，教育部批准广院设立新闻学博士点，并先后招收了新闻理论、广播电视史、广播新闻、报纸新闻、新媒体、调查统计等方向的博士生，同时还建立了新闻学博士后流动站。至此，广院新闻系实现了多层次、多专业的办学模式，而广院自改革开放以后的巨变也从一个侧面反映了中国新闻教育的整体发展。正式在这样的背景下，曹璐的教学与科研生涯也悄然发生着转变。1959 年曹璐担任助教的时候，广播还是一家独大的强势媒体，早报摘、晚联播，几乎是全国人民的必修课。而到 80 年代，面对电视媒介的冲击，曹璐开始通过珠江模式、广播频率专业化、分众化、本土化、格式化、广播听觉文本和节目精品化、品牌化等话题给学生讲授如何振兴广播。进入21世纪，曹璐和学生探讨的话题又进入广播媒介如何在新媒体时代重塑广播的理念和传播流程重构的领域，以及如何从全球化视角、国情化背景、新媒体技术生态、受众定位变革等多元视角把握新媒体时代重塑广播的规律性认知和前瞻性战略发展。曹璐说，“过去强调课堂给学生一杯水，老师备课要准备一桶水。当今互联网时代学生获取知识渠道愈发多元，作为老师，特别是老教师就更要不断更新教学内容、教学方法，学会和年轻学子平等互动、真诚交流，使课堂和教学成为取之不尽、用之不竭的知识更新的‘长流水’”。

回溯改革开放以来新闻教育发展变革的时代动因，曹璐认为可归纳为以下方面：“新闻理论从以阶级斗争为纲，转变为党和人民的喉舌、媒介公共服务和以人为本。新闻传播理念从以教育者自居，灌输式、宣讲式转变以受众为本，真诚交流、平等互动。新闻业务从拔高、假大空转变为回归新闻规律、新闻文本规律、媒介文本规律、实事求是、讲实话、接地气。”而谈及当今的新闻教育，曹璐不无紧迫感：“移动互联时代人人都有‘麦克风’，面对媒介市场化、泛娱乐化以及媒介体制的瓶颈等问题，新闻教育如何培养坚持媒介责任、公共服务、公平正义、以人为本的新一代高素质新闻人才，是迫在眉睫的新课题。”

3. 从在任到退休：在教书育人中感悟幸福人生

曹璐于1978年加入中国共产党，1979年转正之后就被选为新闻系的支部书记和系主任。1996年，北京广播学院新闻系正式升级为新闻传播学院，曹璐也顺理成章地成为新闻传播学院历史上的首任院长。这个时候的曹璐，已经是一位知天命之年的资深教师，并且被学生亲切地称为“妈妈老师”。她说，“50岁的时候，我就比较注意培养下一代了，所以我们新闻系后来出了一批学校的干部，像胡正荣、袁军、丁俊杰、黄升民，都是从我们这里抽走的。我做新闻传播学院院长的时候，把这批年轻人提起来了，1997年我就从行政岗位上卸任退休了”。从1959年大学毕业至今，她已在广院新闻系任教55年，她说，“感谢命运使我毕生和学生、课堂、广播结缘”。

出生在教师之家的曹璐，从小在校园环境中长大，因为母亲做了一辈子的小学教师、小学校长，因此她对课堂、学生、学校、教师有一种特殊的认同。一位哲人曾说：“爱一个人，就要为他的成才努力搭建梯子的‘横梁’。”曹璐对这句名言的理解是，“教师是世上最美好的职业，教师对学生来讲，责任大于天。教师的素质关系着每一位学生的成才质量，包括专业素养和健全人格，而每一位学生的命运改变关系着他的未来，他的家庭、他的亲人的命运。特别是来自贫困家庭的学生更应该得到尊重、理解和细心呵护。教师这一职业定位应该是心甘情愿、尽心尽力为学生成才搭建梯子横梁，尽心尽力是状态，心甘情愿是境界”。

作为“30 后”教师的曹璐，在如何面对“50 后”、“60 后”乃至“80 后”、“90 后”年轻学子的问题上，她有着独到的体会，“和学生互动、向学生学习，发挥‘反哺文化’的力量，某种程度上说是一种偏得”。而这种感悟的收获，还得从 30 多年前她担任新闻系 77 级编采班班主任的经历说起。

“77 级是恢复高考以后进入高校的第一代大学生，积压了十年的人才。在‘读书无用’论的时代，他们是较早觉醒，靠自身实力抓住机遇，靠自身能力改变命运的一代新人。他们如饥似渴接受着改革开放带来的新观念、新知识。面对高校管理多年形成的条条框框，难免发生碰撞和逆反。”对此，曹璐感触颇深，“接手 77 级班主任工作之初，感到同学中不信任的眼光。有位同学建议我去和同学们谈谈心，于是花名册上的 39 名同学，我一个不落地谈了一遍，有的甚至倾心交谈了几个小时，一轮谈话下来收获颇丰。原本花名册上陌生的姓名变得具体、真实、亲切了许多。我慢慢了解到，每个同学的背后都有故事，他们的大学四年关系着本人和家庭的命运。于是我开始理解同学们为什么如饥似渴地传阅着许多新书，除了三毛、王小波、弗洛伊德，还有中译本的传播学、方法论、社会学、心理学等方面的新书。于是我参加了他们买书、借书、评书的活动，从中感受到年轻学子开放的思维活力，逐步突破了自己多年形成的、比较封闭的学习和阅读渠道。从观念和思维方式上开始向同学们靠拢，代沟逐渐缩小。我想这其中不完全是个人行为，而是改革开放使年轻人具备了时代的活力、智慧和思考，如果说自己的思维方式和理念有所变化和突破，其中的始发动因来自学生，从中我也逐渐学会了如何与当代大学生平等对话、交流沟通的经验，我常常怀着感激和感动回味这一切，逐渐体验到‘理解万岁’的丰富内涵”。

曹璐回忆说，“我也常常怀着欣慰和感动想起一代又一代新闻系的毕业生，他们在各自的岗位上作出了贡献和成就，为母校、为新闻系争了光”。2013 年 9 月，中国传媒大学新闻学院迎来了 50 多位年过七旬的亲友团——新闻系 59 级的老校友们返回母校。“他们大多是‘30 后’、‘40 后’，上学时正值国家困难时期，进入中年又赶上‘文革’十年浩劫，幸好在人生事业巅峰时期迎来了改革开放年代。进入 21 世纪，他们大半已退休或退居二线，进入人生的夕阳时光。从 1959 年进校至今，半个多世纪，几乎是人生事业的最好光景。50 多年的风云变幻使他们的人生充满了历练、挑战、机遇乃至磨难。应该说，每个人的故事都像一本书，每个人的成功和感悟都是母校教育质量的样本。尽管他们已不再年轻，但是多年来他们对母校和老师的思念，对同窗好友的牵挂日益强烈，所以在热心校友的精心组织和学校校友会的支持下，59 级老校友实现了重返母校的大团圆。”曹璐感同身受：“真是‘少小离校老大回，乡音未改鬓毛衰。同窗相见不相识，借问对方你是谁’。一位老校友说‘50 年后，重新遭到了回家的感觉’。”说到这里，曹璐无限感慨，“从中我更加感悟到：教育要实现的不仅是学生的知识的增长，更重要的是生命的成长。教育是基于生命的事业，是生命实现自我价值、社会价值获得生命质量和意义的过程”。

1997年，曹璐从行政岗位退休后，被学校延聘，并于1999年成为北京广播学院的第一批博导，直到2007年正式退休。曹璐已经79岁，仍然担任博士生导师并讲授硕士研究生的广播新闻研究课程，她先后培养了15名广播新闻研究方向的博士，目前仍有2名博士生在读。她坦言，“学生做论文的过程是师生共同学术爬坡的过程，纠结、辛苦并快乐着。我很享受和学生共同‘爬坡’的感觉”。

实际上，曹璐走上领导岗位历练成长的这20年，也恰恰是北京广播学院飞速发展的20年，她与同事们在中国新闻学和传播学大发展的背景下一路披荆斩棘，乘势而上，为学院抓住了最佳的发展时机，悄然间广播学院已发生了翻天覆地的变化。驻足回首，从当年北京良乡小平房的广播技术人员训练班，到后来真武庙灰楼的北京广播专科学校；从古运河畔的北京广播学院再到新世纪声名赫赫的中国传媒大学；从学科单一、规模较小的行业性院校，到以信息传播为主要特色的综合性“211工程”大学，北京广播学院以有目共睹的卓越贡献，被誉为中国广播电视人才的摇篮。这既是集体智慧的结晶，也离不开每位参与者的心血浇铸。

然而，曹璐却对这些辉煌的过往几乎只字不提。“我比较喜欢在下面做一些事情，那些光环我也不需要”，她平静从容，仿佛那个轰轰烈烈的岁月与她只是擦肩而过。“我能做到的就是最基础的东西：关心好学生的心灵与价值观，在四年当中让学生能在精神上享受到平等、关爱和正能量”，曹璐的话淡然却隽永。

“现在的世界发展很快，移动互联网的科技发展让新闻界正在重新学习，但我觉得新闻界首先还是得把最基础的东西做好，尤其是对人才的培养，以及对学生专业素养和社会责任感的熏陶。新媒体毕竟是以技术为代表的，尽管它会改变很多，但是我觉得无论什么技术平台，最终的内容生产还是人、社会和生命。所以人性、人本这些最本质的东西，任何一种新媒体技术都不可能替代，最多只是更好的辅助，我们不能忽视这一点。就以广播为例，为什么美国的广播始终发展很好，就是因为它一方面在形式上求变，另一方面又没有脱离人文关怀的本质。像广播与少数族裔，广播与老人，广播与社区，广播与气象，广播与应急，广播与残疾人等，一直是密切联系、共谋发展的领域当广播已经被作为智慧城市的一部分通到千家万户，你就会感觉到它的重要与否并不在于它是不是最热门的一种媒介，而在于它的不可或缺。”曹璐感慨道：“所以说，我们身处的这个时代太好了，一定要珍惜。新闻学归根到底就是关注人、关注社会、关注国家和民族的命运，我们如果连最基础的东西都不懂得，就太不合适了。”

谈及退休后的生活，曹璐豁达乐观：“既然人一定要变老，就要努力积极、乐观、从容地变老。积极是一个人把自己的力量发挥至无怨无悔的人生状态。哈佛幸福心理学对幸福的最新解读就是：每天在学习和成长中的感觉。从这个角度讲，我正在享受和体验着这种幸福。我觉得自己没有什么里程碑，我们‘30 后’这一代人就是在红旗下长大的一代，经历了革命理想主义的教育，在国家高等教育向科学进军的口号下发展成长。我觉得我这一生得到了很多人的关爱，包括我的学生、我的领导，还有我的老师们，每次提到他们，我都是怀着特别激动的心情。尽管我做不到像他们那样，但最起码我曾经感受过大师级的教授是什么样的。教育最好的时候我能够赶上，这就是让我终身受益的地方。”

（撰稿人　陈　娜）

6.2.6　吴高福与初创期的武汉大学新闻教育

吴高福，湖北鄂州人。1938 年 8 月 8 日，生于湖北省鄂城县（现为鄂州市），1959 年考入武汉大学汉语言文学系，毕业后留系任教。1983 年受命筹建新闻学系，任副教授、教授，从事新闻传播学教学、科研，先后兼任总支书记兼副系主任、系主任，新闻学院院长等职，还兼任过教育部高等学校新闻学科第一届、第二届教学指导委员会副主任委员。2002 年应湖南大学之邀，任新闻与传播学院教授，兼任院长。曾编著出版《新闻学论集》、《海峡两岸与新闻传播》、《新闻学基本原理》、《报业发展与全面建设小康社会》、《文化产业论集》、《西方新闻思潮简论》等。

问：吴老师，您曾负责筹建武汉大学新闻系，又先后担任总支书记兼副系主任、系主任，请您谈谈当时的情况。

答：20 世纪 80 年代初期，随着改革开放，我国新闻事业发展很快，新闻人才缺口很大，于是教育部召开了专门会议，要求有条件的学校增办新闻专业，就是在这样的背景下，武汉大学于 1983 年创办了新闻学系。记得有一天，刘道玉校长约我去他办公室，对我说学校决定要办新闻专业，让我来筹备，并嘱咐我要深入调查研究，尽快提出办学思路，拟定好教学计划和实施方案，调集人员，抓紧筹备工作。你们知道，武汉大学是一所百年老校，要论办学资源当然非常丰富。然而，80 年代初期，包括武汉大学在内的无论哪个地方，就像是一个实力雄厚的巨大工程刚刚推开架子一样，并不是把什么都准备好了你只要按程序去办就行了，完全看你怎样去利用条件，创造条件，任何徘徊、等待，都有可能什么事情也办不成。当时就给了两间房子，其他的就得自己去干。于是，我四处去邀约仁人，亲自上门恳谈，很快就组成了包括我在内的九人队伍，又借了一辆板车，同几位同事一起到学校家具组拉了一些旧桌子、椅子，就这样把武汉大学新闻学系的牌子挂出来了。

问：当时教师力量这样薄弱，那你们怎么能招生呢?

答：不错，当时不仅教师不足，而且教学计划也不成熟，因此，当年并没有招生，正式招生是 1984 年，这样就有一年多时间继续做好筹备工作。当然，首先是师资队伍问题。在当时的情况下，人员还不可能随意流动、招聘，要想组织一支资历、水准都很高，结构又合理的师资队伍是不可能的。于是，一方面，我们尽可能地调入具有专业背景的人员充实教师队伍，比如说，曾在湖北潜江县广播站工作的罗以澄老师，在湖北《咸宁日报》工作的胡武老师，在《湖北日报》工作的苏承雪老师，都毕业于人民大学新闻系，我通过省委宣传部给他们所在单位做工作，先后将他们调入了武汉大学；还有著名报人、新闻理论学者何微先生，也是我带着刘道玉校长的亲笔信三次去西安诚请，后连同他的助手周永固老师一起调入武汉大学。何微老师在武大工作长达八年之久，为我们这个新建专业呕心沥血，倾注心力。他不仅亲自给学生授课、指导青年教师，而且还辛勤笔耕，从先秦以来的浩瀚典籍中，集录了大量关于传播方面的资料，并作了深入的中国古代传播思想的文化学研究。他的为人、治学态度及新闻教育理念、新闻理论、思想是我们新闻系的宝贵财富。另一方面，立足于自己培养，1983 年 9 月我们选派了刘家林、肖友成两位优秀的青年讲师到人大新闻系分别进修新闻史论一年；另外，又分别从复旦大学、武汉大学应届毕业生中，选拔了夏琼、张昆、周光明、强月新、冉华、姚曦六位充实教师队伍。他们都是当年毕业学生中的佼佼者，充满着活力和锐气，一走上岗位就潜心钻研业务，认真体悟媒体。他们是新闻学专业的创建者，也是专业建设的中坚。应该说，到第一届学生进校时，我们已有了一支基本能胜任教学任务的教师队伍了。

问：吴老师，您刚才提到教学计划、办学思路问题，能不能给我们谈谈这方面的情况。

答：谈到教学计划，那要特别感谢人大、复旦新闻系，是他们毫无保留地给了我们完整的教学计划。记得当时全国一些新办专业的同仁们聚在一起时，都说人大、复旦新闻系是全国新办专业创建时的两台母机，好多学校都是以他们的教学计划为蓝本的，遇到问题也是向他们请教、寻求帮助。

本来这套教学计划是可以直接套用的，因为他们的计划，不仅成熟而且已久经时间的检验。但是，我们并没有这样做，这是因为，我认为一个专业的教学计划，不仅仅能够反映出这个专业的性质、内容、培养目标以及方法、步骤；而且，它更能反映出这个专业的办学特色，甚至这个系的办学思想。这恰恰是我们新办专业首先要解决的最大、最重要的问题。在文科中，新闻专业是一个比较特殊的专业，一方面，它具有很强的学理性，它有自己的一整套基础理论、基本知识、方法及丰富的学术思想积淀，这同一般的文科专业是一样的；但另一方面，它又是一个实践性很强的专业，要求着重对专业实践能力的培养。因此，这就要求我们既要读懂这个专业；又要思考自己想把这个专业办成一个什么样的专业。正是基于这种考虑，我们就以人大、复旦的教学计划为蓝本，以制订我们自己的教学计划为抓手，在一年多的时间里，先后组织了三次全系教学计划和办学思想大讨论。每次讨论都邀请媒体的同志来参加，也要求全系教职工到媒体调查研究，并就如何实现学理和实践能力培养及专业办学特色问题进行思考。我自己就曾走访了 20 多家媒体，找他们社长、总编或部主任，问同样一个问题：你们需要什么样的人？这个问题既可能了解到媒体对学生专业知识、知识结构和动手能力的期待；又可能了解到对学生包括政治思想、道德品格等方面素质的要求，这些走访使我受益匪浅。当然，我们更多的是师法人大、复旦。那个时候，我跑人大、复旦很勤，人大、复旦新闻系的领导、老师的确是诲人不倦、有求必应，总是十分真诚地回应我们提出的任何问题和要求。比如，人大的甘惜分、方汉奇、何梓华、成美、郑兴东等老师，都不止一次地给我谈过专业性质、特点等问题，甚至包括他们自己已开过的课程到底应如何教也详细介绍于我。何梓华老师当时是系主任，给我讲得更具体，如计划中课程设置的理由及课程间相互关系，四年中不同阶段曾经遇到过什么问题，如何建设实验室、资料室等，特别告诫我新闻学专业实践性很强，绝不能忽视对学生动手能力的培养，并嘱咐我回学校一定要同教务处的同志解释清楚；否则，学生的教学实习的学时就很难保证。在复旦也曾多次去向宁树藩、丁淦林、李良荣等老师求教，他们都跟人大老师一样，一个个问题、一个个细节都毫无保留地向我介绍，丁淦林老师还特意给我谈了中国新闻教育发展情况。你们知道王中老师吗？我还要给你们说说我去向王中老师请益的情景。记得大约是 1983 年的夏秋之交，天气还很热，王中老师生病在家，当我去拜访他并告知武汉大学要办新闻系时，他特别、特别地高兴，虽躺在躺椅上不停地咳嗽，却谈兴大发，从下午两点多谈到五点多，谈着谈着他突然说今天不说了，你明天下午再来，就这样一连谈了三个下午。王中老师讲话十分直率，拿着一把蒲扇，从解放前讲到解放后，从新闻工作谈到新闻教育。其中许多都是他自己的亲历，包括什么是报纸、如何当记者、如何教学生等方面的问题。第三天当我告辞已走到门口，他还叫住我说：小吴，你们武汉大学要教出几个敢说真话的记者来。从人大、复旦这些老前辈那里，我们所获得的不仅仅是懂得如何去认识新闻专业，如何去办新闻专业，更重要的是从他们身上所感受到的那种专业情怀、教师风范，那种宽阔的胸襟和高度的责任感。他们是那样可亲、可敬，至今我都心存感激。

正是通过向媒体、人大、复旦新闻系学习和反复讨论，不仅制订了符合武汉大学定位和新闻专业要求的教学计划，更重要的是统一了办学思想和办学思路。这就是：第一，确立了“加强基础，注重实践，服务四化，面向未来”的十六字方针。就是说要始终坚持把学生的基础和素质教育放在重要位置上，不断强化学生的能力培养，使他们能成为为祖国为人民服务，跟踪时代，面向新世纪，功底扎实，博专兼顾，动手能力强，有相当适应能力和创造思维的人才。第二，形成了以专业必备的基本理论和基本技能课程为主体，以与专业密切相关的基础学科课程和完善、补充专业知识结构需要的多学科课程为补充的课程体系。第三，设计了四年写作练习不断线，课堂实习、小实习、专业实习阶梯推进的教学实习体系方案。正是因为有了比较明晰的办学思想和办学思路，这就有可能使我们从一开始路子就走得比较正、比较稳，避免了走一些弯路，为专业建设和长远发展打下了比较扎实的基础。

问：这以后，你们是不是发展得比较快？

答：那个时候，全国陆陆续续在增办新闻专业，的确有一种你追我赶的态势，不发展是不行的。但从总体上说，我们并没有急切地扩大规模，扩展外延，还是更注重走内涵发展之路，一步一步地走。我记得 1985 年我们增办了广播电视新闻专业，1986 年经国务院学位委员会批准，获得新闻学硕士授予权，90 年代初，我们才增办了广告学专业，直到 1995 年建院时，我们还是保持着三个专业的规模。

问：你们在这个发展过程中，曾遇到过什么问题和困难，又是怎么解决的？

答：我在武汉大学从系到院，从专业创建到学院获批新闻学博士点，前后差不多工作了十六、七年，要说问题和困难，那可以说时时事事都会遇到。比如说，房子不够，经费不足，等等。当然，当时也不是我们一家是这样，全国新办专业差不多都是这种境况，没有房子，没有钱，就无法建实验室、资料室；没有足够的房子、足够的钱，自然也就无法建更好一点的实验室、资料室。这些都是教学、科研的基本的物质保障条件。当时面对着这种境况，只能采取积极的态度，有时候只有把没有办法的“办法”当着“办法”来用。我记得新闻系牌子挂出来后，学校就着手考虑分阶段为我们建实验室，但是，我们却等不了。我们的新闻摄影课老师，倒是搞摄影的，可在新闻摄影领域还是一个新手。他要备课，连个暗房也没有，情急之下，我找人把我们办公室旁边的一个厕所给封了，为此招来了许多怨骂。这倒不太要紧，没想到后来却变成了一则笑话，说新闻系的摄影实验室是从厕所开始的。后来我想，当时在武汉大学多找两天，找一间房子应该没太大问题，也不至于现如今落下一个笑话，真是冤哉！不过，八九十年代，我国在高教方面投入不足，大家都还能勇于克难，积极想办法去解决问题。比如说，当初我们没有资料室，找到房子后发现一本书也没有，而武汉大学图书馆的书却十分富足，但又无调出的先例。于是，我们通过教务、科研部门甚至学校领导做工作，调来一大批图书，但多是人文、社科类，又派专人开列书单同图书馆同志一起去采购新闻类的图书，有些市面上已找不到的重要资料，我就去找人大何梓华老师，他又特批我们从人大资料室复印了一批资料。之后同台湾地区高校建立了联系，又得到李瞻、郑贞铭教授的积极帮助，赠送给我们一大批台湾出版的新闻传播类图书。后来有了专项经费，情况就好许多了。但开始时，如果不采取这种积极态度，想几年就建一个基本能满足教学科研需要的资料室那是不可能的。再比如说教材、科研成果就是搞出来了出版也是大问题。因为那时出版社是要收取出版费的。有件事至今难忘，我们广告系办起来后专业建设发展很快，但那时广告专业还是新兴专业，可用的教材也比较少，当时张金海老师任广告系系主任，他就组织力量，自编了一套广告学教材，经出版社和相关部门审评后认为质量不错，可是拿不出出版费来怎么办，于是张金海老师就自己借了十万元把教材出出来了，从根本上改变了上课无教材的状况，使教学质量得到了一定保证，至今我还慨赞不已。后来，学校有了一些自主办学的权限，我记得好像叫“成教”。办班的经费是可以提取一部分给老师作劳务费的。那时也是经费不足，科研成果无法出版，当时真是没办法，我就跟老师们商量，大家都认为提高教学、科研水准才是我们为之付出的期待，就这样从应分给大家的劳务费中克扣一部分出来，建立了一个科研出版基金，凡有科研成果经评审符合出版条件的可申请出版资助，从而有力地推进了科研发展。退下来后，我经常在想，武汉大学新闻学科发展得这么快，是得力于全体教职工能同心协力、锐意进取，能把建设新闻学科当着一种事业、一份责任，全身心的投入，甚至奉献。正是诸如“团队”、“责任”、“进取”、“创新”这些理念支撑着这支队伍，经不断内化也就成为我们的一种精神了。

其实，我说的困难，远不止这些，而且，这些也并非是最难之处，随着时间的推移，这些办学的物质保障条件也会得到不断的改善。在我看来，新办专业最难之处、最大的挑战是如何不断提高专业、学科的层次、水准。一个专业、一个学科，人家最重要看的是：你能不能培养出优秀人才，有没有扎实的科研成果和一支好的教师队伍。一开始我们就非常清晰地意识到这一点，也始终为此而努力。

问：吴老师，那能不能请您先给我们讲讲学生培养问题。

答：学生培养是一个合力工程，从一定意义上讲，学校一切工作都应该主要是围绕着这个问题转的。而从专业和学科建设的角度看，那就是首先要抓好教学。以教学为本，应是我们的基本理念。但是，在实际工作中，常常容易被忽略、放松，因为它实际上也是院系的日常工作。你说说，哪一学期不是这样，开了学就上课，考试完了就放假，习以为常了。因此，在办学的过程中，我们一方面始终注意通过各种方式，不断强化教学为本的思想，把教学工作放在院系工作的首位，建立研讨、听课、督导、教材选定等等这样一些制度规范，并逐渐形成把教好课当做是一种职业的本分，且要守住本分。另一方面，不断注重认识和处理好教学中的各种关系。比如说教与学就是一个对子，一种关系。从教的方面说，教师是主体，教师的教学态度、教学方法、教学内容一定程度上决定了这门课程的质量，不断改进教学方法、更新教学内容及提高含金量，是院系对教师持之以恒的要求。当然，我们看重的绝不仅仅只是每次课讲清、讲透了要求的知识点就行了，而是更强调教师在通过传授基本理论、基本知识的同时，应着重对学生思维能力的训练。知识浩如烟海并不断增生，课堂传授总是有限的，我们要让学生知道的不仅仅是这些知识，而是会看问题、想问题、分析问题，甚至善于把看到、想到的问题和各种分析联系起来，这就有可能达到媒体给我们提出的要求："既上手快，又后劲足。"总之，要给予老师多一点的自主性、自由度。当然，我们也会经常听到学生、老师间或督导方面的各种意见，凡属于老师授课风格方面的问题，历来采取保护态度。因为我认为常常就是在这些风格各异、发挥自如中，有可能隐含着创造性因素，把课讲活了比死板更好。另外，我们的培养对象也是有特殊要求的，新闻工作本身就是要面对社会的方方面面，因此，我们在教学计划中为"完善、扩充专业知识结构需要的多学科课程"预留了一些空间，不同年级，不同阶段，先后曾给学生开过"中国古代诗词赏析"、"现当代文学"、"社会学"、"美学"、"中国传统文化概论"、"旅游地理"等课程，历届毕业生跟踪调查显示，认为对他们工作后是管用的。

再从学的方面说，当然学生应处于主体地位，发挥他们的主观能动性，肯定、保护他们的个性很重要。凡每年入学的新生，我们都会强调：你们不仅仅是学生，更是专业的建设者。当学生有了这样一份责任感后，参与教学的积极性就会自觉焕发出来，就会形成师生自然、自觉的互动状态，言传身教、教学相长才有可能。教师热爱学生，学生敢于同老师讨论问题，几乎是我们院系中的一种风气。当然，我们武大的情况可能也特殊一点，当年创业时，我们的教师队伍差不多都是年轻人，20 多岁，几乎同学生们滚在一起，师生关系十分融洽，以后就渐成风气，并慢慢成为一种传统。这两年我住在北京，回学校少，有时有些我教过的或者没教过的学生来看望，我常常通过他们能问到院里老师的情况，这就说明，学生毕业后同老师还有密切联系。在一个院系中，教与学、师与生，本应是相互融合体的，只有这样才能形成一种内在的驱动力，形成一种学而思的氛围。他们之间的融合度越高、互动越密切，就越有可能促进教学内容不断更新、不断丰富，就越有可能确保教学的实际水准。好学生绝不只是课堂上"教"出来的，而是"带"出来的。

问：在教学方面，还有对学生实践能力培养问题，你们在这方面又是怎么做的，采取了些什么措施？

答：教学实践是学生培养过程中的重要内容，我们从一开始就非常重视，叫“四年不断线”。这就是说，从学生入校就开始培养“新闻意识”，或参加学校广播台、校报、地方小报的采编，或自办刊物，或部分课程的小实习等，这些基本上是制度性的要求。这期间，当然最重要的还是长达四个月的专业实习，这是培养学生实践能力的主渠道，是重点。关于这方面在我的记忆中有两点是非常明确的：第一，就是要为学生搭建较好的平台，建立稳定的实习基地。在20世纪八九十年代，湖北武汉的媒体，无论从数量或质量上论，在全国也算是数得上的，是建立实习基地的一种较好的选择。但是，我觉得这还不够，我们应该为学生建立更好的实习基地，有更多层次、更多样的选择。比如说，中央媒体，经济发达地区的一些媒体。这样我们就想到了北京和广东，刚好在京广线上，当时我还说过笑话，这叫“京广一线，中部开花，一肩挑两头”战略。不过说老实话，当时的确很难，我们毕竟是新办专业，没有知名度，要实习的还是首届学生，被接受就是一个很大的挑战。但是，既然作了这样的抉择，为了学生，我们必须作最大的努力。为此，我们许多老师想尽了办法，分别到这三个地方的媒体去做工作，请求他们支持。对此，学校也非常重视、支持。记得我向刘道玉校长汇报了我们的想法及困难后，他非常高兴，充分肯定了我们提出的思路和实习方案，并对我说：正好过两天，我要去北京，你跟我一起去。就这样刘校长带我分别拜访了广播电影电视部、人民日报社和新华社，后来他们都同意接收我们的实习生了，连同其他老师所做的工作，我们学生的实习点差不多覆盖了北京、武汉、广州、深圳的最主要的媒体。这么多年来，多多少少有些变化，但主要的实习基地是非常稳定的。第二，绝不能把专业实习仅仅只看成教学计划的一个环节，而应该把它看成教学的重要内容。如果只看成一个环节，就很容易轻忽、走过场。事实上，学生的实习，不只是验证、巩固已学的专业基本理论、基本知识，提高采写能力；而且，是再学习。比如说，他们所遇到各种各样的事件、问题，以及人与人、人与社会的关系和社会方方面面的问题，都会大大扩展在校学习的内容，我们要求学生在实践中学会想问题、分析问题，而不是简单地写几篇新闻稿。为此，我们不仅认真做好专业实习前的培训；每个地区的每个实习小组都有派专责指导老师，同实习生保持着密切联系；又建立了中期巡视制度；实习结束后，并不仅仅以发稿数量论成绩，还要求写分析问题式的小结或调查报告，连同发稿数量、质量一并评定成绩。实习工作结束后还会开一次总结大会，这不单单是为表彰，也是为下一届学生开的，请他们参加，好起到提前预热的作用。所有这些制度性安排，都是为确保专业实习取得实效。

问：吴老师，我想再问一下您在科研工作方面有什么理念，遇到过什么问题，采取了什么样的措施？

答：理念那倒谈不上，问题却遇到不少。不过，教师要搞科研这个问题，我们倒不担心，因为我们的专业是办在武汉大学。武汉大学是百年老校，最年轻的专业也都相当有年头了，在他们那里老师发表论文就不说了，著作等身的也大有人在，这就形成了一种无形的压力；更何况在那个年头执行的评价体系标准，科研成果总是摆在实质性的重要位置上，连评职称也要看你在重点刊物上发表的文章有多少，出版著作有多少，所以，从专业创办之初老师都有很强的科研意识。问题在于作为专业、学科建设重要内容的“科研”，最重要的是科研水准。好的专业、学科是要高水平的科研成果来支撑的。所以，从院系的工作角度来说，其重要的工作是要求老师们不断加强科研素养的培养，形成良好的科研氛围和环境，把目标指向高水准的科研成果产出，既要“挖塘”，更要“掘井”。科研是需要条件的，也需要合力。多年来，我们提倡协作精神、团队精神，支持老师们争取获得多类科研课题，进入学校、省、国家各种培养资助计划、人才工程系列，支持他们发表论文，出版著作。但我深知在当年那种特定相对比较困难阶段，作为新专业难处就会更多。因此，我们更多的是在老师中提倡不断树立“方法意识”、“站位意识”、“视野意识”，以提升队伍的科研素养，为科研提质、提速做好基础工作。

问：您能不能就这几种“意识”给我们讲具体一些。

答：我说的“方法意识”，指的就是要不断自觉注意并改进研究方法。在科学研究中，同样的问题，选取什么角度，运用什么样的方法，研究的结果常常会不一样，甚至会取得某种预想不到的突破性的成果。所以，要推动老师们注意研究方法。当年我们同美国朱谦教授合作，共同做中国文化观念变革问题研究，其主要着眼点就是为了学习研究方法。当时西方普遍运用的定量研究方法已开始传入我国，我们从中国社科院的一些研究报告上看到这些资料信息，但不知道怎样做，我们熟悉的是定性研究，刚好这一课题要采用定量研究分析，而且问卷样本量又很大，交叉分析的要求又很多。我同十来位青年教师，跑遍了武汉市和湖北许多地县市，虽然很辛苦，但我们课题组有一批老师学会了一种新的研究方法，同时也加强了科研的“方法意识”。

所谓“站位意识”、“视野意识”也没有什么特别的，就是要能自觉地关注现实、不断跟踪把握学科前沿，其研究的视野要开阔，就一定能使自己进入一个新的研究境界，从而不断地捕捉到新的生长点。这样长年累月，就可能把研究路子越拓越宽，把问题越研究越深。在一定意义上讲，不断强化这些“意识”，比物质条件更重要，这些“意识”越自觉、越强，就越有可能获得水准较高的科研成果，就越有可能获得更多的物质条件支持。事实证明，随着时间的推移，老师们的科研成果无论是数量还是质量，都有快速的进步。当然，在这一发展过程中，老师们付出了许多。与此同时，我们也想些办法，适当搭建一些平台，以起到促进和引领作用。比如说，新生入校的第二年（即1985 年），在只知道“传播学”这个名字的时候，我们就通过外事处从美国请来西东大学的教授给我们讲授传播学，其意就在于帮助老师们拓展视野，早一点把眼光投向国外。不久，我们又组建了新闻研究所，请何微老师担任首任所长，以推动新闻学的研究，并多次以论文集的形式将老师们的研究成果结集出版。进入 20 世纪 90 年代，香港即将回归，大陆与台港澳交流、互动也多起来了，我们便请李卓钧老师同中国新闻社联系，得到他们的支持，又组建了台港澳新闻研究所，为一些老师拓展了一个新的研究领域。当开放加大，国际交流越来越频繁，我们又极力推动中西比较研究，并在研究生中开设有关中西新闻比较研究的课程。到 90 年代后期，媒介生态发生了很大变化，新媒体的出现及传统媒体的生存成为突出的现实问题，由我牵头，又适时组建了媒体发展研究中心。我退下来后，请张金海老师出任这个中心的主任，后经他和他的团队的努力，终于建成了一个国家级的研究基地。其实，我说的这些，只是从院系工作角度来考量的。事实上，科研实实在在地要靠老师们自己做，在无课题经费的情况下，他们走过了一段艰辛的省吃俭用之路。到 90 年代中期，特别是建院后，我们的科学研究就在不断提高、提速，老师们都能比较自觉地寻找新的视角，扩展新的研究方向，“掘井”不疲，出现了非常可喜的科研景象，为科研的发展打下了很坚实的基础。

问：吴老师，看来您很注重基础建设，学科基础打得很牢实。师资队伍也是学科建设的重要内容，而且您多次说你们是一支年轻的教师队伍，那么，你们又是怎样建设的呢？

答：基础不牢，大厦何以能立？其实，从一开始我就想要建一个比较好的学科，至少能同武汉大学相匹配，而不是简单地把一个系、一个院办起来就算了，因此，总是把重点放在学科建设上。学科建设内容参数很多，就院系而言，最主要是教学、科研、教师队伍三大块。我曾形象地比喻为“一体两翼”，教学为体、科研和教师队伍为两翼，体健翼强，学科才能振臂高飞。因此，我们自然会注重教师队伍的建设。前面我所说的年轻，并不是只针对教师年龄而言的，而是同专业创建联系在一起的。一个专业、学科的成熟，在我看来，至少要几十年，甚至上百年。从这个角度说，我们当然是一支年轻的队伍。不过话说回来，建系之初，的确是年龄意义上的年轻人占主体。武汉大学新闻专业这台大戏还真是他们唱起来的。你们可能还不知道吧，那时手头不宽，搞调查在马路边吃烤红薯、热干面，到北京出差住地下室，那滋味又多有意味呀。就是在这样的境况下，他们却还是那样生气勃勃，全身心投入，课堂上兴味盎然，课下师生相互切磋，形成了一种难得且又长远发生影响的良性师生关系。说句你们不要笑话的话，去年回学校见到他们，随口问了一句你们也快 40 出头了吧，他们笑着对我说：吴老师，我们都 50 多了。我只能说我真的老了。其实，在我的记忆里，他们总是那样一副活力四射的青春面容。我是不是扯远了？

问：没有、没有。看来，您对当年那些创业同仁和新闻学院真是充满了感情。

答：这叫情结。我们还是说正题吧，一支好的教师队伍，需要好的作风和长时间的历练。他们长期处于教学、科研第一线，不断在实践中饱受磨炼，打的底子是扎实的。当然，也需要合理的年龄、职称、学位结构和高水准的专业基础及能力。所以，随着时间的推移，我们陆陆续续地调进了一些年龄大些的中年人，并支持老师们晋升职称，到国外或校内外进修，攻读学位。不过，在八九十年代，全国所有新办专业同我们的感受可能是一样的，要想解决这些问题，可不是一件容易的事情。因为那时晋升要指标，全国毕业的博士生就是人大、复旦培养的那几个，根本就到不了我们这里来，所以，我们的方针还是立足于自己培养，比较早的就着手于分期分批安排老师到国内、外进修，攻读学位。从 1985 年开始，就先后分别派石义彬老师到美国学习传播学，派张昆老师到人大攻读新闻学硕士学位，派王志杰老师到法国攻读传播学博士学位。到 90 年代中期，我们建院后，不仅队伍扩大了，而且教师队伍的年龄、职称、学位结构也相对比较合理了些。教师队伍的整体水准也有显著提升。这是一个爬坡的过程，也是老师们艰辛付出并不断历练的过程。从院系工作的角度说，也是我们最吃劲、最看重的事。因为，教师队伍优良素养和整体水准，决定着这个专业、学科的实际水平。从这个意义上讲，教师队伍建设同学科发展是同步的。

在教师队伍建设方面，除刚才说的以外，我们还注意了两个方面的问题：第一，是避免近亲繁殖。所谓近亲繁殖指的是在需要充实教师队伍的时候，就选自己专业培养的人，这样逐年做下去，就容易在一个专业里都是“同门人”，甚至“几世同堂”。在中国的高等教育发展过程中，由于多种原因，曾经出现过这种情况。近亲繁殖最大的弊病在于容易形成学术观点、学术思想乃至学术路径趋同。我认为，如果说一支学术队伍，如果不能形成学术思想多元，学术研究样态的多样，就很难有更多的活力、更多的创造性。当然，我国历来有师徒传承之传统，而且，有些专业很特殊，培养的人很少，不师徒传承，一些独特的研究方向就可能消失，这种情况自然另作别论。而我们新闻专业既具有包容性，更具有开放性，更需要保持一支学术思想活跃、多元的教师队伍。因此我一直在工作中注意这个问题，除特殊需要外，原则上，在充实教师队伍的时候，尽量把选人的路子扩宽一些，避免“近亲繁殖”。第二，是避免学科背景过于单一化。毫无疑问，一个教师从事某个专业的教学和研究工作，首先应该具备这个专业高水平的基础理论、基本知识和技能，否则你教不了这个专业的学生。假如一个教师除了具备这个专业高水平理论、知识和技能外，还有多个学科背景，也就是说其知识结构比较合理、丰富，那么，就有可能更好地教好学生。不仅如此，教师自身知识结构的合理性、丰富性，更有利于教师学术研究视野的扩宽，研究视角的多样性及后发力的增生。老实说，当时我们也处于一个好的背景条件下，一方面，世界已进入第三次工业革命，即信息时代，社会发展提出的问题更大、更多、更复杂，需要跨学科组织团队，去回应社会发展的要求，分析新情况、解决新问题，可以说，这是时代、社会提出了客观要求；另一方面，我们也是新组建的一支教师队伍，而不像已办了几十年，甚至上百年的老专业，教师队伍的结构调整难度很大，这就为我们组建一支知识结构相对合理的教师队伍提供了可能。因此，从建专业开始，我们就注意到教师队伍的知识结构问题，力避整个队伍学科背景过于单一，努力做到在教师队伍中，既有一部分本专业的专攻者，也有一部分具有多学科背景的教师。比如说，我已谈过筹建专业时我们一次性从复旦大学、本校其他院系选择了六位老师，就分别来自五个专业，其中，夏琼老师是新闻专业的，就继续专攻，后获得新闻学博士学位；张昆老师是历史学学士，后又取得新闻学硕士、政治学博士学位；强月薪老师是哲学专业出身，后取得新闻学博士学位；冉华和姚曦老师，分别来自汉语言文学和经济学专业，后都获得了传播学博士学位；而周光明老师是历史学学士，长期从事新闻史教学科研，后又学习历史文化学，取得了历史学博士学位。当然，教师知识结构的合理性本身就是一个非常复杂的问题，我还不可能对此做出一个科学的界说，根据我多年的实践经验，大体上可以这样说，就新闻传播学科教师队伍整体的结构而言，学科专业的专攻者和多学科背景的教师都应该在整个教师队伍中各占一定的比例；就教师个人而言，应同他的专业和研究方向及其延展趋向联系起来。从而保证其知识结构的合理性。比如说，石义彬老师是从事传播学教学科研的，他具有传播学博士学位，又具有外语和哲学的学科背景；单波老师是搞理论方向的，他具有图书情报学和新闻学学科背景，又获得哲学博士学位；而王瀚东老师长期从事广播电视方面的教学与科研，不仅有中文学科背景，而且获得了美学博士学位，这样的知识结构，就为他们教学、学术研究的深化、创新提供了十分有利的条件。总而言之，我认为，教师队伍建设既要注重年龄、职称、学位结构，也要注重知识结构问题，这对学科，尤其是新闻传播学科的发展是非常有利的。

教师队伍建设也同样是一个合力工程，而且要不断跟踪时代和学科发展，形成新的理念，采取新的措施，持续地去做建设工作。我跟你们说呀，去年我回学校，见到石义彬院长，他除说到这几年学院发展情况外，还特别告诉我学院正在进行“两个一工程”，让这几年加入教师队伍的年轻人，一年到国外，一年到媒体。我听后高兴得不得了，这是一个多么有远见的举措，它不仅对当下，而且对长远的学科发展将产生重大影响。这既避免了有可能出现的断层问题，又大大增添了教师队伍的后劲，你们说，我能不高兴吗。

问：吴老师，您对新闻学院真是充满了感情，为专业的创建、学院的发展做了好多工作。这两天又给我们讲了这么多，谢谢您接受我们的访问。

答：有感情是真的。而新闻专业的创建和学科发展却全靠我们的教职工，请你们代我向他们致意，也谢谢你们。

（口述：吴高福　访问：刘建明）

6.2.7　邱沛篁与四川大学新闻教育

邱沛篁，1939年生于重庆，1956年考入四川大学中文系，1960年毕业留校工作，1979年任四川大学新闻专业筹备组成员，1981年任新闻教研室负责人，1985年任新闻系副主任，1990年任新闻系主任，1995年任新闻学院院长。曾获国家级优秀教学成果一、二等奖，全国首届韬奋园丁奖，全国“宝钢”优秀教师奖等

四川大学新闻专业从1981年秋招收首批本科生算起，至今已有35年了。35年来，在学校党委和行政的正确领导下，依靠师生员工的共同努力，新闻传播学科有了很大的进步和发展。2016年适逢川大建校120周年，作为川大新闻传播教育兴起与发展的一名参与者和见证者，回顾30多年来的川大新闻传播教育发展历程，我感到无比兴奋、激动和感慨。

1. 参与筹建四川大学新闻专业

川大新闻专业的诞生，要追溯到三十多年以前。1979年5月18日，教育部正式发文（79教高字第044号文）批准成立四川大学新闻专业。这实际上是学校多年来的计划和愿望。早在20世纪60年代初，学校就曾有过创办新闻专业的考虑，并于1960年从复旦大学调来了两名新闻系本科优秀毕业生，作为师资的基础。但由于当时客观情况的变化，新闻专业没有办成，这两位新闻本科毕业生只好改做其他工作。在党的十一届三中全会后，我国教育事业迎来了改革开放的春天，这种愿望才变成了现实。

教育部批文下达后，学校更加重视并抓紧了新闻专业的筹建事宜。中文系、教务处、党委宣传部等单位，为新闻专业的诞生做了大量工作。1980 年 3 月，党委同意我从学校党委宣传部校报编辑室调回中文系工作后，我的第一件任务就是同当时的系党总支副书记程述章同志一起，到北京、上海等地学习取经。我们由重庆顺江而下，先到上海拜访了复旦大学新闻系主任王中、副主任丁淦林、余家宏、李龙牧和叶春华、夏鼎铭、林帆老师，又北上首都拜访了中国人民大学新闻系主任罗列、副主任秦硅，北京广播学院新闻系主任康荫等。他们对四川大学创建新闻专业都非常高兴和支持，十分热情地介绍了办新闻教育的宝贵经验，介绍了新闻专业课程的设置和一些主要课程特点、内容及教学安排，还带我们参观了图书资料室、教研室和实验室。康荫主任还陪同我们到学生食堂共进午餐，一边吃饭，一边介绍办学情况。一个多月的取经结束回到川大后，我们立即向校、系有关领导作了汇报，与有关部门共同起草了《四川大学新闻专业筹建计划》和《四川大学新闻专业教学计划》两个草案。

1980 年 5 月 23 日，在校长康乃尔主持下，学校召开了专门讨论新闻专业筹建工作的校长办公会议，副校长许琦之、杜文科，有关部、处负责人张佩松、李士文、周长德、张廷茂、曹濂和中文系程述章、我和吴梦楠等同志出席了会议。会上，述章同志汇报了南北取经的主要见闻和收获；我介绍了当时全国新闻教育的几种主要模式：一种是设立新闻系，有中国人民大学、复旦大学、北京广播学院、暨南大学和中国社会科学院研究生院；另一种是设新闻专业，有广西、郑州、武汉等地的几所高校；还有一种是办新闻培训班，有不少新闻单位在抓这项工作。总之，大家都深感发展新闻教育、培养新闻人才之重要。分管全校文科工作的副校长许琦之说，我们川大决定办新闻专业是一件非常好的大事。这是一个新专业、新工作，需要各方面的人才，一定要把教师队伍很好地建立起来。搞新闻工作，知识面要宽、要博，不能讲外行话，教学上要重视打基础。他还建议聘请一些报社的高级专家、编辑、记者到学校来讲课，开阔学生的视野。康乃尔校长说，关于筹建新闻专业的问题，学校领导已经讨论过多次，这次基本上就定下来了。他也强调要重视外语教学，要加强新闻业务实习，教学计划上这方面的课时不能少。他还说，一个新闻记者要有吃苦耐劳的精神，要和人民群众打成一片，否则就采访不到好新闻。因此，办新闻专业要抓好素质与精神方面的教育，注意培养高素质的优秀人才。校党委书记赵铎虽然没有出席这次会议，但在会前会后多次讲话中，都提到要认真把新闻专业开创好。这次会议，最后敲定成立四川大学新闻专业筹备组，由唐正序、我和吴梦楠三人组成。会后正式下发了校长办公会议纪要，新闻专业筹备工作进一步展开。

为了加快新闻专业筹建工作，学校决定派我到复旦大学新闻系学习进修。从 1980

年8月到1981年7月，我在复旦大学校园又一次重温了美好的大学学习生活。这个学年，在复旦大学新闻系进修的共有12位同学，其中来自高校的5人，来自新闻单位的7人。我被分配在学生一宿舍133室，和我同住一室的有北京国际关系学院、郑州大学和延边大学的3位教师。复旦大学新闻系非常关心进修生的学习和生活。9月6日，由系主任王中教授出面，召开了全体进修生大会。丁淦林、夏鼎铭、董荣华等老师也讲了话，征求大家对进修生活的安排意见。会上决定所有进修同学组成一个大组，推选湖北日报社的老詹和我担任班长。许多重要的教学、科研活动、系上都及时通知我们进修同学参加。

听课，是我在复旦大学进修生活中的重要内容。由于我在四川大学本科学的是汉语言文学专业，到复旦大学后，新闻学专业课程就成了我的主攻目标。两个学期里，我先后听了王中的"新闻理论研究"、董荣华和徐培汀的"新闻学概论"、陆云帆和张骏德的"新闻采访"、夏鼎铭和周胜林的"新闻写作"、叶春华的"报纸编辑"、丁法章的"新闻评论"、宁树藩的"中国新闻史"、舒宗桥的"外国新闻事业"、陈韵昭的"西方新闻学说"等10多门新闻专业主干课程和一些中外新闻界前辈、名家应邀到复旦大学作的讲座。在这些讲课中，使我感受到老师们渊博的知识、严谨的教学和一丝不苟的治学精神，真是使人印象深刻、终身受益！讲新闻采写课的老师更是别出心裁，让我们几位从高校来的进修教师，各自准备一个章节，在课堂上给学生们讲授。我讲的题目是"专访采写艺术"。讲完后，老师和同学们再进行评议，这使我们的进修收获更加实在。

复旦大学校园的学习氛围很浓厚，除周末外，教员阅览室和系资料室每天晚上都开放。我经常泡在教师阅览室里，查阅新闻学资料、做学习笔记及卡片，为回校开课做准备。我还不时到新闻系、中文系资料室浏览各种报刊。每天晚上10点过，当我背着书包，带着获得的新知识、新信息、新资料，踏上回宿舍的林荫道时，迎着扑面吹来的阵阵晚风，内心总有一种充实和收获的喜悦。

1981年6月11日，复旦大学新闻系举行了进修生结业欢送会。王中主任和许多教授亲临会场，发表了热情洋溢的欢送词。我和许多同学畅谈了一年进修的收获，并由衷地感谢复旦老师为我们付出的大量心血。

2. 首批新闻专业学生进四川大学

1981年9月，四川大学新闻专业招收第一届本科生，共30名。从那时到1985年6月新闻系正式成立的四年间，新闻专业共招收了81、83、84级三个年级94名本科生，还招收了新闻干部专科班81、83级学生共94名，总计188人。

学校和中文系领导十分重视新闻专业的教学工作，副校长谢琼亲自到教室听课，鼓励教师精益求精，努力把每堂课教好。副校长许琦之出席同学们的中秋节联谊会，鼓励师生共同努力把四川大学第一个新闻专业本科班办好。系领导杨明照、唐正序、程述章、元国栋也经常关心和过问新闻专业教学情况，给予了许多具体的指导与帮助。系党总支还决定毛建华担任新闻专业首届本科班学生辅导员，我兼任班主任，具体负责全班的日常工作。在班上吴建、张跃宏、曾彤等学生干部的大力支持下，全班坚持班会和班干部会制度，并坚持撰写班志，围绕教学开展了许多丰富多彩的活动，努力培养学生德智体全面发展，还被评为学校先进班级，多次获得学校及共青团市委等有关部门的表扬和奖励。2015 年 9 月 3 日，这个班学生毕业 30 周年之际，有 20 多位已经是各省市新闻单位骨干的同学回到母校，畅谈工作体会，还十分激动地回忆起当年难忘的新闻专业学习生活。

新闻专业创建初期，专业课教师虽然不多，但大家精诚团结、互相支持和帮助，共同努力把教学工作搞好，教学质量不断提高。如主讲“新闻写作课”的张惠仁、“新闻编辑课”的徐怀钰、“新闻理论课”的郑松元、“新闻摄影课”的陈书泉和“中国新闻史”的王绿萍等，都是 20 世纪 60 年代初中国人民大学和复旦大学新闻系毕业的优秀老师。学校又从中国社会科学院新闻研究所毕业的优秀新闻学硕士中，引进了向纯武、郭亚夫、余杰等老师；从本科毕业的优秀学生中留下吴信训等担任教师。这些教师认真负责、一丝不苟的教学态度，热爱学生、诲人不倦的教学精神、丰富渊博的学识和为人师表的品德，受到了学生的一致称赞和好评。他们为四川大学新闻专业的创立与发展，作出了重大贡献。记得当时为了教好一门新课，教研室组织老师们互相听课，每次听完课后立即座谈，彼此诚挚地指出有哪些优点，哪些不足，今后怎么把课讲得更好。任课教师感到收获很大，对提高教学质量产生了很好效果。

从首届新闻专业本科班开始，我们就十分重视在上好新闻专业课的同时，必须同样加强基础课教学，并充分发挥中文系的优势，尤其加强语言文学方面基础课的教学。我们认为，将来的记者既是“专家”，又是“杂家”，文史哲经方面的课程绝不能少。如主讲基础写作课的李保均、主讲现代文学课的钟德慧，主讲现代汉语课的胡培芝、朱茂初，主讲中国近现代史的彭静中等老师，以及其他包括外语、政治、体育等公共课老师，都同样给新闻专业的学生们留下了深刻难忘的印象，使同学们终身受益。他们宽厚的学识面、诲人不倦的作风和敬业精神，受到学生的一致称赞。他们付出的辛勤努力，为新闻专业的健康发展奠定了扎实的基础。为了加强同各门课程授课老师的联系，系上还专门召开了公共课教师座谈会，及时交流教与学两方面的情况，共同努力把教学工作搞好。

为了开拓学生视野、丰富学生知识、加强学生与新闻实践单位的联系，新闻专业创建之初就十分重视举办新闻专题讲座，邀请社会各界知名人士来校给学生讲课。如先后邀请了《四川日报》总编辑许川讲“新闻工作的党性原则”，《成都日报》总编辑凯兵讲“办报的指导思想与新闻来源”，《四川体育报》总编辑汤子良讲“体育新闻采编艺术”，中国社会科学院新闻研究所副所长戴帮讲“新闻学研究与实践”，中国人民大学新闻系教授甘惜分讲“怎样做一名合格的新闻记者”，暨南大学新闻系主任马融讲“新闻理论的若干问题”，著名作家黄宗英讲“怎样采写报告文学”等，并且在讲课后编辑整理了内部资料《新闻讲座汇编》，供同学们学习。1983 年 4 月 4 日至 5 月 5 日，还邀请了中国国际广播电台原国际部主任鹿野来校主讲了“新闻广播学”课；5 月 14 日至 6 月 1 日又邀请复旦大学新闻系教授丁法章来校讲授了“新闻评论学”课。他们的精彩讲授给学生留下了难忘印象，进一步促进了新闻专业教学工作的发展。

在新闻专业首届本科生入学时，学校受中共四川省委宣传部委托，招收了新闻干部专科班学员。这些学员来自新闻工作第一线，有丰富的新闻实践经验。他们的有些课与本科班一起上，这样就加强了学生间的交流，增进了本科生与新闻传媒单位的联系，对于同学之间取长补短、共同进步大有好处。新闻干专班学员经过两年的系统理论学习后，丰富了知识，开阔了视野，提高了理论水平，回到新闻单位后成为新闻传媒的优秀骨干和生力军。

3. 担任四川大学新闻系副主任、主任

1985 年 6 月，学校党委决定正式成立新闻系，任命中文系主任唐正序兼系主任，我任系副主任。当时，新闻专业在中文系所在的文史楼内只有 10 平方米的一间教研室用房，办公条件急需改善，在学校领导的关系和省、市新闻单位的大力支持下，我们自力更生，白手起家，积极设法修建新闻系办公楼。这一年的 12 月 28 日，办公楼终于破土动工，半年之后，即 1986 年 5 月，一座崭新的 4 层楼的 400 多平方米的新闻系办公楼就矗立在了学校东风楼五幢东头。校党委书记饶用虞、副校长隗瀛涛和中共四川省委常委、宣传部部长许川等出席了办公楼落成庆典，勉励大家继续努力，把新闻系办好。在新闻系办公楼大门左侧刻的“新闻系”三个字，还是我们特别邀请《四川日报》的总编辑、著名书法家李半黎先生亲笔题写的。

有了办公楼后，我们在认真抓好日常教学与科研工作的同时，还下工夫开展横向社会联系工作，采取“请进来，走出去”的办法，探索新闻教育的新模式。一方面，我们继续邀请传媒单位的老总、老编辑、老记者和社会各界名流来系讲学；另一方面，积极组织师生到新闻传媒单位进行实践、社会调查和科研工作，认真抓好新闻专业学生的新闻实习教学，密切学校和社会，尤其是和新闻业界的联系。为了使这种“请进来，走出去”的办学模式经常化、制度化、组织化，1986 年 11 月 15 日正式成立了四川大学新闻系咨询委员会。由中共四川省委常委、宣传部长许川任主任委员，《四川日报》总编辑姚志能、新华社四川分社社长鲍春光任副主任委员，省、市一些新闻单位的主要负责人任委员。同时，还相继建立了四川大学新闻系社会实践指导委员会和广告学专业委员会，进一步密切和加强了新闻系各学科与新闻传媒业界的合作。

办好教育，一个优秀的教师团队非常重要。新闻系成立后，我们就花大力气抓师资队伍的建设工作。1985 年 7 月，首届新闻专业本科班毕业后，吴建、曾彤留校担任教师。1987 年前后，蒋晓丽、李杰、黄晓钟、黄成炬、王亚川、杨效宏等一批年轻有为的优秀研究生进入新闻系，成为教师队伍中极富活力的中坚骨干。系上也十分重视教材建设工作，积极鼓励和支持教师著书立说，逐步建立起具有自己特色的教材系统。这几年中，由系上教师编著、国家出版社公开出版的教材陆续问世，有的被兄弟院校新闻专业教学中采用，有的获学校优秀教材奖，产生了良好的社会影响。

新闻系成立后，直属学校领导、学校党委十分重视新闻系的建设和发展。1986 年 6 月，学校党委决定曾繁铭调任新闻系党总支副书记；1988 年 7 月，学校党委决定唐正序不再兼任新闻系主任，新闻系工作由时任副系主任的我负责主持，同时任命吴信训为副系主任。1991 年 6 月，学校党委任命向纯武任党总支副书记，12 月任命曾繁铭任党总支书记。1993 年 9 月，又任命吴建为党总支副书记。一个团结、实干、精干的老中青结合的领导班子逐渐形成，积极开展了各项工作。如加强全面管理，提高工作效率，坚持每周举行干部碰头会，每两周举行全系教职工大会，讨论研究重大问题，落实一周主要工作，每学期开学初写出上学期工作总结和新学期工作计划，经教职工代表讨论通过后打印成册，发给每一位教职工监督执行，从而很好地推动了全系各项工作的进展。1994 年 1 月 21 日，国家教委又批准我校设立广告专业，新闻系广告专业正式建立，并在教学、科研上不断取得丰硕成果。

4. 任四川大学新闻学院首任院长

1995 年 11 月，学校党委决定正式成立新闻学院，任命我为首任院长，吴信训任副院长，曾繁铭任党总支书记，吴建任副书记。学院成立后，进一步坚持和深化了“请进来，走出去”的办学模式，正式成立了新闻学院咨询委员会。省委常委、宣传部长席义方任主任委员。在省、市新闻传媒单位大力支持下，学院举办的新闻函授、新闻自考和新闻研究生课程进修班的教学工作，得到了很大的发展，既为新闻传媒单位培养了在职从业人员，又密切了学校与新闻传媒单位的关系，提高了新闻学院的社会影响，推动了新闻教学和科研工作的发展。继 1993 年由我为第三署名的《实行教学科研与社会实践相结合，探索文科教学改革新路径》荣获国家优秀教学成果一等奖后，凝聚着学院教师共同智慧、以我为第一署名的又一项目《开创密切联系社会新思路、探索培养新闻人才新模式》在 1997 年又荣获国家优秀教学成果二等奖。这些都反映了新闻学院的教学改革不断迈上新台阶。

学院在这一时期进一步加强了师资队伍建设，一方面，从高校优秀毕业生中选留了李少军、姜英、夏泽友、李宜蓬、彭虹、丁吾、曹邑、黄海荣、万征、段弘等作青年教师；另一方面，又从兄弟院校教师队伍中引进了周啸天、董天策等优秀人才，师资力量进一步增强。1995 年 12 月，国家教委正式批准四川大学增设广播电视新闻专业。新闻学院就一共有了新闻学、广告学、广播电视新闻三个专业，教学科研领域也有了新的拓展。同年 7 月，学院承办了全国高校新闻学院院长、系主任会议，教育部高教司有关负责人出席会议，交流了各高校新闻教育改革的经验，进一步推动了全国新闻教育事业的发展。十几年来，一大批新闻专业本、专科毕业生和研究生走进新闻传媒单位，在新闻采写编摄和经营管理等岗位上发挥生力军的作用，成为新闻传媒单位的骨干。

新闻教育的实践，使我们深刻地认识到，新闻教学工作离不开新闻研究，二者结合，相辅相成，才能更好地促进新闻传播教育事业的发展。在四川大学新闻传播教育从新闻专业，到新闻系，再到新闻学院的发展历程中，始终高度重视新闻传播研究工作，采取多种形式和方法，花大力气促进学科科研工作的发展。例如，在新闻系创建初期，我们积极主动地争取学校文科学报和出版社的大力支持，编辑出版了 6 期《新闻学论丛》，发表本系教师学术研究论文近 200 篇；编辑出版了 2 期《大众传播研究》，发表本系教师论文 40 篇。这些既推动了教师结合教学开展学术研究，促进了教学质量的提高；又活跃了学术空气，有利于不断提高教师学术水平和参与新闻学术研究工作的积极性。新闻学院成立后，学院教师与传媒单位采编人员紧密合作，团结攻关，经过几年的艰苦努力，终于在 1998 年 4 月，成功出版以四川大学新闻学院为主编单位的 430 余万字的《新闻传播百科全书》，该书荣获四川省人民政府哲学社会科学研究优秀成果二等奖。这充分说明，新闻教学、新闻实践和新闻研究紧密结合起来，就能够产生可喜的学术成果，就能对新闻传播教育的发展产生积极促进作用。

5. 招收并指导文化与传媒方向博士生

1998 年 8 月，学校新一届领导班子决定成立文学与新闻学院。根据干部年轻化原则，我不再担任院长，由曹顺庆任文学与新闻学院院长，毛建华、熊兰先后任党委书记，吴信训、吴建先后任分管新闻传播学科的副院长。按学院决定，我先后担任新闻研究所所长和报业发展研究中心主任，集中精力搞新闻教学和学术研究工作。1999 年 6 月，学校学位委员会批准我为博士生导师。2000 年 9 月，我担任指导教师的文艺学专业文化与传媒方向首届 6 名博士生入学。这之后，李杰、蒋晓丽、欧阳宏生、蔡尚伟、黎风、朱天、操慧等教授相继被遴选为博士生导师。几年来，我先后招收“文化与传媒方向”博士生 20 余名。令人感到非常高兴的是，这批博士生大多已经毕业并取得博士学位，在各自岗位上发挥着更加重要的骨干、带头作用。其中，蔡尚伟博士 2004 年被遴选为博士生导师，开始招收博士生；蔡敏和严功军两位博士，分别被任命为重庆工商大学文学与新闻学院院长和四川外国语大学新闻传播学院院长；陈华明被任命为四川大学学科建设办公室副主任，操慧被评为四川省高教系统优秀共产党员并于 2014 年被遴选为博士生导师。

文学与新闻学院成立后，新闻传播学科的学术水平又不断迈上新台阶。教学科研工作发展迅速，新闻学本科招生规模进一步扩大，在新闻系原有的三个专业基础上，新增加了编辑出版专业，并新成立了广告系、广播电视系。硕士研究生每年招生数量增幅很大，由原有的一个新闻学硕士授权点，新增为新闻学、传播学两个硕士授权点。尤其是在 2006 年 12 月经国务院学位委员会批准获得了新闻学博士授权点，继而又在 2011 年荣获新闻学一级学科博士授予权，2012 年获批设立博士后流动站，使中国西部新闻传播教育在研究生培养层次上取得了零的突破。欧阳宏生、黎风、张小元、李苓、肖薇、杨晓明、蒋荣昌、曹峻冰、侯洪等相继加入师资团队，极大地增强了学科在广播电视新闻、电影电视艺术、新闻、广告以及编辑出版学等领域的教学科研实力，操慧、吴琳、陈雪奇等一大批富有活力的博士补充到教师行列，成为教师队伍中极有发展前途的新生力量。同时，学院进一步坚持举办周末新闻传播学术讲座，更多地邀请了全国各高校知名教授、专家来讲学，大大开阔了学生的视野，密切了与全国兄弟院系及学界、业界的联系。正是在学院领导和师生们的共同努力下，进一步开创了学校与社会及传媒单位合作发展的新途径，教学、科研、社会横向联系等各项工作发展势头很好。2013 年文学与新闻学院在四川大学江安新校区新建文科楼的办公设备硬件包括 500 平方米的广播电视演播厅和近 300 平方米的实验室投入使用，进一步改善了新闻传播教育的教学设备条件，为新闻传播教育再创新台阶提供了很好的保障。尤其令人兴奋的是，2014 年年初，中共四川省委宣传部和四川大学签署了共建新闻学院的协议，成立了共建院务委员会，并商议和实施了一系列发展新闻传播教育的新措施，为四川大学新闻传播教育的发展开辟了更加广阔的天地。

6. 新闻教育永无止境

2007 年 2 月，我从在职岗位上正式退休后，学院返聘我继续担任博士生指导工作，参加一些博士生招生、毕业论文答辩以及学科建设和发展的相关事务。这无疑给自己提供了一个继续努力学习与提高的极好机会。2008 年 1 月，中国高校新闻教育学会聘任我为该会特邀理事，并邀请我先后出席了 2008 年 11 月在湖南长沙、2009 年 8 月在内蒙古呼和浩特、2010 年 12 月在重庆和 2011 年 11 月在山东青岛举行的连续几届学会理事会。在这些会议上，我得以与新闻教育界许多老朋友重聚，并结识了全国高校新闻院系的许多新朋友，从而学习和了解了许多新闻传播教育方面的新情况、新经验和新问题，增长了见识，开阔了视野，对进一步进行新闻教育和新闻学术研究都大有好处。

2002 年 12 月 12 日，在中共四川省委宣传部、四川省新闻学会和四川大学文学与新闻学院的大力支持下，四川省新闻教育学会在四川大学成立。学会聘任原省委宣传部常务副部长杜江任名誉会长，推选我任会长。学会每年坚持举行一次学术年会，围绕新闻教育如何提高教学质量、怎样搞好教材建设、新闻教育工作如何创新、新闻教育怎样加强理论与实践结合等专题，深入开展讨论，交流了课程设置、教学设备管理、师资培养和科学研究方面的做法和经验，并在省内高校新闻院系间开展参观、访问和学术交流活动，共商加强院系合作，发展新闻教育的良策，还进行了优秀论文评选与合作编写专著等工作。学会还连续举办了三届川渝新闻传播教育发展研讨会，并于 2015 年 10 月编辑出版了《川渝新闻传播教育 35 年》一书。学会的这些工作与活动，的确给我与同行们开拓了更广阔、更近便的学习与交流空间，深感受益良多。

2008 年 9 月 22 日，四川省老教授协会新闻与传播专业委员会在四川大学成立，由原四川日报社社长汪兴高和我共同担任专委会主任。成立 5 年来，专委会成员先后到西南民族大学文学与新闻学院、西南财经大学人文与通识教育学院、成都大学文学与新闻学院、成都理工大学广播影视学院、四川师范大学电影电视学院、四川职业技术学院和天府早报、四川经济日报社、厂长经理日报社、晚霞报社以及康巴卫视、成都市双流新闻中心等高校及新闻传媒单位调研，总结和交流了他们办学与办报办台的经验，提出了如何进一步深化新闻教育改革和办好报纸、办好电视的建议与意见。专委会还与中共四川省委党校、乐山日报社等有关单位合作，举办了新闻传播理论知识与业务培训班，进一步发挥了老教授、老新闻工作者在培养新闻人才方面的独特优势和作用；也为老同志们提供了再学习、再提高的大好机会。2014 年 12 月，我荣获中国老教授协会评选的“开拓进取 为人师表 先进个人奖”。

7. 新闻传播教育发展“五要素”

回顾四川大学新闻传播教育三十多年发展历程，我们有许多深切的体会，其中最重要的是新闻传播教育发展离不开“五要素”。第一就是党的改革开放的英明决策，这为我们整个国家的新闻传播教育发展指明了方向。改革开放政策可以说是新闻传播教育发展的根本保证。1983 年，中共中央宣传部和教育部在北京召开新闻教育工作者座谈会，我作为四川大学新闻专业的代表有幸参加了这次会议。当时参加的院系并不多，除了中国人民大学、复旦大学、北京广播学院之外，还有就是改革开放之后新建的几个大学的新闻专业，我们这些代表还受到了当时宣传部部长邓力群的接见。正是在这个会议上明确提出了要在全国大力发展新闻教育，至少要做到一个省有一个新闻系，而且制定了新闻传播教育发展的规划，以适应国家不断增长的对新闻传播人才的需求。1984 年，我又去北京参加了中国新闻教育学会成立大会，中央领导同志胡乔木、邓力群在中南海接见了全体与会代表，会上选举了老新闻教育家温济泽为会长。这两次大会上的许多决定对推动新闻教育的进一步发展有着不一样的意义。1994 年 6 月，中宣部又在呼和浩特召开新闻教育座谈会，总结新闻教育发展情况，探讨解决新形势下新闻教育的新问题，也进一步强调了新闻传播教育要不断地改革。这说明了中央很重视新闻教育，也正因为中央的重视与改革开放的政策，才使全国的新闻传播教育逐渐发展起来了。

第二就是各级领导的大力支持。从四川大学的新闻传播教育来看，就得到了省委常委宣传部部长许川同志的支持。他当过《四川日报》的总编辑，因此非常重视新闻教育。他多次亲自来学校给同学们讲新闻工作，比如他到欧洲去了之后，就回来跟同学们讲访欧散记；而当有重大政策出台，他又会讲党的新闻工作的政策，每一次来讲他都受到同学们的热烈欢迎。他还很重视新闻系的发展，抽时间参加我们同学的座谈会，比如新闻干部专科班的毕业典礼他就参加了，并且还在会上明确提出来，希望次年（也就是 1985 年）四川大学以新闻系的名义招生。此外，在成立新闻系之后，他担任了新闻咨询委员会的主任，并且在四川大学主持召开省、市主要新闻单位负责人的座谈会，研究怎样办好新闻系，怎样搞好新闻系学生的实习和就业问题等，在现场就很好落实。另外，学校领导对我们的支持也很重要。比如当时的两届校党委书记赵铎和饶用虞都非常重视和支持，很关心新闻系的发展状况，乐于听取新闻系的汇报。我记得有一次饶书记骑个自行车在绿阳村的路上与我相遇，她还关心地问到新闻系办公楼的建设情况，我把新闻系办公楼的设计图给她看，一楼设备室、二楼办公室、三楼资料室、四楼教室和会议室，她看了之后也感到很高兴，还亲自说了“抓紧搞”！

第三是团结、勤奋、实干的领导班子。班子成员除了自己要有丰厚的专业知识、学术功底和教学科研成果外，特别要有一种奉献和敬业的品德，要善于团结和带领广大教师为实现学科的不断进步努力奋斗。为了发展新闻传播学科，要不惜牺牲自己的一些个人利益和时间，为许多大事、小事辛勤奔波，为克服一个又一个困难努力拼搏。如此才能率领自己的团队在激烈的竞争中赢得成功，使新闻教育不断登上新台阶。班子成员和学术带头人要充分发挥在各项工作中的带头作用，始终坚持和发扬团结合作精神。行政带头人与学术带头人之间，正职与副职之间，带头人与一般教师之间，都要坚持以团结为重。以大局为重，以发展为重，相互支持，相互关心，相互爱护。只有这样，才能使广大教师心情舒畅，充分调动团队的积极性，把教学、科研等各项工作做好。

第四是需要一个不断成长发展的老、中、青师资队伍。简单来讲，就是要重视师资队伍的合理衔接，重视继续发挥老教师的作用，充分调动他们的积极性，让他们在传、帮、带中把多年积累的知识和经验传给年轻一代；同时也要热情关心青年教师，细致地解决他们生活、学习中的困难，创造条件让他们在教学、科研上大步前进。教师队伍建设过程中很容易出现“两头大、中间小”的现象，要加强和加速对中青年教师的培养，动员他们出国深造，促使他们勇于挑重任。

第五是需要新闻传媒界及社会各界的支持与帮助。新闻界对四川大学新闻传播教育的发展是非常重要的，比如四川日报社，成都日报社，省、市广播电视台等，我们就经常有学生去实习，它们的编辑和记者也经常过来讲课。此外，社会企业界的支持也都不可或缺，我们也成立了产学研的教学结构，这就少不了企业家的支持。

回顾四川大学新闻传播教育30多年的历程，喜看当前全国新闻传播教育大好形势，我们可以深信，四川大学新闻传播教育的明天和全国高校新闻传播教育一样，将更加灿烂辉煌！

（撰稿人　骆世查）

6.2.8　童兵与复旦大学新闻传播教育

童兵，1942年11月26日生于浙江绍兴。在上海中学度过六年中学生活，曾任学生会主席，于1963年中学毕业后，进入复旦大学新闻系学习，1968年本科毕业。1978年考入北京大学中文系研究生，不久又随新闻专业迁往中国人民大学。1981年6月在中国人民大学获得硕士学位，留校任教。1984年开始攻读博士学位，1988年成为中国自己培养的第一个新闻学博士。1990年晋升为教授。1993年起享受国务院特殊津贴。1993年起担任博士生导师。2000年被聘为国家教育部人文社会科学重点研究基地中国人民大学新闻与社会发展研究中心主任。2001年调入复旦大学，现为复旦大学文科资深教授、博士生导师，志德书院院长，复旦大学新闻学院学术委员会主任，复旦大学新闻传播学博士后流动站站长，新闻传播与媒介化社会研究国家哲学社会科学创新基地主任。2003年被国务院学位委员会聘为第五届学科评议组成员，担任新闻传播学学科评议组召集人。同年6月起担任全国博士后管理委员会第五至第七届专家组成员。

主讲“新闻传播学理论”、“马克思主义新闻思想研究”、“马克思主义新闻原著选读”、“中西新闻传播比较”、“大众传播与中国社会”等课程。出版著作、教材、辞书共31部，其中著有《马克思主义新闻思想史稿》、《马克思主义新闻经典教程》、《理论新闻传播学导论》、《新闻理论》、《比较新闻传播学》、《中西新闻比较论纲》、《主体与喉舌——共和国新闻传播轨迹审视》、《新闻传播学名家自选本——新闻科学：观察与思考》等，主编《新闻传播学大辞典》、《中国监督学大辞典·社会监督卷》、《企业报理论与实践》、《新闻传播学学科综合水平全国统一考试大纲及指南》等，合作著有《20世纪中国新闻学与传播学·理论新闻学卷》、《新闻理论教程》、《新闻理论简明教程》、《新闻事业概论》等；发表学术论文500余篇；主持并完成国家教委“七五”课题“马克思主义新闻学理论研究”、国家社会科学研究基金“八五”课题“中西新闻比较研究”、国家教委“九五”课题“中西新闻理论与方法的比较研究”、教育部“新闻学与传播学科‘十五’研究规划及课题指南”、教育部“十五”重大课题“中国新闻传媒舆论监督历史使命及操作机制研究”、211工程二期中国传媒体制改革研究课题、985工程二期国家重点研究基地课题、复旦大学课题“新闻舆论导向与公民环境意识”等研究课题。现主持国家社科重大课题“坚持马克思主义新闻观与完善舆论引导格局研究”、国家重点课题“新形势下我国舆论引导能力建设的现状及对策”、国家社科委托课题“马克思主义新闻理论体系研究”。

1991年被国务院学位委员会和国家教委表彰为“作出突出贡献的中国博士学位获得者”。《新闻事业概论》1988年被评为全国优秀教育图书三等奖。《新闻理论教程》1993年被评为国家优秀教育图书二等奖。1999年被教育部电化教育办公室表彰为全国广播电视大学优秀主讲教师。2000年《中西新闻比较论纲》获北京市第六届哲学社会科学优秀成果二等奖。2000年获中国人民大学指导优秀博士论文奖。2003年获国务院学位委员会指导全国百篇优秀博士论文奖和中国人民大学指导优秀博士论文奖。2004年9月获上海市第七届哲学社会科学优秀成果三等奖和第十三届上海新闻三等奖。2005年获上海市社会科学界学术年会优秀论文奖。2007年获第五届吴玉章人文社会科学优秀奖。2008年获第六届上海新闻论文将二等奖。2009年评为复旦大学教学名师，主讲课程“马克思主义新闻思想”被评为上海市精品课程。2010年主讲课程“马克思主义新闻思想”被评为国家级精品课程。

教书育人，给学生上课、上好课，总是排在童兵教授日程表上最重要的事。虽已年过七旬，却依旧每学期给本科生授课，将毕生的研究心得结合最前沿的时事观察，给那些90后的学子们以智慧的启迪，也因如此，他以一颗赤子之心，与人相处，给人授课，把一门令人生畏的“马克思主义新闻思想史”，上成了“童趣横生”的国家级精品课，成为复旦学子最爱蹭的课之一。“这是学者的良心”，每每在国内外各类学术论坛上，他一番番“童言无忌”的发言让朋友、家人、学生替他担心时，童兵总是以这句话作为回应，学术何为？他用自己的行动作出了回应：用学者的良知与良心为中国的新闻改革鼓与呼，为媒介增权呐与喊，为学科建设奔与走，从初入学界时的“后生可畏”，到如今的学界权威，几十年来他的名字与中国新闻事业的发展与改革始终紧密相连，不仅作为一名见证者，更作为一名亲历者与推动者。“兼收并蓄方能成大家之言”，这是童兵的治学之道，3 年时间通读 50 卷《马克思恩格斯全集》，古稀之年坚持笔耕不辍，从经典的“马克思恩格斯新闻思想”到前沿的传媒与舆情调查，从新闻传播学的学科建设的基础性工作到中西新闻理论研究的系统比较，他皓首穷经却又不墨守成规，童心治学；从经典切入，却始终关注前沿，以一个学者的智慧，为新闻这门实践之学提供系统的理论支撑。在对新闻学理论进行正本清源的同时，以一个学者的良知为波澜曲折的新闻实践提供学理支撑。

新中国第一位新闻学博士、“填补了马克思主义学说与新闻学研究空白”的学者、培养了 50 余位博士的新闻学博导、复旦校园里人见人爱的“童爷爷”……这些都是童兵教授的“标签”，但又不足以概括他的全部，谈起自己的学术生涯、记者生涯、教师生涯，他说能做好这些事，做好这些角色，只是因为“我没有浪费过一天的时间”。

1. “课比天大”

“课比天大”，这是童兵挂在嘴边的一句话，他每天就像一台不停运转的精密仪器，刻度表上是学校、科研、学生、会议四大指向，而学生无疑是位于最中间的那个核心。作为一名教师，教学几乎是童兵生活的绝对主角：给本科生上课，给志德书院的“90 后”新生们做讲座，指导硕士生和博士生进行科研，面向全校开公开课……在他满满的日程安排表上，上课是绝对的高频词，而谈起这个职业，童兵却依旧热情满满：“学生众多，这是我这辈子最大的成就，从来没有感觉到辛苦，只是觉得幸福。”

在给新闻学院本科生入学的第一课上，他在课堂上做调查：来自城市与农村的学生的比例？来自西部地区的学生有多少？……回到办公室，他忧心忡忡，整个新闻学院新生，真正来自农村的学生才 9 个，这情况太不正常了，中东部地区与西部地区的生源比例也是极不平衡……作为一名教师，他对教育公平化忧虑日增。

“新闻媒体对学生的吸引力已越来越小了，这个现象令人担忧。”童兵谈起这个话题，语气沉重，他最近三年指导过的硕士生，只有一人去了《解放日报》就业，学新闻的最后做新闻的越来越少，为此，他专门撰文呼吁：“我们当初学新闻，选择这个职业，几乎每一个人都是有家国情怀的，而这种家国情怀不仅成为这个职业的精神指向，也影响了我后来的学术旨趣，但现在新闻学成了一门显学，新闻学院或新闻系越设越多，但这种家国情怀、新闻理想却变得越来越稀少，这一点要引起重视与反思。”童兵认为，新闻媒体要吸引更多的优秀学子，才能在技术变革的当下，担当起国家、社会的“瞭望者”。

虽已年届 70，但童兵却甘愿作“90 后”本科生的“保姆”，担任了复旦志德书院的院长，给这些“90 后”的孩子开讲座时，他从当前中国的基尼系数讲起，从民生多艰谈到年轻人当自立自强。“这些都是极其聪明的孩子，很多几乎是怀着朝圣的心情走进复旦校园的，要做好每一件事、上好每一次课，不能让这些孩子失望。”这是他作为院长对自己的要求，也是对书院其他老师的要求。中秋节，他给书院的学子们写信，为改善书院的条件，他动用自己的人脉关系寻求各种社会资源的支持。

走在校园里，一声声“童爷爷”就是对他最好的尊称与爱称。“他们叫我童爷爷，我挺高兴的。和年轻人在一起，你永远不会觉得自己老。”这是童兵觉得做教师最大的回报。而他所不知道的是，这一声“童爷爷”背后，不仅是对他作为学院最年长老师的尊称，更是对他“童趣横生”的个人风格的爱称。灿烂的笑、轻快的步子、风趣的语言、敏捷的思维，听“童爷爷”在课堂上，讲他在《锦铁消息报》艰苦的新闻实践、讲转型期中国当下的复杂社会问题、剖析马克思主义新闻思想的真正价值，成为学子们最爱议论的话题。

在新闻学院博士后流动站里，他逐字逐句地修改研究人员递交上来的报告，不厌其烦地修改核对一个个调查数据，鼓励学子们要大胆创新，研究要有大格局。在他眼里，一名优秀的新闻学的学术研究者，应具备三个特点，即要有家国情怀，要有新闻实践，还要有新闻理想，而现在这样的人越来越少，这是他对这门显学每年看似“人才济济”，实则前景堪忧的原因。“他很优秀，但我希望他两年后还是回兰州大学，西部地区培养一个人才不容易，兰州大学更需要他。”他指着站里的一位博士后反复地说。

“在我的毕业典礼上，童老师和我家人的合影笑得如此灿烂，我不禁想：缺席的父亲若是在此时，大约也是这样开心吧。师恩如父，原来说的是这样的一种感觉。”这是复旦大学新闻学院 2009 级博士毕业生蒋为民在自己博客中写下的一段话，她笔下的“师恩如父”的感觉，几乎每一位童门子弟都能切身感受到。

和天下所有宅心仁厚的好老师一样，童兵之于他的学生也是亦师亦父，对每一个指导的学生，他要求严格但又常常将批评的皮鞭“高高举起轻轻落下”，让年轻人在宽松而自由的环境里成长、成熟。他相信身教胜于言传，因此，他恪守与人为善、严于律己的信条。八点的课，他七点半就到教室，用这半个小时和学生们交流；学生递交的论文，三天后他肯定给予回复，各种修改与完善写满纸页；兄弟院校、业界媒体有事相求，有空他一定答应，尽心尽力且从不爽约，即便把所有的休息日全都搭进去也无怨言。

他以童真待人，在亦师亦友亦父的多重角色中，诠释出一位名师的风格。

2. “这是学者的良心”

“学术研究没有禁区，课堂讨论无需禁忌。研究要有问题意识，要大胆阐述，从前沿的理论去把握。”作为新中国的第一个新闻学博士，童兵的学术生涯开始于20世纪70年代，而问题意识是贯穿他30多年学术经历的核心词汇。1985年，作为一名在新闻学界“初出茅庐”的学界后生，童兵在《新闻学刊》创刊号上发表了一篇题为《从哥达纲领批判看马恩的舆论监督思想》，在当时学术氛围中，有人指责这篇文章是“借死人骂活人”。但已通读过50卷马恩全集的童兵明白自己文章所依据的事实和史料是可靠的，权威专家对自己文章中所持的观点也是赞同的，所以虽氛围一度紧张，还是坚持自己的观点。

因为有了这种切身经历，童兵更注重培养学生们的独立思考能力，鼓励年轻学者的创新研究，以“童言无忌”为学界研究与业界改革创造良好的舆论氛围。现任北京外国语大学教授的展江，是童兵的博士开门弟子，如今也是他的忘年之交。在童老师看来，展江教授是一个很有创新思维并且很勇敢的人，具备理论的胆略和不怕任何困难往前直走的勇气。

展江每年主持召开的中国新闻舆论监督年会，童兵总是最积极的响应者；针对展江在各类学术会议上一些“标新立异”学术观点的争议，童兵总是客观中立的评价者。“对有个性、有独立见解的年轻学者，要鼓励他们往前走，要给他们加油，给他们动力，而不是压力与围剿。中国需要更多这样的年轻学者。”

“经典不是标签化的古董，而应与时俱进，经典要力争时代化、大众化、中国化，包括马克思主义新闻思想，也是如此。”正是秉持着这样的治学理念，他既在30年前就捧出自己的经典之作《马克思主义新闻思想史稿》这样一本“填补了马克思主义学说与新闻学研究空白”的巨著，也能在当下的21世纪，将一门“马克思主义新闻观”的课讲得鲜活生动，吸引年轻的学子们坐在课堂里，静心听他分析“为什么马克思是对”的。“通读经典而不固步自封，熟悉理论又关照当下，新闻学研究者，要坐在书斋，又心系天下。”这是童兵对自己的要求，也是他的经验。迄今他还保持着每天阅报两小时的习惯，微信、微博等自媒体一个不落地全装在手机里。

“与经济体制改革相比，中国政治体制改革近十年来几乎停步不前甚至有所倒退，中国新闻体制改革的步子需更大一些，应该给媒介增权。通过制度的顶层设计，以最小的成本推动改革，中国才有大希望。”“人权不是一个敏感词，宪政也不是一个敏感词，新闻界首先要把这些词‘脱敏’出来，从理论、概念上做一些普及作用。要正视转型期中国出现的社会阶层分化和利益格局多元化，新闻媒体不应该回避矛盾，而是正视并报道这些矛盾，并推动矛盾的解决。”“就当前西方媒介而言，我认为它有三点值得我们学习。一是体制，中国新闻改革进行了 20 多年，但成效不大，主要就是一个体制问题。西方的体制是值得我们学习的。二是西方对权利的尊重，尤其是对公民权利的尊重，如知情权、参与权、舆论监督权等，在西方几乎不成为问题。三是西方高度张扬媒体的个性，而我们往往把媒体都弄成一个样。”坐在面前的童兵，依旧对当下自己关注的学术热点侃侃而谈。近年来在不同场合，或以会议发言的形式，或以文字书写的方式，或与其他学者对谈的形式，发表的学术观点，很多都显得犀利肯綮，让关心他的朋友、家人、学生感到担忧，但他却不以为然。在他眼里，一位学者的良心，就是从内心出发，以独立思考与扎实研究为前提，为这个学科、为中国发展、为新闻业界改革提供有益的建言。

“童言无忌”式的学术研究取向，也给童兵丰厚的学术回报。作为传媒与舆情调查中心主任，童兵和中心同事自 2006 年以来共进行了 150 余次调查，“知无不言，言无不尽”的多数调查报告上报中办、中宣部、教育部及上海市委，受到重视并获得表扬，调查中心连续 5 年被评为上海市舆情工作先进单位，连续 5 年被评为中宣部舆情工作先进单位。其中，接受中宣部舆情局委托，完成舆论引导、主流价值观、突发公共事件、非马克思主义意识形态等 10 余件咨询报告，这些报告均受到重视并获得肯定。

3. “我是脚踩两只船，取的是兼容并蓄”

作为新中国自己培养的第一个新闻学博士，童兵的求学、治学经历横贯南北，融通了人大与复旦的两种传统，而当问起他的学术传承时，他回答说，他吸取了以甘惜分老师为代表的“京派”的学术所长，又在本科阶段就打下了以王中老师为代表的“海派”学术传统的基础，“我是脚踩两只船，取的是南北两派的所长，兼容并蓄而略有成就”。

“甘老离政治近一些，但他又时刻保持警觉，避免泛政治化；王中老师离政治远些，但离市场、离世界近一些。我认为这两派各有特点，各有所长，但并不显得泾渭分明，我在复旦大学新闻学院接受本科教育，又在中国人民大学新闻学院师从甘惜分老师，这两派对我都有影响，我自认为自己是脚踩两头，各取所长。”而在谈到自己漫长的学术生涯中，如何时刻保持兼容并蓄时，童兵认为这一点甘老对他的影响非常大，“尤其是甘老晚年，因为他对中国共产党党史非常熟悉，又有延安的切身经历，所以他在晚年对新中国历史有深刻的反思，甘老离马克思主义很近，这是人大、北京的特点，但这种近，不是泛政治化，而是在情感认同之后客观全面的认识”。但他同时认为，复旦大学新闻学院自王中老师开始，就离世界很近，这既是上海的特点，也是复旦大学新闻学院视野开阔的原因，这些都应保持下去。

“学术传承，首先是要传承南北两派大家那些深刻思考过的、闪耀着真理光芒的学术论点，近年来我就时时把王中老师的一些旧作拿出来重读，譬如他的《论新闻》这样的文章，透彻地辨析了新闻与宣传的异同，处处给我以启发。譬如甘老晚年对陆定一、张闻天等人的新闻思想研究更新得很全面，就值得我长久思考。”在童兵看来，学术的传承首先要懂得经典的价值，其次是在不同学术流派之间取长补短，进而实现学术创新。“创新的途径有两个，一是通过了解西方新闻学，来反观南北这两位大家的新闻学论点，发现其中的共性，也发现差异性，这样的客观比较有了共同的参照物后会形成吐故纳新的角度；二是要认识这两位学术前辈都是生活在‘前信息时代’，而我们这些后学者，能在第一时间接触到最前沿的信息，同时切实感受到技术革命给新闻媒体带来的强大冲击，因此，创新就要紧跟时代的变化。”

在童兵漫长而活跃的新闻理论研究生涯中，见证了中国新闻事业的历次重大转折，而且参与了中国新闻事业的改革，“作为一个见证者，我有责任将自己所经历的通过理论的思考呈现出来，作为一个参与者，我感到很荣幸能为中国新闻事业的改革贡献出自己微薄的力量”。在童兵看来，中国新闻事业的发展与中国新闻理论的变迁，这两者之间是同步的。作为新闻理论研究者，他一直关注着新闻一线的变化、变革，现在还保持着每天两个小时的阅报时间，随时随地通过微信、微博这样的自媒体来接收最新信息。而对于当下多元的媒介化社会，他既表现出对于新技术给新闻业带来的变化感到惊喜，同时也对互联网时代传统媒体的转型感到担忧：“我们的媒体理应办得更好一些，对新技术与新媒体的认识理应更客观更全面，但现在的情况却恰恰相反，新技术让更多的知识分子变成了知道分子，没有前瞻性的理论指引的实践，注定是浅表化、短期化的实践。”

虽有担忧，但童兵却并不悲观，因为在他看来，学术的精义就在于继承与创新，他就是以此为训，而在学术道路上不断行进的，正如他对于自己的博士生的要求一样，在他看来，虽然新闻学成为一门显学后，每年报考他博士研究生的人数逐年上升，但他坚持认为，导师应该对博士（生）有清晰而一贯的认知，即它不应是一份职业或地位的等价物，而是人生的一种追求，博士就意味着你要成为这样一种人：饱读经书，人格独立，坚持独立思考，有理论的胆略，恪守学术底线。这是他一辈子的追求，也是对所有门生的要求。

也正是这种“兼容并蓄”的学术经历，使童兵更追求自由而包容的学术研究氛围。“观点不同很正常，包容是前提；学术争鸣很可贵，年轻人要创新。”这是他常挂在嘴边的两句话，而他自己也自嘲是“童言无忌”，与那些出言谨慎、求稳求正确的学术大腕和泰斗不同，他更追求在自由包容的氛围中，阐述“我思我想”。

4. “我的人文关怀就是在底层形成的”

“我的人生注定与新闻两字不可分割。”回忆起自己的往昔经历，虽说坎坷异常，但在童兵看来却都是人生的财富，“我的人文关怀都是在多年的艰苦底层经历中形成的，不仅如此，就是我写作的文风也是在基层工作时形成的，至今依旧保持着”。1963 年由上海中学入读复旦大学新闻学院，1968 年毕业后他先是去了内蒙古某骑兵部队养军马。从江南水乡到塞外草原，恶劣艰苦的环境中，一天的体力劳动下来，这个瘦弱的知识青年却又开始在自制的油灯下苦读到深夜，周而复始，一年下来，他成为全师活学活用毛泽东著作标兵。隔年，他又成为锦州铁路局郑家屯铁路分局的一名养路工。一身破棉衣，腰间扎一根铁丝；一把镐头几十斤，一天要举 1200 多次；一锅黄豆加咸菜吃一周。之后，随着童兵的名字经常出现在报纸上，他被调到《锦铁消息报》，当了一名记者。

“在基层当记者，听到的是群众鲜活的语言；给通讯员上课，备课时考虑的是如何让这些基层写作者听得明白。所以从那时候起，我就养成了平实质朴的写作、讲话风格，至今我还是喜欢这样的风格。”而底层的艰苦生活给童兵带来的一辈子财富是深入血液的“底层关怀”。“以人民为中心，我打心眼里拥护中央的这个决定，我从事新闻工作这么多年，一直认为我们的新闻为人民服务得少了，而不是多了。”即便是离开了新闻一线工作，出差去开会、讲课，每到一地，他最爱逛的是两个地方，一是菜市场，二是百货商场，既不为买菜也不为购物，他就是想看看当地百姓的生活水平与精神状态，读报最关心两个指数，一是基尼系数，二是恩格尔系数，因为这两个数据跟贫富差距、百姓生活水平密切相关。

十年《锦铁消息报》的锻炼，让他至今心怀感激：“有了这十年的记者经历，让我在后来的教学生涯中，时时有一个‘准记者’的形象存在心底，那些心怀记者梦的同学坐到我课堂里，我可以用这个‘准记者’的形象去对照，让他更快地明白要成为一名记者，该如何读书、如何待人、如何写作；而我自己写文章，也时时以‘准记者’要求自己，落笔时就想着文章的‘读者’感受。”

生活的艰苦在童兵的回忆中却成了经历的一种，每月三两豆油、半斤猪肉、30 斤粗粮，这些都不算什么，只要沿着铁路一线采访过去，一路上那些“情深意长”的通讯员们肯定会拿出米面、馒头好好地犒劳一下“童记者”。这种记者与通讯员之间的深厚情谊，开门办报、群众办报的力量，他至今还觉得是一大财富。但令他难以忍受的却是当时“小报抄大报，大报抄梁效”的办报路子，没有创新、只有重复，他决定离开这种浪费生命的环境，复习考研。1978 考研的那年，他和妻子及刚一岁的孩子挤在一间七平方米的小屋里，每天晚饭后，妻子只能抱着孩子出去串门，留两个小时给他备考。买不到什么参考书，只能凭本科时的课堂笔记，但即便如此，他还是在当年 300 多名考生中以第一的成绩，回到了阔别10年的校园，入读中国人民大学新闻系（起初在北京大学中文系新闻专业），师从甘惜分老师，从硕士到博士，从此走上了学术研究的道路。

童兵的苦读在人大已然成为一种“传说”，中国人民大学新闻学院资料室的许多书童兵都翻阅过。不仅把马克思恩格斯全集通读一遍，甚至是马克思夫人、女儿、女婿的传记也全读过；每天带两个火烧去首都图书馆，连续半年不到闭馆不出来……而这样的苦读，也让童兵能够交出一份硕果累累的成绩单：1986年至1990年童兵迎来了著作高产期：出了11本书，发表了数百篇新闻理论文章，总计近300万字。他的代表作之一：30万字的博士毕业论文《马克思主义新闻思想史稿》就是在这几年写就的。

“现在很多学生在课堂上，不记笔记，觉得重要的就举起手机拍个照，我觉得这种学习方法不可取。要想学有所长，硬功夫还应下得早、下得深。”童兵觉得自己多年来之所以能够一直保持着旺盛而活跃的学术探索，工夫都是在年轻时下的。“我在复旦本科时上林帆老师的新闻业务课，把林老师的课堂笔记全部用针线装订成册，后来在《锦铁消息报》做业务、上培训课，甚至后来考研，这本课堂笔记作用很大；30多年来我一直在马克思主义新闻思想的研究上不断往前走，如果没有通读原著打下的基础，哪来的底气说要把马克思主义中国化、时代化、大众化？学术没有捷径，唯有下苦工夫。”

5. “我觉得很幸福，真的是桃李芬芳”

“夫童心者，真心也。若以童心为不可，是以真心为不可也。夫童心者，绝假纯真，最初一念之本心也。若失却童心，便失却真心；失却真心，便失却真人。人而非真，全不复有初矣。”明代大思想家李贽认为“童心”当做为文与为人的最高境界，童心即是真心，保持一颗毫无造作、绝对真诚的本心，才能具备完整的人格，写出“天下至文”。虽文学创作与学术研究有基本不同，但保持“童心”，摒弃虚假，却是文学创作与做研究的共通之道。

不带任何框架与功利，以“童心”读书，多读经典，是童兵做学问一以贯之的原则。“我在人大读书时，下了死工夫读经典。50卷的马恩全集不但通读完，还做了几十万字的笔记，那时条件艰苦，工具简单，一支笔、一个本子，读经典写读书笔记，但这就是把学问做扎实的方法。”他回忆自己的治学之路，正是熟悉经典给自己带来一生的收获，不管是当代马克思研究还是西方马克思研究，所有一切都离不开对经典原作的阐述与理解，没有通读过经典马恩，又有何底气进行阐述与发展？

童心治学，也就意味着摒弃功利心，专心一意唯学问是瞻。当年，童兵是在导师甘惜分教授的指导下开始研究马克思恩格斯新闻思想的，“甘老对于革命导师是出于朴素的感情，但我没想一头扎下去后，自己的收获会这么大。”马克思并没有成系统的新闻学著作，只能到浩如烟海的马克思著作中去寻觅有关论述。童兵是靠到旧书店淘，去甘老师家蹭书，去中央编译局读内部书（包括尚未出版的全集手稿），才得以通读完马克思恩格斯全集的，“一开始接触马克思恩格斯著作，让我景仰，但随着研究的深入，却是精神与理念层面的认同，可以说马克思恩格斯新闻思想研究是我一辈子积累最丰厚的一笔财富。这笔财富是我不带任何功利只以求真理之心而求得的”。

而这样的“童心”治学态度，也给他带来了丰厚的回报。2001 年调入复旦大学至今，十余年间，在繁忙的教学之余，他出版专著及教材十余本，承担国家社科重大课题、教育部重大课题等十余项，在新闻传播学术刊物和高校学报上发表学术论文 137 篇，绝大部分发表在核心期刊上，获奖无数。

而以“童心”做学问，自是对一切均抱着兴趣与好奇，不囿于学科所限，不囿于已有研究成果，善于多学科借鉴，站在理论的前沿上。童兵将这样的治学之道也传授给了自己的学生。

暨南大学新闻传播学院教授林爱珺曾是童兵的博士生，她至今还清楚地记得第一次与童老师共同署名的文章——《中国传媒产业化的法律前提——重塑传媒市场主体》的写作与发表过程。一天，童老师拿着一份“传媒经济国际研讨会”的信函对她说：“你应该拓展一下自己的研究空间，传媒产业是一个新的学术增长点，其中涉及的法律问题很多，找一个切入点来写。有什么想法随时找我面谈。”

在这个全新的领域，林反复阅读、消化、调研，选题得到童老师认可后，又一遍遍在他的指导下修改大纲，不断地缩小研究的范围，深化研究层次。为了这篇论文，她已记不清多少次跑到童老师家里、办公室，记不清多少次围追堵截童老师的课堂和会议……论文写好后，童老师坚持要她把名字署在自己的前面，跟他一起参加研讨会，会后又坚持要她独立署名投稿《复旦学报》。

童心治学的态度，不仅贯穿童兵自己的学术生涯，也深刻影响了他所带的团队。在他的“马克思主义新闻观”精品课程团队内，组合了“60 后”、“70 后”、“80 后”的不同年龄段、不同学术方向的教师，如何保持每个人的学术兴趣与个性，但又能形成团队的凝聚力与风格，作为团队的领头人童兵想到的还是“童心治学”，每个人摒弃功利心，以童心待人、以童心待学生、以童心待经典，让经典不断时代化、大众化、中国化，从而把一门令人生畏的“马克思主义新闻观”的课，上成了全国的精品课程，成为复旦全校人气最旺的平台选修课，让 100 多年的理论经典与当下的“90 后”产生共鸣，“每个年轻人身上都有优点，平等待人，更要懂得扬长避短，让每一个团队成员既能产生认同感，又能保持独立性。师生关系如此，同事关系也是如此”。正是这样的童心待人，所有与童兵交往过的人，都能产生类似的亲切感与信任感。而这一份童心，回报他的则是满满的幸福感与成就感，“我觉得自己很幸福，真的是桃李芬芳，再忙，我也从不觉得辛苦”。

打开新闻学院网站，童兵的头衔一连串：复旦大学特聘资深教授，新闻学院教授、博士生导师，新闻传播与媒介化社会研究国家哲学社会科学创新基地主任，新闻学院学术委员会主任，新闻传播学博士后流动站站长，复旦大学志德书院院长。这些头衔或是对他学术成就的肯定，或是对他领导能力的肯定，或是对他研究成果的肯定，但无论哪一个头衔，无不与他“从来没有浪费过一天的时间”的人生态度相关，这忙碌的人生，在常人看来是辛劳，而在童兵看来却是幸福！

（撰稿人　徐玲英）

6.2.9　罗以澄与武汉大学新闻传播教育

罗以澄，1944 年出生，祖籍福建省福州市。1961 年考入中国人民大学新闻学系，1966 年毕业后长期在报社、电台从事记者编辑工作。1984 年调入武汉大学新闻学院，先后担任副系主任、系主任、副院长、院长。兼任第五届、第六届国务院学位委员会学科评议组新闻传播学科组成员，中国传播学会副会长、全国新闻教育研究会副会长、中华全国新闻工作者协会特邀理事。

刘建明：罗老师，我们武大新闻与传播学院从 1983 年创办以来，已经走过了 30 多个年头。在这 30 多年里，我们取得的成就应该说是有目共睹的，得到了学界和业界的普遍认同。您作为我们新闻与传播学院的创始人之一，我们的元老之一，您亲历和目睹了这样一个变化。您能给我们讲一讲 30 多年来我们学院发生了怎样一个变化吗？

罗以澄：我是 1984 年年初到武大新闻系任教的，至今在这里工作了整整 32 年。作为武大新闻传播教育与学科建设的亲历者和见证人，我感到十分自豪。我们武大新闻传播教育与学科建设的发展历程，大体可以分为这样三个阶段：第一个阶段是创办时期(1983—1986)，也就是我刚来武大任教的头几年。说老实话，那个时期是非常艰苦的，可以说是白手起家，一穷二白。记得我刚来时，武大新闻系给我的最深刻的印象就是什么都缺。一是缺师资，缺少教师，尤其是缺少专业教师。当时整个系里的教师只有十几位，而且都是从中文、历史、外语等人文社科类的系调来的。这些老师都有着较丰富的高校教学经验，但大多非新闻专业科班出身，也缺乏新闻实践经历。搞新闻传播教育，对这些老师来说，可谓仓促上阵。为此，1984 年招收第一届本科生和专科生时，时任系党总支书记兼副系主任的吴高福老师曾感慨地对学生说："你们这一届学生是我们的试验品。"这一状况，直到 1984 年下半年后才开始有所改观。当年先后从复旦大学新闻系和本校其他学科选留了几位优秀毕业生，也从新闻媒体选调了几位专业人士，这样师资队伍才充实到了二十几位。二是缺钱，缺少办学经费。记得 1984 年我（当时担任副系主任、主管教学）和胡武老师等人去湖北日报社、长江日报社、湖北广播电台（电视台）等媒体联系学生实习时，都舍不得也花不起乘坐几毛钱的公共汽车，来回几十里路，都是骑自行车。还记得，当年我和系党总支副书记汪华去北京、安徽、湖南等地看望、了解学生实习情况时，也是为了省点钱，都不敢坐卧铺，而是坐着火车硬座到处奔波。那几年，我们去为学生联系实习，出于礼节需要，给实习单位指导教师带的礼品，也都是我们自己掏的腰包，因为系里没有这笔开支啊。三是缺硬件，缺少教学设备和场所。新闻学作为一门应用性学科，其教学自然离不开照相机、摄像机、录音机等教学设备和相应的实验场所。记得当时我们一届本科生有四五十人，每年还招了干修生五六十人，但系里的照相机就只有几部，每次上摄影课，几十个学生轮流排着队等着用照相机。至于实验场所更是谈不上，当时新闻系 20 多个教职员工只有四五间办公室和男女两个厕所。为了给学生有个冲洗胶卷的地方，系党政联席会不得已决定，把女厕所改造成暗房。这就是我们系当时唯一的教学实验场所。总之，一缺人，二缺钱，三缺教学设备和实验场所，武大新闻传播教育便是在这样状况下起步的。

第二阶段是夯实基础时期（20 世纪 80 年代中期到 90 年代后期）。在这个时期里，武大新闻教育先后经历过数次组织体制的变迁（1995 年由新闻系更名为新闻学院，1999 年新闻学院与图书情报学院合并又更名为大众传播与信息管理学院）和领导班子的变更（1990—1992 年樊凡出任系主任，1992—1997 年吴高福出任院长，1997—1998 年张昆出任院长，1998—1999 年我出任大众传播与信息管理学院新闻系主任，张昆时任该院副院长）。尽管如此，在几任院系领导班子的带领下，全体师生共同努力想方设法为武大新闻教育和学科建设的发展打好基础。总体上说，主要做了这样几件事：一是配齐师资队伍。从 80 年代中期开始，在学校的大力支持下，我们先后从新闻媒体、兄弟院校和社科院等单位引进了何微、桑义嶙、赵贯东、单承芳、周永固等一批既有较高学术造诣又有丰富新闻实践经验的老师。这样，使我们的教师队伍一下子就从 20 多人增加到了 40 多人。这些老师的引进，既充实了我们的师资力量，又增强了我们的办学实力，尤其是何微老师，他从 20 世纪 30 年代开始就从事党的新闻工作，解放后又先后担任过新华社北京分社社长、山西总分社社长、陕西日报社社长、陕西省社科院院长、西北政法学院院长等职，在新闻业界和学界都享有很高的声誉和威望，他的引进，大大提升了武大新闻传播教育与学科建设的声望和影响力。二是健全专业设置。创办之初，我们只有一个新闻学专业。1986 年我们增办了广播电视专业（1985 年获批，1986 年开始招生）。1993 年，我们又办了广告学专业。按照传统新闻传播学科而言，我们的专业设置相对比较齐全。三是千方百计争取办学经费、添置办学设备和实验场所。90 年代时，我们不仅办学经费较过去有了较大幅度增加，而且还先后建立起来了广播实验室、电视实验室、摄影实验室，各种教学实验设备也基本上配备齐全了。与此同时，需要特别指出的是，在这个时期，我们还探索和提出了一套行之有效的、适应新闻传播人才培养和学科建设的办学理念——“注重基础，强化实践，面向未来，面向世界”。这四句话是时任系领导的吴高福老师归纳的，是很有道理的，是符合新闻传播人才培养规律的。

第三阶段就是发展时期（20 世纪末至今）。这个时期我们做的工作最主要就是抓学科建设，把抓学科建设作为办好新闻传播教育的龙头，以此来提升我们的办学水平和综合实力。2000 年，武汉大学与武汉测绘科技大学、武汉水利水电大学、湖北医科大学四校合并，成立了新的武汉大学，并组建了新闻与传播学院，由我出任院长、主持工作。这之后，我们主要围绕学科建设抓了三件事情：一是狠抓特色。这就是在办学定位、人才培养、学术研究等学科建设的各个方面，我们既注意向人大、复旦、中传大等兄弟院校学习，又十分注意千方百计挖掘、寻找、张扬我们自身的特色，以此与兄弟院校实施错位竞争。应该说，我们武大新闻传播教育和学科建设的创办历史不长，加之地处中原，基础条件和资源，与这些老牌新闻院校以及地处沿海地区的兄弟院校相比较，毫无优势可言。因此，如果按照新闻传播教育与学科建设的传统习惯和做法，去确定办学定位和学术研究的方向，那么我们的新闻传播教育与学科建设只能望兄弟院校的“项背”，跟在别人后面亦步亦趋地前进。为此，我们必须确定自身的办学定位和学术研究方向，从在自身特色和优势上做文章。比如，在办学定位（人才培养）上，我们背靠综合型的“985”高校优势，主打高端新闻传播人才市场，我们要求培养的学生不仅要精通专业业务，而且要懂管理，有较强的组织领导才能，将来能担当新闻传播业界精英和领袖。再比如，在学术研究方向上，传播学研究，我们重点搞跨文化传播；新闻学研究，重点搞新闻文化和社会发展的研究，搞媒介生态和媒介发展的研究；广告学研究方面，我们重点抓了广告策划和创意的研究。我们就是这样抓住自身的特色，组织学术团队，凝聚学术方向。二是抓队伍建设。在队伍建设上，我们主要是抓两手，一手是面向海内外网罗人才。前面我说过，我们武大地处中原，又非发达地区，在今天市场经济环境下，再像 20 世纪 80 年代那样广揽人才，实在是困难重重。但我们有一个想法，就是天下英才不为我所有，但是可以想办法为我所用。我们要尽力争取得到海内外最优秀的学者和业界精英的支持与帮助，让他们与我们一道为武大新闻传播教育与学科建设作贡献。这些年来，童兵、李良荣、郑保卫、陈力丹、胡正荣、喻国明、黄旦、戴元光、黄升民、郑贞铭、李金铨、祝建华、洪俊浩、杨志宏等一批海内外著名学者，以及徐光春（时任广电部部长）、王晨（时任人民日报社社长）、冯并（时任经济日报社总编辑）、杨伟光（时任中央电视台台长）、刘长乐（凤凰传媒集团总裁）等业界领袖，都曾应邀来我院担任兼职（客座）教授、博导，或者担任研究基地的学术委员，或者来我院讲学。另一手就是强化本院教师的职业素养。对本院教师，我们一方面十分注重师德教育，尤其是对中青年教师的师德教育，以增强他们的责任感和使命感。比如，这些年，我们搞了个“双一计划”，即 35 岁以下的青年教师一定要有一年的时间，到国外的重点大学做高级访问，还要有一年的时间到主流媒体去挂职从事新闻传播实践工作，并把这作为青年教师晋职、晋级的硬性要求。其目的不仅是为了扩大他们的视野，提升他们的教学水平和学术能力，更是为了让他们熟知世情、国情、社情，增强他们从事新闻传播教育与学术研究的责任心。三是抓学院的影响力和美誉度，用市场化的说法就是注重学院的品牌建设。抓影响力，我们主要是打国际牌，强化国际交流，扩大我们院在国际新闻传播教育界和学术界的知名度。从 2000 年开始，我们先后和法国、美国、英国、德国、日本、韩国、新西兰、澳大利亚等国家，以及中国香港、台湾等地区的几十所国际上著名的新闻传播教学机构和科研机构开展了“制度化”的合作交流。比如，2002 年我们院与法国波尔多三大传播学院联合发起组织了“跨文化传播国际学术论坛”，规定每三年分别在中国和法国举行一次大规模、高层次的国际学术研讨会，从此形成了一个“大型的制度化的国际学术交流平台”（每年在中国召开大会时，世界各地至少有四十位著名学者参会）。在抓美誉度方面，我们一方面注重打教师牌，积极鼓励、支持教师参加国际国内高规格的学术会议，在国际国内著名学术期刊上发表文章，争取国际国内重要的科研课题，以扩大他们的知名度；另一个方面注重打学生牌，为业界与兄弟院校输送高质量的人才。这些年来，通过抓学科建设，我们尝到了不少甜头：90 年代末我们便拿到了新闻学科博士点；新世纪以来，我们不仅从拥有二级学科博士点“跳到”拥有一级学科博士点，而且还与人大、复旦、中传大一道，拿到了教育部人文社科重点研究基地；与此同时，还拿到了新闻传播学科第一家国家级的实验教学示范中心。这些都是我们院全体师生齐心协力抓学科建设取得的一些成就。

刘建明：罗老师，在我看来，我们学院在您担任院长期间取得了快速发展，也是与我们院的教育理念息息相关。我记得，您出任新组建的武大新闻与传播学院首任院长时，便在全院教职工大会上提出，“我们的办学宗旨是要培养有思想、有责任感的新闻传播人才”。您能讲一讲这一教育理念是怎么来的吗？它的深刻含义是什么？

罗以澄：好的，我认为新闻传播教育的存在价值，就在于它合乎人类社会实践理性的需要。这就是说，新闻传播教育不仅要考虑到如何去适应新闻传媒业发展的需要，而且要考虑到如何去适应整个人类社会文化、经济、政治等各个方面发展的需要，如何去维护和发扬新闻传播教育本身所应具有的人文品质。这一抽象的道理蕴含了我们办学实践因循的方向和路径，这就是要承续现代大学精神，以培养通识博学、具有高度社会责任感和创造精神、全面发展的复合型人才为目的。作为新闻院校担负着为新闻媒体输送合格人才的重任。在当今信息爆炸、思想多元的时代里，一个新闻人如果只会做单纯的信息采集者、告知者，是远远不够的；真正合格的新闻人，不仅要做时代风云的记录者、人类历史的见证者，还要做社会前行的推动者、公平正义的守望者，做人类精神灵魂的铸造者。这就是我提出的培养“有思想、有责任感的新闻传播人”的要义所在。

刘建明：刚刚您提到，今天我们所处的时代，媒介环境发生了很大的变化，您觉得我们现在的新闻传播教育存在什么问题，您有什么看法和建议？

罗以澄：实事求是地说，改革开放 30 多年来，我国新闻传播教育有了快速发展，取得了长足的进步；但与此同时，也存在或者面临着不少问题。当然，各个高校当前遇到的困境和问题不完全一样，但从总体上看，问题主要出在这样两个方面：

一方面是由外部环境变化造成的问题。随着媒介市场化的推进，加之以网络为代表的新媒体的迅猛发展，迫使媒体在激烈的市场竞争中既不断地推向“小众化”、“分众化”，实施“精准传播”，又不断融入新媒体，实施全媒体转型。这样，今天的媒体所急需的人才必定是全媒型和专家型的，而传统新闻传播教育培养的“万金油”式的“大路货”新闻传播人才自然不吃香了。这就是近几年新闻院校毕业生进媒体工作的人数不断下降的一大主要原因。

另一方面，就是我们新闻传播教育本身的问题。具体说，有这样几个主要问题：一是开办新闻传播教育的学校太多了，且同质化现象严重。目前，全国设置新闻传播类专业的高校近千所，在校学生 20 多万人，这在全世界都是位居前列的。更为严重的是，这么多新闻传播院校的办学定位、人才培养方案、课程设置，乃至教学大纲大同小异。这种同质化的现象不仅表现在办学上，在科研上也是如此，大家一窝蜂地做着相似的课题，发表着相似的论文。二是不少新闻传播院校的教学内容陈旧，教学手法呆板。有学生反映，如今早已进入了新媒体时代，但有老师在课堂上讲的仍然是 20 世纪传统媒体一统天下时的事，使用的也是十多年前乃至几十年前出版的教材，而且讲课方式是满堂灌，也不问学生听不听。三是一些新闻传播院系和教师的功利心太强。大学的职责和使命应该是两句话：第一做学问，追求真理，追求人类普遍的学问和价值；第二个就是甘做人梯，为培养学生尽心尽责。这两个东西都要求新闻传播教育工作者务必要去功利，要有献身精神。但是，我们眼下的情况却恰恰相反，作为新闻传播教育的组织，院系、专业考虑更多的是同学科中的排名位次，以及上级领导的评价；作为新闻传播教育工作者，老师考虑更多的是如何争取到更多的科研经费、发表更多数量的论文，以早日晋职晋级。四是学科自信的迷失。首先，这表现在一些新闻传播教育工作者缺失文化自觉，思想禁锢太多，不敢越雷池一步，以致在教学上墨守成规，科研上也毫无新意。其次，这更表现在教育制度安排中对现代迷信的推崇。比如，“迷信”传统规制，我国高校新闻传播教育与学科建设，同其他人文社科学科一样，长期奉行的是“政治本位”、“行政长官本位”等传统规制，人才培养方案、教学计划、课程设置等都是有政府（教育管理部门）指导制定的；尤其是政治、外语等公共课程的设置，更是实施强制性规定。在学术研究上，纵向课题的设立、学术成果的优良判定，乃至科研经费的使用等也都是由政府和上级领导决定与监控，学者、教师没有自主权，更没有主导的话语权。再比如，“迷信”洋人，一些高校把新闻传播教育与学科建设的国际化，囿于洋人的参与和认可，而不管洋人真正的教学水平与科研实力，不管国际化的实际效用。引进人才，要看是否喝过“洋墨水”，只要是国外尤其是西方培养的“洋博士”就是优质人才，就要千方百计高薪引进；发表论文，要看是否在国外发表，只要在国外，尤其是西方发表的就是高水平论文。凡此种种，都是我们学科自信缺失的表现。

因此，新闻传播教育与学科建设发展，一方面有赖于我们新闻传播教育界同行自身的努力，要牢记自己的职责与使命，努力提升自己的职业素养；要顺应当今时代、社会发展的需要，勇于特立独行，不断探索创新，为社会培养出真正合格的新闻传播人才，也为社会奉献出高质量的学术成果。另一方面，也有赖于新闻传播教育与学科建设制度安排上的改革与创新，要尊重新闻传播教育与学科建设的内在规律，尊重高校新闻院校及其教师、学者的自主权，尽力为他们营造一个宽松的、富有活力的教学与科研环境。只有这样，我坚信中国新闻传播教育与学科建设一定会前程似锦、更加辉煌。

刘建明：好的罗老师，谢谢您。

（口述：罗以澄　访问：刘建明）

6.2.10　复旦大学李良荣教授访谈录

李良荣，1946 年出生，浙江宁波镇海人。国务院政府特殊津贴获得者。1968 年 7 月毕业于复旦大学新闻系，毕业后在江西省吉安地委机关从事宣传工作十年。

1979 年 7 月进入复旦大学新闻系攻读硕士学位，师从著名新闻学者王中教授。1982 年 7 月留校任教至今，1985 年晋升副教授，1992 年晋升教授，1986 年至 1992 年出任复旦大学新闻学院副院长。在 2006—2013 年间，担任教育部高等学校新闻学学科教学指导委员会主任。

形神矫健，谈吐睿智，风骨清奇，举止可亲，这是李良荣带给人的第一印象。这位新中国著名新闻理论大家王中先生的高足，不仅深得其师真传，继续在理论新闻学的殿堂中勤勉耕耘，并且良弓无改，踵事增华，成为当代中国新闻理论研究领域中又一座不可绕过的高峰。作为 20 世纪 40 年代生人，与新中国共成长的经历让这位七旬老人对起伏辗转的人生际遇常怀敬畏与感恩，他在 30 余年的教学研究生涯中孜孜探索，直道而行，留下了熠熠生辉的学术佳话。

1. "感恩之心常给我带来满足感和歉疚感"

感恩，是李良荣回溯自己人生时最核心、最动情的词语。"我是个农家子弟，我的整个小学教育都在农村，父亲初小毕业，母亲是个文盲，兄弟姐妹六个，家境很艰苦。在家境如此艰难的情况下，我能从一个农家子弟成长为大学教授，确实永存感恩之心。"

从 20 世纪五六十年代接受传统正规的教育走到今天，爱国心与责任心成为那个时代赋予李良荣并伴随他的最深烙印。"这种感恩是感觉到国家对我不薄，社会对我不薄，学校对我不薄，命运对我不薄。这种感恩之心带给我的既有一种满足感，又有一种歉疚感。我总感觉到自己做得不够，对国家、对社会，对曾经培养过我关心过我的人报答得不够。我是五六十年代走过来的人，我们这批人的基本素质中都有爱国情怀，有责任心，对家庭负责任，对工作负责任，对事业负责任。所以对待工作，我总是一种兢兢业业的姿态。"

感恩让李良荣时刻保持平和的心态，时刻拥有一种发自内心的满足感。"我这个人总体是属于比较传统的，毕竟我们是从非常传统正规的教育中一步一步走过来的。但是我既传统又创新，既保守又不甘于守旧。我内心一直都有种满足感，这种满足感带给我的就是，我从不妒忌别人，不妒忌任何比我有成就的人，不妒忌任何比我有地位的人，不妒忌任何比我有钱的人。我仅仅感觉到我的心态很平和，基本上没有当今社会所具有的那种焦虑感。这也是我整个人生的基本状态。"

真味无源，真水无香。李良荣对"真"字还有着独特的理解。李良荣说，"我还有一个特点，就是真——做人很真实，待人很真诚。也许生活中我会说一些恭维人的话，但是在学术研究上，我绝对不会去愚弄别人，哄骗别人，更不会去装腔作势，曲意逢迎。无论是在我的课堂上还是在我的学术著作里，我在陈述自己学术观点的时候，说的都是真心话。我觉得一个人最核心的东西，就是对人生的态度，无论是做学问也好，还是做任何其他事情也好，‘真’字都是我一以贯之的性格”。

正如李良荣所言，如果说感恩带给了他满足与平和，那么真实则成就了他周身的魅力。因为满足所以平和，因为平和所以不逢迎，因为不逢迎所以说真话，因为说真话所以回报他的是透彻痛快的人生。

2. “在我所有的头衔当中，我最看重教师头衔”

李良荣曾先后荣获复旦大学“我心中的好老师”与“我心中的好导师”称号。这意味着他在学生心目中是有口皆碑的好教师。即便如此，李良荣当上教师的心路历程却并不平坦。“我当教师在某种程度上是被迫的，因为在我留校的时候觉得自己不太合适教书，比较适合当记者。”李良荣解释道，“虽然我从高中时候就开始读很多书，但大多是一些文学艺术作品，而真正学术研究的理论功底最早的时候我并不厚实。我的特点是思维非常敏捷，动笔很快，这些都是当记者的优势。我一直觉得当老师将来是要搞学术研究的，至少理论功底需要好，所以就认为自己不太适合，但恰恰就是在这样的情况下让我当了老师”。敏捷的思维判断与倚马可待的动笔能力让曾经的李良荣对于记者这一职业的向往超过了教师，当然这其中还因为他颇为自谦的理论功底和不甚自信的普通话水平。然而就在这种情况下，时代机遇让他最终还是走上了教师岗位。

“既然我当了老师，就必须尊重她的神圣性。当好老师永远是第一位，这是立足之本，做人之本”，李良荣感慨说。“后来我就开始热爱教师这个职业了，你看，当老师多好啊！虽然我教给了学生很多，但学生也带给了我很多。如果说我在某种程度上给了学生某种知识和研究问题的思路，那么学生也给了我青春，给了我生命的青春，给了我学术的青春。学生给我带来了无穷的问题，在这一点上，我还要感谢这批学生。他们总是用一种求知的渴望进入作为我学生的行列，他们有不同的学科背景，总是用最前沿最新鲜的知识带给我很多启发，这就是人们所说的‘教学相长’，尽管这话显得老，但这绝不是讨好。如果用商品交易的比喻来说，我和学生是‘买卖公平’。从这一点上，我喜欢我的学生”，李良荣笑道。李良荣不愿意把自己理解为是在教导学生，而更愿意将之视作一种与学生的平等互换和交流。他感谢学生给他带来了无穷无尽的问题，感谢学生因求知的渴望而站在他的面前，感谢学生用不同的学科背景，用源源不断的前沿信息和新鲜观点带给他的启发和触动，而这一切对于学生的热爱都源自于他精神深处与学生平视的尊重。

谈到择才的标准，李良荣聊道，“2000 年以前考博士生的还比较少，我基本上是能考进来一个是一个，能考得进来我就带。现在其实我选人也没有什么过于严格的标准或者固定的模式。但是我的学生一定要有事业心，有责任感，这是两个最起码的标准，此外脑子比较灵敏也是我选择学生的重要指标”。而对于成才的路径，李良荣也有着深刻的经历与体会：“许多人总是会说，李老师是凭着他的聪明做学问。其实他们根本不明白我是非常勤奋刻苦的，这个你可以去问问新闻学院的门卫，因为在新闻学院待的时间最久的常常就是我。节假日里，整个大楼有时就只有我和门卫两个人。我在这里默默地做我自己的事情，看书、写文章、整理资料……任何事情如果仅仅是凭借小聪明的话，那实在是太容易了。搞学术研究，凭一点小聪明可以写一些小文章，但一定不会有大手笔，不会有非常具有创新性并且值得同行记住和借鉴的观点，因为这是需要非常刻苦才能换来的”。李良荣说，“我不否认天才，但是天才只有那么几个人。对于一般人来说，不付出艰苦努力，确实就是做不出任何成绩。就像马克思所说的‘在科学上没有平坦的大道，只有不畏艰险沿着陡峭山路攀登的人，才有希望达到光辉的顶点’。所以通过这么多年我已经深深地感觉到，你读了多少书你就有多少功底。而悟性、灵性，只是画龙点睛的那一笔”。在苦干与巧干之间，李良荣坚持让学生以苦干打基础，以巧干求升华。他欣赏悟性所能带来的登顶的灵感，但更相信“一本书、一本书地去读，一个问题、一个问题地去探索”，才是所有人成才的必经之路。

不仅如此，李良荣对自己还有一个严格的规定：学生信任他，跟了他三年，他一定要让学生有个质的飞跃。“在我所有的头衔当中，我最看重教师头衔。我的学生如果在未来的岁月里不能超过我，那是我当老师的失败，是我没有教好学生。不管怎么说，学生进到我的门下，选我当导师，那是他们对我的信任，我就一定要做得像模像样，让他们感到有脱胎换骨的变化。如果我教出来的学生完全克隆我，或者跟我差不多，那社会怎么进步，那我当老师干什么？所以我的学生，他们可以自由地去发展，当老师也好，搞研究也好，或者从事实践工作也好，但我就是希望他们的成就要超过我。”

李良荣对学生的情感是发自内心的。“我认识很多非常有名的教授，他们对待学生都非常好。我对学生的所谓好，也并没有刻意地去做什么，我仅仅是觉得当老师就应该这样做，我不求学生对我的回报，我相信师生之间是以心换心的，我的学生对我也都非常好，这就是最原始的想法”，李良荣欣慰并且淡然。

说到这里，李良荣聊起了一段往事，“有一次，一个出版社的责任编辑问我，‘李老师，我们这里有一篇文章对你的观点提出质疑，你看要不要登？’我说你们该登就登，不用征求我的意见。我没有总是觉得自己一贯正确的想法，人家对我提出不同的建议，这是多么自然的事情啊。如果我的观点是错误的，人家提出来批评，这是很好的事情。如果我的观点是正确的，能够和大家商量商量，也是很好的。我哪有那么霸道，好像自己一生都正确，别人都动不得，或者自己特别要脸皮，不准别人提出批评意见，一批评就暴跳如雷，对不起我不是这样的人”。

平等与开放，这是李良荣为师之道的一条法则，他不但身体力行地要求着自己，更是润物无声地影响着学生。以诚相待，以心换心，言传身教，春风化雨，那位当年无意于从教的年轻人已然升华腾挪，师之表率。

3. “我的研究比较关注当前的东西”

李良荣的研究取向概括起来就是着眼当前社会，关注亟待解决的现实问题。他认为，新闻媒体为了适应现实的需求总在不断地变化，而新闻学研究也理应针对具体问题，发挥一定的现实指导作用。这一点集中体现在 2004 年复旦大学出版社为其推出的自选集上。这部自选集涵盖了他从 1981 年到 2003 年的研究精华，在从百余篇论文中遴选出来的 32 篇里，除了少数几篇涉及新闻业务之外，其余都是针对中国新闻改革的研究，并且书名也定为《新闻改革的探索》。可以说，中国新闻改革的探索历程中凝聚了李良荣无怨无悔的心力。

在新闻改革的宏大话题之下，李良荣最为关心的是传媒的制度问题、传媒的结构问题，以及传媒的公共性问题。他说道，“我最关心、最担心的问题就是我们国家的传媒制度建设。所以凡是和我们国家的传媒制度建设相关的领域，我都关注得很紧”。他谈到，“传媒的制度问题关键是处理好政府、传媒和受众或者说与社会这三方面的关系。这三者之间的关系是最根本的问题，包括国家的一元要求与社会的多元诉求。从结构主义的视角来看，制度问题主要就涉及这三者的关系。我认为到了目前，中国新闻改革不在制度上突破的话，中国新闻改革不会有出路。制度上的突破并不是说否认党的领导，或者党不要领导媒体。我认为这在中国是不可能的事情。而是说党要能够更好地领导媒体”。

他进一步强调，“一个基本的问题就是说，既需要党对媒体的领导，坚持党管媒体的原则，这个基础在中国不能改变，同时又需要给媒体更多的自主权，让它能够成为市场的主体。也就是说不要把媒体弄得死死的，一举一动都要听命于上面。它没有自主性了，也就不会有创造性”。他多次谈到对媒体缺乏自主性与创造性的担忧，认为一旦那样，媒体就沦为单纯的工具，而媒体人也将成为不折不扣的工匠。这是很可悲的事。因此，在媒体如何实现国家一元要求与社会多元诉求的平衡上，他一直在思考制度上的探索空间。“既不能动不动就说党管媒体多么错，这种说法不符合中国国情。同时也不能把传媒业管得太死，我们在这两者之间如何取得平衡，这就是我在研究当中的一个宏观方向。这种制度的实现是需要进行理论探索的。”

关于结构问题，李良荣对当前我国传媒格局太小、太散、太滥表示担忧。他认为，即便成立了各种规模的传媒集团，当前以行政区域划分的占山为王、各地称霸的现象，依旧使国家传媒发展的整体格局表现出碎片化的遗憾。与传媒制度一样，这个问题同样值得关注与探讨。

而谈到关于媒体公共性的问题时，李良荣不无忧虑地说，“我们的媒体不断在削弱自身的公共性，不断地在侵犯公众的公共利益。也就是说媒体没有公共性，媒体没有责任心。它只对国家负责，只对自己负责，而不对我们公众负责。所以我不断地说，公众利益是媒体的立足之本，任何时候都必须把公众利益放在首要的位置。看上去，口头上人人都会讲都会说我们是全心全意为人民服务，为公众服务是我们国家传媒业的宗旨，但是有几个媒体是真正在执行贯彻呢？所以这也是为什么我不断呼吁和强调媒体公共性的原因。这需要一整套严格的制度来规定传媒必须为公众提供那些服务以保证公众的知情权、表达权和舆论监督权”。

说到这里，李良荣顿然充满了反思，“20 世纪 90 年代中期，我提出了传媒业的双重属性问题。使得媒体产业发展可以得到一种理论支撑，可以理直气壮走向市场。当时我用双重属性的办法，是想让传媒既坚持党的领导，同时能够通过企业化的办法走向市场。但这种商品性其实又丢掉了一个更基本的属性，那就是媒体的公共性”。李良荣坦言：“从某种程度上讲，我现在是自己在纠正自己探讨上的失误。现在的很多媒体完全市场化了，不断地削弱公共性，不断地侵犯公众的公共利益。也就是说，媒体没有公共性，媒体没有责任心。它只对国家负责，只对自己负责，而不对我们公众负责”。为此，到了新世纪以后，李良荣不断地写文章强调公共利益才是媒体的立足之本，并一再呼吁抑制媒体的商品性、商业操作等问题。

值得一提的是，2012 年 12 月，以李良荣为核心的复旦大学传播与国家治理研究中心成立，这是李良荣多年来对中国传媒业与国家发展问题积极关注不懈探索的学术征程中的一个里程碑。研究中心是国内第一家也是唯一一家以“传播与国家治理”为方向的研究机构，整合了新闻传播学、经济学、政治学、计算机科学、管理学、社会学、法学 7 大学科团队，以建设一流的新型高校智库为使命，针对当前新传播革命对中国政治、经济、文化、社会构成的现实挑战，围绕传播与国家治理相关重大问题开展系列研究，为国家参与全球治理、重大体制机制改革和政策运行提供全方位的决策咨询服务。截至目前，复旦大学传播与国家治理研究中心已为互联网时代的国家战略需求提供了颇多决策咨询服务，中宣部、教育部、共青团中央、国家互联网信息办公室、公安部网络安全保卫局、国家互联网应急中心、上海市委办公厅等机构都与该中心建立起了长期咨询关系。可以说，这位为新中国新闻改革事业殚精竭虑奔走呼号的学者正矢志不渝地带领着自己的团队实现着紧贴时代、经世致用的学术超越。

4. “我不认为我是最后一位理想主义者”

曾经有媒体将李良荣描述为“中国新闻学界最后一位理想主义者”。“理想主义者”，李良荣照单全收，而“最后一位”，他不以为然。“理想可能就是有些乌托邦式的想法，从学术研究来说，我这个人确实充满了理想，但我不认为我是最后一位理想主义者，因为在我们这个学术圈里，有一批人还是很有追求的。可能由于时代的不同，大家所树立的理想标准会不太一样，但是大家都不缺乏理想。我一直讲，没有理想就不要搞学术。”

理想主义，绝不是李良荣佩戴在身上的光环，而恰是他身为学者最本真的风骨和学海生涯最深刻的动力。“没有理想就不要搞学术，因为任何学术研究都是为了探索一种理想实现的可能性，学术就是在追求一种理想，并且提供一种实现这种理想的可行性的方案。从某种程度上讲，理论研究就是在追求一种理想。”这是李良荣反复强调的观点，“如果看看我们的历史，中国改革开放 30 多年，30 年前我们有设想到 30 年以后的中国会有今天？这是出乎于绝大多数人意料之外的一种成就。我们国家取得了很大的变化，无论是经济领域还是意识形态领域，都要比以前开放多了。30 年对一个人来说，虽然是漫长的，但是对整个人类历史来说，那不过是一瞬间的事情。中国利用这些时间取得了天翻地覆的变化，而未来 30 年谁又知道会怎么样呢？这就是我为什么坚持自己的理想，对未来充满乐观的原因”。

在今天的学术圈，为稻粱谋而奔命，为五斗米而折腰已不是什么新鲜事，不少人在现实的压力面前早已不熟悉何谓学术研究的快感，这或许正是因为对理想的忘却。李良荣说：“因为有理想的支撑，我就会感觉到，每写好一篇文章就能写出自己的思想来，这是一件很快乐的事情。我做学问不会像有些人那样很痛苦，写文章对我来说一气呵成，非常痛快”。他劝诫青年研究者：千万不要把做学问当做一种苦差事，如果你把它当做一种苦差事，那么学问肯定做不好。“即使在我们复旦大学新闻学院这个小圈子里面，都有许多志同道合者，大家在一起可以谈得很投机很开心。我们在追求上都是一致的。如果说搞学术就是为了稻粱谋，就是为了评职称，那一定没有乐趣。正是因为有了理想的支撑，搞学术才会感觉到一种快乐，才会感觉到因为自己的探索能距离自己的理想又近了一步。我一直都是脚踏实地地在从事那些我认为非常值得的研究，我总说我是在追梦，梦不就是理想吗？”李良荣莞尔一笑。

5. “没有批判精神就不能够称作知识分子”

李良荣曾经用江湖知识分子、广场知识分子和庙堂知识分子来形象地区分知识分子的类型。在被问及自己所属何者的时候，他笑称，“我既不属于江湖，也不属于广场，我大概属于这三者之间的混合吧。像我这样的，既关心时事，可以说有些广场知识分子的味道。我又愿意埋头做自己的学问，那么有点江湖知识分子的味道。同时，我又想为国家出谋划策，又有点庙堂知识分子的味道。所以我应该算是一个混合型的知识分子。

但是这三者之间还有一个共通点，就是对公众与历史的使命感以及对公众与社会的责任感。并且，知识分子的人文关怀与社会责任还体现在对现实问题的关注和批判上，没有批判精神就不能够称作为知识分子”。对于这一点，李良荣的态度十分鲜明：“这里的批判一定不是一种莫名其妙的指责、一种抱怨、一种牢骚，那不是一种严肃的批判。批判是能够敏锐地感觉到并且勇于指出现实当中需要解决的问题，这才是真正的批判精神。”

与理想主义的李良荣相辅相成的是，批判气质的他更显得对于理想的信仰与尊重。他说，社会与国家的任何进步都是因为我们心怀理想，从而不满足于现状，从而思考，从而批判。“社会和国家的任何一点进步总是从不满足于现状开始的，为什么你要搞学术研究？就是因为有现实问题需要你去解决，只有解决了这些现实问题国家才能够发展。所以有一句话说得很好，‘成绩属于过去，问题属于未来’。因为现实和理想之间一定是有差距的，所以只要你有理想，那么如何去实现这种理想，就意味着一定要抓出现实当中的问题，这就体现出了我所说的批判精神。如果你觉得样样都好了，看不出任何问题所在，也就是说现实已经达到了你的理想，那你又怎么进步呢？所以问题意识与批判精神在某种意义上又是一致的东西。”

在日常的教学与导学中，李良荣也不时提醒和鼓励自己的学生要有敏锐的问题意识和积极的批判精神，并且告诫学生，知识分子的批判不等同于老百姓的牢骚。“知识分子不应该让自己停留在牢骚层面，老百姓可以发牢骚，当学者的不应该发牢骚，如果你把自己仅仅停留在发牢骚上，那么谁来研究问题呢？当学者的应该从老百姓的牢骚当中去获取灵感，知道老百姓对这个不满，所以要去解决这个问题。如果知识分子也是牢骚满腹，那就是混同一般的人，那你不配当学者。所以批判一定是建设性的批判，没有理想的批判就是毁灭性的批判，就是一种破坏。”

6. “人贵有自知之明”

从 1982 年留校任教至今，李良荣在复旦大学新闻学院已经工作了 30 余个春秋。抚今追昔回首人生心路，李良荣难忘每一位对他影响至深的人。

“在我的一生当中，在学术上给我影响最大人的是王中，他给了我学术的生命。所谓师傅领进门，是他把我领进了学术研究的大门，让我少走了许多弯路。他非常睿智、非常敏锐，不像别人那样死读书，在这一点上我有点像他，继承了他的一些作风，这是在学术方面。在我的人生经历上，我在小学、初中、高中时，一直都是团干部、班干部，所以跟老师的接触也比较多，那些历任的班主任老师也给了我很多好的教育。还有我的家庭，我觉得我的父亲母亲，虽然称不上什么伟大，也谈不上什么杰出，但是他们作为最普通最平淡的中国百姓，他们所拥有的那颗对国家对社会的感恩之心也教育了我。‘人贵有自知之明’，我曾经的语文老师就给我讲过这句话，他说，‘李良荣啊，人这一生当中只要能做成一件事情，就很了不起了’。我一直记得他这句话，把这句话一直放在我的脑子里。所以你看我的工作简历是多么简单，我大学毕业就到江西工作，江西工作回来以后就回复旦，我这一生就两个工作单位，为什么呢？就是因为一个人一生只需要做好一件事情，不要老想着自己本事很大，样样都能做。人的能力是有限的，我非常明白自己有什么样的能力，所以我就会让自己不要去妄想，我这一生就是教书，搞新闻学，我也从来没有想过要跳槽出去，或者是去搞其他什么东西。教书就很了不起了，教新闻学更了不起，虽然所有的学科都瞧不起新闻学，但是我不觉得这样，我有时还会忍受别人对我的嘲弄，但我觉得只要有自知之明，我还是可以做一些事情的。”

李良荣坦言自己在复旦有一批关系很好的教授朋友，历史学、文学、哲学、经济学、社会学、政治学等学科的都有。20 世纪 80 年代初，复旦大学党委书记找了一批年轻的人文与社会学科方面的学者，组建了当代中国社会与文化研究中心。身为其中之一的李良荣就幸运地认识了这批人。在和他们的交往中，他学到了很多其他学科的知识。为此，李良荣一直强调新闻学研究要多借鉴其他学科的营养，主张“功夫在诗外”的蹊径。这一点也应该与他早年从中获益良多不无关系。开阔的学科视野是打开研究思路的前提，而贴近现实生活的姿态也是做出好学问的关键。丰富的人生经历给了李良荣对党政机关运作与企业运行流程的充分了解。20 世纪 90 年代后期频繁往来于美国的生活也使得他对于西方社会有了自己的深刻洞察与全面思考。

李良荣说：“我觉得现在我们的一些青年学子，他们读的书可能比较多，外语也比较好，但往往就是对中国社会不熟悉，不了解党政机关的现实运作，不了解基层百姓的真实生活，不了解企业的运营过程，所以他们往往死抠书本，从概念里来到概念里去。他们因为对现实不了解，所以也不能很好地运用理论去解释现实。我觉得我的视野比别人要开阔一点，不是死抠书本。当我到媒体去的时候，我就会知道媒体希望解决什么问题，用什么理论可以让他们明白这一点。我非常明白这些媒体想要获得什么，我非常明白这些媒体他们有什么想法。所以我觉得我所从事的这些研究，都是非常现实的问题，抓的一些问题都是非常现实的，都是最前沿的，也都是令大家最苦恼的问题，这是一般人做不到的。”如其所言，李良荣与全国知名媒体的关系也非常好，许多社长、总编辑都愿意跟他互换意见，交流想法。在媒体老总求教于他的时候，他每每切中要害、直指锋芒，令人叹服。

人贵有自知，而自知正是因为内心的丰富与饱满，是直面人生的大谦卑与正视自我的大自信，是云淡风轻，是不卑不亢，是不妄言不虚饰，是踏踏实实地行走于人间正道，是用得起无悔无愧来描述自己的人生。“真金不需镀，静水自流深。”古人以此来形容有真才实学的人用不着无谓的装饰，来比喻内心淡定的人才能走得更远。其实，这也是对李良荣的真实写照：有知恩图报的责任担当，有循循善诱的师道风范，有信仰理想、勤谨务实的学术追求，也有酣畅淋漓、嬉笑怒骂的至情至性。

“我没有文章是见风使舵的，只按照自己的目标，按照自己的理想在走。所以我写的文章没有什么是追悔莫及的。”回首几十年的学术人生，李良荣坦荡从容。

（撰稿人　陈　娜）

6.2.11　程世寿与华中科技大学新闻传播教育

程世寿，1940 年出生。1960 年毕业于华中师范大学中文系。大学毕业后从事新闻工作 20 年，先后担任《襄樊日报》副总编、《中国长江开发报》总编辑。1985 年调入华中工学院（1988 年更名为华中理工大学、2000 年合并四校，成立华中科技大学）任教，先后担任新闻系主任、文学院副院长、新闻与信息传播学院党总支书记。兼任教育部新闻学专业教学指导委员会委员、湖北省写作学会副会长。

1984 年，人已中年的程世寿放弃《襄樊日报》副总编辑职位，举家搬至武汉。从资深记者、业界大牛转身成为一名普通的大学教师，来到才成立也不过一年时间的华中工学院新闻系，这样的决定需要勇气。

1. 道义高于一切：来与坚守都只为承诺

如此冒险的行动在旁人看来似乎有些不合常理，本已处在事业上升期，有着触手可及的光明前途。程世寿却决定走上讲坛从零开始，只源于朋友的盛情邀请：“我和时任新闻系系主任的汪新源是老朋友，由他牵头建立的新闻系刚刚起步，需要组建一批优秀的师资队伍。”按当时的计划安排，需要调集“既要有扎实的理论基础，同时又要有丰富的新闻实践经验”人才。毕业于华中师范大学中文系、有着 20 年新闻实务工作经验的程世寿成为汪新源先生心目中的绝佳人选。

“来到华工新闻系开始新工作我也没有犹豫，来了就好好干!”程世寿出于对朋友的信任和感谢，开始了一干就是半辈子的“教书匠”生涯。从记者到教师的身份转变，程世寿坦言这是一个非常自然的过程：“我毕业于华中师范大学，基本的教学法在本科期间有所涉猎，走上讲坛并没有觉得有什么困难。”

“刚成立的新闻系办得很红火，我们是在理工大学第一个开设新闻学专业的高校，同时得到了时任华中工学院院长朱九思先生等学校领导的大力支持，在经费方面也给了很多帮助，另外我们还拥有一张有刊号的报纸《改革信息报》，这在当时的学界是非常了不起的事情”。

《改革信息报》作为除了讲台之外的第二个教学阵地，让学生和年轻教师参与到报纸的采写和编辑工作中，发行量有6万多份，覆盖全国29个省市自治区，在全国有相当大的影响。

与中国人民大学、复旦大学等传统新闻强校偏向理论研究和教学不同，华中理工大学新闻系更注重新闻实务能力的培养。得益于业界精英作为指导教师以及学生办报等实践经历丰富，当时的新闻系毕业生成为全国多家媒体招聘新闻人才争先恐后争夺的“香饽饽”。据程世寿的夫人吴老师回忆：“有一次我代表中文系在东湖宾馆开会，另一个会场有新华社的同志，得知我是华工的老师后就问我认不认识新闻系的老师，他们很想要两个华中理工大学新闻系的毕业生过去工作，苦于一直要不到我们的学生。”

在当时的新闻业界，华中理工大学新闻系学生以“业务能力强，上手快”著称。“我们84级的学生在毕业后很多都去了江门，江门新闻界的掌舵手几乎都是华工出身，形成了有名的‘华工帮’。”

然而，历史的演进并不是一帆风顺，在经历了红火的办学初期之后，1986年成为了华中理工大学新闻系的转折点。程世寿回忆：“虽然我们的亮点很多，但对办学规律不熟悉，没有形成一套行之有效的符合文科发展规律和现代文科发展趋势的管理制度和管理机制。”学校领导班子的更替也给新闻系的发展带来了些许不便：“朱九思老校长以前是新闻人，新闻系也由他一手操劳创办起来，新闻系前期的快速发展离不开老先生的大力支持。新领导班子放松了对文科院系的重视程度，包括在经费等方面的物质支持。1985年，我们引以为豪的《改革信息报》也由于经费不足而停刊。”

谈起《改革信息报》的停刊，如今的程世寿还唏嘘不已。出身业界的程世寿思想更为解放，曾提议《改革信息报》学习市场化报刊，引进广告以筹措经费。但由于各种原因建议未被采纳：“获得一个刊号是很不容易的事情，无论是经济价值还是教学价值、精神意义都是不可估量的，停刊就意味着我们的刊号也就浪费掉了。”

不仅如此，受1989年“六四”风波的影响，社会大环境对兴办新闻系形成了不利的形势。1989年全国新闻专业停止招生一年，华中理工大学新闻系也没有例外，1990年恢复招生后，全系只有4个班，100余人。生源减少，也影响了教师队伍的积极性。

加上20世纪80年代初，新闻界尚没有评职称，工作了十几二十年的老记者、老编辑没有职称就进入了高校，又没有教龄、足够的教学工作量和成果等条件去参加学校的职称评定。很多老教师职称问题一直没有解决，这也成为程世寿工作生涯里最遗憾的一件事：“很多老师其实早该得到教授职称的，我们也做了一些努力，但最后的结果还是不尽如人意。包括第一任系主任汪新源先生到退休前也只是副教授职称，后来我们开会决定授予他名誉教授称号，对外也是讲汪老师是教授。”

1992年，程世寿担任新闻系系主任，正式接手新闻系的各方面工作。而此时，正是华工新闻系发展的寒冬期。青年教师流失，只留下最初的一批老教师“镇守”教学阵地，全系学生只有100人左右，账面只有5000元，程世寿就这样接下了“烂摊子”。

在面对常人无法想象的困难和压力之时，程世寿也没有想过离开。“汪新源退休时曾交代我要管好新闻系，我答应了他，就必须做到！”也不是没有橄榄枝抛向过他，早在1985年，暨南大学就向程世寿发出邀请，但被他拒绝。“我们那一代人都很讲道义和信用的，没有理由我要放弃。与我一同留下来的各位老同志他们也都各自有别的出路，大家都没有犹豫没有放弃，我更不能走！”

2. 大刀阔斧搞建设：胆识与风险的较量

为了对朋友的一句承诺，程世寿开始着手建设新闻系，试图扭转颓势。第一件事就是整合资源，与学校领导恳谈，争取学校的支持。1993年，程世寿组织新闻系老师与校领导座谈，商谈“到底办不办新闻系、怎么办新闻系”的问题。“我把新闻系的现状详细地向校领导汇报，并强调最初创办新闻系也是校领导的意思，要创办‘文理交叉见长’的新闻人才，现在必须得到学校的支持，我们才能改变现状。”

一方面寻求学校的帮助，另一方面也要整合人心、稳住教师队伍。1993年年终，程世寿打算为新闻系教师每人发放500元奖金，无奈系里账上已无力承担这笔开支。“当时我还兼任《中国长江开放报》的总编辑，系里没有钱，我就从报社带了一笔钱过来，最后把教师们的这笔年终奖都发了。”

“不管形势有多严峻、条件有多艰难，教学是主业一定不能松懈。”程世寿坚持狠抓教学工作，推进“文理交叉、应用为主”的特色教育。1993年新闻系在调研国内报社使用激光照排的基础上，派出年轻教师到北大方正公司学习计算机技术和报纸激光照排技术，返校后开设“计算机文字处理与文稿编排”课，成为我国新闻教育界第一个实现用计算机“画版”的新闻系。1993年，建立广播录音编辑实验室、电视演播室，并向学校提出设立广播电视专业的申请，1996年正式成立广播电视新闻学专业，于1997年正式开始招生。

新闻系没有硕士点也是老华工新闻人的一块心病。早在新闻系成立之初，领导班子就致力于推进新闻系获得硕士授予权，无奈一直没有进展。1994年，经湖北省学位办批准，新闻系有了研究生正式招生权，但只能挂靠在社会学系的硕士点上。1994年招收第一届在职研究生时，程世寿大胆与社会学系协商分取学费收入，在一定程度上缓解了新闻系的财政困难问题。直至1996年，华中理工大学新闻系终于获得了新闻学硕士学位授予权。

军心稳住了，教学质量也稳步提升，程世寿又开始思考怎么把新闻系的招牌推向全国。1995 年，程世寿应邀出席在香港大学召开的“世界传媒与经济发展学术研讨会”，并在会上作学术发言。这次会议改变了该校新闻系埋头办学的旧态，打开了对外交流的渠道。

加强对外沟通交流与学习，举办华文报刊国际学术言谈会是一次里程碑式的实践。1994 年，新加坡南洋理工大学校长率全校的学院院长访问华中理工大学，程世寿负责陪同该校传播学院院长郭振羽的参观交流事宜。“我和郭教授一见如故，都是 1940 年生人，都属虎，我们达成了口头协议要召开一次学术会议，实行学者互访，戏言要‘二虎闹长江’。”双方经商讨后确定会议主题为“世界华文报刊与中华文化传播”，并提出请中国新闻史学会加盟，以示号召力。恰逢三峡工程即将动工修建，大会决定以游船的方式开会。“当时预算需要 80 万左右，而学校却不承担亏损的风险。我们只能以会养会，通过收取会务费填补开支，我也去找单位和企业拉赞助寻求支援。”

现在回忆起来，程世寿仍觉得当初的决定非常冒险。“会议举办得非常成功，当初的一切努力和风险都是值得的。”会议共吸引了新加坡、马来西亚、日本、美国、法国、德国等 9 个国家的 44 位境外代表出席了会议，中国人民大学甘惜分、复旦大学宁树藩等学术大家到会，合计 98 位新闻传播学者和报人出席了大会。程世寿说道：“这次会议打出了华工新闻系的品牌，我们开始走向全国、走向世界，也给了我们自己信心，我们开始慢慢度过低谷期，重振旗鼓。”

新闻系的发展有了起色，程世寿又开始考虑将新闻系独立于文学院成立新闻学院的相关事宜。“我们有了一些成绩，学科的发展也要求我们成立学院。”1997 年，程世寿组织了几位老师开了一次闭门会议，策划新闻系独立之事。

在成立新闻学院前征求了时任文学院院长的同意，并得到了时任校长周济的支持。为了发展新闻与信息传播学科，校领导研究决定把新闻系扩大成学院。据程世寿回忆：“周济校长亲自确定学院的名字要加上‘信息’两字，这是基于信息社会这个学科的发展空间而定的。”

1998 年 4 月 28 日，华中理工大学新闻与信息传播学院正式成立，新闻人数十年的努力和奔走终于有了成果。系变成了学院，按惯例系主任理应担任院长一职，而程世寿却再一次做出了一个出乎意料的决定：“当时的我已经 58 岁了，还有两年即将退休。吴廷俊有想法有能力，学术方面也有很高的造诣，他比我更适合当院长。”

在与吴廷俊商讨办学思路等意见后，程世寿决定让贤，让吴廷俊担任院长一职，自己担任学院党总支书记。“我要为吴廷俊保驾护航，各位教职工有什么意见都跟我讲，我来协调处理，让吴廷俊专心办学。”

媒与社会”等本科课程和“传媒与教育研究”、“深度报道研究”等研究生课程教学，为重庆市劳动与社会保障局、驻渝部队、重庆市环保局、浙江舟山宣传文化系统等讲授“危机传播与管理”、“公务员怎样与媒体打交道”等学术讲座多次。

（3）王立昌，男，生于1963年，1984年7月毕业于陕西理工学院汉语言文学专业，获文学学士。同年支边来到新疆生产建设兵团教育学院工作，1996年合并到石河子大学，担任过中文系副主任、主任，文学艺术学院副院长、院长，现为石河子大学文学艺术学院党委书记，副院长。2005年获评教授。

主要从事文学研究、民族问题研究和新闻事业研究。科研成果：①主持并完成国家哲社基金规划课题“西部欠发达地区中学文学教育的历史现状与对策研究”。②主持并完成的国家哲社基金规划课题“西部民族地区人文素质的提高与社会经济可持续发展的关系研究”。③主持并完成自治区哲社基金规划课题“新疆民族地区人文素质的提高与社会经济可持续发展的关系研究”。④主持自治区哲社基金规划课题“新疆多民族地区构建和谐村镇的模式研究”。⑤主持并完成教育部人文社科基金规划课题“边境农牧团场广电事业现状与发展模式研究——以新疆生产建设兵团为例”。⑥向新疆生产建设兵团文化广播电视局提交研究报告“新疆生产建设兵团边境农牧团场广电事业现状与发展问题与对策研究”并被采纳。⑦主持国家哲社基金规划课题“新疆“9·25”起义现存留疆官兵及其亲属的口述实录研究”。⑧主持新疆生产建设兵团哲社基金规划委托课题“加强兵团文学艺术创作精品生产研究”。

（4）王振铎，男，1936年出生。文学学士，毕业于河南大学，现为河南大学教授，硕士研究生导师。历任中国编辑学会副会长、河南省孔子学会会长，河南省高等学校人文社科学报研究会会长，《河南大学学报》主编，河南大学新闻编辑出版研究所所长，河南大学郑州分校校长等职务，是中国作家协会会员，中国新闻出版科学研究院特约研究员。长期致力于编辑学、文学理论的教学与科研工作，为我国编辑学学科尤其是编辑理论的研究和发展作出了杰出贡献，同时在文学理论特别是文学批评上取得了一定成就。他德高望重，笔耕不辍，著作等身，为我国编辑学和编辑出版教育学研究作出了杰出贡献。所提出的“文化缔构编辑观”、“编辑创造媒介论”、“编辑活动六元论”等理论观点，乃至其治学思想和方法论等，都在当代中国编辑学界产生了殊为重要的影响，是中国编辑学学科的开创者和开拓者之一，也是享誉当代中国编辑学学界的著名编辑理论家和编辑出版教育家。

（5）文然，男，1962年出生。学士学位，毕业于辽宁大学。辽宁大学新闻与传播学院教授，新闻学硕士研究生导师，中国新闻教育学会常务理事和中国新闻理论研究会常务理事。教育部新闻传播学教学指导委员会委员和辽宁省教育厅新闻传播学教学指导委员会主任委员。2008 年，任辽宁大学汉语国际教育学院院长。任职数年来，承担了大量的本科生、硕士生课程。2003 年和 2004 年两次被评为辽宁大学优秀本科生教师，并两次入选校“十佳”教师。曾经主讲“传播学概论”、“电视文艺学”、“媒介娱乐学”、“宣传史”等十余门课程。

主要代表作：著有《电视艺术走向》、《新闻传播学》、《名记者论》、《电视文艺学》、《电视艺术总论》、《宣传史纲》、《玩具：大众传播娱乐价值研究》等 10 余部学术专著。在国家及省内外学术刊物发表有影响的学术论文三十余篇，并在一些电视剧、电视专题片、电视栏目和电视文艺晚会中担任编剧、策划；曾获中国电视文艺“星光奖”、“五个一工程奖”等奖项。

（6）方晓红，女，1951 年出生，教授、博士生导师。1982 年毕业于武汉大学中文系并留校任教，1993 年调入南京师范大学。其间攻读博士学位并赴复旦大学做新闻学博士后。曾任南京师范大学新闻与传播学院院长，教育部高等学校新闻传播学科特色专业带头人。江苏“十五”、“十一五”新闻学重点学科带头人、“十二五”新闻传播学、新闻学品牌专业学术带头人。2001—2012 年任教育部高等学校新闻学教学指导委员会委员、中国新闻史学会常务理事、中国传播学理事、中国高等教育学会新闻学与传播学专业学会理事。

致力于新闻传播与农村社会发展关系的系列研究。著有专著《大众传媒与农村》、《农村传播学研究方法初探》，以及《农村的变革与大众媒介发展的互动关系》等多篇论文。同时从事中国新闻史学方向的研究。就任院长期间，率全院教师于 2015 年创建了新闻学博士点。带领学科团队创建“四级递进、两翼开放、产学协同——新闻传播复合型人才培养模式的建构与实践”的教学模式，该模式获江苏省教学创新成果一等奖。从事研究、教学 30 余年，共主持国家项目 4 项，省级项目 3 项，厅重大项目 1 项，横向课题 10 余项。独自撰写或参与撰写新闻学、文学专著、教材等计 15 部，主编《媒介与社会发展》研究丛书两套近 20 部，撰写论文近百篇。

（7）尹鸿，男，博士，1961 年出生，毕业于北京师范大学。清华大学教授，新闻与传播学院影视传播研究中心主任。现任中国文艺评论家协会副主席、北京电影家协会副主席、中国电影家协会理论评论委员会会长、中国评论学会副会长、中国高校影视学会副会长、中国电视剧导演委员会和编剧委员会指导委员。先后担任中国电视剧飞天奖、中国电视文艺星光奖、中国电影华表奖、中国电影金鸡奖、中国长春电影节金鹿奖、中国播音主持人金话筒奖、中国广州国际纪录片节金红棉奖、中国电视金鹰奖等重要奖项评委。获国务院有突出贡献专家特殊津贴。

尹鸿教授是国内最有影响的电影产业研究者，出版了国内首部电视真人秀研究著作，其影视评论和理论研究也产生了广泛影响并被翻译成多种文字在国外出版和发表。尹鸿教授既是清华大学影视传播学科的学术带头人，还长期担任新闻与传播学院负责人，在该学科从无到有、从弱到强的发展过程中，为进入主流、形成特色、建设一流做出了重要贡献。

担任《电影艺术》、《中国广播电视学刊》、《新闻界》、*Chinese Journal of Commu-nication*（英国）、《传播与社会研究学刊》（香港）等学术刊物编委。著有《百年跨越：全球化背景下的中国电影》、《尹鸿自选集：媒介图景·中国影像》等近20种著作，在《中国社会科学》、《当代电影》等发表学术论文近300篇，在《人民日报》、《光明日报》等报刊发表近300篇文化和文艺评论。担任过中央电视台《新闻调查》、《百家讲坛》、《艺术人生》、《对话》以及各地方卫视频道众多著名栏目和百部集影视节目的策划和顾问。

（8）石义彬，男，1955年3月出生。新闻学博士，1978年武汉大学外文系英语专业毕业留外文系任教。1985年武汉大学哲学系现代外国哲学专业研究生毕业获哲学硕士学位。1985年至今在武汉大学新闻与传播学院任教。1987—1989年在美国西东大学传播学系学习，1995—1996年赴美国依阿华大学、哥伦比亚大学做访问研究。现任新闻与传播学院教授（二级）、博士生导师、武汉大学新闻与传播学院院长、国务院学位委员会新闻传播学科评议组成员、中国高等教育学会新闻学与传播学专业委员会副理事长、教育部高等学校教学指导委员会新闻传播学类专业教学指导委员会副主任委员、全国新闻与传播专业学位研究生教育指导委员会委员、教育部“马工程”教材《西方传播学理论评析》首席专家、中国传播学会副会长，担任多家杂志的编委和审稿专家，在国内多家高校的新闻院系（所）、研究机构担任兼职（客座）教授或研究员，享受国务院政府特殊津贴。

主要研究传播学理论，代表作有：《单向度、超真实、内爆——批判视野中的当代西方传播思想研究》、《批判视野下的西方传播思想》等。1997年10月获国家级教学成果奖二等奖，1997年9月获湖北省人民政府高等学校优秀教学成果奖一等奖，2003年湖北省人民政府优秀社科成果奖三等奖。

（9）白贵，男，1956年出生，1982年1月毕业于河北大学中文系，获学士学位。进入内蒙古大学中文系文艺理论教研室工作，先后任助教、讲师、副教授。1985—1986年赴北京大学哲学系美学教研室研修美学，师从阎国忠教授。1992—1993年赴中国人民大学新闻学院研修新闻。从1992年起，任内蒙古大学中文系新闻专业负责人，后考入河北大学中文系古代文学专业，获博士学位。2000年10月，河北大学新闻学院成立，担任首任院长。2015年被聘为河北大学特聘教授。2003年6月，开始担任古代文学博士研究生导师。2010年河北大学新闻传播学学科被国务院学位委员会批准增列为一级学科博士点，担任该学科带头人、博士生导师至今。

主要研究领域为新闻理论、广播电视新闻、少数民族新闻史、文化传播。著有《当代中国传媒社区的新进路》、《报纸编辑精品导读》、《河大走出的传媒人》、《视听中国的世纪跨越》、《出版传媒研究——变革中的河北出版业》、《美学的基本理论》等著作；主编（或联合主编）有《新世纪广播电视新闻传播系列教材》等，发表论文130余篇；主持国家社科基金课题及省部级课题10余项，其中主持的2008年度国家社科基金项目“近现代回族报刊史”被国家社科规划办评为优秀结项课题，4种著作先后获得河北省社会科学优秀成果一、二、三等奖。曾获得内蒙古大学、河北大学“三育人”优秀个人、河北大学“教学名师”、河北省“三育人”优秀个人、河北省“四个一批”优秀人才、宝钢教育奖“优秀教师”奖等。

（10）吕新雨，女，1965年出生。1993年获复旦大学文艺美学专业博士学位，同年，在复旦大学新闻学院任教，2002年被聘为教授，2004年担任博士生导师。历任复旦大学新闻学院广播电视系主任、复旦纪录影像研究中心主任、复旦大学当代马克思主义新闻与传播研究中心执行主任、复旦大学视觉文化研究中心副主任。2014年7月起任华东师范大学紫江特聘教授、华东师范大学—康奈尔比较人文研究中心（ECNU-Cornell Center for Comparative Humanities）主任、华东师范大学传播学院博士生导师。

主要研究方向为中国新纪录运动、影视理论、传播政治经济学、三农问题等。著有《学术、传媒与公共性》、《乡村与革命》、《书写与遮蔽：影像、传媒与文化论集》、《纪录中国——当代中国的新纪录运动》（2006年获第四届中国高校人文社会科学优秀成果二等奖）、《神话·悲剧·〈诗学〉——对古希腊诗学传统的重新认识》。与Chris Berry和Lisa Rofel合作 *The New Chinese Documentary film Movement*：*For the Public Record*，为英语学术界中第一本讨论当代中国新纪录运动的论著。主编《大众传媒与上海认同》、《纪录·影像：海外与中国丛书》，联合主编《批判传播学丛书》。论文被翻译为英文、法文、德文、日文、韩文等。

（11）朱剑飞，男，1956年出生，广西玉林人。现任华南理工大学新闻与传播学院副院长，教授。作为从传媒业界重点引进的师资，是全国广电传媒期刊四大名刊之一《南方电视学刊》创始人，国际华语电视周主要组织工作者，高级编辑。主要从事传播规律、新闻执政、经营管理及新媒体平台化集成化发展等重要理论课题的研究与教学，多年直接参与传媒业内大型活动及重大电视理论文献片的策划、组织与制作；擅长策划及决策领域与媒体产学研的重大项目研究课题。

社会兼职：中国视协电视节目研发委员会副主任；中国广电协会电视学研委会常务理事、中国电视“博雅奖”、“金鹰奖”、“国际纪录片节”专家评委；广东国际华语电视发展研究专业委员会副会长兼秘书长、广东电视艺术家协会专家委员会常务副主任。个人专著有《中国文化思辨：从文学走向传播》、《中国传媒改革启示录》、《当代传媒管理研究》等。近十年来先后在《中国广播电视学刊》、《现代传播》、《南方电视学刊》、《视听界》等知名刊物上发表逾50篇学术论文。

（12）任文京，男，1955年出生，博士。1978年3月入河北大学中文系学习，1982年3月毕业留校任教。曾任河北大学出版社总编辑，现为河北大学新闻传播学院二级教授，博士研究生导师，主要研究方向为编辑出版学、文化传播及中国古代文学。曾获河北省第三届社会科学优秀专家特别提名、河北省有突出贡献中青年专家、河北省宣传文化系统首届“四个一批人才”等荣誉称号。主要社会兼职：全国高等学校出版专业教学指导委员会委员、国家新闻出版广电总局出版产品质量监督检测中心专家委员会编校专家、河北省出版审读专家、河北省印刷产品质量监督检验站专家委员会编校专家、海峡两岸华文出版论坛秘书长。

近年主持并完成国家社科基金项目《唐宋诗序跋研究》以及省部级科研项5项，出版专著5部，发表学术论文50余篇，其中《论编辑的学养》、《数字时代阅读方式的选择》被《新华文摘》全文转载，《微信社交化阅读困扰与突破路径——兼论“微出版”的可能性》、《论图书出版传播正能量》被人大复印资料《出版业》全文转载。《唐代边塞诗的文化阐释》2006年被评为河北省优秀博士学位论文。“数字时代阅读方式的选择”等5项成果获河北省社科优秀成果奖或河北省社科基金项目优秀成果奖，两次荣获中国图书奖，两次荣获全国优秀畅销书奖，四次荣获河北省优秀图书奖和优秀畅销书奖，连续三届荣获河北省社会科学优秀图书编辑奖。

（13）刘卫东，男，1954年出生，政治学博士。1982年毕业于天津师范大学中文系，同年8月赴中国人民大学新闻系和中国社科院新闻系进修，师承甘惜分、王武录教授。1995年晋升副教授，1999年晋升教授，2003年成立新闻传播学院为首任院长。兼任中国传媒大学、复旦大学、南开大学、郑州大学教授或研究员。

1982年11月参加中国社科院新闻所召开的首届中国传播学年会，从此萌发将“西方传播学”引入新闻学研究的尝试，并于1988年由北京广播学院出版社出版《信息论与新闻》，该书获天津市社科成果三等奖。此后其学术研究转入新闻传播学新领域。1999年出版《新闻传播学概论》，获天津市社科成果三等奖。另有两篇论文荣获中国广电协会和天津市社科联一等奖。

先后主持国家社科规划重点项目及省部级课题。研究领域为媒介政治学与战略文化、传播技术哲学等，出版《政治文化与媒介权力》、《新闻摄影基础》、《公共关系大辞典》、《当代新闻传播》等著作十余种，参加中央马克思主义理论工程重大项目“新闻学概论”研究，撰写“新闻法治”一章。入选教育部“精彩一课”主讲人，任天津市高校教学团队负责人，获天津市“五一”劳动奖章、天津市公共关系20年先进个人、天津市教学名师、天津市精品课程负责人、天津市优秀共产党员等奖项。

（14）刘开骅，男，1963年出生，江苏响水人。1983年7月毕业于盐城师专中文系，参加工作。1993年6月毕业于南京大学中文系，获硕士学位，特招调入南京政治学院。2004年6月毕业于南京大学中文系，获文学博士学位。现任南京政治学院军事新闻传播系教授，博士生导师。兼任江苏省修辞学会副会长、全军新闻系列高级专业技术职务评定委员会副主任委员、中国人民解放军新闻奖评选委员会委员。江苏省“333高层次人才培养工程”首批中青年学科带头人，获得全军院校育才奖银奖、军队优秀专业技术人才岗位津贴。

为本科生开设“传播学概论”、“新闻名作与名记者”、“中国文学专题”等课程，为硕士生开设“理论（文化）传播专题研究”、“当代新闻传播实务专题研究”等课程，为博士生开设“马克思主义新闻思想与当代新闻传播理论研究”、“军事新闻传播前沿问题研究”、“中国新闻学术史研究”等课程。相关教学成果曾获军队级二等奖。

研究领域为军事新闻传播，侧重新媒体传播与军队国防建设、军队形象与军事外宣、著名军事记者及其作品等研究方向。完成和主要参与完成多项国家、军队和省部级课题，现主持国家社科基金军事学项目“借助新媒体传播实施国防舆论动员研究”。近年来，在《国际新闻界》、《现代传播》、《南京政治学院学报》等核心期刊发表学术论文40多篇，总计约26万字。独著、合著、主编、参编著作和教材22部，个人完成约280万字。科研成果获得江苏省人民政府第11届哲学社会科学优秀成果三等奖。

（15）刘亚，男，1954年出生，湖南湘潭人。1975年7月毕业于复旦大学新闻系。1975年7月至1978年1月，于上海警备区守备1师6团工作。1978年1月调入南京政治学院，1984年6月起，从事军事新闻教育工作。2001年被评为教授，2009年担任博士生导师。承担“军事新闻传播研究”、“世界新闻史”、“当代新闻事业（史）研究”等12门课程讲授任务。发表的主要论文有：《中国军事新闻事业的产生与发展》、《大江南北的“游击文化”——新四军报刊探析》、《民族正义战争中的“第四条战线”——抗日战争广播战初探》、《20世纪中国军事新闻学研究》、《沙飞军事新闻摄影三论》、《青出于蓝胜于蓝——从江永红与阎吾的新闻作品谈我军新老记者之异同》。主持全国哲学社会科学“十一五”规划课题“中国人民解放军新闻史研究”，鉴定优秀结项。以第一完成人参与的2007年度国家社科基金项目“中国近代（1840—1919）图像新闻出版史研究”，鉴定良好结项，研究成果《中国近代图像新闻史》2011年12月出版。以第四完成人申报的一项教学成果于2005年获国家级教学成果二等奖、军队级教

学位。

1989—1993 年，华中师范大学任教；1993—2001 年，在长江日报社从事新闻采编；2001 年至今，华中科技大学新闻与信息传播学院任教。现为华中科技大学新闻与信息传播学院教授、博士生导师、副院长。研究方向：广播电视与视听新媒体、政治传播、新闻业务等。

主持了国家社科基金课题“‘三网融合’与广播电视新闻传播研究”；“基于新媒体的民意表达与公共政策的互动机制研究”、国家特色专业——广播电视新闻学建设项目、湖北省社科基金课题“大众媒介参与公共政策过程的机制研究”等。出版了《大众媒介与公共政策》、《重构——“三网融合”对广播电视新闻传播的影响》等专著，主编了《新闻采访》、《广播电视新闻采访与写作》、《视听评论》等教材。在《新闻与传播研究》、《现代传播》、《新闻大学》、《国际新闻界》等学术期刊发表了《批判研究方法的科学性问题》、《网络民意与公共政策的“民间智库”》等 100 余篇论文。

获得华中科技大学教学名师奖、宝钢优秀教师奖、湖北省教学成果一等奖、湖北省社会科学优秀成果奖等。

（21）芮必峰，男，1957 年出生，安徽马鞍山人，安徽大学新闻传播学院教授，博士生导师，安徽大学江淮学院院长。担任国家教育部新闻学教学指导委员会委员，中国新闻教育学会理事，安徽省第九届、第十届、第十一届政协委员，安徽省记协常务理事。

从事新闻传播理论的研究工作，对新闻学基础理论和中西人际传播思想投入较多精力，先后在全国重要学术期刊发表《西方媒介哲学评介》、《人类社会与人际传播》、《人类理解与人际传播》、《健全的社会与健全的传播》、《新闻与新闻报道》、《现代社会与现代传媒》、《“政治家办报”的历史解读》等学术论文 50 多篇；出版《新闻学基础理论》、《新闻理论趣谈》、《新闻报道方式论》教材和学术专著三部；主编《21 世纪新闻传播学丛书》和《当代新闻传播学系列教程》各一套，共计 17 本，400 余万字。

主持国家社科基金项目 2 项（重点项目 1 项）、教育部人文社科重大项目 1 项，省级项目 2 项。2007 年，主讲的“新闻学概论”被批准为国家级精品课程；2008 年获宝钢教育基金优秀教师奖；2009 年获“全国优秀教师”和“安徽省优秀教师”称号；2010 年成为“马克思主义理论研究和建设工程”教育部第二批重点教材《中国新闻传播史》课题组首席专家，2012 年获“安徽省先进工作者”荣誉称号。

（22）严三九，男，1965 年 7 月出生，毕业于复旦大学新闻学院。现为华东师范大学学位委员会委员，教授，博士生导师，华东师范大学传播学院院长，学校新闻传播学学科带头人。兼任教育部新闻传播学类专业教学指导委员会委员，中国传媒经营管理学会副会长，上海市新闻传播学学科组两个召集人之一，上海市新闻传播学类专业教学指导委员会副主任委员。

2003 年以来，多次应邀赴美国、英国、法国、德国、日本、澳大利亚等多个国家和中国香港、台湾地区的大学进行学术交流、讲座。2012 年先后在美国普渡大学、纽约大学、里海大学、特纳华大学和英国拉夫堡大学、利兹大学、诺丁汉特伦特大学等做主题演讲。撰写 120 多万字的新闻稿件和策划 10 多个电视节目，有丰富的新闻传播和电视实践经验。入选上海市“曙光学者支持计划”、教育部“新世纪优秀人才支持计划”。曾经获得“第六届广东省广播电视学术论文奖二等奖”、“上海市第八届哲学社会科学优秀成果奖论文类三等奖”。重要项目有：“加快推进传统媒体和新兴媒体融合发展研究”（2014 年国家社科基金重大项目），“文化领域的价值理念及国际传播方案研究与设计”（2012 年国家社科基金重大委托项目），“传统媒体和新媒体融合研究——以媒介生产融合为例”（2008 年国家社科基金一般项目）等。出版著作教材（含合著）11 部，发表论文 80 多篇，承担完成省部级以上项目 8 项。担任《新闻与传播》（人大报刊复印资料）等期刊的编委。国家社科基金重大项目、重大委托项目首席专家。

（23）苏宏元，男，1963 年出生，博士，毕业于奥地利萨尔茨堡大学文化与社会科学院传播系。先后任职于江苏人民广播电台（文艺部、经济部）、西藏广播电视厅新闻中心（林芝、阿里和日喀则驻站记者）和南京师范大学新闻与传播学院（讲师、副教授和副院长）。2007 年 12 月被聘至华南理工大学新闻与传播学院工作，先后任新闻传播系主任、国际交流中心主任。现任华南理工大学新闻与传播学院院长、数据新闻研究中心主任、教授、博士生导师。学术兼职包括中国网络传播学会常务理事、中国社会科学院新媒体研究中心特聘研究员等。

先后出版《网络传播学导论》、《新闻采访学》和《广播电视学》等著作和译著《高效的数据表达》，主编《跨媒体新闻与传播系列教材》等。在《新闻与传播研究》、《现代传播》、《江苏社会科学》等学术期刊发表专业论文 30 余篇，主持国家社会科学基金项目“数据新闻学发展前沿研究”等多项国家级和省部级科研项目。2015 年 6 月 8 日获广东省第十一届新闻金钟奖。

（24）杜骏飞，男，1965 年生于江苏淮安。新闻传播学教授、博士生导师。现为南京大学新闻传播学院执行院长、南京大学—奥美（NJU-Ogilvy）创意研究院院长；教育部新闻学学科教学指导委员会委员、中国网络传播学会创会会长、中国图书引文索引（CBKCI）新闻传播学科委员会成员、CSSCI 来源集刊《中国网络传播研究》主编。兼任中国南海研究协同创新中心平台长、江苏省社会舆情分析与决策支持基地主任、江苏省“紫金传媒智库”副主任。

1987 年起任教南京大学新闻传播学院，历任教研室主任、系主任、副院长、执行院长，教授本科课程："媒介案例研究"、"深度报道研究" 等。教授研究生课程："传播研究方法"、"网络政治研究" 等。2008 年，主讲的 "网络传播" 课程荣获 "国家精品课程" 称号，同年 5 月入选教育部 "新世纪优秀人才支持计划"。2011 年，荣获南京大学 "我最喜爱的老师" 称号。

主要研究领域包括：互联网与中国问题、媒介政治学、新闻理论以及传播研究方法。曾主持国家社科基金重大招标项目 "中国网络社会管理研究"、"网络游戏对青少年发展的影响与引导研究" 等，主持国家社科基金一般项目、省部级重点及特别委托项目十余项。出版《弥漫的传播》、《网络新闻学》、《深度报道原理》、《公开时刻》、《政府网络危机》等 15 部专著，发表论文、学术评论近百篇。

（25）李文，男，1961 年出生。陕西师范大学新闻与传播学院教授。兰州大学新闻与传播学院首任院长。担任教育部高等学校新闻传播类专业教学指导委员会委员、中国新闻史学会常务理事、陕西省新闻发布工作专家指导组专家，曾任中华新闻工作者协会第七届特邀理事、中国新闻教育学会常务理事、教育部全国高等教育自学考试指导委员会委员。

研究方向是中国新闻传播史，尤其在陕甘宁边区新闻事业的研究和西北地区新闻事业的研究方面多有建树。主持和参与的国家社科项目 5 项，其中参与了 2015 年国家社科重大招标项目 "百年中国新闻史史料整理与研究"（分项目负责人），主持完成了国家社科基金项目 "陕甘宁边区新闻事业研究"。主持省部级项目 2 项，参与 4 项，主持的项目为：甘肃省社科项目 "市场经济条件下甘肃新闻事业面临的问题与对策"、"当前甘肃新闻出版业面临的问题与对策研究"。在这方面的代表性专著有《甘肃新闻事业的历史与现状研究》、《陕甘宁边区新闻事业》。

30 多年来为本科生、硕士生讲授了 "中国新闻传播史"（省级精品课）、"广告学概论"、"广告学专题研究" 等十多门课程，曾获省部级教学奖。

（26）李秀云，女，1972 年出生，历史学博士，毕业于南开大学历史学院。现任天津师范大学新闻传播学院教授、副院长；中国新闻史学会常务理事、天津地方新闻史研究所所长。入选天津市 "131" 创新型人才培养工程第一层次人选（2014），入选天津市宣传文化 "五个一批" 人才培养工程（2013），入选中宣部、教育部 "卓越新闻人才培养" 高等学校与新闻单位从业人员互聘 "千人计划"（2013—2014）。

现已出版专著 5 部：《中国新闻学术史（1834—1949）》、《中国现代新闻思想史》、《〈大公报〉专刊研究（1927—1937）》、《留学生与中国新闻学》、《中国当代新闻学研究范式的转换》。专著《中国新闻学术史》获天津市第十一届哲学社会科学优秀成果奖

(2008)。所指导的硕士论文《张友鸾新闻思想研究》(作者：崔迎) 获 2014 年天津市优秀硕士学位论文。

现已主持完成国家社科基金项目“中国当代新闻学研究范式的转换”、教育部人文社科研究规划项目“中国当代新闻学术史”、天津社科基金项目“《大公报》专刊与天津社会文化”与“‘十三五’时期天津推动传统媒体和新媒体融合发展、提升传播影响力研究”、天津市高等教育人文社会科学研究项目“中国现代新闻思想史”等各类课题十余项。

(27) 李良荣，男，1946 年出生于浙江省镇海县。1968 年 7 月本科毕业于复旦大学新闻系。1979 年 7 月进入复旦大学新闻系攻读硕士学位，师从著名新闻学者王中教授。1982 年 7 月获硕士学位并留校任教。现为复旦大学特聘教授、博士生导师，复旦大学传播与国家治理研究中心主任。曾任教育部高等学校新闻学学科教学指导委员会主任委员，华中科技大学、浙江大学等 20 余所高校的兼职教授、讲席教授与特聘教授。

李良荣教授一直从事新闻传播学理论和国际传播两个方向的教学和研究，新闻学基础理论和新闻改革是他研究的主要着力点。他写出国内最早一本新闻实务史——《中国报纸文体发展概要》(1985)，最早一本《新闻学概论》(1985)，最早一本《宣传学导论》(1989)，此外还有《西方新闻事业概论》、《当代西方新闻媒体》、《中国传媒业的战略转型》、《为中国传媒业把脉》、《新闻改革的探索》、《新世纪的探索》等著作和上百篇学术论文。其中最新版《新闻学概论》改版 5 次，发行 60 万册以上，覆盖全国 80%以上高校的新闻传播学专业，是发行量最大、覆盖面最广的一本新闻传播学教材，被师生誉为“新闻学百科全书式教材”，2008 年被评为国家级精品教程。从 2003 年开始，他连续主持了两期复旦大学“211”工程，并主持了第一次全国性受众调查“新传播形态下的中国受众”，获上海市哲学社会科学一等奖 (2014)，教育部人文社会科学二等奖 (2015)。

近五年来，李良荣教授专注于互联网与新媒体的研究，发表的系列论文《论新传播革命》和主编的新教材《网络与新媒体概论》，受到高度关注。2012 年组建并主持复旦大学传播与国家治理研究中心，运用大数据研究国内国际舆情，为国家提供急需的战略性信息资源和思想资源。3 年期间，该中心完成 60 余份专报和《中国网络社会心态报告》等近 20 项大型研究课题，许多专报引发中央领导关注和批示。这些研究开拓了运用大数据、依托跨学科的团队开展新闻传播学研究的新格局。

(28) 李杰，男，1959 年出生。笔名李思屈，浙江大学传媒与国际文化学院副院长、教授、博士生导师。浙江大学中国海洋文化传播研究中心主任，数字娱乐产业研究中心主任，《中国娱乐与创意产业》主编，《中国传媒报告》副主编，国内多家学术期刊编委、评审员。英国艺术与人文研究会文化政策与文化创意产业海外项目评审员，日本大阪府立大学客座教授，日本吉田秀雄纪念事业财力2002年度客座研究员。主要研究方向为传播与文化创意产业、传播符号学、广告传播学，致力于中国传统文化资源的现代化和人文资源的应用性开发。独立完成国家社科项目1项，主持教育部、国家广电总局和省级重点课题5项，出版《东方智慧与符号消费》、《数字娱乐产业》、《海洋文化产业研究》等重要学术著作多部，发表学术论文60多篇。

（29）李岩，女，1955年出生。浙江大学传媒与国际文化学院新闻与传播学系教授、博导，传播学研究所副所长。1985年开始至今从事新闻与传播学教学科研工作。现为浙江传播学会副会长、浙江省广播电视学会广播电视委员会副主任、浙江大学当代话语研究中心副主任，香港浸会大学高级访问学者。主要研究方向为媒介批评、传播与文化、广播电视等。代表性著作包括：《媒介批评——立场、命题、范畴、话语》（国家社会科学基金资助项目，分别获教育部社会科学成果奖二等奖、浙江省社会科学成果奖二等奖）；《广播电视新闻学》（国家教委向21世纪教学改革与课程建设项目成果）；《传播与文化》；《广播学导论》（浙江省高校重点教材建设项目）。代表性论文包括：《数据新闻："讲一个好故事"？——数据新闻对传统新闻的继承与变革》、《若为自由故：新媒体时代关于新闻自由的话语表征与叙事建构》、《娱乐何以致死》、《符号学与新闻学研究交汇过程的几个问题》、《大众传播过程的异化现象》、《视觉传播中的技术理性批判》等。

（30）李建伟，男，1955年出生。文学学士，毕业于河南大学，现为河南大学教授、河南大学省级重点学科新闻与传播学牵头人、省级特色专业编辑出版学科牵头人。中国教育学会新闻与传播专业委员会编辑出版学科负责人、中国新闻史学会常务理事、教育部人文社会科学专家、中国新闻奖审核专家、北京大学图书馆核心期刊评审专家、人大报刊复印资料审读专家。历任《中学语文园地》主编、河南大学新闻与传播学院首任院长，河南大学新闻与传播学国家级实验教学示范中心主任等职务。自2002年以来，出版《新锐飞扬：期刊策划著名案例》、《版权贸易基础》、《中国编辑出版教育透视》、《河南形象文化符号传播研究》等著作与教材；主持教育部人文社科项目"我国编辑出版学教育现状及发展前景研究"、河南省哲学社会科学规划项目"河南传媒人才培养战略研究"、河南省教育厅社科重大攻关项目"河南形象文化符号传播研究"、河南省科技厅软科学项目"媒介素养变量在未成年人社会化过程中的干预研究"等省部级以上项目多项；在《新闻与传播研究》、《中国出版》、《中国编辑》等核心刊物发表论文50余篇。2012年被评为"河南省教育系统优秀教师"。

（31）李艳红，女，1974年出生。传播学博士，毕业于香港中文大学，获博士学位。历任中山大学传播与设计学院讲师、副教授、教授，现任副院长。研究兴趣在于市场化与当代中国的传媒变迁、当代中国的新闻、传媒变迁与公共生活的发展、传播的全球化及其社会文化后果、传播与民主、传播与弱势社群的公共表达、传媒与社会运动、新媒体及其社会影响等，研究领域在传媒与弱势社群，公民传播，传播政治经济学、新闻研究。学术兼职包括《开放时代》学术委员 *Asian Journal of Communication* 和香港《传播与社会》刊物的学术评审组成员。

代表作：主持国家社科基金特别委托项目、教育部项目多项。在《新闻与传播研究》、《开放时代》、《中山大学学报》等 CSSCI 发表学术论文数十篇。获奖情况：2008 年获评“千百十工程”校级培养对象。

（32）李曦珍，男，1965 年出生，甘肃通渭人，中共党员，文学博士；硕士研究生导师，兰州大学新闻与传播学院教授，兰州大学马克思主义新闻观与媒介文化研究中心主任。2003 年在兰州大学留校任教以来，主要从事媒介批评、媒介技术哲学和马克思主义新闻哲学研究，先后主持过中央高校科研专项基金资助的“影视镜像机制研究”、“西方媒介技术哲学研究”等项目，主持过国家社科基金资助的“全球超级传媒研究”项目；先后在国家核心学术期刊和权威学术期刊上发表论文 50 余篇，其中的 10 篇论文被《新华文摘》、《中国社会科学文摘》和人大复印资料转载或摘编。在《新闻与传播研究》先后发表的代表性论文有《全球化背景下的文化渗透与冲突——媒介“软实力”支撑的“全球传播”问题探讨》、《女性在电视广告中的镜像迷恋与符号异化》、《恐怖的声音与声音的恐怖——“9·11”后全球传播时代的恐怖主义意识形态透视》、《传播之“路”上的媒介技术进化与媒介形态演变》，在《自然辩证法研究》上发表的代表性的论文是《媒介与人类的互动延伸——麦克卢汉主义人本的进化的媒介技术本体论批判》。2009 年 5 月，在《新闻与传播研究》上发表的《全球化背景下的文化渗透与冲突》荣获第十一届甘肃省社会科学优秀成果三等奖；2015 年 12 月，由人民出版社 2014 年出版的学术专著《理解麦克卢汉——当代西方媒介技术哲学研究》荣获第十四届甘肃省社会科学优秀成果一等奖。

（33）杨小彦，男，1957 年出生。博士，毕业于华南理工大学。曾任花城出版社编辑、《画廊》杂志主编，岭南美术出版社，历任编辑，编辑室主任，常务副社长；暨南大学新闻系副教授，加拿大温哥华文化更新研究中心特约研究员，中山大学传播与设计学院新闻传播学系主任等职务。现任中山大学传播与设计学院博士生导师，副院长，研究方向包括视觉传播、新中国摄影、视觉文化研究、城市学研究、艺术理论。

主持国家社科艺术基金重点项目“摄影艺术研究：新中国摄影发展史”，出版有《艺术史的意义》、《尚扬评传》、《篡图：杨小彦艺术批评文集》、《看与被看》、《杨小彦自选集》等著作，在《文艺研究》、《读书》、《博览群书》等期刊发表数十篇论文。在美术评论方面，近20年来，撰写有上百万字的专业评论，涉及绘画与摄影，分别发表在《新美术》、《美术》、《江苏画刊》、《美术思潮》、《中国美术报》、《广东美术家》、《美术观察》、《羊城晚报》、《广州日报》、《南方周末》、《南方都市报》、《浙江日报》、《中国文化报》、《现代摄影》、《中国摄影》、《摄影》、《人民摄影报》、《艺术世界》等杂志与报纸上。

（34）杨秀国，男，1954年出生。1982年毕业于上海复旦大学新闻系，获学士学位。现任河北大学新闻传播学院教授、博士生导师、新闻研究所所长。学新闻、教新闻、干新闻、教新闻，是杨秀国的主要人生轨迹。自1982年从复旦大学新闻系毕业，先到高校新闻学专业任教10年，再到省级媒体从事采编13年，继而被引进到高校再度从事新闻教学和科研，经历了从学界到业界，再从业界到学界的两次转型。由于具有较为深厚的学术积累和较为丰富的媒体经验，因而在课题申报、科研教学等方面取得了较为突出的业绩。2007、2009、2013年，先后主持两项国家社科课题：《新闻报道亲和力研究》和《新闻报道正能量传播研究》，主持一项省级社科课题《河北媒体经济报道前瞻性、贴近性研究》。此外，还在《新闻战线》、《新闻与写作》等新闻传播类核心期刊等发表学术论文40多篇。

主要研究方向为新闻传播业务。媒体融合、新闻生产和消费的流程再造等为重点关注领域。同时，正能量传播以及新闻报道亲和力研究已形成阶段性成果。在教学上，所主讲的“新闻采访写作”课程，被评为河北省精品课、河北省精品资源共享课。本人被评为河北省优秀教师、河北大学教学名师。2007年以来，先后出版专著《新闻采访学通论》、《新闻报道策划》、《新闻报道亲和力》。其中，《新闻采访学通论》被评为河北省社科优秀成果一等奖。

（35）杨海军，男，1964年出生。复旦大学新闻学博士。华东师范大学传播学院教授、博士生导师，华东师范大学中华文化传播研究院副院长。学术兼职有：中国新闻史学会广告与传媒发展史研究委员会会长，中国广告教育研究会副会长，中国新闻史学会常务理事。1988—1992年，山东聊城师范学院历史系任教，1992—1996年，河南大学历史文化学院历史系任教。1996—2002年，河南大学历史文化学院广告系任教，2002—2011年，河南大学新闻传播学院任教。2011年至今，华东师范大学传播学院任教。

曾任河南大学历史文化学院广告系主任、新闻与传播学院副院长，河南大学新闻传播国家级教学示范中心主任。出版《中国古代商业广告史》、《中外广告史新编》、《中外广告通史》等14部著作。在《中国社会科学》、《新闻与传播研究》、《新闻记者》、

《新闻界》、《广告研究》、《现代广告》等刊物发表学术论文 70 余篇。学术著作《中国古代商业广告史》2007 年获吴玉章人文社会科学优秀奖，《中外广告通史》2013 年获上海市优秀教材奖。其他学术成果曾获河南省社科优秀成果二等奖 3 项，河南省优秀教学成果二等奖 1 项，河南省教育厅优秀成果一等奖 6 项。主持国家社科规划基金项目“中国古代广告史研究”、教育部社科基金项目“上海近代百年广告史研究：1840—1949”，国家社科基金项目“当代广告舆论传播与话语变迁研究：1979—2009”等。

（36）杨魁，男，1960 年出生。毕业于兰州大学哲学系，现任广东外语外贸大学新闻与传播学院院长、硕士生导师、院学术委员会主任委员，校级重点研究基地“政府传播与国际舆情研究中心”主任。曾任兰州大学新闻与传播学院教授，2008 年被聘为博士生导师，甘肃省传播学省级重点学科带头人；历任兰州大学公共关系研究中心主任、兰州大学现代咨询策划研究所所长、《科学·经济·社会》杂志（CSSCI 来源期刊）常务副主编、甘肃市场营销学会副理事长、甘肃省咨询策划学会常务副理事长等。现任中国公共关系学会副会长、广东省新闻学会副会长等。

主要研究方向：传播学理论、公共关系与广告传播、区域形象与品牌传播等。主持完成国家社科基金项目“新消费文化观念构建研究”、省级重大委托项目“重大突发公共事件信息传播应急机制研究”等。历年来在权威期刊发表学术论文 70 多篇。主编丛书 4 套：《全球化与国际传播研究》（5 种）、《风险社会与危机传播研究》（5 种）、《现代企业策划研究》（5 种）、《公关·广告·营销》（5 种）；出版《消费文化理论研究：基于全球化的视野和历史的维度》、《中国消费文化观念的媒介呈现研究》、《政府·媒体·公众：突发事件信息传播应急机制研究》、《危机传播研究新论》、《现代企业形象管理：战略与策划》、《21 世纪中国公关蓝皮书》、《现代公共关系学》等专著、教材 20 余部。获得省级教学成果一等奖、“中国公共关系教育 20 年成就‘突出贡献’奖（个人奖）”。

（37）吴飞，男，1964 年出生。浙江大学传媒与国际文化学院求是特聘教授，博士生导师，院长，浙江大学学位委员会委员，钱江学者。享受国务院政府特殊津贴。兼任全国新闻与传播专业学位研究生教育指导委员会委员、教育部新闻学科教学指导委员会委员、国家互联网研究中心聘约研究员、中国新闻史学会外新史分会副会长、浙江省记协常务理事，《中国社会科学》、《新闻与传播研究》等多家学术刊物评审专家。曾获教育部高校人文社科优秀成果三等奖、浙江省哲学社会科学优秀成果一等奖、中国青年社会优秀成果专著类最高奖等多项。出版著作 8 部，在《社会学研究》、《新闻与传播研究》等国内顶尖学术期刊发表论文 80 多篇。

（38）吴兵，男，1963 年 8 月出生，安徽芜湖人。1981 年 9 月考入南京陆军学校，后就读于石家庄陆军参谋学院、南京大学研究生班。1986 年 7 月至 1996 年 10 月，在原南京军区某训练中心工作，1996 年 10 月调入南京政治学院。现任南京政治学院军事新闻传播系教授、博士生导师，博士后合作导师。军队专业技术人才特殊津贴、军队院校育才奖、南京政治学院中青年专家特殊津贴获得者。兼任中国人民解放军新闻系列高级职称评审委员会委员、中国人民解放军新闻奖评审专家、中国人民解放军新闻系列文职人员考试命题专家、中央电视台军事节目中心研发专家、江苏省南京市广播电视节目评审委员。

研究涉及广播电视传播、新媒体传播、现代传媒与战争等领域。先后为本科生开设“广播电视概论”、“电子媒介传播导论”、“广播电视新闻采编”、“电视编导”、“广播电视深度报道”等课程；为硕士研究生开设“网络传播与控制”、“传播实务”、“军队广播电视宣传报道研究”、“军队网络宣传工作研究”、“战时新闻传播研究”等课程；为博士生开设“马克思主义新闻观与新闻传播理论前沿问题”、“军队电子媒介传播前沿问题研究”、“新媒体与媒体融合”等课程。先后出版专著 3 部，主编、参与撰写教材 13 部，在各类学术期刊上发表论文 160 余篇。主持参与完成国家、省部级以及军队各类课题 13 项。指导的研究生论文 4 次获得省级优秀论文以及军队优秀论文提名，23 项教学科研成果获军队省部级及以上奖项。

（39）吴建，男，1958 年出生。四川大学教授，国务院政府特殊津贴专家。现任四川大学文学与新闻学院副院长、四川大学文科综合实验教学示范中心副主任。主要研究方向是新闻传播业务、广告传播、媒介与社会发展。

任教以来，主持过国家社科基金项目“汶川地震重灾区信息传播系统的恢复重建与发展研究”、四川大学首届青年教师科研项目“世纪更替时期的中国新闻摄影”、四川省社科基金项目“区域经济与区域报业发展研究”、“四川省新闻发言人制度实施效果研究”、四川省社科重点基地项目“四川省域居民媒介素养的调查研究”、中共中央宣传部委托项目“我国西部晚报都市报现状与发展研究”等课题，参与过教育部面向 21 世纪教学内容和课程体系改革计划中的“新闻专业主干课程教学内容改革研究”项目以及《新闻传播百科全书》、《21 世纪中国报业》、《报业通论》、《大学摄影基础》等著作与教材的编写，出版了《广告大理论》、《新闻摄影学》、《应用广告学》、国家“十一五”规划教材《新闻摄影教程》、《区域报业发展论》、《传递与接收——汶川地震重灾区信息传播系统的恢复重建与发展研究》等十几部著作，公开发表了学术论文 80 余篇。

获得过国家级优秀教学成果二等奖、四川省优秀教学成果一等奖、二等奖各一次，四川省哲学社会科学优秀成果二等奖两次、三等奖两次，全国第五届新闻摄影理论年会学术成果奖（排第一位），全国摄影教育最高奖“红烛奖”，中国摄影教育优秀教学奖，中国摄影教育优秀理论奖等。先后担任过中国高教摄影教育专业委员会副主席、全国高校摄影联合会副主席、中国新闻摄影学会常务理事、中国新闻教育学会常务理事、新闻学研究会副会长、四川省新闻摄影学会副会长、四川省教育摄影协会副会长、四川省新闻教育学会副会长兼秘书长等。

（40）吴信训，男，1949 年出生。经济学博士、教授（二级）、博士生导师。两度公派赴日本东京大学及上智大学留学研究。在四川大学历任新闻学院副院长兼广播电视研究所所长等。1993—1996 年，应四川省广播电视厅聘请，兼职参与创办了四川有线广播电视台，兼任台长助理。1998 年，应清华大学聘请为高级访问学者，参与该校新闻传播学科的建设规划。1999 年调任汕头大学，创建该校的新闻传播学科，任新闻信息传播系主任，兼任校党委宣传部部长等。2002 年调任上海大学，历任新闻传播系主任、传媒研究院副院长、人文社会科学处处长、中国艺术产业研究院执行院长等。系上海市社会科学创新研究基地（文化繁荣与新媒体发展研究方向）首席专家，领衔上海发展战略研究所吴信训工作室，上海市高校人文社会科学重点研究基地·影视与传媒产业研究基地主任，第二届教育部高等学校新闻学学科教学指导委员，全国“十佳”广播电视理论工作者，传媒经济与管理研究会常务副会长，传播学会（CAC）副会长，享受国务院“政府特殊津贴”专家；出版有《实用电视传播学》、《世界大众传播新潮》、《中国有线电视经营论》、《都市新闻传播学》、《现代传媒经济学》、《新编广播电视新闻学》、《新媒介与传媒经济》、《国际新闻传播名校教育镜鉴》、《世界传媒产业评论》等著作 40 余部；发表学术论文上百篇；曾获国家级省部级优秀科研奖及优秀教学成果奖多项。

（41）吴敏娟，女，1957 年出生。1983 年 7 月毕业于东北师范大学，文学学士。先后在吉林省妇联、吉林省《时代姐妹》杂志社、浙江万里学院工作。历任吉林省妇联机关干部、吉林省《时代姐妹》杂志社编审，2004 年 7 月至今在浙江万里学院文化与传播学院任教。主讲过“编辑学”、“新闻采访与写作”、“杂志选题与编辑”、“畅销书研究与大众文化”、“时尚杂志专题”、“报刊编辑”等本科生课程。主要研究方向为新闻学、编辑学、女性传播学。先后主持教育部人文社会科学研究规划基金项目“中国女性期刊的发展脉络与趋势研究”、浙江省哲学社会规划课题“建构‘女性传播学’在传播学领域中的地位与发展”；主要研究成果有论文《中国女性期刊的发展脉络剖析 》、《传媒角色的转变：从“邢燕子”到“超级女声”》、《不能让女性边缘化》、《网络为女性开辟新空间》、《新媒体拓展女性媒介发展新空间》等，著作有《中国女性期刊史》等。

（42）余琦，男，1964 年出生，四川省岳池县人。1985 年 7 月毕业于四川大学新闻专业，1985 年 8 月起，从事军事新闻教育工作，同年底参加南方边境自卫还击作战。曾代职于 12 集团军 179 师炮团、南京陆军指挥学院联合作战系。现任南京政治学院军事新闻传播系教授，大校军衔；全军新闻系列高级职称评审委员，江苏省社科成果评审专家，学院优秀教员、优秀研究生导师，获军队院校育才奖银奖。近年参加中国—巴基斯坦联合军演、全军师旅主官国外考察等活动。

从教 30 余年，前期从事新闻实务教学，主讲“新闻写作”、“通讯写作”、“电子编排”、“媒介批评”等课程，发表《“新闻”的初现及其在军事新闻传播中最早运用》、《通讯主题的形态》、《构建现代新闻编辑实验室》等论文，主编《军事新闻写作》、《通讯写作教程》等教材。最近十余年主要研究军事外宣，主持军队对台宣传、非战争军事行动新闻发布等课题研究，主讲“国际传播”、“战时新闻传播”等课程，发表《以全球舆论同化为背景的中国军事外宣》、《我军对外宣传战略目标及其实现原则》、《当前军事新闻队伍建设观察与思考》、《军事新闻发布史及我军新闻发布制的建立》等论文。一项教学成果获军队级一等奖、国家级二等奖，主讲的一门课程被评为军队优质课程、国家级精品课程。

（43）汪振军，男，1963 年出生，2003 年毕业于河南大学中国现当代文学专业，文学博士。现为河南省特聘教授、郑州大学文化产业研究中心主任、河南省宣传文化系统“四个一批”人才，兼任教育部新闻传播专业教学指导委员会委员、文化部国家公共文化服务体系专家库成员、中宣部教育部马克思主义新闻观教材编写专家组成员等。

主要研究新闻传播、文化产业。主持完成国家社科、中宣部、教育部、文化部、人事部、河南省委省政府课题 20 项，出版学术专著 4 部，在《人民日报》、《光明日报》、《国外社会科学》、《现代传播》等刊物发表文章 80 余篇。获河南省优秀社会科学成果一等奖一项，二等奖四项。代表著作：《创意中原：河南文化产业创新研究》、《中国文化产业创新研究》、《河南非物质文化遗产传承与产业化研究》。

（44）宋玉书，女，出生于 1955 年 3 月。1982 年毕业于辽宁大学中文系，获文学硕士学位。辽宁大学新闻与传播学院教授，辽宁大学学术委员会委员，辽宁省新闻传播学教学指导委员会秘书长，中国广告教育学会常务理事。

主讲“广告学”、“新闻业务”等专业课程，以广告传播、文学传播、影视传播为研究方向，发表论文 60 余篇、新闻作品评析 10 余篇，独立撰写学术著作 3 部，主持教育部 211 项目子项目 1 项、省社科基金项目多项和港澳合作项目 1 项，主编《21 世纪广告智能运作书系》、《新闻传播精品导读：特写与报告文学卷》等教材 10 余部。

论文《从传播工具到功能主体》获辽宁省第十一届哲学社会科学优秀成果三等奖、

《尊崇与戏谑：国家领导人代言广告分析》获辽宁省第十二届哲学社会科学优秀成果二等奖，《文化共享意识与多元解码立场》获得辽宁省第十三届哲学社会科学优秀成果二等奖，《幸福在两种经济中流通——电视剧〈老大的幸福评析〉》获得辽宁省文艺评论奖等；教学研究成果“基于广告大赛的优化创新‘四维互导’人才培养模式”获得辽宁省教学成果奖一等奖。除此，还获得辽宁省教育厅、教育基金会“陈香梅教育奖优良教师”奖励和“沈阳市巾帼先进个人奖”，2 次被评为辽宁大学“十佳教师”，3 次被评为辽宁大学“优秀本科教师”。

（45）宋应离，男，1934 年出生。文学学士，毕业于河南大学，现为河南大学教授，硕士研究生导师。历任《河南大学学报》编辑部主任、河南大学出版社社长等职务。长期致力编辑出版史学研究，在诸多方面有着不可忽视的奠基意义和开创价值，尤其是在现当代中国出版史料学建构和中国期刊发展史和中国大学学报史研究等方面功勋卓著。先后出版了《中国期刊发展史》、《中国大学学报简史》、《中国当代出版史料》、《20 世纪著名编辑出版家研究资料汇辑》（10 卷本）、《亲历新中国出版六十年》等论著。曾考证出中国最早的大学学报是 1906 年东吴大学创办的学术性刊物——《东吴月报》（创刊号名曰《学桴》）。这一考证结果得到了学术界的普遍认同，较之以往研究者认为我国最早的学报创办于 1919 年的观点提前了 13 年。主编的《中国期刊发展史》一书开创了中国期刊发展通史研究的先河。领衔主编的《中国当代出版史料》的出版填补了新中国成立 60 多年来出版史料收集、挖掘和整理工作的空白，成为续写中国现代出版史料学的重要一笔。2010 年荣膺“新闻教育 30 年贡献人物”奖。

（46）张昆，男，1962 年出生。湖北云梦人，法学博士。华中科技大学新闻与信息传播学院教授、博士生导师、院长。曾任武汉大学新闻学院教授、院长，武汉大学大众传播与知识信息管理学院副院长。2006 年 7 月调任现职。兼任国务院学位委员会学科评议组新闻传播学科组成员、教育部新闻传播学专业教学指导委员会副主任、中国新闻史学会副会长、中国传播学会副会长、中国新闻史学会新闻传播教育史专业委员会会长、中国高等教育学会新闻传播教育专业委员会副理事长。国务院政府特殊津贴获得者。

长期从事新闻传播教育，致力于新闻传播史、政治传播学的研究。主持国家社会科学基金、教育部人文社会科学基金、湖北省社会科学基金课题多项，是国家社会科学基金重大课题“跨文化传播中的中国国家形象建构研究”的首席专家。独自出版《大众媒介的政治社会化功能》、《国家形象传播》、《传播观念的历史考察》、《中外新闻传播思想史导论》等学术专著、教材 13 部，在国内外学术期刊上发表论文、报告 180 余篇。研究成果曾经获得教育部人文社会科学成果奖、湖北省社会科学成果奖多项。主讲的

“外国新闻传播史”课程，入选国家精品资源共享课、国家精品课，主讲的“传播的历程”入选国家精品视频公开课。主持的教学改革项目获得国家级、省部级普通高等学校教学成果奖一等奖、二等奖。获得宝钢基金优秀教师奖。

（47）张宁，女，1964 年出生。社会学博士，中山大学教授。中山大学传播与设计学院副院长、中山大学公共传播研究所所长、中山大学互联网与治理研究院研究员。学术兼职包括中国新闻史教育学会公共关系史分会副会长、中国国际公关学会学术委员会副主任委员、中国公共关系学会理事、中国高教学会公共关系教育专业委员会理事、广东省高等教育新闻传播类教学指导委员会副主任委员等。学术特长为政治传播、危机传播。

主持多个教育部人文社科项目和横向课题，主持多项省部级教学改革项目。主编或出版《日本媒体上的中国——报道框架与国家形象》、《政府传播：公共管理视野中的传播课题》、《公共关系管理》、《媒介社会学：信息化社会传播现象的社会学解读》、《危机传播》等多部著作，在《新闻与传播研究》、《现代传播》等 CSSCI 发表数十篇论文，2015 年 9 月撰写的政策咨询报告《传媒“冷处理”和网民“热”批评——日本各界对中国抗战胜利 70 周年阅兵式的舆情分析及传播建议》获得中央宣传部采纳。

曾获得 2010 年广东省高等教育教学成果奖团队第三名，2009 年中山大学教学成果奖团队第三名，专著《公共关系管理》获 2011 年中国高等教学学会公共关系教育专业委员会优秀研究成果奖二等奖。

（48）张华，女，1972 年出生。博士，重庆工商大学文学与新闻学院教授，硕士生导师，先后在新疆大学、北京大学艺术学院和北京电影学院学习、进修，于 2009 年获得电影学博士学位。2010—2013 年期间，曾在新疆大学少数民族语言文学博士后流动站从事科研工作。

近年来，专注于中国电影历史与理论领域的研究，多有研究成果发表于《电影艺术》、《当代电影》及《艺术评论》等学术期刊，代表论文有《“祖国”和“故国”的“常青树”——李丽华的战后“明星”生涯》、《习性中的聚合与离散——行为理论视野中的〈每日电影〉群体更替》、《广春兰新疆电影解码》、《海日生残夜 江春入旧年——〈大众电影〉初创时期（1950. 6—1952. 5）形态考察》等。已出版学术专著《姚苏凤与1930 年代中国影坛》、《新疆电影研究》，主持、完成教育部人文社科基金项目“新疆电影研究”和国家社科基金项目“新疆电影史”。

（49）张如法，男，1938 年出生。河南大学教授，硕士研究生导师。曾主持《河南大学学报》享誉全国学报界的《编辑学研究》专栏（该栏目于 2014 年入选教育部“高校哲学社会科学第三批名栏建设工程”），是学界“编辑选择观”的代表学者之一，也是我国最早研究编辑学并招收编辑学研究生的学者之一。专著《编辑社会学》一书开创了编辑学中对“人”与“社会”关系研究的先河，先后荣获“全国高校文科学报研究会首届优秀著作奖”、“河南省优秀社会科学成果三等奖”等；专著《编辑的选择与组构》一书被学界誉为中国研究编辑选择理论与实践的代表著作。论文《选择：编辑的历史使命与社会职责》荣获“全国首届优秀出版论文奖”，代表性的学术论文还有《组构：编辑的文化学意义》、《完善：编辑的一个本质含义》等。曾担任《河南新文学大系》丛书中四本书的策划、编辑工作，该丛书分别荣获第十届中国图书奖、第三届国家图书奖提名奖。2010 年荣膺“新闻教育 30 年贡献人物”奖。

(50) 张志安，男，出生于 1977 年 4 月。传播学博士，毕业于复旦大学新闻学院。曾执教于复旦大学新闻学院，任院长助理、“文化繁荣与新媒体发展”上海市社科创新研究基地副主任。现任中山大学传播与设计学院院长，教授、博士生导师。国家首批高端智库“中山大学粤港澳发展研究院”副院长，中山大学互联网与治理研究中心主任，中山大学大数据传播实验室主任，广东省“千百十人才培养工程”省级人才。主要研究方向：中国新闻业、媒介融合、互联网治理等。主持多个国家社科基金项目、教育部人文社科项目、教育部重大攻关项目子课题等课题。

社会兼职包括：国家网信办网研中心特约研究员，最高人民法院新闻与传播专家，中国首部政府组织编写的《新闻记者培训教材 2013》作者之一；复旦大学信息与传播研究中心、复旦大学传播与国家治理研究中心特约研究员；重庆师范大学、郑州大学、山东大学兼职教授；《新闻学研究》、《传播与社会学刊》、《现代传播》等学术期刊论文评审。

主编或撰写出版《中国新闻业年度观察报告》、《互联网与国家治理年度报告》、《新传播形态下的中国受众》、《报道如何深入》、《记者如何专业》等 10 余本著作。在 *Chinese Journal of Communication*、《新闻与传播研究》等 SSCI 或 CSSCI 核心期刊发表论文近百篇。曾获中国新闻史学会首届国家学会奖之“杰出青年奖”、广东省新闻金钟奖、宝钢优秀教师奖、广东五四青年奖章个人奖，学术成果曾获全国新闻传播学科优秀论文、《新闻与传播研究》十佳优秀论文、广东省哲学社会科学优秀论文奖等。

(51) 张贤平，男，土家族，1957 年出生，湖南永顺人。先后毕业于湖南师范大学中文系和暨南大学文学院，现为中南民族大学新闻传播学教授，硕士生导师。从事高校教育教学工作 37 年，主要从事广告学的教学与研究工作，撰写专著 4 部，主编教材 3 部，参编著作和教材 9 部，发表论文 30 余篇。主持省部级纵向课题 4 项，参与国家社科项目 3 项，承担横向课题 5 项。主要研究方向：广告策划、品牌传播、民族文化传播等。

兼任中国广告教育研究会常务理事、中国广告协会学术委员会委员、中国广告专业委员会委员，湖北省广告协会学术委员副主任委员、湖北省企业文化促进会学术顾问。同时担任中央电视台《赢在中国》评委，湖北电视台《创意无限》栏目高级顾问，教育部主办的大学生广告艺术大赛评委、学院奖评委，中国广告作品年鉴评委，台湾《“中国时报”》金犊奖大陆执委及评委。主讲的“广告学概论”2009 年被评为湖北省精品课程，2014 年又被评为湖北省资源共享精品课程。指导学生参加多项学科竞赛，获国家级一等奖 5 项，二等奖 27 项，三等奖 69 项。在全国大学生广告艺术大赛中所取得的成绩一直在全国名列前茅。曾获得全国创新创业教育先进个人、湖北省教育系统优秀共产党员称号，多次获得“三育人”标兵和创新创业优秀指导教师。

（52）张征，女，出生于 1952 年。中国人民大学教授。研究领域为新闻采访写作方法、新闻业务教学方法。开设课程为“基础新闻采访写作”、“高级新闻采访写作”、“新闻采访写作专题”、“名记者研究”、“传播学”等专业课程。

代表作：《西北采访万里行》、《新闻发现论纲》、《新闻采访教程》、《新闻写作教程》、《漫谈新闻采访》。曾获“中国人民大学优秀教学成果奖二等奖”，2002 年、2006 年获“中国人民大学十大教学标兵”称号，2008 年获“北京市师德先进个人”荣誉称号，2011 年获“北京市高等教育教学名师”称号，2011 年获“教育部高等教育教学名师”称号。

（53）张晓锋，男，1973 年出生，江苏江阴人，教授，博士生导师。现任南京师范大学人文社会科学研究院副院长，曾任新闻与传播学院副院长，兼任中国新闻史学会常务理事、台湾与东南亚华文新闻传播史研究会副会长、江苏省传媒艺术研究会副会长、台湾世新大学舍我纪念馆协同研究员、复旦大学新闻传播与媒介化社会研究创新基地兼职研究员、南京大学亚洲影视与传媒研究中心研究员等。入选江苏省“青蓝工程”中青年学术带头人、南京师范大学“百名青年领军人才”培养计划。

主要从事新闻传播史论和电视传播的教学与研究工作，在《新闻与传播研究》、《现代传播》等发表学术论文 40 余篇，出版《中国新闻法制通史 · 港澳台卷》、《传媒协同发展论》、《新闻职业精神论纲》等著作和教材 11 部，其中《当代电视编辑教程》等两部入选“十二五”国家级规划教材；“四级递进、两翼开放、产学协同：新闻传播复合型人才培养模式的建构与实践”获江苏省教学成果一等奖，《英国殖民统治时期香港地区新闻法制的历史考察》（论文）获江苏省哲学社会科学优秀成果三等奖，另获国家一级学会奖和厅级奖等 6 项。主持完成国家社科基金重点项目子课题 1 项，完成“台湾广播电视发展史研究”等省部级项目 3 项，目前主持国家社科基金项目“台湾近代新闻史研究（1885—1949）”，并主持国家社科基金重大项目“中华民国新闻史”和“百年中国新闻史史料整理与研究”的子课题各一项。

（54）张铭清，男，1945年出生，毕业于中国社会科学院研究生院新闻系。1981—1993年任《人民日报》福建记者站记者、首席记者、站长，《人民日报》记者部副主任、高级记者。1993—2006年任国务院台湾事务办公室主任助理、新闻局局长、新闻发言人，中华全国新闻工作者协会常务理事，中央对台宣传领导小组成员，中央外宣办顾问，中新社新闻学术研究中心副主席，海峡两岸关系协会第二届理事会副会长，国防大学兼职教授，北京联合大学兼职教授、顾问。2007年任厦门大学新闻传播学院首任院长、教授、博士生导师。2014年起任国家重大研究项目“两岸关系和平发展协同创新中心”社会平台主任、首席专家。2015年起任国家重大研究项目“中国文化软实力研究协同创新中心”学术委员会副主任、领军专家。

主要从事推动海峡两岸新闻交流工作。在国务院台办工作期间，组织参与中国政府关于台湾问题两个白皮书等重要文献的撰写，并在《人民日报》理论版等重要报刊上发表多篇学术论文，其中一些重要文章入选《邓小平理论文库》和《江泽民论述研究》。出版过言论集《海峡谈屑》、通讯和报告文学集《海峡潮》。学术论文和新闻作品获得国家和省、部评选的多种奖项。2008年申报国家哲学社会科学重大课题“‘一国两制’下的新闻理论与实践研究”获批后，担任这一课题的首席专家，该课题已在2013年顺利结项。

（55）张德胜，男，中共党员，1963年8月出生，湖北武汉人。先后毕业于湖北大学、北京师范大学、华中科技大学，分获文学学士、硕士、博士学位。现为武汉体育学院新闻传播学院院长、二级教授、博士生导师。中国高校影视学会体育影视分会副会长、中国体育科学学会体育新闻传播分会副秘书长、湖北体育科学学会体育新闻传播分会会长。

1987年在咸宁师专（现湖北科技学院）中文系参加工作，1999年被评为湖北省省级学术骨干，同年被评为湖北省有突出贡献的中青年专家。2001年调入广州体育学院工作，2002年晋升教授。2007年出任体育新闻与传播系首任主任，同年被评为广东省师德先进个人和南粤优秀教师。2011年调入武汉体育学院新闻传播学院，任“东湖学者”特聘教授，次年任院长。

专事新闻业务和媒体体育研究，迄今共出版《媒体体育与体育媒体》、《体育观赏概论》、《体育媒体通论》等专著、教材十余部，在核心和权威期刊上发表论文30多篇。2012年出任新闻传播学省级重点培育学科负责人兼首席专家，2013年被批准为省级中青年科技创新团队负责人。主讲“新闻业务”、“体育传播”课程，2013年主持建设了省部级精品视频公开课“体育解说评论”，2015年主持建设了省部级精品视频公开课“现代体育与社会进步”，2015年被湖北省委组织部、湖北省教育厅批准为“张德胜湖北名师工作室”主持人。2001年荣获湖北省高校省级教学成果奖三等奖，2009年荣获国家体育总局省部级教学成果奖三等奖。

（56）陆绍阳，男，1966年出生，北京大学新闻与传播学院教授、博士生导师，北京大学新闻与传播学院院长。现为中国电影家协会理论评论工作委员会主任、中国电视家协会艺术评论专业委员会副主任、中国传播学会副会长。曾担任中国新闻奖、中国电影金鸡奖评委，国家社科基金、教育部社科项目、国家社科基金文库、博士后基金评审专家，以及教育部中小学艺术类教材审查委员等。担任《电影艺术》、《国际新闻界》、《当代传播》、《北京电影学院学报》等多家学术刊物编委。

主持完成2008年度国家社会科学基金艺术学项目“中国电影全面实施产业化政策以来电影产业成果及问题研究”、2008年国家广播电影电视总局部级社科课题“新中国成立60年以来革命历史题材电影研究”、2011年国家广播电影电视总局部级重点社科课题“中国电影发展的顶层设计”。2016年担任“马工程”重大社科研究项目“中国特色社会主义新闻传播理论的建构”子课题负责人。著作《中国当代电影史》获北京市第十届哲学社会科学成果二等奖、北京市高等教育精品教材奖。成果三次获得中国文联文艺评论奖三等奖、七次获得中国金鸡百花电影节优秀学术论文奖。在CSSCI来源期刊发表学术论文40余篇，并在《人民日报》、《光明日报》、《学习时报》等重要媒体发表理论文章多篇。近年来的研究主要集中在三个方面：影视文化与创作研究、电影产业研究和新闻传播教育研究。

（57）陈刚，1965年出生，教授、博士生导师，北京大学新闻与传播学院副院长、广告学系主任、新媒体营销传播（CCM）研究中心主任。中国广告教育研究会会长，中国广告协会学术委员会副主任，《广告研究》杂志主编。

长期致力于数字营销传播、广告产业发展研究。曾出版《传播传播管理》、《关键时刻战略》、《当代中国广告史（1979—1991）》、《中国乡村调查——农村居民媒体接触与消费行为研究》、《广告的超越》等专著。尤其是2012年出版的《创意传播管理》在数字营销领域产生广泛影响，被评介为目前该领域最重要的著作之一。他所提出的发展广告学理论被誉为中国广告研究最重要的理论创新。曾主持2011年教育部哲学社会科学研究后期资助重大项目“中国乡村调查——中国农村居民媒介接触与消费行为研究”、2014年国家社科基金重点项目“广告产业中国模式理论建构”。

（58）陈志强，男，1972年出生，2010年毕业于华中科技大学新闻与信息传播学院，获博士学位。先后在南昌大学、浙江万里学院工作，历任南昌大学新闻与传播学系副主任、南昌大学教务处副处长，现为浙江万里学院文化与传播学院院长、浙江省新兴特色专业“网络与新媒体”专业负责人。

主讲过“中国新闻事业史”、“外国新闻事业”、“传播媒介发展史”等本科生课程，及“传播学史”、“传播学经典举要”等硕士研究生课程。主要研究方向为中外新闻传播史、传播媒介与社会变迁。先后主持国家社会科学基金项目“中国共产党报人群体的出现与崛起（1921—1949）”，及“新闻传播与近代中国社会的变迁”、“中国近代新闻事业的职业化探索”、“农村科技信息传播的途径分析”、“农村科技信息传播的效果分析”等省级科研项目；主要研究成果有《租界、“洋旗报”与近代报业——中国近代新闻事业生存环境变迁的一个独特视角》、《〈野百合花〉和“王实味事件”》、《胡政之申请“兑换”20 万美元官价外汇动机辨析——兼议抗战胜利前后民营大报的发展渴望》、《中央苏区时期报刊发行的途径与效果研究》等论文；专著《胡政之新闻职业观及其实践研究》获江西省第十五次社会科学优秀成果奖；《课程超市：导师指导下高校学生自主选课的教学新模式》获江西省第十三批高等教育省级教学成果奖二等奖。

（59）陈昌凤，女，1964 年出生，博士，毕业于中国人民大学。清华大学新闻与传播学院副院长、教授、博士生导师，新闻研究中心主任。曾先后在南京师范大学、北京大学任教。现任中国新闻史学会会长，国务院学位委员会新闻学科评议组成员，教育部高等学校新闻传播学类专业指导委员会副主任委员。

先后讲授的课程包括“中国新闻传播史”、“世界新闻事业”、“新闻传播学引论”、“媒介伦理与法规”、“媒介社会学”、“新闻学理论研究”，以及“传播历史”、“理论与方法”等。曾获北京大学、清华大学优秀教学成果奖。主要研究领域包括新闻传播史、媒介伦理、新闻传播教育、大众传媒与社会变迁。目前主持国家社科基金重点课题、国家广电总局重大课题及横向课题。曾获国家级、北京市哲学社会科学优秀成果奖、北京高等教育精品教材，获多届北京市期刊论文一等奖，获北京大学哲学社会科学优秀成果奖，清华大学优秀教材一等奖。著有《美国传媒规制系统》、《中国新闻传播史：媒介社会学的视角》、《网络时代的盛世危言：互联网与社会变迁》、《中美新闻教育传承与流变》、《正在发生的历史——中国当代新闻事业》、《香港报业纵横》、《蜂飞蝶舞——旧中国著名的报纸副刊》，主编《魔镜丛书》，合译《发掘新闻——美国报业的社会史》等。在《新闻与传播研究》、《国际新闻界》、《现代传播》及业界刊物发表学术论文和文章数百篇。

（60）陈信凌，1963 年 11 月出生，二级教授，博士生导师。入选“赣鄱英才 555 工程”人文学科领军人才，享受政府特殊津贴。现任南昌大学新闻与传播学院院长，兼任国家教育部新闻与传播类学科教学指导委员会（2013—2017）委员、中国认知传播学会副会长、中国新闻史学会常务理事、江西省新闻传播学科联盟负责人等。

主持承担国家社科基金项目四项，其中一项为国家社科基金重大招标项目，一项为国家社科基金重点项目，一项为国家社科基金及中央宣传部特别委托项目，一项为国家社科基金一般项目；主持省级项目13项。出版《国内电视媒体制度变迁与绩效评估研究》、《江西苏区报刊研究》等著作6种。《光明日报》发表书评，评价《江西苏区报刊研究》是“苏区新闻传播研究的一个突破性成果”。在《新闻与传播研究》、《现代传播》、《新闻大学》、《中国出版》、《中国编辑》、《中国广播电视学刊》、《中国记者》、《新闻战线》等专业期刊在内的杂志上发表论文110多篇；获得江西省社会科学优秀成果奖一等奖一项、二等奖两项，江西省高校社会科学优秀成果奖一等奖一项，二等奖两项，中国广播电视学会优秀论文奖一等奖一项，江西省高校优秀教材一等奖一项等奖项13个。

在教学研究方面，其任总主编的八种教材入选教育部“十二五”规划教材选题立项，获得江西省优秀教学成果奖、江西省高校优秀教材奖、陈香梅教学奖等奖励，还被授予“十五”期间江西省优秀研究生指导教师、“学生心目中的好老师”和南昌大学“十佳”教师等荣誉称号。

（61）陈先红，女，1967年出生，管理学博士，研究方向为公共关系学、战略传播、新媒体与品牌传播。华中科技大学新闻与信息传播学院副院长，教授，博士生导师，华中科技大学公共传播研究所所长，华中科技大学红树林策划创意团队创始人和首席指导老师。

中国首个二级学科公共关系学博士点学术带头人，中国新闻史学会公共关系分会会长；中国公关协会学术委员会副主任，中国国际公关协会学术委员，中国广告协会学术委员，清华大学国家形象传播研究中心首批智库专家，教育部网络培训中心特聘教授。2009年中国十大公关人物，中国公关教育名师，推动中国公关事业100人，澳门科技大学兼职教授、博导。湖北省委十大智库之“网络社会治理与战略传播”华中智库负责人。

陈先红教授秉持“教学+研究+咨询”的TRC教学和研究理念，坚持“国际化、学术化、社会化”的学术追求，在公关理论创新、新媒体研究、品牌危机与公关应对、政府和企业智库服务等方面，均有着丰富的理论研究和咨询实践。主持纵横向课题几十项，在国内外著名学术期刊 *Public Relations Review*、*Journal of Chinese Communication*、《国际新闻界》、《现代传播》、《新闻大学》、《新闻与传播研究》等学术刊物发表论文近百篇，出版著作教材16本，主要有《公共关系生态论》、《关系范式下的公关研究》、《现代公共关系学》、《公共关系策划》、《广告学》（第三版）、《广告策划创意学》（第三版，国家“十一五”规划教材）；主编研究报告和论文集《危机管理与整合策略传播》、《中国社会化媒体发展报告 · 2013 卷》、《中国公共关系年度报告 · 2014 卷》 等。

（62）陈堂发，男，1967 年出生，安徽桐城人。法学（政治学）博士，新闻传播学博士后研究经历。现任南京大学新闻与政治研究所所长，新闻传播学院教授，博士生导师。主要研究领域为大众传播法、媒介伦理、政治传播。

近十年来，先后主持国家社科基金重大招标项目“互联网与表达权的法律边界研究”（2015—2020）、国家社科基金一般项目“新媒体传播中的隐私保护法律问题研究”（2012—2016）、国家社科基金一般项目“批评性报道的法律问题研究”（2006—2010）。主持教育部人文社科项目、江苏省社科基金项目 4 项。多部学术著作先后获江苏省第十一届哲学社会科学优秀成果三等奖、江苏省第十二届哲学社会科学优秀成果三等奖、江苏省高校第七届哲学社会科学研究优秀成果二等奖、教育部第六届中国高校人文社会科学研究优秀成果二等奖（第二排序）及中国大学出版协会第二届优秀学术著作奖二等奖。论文《新媒体涉私内容传播与隐私权理念审视》入选由中国社科院新闻与传播研究所组织评选的“第三届全国新闻传播学优秀论文”。

出版个人学术专著《新闻媒体与微观政治》、《授权与限权：新闻事业与法治》、《论当代中国媒介权限》、《批评性报道法律问题研究》4 部，合著《媒介话语权解析》、《执政党与大众传媒》、《当代中国政治参与研究》等 6 部。近 20 年来，先后在新闻传播学类及综合性学术期刊发表论文百余篇。

（63）邵培仁，1953 年出生于江苏淮安。浙江大学传播研究所所长、教授、博士生导师，浙江大学学术委员会委员，浙江省重点创新团队——国际影视产业研究中心主任，浙江省哲学社会科学重点研究基地——传播与文化产业研究中心主任，浙江省文化产业重点研究基地——娱乐与创意产业研究中心主任；曾任浙江大学人文学院副院长、传媒与国际文化学院党委书记、浙江大学人文学部副主任；兼任浙江省传播学会会长，浙江省会展学会会长，《中国传媒报告》杂志主编。

发表论文约 300 篇，主撰或主编出版学术著作 28 种。成果集中在三个方面：①传播基础理论研究，包括《传播学导论》、《传播学》、《大众媒介概论》、《传媒的魅力》；②媒介理论和传播交叉研究，包括《媒介生态学》、《媒介地理学》、《媒介舆论学》、《新闻传播学》、《传播社会学》、《经济传播学》、《政治传播学》、《艺术传播学》、《教育传播学》、《媒介理论前线》、《媒介理论前沿》、《媒介理论前瞻》；③媒介管理和文化创意产业研究，包括《媒介经营管理学》、《媒介管理学概论》、《媒介管理学》、《媒介管理学经典案例》、《媒介战略管理》、《知识经济与大众传媒》、《电影经营管理》、《文化产业经营通论》。

《媒介地理学》于 2012 年和 2011 年获高校科研优秀成果奖三等奖和省哲学社会科

学优秀成果奖一等奖；《传播学导论》于2002年获浙江省政府优秀教材一等奖；《媒介管理学》（含《媒介管理学经典案例》）于2004年获浙江省政府优秀教材二等奖。2004年获“浙江省有突出贡献中青年专家”称号，2007年获教育部宝钢优秀教师奖。

（64）武志勇，男，1965年出生。博士，华东师范大学传播学院教授、博士生导师。主要研究方向为大众传媒与社会变迁、新闻传播史。上海市学位委员会新闻传播学科评议组成员、台湾世新大学舍我纪念馆协同研究员、中央人民广播电台节目评估听评专家。曾在美国密苏里大学新闻学院以及中国台湾世新大学、复旦发展研究院·上海高校智库访学。

1986年，即在山西农村进行报纸读者调查。此后30年间，先后在上海社会科学院新闻研究所和华东师范大学传播学院从事研究和教学工作。主持和完成国家社科基金课题“近代以来中国报刊发行体制变迁研究”、上海市社科规划课题“中国古代报刊发行研究”、教育部留学回国人员科研启动基金资助项目“中国新媒体政策演进研究”。在《新闻与传播研究》、《新闻大学》、《现代传播》、《社会科学》等期刊发表论文《二十年来的中国互联网新闻政策变迁》、《网络新闻工作者互联网新闻政策变革意向调查报告》、《美国民意群体的在线沟通与线下行动》、《中国报刊发行体制变迁的历史轨迹与基本规律》、《中国报刊发行体制变迁历史的现实启示》、《20世纪下半叶台湾报纸发行体制与业态》等数十篇。著作《中国报刊发行体制变迁研究》，2013年中华书局出版。《人民日报》等发表书评给予好评，并获教育部第七届高等学校科学研究优秀成果奖（人文社会科学）三等奖。

（65）范以锦，男，1946年出生于马来西亚，1969年毕业于暨南大学经济系。1970年进入南方日报社当记者，撰写过大量农村题材及国有企业改革的文章，先后任南方日报社副总编辑、总编辑、社长，南方报业传媒集团党委书记、管委会主任，南方报业传媒集团公司董事长，中国记协副主席，广东省政协常委、广东省政协学习和文史资料委员会副主任，中共广东省委候补委员等众多职务。现任暨南大学新闻与传播学院院长。

1992年，被广东省委、省政府授予优秀中青年专家称号，同年获得国务院颁发的有突出贡献专家特殊津贴证书。2003年入选新闻出版总署主管的传媒杂志评出的中国传媒业“英雄榜”风云人物、先后获评为“中国传媒年度人物”、“最具影响力传媒人物”、“中国报业十大人物”、“十大传媒创新人物”、“中国传媒产业思想贡献人物等荣誉。传媒杂志社和北大新闻与传播学院联合主办的“第二届中国传媒创新年会”，独享“最具创新成就传媒人物”殊荣。他第一个将品牌概念引入中国报业，提出报业品牌理念，被业界誉为开启了中国报业的“品牌”时代。

2005年10月，他出版代表作《南方报业战略》，系统介绍南方报业传媒集团培育优质媒体品牌的独到做法和经验，并从整体上论述了媒体传播业的发展战略、运营实践和企业文化，获广东省政府颁发哲学社会科学优秀成果奖。2006 年至今获聘为暨南大学新闻与传播学院院长、教授、博士生导师，致力于新闻传播的教书育人工作，桃李满天下。

（66）林如鹏，男，1968 年出生，福建安溪人，教授，博士生导师。1990 年 7 月自暨南大学新闻系毕业后留校任教。1993 年 1 月在暨南大学获新闻学硕士学位，2001 年 9 月起在复旦大学新闻学院在职攻读传播学博士学位。2004 年 10 月至 2006 年 11 月在广州日报报业集团、清华大学从事博士后研究。从 1996 年起，先后担任暨南大学新闻系副主任、党总支副书记，新闻与传播学院党委副书记（主持全面工作）兼副院长，新闻与传播学院党委书记兼副院长。2005 年 1 月担任校长办公室主任。2006 年 4 月被任命为校长助理。2008 年 7 月起任暨南大学副校长。2015 年 12 月，任暨南大学党委书记、副校长，兼任教育部新闻传播学类专业教学指导委员会副主任委员、广东省本科高校新闻传播学类专业教学指导委员会主任委员、广东省突发事件应急管理专家组综合管理类专家小组副组长等。

他多年来从事新闻传播学的教学与科研工作，尤其专注于新闻业务与媒介经营管理方向的研究，讲授《新闻事业经营管理》、《新闻采编与新闻政策》、《新闻采写研究》、《新闻评论研究》等课程。其代表作《广东报业竞争三十年》获得广东省哲学社会科学优秀成果一等奖、教育部人文社科优秀成果三等奖。主讲的本科课程“新闻事业经营管理”被评为“国家级精品课程”。先后荣获全国模范教师、国务院侨办所属学校优秀教师、广东省南粤优秀教师、广东省第八届“金钟奖”等称号，入选教育部新世纪优秀人才支持计划。

（67）欧阳宏生，男，生于 1951 年 12 月。高级记者，四川大学二级教授、博士生导师、新闻传播研究所所长，全国首届“十佳”广播电视理论工作者。先后在地方、中央媒体从事采编、管理和研究工作。2001 年进入四川大学，次年被遴选为博士生导师，主要从事广播电视的研究与教学。主持了 13 项国家重点、一般或省部级课题。发表论文 200 多篇，出版 12 部著作，主编 2 部国家重点规划教材，个人著述 300 多万字。有 4 项成果获国家级社科奖励、6 项成果获省人民政府奖励。现兼任国家新闻出版广电总局中国广播电视学术委员、中国高校影视学会副会长、中国传媒经济与管理学会副会长、中国纪录片研究会副会长等学术职务。多年来一直被聘请为中国广播电视新闻奖、中国广播影视大奖、国际纪录片金熊猫奖、中国电视艺术金鹰奖、国际生态纪录电影奖、中国新闻奖、长江韬奋奖等国际及国家大奖评委。担任多所重点大学兼职教授，多家卫视顾问，以及《中国广播电视学刊》、《新闻与传播》（人大复印资料）等多家期刊编委。

从20世纪80年代开始从事广播电视研究，在我国较早将人文社会学科用于传媒研究，拓宽了新闻研究路子；20世纪90年代中后期具体主持国家“九五”重点课题“中国特色社会主义电视理论”，他担任总撰稿的《中国电视论纲》建立了一套具有中国特色社会主义电视理论，对以后中国电视事业的发展起到重要指导作用；21世纪以来，他出版的关于电视批评的系列著作，开拓了一门新的学科——电视批评学。

（68）金冠军（1948—2011），男，籍贯浙江海盐，上海大学文学学士，上海大学影视艺术技术学院创始执行院长，上海市教育系统优秀党员，上海市优秀教育工作者，上海大学新闻传播学科、戏剧与影视学科教授，博士生导师，上海大学中外传媒政策研究中心主任，中国电影评论学会常务理事，中国电影家协会会员，中国高校影视学会理事。

1982年以来，先后工作于上海大学文学院、上海大学影视艺术技术学院。20世纪80年代，创建上海大学文化管理专业。1995年，与谢晋创建上海大学影视艺术技术学院，曾担任学院党委书记、执行院长、教授委员会主席、学术委员会主任、学位委员会主任、上海大学学术委员会委员等职务。2011年夏，卸任院长。同年秋，突发心脏病逝世。任职上海大学影视艺术技术学院期间，领导新闻传播学科、戏剧与影视学科，从无到有，建立起本科、硕士、博士学位三位一体的教育体系，申报成功新闻传播学科博士后流动站。主要从事文化管理、传媒产业、传播理论等研究领域研究，主要专著有《市场经济与文化管理》、《当代传媒制度变迁》等，主编《传播学通论》、《中国传播思想史》、《影视艺术技术丛书》、《影视教育丛书》、《明天传播学丛书》、《上海传媒产业制度变迁》等，发表论文40余篇，主持国家、省部级项目10余项。

《传播学通论》获国家普通高校优秀教材二等奖，《影视艺术技术丛书》上海市教学成果一等奖，《中国传播思想史》教育部高等学校科学研究优秀成果著作类三等奖。

（69）周云倩，女，1972年出生，江西上饶人。先后就读于南昌大学、华中师范大学，获得法学博士学位。现任南昌大学新闻与传播学院副院长，教授、博士生导师，兼任南昌大学文化资源与产业研究院研究员。2012年，荣获国家留学基金委访问学者项目的全额资助，于2013年赴美国加州大学圣地亚哥分校访学一年。作为第一主持人，主持国家社科基金项目、省级重点课题等省部级以上研究项目共9项，已在CSSCI和中文核心等学术期刊发表论文59篇，出版《程序正义视阈下的舆论监督》等著作。

主要研究方向为媒介经营管理与网络传播。在广电媒介经营与管理方领域已耕耘多年。近年尤为关注融合背景下广电运营创新等课题，已主持江西省艺术科学规划重点课题和江西省高校哲学社会科学重大招标子课题等系列科研项目；在网络传播领域，则是突出社会心理的研究视角，综合运用文本挖掘和情感计算等多重研究方法，具有一定的创新性。2005—2010 年间，担任江西新闻出版广电局节目评议专家，节目评议稿件多次得到广电总局的表扬。2011 年以来，先后获得江西省高校人文社会科学研究优秀成果奖、省级教学成果奖、南昌大学校级成果奖、南昌大学优秀本科生导师等荣誉。2016 年，在由中国编辑学会、高等教育学会新闻学与传播学专业委员会等单位主办的“中国大学生新媒体创意大赛”中，由于出色指导学生完成作品的制作，荣获“优秀指导老师奖”。

（70）周德仓，男，1962 年出生，陕西岐山人，1983 年毕业于陕西师范大学中国语言文学系。现任西藏民族大学新闻传播学院院长、教授。复旦大学新闻学院（2003）、中国人民大学新闻学院（2009）访问学者。中国新闻史学会少数民族新闻史研究委员会副会长、“少数民族地区信息传播与社会发展论坛”副秘书长、西藏新闻传播与社会发展研究所所长。

主要研究领域为中国少数民族（西藏）新闻传播。出版著作有：《西藏新闻传播史》（2005），获教育部第五届全国高校人文社科优秀科研成果三等奖（2009）；《中国藏语报刊发展史》（2010），获西藏自治区哲学社会科学优秀科研成果一等奖（2013）。主持国家社科基金项目 2 项、教育部项目 1 项、国家民委项目 1 项、西藏社科基金项目 1 项。主持西藏自治区特色专业“新闻学”（2010）、西藏自治区新闻传播人才培养模式创新项目（2011）等重要教学改革项目。先后获“全国优秀教师”（1989）、“西藏高校教学名师”（2007）、第十届全国大学生“挑战杯”“优秀指导教师”（2007）、国家民委第二届人文社会科学成果奖著作类二等奖（2011）、咸阳市有突出贡献专家（2012）、西藏自治区享受政府特殊津贴专家（2012）、教育部第六届高等学校科学研究优秀科研成果奖（人文社会科学）三等奖（2013）、西藏自治区“宣传文化系统文化名家暨五个一批人才”等荣誉和奖励。

（71）於贤德，男，1950 年出生，毕业于武汉大学，哲学博士。曾在浙江大学中文系工作，担任浙江大学美学研究所副所长。1993—2003 年任汕头大学党委委员、校董会董事、文学院党总支书记、院长、硕士生导师。2003—2005 年任广东外语外贸大学国际文化交流学院院长，2005 年广东外语外贸大学新闻与传播学院成立后，转任新闻与传播学院教授。

主要从事美学、文艺学和传播学的学术研究，尤其在文艺美学、审美应用学及电视节目学上多有建树。曾两次作为特邀专家参加全国城市形象建设研讨会。在新西兰、澳大利亚、中国香港、美国等地召开的国际会议上宣读学术论文。主要著作有：《景美观》、《民族审美心理学》、《城市美学》、《电视审美文化研究》、《中国旅游文化书系?

中国桥梁》、《电视节目主持人的策划与创新》等多部，合著《科学美学原理》，参与编写《大学美学》。1994 年被评为汕头市优秀教师，1995 年被评为全国优秀教师并获浙江省教委哲学社会科学优秀成果三等奖、广东省优秀教学成果二等奖、广东省优秀期刊作品奖等教学、科研奖励。

（72）郑亚楠，女，1965 年出生。复旦大学博士。历任黑龙江大学文学院（原中文系）助教、讲师、副教授、教授。2005 年 12 月至今，任黑龙江大学新闻传播学院院长、学术委员会主任，兼任教育部新闻传播类专业教学指导委员会委员、中国新闻史学会常务理事、黑龙江省民革常委、哈尔滨市政协常委、黑龙江省政协委员。

郑亚楠教授是国家级特色专业新闻学专业负责人；新闻传播学一级学科梯队带头人；省级精品课程“外国新闻传播史”负责人；曾获省教学成果奖一、二等奖 3 项；2012 年获全省高等学校师德先进个人称号；2013 年获黑龙江省第七届普通高等学校教学名师奖；黑龙江省第十三届社会科学优秀科研成果奖论文三等奖；黑龙江省高校人文社会科学研究优秀成果奖三等奖；黑龙江省第十一届社会科学优秀成果奖佳作奖等。目前，黑龙江大学新闻传播学院已成为黑龙江省内唯一的由省委宣传部、省委高校工委和大学签约共建的新闻传播学院，其本人为黑龙江省新闻传播学科的建立与发展作出了重要贡献。

（73）郑岩，男，1965 年出生于黑龙江省齐齐哈尔市，文学硕士，1987 年毕业于东北师范大学中文系，先后获得文学学士和文学硕士学位。先后任教于吉林省东北师范大学和广东省汕头教育学院。2000 年以来就职于海南省海南师范大学，现任教于海南师范大学新闻传播与影视学院，教授，硕士研究生导师。

讲授的主要课程有“新闻学概论”、“外国新闻传播史”、“中国新闻事业史”等。研究的主要方向为新闻理论和媒介批评等。主持和参与的主要科研项目有海南省哲学社会科学规划课题：传媒文化异化现象批判和海南旅游文化传播研究等。撰写和参与编写学术著作三部、学术论文四十余篇，其中核心期刊十余篇。主要代表性科研成果有学术专著《传媒文化的异化现象批判》等。学术论文：《用人文精神引领新闻文化的思考》、《传媒贵族化浅析》、《报纸标题写作问题透视》、《广告传播中对女性形象的扭曲》、《对大学生山难报道的反思》、《在不变中求变——新闻类周刊的发展之路》。

（74）郑涵，男，生于 1959 年，复旦大学文学博士，上海大学电影学院新闻传播系教授，博士生导师，上海大学中外传媒政策研究中心主任，中国教育学会新闻学与传播学专业教育委员会常务理事，教育部通讯评议专家，上海市文化广播电视局专项资金评审专家、智库专家；《国际新闻界》、《上海大学学报》（哲学社会科学版）编委，中国致公党第十四届中央委员会教育委员会委员。1987 年以来先后工作于上海社会科学院文学研究所、上海大学影视艺术技术学院（2015 年 7 月更名上海大学上海电影学院）。2013 年起，上海大学新闻传播学科带头人。2011 年秋季至 2015 年初，曾担任上海大学影视艺术技术学院副院长（兼新闻传播系主任）、主持工作副院长、教授委员会主席、学位委员会主任等。

主要从事文化产业发展、传媒制度、传播理论等领域研究，主要专著有《中国和文化意识》、《当代西方传媒制度》等，主编《全球化视野：传媒产业经济比较研究》、《国际传媒政策新视野》、《亚洲传媒发展结构转型》、《新媒体与文化转型》、《上海传媒产业制度变迁》、《国际电影审查与分级制度》、《传媒制度论丛》、《媒介研究读本系列》等；发表论文 50 余篇；主持或主承担国家、省部级项目 10 余项。《当代西方传媒制度》获得上海市第九届哲学社会科学优秀成果著作类二等奖，以及教育部高等学校科学研究优秀成果著作类三等奖。

（75）郑智斌，男，1969 年出生，江西高安人。教授，硕士生导师，江西省高校中青年学科带头人，现任南昌大学新闻与传播学院副院长。恪守职业理想，长期潜心于高等教育教学事业，讲授传播学、新闻采访、广告策划与创意、受众研究、网络传播、新媒体技术与实务等本科生和研究生的课程，并主要从事新媒体传播、网络舆情、受众理论，以及新闻实务、广告文化和媒介素养等方面的研究工作。现已主持国家社会科学基金项目、中宣部重点委托项目子项目、教育部人文社会科学规划基金项目等省部级以上各类科研课题共 11 项，以及省级精品资源共享课程 1 项，在专业学术期刊发表论文近 60 篇（其中 CSSCI 期刊 16 篇），出版学术专著《众妙之门：中国互联网事件研究》、《中国发展传播学（江西卷）》、《网络人际传播论》和《电波广告实务》等；曾获中国传播学论坛、中国广播影视报刊协会、江西省广播电视奖论文奖，以及江西新闻奖、江西省社会科学优秀成果奖、江西省高校教学成果奖、中兴发展奖教金和十大“教学标兵”提名奖等奖项若干，并获联合国教科文组织——联合国文明联盟媒介信息素养与跨文化对话的网络成员教席。

（76）单波，男，1964 年出生。现任武汉大学新闻与传播学院教授（二级，珞珈特聘教授）、副院长、“长江学者”奖励计划特聘教授、国务院政府特殊津贴专家、中国新闻史学会副会长，武汉大学新闻与传播学院学术委员会主席、媒体发展研究中心主任、跨文化传播研究中心主任，香港中文大学、香港浸会大学访问教授，法国波尔多三大客座教授，新西兰坎特伯雷大学研究员，复旦大学兼职研究员，河北大学兼职教授，香港《传播与社会学刊》（*Communication & Society*）、*The Chinese Journal of Communication* 编辑顾问委员会委员等。主要从事比较新闻学、跨文化传播研究。代表作有：《心通九境：唐君毅哲学的精神空间》、《20 世纪中国新闻学和传播学・应用新闻学卷》、《跨文化传播的问题与可能性》等。主持国家社科基金重点项目、教育部项目等多项。多次获得教育部人文社科优秀成果奖和湖北省社科优秀成果奖。

（77）孟建，男，1954年出生，江苏常州人（祖籍山东），复旦大学新闻学院教授，博士生导师，享受国务院特殊津贴。现任国务院新闻办公室省部级新闻发布评估组组长、复旦大学国家文化创新研究中心主任、中国传播学会副会长、复旦大学国际公共关系研究中心主任、复旦大学视觉文化研究中心主任等职。曾多次赴美国、英国、法国、俄罗斯、新加坡、韩国、日本等国访学和参加国际学术研讨活动，也多次到我国香港、澳门以及台湾地区访学和学术交流。

主要研究新闻传播、文化传播、视觉传播、公共传播，取得了很多的研究成果。出版专著、合著、编著二十余部，在海内外发表学术论文百余篇。主持了多项国家级和省部级科研项目，如国家社科基金重大招标项目"国家形象的建构与跨文化传播战略研究"、国家社科基金重点项目"我国传播力建设的基本理论与实现途径"、国家奥委会研究项目"2008奥运会：中国对外形象传播战略研究"、上海社科基金项目"2010世博会：上海形象竞争战略研究"、国务院应急办重点项目"重大突发事件的舆论引导与媒体沟通"等，并担任了这些项目的首席专家或项目课题组组长。孟建还为中央政府提供了较多的战略咨询报告，有些报告获得了中央领导的重要批示。

（78）赵晓春，男，1952年出生。青岛农业大学艺术与传媒学院院长、教授。教育部高校教育技术与计算机教学指导委员会委员，山东省农业传播学重点实验室主任，山东省人文社科研究基地——山东农业传播与农村发展研究中心主任，动漫技术国家地方联合工程研究中心（青岛）中心主任，中国教育技术协会理事，青岛市计算机学会影视动漫专业委员会主任，青岛市传播学会秘书长、副会长，青岛市动漫产业协会副会长，青岛市动漫产业创新基地主任，青岛市影视文化研究会常务副会长，青岛市数码动漫研究院院长。进入高校32年来，一直从事农业科技传播的教学与创作以及数字媒体设计制作与传播。

作为教学项目负责人和第一参加者曾获得国家教学成果二等奖两项，山东省教学成果二等奖4项，主创影视作品获得省部级奖17项，其中获得国家广电部和农业部联合颁发的"神农奖"金奖和银奖各两部，编导的动画片《三岔口》获得中国第二十五届金鹰奖和山东省泰山文艺奖电影类二等奖，3D立体动画电影《崂山道士》2012年1月被评为国家首届动漫精品工程奖，《西厢记》获得"山东省文艺精品工程奖"，主编的《农业传播学》系列丛书获得山东省社科成果二等奖和山东省软科学一等奖。1993年开始享受国务院政府特殊津贴，曾被评为"全国优秀教师"、"山东省教学名师"、"全国优秀农业科技工作者"、"山东省有突出贡献的中青年专家"、"山东省优秀教师"、"山东省高校优秀共产党员”（2008年被评为山东省高等学校优秀共产党员）。

（79）胡远珍，女，1962年2月出生。湖北大学新闻传播学院教授，硕士生导师，湖北大学教学名师，从事新闻传播教育已有30年。主要讲授传播学、广告学本科课程和新闻传播理论硕士研究生课程。系中国新闻史学会公共关系委员会常务理事、中国新闻史学会网络传播学会理事、武汉市记者协会常务理事、湖北省社情民意专家库成员、湖北省广告协会广告委员会评审专家。

研究专长：主要运用传播学的理论与方法，从跨学科的研究视野，对当代中国社会现实发展中涉及的相关政治传播、媒介与社会发展、政府治理与媒介治理等问题开展研究。研究注重两种研究取向：一是理论与实践相结合，二是对地方传播实践本土化的考察。近几年主要从事的研究方向有：媒介传播与公民意识、公共治理与媒介治理、主流媒体与舆论引导，以及对湖北省、武汉市文化软实力和政务信息公开的研究。相继承担了湖北省、武汉市社会科学基金项目，湖北省科技厅软科学研究项目和湖北省教育厅等多项研究项目。发表研究论文近40篇，其中《公共治理需媒介参与》、《如何加强媒介治理》、《两个舆论场构筑思想高地》在《中国教育报》发表，《主流媒体自信与思想舆论引领》在《光明日报》发表后被中国社会科学网等多家知名网站全文转载。《网络媒体对公民意识的培养》、《美国对华公共外交的思维与话语分析》、《中国传统报业理念的形成与价值分析》、《大众传播对公民意识培养的发展轨迹探寻》等论文发表后形成了一定的社会影响。

（80）胡泳，1965年出生，北京大学新闻与传播学院教授，政治学博士。担任中国传播学会常务理事、中国网络传播学会常务理事、中国信息经济学会学术委员会委员、“信息社会50人论坛”成员、中国信息经济学会信息社会研究所学术委员会主席。《国际新闻界》、《传播与社会学刊》（香港）、《二十一世纪》（香港）、《中华传播学刊》（台湾）、《传播研究与实践》（台湾）、*Chinese Journal of Communication*，*International Journal of Communication* 以及 *China Perspectives* 匿名评审专家；中华互联网研究年会（Chinese Internet Research Conference）指导委员会委员，世界经济论坛社交媒体全球议程理事会理事。

拥有11年的平面媒体经验和6年的电视媒体经验，历任《中国日报》记者、《三联生活周刊》主笔、《互联网周刊》编委会主席、《环球管理》总编、《北大商业评论》副主编、中央电视台《经济信息联播》主编、《对话》总策划、《赢在中国》总编辑、《我们》总策划。研究领域包括：中国当代纪录片；互联网经济与互联网产业；新媒体与社会的相互作用；网络政治学；互联网治理。著有《众声喧哗：网络时代的个人表达与公共讨论》等，译有《数字化生存》等。其中，《网络为王》（1997）是国内首部全面介绍互联网的诞生、发展、现状以及未来趋势的专著；《众声喧哗：网络时代的个人表达与公共讨论》（2008）获第六届吴玉章人文社会科学奖优秀奖。

（81）胡翼青，男，1975年7月生于江苏无锡，1993年考入南京大学新闻传播学系，1998年留系任教，2006年在南京大学社会学系获得法学博士学位，2008—2010年在复旦大学新闻学院在职从事博士后研究，现为南京大学新闻传播学院副院长、教授、博士生导师，传播与社会研究所所长，主要研究方向为传播理论与传播思想史。主要学术兼职包括：中国新闻史学会外国新闻史研究委员会副会长，中国新闻史学会新闻传播思想史研究委员会常务理事、秘书长，中国传播学会常务理事，南京市青年社会科学联合会副主席，浙江大学、深圳大学等多家高校兼职研究员与兼职教授。曾入选江苏省333工程培养对象、青蓝工程优秀青年骨干教师。著有《传播学科的奠定：1922—1949》（获江苏省社科成果奖一等奖以及教育部优秀成果奖三等奖）、《再度发言：论社会学芝加哥学派传播思想》、《传播学：学科危机与范式革命》等多部专著；主持并完成国家级课题“改善农村留守儿童信息环境的对策研究”；先后在学术期刊上发表论文100多篇，其中在《新闻与传播研究》、《国际新闻界》、《现代传播》、《新闻大学》等期刊上发表论文61篇。主要讲授课程包括“新闻传播理论”（博士）、“传播学专题”（硕士）、“媒介通论”（本科）等，曾经获得教育部优秀教学成果奖二等奖。因长年坚持开展读书会活动，被中国教育学会和中国教育报评为2013年度中国推动读书十大人物。

（82）段淳林，女，1964年出生，武汉大学广告学博士。1996年就职于华南理工大学社科系，2004年迄今任教于华南理工大学新闻与传播学院，现任副院长，教授，品牌研究所所长。2013年创立广东省新媒体与品牌传播创新应用重点实验室并任实验室主任。此外，作为全国第一个品牌传播本科专业方向创办人、整合品牌传播（IBC）理论体系创始人、华南理工大学“兴华人才”工程品牌传播学术带头人，段淳林教授还担任中国广告教育学会常务理事、中国品牌营销学会理事、中国国际公关协会学术委员会委员、广东省创意经济研究会副会长、广东省企业文化协会理事等职务，一直致力于品牌传播与企业文化的研究。

在《现代传播》、《中国出版》、《企业管理》、《企业研究》、《经济问题》、《现代广告》、《中国广告》、《中外企业管理》、《销售与市场》、《中国品牌》、《广告大观》等十多种专业核心期刊上发表相关论文45篇、研究报告5份。多篇论文被“人大复印资料”全文转载，4项相关研究成果被省级政府部门和企业采用。出版《整合品牌传播》、《品牌传播学》、《声浪传播》、《公共关系学》等著作7部。主编全国第一套《21世纪品牌传播系列》教材与研究生教材《21世纪品牌传播理论研究》。主讲EDP、MBA、

EMBA、DBA 的“整合品牌传播（IBC）”、“品牌差异化战略”、“新媒体时代的品牌传播”、“企业文化管理”等课程。曾获得连续两届华南理工大学优秀教学一等奖、广东省哲学社会科学优秀论文一等奖等奖项。

（83）侯迎忠，男，1966 年出生，毕业于武汉大学新闻与传播学院，博士学位。曾任湖南大学新闻与传播学院硕士生导师，现任广东外语外贸大学新闻与传播学院副院长、硕士生导师、院学术委员会副主任委员、校级重点研究基地“政府传播与国际舆情研究中心”学术带头人、多语种国际舆情研究中心主任、校级科研创新团队“城市形象国际传播研究”负责人。兼任中国新闻史学会公共关系学会常务理事、中国新闻史学会舆论学研究委员会常务理事、中国新闻教育史学会常务理事、广东省新闻工作者协会常务理事。主要研究方向：新闻传播实务、政府传播、对外传播与国际传播、传播与社会发展。

在《新闻与传播研究》、《现代传播》、《当代传播》等权威期刊发表论文 50 多篇。参与主编《全球化与国际传播研究》丛书一套，出版《媒介与民生——电视民生新闻的理论与实践》（2008）、《对外报道策略与技巧》（2008）、《优秀财经新闻作品评析》（2011）等专著 3 部、教材 2 部。主持承担国家社科基金项目“突发事件中政府新闻发布效果评估体系建构研究”（2010 年立项）、中国外文局招标课题“重大突发事件新闻发布与对外报道研究”、广东省高层次人才领航项目“国际舆情分析与政府传播策略研究——以广东省为例”等纵向项目，以及“佛山市新闻发布年度评估”（2013、2014 年度）、佛山市建设食品示范城市验收评估（2015）。《佛山日报》2015 年年终读者调查（2015）、湖南电台交通频道听众调查与目标市场监测（2005—2007）、长沙市报业市场调查与分析（2005）等横向项目，各类项目经费 200 余万元。

（84）钟瑛，女，1962 年 3 月出生，华中师范大学本科、硕士、博士，复旦大学新闻学院博士后。1997 年英国北伦敦大学信息传播学院访问学者，2008 年美国密苏里大学新闻学院访问学者。

现任华中科技大学新闻与信息传播学院教授（二级）、博士生导师、副院长，华中科技大学—睛彩视讯新媒体联合实验室主任；网络传播与新媒体发展研究中心主任；中国网络传播学会副会长，中国传播学会常务理事，国家社科基金学科评审组专家，国家互联网信息办公室互联网新闻研究中心特约研究员。

曾涉猎的专业有中文、历史、信息管理、新闻传播，现在主要从事网络传播、媒体政策、传播史等领域的教学与研究工作。在权威及核心以上的学术期刊上发表论文近百篇。独著、合著出版学术著作十多部。主持和主要负责不同类型的科研课题 10 余项。2007 年主持国家社科基金重大项目“互联网管理与中国特色网络文化建设研究”

(07&ZD040)，其研究成果《网络传播管理研究》入选国家哲学社会科学成果文库。

（85）姜红，女，1971年出生，博士，毕业于复旦大学新闻学院，安徽大学新闻传播学院院长，教授，博士生导师。教育部“新世纪优秀人才”入选者，教育部精品视频公开课《当代媒介素养》主讲人，中国新闻传播学年鉴编委，中国新闻思想史学会常务理事，中国青少年新媒体协会常务理事，中央电视台栏目评审专家，中山大学“互联网与国家治理研究中心”智库专家，安徽省学术技术带头人，2014年“安徽省优秀教师”。主持2项国家社科基金项目及5项省部级科研项目，出版学术专著2部，发表学术论文40余篇，其中9篇论文发表于本学科影响因子最高期刊《新闻与传播研究》。曾获2004年“全国博士生论坛新闻传播学分论坛”优秀论文一等奖、2014年《新闻与传播研究》优秀论文奖、首届“国家学会奖”优秀论文二等奖。近年来，主要研究方向为媒介批评、新闻观念、媒介与社会治理等。

（86）袁爱中，女，1969年出生，回族，河南郑州人。2005年毕业于中国人民大学新闻传播学院，获法学硕士学位，复旦大学访问学者（2006），西藏民族大学新闻传播学院副院长、教授，硕士研究生导师。学术兼职咸阳市新闻学会副会长，西藏新闻传播与社会发展研究所副会长。

主要研究领域是民族文化与新闻传播。独立承担国家民委项目“西藏民俗文化传播研究”（2009）、教育部项目“西藏民族文化传播的历史、理论与现实”（2010）、国家社会科学基金项目“西藏宗教文化变迁与适应研究”（2011）等多项课题。参与复旦大学985创新基地项目、中国人民大学教育部重点基地重大项目两项，积累了一定的研究基础和经验。带队深入西藏进行调研，完成了系列调研报告，深化了研究的层次。致力于民族教育事业，积极开展教学与学科建设工作。作为第一执行人参与西藏自治区特色专业“新闻学”以及“西藏现代新闻传播人才培养模式改革试点项目”的建设和发展工作。出版传播学教材一部（副主编）。主持西藏民族学院教学改革与研究项目《新闻写作的训练体系构建》以及《新闻学概论》重点课程的建设和研究工作。发表学术论文30余篇。

（87）顾理平，男，1963年出生，江苏江阴人。现任南京师范大学新闻与传播学院院长、教授、博士生导师。同时兼任教育部新闻传播卓越人才培养专家指导委员会委员、中国高等教育学会新闻学与传播学专业委员会理事、江苏省记协常务理事等职。1981年考入南京师范大学，1985年毕业留校任职于南京师范大学党委宣传部，主要负责学校的对外宣传报道工作。1995年5月新闻与传播学院成立，担任副书记。1996年调任学校宣传部担任宣副部长兼校报主编一职。2001年调任学校组织部任副部长。2003年调任新闻与传播学院任党委书记，2012年改任院长。

1999 年，出版了第一部该领域的专著《新闻法学》，初步框定了这个学科的基本概念、框架结构和主要研究范围。随后，又出版了《新闻侵权与法律责任》、《隐性采访论》、《新闻权利与义务》三部专题研究专著，奠定了国内该学科的权威地位。随后，他又将研究领域及内涵不断拓展，出版了《新闻传播法学》。迄今为止（2016），已先后出版了《社会新闻采写艺术》、《新闻传播与法治理性》等共 10 本个人专著，发表论文近 100 篇，成为中国该领域最有影响的学者之一。2000 年主持申报成功国家社科基金项目“新闻侵权与法律责任研究”，2015 年申报的“大数据时代的隐私权保护问题研究”获得国家社科基金重点项目立项。论文《微博实名制：错装在政府身上的手》获 2014 年江苏省人民政府颁发的社会科学优秀成果二等奖，《隐性采访论》获江苏省教育厅社会科学优秀成果三等奖。

（88）倪延年，男，1953 年生，江苏金坛人。1982 年毕业于南京师范学院中文系后留校图书馆。先后任党办副主任、常务副主任、党委常委兼党办主任、纪委书记等职。现为新闻与传播学院教授，博士生导师，南京师范大学民国新闻史研究所所长，中国新闻史学会理事，国家社科基金重大项目“中华民国新闻史”首席专家。

先后主持过学校青年项目、省教育厅社科基金一般项目、江苏省社科基金一般项目、教育部社科基金一般项目、国家社科基金重点项目，现正在主持国家社科基金 2013 年度重点项目“中华民国新闻史研究”和国家社科基金 2013 年度重大项目（第二批）“中华民国新闻史”；已出版有：《中国现代报刊发展史》（倪延年、吴强合著）、《知识传播学》、《中国古代报刊发展史》、《中国古代报刊法制发展史》、《中国报刊法制发展史》、《中国报刊法制发展史》、《中国新闻法制史》、《中国新闻法制通史》和《中国古代报刊法制发展史》（繁体字版，2016）等专著。《中国古代报刊法制发展史》2005 年获江苏省第九届社科优秀成果三等奖；《中国报刊法制发展史》2007 年获江苏省第十届社科优秀成果三等奖；《中国报刊法制发展史》2013 年获教育部第六届普通高校优秀研究成果（人文社会科学）二等奖。

（89）殷俊，男，1978 年出生，博士，教授，博士生导师，研究方向为文化产业研究、舆论研究和戏剧与影视研究。担任重庆工商大学艺术学院常务副院长、省部级重点科研平台重庆市社会科学大数据中心执行主任、省部级重点科研平台重庆市人文社会科学普及基地主任、重庆华龙网集团副总裁，国家马克思主义理论研究和建设工程专家、国家社会科学基金通讯评审专家、全国优秀社科普及专家、教育部第三轮学科评审专家、重庆市社会科学专家、重庆市社会科学普及专家，担任中国新闻史学会传媒教育实践基地主任，中国新闻史学会常务理事、台湾与东南亚华文传媒研究委员会副会长、传媒经济与管理研究委员会常务理事、外国新闻传播史研究委员会常务理事、舆论学研究委员会常务理事、公共关系研究委员会常务理事等。主持国家社科基金项目“动漫内容创意产业研究”等国家级省部级项目 30 余项，发表论文 200 多篇，出版专著十多部，获省部级政府奖 10 余项。

（90）卿志军，男，1971 年出生于湖南邵阳，新闻传播学博士，现任海南师范大学新闻传播与影视学院副院长（主持工作），教授，硕士生导师，同时担任中国新闻史学会新闻传播教育史研究委员会常务理事、海南省新闻工作者协会理事、海南省新闻道德委员会委员，海南省新闻奖评委。曾在《现代传播》、《当代传播》、《传媒》等发表研究论文 40 余篇。出版研究专著《电视与黎族生活方式的变迁》、《旅游文化传播学研究》。主持完成“危机事件舆论引导与公众对海南形象认同建构”等省部级课题 6 项，现作为主要参与人在研国家社会科学规划基金重点项目“党管媒体原则的发生机制及其在新媒体治理中的实践研究”，主持教育部人文社科规划项目“族群认同与国家认同良性互动中的文化传播体系研究”。第一完成人获得海南省第六届和第八届社会科学优秀成果奖 3 项，主持获得学校教学成果奖二等奖 2 项，海南省新闻奖 5 项。研究方向主要为：传播与社会发展、传播实务等。

（91）高卫华，女，1955 年 5 月出生，1983 年毕业于华中师范学院，获得文学学士学位。中南民族大学三级教授，硕士生导师；新闻传播学学科带头人，民族文化传播研究中心主任，校教学指导委员会委员。湖北省教育系统先进女教工，全国模范教师。主要研究方向为新闻传播理论，民族文化传播。

1999 年主持新闻学专业工作。主持并成功申报传播学硕士点（2006）与新闻传播学专业硕士点（2014）；创建中南民族大学民族文化传播研究学术团队（2009）与民族文化传播研究中心（2015）。主持省级精品课程、省级精品资源共享课程。主持省教育厅高校教学研究项目获省级教学研究成果二等奖。指导学生参加全国“挑战杯”大学生课外学术科技作品竞赛与创业类竞赛，多次获得国家级与省级奖项。出版学术专著 7 部；主编教材等 2 部。在《国际新闻界》、《新闻大学》、《现代传播》、《新闻记者》、《中国高等教育》等学术期刊发表论文 63 篇。主持国家重大招标项目“中华优秀传统文化传承体系研究”子课题；主持湖北省社科基金项目“湖北民族地区 10 县市土家族文化传播研究”（2014），“湖北民族地区基层文化传播问题研究”（2011），“跨文化传播背景下武当山道教文化产业发展”（2007）以及湖北省民宗委文化传播研究重点项目等多项。

（92）郭光华，男，1955 年出生，毕业于南京大学中文系，获学士学位。曾任湖南师范大学新闻与传播学院副院长、硕士生导师，现任广东外语外贸大学新闻与传播学院硕士生导师。2005—2014 年担任广东外语外贸大学新闻与传播学院首任院长、校学术委员会委员、院学术委员会主席，获得广东外语外贸大学第二届教学名师称号。主要研究方向：新闻传播实务、对外传播与国际传播理论与实务、舆论学。

出版学术专著有《新闻传播能力构建研究》、《新闻传播艺术论》、《舆论引导艺术论》等 8 部，编写教材《新闻写作》等 8 部。在《现代传播》、《国际新闻界》、《当代传播》等国内权威学术期刊上发表新闻传播学论文 80 余篇。目前主持在研国家社科基金项目“全球化背景下我国新闻媒体国际传播能力建构与评价体系研究”（2013 年立项）。承担广东省社科课题两项，连续三年主持承担广东省委宣传部重大委托项目“境外涉粤舆情监测分析暨政府新闻发布效果评估”等。受聘担任广东省、广州市宣传部门及多家媒体专家顾问等职。

（93）郭镇之，女，1951 年出生。中国人民大学博士。清华大学新闻与传播学院教授，兼任中国新闻史学会常务理事。1982 年留北京广播学院新闻系任教（同年 12 月获硕士学位），讲授“中国广播史”。1985 年 9 月入中国人民大学新闻系攻读博士学位，1988 年 7 月毕业（1989 年 1 月获得博士学位）。1988—1994 年，在中国社会科学院新闻研究所从事研究工作。1994—2004 年任教于北京广播学院电视系。2004 年 11 月至今，在清华大学新闻与传播学院任教，曾担任清华大学第九届校学术委员会委员。

主要研究方向：新闻传播史特别是广播电视史、新闻传播理论、中外广播电视研究、国际传播与文化间传播。主要著作有专著《中国电视史》、《北美传播研究》、《传播论稿》；教材《中外广播电视史》（北京市高等教育精品教材）、《当代广播电视学》（北京市高等教育精品教材）；主译教材与著作有《传播理论：起源、方法与应用》、《大众媒介在加拿大》、《议程设置：大众媒介与舆论》和《文化研究基础理论》；主编《聚焦“焦点访谈”》、《全球化与文化间传播》、《跨文化交流与研究》等。发表学术论文超过百篇。

已经完成的研究项目有：国家社会科学基金项目“从‘焦点访谈’类专题报道看舆论监督作用”，广电总局人文社会科学项目“WTO 与中国大众传媒法研究”、“中德电视市场比较研究”和“走出去的第一阵地——中国电视与东南亚”。在研项目有国家社会科学基金重大项目“中华文化的海外传播创新研究”。

（94）涂光晋，女，1951 年出生。中国人民大学博士，教授。1982 年 1 月起在中国人民大学新闻学院任教，主要研究方向为新闻评论、公共关系。主讲本科生课程“新闻评论”、“公共关系学概论”，硕士研究生课程“新闻评论研究”、“公共关系理论与实务”等。先后担任中国人民大学新闻系副主任、新闻学院副院长、新闻与社会发展研究中心执行主任，《国际新闻界》副主编等职。现兼任教育部马克思主义理论研究和建设工程“新闻评论”第一首席专家，国务院食品安全专家委员会委员，国家卫计委突发事件卫生应急专家咨询委员会委员，国家食药监总局风险沟通专家，全国爱卫会专家委员会健康促进分委员会委员，国家职业资格工作委员会公共关系专业委员会委员，中国国际公共关系协会理事、学术工作委员会委员，中国公共关系协会理事、学术委员会及文化艺术委员会委员等。

代表作有：《时代之“声”——新时期中国新闻评论研究》、*Interpreting China's Public Opinion Environment*、《广播电视评论学》、《中国新闻评论发展研究》、《新闻评论》、《新闻评论教程》、《公共关系案例》。1991 年、2011 年获北京市优秀新闻工作者，1992 年被评为北京市“三八”红旗手，1998 年获北京市第五届哲学社会科学优秀成果二等奖，2000 年获宝钢教育奖优秀教师奖，2006 年获北京市高等学校“教学名师奖”，2000 年、2006 年荣获中国人民大学“十大教学标兵”，2014 年获第二届范敬宜新闻教育奖新闻良师奖。2009 年起享受国务院政府特殊津贴。

（95）黄瑚，男，1955 年 7 月出生于上海市，原籍江苏省海门县（今海门市）。先后在复旦大学获学士、硕士、博士学位。现任复旦大学教授、博士生导师，曾任复旦大学新闻学院常务副院长。主要社会或学术兼职有教育部高校新闻传播学类专业教学指导委员会副主任、全国新闻与传播专业学位研究生教育指导委员会委员、中华全国新闻工作者协会特邀理事、中国新闻史学会副会长、上海市高校新闻传播学类专业教学指导委员会主任、上海市新闻工作者协会常务理事、《辞海》（2019 年版）新闻学分科主编等。

1986 年 7 月起在复旦大学执教至今，主要教学与科研方向为新闻传播史、新闻传播法与新闻传播伦理，其间曾应邀在香港珠海学院、台湾铭传大学担任客座教授，曾赴美国东西方中心与夏威夷大学进修一年、赴香港中文大学做短期访问学者三次。已出版的论著、教材有《新闻法规与新闻职业道德》、《中国近代新闻法制史论》、《中国新闻事业发展史》、《新闻伦理学》、《新闻法规与职业道德教程》、《简明中国新闻事业史》、《网络传播法规与道德教程》、《新闻传播法规与职业道德教程》、《新闻传播伦理与法规实用教程》等，参与主编或撰写的各类著作有《中国新闻事业通史》、《辞海》、《中国新闻图史》、《二十世纪中国社会科学・新闻学卷》、《新闻事业与新闻传播学》、《大辞海・文化新闻出版卷》、《实践中的马克思主义新闻观——新闻报道经典案例评析》等。

（96）黄合水，男，1963 年出生，博士，毕业于北京师范大学心理学系，现任新闻传播学院常务副院长。1990 年到厦门大学新闻传播系从事广告教学工作，1994 年破格晋升副教授，1995 年被遴选为硕士生导师，2004 年晋升教授，2006 年被遴选为博士生导师，2007 年任新闻传播学院副院长。担任过中国广告教育研究会副会长、中央电视台广告部策略顾问、新华社中国新闻发展总公司专家指导委员会专家、“中国最佳品牌建设案例”评审委员、《现代广告》（学术刊）主编、《广告研究》副主任编委，是国内最资深的广告和品牌学者之一、广告实证研究的先行者和引领者。

主要从事广告研究，讲授“广告心理学”（2007 年福建省精品课程）、“市场调查”、“广告研究方法”等课程。2005 年，参与项目“20 年磨一剑——中国广告人才培养模式的创建与推广”荣获国家优秀教学成果二等奖。著有《广告心理学》（“十五”、“十二五”国家级规划教材、福建省第七届社会科学优秀成果二等奖）、《广告调研方法》、《品牌学概论》、《品牌与广告的实证研究》、《市场调查概论》、《广告五字诀》、《品牌研究经典案例》、《广告研究经典案例》等著作。承担了几十项纵向、横向课题，如“台湾政治广告研究”、“中国广告教育现状研究”、“中央电视台传播优势研究”、“各品牌世界杯央视广告效果研究”、“2012 中央电视台奥运营销效果追踪研究”、“CCTV 移动传媒创新盈利模式和频道拓展研究”等。

（97）阎立峰，男，1970 年 2 月生，文学博士，2003 年毕业于南京大学，2003—2005 年在北京师范大学从事博士后研究工作。2005 年 9 月起就职于厦门大学新闻传播系，任副教授，2009 年破格晋升为教授，现为厦门大学新闻传播学院教授，博士生导师，副院长。目前承担的学术兼职有：中国新闻史学会台湾与东南亚华文新闻传播史研究委员会会长、中国新闻史学会新闻传播教育分会常务理事、中国高等教育学会新闻学与传播学专业委员会常务理事、福建省林白水研究会副会长；教育部卓越新闻传播人才培养基地专家委员会委员、中国新闻奖资格审核委员会委员、国家级 2011 协同创新中心——两岸关系和平发展协同创新中心专家委员。

多年来从事影视戏剧和新闻传播领域的教学与研究工作，目前的主要研究方向为新闻学、影视学、台湾传媒与文化。已出版专著《思考中国电视》、《台湾传媒与台湾文化研究》，并发表系列论文，担任《台湾百科全书·新闻出版卷》副主编。主持国家社科基金项目和省部级项目若干，主持国家级教改项目和福建省教改项目等。在治学上，倡导并实践一种将文本细读与文本的社会历史分析相结合的研究方法。

（98）董广安，女，1949 年出生，祖籍河南伊川。郑州大学二级教授、曾任新闻与传播学院教授委员会主任委员、院长。1976 年 7 月郑州大学中文系毕业留校，任新闻专业教师。曾为第二届、第三届教育部新闻学学科教学指导委员会委员，现任新华社—郑州大学穆青研究中心主任、国家社科基金项目评审专家、中国新闻史学会常务理事、河南省报纸系统新闻奖评委、河南省报纸质量综合测评委员会委员、河南省广告协会学术委员会主任、河南省科技影视协会副理事长；河南省人大常委会委员、河南省十佳师德标兵、河南省五一劳动奖章、河南省教学名师、河南省优秀专家。主要研究方向为新闻（传播）业务（实务），在都市报、晚报研究领域和穆青研究方面有较大影响力。

代表作有《穆青新闻思想与新闻实践》、《现代新闻写作教程（第二版）》（教育部“十一五”规划教材和教育部精品教材)。作为主持人完成1997年度国家社科基金一般项目“晚报舆论导向研究”，2005年度国家社科基金一般项目“穆青新闻思想与新闻实践研究”及其数项省级课题，在研2014年度国家社科基金重点项目“穆青精神的现实影响及其传承研究”。

（99）董伟建，男，1959年出生，1984年毕业于新疆大学汉语言文学专业，获得文学学士学位。现为中南民族大学文学与新闻传播学院副院长，教授，硕士生导师，湖北省重点实验教学示范中心“民族文化影像传播实验教学中心”主任。主要研究方向为广播电视理论。

公开发表学术论文30余篇，其中，CSSCI来源期刊论文10余篇，撰写的论文《网络传播中的信息不对称及其防范》被《新华文摘》转载。主持或参与省部级以上科研项目4项。负责学院实验室建设和实践教学管理工作，积极推动新闻传播学专业实践教学改革，提出了“以理论为基础、以实验为平台、以竞赛为契机、以实践为升华，全面提升学生的实践操作能力，培养具有坚实理论基础的创新型人才”的教学改革理念，在校内设置了一系列专业竞赛项目，提高了学生的业务能力。指导的学生曾多次获得全国大学生广告艺术大赛国家级、省级奖项。连续多年被评为“中南民族大学科技创新活动优秀指导教师”。主持湖北省教学研究项目“以就业为导向的新闻传播学本科实践教学体系的建构”，围绕课题撰写了《拓展新闻实践教学的新思路》、《以就业为导向建构实践教学平台》等系列教研论文，最终成果“媒介转型背景下新闻传播学实践教学改革研究与实践”获得湖北省第七届高等学校教学成果奖二等奖。

（100）蒋建国，男，1970年出生，湖南东安人，历史学博士，新闻传播学博士后。现为华南理工大学新闻与传播学院教授、博士生导师，兼任河南大学“黄河学者”特聘教授，曾任广州市委党校副教授、暨南大学新闻与传播学院教授、博士生导师；广东省“千百十工程”国家级培养对象和先进个人、教育部“新世纪优秀人才支持计划”培养对象、暨南大学首届“杰出青年学者”。兼任中国新闻史学会外国新闻传播史研究委员会副会长、中国消费经济学会理事、中国社会学会消费社会学研究委员会常务理事。主要从事新媒体、媒介文化与新闻传播史等方面的教学和研究工作，已出版《消费文化传播与媒体社会责任》、《广州消费文化与社会变迁（1800—1911）》等学术专著5部，在《新闻与传播研究》、《马克思主义研究》、《学术月刊》、《现代传播》、《新闻大学》、《国际新闻界》、《社会科学战线》、《天津社会科学》、《学术研究》等CSSCI期刊发表论文70余篇。论文被《新华文摘》、《中国社会科学文摘》、“人大复印资料”、《中国信息年鉴》全文转载20余篇。主持国家社科基金重点项目和青年项目各1项、省部级项目7项。获得教育部人文社科优秀成果三等奖1项，省部级哲学社会科学优秀成果二等奖 2 项；当选 2015 年度中国人文社科最具影响力青年学者。

（101）蒋晓丽，女，1956 年 12 月出生。文学博士，四川大学二级教授，博士生导师，联合国教科文组织全球新闻传播教育改革中国专家组成员，美国康奈尔大学亚洲研究系访问学者及客座教授，教育部新闻传播学教学指导委员会副主任，国务院学位委员会新闻传播学研究生专业学位委员，中国传播学研究会副理事长，四川省学术带头人、四川省宣传文化系统首批“四个一批”人才（理论）。长期从事新闻编辑、传媒与文化、文化产业等方向学术研究。

任教以来，主持过国家社科基金项目“新形势下提升舆论引导力对策研究”（重大招标项目）、“中国大众传媒对社会主义核心价值体系的传播与运用研究”、“从西藏‘3·14’事件看西方媒体的所谓客观公正”（特别委托项目）、“我国生态文明发展战略及其区域实现研究”（重大招标项目，负责第一子项目）、《我国文化软实力发展战略研究》（重点项目，负责第五子项目）；教育部社会科学基金项目“传媒对公共情绪的宣导抚慰功能在西部地区的特殊作用”、“新媒体技术与大学生核心价值观培养研究”；四川省哲学社会科学基金项目“传媒在应对危机时的宣导抚慰功能——对西部地区的特殊作用”。曾撰写国家“九五”规划教材《现代新闻编辑学》、国家“十五”规划教材《网络新闻编辑学》、国家“十一五”规划教材《传媒文化与媒介研究》。参与出版著作近 20 部，公开发表学术论文 90 余篇。

其《舆擎天下》获教育部优秀科研成果一等奖，《中国近代知识分子的历史道路》获四川省哲学社会科学优秀科研成果一等奖，《近代重庆城市史》获得“国家社会科学基金项目优秀成果”三等奖、“四川省哲学社会科学优秀科研成果”一等奖，《现代新闻传媒标题艺术》获得“四川省哲学社会科学优秀成果”三等奖，参与编著的《报业通论》获得“四川省哲学社会科学优秀成果”二等奖；《中国近代大众传媒与中国近代文学》获得“四川省哲学社会科学优秀成果”三等奖，《文化视野下的现代传媒研究》获得“四川省哲学社会科学优秀成果”二等奖。

（102）韩丛耀，男，1956 年生。南京大学新闻传播学院/历史学院教授、博士生导师，中华图像文化研究所所长，百卷本《中华图像文化史》主编。江苏省文艺评论家协会副主席、中国摄影家协会理论委员、中国文艺评论家协会会员；法国欧亚印象交流协会（ISASES）顾问、马来西亚韩新传播学院讲座教授。

从事新闻传播、图像史学教学 30 多年。曾多次进入西藏，穿越藏北无人区；走遍中国大陆及台港澳地区的边境和海疆，拍摄了几万幅具有人文价值的影像。曾应邀在法国、美国、德国、英国、瑞士、南非、瑞典、以色列、马来西亚、日本，以及中国台湾、香港等地进行学术访问和讲学。海内外公开发表新闻学、传播学、图像学、艺术学、摄影学专业论文 120 多篇。公开出版著作 35 部，教材 5 部。代表作有《图像传播学》、《图像：一种后符号学的再发现》及《中国近代图像新闻史：1840—1919》（6 卷）、《中国影像史》（10 卷）。国家社科基金重大项目“中国新闻传播技术史”首席专家；以色列 SIP 研究项目首席专家；中国澳门“澳门视觉形象传播谱系研究”首席专家。独立主持国家级科研项目 6 项、国际科研项目 2 项、省部级科研项目 7 项。曾两次获得中国个人艺术成就最高奖——第八届中国摄影金像奖（理论评论奖）和第九届中国摄影金像奖（理论评论奖）；多次获得江苏省哲学社会科学优秀成果奖和全国性优秀文艺奖项。教学成果曾获南京大学优秀教学成果特等奖、江苏省高等教育教学成果一等奖、国家级教学成果二等奖等。学术研究成果获第四届中华优秀出版物图书奖，华东地区大学出版社学术著作一等奖，第七届高等学校科学研究优秀成果奖（人文社会科学）二等奖。

（103）韩立新，男，1966 年 12 月生，博士学位，1989 年 7 月毕业于河北大学哲学系哲学专业，获哲学学士学位。毕业后进入新闻媒体工作，有过 15 年的新闻从业经历，先后担任过报社多个编辑部门主任，创作了数百万字的新闻作品，熟悉各种新闻体裁的写作，其中有 50 余篇次新闻作品获省级以上新闻奖。后进入高校从事新闻理论和业务的研究工作，现为河北大学新闻传播学院教授、院长、学位委员会主任、硕士生导师。主要社会兼职有中国新闻学与传播学专业委员会常务理事，河北省新闻教育学会副会长等。

主要研究方向为舆论学、新闻评论和媒介融合。近年来，出版著作有《新闻舆论监督对象应对行为研究》、《新闻评论学教程》和《唐代干谒诗中的士人形象研究》，发表学术论文《多元表达环境下舆论和谐营造存在问题与对策》等 30 余篇。承担“互联网+：河北省媒体跨界融合研究”等省部级项目多项。2010 年其担任辅导员的班集体被评为 2009—2010 年度河北省先进班集体，2014 年度获宝钢教师奖。注重通过学科交叉和融合开拓研究领域，一是基于媒介学的一些研究理论，提出了建构“跨代传播学”的设想，并组建了学术团队。二是注重新闻业务与信息技术物协同创新研究，组建了“信息技术与媒介协同创新学术团队”。

（104）程丽红，女，1967 年出生，吉林大学博士。2006 年被晋升为教授，2008 年被遴选为博士生导师。2009—2010 年，赴台湾世新大学舍我纪念馆访学一年。曾为中共吉林省委宣传部“社会舆论咨询组”成员，荣获教育部“新世纪优秀人才”、吉林省高校首批“学科领军教授”等称号。2015 年 5 月调入辽宁大学，现任辽宁大学新闻与传播学院副院长，兼任教育部新闻传播学类专业教学指导委员会委员、中国新闻史学会台湾与东南亚华文新闻传播史研究委员会常务理事、新闻传播教育史研究委员会常务理事、台湾世新大学舍我纪念馆协同研究员等职务。

主要学术方向为中国新闻传播史，在清代、近代新闻传播史及媒介文化等领域有深入探究。力图突破以往媒介研究缺乏历史理性和理论深度的局限，从文化的角度审视清代、近代的媒介现象，重点致力于清末社会变迁中报人思想观念的嬗变研究，同时关注清代新闻传播史研究比较荒僻的领地，如报刊之外的社会传闻、告示、宣讲与演说等传播活动，为建构系统完整的清代新闻传播史、媒介文化史奠定基础。著有《清代报人研究》等，在《复旦学报》、《现代传播》、《探索与争鸣》、《吉林大学社会科学学报》、《社会科学战线》、《明清小说研究》、《史学集刊》等刊物发表学术论文近60篇，其中多篇被《新华文摘》、"人大复印资料"全文转载，《中国社会科学文摘》、《高等学校文科学术文摘》等论点摘编。

主持国家社会科学基金项目"清代新闻传播史研究"、教育部"新世纪"优秀人才支持计划"清代新闻传播专门史研究"、吉林省社会科学基金项目"清古代报刊研究"等科研课题十余项。科研成果先后获吉林省社会科学优秀成果奖一等奖2项、二等奖1项，吉林省社会科学基金项目优秀成果奖一等奖1项，以及长春市社会科学优秀成果奖、吉林省社科联社会科学优秀成果奖多项。

（105）程曼丽，女，1957年出生，中国人民大学博士。1978年进入中国人民大学新闻系（学院）学习，1983年获学士学位，1986年获硕士学位。毕业后留校任教。1995年至1998年在职读博，1998年获博士学位。1999年晋升教授，同年担任博士生导师。2002年9月调入北京大学新闻与传播学院。2006—2013年担任北京大学新闻与传播学院副院长、院学术委员会主任、社科学部学术委员会委员、社科学部大类平台课召集人、北京大学世界华文传媒研究中心主任。2008年北京大学新闻学研究会恢复成立后，担任新闻学研究会副会长兼秘书长，2014年起担任北京大学新闻学研究会执行会长。2009—2014年担任中国新闻史学会会长。2015年起担任北京大学国家战略传播研究院院长，现为中国新闻史学会名誉会长。

主要研究方向为新闻传播史、国际传播、公共关系。出版《〈蜜蜂华报〉研究》、《海外华文传媒研究》、《外国新闻传播史导论》、《公关心理学》、《国际传播学教程》、《对外传播及效果研究》等著作、教材，并担任《北大新闻与传播评论》主编。其中，《〈蜜蜂华报〉研究》获第四届吴玉章人文社会科学优秀成果奖及北京市第六届哲学社会科学优秀成果二等奖，《海外华文传媒研究》获第七届哲学社会科学优秀成果二等奖。发表学术论文百余篇。主持并参与"中国的价值理念及国际传播研究"、"西方媒体涉华报道研究"、"中国对外传播效果研究"、"中国国家形象建构研究"、"中国发展道路中价值理念及国际传播能力建设研究"、"网络自由与网络管理研究"等研究课题。

（106）童兵，男，1942 年出生于浙江绍兴，1968 年本科毕业于复旦大学新闻系。1981 年 6 月在中国人民大学获得硕士学位，留校任教。1988 年成为中国自己培养的第一个新闻学博士。1990 年晋升为教授。1993 年起享受国务院特殊津贴。1993 年起，担任博士生导师。2000 年被聘为国家教育部人文社会科学重点研究基地中国人民大学新闻与社会发展研究中心主任。2001 年调入复旦大学，现为复旦大学文科资深教授、博士生导师，志德书院院长，复旦大学新闻学院学术委员会主任，复旦大学新闻传播学博士后流动站站长，新闻传播与媒介化社会研究国家哲学社会科学创新基地主任。2003 年被国务院学位委员会聘为第五届学科评议组成员，担任新闻传播学学科评议组召集人。同年 6 月起，担任全国博士后管理委员会专家组成员至今。兼任北京大学、清华大学、中国传媒大学等校教授、特聘教授，一些新闻学术刊物编委及顾问。

主讲“新闻传播学理论”、“马克思主义新闻思想研究”、“中西新闻传播比较”、“大众传播与中国社会”。出版著作、教材、辞书共 35 部，其中有《马克思主义新闻思想史稿》、《马克思主义新闻经典教程》、《理论新闻传播学导论》、《新闻理论》、《比较新闻传播学》、《中西新闻比较论纲》、《主体与喉舌——共和国新闻传播轨迹审视》、《新闻传播学名家自选本——新闻科学：观察与思考》等；主编《新闻传播学大辞典》、《中国监督学大辞典·社会监督卷》、《企业报理论与实践》、《新闻传播学学科综合水平全国统一考试大纲及指南》等；合著有《20 世纪中国新闻学与传播学·理论新闻学卷》、《新闻理论教程》、《新闻理论简明教程》、《新闻事业概论》等。发表学术论文 500 余篇。主持并完成国家教委“七五”课题“马克思主义新闻学理论研究”、国家社会科学研究基金“八五”课题“中西新闻比较研究”、国家教委“九五”课题“中西新闻理论与方法的比较研究”、教育部“新闻学与传播学科‘十五’研究规划及课题指南”、教育部“十五”重大课题“中国新闻传媒舆论监督历史使命及操作机制研究”等研究课题。现主持国家社科重大课题“坚持马克思主义新闻观与完善舆论引导格局研究”、国家重点课题“新形势下我国舆论引导能力建设的现状及对策”、国家社科委托课题“马克思主义新闻理论体系研究”。

1991 年被国务院学位委员会和国家教委表彰为“作出突出贡献的中国博士学位获得者”。2003 年获国务院学位委员会指导全国百篇优秀博士论文奖和中国人民大学指导优秀博士论文奖。2010 年主讲课程“马克思主义新闻思想”被评为国家级精品课程。

（107）曾建雄，男，1951 年出生，新闻学博士，教授。1983 年本科毕业于广西大学新闻学专业，留校任教；先后在广西大学、复旦大学攻读新闻学硕士学位研究生、博士学位研究生；1994 年博士毕业后返回广西大学新闻系任教，被聘为副教授；1995 年起担任硕士生导师，1996 年任广西大学新闻系主任，1997 年被聘为教授。1997 年、

2001 年受聘为教育部高等学校新闻学学科第一届、第二届教学指导委员会委员。1996 年、2002 年受聘为全国高等教育自学考试指导委员会新闻类专业第一届、第二届专业委员。2000 年被广西壮族自治区人民政府授予“有突出贡献科技人员”荣誉称号。2002 年 7 月由广西大学调入暨南大学，2005 年获得广东省新闻教育最高荣誉奖“金钟奖”，2006 年担任博士生导师。2004 年、2008 年受聘为全国高等教育自学考试指导委员会新闻类专业第三届和第四届专业委员。2008 年担任全国新闻学研究会副会长。教学与研究工作内容侧重新闻业务方向，兼顾新闻理论和新闻史，具有较深的学术积淀；主持多项新闻传播类科研课题，如国家社科基金重点项目“报业集团核心竞争力与改革创新问题研究”，已完成的研究项目大多取得高质量的成果。先后出版专著 1 部，编著、合著 2 部，发表论文几十篇；有数项科研成果获奖，其代表作《中国新闻评论发展史》获教育部“第二届全国普通高等学校人文社会科学优秀成果奖新闻传播类二等奖”。

（108）强月新，男，1964 年出生。1984 年毕业于武汉大学哲学系，留校在新闻系任教；1989 年毕业于中国新闻学院研究生部；2004 年获武汉大学新闻学博士学位。现任武汉大学新闻与传播学院教授（二级、珞珈特聘教授），博士生导师，副院长，教育部高等学校新闻学学科教学指导委员会委员，全国新闻学会副会长。

1995 年之前曾在新华社广西分社、湖北分社从事新闻工作，曾任《湖北经济报》常务副总编辑。1995 年调入武汉大学新闻与传播学院，主要从事新闻传播实务和传媒经济的教学与研究。代表作有：《中国大众传媒合作竞争论》、《中国传媒市场研究》、《传媒改革：观察与思考》等。先后主持过国家社科基金一般项目和重点项目、省部级社科基金重点项目及横向科研项目多项。曾荣获湖北省高等学校优秀教学成果一等奖、湖北省新闻奖论著奖、教育部优秀社科成果二等奖、教育部优秀教学成果奖二等奖等多项奖励。2006 年入选教育部新世纪优秀人才支持计划，2008 年荣获宝钢优秀教师奖和武汉大学珞珈学者特聘教授称号，2009 年被评为影响中国传媒思想年度人物。

（109）雷启立，男，1966 年出生。现任华东师范大学教授，博士生导师，华东师范大学教务处处长，兼任华东师范大学中国现代思想文化研究所研究员，《热风学术》执行副主编、Board member of Inter-Asian Cultural Studies、中国新闻传播教育史学会常务理事、上海市编辑学会理事等职。曾任哈佛大学东亚语言与文明系高级访问学者（2012）、香港浸会大学访问学人（2009）、新加坡南洋理工大学访问教授（2007），入选教育部新世纪优秀人才计划（2009）。曾获得明德教育基金会“明德教师奖”（2014）、上海市教育发展基金会“申银万国奖教金”（2008）、“能达奖教金”（2012）、华东师范大学杰出新人奖（2012）、上海市新长征突击手、中国作家协会首届“鲁迅文学奖·编辑奖”等奖项。近年来，主要研究方向集中在中国出版的现代转型研究以及当代中国传媒文化研究等方面。主要讲授的课程包括“传媒文化研究”、“传媒、文化与社会”、“20 世纪 90 年代以来中国社会文化与研究”等。著有《传媒的幻象——当代生活与媒体文化分析》、《在呈现中建构——传媒文化与当代中国人精神生活研究》（合著）、《苦境故事——周作人传》等，发表学术论文 60 余篇，其中中文核心期刊（CSSCI）30 多篇，有多篇学术论文被翻译为英文、日文、韩文、意大利文、西班牙文发表在海外学术期刊。主持有国家社科基金项目、上海市社科项目、教育部新世纪优秀人才项目以及多个上海市有关委办局委托课题研究项目，参与教育部重大科技攻关项目及多项上海市项目等研究工作。

（110）蔡尚伟，男，1970 年出生。文学博士。四川大学文学与新闻学院教授，博士生导师。四川大学文化产业研究中心主任。曾获“中国文化产业年度人物”、“全国十佳百优广播电视理论工作者”等称号。

近年来致力于文化产业、新闻传播、广播电视研究，出版了《文化产业导论》、《文化产业比较案例》、《广播电视新闻学》等一系列颇具影响力的著作，在《光明日报》、《新闻与传播研究》、《现代传播》等刊物与重要报纸上发表了百余篇学术论文，多次获得各种政府科研奖项。主持承担的国家社科基金课题、省部级课题和业界委托的横向课题共有 30 余项，如国家社会科学基金重点项目“我国文化产业政策研究”等。2009 年，蔡尚伟在全国率先开展金融危机背景下文化产业发展问题与对策的系统研究，并提出“文化十条”、“文化产业进入国家后续产业调整与振兴规划”等政策建议，国家文化部机关报《中国文化报》授予其中国“2009 文化产业年度人物”的荣誉称号。其负责的四川大学文化产业研究中心被国家版权局批准为全国版权示范基地，成为全国版权产业研究领域第一个获此殊荣的单位。

（111）蔡敏，1963 年出生，四川大学博士。现任重庆工商大学文学与新闻学院院长、教授、硕士生导师。重庆市学术技术（传播学学科）带头人后备人选，重庆市社科专家库首批专家。长期从事新闻传播教育及科研工作，主要研究方向：传媒与文化。主持有重庆市市级精品课程《广告学》，市级视频公开课程《媒介文化与媒介素养》，重庆市市级特色专业“广告学”专业负责人，重庆市十二五重点学科新闻传播学学科负责人，重庆市市级科研平台“重庆传媒与文化发展研究中心”负责人。出版《20 世纪 90 年代传媒文化转型》、《策动传媒》、《媒介融合胜出战略》等专著，承担“国家数字出版基地发展模式研究”、“网络文化建设与管理”等国家部委课题以及重庆市社科规划重大课题、一般课题、重点横向课题等多项。在《新闻与传播研究》、《中山大学学报》、《现代传播》、《新闻界》、《当代电视》等重要刊物上发表学术论文 30 余篇，其中部分文章被人大复印资料全文转载，被《中国新闻年鉴》摘录。

（112）廖声武，男，1961 年出生于湖北潜江。新闻学博士，教授，博士生导师，现任湖北大学新闻传播学院院长；湖北大学省级新闻传媒实验教学示范中心主任、曾被评为“湖北省有突出贡献中青年专家”。他是湖北省省级资源共享课“新闻写作学”负责人、湖北大学省级重点学科（新闻传播学）负责人、湖北大学教授委员会委员、湖北大学教学指导委员会委员；香港城市大学访问学者，英国威斯敏斯特大学访问教授。兼职有中国新闻史学会常务理事、舆论学研究会常务理事、湖北省记协理事、湖北省广播电视学会理事、武汉市记协常务理事、湖北省新闻与传播教育学会副会长等。

为本科生开设“新闻采访学”、“新闻写作学”、“节目主持人概论”等课程，为硕士研究生开设“新闻报道研究”等课程，为博士生开设“新闻思潮研究”、“媒介经典文献导读”等课程。在《新闻与传播研究》、《中国广播电视学刊》、《中国记者》、《武汉大学学报（人文社会科学版）》、《湖北大学学报（哲学社会科学版）》等学术刊物上发表论文 80 多篇，其中有的获得全国性学术团体和省级奖励，有的在国际学术会议上宣读。出版著作、教材 8 部。其中《节目主持人教程》入选普通高等教育“十二五”国家级规划教材。主持课题有教育部人文社科规划基金项目、湖北省社会科学基金项目、武汉市社会科学基金项目及多项横向委托项目。教改项目“新闻传播复合型人才培养的实验教学改革”获“第七届湖北省高等学校教学成果一等奖”（2013）、“全国新闻学与传播学教学创新项目”奖（2013）。

（113）熊澄宇，男，1954 年出生。美国杨百翰大学博士。清华大学教授，博士生导师，校学术委员会委员，新闻与传播学院学术委员会主任，国家文化产业研究中心主任。清华大学新媒体和文化产业学科创建人，中央政治局集体学习文化及传媒领域首位主讲专家。曾任国务院信息化专家咨询委委员、国家新闻出版总署报业顾问、国家互联网发展与管理专家咨询委委员，现任财政部国有文化资产管理办公室专家咨询委委员、教育部教育技术学教学指导委员会副主任、文化部十三五规划专家咨询委委员、中国国际文化交流中心理事、中国传播学会副会长。曾任多所高校客座或特聘教授，多地省市政府决策顾问。

1995 年在清华大学创建多媒体艺术研究中心；1998 年创建传播系，主持工作；2002 年参与创建新闻与传播学院，任副院长；2004 年根据中央主要领导指示精神，创建了校级跨院系研究机构国家文化产业研究中心，被评为国家哲学社会科学创新基地。多次参与国家相关行业主管部委重大课题的组织和起草工作。主持完成了国家 863 高新技术、国家重大科技攻关、国家软科学、国家社科基金、国家教育科学规划、国家艺术科学规划等不同学科领域的国家级科研项目；积极参加政府推动的中美、中英、中欧、中日等国际对话，与国际学术界建立了广泛的联系。专著、译著有《世界文化产业研究》、《媒介发展史》、《信息社会 4.0》、《新媒体百科全书》、《新媒体与创新思维》、《西方新闻传播学经典名著选读》、《文化产业研究：战略与对策》、《熊澄宇集》等十余种。

（114）樊亚平，男，1969 年出生。本科、硕士、博士阶段分别就读于兰州大学中文系、兰州大学新闻与传播学院、中国人民大学新闻学院。现为兰州大学新闻与传播学院教授、硕士生导师，新闻传播学学位授权委员会主席，新闻传播学一级学科负责人，兰州大学社会科学学术委员会委员；兼职有：中国新闻史学会常务理事。主要从事《新闻理论》、《中外新闻传播史专题研究》等课程教学工作。主要研究方向为新闻史论，尤其对新闻从业者职业化史、新闻思想史、新闻观念史研究情有独钟。

曾从事过高校校报编辑、学术刊物编辑、电视专题节目编导、都市类报纸编辑部副主任等工作。2009 年作为访问学者在美国依阿华大学（The University of Iowa）从事交流与研究工作 1 年。2009 年被甘肃省委、省政府确定为“甘肃省领军人才”。迄今为止，发表学术论文 70 余篇，出版专著 2 部，参编著作 2 部，主持国家社会科学基金项目 1 项，教育部人文社科基金项目 1 项，甘肃社科规划基金项目 1 项，作为子课题负责人参与国家社科基金重大项目和教育部人文社科重点项目各 1 项。专著《“消亡论”余波下的报业市场培育研究》和《中国新闻从业者职业认同研究（1815—1927）》分别获甘肃省第 11 届和第 13 届人文社会科学研究优秀成果二等奖。《中国新闻从业者职业认同研究（1815—1927）》一书曾被新闻史学泰斗方汉奇评价为“一部早期新闻从业者的心灵史”（《新闻春秋》2012 年第 2 期）。

（115）戴元光，男，1952 年出生，江苏射阳人，先后在兰州大学中文系文学专业、复旦大学新闻系新闻专业、美国夏威夷大学大众传播专业学习，美国 EWC 访问学者。1984 年起，先后任兰州大学新闻系教研室主任、兰州大学西北文化研究中心副主任、上海大学新闻系主任、上海大学影视学院副院长、上海大学学术委员会委员、教育部新闻学科教学指导委员会委员，现任中国传播学会会长、中国商业史学会副会长、全国新闻与传播学专业学位研究生教育指导委员会委员、上海大学传媒研究中心主任、上海大学电影学院特聘教授、浙江传媒学院特聘教授、上海政法学院教授。

承担国家社科项目 4 项，国家教委、省部项目 14 项，主要有：“新闻与现代化建设”（子课题）（“七五”国家社科重点）、“社会主义传播道德研究”（“八五”国家社科重点）、“市场经济条件下中国新闻媒体竞争力研究”（2004 年国家社科基金一般项目）、“美国新媒体法律与规制研究”（2015 年国家社科基金后期资助项目）等；先后出版专著（主编）16 部，主要代表作有：《传播学原理与应用》、《传播学通论》、《20 世纪中国新闻学与传播学·传播学卷》、《中国传播思想史》、《超越传统》等；发表论文 60 余篇，曾获国家高校人文社科奖 2 项（《撞击下的浮躁与选择》、《中国传播思想史》），国家普通高校优秀教材奖 2 项（《传播学通论》、《传播学原理与应用》）、省优秀图书奖（《传播学原理与应用》）、上海市社科奖（《传播学的研究理论与方法》）、上海市育才奖等。

（撰稿人　张　昆）

三、成果与政策

第8章 专业、课程、教材与实验室建设

8.1 专业建设（国家级特色专业）

8.1.1 综述与相关文件

1. 综述

2007年1月22日，教育部、财政部联合发文《教育部财政部关于实施高等学校本科教学质量与教学改革工程的意见》（教高【2007】1号）指出，为全面贯彻落实科学发展观，切实把高等教育重点放在提高质量上，经报国务院同意，将“大力加强本科专业建设，按照优势突出、特色鲜明、新兴交叉、社会急需的原则，择优选择和重点建设3000个左右特色专业点，引导各级各类高等学校发挥自身优势，努力办出特色”。随后，教育部、财政部成立了质量工程领导小组，协商决定质量工程的重大方针政策和总体规划。2007年上半年，质量工程领导小组办公室启动了“特色专业建设点”的申报工作，共有455所学校的1809个项目提交申报材料。经过网上公示和专家评审程序，420个专业点获批成为2007年度第一批高等学校特色专业建设点，其中，新闻传播学类共获批21个专业点（新闻学18个，广告学、广播电视新闻学、广播电视编导各1个）。截至2016年7月，教育部、财政部共组织了六批特色专业的申报、评审工作，新闻传播学类共获批40个建设点，除了第一批获批的21个建设点之外，第二批特色专业建设点中，新闻传播学类获批2个；第三批特色专业建设点中，新闻传播学类获批4个；第四批特色专业建设点中，新闻传播学类获批7个；第五批特色专业建设点中，新闻传播学类获批0个；第六批特色专业建设点中，新闻传播学类获批6个。

近几年来，这40个特色专业建设点所属高校，根据教育部、财政部的要求，高度重视特色专业点建设工作，大力加强课程体系和教材建设，改革人才培养方案，强化实践教学，加强教师队伍建设，紧密结合国家经济社会发展需要推进专业建设与人才培

养。为展示新闻传播学类本特色专业建设成果，本年鉴择优对这些特色专业的建设目标、建设措施、建设成果等进行推介，以期对同类型高校相关专业建设和改革起到示范和带动作用。

2. 相关文件

教育部财政部关于实施高等学校本科教学质量与教学改革工程的意见

（教高【2007】1号）

各省、自治区、直辖市教育厅（教委）、财政厅（局），新疆生产建设兵团教育局、财务局，有关部门（单位）教育、财务司（局），部属各高等学校：为全面贯彻落实科学发展观，切实把高等教育重点放在提高质量上，经报国务院同意，教育部、财政部决定实施“高等学校本科教学质量与教学改革工程”（以下简称质量工程），现就该工程的实施提出如下意见。

一、重要意义

（1）高等教育肩负着培养数以千万计的高素质专门人才和一大批拔尖创新人才的重要使命。提高高等教育质量，既是高等教育自身发展规律的需要，也是办好让人民满意的高等教育、提高学生就业能力和创业能力的需要，更是建设创新型国家、构建社会主义和谐社会的需要。党和政府高瞻远瞩，立足于我国高等教育实际，站在实现中华民族伟大复兴的历史高度，做出了把高等教育的重点放在提高质量上的重要决策，这对实现我国经济社会全面协调可持续发展具有重要的历史意义和现实意义。

（2）近年来，高等教育规模快速发展，质量有了较大的提高，为我国经济社会的快速、健康和可持续发展以及高等教育自身的改革发展作出了巨大贡献。但是，高等教育质量还不能完全适应经济社会发展的需要，不少高校的专业设置和结构不尽合理，学生的实践能力和创新精神亟待加强，教师队伍整体素质亟待提高，人才培养模式、教学内容和方法需要进一步转变。因此，迫切需要采取切实有效的措施，进一步深化高等学校教学改革，提高人才培养的能力和水平，更好地满足经济社会发展对高素质创新性人才的需要。

（3）实施质量工程，是坚持科学发展观，全面落实党中央、国务院战略决策和部署的重要举措，是落实科教兴国战略和人才强国战略的重要组成部分。质量工程以提高高等学校本科教学质量为目标，以推进改革和实现优质资源共享为手段，按照“分类指导、鼓励特色、重在改革”的原则，加强内涵建设，提升我国高等教育的质量和整体实力。质量工程充分考虑了提高教学质量的系统性和复杂性，确定了具有基础性、全局性、引导性的项目作为改革的突破口，以调动广大高校的积极性和主动性，引导高等学校教育教学改革的方向。质量工程的实施，对于扩大优质教育资源受益面，形成重视教学、重视质量的良好环境和管理机制，实现高等教育规模、结构、质量和效益协调发展，具有十分重要的意义。

(4) 实施质量工程，需要调动政府、学校和社会各方面的力量，把发展高等教育的积极性引导到提高质量上来。各地要加强对高等教育工作的领导，充分利用各方面力量支持高等学校的发展，切实解决高等学校在提高质量方面的实际问题，为高等学校办学创造良好的外部环境。各地教育行政部门和高等学校要强化教学质量的"一把手责任"，把更大精力、更多财力投入到提高教学质量上，要根据当前高等教育改革和发展的新形势、新任务，围绕影响高等学校教学质量的主要方面，明确目标要求，制定具体政策，扎实推进质量工程。

二、建设目标

坚持以邓小平理论和"三个代表"重要思想为指导，全面落实科学发展观，全面贯彻党的教育方针，全面推进素质教育；坚持"巩固、深化、提高、发展"的方针，遵循高等教育的基本规律，牢固树立人才培养是高校的根本任务、质量是高校的生命线、教学是高校的中心工作的理念；按照分类指导、注重特色的原则，加大教学投入，强化教学管理，深化教学改革，提高人才培养质量。

通过质量工程的实施，使高等学校教学质量得到提高，高等教育规模、结构、质量、效益协调发展和可持续发展的机制基本形成；人才培养模式改革取得突破，学生的实践能力和创新精神显著增强；教师队伍整体素质进一步提高，科技创新和人才培养的结合更加紧密；高等学校管理制度更加健全；高等教育在落实科教兴国和人才强国战略，建设创新型国家、构建社会主义和谐社会中的作用得到更好的发挥，基本适应我国经济社会发展的需要。

三、建设内容

(一) 专业结构调整与专业认证

根据科学技术发展的特点，紧密结合我国高等教育实际，研究建立适应国家经济与社会发展需要的本科专业设置和调整制度，制订指导性专业规范，构建专业设置预测机制，定期发布各类专业人才的规模变化和供求情况，为高校优化专业布局和调整人才培养结构提供指导。大力加强本科专业建设，按照优势突出、特色鲜明、新兴交叉、社会急需的原则，择优选择和重点建设 3000 个左右特色专业点，引导各级各类高等学校发挥自身优势，努力办出特色。积极探索专业评估制度改革，重点推进工程技术、医学等领域的专业认证试点工作，逐步建立适应职业制度需要的专业认证体系。

（二）课程、教材建设与资源共享

继续推进国家精品课程建设，遴选3000门左右课程，进行重点改革和建设，力争在教学内容、教学方法和手段、教学梯队、教材建设、教学效果等方面有较大改善，全面带动我国高等学校的课程建设水平和教学质量。启动“万种新教材建设项目”，加强新教材和立体化教材建设，鼓励教师编写新教材，积极做好高质量教材推广和新教材选用工作。积极推进网络教育资源开发和共享平台建设，建设面向全国高校的精品课程和立体化教材的数字化资源中心，建成一批具有示范作用和服务功能的数字化学习中心，实现精品课程的教案、大纲、习题、实验、教学文件以及参考资料等教学资源上网开放，为广大教师和学生提供免费享用的优质教育资源，完善服务终身学习的支持服务体系。开发网上考试系统，研究制订相关标准，逐步实现大学英语和网络教育全国统考课程的网上考试，创造安全、便捷、高效的考试平台。

（三）实践教学与人才培养模式改革创新

大力加强实验、实践教学改革，重点建设500个左右实验教学示范中心，推进高校实验教学内容、方法、手段、队伍、管理及实验教学模式的改革与创新。开展基于企业的大学生实践基地建设试点，拓宽学生的校外实践渠道。实施大学生创新性实验计划，支持15000个由优秀学生进行的创新性试验，促进学生自主创新兴趣和能力的培养。择优选择500个左右人才培养模式创新实验区，推进高等学校在教学内容、课程体系、实践环节等方面进行人才培养模式的综合改革，以倡导启发式教学和研究性学习为核心，探索教学理念、培养模式和管理机制的全方位创新。继续开展大学生竞赛活动，重点资助在全国具有较大影响和广泛参与面的大学生竞赛活动，激发大学生的兴趣和潜能，培养大学生的团队协作意识和创新精神。

（四）教学团队与高水平教师队伍建设

加强本科教学团队建设，重点遴选和建设一批教学质量高、结构合理的教学团队，建立有效的团队合作的机制，推动教学内容和方法改革和研究，促进教学研讨和教学经验交流，开发教学资源，推进教学工作的老中青相结合，发扬传、帮、带的作用，加强青年教师培养。鼓励和支持校内及聘请国内外著名专家学者和高水平专业人才承担教学任务和开设讲座，推动双语教学课程建设，探索有效的教学方法和模式，切实提高大学生的专业英语水平和直接使用英语从事科研的能力。每年评选100名高等学校教学名师奖获得者，大力表彰在教学和人才培养领域作出突出贡献的教师。

（五）教学评估与教学状态基本数据公布

加强和改进高校本科教学工作评估，以评促建，以评促改，评建结合，重在建设，促进学校强化教学管理、深化教学改革、提高教学质量。研究制定高等学校分类指导、分类评估的政策和制度，引领高等学校合理定位，发挥优势，办出水平，办出特色。建立高等学校教学基本状态数据检测体系，定期采集各类高等学校本科教学基本状态信息和数据，统计和分析高等学校教学基本状态和变化趋势，逐步将教学质量和教学改革的数据向社会公布。

（六）对口支援西部地区高等学校

推进对口支援西部高校工作，促进东部和西部高等教育的协调发展。重点资助受援高校教师到支援高校进行半年以上的进修提高。在对口支援高校中实行干部交流制度，资助一批受援高校教学管理干部到对口支援高校学习锻炼，交流管理经验，提高受援高校的教学管理水平。

四、组织管理

（一）质量工程由中央财政专项支持。专项资金按照统一规划、单独核算、专款专用的原则，实行项目管理。财政部、教育部将联合制订《高等学校本科教学质量和教学改革工程专项资金管理办法》（另发）。项目承担学校根据专项资金管理办法，具体负责经费的使用和管理。

（二）鼓励各地方、各部门和高校发挥自身特点，在中央重点支持项目的基础上，积极筹措资金支持质量工程项目的实施。

（三）教育部、财政部成立质量工程领导小组，协商决定质量工程的重大方针政策和总体规划。领导小组下设办公室，具体负责质量工程的日常工作。项目承担学校应指定相关部门作为专门机构，统筹负责本校质量工程项目的规划和实施。

（四）质量工程领导小组办公室根据质量工程建设目标和任务，制订和发布项目指南，确定项目遴选标准和基本条件，聘任评审专家，组织评审立项。项目采用学校先行立项建设、各省（自治区、直辖市）择优推荐、领导小组办公室组织评审立项、后补助建设经费的方式进行。通过这种方式，形成学校、地方和中央三级立项建设的体系，引导和带动学校和地方教育行政部门加强质量建设工作，扩大质量工程的影响。

（五）项目承担学校按照统一部署，根据质量工程的总体目标和任务，依据所承担项目的要求，在充分调查研究论证的基础上，结合学校的特色和办学定位，以改革创新促进发展的思路，确定项目建设实施方案，组织项目实施，并保证项目建设达到预期成效。

（六）质量工程领导小组办公室将加强对质量工程建设项目的检查、审计和绩效评估，并根据检查、审计、评估的结果，对有关高等学校的项目和资金进行调整。建设项目完成后，组织专家会同相关部门组织验收。充分发挥质量工程的示范和带动作用，把教学质量与教学改革作为高校评价的一项重要内容，从而更好地促进全国高校在提高教学质量、深化教学改革方面工作的开展。

二〇〇七年一月二十二日

8.1.2 特色专业列表

根据教育部相关政策，自2007年以来，全国共评选了6次特色专业建设点，新闻传播类入选情况如表8-1所示：

表8-1 **特色专业分布表**

批次	学校	专业
1	中国人民大学	新闻学
	清华大学	新闻学
	天津师范大学	新闻学
	河北大学	新闻学
	吉林大学	新闻学
	黑龙江大学	新闻学
	复旦大学	新闻学
	南京大学	新闻学
	南京师范大学	新闻学
	浙江大学	新闻学
	郑州大学	新闻学
	武汉大学	新闻学
	华中科技大学	新闻学
	湖南大学	新闻学
	暨南大学	新闻学
	广西大学	新闻学
	四川大学	新闻学
	云南大学	新闻学
	中国传媒大学	广播电视新闻学
	哈尔滨工业大学	广播电视编导（动漫方向）
	厦门大学	广告学

续表

批次	学校	专业
2	中国传媒大学	新闻学
	中国传媒大学	播音与主持艺术
3	中国传媒大学	广播电视编导
	国际关系学院	传播学
	浙江传媒学院	播音与主持艺术
	浙江万里学院	新闻学
4	北京外国语大学	新闻学
	中国传媒大学	广告学
	三江学院	新闻学
	浙江传媒学院	广播电视编导
	华中科技大学	广播电视新闻学
	上海戏剧学院	广播电视编导
	上海师范大学	广告学
5	无	无
6	北京大学	新闻学
	中国传媒大学	传播学
	安徽大学	新闻学
	汕头大学	广播电视新闻学
	西南政法大学	新闻学
	西北政法大学	新闻学

8.1.3　特色专业介绍①

1. 中国人民大学新闻学

2007 年 12 月，中国人民大学新闻学入选教育部第一批特色专业建设点。该专业的建设目标为：中国新闻传播领域高级、创新专业人才、新闻教育人才培养基地；新闻传播重大科研成果培育、转化和社会服务基地；具有广泛影响力的国际学界、业界交流与

① 由于一些学校未提供相关专业资料，故有些特色专业未能介绍。

合作基地。

建设措施及成果：

（1）处理好传统优势学科与新兴学科的关系，全面优化学科结构。理论新闻学体系建设实现了马克思主义新闻思想研究与新闻基础理论研究的有效衔接；历史新闻学体系建设实现了范式创新和成果体裁创新；实务新闻学体系建设实现了传统采、写、编、评业务向“新闻发现”、“新闻资源开发”等前沿观念与实践的转渡和拓展。

（2）坚持以人为本，全面加强师资队伍建设。优化师资结构，整个学术团队呈现出老、中、青三代相互促进、共同提升的状态。整体是一支以45岁左右（占72%）的中青年教师为主体的精干、高素质、具有国际视野的教学科研队伍。

（3）积极探索新形势下的人才培养模式。优化课程结构、改造课程体系，新开设了“新闻传播学前沿研究”、“新闻名家名作研究”等专业课程；建设、推出《新闻传播学文库》、《21世纪新闻传播学系列教材》；改进、调整教学理念、方法和教学过程，与之相应，多媒体开发与教学等均取得明显成绩。

（4）以基础理论创新和前沿应用研究为导向提升科研实力。2001年以来，该学科教师主持的科研项目有28项；教育部重点研究基地重大项目10项。近年来，该学科正式出版的专著、教材和译著112部；公开发表论文和核心期刊论文总数是“九五”期间的2倍以上。

（5）提升学科建设的国际化程度。面加强师资国际化建设，近年来，多次选派教师赴外学习、访问；举办了多期“国际师资培训班”；与国际一流新闻传播学院缔结一系列姊妹院校关系、战略合作伙伴关系。

2. 清华大学新闻学

2007年12月，清华大学新闻学入选教育部国家级特色专业建设点。该本专业以“素质为本、实践为用、面向主流、培养高手”为办学理念，以马克思主义新闻学为核心，培养适合国家和社会需要的高层次、复合型、领军型的高素质的新闻传播人才。

在特色专业建设中，一是以马克思主义新闻观的教学和科研工作作为学科建设的重点方向之一。以“马克思主义新闻观”这门本科生必修课为核心，通过请进来带出去、与人民日报社共建等多种形式，使学生们接受马克思主义新闻观教育，明确价值观和专业理想，增强社会责任意识；并在新闻采访、新闻编辑、新闻评论等实践性较强的新闻学核心课程中不断强化。二是强化本科实践教学。通过“顶石类”工作坊课程，创造全业务流程伴随式授课的教学模式。通过毕业论文的改革，鼓励与引导学生更深入地进行媒体实践；尝试以项目带实践，比如2013年秋“新闻编辑学”课程即以国资委的项目，与企业、政府部门、媒体进行了四方联动，取得了很好的效果。进一步加大实践平台的建设与合作机制，与传统媒体与各类互联网媒体协作，建立了报纸、广播、电视、网络等多媒体实践教学基地。现在学院已经建成“清新传媒”学生全媒体实践平台，包括清新时报、清影工作室、清新视界、清田工作室、清新网等，为学生的实践教学创造条件。《清新时报》出版的周报、清影工作室出品的纪录片、清新视界出品的视频节目都已形成较大影响。三是“开放式、国际化办学”。本科阶段持续开设“新闻传播专业英语”，重视本科生国际交流，超过三分之一的学生有国际交流经历。重视外国留学生培养，每年招收 20 名左右来自世界各地的留学生和中国学生共同学习。重视从本科学生中培养和发掘国际新闻传播的苗子，重视相关观念、立场、思维、知识和技能的培养，为进一步培养高端人才打好基础。

自 2008 年至今，清华大学新闻学专业获北京市优秀教学成果奖 2 项，获中国新闻教育学会中国新闻学与传播学教学改革创新项目奖 2 项；国家级精品课程 1 项；获清华大学教学成果奖 6 项；多部教材入选教育部精品教材、北京市精品教材；清华大学精品课程多项；师生多个影视作品获国内外重要奖项。

3. 天津师范大学新闻学

2007 年 12 月，天津师范大学新闻学入选教育部特色专业建设点。该专业特色定位是，依托该校人文社会学科优势和新闻学专业悠久历史，立足环渤海，辐射内陆地区，弘扬师范院校“自树树人、严谨求实”优良传统，密切跟踪理论前沿，主动服务当代社会，成为中国新闻传播教育与研究重镇。

该专业创建于 1959 年，时任天津市委宣传部部长兼《天津日报》总编辑的李麦同志为首届班主任。

建设目标：即到 2015 年，建成具有本科生、研究生等多层次办学规模，培养具有情怀天下大义和立足知行统一的新一代人民新闻工作者，在国内领先的新闻学专业教育基地与研究中心。

建设成果：

2008 年，该专业依托的国家级实验教学示范中心获批建设单位，2012 年通过验收；

2009 年，以新闻学专业为核心的一级学科，获批校级重点学科；

2011 年，以该专业为核心的新闻与传播一级学科专业硕士授权点获批；同年，又被评为天津市“十二五”综投品牌专业；

2012 年，该专业教师分别荣获全国高校首届青年教师基本功比赛文科组一等奖第一名、天津市青年教师基本功大赛一等奖；

2013 年获批天津市重点教材项目和重点教育研究项目；

2014 年 9 月，中共天津市委宣传部与天津师大共建新闻传播学院。

2015年获批天津市（省级）优秀教学团队。

目前，该专业共有教师12名，其中教授6名，副教授3名；主讲教师具有博士的达75%。其中有一位“天津市千人计划国际领军学者”，两名天津市教学名师，一名校级教学名师。

教师主持完成及在研科研项目共计43项。其中国家社科规划项目5项，（主持重点项目和参与马克思主义理论工程项目各一个），教育部项目3项，市哲学社会科学项目8项。获批天津“五个一批”人才和国家博士后资助项目各一项。该专业建有“大众传播与社会发展研究所”、“天津地方新闻史研究所”、“国际传媒研究中心”和“天津舆情与社会治理研究中心”等科研与智库机构。

目前，已经建成具有多层次办学规模，能够培养让“祖国放心，人民满意”人民新闻工作者，在国内领先的新闻学专业教育基地与科研中心。

4. 河北大学新闻学

2007年12月，河北大学新闻学入选教育部第一批国家级特色专业建设点。

河北大学新闻学专业的定位是：河北省培养高层次新闻传播人才的摇篮、知识创新和实践服务的重要基地、传媒决策和政策咨询的“思想库”、引领全省新闻传媒业潮流的重要阵地，同时以取得的有效经验和实践效果，形成该专业建设内容的相关参考规范，为全国同类专业的建设和发展提供有益的借鉴和思考。

建设措施：

（1）建立市场导向的办学理念。一方面倾听传媒业界的意见，将新闻专业的培养目标、教学内容继续针对现代传媒与社会的需要而设定，另一方面通过与用人单位的合作不断改进自己的教学方案。

（2）加强师资队伍的建设。引进、接收高层次人才，充实到教学队伍；培养优秀教学骨干，提高在职教师的学历层次；安排教师进修和培训，提高教师的专业素质及实践能力。

（3）创新人才培养模式。新闻学专业主要通过三大课堂，即教师课堂、模拟媒体活动和社会实践课堂的建设，来实现科学研究、学生培养的紧密结合。

（4）优化课程体系、推动特色教材建设、培育精品课程。加大人文学科课程和科学课程的设置，增加新媒体理论与应用的课程，使之适应电子与网络出版的发展趋势。重点支持特色教材编写与出版，建立科学的教材选用和评估制度，重点支持特色教材编写，推动国家、省和校三级“精品课”建设。

（5）利用校外教学资源，实施“请进来，走出去”的资源整合策略。所谓“请进来”战略就是与媒介建立战略合作机制，邀请媒体骨干记者、编辑与学生交流；所谓

“走出去”战略就是主动介入社会实践，将实践资源旋即转化为专业教育资源。

建设成果：

（1）师资队伍建设显著提高。一是提升了博士的数量，二是加大了进修培训力度。

（2）精品课程建设成效显著。

（3）科学研究上了台阶。

（4）图书资料建设加速。

（5）对外学术交流与合作有重大进展。不但继续发展与国内兄弟高校的学术交流与合作，而且在加强与世界知名高校的合作交流有重大进展。例如：与马来西亚前四名的高校建立了合作办学关系。

5. 吉林大学新闻学

吉林大学新闻学专业始建于 1959 年，“文革”中停办，1984 年复办。1993 年获硕士学位授予权，2006 年获新闻传播硕士一级学科授权，2011 年获新闻与传播硕士专业学位（MJC）授予权，2012 年参与招收文学传播与媒介文化博士学位研究生。

2007 年 12 月，吉林大学新闻学专业入选教育部第一批国家级特色专业建设点。

特色定位：以造就复合型、创新型专业人才为宗旨和教育定位，以综合性培养，多学科设课，跨专业教学为基本模式，建立多元性、开放型的教学体系和人才教育机制。

建设目标：适应现代新闻事业发展的需要，发挥综合性大学的学科布局优势，突出应用学科的社会实践特性，加强相关学科的交流渗透。建立以现代新闻科学和现代新闻教学思想为主导，以现代化教学设备和教学手段为依托，以各种新闻媒体为实践教学网络的开放型新闻学研究、新闻教育和新闻人才培训基地。

建设措施：

（1）多学科复合型、创新型人才培养的课程体系建设。以新闻学学科课程的基础理论性课程为先导，以交叉学科课程为中介和过渡，相关学科的基本专业课程同新闻学学科的应用新闻学课程、其他专业选修课程、交叉学科课程并行开设。

（2）专业系列教材的建设。以满足新闻学专业主干和重点课程的教学需要为主，兼顾交叉学科课程的教学需要。

（3）专业教师队伍建设。实施科学的人才配置和人才培养计划；选派青年教师进修提高；安排专业任课教师到新闻媒体学习和交流；聘请新闻媒体高级记者、高级编辑及其他高级职称人员到新闻专业兼职授课。

（4）专业实践教学建设。强化实验室教学、科研和创新实践服务的综合性功能；修订实验课教学大纲；完善各项管理制度、管理条例和定期考核的管理机制；建立学校、新闻媒体、其他用人单位共同参与的学生考核评价机制。

建设成果：

（1）新闻学专业的整体教学水平提升到较高层次，综合实力增强，并形成较大的科研规模。

（2）新闻学专业多学科复合型、创新型人才培养模式建设，达到完善与成熟，进入制度化的常规运行。主导性专业课程系统与跨学科课程系统、交叉学科课程系统，构成新闻学学科与相关学科相互融合的复合型课程体系。

（3）新闻学专业系列教材的编写工作稳步推进，涉及基础理论、业务理论和交叉学科理论、用于专业主干课程和重点课程教学的 10 部教材将要出版。

（4）实践教学规模扩大，功能增强；全媒体实验教学平台的设备得到补充与更新；实践教学实行开放的运行机制，学生和教师可在一定的时间内自由使用教学仪器设备。学生也可自带题目进行创新实践，实验室提供技术指导。

（5）实践教学基地建设进一步完善，已经完成原有新闻媒体实践教学基地的评估工作，新一轮专业实践教学基地的挂牌管理与合作办学工作已经实施。

6. 黑龙江大学新闻学

黑龙江大学新闻学专业创办于 1985 年，是黑龙江省高等院校第一家新闻学专业，是我国改革开放后设立较早的省属院校新闻学专业。2007 年 12 月，新闻学入选教育部第一批特色专业。

新闻学专业以“与媒介同行、与问题同在”为办学理念，以高质量教学为立专业之本，以高水平科学研究作兴专业之源，基于“弘扬新闻职业精神、面向融合媒体”的特色定位，把培养既具有经世济民情怀，又具有新闻传播鲜明个性；既有人文精神，又有专业技能的应用性复合型新闻人才作为追求的目标。

黑龙江大学新闻学专业的建设目标是建设省内一流，在国内有一定影响力的特色专业。

（1）全面推进人才培养模式和课程体系、教学内容和教学方法等改革，实现对复合型融合媒体人才的培养。

（2）建设结构合理，高素质、高能力、高水平的专业教师队伍。

（3）以高水平学科建设，带动专业建设。

（4）加强实验室等教学条件建设，争创一流水平。

（5）高标准、严要求，培养符合社会需求的高水平的新闻人才。

建设措施如下：

（1）师资队伍。提升现有教师队伍：加大对科研工作的扶持力度，积极促进各类学术交流，鼓励教师参与新闻媒体的改革与实践。努力培养 1~2 名省级教学名师。

加大人才引进力度：师资引进标准为博士起点，兼顾新闻领域的横向性拓展，引进与新闻学科交叉相关的其他专业高学历人才。借助中外合作办学机制，加强国外合作院校在教学和科研方面的合作。

（2）人才培养。试点卓越新闻人才培养试验班，采用“融合新闻+跨专业模块”的培养框架，探索复合型人才培养新模式。

面向移动互联时代及媒体融合环境，重构课程体系，更新教学内容；打造马克思主义新闻观及专业类精品课程；探索“任务驱动式”、“体验式”教学方式方法改革；完善实务课程与业界联动机制，形成实践教学特色；采用多样化考核方式，考查学生综合分析解决问题的能力。

（3）学科建设。注重学科整体实力的提升，建设 2~3 个特色明显的学科方向，扎实推进新闻传播学一级学科博士点申报工作。保持高层次项目在数量及经费额度上稳定增长，提升学科学术地位，增强学科的科研竞争力。

（4）教学条件。建设新媒体创新实验室、数字高清演播厅、大数据传播实验室等，完善实验教学条件。

建设成果：

2007—2015 年，新闻学专业在专业建设上取得了可喜成绩：

（1）新闻学专业是“十一五”、“十二五”时期黑龙江省重点专业。以此为平台，2014 年，黑龙江省委宣传部、省委高校工委与黑龙江大学签立协议，三方共建新闻传播学院。

（2）2010 年，获得新闻与传播专业学位硕士授予权；2011 年，获得新闻传播学一级学科硕士学位授予权。

（3）新闻学专业教师队伍是黑龙江省最完备的一支新闻学专业教师队伍。现有教育部新闻传播学类专业教学指导委员会委员 1 人、中国新闻史学会常务理事及中国高等教育学会新闻学与传播学研究分会理事等若干人、黑龙江省“教学名师奖”获得者 1 人、省“师德师风先进个人”获得者等若干人。

（4）专业必修课“中国新闻传播史”、“外国新闻传播史”获批成为黑龙江省精品课程。

（5）2009 年，黑龙江大学文科综合实验教学中心获批为国家级实验教学示范中心，新闻传播实验分中心是其重要组成部分。

（6）近五年来，专业教师发表学术论文 100 余篇，其中 CSSCI 来源期刊论文 30 余篇，北大中文核心期刊论文 70 余篇；出版专业著述、编写教材 7 部；主持或参与省部级以上科研项目 10 余项，其中国家社科项目 1 项，教育部人文社科项目 1 项；获得省部级以上教研与科研奖励10余项。

(7) 新闻学专业已培养出一批在业界有着广泛影响的毕业生，有一批中国新闻奖、中国广播电视奖、长江韬奋新闻奖、“金话筒”奖获得者。

7. 复旦大学新闻学

复旦大学新闻学于2007年12月获得教育部、财政部批准立项为第一批国家级特色专业。该专业历史悠久，实力雄厚，新闻传播史论与业务并重，培养目标稳定明确。通过马克思主义新闻理论、新闻学概论、中国新闻史、新闻采写编评、媒介融合等专题建设，使本专业继续保持全国领先地位，并突出时代性、实践性和数字化特色，以培养适应媒介融合时代所需的应用型复合型新闻传播高素质专门人才。

该专业依托复旦大学的综合学科优势，依托上海市委宣传部和复旦大学“部校共建”新闻学院这一创新机制，在专业建设方面相继推出了多项重大改革举措：

(1) 本科实行“2+2”培养模式。2008年确立“大新闻传播”教学理念，推出全新的跨专业、跨学科新闻传播本科教学培养模式。2012年进一步实行“2+2”培养模式，即将本科四年制培养进程分成两个阶段，第一阶段（前两年）需在经济学、电子信息科学与技术、法学、国际政治等八个方向中任选一个方向进行学习，第二阶段（后两年）按照新闻传播学各专业的培养方案进行学习。

(2) 充分发掘与集纳社会资源，共建实践教学平台。2009年，复旦新闻学院在上海市委宣传部及众多新闻单位的支持下，建成了一体化的教学实习体系，即把大、小实习两门全日制必修课程打通并作统一规划，强调实习单位高起点（以主流权威媒体为主）、实习内容全覆盖（全面掌握新闻内容生产各环节的基本技能）。

(3) 利用社会各类资源共建实验教学平台——复旦大学新闻传播学实验教学中心，使实践教学活动步入日常化、实战化的新阶段。

(4) 创设新课程，不断优化培养方案。自2008年起开设“媒介融合概论”、“融合报道”等全新课程，并于2008年、2012年、2015年进行了三次培养方案修订优化，加大新传播理念、技术在培养方案中的分量。

(5) 在教学团队建设上，采用“请进来”、“走出去”的共建方式，实现学界与业界的融通互动。

复旦大学新闻学专业建设取得了显著成绩：“部校共建”机制已经被中宣部、教育部推广至全国新闻传播教育界，“2+2”培养模式为新闻传播教学改革开辟了一条创新之路，“马克思主义新闻思想”、“新闻学概论”入选国家级精品课程，复旦大学新闻传播学实验教学中心被批准为国家级实验教学示范中心。随着上海市高峰学科建设和复旦大学上海新媒体实验中心的筹建，复旦大学新闻学专业一定会迈上新台阶，获得更大的发展。

8. 南京大学新闻学

2007 年 12 月，南京大学新闻学入选教育部第一批国家级特色专业建设点。

该专业的特色定位是：建设中国一流的新闻本科实践教学。

该专业的建设目标是：依靠南京大学学科齐全的优势，坚持“三个‘并重’”（思想素质教育和业务素质教育并重，课堂教学和课外实践并重，通才教育与专才教育并重），推进教学内容、教学方法的改革创新，培养具有较强创新意识、创新能力、竞争活力的高素质新闻人才，使该专业成为国内新闻人才培养的重要基地，得到用人单位和同行的广泛好评，并充分发挥其示范和辐射作用。

建设措施：

（1）通过调研分析明确努力方向。通过对国内外高等学校著名新闻院系本科生培养的主要经验，以往毕业生对该专业本科生培养工作的意见和建议以及用人单位对该专业本科生培养工作的意见和建议的调查与分析，提出特色专业建设的具体思路。

（2）以实践教学带动人才培养。根据新闻实践的最新发展，不断修订完善本科生教学计划，调整课程体系；建立一系列校内实践园地，组织一系列有全国影响的采写活动，以各种方式将一线新闻从业人员引入课堂传授实践经验；采取有效措施促进学生积极投身课程实习、假期实习和毕业大实习。

（3）以学科建设推动教学工作。不断壮大师资力量，鼓励中青年教师对新闻传播前沿问题进行跨学科研究，将对新闻前沿问题的研究与教学紧密地结合起来。将组织各种类型的学术活动尤其是具有全国影响的品牌学术活动与本科教学紧密联系起来。

建设成果：

（1）有若干青年教师脱颖而出，在国内同行中具有较高知名度和较大影响力；已经形成结构优化、专业水平较高的师资队伍。

（2）成才率和优才率较高，学生综合素质和专业素质俱佳，走上工作岗位后，上手快、后劲足，受到用人单位的普遍好评。人才培养的经验得到同行的广泛认可和重视。

（3）新闻实践教学成果丰硕，形成了一批有较大影响的学生实践、实习作品。

（4）出版了一套有自己特色的、水平较高的教材。

9. 南京师范大学新闻学

2007 年 12 月，南京师范大学新闻学入选教育部第一批国家级特色专业建设点。该专业的定位是“造就顺应媒介融合趋势，有思想、善创新的复合型传媒人才”，期望总结借鉴同行的办学经验，不断夯实新闻学专业教学基础，顺应时代的发展需要，为传媒和社会发展输送具有国际视野的英才。

建设目标：

（1）为各类媒体培养采访、编辑、策划、经营等各类人才，满足融媒体环境下各类媒体对人才的多样化需求。

（2）为社会机构（如企事业单位、社会团体）培养懂新闻业务、编辑技术和公关技巧的新闻人才。

（3）为政府培养既能够从事政府信息发布（如报刊编辑、网络编辑、网页制作和网站管理）工作，又能够为政府进行国际传播、危机公关的新闻人才。

（4）为社会上各类商业网站培养具有新闻传播能力、内容制作能力、网络编辑能力、经营管理能力的复合型人才。

建设措施：

经费优先满足本科教育教学的经费需求，在教学改革、教材编写、成果奖励等方面出台激励措施，提高专业教师投身本科教学的积极性；通过“引进”和“培养”并举的方式，不断优化师资队伍的结构，不断提高“双师型”教师的比例；坚持“学、研、产一体化”的创新人才培养模式，尊重学生的个性，因材施教，引导学生正确选择自己的发展方向，形成独具特色的知识结构；探索“跨界联动、产学协同”的实践教学模式，借助各级媒体的业界资源，不断提高学生的业务素质，培养人才市场需要的适销对路的人才，如传统媒体的采编业务训练、舆情监测与评估、突发事件与危机管理等；不断加强与国外高校的合作，如英国的斯特灵大学，不断拓宽学生的国际视野，提高新闻学专业的办学层次。

建设成果：

“十一五”国家规划教材三部：《中国新闻史》、《视听语言教程》、《动画概论》；“十二五”国家规划教材两部：《当代电视编辑教程》、马克思主义理论研究与建设工程重点教材相应课程“精彩一课”——《新闻学概论》。

2007年，传媒实验教学中心被遴选为江苏省实验教学示范中心。2008年新闻传播实验教学中心被列为“中央和地方共建高校特色优势学科”实验室。

江苏省教学成果一等奖（2013）：四级递进、两翼开放、产学协同——新闻传播复合型人才培养模式的建构与实践。

教育部新闻学科教指委等颁发的教学改革优秀奖（2012）：中国新闻学与传播学教学改革创新项目（新闻传播创新人才培养体系的建构与实践）。

2009年该专业学生主持的《走进“傻根”们的内心世界——关于江苏省苏南、苏北新生代农村进城务工青年价值观研究》获得第十一届“挑战杯”特等奖，新华社

“国内动态清样”2204 期专题介绍该课题的调研成果，引起中央领导的重视。

10. 浙江大学新闻学专业

浙江大学新闻学专业 2007 年入选教育部第一批特色专业建设点。

该专业的特色定位是：广学博闻，实干创新。

建设目标：培养具有国际视野和知识融合特长的应用型、研究型创新人才。学生具有宽广的人文与社会科学知识背景，系统掌握新闻传播理论和新媒体传播理论知识，熟悉中国新闻、宣传政策法规，了解国际新闻与网络传播现状，掌握国内、国际新闻传播的规则与技巧，熟练运用媒体技术从事媒体、公共信息管理的工作。

建设措施：

（1）“1+1+4”培养模式。即一个基础模块——人文社会科学素养、文理知识兼容的传统与现代知识、创新思维；一个主模块——传统的新闻传播基础知识；四个次模块——面向社会政治、经济服务的新媒体融合模块，政府部门新闻发布、公共信息管理模块，公共关系与组织传播模块，文化产业创业模块。

（2）强化基础性训练。大大增加新闻采访、写作、编辑、评论、摄制的课时，开展入业教育。入业教育的宗旨，是用最短的时间让进入专业学习的同学获得专业认知，明晰通达专业方向的主要路径，熟悉专业学习和接触专业实践。

（3）强调学以致用。鼓励学生参与校园媒体的工作，边学习，边实践。同时，本专业自办一份新闻报，采写、编辑、出版、发行环节，都由学生负责。

（4）重视教学改革。教师施教环节，提倡教学多样化、考试规范化，强化教学互动。推进外文原版教材的引进和使用，大力提升双语教学的数量和质量。

建设成果：

（1）建立了本科生专业导师制。学生进入专业学习后，立即有专业导师课外指导专业学习和实践活动，每位导师负责 3~6 位学生。导师负责制定专业阅读书目，指导学生做读书笔记；根据社会热点设计研究题目，大大提高了学生提出问题、分析问题、解决问题的能力。

（2）完善了学生实践体系。通过“一报一台一网一杂志”深度实践平台与“6-6-6”实践，学生的专业理念和目标认知大大提升。学生进入专业后，在 6 天以内进行专业入门认知实践，6 周以上的入业实践，以及 6 个月以上入职实践，三个实践互相配合，体系完整。

（3）进一步加强与业界的战略合作。继续运作已经成立近 10 年的学院理事会，加强与业界的战略合作和资源互享。建立了由区域主流媒体、国家级权威媒体和全球化媒介机构以及国际知名学者组成的学界-业界教学教务决策咨询委员会。

（4）师资队伍建设成效明显。该专业共有教师20位，其中有博士学位和正在攻读博士学位的共15位，有9位博士生导师。教师队伍以博士和中青年学术骨干为主体，结构合理、素质优良，具有丰富教学经验和较强创新能力。

（5）教材建设成就突出。通过特色专业的建设，出版《新闻学概论》、《新闻学基础》、《新闻编辑学教程》、《广播电视新闻学》、《电视新闻学》、《新闻摄影学》、《全媒体新闻编辑》、《媒介经营管理学》等十余本影响深远的新闻学教材。

11. 郑州大学新闻学特色专业

郑州大学新闻学于2007年入选教育部第一批特色专业建设点。郑州大学新闻与传播学院以新华社原社长穆青的“勿忘人民”作为院训，以培养“勿忘人民”的新闻工作者作为新闻学专业的特色定位。

建设措施：

（1）开展以“勿忘人民”为主题的理想信念教育。自2007年以来，郑州大学新闻与传播学院已经举办以“勿忘人民”为主题的理想信念教育90余场次，平均每年10余场次。作为“勿忘人民”主题理想信念教育的“重头戏”，2013年10月，郑州大学举办了“穆青纪念展”，以文字、图片、音频、视频等多种形式展出了穆青生平、作品、手稿等珍贵资料，全面揭示穆青“勿忘人民”的精神内涵。

（2）开展“重走穆青路”大型采访调研活动。自2005年7月至今，郑州大学新闻与传播学院利用寒暑假期间，组织师生开展了多次“重走穆青路”大型采访调研活动，师生足迹遍及河南、山西、陕西、北京、黑龙江、辽宁等10多个省市。

（3）创办“穆青实验班”。为了培养穆青式“勿忘人民”的新闻人才，郑州大学于2015年创办了“穆青实验班”，在郑州大学各专业二年级学生中择优选拔对新闻学专业有浓厚兴趣的本科生进入“穆青实验班”。实验班单独编班，按独立培养方案授课。以马克思主义新闻观指导“穆青实验班”的人才培养，将穆青的热爱祖国、勿忘人民、求真务实、扎根基层等精神贯穿于“穆青实验班”的日常教学之中。

（4）实施“传媒专家进课堂”计划。为全面提高新闻人才的实践能力和业务素质，促进理论教学、学术研究与业务实践相结合，2015年，郑州大学新闻与传播学院实施了“传媒专家进课堂”计划，聘请在报社、电视台、电台、网站、广告公司等媒体一线工作的记者、编辑、媒体管理人员、广告营销人员开办专题讲座，参与课堂教学。

建设成果：

通过“重走穆青路”以及“勿忘人民”系列理想信念教育，新闻学专业本科生在掌握新闻传播实践能力的同时，树立了新闻职业理想、坚定了职业信念。新闻学专业的毕业生，已经成长为人民日报社、新华社、中央电视台的业务骨干，或者在河南省各大媒体的业务部门担当重任。人才培养的需求，带动了教材建设。《现代新闻写作教程》（第二版）、《CI 策划与设计》入选“十二五”国家级规划教材。

12. 武汉大学新闻学

2007 年 12 月，武汉大学新闻学入选教育部第一批特色专业建设点。该专业的特色定位为：做有思想的新闻人，做负责任的传媒人；夯实理论基础，提高实践能力。

建设目标：力争在 21 世纪 20 年代之前，建成在中国乃至在全世界都具有影响力、具有话语权的新闻学专业品牌，把新闻学专业打造成为国内一流、世界知名的新闻学专业人才库、思想库。

建设措施：

（1）坚持以人为本的方针，重视教师和学生在专业教学工作中的双主体地位。

（2）根据新闻学科的规律和人才市场的需求，进一步探索科学的人才培养方案，建构具有特色的专业课程体系和培养方案，出版系列精品教材，在专业建设方面充分发挥示范和辐射作用。

（3）深化教学改革，强化实践教学，提高教学效果。

（4）以学科为依托，提升科研档次，为专业教育注入创造力。

（5）不断创新人才培养模式，充分利用学校和社会两个资源，拓展合作办学空间。

建设成果：

（1）出版系列专著和教材：如《跨文化传播的问题和可能性》、《法治视阈下大众传媒与政治文明建设研究》、《近代新闻史论稿》等。

（2）建设系列案例库：《新闻采访学案例库》、《新闻学理论案例库》、《新闻摄影案例库》、《媒介营销与策划案例库》。

（3）新闻学特色专业负责人罗以澄教授主持的“新闻采访学”获国家精品课程（2007）。

（4）新闻学特色专业负责人罗以澄教授获第四届“国家教学名师奖”（2008）。

（5）新闻学专业教研室获国家级教学团队（2010）。

（6）“新闻采访学”入选国家精品资源共享课（2013）。

（7）罗以澄教授成为“马工程”新闻采访与写作首席专家（2011）。

（8）实践教学“制度化推进实验教学改革”获湖北省高校优秀教学成果奖一等奖（2013）、教育部优秀教学成果奖二等奖（2014）。

（9）罗以澄教授入选中组部“万人计划”（2014）。

（10）夏琼教授被评为武汉大学教学名师（2014）。

13. 华中科技大学新闻学

2007年12月，华中科技大学新闻学入选教育部第一批特色专业建设点。该专业的特色定位为：培养高层次复合应用型新闻传播专业人才。

建设目标：密切结合国家与社会发展需要，成为我国新闻学专业急需和紧缺人才培养的重要基地之一，主要培养复合应用型专业人才，如新兴媒体传播人才、新闻媒介管理人才、网络舆论、国家信息安全人才等。

建设措施：

（1）与新闻管理部门、新闻机构和其他社会组织合作，建立新闻人才联合培养基地。打破传统的新闻教育机构培养人、新闻媒介等组织使用人的两头脱节的模式，实行“订单式”培养，增强新闻教育的适应性、针对性和灵活性。

（2）建立更高层次、更多数量的新闻实践基地。该专业非常重视“实习就业基地”建设，先后在全国建立了20个实践基地。除了建设专业实验室、课堂教学强调实践能力提高这些常规性工作以外，新闻学院还有学生自办的报纸《新闻青年》、杂志《青年时代》、合办杂志《华中大导师》等，为学生打造实践平台。

（3）建立完善毕业生信息反馈体系。对毕业学生实行质量追踪，全面搜集新闻专业学生走向社会之后的信息，听取用人单位和学生的反映，提高当前的人才培养质量。

（4）全方位实践导向，推进教学改革。一是增加2~3个紧缺和急需的专业方向，如：拟增加环境新闻和健康新闻专业方向。二是进一步完善课程体系，探索适应“大平台”的管理机制。经过学校前一轮课程体系改革，新闻学专业课程体系具备了大平台、厚基础、宽视野的长处，在运行过程中也出现了新的矛盾，需要专门立项研究在大平台框架下的新闻学课程设置和管理机制。三是改善教学条件。新闻学专业是应用性非常强的专业，对学生动手能力要求高，特别是广播电视新闻学专业和网络新闻学专业对实验硬件和软件要求非常高，现在新闻媒体设备升级速度又很快，需要加快实验室建设，改善教学条件。四是与国际接轨。该专业计划做好以下几项工作：合理使用外文教材，有选择地翻译出版新闻学本科教材；建立媒体资料数据库，让学生接触世界一流的媒体和节目；帮助学生了解世界传媒最新动态；与国外新闻传播学院联合办学等。

建设成果：

（1）课程建设取得一定突破。2008年，石长顺教授主持的“电视专题与专栏”、赵振宇教授主持的“新闻评论”获湖北省精品课程称号。张昆教授主持的“外国新闻传播史”被评为全国精品课程，赵振宇教授的“社会进程中的公民表达”和张昆教授的“传播的历程”被评为国家精品资源共享课。

（2）高端的师资及科研水准。该专业现有“马工程”首席专家2人，国务院学科评议组成员 1 名、教育部新世纪优秀人才 2 名，主要师资来自海内外著名高校，新闻系师资中近半是来自业界队伍。该专业主持国家社科基金 25 项，教育部课题 21 项，其中，包括国家重大社科基金课题 2 项，马克思主义理论研究和建设工程重点教材 2 项，在教学和科研上展现出较为雄厚的基础。

（3）特色专业成效明显。目前选择了 2 个特色专业方向，一个是新闻评论专业方向，另一个是融合媒体方向。在建制上，开设了新闻评论班，每年从全校招生 15 人，作为班底。在师资上，依据评论人才的培养目标和规律，在院内、校内以及业界聘请专家讲学授课。

在培养计划上，专门安排新的培养计划。学院为此专门安排经费预算。一系列举措夯实了新闻评论特色的内涵，壮大了声势，为业界输送了大批优秀新闻评论人才。

融合媒体方向正在探索和建设过程中，1998 年，在全国首创网络新闻传播班，学院 20 多年发展过程中，在文工交叉方面积累了许多优势资源和办学经验，目前也有相关重大课题做支撑，2009 年 9 月开设“视听新媒体节目制作”课程。此后不断推进新闻学与互联网的融合教学，这些都为融合媒体新方向的建设提供了良好的内部和外部条件。

（4）教材建设成果突出。石长顺教授的《当代电视实务教程》和赵振宇教授的《新闻报道策划》、《新闻评论》列入全国普通高等教育“十一五”国家级规划教材，吴廷俊教授的《中国新闻史新修》，获得吴玉章奖，孙发友教授的《新闻报道写作通论》获 2008 年度湖北省社科成果三等奖。近年来，该专业共出版和修订了 10 余部教材，如张昆教授的《中外新闻传播史》，石长顺教授的《当代电视实务教程》、《电视栏目解析》（第二版）、《电视文本解读》（第二版）、《公共电视》，赵振宇教授的《新闻报道策划》，何志武教授的《广播电视新闻采访与写作》、《新闻采访》，孙旭培教授的《中国新闻传播法学》，欧阳明教授的《深度报道作品评析原理》、《深度报道写作概论》等。

14. 湖南大学新闻学

湖南大学新闻学于 2007 年 12 月入选教育部第一批特色专业建设点。该专业以着力培养我国新闻传媒紧缺人才——懂经营管理的应用型、复合型新闻传播人才为基本特色。

建设措施与成效：

（1）能力与素质并重，强化“四大”新闻教学理念。树立大实践教学观，践行“拓宽基础，加强实践，培养素质，提高能力”四大教学理念，注重政治理论素养、新闻专业素养和社会责任感的培养，重视思维能力、动手能力、融合能力和创新能力的提升，积极引导学生全面发展。学院先后获得省部级教学成果一等奖 2 项、二等奖 2 项、三等奖 3 项；获得部省级等教学教改项目 50 余项，建设国家视频公开课 2 门、慕课 1 门，大学生创新训练计划项目 80 多项。

（2）学校与媒体合作，建立校媒互动培养机制。学院与新闻媒体共同建立了新闻传播人才的联合培养机制，与媒体在人才培养目标和培养方案的制定、课程建设、教材建设、教师队伍建设、实践基地建设等方面形成了合力，实现了新闻传播教育与新闻传播实践的相互贯通和深度融合。

（3）理论与实践并重，开辟“两化”实践教学途径。树立大课堂教学观，以课堂教学为实践教学的重要基础，以实践教学为课堂教学的重要延伸，通过探索“媒体课堂”、组建“湖南日报大学生阅评组”等形式，积极实施“课堂教学实践化，实践教学课程化”，使课堂教学与实践教学有机结合。

（4）课内与课外结合，建立三级实践教学模式。树立全程实践教学观，坚持大学四年实践教学不断线，以专业实验室为基础平台，以校园媒体为强化平台，以新闻媒体为实战平台，构建了三级实践教学平台，形成专业见习、专业实训、毕业实习三级实践教学形式，推动实现基础性、提高性、创新性三级实践教学目标。目前已建成国家大学生校外实践教育基地、国家大学生素质教育基地、省级示范性实验教学基地各 1 个、海外媒体实习基地 2 个、国内媒体实习基地 40 多个；并在成功主办八届“湖南省大学生记者节”的基础上，举办了全国性的“红枫大学生记者节”。

（5）集中与分散结合，实施多种实践教学形式。树立多样化实践教学观，实施集中实践、分散实践、自主实践等多种实践教学形式，通过集中实践确保实现实践教学课程化和实践教学质量；通过分散实践和自主实践充分发挥学生的个性与创造性，使实践教学实现多样化和常态化。

（6）校内与校外结合，建立开放式办学平台。学院鼓励中青年教师到媒体挂职、考察，到国外深造、访学，同时广泛吸纳国内外知名学者、媒体人士、业界精英加盟兼职教授队伍。目前，学院已建立阵容强大的兼职教授团队，并与美国、法国、日本、韩国、新加坡、中国台湾、中国香港等国家或地区的新闻院校签订了合作交流协议或达成合作交流意向，建立起开放式的学术交流与办学平台。

15. 暨南大学新闻学

暨南大学新闻与传播学院成立于 2001 年，2003 年，新闻学专业获批广东省名牌专业。2007 年，新闻学专业入选教育部首批国家级特色专业建设点，是广东省名牌专业，目前具备本科、硕士、博士和博士后在内的人才培养体系。

近年来，新闻学专业本着贴近媒体、贴近实践、贴近学生的教育理念，依托媒体实验教学中心的硬件平台，开发利用传媒实习基地的资源优势，通过对学生进行专业性的课程实验指导和针对性的专业实习训练，提高其在传媒业务实践方面的思维能力、动手能力和创新能力，着力打造“课堂实验、媒体实习、社会实践”三位一体实践教学体系。经过五年的实践，与南方报业传媒集团合作的特色项目“暨大准记者南方训练营”取得了良好的社会效益，被评为“全国新闻学与传播学教学创新项目”，“与传媒紧密结合的新闻传播实践教学创新模式”被评为广东省高等教育第六届教学成果一等奖。“新闻事业经营管理”被评为国家级精品课程、“新闻写作”被评为广东省精品课程。新闻学专业为国家级特色专业建设点、国家级专业综合改革示范点、国家级大学生新闻教育实践基地、广东省名牌专业、广东省重点学科、广东省专业综合改革示范点。在新闻业务、传媒经营管理、新闻传播理论、中外新闻史等方面推出了特色鲜明的系列教材，与南方报业传媒集团、羊城晚报报业集团、广州日报报业集团、深圳报业集团等建立了合作密切的传媒实习基地，人才培养质量高。

目前，新闻学专业现有专职教师 26 人，其中教授 15 人，副教授 10 人，讲师 1 人，80%的教师具有博士学位或正在攻读博士学位，形成了一支学历层次高、专业结构合理、年龄结构优化、教学创新能力较强的师资队伍。该专业面向海内外招生，其中新闻学国际新闻方向招收境外生，四个年级学生共 422 人，其中新闻学方向 246 人，国际新闻方向 176 人。新闻学专业毕业生的就业率一直保持较高水平，达到 100%。就业去向大多为粤港澳的知名媒体或公司。

16. 广西大学新闻学

2007 年 12 月，广西大学新闻学入选教育部第一批高等学校新闻传播类国家特色专业建设点。

1972 年广西大学在中文系开办新闻学专业，1986 年获得新闻学硕士学位授予权，2005 年获得新闻传播学一级学科学位点，成为国内较早设立新闻传播学一级学科学位点的地方院校。

20 世纪 90 年代初广西大学新闻专业就开始探索和实施“联合办学”的教学理念和教学方法，旨在突破学校里课堂内教新闻的局限，敞开大门联合办学，利用社会力量，与媒体、企事业单位、国内兄弟院校和广西大学校内其他学院共享资源，共同培养动手能力强和具有持续创新能力的新闻人才。2007 年，新闻学专业被评为广西自治区级本科优质专业。

依据“联合办学”教学理念，目前广西大学已创建了 6 个教学科研创新平台：

（1）2008 年，“新闻出版总署西南地区新闻人才培养基地”落户广西大学，是国家首个跨地区新闻人才培养基地。

（2）2009 年，广西自治区级传媒实验教学示范中心获批。

（3）2010 年，“中国—东盟文化产业（传媒）人才培养基地”成立，主要为中国东盟区域培养新闻人才。

（4）2013 年，国家级大学生校外实践基地获批。

（5）2014 年与广西区党委宣传部共建，成立“马克思主义新闻观研究基地”，以开放式读书等形式对本科新闻专业学生进行马克思主义新闻观教育。

（6）2015 年，与广西新闻学会、广西记协和广西广电新闻出版局联合办学，设立“广西记者培训基地”，对广西职业记者进行专业培训。同样依据“联合办学”的理念，广西大学新闻专业利用社会力量，在近两年投资 624 万元建设 400 平方米全媒体交互式演播厅；投资 200 万元建设 350 平方米全媒体报刊实验室；投资近 200 万元建设摄影中心；投资 100 万元建设舆情研究中心等。

17. 四川大学新闻学

2007 年 12 月，四川大学新闻学入选教育部第一批高等学校特色专业建设点。该专业的建设目标是顺应全球化、网络化、信息化的媒介生态和学科发展趋势，以马克思主义新闻观为指导，坚持与创新“走出去、请进来”的办学传统，为党的新闻事业和传媒产业培养与输送“厚基础、宽口径、广适应”的全媒体创新人才。该专业的专职教师队伍为教授 8 人，博士生导师 7 人；副教授 6 人，硕士生导师 14 人，讲师 3 人，海外引进人才 2 人。其中，包括教育部学科教学指导委员会副主任委员、国务院学位委员会专业学位教学指导委员会委员、享受国务院特殊津贴专家、中国新闻奖及长江韬奋奖评委、教育部新世纪优秀人才、四川省学术和技术带头人及后备人选。

在特色专业的课程体系改革与建设上，该专业结合传统新闻学主干课程，探索全媒体创新人才培养路径，于 2008 年 9 月 2 日推出重点改革实验课“网络新闻与文化传播”，设置打通媒介类型的专业平台课程“新闻传播技术基础”，打破新闻专业课程设置及教材内容安排的条块分割的旧貌，促进多学科多媒介类型之间交叉互动，为学生建立学习和掌握多种媒介技术知识的基础平台。在新闻采、写、编、评、摄等业务课程中融入多媒体教学内容并作为四川大学专业课程考试改革项目，加大对实训实践考核的比重；同时，全面建设与建成了可供校内外新闻传播专业师生实习实践的先进的实验室，拥有先进的基础设施设备。2010 年起启动多元化毕业论文涉及改革项目至今，已有两届 7 名学生以非毕业论文的方式顺利通过了毕业答辩，也因此教改成果获得四川大学教学改革优秀成果一等奖。在自编特色教材建设中，自 2009 年起，先后出版了《新闻传播技术基础》、《新闻采写教程》（上、下）、《新闻编辑教程》、《新闻评论学》、《新闻摄影教程》等教材，突出学科前沿和应用实务，有些教材获得四川大学优秀教材二等奖。2013 年获准立项“四川省普通高等院校卓越新闻传播人才教育培养计划试点专业”，2013 年 12 月作为中宣部、教育部首批部校共建的新闻学院启动部校共建项目。依托共建，2014 年至今，开设以业界领军人物和优秀记者编辑为主讲的“马克思主义新闻观系列讲座”28 讲，在“中国当代新闻”、“新闻摄影”、“新闻评论”、“媒介批评”等本科课程中聘请业界专家联合授课，加强前沿动态和实训技能的信息及方法介绍。在专业实习实践平台建设中，自 2011 年起，先后与中央电视台、华西都市报社、四川日报报业集团、四川党建期刊集团、成都传媒集团、新华通讯社四川分社、四川广播电视台等共建校外实习基地，并在校内成立学生“产学研”实践中心，由老师指导承担各级媒体阅评项目和政府部门的相关横向课题研究。此外，通过 2008 年设立的“许川新闻奖”，聘请知名业界人士和校内专家共同组成评委会对在校学生的实习成果进行综合评判，奖励优秀学生，这些获奖的毕业生大多数已成为各级各类新闻传媒岗位上的骨干，受到各界好评。

该专业近年来承担了“新形势下提升舆论引导力对策研究”等国家社科重大项目和多项省部级重大、重点项目，在新闻的跨学科研究和智库建设探索中走在前列，获得了教育部高等学校科学研究优秀成果一等奖、四川省哲学社会科学优秀成果一等奖等社科奖项。目前，四川大学新闻传播学为四川省重点一级学科，也是我国西部地区唯一的新闻传播学一级学科博士学位授权点，并在 2012 年教育部学科评估中取得了排名全国第 5 位的好成绩，已成为西部第一、全国领先的新闻传播学人才培养和科学研究的重镇。

18. 云南大学新闻学

2007 年 12 月，云南大学新闻学入选教育部第一批特色专业建设点。该专业的特色定位为民族新闻学，建设目标是通过与新闻业发展态势和新闻学科发展特点相结合，与云南区域经济社会发展和民族文化特色相契合，以凸显民族特色为枢纽，实现专业建设的前沿性、国际性、区域性特色。

建设措施：一是推进专业人才培养方案改革，在人才培养目标、教学计划、教学流程等方面进行了两次系统性提升与优化，体现了立足本土、辐射周边、紧扣前沿的人才培养特色；二是进行专业理论教学体系建设，理顺了基础性、交叉性、延展性课程之间的关系，并形成不同类型的专业课群；三是推进专业实践教学综合改革，着力打造拓展式实践教学体系，形成课程实验、专业实训和综合性实践有机配合的教学体系；四是加强国际合作与交流，与法国、美国等高校建立了专业教学合作与交流机制，并多次协同开展主题实践活动；五是开展特色化教学活动和探索专业教学的实践模式，立足云南地方实际，组织学生到民族地区开展专业实践，凸显专业教学的民族视角，与云南地方媒体合作，开展了丰富多彩的专业竞赛活动，辐射效应明显。

建设成果：一是形成了共通性和独特性兼具的人才培养模式，既与云南经济社会发展的需要高度契合，又与新闻业的快速变化相适应；二是在专业教学中形成了具有民族特色的专业课程群；三是专业实践教学改革成效显著，先后获得云南省高等学校优秀教学成果一等奖和全国新闻学和传播学教学创新项目；四是有力促进了教师队伍建设，形成了与业界良好互动、国际化程度较高的教学团队，并入选云南省省级教学团队；五是通过特色专业建设，有力推进了新闻传播实验教学中心的建设，目前，该中心为国家级文科实验教学示范中心；六是有力推动了学科建设，目前，民族传播研究已经成为研究特色，产生了大批高质量学术成果，在国内具有较好的学术影响；七是辐射效应明显，对云南新闻教育的改革和发展发挥着重要的引领和示范作用。

19. 哈尔滨工业大学广播电视编导（动漫方向）

哈尔滨工业大学媒体技术与艺术系广播电视编导专业（动漫方向）于2007年12月获批教育部第一批二类特色专业建设点。

秉承哈尔滨工业大学“规格严格、功夫到家”的传统，依托哈尔滨工业大学丰富的科研资源和强大的技术优势，坚持以数字技术为基础、艺术创意为导引，培养具有艺术与技术交叉汇聚知识结构及实践创新能力的泛动漫（数字媒体）行业高端人才。

推进理论与实践环节建设，大力提高本科教学质量，构建技术与艺术并重的复合型泛动漫（数字媒体）人才培养体系。

特色专业建设主要依托哈尔滨工业大学媒体技术与艺术系，围绕师资队伍建设、课程体系建设、课程与教材建设、教学研究与教学方法改革建设、图书资料建设、实践教学条件建设、新增本科专业申报七大方面展开。

（1）教师队伍建设。至2015年12月，该专业现有师资31人，专任教师岗位23人，实验技术岗位8人，其中教授4人（二级教授1人），副教授（高级工程师）11人，9人具有博士学位，在读博士12人。2008—2015年，引进师资11人，其中具有博士学位7人，硕士学位4人；派出7人到国外高水平大学进行1年以上访问学习；晋升正高职1人，副高职8人；1名教师担任教育部戏剧、影视、广播类专业教学指导委员会委员。

（2）课程体系建设。树立技术与艺术并重的人才培养理念，2008年和2012年先后两次修订本科培养计划，专业课程设置规范为美术设计、数字交互、数字媒体制作、艺术理论四个系列课程，突出泛动漫特色。

（3）课程与教材建设。建设完成国家级精品资源共享课程1门，建设上线Mooc课程2门。2008年以来出版教材6部，1部教材获得教育部普通高等教育“十二五”规划教材立项，10 部教材与中国电影出版社正式签订了出版合同。

（4）教学研究。发表教研论文 30 余篇，获省级教改项目等教学研究项目多项，获得省教学成果奖项 3 项，省高教学会教学成果奖励 10 余项。

（5）图书资料建设。建立使用面积 100 平方米专用图书资料室，支持专项资金购买相关领域图书资料 1100 余册，基本满足了本科生课程学习与科研需要。

（6）实验中心建设。2012 年，媒体技术与艺术实验中心通过省级实验教学示范中心验收。

（7）新增本科专业。参照《普通高等学校本科专业目录（2012 年）》，根据依托单位对人才培养的定位，目前以本专业为基础，分别于 2012 年和 2014 年进行了数字媒体技术和数字媒体艺术两个新增本科专业的备案申请，均获教育部批准。

20. 厦门大学广告学

厦门大学广告学专业于 1983 年创办，开创了国内广告教育的先河，后被誉为中国大陆广告教育的“摇篮”、“黄埔军校”。该专业于 1995 年招收广告学方向硕士研究生，2007 年开始招收“广告学”和“品牌与广告”等方向的博士研究生。

2007 年 12 月，厦门大学广告学特色专业获教育部、财政部批准建设，是我国第一批高等学校国家级特色专业建设点中唯一的广告学专业。

该项目的建设目标为，将厦门大学广告学专业建设成为适应时代发展、满足未来社会需要的广告人才培养基地；将特色建设及综合实践改革的成果在国内兄弟院校中推广，使更多院校受益。

该项目由黄合水教授主持，在前期对国内外广告教育现状和国内广告人才市场需求进行广泛调研的基础上，经广告学系全系教师多年共同努力完成。该项目的主要建设成果包括：

首先，制定了一整套本、硕、博三个层次广告人才培养有机联系的完整的培养方案。本科生定位于“AE 人才”，课程体系以增强学生的广告专业知识和专业技能为核心；硕士生定位于“广告决策人才”，课程着重以提高学生的广告信息搜索、分析处理能力为核心；博士在定位于“潜在广告专家”，要求博士生熟悉经典、掌握前沿、通晓所研究领域。

其次，通过严格的人才引进以及出国、出境交流进修等方式，调整和改变整个教师队伍的结构。专业教师队伍从建设前的 8 人增加至现在的 15 人，学科背景、学历背景和研究取向都更加多元化。

再次，通过项目建设，目前全系师生不仅深刻地认识到继续重视传统脑力风暴式创意和具有审美价值的广告作品的重要性，而且全面认识到科学选择出具有良好市场效果和社会效益的创意和广告作品的重要性。这些认识的提高不仅正日益深刻地影响着中国的广告教育界，也正在逐渐深入地影响着中国广告市场。

最后，搭建了各种交流平台，促进该院广告人才培养理念的贯彻和推广。如主编《现代广告》、《广告学报》；主办国际广告教育论坛、广告学术研讨会等。此外，还对原有广告学教材体系进行不断的完善、补充和更新。

21. 中国传媒大学新闻学

中国传媒大学新闻学专业创办于1959年，是新中国成立后创办最早的新闻学教学点之一。作为国家级特色专业，中国传媒大学新闻学专业本科生、研究生、博士生的教学目标面向培养全媒体型、专家型人才，力求学生们系统掌握新闻学知识与技能，拥有广博的文化与科学知识背景，能够在广播、电视、报刊、通讯社和互联网络等传播媒介以及舆论部门、企事业单位等胜任新闻传播、经营管理及理论研究等方面的工作。

中国传媒大学新闻学专业于2007年首批入选教育部特色专业建设点。根据设定的专业建设目标和思路，相关教学不断改进，成效显著。通过课堂熏陶、社会实践以及国情讲座、马克思主义新闻观讲座、传媒人系列讲座等途径，新闻学专业学生的政治素养和伦理道德修养均得以提升，关心国家和社会发展成为常态。在教学方面，新闻学专业以人文素养教育与专业技能培养相结合为目标，在增加人文社科、计算机和外语课程的教学量的同时，还强化广播、电视、报纸、网络等各种新闻媒介的“采、写、编、评”能力和传播能力培养，帮助学生适应传媒生态变化和未来的职场竞争。因此，新闻学专业人才培养模式改革以学生为主体，通过开展启发式教学、讨论式教学、案例式教学和翻转课堂，增强学生的思辨能力和创新能力。在教学实践方面，依托学院各专业实验室和院报《新传时报》、院刊《新闻视野》以及微信公众号等平台，并采取开门办学方针，加大与各级专业媒体合建教学实习基地的力度，保证学生求学期间能够全面接受新闻传播业务训练。中国传媒大学新闻学专业培养的人才遍布中国各大主流媒体（其中不少还进入了媒体的管理层），最近五年，新闻学专业毕业生一次就业率保持在97%以上。

中国传媒大学新闻学院现有专任教师54名，其中，具有副高及以上职称者约占教师总数的82%，师资队伍在年龄和学历等层次上，呈现出梯队形稳步发展的态势，优秀的教学团队保证了新闻学专业教学质量和教学创新意识。2014年，中国传媒大学在全国率先创建了数据新闻报道实验班（而今已成为中国高校首个数据新闻报道专业），站在了国内外新闻学教育的前沿。此外，前来新闻学院留学的学生数量亦有明显的增长。

而今，“传统·现代·国际”已成为体现中国传媒大学新闻学专业发展现状的关键词。

22. 国际关系学院传播学

国际关系学院传播学专业所在的文化与传播系，前身是 1984 年成立的国际新闻系与中文系。1996 年，两系合并成立管理系。2004 年更名为文化与传播系，设置传播学专业，2005 年开始招生。2008 年 9 月，国际关系学院传播学专业先后成为“北京市高校特色专业”和“教育部特色专业”建设点，文化与传播系系主任高红玲教授担任特色专业建设项目负责人。

国际关系学院文化与传播系传播学专业，在研究方向和专业内容方面有其独特性，可概括为：侧重于国与国关系框架下文化与传播理论研究和实践技能的培养。在国际关系和国家安全的宏观视野下，侧重于文化建设与传播安全，国与国之间软实力的相互影响、消长及特点，深层次成因及建设性对策等。通过教育部和北京市教学质量工程特色专业建设项目，国际关系学院传播学专业努力成为重要的复合型高素质传播学人才的培养基地之一，使毕业生不仅成为合格的传播学职业人才，同时还熟谙外语，具有文化与传播理论、实践技能、国家安全理论素养，满足我国政府机构、对外传播部门、国家安全系统等领域的人才需求。

经过 3 年多的建设，国际关系学院文化与传播系传播学专业取得了特色专业教材建设、精品课及双语课建设、新型人才培养模式、教学实践活动、学生科研实践、学术研讨与交流、特色专题研究等一系列成果，并于 2012 年 6 月召开了特色专业建设项目评审会。评审组认为：“该项目定位准确，特色鲜明，思路清晰，措施得当；工作扎实，成果显著。其基本特色是在其教学和科研中侧重文化安全、传播安全和国家软实力建设，这在国内高校中独树一帜，极具特色，符合加强国家安全建设的总体方向，很有价值。围绕这一特色，国关文化与传播系项目组在学术研究、课程设置、教材建设、精品课和双语课建设、实践教学和学生培养等方面都进行了大胆的改革和探索，付出了艰苦的努力，以有限的经费发挥出最大效益，取得了一系列优秀成果，很好地实现了教育部和北京市对特色专业建设项目规定的目标要求。”

23. 浙江万里学院新闻学

2008 年 9 月，浙江万里学院新闻学入选教育部第三批特色专业建设点。该专业的特色定位为：秉持“文科中的工科”和“零距离”的人才培养理念，坚持专业通识教育与复合应用能力培养并举的人才培养定位，形成了“校政协同培养”、“校媒联合培养”、特色班培养等人才培养特色。

建设目标：该专业面向传媒业现实需求与发展趋势，结合本校办学实际和地域经济文化特点，不断创新人才培养模式，提升人才培养水平，能对地方同类院校新闻学专业产生示范作用。

建设措施：

（1）基于课程模块化理念的人才培养方案。以特定岗位和能力为依托课程内容的组合为课程群模块，包含围绕特定内容相关课程知识点的组合，注重理论和实践课程的组合在课程内容上或岗位技能上自成一体，以专业能力为导向，以职业或行业所需的知识、技术或技能为中心，注重将理论知识与实践知识有机融合起来。除核心课程外，设置3个必修模块课程、14个选修模块课程。

（2）以学生为中心，打造创新型的专业教学体系。通过创新课程、实训环境、教学资源、教学方法四方面来培养复合型、应用型人才。

（3）“专业与行业结合”的课程体系和实践平台体系。形成了“基本技能训练、综合技能训练、校内实训和校外‘3+1’实习”的实习实训体系。打造了非线性编辑实验室、硬盘播出系统、数字编辑出版实验室、创意广告实验室和网络舆情实验室获浙江省财政重点资助的特色实践平台。

（4）加强兼职教师建设，推进媒体骨干进课堂。邀请专家学者进行系列讲座，每学年根据教学需要邀请媒体骨干人员走进课堂，与教师合作开展教学。

（5）推进专业社团、素质拓展、学科竞赛三位一体建设。社团建设与学科竞赛、素质拓展课程对接，使学生实践能力得到系统培训。

（6）部校“共建新闻学院”。与宁波市委宣传部“共建新闻学院”，联合宁波日报报业集团、宁波广电集团，政媒校协同推动精品课程、骨干队伍、实践基地等方面的共建。

建设成果：

每年为媒体及相关行业输送近200名专业人才，有不少毕业生供职于浙江省内外知名媒体并成为骨干。

该专业被确立为浙江省重点专业、浙江省优势专业，现代传媒实验中心为浙江省实验教学示范中心。建成了一支专兼结合、理论与实践兼备的专业教师队伍，媒体兼职教师、有国内外高校访学研修经历的教师占50%以上。

“系统化学习任务驱动的研究性教学改革探索与实践”获国家教学成果奖、“零距离理念下新闻学专业人才培养体系的构建”获浙江省教学成果奖。

24. 北京外国语大学新闻学

2009年9月，北京外国语大学新闻学入选教育部特色专业建设点。

特色定位：新闻学特色专业采用英语语言文学、新闻传播学有机融合的非传统教学模式，致力于培养当今社会紧缺的跨文化国际新闻传播高端人才，培养出的学生具有扎实的英语基本功、坚实的专业功底、较宽广的知识面，以及良好的精神气质。

建设目标：在进一步明确特色定位的前提下，以建设“特色鲜明的新闻传播专业”为指导思想，努力夯实在人才培养方面的国际化特色，打造中国对外传播、国际新闻与媒体、跨文化传播等重点研究方向的学术团队，开拓创新、锐意进取。

建设措施与成果：学科建设方面增设“国际传播”本科和硕士专业，发展应用型新闻学硕士教育的同时兼顾发展学术型国际传播硕士教育；设置“国际传播”二级博士点，发挥北京外国语大学学科优势，为国家高端国际传播人才的培养作出贡献；成立“历史语言与战略传播研究所”，结合北京外国语大学多语种资源，建设国家形象战略传播学术重镇；进一步引进学科带头人，打造国际化师资团队，实现教师全博化；利用北京外国语大学外语学科优势和国际化平台，继续探索复合型、复语型人才培养模式，成为教育部、中宣部国际传播人才培养基地，同时与中国国际广播电台、中国日报社、印度尼西亚传媒集团、英国普罗派乐电视台等单位签署成为战略合作伙伴单位；建立较完善的国际化培养机制，同国外多所知名院校建立学生交流项目；在融合媒体发展的背景下支持发展学生多媒体、多语种实践平台；学术研究方面鼓励教师锐意进取，学院研究团队主持若干重要各级科研项目并出版专著、学术论文；国际交流与合作方面，获批外专局教科文卫“高端外国专家项目”：“中国文化传播全球学者研究”和“国际传播人才培养中外管理合作”，聘请外国知名专家主持项目并和学院教师共同开展学术研究。

25. 华中科技大学广播电视新闻学

2009 年 9 月，华中科技大学广播电视新闻学入选教育部第四批特色专业建设点。该专业以培养视听新媒体人才、出镜记者作为专业特色方向定位。

建设目标：密切结合国家与社会发展需要，培养高层次、复合应用型广播电视传播专业人才，建设成为我国广播电视学专业急需和紧缺人才培养的重要基地。同时，瞄准现代媒介技术带来的融合发展趋势，密切关注数字视听新媒体发展对相关专业提出的迫切的人才需要，以培养视听新兴媒体融合型传播人才为主要特色，引领我国广播电视传播创新人才培养的方向。

建设措施：

（1）探索国家与社会急需和紧缺的广播电视人才的预报机制。建立与新闻管理部门、新闻机构、企事业单位之间长期、稳定的人才需求信息沟通渠道，及时了解和掌握社会对广播电视专业人才的最新需求；开展广播电视领域发展趋势和人才需求的研究，使人才培养目标具有科学的研究成果支撑，具有一定的前瞻性。在此基础上，定期提供国家和社会急需和紧缺的广播电视人才需求预报。

（2）与媒体共建广播电视特色专业，适时调整课程体系，全面推进教学改革。改革人才培养方案，由高校与广播电视业界共同研究课程计划，制定与广电媒介发展、社会发展急需相结合的培养方案和课程体系，尤其注重共同开设适应媒体需要的专业核心课程。开设与媒体融合相关的课程，如将视听新媒体方向的几门课程“打包”成选修课模块，让学生了解视听新媒体的最新理念，树立新媒体前沿的意识，主动培养和提高视听新媒体的运作技能，打造全能记者。

（3）改革教师培养和使用机制，加强教师队伍建设。一方面，采取聘请广播电视媒体资深人士到校任兼职教师的办法，把活生生的传媒实践搬到课堂来；另一方面，把校内专任教师送到广播电视媒体“挂职”，了解社会对人才素质的需求。

（4）加强新教材建设，推动教学内容的改革。由广播电视学系教师主编一套视听新媒体教材，从内容上要反映这些业界变化和学术研究的新成果；编撰力量上将采取专任教师与广电媒体资深人士合作的方式完成。

建设成果：

（1）成立共建特色专业机构：华中科技大学—湖北广播电视台广播电视与新媒体研究院；

（2）建立师资队伍建设的“双挂”机制：每年选派一名教师到湖北广播电视台挂职实践，湖北广播电视台选派一位资深人士到学校挂职授课。

（3）建立实践教育基地：在已挂牌建设的学生专业实习基地的基础上，将湖北广播电视台建设成为国家级大学生校外实践教育基地。

（4）开展一批专业建设的课题研究：包括“广播电视新闻学特色专业课程体系及培养方案建设”、“广播电视媒体人才需求调查”、“广播电视新闻学专业实践教学改革研究（实验、实习、团队）”、“广播电视新闻学专业校媒合作办学机制”、“广播电视新闻学专业教材、教改、精品课程建设”、 “广播电视新闻学专业师资队伍建设机制”等。

（5）编撰出版一套视听新媒体教材，已相继出版《融合新闻学》、《视听评论》、《视听新媒体导论》、《新媒体视听节目制作》、《优秀出镜记者报道案例分析》等。

26. 北京大学新闻学

北京大学是中国新闻学教育的摇篮。

2010 年 10 月，北京大学新闻与传播学院的新闻学专业入选教育部“高等学校特色专业建设点”，其特色定位为培养掌握国家政策法规，具备系统的新闻理论知识与网络时代的传播技能，具有宽广的文化与科学知识，能在新闻、出版、宣传部门从事编辑、记者与管理工作的高级专门人才。为此，学院从史论和实务两个方面着手，采取一系列措施加强新闻学专业建设。

新闻史论是北京大学新闻学教学与研究的一个重要领域和特色方向。2008 年“北京大学新闻学研究会”正式恢复，聘请了学界和业界的知名专家担任导师，北京大学校长亲任会长。北大新闻学研究会恢复后，在新闻学教学研究方面传承历史，立足当下，不断开拓进取，先后举办“北大新闻学研究会90周年暨中国新闻教育、新闻学研究90周年”、“纪念五四运动90周年”、“新闻史论青年论坛”等高规格的学术研讨会；举办了多期面向青年学者的“新闻史论师资培训班”，设立“北大新闻学茶座”，邀请各界专家研讨新闻学理论和业务发展趋势，出版“北大新闻学通讯”及《北大新闻学研究会学术文库》。

近年来，北京大学新闻与传播学院与新华社联合开展“部校共建”工作，新华社领导及众多知名记者编辑来学院讲授新闻业务前沿，学院新闻系教师轮流到新华社各业务部门挂职，参与新闻实践，实地观察和研究新闻发展趋势，新闻学专业的学生也有着很好的机会赴国家主流媒体实习，使得北京大学的新闻学专业的教学与实践之间的联系更为紧密。同时，新闻与传播学院大力倡导新闻学理论创新，新闻系教师多次参与由中宣部、教育部联合主持的马克思主义新闻观理论和实务教材的编写工作，发表了一系列学术成果。

27. 安徽大学新闻学

2010年8月，安徽大学新闻学入选教育部特色专业建设点。该专业强调中部地方院校的区域优势与综合性院校“厚基础、强应用、学科交叉融合”的专业特色。

建设目标为：适应国家改革与发展和安徽地区“中部崛起”对于人才的需求，面向全国、服务地方；巩固与提升新闻学专业在安徽省新闻学本科教育中的既有优势，进一步发挥其立足综合院校的背景优势，立足媒体较为集中的省会城市的地域优势，将新闻学专业建设成文理基础知识广博、新闻传播史论知识丰厚、全媒体技能突出的优势专业；经过数年的建设，使新闻学专业本科教育水平达到全国同类院校的前列。

建设措施：第一，加强专业人才培养模式的改革，以突出厚基础、强应用、学科交叉融合的特点。第二，加强专业与业界的互动，充实业务师资队伍。第三，以精品课程为抓手，强化课程建设。第四，加强实践教学基地建设，强化全媒体技能培养。第五，积极推进教研活动展开，组织教材出版。

经过几年的建设，上述改革已经取得成效：

（1）在人才培养模式方面，近几年不断调整和完善，从“2+2”模式到“1.5+2.5”模式，以及“卓越新闻传播人才培养”模式，培养方案不断完善。

（2）在师资队伍方面，逐步形成了新闻史论教学团队、新闻业务教学团队、新闻实验教学团队三大教学团队，并建成较为稳定的业界兼职教师队伍。

（3）在课程建设方面，建成一批不同层次的精品课程，有国家级精品课程“新闻学概论”、国家级视频公开课“当代媒介素养”、省级精品资源共享课“新闻采访”和一批校级精品课程。

实习基地建设方面，在传统的报业传媒集团以外，突出与新媒体（新华网安徽频道、新浪安徽等）共建实践教学基地；同时，强化与地方政府合作，建成以黄山市为中心的全媒体实践教学基地群。在校内实训平台建设方面，以学院国家级传媒类实验教学示范中心为平台，引导学生参与全媒体实践。学院建有学生自主管理的实践平台“真知网”和《新锐报》，学生在校期间的业务实训得以有效展开。2015 年 10 月，《新锐报》获得中国日报亚太分社主办的 2014—2015 年度校园学报版面设计三等奖。

同时，组织专业教师开展有层次的专业建设工作研讨会、申报各类教研项目。在教育部 2010 年度“马克思主义理论研究和建设工程”重点教材“中国新闻传播史”的招标中，该专业投标成功，成为首席专家单位。2013 年，专业建设成果参与“省属‘211’综合性大学新闻传播学人才培养”项目获得省级教学成果特等奖。2014 年 10 月，《简明中外新闻事业史（第 2 版）》入选教育部普通高等教育“十二五”规划教材。

28. 汕头大学广播电视学

2010 年 7 月，汕头大学长江新闻与传播学院广播电视学入选教育部特色专业建设点。该专业的特色定位为：在媒体变革大背景下，培养适应时代要求的广播电视、网络视频发展应用型人才。

建设目标：明确专业目标，建立与专业目标相一致的培养标准；根据培养标准，建设适应广播电视和网络视频发展的课程体系、适应专业发展的实验教学场所及设备；开拓一批专业对口的实习基地，将知识、能力、素质一体化培养贯穿在专业教学实践中；提高实务型教师比例。

建设措施：

（1）明确专业目标。培养具备扎实广播电视学专业基础知识的人才，包括掌握媒介技术基础、视频制作基础、营销、推广、传媒政策与法律等知识。具备创意策划能力，尤其是剧本创作的能力；具备叙事能力，尤其是视觉、影像等形式的叙事能力；具备高水平的专业实操能力，如摄影、摄像、灯光、声效、动画及视频剪辑和制作；具备创业能力。

（2）不断调整课程模块。建立包括专业基础课、专业方向课、专业选修课、中期实习和毕业实习在内的专业课程体系，发挥专业教研组作用，根据行业发展趋势增设新的课程。

（3）实验教学场所及设备建设。学院建有多功能演播厅、摄影工作室、录音室、苹果电脑机房（视频剪辑、动画音效制作）、PC 电脑机房，不断更新摄影、摄像、录音、灯光等设备，为专业教学提供技术条件保障。

(4) 开拓实习实践基地。除汕头本地广电系统外，还开拓了广东电视台、深圳电视台、佛山电视台、中国国际广播电台、凤凰网等。

(5) 加强师资队伍建设。具有 5 年以上业界工作经验的教师，占全体教师一半以上。

建设成果：教育部广播电视新闻学特色专业 2014 年顺利通过结项。2012 年，学院获批建设广东省人才培养模式创新实验区；2013 年“卓越新闻人才培养”获广东省专业综合改革试点项目，“粤东新媒体人才培养基地”获广东省大学生实践教学基地项目立项。根据麦可思公司对汕头大学 2011 届毕业生的调查报告，长江新闻与传播学院广播电视学专业的职业期待吻合度为 68%，明显高于全国“211”学校平均水平。毕业生连年保持很高就业率与专业对口率，受到社会用人单位的广泛称赞与欢迎。

（撰稿人　郑素侠）

8.2　课程建设

8.2.1　综述与相关文件

1. 课程建设综述

目前，国家级课程主要包括国家级精品课程、国家精品资源共享课程、国家视频公开课程三类。

2003—2010 年，为切实推进教育创新，深化教学改革，共享优质教学资源，全面提高教育教学质量，教育部在“高等学校教学质量与教学改革工程”中开展了精品课程建设工作，共组织建设了 3909 门国家精品课程，750 余所高校教师参与了课程建设。2012 年起，教育部将原国家精品课程择优升级改造为精品资源共享课，从原国家精品课程以高校教师为服务主体转型为以高校师生和社会学习者为本，以提升教学效果和学习效果为目标，并通过统一平台爱课程网进行共享应用。

本年鉴收入 2010—2015 年这 5 年之间传播学科的课程开设情况。据统计，新闻传播学科国家级精品课程共 4 门，国家精品资源共享课程共 8 门。“国家视频公开课”由科学、文化素质教育网络视频课程与学术讲座组成，以高校学生为主要服务对象，同时面向社会公众免费开放。主讲教师既有两院院士，也有国家级教学名师。2011 年 11 月 9 日，由北京大学、清华大学等 18 所知名大学建设的首批 20 门“中国大学视频公开课”免费向社会公众开放。首批上线课程以讲授中国传统文化的课程为主，后逐步扩展到其他学科领域。据统计，截至 2015 年，新闻传播学科课的视频公开课课程共计 11 门。

2. 课程建设文件

1）《教育部关于启动高等学校教学质量与教学改革工程精品课程建设工作的通知》

教育部关于启动高等学校教学质量与教学改革工程精品课程建设工作的通知

教高【2003】1 号

各省、自治区、直辖市教育厅（教委），新疆生产建设兵团教委，有关部门（单位）教育司（局），教育部直属高等学校：

为贯彻落实党的十六大精神，实践“三个代表”重要思想，切实推进教育创新，深化教学改革，促进现代信息技术在教学中的应用，共享优质教学资源，进一步促进教授上讲台，全面提高教育教学质量，造就数以千万计的专门人才和一大批拔尖创新人才，提升我国高等教育的综合实力和国际竞争能力，我部决定在全国高等学校（包括高职高专院校）中启动高等学校教学质量与教学改革工程精品课程建设工作（以下简称精品课程建设）。现将有关事宜通知如下：

精品课程是具有一流教师队伍、一流教学内容、一流教学方法、一流教材、一流教学管理等特点的示范性课程。精品课程建设是高等学校教学质量与教学改革工程的重要组成部分。各省级教育行政部门和各高等学校要进一步更新教育观念，贯彻落实《教育部关于加强高等学校本科教学工作提高教学质量的若干意见》（教高［2001］4 号）精神，提高对人才培养质量重要性的认识，紧紧抓住提高人才培养质量这条生命线，确保教学工作的中心地位，以培养满足国家和地方发展需要的高素质人才为目标，以提高学生国际竞争能力为重点，整合各类教学改革成果，加大教学过程中使用信息技术的力度，加强科研与教学的紧密结合，大力提倡和促进学生主动、自主学习，改革阻碍提高人才培养质量的不合理机制与制度，促进高等学校对教学工作的投入，建立各门类、专业的校、省、国家三级精品课程体系。

各高等学校要根据本通知要求，认真规划、精心组织，尽快启动本校精品课程建设工作，并保证精品课程的可持续发展。在组织规划精品课程建设时，要以基础课和专业基础课的精品课程建设为主，充分考虑学科与专业分布以及对学校教学工作的示范作用，要把精品课程建设与高水平教师队伍建设相结合。各高等学校还要切实加大和保障对精品课程建设的经费投入。在确保教高［2001］4 号文件规定的“学校学费收入中用于日常教学的经费一般不应低于 20%，用以保障教学业务、教学仪器设备修理、教学差旅、体育维持等基本教学经费”得到落实的基础上，各高等学校还应从事业费拨款中安排一定比例用于精品课程建设。

高等学校建设精品课程要重点抓好以下七个方面的工作：

1. 制订科学的建设规划。各高等学校要在课程建设全面规划的基础上，根据学校定位与特色合理规划精品课程建设工作，要以精品课程建设带动其他课程建设，通过精品课程建设提高学校整体教学水平。

2. 切实加强教学队伍建设。精品课程要由学术造诣较高、具有丰富授课经验的教授主讲（高职高专精品课程要由本领域影响力较大并具有丰富实践经验的教师主讲），要通过精品课程建设逐步形成一支结构合理、人员稳定、教学水平高、教学效果好的教师梯队，要按一定比例配备辅导教师和实验教师。鼓励博士研究生参加精品课程建设。

3. 重视教学内容和课程体系改革。要准确定位精品课程在人才培养过程中的地位和作用，正确处理单门课程建设与系列课程改革的关系。精品课程的教学内容要先进，要及时反映本学科领域的最新科技成果，同时，广泛吸收先进的教学经验，积极整合优秀教改成果，体现新时期社会、政治、经济、科技的发展对人才培养提出的新要求。

4. 注重使用先进的教学方法和手段。要合理运用现代信息技术等手段，改革传统的教学思想观念、教学方法、教学手段和教学管理。精品课程要使用网络进行教学与管理，相关的教学大纲、教案、习题、实验指导、参考文献目录等要上网并免费开放，鼓励将网络课件、授课录像等上网开放，实现优质教学资源共享，带动其他课程的建设。

5. 重视教材建设。精品课程教材应是系列化的优秀教材。精品课程主讲教师可以自行编写、制作相关教材，也可以选用国家级优秀教材和国外高水平原版教材。鼓励建设一体化设计、多种媒体有机结合的立体化教材。

6. 理论教学与实践教学并重。要高度重视实验、实习等实践性教学环节（高职高专教育要特别重视配套实训基地建设），通过实践培养和提高学生的创新能力。精品课程主讲教师要亲自主持和设计实践教学，要大力改革实验教学的形式和内容，鼓励开设综合性、创新性实验和研究型课程，鼓励本科生参与科研活动。

7. 建立切实有效的激励和评价机制。各高等学校要采取切实措施，要求教授上讲台和承担精品课程建设，鼓励教师、教学管理人员和学生积极参加精品课程建设。各高等学校应对国家精品课程参与人员给予相应的奖励，鼓励高水平教师积极投身学校的教学工作。高等学校要通过精品课程建设，建立健全精品课程评价体系，建立学生评教制度，促使精品课程建设不断发展。

各省级教育行政部门要根据本通知精神，尽快组织本地区高等学校（包括部委所属高等学校）精品课程建设工作，投入足够经费支持精品课程建设，推动本地区教学资源共享和教学水平的提高。省级教育行政部门要在本地区高校精品课程建设的基础上组织本地区精品课程评选，并择优向我部推荐。

我部将对各省教育行政部门统一申报的课程进行评选，对入选的课程授予“国家精品课程”荣誉称号，给予一定经费补助，并上网形成中国高教精品课程网站，向全国高等学校免费开放。精品课程建设成果还将作为高等学校教学评估和评选高等学校教学名师奖的重要内容之一。有关国家精品课程实施的具体办法另行通知。

教 育 部

二○○三年四月八日

2）《国家精品课程建设工作实施办法》

国家精品课程建设工作实施办法

（2003 年 5 月 12 日　教育部办公厅印发）

精品课程建设是高等学校教学质量与教学改革工程的重要组成部分，各级教育行政部门和各高等学校党政领导要给予高度重视，精心设计，精心组织。有关高等学校要在经费投入、人员保证、管理机制等各个方面不断创新，支持国家精品课程建设，保证国家精品课程的可持续发展。

国家精品课程建设采用学校先行建设、省区市择优推荐、教育部组织评审、授予荣誉称号、后补助建设经费的方式进行。教育部将建立“中国高教精品课程网站”，发布与高等学校精品课程建设有关的政策、规定、标准、通知等信息，并接受网上申请，开展网上评审、网上公开精品课程等工作。

一、申报方式

1. 申报条件。国家精品课程原则上应是本科、高职高专各个专业的基础课和专业（技术）基础课。申报“国家精品课程”的课程必须已在高等学校（含高职高专院校）连续开设 3 年以上。课程主讲教师具有教授职称（高职高专院校可适当放宽条件）。有关教学大纲、授课教案、习题、实验指导、参考文献目录等已经上网。同时，为评价主讲教师个人的授课效果，还需在网上提供不少于 50 分钟的现场教学录像。鼓励将课件或全程授课录像上网参评。

2. 申报步骤。国家精品课程申报由省级教育行政部门统一向教育部提出，申请公文内容应包括申请学校名称、课程名称、授课对象、主讲教师姓名等，不再附申请表格和说明材料。另由申报课程所在学校组织课程主讲教师通过“中国高教精品课程网站”直接提交课程的申请表格、说明材料以及课程上网的网址（包括进入密码）等。教育部不直接受理高等学校提出的国家精品课程评审申请。

3. 申报时间及受理机构。国家精品课程自 2003 年起，连续评审 5 年，每年评审一次，申报截止日期为当年的 9 月 15 日（2003 年将根据情况适当延期）。国家精品课程申报受理机构为教育部高等教育司（邮政编码：100816，通讯地址：北京市西城区大木仓胡同 37 号）。

二、评审方式

教育部将委托有关机构和专家进行国家精品课程评审。评审过程分为四个阶段，即：资格审查，网上教学资源评审，教学效果评价（学校举证、审看录像、网上学生评价）和公示材料（包括申请表格、说明材料、上网资源、学校举证、教学录像、网上学生评价意见）30 天。情况特殊的也可委托专家到校现场复审。公示期内如无异议，由教育部授予“国家精品课程”荣誉称号，并向社会公布。

三、运行管理

1. 课程上网。由有关高等学校和主讲教师保证“国家精品课程”在网上的正常运行、维护和升级。确因技术原因需要中断的，必须在“中国高教精品课程网站”中注明原因。所在学校和课程人员应及时排除问题，尽快恢复上网课程的正常运行。

2. 年度检查。国家精品课程每年检查一次，检查工作由教育部委托有关机构和专家在网上进行，特殊情况也可到校检查。检查不合格的课程取消“国家精品课程”荣誉称号，停拨维护升级费，但保留其两年内申请复查的资格。复查合格的恢复“国家精品课程”荣誉称号，但不补拨维护升级费。被取消“国家精品课程”荣誉称号的课程不能重新申报国家精品课程。

四、知识产权管理

国家精品课程视为职务作品。凡申请国家精品课程评审的高等学校和主讲教师将被视为同意该课程在享受“国家精品课程”荣誉称号期间，其上网内容的非商业性使用权自然授予全国各高等学校。国家精品课程要按照规定上网并向全国高等学校免费开放，高等学校和授课教师要承诺上网内容不侵犯他人的知识产权。

五、经费支持

教育部对“国家精品课程”提供经费支持。支持经费包括建设补助费和维护升级费。建设补助费在评审结果公布后 3 个月内拨付，维护升级费在年度检查通过后拨付。我部将根据每门国家精品课程上网内容的多少和维护、升级情况适度调整支持额度。

六、其他

本办法未尽事宜将另行规定。本办法由教育部高等教育司负责解释。

3)《教育部关于国家精品开放课程建设的实施意见》

教育部关于国家精品开放课程建设的实施意见

教高［2011］8号

各省、自治区、直辖市教育厅（教委），新疆生产建设兵团教育局，有关部门（单位）教育司（局），解放军总参谋部军训和兵种部，部属各高等学校：

为贯彻落实胡锦涛总书记在庆祝清华大学建校100周年大会上的重要讲话精神和教育规划纲要，利用现代信息技术手段，加强优质教育资源开发和普及共享，进一步提高高等教育质量，服务学习型社会建设，我部决定开展国家精品开放课程建设工作。现就国家精品开放课程建设提出以下实施意见：

一、国家精品开放课程建设内容

国家精品开放课程包括精品视频公开课与精品资源共享课，是以普及共享优质课程资源为目的、体现现代教育思想和教育教学规律、展示教师先进教学理念和方法、服务学习者自主学习、通过网络传播的开放课程。

（一）精品视频公开课。

精品视频公开课是以高校学生为服务主体，同时面向社会公众免费开放的科学、文化素质教育网络视频课程与学术讲座。精品视频公开课着力推动高等教育开放，弘扬社会主义核心价值体系，弘扬主流文化、宣传科学理论，广泛传播人类文明优秀成果和现代科学技术前沿知识，提升高校学生及社会大众的科学文化素养，服务社会主义先进文化建设，增强我国文化软实力和中华文化国际影响力。

精品视频公开课建设以高等学校为主体，以名师名课为基础，以选题、内容、效果及社会认可度为课程遴选依据，通过教师的学术水平、教学个性和人格魅力，着力体现课程的思想性、科学性、生动性和新颖性。

精品视频公开课以政府主导、高等学校自主建设、专家和师生评价遴选、社会力量参与推广为建设模式，整体规划、择优遴选、分批建设、同步上网。

——整体规划、择优遴选。教育部对精品视频公开课进行整体规划，制订建设标准。高等学校结合本校特色自主建设，严格审查，并组织师生对课程进行评价，择优申报。教育部组织有关专家对申报课程进行遴选。

——分批建设、同步上网。教育部对遴选出的课程，采用“建设一批、推出一批”的方式，在共享系统上和确定的公共门户网站上同步推出。

“十二五”期间，建设 1000 门精品视频公开课，其中 2011 年建设首批 100 门，2012—2015 年建设 900 门。

（二）精品资源共享课。

精品资源共享课是以高校教师和学生为服务主体，同时面向社会学习者的基础课和专业课等各类网络共享课程。精品资源共享课旨在推动高等学校优质课程教学资源共建共享，着力促进教育教学观念转变、教学内容更新和教学方法改革，提高人才培养质量，服务学习型社会建设。

精品资源共享课建设以课程资源系统、完整为基本要求，以基本覆盖各专业的核心课程为目标，通过共享系统向高校师生和社会学习者提供优质教育资源服务，促进现代信息技术在教学中的应用，实现优质课程教学资源共享。

精品资源共享课以政府主导，高等学校自主建设，专家、高校师生和社会力量参与评价遴选为建设模式，创新机制，以原国家精品课程为基础，优化结构、转型升级、多级联动、共建共享。

——优化结构，转型升级。教育部组织专家根据教学改革和人才培养需要，统筹设计、优化课程布局。高等学校按照精品资源共享课建设要求，对原国家精品课程优选后转型升级，并适当补充新课程，实现由服务教师向服务师生和社会学习者的转变，由网络有限开放到充分开放的转变。

——多级联动，共建共享。鼓励省（区、市）、校按照精品资源共享课的建设定位，加强省、校级精品资源共享课建设，通过逐级遴选，形成国家、省、校多级，本科、高职和网络教育多层次、多类型的优质课程教学资源共建共享体系，探索引入市场机制，保障课程共享和持续发展。

“十二五”期间，计划建设 5000 门国家级精品资源共享课。

二、国家精品开放课程建设和运行机制

（一）政策与经费支持。

国家精品开放课程建设纳入“十二五”期间实施的“高等学校本科教学质量与教学改革工程”。对完成建设且上网后社会反响良好的精品视频公开课，以及符合建设标准、共享使用效果良好的精品资源共享课，给予荣誉称号和经费补贴。

（二）技术与系统保障。

利用云计算等先进信息技术和网络技术，建设具有教、学兼备和互动交流等功能的国家精品开放课程共享系统，集中展示国家精品开放课程，面向高校师生和社会学习者提供优质教育资源网络共享服务。并与国内教育网站以及国内主流门户网站合作，通过接入和镜像等方式，借助各方优势，实现优质课程资源的广泛传播，服务于学习型社会建设。

（三）监督与管理。

根据国家关于网络监管的有关规定，建立国家精品开放课程内容审查制度，明确高等学校和教师建设国家精品开放课程的社会责任，充分发挥专家组织的作用，保证课程质量。建立健全动态监测与监管机制，保证国家精品开放课程内容更新质量及课程共享的开放性、安全性，并及时反馈高校师生和社会学习者的使用情况。

（四）推广与应用。

通过多种媒体和相关活动加强国家精品开放课程的宣传推广，促进国家精品开放课程广泛应用。加强对高校教师、学生以及社会公众的培训和引导，提高教师信息技术应用水平，鼓励学生利用信息技术手段主动学习、自主学习，引导社会公众关注、使用和评价国家精品开放课程。

（五）知识产权保护。

重视国家精品开放课程的知识产权保护。在国家现行著作权法等知识产权法框架下，以协议形式明确课程建设各方的权利、义务和法律责任，以保证国家精品开放课程持续建设和共享。

三、组织管理

（一）国家精品开放课程建设由教育部统筹规划，省（区、市）教育行政部门负责向教育部推荐精品视频公开课，组织本地区精品资源共享课的建设、应用和监管。

（二）高等学校作为课程建设的主体，应充分认识开展精品开放课程建设工作的重要意义，实行主管校长负责制，在政策、经费和人力等方面予以保证，多部门协调，精心组织课程建设和应用，把好课程政治关、学术关和质量关。

（三）充分发挥教育部本科、高职和继续教育各有关学科、专业教学指导委员会作用，组建国家精品开放课程建设专家组，负责相关政策研究、课程遴选、内容审查和运行评价。

（四）委托有关机构成立项目工作组，具体负责技术研发、资源编审加工、运营推广及相关服务工作。

请省级教育行政部门将本意见转发至本地区所有高等学校。

中华人民共和国教育部

二〇一一年十月十二日

4）《国家级精品资源共享课评审指标体系（本科）》

2013年国家级精品资源共享课评审指标体系（本科）

一、评审指标说明

1. 本评审指标根据《教育部 财政部关于“十二五”期间实施“高等学校本科教学

质量与教学改革工程”的意见》(教高【2011】6 号)、《教育部关于国家精品开放课程建设的实施意见》(教高【2011】8 号)、《教育部办公厅关于印发〈精品资源共享课建设工作实施办法〉的通知》(教高厅【2012】2 号)精神制定。

2. 本次评审对象为原国家精品课程，且按照精品资源共享课要求完成转型升级。课程的基本要求为适合网络共享及网上公开使用，在同类课程中具有一定的影响力和较强的示范性。

3. 此次评审的审阅材料为《国家级精品资源共享课申报书（本科）》以及评审系统中的所有课程资源。

4. 评审指标采取定量评价与定性评价相结合的方法，以提高评审结果的可靠性与可比性，包括否决性指标、评分指标和专家评审意见三部分。

5. 10 项否决性指标逐项评审后，评审对象若出现其中任一情况，即判定为不合格，不再继续评审；评分指标总分计算：$M = \sum K_i M_j$，其中 K_i 为评分等级系数，优、良、中、差的系数分别为 1.0、0.8、0.4、0，M_j是各二级指标的分值。专家评审意见为对评审对象的总体评价及进一步修改完善的建议。

二、评审指标

1. 否决性指标

序号	否决性指标
1	不属于原国家精品课程基础上升级改造的课程
2	主要授课对象不是本科学生
3	本课程未在本校连续开设 3 年以上
4	课程负责人不具有高级专业技术职务
5	无课程负责人讲授本课程的授课录像
6	承诺免费共享的教学大纲、教案或演示文稿和课程全程教学录像等基本资源未全部上传至评审平台
7	课程内容存在思想性、导向性或严重的科学性等问题
8	课程中有涉及国家安全、保密及其他不适合网络公开传播的内容
9	课程资源存在较为严重的知识产权问题
10	申报材料造假

注：如评审专家判定评审对象存在以上情况，须分别针对出现的情况写明具体出处。

2. 评分指标

一级指标	二级指标	观测点及描述	分值	评分等级			
				优	良	中	差
课程建设团队 14分	1-1 课程负责人	具有良好师德，学术造诣深厚；负责本课程建设和教学工作，教学经验丰富；教学能力强，教学特色鲜明，教学成果显著	4				
	1-2 团队成员	团队知识结构、年龄结构、学缘结构合理	4				
		团队成员中包括专业教师和教育技术骨干，任务分工合理	3				
	1-3 教学改革与研究	团队成员承担与本课程相关的省部级及其以上的教改、科研项目，获得省部级及其以上的教学成果奖励，项目成果应用于本门课程的教学，效果显著	3				
基础工作 10分	2-1 原国家精品课程建设工作	按照原国家精品课程建设工作要求，及时反映高等教育教学改革和社会、科技发展的成果，持续更新和完善课程教学资源	3				
	2-2 转型升级工作	按照国家级精品资源共享课建设要求对原国家精品课程进行系统、整体改造，注重教学和学习需求，进行课程资源建设和教学方法及教学手段改革	7				
课程建设设计与实施 18分	3-1 课程定位	课程定位明确，对实现人才培养目标起重要的支撑或促进作用，且与前导、后续课程衔接得当	4				
	3-2 课程内容选择	体现现代教育思想，符合教育教学规律，具有基础性、科学性、系统性、先进性、适应性和针对性。适应开放教育和辅助学习需要，有助于学习者创新能力、实践能力和可持续发展能力的培养	6				
	3-3 课程内容组织	遵循学习者的认知规律和能力培养规律安排教学内容、设计课程模块或教学单元，科学设计教学环节，合理分配教学时数，理论联系实际，课内课外有机结合，融知识传授、能力培养、素质教育于一体	4				
	3-4 教学方法和手段	重视探究性学习、研究性学习，能根据课程内容和学生特点，灵活运用多种恰当的教学方法和教学手段，有效调动学生学习的积极性，激发学生学习兴趣，促进学生学习能力发展，教学效果好	4				

续表

一级指标	二级指标	观测点及描述	分值	评分等级			
				优	良	中	差
课程基本资源①30分	4-1 资源建设	课程基本资源质量高，能系统反映本课程教学理念、教学思想、教学设计，充分反映课程改革成果，展现课程团队教学风采	6				
	4-2 资源组织	各类基本资源均按照教学单元、专题或模块的框架，予以合理、有序的组织、配置和应用，与知识点、技能点对应清晰，导航简明	5				
	4-3 全程教学录像	全程教学录像与教学大纲或教学日历匹配，进程合理；课程内容完整，授课人表述准确	5				
	4-4 教案或演示文稿	教学录像布局合理，能充分展现课堂教学活动实况和本课程特色，录像制作水平较高，图像、声音播放清晰流畅	4				
	4-5 其他基本资源	教案或演示文稿经过精心设计和制作，内容准确、系统、完整，有助于提高学生学习兴趣和教学效果	6				
		重点难点指导、作业、参考资料目录及其他类型基本资源契合教学要求，针对性、适用性强，对提高教学效果有实质性帮助	4				
拓展资源②10分	5-1 拓展资源建设现状	已建成的拓展资源，能反映本课程教学特点、建设优势，适应教或学的内在规律；体现了教学模式和方法手段的创新；具有较高的交互性和智能化水平，开发技术先进，界面友好，兼容性强，系统性、开放性好，用户使用方便	7				
	5-2 拓展资源建设计划	建设目标明确，建设计划详实科学，可操作性，成果形式确定，计划建设的拓展资源适应信息技术和网络技术发展，基于教学和学习需求，体现本课程教学方法及教学手段改革，开发技术先进、兼容性好	3				

续表

一级指标	二级指标	观测点及描述	分值	评分等级			
				优	良	中	差
知识产权保护 6分	原创性和非原创性资源处理	知识产权清晰。原创性资源比例较高。非原创性资源，除为介绍、评论某一作品或者说明某一问题，适当引用已经发表作品的非原创性资源，且已指明作品的名称和作者的姓名（名称）外，均已获得许可使用的授权	6				
课程特色与预期效果 12分	7-1 课程特色	与同类课程比较，本课程在某一（些）方面有实质创新，具有鲜明特色，且这种创新和特色对于提高人才培养质量有显著作用	4				
	7-2 实际效果	本课程的资源具有较好的共享性，能在高校推广应用，将对同类课程的教学质量提升发挥积极作用，并对社会学习者的自主学习提供有益帮助	8				

注：①基本资源指能反映课程教学思想、教学内容、教学方法、教学过程的核心资源，包括课程介绍、教学大纲、教学日历、教案或演示文稿、重点难点指导、作业、参考资料目录和课程全程教学录像等反映教学活动必需的资源。在知识产权协议的约定下，基本资源免费共享。

②拓展资源指反映课程特点，应用于各教学与学习环节，支持课程教学和学习过程，较为成熟的多样性、交互性辅助资源。例如：案例库、专题讲座库、素材资源库，学科专业知识检索系统、演示/虚拟/仿真实验实训（实习）系统、试题库系统、作业系统、在线自测/考试系统，课程教学、学习和交流工具及综合应用多媒体技术建设的网络课程等。在知识产权协议的约定下，拓展资源有条件共享。

3. 专家评审意见

8.2.2 国家级精品课程

自2003年教育部开展精品课程建设以来，新闻传播学科有一批课程获评国家精品课程。2010 年是国家精品课程评选的最后一年，本学科共有 4 门课程入选国家精品课程。具体如表 8-2 所示，本年鉴统计的是 2010—2015 年的相关成果。

表 8-2　　**国家级精品课程统计**

课程名称	学校名称	负责人	评选时间	课程内容及特色
新闻理论	中国人民大学	郑保卫	2010	该课程是新闻学专业的一门基础性课程，在整个新闻学学科体系中处于核心地位。它既是新闻实践经验的概括和总结，又是新闻工作的向导和指南。学习此门课程，可以帮助学生认识新闻学的基本原理，掌握新闻事业运行的一般规律，以及新闻工作的基本原则和方法，树立起马克思主义的新闻观，从而有助于学生更加自觉地运用新闻规律来指导新闻实践，为新闻实践服务。同时，也有助于学生更好地学习新闻事业史和新闻业务等其他专业课程
马克思主义新闻思想	复旦大学	童兵	2010	该课程具有较长的历史。复旦大学新闻学院素有“两典一笔”的传统：“两典”即是“马克思主义理论经典和文史经典”；“一笔”即是“新闻练笔”。马克思主义新闻论著选读是“两典”的核心内容，是复旦新闻学院主干专业课程之一。“马克思主义新闻思想”的前身是“马克思主义新闻论著选读”。早在 20 世纪七八十年代，夏鼎铭教授就主持讲授这门课，是复旦大学新闻学院重要的新闻理论课程。王中教授、王涵龙教授也为研究生开设“马克思主义经典作家新闻思想研究”课程
中国新闻传播史	清华大学	李彬	2010	该课程属于史论板块的核心课程，目的在于使学生形成正确认识中国社会与媒介发展的历史观以及相应的新闻观，培育深厚的专业素养与强烈的职业认同，为后续课程打下基础，也为未来发展廓清方向。为此，该课程一方面着力于新闻传播的发展及其规律，包括新闻媒介的沿革、新闻体制的传承、新闻思想的演化等专业话题；另一方面，更着重于分析新闻传播与社会发展的关联和互动，针对新闻传播的历史演化、社会动因、专业背景、内在逻辑及发展趋势等展开全面系统的分析，点面结合、史论结合、历史与逻辑结合，力图勾画一幅有机的而非机械的、整体的而非割裂的、鲜活的而非刻板的新闻传播史图景

续表

课程名称	学校名称	负责人	评选时间	课程内容及特色
新闻事业经营管理	暨南大学	林如鹏	2010	该课程是一门从管理学角度探讨媒介运作和市场竞争的专业课程，该课程一方面让学生全面接触管理学、战略学、市场营销学等专业知识；另一方面结合这些知识来探讨传媒的实际运作和管理状况，并兼顾较新的媒介产业化、集团化、网络化等议题，为想要学习经营管理知识的同学奠定了必要的基础

8.2.3 国家精品资源共享课程

自2012年起，教育部将原国家精品课程择优升级改造为精品资源共享课程，新闻传播学科共有8门课程入选。具体如表8-3所示：

表8-3　**国家级精品资源共享课程统计**

课程名称	所属学校	负责人	内容与特色
新闻事业经营管理	暨南大学	林如鹏	新闻事业经营管理是一门从管理学角度探讨媒介运作和市场竞争的专业课程，该课程一方面让学生全面接触管理学、战略学、市场营销学等专业知识；另一方面结合这些知识来探讨传媒的实际运作和管理状况，并兼顾较新的媒介产业化、集团化、网络化等议题，为想要学习经营管理知识的同学奠定必要的基础
新闻采访学	武汉大学	夏琼	该课程作为新闻学本科生的专业基础课，是新闻传播类学生了解和掌握新闻采访知识的主要课程，也是搞好新闻工作所不可缺少的一门必修课，对于有志加入新闻事业的人来说同样能起到很好的示范和教育作用
品牌学	东北大学	赵琛	品牌是主权，品牌是疆域，品牌是精神，品牌是财富。该课程是主讲人近20年的学术研究成果，拍摄照片四万余张，书中精心呈现一千余张，是集传播学、艺术设计等学科的专业主干课程，既整合各专业课程，又将理论和实践紧密结合，成为收效较好的一门重要课程

续表

课程名称	所属学校	负责人	内容与特色
新闻理论	中国传媒大学	雷跃捷	该课程是面向新闻传播学本科生的一门核心基础课程，以马克思主义新闻观为指导，系统讲授新闻理论研究领域的基础概念、基本理论、重要规范、主要方法和重要思潮，尤其是系统阐释中国特色社会主义新闻理论体系，培养学生形成正确的新闻价值观和从业观，养成理论思辨能力和解释实践、指导实践的能力
马克思主义新闻思想	复旦大学	童兵	该课程将系统介绍马克思主义经典作家关于新闻传播活动及其规律的观点与学说，为媒介化社会中的当代大学生提供解读、分析新闻传播现象的理论与方法，增强同学们识别各种新闻思潮和理论是非的能力，进一步领会、把握新闻与政治的独特关系
外国新闻传播史	华中科技大学	张昆	该课程是新闻传播类专业本科生专业基础课。该课程坚持马克思主义唯物史观，致力于梳理人类出现以来，世界主要国家新闻传播演进的历史脉络。其体系架构秉持新闻传播思想、制度及事业三位一体的历史观，注重横向发展与纵向演进的辩证统一，对于新闻传播专业知识体系的建构，具有奠基性作用
传播学概论	中国传媒大学	胡正荣	传播学是一门探索人类传播规律的学问，该课程是一门介绍传播学知识的入门课程。学习传播学的学生，可以在此得到系统的学习；教授传播学概论的老师，可以在此获取有价值的资料；对传播学有兴趣的公众，也可以在这里寻找新的知识，开拓新的视野
广告学概论	中国传媒大学	丁俊杰	该课程源自全国首门广告专业国家级精品课程。八位主讲教师有差异但齐心构建一门课，有分工但通力合作一件事。专业启蒙是我们的使命，深入浅出是我们的风格，启发独立完整的广告见解是我们的目标。我们相信，这将是一块你专业学习和职业生涯里最可依赖的坚硬基石

8.2.4　国家视频公开课程

国家视频公开课程由科学、文化素质教育网络视频课程与学术讲座组成，既面向高校学生，也向社会公众免费开放。到 2015 年，新闻传播学科的视频公开课程共有 11 门。具体如表 8-4 所示：

表 8-4　　国家视频公开课程统计

课程名称	所属学校	负责人	课程介绍
传播的历程	华中科技大学	张昆	该课程以七讲的篇幅全面勾勒了人类传播的历史。从原始时代的口语传播、古代社会的文字传播、到近代社会的印刷传播、现代社会的广播电视传播以及当代的网络新媒体传播，全面覆盖，脉络明晰。对于增强传媒工作者的理论基础，对于提升一般公众的媒介素养，具有一定的参考价值
理解人类传播	中国传媒大学	胡正荣	人类每时每刻都生活在传播的海洋之中，却并非每个人都对它有深刻的理性认识。我们的日常交流使用了哪些符号？新闻媒体的功能和效果是什么？微博等新的网络传播形式如何影响了人类社会？该课程通过我们身边的传播实例，讲解人类传播的基本规律，以帮助初学者认识人类传播
新闻记者的基本功——采访与写作	中国人民大学	张征	该课程围绕新闻记者的两项基本功——采访与写作进行讲授，让学生形成记者编辑的核心素质——发现新闻的能力，体验做一名职业记者的职业精神和职业准则，掌握职业记者必备的两项基础业务操作技能——新闻采访和报道文体的写作，以实现“了解新闻事业、树立新闻理想、掌握新闻操作”三位一体的教学目标。该课程主要采用课堂讲授采写理论、研究新闻作品和采写案例、强化训练采访、写作基本功等方式进行教学
当代媒介素养	安徽大学	姜红	在现代社会，大众传媒不仅为我们提供了生存发展所必需的信息，也深刻影响着我们的生活，甚至建构了我们对世界的基本认知。如何辨析媒介世界和现实世界的关系？如何选择媒介？如何对媒介呈现的信息进行判断处理？如何正确把握与使用媒介？这些都是现代公民必备的素养之一。该课程从媒介素养教育的基本理念与要求出发，力图帮助大学生和社会公众理性地认识媒介、解读媒介、探索媒介、反思媒介与应对媒介，最终在“媒介化社会”中智慧生存
烦人的广告并不凡	湖南大学	李正良	无处不在，无时不在的广告是一个“矛盾集合体”，喜爱它的不少，厌恶它的也挺多，不少大学生对广告是“又喜又厌又好奇”。开设“烦人的广告并不凡”，就是为了解答大学生对广告的疑惑。全课程设 6 讲，从三个方面解答两个问题：烦人的广告怎么烦人？广告有哪些不平凡的表现？通过对该课程的学习，可帮助非广告专业大学生认识到“烦人的广告”只是广告的表象，广告对社会和我们个人的巨大的作用与影响才是它的内核。广告充满正能量，是实现“中国梦”的重要推动力量

续表

课程名称	所属学校	负责人	课程介绍
深度报道	中山大学	张志安	该课程主要包括 5 讲：深度报道的内涵与追求、深度报道的消息源、深度报道的采访突破、深度报道的写作策略、特稿采写。该课程试图结合生动鲜活的案例，总结一线记者的宝贵经验，从新闻生产的具体过程来介绍深度报道的独特理念和实践策略。其中，关于动态新闻提供的“事实”和深度报道提供的“真相”之间的差别、深度报道“时空搅拌机”式的抵达路径、调查性报道中的“利益链”分析方法等知识点，均具有很强的前沿性和实操性。该课程既适合新闻学子和新闻从业者观看，有利于提高专业水平；也适合普通公众学习，有利于提高媒介素养
从传播学视角解读中国	北京大学	龚文庠	该课程的特点是用英语介绍当代中国。不是面面俱到的概况，也不是一般的浅层介绍，而是一种学术解读，即从传播学、文化研究等学科的角度解读当代中国。从北京大学建校的背景看中国人对革命史的集体记忆；从中国人的幸福观看中国政府为人民谋利的目标和普通人的生活追求；从饮食传统看中国人“吃”中的文化、哲学和沟通方式；从北京奥运的案例看传统媒体与新媒体在构建中国形象过程中的合作与活动。看似分散的话题却指向同一目标：一个中国学者从个人观察的角度帮你了解中国的历史、社会、文化和沟通方式
数字化生存	浙江大学	韦路	数字化生存是现代公民在当前新媒体时代的主要生存方式，提升每一个公民在数字化时代的生存能力，是科学文化素质教育的重要组成部分。该课程旨在通过对数字化时代的媒介、内容、受众、效果和素养进行探讨，帮助青年学生和普通公众加深对当前数字化时代的理解，增进与数字化媒体的良性互动，最终提升数字化生存的能力与质量
社会进程中的公民表达	华中科技大学	赵振宇	人们的意愿表达是人权的一项重要内容，也是当代大学生展现时代风貌，积极参与社会活动的一项具体表现。社会进程中的公民表达课程围绕社会进程中公民表达的科学精神、民主意识、独立品格、宽容胸怀和怎样讲好真话五个方面内容，阐述认识和培养这些基本素质的意义和方法，告诉大家学会运用现代传播工具和途径真实有效地表达自己的意愿，促进社会和谐有序发展
走进电视编辑	中国传媒大学	王晓红	随着新媒体技术的迅速普及和视频制作的广泛应用，越来越多的人开始尝试用影像记录生活。如何用镜头讲述故事？如何用画面表达情绪？在电视编辑中，怎样的叙事安排、段落衔接能够形成视听冲击，做到表意明确又富有感染力？该课程将带你走进电视编辑的世界，探索视频制作的秘密，结合经典案例，介绍影像语言的现代思维、创作理念和基本语法，在电视编辑的课堂感受影像结构的力量

续表

课程名称	所属学校	负责人	课程介绍
说服与打动的艺术：广告创意解码	湘潭大学	孙丰国	该课程把日常所见外在丰富多样的广告分类为五种不同的广告创意形态。通过具体作品，分析每种形态如何以不同的方式说服和打动消费者，以及创作的思路和方法。具体内容是：以理服人——示证形态广告创意；以情化人——情感形态广告创意；以美动人——唯美形态广告创意；以趣悦人——幽默形态广告创意；互动近人——互动形态广告创意

（撰稿人　张志安）

8.3 教材建设

8.3.1 综述与相关文件

1. “中央马克思主义理论研究和建设工程”综述

实施马克思主义理论研究和建设工程（以下简称“马工程”），是以胡锦涛同志为总书记的党中央作出的一项重大决策，是十六大以来我们党实施的最重大、最基础、最具深远意义的思想理论建设工程，是关系中国特色社会主义事业全局的战略工程和基础工程。马工程的主要任务是：把邓小平理论、“三个代表”重要思想和科学发展观作为研究重点，以重大现实问题为主攻方向，把马克思主义在中国发展的最新理论成果贯穿到哲学社会科学的学科、教材建设中，进一步加强马克思主义理论队伍建设，在繁荣发展哲学社会科学中发挥龙头作用、基础作用和导向作用。

2004 年 1 月，中央发布《关于进一步繁荣发展哲学社会科学的意见》，提出实施马克思主义理论研究和建设工程。之后，中央宣传思想工作领导小组提出《关于实施马克思主义理论研究和建设工程的意见》，由中央办公厅转发。2004 年 4 月，中央召开工程工作会议，胡锦涛总书记接见与会同志并发表重要讲话，标志着马工程正式启动。2004 年以来，历次中央全会和党的十七大都对工程工作提出要求。中央政治局常委会、政治局会议多次听取工程工作汇报。2011 年 10 月党的十七届六中全会强调要深入推进马克思主义理论研究和建设工程，加强重点学科体系和教材体系建设，推动中国特色社会主义理论体系“三进”工程。2012 年 6 月，再次召开工程工作会议，回顾总结 8 年来工程建设工作取得的进展，对深入推进工程建设进行部署和安排。经过八年多的艰苦努力，马工程在以下方面取得重大进展：

马克思主义中国化最新成果研究的广度深度大大拓展。推出《中国特色社会主义理论体系学习读本》、《科学发展观学习读本》、《社会主义核心价值体系学习读本》，拍摄《复兴之路》等电视理论专题片，召开贯彻落实科学发展观、建设社会主义核心价值体系等研讨会数十次，在中央报刊发表一大批理论文章。

马克思主义经典著作编译和基本观点研究取得重要进展。编译出版 10 卷本《马克思恩格斯文集》、5 卷本《列宁专题文集》，推出《马列主义经典著作选编学习导读》等。设立 18 个子课题，对经典著作基本观点进行研究。

重大问题的研究和思想引导不断深化。确立一大批专门课题，深入研究中国特色社会主义经济建设、政治建设、文化建设、社会建设、生态文明建设和党的建设的重大问题。连续编写《理论热点面对面》通俗读物，推出《六个“为什么”》、《划清“四个重大界限”学习读本》等。针对鼓吹新自由主义、否定改革等错误思潮，组织发表重点文章，辨明理论是非，澄清模糊认识。

马克思主义学科体系基本建立。将马克思主义理论设为一级学科，下设马克思主义基本原理等 6 个二级学科。目前，全国一级学科博士点 37 个、硕士点 133 个，二级学科博士点和硕士点近 600 个；中央党校、中国社科院均成立专门研究机构，一大批高校成立马克思主义学院，扭转了马克思主义学科一度弱化的倾向。

哲学社会科学教材体系初步形成。《马克思主义哲学》、《马克思主义政治经济学概论》等 30 多种工程重点教材相继出版，其他 100 多种教材编写工作扎实推进，一个充分反映马克思主义中国化最新成果、中国特色社会主义丰富实践和各学科领域最新进展的哲学社会科学教材体系正在逐步形成。

高校思想政治理论课建设打开新局面。推出 4 门高校本科生思想政治理论课教材，并在全国高校统一使用；5 门研究生思想政治理论课教学大纲均已出版，正在推广使用，高校思想政治理论课教学一度弱化的状况得到扭转。

培养了一批马克思主义理论教学研究骨干力量。成立 160 多个课题组，直接或间接参与的专家数万人；中央举办社科教研骨干研修班 46 期，培训 5000 多人；举办高校思政课骨干教师研修班 32 期，培训 3000 多人。

目前，已经完成编写的高校思想政治理论课教材有：本科生思想政治理论课教材《毛泽东思想邓小平理论和“三个代表”重要思想概论》、《马克思主义基本原理概论》、《中国近现代史纲要》、《思想道德修养与法律基础》，研究生思想政治理论课教学大纲

《中国特色社会主义理论与实践研究》、《中国马克思主义与当代》。已经完成编写的专业课重点教材有：《马克思主义哲学》、《马克思主义政治经济学概论》、《科学社会主义概论》、《政治学概论》、《法理学》、《社会学概论》、《新闻学概论》、《文学理论》、《史学概论》、《宪法学》、《马克思主义哲学史》、《马克思恩格斯列宁哲学经典著作导读》、《马克思恩格斯列宁历史理论经典著作导读》、《国际共产主义运动史》、《西方政治思想史》、《西方哲学史》、《西方经济学》、《世界经济概论》、《中国政治思想史》、《中国哲学史》、《伦理学》、《军队政治工作学》。

这些教材坚持运用马克思主义立场、观点、方法，批判地继承、吸收和借鉴古今中外优秀思想文化成果，立足中国实际，回答重大问题，进一步推进了哲学社会科学学科体系和教材体系建设。从已经完成编写的教材看，最突出的特点就是，既坚持以马克思主义为指导、把马克思主义中国化最新成果体现到教材之中，又坚持最高的学术标准最严格的教材规范、把各学科领域的最新进展体现到教材中，赋予教材鲜明的实践特色、民族特色、时代特色。

2. “十一五”、“十二五”、“十三五”规划教材（国家级）综述

普通高等教育“十一五”、“十二五”国家级规划教材自从选题申报、确定公示以及广泛采用以来，取得了良好的社会效益，尤其是历经全国各高校相关专业师生的使用后，获得了比较好的声誉和口碑。这是教育部落实为全面贯彻落实科学发展观、切实提高高等教育质量的整体呈现，从已出版的国家级规划教材来看，在内容上都能坚持马克思主义、毛泽东思想、邓小平理论和“三个代表”重要思想，坚持社会主义方向，坚持党的教育方针，做到了思想性和学术性的统一。其中许多国家级规划教材能不断适应专业教学改革和课程建设的发展来及时地修正和调整，不断彰显出国家级规划教材的科学性、系统性和新颖性。

国家级规划教材广泛分布于普通高等教育的相关专业课程建设和实际教学之中，着实发挥了国家级规划教材的导向性和驱动性。新闻传播学类国家级规划教材既注重理论建构，同时也更多地注重实践应用层面的指导和训练，也就是说，这些国家级规划教材的出版发行既能够较好地满足新时代社会语境下新闻传播学教学发展的需要，同时也在宏观上让高校学生精确把握新闻传播学的基本理论，熟悉整体的理论框架体系，更可以在微观层面上帮助专业学生对新闻传播学的实践业务知识有一个深刻而具体的了解。实践证明，这些国家级规划教材的最突出特点是比较充分地反映出各学科最新的研究成果，同时也体现出了政治性、思想性和学术性的统一。这些教材能够充分贴近中国特色社会主义的生动实践，注重运用比较鲜活的材料来阐述基本理论，注重概括实践中的经验充实到各学科理论之中，让这些教材具有了丰富的中国元素和鲜明实践特色，其中多数国家级规划教材是从“十五”国家级规划教材的基础上经过精心的调研和梳理而推出的修订版和修改版，这充分保证了我国高校本科教学改革、教学质量的全面提高。

单从这些国家级规划教材的选题申报、评审公示以及监督管理等层面的严格程序来看，有效地确保了国家级规划教材的权威性，这也体现出了整体上选材选用的基本原则。从“适用性”原则来看，教材的内容和结构符合教育和教学的基本规律，符合专业培养及全面发展的方向，也满足课程教学大纲和学时的要求，保证了在学时的范围内完成教材内容的讲授；从教材的难易程度上充分考虑到学生的实际水平和能力，既有利于激发学生的学习兴趣，也有利于学生知识、能力和素养的培养。从“先进性”原则来看，上述国家级规划教材能够做到与时俱进，在不断更新和完善基础上体现出先进性和学术前瞻性，充分反映出本学科的新知识、新成果、新技术。“十三五”国家级规划教材正在选题评审进程中，其基本的标准和要求也是继续按照高标准、严要求、权威性、先进性、适用性和择优原则，不断充分发挥出国家级规划教材应有的导向性和指导性。

8.3.2　中央马克思主义理论建设工程教材

1.《新闻学概论》

作　者：本书编写组

出版社：高等教育出版社、人民出版社

出版日期：2009-09-01

该书为“马克思主义理论研究和建设工程”重点教材之一。

该书坚持以马克思主义为指导，立足于中国特色社会主义实际，全面阐述了新闻学的基本概念和基本理论。全书除绪论外，共分 12 章内容：新闻本源、新闻真实、新闻价值、新闻事业、新闻工作的党性原则和基本方针、新闻宣传、新闻舆论导向、新闻舆论监督、新闻出版自由、新闻法治、新闻事业管理、新闻队伍建设等。

这部教材充分体现了马克思主义中国化的最新成果，体现了中国特色社会主义的丰富实践，体现了马克思主义新闻理论研究的最新进展，体现出鲜明的中国特色、中国风格和中国气派，对帮助学生树立马克思主义新闻观有着极其重要的意义。

2.《实践中的马克思主义新闻观——新闻报道经典案例评析》

作　者：本书编写组

出版社：高等教育出版社

出版时间：2014-12-31

高晓虹为首席专家编写的《实践中的马克思主义新闻观——新闻报道经典案例评

析》是中宣部和教育部共同组织编写的案例教材，集聚了全国十几所高校新闻传播院系的知名学者、业界诸多资深专家的智慧和经验，精心选取了近60个生动鲜活的、接地气的新闻报道案例进行深入剖析，深入浅出地阐释了马克思主义新闻观的基本内涵、主要观点以及在新的媒介环境下深刻的现实要求。

全书包括“主题宣传篇”、“典型人物篇”、“热点引导篇”、“突发事件篇”、“舆论监督篇”、“国际传播篇”6个大类共16组主题；每组主 题由“案例概述”、“专家评析”、“采写手记”、“延伸阅读”、“思考题”5个部分组成，并配有丰富的网络及新媒体链接资源，包括大量文字、音视频案例作品及更多珍贵的、富有参考价值的记者采写手记。

该书与时俱进，是一本权威实用的经典案例教材，形式勇于创新，富有媒体融合时代特色，适用范围广泛，既可作为高校新闻传播学专业教材，也可作为新闻采编人员的培训教材。

3.《新闻编辑》（存目，编辑出版中）（首席专家　蔡雯）

4.《新闻评论》（存目，编辑出版中）（首席专家　涂光晋）

5.《新闻采访与写作》（存目，编辑出版中）（首席专家　丁柏铨）

6.《中国新闻传播史》（存目，编辑出版中）（首席专家　吴廷俊）

7.《广告学概论》（存目，编辑出版中）（首席专家　丁俊杰）

8.《西方传播学理论评析》（存目，编辑出版中）（首席专家　戴元光）

8.3.3　“十一五”—“十二五”规划教材（国家级，见表8-5~表8-7）

表8-5　**普通高等教育“十一五”国家级规划教材目录（新闻传播类）**①

教材名称	作　者	作者单位	出 版 社
说服学教程	龚文庠	北京大学	北京大学出版社
广告心理学	徐金灿	北京大学	北京大学出版社
外国新闻传播史导论	程曼丽	北京大学	复旦大学出版社
公共关系实用教程	李兴国	北京联合大学	高等教育出版社
电视新闻学	黎炯宗	电子科技大学	广东高等教育出版社

① 此目录从“十一五”规划教材总目录中选取。

续表

教材名称	作　者	作者单位	出 版 社
数字媒体非线性编辑技术	徐亚非	东华大学	东华大学出版社
马克思主义新闻思想	童兵	复旦大学	复旦大学出版社
新闻学概论	李良荣	复旦大学	复旦大学出版社
精编新闻采访写作	刘海贵	复旦大学	复旦大学出版社
广播电视概论	陆晔	复旦大学	复旦大学出版社
网络传播概论	张海鹰	复旦大学	复旦大学出版社
中国新闻事业发展史	黄瑚	复旦大学	复旦大学出版社
公共关系	纪华强	复旦大学	高等教育出版社
公共关系学（第 4 版）	居延安	复旦大学	复旦大学出版社
财经专业报道概论	贺宛男	复旦大学	复旦大学出版社
当代新闻编辑	张子让	复旦大学	复旦大学出版社
广告媒体策划	纪华强	复旦大学	复旦大学出版社
新闻法规与职业道德教程	黄瑚	复旦大学	复旦大学出版社
现代公关礼仪（第 2 版）	熊卫平	高等教育出版社	高等教育出版社
公共关系学新论	郭惠民	国际关系学院	北京大学出版社
公共关系学	朱崇娴	河南财政税务 高等专科学校	高等教育出版社
实用公共关系基础	陈新	河南农业大学	中国农业出版社
媒介管理学概论	严三九	华东师范大学	西南师范大学出版社
广播电视学概论（第 2 版）	黄匡宇	华南理工大学	暨南大学出版社
媒介管理学概论	屠忠俊	华中科技大学	华中科技大学出版社
新闻报道策划	赵振宇	华中科技大学	武汉大学出版社
当代电视实务教程	石长顺	华中科技大学	复旦大学出版社
现代新闻评论	赵振宇	华中科技大学	武汉大学出版社
电视传播技术与艺术	潘云泽	吉林大学	吉林大学出版社
媒介管理（第 2 版）	支庭荣	暨南大学	暨南大学出版社
新编中外广告通史（第 2 版）	刘家林	暨南大学	暨南大学出版社
公共关系学	张克非	兰州大学	高等教育出版社
公共关系原理与应用	王维平	兰州大学	兰州大学出版社

续表

教材名称	作　者	作者单位	出 版 社
新闻摄影学	韩丛耀	南京大学	江苏教育出版社
中外广播电视简史	郭镇之	清华大学	复旦大学出版社
传播学研究方法	金兼斌	清华大学	清华大学出版社
品牌形象设计概论	黄维	清华大学	高等教育出版社
包装设计	黄维	清华大学	高等教育出版社
电影艺术导论	尹鸿	清华大学	高等教育出版社
数字媒体——技术、应用、设计	刘惠芬	清华大学	清华大学出版社
全球新闻传播史	李彬	清华大学	清华大学出版社
广告心理学	王怀明 王咏	山东大学	中南大学出版社
新闻报道新教程：视角、范式与案例解析	林晖	上海财经大学	复旦大学出版社
新编广播电视新闻学	吴信训	上海大学	复旦大学出版社
广告学概论	吕巍	上海交通大学	北京师范大学出版社
广告策划创意学（第3版）	余明阳	上海交通大学	复旦大学出版社
文化产业学	胡惠林	上海交通大学	高等教育出版社
国际传播学	郭可	上海外国语大学	复旦大学出版社
公共关系	李远庚 李祚	沈阳工程学院	中国劳动社会保障出版社
电视批评学	欧阳宏生	四川大学	四川大学出版社
传媒与文化	蒋晓丽	四川大学	四川大学出版社
新闻摄影教程	吴健	四川大学	四川美术出版社
新闻作品评析概论	陈龙	苏州大学	中南大学出版社
数字媒体非线性编辑技术（第2版）	王志军	天津师范大学	高等教育出版社
多媒体技术与应用教程	曲建民	天津师范大学	清华大学出版社
公共关系原理与实务	王珑	天津职业大学	重庆大学出版社
新闻采访学	罗以澄	武汉大学	武汉大学出版社
广告学概论	张金海	武汉大学	武汉大学出版社

续表

教材名称	作　者	作者单位	出 版 社
新闻传播法教程	魏永征	香港树仁学院	中国人民大学出版社
传播与文化：历史、理论与现实	庄晓东	云南大学	人民出版社
媒介管理学概论	邵培仁	浙江大学	高等教育出版社
整合营销传播理论与实务	卫军英	浙江大学	首都经济贸易大学出版社
新闻编辑学教程	吴飞	浙江大学	浙江大学出版社
文化产业概论	李杰	浙江大学	浙江大学出版社
广告文案	胡晓云	浙江大学	浙江大学出版社
现代新闻写作教程	董广安	郑州大学	郑州大学出版社
电视摄影	陈刚	中国传媒大学	北京大学出版社
媒介批评	雷跃捷	中国传媒大学	北京大学出版社
电视学系列教材	任金州	中国传媒大学	北京师范大学出版社
电视节目策划	胡智锋	中国传媒大学	复旦大学出版社
视听率教程	刘燕南	中国传媒大学	复旦大学出版社
媒体策划与营销	黄升民	中国传媒大学	高等教育出版社
传播学概论	胡正荣	中国传媒大学	清华大学出版社
媒体管理学概论	高福安	中国传媒大学	中国传媒大学出版社
媒介市场调查与统计方法	沈浩	中国传媒大学	中国传媒大学出版社
传播学研究方法	柯惠新	中国传媒大学	中国传媒大学出版社
广播新闻业务	曹璐	中国传媒大学	中国传媒大学出版社
广告学概论	丁俊杰	中国传媒大学	中国传媒大学出版社
实用播音教程	付程等	中国传媒大学	中国传媒大学出版社
传播学概论	段鹏	中国传媒大学	中国传媒大学出版社
广告策划与整合传播	高萍	中国传媒大学	中国传媒大学出版社
广播电视艺术论	高鑫	中国传媒大学	中国传媒大学出版社
广播剧编导教程	朱宝贺	中国传媒大学	中国传媒大学出版社
应用传播学	周鸿铎	中国传媒大学	中国纺织出版社
广告调查与数据应用	黄京华	中国传媒大学	中南大学出版社
电视艺术新论	胡智锋	中国传媒大学	北京大学出版社

续表

教材名称	作　者	作者单位	出 版 社
电视艺术通论	刘晔原	中国传媒大学	高等教育出版社
影视摄影艺术	梁明	中国传媒大学	中国传媒大学出版社
影视摄影构图	李兴国	中国传媒大学	中国传媒大学出版社
动画影片画面赏析	索晓玲	中国传媒大学	中国传媒大学出版社
音乐传播学教程	曾遂今	中国传媒大学	中国传媒大学出版社
数字媒体音频非编实物务教程	潘力	中国传媒大学	中国传媒大学出版社
扩声技术教程	朱伟	中国传媒大学	中国传媒大学出版社
电视剧制片管理	高福安	中国传媒大学	中国传媒大学出版社
现代电视原理	姜秀华	中国传媒大学	高等教育出版社
动画技术基础	张骏	中国传媒大学	高等教育出版社
当代广播电视播音主持	吴郁	中国传媒大学	复旦大学出版社
广电媒介产业经营新论	黄升民	中国传媒大学	复旦大学出版社
影视法导论：电影电视节目制作人须知	魏永征 李丹林	中国传媒大学	复旦大学出版社
版式设计与专业排版软件应用	曹云生 雷波	中国传媒大学、北京点智文化有限责任公司	高等教育出版社
公共关系原理与实务（第 2 版）	蒋楠	中国计量学院	中国人民大学出版社
大众传播通论	展江	中国青年政治学院	中国人民大学出版社
新闻传播学专业英语教程（第 2 版）	展江	中国青年政治学院	中国人民大学出版社
新闻理论教程	何梓华	中国人民大学	高等教育出版社
公共关系——理论、实务与技巧	周安华	中国人民大学	中国人民大学出版社
马克思主义新闻观	陈力丹	中国人民大学	中国人民大学出版社
传播学概论	郭庆光	中国人民大学	中国人民大学出版社
新闻理论新编	郑保卫	中国人民大学	中国人民大学出版社
媒介经济学概论	喻国明	中国人民大学	中国人民大学出版社
媒介市场调查与统计方法	喻国明	中国人民大学	中国人民大学出版社
网络传播概论	彭兰	中国人民大学	中国人民大学出版社

续表

教材名称	作　者	作者单位	出 版 社
电视新闻编辑教程	周勇	中国人民大学	中国人民大学出版社
广播电视概论	周小普	中国人民大学	中国人民大学出版社
广告学教程	倪宁	中国人民大学	中国人民大学出版社
新媒体节目策划论	许鹏	中国人民大学	中国人民大学出版社
广告传播道德与法律规范教程（第 2 版）	陈绚	中国人民大学	中国人民大学出版社
新闻编辑学（第 2 版）	蔡雯	中国人民大学	中国人民大学出版社
新闻采访学（第 3 版）	蓝鸿文	中国人民大学	中国人民大学出版社
新闻摄影教程（第 3 版）	盛希贵	中国人民大学	中国人民大学出版社
新闻写作教程（第 2 版）	刘明华 徐泓　张征	中国人民大学	中国人民大学出版社
中国新闻传播史（第 2 版）	方汉奇	中国人民大学	中国人民大学出版社
公共关系原理与实务	倪东辉 鲍　娜	安徽农业管理干部学院	机械工业出版社
公共关系理论与实务	方光罗	安徽商贸职业技术学院	中国财政经济出版社

表 8-6　**普通高等教育“十二五”国家级规划教材（新闻传播学类）（第一批）**①

教材名称	作　者	出版单位
媒介批评	雷跃捷	北京大学出版社
外国新闻传播史纲要	陈力丹　王辰瑶	中国人民大学出版社
网络传播概论（第二版）	彭兰	中国人民大学出版社
传播学总论（第二版）	胡正荣　段鹏　张磊	清华大学出版社
传媒经济学教程	喻国明　丁汉青 支庭荣等	中国人民大学出版社

① 此表中收录的规划教材书目，本次只收录经教育部官方网站以文件形式正式公布的教材书目为准，事实上以“普通高等教育本科国家级规划教材书目”为特定标识的书目还有很多，因未查询到正式收录的教育部官方文件，本次编排故未收录，特此说明，请相关高校及作者见谅。

续表

教材名称	作　者	出版单位
新闻摄影教程（第三版）	盛希贵	中国人民大学出版社
广告创意学	金定海　郑欢	高等教育出版社
广告经营与管理	张金海　程明	高等教育出版社
中外广告史新编	陈培爱	高等教育出版社
文化产业概论	欧阳友权	湖南人民出版社

表 8-7　**普通高等教育“十二五”本科国家级规划教材公示书目（新闻传播学类）（第二批）**①

教材名称	作者	出版单位
网络广告	陈刚	高等教育出版社
广告道德与法律规范教程（第二版）	陈绚	中国人民大学出版社
马克思主义新闻观教程（第二版）	陈力丹	中国人民大学出版社
当代广播电视学	郭镇之　苏俊斌	复旦大学出版社
电视采访（第 2 版）	曾祥敏	中国传媒大学出版社
中外广播电视史	袁军　庞亮	高等教育出版社
影视艺术导论	胡智锋	高等教育出版社
影视技术基础（插图修订第 3 版）	李念芦	世界图书出版公司
广告文案写作教程（第二版）	郭有献	中国人民大学出版社
新闻传播法规与职业道德教程（第二版）	黄瑚	复旦大学出版社
中国广告经典案例评析	金定海　吴冰冰	高等教育出版社
网络传播概论（第四版）	杜骏飞	福建人民出版社
当代电视编辑教程（第二版）	张晓锋	复旦大学出版社
广告心理学（修订版）	黄合水	高等教育出版社
现代广告摄影教程	田欣欣	河南大学出版社
网络传播导论	钟瑛	中国人民大学出版社

①　此表中收录的规划教材书目，本次只收录经教育部官方网站以文件形式正式公布的教材书目为准，事实上以“普通高等教育本科国家级规划教材书目”为特定标识的教材书目还有很多，因未查询到正式收录的教育部官方文件，本次编排故未收录，特此说明，请相关高校及作者见谅。

续表

教材名称	作者	出版单位
新闻事业经营管理（修订版）	吴文虎　林如鹏 支庭荣	高等教育出版社
广告效果	王晓华	高等教育出版社社

（撰稿人　魏宝涛）

8.4　国家级实验教学示范中心

为了进一步推动高等学校实验教学改革，促进优质教学资源整合与共享，加强学生动手能力、实践能力和创新能力的培养，提高高等教育质量，教育部 2005 年启动了国家级实验教学示范中心建设和评审工作。从 2006 年开始评审传媒类国家级实验教学示范中心建设单位，武汉大学新闻传播学实验教学中心成为第一家国家级实验教学示范中心建设单位。之后的三年时间内，经过若干批次的申报、审批，陆续又有了包括中国传媒大学、中国人民大学、复旦大学在内的传媒类国家级实验教学示范中心建设单位共计 17 家。

从 2009 年开始，教育部启动了对在建国家级传媒类实验教学示范中心建设单位的验收工作，到 2012 年，之前的 17 家建设单位均通过验收，正式挂牌成为国家级示范中心。

2012 年教育部又重启了国家级传媒类实验教学中心建设单位的评审工作，上海外国语大学媒体融合实验教学中心、中国传媒大学动画与数字媒体实验教学中心和中南财经政法大学传媒与艺术实验中心成为建设单位（见表 8-8）。

表 8-8　**国家级实验教学示范中心**

批准年份	建设批次	单位名称
2006	第二批	武汉大学新闻传播学实验教学中心
2007	第三批	中国传媒大学广播电视与新媒体实验教学中心 华南师范大学信息传播实验教学中心 安徽大学新闻传播实验教学中心

续表

批准年份	建设批次	单位名称
2008	第四批	东北师范大学传媒实验教学中心 河南大学新闻与传播实验教学中心 暨南大学媒体实验教学中心 陕西师范大学数字传媒技术实验教学中心 南京大学传媒实验教学中心 上海理工大学现代出版印刷实验教学中心 天津师范大学新闻传播实验中心 浙江师范大学信息传播实验教学中心 中国人民大学新闻传播实验中心
2009	第五批	复旦大学新闻传播实验教学中心 深圳大学传媒实验教学中心 云南大学新闻传播实验教学中心
2012		上海外国语大学媒体融合实验教学中心 中国传媒大学动画与数字媒体实验教学中心 中南财经政法大学传媒与艺术实验中心

8.4.1 武汉大学新闻传播学实验教学中心

2000年年底，随着新武汉大学的诞生，正式组建了新闻与传播学院，并重新建立学院实验教学中心，实验室建设得到了快速发展。根据实验教学改革的需要，该中心将全部基础、专业实验课整合到实验教学中心统一管理，进一步制定了实验室建设规划和管理规章。至2006年已建成摄影实验室、电视节目制作实验室、广播节目制作实验室、多媒体实验室4个教学实验室，下设报刊编辑室、动画设计室、数字传播室、专业演播厅、广播编辑室、录音室、电视编辑室、网络控制室、摄影棚、数码摄影工作室、多媒体机房、形体训练室等，总面积达到1026m^2。同时进行了千兆局域网配套装备设施、现代教学设备、常规实验仪器更新换代及配置先进仪器设备的建设工作，目前该中心拥有的设备总值超过600万元，各类仪器设备近600台套。

经过20多年的努力，该中心在实验教学实践中逐步形成了“梯形”结构的复合型实践（实验）教学体系：即以课堂实验为基础、第二课堂社会实践为提高、专业大实习为创新的梯形结构体系。在课堂实验教学中探索出符合学科特点的基础实验、综合（含设计性）实验相结合的复合型实验教学内容，改进了开放实验教学模式和管理模式，完善了对不同年级、不同层次学生因材施教的实验教学方法，对全国的新闻传播学科实验教学改革产生重要影响，形成了鲜明的教学特色，取得了丰硕成果。武汉大学新闻传播学实验教学中心现已成为国内高校同类学科中具有重要影响的现代新闻传播学实验教学中心。

8.4.2　中国传媒大学广播电视与新媒体实验教学中心

中国传媒大学广播电视与新媒体实验教学中心 2003 年 6 月成立。中心拥有约 7000m^2 的视听中心大楼、约 2.4 万 m^2 的实验教学楼以及东配楼广播电视实验室等专业实验场所。

广播电视与新媒体实验教学中心按照不同的媒体特性，把整个实验教学划分为广播、电视、新媒体 3 个体系，对应每一个媒介体系，按照媒介生产流程和实验教学的层次和难度、深度，又将实验室和师资、设备资源科学调整，分配到各个实验体系中，形成了现有的八个实验室。

8.4.3　华南师范大学信息传播实验教学示范中心

华南师范大学信息传播实验教学示范中心于 2002 年在整合电视、摄影和计算机网络等相关实验室的基础上正式组建，2007 年被评为国家级实验教学示范中心。中心实验室由影像传播教学平台、多媒体与网络传播教学平台、学生创新教学平台和信息传播培训教学平台组成。中心设备共 2568 台，价值总额 3015.7 万元。中心创建了课程实验教学体系，校内实践创新体系，校外平台扩展体系的“三位一体”实践教学体系。2015 年，中心开设 36 门专业实验课程，274 个实验项目，其中基础实验 105 个、综设实验 34 个、创新实验 135 个。服务本校 24 个专业，服务本校学生 3989 人，占全校人数的 15.3%，实验人时总数为 181768 人/时，服务其他高校学生 2850 人次。

中心在实验教学改革中应用“三位一体”实践教学体系和“三类型、五层次”实验教学模式，通过专业课程实验、本科生导师制、大学生创新性实验计划项目、学生课外科研项目、国内专业竞赛等，促进学生的学术创新、实践创新能力。以实验教学改革促进本科教学质量工程建设，建成教育部第一批教育技术学特色专业、广东省第一批传播学特色专业，1 门国家级资源共享课，1 门国家级双语课程，2 门省级资源共享课和和 3 门广东省研究生示范课程。2015 年，中心教师实验教学改革研究项目 21 项。包括：获得省级“质量工程”、“教学改革”立项建设项目 6 项，获广东省卓越教师培养计划改革项目 1 项，获广东教育教学成果奖（高等教育）培育项目立项 3 项，获校第十一批综合性、设计性实验项目立项 9 项。2015 年，中心教师获批 11 项科学研究项目，包括教育部—中国移动科研基金 2015 年项目、广东省自然科学基金项目等。

8. 4. 4　安徽大学新闻传播实验教学中心

安徽大学新闻传播实验教学中心于 2007 年获批国家实验教学示范中心项目建设立项，2013 年通过专家组验收获批为国家级示范中心建设单位。中心以先进的实验教学理念为基础，以实验教学培养模式的改革为核心，以实验课程体系改革为先导，以实验教学内容和方法改革为根本，积极改革创新，推进新闻传播实践教学体系改革，打造和优化实践教学平台，培养和稳定高水平的实验教师队伍，实现教学资源深度融合和开放共享。

中心目前实验室面积达 $1800m^2$，仪器设备总值为 2200 万元，生均值达 2. 1 万元。开设实验课程 19 门，实验项目 201 项。实验教学内容覆盖了新闻传播学院的新闻学、广播电视新闻学、编辑出版学、广告学、数字媒体艺术五个系（专业）和艺术学院、法学院、管理学院等相关专业。年面对学生人数 1200 人，50000 人/时年 。

中心下设网络与新媒体创新实验室、基础非线编实验室、摄像实验室、华奇 Avid 非线编实验室、暗房、数字音频实验室、北大方正全媒体实验室、灯光实验室、设备管理室、学生自主管理中心虚拟演播室、美术室、广告观察室、广告设计实验室、舆情与区域形象研究中心。

实验教学示范中心通过建设与探索，构建了“1333”型实验教学体系，即以提高学生实践能力和创新精神为目标，强调基本型实验、综合设计型实验、研究创新型实验三个阶段课程衔接，建立课内、课外校内、校外三个平台的实验、实践、实习相结合的实践教学培养模式，拓展了原有的实验教学内涵与平台，丰富了实验教学的方式方法。

8. 4. 5　东北师范大学传媒实验教学中心

2004 年，东北师范大学着眼于传媒科学专业群建设，在国内率先建立传媒实验教学中心。传媒实验教学中心的建立，形成了开放式的，集广播电视、新闻传播、播音主持、摄影艺术、信息管理、电子技术、网络应用、媒体教学、平面设计、广告开发于一体的多功能综合性实验教学基地，为校内诸多相关专业的人才培养提供了实验教学平台。传媒实验教学中心实验室面积 $3400m^2$。中心下设电视演播实验室、电视采编实验室、新闻采访实验室、标清非线性编辑网络实验室、高清非线性编辑网络实验室、播音主持实验室、广播电台直播间实验室、电子广告设计实验室、摄影实验室、电子技术实验室、音频工作站实验室、平面媒体制作实验室、图形工作站实验室、多媒体实验室、数字图书馆实验室、网络舆情调查实验室、电访调查实验室、多功能录音棚实验室、广播电台直播间实验室 19 个分支机构。另外中心的研究型和创新型实验教学依托体系下设：媒体与教育发展研究中心、媒介素养教育研究中心、龙狮传媒研究中心、数字化图书馆研究中心、东北师范大学现代教育技术研究所、信息研究与咨询服务中心、吉林电视台培训拍摄基地、中国教育电视台项目研发节目创作基地、美国美南报业与电视传媒集团联合制作基地。

8.4.6　河南大学新闻与传播实验教学中心

成立于 2002 年的河南大学新闻与传播学院是河南省第一所培养新闻与传播学人才的学院。河南大学实验教学示范中心下设广电传媒与音像制作实验室、广告创意与设计实验室、编辑出版实验室。其中广告创意与设计实验室配备了苹果电脑、液晶投影仪、喷绘写真机、编辑录音机、数码相机、扫描仪、彩色激光打印机等先进的仪器设备。编辑出版应用实验室的编辑学研究在国内外享有盛誉，由于河南大学编辑学研究群体在编辑学理论研究领域建树颇多，被国内外学者称为“中原学派”。广电传媒与音像制作实验室为河大学子提供包括机位设置、设备连接、现场节目制作、现场导演、播控切换、灯光设计等课程的教学实践。

新闻与传播实验教学示范中心已具备良好的条件和扎实的基础，创造了优异的实验教学成绩。中心将继续加大发展的力度，引进和培养高质量人才，建立一支高水平、高层次的实验教学管理队伍，科学管理、统筹规划，充分发挥实验中心的综合实验功能。

8.4.7　暨南大学媒体实验教学中心

2001 年，暨南大学新闻学系升格为新闻与传播学院，下设新闻学系、广告学系和广播电视新闻学系。为了适应广电、网络、数字化建设蓬勃发展的形势，学院整合实验室资源，成立了媒体实验教学中心，下辖摄影实验室、广播实验室、电视实验室、电视演播厅、录音室、非线性编辑室、报刊电子编辑及网络等实验室。2005 年建成电话访问（CATI）实验室。2006 年，中心全面整合学校相关资源，扩充场地、人员、设备，成为新闻与传播学院、文学院、艺术学院、珠海学院、网络与教育技术中心、实验教学与科学研究的公共实验平台，在媒体实验教学、科学研究以及校园文化等各方面建设中发挥出日益明显的重要作用。2006 年，媒体实验教学中心被评为广东省高校实验教学示范中心。媒体实验教学中心建成后，对新闻传播学科的专业学科建设提供了有力的技术支持，使课堂教学与实践教学有机地结合起来，学科建设取得了令人瞩目的成绩。

暨南大学传媒教育不仅把实验教学放在与理论教学同样重要的地位，大力加强实验室的技术平台建设与深化实验教学改革，而且把实验室的技术平台建设与专业学科建设有机地结合起来，从而使实验室建设与专业学科建设相得益彰，取得了良好效果。

8.4.8 陕西师范大学数字传媒技术实验教学中心

2008 年，该实验教学中心获批国家级实验教学示范中心建设单位，2012 年底通过了教育部验收，正式成为国家级实验教学示范中心，尚属西北地区唯一的国家级传媒类实验教学示范中心。截至 2016 年 3 月，除去调出和报废未下账的设备共计 606 件，总价值 936.2 万元 。

该实验教学中心包含的实验室有：综合演播厅、虚拟演播厅、摄录像技术实验室、网络非线性编辑实验室、灯光构图实验室、摄影暗室、编辑出版实验室、计算机应用技术、图形图像处理实验室、4K 电视节目制作实验室、广播电视拉片实验室、舆情调查实验室、全媒体综合实验室、电视播音模拟训练实验室、广播播音模拟训练实验室。

依托该实验教学中心并作为重要的支撑，获批国家级实验教学示范中心一个，国家级人才培养模式创新实验区一个；省级教学团队一个，省级校外实践教育基地一个，省级教育基地一个，获省级教学成果奖两次。

已出版实验教材 4 部，由复旦大学出版社出版发行，其中《数字电视摄像技术》已经更新至第三版。该实验室承担了学校各类申报专题片 12 部，实验教学案例 24 部。学校现有的四个国家级实验教学示范中心的申报专题片均由该实验的老师带领学生制作完成。配合学校精品课建设以及申报教学名师等工作，制作相关教师课程视频 324 部。

8.4.9 南京大学传媒实验教学中心

南京大学 1992 年 10 月正式建立新闻系。2003 年 10 月 10 日正式成立南京大学新闻传播学院。1986 年成立新闻实验室，2003 年学校整合校内传媒教学资源成立南京大学传媒实验教学中心。

2003 年，南京大学新闻传播学院成立后，学校整合中文、社会、新闻、信管、教育技术等院系的实验室资源组建南京大学传媒实验教学中心，并拨专款 100 万元，用于新闻传播综合实验室设备更新，由此实验室建设得到了快速发展。根据实验教学改革的需要，将新闻学、传播学及其有关学科的全部基础、专业实验课整合到实验教学中心统一实施，制定和健全了实验室建设规划和管理规章，并已形成基础型、提高型和研究性三组模块的实验教学体系。基础型实验有：新闻采编实验、影像新闻实验、广告设计实验、电视编辑实验、综合演播厅、现代传媒数据库实验等；提高型实验有：网络传播实验、非线性编辑实验、DV 片制作实验、模拟广告制作实验；研究性实验有：广告效果测评实验、舆论研究实验等。

2007 年，南京大学传媒实验教学中心被确定为江苏省省级实验教学示范中心。南京大学传媒实验教学中心在国内是较早地倡导实验室集中管理、传媒资源共享的实验教学单位。中心教学理念先进，实验教学目标明确，教学功能相对完备，教学队伍结构合理，设施较为齐全。中心的管理水平逐步提高，实验教学效果显著，教改和科研成果丰硕。目前中心已经成为特色鲜明、开放式、智能化、数字化的现代传媒实验教学基地。

8.4.10　上海理工大学现代出版印刷实验教学中心

上海理工大学是一所以工学为主、学科门类齐全的综合性市属重点大学。出版印刷与艺术设计学院是国家新闻出版总署和上海市政府共建的特色学院，原国家新闻出版总署署长柳斌杰任学院名誉院长。该院建有国内先进水平的现代出版印刷实验教学中心、国家新闻出版总署出版印刷人才培养基地与数字传播科学重点实验室。出版印刷实验教学始于 20 世纪 50 年代。近五年来，现代出版印刷实验教学中心总计投入 3000 余万元，建筑面积 5000 多平方米，实验设备 1600 多台件。中心已成为重要的教学、科研基地。

中心依托出版印刷行业，充分发挥“以文为主、文理交叉、技艺结合”的学科综合优势，以创新为导向，以综合素质培养为目标，科学地构建了“基础性实验、综合性实验、创新性实验”三个层次和“创意策划、内容信息数字化、印刷复制/复合出版、现代传播”四个内容模块的实验教学体系，培养具备较强动手能力，较高综合素质的复合型、应用型、创新型人才。中心凭借先进的设备、优秀的师资、科学的教学体系和完善的管理，与出版印刷和文化创意产业界形成了良好的互动关系，促进了师生专业知识和技能在实践中的应用，以及科研成果向生产力转化。

8.4.11　天津师范大学新闻传播实验中心

天津师范大学新闻传播实验中心前身为始建于 1980 年的新闻摄影实验室，2008 年被批准为传媒类国家级实验教学示范中心建设单位，2013 年通过教育部验收，正式成为传媒类国家级实验教学示范中心。

新闻传播实验中心为校属院管中心制实验室，目前下设摄影实验室、平面设计实验室、广播电视实验室、中国广告历史文化博物馆和大学生自主创新工作坊。截至 2015 年 7 月，实验教学用房 2510 平方米，教学仪器设备总值 1543 万余元。

实验中心每学年开设实验课程约 60 门，215 个实验项目，面向四个年级约 1800 名学生，实验人时数为 86661。

经过多年的建设发展，中心逐渐形成体制健全、管理规范、条件良好、共享充分、实验教学运行有序、成果丰富、对外开放的教学基地，对国内外尤其是天津周边地区同类院校实验室建设具备一定的示范辐射作用。

实验中心与社会媒体单位紧密合作，建设了校内外实践教学基地，开展社会交流。与甘肃省定西电视台签署了合作意向书，开播“定西人民广播电台音乐广播”；与天津微电影产业基地签订了“共建大学生社会实践基地协议书”；与天视广告公司签约共建“品牌发展战略研究院”；与宁河县新闻中心签署“双向人才培养计划”合作意向，设立教学实践基地。

8.4.12 浙江师范大学信息传播实验教学中心

浙江师范大学信息传播实验教学中心（原现代教育技术中心）为国家级实验教学示范中心，成立于1999年5月。2008年12月，中心被评为全国电化教育先进单位；2009年1月，中心被批准为国家级实验教学示范中心建设单位；2012年11月，中心通过验收成为国家级实验教学示范中心；2014年中心获批为“十二五”省级实验教学示范中心重点建设项目。中心现有实验面积7500平方米，教学设备5400余台件，设备资产总值近3000万元，建有影像传播类实验室8个、多媒体与网络传播类实验室5个、信息传播实践基地7个。中心现有实验教师、实验技术人员82人，其中具有正高职称9人，具有副高职称19人；具有博士学位23人，具有硕士学位49人。

中心秉承“一体化、多层次、开放式”的实验教学理念，坚持以培养学生信息素养和信息传播技能为核心，将知识传授、能力培养、素质提高贯穿实验教学始终，逐步形成了“实验教学、创新实践、应用拓展”三位一体的实验教学模式，构建了与理论教学有机结合、层次分明的实验教学体系。

中心实验室面向全校师生开放，承担教育技术学、广告学、数字媒体技术、艺术设计、戏剧影视文学、动画等专业100多门课程和“现代教育技术”公共课的实验教学任务，年均参加实验教学学生3000余人，每年实验教学时数40余万人次。中心不断完善和提高中心实验教学的内涵建设水平，扩大软硬件资源的共享范围，发挥区域示范辐射作用，为具有鲜明地方特色和国内一流水平的国家级实验教学示范中心。

8.4.13 中国人民大学新闻传播实验中心

新闻传播实验中心依托于中国人民大学新闻学院，经过半个世纪的发展，已形成包括广播电视（电视演播厅、录音棚、广播电视摄录与非线性编辑）、摄影（新闻摄影、广告摄影）、编辑出版（数字报纸出版系统、报社运行模拟系统）、广告平面制作（PC数字图片制作系统、苹果数字图片制作系统）、网络多媒体设计（网络多媒体制作及网站发布系统)、传播效果实验（焦点小组访谈实验室、脑电仪及眼动仪）等几大功能模块，2009 年，实验中心被评为国家级实验教学示范中心建设单位。2012 年，实验中心顺利通过验收，正式成为国家级实验教学示范中心。

目前，实验中心仪器设备固定资产总值达 3927 万元，实验教学场地使用面积 1600 平方米，覆盖了全媒体时代所要求的各项主流新闻传播技术。由于传媒业技术已全面走向数字化，新闻传播实验中心的相关设备也在 2005 年以来逐步完成数字化升级的工作，实验室整体已经实现数字化。实验中心先后于 2010 年、2011 年完成了两大建设项目：广播电视录音棚及以脑电仪、眼动仪为依托的传播效果实验室。实验中心平均每学年要接收 800 多名学生进行各种不同项目的实验，此外，还为学生媒体的实践以及学生的研究提供相应的服务。这标志着实验中心建设工作取得了新的重大进展。人大新闻学院十分重视实验实践教学，从建立以来一直把实验室建设作为学科发展的重要基础。

8.4.14　复旦大学新闻传播实验教学中心

复旦大学新闻传播实验教学中心成立于 2001 年。为了适应当代媒体数字化发展的新趋势，秉承引领、开放、共享的理念，实验中心目前已创建有视频制作实验室、媒介融合实验室、摄影棚、传媒与舆情调查研究中心、公共传播培训中心五个教学实验室；与上海文广新闻传媒集团共建的配备有广播级设备的演播中心，为复旦学子提供了非常专业的教学实践平台；集资料保存、拍摄制作、交流分享于一体的纪实影像数据库，正在学院的教学科研工作中发挥日益重要的作用。另外，11 个多媒体教室及蔡冠深演讲厅为复旦大学新闻学院开展教学活动提供了非常良好的设备与环境。

实验教学中心是复旦大学新闻学院重要的实验、实习基地。坚持以人为本是实验教学中心的宗旨，以能力培养为核心，将教学理念与实践相结合，建立了一整套行之有效的管理手段，有力地促进了学生知识、能力、素质协调发展。实验教学中心已成为具有鲜明特色的现代化创新型的新闻传播实验教学中心。

8.4.15　深圳大学传媒实验教学中心

深圳大学传媒实验教学中心筹建于 20 世纪 80 年代中期。2009 年经教育部评审成为国家级实验教学示范中心建设单位（传媒类），2012 年 9 月通过验收。中心按照“高等学校本科教学质量与教学改革工程”的实施要求，坚持实验教学紧密结合高校基础理论教学和素质教育目标，积极推进实验教学建设，强化实践教学改革，着力培养大批创新型人才。主要服务于新闻传播、广播电视、网络与新媒体、广告、播音与节目主持等核心专业或专业方向的教学；同时辐射到教育技术、艺术设计、动画设计、中外语言文学、艺术表演、电子技术等专业。中心现有实验教学面积2600多平方米，建立了新闻采编实验室、数字录音实验室等24个教学实验室，实验设备总资产4500多万元。现已建成实验教学条件优良、教学队伍齐整、教学体系完整、教学内容丰富新颖、教学管理严谨规范、教学成果丰硕并有一定辐射影响力的示范中心，成为深圳、广东及华南地区培养高水平、有特色的媒体创意人才的教育基地。

8.4.16 云南大学新闻传播实验教学中心

为适应新闻传播专业教学应用性、实践性和操作性强的特点，云南大学整合校内电教中心、新闻中心等资源，于2006年3月正式挂牌成立“云南大学新闻传播实验教学中心”，同年6月通过教育部“211建设项目”验收。2009年被国家教育部评为国家级实验教学示范中心建设单位。下设包括电视实验室、广播实验室、广告设计与报刊编辑排版实验室、社会信息调查与研究实验室、数字媒体实验室和摄影实验室6个实验室和少数民族传播教学资源库。

现实验中心拥有实验用房2150平方米，拥有实验教学器材设备及固定资产1656台件，资产总金额1800余万元，中心设备先进，与新闻传媒技术发展接轨。中心有专兼职实验教师25人，其中教授10人，副教授8人，中级职称7人。

2009年中心开始建设国家级实验教学示范中心以来，在争取学校支持、条件与环境改善、实验队伍建设、信息化平台建设与利用、实验教学及效果、建设成效与示范辐射、特色形成等各个方面均有显著提升和发展。

该中心围绕创建的新闻传播“拓展式实践教学体系”，构建了一个对内调动少数民族地区资源，对外整合国际合作资源来开展实践的教学模式，促进了云南大学新闻传播学专业和学科建设与发展工作上台阶，实现了跨越式的发展。

8.4.17 上海外国语大学媒体融合实验教学中心

上海外国语大学媒体融合实验教学中心是该校重点建设的新闻传媒实验教学与科研资源平台，2012年被批准成为“十二五”国家级实验教学示范中心。上海外国语大学媒体融合实验教学中心是依托教育部200万元专项经费，在原有的摄影实验室、电视节目制作实验室、广播节目制作实验室以及图形图像实验室基础上整合而成的媒体融合实验中心。作为一个全新的项目，上海外国语大学媒体融合实验中心以“全技术”和“全媒体”为特征，致力于促进新媒体和传统媒体间的互动与融合，通过打造一个虚拟的训练平台，帮助学生在新闻制作过程中，实现内外网各类媒体资源的融通与整合；另一方面，学生也可以将自制的媒体成果实时上传与发布，将文字、图片、视音频等多种形式的内容整合起来，进而实现专业化的实践操作。依托实验中心平台建立的上海外国语大学全球重大新闻事件多语种报道项目（已连续五届）、上海外国语大学传媒网络监测信息管理系统、上海外国语大学新闻传播学院新电图创意创作中心、上海外国语大学传媒数字资源中心等项目团队，激活了上海外国语大学新闻传播学（广告、广电、新闻）、教育技术学、公共关系、营销等跨专业师生的创造能量。

上海外国语大学媒体融合实验中心是一个开放的、融合多样化媒体功能的、以数字技术和网络互联整合起来的综合性学生媒体实验平台。近年来，中心在教学理念、师资队伍、课程教材、教学方法和教学成果、运行模式和环境安全等多方面取得了显著成效，形成了鲜明特色，在该校实验教学工作的开展和人才培养质量的提升方面发挥出不可替代的作用。

8.4.18　中国传媒大学动画与数字媒体实验教学中心

2012 年，中国传媒大学“动画与数字媒体实验教学中心”通过教育部评审，被评为“十二五”国家级实验教学示范中心。

中国传媒大学“动画与数字媒体实验教学中心”是在廖祥忠教授主持下创建的。该实验教学中心主要依托于动画与数字艺术学院，其动画专业、数字媒体艺术专业、游戏设计专业及网络多媒体专业，现已形成跨学科、跨媒体、科学与艺术相融合的整体特色与优势。

动画与数字艺术学院将以“国家级实验教学示范中心”成功创建为契机，继续加大实验教学改革力度，不断融入国内外优质资源，进一步完善产学研结合的教学模式，全面提高相关专业学生的实践能力和培养质量，在中国动画与数字媒体教学领域发挥示范引领作用。

8.4.19　中南财经政法大学传媒与艺术实验中心

中南财经政法大学传媒与艺术实验中心是国内财经政法高校中最早的传媒类省级实验教学示范中心。该中心始建于 2002 年 5 月，总建筑面积约为 1700 平方米，截至 2015 年年底，该中心总资产已达 2000 多万元，拥有国内外先进教学设备 1000 余台，可同时容纳 420 余名学生进行教学实验，提供教学实验 40000 学时/年。

2004 年 9 月，新闻与文化传播学院成立以后，该中心进入快速发展阶段，2006 年被评为“中南财经政法大学实验教学示范中心”，2007 年被评为“湖北省高校实验教学示范中心”，2012 年获批“国家级实验教学示范中心”建设单位。该中心下属两个分支机构。新闻实验中心现已建有报刊编辑实验室、广播编辑实验室、广告设计实验室、电视采编实验室、摄影摄像实验室、作品视听实验室、虚拟演播厅等多个功能性实验室。

艺术实验中心建于2008年，截至目前，已建成二维动画实验室、三维动画实验室、动画后期制作实验室、动画音效实验室、动画拷贝实验室、定格动画实验室、非线性编辑实验室、集群渲染实验室等多个功能性实验室，为学生提供了良好的学习、科研平台。

（撰稿人　单晓红）

8.5　国家级教学成果奖（2005—2014）

设立国家级教学成果奖，是国家实施科教兴国战略的重要举措，体现了国家对教学工作的高度重视。获奖成果充分展现了重视教学建设、重视教学改革、重视人才培养工作所取得的成绩，代表了目前我国教育教学工作的最高水平。2005—2014年，新闻传播院系在此奖项的获奖成果如表8-9所示：

表8-9　**国家级教学成果奖展示（2005—2014）**

获奖年份	奖项级别	成果名称	完成单位	完成人
2014	二等奖	国际新闻传播人才培养模式研究与实践创新	中国传媒大学	高晓虹　王晓红　胡芳　孙振虎　赵希婧
2014	二等奖	依托“部校共建”机制，培养媒介融合时代新闻传播人才	复旦大学	黄瑚　程士安　张涛甫　吕新雨　廖圣清　宋超　黄芝晓　赵凯　杨敏
2014	二等奖	制度化推进实践教学与新闻传播人才培养创新	武汉大学	强月新　罗以澄　周茂君　刘建明　洪杰文　叶晓华
2009	二等奖	媒介融合趋势下新闻人才培养创新平台建设	中国人民大学	高钢　蔡雯　彭兰
2005	二等奖	面向21世纪广播电视新闻专业（电视新闻方向）教学内容和课程体系改革研究	中国传媒大学	高晓虹　赵淑萍　任金州　胡　芳　王　静
2005	二等奖	抓好实践教学环节　培养高素质新闻人才	南京大学	丁柏铨　刘　源　韩丛耀　胡翼青　周海燕

（撰稿人　张志安）

8.6　国家教学名师奖

为了表彰既具有较高的学术造诣，又能长期从事基础课教学工作，注重教学改革与实践，教学水平高，教学效果好的教授，进而推动教授上讲台，全面提高高等教育教学质量，教育部自 2003 年起，组织高等学校教学名师奖的评选工作。迄今新闻传播学类高等学校有三位教授入选，他们分别是：武汉大学新闻与传播学院的罗以澄教授、中国传媒大学电视学院的高晓虹教授、中国人民大学新闻学院的张征教授。下面对他们的情况分别介绍。

罗以澄：2008 年被教育部授予“国家教学名师”荣誉称号（第四届）。1961 年考入北京中国人民大学新闻系，1966 年毕业后长期在报社、电台从事记者和编辑工作。曾任武汉大学新闻与传播学院院长、国务院学科评议组成员、中国新闻教育学会副会长。享受国务院政府特殊津贴。数十年来，一直坚持给本科生讲授专业核心基础课“新闻采访学”。该课程在 20 世纪 90 年代被评为武汉大学一类课程；2002 年被评为湖北省优质课程；2007 年被评为国家级精品课程。著作《新闻采访学教程》和《新闻采访学新论》，先后两次获全国高校优秀教材二等奖。作为主要主持人之一完成的教改项目，先后获湖北省高校优秀教学成果二等奖（1989 年首届）、一等奖（1997 年第三届）和国家级教学成果二等奖（1997）。此外，负责领衔的新闻学专业，2007 年分别被评为“湖北省品牌专业”和“全国第一批高等学校特色专业建设点”。教学上的表现和成就，赢得了校内外高度赞扬。2002 年被评为武汉大学“十大师德标兵”；2003 年被评为湖北省教育系统“教书育人先进个人”；2004 年被评为湖北省“优秀研究生导师”；2005 年被评为“武汉大学教学名师”；2007 年，主讲的“新闻采访学”被评为国家级“精品课程”；2010 年，带领的新闻学教学团队获得“国家级教学团队”称号。主要研究方向为新闻传播实务和媒介发展战略，先后出版个人学术专著 3 部、教材 8 部，发表学术论文 130 余篇。负责主持国家“985”工程二期项目“新闻传媒与媒介化社会”、教育部“211”工程二期项目“现代传媒与中国社会文化发展”、教育部重大攻关项目“新闻传播发展与构建和谐社会关系”、国家社科基金特别委托项目“西方媒体关于拉萨‘3·14’事件报道研究”、教育部社科基金项目“市场经济与新闻传媒发展战略”、湖北省社科基金项目“21 世纪初湖北省传媒业发展战略”等重要课题十余项。负责的《三峡工程及三峡总公司舆情监测分析报告（2006—2007）》获得高等学校科学研究优秀成果奖（人文社会科学）二等奖。领衔完成的教育部重大攻关项目“新闻传媒发展与构建和谐社会关系研究”，在2009年教育部组织的项目结项鉴定中被评定为“优秀”。多次应邀赴美、法、英、韩国，以及我国香港、台湾等地区参加有关学术会议，并作主题演讲，受到了国际学术界的关注和欢迎。

高晓虹：2008年被教育部授予“国家级教学名师”荣誉称号（第四届）。中国传媒大学新闻传播学部学部长、教授、电视学院院长。多年来，主要从事广播电视新闻学的理论与实践、电视节目制作的教学与研究。结合多年在广播电视新闻学教育教学经验，对广播电视新闻人才培养提出了一整套较为科学完整的教学体系。该体系围绕广播电视人才的培养目标，从理论、观摩、写作、英语、创作等维度对新闻传播人才进行锻造，与之对应的是“21世纪传媒人才‘五条线’教学体系”的科研课题。2008年，担任的“电视节目制作”课程被评为国家级“精品课程”。负责的教育教学改革创新项目在2005年、2009年、2013年获得教育部教学成果二等奖。带领的团队“广播电视学教学团队”被评为国家级优秀教学团队和全国教育系统先进集体。主持了国家社科基金重点项目、教育部人文社会科学研究项目、新闻出版广电总局社科重大项目等多个项目。主要著作有：《实践中的马克思主义新闻观》、《国际危机传播》、《电视新闻摄影与编辑》、《大国传播：跨国电视媒体研究》等，其中《国际危机传播》于2013年获第八届全国广播电视学术著作应用理论类一等奖，并发表了多篇论文。一直担任中国新闻教育学会广播电视专业委员会会长。2013年被聘为长江学者特聘教授；2013年任全国卓越新闻传播人才教育培养专家委员会主任委员；受聘国家社会科学基金学科规划评审组专家等。2014年入选“万人计划”第一批教学名师。2013年，当选为教育部高等学校新闻传播学类专业教学指导委员会副主任委员兼秘书长（2013—2017）。从教30多年来，获得多项荣誉：“全国优秀教师”、“全国‘三八’红旗手”等。

张征：2011年（第六届）被教育部授予“国家教学名师”荣誉称号。中国人民大学新闻学院教授，博士生导师。兼任中国人民大学新闻与社会发展研究中心研究员、北京市新闻工作者协会理事。长期为一、二年级本科生讲授基础课“新闻采访与写作”、“采访写作专题”、“名记者研究”、“传播学”等课程，对授课、对学生认真负责，兢兢业业。主要研究领域：新闻采访与写作、名记者研究、新闻发现力的培养。主要著作：《新闻发现论纲》、《新闻采访教程》、《新闻写作教程》等。教学特色：一是讲课深入浅出，二是扎实培养学生的采写基本功。曾荣获中国人民大学“十大教学标兵”（两次）、北京市“师德先进个人”等荣誉。

（撰稿人　张志安）

8.7　清华大学范敬宜奖

8.7.1　范敬宜新闻教育基金

1. 基金设立的指导思想

范敬宜先生是我国声誉卓著的新闻工作者和卓有建树的新闻教育家。范敬宜先生长期担任《人民日报》、《经济日报》总编辑，并一直关注和支持新闻教育事业发展，曾担任多所大学和研究机构的新闻学客座教授。从 2002 年至 2010 年 11 月去世，担任清华大学新闻与传播学院院长。在新闻教育上，他大力倡导“面向主流、培养高手”的人才培养理念，教导学生要心系人民、走进基层，重视新闻人的文化素养，影响和造就了一大批风华正茂的新闻后备军。作为一位成就卓著的新闻人，他诲人不倦、用心耕耘，为中国新闻教育事业留下了宝贵财富。

为继承和发扬范敬宜先生的新闻教育思想，激励新闻人以范敬宜为楷模，为中国新闻事业发展贡献力量，由人民日报社、经济日报社、国家外文局、山东大众报业集团、辽宁日报传媒集团、海南日报报业集团和清华大学新闻与传播学院共同发起倡议设立“范敬宜新闻教育基金”。该基金的设立还得到了范敬宜亲属和清华校友赵伟国先生的大力支持。

2. 基金的主要用途

“范敬宜新闻教育基金”面向全国设立“范敬宜新闻教育奖”，奖励有志于从事新闻传播事业的成绩突出的学生（新闻学子奖）、在新闻传播人才培养方面取得突出成绩的教师（新闻教育良师奖）、热心新闻传播教育的新闻业界人士（新闻教育良友奖）。

3. 获奖评选活动

评奖活动每年进行一次，采用单位推荐与个人申请相结合的方式产生候选人，邀请各传媒单位、新闻院校的资深专家及学者组成评选委员会进行评选工作，由基金理事会确定最终表彰名单，举行表彰活动并对获奖者进行奖励。

4. 基金的管理

在清华大学教育基金会下设立“范敬宜新闻教育基金”专项。成立基金理事会并制定相关章程。清华大学新闻与传播学院负责日常运行，每年公布基金使用情况及获奖名单。

5. 基金筹集方式

该基金接受个人和机构捐赠，包括范敬宜先生的亲朋好友、著名新闻传媒机构及关心新闻教育事业的企业家和知名人士。通过广泛募集，争取使“范敬宜新闻教育基金”达到相当规模，保证每年只需使用基金利息作为奖励金而不动本金，使得基金及评选代代相传。

希望通过评奖，激励更多青年学生热爱新闻工作，投身新闻事业；鼓励更多教师在新闻教育战线上辛勤耕耘，培育人才；推动更多的新闻业界人士关心新闻教育，指导新闻学子成长。

8.7.2　范敬宜新闻教育基金理事会理事名单

理事长单位：清华大学新闻与传播学院

理事长：柳斌杰

理事：含单位与个人两类

单位：

人民日报社

经济日报社

国家外文局

山东大众报业集团

辽宁日报传媒集团

海南日报报业集团

清华大学新闻与传播学院

加多宝集团

个人：

赵伟国（健坤投资公司董事长、紫光集团总裁、清华大学校友）

范　迅［范敬宜之子、中国矿业大学（北京）副校长］

8.7.3　第一届范敬宜新闻教育奖评奖结果公告

（2013 年 4 月 28 日）

经专家评审和范敬宜新闻教育基金理事会通过，第一届范敬宜新闻教育奖获奖者名单如下：

新闻学子奖：8 名

（按姓拼音首字母音序排列）

卞德龙　　男　本科生（武汉大学 新闻与传播学院）

胡雅婷　　女　硕士研究生（中国人民大学 新闻学院）

梁建强　　男　硕士研究生（华中科技大学 新闻与信息传播学院）

王　悦　　男　硕士研究生（暨南大学 新闻与传播学院）

吴红毓然　女　硕士研究生（北京大学 新闻与传播学院）

吴雪峰　　男　本科生（华中农业大学、武汉大学双学位）

杨俊峰　　男　本科生（中国传媒大学 电视与新闻学院）

张　晔　　女　本科生（清华大学 新闻与传播学院 ）

新闻教育良师奖：2 名

方汉奇　　男　教授（中国人民大学 新闻学院）

司久岳　　男　教授（清华大学 新闻与传播学院）

新闻教育良友奖：1 名

白岩松　　男　高级编辑（中央电视台）

获奖者简介

（按获奖者姓首字母音序排列）

新闻学子奖

卞德龙：

弃医从文，只因想做一个真正的记者。卞德龙跨越的，不仅是专业的鸿沟，还有风险和挑战。不娇气，不浮躁，不挑活，他采访的范围从政治到司法、从经济到教育、从卫生到国际，他是“抢手”的实习生，他是热爱新闻的准记者。

胡雅婷：

从本科到硕士，从人民大学到人民日报社，变化的是胡雅婷不断丰富的履历，不变的是她对新闻的热爱与坚持。六年的新闻学习，她全面发展、学习优异、科研扎实、热心公益，毕业后选择到人民日报社总编室工作，在新的平台上为新闻继续奋斗。

梁建强：

众多媒体的实习历练，新闻采写的娴熟出众，使梁建强收获了丰硕的成果。调查报道、人物通讯、突发新闻，他是最勤奋的实习生，也是最幸福的实习生。60 余项荣誉、70 万字作品，梁建强实现了新闻理论与新闻业务的贯通，做最好的观察者、记录者、思考者。

王悦：

2012年，王悦踏上神秘的国度朝鲜，用丰富细致的采访、稳健扎实的文字还原出一个“光明星已坠落、太阳照常升起”的地方。敏锐判断力、独立意识和文本功力，练就他在同龄学生之中的出类拔萃。对个别领域的“专而精”，对整个行业认知的“广而全”，是王悦一以贯之的学习方向。

吴红毓然：

爱新闻，也爱经济，学习优异，热心实践。凭借良好的新闻学和经济学基础，吴红毓然敏锐观察、小心求证，在财新传媒《新世纪周刊》实习时发表《B股退路》、《钢贸融资劫》、《银行同业翻墙路径》等出色的财经报道，引起行业内强烈反响。

吴雪峰：

突发事件、社会热点，道德话题，本科四年级的吴雪峰，已多次游走于社会最底层，调查采访，剥丝抽茧，寻找真相。他主修植物却挚爱新闻，在《南方都市报》深度新闻部实习时写出大量调查报道。这位“非科班”出身的学子，立志成为一名优秀的有良知的记者。

杨俊峰：

在校园里，杨俊峰是热情积极的学生记者，校广播台新闻部，电视系系报，留下了他学习奋斗的足迹；在媒体中，杨俊峰是优秀靠谱的准电视人，中央电视台、新疆电视台、黄河电视台，留下了他创作发展的业绩。他创作出的《马儿呦，慢些跑》等纪录片获得多项荣誉，这是他出色新闻业务能力的最好证明。

张晔：

用双脚触摸泥土，用心灵读懂中国。张晔是聆听范敬宜院长“最后一课”的学生，也把“离基层越近，离真理越近”的情怀刻进了自己的新闻执念。《人民日报》的舆情研究，《中国青年报》的采访报道，她领航学生媒体，投身专业实践，深入基层调研，守候着对新闻事业的执著，走在求真求善求实的新闻路上。

新闻教育良师奖

方汉奇：

方汉奇教授自1951年起从事新闻教学工作62年，春风化雨、桃李芬芳，培养了一代代本科生、硕士生、博士生以及函授生、留学生等，以其范围之全、数量之多，堪称中国新闻教育史之最。他培育了一批批优秀的新闻工作者，影响了中国几代新闻人。方汉奇教授以耄耋之龄仍兢兢业业奋斗在教书育人的一线，为当今新闻教育工作者树立了榜样。

司久岳：

司久岳教授来自新闻工作一线，热爱新闻教育事业，自2005年任教于清华大学新闻与传播学院以来，为新闻人才的培养呕心沥血。他坚守在课堂上，把丰富的业界经验毫无保留地传授给学生；他带领学生社会实践，让学生从实战调研中收获真实的成长；他曾两次身患重病，却依然坦然乐观、心系学生。司久岳教授深受学生喜爱，被誉为良师、益友和慈父。

新闻教育良友奖

白岩松：

作为中央电视台知名主持人，白岩松先生在繁忙工作之余，仍不忘热心新闻教育工作。多年来在清华大学、北京大学、中国人民大学、中国传媒大学及其他院校新闻院系讲课或举办讲座，特别是他启动的“东西联大”项目和“子牛杯”社会调查征文奖，是高校人才培养模式的积极探索，对业界人士创造性地参与高校新闻人才培养具有示范作用。

8.7.4　第二届范敬宜新闻教育奖获奖者名单

(2014 年 12 月 14 日)

(按姓氏音序排列)

新闻学子奖

李一帆	男	硕士研究生	上海外国语大学 研究生部新闻学专业
刘莲莲	女	博士研究生	武汉大学 新闻与传播学院
万　里	男	硕士研究生	中国人民大学 新闻学院
王庆峰	男	硕士研究生	暨南大学 新闻与传播学院
熊少翀	男	硕士研究生	华中科技大学 新闻与信息传播学院
许　达	男	已毕业	中国传媒大学 新闻传播学部电视学院
杨　洁	女	硕士研究生	清华大学 新闻与传播学院
张思涵	女	本科生	清华大学 新闻与传播学院

新闻教育良师奖

李　彬	男	教授	清华大学 新闻与传播学院
宁树藩	男	教授	复旦大学 新闻学院
涂光晋	女	教授	中国人民大学 新闻学院

新闻教育良友奖

刘万永	男	高级记者	中国青年报社

获奖者简介

(按获奖者姓首字母音序排列)

新闻学子奖

李一帆：

捧着滚烫的心，乘着理想的帆，李一帆在新闻实践的舞台上，左右逢源，如鱼得水。在报社的一年实习，他直面社会的隐痛、人性的复杂，从细微处发现大风云。“招远麦当劳血案”等多篇头版报道奠定了他新闻之路的基石，激励着他迎接未来的考验。

刘莲莲：

因热爱新闻而学习新闻专业，因思考新闻而研究新闻学术，即将戴上博士帽的刘莲莲，走的是一条理论与实践相结合的道路。《人民日报》、《21 世纪经济报道》的实习经历，让她于平实朴素的新闻实践中读懂职业理想的价值。心有多大，舞台就有多大。研究转型中国的新闻业，既是她的“新闻梦”，也是她贡献力量的舞台。

万里：

一个偶然的实习机会接触新闻，从此埋下一颗向往的种子。名曰“万里”，行走万里。北京“两会”、美国华尔街，国际与国内风云在他的新闻报道里激荡。以人文之情怀，承新闻之使命，担社会之责任。万里之行，始于足下。投身新闻事业，他将在凯歌声中远航。

王庆峰：

一个校园媒体的负责人，一个微信公众账号的创立者，一个多家媒体的特约评论员，一个专栏作者，如此多的身份，融合在王庆峰的身上。重在实践，贵在磨砺，他守护着一份理想主义的情怀，以坚忍不拔的努力，在挚爱的新闻事业中展翅翱翔。

熊少翀：

弃工从文，只因心中那一份对新闻的不舍。从大一至今，熊少翀几乎把所有的精力都投身媒体一线。从三次担任学生记者团的团长，到新华社、《南方都市报》等多家媒体的实习生，熊少翀在新闻实践中收获了满满的正能量。“鹄飞举万里，一飞翀昊苍”。永葆激情，坚守责任，这是他对新闻不变的信仰。

许达：

坚守袭击现场 38 小时，许达在枪声之中履行一名战地记者的职责，采编中英文视频报道。反恐行动、罕见日食、反盗猎最前线，出生入死的报道经历，凝萃出坚如磐石的信念。从中国传媒大学走向中央电视台，许达坚守了对新闻理想的追求，永不放弃。

杨洁：

一份真挚和热爱，让她倾情投入校园媒体，书写清新文字；一份无畏和勇敢，让她孤身探访环保困局，梳理沉重思索；一份好奇和敏锐，让她努力追求广博新知，沉淀专业素养。博学善思，坚定诚笃，杨洁以遇见新闻为最大的幸运，许以初心，更许以未来。

张思涵：

从白宫新闻发布会到国会枪击案现场，作为一名本科生，张思涵创造了一个国际实习生的“传奇”，更在复杂的报道环境中锻炼成出色的多媒体记者。个人网站、自由撰稿，她寻找着自己绽放才华的天地，不断超越自我，满怀信心迎接新媒体时代。

新闻教育良师奖

李彬：

李彬教授从事新闻教育 30 年来，坚持“课比天大”的工作理念，把教书育人作为第一使命。作为已故范敬宜院长的助手和战友，他从清华新闻与传播学院成立伊始即披荆斩棘、呕心沥血，通过课堂教学、入学教育、读书沙龙、开放时间、学术报告、电子邮件等多种方式，鼓励学生志存高远、脚踏实地，影响了一批批学子新闻理想的确立和家国情怀的涵养，培养新时代“读万卷书、行万里路、上大舞台、成大事业”的新闻学子。

宁树藩：

宁树藩教授自 1955 年起从事新闻教学工作近 60 载，春风化雨、桃李芬芳，培养了一批批杰出的新闻工作者和新闻学者。他对新中国的新闻史学科具有开山之功，厘清新闻学概念，拓展新闻史领域，对几代新闻人的教育影响深远。如今，宁树藩教授以 94 岁高龄仍坚持为教书育人作出贡献，为当今新闻教育工作者树立了一个高山仰止、静水流深的榜样。

涂光晋：

涂光晋教授从教 32 年以来，始终工作在教学第一线。她坚持教书育人，被学生亲切地称为“涂阿姨”。她不断改革教学内容与方式，其课程始终是学校和学院最受学生欢迎的课程之一。她将教学与实践紧密联系起来，运用多媒体案例，将传道、授业、解惑相结合，力求跟上时代发展的步伐，其课堂教学得到时任党中央总书记胡锦涛的赞许。涂光晋教授在人才培养方面多次获得嘉奖，并对全国新闻传播教育的发展起到积极的促进作用。

新闻教育良友奖

刘万永：

作为中共十八大代表、长江韬奋奖获得者，刘万永先生从事新闻工作多年，业界口碑极佳。他在繁忙的工作之余热心新闻教育工作，在清华大学、中国人民大学开设专业课程，担任中国人民大学专业硕士业界导师，把实践经验带入新闻课堂。刘万永先生热心辅导实习生，在中国青年报社亲自指导过的实习生近百名，为这些“准新闻人”的成长树立了榜样，也与他们结下了深厚的友谊。

8.7.5 第三届范敬宜新闻教育奖获奖者名单

(2015 年 11 月 19 日)

(按姓氏首字母音序排列)

新闻学子奖：7 名

贾宸琰	女	本科生	华中科技大学 新闻与信息传播学院
卢　烨	男	硕士研究生	中国传媒大学 新闻传播学部电视学院
马　婧	女	硕士研究生	北京大学 新闻与传播学院
钱一鸣	男	本科生	南京大学 新闻与传播学院
盛　阳	男	硕士研究生	清华大学 新闻与传播学院
张松超	男	硕士研究生	华中科技大学 新闻与信息传播学院
周珊珊	女	硕士研究生	清华大学 新闻与传播学院

新闻教育良师奖：3 名

罗以澄	男	教授	武汉大学 新闻与传播学院
马少华	男	副教授	中国人民大学 新闻学院
童　兵	男	教授	复旦大学 新闻学院

新闻教育良友奖：1 名

邹贤启	男	研究员	湖北日报传媒集团

获奖者简介

(按获奖者姓氏首字母音序排列)

新闻学子奖

贾宸琰：

优秀的校园表现为贾宸琰的新闻梦想打下了扎实基础，综合成绩年级第一，是全校唯一入选《2014 年特优生年鉴》的文科生。她曾担任校记者团团长，在学校成立了首个视觉中心，还发起了新闻沙龙；她有丰富的媒体实习经历，在一系列社会热点事件中均有她作为一名记录者的身影。她在各种主流媒体上发表文章百余篇，体现出敏锐的观察力和强烈的社会责任感。

卢烨：

从本科到硕士，从北京到新疆，变化的是卢烨不断丰富的履历，不变的是他对电视新闻的热爱与坚持。深入基层、置身边疆，从新闻摄影到纪录片，从信息员到编导，改变的是媒介和身份，不变的是对这片土地的一腔热血和不断磨砺的坚强意志。

马婧：

永葆初心，不负使命是她对新闻理想的不懈追求。专业学习培养了她娴熟出众的采写功底，职业使命促使她对每一个细节都严格求证。在《巅峰救援 72 小时》的报道中，在不可能到达现场的情况下，马婧辗转曲折，电话采访了 20 多位专家和亲历者，还原了尼泊尔地震后珠峰大本营的救援过程。传统媒体和新媒体的双重新闻实践经历，也让马婧实现了新闻理论与新闻业务的贯通。

钱一鸣：

离现场越近，就离真相越近。作为南京大学摄影协会主席的他，热爱以影像记录社会，并且正式成为 CFP 新闻图片库签约摄影师。作为最早抵达“东方之星”事件现场的高校新闻学子，钱一鸣全程参与了长江沉船事件的报道过程，其撰写的图文故事被多家门户网站及新媒体转载。在前线的机智、勇敢而富有同情心的背后，是他作为未来新闻人的蓬勃朝气。

盛阳：

本土情怀与全球视野，是作为一名国际新闻传播项目硕士生的素养。在中国日报社美国分社的海外实习期间，盛阳独立采访、写作并发表了近百篇英文文字报道，数十篇图片报道；在美国国务院记者会上多次获得提问机会，并独家采访中美政要、社会活动家、专家学者，他采写的多篇重要政治报道被《纽约时报》、《华盛顿邮报》、美联社等美国主流媒体转载引用，发出中国声音，捍卫并表达了中国立场。

张松超：

不但学习优秀，科研能力强，张松超还有着丰富的新闻实践经历。他切实践行马列主义新闻观，在《光明日报》发表了多篇具有较大社会影响力的报道；他热爱阅读与思考，独立撰写并在国内外媒体发表新闻评论文章 200 余篇，已成为国内多家媒体特约撰稿人。对于公共热点事件积极发声，用事实和理性引导公众对时事热点事件的正确认知，张松超认为，这是自己的使命。

周珊珊：

“有理想、爱思考、好写作、能组织、会沟通”，这是周珊珊给自己的目标。严谨勤奋的态度和多年不变的探索使得她不仅获得了多种奖项，更是累积了十几万字的深度报道，在《中国青年报》及《长江日报》等媒体发稿 60 余篇。作为原创传媒观察微信公众号“刺猬公社”的执行主编，她所组织、撰写的文章，在这个拥有近 20 万粉丝的平台上，产生了广泛的学界、业界影响。在喧哗中要有坚守，她真心希望自己能够成为有理想、负责任的传媒人。

新闻教育良师奖

罗以澄：

罗以澄教授自 1984 年起从事新闻教学工作 31 年，春风化雨、桃李芬芳，培养了一代代新闻学子。他曾任武汉大学新闻传播学科主要带头人、教育部人文社科重点研究基地“媒体发展研究中心”学术委员会主任，国家马克思主义理论和建设工程项目《新闻采访与写作》的首席专家，被教育部授予“国家教学名师”荣誉称号。罗以澄教授始终把育好人才、推动学术薪火相传作为自己最大的责任，为新闻教育工作者树立了榜样。

马少华：

马少华副教授来自新闻工作一线，热爱新闻教育事业，自 2001 年任教于中国人民大学新闻学院以来，为新闻人才的培养呕心沥血。在课堂上，他为学生注入观察、分析和研究的专业素养，把丰富的业界经验毫无保留地传授给学生，打破了教学与实践之间看不见的壁垒；在课堂之外他更九年如一日的坚持课后写作教学日志，在博客上拓展教学的时间、空间和资源，他记得课堂上每个发言同学的姓名和发言的内容，他是学生心目中的好老师。

童兵：

童兵教授自 1981 年起从事新闻教学工作 34 年，被国务院学位委员会和国家教委表彰为作出突出贡献的中国博士学位获得者。以马克思主义新闻经典论著为纬，以中国特色的新闻实践为经，童兵教授组织的国家级精品课程“马克思主义新闻观”及其教学科研团队，已经成为全国高校中人数最多的高水平马新观教研力量。这些重量级成果的背后，是童兵教授对“教书育人”的看重，他秉持独立思考的学者本色，坚持“学术规范零容忍，学术研究无禁区”，为一代代新闻人才培养作出了杰出贡献。

新闻教育良友奖

邹贤启：

作为湖北日报传媒集团党委书记、社长、董事长，邹贤启先生在繁忙工作之余，仍不忘热心新闻教育工作。多年来他十分注重高校新闻人才的培养与锻炼，主导组建全国覆盖面最广、规模最大的大学生记者团，主导湖北日报传媒集团与高校的合作与交流，并坚持常年到各高校巡回开办讲座。他对业界人士创造性地参与高校新闻人才培养进行了积极探索，对业界具有一定的示范作用。

（撰稿人　王建华）

第9章　学生竞赛①

9.1　全国大学生广告艺术大赛（2011—2015）

全国大学生广告艺术大赛（以下简称：大广赛）是由教育部高等教育司主办、教育部高等学校新闻学学科教学指导委员会组织、中国传媒大学与中国高等教育学会广告教育专业委员会共同承办的唯一全国性高校文科大赛，赛事每两年举办一次。大广赛将专业教育、素质教育和职业教育贯通，空前扩大了广告教育的辐射力和影响力，拓展了广告教育的内涵。大广赛旨在提高大学生的创新精神和实践能力，激发大学生的创意灵感，促进大学新闻传播、广告、艺术教育的人才培养模式的改革，同时对于课程设置、教学内容和方法的出新起到了推动作用，极大地提高了大学生的动手能力、实践能力、策划能力和综合能力。参赛作品共分为平面类、影视类、广播类、网络类、广告策划案类、公益类六大类，赛事的所有选题均面向社会征集，将企业营销的真实课题引入比赛，使得学生的广告实践有了更广阔的舞台。

以下是全国新闻传播院系学生近三年（2013、2014、2015）参加大广赛的获奖名单（见表9-1、表9-2、表9-3）。

表9-1　　**第五届全国大学生广告艺术大赛获奖名单**

公益平面类一等奖

参赛编号	作品名称	作者姓名	所属院校	指导教师
GA01-02-009-0006	同一个中国梦，不能缺少我们的关爱	刘宇翔　李岱霖	天津师范大学新闻传播学院	于全兴

---

①　由于篇幅所限，此次统计只列入一等奖。

平面类一等奖

参赛编号	作品名称	作者姓名	所属院校	指导教师
A05-11-034-0003	但是不能有火气	何林青　王诗语 郭祺炀	浙江大学城市学院传媒与人文学院	骆小欢

影视类一等奖

参赛编号	作品名称	作者姓名	所属院校	指导教师
GB01-08-013-0009	和谐旋律　共同筑梦	崔宏露　赵健 王桂梅　张弛 徐兴凯	哈尔滨师范大学传媒学院	史伟争 曹文龙
B06-18-011-0002	花茶女之寻	张政　梁蓉　王承建　何春喜 徐彬瀚	湖南师范大学新闻与传播学院	张新华 张弘韬

微电影类一等奖

参赛编号	作品名称	作者姓名	所属院校	指导教师
GC01-17-003-0003	闲物不闲	朱虹霖　康鹏 蒋凌翔　朱雪 蔡娴雅	中国地质大学（武汉）艺术与传媒学院	方浩
C05-20-016-0001	梁小飞的事故	贾雨豪　梁颖	贺州学院文化与传媒学院	聂有兵

广播类一等奖

参赛编号	作品名称	作者姓名	所属院校	指导教师
E07-17-036-0006	新贝儿克《对话篇》	熊媚　孙静乐 张时琦	湖北工程学院文学与新闻传播学院	饶浩芸 侯伟华

广告策划案类一等奖

参赛编号	作品名称	作者姓名	所属院校	指导教师
GF01-02-009-0002	儒厕	孙童　王媛 冀毅　杜思钰 杨佩佩	天津师范大学新闻传播学院	吕国先 胡振宇

续表

参赛编号	作品名称	作者姓名	所属院校	指导教师
GF01-02-009-0001	熊猫快睡	谢东升 胡琳 潘媛 樊晓丽 邢宇	天津师范大学新闻传播学院	吕国先

表 9-2 **第六届全国大学生广告艺术大赛获奖名单**

平面类 一等奖

参赛编号	作品名称	作者姓名	所属院校	指导教师
A01-17-009-0006	不凡的心	吴晓丰 魏钰	湖北大学新闻传播学院	陈薇
A02-08-029-0013	不凡于心追求至美	吴洪玉	哈尔滨华德学院艺术与传媒学院	范薇
A08-09-016-0003	菜齐了，上饭！	陈晓玮	上海师范大学人文传播学院	周志洁

影视类 一等奖

参赛编号	作品名称	作者姓名	所属院校	指导教师
B03-01-043-0002	冰力克，德国果粉糖	张燕昭 石惠文 谷春雨 谭园 卢俊兴	北京工商大学艺术与传媒学院	卢虹
B06-19-050-0004	杯中岁月	江文婷 邱琪芮 李家晨 吴颖莹 兰雅雯	北京师范大学珠海分校艺术与传播学院	周敏
B11-14-007-0002	传播改变世界	张君恺	江西师范大学传播学院	戴微星
B13-14-020-0003	拉链篇	景月月 白钰揭 肖潇 赵佳	宜春学院文学与新闻传播学院	韩鹏飞 洪念生
B13-20-015-0004	用易信，不用那么累	李怡鹏 郜酾棋 叶戈庆 魏庆豪 温耀光	广西艺术学院影视与传媒学院	罗奕 王思源

微电影类　一等奖

参赛编号	作品名称	作者姓名	所属院校	指导教师
C08-19-005-0001	海天拌饭酱之生日惊喜篇	黄兴华　周婉仪　陈国华　郑浩胜　卢婉婷	深圳大学传播学院	李杨

动画类　一等奖

参赛编号	作品名称	作者姓名	所属院校	指导教师
D05-09-016-0001	爱她，就给她最好的	吴施乐　孙祯琪	上海师范大学人文传播学院	周韧

广播类　一等奖

参赛编号	作品名称	作者姓名	所属院校	指导教师
E06-19-005-0007	甄嬛就是矫情	黄楚盈　赵雅婷　柯珂	深圳大学传播学院	王晓峰

广告策划案　一等奖

参赛编号	作品名称	作者姓名	所属院校	指导教师
F06-11-034-0001	开口关心	王诗语　何林青　王静　金亦文　叶文丽	浙江大学城市学院传媒与人文学院	骆小欢
F01-18-011-0001	仰·望	周珏　闫俏秀　罗成　周丽东	湖南师范大学新闻与传播学院	刘振　单文盛

表 9-3　**第七届全国大学生广告艺术大赛获奖名单**

平面类　一等奖

参赛编号	作品名称	作者姓名	所属院校	指导教师
A01-11-017-0007	恒安 LOGO 设计	高峰	浙江师范大学文化创意与传播学院	王陈辉
A01-12-031-0009	恒安集团爱改变生活 logo	谢铖	合肥师范学院艺术传媒学院	吴道义

续表

参赛编号	作品名称	作者姓名	所属院校	指导教师
A02-24-004-0003	多彩中国梦	冯收	昆明理工大学艺术与传媒学院	王坤茜
A08—20-022-0014	每天都能看到的真效果	范慧　肖婉玉	广西艺术学院影视与传媒学院	褚忠良
A10-28-001-0018	露脸见人	史鑫元	海南大学人文传播学院	张睿

影视类　一等奖

参赛编号	作品名称	作者姓名	所属院校	指导教师
B05-19-001-0003	洁婷，做干爽自信的你	邓展能　郭　晴　李　欣　韩嘉雯	中山大学传播与设计学院	廖宏勇
B07-15-025-0017	C驱动之超倍儿爽篇	薛文博　李传斌	曲阜师范大学信息技术与传播学院	张维刚
B09-15-008-0001	就是这么准、快、柔！	卢元	山东理工大学文学与新闻传播学院	齐立森

微电影类　一等奖

参赛编号	作品名称	作者姓名	所属院校	指导教师
C03-13-023-0001	冲动吧，少年	单垠博　王建徽	闽南师范大学新闻传播系	胡鸿影
C03-20-022-0006	江湖	颜源丰　杨启帆　余泓毅	广西艺术学院影视与传媒学院	
C03-20-022-0007	爸爸的爱	张浩然　王锦戈　韦璇	广西艺术学院影视与传媒学院	张兴动

动画类　一等奖（空缺）

参赛编号	作品名称	作者姓名	所属院校	指导教师
—	—	—	—	—

广播类　一等奖

参赛编号	作品名称	作者姓名	所属院校	指导教师
E06-20-022-0012	侦探篇	莫世佼　赵丽娜 黎韦	广西艺术学院影视与传媒学院	罗　奕
E07-10-026-0004	C 驱动之满血复活	黄新凌　舒柳	南京邮电大学传媒与艺术学院	袁潇　卢锋
E07-25-010-0003	电话特殊服务篇	刘双艺　王君睿 于子寒	西北大学新闻传播学院	张庆梅 李常青
E11-10-020-0001	寺庙篇	王玮　李欢欢	扬州大学新闻与传媒学院	张爱凤

广告策划案类　一等奖

参赛编号	作品名称	作者姓名	所属院校	指导教师
F07-20-022-0003	早安，元气派！	陈智强　李怡鹏 杨康	广西艺术学院影视与传媒学院	丁　洁 申雪凤
F05-09-018-0003	不做小气鬼	阮若兰　王梦岐 李若雪　朱婧妍 周岩	上海师范大学人文传播学院	吴冰冰
F11-01-022-0001	三无也嚣张	张坤　关昕 陈筱卉　张鸽 徐楚仟	中国传媒大学广告学院	张翔
F08-01-022-0002	肽度	杜天笑　李韬 胡家钰　林佳炜 栾肖男	中国传媒大学广告学院	张翔
F04-09-018-0001	没事，有我在	沈嘉仕　王悦韵 李培新　陈妍敏	上海师范大学人文传播学院	吴冰冰

综合创意类　一等奖（空缺）

参赛编号	作品名称	作者姓名	所属院校	指导教师
—	—	—	—	—

（撰稿人　谢　明）

9.2 中国大学生计算机大赛（2010—2015）

“中国大学生计算机设计大赛”（以下简称“计算机大赛”）是由教育部高等学校计算机科学与技术教学指导委员会、教育部高等学校计算机基础课程教学指导委员会、教育部高等学校文科计算机基础教学指导委员会联合主办。“计算机大赛”的前身是“中国大学生（文科）计算机设计大赛”，始创于2008年。“计算机设计大赛”每年举办一次。“计算机设计大赛”的目的是提高大学生综合素质，具体落实教育部高等学校计算机基础课程教学指导委员会编写的《高等学校计算机基础教学发展战略研究报告暨计算机基础课程教学基本要求》，以及教育部高等学校文科计算机基础教学指导委员会编写的《文科类专业大学计算机教学要求》，进一步推动高校本科面向21世纪的计算机教学的知识体系、课程体系、教学内容和教学方法的改革，引导学生踊跃参加课外科技活动，激发学生学习计算机知识技能的兴趣和潜能，为培养德智体美全面发展、具有运用信息技术解决实际问题的综合实践能力、创新创业能力，以及团队合作意识的人才服务。下面是全国大学生参加计算机设计大赛（2010—2015）的获奖名单（见表9-4）。

表9-4 **中国大学生计算机设计大赛获奖作品（新闻传播类）名单①**

2010年

非专业媒体设计类

奖项	作品编号	作品名称	作品所属院校
一等奖	B240823	呀！基诺	华中科技大学
	B240432	名“满”天下	河北大学
	B230755	十里红妆	宁波大学
	B220394	心跳的回忆	中南财经政法大学

① 获奖作品名单均来中国大学生计算机设计大赛官网。由于官网公布的2010—2013年获奖名单未列出参赛学生信息，故本年鉴只列出获奖作品及所属院校。

专业媒体设计与电子音乐设计类

奖项	作品编号	作品名称	作品所属院校
一等奖	D411185	Smooth	武汉音乐学院
	C371006	寻梅	北京林业大学
	C331104	彩云之南	华中科技大学
	C310218	少数民族文字图形的再设计	杭州师范大学钱江学院

2011 年

非专业媒体设计类

奖项	作品编号	作品名称	作品所属院校
一等奖	B220054	绿野钢琴	中南财经政法大学
	B220370	鸟树情	华东理工大学
	B240355	低碳与环保	北京大学
	B240571	票	华中科技大学

专业媒体设计与电子音乐设计类

奖项	作品编号	作品名称	作品所属院校
一等奖	B230615	《清明》	宁波大学
	C320297	Choose your choice，Save our saving	杭州师范大学
	C320846	My dream	东北大学
	C330856	环保小金刚	黄石理工学院
	C340573	低碳，我的王国	华中科技大学
	C360237	绿游社区	北京服装学院
	D410567	算盘与计算机的对话	南京艺术学院

2012 年

奖项	作品编号	作品名称	作品所属院校
一等奖	A100576	移动北大	北京大学
	A100906	基于 RIA（Silverlight）的教学单位桌面式网站设计	深圳大学

续表

奖项	作品编号	作品名称	作品所属院校
一等奖	A101199	Eco-family	北京信息科技大学
	A101544	放风筝·吧——风筝科普和活动交流平台建设	华中师范大学
	A200288	社区老人监护系统	华中科技大学
	A200911	校园综合服务查询系统	西安电子科技大学
	A301644	Fish 流程图编程软件	华东理工大学
	A400685	Hello Dear 虚拟实验环境	北京科技大学
	A401605	信息管理专业虚拟仿真学习平台	南京理工大学
	B110940	Two squirrel 两只松鼠	中南财经政法大学
	B310882	杨氏八式太极拳	杭州师范大学
	B310983	健身秧歌	杭州师范大学
	B331490	超越梦想跃动青春	辽宁对外经贸学院
	C110329	逗鱼惊魂	中南民族大学
	C110369	似水灵动	中南民族大学
	C120192	智闯美食诱惑阵	中国人民大学
	C211349	栖息地	湖北美术学院
	C220895	日行一步	杭州师范大学
	C310287	知行书院	华中科技大学
	C330745	《创意人体钢琴》交互媒体设计	北京工业大学
	C410470	三个苹果	武汉理工大学
	D120736	西双版纳傣族地区希望小学建设模式探究	昆明理工大学
	D131634	《北京胡同》——虚拟现实胡同游览交互程序	北京师范大学
	D220901	服想中国	杭州师范大学
	E100781	乾闼婆传说	中国传媒大学
	E201274	江山如梦	武汉音乐学院

2013 年

奖项	作品编号	作品名称	作品所属院校
一等奖	BAHE3202049	水润徽州	安徽大学
	BBJA4101110	咿呀哟	中国传媒大学
	BBJA4101111	谜画	中国传媒大学
	BBJA5300619	葫芦髹生	北京工业大学
	BBJA5301292	《古戏台》交互装置	北京工业大学

续表

奖项	作品编号	作品名称	作品所属院校
一等奖	BBJC1100550	北大助手	北京大学
	BBJC2401014	未来城市，在水一方	中国政法大学
	BBJC2701036	上善若水	北京体育大学
	BBJC3300033	ICHTUS 鱼（依赫休斯）	中国人民大学
	BBJC3701037	清·河	北京体育大学
	BCQE1401837	基于 Android 平台的手机遥控小车巡回温度检测系统	重庆三峡学院
	BGDA1600736	迈克尔逊干涉条纹的智能远程测控系统研究	广东外语外贸大学
	BHBA1100498	咚咚锵-京剧科普网	华中科技大学
	BHBA3200137	疯狂的水滴	中南民族大学
	BHBA3400509	水·乡	华中科技大学
	BHBA4101431	醉笛	武汉音乐学院
	BHBA5200166	最美童年	中南民族大学
	BHBA5300652	汉韵“衣”旧	湖北理工学院
	BHND1200943	精简版机械设计手册（涵盖范围：部分内容）	湖南大学
	BHND3100956	渴	湖南大学
	BJSA1101039	Wanting 微博系统的设计及实现	东南大学
	BJSE1102464	红酒主题网站	南京大学
	BLNA1201705	基于空间数据库的土地证书打印系统的设计与开发	沈阳建筑大学
	BLNA6100212	津桥商学院信息化平台	东北财经大学津桥商学院
	BLNE1402182	炼钢-连铸调度计划 3D 虚拟仿真实验平台	东北大学
	BLNE3102195	湮灭 Destroy	东北大学
	BLNE3201958	东巴秘密	辽宁工业大学
	BLNE3202248	城市排水系统优化设计	东北大学
	BLNE3602099	龙印	东北大学
	BLNE3702090	水滴奇遇记	东北大学

续表

奖项	作品编号	作品名称	作品所属院校
一等奖	BLNE5101770	民族服饰设计——倾城	辽宁工业大学
	BLNE5302147	固原古城建筑交互式导览	东北大学
	BSCE1201760	基于不确定性推理的油层储层保护专家系统	西南石油大学
	BSCE3702071	大营盘用水调查——流动的未来	西南石油大学
	BSDA1300115	《数据结构》网络课件	德州学院
	BSHE1101906	健康社区	第二军医大学
	BSHE1102148	一起游	同济大学
	BSHE2201908	水之韵	第二军医大学
	BSHE6102253	好记派	华东师范大学
	BSHE6602341	基于物联网的智能家居管理系统	上海大学
	BSNE1202137	西电导航校园信息查询移动客户端	西安电子科技大学
	BSNE3202301	心海	西北大学
	BTJA1401657	基于 Android 平台的学员驾照笔试模拟考试系统	天津科技大学
	BYNA2101202	水之道	曲靖师范学院
	BZJA1301063	学习堆栈	杭州师范大学
	BZJA3301670	水精灵 AR	浙江传媒学院
	BZJA6201086	基于二维码的物流服务系统	杭州师范大学
	BZJE5102478	合家团圆	浙江农林大学
	ZHBD3200848	Ocean story（海的故事）	武昌职业学院
	ZJSE6102442	苏州市职业大学图书馆 Android 移动客户端	苏州市职业大学
	ZSDA1100117	多彩校园网站	德州学院
	ZXJE6102352	新疆农职院校园快捷驿站	新疆农业职业技术学院

2014 年

奖项	编号	作品名称	作品所属院校	作品类别	参赛学生
一等奖	10068	日落北京　16 时 59 分	中国传媒大学	计算机音乐——视频配乐	曹雨濛
	12776	编曲《夜空中最亮的星》	上海师范大学	计算机音乐——创编	陈　皓
	14726	醉翁之意	武汉音乐学院	计算机音乐——原创	高　航
	13301	Fragment of Iliad	四川音乐学院		王立川
	11766	基于 Android 平台的潮语输入法	韩山师范学院	软件应用与开发——科学计算	林任樟　方毅超
	13137	一种电网谐波相位高精度测量算法	昆明理工大学		黄青青　杨　帆
	14590	魔方阵的动态排列和验证	新疆师范大学		热麦提江·艾则孜　阿力木·阿木提
	14435	Cena+程序设计竞赛控制系统	齐齐哈尔大学	软件应用与开发——数据库应用	郑逸笙
	12622	无限课程	山西财经大学		全　力　候丽娟　赵雅娟
	13359	学校周边外卖系统	浙江海洋学院东海科学技术学院		马昆昆　朱福建
	14696	伊卡通	华东理工大学		戴新宇　郝诗源
	14708	高校生活模拟软件——电院“星”学记	上海电力学院		沈庆阳　张　建　章海文
	14776	PDF 文献的科研新思维	第二军医大学		袁　凯　张劲柏　张伟信
	15420	城镇化网格管理系统	中国人民解放军信息工程大学	软件应用与开发——数据库应用	朱兆梁　杨雪峰　王志芮
	15471	国土资源空间数据分析审查系统设计与开发	沈阳建筑大学		徐宏云　张艳霞　王　豪
	15679	健康档案管理系统	第二军医大学		王博纬　赵　林　高振宇

续表

奖项	编号	作品名称	作品所属院校	作品类别	参赛学生
一等奖	10106	E世界—ElfArtWorld	华中科技大学	软件应用与开发——网站设计	周 琦 王 越 黄 地
	10737	餐必达在线点餐系统	惠州学院		蔡荣达 凌 皓 胡雪雯
	11801	北科二手网	北京科技大学		陈乃新 张信诗 王 硕
	11386	Infoshare 北京高校信息交流平台	北京外国语大学		张 妍 陈玉吉 张馨尹
	13215	雾霾信息网	广西师范大学		朱丽宇 甘耀昌 张钧琦
	12491	古居风韵	武汉理工大学		肖 源 胡 艺 庞文锵
	12806	时光笔记网	浙江传媒学院		王彦舜 刘 威 南栋成
	14741	InShufe 校园社区	上海财经大学		王君吉 柯鸿鹏 边敬云
	14700	基于O2O的flyeat电子商务网站	中国民用航空飞行学院		黄礼文 邱唯一 贾鑫磊
	14762	知了网	吉林大学		张昊知 张 晗 张永涛
	15171	失物招领	河南理工大学		张 燚 张焱森 许旭东
	14865	iSufe 上财资讯	上海财经大学		金 成 刘明依 丁 羽
	15077	三位一体信息化社团建设套件	沈阳工业大学		林星辰
	15364	哆哆联盟——生活服务平台	大连东软信息学院		孙亚鹏 崔祥宇 张新宜
	15692	青柠校园	成都信息工程学院		余 猛 李胜蓝 李 赟
	15415	多粒度书法图像标注及检索	上海海事大学		张融清 魏国豪 金远哲

续表

奖项	编号	作品名称	作品所属院校	作品类别	参赛学生
一等奖	14418	虚拟迈克尔逊干涉仪测量 He-Ne 激光波长	哈尔滨理工大学	软件应用与开发——虚拟实验平台	韩　莫　王志东　靳　策
	14548	养老院的远程呼叫与报警系统	重庆三峡学院		张凌波　吕文涛
	10230	数据手套设计及其虚拟实现	河海大学		岳胜涛　平　艺　严祥光
	14769	电子商务 O2O 校园物流方案设计与实现	上海商学院		高　磊　赵耘涛　吴晟晖
	15589	基于 Android 的 e 健康主题实验平台	辽宁工程技术大学		李　璐　张　爽
	14318	有趣的视觉暂留	浙江师范大学	微课与课件——多媒体应用	陈　建　余　芳　李佳琳
	14808	影视广告的制作流程	北华大学		范纹诚　李佳音　张佳萌
	14137	TALK ABOUT PPT	湖南大学		周依帆　朱雯文
	13770	笔记本硬件基础	湖南大学	微课与课件——计算机应用基础	周倚文　余心悦　沈巧玲
	14920	计算机组成与维护微课	河北金融学院		张瑜魏　畅聂佳
	10475	初中力学仿真实验室	南通大学	微课与课件——其他课程课件	王丹袁　潇孙美
	12405	小壁虎借尾巴	中华女子学院		郑艳萍　彭　馨　叶恬湉
	11627	卵子黑市	北京体育大学		侯昭然　朱镕鑫　冉博文
	14893	系杆拱桥施工原理	同济大学		薛炳晟　蒋蕴涵　吴云清
	14427	幼儿园语言教学课件	大庆师范学院		董培育　孙世恩　黄永晶
	14810	STROKE 拯救中风	第二军医大学		陆柏辰　张汝金　徐铮昊

续表

奖项	编号	作品名称	作品所属院校	作品类别	参赛学生
一等奖	15126	高层建筑之框筒结构施工与案例分析	同济大学	微课与课件——其他课程课件	王禹椋　马修远　孟欣阳
	15138	汉字文化	辽宁师范大学		刘双平　刘　蕾　刘　畅
	15668	数据结构的二叉树遍历(英文)	沈阳药科大学	微课与课件——数据库应用	黎秋媛　谢雨晴
	10017	怎样安装一台无线路由器	北京体育大学	微课与课件——网络应用	黄京智　张轶君　韩　烨
	12988	三眼土洞箫·生命的呼唤	云南财经大学	数媒设计普通组——DV影片	马骊孺　邓玲会　余晓潇
	12932	《探寻生命的真谛》	浙江科技学院		杨栎颖　邵佳柯
	10372	我——一个90后生命个体的自述	怀化学院	数媒设计普通组——交互媒体	彭倩陈　珊　珊
	15453	在T a眼中	中国人民解放军信息工程大学	数媒设计普通组——DV影片	袁一楠
	12289	火·源	中国药科大学	数媒设计普通组——动画	王马洁　封　婷　朱　迪
	13627	Some day I'll Fly	华侨大学		谢思宗　何嘉涛　张志成
	15700	the endless life	吉林财经大学	数媒设计普通组——DV影片	吴思彤　严成昊　肖　茜
	15541	生命在于运动	沈阳师范大学	数媒设计普通组——动画	孙赫孜　吴　凡
	15743	材料之生命颂歌	华东理工大学		邓顺书
	14985	Colorful	安徽大学		陈　岱　董佳瑜　杨振飞
	13198	生命之井	云南财经大学	数媒设计普通组——交互媒体	楚莹莹　王雯茜　欧阳雅莉
	14868	家庭生命周期手册	重庆文理学院		刘木彬　李佳敏

续表

奖项	编号	作品名称	作品所属院校	作品类别	参赛学生
一等奖	15140	护生画集	上海海关学院	数媒设计普通组——动画	郑国庆　马　成　徐海强
	10758	生命故事	中国政法大学	数媒设计普通组——图形图像设计	黎俊志　钟　静　瑶于姣
	15633	生命-轮回	大连工业大学		诸敏
	11602	生命的三维	华侨大学		陈焯浩　陈栋杰　孙灿冰
	13206	生命之极（the peak of life）	曲靖师范学院		于东锐
	11095	Germ	北京大学	数媒设计普通组——游戏	成羽丰　何　方　金文钊
	12485	脑年龄测试 Brain Age	北京科技大学		沈雯婷　李丹阳　余致辰
	15758	我用生命记单词	西安电子科技大学	数媒设计普通组——游戏	吴冠岑　孙明丽　曹一聪
	11498	New Door 手语翻译通	华中师范大学	数媒设计普通组——移动终端	倪　丹　毕崇武　董　琳
	15174	超级导盲犬	河南理工大学		王冲冲　尤明明　张青松
	10921	生命放映室	武汉理工大学	数媒设计专业组——DV 影片	陈瀚文　陈劼珉　刘　胤
	12600	父与子	华中师范大学		张雪野　王幸丹　周胜男
	13538	生命轨迹	广西师范大学		曹贝贝
	14670	一盆花	塔里木大学		谢仁·图尔贡　夏依旦·塔什买买特　巴合提别克
	15829	雨沐新荷	德州学院		栗　新　王　桢　史新燕
	15959	艺剪裁梦	天津师范大学		岳　越　米世彬

续表

奖项	编号	作品名称	作品所属院校	作品类别	参赛学生
一等奖	11703	百年树人	上海第二工业大学	数媒设计专业组——动画	周维康 王铭阳 耿双双
	12292	星星	武汉理工大学		左宇轩 易笑天 张嘉熙
	13470	纸面人生	中南民族大学		张 琪 张毅豪 罗梦琪
	13149	轨迹	华中师范大学		苗辉 李盈 肖玲
	15772	魂	西北大学		任天晓
	15821	暮色	天津师范大学	数媒设计专业组——交互媒体	马轲夫 白龙飞
	13575	LIFE+保护动物公益宣传安卓应用	华中师范大学		刘宝红 王 清 许琼文
	12974	旅途	广西师范大学		陈羽洁 肖霓
	11608	《生命！这场电影》	华侨大学		陈 拳 丁候文 郭福眼
	12025	明志日记——生命的磨砺	盐城师范学院	数媒设计专业组——游戏	周思羽
	15197	梦一场	大连东软信息学院	数媒设计专业组——虚拟现实	张大伟 郭禹男
	10306	蒲公英的生命之旅	南开大学滨海学院	数媒设计专业组——游戏	张竣捷
	13796	源	广西师范大学	数媒设计专业组——图形图像设计	张伊凡 黄琼萱
	11993	NO KILLING	广州大学华软软件学院	数媒设计民族文化组——动画	刘汀兰
	12675	关爱生命远离雾霾系列公益海报	北京服装学院	数媒设计民族文化组——动画	王慧娇 潘盈睿 罗力菠
	15228	生命之殇·雾霾实记	东北大学		刘 洋 赵 昕 刘卓然

续表

奖项	编号	作品名称	作品所属院校	作品类别	参赛学生
一等奖	15535	季·语	辽宁工业大学	数媒设计民族文化组——动画	王丽平 罗 婷 訾 叶
	15325	生命如诗	安阳师范学院		王亚丽 吴晓娟 张晓华
	10018	魅力佛刹 梦幻古德	武汉理工大学		胡 月 曹龙辉 刘畅
	11505	苍都城脉——北京民族传统建筑	北京大学		徐浩川
	15384	行走在黎村	海南大学		聂祖朋 瞿小龙 胡廷勇
	15398	建筑韵脚诗	解放军后勤工程学院		张 超 刘 奕 胡亚锟
	12552	基于体感交互技术的编钟虚拟演奏系统的设计与开发	华中师范大学	数媒设计民族文化组——交互媒体	张必兰 胡 丹 李嘉琪
	11740	剪之韵	中国政法大学		伍 松 田泽文 董柯
	12497	追“傩”	北京工业大学		戚乐金 国 志
	15644	族魅·字美	辽宁工业大学		陈凌霄 何 苗 蒋蓓蓓
	15781	努尔哈赤和沈阳故宫——增强现实技术在科普文化中的探索设计	东北大学		蒲佳宁 郑凌腾 关斯琪
	15850	陶魂墨韵	德州学院		辛 凯 俞昌宗 李 莹
	11640	剪纸屋	武汉理工大学	数媒设计民族文化组——图形图像设计	刘 峰 徐文鑫 解 洋
	12533	节气娃娃	浙江农林大学天目学院		莫晓艺 柳 涛
	13768	市景南塘	宁波大学科学技术学院		林伊然 杨梦霞 祝凌虹

续表

奖项	编号	作品名称	作品所属院校	作品类别	参赛学生
一等奖	15524	民族之星	辽宁工业大学	数媒设计民族文化组——图形图像设计	邢雅军 吴 蕾 蔡欣雨
	15083	“东巴文”卡通工艺品设计	大连东软信息学院		李芝仪 刘学阳
	15340	有形，无形？	安阳师范学院		翟霖峰 李 星 汪 强
	14098	“停易找”停车管理系统	杭州师范大学	软件服务与外包——物联网	谢李敏 虞 璐 赵陆云
	11350	中英涉华网络新闻热点分析系统	广东外语外贸大学	软件服务与外包——信息安全	郑景耀 陈宏佳 姚昌宇
	10676	餐饮手持设备点餐系统ICSS-MOS	天津师范大学	软件服务与外包——移动平台	杨秉书 陈慧娉 孟春阳
	16067	餐饮手持设备点餐系统ICSS-MOS	大连东软信息学院		寇 可 王璟煊 刘杨涛
	16044	餐饮手持设备点餐系统	沈阳师范大学		王 鑫 富 豪 石平飞
	10743	WeYes·微信服务平台	南京航空航天大学		曲 健 霍雨浩 谭佳雨
	16076	安卓WiFi安全助手	西安电子科技大学		程 进 夏明飞 李大伟
	15835	智能德院	德州学院		郭瑞凯 王玉锋 丁 浩
	12922	基于Kinect的汉语字词生成游戏	北京语言大学	软件服务与外包——数媒设计	李维宇 白晓云 刘冰雁
	16121	Personal University手机校园系统	杭州师范大学	软件服务与外包——教育培训	胡 博 王嘉焕 闻 铭
	10056	泰州救助站志愿者服务平台	泰州职业技术学院	软件应用与开发——网站设计	居宽喜 崔康意
	14046	基于云平台的教学资源共享平台	大连东软信息学院		刘 日
	12573	《数据结构》课件——最小生成树	定西师范高等专科学校	微课与课件——其他课程课件	章志俊 白涵冰 赵仕明

续表

奖项	编号	作品名称	作品所属院校	作品类别	参赛学生
一等奖	15647	家政公司管理系统	中州大学	软件应用与开发——数据库应用	杨凯乐　周浩奇　杜会玲
	15249	雾霾之险象环生	合肥财经职业学院	数媒设计普通组——移动终端	吴　强　吴　斌　刘　鹏
	15862	山东科技职业学院	山东科技职业学院	数媒设计普通组——图形图像设计	魏　科
	14430	绿色的生命	哈尔滨信息工程学院	数媒设计专业组——动画	赵　健　袁雪莲　张永胜
	15179	成全	济源职业技术学院		王亚鹏　郭亚楠　李　想
	14472	中国传统造纸术	绵阳职业技术学院	数媒设计民族文化组——动画	庄晓钰　杜　倩
	16033	遏制生命	山东科技职业学院	数媒设计专业组——图形图像设计	潘虹臻
	15585	篆之韵	重庆电子工程职业学院	数媒设计民族文化组——图形图像设计	宋秋霞　朱　围　杨　瑾
	15595	水墨徽州	马鞍山师范高等专科学校	数媒设计民族文化组——交互媒体	康林希　王　珊　詹同保
	14863	生命，未知的重逢	宿州职业技术学院	数媒设计专业组——DV影片	储　丹　吴泽亚
	11373	水滴大冒险	广东农工商职业技术学院	数媒设计专业组——游戏	李　思　方奕昀　蔡彬斌

2015年

奖项	编号	作品名称	作品所属院校	作品类别	参赛学生
一等奖	23696	Circus	浙江传媒学院	计算机音乐——创编(普通组)	管方纯　陈欣宜
	23765	颠三倒四七	武汉音乐学院	计算机音乐——视频配乐(专业组)	梁　晨
	21877	南吃货	南京大学	计算机音乐——原创(普通组)	罗佳希　吴家禾　周思佳
	22253	野人谷	山东大学(威海)		田文斌
	23616	第六感	西北民族大学		满　杰　李晓丽
	24479	一蓑烟雨	中国传媒大学	计算机音乐——原创(专业组)	王子卫
	21002	科迈罗的设计理念	东北大学	微课与课件——多媒体技术与应用	刘逸楠　张师玮
	24023	笑谈儿化	湖南大学	微课与课件——汉语言文学教育	刘　爽　李长隆　张紫阳
	18728	递归寻宝记	北京林业大学	微课与课件——计算机应用基础	代　聪　齐　颀　陈　婷
	19599	PPT线条动画	江苏开放大学		戴　欣　陈　璐　袁泽豪
	24997	神秘的CPU	西安电子科技大学		杨　嵘　尹晨旭　刘清燕
	25151	智能“大白”物联网	空军工程大学		史红亮　马　宁　刘羊羊
	23841	无线射频卡的存储结构和通讯原理	湖南大学	微课与课件——网络应用	周佩瑶　陈裕婷　陈裕玲
	25310	小学六年级数学微课——圆柱的体积	深圳大学	微课与课件——中、小学数学	李佳丽　陈文婷　麦英莹
	20078	矢气	云南师范大学	微课与课件——中、小学自然科学	沈佳怡　浦　珏　冯博文
	24855	灰黑白·失色的世界	华东师范大学		朱炎玮　徐毅鸿　纪　焘

续表

奖项	编号	作品名称	作品所属院校	作品类别	参赛学生
一等奖	18113	别让新鲜空气成为孩子的奢望	南阳师范学院	数媒设计专业组——DV影片	杜少旭　常　欢　闪　欣
	22872	空气先生	北京大学		林宏伟　柳月和　伊藤雪乃
	23254	贩卖空气	河北大学		张驰名　蒋　薇　薛依明
	24494	空气的未来	华中师范大学		白雪银　欧阳嘉煜　章　仪
	25414	空气中的味道	安康学院		李梦姣
	18208	摘下口罩	安阳师范学院	数媒设计专业组——动画	李明阳　安玲玲　谢梦嫣
	19069	改变	中南民族大学		谷凯凯　郭艳玲
	19077	未来水世界	中南民族大学		张金玉　侯亚婷　段美英
	21951	空想	华中科技大学		郑小茜　张斯佳　王成峰
	22173	爸爸的柯尼卡	三江学院		何　平　陈　涛
	25392	时间穿梭器	西北大学		韩延峰　李　武　屈　菁
	19743	节气芳华	辽宁工业大学	数媒设计专业组——交互媒体	邱　硕　卢春花　许太颖
	20401	气氛	北京工业大学	数媒设计专业组——交互媒体	孙　洁　张珺颖
	16721	PM2. 5COMING	安徽农业大学	数媒设计专业组——图形图像设计	董　辰　白明然
	18211	气之韵	安阳师范学院		姚娴静　王晨运　程　跃
	20580	Painful Breath	云南师范大学		赵　梅

续表

奖项	编号	作品名称	作品所属院校	作品类别	参赛学生
一等奖	22084	NO HAZE 抗击雾霾主题海报设计	扬州大学	数媒设计专业组——图形图像设计	徐　璇　葛佳伟
	23665	3 处呼吸	浙江传媒学院		胡寒杰　宋琰珺　张宇辉
	23995	你如空气贯彻我生命始终	福建农林大学		陈思妍　蒋媛媛　林广靖
	24343	我的中国梦	宜宾学院		尹启才　范　瑶
	25371	Air 空气,生命之重	西北大学		蒋　琛　王　辉　刘　萍
	25268	穹顶记 WebApp	深圳大学	数媒设计专业组——移动终端	林泽鹏　江悦呈　潘　萌
	19089	光·合(Sun Tree)	南京艺术学院	数媒设计专业组——游戏	郑　阳　赵登飞　王　婷
	23837	天空之城	湖南大学		杨　晔　许静文　熊小璇
	19998	霾变	德州学院	数媒设计普通组——DV 影片	贺　昕
	20499	掩霾	沈阳工程学院		程绍博　刘昱伯　汤　迅
	21980	空气人	武汉理工大学		谈　浩　吕佳玲
	16245	心霾	安徽大学	数媒设计普通组——动画	周　颖
	20400	AIR MG——同呼吸,共命运	南京理工大学		李鸣超　徐佳新　耿志卿
	23411	读空气	浙江科技学院		胡中天　赵宏宇
	23445	空嘟嘟旅行记	西南财经大学	数媒设计普通组——动画	应倩倩　李佳雯　廖雨佳
	22457	空气中的杀手	武警后勤学院	数媒设计普通组——交互媒体	符　祥　刘书姝　潘羽洁

续表

奖项	编号	作品名称	作品所属院校	作品类别	参赛学生
一等奖	24375	我们还能去哪儿	四川医科大学	数媒设计普通组——交互媒体	赵尊权 吴 文 欧 朗
	19900	自强不吸(3D)	沈阳工学院	数媒设计普通组——图形图像设计	孙吴鹏 王 唯 王 博
	21526	美丽家园	兰州工业学院		张 莅 师 珊 白西寿
	25205	无形的伤	广东外语外贸大学		李 碧 吴葵鹏 肖 晴
	18518	蓝天	江西师范大学	数媒设计普通组——移动终端	王建程 王 景
	22300	隐默之空——A. I. R	北京大学	数媒设计普通组——游戏	徐浩川 郭文涵
	23517	Defend Air	西南石油大学		苏梓鑫
	24543	Run for Air	华侨大学		何嘉涛 谢思宗 熊英杰
	20180	秀水明山 文笔园林	东北大学	数媒设计中华民族文化组——动画	颜晓雯 原艺玮 程思雨
	22112	观音禅寺	扬州大学		施丹萍 王艳霞 李演祺
	25014	华夏魂	上海商学院		刘俊廷 丁菁春 王艳艳
	20274	影韵芳华	中国政法大学	数媒设计中华民族文化组——交互媒体设计	肖 瑶 衡喜丽 孟琰琰
	21393	昆曲·华旦霓裳	中华女子学院		刘佳宁 赵劭琪 张丽丽
	24131	古韵“钟”成	湖北理工学院		李 南 樊望平
	24516	基于体感交互的民族服饰三维动态演示系统	华中师范大学		陈艳蕾 夏斯琪 王 磊
	25297	掌上围屋 APP(虚拟漫游)	深圳大学		薛锡雅 乔钰涵 郑琳怡

续表

奖项	编号	作品名称	作品所属院校	作品类别	参赛学生
一等奖	19757	四向民族风	辽宁工业大学	数媒设计中华民族文化组——图形图像设计	李学剑 刘贵清 董哲晖
	21066	凤冠霞帔	东北大学		黄嘉雯 刘德馨 陈钰函
	25428	徽韵乡愁	西北大学		王泽维
	16567	奔跑的代码	巢湖学院	软件应用与开发——数据库应用	董俊庆 胡海超 赵心放 汪龙飞
	18524	高性能实时协作通用数据库管理器	沈阳工业大学		林星辰
	22172	PKU Helper	北京大学		熊 典 唐褚怡 陈 章
	23214	基于 Hadoop 的图片服务云平台	河海大学	软件应用与开发——数据库应用	陈 洁 孙泽群 安纪存
	23582	厨房帮手	重庆大学		周俊佐 黎丹尼尔 周树帆
	24121	基于语义的智慧校园微平台——小 V	中南财经政法大学		吕 涛 陈俐帆
	25286	基于 win10 通用平台英语学习系统	深圳大学		魏庆文 刘丽霞 张婷婷
	17018	“舌尖上的淮南”网上订餐平台	淮南师范学院	软件应用与开发——网站设计	鲍 超 宁 娜 唐林林
	18340	量生定学	东南大学		常 慧 郭政吉 李延东
	18824	E_PARK	北京信息科技大学		吴 瑶 姚 凯 李 晗
	23599	外卖口袋	华中农业大学		张德雨 王 炜 陈佳琦
	23637	校园派	重庆大学		罗 蓉 高 萌 官加文
	24835	基于 Python 的专业辅助计算系统	华东理工大学		王家辉 郑应豪 顾逸飞

续表

奖项	编号	作品名称	作品所属院校	作品类别	参赛学生
一等奖	25060	基于微信的活动 Mapping	上海财经大学	软件应用与开发——网站设计	陈　婷　孙晨璐　陆怡安
	25243	go 便宜啊网站	吉林化工学院		张　志　赵晓旭　杨　迪
	18344	基于搜索的软件开发平台	东南大学	软件应用与开发——虚拟实验平台	李延东
	21256	科威网站保护伞	武汉理工大学		张子琦　贺柔冰　冯晓荣
	23557	基于常用外设的交互式三维钻井工艺过程模拟系统	西南石油大学		李　杨　雷鸣宇　杨　帆
	24142	3 锁孔实验室药品柜防火防盗远程报警系统	重庆三峡学院		尹　林　袁　杰　周美伶
	24326	西南半壁古戎州	宜宾学院	中华优秀传统文化微电影——歌颂中华大地河山诗词散文	何　江　陶金洪　张国丽
	18071	游子吟	河南城建学院	中华优秀传统文化微电影——优秀的传统道德风尚	杨兴玉　费敏燕　赵玉洁
	23905	一顾倾城	北京语言大学		游　爽　陈慧玲　江伊丽
	24043	茶韵	武汉体育学院	中华优秀传统文化微电影——自然遗产与文化遗产	李　蓓　韦俏丽　谢　欣
	24123	石头城·门	吉首大学		陈　芹　刘　雄　杜宏娜
	25257	广绣	广东外语外贸大学		李　蓉　蔡妍虹　丁　洁
	18878	中国病人	武汉理工大学	动漫游戏创意设计——动画	贺思敏　祝梦颖　曹　宇
	22984	叹茶	广东工业大学		黄　鹂　陈年利　丁敏真　黄艳花
	24601	坐落在瑶乡的儒家建筑——恭城文庙	广西师范大学		颜　越
	25181	Sunshine baby(阳光宝贝)	北京工业大学		杨金香　陈　月　郝　玥

续表

奖项	编号	作品名称	作品所属院校	作品类别	参赛学生
一等奖	20511	璀璨民族之百花齐放	东北大学	动漫游戏创意设计——数字平面与交互	樊 幸 张道海 周淑婷
	25406	四眉越狱记	东北大学		徐晓锦 李泽华 王凤琦 张冬辉 宋梦舒
	25499	100秒爱上武汉	华中师范大学	动漫游戏创意设计——数字影像	刘怡林 肖汝容 程 洁 李春竹
	20052	供氧	广东药学院	动漫游戏创意设计——游戏	李建森 巫宇欢 徐盈盈
	19719	麦东东在线商城——汇聚您的心思	东北大学	软件服务外包——电子商务(企业命题)	王章煜 黄为伟 邵彦恒 周 帅 张 俊
	24941	WiFi安全感知一体化平台	西安电子科技大学	软件服务外包——电子商务(自主命题)	敖世亮 邓 斌 刘 甜 贾 岩 黄河清
	21804	Prelude手写音乐创作系统	南京大学	软件服务外包——人机交互应用(自主命题)	陈若轻 陈 霖 梁晓雯
	25502	基于车联网的远程酒驾预警及控制系统	南昌大学	软件服务外包——物联网应用(自主命题)	闫 斌 王浩冲 陈 敏
	24651	移动输液系统开发	华东师范大学	软件服务外包——移动终端应用(企业命题)	王顾封 钱臻易 叶鹏飞 赵佾 岐迪
	25553	实景即时共享应用——eagle eyes	武汉理工大学		胡家琦 周 霖 蔡 奇
	19135	电脑防盗精灵	德州学院	软件服务外包——移动终端应用(自主命题)	姚百政 张少平 祝建华 吴伟杰 刘曰超
	24925	Uni微助手	上海财经大学		王西之 傅艺甜 李 妍 柯鸿鹏
	25519	未成年人案件信息特别管理系统	湖南大学		曹 璨 冯 云 李湘识

(撰稿人 何志武)

9.3 中国大学生公共关系策划大赛（2011—2015）

中国大学生公共关系策划大赛由中国国际公共关系协会主办，是目前国内唯一的全国性公共关系专业校园比赛。大赛秉承“探索实验，创新分享，发现人才，促进就业”的宗旨，旨在搭建公共关系产学研平台，促进公共关系学科发展，展现大学生综合素质，提高大学生就业能力。

大赛自2006年起每两年举办一届，至今已成功举办五届（见表9-5、表9-6、表9-7）。每届大赛结合国家社会所关注的热点问题制定主题与选题，面向全国及海外高校在读生（含硕士研究生）征集策划案，要求参赛者参照选题背景、现状和目的需求，充分运用各种公共关系策略、方法和工具，最大限度发挥创造力。

表9-5 **第三届中国大学生公共关系策划大赛获奖名单（2010）**

编号	奖项	团队	代表院校	主题	指导老师	新闻学子名单（队长+队员）	
1	金奖	Sun-Shine	中山大学	“汽车梦想，吉利起航”——2011—2012年吉利教育产业年度整体传播策划案	谭志昆	唐　艳	陈嘉敏　刁婷婷　刘美君　魏华东
2		红树林·密码	华中科技大学	化学让城市更美好——陶氏传播策划案	陈先红	徐　瑛	杨敏筠　肖映蓝　刘　莉　戴瑞廷
3		I CT	北京大学	陶氏化学“I CT”城市元素公关传播策划案	程曼丽	李　赛	张怡然　屈昕晨　蔡融融　王子风
4		Mad Man	中国传媒大学	“氏”外“陶”源——陶氏，你不可错过的最佳雇主	何　辉	王子君	刘冰洁　王怡文　闫　姝
5	银奖	FK公关	广东外语外贸大学	为您就业添燃料，为您职场添色彩	钟育赣	林　靖	占锐南　田瑞芮　罗碧裕　王瀚敏
6		秘制五仁	北京邮电大学	吉速人生	王　欢	张　颖	陶　涛　何玉梅　谢忆南　丁　铎
7		C. E	中南大学	天工开物 独创其dow	白　寅	吴凌峰	周洁莹　文一篇　范　俪

续表

编号	奖项	团队	代表院校	主题	指导老师	新闻学子名单（队长+队员）	
8	铜奖	Double	浙江传媒学院	用青春感动中国——湘西艺术基础教育行	马志强	张 艳	王 雪
9		Tri-angle	北京工商大学	吉大成，利天下——吉利集团2011年年年度公关策划案	公克迪	韩 乾	张 竹 李建佳 吴 雪 王天娇
10		浪潮团队	湖南理工学院	“龙舟载岳 遨游世界”	胡仁春	刘瑶俊	刘 洋 王潇玮 左文娇 张 平
11		德睿克	西南民族大学	“安”系留守，“利”行西部——2011安利关爱留守儿童温暖西部支教活动	刘 卉	张瑞卿	沈春成 杨槟榕 呼 艺 梁财姑
12		For Wins	上海外国语大学	志在我心 情动你我	丁朝晖	敖冬蕾	侯翔宇 徐雯婷 尤 超 赵婉婷
13		三颗牙齿	浙江大学城市学院	生态篮动力·吉利环保车队探险之旅	赛来西·阿不都拉	沈颖越	潘 洋 徐婷婷 应辛昱

表9-6 **第四届中国大学生公共关系策划大赛获奖名单（2012）**

编号	奖项	团队	代表院校	主题	指导老师	新闻学子名单（队长+队员）	
1	金奖	红树林·Miracle	华中科技大学	情燃创客 梦载江城——《创客》电影整合营销策划创意方案	陈先红 李华君	龚君楠	张 杨 张福莉 彭 凡 李星灿
2		G. D. M	中山大学	吉利制梦者	邓理峰 张 洁	张 琦	邱 心 叶舜尧 杨 洋
3		发光的橙子	国际关系学院	下一次消费，请为美丽负责	王晓晖	赵占杰	侯 达 黄 珊 张 睿 褚 笑
4		生如夏花	厦门大学	索梦——声动索尼·助飞梦想	陈经超	张 艳	刘 璨 周 瑄 祝敬宇 黄煊煊

续表

编号	奖项	团队	代表院校	主题	指导老师	新闻学子名单（队长+队员）	
5	银奖	纵力创想	清华大学	让爱流动，让流动儿童笑颜如花	董关鹏	蔡育恒	李云翔　黄昭华
6		CIA 团队	哈尔滨工程大学	《环形使者》LOOPER 大拯救计划中国地区推广活动	蔡文学	王子健	柳松子　李云鹏
7		大胡子公关	西安外国语大学	西安，因为爱情更悠长	寇紫遐 王佳炜	王玉娇	王闵楠　许凯伦 顾丽君　张　帆
8		皮影中国	西北民族大学	《爱在兰州》兰州城市品牌公关宣传策划案	张辉刚	高子平	陈贵袖　李聪丽 王娅茜　周　琢
9		爱阿不都拉	浙江大学城市学院	美丽循环——我们结婚吧	赛来西·阿不都拉	张继开	徐晓倩　楼杭丹 李恬憨　殳怿东
10		灵聚力	广西财经学院	美丽额度——欧莱雅 2013 年度可持续消费理念整合传播方案	杨丽萍	蒋林盛	潘　琳　黄梦婷 李嘉嘉　张文英
11		红树林·木棉合欢	华中科技大学	聚焦华中大·影响大中华——华中科技大学 60 年校庆之“树根精神”推广策划案	李华君 陈先红	邹雅筠	郑　馨　曾　伟 赵颖璎　夏曼曼
12	铜奖	AM ON MY WAY	上海师范大学	梦想成长 ING——安利温暖阳光季	叶茂康	崔默雯	刘雯婷　李亚洲 王梦岐　卢骏超
13		Time Machine	浙江传媒学院	爱故事，爱生活	朱丽峰	蔡立宇	蔡　筠　张冰洁 陈卿雯
14		新设会	三亚学院	Dreaming my dreams with you	白磊	汪晶	潘露茜　林鉴赟 王翊博
15		Different	香港浸会大学	人人慈善	陈怡如	时　擎	程　城　杨　紫 张　月　古　昕
16		品牌管家	北京邮电大学	爱心吉递	王　欢	张　凡	潘美娟　孙思远 冯晨　倪玮

续表

编号	奖项	团队	代表院校	主题	指导老师	新闻学子名单（队长+队员）	
17	铜奖	Legend	广东外语外贸大学	Love is always on the way——吉利微电影公关策划案	余 芳	吴敏璇	黄思明 唐志行
18		MISS FASHION	中央财经大学	美，在科学里遇见——欧莱雅公关策划书	李志军 王晓乐	刘 畅	张 园 张 卉 胡舟帆 范晓妍
19		五分之一	上海第二工业大学	环保地球 绿动你我——欧莱雅 2013 年度环保教育传播方案	徐明阳	从 雪	董玲玲 陆梦远 王璐 顾怡箐
20		Lapis	中国传媒大学	动画梦想季	邵华冬	关佩佩	黄芝媛 尚雪琰 苏洁琼 拉姆次仁
21		Victoria Dreaming	西南财经大学	小人文，大社会——Sony 海外学生交流计划项目公关策划方案	金元平	邓晓诗	王丽洁 孙小欢 黄海兰 杜雨霏
22		澳门高格文化传播	澳门科技大学	澳门科技大学之校园精神与校园文化对外传播策划案	陈先红 潘知常	李 志	方玉婵 黄亚雯 李文展 廖海艺
23	特别奖	CPPSU_雀巢	中国人民公安大学	中外警察文化交流	孙 娟	林耕仟	肖大为 何嘉琪 杨 帅 尤小刚

表 9-7 **第五届中国大学生公共关系策划大赛获奖名单（2015）**

编号	奖项	团队	代表院校	主题	指导老师	新闻学子名单（队长+队员）	
1	金奖	Kalevala	中山大学	“城市心房 基于微信平台的KONE品牌建设和传播方案	张 洁	陈 星	付格格 田 地 黄泽楷 刘一帜
2		RUC5 sisters	中国人民大学	运用公关策划吸引其他公司、团体、个人加入通力百年基金会发起的流动图书车项目，共同关爱打工子弟子女，帮助他们养成阅读习惯	张 迪	丁 琢	孟 蝶 荣怡媛 李忻蔚 杨若玉
3		厦门大学荔枝派	厦门大学	“京东派 · SO IN JOY”	陈经超 胡 悦	李 敢	刘恩会 叶小燕 毛海婷 杨宇星

续表

编号	奖项	团队	代表院校	主题	指导老师	新闻学子名单（队长+队员）	
4	银奖	红树林·π	华中科技大学	京东派，最有派的校园生活——京东π计划整合营销创意方案	陈先红	张福莉	吴　芳　冯立刚 刘坤叶　孟　杨
5		零点四一	华东师范大学	安利！这Yong精彩！	刘一川	宋珍珍	包婧元　黄雅芝 俞枫枫
6		北回归线	北京师范大学—香港浸会大学联合国际学院	美丽有sense——欧莱雅推广可持续包装项目	胡　帆 钱　超	张昕宇	吴韵璇　赵筝韵 马安苗　田大壮
7		Amélie	中山大学	美丽绽放—欧莱雅“美丽事业　美好人生”公益项目新媒体运营策划案	张　宁	刘学燕	赵钱英　朱一艺 李姝慧　陈丽颖
8		B221	华东师范大学	家乐福二十周年庆“一店一校一农场”项目	于　晶	高观芷	刘　羽　陈子溦
9	铜奖	青鸟	西南大学	“上行天下，益动未来”	周永康	周慧敏	张　晶　李明欣 邹瑞雪　林炫恩
10		5A	国际关系学院	“Young SAICer”上汽品牌口号推广——青年社群计划策划案	王晓晖	蔡翔宇	杨鹤达　张　典 张　智　何　达
11		桃木剑	中国人民大学	“从农田到餐桌”——以家乐福食品安全方面的努力与实践经验为背景，策划一整套推广家乐福食品安全理念及实践的年度整合方案	胡百精	高　涵	沈华文　覃熠璇 徐悦东　陈璐瑾
12		YES	中山大学南方学院	“安利，Show Your V”安利（中国）二十周年庆祝活动整体策划案	马倩颖	林思莹	陈思思　陈雨曦 庄锦文　李剑豪

续表

编号	奖项	团队	代表院校	主题	指导老师	新闻学子名单（队长+队员）	
13	铜奖	I'm Baymax	福建工程学院	“处女座”的健康美学——家乐福食品安全理念推广及实践的年度整合传播策划案	吴贤军	张芳芳	彭静　杨龙威 陈煜　陈香君
14		正青春	西北民族大学	桐乡——现代都市中的隐士	方　元 刘舒雯	许　娜	欧阳凯　杨国卿
15		We Five	北京邮电大学	以轴聚时，以星为光，京东，京动你的时光	王　欢	高发鑫	陈碧媛　江　航 周加颖　杜雨涵
16		Open	浙江传媒学院	风韵江南 颐养互联——品菊沁、抚丝情、游乌镇、居桐乡	马志强 张咏梅	马祥雨	吴胜玲　胡思成 李立东　徐旭升

（撰稿人　何志武）

第 10 章　专业与学科评估

10.1　新闻传播教育本科专业评估报告

新闻传播教育本科专业评估是在教育部组织实施的普通高等学校本科教学工作水平评估工作中进行的。评估工作以《中华人民共和国高等教育法》为依据，贯彻“以评促改，以评促建，以评促管，评建结合，重在建设”的基本原则。评估的目的是通过水平评估进一步加强国家对高等学校教学工作的宏观管理与指导，促使各级教育主管部门重视和支持高等学校的教学工作，促进学校自觉地贯彻执行国家的教育方针，按照教育规律进一步明确办学指导思想、改善办学条件、加强教学基本建设、强化教学管理、深化教学改革、全面提高教学质量和办学效益。

10.1.1　新闻传播教育本科专业评估工作的历史沿革

自 20 世纪 80 年代开始，我国已组织举行过多次本科教学评估。其中，大规模的评估活动是从 2003 年到 2008 年持续开展的高校本科教学评估。

1985 年，国家教委颁布《关于开展高等工程教育评估研究和试点工作的通知》，一些省市开始启动高校办学水平、专业、课程的评估试点工作。

1990 年，国家教委颁布《普通高等学校教育评估暂行规定》，就高教评估性质、目的、任务、指导思想、基本形式等作了明确规定，这是中国第一部关于高等教育评估的法规。

1993 年，根据《中华人民共和国高等教育法》和原国家教育委员会颁布的《普通高等学校教育评估暂行规定》的精神，原国家教委和现教育部对于全国普通高校，按照学校情况的不同，陆续开展了 3 种不同要求的本科教学工作的评估活动。从 1993 年开始，对 1976 年以来新建的，以本科教学为主要任务的普通高校，开展了本科教学工作的合格评估，要求这类高校的本科教学工作应达到合格水平。截至 2001 年年底，已评估了 178 所此类高校。

1994 年，国家教委开始有计划、有组织地实施对普通高等学校的本科教学工作水平评估。从发展过程来看，高等学校本科教学工作评估相继经历了三种形式：合格评估、优秀评估和随机性水平评估。

值得提出的是，1994 年，国家教委在杭州大学召开部分高校新闻学院院长、系主任会议，就全国高校新闻学专业开展专业评估工作进行讨论。这是有资料记载的中国新闻传播教育首次开展的一次大规模的专业评估活动。这次专业评估的内容构成包括五个方面：一是教学质量（包括课程设置、高级职称教师开课率、外语水准、计算机学习、专业学习、毕业论文水准、思想教育和学风建设），二是师资队伍（包括专业教师人数、师生比例、支撑结构、年龄结构、专业结构、教风和教师完成工作量），三是科研水平（包括课题项目、科研成果、学术活动、研究生培养），四是办学物质条件（包括实验设施、资料拥有、办学经费），五是社会评价（包括学生分配去向和用人单位评价等）。评估采用自我评估与专家评估、面上评估与定点评估相结合的办法，按照优、良、合格、不合格四个等级，由国家教委最后公布评估结果。

1995 年，对于进入“211 工程”的重点高校，开展了本科教学工作的优秀评估，要求这类高校的本科教学工作应达到优秀水平。截至 2001 年年底，已评估了 16 所此类高校。

1997 年，对办学历史较长，以本科教学为主要任务的高校，开展本科教学工作的随机性水平评估，其结论将分为优秀、良好、合格与不合格四种情况。截至 2001 年，教育部对 26 所此类高校开展了试点评估。

2002 年，教育部将合格评估、优秀评估和随机性水平评估三种方案合并为一个方案，即《普通高等学校本科教学工作水平评估方案》。普通高等学校本科教学工作水平评估的结论分为优秀、良好、合格和不合格四种。

2003 年，教育部在《2003—2007 年教育振兴行动计划》中明确提出实行“五年一轮”的普通高等学校教学工作水平评估制度。

2003 年，教育部针对高职高专院校制定了人才培养工作水平评估方案，开始对 26 所高职高专院校进行试点评估。

2004 年，教育部重新颁发了经过修订的《普通高等学校本科教学工作水平评估方案（试行）》，对评估指标体系进行了全面细致的制定并提出了新的要求。

2004 年 8 月，教育部高等教育教学评估中心正式成立。建立五年一轮的评估制度及成立评估中心，标志着中国高等教育的教学评估工作开始走向规范化、科学化、制度化和专业化的发展阶段。

2011 年，教育部颁布了《教育部关于普通高等学校本科教学评估工作的意见》，确定了以学校自我评估为基础，以院校评估、专业认证及评估、国际评估和教学基本状态数据常态监控为主要内容的高等教育教学评估顶层设计。

2012 年年初，教育部下发《普通高等学校本科教学工作合格评估实施办法》、《普通高等学校本科教学工作合格评估指标体系》，新一轮评估方案和实施办法基本确定。

2013 年 12 月，教育部发布《普通高等学校本科教学工作审核评估方案》，开始实施“2014—2018”新一轮 5 年评估工作。

总的来看，进入新世纪以后，新闻传播教育本科教学评估工作已经完全纳入教育部制定的“五年一轮”的评估体系之中，已形成了一个比较常态化的管理和运行机制。在经过“2003—2008 年”和“2009—2013 年”两次大规模的评估之后，目前正在开展“2014—2018 年”第三次大规模的教学评估工作。

10. 1. 2 新闻传播教育本科专业评估的工作形式与主要范围

新闻传播教育本科专业评估的工作形式主要有两种：一是上述由教育部牵头指导的“五年一轮”的评估形式，一般由教育部统筹协调制定审核评估总体方案及规划，指导监督审核评估工作，是一种典型的“官方审核与评估”形式。二是由教育部新闻传播学类教学指导委员会牵头的教学评估，后者是教育部聘请并领导的专家组织，具有非常设学术机构的性质，接受教育部的委托，开展高等学校本科教学的研究、咨询、指导、评估、服务等工作，属于半官方色彩的“专业内评估”形式。近年来，在一些地方也成立本区域的教学指导委员会。例如 2013 年，广东省就成立了首届新闻传播学类教学指导委员会。广东省成立教学指导委员会的主要目的是：加强本省高校新闻传播学类专业教学工作的宏观指导和服务，推动新闻院系深化教学改革，规范教学实施，提高教学质量和教学水平，充分发挥教授、媒体专家和专业人员对全省新闻传播类专业教学工作的指导、咨询、协调、督导等作用。

经过多年的积累和发展，包括新闻传播教育本科专业评估在内的教学评估范围及测评指标日益完善。以 2013 年最新颁布实施的《普通高等学校本科教学工作审核评估方案》为例，其明确规定了高校本科专业评估的范围有：学校的定位与目标、师资队伍、教学资源、培养过程、学生发展、质量保障以及学校自选特色等方面，涵盖学校的办学定位及人才培养目标，教师及其教学水平和教学投入，教学经费、教学设施及专业和课程资源建设情况，教学改革及各教学环节的落实情况，招生就业情况、学生学习效果及学风建设情况，质量保障体系的建设及运行情况等。除“自选特色项目”以外，其具体指标包括 6 大类审核项目，24 种审核要素，以及 64 条审核要点。①

10.1.3　新闻传播教育本科专业评估的主要结果及存在的问题

教育部统一指导的教学评估结果一般是以“学校整体评估”形式向社会定期公布，没有进一步的分专业的详细评估结果公布，但在评估过程中所在学校的所有本科专业都要进入评估程序，因此“学校整体评估”结果可以作为具体专业评估结果的重要参数。

2001 年开始进行评估结果的发布，在 25 所高校参加的评估中，有河北大学等 8 所大学被评为优秀。

2002 年有 32 所高校参加评估，苏州大学等 13 所大学被评为优秀，成都理工大学等 7 所大学被评为良好，安徽技术师范大学等 12 所大学被评为合格。

2003 年，教育部正式开始高校本科教育评估的“第一轮五年评估”，有 42 所高校参加了评估，上海大学等 20 所学校被评为优秀，首都经济贸易大学等 19 所学校被评为良好，鞍山师范学院等 3 所学校被评为合格。

2004 年，有 54 所大学参加评估，大连理工大学等 30 所大学被评为优秀，北京第二外国语学院等 19 所大学被评为良好，井冈山学院等 5 所大学被评为合格。

2005 年，有 75 所大学参加了评估，兰州大学等 43 所大学被评为优秀，吉林师范学院等 28 所学校被评为良好，上饶师范学院等 4 所学校被评为合格。

2006 年，有 133 所高校参加了评估，中国人民大学等 100 所高校被评为优秀，北京联合大学等 24 所高校被评为良好，嘉兴学院等 9 所高校被评为合格。

2007 年，有 198 所高校参加了评估，北京大学等 160 所大学被评为优秀，唐山师范学院等 38 所大学被评为合格。

2008 年，有 87 所高校参加了评估，北京师范大学等 71 所高校被评为优秀，廊坊师范学院等 16 所高校被评为良好。

从 2003 年到 2008 年，教育部组织完成了对第一轮共计 589 所高校的本科教学评估工作。该轮 589 所高校评估结果的统计，总的优秀率、良好率、合格率、不合格率分别为 71.9%、24.4%、0.37%、0。

2009—2013 年，教育部进行了第二轮本科教育评估，基本完成了未参加第一轮评估的所有学校的本科教育评估工作。此轮评估有少部分学校未能通过合格评估而进入整改程序。由此观之，绝大多数进入评估的学校的新闻传播专业顺利完成了本专业的合格

① 教育部：《教育部关于开展普通高等学校本科教学工作审核评估的通知》，参见 http://www.moe.edu.cn/publicfiles/business/htmlfiles/moe/s7168/201312/160919.html，2013 年 12 月 5 日。

评估。

然而，对新闻传播学科而言，更有直接意义的评估结果还是教育部教学指导委员会的最新结果。教育部新闻传播学专业教学指导委员会最新编制的一份报告显示，截至2014年全国范围内（不含港澳台地区），约有637所高校开设有新闻传播学类专业，覆盖编辑出版学、传播学、广播电视新闻学、广告学、网络与新媒体、新闻学、数字出版七大新闻传播类本科专业，专业布点在全国共计1073个。全国新闻传播学类专业在全国共有专职教师至少6900余名，在校本科生超过14万人，就业率普遍较高，毕业生首选的就业去向是企事业单位，其次是媒体。然而，报告同时指出，虽然我国新闻传播教育事业近些年来发展迅速，但一些高校仍存在学科总体建设重视不够、教学特色不明显、院系结构不合理、课程设置不够完善、师资力量有待加强、科研经费投入不够、硬件水平落后、新闻传播实践教学不够规范等问题。① 这些问题有的是整个新闻传播教育界的问题，有的则是一些高校和院系自身发展所累积形成的问题。

10.1.4 新闻传播教育本科专业评估继续进行

教育部2013年12月颁布《普通高等学校本科教学工作审核评估方案》，决定在2014—2018年进行新一轮审核评估。审核评估是在我国高等教育新形势下，总结已有评估经验，在借鉴国外先进评估思想的基础上，提出的新型评估模式，核心是对学校人才培养目标与培养效果的实现状况进行评价，旨在推进人才培养多样化，强调尊重学校办学自主权，体现学校在人才培养质量中的主体地位。

该轮审核评估实行中央和省级政府分级负责，各省、自治区、直辖市教育行政部门应按照《普通高等学校本科教学工作审核评估方案》的规定和要求，结合本地区高等教育发展需要，制定本地区所属高等学校审核评估具体方案和评估计划。中央部委所属高等学校的审核评估由教育部高等教育教学评估中心负责实施。要充分发挥第三方评估的作用，先行试点，逐步推开，有计划、有步骤地组织实施高等学校的审核评估工作。

该轮审核评估的对象包括，凡参加普通高等学校本科教学工作水平评估获得“合格”及以上结论的高校均应参加审核评估。参加普通高等学校本科教学工作合格评估获得“通过”结论的新建本科院校，5年后需参加审核评估。

（撰稿人　李惠民　刘晓程）

---

① 中国社会科学院新闻与传播研究所：《中国新闻传播学年鉴·2015》中“中国新闻教育事业2014年度发展报告”，中国社会科学出版社2015年版。

10.2　专业硕士评估

我国自 1991 年开始实行专业学位教育制度以来，经过二十几年的建设，专业学位教育发展迅速，取得了显著成绩。新闻与传播硕士专业学位英文名称为“Master of Journalism and Communication”，简称 MJC；其是相对于学术性学位（academic degree）而言的学位类型，其目的是培养具有扎实理论基础，并适应特定行业或职业实际工作需要的应用型高层次专门人才。新闻与传播专业学位与新闻传播学学术性学位处于同一层次，培养规格各有侧重，在培养目标上有明显差异。学术性学位以学术研究为导向，偏重理论和研究；而专业学位以新闻传播专业实践为导向，重视实践和应用，培养在专业和专门技术上受到正规的、高水平训练的新闻与传播高层次人才。

根据国务院学位委员会《关于转发学位授权点专项评估工作方案的通知》（学位办【2014】42 号）和《2014 年新闻与传播硕士专业学位授权点专项评估工作方案》的要求，2015 年 1 月，全国新闻与传播专业学位研究生教育指导委员会（以下简称“专硕教指委”）制定了《2015 年新闻与传播硕士专业学位授权点专项评估工作方案》，并根据这一工作方案，对 2010 年获得授权的 48 个新闻与传播硕士专业学位授权点开展了专项评估工作。

此次评估是新闻与传播硕士专业学位授权点的首次评估，对保证学位授权点和新闻与传播专业学位研究生教育质量具有重要作用。评估项目主要是检查学位授权点研究生培养体系的完备性，包括师资队伍建设、培养方案与课程建设、培养制度建设、培养基地建设、实训条件以及培养效果等。

评估专家由专硕教指委委员以及 2010—2011 年获得授权的新闻与传播硕士专业学位授权点主要负责人组成，最终专家组成员名单由专硕教指委秘书处商议确定。

2015 年 10 月中下旬，先后开展了通讯评估和会议评估工作。10 月底至 11 月初由评估专家开展实地考察。11 月中下旬，专硕教指委召开全体委员会议，讨论通讯评估及实地考察结果。并将最终评估结果上报国务院学位委员会办公室。

据了解，此次参评的 48 个新闻与传播专业学位授权点均为合格，如表 10-1 所示：

表 10-1　　**48 个新闻与传播硕士专业学位授权点专项评估结果**

序号	学位授予单位名称	学科名称	评估结果
1	北京大学	新闻与传播硕士	合格

续表

序号	学位授予单位名称	学科名称	评估结果
2	中国人民大学	新闻与传播硕士	合格
3	清华大学	新闻与传播硕士	合格
4	北京师范大学	新闻与传播硕士	合格
5	中国传媒大学	新闻与传播硕士	合格
6	南开大学	新闻与传播硕士	合格
7	天津师范大学	新闻与传播硕士	合格
8	河北大学	新闻与传播硕士	合格
9	山西大学	新闻与传播硕士	合格
10	内蒙古大学	新闻与传播硕士	合格
11	辽宁大学	新闻与传播硕士	合格
12	吉林大学	新闻与传播硕士	合格
13	东北师范大学	新闻与传播硕士	合格
14	黑龙江大学	新闻与传播硕士	合格
15	复旦大学	新闻与传播硕士	合格
16	上海交通大学	新闻与传播硕士	合格
17	华东师范大学	新闻与传播硕士	合格
18	上海大学	新闻与传播硕士	合格
19	南京大学	新闻与传播硕士	合格
20	苏州大学	新闻与传播硕士	合格
21	南京师范大学	新闻与传播硕士	合格
22	浙江大学	新闻与传播硕士	合格
23	安徽大学	新闻与传播硕士	合格
24	中国科学技术大学	新闻与传播硕士	合格
25	厦门大学	新闻与传播硕士	合格
26	南昌大学	新闻与传播硕士	合格
27	江西师范大学	新闻与传播硕士	合格
28	山东大学	新闻与传播硕士	合格
29	山东师范大学	新闻与传播硕士	合格

续表

序号	学位授予单位名称	学科名称	评估结果
30	郑州大学	新闻与传播硕士	合格
31	河南大学	新闻与传播硕士	合格
32	武汉大学	新闻与传播硕士	合格
33	华中科技大学	新闻与传播硕士	合格
34	华中师范大学	新闻与传播硕士	合格
35	湖南大学	新闻与传播硕士	合格
36	湖南师范大学	新闻与传播硕士	合格
37	暨南大学	新闻与传播硕士	合格
38	广西大学	新闻与传播硕士	合格
39	重庆大学	新闻与传播硕士	合格
40	西南政法大学	新闻与传播硕士	合格
41	四川大学	新闻与传播硕士	合格
42	电子科技大学	新闻与传播硕士	合格
43	云南大学	新闻与传播硕士	合格
44	西北大学	新闻与传播硕士	合格
45	西安交通大学	新闻与传播硕士	合格
46	陕西师范大学	新闻与传播硕士	合格
47	兰州大学	新闻与传播硕士	合格
48	新疆大学	新闻与传播硕士	合格

（撰稿人　陈开和）

10.3　博士点建设评估

根据国务院学位委员会、教育部《关于开展 2014 年学位授权点专项评估工作的通知》（学位 2014［17］号）的要求，2009—2011 年获得授权的学术学位授权点和专业学位授权点参与了学位授权点评估。应参加评估的学位授权点共计 2296 个，其中学术学位授权点381个、专业学位授权点1915个（含311个工程专业学位领域），涉及78个一级学科、37个专业学位类别、447个学位授予单位。

2014年学位授权点专项评估结果经国务院学位委员会第32次会议审议通过。根据评估结果，不合格的4个博士学位点、4个硕士学位点、42个专业学位点被撤销。

据介绍，根据专家评议意见，2097个学位授权点评估结果认定为“合格”；95个学位授权点评估结果认定为“限期整改”，其中博士学位授权点5个、硕士学位授权点90个；50个学位授权点评估结果认定为“不合格”，其中博士学位授权点5个、硕士学位授权点45个。此外，有54个学位授权点，学位授予单位主动提出放弃授权（其中，有13个学位授权点已在2015年动态调整试点中撤销学位授权）。

在新闻传播学学科中，参与本次学位授权点评估的博士点共有河北大学、山东大学两所高校。其中，河北大学新闻传播学博士学位授权学科评估结果为合格，山东大学新闻传播学博士学位授权学科评估结果为限期整改。

在新闻传播学硕士一级学科评估中，北京交通大学、北京外国语大学、中山大学、广西艺术学院、新疆财经大学5所高校的新闻传播学硕士学位授权学科评估结果为合格，首都师范大学的新闻传播学硕士学位授权学科的评估结果为不合格。

根据教育部文件精神，评估结果为“限期整改”的学位授权点，自发文之日起进行为期2年的整改，2016年招生工作结束后暂停招生。整改结束后接受复评，复评结果为“合格”的恢复招生，复评结果达不到“合格”的撤销学位授权。评估结果为“不合格”的学位授权点，自发文之日起撤销学位授权，5年之内不得重新申请。

（撰稿人　张　昆）

10.4　一级学科评估

学科评估（China Discipline Ranking，CDR）是指一级学科整体水平评估，简称学科评估。学科评估由高等学校与科研院所学位与研究生教育评估所（现改为教育部学位与研究生教育发展中心）组织。截至2015年12月，教育部一共开展了3次全国性学科评估，各高校按照自愿申请参评的原则，采用客观评价与主观评价相结合的方式，所需数据由相关政府部门、社会组织公布的公共数据和参评单位报送的材料构成。

2002—2004年，教育部开展了第一轮学科评估，共有9所院校参加了“新闻传播学”学科评估。当时，全国具有一级学科博士学位授予权的单位有 4 个，参加评估的有 2 个，分别为中国人民大学和复旦大学的新闻传播学学科；具有博士学位授予权的单位有 3 个，参加评估的有 2 个，分别为清华大学和华中科技大学的新闻传播学学科；还有 5 个具有该学科硕士学位授予权的单位也参加了评估，分别为厦门大学、暨南大学、四川大学、北京印刷学院和广西大学的新闻传播学学科。第一轮评估中，中国人民大学新闻传播学学科整体水平评分最高，为 98 分。复旦大学、清华大学、华中科技大学和厦门大学新闻传播学学科整体水平评分排在 2~5 位，分别为 90. 8 分、76. 4 分、71. 2 分、70. 1 分。中国人民大学在科学研究、人才培养和学术声誉等指标排名上均为第一，复旦大学在学术队伍方面排名第一。清华大学在学术队伍、科学研究、学术声誉等方面具有较好的水平，华中科技大学在人才培养和学术声誉等方面体现出较强的竞争力（见表 10-2）。

表 10-2　**第一轮学科评估参评学校排名**

单位名称	整体水平排名	整体水平评分	学术队伍排名	学术队伍评分	科学研究排名	科学研究评分	人才培养排名	人才培养评分	学术声誉排名	学术声誉评分
中国人民大学	1	98. 0	2	90. 00	1	100. 00	1	100. 00	1	100. 00
复旦大学	2	90. 8	1	100. 00	2	89. 04	2	77. 37	2	98. 97
清华大学	3	76. 4	3	75. 88	3	78. 07	4	63. 26	3	88. 04
华中科技大学	4	71. 2	7	70. 71	6	66. 84	3	63. 59	4	84. 35
厦门大学	5	70. 1	4	74. 55	5	67. 93	6	61. 91	5	77. 12
暨南大学	6	70. 0	5	74. 19	4	67. 97	5	62. 46	6	76. 68
四川大学	7	67. 6	6	73. 18	7	66. 56	7	61. 62	7	70. 33
北京印刷学院	8	61. 1	8	64. 86	8	60. 36	9	60. 00	9	60. 00
广西大学	9	61. 0	9	60. 00	9	60. 00	8	61. 05	8	62. 95

2006—2008 年，教育部开展了第二轮的学科评估工作。新闻传播学学科于 2008 年完成。在全国高校中具有“博士一级”授权的单位共 6 个，均参与评估；具有“博士点”授权的单位共 8 个，参评 5 个；具有“硕士一级”授予权的单位有 28 个，参评 12 个；具有“硕士二级”授予权的单位有 70 个，参评 8 个。全国高校共有 31 个单位参评，平均得分为 69 分。排名前 10 位的学科分别为中国人民大学、中国传媒大学、复旦

大学、清华大学、武汉大学、浙江大学、北京大学、南京大学、华中科技大学、厦门大学，这 10 所高校的平均得分为 75 分，明显高于所有参评高校的平均得分。其中，中国人民大学、中国传媒大学和复旦大学整体水平评分名列前三甲，分别为 85 分、83 分、83 分，其余的高校整体评分均在 80 分以下（见表 10-3）。

表 10-3　　**第二轮学科评估参评学校整体水平排名**

学校代码及名称	整体水平	
	排名	得分
10002 中国人民大学	1	85
10033 中国传媒大学	2	83
10246 复旦大学		
10003 清华大学	4	75
10486 武汉大学		
10335 浙江大学	6	73
10001 北京大学	7	72
10284 南京大学		
10487 华中科技大学		
10384 厦门大学	10	70
10252 上海理工大学	11	69
10559 暨南大学		
10248 上海交通大学	13	68
10610 四川大学		
10065 天津师范大学	15	66
10269 华东师范大学		
10532 湖南大学		
10053 中国政法大学	18	65
10285 苏州大学		
10459 郑州大学		
10497 武汉理工大学		
10652 西南政法大学		

续表

学校代码及名称	整体水平	
	排名	得分
10247 同济大学	23	64
10491 中国地质大学		
10593 广西大学		
10611 重庆大学		
10681 云南师范大学		
10718 陕西师范大学		
10730 兰州大学		
10140 辽宁大学	30	63

2012 年，教育部学位与研究生教育发展中心开展第三轮一级学科评估，新闻传播学学科共有 48 个学位授予单位自愿申请参评。其中，博士授权学科 15 个，硕士授权学科 33 个。全国高校中，“国家重点学科”参评率为 100%，“博士一级学科”参评率为 93. 3%。未参评的“博士一级学科”高校有：山东大学。参评的 48 所高校平均得分为 72 分。排名前十的学科分别为中国人民大学、中国传媒大学、复旦大学、武汉大学、清华大学、华中科技大学、四川大学、北京大学、暨南大学、上海交通大学，这 10 所高校的平均得分为 83. 6 分。通过聚类分析发现，拥有国家重点学科的中国人民大学、中国传媒大学和复旦大学平均得分为 91. 3 分；其余拥有博士一级学科授权点的 14 所高校平均得分为 81. 1 分，拥有硕士一级学科授权点的学校平均得分为 68. 7 分。与第二轮评估相比，第三轮评估中，新闻传播学学科整体水平评分出现了一些变化，中国传媒大学依靠其学科群优势提升了排名，与中国人民大学并列第一。华中科技大学和四川大学分别从第 7 名和第 13 名提升到并列第 4 名（见表 10-4）。

表 10-4　　**第三轮学科评估参评学校整体水平排名**

学校代码及名称	学科整体水平得分
10002　中国人民大学	92
10033　中国传媒大学	
10246　复旦大学	90

续表

学校代码及名称	学科整体水平得分
10486　武汉大学	84
10003　清华大学	81
10487　华中科技大学	
10610　四川大学	
10001　北京大学	79
10559　暨南大学	
10248　上海交通大学	77
10280　上海大学	
10335　浙江大学	
10269　华东师范大学	75
10284　南京大学	
10384　厦门大学	
10075　河北大学	73
10319　南京师范大学	
10532　湖南大学	
10015　北京印刷学院	71
10357　安徽大学	
10475　河南大学	
10718　陕西师范大学	
10252　上海理工大学	70
10459　郑州大学	
10652　西南政法大学	
10697　西北大学	
10270　上海师范大学	69
10271　上海外国语大学	
10730　兰州大学	

续表

学校代码及名称	学科整体水平得分
10030　北京外国语大学	68
10053　中国政法大学	
10065　天津师范大学	
10520　中南财经政法大学	
10611　重庆大学	
10635　西南大学	
10019　中国农业大学	66
10052　中央民族大学	
10126　内蒙古大学	
10140　辽宁大学	
10200　东北师范大学	
10272　上海财经大学	
10294　河海大学	
10337　浙江工业大学	
10491　中国地质大学	
10616　成都理工大学	
10681　云南师范大学	
11799　重庆工商大学	
10167　渤海大学	63

（撰稿人　张　昆）

第 11 章　科学研究与交流

11.1　概　　述

科学研究的成果是衡量一个学科发展和成熟的重要标准。获得国家基金资助的科研项目不仅在一定意义上代表着该领域科研成果的最高水平，也体现了该学科的学术价值、文化价值和社会价值。

在我国新闻学与传播学研究领域，一定时期内评审立项的国家社会科学基金项目、教育部人文社会科学基金项目和国家新闻出版广播电视总局科研项目，是该领域高级别课题资助项目的代表，可在一定程度上折射出同期新闻学与传播学研究的基本内容与方向。同时，入选国家哲学社会科学成果文库和获得教育部人文社会科学奖的研究成果，代表着新闻学与传播学研究的风向标，综合、敏锐地体现了同期新闻学与传播学这一学科领域内研究的发展前沿和最新动向。

在 2010—2015 年期间，我国新闻学与传播学的科研成果可谓硕果累累：在立项总量上，国家社科基金项目的立项数量呈持续增加的态势，教育部人文社科基金项目的立项数量略有减少；在项目类别上，不仅主要项目类别立项稳中有升，且国家社科基金项目呈现出对一般项目和青年项目的适当倾斜；在获奖数量上，高等学校科学研究优秀成果奖（人文社会科学）的数量逐届增加，近两届基本稳定；在研究内容上，关于网络社会、媒介融合、舆论引导等的策略类研究日益增加，反映了学界对业界转型的关注，研究内容显现出多元化、跨学科、前沿性和战略性的特征。

续表

序号	项目名称	负责人	工作单位	项目类别
37	网络环境下新闻聚合的版权及相关法律问题研究	周艳敏	北京印刷学院	一般项目
38	基于有效竞争理论的中国传媒规制绩效实证研究	易旭明	上海师范大学	一般项目
39	中国出版业“走出去”政策措施优化研究	潘文年	浙江工商大学	一般项目
40	20 世纪中国播音史史料学研究	马玉坤	中国传媒大学	一般项目
41	电视媒体与新媒体融合发展战略研究	王长潇	北京师范大学	一般项目
42	基于纪录片的我国主流意识形态话语体系构建与传播研究	刘忠波	南开大学	一般项目
43	民国广播事业史研究	谢鼎新	南京财经大学	一般项目
44	新媒体环境下党的宣传机制扁平化研究	李　珮	西南政法大学	一般项目
45	大数据时代青少年网络政治参与的有序机制研究	燕道成	湖南师范大学	一般项目
46	大数据时代个人数据法律保护研究	邵国松	上海交通大学	一般项目
47	新媒体视角下传播伦理从职业伦理到公民伦理的演变研究	张咏华	上海大学	一般项目
48	基于大数据背景的城市品牌传播与管理研究	刘明洋	山东大学	一般项目
49	“早期肺癌筛查计划”传播策略与政策实践研究	庞慧敏	山西大学	一般项目
50	4G 时代媒体立体监管体系与模式研究	郭媛媛	首都经济贸易大学	一般项目
51	新传播环境下医患有效沟通的新模式及其实现路径研究	高丽华	北京工商大学	一般项目
52	图像传播与中国文化价值输出策略研究	陈红玉	北京市社会科学院	一般项目
53	社交媒体“话题”功能及其“热点话题”扩散研究	魏少华	商丘师范学院	一般项目
54	移动终端谣言传播与社会认同影响及对策研究	雷　霞	中国社会科学院	一般项目
55	基于大数据分析的社交媒体社会动员机制研究	刘　静	武汉体育学院	一般项目

续表

序号	项目名称	负责人	工作单位	项目类别
56	网络公共事件中的集体行动框架研究	佘文斌	安徽大学	一般项目
57	网络时代“共意性社会运动”的媒介动员机制研究	郭小安	重庆大学	一般项目
58	藏疆公民政治认同视角下现代民族政治传播体系建构：基于中美涉藏涉疆报道的比较研究	杨嘉嵋	四川省社会科学院	一般项目
59	媒介融合背景下西部民族地区重大突发事件中的舆论引导与博弈策略研究	张硕勋	兰州大学	一般项目
60	我国藏区的健康传播与青少年发展研究	李东平	西南民族大学	一般项目
61	新疆少数民族地区宗教人士媒介接触、使用与国家认同研究	封兴中	喀什师范学院	一般项目
62	新媒体背景下的新疆健康传播与少数民族青少年健康行为优化研究	刘　红	新疆财经大学	一般项目
63	新媒体环境下维吾尔族社会认同话语框架及建构策略研究	卢晓华	新疆大学	一般项目
64	中缅沿边境民族地区新媒体传播下的公众舆论引导研究	王天志	云南师范大学	一般项目
65	互联网对乡村社会价值观变迁影响的研究	王朋进	中国农业大学	一般项目
66	健康传播与自闭症儿童的社会发展研究	黄月琴	湖北大学	一般项目
67	新型城镇化背景下农村社区现代传播体系构建研究	冯菊香	玉林师范学院	一般项目
68	互联网“圈子”视阈下的危机传播机理与治理研究	王玉琦	江西财经大学	一般项目
69	媒体融合背景下提升党报对农传播新平台传播力研究	冉明仙	长江师范学院	一般项目
70	网络社会国家认同形成机制及其危机预警与应对研究	邓惟佳	上海外国语大学	一般项目
71	微信舆论的传播特征、机制及舆论生态多维治理研究	陆高峰	浙江理工大学	一般项目

续表

序号	项目名称	负责人	工作单位	项目类别
72	网上舆论斗争的核心理论与实务方法研究	高红玲	国际关系学院	一般项目
73	新媒体时代公共舆论中的表达理性研究	胡百精	中国人民大学	一般项目
74	新型主流媒体与国家意识形态传播研究	顾亚奇	北京大学	一般项目
75	政治传播与主流意识形态话语体系构建研究	施惠玲	北京交通大学	一般项目
76	海峡两岸数字公共领域与文化认同研究	谢清果	厦门大学	一般项目
77	互联网时代的集体记忆与国家认同研究	黄卫星	中国科学院	一般项目
78	新媒体语境下政治认同的建构路径研究	张　健	苏州大学	一般项目
79	基于行为和关系大数据的网民识别和舆情研判	钟智锦	中山大学	一般项目
80	家庭传播学视域下的青少年网络风险防范与引导研究	朱秀凌	闽南师范大学	一般项目
81	手机依赖对青少年社会化的影响及对策研究	党静萍	西安交通大学	一般项目
82	网络集群行为中的民粹主义话语传播及有效引导研究	刘建新	三峡大学	一般项目
83	网络素养教育视角下的青少年网络成瘾及干预策略研究	王国珍	岭南师范学院	一般项目
84	基于社交网络的青少年新媒介素养与公民责任意识培育研究	荣建华	武汉纺织大学	一般项目
85	青少年网络使用、网络素养对网络沉迷影响及预防机制研究	武文颖	大连理工大学	一般项目
86	新媒体环境下中国参与建构全球媒介伦理的路径研究	牛　静	华中科技大学	一般项目
87	新媒体视角下的传播伦理研究	王金礼	四川外国语大学	一般项目
88	政治与技术双重动因下的中国网络媒介形态演变机制研究	赵云泽	中国人民大学	一般项目
89	社会化媒体视阈下的城市传播研究	李　明	江汉大学	一般项目

续表

序号	项目名称	负责人	工作单位	项目类别
90	增强我国藏区媒体对境外藏胞传播的针对性和影响力研究	韩　洪	电子科技大学	一般项目
91	“丝路精神”下中国国家形象在东盟国家的传播策略研究	罗　幸	广西艺术学院	一般项目
92	新媒体语境下的环境传播与国家形象研究	赵　莉	浙江传媒学院	一般项目
93	上海新生代农民工广告接触的相对剥夺感影响研究	张殿元	复旦大学	一般项目
94	我国司法公信力建设中的传媒角色与全媒体传播策略研究	王天铮	中国政法大学	一般项目
95	转型社会媒介寻租与政府规制研究（1978—2014）	潘祥辉	华东师范大学	一般项目
96	大数据与中国广告产业发展研究	张金海	武汉工商学院	一般项目
97	大数据与中国广告产业集约化发展研究	颜景毅	郑州大学	一般项目
98	中国网络广告发展史（1997—2016）	王凤翔	中国社会科学院	一般项目
99	国际传播背景下的动画作品价值观输出、传播及影响研究	赵小波	湖南商学院	一般项目
100	网络自制视听节目的全平台柔性干预治理模式研究	周　笑	复旦大学	一般项目
101	我国新媒体视频监管体制创新研究	邓年生	南昌大学	一般项目
102	中国网络视频生产模式及管理研究	曹书乐	清华大学	一般项目
103	广告“积极传播”与新世纪中国社会消费转型研究	黄也平	吉林大学	一般项目
104	网络游戏中的国家文化安全维护研究	李　华	西南政法大学	一般项目
105	反腐败议题的中国媒介话语构建研究	刘　怡	上海交通大学	青年项目
106	移动舆论场重构与记者职业网络流动的关系研究	瞿旭晟	上海理工大学	青年项目
107	中国近代报刊阅读史及其史料库建设（1815—1919）	卞冬磊	南京师范大学	青年项目
108	中国近代广告史史料整理与研究（1840—1949）	杜艳艳	浙江工业大学	青年项目

续表

序号	项目名称	负责人	工作单位	项目类别
109	新媒体背景下数据新闻的生产与传播策略研究	肖　倩	北京印刷学院	青年项目
110	争议性新闻事件中的专家参与研究	褚金勇	郑州大学	青年项目
111	中国军事新闻发布传播效果研究	魏　超	解放军南京政治学院	青年项目
112	基于绩效评价的我国数字出版盈利模式研究	刘一鸣	湘潭大学	青年项目
113	基于媒介融合的版权许可制度创新研究	彭桂兵	华东政法大学	青年项目
114	台湾地区媒体转型历程、困境与反思研究	方　苏	中南民族大学	青年项目
115	基于媒介融合的传媒数据库建设与应用研究	张振宇	华中师范大学	青年项目
116	媒介融合视域下编辑理论创新研究	段乐川	河南大学	青年项目
117	中国共产党反腐败传播历史研究（1921—2020）	姬德强	中国传媒大学	青年项目
118	大数据时代网络舆情与网络社会治理研究	李　彪	中国人民大学	青年项目
119	公共安全视角下网络舆情风险建模与对策研究	兰月新	武警部队学院	青年项目
120	基于大数据内容分析的新媒体时代公共舆论中的表达理性框架研究	党明辉	西北大学	青年项目
121	媒体融合背景下舆论形成与扩散的网络门槛研究	王成军	南京大学	青年项目
122	微信公共事件的元事件模型建构与舆论引导策略研究	王　虎	山东师范大学	青年项目
123	新闻解释与新闻舆论引导功能建构研究	覃　岚	湘潭大学	青年项目
124	大众传媒与新生代农民工再社会化研究	黄俊华	河南工业大学	青年项目
125	民族自治地区传播网络构建及参与式传播模式研究	张学霞	北方民族大学	青年项目
126	边疆地区突发事件网络舆情信息二维预警指标体系与监测平台研究	王朝霞	西藏大学	青年项目

续表

序号	项目名称	负责人	工作单位	项目类别
127	中越边境地区对越战略传播体系构建面临的问题与对策研究	王琳琳	云南民族大学	青年项目
128	东北新农村文化建设中的虚拟博物馆研究	耿　阳	大连理工大学	青年项目
129	青少年新媒体健康信息行为研究	宋美杰	福建师范大学	青年项目
130	新型城镇化进程中农村地区信息传播能力提升策略研究	冯　献	北京市农林科学院	青年项目
131	新媒体对公众文化创造力影响研究	王欢妮	西南科技大学	青年项目
132	香港媒体对“自由行”议题的话语构建与国家认同研究	陈　薇	湖北大学	青年项目
133	当代媒介生态环境下增进香港青年国家认同研究	李　莹	深圳大学	青年项目
134	怀旧社会学视角下两岸三地民众数字化集体记忆与认同重构研究	刘于思	浙江大学	青年项目
135	器物文化传播对中国国家形象影响机制研究	李松杰	景德镇陶瓷学院	青年项目
136	丝绸之路经济带建设中的国家形象传播研究	周宏刚	陕西师范大学	青年项目
137	新媒体语境下国家形象传播的话语策略研究	路　璐	南京农业大学	青年项目
138	中国崛起背景下美国主流媒体对中国国家形象的建构机制研究	常　江	中国人民大学	青年项目
139	媒介融合环境中公益传播对社会凝聚力的影响研究	刘绩宏	东北师范大学	青年项目
140	孔子学院与韩国世宗学堂的文化传播机制比较研究	乔宇博	扬州大学	青年项目
141	大数据驱动下实时竞价广告的运作机制与实证研究	蒋洛丹	河南财经政法大学	青年项目
142	面向听障儿童的优质教育视频资源的建设机制与效果研究	曹宇星	绥化学院	青年项目
143	新媒体时代司法公开促进司法公正的路径及策略研究	杨　秀	重庆大学	西部项目

续表

序号	项目名称	负责人	工作单位	项目类别
144	新疆维吾尔族日常生活中的仪式传播与文化认同研究	罗　彬	新疆财经大学	西部项目
145	中国东盟一体化进程中边境城市品牌传播研究	李庆春	广西民族师范学院	西部项目
146	学术期刊的数字化转型升级研究	游　滨	重庆大学	西部项目
147	中西书写体系的认知效应研究	余志为	重庆大学	西部项目
148	传播学场理论	程郁儒	陕西师范大学	后期资助项目
149	中国法律媒介史考述	徐燕斌	云南财经大学	后期资助项目
150	中国民营文化资本跨界研究	崔　波	浙江传媒学院	后期资助项目
151	广告文化表征与商品美学批判研究	鞠惠冰	吉林大学	后期资助项目
152	电视手语主持创作研究	袁　伟	江苏师范大学	后期资助项目
153	近代日本报人对华情报活动初探	俞　凡	中国海洋大学	后期资助项目
154	印度新闻自由与法治研究	王生智	南京航空航天大学	后期资助项目
155	美国新媒体法律与规制研究	戴元光	上海政法学院	后期资助项目
156	新的诠释：网络视频传播范式及意义研究	王晓红	中国传媒大学	后期资助项目
157	中国远征军幸存老兵：口述与肖像	杜　江	中山大学	后期资助项目

2014 年度国家社会科学基金项目

序号	项目名称	负责人	工作单位	项目类别
1	大数据环境下舆情分析与社会治理创新研究	谢耘耕	上海交通大学	重大项目
2	多卷本《中国新闻传播技术史》	韩丛耀	南京大学	重大项目
3	多语种涉华国际舆情案例数据库建设研究	郭　可	上海外国语大学	重大项目
4	增强中国对外传播文化软实力深度研究	关世杰	北京大学	重大项目
5	传播当代中国价值观念与加强我国对外话语体系建设研究	单世联	上海交通大学	重大项目
6	中国影视文化软实力提升的战略与策略研究	胡智锋	中国传媒大学	重大项目

续表

序号	项目名称	负责人	工作单位	项目类别
7	中华文化的海外传播创新研究	郭镇之	清华大学	重大项目
8	健全坚持正确引导舆论的体制机制研究	李希光	西南政法大学	重大项目
9	加快推进传统媒体和新兴媒体融合发展研究	严三九	华东师范大学	重大项目
10	增强主流媒体的传播力公信力影响力研究	强月新	武汉大学	重点项目
11	穆青精神的现实影响及其传承研究	董广安	郑州大学	重点项目
12	“新新媒介”环境下的报纸发展趋势及转型研究	王君超	清华大学	重点项目
13	党管媒体原则的发生机制及其在新媒体治理中的实践研究	郭志民	海南省委宣传部	重点项目
14	数字环境下我国图书出版业的商业模式重构研究	刘　军	对外经济贸易大学	重点项目
15	中国学术图书质量分析与学术出版能力建设研究	谢寿光	中国社会科学院	重点项目
16	新媒体新闻侵权研究	慕明春	西北政法大学	重点项目
17	基于大数据的视听传播效果研究	周　勇	中国人民大学	重点项目
18	我国主流媒体融合发展研究	王庚年	中国国际广播电台	重点项目
19	城镇化进程中农民群体媒介素养提升研究	刘行芳	江苏师范大学	重点项目
20	中国国家形象建构中自主品牌传播困境与对策研究	舒咏平	华中科技大学	重点项目
21	广告产业中国模式的理论建构研究	陈　刚	北京大学	重点项目
22	党报在媒介新格局中的角色研究	王卫明	南昌大学	一般项目
23	多媒体条件下党报的传播力创新策略研究	生奇志	东北大学	一般项目
24	数据新闻学发展前沿研究	苏宏元	华南理工大学	一般项目
25	新媒体语境下的新闻叙事研究	曾庆香	中国传媒大学	一般项目
26	“五四”以来外国人在华新闻与文化传播活动研究	张文琳	浙江师范大学	一般项目
27	近代中国的“洋旗报”研究	周立华	江西财经大学	一般项目
28	中国近现代媒介批评史（1815—1949）	胡正强	南京理工大学	一般项目

续表

序号	项目名称	负责人	工作单位	项目类别
29	中国新闻从业者职业心态史研究（1912—1949）	樊亚平	兰州大学	一般项目
30	社交媒体在农技推广中的应用路径与前景研究	吴志远	华中师范大学	一般项目
31	微信与媒介生态环境建构研究	李林容	西南政法大学	一般项目
32	新媒体环境下我国科技传播生态及其评价体系建构研究	郑保章	大连理工大学	一般项目
33	新型城镇化进程中农民利益诉求与媒介话语表达的互动研究	陈旭鑫	江西农业大学	一般项目
34	国有转制传媒企业特殊管理股制度构建的政策路径研究	梁君	广西师范大学	一般项目
35	知识联盟视域下科技期刊云出版平台构建与经营策略研究	任健	上海理工大学	一般项目
36	藏区新媒体民族出版研究	白冰	四川大学	一般项目
37	全球化趋势下我国数字出版产业发展战略研究	聂震宁	北京印刷学院	一般项目
38	我国社交媒体著作权保护研究	朱鸿军	中国社会科学院	一般项目
39	媒介融合背景下中国电视剧的跨屏传播研究	张红军	南京大学	一般项目
40	我国国际传播话语体系建设的理论创新研究	李继东	中国传媒大学	一般项目
41	我国国际新闻媒体全球观及其影响研究	郭可	上海外国语大学	一般项目
42	政府话语权与国际规则之关系研究	刘小燕	中国人民大学	一般项目
43	领导干部掌握网上舆论斗争领导权的对策研究	赵福生	黑龙江省委党校	一般项目
44	涉疆问题在社会化媒体中的舆情现状与应对机制研究	王怀春	石河子大学	一般项目
45	网络公共情绪的识别、预警与疏导研究	周云倩	南昌大学	一般项目
46	网络舆论场与社会舆论场互动机制研究	王世雄	浙江理工大学	一般项目
47	网络舆情危机传播中的新闻发布优化研究	梅文慧	湖南大学	一般项目

续表

序号	项目名称	负责人	工作单位	项目类别
48	网上舆论斗争系统建模与应对策略研究	李弼程	信息工程大学	一般项目
49	新浪“大V”传播行为与失范应对研究	靖鸣	南京师范大学	一般项目
50	新媒体环境下网络时政民谣的传播与政治信任研究	王雪莲	武汉体育学院	一般项目
51	大数据时代个人隐私保护问题研究	张军	广东财经大学	一般项目
52	互联网视听产业的版权纠纷及其法律规制研究	陈笑春	西南政法大学	一般项目
53	基于文本挖掘的网络谣言预判研究	刘勘	中南财经政法大学	一般项目
54	基于政府善治视角的国外社会化媒体传播技巧研究	金苗	南京政治学院	一般项目
55	社会化媒体环境下网络谣言传播及其协同治理研究	宋祖华	南京财经大学	一般项目
56	新媒体时代个人信息保护问题研究	郑文明	首都经济贸易大学	一般项目
57	移动互联网条件下新闻传播发展新趋势研究	梁智勇	新华社	一般项目
58	哈萨克语主流媒体对新疆边境牧区受众的国家认同舆论引导能力研究	张允	新疆大学	一般项目
59	我国西部民族地区的环境污染及其舆论监督机制研究	吴定勇	西南民族大学	一般项目
60	西藏社会舆论与媒介引导力研究	张玉荣	西藏民族学院	一般项目
61	新疆对中亚国际传播能力建设研究	韩强	新疆大学	一般项目
62	新时期国家族群认同与边疆少数民族影像传播研究	尹兴	西南科技大学	一般项目
63	基于社交网络的青年群体日常社会——文化实践研究	朱丽丽	南京大学	一般项目
64	青少年移动互联网使用行为及其影响研究	刘胜枝	北京邮电大学	一般项目
65	维吾尔族青少年媒介接触与国家认同的调查研究	张小刚	新疆医科大学	一般项目
66	基于大数据的突发危机中非官方正能量信息的挖掘与传播研究	薛可	上海交通大学	一般项目

续表

序号	项目名称	负责人	工作单位	项目类别
67	微博舆论与公众情绪互动研究	常松	安徽省社科院	一般项目
68	中外主权冲突情势下基于修辞策略的国家舆论研究	魏纪东	河南财经政法大学	一般项目
69	基于用户行为大数据分析的微博反腐机制研究	邓秀军	华中科技大学	一般项目
70	纪实影像与国家形象关系研究	罗锋	安徽大学	一般项目
71	社会化媒体与政治生态协同发展研究	李明德	西安交通大学	一般项目
72	网络理政推动国家执政方式现代化研究	李良荣	复旦大学	一般项目
73	网络政治生态场域研究	李昌祖	浙江工业大学	一般项目
74	应对微博公共事件的政府话语策略及其形象构建研究	袁周敏	南京邮电大学	一般项目
75	菲律宾华文报刊与中国文化传播研究	赵振祥	厦门理工学院	一般项目
76	跨两岸传播中的大陆形象建构研究	安拴虎	闽南师范大学	一般项目
77	媒介话语在“个体化”社会背景中的文化价值构建研究	李敬	上海社会科学院	一般项目
78	媒介文化价值与实现机制研究	黎泽潮	安徽师范大学	一般项目
79	新媒体与当代中国伊斯兰教的传播研究	白贵	河北大学	一般项目
80	以孔子学院为载体的中国传统艺术海外传播策略研究	佟迅	东南大学	一般项目
81	NGO 和 NPO 的社交媒体公益传播技巧与动员模型研究	尹章池	武汉理工大学	一般项目
82	新媒体环境下的中国主流媒体声誉管理研究	高贵武	中国人民大学	一般项目
83	中国梦公众自媒体表达与引导研究	庹继光	四川师范大学	一般项目
84	中华文化价值观的对外传播问题研究	伍先禄	湖南省委党校	一般项目
85	大数据背景下广告业转型研究	马二伟	重庆工商大学	一般项目
86	全球争议广告研究	王晶	厦门大学	一般项目
87	新媒体环境下的传媒与司法关系问题研究	姚广宜	中国政法大学	一般项目

续表

序号	项目名称	负责人	工作单位	项目类别
88	二战后日本战犯审判新闻史料的整理与研究	郭传芹	国家图书馆	一般项目
89	西方主流媒体有关中国东海领土问题的新闻话语研究	王国凤	浙江大学	一般项目
90	边疆地区少数民族媒介变迁与国家安全意识研究	南长森	陕西师范大学	一般项目
91	数字化时代中国出版文化研究	张世海	安阳师范学院	一般项目
92	网络虚拟社区中的亚文化传播研究	蔡骐	湖南师范大学	一般项目
93	转型时期微博场域中社会共识的构建研究	张梅	福建师范大学	一般项目
94	中国当代广告舆论传播与话语变迁研究（1979—2009）	杨海军	华东师范大学	一般项目
95	网络时代新闻报道观念创新研究	王辰瑶	南京大学	青年项目
96	对华文化战略下近代日本人在华北的办报活动与舆论宣传战研究	李杰琼	北京工商大学	青年项目
97	抗战时期中国共产党国际传播能力建设研究	李习文	南京政治学院	青年项目
98	美国新闻处在华活动研究（1946—1949）	石玮	南昌航空大学	青年项目
99	民国报纸与电影历史的新构建探索	刘辉	深圳大学	青年项目
100	大众传媒与少数民族国家认同研究	张媛	贵州大学	青年项目
101	出版集团股份制状况与发展研究	任殿顺	湖南出版投资控股集团	青年项目
102	新传播革命下传统媒体的舆论引导困局与管理体制创新研究	张春华	南京财经大学	青年项目
103	基于媒介产业之融合特征的一站式版权交易平台研究	于文	华东政法大学	青年项目
104	基于风险社会视角下中国电视传播的响应机制与应对策略研究	汤天甜	重庆大学	青年项目
105	前沿科学成果的视觉传播研究	王国燕	中国科学技术大学	青年项目
106	我国广播的数字化转型策略研究	张晓菲	北京人民广播电台	青年项目

续表

序号	项目名称	负责人	工作单位	项目类别
107	中国独立纪录片与国家文化安全研究	司达	云南师范大学	青年项目
108	互联网语境下新闻叙事的多维转型与观念重构研究	华进	湘潭大学	青年项目
109	社会化媒体中公共事件话语框架及其演化机制研究	张伦	中国科学院	青年项目
110	微博舆论场域中的对抗性话语研究	禹夏	吉首大学	青年项目
111	新媒体语境下海峡两岸民间传播与社会认同建构研究	连子强	华侨大学	青年项目
112	多语种国际受众的媒体使用特点与我国对外传播力提升研究	徐明华	华中科技大学	青年项目
113	全媒体语境下日媒关于钓鱼岛问题的传播效果实证研究	范颖	东北师范大学	青年项目
114	中国对欧传播效果与策略研究	甘露	中国传媒大学	青年项目
115	中亚主流报刊媒体的中国形象研究	李琰	新疆师范大学	青年项目
116	主流媒体对外传播的新媒体策略研究	刘滢	新华社	青年项目
117	网络谣言的形成原因与治理对策研究	陈国战	首都师范大学	青年项目
118	网络舆论场与社会舆论场互动的心理机制研究	贾兵	广州大学	青年项目
119	微博“大 V”的圈子与互动效果研究	庞云黠	中央财经大学	青年项目
120	移动互联网条件下的新闻传播新形态、特征、趋势及应对策略研究	景义新	河北经贸大学	青年项目
121	舆论编码的符号机制与策略研究	李玮	西北大学	青年项目
122	UGC 媒体语境下的信息变异与治理研究	熊茵	江西师范大学	青年项目
123	城市骚乱中英美社会化媒体传播模式及管理研究	陈实	四川省社会科学院	青年项目
124	少数民族城市移民传播行为与文化适应研究	陈静静	云南大学	青年项目
125	青少年移动互联网使用与沉迷现状研究	蒋俏蕾	大连理工大学	青年项目

续表

序号	项目名称	负责人	工作单位	项目类别
126	社交媒体对当代青年政治参与的影响与引导机制研究	卢家银	中国青年政治学院	青年项目
127	网络群体性事件中公众意见的表达与实现研究	李晓云	河南工业大学	青年项目
128	社会化媒体中国家认可的舆论构建研究	安珊珊	辽宁大学	青年项目
129	媒介融合背景下提升中国学术媒体国际传播能力研究	许志敏	重庆社会科学院	青年项目
130	社会媒体中的伪健康信息传播及其治理研究	吴世文	武汉大学	青年项目
131	新媒体环境下的科学传播研究	罗子欣	四川省社会科学院	青年项目
132	中国梦对外传播的路径、策略及其效果分析研究	贾敏	中国浦东干部学院	青年项目
133	主流媒体环境污染报道网络公信力研究	潘霁	上海财经大学	青年项目
134	中国近代海岛危机中的报刊舆论斗争研究	张继木	华中师范大学	青年项目
135	新媒体时代数字出版教育发展研究	杨明	吉林工程技术师范学院	青年项目
136	纪录片塑造国家形象的理论、历史与实践研究	陈一	苏州大学	青年项目
137	计划生育政策议题的中国媒体话语建构研究（1957—2013）	刘兢	华南师范大学	青年项目
138	新媒体环境下基于视听障碍用户的媒体可及性研究	李东晓	浙江大学	青年项目
139	社交媒体突发公共事件的协同应急机制研究	景东	哈尔滨工业大学	青年项目
140	新媒体语境下公共决策中的风险沟通研究	汤景泰	暨南大学	青年项目
141	当代中国剧场艺术的时尚化与时尚传播研究	叶长海	东华大学	青年项目
142	媒介融合背景下的视听文本叙事研究	冯宗泽	中国传媒大学	青年项目
143	自出版：国际出版产业发展的新驱动与我国的政策应对研究	陈琛	广西财经学院	西部项目

续表

序号	项目名称	负责人	工作单位	项目类别
144	“美丽中国”对外网络传播研究	李建华	四川大学	西部项目
145	武陵山片区农村媒介生态体系优化研究	徐晓红	吉首大学	西部项目
146	青年人群“手机控”形成、影响机制与对策研究	张建	重庆邮电大学	西部项目
147	新疆非常规突发事件舆情信息监测与分析方法研究	郭理	石河子大学	西部项目
148	中亚网络媒体的中国形象与增强新疆对外文化传播有效性研究	曹湘洪	新疆师范大学	西部项目
149	晚清时期新闻思想研究	徐新平	湖南师范大学	后期资助项目
150	新闻从业者道德困境问题的认知框架与解困路径	范明献	中南大学	后期资助项目
151	电视场对学术场的介越研究	陈红梅	江苏师范大学	后期资助项目
152	媒介融合背景下中国广播电视舆论引导能力研究	段鹏	中国传媒大学	后期资助项目
153	广告文化现象与消费意识形态研究	赵元蔚	吉林大学	后期资助项目
154	美国网络中立规制研究	罗昕	华南师范大学	后期资助项目
155	西方媒介文化理论研究	曾一果	苏州大学	后期资助项目
156	实体信息与实体传播研究	赵建国	河南大学	后期资助项目
157	当代中国出版改革中的知识劳工	姚建华	中国浦东干部学院	中华学术外译项目

2013 年度国家社会科学基金项目

序号	项目名称	负责人	工作单位	项目类别
1	中华民国新闻史	倪延年	南京师范大学	重大项目
2	微博微信公共事件与社会情绪共振机制研究	陈力丹	中国人民大学	重大项目
3	社会主义核心价值观引领民生新闻发展走向研究	欧阳宏生	四川大学	重点项目
4	国家领导人报道及形象传播战略研究	刘思扬	新华社	重点项目
5	媒介融合时代新闻传播教育研究	蔡雯	中国人民大学	重点项目

续表

序号	项目名称	负责人	工作单位	项目类别
6	中央苏区马克思主义大众化成果的传播理论研究	张品良	江西财经大学	重点项目
7	中华民国新闻史研究	倪延年	南京师范大学	重点项目
8	新媒体环境下传统媒体的转型战略研究	郭全中	国家行政学院	重点项目
9	媒介融合背景下的我国媒体政策与法律研究	李丹林	中国传媒大学	重点项目
10	中国学术论著出版业态与编审评价体制研究	王振铎	河南大学	重点项目
11	构建和发展现代广播电视传播体系研究	石长顺	华中科技大学	重点项目
12	中国在非洲国家形象及影响力传播研究	于运全	中国外文局	重点项目
13	基于大数据的互联网阅读行为模型研究	林晓芳	中国新闻出版研究院	重点项目
14	大数据时代网络媒介生态环境下个人信息保护体系的构建研究	章宁	中央财经大学	重点项目
15	传媒预警与突发事件数据库建设	喻发胜	华中师范大学	重点项目
16	传播全球化背景下我国网络文化建设与发展战略研究	蒋建国	暨南大学	重点项目
17	中国广告教育三十年研究（1983—2015）	陈培爱	厦门大学	重点项目
18	当代中国新闻观念研究	姜红	安徽大学	一般项目
19	新闻报道正能量传播研究	杨秀国	河北大学	一般项目
20	媒介融合下党报的全媒体发展研究	袁新洁	湖南科技大学	一般项目
21	环境及灾害问题的报道理念深化研究	邓利平	南京大学	一般项目
22	中国少数民族新闻传播教育的目标与改革途径研究	周德仓	西藏民族学院	一般项目
23	19 世纪在华外报与中国形象研究	谢庆立	北京外国语大学	一般项目
24	《新青年》的“新青年”元叙事研究	庄森	贵州民族大学	一般项目
25	晚清大众媒介与西方文化传播研究	孙文杰	武汉大学	一般项目
26	《东南日报》南京大屠杀报道研究	何扬鸣	浙江大学	一般项目
27	近代报刊与社会重构中的传媒镜像研究（1915—1937）	王天根	安徽大学	一般项目

续表

序号	项目名称	负责人	工作单位	项目类别
28	甲午战后日本在长江流域办报活动及涉华舆情研究	阳美燕	湖南大学	一般项目
29	近现代传媒与中国西藏的社会变迁研究	刘永文	上海师范大学	一般项目
30	数字时代传媒商业模式的创新研究	禹建强	北京师范大学	一般项目
31	触媒用户信息传播特征及传统媒体应对策略研究	童清艳	上海交通大学	一般项目
32	我国出版业文化遗产保护对策研究	彭俊玲	北京印刷学院	一般项目
33	出版经纪人研究	杜恩龙	河北大学	一般项目
34	基于差异性定位的实体书店转型发展研究	李傲霜	黑龙江大学	一般项目
35	国际化进程中中国学术出版的规范研究	陆建平	浙江大学	一般项目
36	国内外学术成果出版规范与标准比较研究	张小强	重庆大学	一般项目
37	文化产业背景下中国电视的媒体责任问题研究	孔令顺	山东大学	一般项目
38	20 世纪 90 年代以来中国电视剧的伦理价值取向及其对受众的影响研究	贺艳	西南政法大学	一般项目
39	新媒体传播中个人信息安全的法律保护研究	路鹃	北京工商大学	一般项目
40	战略传播理论与实战研究	毕研韬	海南大学	一般项目
41	现代传播体系中涉军信息及其传播机制研究	刘铁	南京政治学院	一般项目
42	新媒体传播对新疆主体民族国家认同影响研究	肖燕怜	新疆财经大学	一般项目
43	新媒体时代政策传播的路径和效能研究	张淑华	郑州大学	一般项目
44	中国对外传播话语模式研究	刘立华	对外经济贸易大学	一般项目
45	全球化背景下我国新闻媒体国际传播能力建构及评价体系研究	郭光华	广东外语外贸大学	一般项目
46	全球化时代中国对俄罗斯国际传播的理念转型与策略创新研究	严功军	四川外语学院	一般项目
47	电视纪录片与中国国家形象塑造研究	武新宏	扬州大学	一般项目

续表

序号	项目名称	负责人	工作单位	项目类别
48	中国在非洲国家形象与影响力研究	张艳秋	中国传媒大学	一般项目
49	边疆民族地区网络舆情传播及其政府治理机制研究	刘建华	内蒙古科技大学	一般项目
50	实践与规制：我国“网络反腐”研究	郑智斌	南昌大学	一般项目
51	支持微博舆情服务的藏文主题挖掘关键技术研究	叶成绪	青海师范大学	一般项目
52	网络公关治理与网络公信力研究	刘徐州	中国政法大学	一般项目
53	网络舆论传播与演化机制研究	邓若伊	重庆工商大学	一般项目
54	伦理学视野下新媒体影像传播的社会伦理问题及其道德规制研究	周建青	华南理工大学	一般项目
55	微博公益传播的机制、效果与规范研究	王炎龙	四川大学	一般项目
56	我国网络媒体社会责任及其评价模型研究	包国强	武汉工业学院	一般项目
57	微博语境下媒体应急管理研究	刘海明	西南科技大学	一般项目
58	微信传播的特点与功能研究	方兴东	浙江传媒学院	一般项目
59	互联网时代中国社会健康信息搜寻行为的传播研究	秦美婷	中国科学技术大学	一般项目
60	新时期我国涉农媒体战略转型研究	陈娟	暨南大学	一般项目
61	蒙古文网站现状调查与发展策略研究	萨如拉	内蒙古大学	一般项目
62	传播学视阈下内蒙古区域形象传播研究	郭志菊	内蒙古大学	一般项目
63	新型城镇化背景下长三角地区农村科技文化传播体系创新研究	方晓红	南京师范大学	一般项目
64	社会转型背景下城市社区冲突与社区传播研究	赵勋	西北大学	一般项目
65	哈萨克族大众传播现状及对策研究	李克	西北民族大学	一般项目
66	跨文化传播语境下的新疆少数民族文化产品译制研究	曹丽虹	伊犁师范学院	一般项目
67	乡村社会传播结构变迁与重构研究	冯广圣	玉林师范学院	一般项目
68	沿边开放民族地区文化传承与文化安全战略研究	郝朴宁	云南师范大学	一般项目

续表

序号	项目名称	负责人	工作单位	项目类别
69	应对突发公共事件舆情的官方话语研究	毛浩然	福建师范大学	一般项目
70	环境群体性事件网络舆论传播与演变机制研究	余霞	华中农业大学	一般项目
71	群体性冲突事件的微博舆论引导范式研究	徐世甫	上海政法学院	一般项目
72	网络“围观”与政府形象传播研究	詹绪武	郑州大学	一般项目
73	移动互联时代政府公共服务信息传播的创新模式研究	栗平	中原工学院	一般项目
74	民间文化对外传播与国家形象构建研究	张莉	河南农业大学	一般项目
75	中国国家形象跨文化传播有效性的控制实验研究	漆谦	解放军电视宣传中心	一般项目
76	基于社会主义思想舆论壮大的新闻评论表达研究	胡沈明	江西师范大学	青年项目
77	美国报业数字化转型研究	余婷	四川省社科院	青年项目
78	新媒体条件下党管理媒体遇到的挑战和对策研究	申琰	新华社	青年项目
79	当代中国报纸新闻文体史研究（1949—2012）	刘勇	安徽大学	青年项目
80	《大公报》广告史研究（1902—1949）	汪前军	中南民族大学	青年项目
81	唐宋进奏院研究	魏海岩	辽宁大学	青年项目
82	媒介融合的政策选择与规制体系研究	肖叶飞	安徽师范大学	青年项目
83	多媒体融合下传媒政策的选择研究	陈映	广东金融学院	青年项目
84	中国报业全媒体转型的理论逻辑与战略选择研究	麦尚文	暨南大学	青年项目
85	中国出版业数字化转型的媒介融合问题与对策研究	梁小建	南开大学	青年项目
86	美国学术著作出版标准研究	李婉丽	西安科技大学	青年项目
87	中国网络电视批评研究	谭玲	四川师范大学	青年项目
88	我国 3D 电视发展规制的国际借鉴研究	陈积银	西北师范大学	青年项目
89	移动社交网络的自我呈现与人际传播研究	黄佩	北京邮电大学	青年项目

续表

序号	项目名称	负责人	工作单位	项目类别
90	中国媒介拟态消费环境场域研究	周娟	长沙理工大学	青年项目
91	中国环境议题的媒介传播、效果、策略研究	孙少晶	复旦大学	青年项目
92	非物质文化遗产的创新保护模式与媒体传播策略研究	郑春辉	哈尔滨工业大学	青年项目
93	我国媒体对跨国公司在华环境污染的舆论监督机制研究	王积龙	上海交通大学	青年项目
94	传媒公共文化服务制度建构研究	梅明丽	同济大学	青年项目
95	“两会”舆论引导的效果及提升策略研究	蒋忠波	西华师范大学	青年项目
96	社会化媒体对转型期中国社会舆论的影响研究	周葆华	复旦大学	青年项目
97	网络动员及群体行为对政府决策的影响研究	许玲	华中师范大学	青年项目
98	社会化媒体信息扩散机制及舆论引导研究	荣荣	天津师范大学	青年项目
99	网络空间内的公共表达与政治参与	孙卫华	天津师范大学	青年项目
100	视觉文化语境中的网络原创视频传播研究	王志永	衡阳师范学院	青年项目
101	社交网络中传播主体行为的演变和规范研究	张华	上海师范大学	青年项目
102	我国网络媒体公信力研究	詹骞	中国传媒大学	青年项目
103	少数民族聚居区舆论引导能力建设研究	李勋灿	湖北民族学院	青年项目
104	网络媒体在新疆边境地区跨界民族中的使用现状及影响研究	唐红	石河子大学	青年项目
105	大众传媒对中国城乡一体化的促进作用研究	廖宇翃	西南政法大学	青年项目
106	当代天主教在滇藏川交界区的组织传播及其影响	杜忠锋	云南师范大学	青年项目
107	基于移动社交网络的青年群体“微生活”消费模式研究	于婷婷	华中科技大学	青年项目
108	新媒体环境下的政府传播与政治沟通研究	李云雯	昆明理工大学	青年项目

续表

序号	项目名称	负责人	工作单位	项目类别
109	“新素养”视域下的青少年社交媒体使用行为研究	付晓燕	南京大学	青年项目
110	大众媒介与男性身份研究	吕鹏	上海社科院	青年项目
111	虚拟社会中儿童网民的权益保护研究	陈钢	浙江师范大学	青年项目
112	新生代农民工自媒体传播增权研究	高传智	中国劳动关系学院	青年项目
113	中俄重大突发事件与传媒引导比较研究监测与设计（1994—2012）	李静	长江大学	青年项目
114	自然灾害事件中的信息传播研究	徐占品	防灾科技学院	青年项目
115	突发事件政府应急话语技术与形象修复策略研究	甘莅豪	华东师范大学	青年项目
116	国家——社会关系视角下网络公共事件的舆论引导与治理研究	许鑫	惠州学院	青年项目
117	抗争性网络集群行为的生成及应对研究	陈相雨	南京林业大学	青年项目
118	新疆地区群体冲突事件传媒引导研究	郑亮	新疆大学	青年项目
119	边疆民族地区网络问政发展与政府形象传播研究	李娟	内蒙古大学	青年项目
120	政务微博意见领袖形成机制的经济学分析	刘泱育	南京财经大学	青年项目
121	生态问题网络问政中存在的问题及政府形象传播研究	陈刚	武汉大学	青年项目
122	微博空间中公务人员的政治传播行为研究	张兵	江苏省委党校	青年项目
123	中国文化对外社交媒体传播机制研究	徐翔	北京市社科院	青年项目
124	在华外国人媒体使用特点与国际传播受众效果提升路径研究	王帆	复旦大学	青年项目
125	儒家思想在西方的传播与认知研究	邱凌	山东大学	青年项目
126	当代中国社会主义核心价值观与媒介引导研究	张杰	北京交通大学	青年项目
127	城市旧城改造中的媒介话语建构及引导研究	聂远征	湖北大学	青年项目

续表

序号	项目名称	负责人	工作单位	项目类别
128	社交时代城市社区传播和社区融合研究	王倩	南昌大学	青年项目
129	社会化媒体语境中的传媒伦理问题研究	闻娱	浙江理工大学	青年项目
130	信任视域下的网络口碑效果研究	铁翠香	中南民族大学	青年项目
131	海峡两岸文化创意产业合作研究	连水兴	福建师范大学	青年项目
132	网游沉溺机制研究	冀付军	首都经济贸易大学	青年项目
133	新疆广告产业发展战略研究	王红缨	新疆大学	青年项目
134	民主革命时期党外进步报刊传播马克思主义研究	许峰	贵州省社会科学院	西部项目
135	基于 DEA 方法的中国省级报业集团报刊市场评价研究	张君浩	内蒙古大学	西部项目
136	新旧媒体的受众感知价值比较与我国传统媒体的战略转型路径研究	刘强	广西师范大学	西部项目
137	三网融合背景下我国电视产业的创新发展研究	郄建中	四川外语学院	西部项目
138	新媒体语境下争议性科技的风险沟通研究	岳改玲	西南科技大学	西部项目
139	我国城乡传播分化形成机制及城乡传播的社会动员策略研究	胡劲涛	陕西师范大学	西部项目
140	民族宗教信息的媒体传播与国家文化安全维护研究	宫京成	宁夏大学	西部项目
141	提升西藏网络媒体传播力与文化影响力的策略研究	李炜	西藏民族学院	西部项目
142	新疆群体性冲突事件的传媒引导研究	兰杰	新疆大学	西部项目
143	中医药文化在英国传播与影响研究	吴永贵	云南中医学院	西部项目
144	新媒体时代日本动漫文化传播研究	方亭	西安石油大学	西部项目
145	促进动漫产业可持续发展的对策研究	金燕	重庆邮电大学	西部项目
146	传播学研究的社会心理学传统	柯 泽	西南政法大学	后期资助项目
147	图像符号学：传媒景观世界的图式把握	胡易容	桂林电子科技大学	后期资助项目
148	电视节目主持人影响力研究	贾 毅	广东商学院	后期资助项目

续表

序号	项目名称	负责人	工作单位	项目类别
149	人际交往与社会交往：戊戌时期的士林与维新报刊	朱至刚	厦门大学	后期资助项目
150	中国传媒产业发展研究	向志强	湖南大学	后期资助项目
151	中国动画产业组织优化研究	耿　蕊	长沙理工大学	后期资助项目
152	社会转型背景下的应急传播研究	江作苏	华中师范大学	后期资助项目
153	北美传播政治经济学研究	陈世华	南昌大学	后期资助项目

2012 年度国家社会科学基金项目

序号	项目名称	负责人	工作单位	项目类别
1	下一代互联网与我国参与建构世界信息传播新秩序研究	崔保国	清华大学	重大项目
2	坚持马克思主义新闻观与完善舆论引导格局研究	童兵	复旦大学	重大项目
3	“走基层、转作风、改文风”与加强和改进新闻舆论工作研究	秦绍德	复旦大学	重大项目
4	网络文化建设研究——建设中国特色社会主义网络文化强国对策建议	王求	中央人民广播电台	重大项目
5	国际传播发展新趋势与加快构建现代传播体系研究	胡正荣	中国传媒大学	重大项目
6	我国文化走出去工程的政策体系优化研究——以电影、电视剧、动画和出版为样本的比较分析	刘海贵	复旦大学	重大项目
7	提升我国文化产品国际竞争力的路径与策略研究	李本乾	上海交通大学	重大项目
8	“三网融合”背景下的我国广播电视媒体发展战略研究	黄升民	中国传媒大学	重点项目
9	互联网时代传统主流媒体舆论引导效能和方法创新研究	马利	人民日报	重点项目

续表

序号	项目名称	负责人	工作单位	项目类别
10	国家形象建构与跨文化传播的理论创新与路径选择研究	单波	武汉大学	重点项目
11	我国版权相关产业发展的成就、问题与对策研究	郝振省	国家新闻出版总署	重点项目
12	“实施国家广告战略”研究	甘霖	国家工商总局	重点项目
13	中央苏区红色文化传播研究	陈信凌	南昌大学	重点项目
14	“中国发展道路”的国际影响力与国际传播话语权研究	郭晓科	西南政法大学	一般项目
15	当代中国文化对外传播话语创新研究	马诗远	北京第二外国语学院	一般项目
16	提升我国媒体对重大事件报道的跨文化传播能力研究	陈红梅	华东师范大学	一般项目
17	中国品牌跨文化传播战略研究	张景云	北京工商大学	一般项目
18	我国文化创意产业园区发展现状、趋势及对策研究	冯根尧	绍兴文理学院	一般项目
19	全球化信息化条件下主流媒体舆论引导研究	刘勇	安徽大学	一般项目
20	新闻叙事学视域下舆论引导研究	何纯	湘潭大学	一般项目
21	面向突发公共事件舆论引导的应急科普机制研究	刘彦君	北京市科技情报研究所	一般项目
22	突发事件中政务微博信息传播与危机应对机制研究	汪青云	江西师范大学	一般项目
23	新语境下中国政治语言传播的接受研究	仝品生	曲靖师范学院	一般项目
24	媒体法制传播与农民话语权保障研究	王平	江苏师范大学	一般项目
25	重大突发公共事件依法报道研究	周建明	中国人民大学	一般项目
26	中国大众媒介法体系化研究	魏庸征	汕头大学	一般项目
27	传媒产业投入产出关联分析研究	丁和根	南京大学	一般项目
28	推进传统媒体全媒体转型对策研究	周燕群	新华社	一般项目
29	改革开放以来我国图书对外版权贸易活动的整合研究	洪九来	华东师范大学	一般项目

续表

序号	项目名称	负责人	工作单位	项目类别
30	我国数字出版“走出去”的发展机理及动态评价研究	陈少华	华中科技大学	一般项目
31	现当代中国新闻播音主持发展史研究	姚喜双	教育部	一般项目
32	“三网融合”背景下中美广播电视组织邻接权保护及管理机制比较研究	赵双阁	河北经贸大学	一般项目
33	“三网融合”背景下西南多民族地区广播电视媒体发展战略研究	党东耀	广西大学	一般项目
34	传播话语理论的中国化研究	施旭	浙江大学	一般项目
35	突发危机事件中群体应激行为演化机制及干预对策研究	姚珣	西南民族大学	一般项目
36	全球超级传媒研究	李曦珍	兰州大学	一般项目
37	中国—东盟传媒合作的现状、问题与对策研究	李庆林	广西大学	一般项目
38	边疆民族地区舆情分析及媒体舆论引导机制研究	刘寒娥	内蒙古大学	一般项目
39	报刊舆论与中国近代化进程研究	刘兴豪	衡阳师范学院	一般项目
40	建国初期人民日报的舆论引导和党报示范	钱江	人民日报	一般项目
41	西部地区对农信息传播有效性研究	闵阳	陕西理工学院	一般项目
42	孔子学院跨文化传播影响力研究	安然	华南理工大学	一般项目
43	运用网络游戏平台传播中国传统文化的策略与实证研究	梁国伟	哈尔滨工业大学	一般项目
44	成舍我及其“世界报系”研究	唐海江	华中科技大学	一般项目
45	多维视野下的《月华研究》研究	马广德	宁夏社科院	一般项目
46	抗战时期贵州科技期刊演化及其科学传播研究	谭秀荣	遵义医学院	一般项目
47	中国当代新闻界人物的口述史研究	王润泽	中国人民大学	一般项目
48	清代新闻传播史研究	程丽红	吉林大学	一般项目
49	宋代出版史研究（960—1279）	田建平	河北大学	一般项目
50	延安时期中国共产党新闻传播思想史研究	朱清河	陕西师范大学	一般项目

续表

序号	项目名称	负责人	工作单位	项目类别
51	中国共产党农村宣传史研究	毕耕	华中农业大学	一般项目
52	台湾近代新闻史研究（1885—1949）	张晓锋	南京师范大学	一般项目
53	新媒体与都市儿童研究	曹晋	复旦大学	一般项目
54	社交网络信息扩散机理与舆论引导机制研究	廖玒	人民日报	一般项目
55	基于模糊理论的网络舆情分析、评价与对策研究	尉永清	山东警察学院	一般项目
56	突发事件和微博舆论关系研究	夏雨禾	温州大学	一般项目
57	网络舆情监测与引导机制研究	张树庭	中国传媒大学	一般项目
58	微博谣言综合治理研究	尹良润	天津师范大学	一般项目
59	网络等新媒体舆论引导研究	陈龙	苏州大学	一般项目
60	新媒体广告规制研究	查灿长	上海大学	一般项目
61	社交网站传播特性及影响力研究	冯锐	扬州大学	一般项目
62	网络暴力游戏对青少年的影响与引导研究	燕道成	湖南师范大学	一般项目
63	网络著作权研究	杨小兰	成都医学院	一般项目
64	新媒体传播中的隐私保护法律问题研究	陈堂发	南京大学	一般项目
65	舆论格局的嬗变与地方政府执政理念研究	史文静	黑龙江大学	青年项目
66	广播电视公共价值的践行及问责体系研究	易前良	河海大学	青年项目
67	大众传媒与塑造本土品牌形象研究	张锐	重庆文理学院	青年项目
68	社会困难群体心理疏导与传媒引导机制研究	李春雷	江西师范大学	青年项目
69	改革开放以来我国大众传播政策研究	刘晓红	上海财经大学	青年项目
70	当前电视内容与农村居民收视需求契合度研究	薛涛	烟台大学	青年项目
71	大众传媒与农民工阶层关系的研究	何晶	中国青年政治学院	青年项目
72	新媒体事件中的群众网络行为表现形态与化解研究	卞清	同济大学	青年项目
73	“三网融合”背景下的网络视频发展战略研究	蒋宁平	西南交通大学	青年项目

续表

序号	项目名称	负责人	工作单位	项目类别
74	微博时代政民沟通的困境与出路研究	袁靖华	浙江传媒学院	青年项目
75	突发公共事件中新媒体舆情传播、监测及管理机制研究	祝兴平	中央财经大学	青年项目
76	新疆少数民族聚居区舆论场调查与舆论引导体系研究	解庆锋	塔里木大学	青年项目
77	美国政治传播体系运作机制及我应对策略研究	翟峥	北京外国语大学	青年项目
78	政治传播视域下中西微博运用对策研究	赵鸿燕	对外经贸大学	青年项目
79	建国初年上海私营报业的社会主义改造	贺碧霄	中山大学	青年项目
80	美国在华新闻传播史研究（1827—1953）	邓绍根	暨南大学	青年项目
81	中国新闻传播研究方法演进史研究	张振亭	南昌大学	青年项目
82	民国时期民营报业经营研究	陶喜红	中南民族大学	青年项目
83	学术期刊数字出版与传统出版的矛盾与协调问题研究	赵文义	长安大学	青年项目
84	我国儿童电视的现实困境与优化路径研究	曾娅妮	四川大学	青年项目
85	国际电视新闻频道全球传播与拓展战略研究	陈怡	新华社	青年项目
86	台湾政治转型与新闻传播制度变迁	向芬	中国社科院	青年项目
87	新时期职工维权与大众媒体的关系研究	张玉洪	中国劳动关系学院	青年项目
88	中国在非洲的国际影响力和国际话语权建构研究	龙小农	中国传媒大学	青年项目
89	中美贸易摩擦中的舆论战研究	闫隽	华中科技大学	青年项目
90	日本 NHK 电视台对重大突发事件舆论引导及应对机制研究	张海	东北师范大学	青年项目
91	传播学视野下的中美网络外交研究	陈俊妮	中央民族大学	青年项目
92	蒙古族群传播思想研究	塔娜	内蒙古大学	青年项目
93	农村留守儿童的媒介使用与媒介素养教育研究	郑素侠	郑州大学	青年项目

续表

序号	项目名称	负责人	工作单位	项目类别
94	蒙古族非物质文化遗产的网络传播方式研究	达妮莎	大连理工大学	青年项目
95	四川藏区大众传媒汉藏双语传播机制及其舆论引导研究	李谢莉	西南民族大学	青年项目
96	西藏地区文化传媒体系的构建与西藏对外传播研究	刘小三	西藏民族学院	青年项目
97	新疆锡伯族跨文化传播中的媒介使用与社会认知研究	王晓江	新疆大学	青年项目
98	维吾尔族传播历史与现状研究	庄金玉	西北师范大学	青年项目
99	信息传播与维吾尔族文化的现代构建研究	王琴琴	新疆大学	青年项目
100	文化精品的轻博客传播研究	王月	上海社科院	青年项目
101	香港媒体对“中国”观念的建构研究	李红涛	浙江大学	青年项目
102	消费者网络维权社群组织传播管理研究	王迪	复旦大学	青年项目
103	大众媒介中的大龄女青年形象及其传播效果研究	李琦	湖南师范大学	青年项目
104	战略视野下中国国家形象的塑造研究	陈世阳	北京体育大学	青年项目
105	中国在非洲的国家形象形成机制与演变规律研究	冉继军	外交学院	青年项目
106	新媒体环境下的公益广告传播与青少年社会化研究	陈辉兴	华侨大学	青年项目
107	微博主的社会认同建构研究	杨桃莲	东华大学	青年项目
108	社会转型期中国微博受众研究	张晨阳	华东师范大学	青年项目
109	手机沉迷对青少年的影响与干预试验研究	莫梅锋	湖南大学	青年项目
110	转型期新媒体传播与政治信任研究	张明新	武汉大学	青年项目
111	网络版权终端用户权利保障机制研究	谢惠加	华南理工大学	青年项目
112	新媒体语境下的内蒙古民族文化传播研究	刘艳婧	内蒙古大学	西部项目
113	新疆对外传播中的区域形象构建与传播策略研究	焦若薇	新疆财经大学	西部项目
114	社会化媒体的舆论传播与引导研究	彭剑	四川省社会科学院	西部项目

续表

序号	项目名称	负责人	工作单位	项目类别
115	我国维吾尔语网站的现状与管理研究	艾则孜	新疆财经大学	西部项目
116	民国时期内蒙古地区国共两党报刊研究	张丽萍	内蒙古大学	西部项目
117	数字出版与媒体舆论引导力研究	莫远明	重庆社会科学院	西部项目
118	引文行为研究	赖方忠	四川警察学院	西部项目
119	中国传媒产业发展与制度演进研究	冉华	武汉大学	后期资助项目
120	民国图书出版史编年	吴永贵	武汉大学	后期资助项目
121	影像时代：中国电影简史	柳若梅	北京外国语大学	中华学术外译项目

2011 年度国家社会科学基金项目

序号	项目名称	负责人	工作单位	项目类别
1	网络游戏对青少年发展的影响与引导研究	杜骏飞	南京大学	重大项目
2	跨文化传播中的中国国家形象建构研究	张昆华	华中科技大学	重大项目
3	突发公共事件舆情应对与效果评估信息平台建设研究	官建文	人民网股份有限公司	重大项目
4	中国特色政治传播理论与策略体系研究	荆学民	中国传媒大学	重大项目
5	国家形象建构与跨文化传播战略研究	孟建	复旦大学	重大项目
6	我国媒体参与构建国际舆论传播新格局的范式研究	王庚年	中国国际广播电台	重点项目
7	网络舆情监测与引导机制研究	喻国明	中国人民大学	重点项目
8	应对突发事件舆论引导系统构建研究	赵振宇	华中科技大学	重点项目
9	新媒体语境中重大公共危机事件与舆论关系研究	丁柏铨	南京大学	重点项目
10	国际传播学科发展前沿研究	陈卫星	中国传媒大学	重点项目
11	多语种国际频道的传播策略和影响力研究	魏地春	中央电视台	重点项目
12	电子课本出版与生态发展研究	吴永和	华东师范大学	重点项目
13	新闻自由化与苏共亡党关系研究	张举玺	河南大学	一般项目
14	马克思主义新闻理论体系建构的知识逻辑和创新路径研究	齐爱军	烟台大学	一般项目
15	中国古代官报——邸报史	孔正毅	安徽大学	一般项目

续表

序号	项目名称	负责人	工作单位	项目类别
16	中国现代（1919—1949）图像新闻传播史研究	韩丛耀	南京大学	一般项目
17	中国新闻漫画发展史	甘险峰	山东大学	一般项目
18	当代东北地区少数民族新闻传播史研究（1949—2010）	于凤静	大连民族学院	一般项目
19	台岛媒体舆情监测与引导机制研究	赵振祥	厦门大学	一般项目
20	媒介融合背景下提升我国财经媒体传播影响力策略研究	吴玉兰	中南财经政法大学	一般项目
21	报纸质量评估体系研究	肖云	四川省社科院	一般项目
22	媒介融合时代的传媒规制政策研究	肖赞军	湖南师范大学	一般项目
23	“三网融合”对传统媒介和网络媒介管理体制与监管机制的影响及其对策研究	杨明品	国家广电总局	一般项目
24	新媒体生态环境演变下的传媒经营模式创新研究	范东升	汕头大学	一般项目
25	党报集团核心竞争力提升对策与路径研究	钟虎妹	中南大学	一般项目
26	报纸期刊退出机制研究	谭云明	中央财经大学	一般项目
27	新语境下中国广播电视对外传播战略与对策研究	刘娜	武汉大学	一般项目
28	“三网融合”与广播电视新闻传播研究	何志武	华中科技大学	一般项目
29	我国纪实影像的国际传播与影响力研究	何苏六	中国传媒大学	一般项目
30	信息稳定视角下政府、媒体和民众良性互动模式研究	邱新有	江西师范大学	一般项目
31	日本对华战略文化形成的社会舆论机制研究	林晓光	深圳大学	一般项目
32	新闻图像在现代传播中的作用研究	宁海林	中国计量学院	一般项目
33	社会网络中的舆情演变机制研究	金兼斌	清华大学	一般项目
34	微观动员与话语空间建构：都市集体行动的另类传播易筋经	聂静虹	中山大学	一般项目

续表

序号	项目名称	负责人	工作单位	项目类别
35	被报道的中国：基于国家形象理论的长程实证研究	葛岩	上海交通大学	一般项目
36	全媒体语境下日媒对中国形象塑造及中国对日传播策略研究	王以宁	东北师范大学	一般项目
37	形象的力量：国家形象的视觉呈现与传播策略	林少雄	上海大学	一般项目
38	中国国家形象及其软实力与跨文化传播研究	王异虹	中国科学院	一般项目
39	重大突发公共事件依法报道的新闻机制研究	林爱珺	暨南大学	一般项目
40	重大突发公共事件中新媒体传播的效用、模式及对策研究	杜骏飞	南京大学	一般项目
41	重大突发公共事件与“微博”的关联性研究	程士安	复旦大学	一般项目
42	突发公共事件中谣言传播的机制及其治理研究	王颖吉	北京师范大学	一般项目
43	新媒体在“茉莉花革命”中的作用机理研究	匡文波	中国人民大学	一般项目
44	危机管理中的受众应激反应和媒体引导机制研究	黄鸣刚	浙江传媒学院	一般项目
45	网络群体性事件的预防、引导与治理研究	董天策	暨南大学	一般项目
46	新疆少数民族语种网站发展现状与新疆社会稳定研究	阿布都瓦依提·尼亚孜	新疆大学	一般项目
47	提升中国西南民族地区对东盟的传播能力研究	徐一林	广西财经学院	一般项目
48	符号传播与话语建构——中央苏区的符号传播体系研究	林新	江西财经大学	一般项目
49	新型传播网络对社会动员的影响机制研究	胡春阳	复旦大学	一般项目

续表

序号	项目名称	负责人	工作单位	项目类别
50	传播学语境下向世界展示新疆的良好形象研究	熊建军	石河子大学	一般项目
51	中国动漫产业转型升级研究	盘剑	浙江大学	一般项目
52	环保类虚假广告的危害及其监管有效性研究	刘传红	中国地质大学（武汉）	一般项目
53	手机舆情形成机制及应对研究	邹军	南京师范大学	一般项目
54	我国网络舆情及主流媒体的舆论引导研究	王艳玲	天津师范大学	一般项目
55	社交网络中的隐私侵权问题研究	徐敬宏	北京邮电大学	一般项目
56	中国共产党报人群体的出现与崛起研究（1921—1949）	陈志强	南昌大学	青年项目
57	新时期新闻评论发展研究（1978—2013）	李舒	中国传媒大学	青年项目
58	中外调查性报道比较研究	段勃	河南师范大学	青年项目
59	媒介社会学视野下的人物报道转型研究	盛芳	衡阳师范学院	青年项目
60	数字出版企业版权战略管理研究	王志刚	河南大学	青年项目
61	公益性出版单位的管理模式、机制设计及评价因素研究	张大伟	复旦大学	青年项目
62	移动阅读时代中国数字出版商业模式构建及发展对策研究	陈洁	浙江大学	青年项目
63	“三网融合”背景下网络电视台的建设、发展与影响研究	杨状振	河北大学	青年项目
64	“三网融合”背景下的广播电视制播分离与市场适应机制变革研究	陈鹏	南开大学	青年项目
65	国外电视新闻频道涉华报道研究	王维佳	北京大学	青年项目
66	民族影像与国家形象塑造：新时期少数民族题材纪录片变迁和传播研究（1979 至今）	王华	山东大学	青年项目
67	台湾电视批评发展史	王立新	重庆交通大学	青年项目
68	媒介事件镜像中的国家形象建构策略研究	王琰	华侨大学	青年项目
69	负责任的环境大国形象之建构：以环境传播为视角	纪莉	武汉大学	青年项目

续表

序号	项目名称	负责人	工作单位	项目类别
70	美国战略传播对西方对华态度的影响及对策研究	赵和伟	解放军国防大学	青年项目
71	“美国之音”国家形象建构研究及其对中国对外传播的启示	宋颖	北京外国语大学	青年项目
72	重大突发公共事件的微博舆论传播与引导研究	余秀才	中南财经政法大学	青年项目
73	公共危机传播中的网络舆情分析研判机制研究	赵路平	华东师范大学	青年项目
74	“网络热点”转化至“网络群体性事件”的机理及临界预警建模研究	吴小坤	上海大学	青年项目
75	新媒体环境下公共危机事件传播机制与效能评估研究	季丹	上海交通大学	青年项目
76	重大突发公共事件中的微博传播与管理研究	王蔚	上海社科院	青年项目
77	舆情消长与边疆民族地区稳定研究	刘建华	云南大学	青年项目
78	美国媒体对西藏的误读及其成因和对策研究	韩青玉	青海师范大学	青年项目
79	新疆少数民族聚居区重大突发事件信息传播应急机制研究	王中伟	塔里木大学	青年项目
80	西南少数民族地区受众媒介素养调查和媒介教育体系建构	郭丽华	广西大学	青年项目
81	“三网融合”背景下老年群体媒介诉求与满足策略的实证研究	盖龙涛	哈尔滨工业大学	青年项目
82	大众媒介对西北地区农村留守儿童社会性发展的影响研究	杨靖	长安大学	青年项目
83	农村重大群体性事件的信息传播与信息管理研究	马锋	西北大学	青年项目
84	以影像的方式塑造和传播真实的西藏形象研究	王军君	西藏民族学院	青年项目

续表

序号	项目名称	负责人	工作单位	项目类别
85	新媒体背景下城市居民社区沟通机制研究	王斌	中国青年政治学院	青年项目
86	网络媒体可信度的生成与维系机制研究	刘学义	吉林大学	青年项目
87	台湾文化创意产业发展研究	陈晓彦	厦门大学	青年项目
88	三十三年（1978—2010）广告镜像：中国社会价值观念的变迁	林升梁	福建师范大学	青年项目
89	植入式广告的效果评测与定价体系研究	李彪	中国人民大学	青年项目
90	网络虚假违法广告的综合治理研究	李明伟	深圳大学	青年项目
91	微博客舆情监测与主动引导机制研究	禹卫华	上海交通大学	青年项目
92	新媒体环境下职工舆情与舆论导向研究	苏林森	中国劳动关系学院	青年项目
93	视频网站著作权纠纷及其防范管理机制研究	牛静	华中科技大学	青年项目
94	政府对手机媒体内容管制的问题与对策研究	李亚玲	中南民族大学	青年项目
95	网络传播语境下弱势群体的信息表达及吸引机制研究	袁爱清	江西师范大学	青年项目
96	我国新闻信用制度建设研究	邹迎九	广西经济管理干部学院	西部项目
97	现当代新疆少数民族新闻传播史研究	阿斯买·尼亚孜	新疆大学	西部项目
98	越南革新时期新闻传媒研究	易文	广西大学新闻传播学院	西部项目
99	中国领导人政治演讲语篇中的文化蕴含和翻译研究	姜亚军	西安外国语大学	西部项目
100	西藏宗教文化变迁与适应研究	袁爱中	西藏民族学院新闻传播学院	西部项目
101	网络舆情监控与构建公共信息空间研究	罗坤瑾	贵州财经学院	西部项目
102	英国政治哲学中的报刊观念研究	张妤玟	西北大学新闻传播学院	西部项目

续表

序号	项目名称	负责人	工作单位	项目类别
103	中老边境民族语电视传播与文化安全研究	吴丽	云南艺术学院电影电视学院	西部项目
104	大众传媒与西藏传统文化的保护和发展研究	刘新利	西藏民族学院	西部项目
105	国家认同在少数民族地区的建构研究	王俊义	内蒙古师范大学文学院	西部项目
106	中国当代新闻学研究范式的转换	李秀云	天津师范大学	后期资助项目
107	网络文化通论	李文明	浙江大学	后期资助项目
108	浙江近代图书出版史研究	梁春芳	浙江工商大学	后期资助项目
109	明清文化传播与商业互动：以徽州出版与徽商为中心	秦宗财	安徽师范大学	后期资助项目
110	风险社会的媒体传播研究：社会建构的视角	郭小平	华中科技大学	后期资助项目

2010 年度国家社会科学基金项目

序号	项目名称	负责人	工作单位	项目类别
1	新形势下提升国际传播能力的战略研究	姜加林	中国外文局对外传播研究中心	重大项目
2	媒介融合背景下中国广播影视发展趋势和政策引导研究	庞井君	国家广电总局广播影视发展研究中心	重点项目
3	经济全球化背景下提高中国电视对外传播能力建设研究	高晓虹	中国传媒大学	重点项目
4	提高民族宗教问题舆论引导力对策研究	朱国圣	新华通讯社新闻研究所	重点项目
5	中国出版产业企业化及政策措施研究	姚德权	湖南大学	重点项目
6	突发事件中政府新闻发布效果评估体系建构研究	侯迎忠	广东外语外贸大学	一般项目
7	文化产业振兴规划实施效果评价体系及测度研究	彭翊	中国人民大学	一般项目

续表

序号	项目名称	负责人	工作单位	项目类别
8	网络环境下突发事件传播与管理研究	李珮	西南政法大学	一般项目
9	提升中国互联网国际传播力研究	伍刚	中央人民广播电台	一般项目
10	“三网融合”背景下中国报业组织结构转型研究	吕尚彬	武汉大学	一般项目
11	中美新媒体严肃游戏设计模式与理论体系的比较研究	杨建华	中南财经政法大学	一般项目
12	中国近现代通讯社发展史（1872—1949）	陈玉申	南京大学	一般项目
13	民国时期名记者群体研究	蒋含平	安徽大学	一般项目
14	中国新闻时代开拓者黄远生研究	宋三平	南昌大学	一般项目
15	城市化视角下的农民工报道问题研究	李道荣	中南财经政法大学	一般项目
16	大众传媒的语言与文字规范化问题研究	段业辉	南京师范大学	一般项目
17	《鲁迅全集》编辑出版研究	刘运峰	南开大学	一般项目
18	动漫出版产业政策研究	王飚	中国出版科学研究所	一般项目
19	中西方学术期刊出版机制比较研究	尹玉吉	山东理工大学	一般项目
20	媒介融合背景下中国报业发展趋势研究	王学成	上海财经大学	一般项目
21	电视产业规制与中国电视剧产业竞争力的国际比较研究	朱春阳	复旦大学	一般项目
22	媒介融合环境下的传媒法规与伦理研究	王军	中国传媒大学	一般项目
23	经济全球化语境下的中国影像传播与中国形象研究	刘丹凌	西南大学	一般项目
24	重大突发事件网络舆情分析研判机制研究	龙方成	解放军国防科学技术大学	一般项目
25	中国主流媒体的媒介传播与社会变迁研究（2003—2012）	高金萍	北京语言大学	一般项目
26	互联网时代网络舆论发生机制研究	余红	华中科技大学	一般项目
27	博客舆情分析研判机制研究	常松	安徽省社会科学院	一般项目
28	文化产业发展中商业价值与文化价值的冲突与协调问题研究	徐小立	湖南理工学院	一般项目

续表

序号	项目名称	负责人	工作单位	项目类别
29	大众传媒与新生代农民工城市适应研究	郑欣	南京大学	一般项目
30	大众传媒与城市外来务工人员关系研究	李红艳	中国农业大学	一般项目
31	少数民族文化传播的大众媒介化研究	殷志	贵州大学	一般项目
32	网络热点事件传播模式及调控疏导机制研究	马滕	山东经济学院	一般项目
33	网络舆情研判的话语分析研究	许静	北京大学	一般项目
34	领导干部的媒体素养和媒体执政能力研究	史安斌	清华大学	一般项目
35	台湾政治广告研究	黄合水	厦门大学	一般项目
36	中国近代广告史研究（1840—1949）	陈培爱	厦门大学	一般项目
37	湖湘文化精神与“五四”时期湖南报刊传播研究	田中阳	湖南师范大学	一般项目
38	大众传播中的“粉丝”现象研究	蔡骐	湖南师范大学	一般项目
39	电影与滇川藏“大三角”地区社会变迁研究	郭建斌	云南大学	一般项目
40	新中国新闻学 60 年（1949—2009）	赵智敏	郑州大学	青年项目
41	经济全球化背景下我国经济新闻报道的观念更新研究	王擎	北京工商大学	青年项目
42	中国对外传播能力建设研究	相德宝	上海外国语大学	青年项目
43	国家文化产业战略视野中的媒介品牌建设研究	沈鲁	南昌大学	青年项目
44	“三网融合”背景下我国媒信通产业的融合、竞争与规制研究	谷虹	暨南大学	青年项目
45	“三网融合”背景下的广电制播分离改革研究	吴丰军	浙江大学	青年项目
46	“三网融合”时代的互联网管理制度的国际比较研究	薛辉	宁夏大学	青年项目
47	中国近代报刊中的西方形象研究（1874—1919）	雷晓彤	江西师范大学	青年项目
48	群体性事件中的网络舆情研究	唐远清	中国传媒大学	青年项目
49	抗战时期桂林进步报人群体新闻活动研究	徐健	桂林师范高等专科学校	青年项目

续表

序号	项目名称	负责人	工作单位	项目类别
50	当代杰出新闻学者口述实录研究	陈娜	天津师范大学	青年项目
51	清末民初画报研究	徐沛	四川大学	青年项目
52	教育出版产业的民营资本研究	鲍红	中国出版科学研究所	青年项目
53	非常态事件及其传播机制研究	罗云锋	华东政法大学	青年项目
54	转型期社会舆情预警问题研究	杨永军	山东大学	青年项目
55	我国边疆问题的对外传播现状及对策研究	刘晓程	兰州大学	青年项目
56	中国环境保护传播研究	贾广惠	徐州师范大学	青年项目
57	媒介化社会中的少数民族村寨文化转型研究	孙信茹	云南大学	青年项目
58	蒙古族胡仁乌力格尔传播学研究	额尔很白乙拉	内蒙古民族大学	青年项目
59	中国发展第三代移动通讯技术应用研究	廖圣清	复旦大学	青年项目
60	网络环境下突发事件的信息传播与管理研究	戴丽娜	上海社会科学院	青年项目
61	深入开展网络文明引导行动问题研究	吴畅畅	上海社会科学院	青年项目
62	社会民意的网络表达与疏导机制研究	孙海峰	深圳大学	青年项目
63	中国网络版权侵权研究	徐剑	上海交通大学	青年项目
64	中国动漫产业发展经验与存在问题及对策研究	何威	清华大学	青年项目
65	中国动漫受众群体研究	李明	重庆邮电大学	青年项目
66	藏区新媒体应用及其社会影响研究	尕藏草	西北民族大学	青年项目
67	流动儿童的媒介使用及其社会融合影响研究	庄曦	南京师范大学	青年项目
68	全媒体时代我国视听障碍群体的媒介使用与满足研究	潘祥辉	浙江传媒学院	青年项目
69	西北多民族聚居地区的文化身份识别及媒介动员策略研究	刘涛	西北师范大学	青年项目
70	新生代农民工信息需求层次与传播机制研究	陶建杰	上海大学	青年项目
71	危机事件网络舆情平抑的修辞策略研究	方雪琴	河南财经学院	青年项目
72	大众传媒与非战争军事行动研究	金苗	解放军南京 政治学院	青年项目

续表

序号	项目名称	负责人	工作单位	项目类别
73	五四时期期刊研究	杜波	长安大学文学艺术与传播学院	西部项目
74	中国公共政策传导专题史研究（1911—2010）	王志刚	中共内蒙古自治区委员会党校	西部项目
75	延安时期《解放日报》研究	王春泉	西北大学新闻传播学院	西部项目
76	西北地区公益性出版发展模式研究	王立平	西北政法大学	西部项目
77	媒介融合背景下中国传媒发展对策研究	石磊	四川师范大学新闻与传播学院	西部项目
78	甘肃藏区社会舆论的形成机制及电视媒体引导策略研究	张浩	西北师范大学教育技术与传播学院	西部项目
79	新疆维吾尔族聚居区社会舆情预警机制研究	王成涛	塔里木大学人文学院	西部项目
80	实施文化“走出去”战略，增强新疆主流媒体对外传播影响力研究	刘红	新疆财经大学	西部项目
81	西部地区群体性事件中的网络舆情研究	杨军	电子科技大学政治与公共管理学	西部项目
82	动漫内容创意产业研究	殷俊	重庆工商大学长江传媒学院	西部项目
83	文化产业的媒介品牌与创意发展战略研究	常凌翀	西藏民族学院	西部项目
84	西部边疆少数民族地区政府网络传播能力的构建与提升研究	张名章	昆明理工大学艺术与传媒学院	西部项目
85	电视数字内容资产的价值评估研究	吴丰军	浙江大学	后期资助项目
86	新中国成立以来农村电影放映研究	刘广宇	西南交通大学艺术与传播学院	后期资助项目
87	中国古代版权史	李明山	广东省韶关学院	后期资助项目
88	王韬与《循环日报》——王韬主持《循环日报》笔政史事考辨	萧永宏	南京师范大学	后期资助项目
89	广告产业经济学理论与实践研究	廖秉宜	武汉大学	后期资助项目

11.3 教育部人文社会科学基金项目

此处仅列举2010—2015年相关数据，详见表11-2所示：

表11-2 **2010—2015年教育部人文社科基金项目立项一览表**

2015年度教育部人文社会科学重点研究基地重大项目

序号	项目名称	负责人	高校名称	基地名称	所在单位
1	移动互联网使用与城市公众的生活方式：以上海为例	周葆华	复旦大学	信息与传播研究中心	复旦大学
2	新媒介崛起：传播革命与19和20世纪之交的上海	黄旦	复旦大学	信息与传播研究中心	复旦大学
3	媒介融合视域下我国传统媒体转型及制度创新研究	周茂君	武汉大学	媒体发展研究中心	武汉大学
4	“互联网+”背景下中国广播电视融合战略研究	谢湖伟	武汉大学	媒体发展研究中心	武汉大学
5	媒体融合背景下广播电视新闻理念与形态发展创新研究	曾祥敏	中国传媒大学	广播电视研究中心	中国传媒大学
6	“一带一路”战略背景下中国国家形象提升战略研究	张树庭	中国传媒大学	广播电视研究中心	中国传媒大学
7	关于媒介用户使用体验的模型与定量化研究	喻国明	中国人民大学	新闻与社会发展研究中心	中国人民大学
8	大数据时代网络舆情治理研究	文继荣	中国人民大学	新闻与社会发展研究中心	中国人民大学

2014年度教育部人文社会科学重点研究基地重大项目

序号	项目名称	负责人	高校名称	基地名称	所在单位
1	网络意见表达中的社会思潮与群体极化研究	廖圣清	复旦大学	信息与传播研究中心	复旦大学
2	互联网信息生态环境下我国国际传播影响力研究	周翔	武汉大学	媒体发展研究中心	武汉大学

续表

序号	项目名称	负责人	高校名称	基地名称	所在单位
3	转型期我国网络舆论生态系统的风险评估与调适机制研究	姚曦	武汉大学	媒体发展研究中心	武汉大学
4	中国广播电视新闻人才发展战略研究——以媒介融合为背景	刘昶	中国传媒大学	广播电视研究中心	中国传媒大学
5	苏联新闻体制变迁史研究	赵永华	中国人民大学	新闻与社会发展研究中心	中国人民大学
6	新传媒时代新闻活动主体关系研究（新闻主体论）	杨保军	中国人民大学	新闻与社会发展研究中心	中国人民大学

2013年度教育部人文社会科学重点研究基地重大项目

序号	项目名称	负责人	高校名称	基地名称	所在单位
1	交往、媒介、地域：城市社区传播与邻里空间生产	谢静	复旦大学	信息与传播研究中心	复旦大学
2	新媒体使用及其影响研究	张卓	武汉大学	媒体发展研究中心	武汉大学
3	媒介融合背景下提高我国广播电视舆论引导能力研究	段鹏	中国传媒大学	广播电视研究中心	中国传媒大学
4	全媒体时代的文艺形态研究	张鸿声	中国传媒大学	广播电视研究中心	中国传媒大学
5	清代新闻传播史	周建明	中国人民大学	新闻与社会发展研究中心	中国人民大学
6	新媒体环境下新闻教育改革研究	蔡雯	中国人民大学	新闻与社会发展研究中心	中国人民大学

2012年度教育部人文社会科学重点研究基地重大项目

序号	项目名称	负责人	高校名称	基地名称	所在单位
1	传播新科技、性别政治与现代中国都市文化变迁	曹晋	复旦大学	信息与传播研究中心	复旦大学

续表

序号	项目名称	负责人	高校名称	基地名称	所在单位
2	传媒、公共性与中国城乡变革：以中国的广电改革为视角	吕新雨	复旦大学	信息与传播研究中心	复旦大学
3	国家经济发展战略框架下中国传媒经济发展的理论与实践研究	冉华	武汉大学	媒体发展研究中心	武汉大学
4	中国社会转型背景下新媒体事件研究	石义彬	武汉大学	媒体发展研究中心	武汉大学
5	创新与融合：中国地方电视传播新格局研究	高晓虹	中国传媒大学	广播电视研究中心	中国传媒大学
6	基于广播电视与新媒体的中国国际传播力建设研究	胡正荣	中国传媒大学	广播电视研究中心	中国传媒大学
7	社会化媒体时代的媒介素养研究	彭兰	中国人民大学	新闻与社会发展研究中心	中国人民大学
8	中国新闻本体史研究	王润泽	中国人民大学	新闻与社会发展研究中心	中国人民大学

2011年度教育部人文社会科学重点研究基地重大项目

序号	项目名称	负责人	高校名称	基地名称	所在单位
1	西方城市进程中的人际传播——一种基于冲突理论的探讨	殷晓蓉	复旦大学	信息与传播研究中心	复旦大学
2	新传播技术环境下的城市形象建构与传播研究：以上海为个案	赵心树	复旦大学	信息与传播研究中心	香港浸会大学
3	传媒生态变革与新闻传媒发展体制和机制研究	强月新	武汉大学	媒体发展研究中心	武汉大学
4	本土媒体全球化发展历程及问题研究	王瀚东	武汉大学	媒体发展研究中心	武汉大学
5	中国电视艺术史	胡智锋	中国传媒大学	广播电视研究中心	中国传媒大学
6	公共突发事件中的危机意识、危机传播与媒介素养研究	袁军	中国传媒大学	广播电视研究中心	中国传媒大学

续表

序号	项目名称	负责人	高校名称	基地名称	所在单位
7	大众传媒在区域形象构建中的作用以及运行机制——基于重庆区域传播实践的研究	高钢	中国人民大学	新闻与社会发展研究中心	中国人民大学
8	全球传播背景下的中国公共外交研究	钟新	中国人民大学	新闻与社会发展研究中心	中国人民大学

2010 年度教育部人文社会科学重点研究基地重大项目

序号	项目名称	负责人	高校名称	基地名称	所在单位
1	传统的消逝：影像传播与日常生活	陆晔	复旦大学	信息与传播研究中心	复旦大学
2	中国新闻发言人评价机制研究	罗以澄	武汉大学	媒体发展研究中心	武汉大学
3	国家经济发展战略与中国广告产业发展研究	张金海	武汉大学	媒体发展研究中心	武汉大学
4	中国传统文化的有声语言传播研究	鲁景超	中国传媒大学	广播电视研究中心	中国传媒大学
5	女性的媒介呈现与中国国家形象建构	刘利群	中国传媒大学	广播电视研究中心	中国传媒大学
6	西藏新闻传播与社会发展研究	张征	中国人民大学	新闻与社会发展研究中心	中国人民大学
7	欧洲五国新闻传播史研究	陈力丹	中国人民大学	新闻与社会发展研究中心	中国人民大学

2015 年度教育部人文社会科学研究一般项目

序号	项目名称	负责人	工作单位	项目单位
1	中美互联网媒体管理的政策体制与法律机制比较研究	董媛媛	北京交通大学	规划基金项目
2	京津冀文化创意产业协同发展的困境与突围	杜浩	河北大学	规划基金项目

续表

序号	项目名称	负责人	工作单位	项目单位
3	当代欧美媒介批判理论的批判与反思	李勇	河南大学	规划基金项目
4	媒介形态嬗变与出版方式创新	王华生	河南大学	规划基金项目
5	英国精英大报关于中国报道的新闻话语分析（2001—2010）	钟馨	湖北大学	规划基金项目
6	民族主义与中国现代新闻思想的生成与流变研究（晚清—民国）	阳海洪	湖南工业大学	规划基金项目
7	网游青少年媒介形象的偏差及其重塑研究	廖志坤	湖南师范大学	规划基金项目
8	媒介融合时代地方高校新闻教育目标转型与路径选择研究	宋万林	湖州师范学院	规划基金项目
9	基于数字出版环境下的版权保护技术研究	石红芹	华东交通大学	规划基金项目
10	基于网络媒体心流体验的实用型网购和享乐型网购研究	高辉	华南理工大学	规划基金项目
11	大数据解析香港反对势力舆论动态、规律、特点及影响	冯广超	暨南大学	规划基金项目
12	基于文化距离视角的中国出版业“走出去”提升路径研究	顾金亮	金陵科技学院	规划基金项目
13	新媒体对中国公众政治信任的影响研究	胡衬春	南通大学	规划基金项目
14	新中国对外传播制度史研究	周庆安	清华大学	规划基金项目
15	环境风险社会放大的传播机制及其治理研究	邱红峰	厦门大学	规划基金项目
16	我国高校出版社改制后存在的问题与对策研究	陈海军	山东大学	规划基金项目
17	高校出版单位人才激励机制研究	曾学民	陕西师范大学	规划基金项目
18	高校出版单位差异化发展研究	张建初	苏州大学	规划基金项目
19	政府信息公开影响新闻生产的机制与效果研究	黄建友	西安外国语大学	规划基金项目
20	晚清民国时期报业管理思想专题研究	曾来海	浙江外国语学院	规划基金项目

续表

序号	项目名称	负责人	工作单位	项目单位
21	传播技术路径下的中国大众媒介变迁史研究	李煜	中国传媒大学	规划基金项目
22	自媒体对公众食品安全认知和行为的干预研究	赵勇	重庆医科大学	规划基金项目
23	中国现代新闻职业观念谱系研究——一项基于数据库的考察	於渊渊	安徽大学	青年基金项目
24	生产，变迁，重构：社交媒体的抗争性话语与青年群体价值观衍变研究	黄鸿业	百色学院	青年基金项目
25	基于唯一标识符的出版产业大数据在高校出版管理中的应用研究	林杰	北京理工大学	青年基金项目
26	中国形象在缅甸媒体中的他塑与自塑研究	张聪	北京印刷学院	青年基金项目
27	我国童书网络盗版市场的群落生态研究及盗版监控预警平台构建	李晶晶	渤海大学	青年基金项目
28	北欧四国媒体法研究	雷丽莉	大连理工大学	青年基金项目
29	媒介融合趋势下我国传媒产业发展问题及对策研究	师岚	东北财经大学	青年基金项目
30	东盟国家华文媒体在建构“丝路精神”认同的现状、问题及对策研究	罗奕	广西艺术学院	青年基金项目
31	香港报刊话语中的社会身份认同建构研究（1997—2014）	李鲤	广州大学	青年基金项目
32	移动互联网社会中国自然灾难信息传播策略研究	李秀芳	广州大学	青年基金项目
33	有向社交网络舆情监测的再生图核机器学习框架与应用研究	徐立祥	合肥学院	青年基金项目
34	华北抗日根据地中国共产党报刊研究	张金凤	河北大学	青年基金项目
35	僵化的有序——勃列日涅夫时期的苏联新闻传播研究	张珂	河南大学	青年基金项目

续表

序号	项目名称	负责人	工作单位	项目单位
36	互动视阈下微博广告效果的构方程模型研究	屈慧君	河南警察学院	青年基金项目
37	隐秘仪式与媒介在场：贺州瑶族度戒仪式传播研究	陶俊伟	贺州学院	青年基金项目
38	我国环境抗争性话语的网络建构与传播	黄钦	湖北工程学院	青年基金项目
39	网络广告形态演进逻辑与规律研究	谭辉煌	湖北科技学院	青年基金项目
40	大陆与台湾大学生社交媒体使用焦虑心理及行为研究	胡冰	华侨大学	青年基金项目
41	土家仪式传播与土家族文化价值观建构研究	张梅兰	华中科技大学	青年基金项目
42	香港的华人社会变迁与华文报纸互动研究	许永超	华中师范大学	青年基金项目
43	突发事件中的网络情绪研究	周莉	华中师范大学	青年基金项目
44	基于消费者反应差异的网络行为广告效果提升及规制策略研究	肖玉琴	南昌大学	青年基金项目
45	多网络社区中基于用户兴趣匹配的信息传播模型研究	宾晟	青岛大学	青年基金项目
46	环境邻避事件中传播主体的风险认知与沟通研究	孙蕾	厦门大学	青年基金项目
47	广播与20世纪50年代上海城市生活研究	周叶飞	上海大学	青年基金项目
48	融合媒体影响下的新闻生产研究	刘兆明	上海大学	青年基金项目
49	大数据环境下的网络谣言监测与治理研究	刘从	上海交通大学	青年基金项目
50	新媒体环境下城市品牌形象感知规律与管理策略研究	宋欢迎	上海交通大学	青年基金项目
51	社会化媒体时代的政府形象修复策略研究	陈晞	上海师范大学	青年基金项目
52	从文本到文化：广告符号意义研究	梁建飞	苏州科技学院	青年基金项目

续表

序号	项目名称	负责人	工作单位	项目单位
53	知青影像的媒介文化价值与传播策略研究	吴金娜	绥化学院	青年基金项目
54	环塔里木多民族文化交流影像志	孙传国	塔里木大学	青年基金项目
55	公民网络非理性表达的心理动因研究——基于群际关系的视角	张梅贞	武汉工商学院	青年基金项目
56	现代化生态下西部乡土文化传播体系的构建与创新	姜鹏	西北大学	青年基金项目
57	大数据时代西北民族地区社会舆论传播及引导的建模研究	马雄	西北民族大学	青年基金项目
58	文化研究视角下中国互联网女性形象研究	荀洁	盐城师范学院	青年基金项目
59	主流媒体中的新疆文化媒介景观及其提升研究——以央视为研究对象	王月	伊犁师范学院	青年基金项目
60	媒介融合进程中的新闻叙事研究	黄海燕	宜春学院	青年基金项目
61	风险传播与受众风险感知互动研究	朱田凤	长安大学	青年基金项目
62	媒介融合度的综合评价体系构建研究	苏书杰	长安大学	青年基金项目
63	基于田野调查的少数民族象征性符号的话语生产研究：以云南布朗族“布朗弹唱”为个案	刘春海	浙江传媒学院	青年基金项目
64	基于空气污染的公共议题建构与传播研究	高芳芳	浙江大学	青年基金项目
65	移动互联时代面向新闻生产创新的异质化新闻使用模式研究	顾晓燕	浙江大学	青年基金项目
66	传播政治经济学视域下多元个人信息保护模式比较研究	吴晓平	浙江工业大学	青年基金项目
67	媒介融合环境下新闻生产的多元话语研究	徐桂权	中山大学	青年基金项目
68	我国学术期刊与社交网络融合发展研究	朱德东	重庆工商大学	青年基金项目

续表

序号	项目名称	负责人	工作单位	项目单位
69	传统文化视域下的蒙古族非语言符号传播研究	达古拉	内蒙古大学	规划基金项目（西部和边疆地区项目）
70	桂西南边境地区红色文化教育功能传播效果研究	卢燕丹	广西民族师范学院	青年基金项目（西部和边疆地区项目）
71	“媒介化社会”中的民族村寨文化变迁研究——基于贵州岜沙苗寨的民族志阐释	吴妍	贵州大学	青年基金项目（西部和边疆地区项目）
72	新疆高校“去极端化”宣传研究	李彧	昌吉学院	青年基金项目（新疆项目）

2014年度教育部人文社会科学研究一般项目

序号	项目名称	负责人	工作单位	项目单位
1	日本动漫在中国的传播研究	李常庆	北京大学	规划基金项目
2	高校出版物质量监督检查体系构建研究	吕建生	北京师范大学	规划基金项目
3	面向突发事件的新疆民族地区政府新媒体传播能力建设研究	任景华	昌吉学院	规划基金项目
4	大众媒介风险放大的危害及其控制研究	全燕	长沙学院	规划基金项目
5	市场化环境下我国大学出版社的学术出版研究	刘红	对外经济贸易大学	规划基金项目
6	高校哲学社会科学期刊评价体系研究	于友伟	对外经济贸易大学	规划基金项目
7	高校出版社发展质量评价体系研究	周玉波	湖南师范大学	规划基金项目
8	构建我国新闻投诉机制研究	李俊良	华南农业大学	规划基金项目
9	大数据环境下移动社交网络治理体制研究	李卫东	华中科技大学	规划基金项目
10	新媒体环境下受众的“对抗式解读”问题研究	杜俊伟	华中科技大学文华学院	规划基金项目
11	中小规模高校出版社发展路径研究	王星	辽宁师范大学	规划基金项目

续表

序号	项目名称	负责人	工作单位	项目单位
12	记录与继承：中国传统文化保护与传承研究	雷建军	清华大学	规划基金项目
13	我国少儿图书出版现状调查分析与研究	宗俊峰	清华大学	规划基金项目
14	高校出版单位分类管理研究	雷永利	陕西师范大学	规划基金项目
15	数字出版内容社会化生产模式及管理机制研究	陈敬良	上海理工大学	规划基金项目
16	高校出版社特色化、精品化发展模式研究	熊瑜	四川大学	规划基金项目
17	高校出版单位文化建设研究	所静	天津大学	规划基金项目
18	转企改制后高校出版社发展路径研究	王云石	天津大学	规划基金项目
19	大国博弈中的敏感事件与新闻话语建构——基于语料库中钓鱼岛事件新闻话语的实证研究	林莺	武汉理工大学	规划基金项目
20	新疆多元文化下微信舆情的主动引导策略的研究	孙彬	新疆财经大学	规划基金项目
21	中亚五国网络媒体上的新疆报道现状研究	杨蓉	新疆大学	规划基金项目
22	“美丽中国”理念下的“美丽出版”：内涵、路径、策略及价值研究	潘文年	浙江工商大学	规划基金项目
23	动漫影视作品对我国儿童人格培养的社会责任研究	严晓青	浙江工业大学	规划基金项目
24	德国学者的中国新闻史研究评析	刘兰珍	中南财经政法大学	规划基金项目
25	从价值链到价值网：我国影视传媒产业演化与企业投资战略转型研究	盛虎	中南大学	规划基金项目
26	“嵌入性”共生：1990 年代以来新闻与公共关系职业的双重演进及危机	李艳红	中山大学	规划基金项目
27	社交媒体中意见领袖的影响力分析模型——以豆瓣影评数据为例	钱付兰	安徽大学	青年基金项目

续表

序号	项目名称	负责人	工作单位	项目单位
28	大规模开放在线课程的社会网络和社区研究	叶韦明	北京大学	青年基金项目
29	争议性科技议题的科学传播研究	吴文汐	东北师范大学	青年基金项目
30	主权数据与数据主权：全球网络空间新秩序的社会构建	方师师	复旦大学	青年基金项目
31	商业报纸的都市想象：上海《申报》专刊研究	林溪声	复旦大学	青年基金项目
32	基层社会治理中公众参与的传播过程及其评估模型——基于发展传播研究参与式范式	李萌	广东金融学院	青年基金项目
33	微博网络聚集过程的动力学研究	邵力	哈尔滨工业大学	青年基金项目
34	基于我国南海争端的国际战略传播与模型构建研究	王芳	海南大学	青年基金项目
35	大众传媒与滇南少数民族的国家认同构建研究	杨惠林	红河学院	青年基金项目
36	我国教育出版的数字化集成平台的构建和运营研究	何国军	湖北第二师范学院	青年基金项目
37	电视媒体与社会核心价值观传播研究	魏正聪	湖北工业大学	青年基金项目
38	新媒体事件中知识精英的话语介入与舆论引导研究	陈媛媛	湖北经济学院	青年基金项目
39	高校出版社数字化发展模式研究	廖小刚	湖南师范大学	青年基金项目
40	公共议题的建构与政治认知：基于中国总理记者招待会的实证研究	易妍	华东师范大学	青年基金项目
41	台湾地区两岸大众传播交流法规研究	张志坚	华侨大学	青年基金项目
42	政务微博传播效果的评估体系与提升策略研究	陈然	黄冈师范学院	青年基金项目
43	数字报纸付费墙研究	迟强	辽宁大学	青年基金项目
44	回归童真：新媒介环境下我国儿童电视的节目创新及绿色传播研究	何明	辽宁师范大学	青年基金项目

续表

序号	项目名称	负责人	工作单位	项目单位
45	网络弱关系下农民传播的自组织化研究	卫欣	南京林业大学	青年基金项目
46	微博影响力评价模型及其在舆情发现与监控中的应用	贾可亮	山东财经大学	青年基金项目
47	基于内容和用户行为分析的网络舆情情感分析技术研究	朱振方	山东交通学院	青年基金项目
48	基于传播力模型的微信不良信息扩散机制及监管体系研究	王虎	山东师范大学	青年基金项目
49	大数据推动下的新闻生产研究	杨娟	山东师范大学	青年基金项目
50	基于社交网络的老年人健康传播应用研究	吴湛微	上海交通大学	青年基金项目
51	中、日、韩企业在美国战略传播实务对比分析	袁胜	温州大学	青年基金项目
52	基于社会网络的公民网络政治参与行为研究	徐迪	武汉长江工商学院	青年基金项目
53	基于社会计算分析的微博谣言传播机理与澄清机制研究	刘静	武汉体育学院	青年基金项目
54	影像传播与文学经典建构研究	李杰	西华师范大学	青年基金项目
55	中国青少年社交媒体使用与沉迷现状研究	黄含韵	厦门大学	青年基金项目
56	海峡两岸传媒交流与政治互信研究	谢清果	厦门大学	青年基金项目
57	社会化媒介中维吾尔族群体身份认同表达与建构研究	卢晓华	新疆大学	青年基金项目
58	新媒体与新疆宗教极端思想传播研究	王飞	新疆大学	青年基金项目
59	中国纪录片跨文化传播策略研究	张成军	扬州大学	青年基金项目
60	后物质主义视角下绿色广告对受众环境观念影响的实证研究	刘于思	浙江大学	青年基金项目
61	仪式与交往：春秋时期的会盟传播	任中峰	浙江理工大学	青年基金项目
62	高校出版导向管理机制研究——教育部高校学报名栏管理体系构建	毛红霞	浙江树人学院	青年基金项目

续表

序号	项目名称	负责人	工作单位	项目单位
63	高校出版“国际化”战略研究	徐栩	郑州大学	青年基金项目
64	国外反腐败传播研究：理论、策略与案例	姬德强	中国传媒大学	青年基金项目
65	“全球南方”视野下的拉美传播及中国思考	张志华	中国传媒大学	青年基金项目
66	中国对日宣传历史经验、现实困境与创新策略	赵新利	中国传媒大学	青年基金项目
67	大数据时代电视节目评估体系变革研究	黄金	中国政法大学	青年基金项目
68	国家治理现代化视域下的舆情治理创新	陈端	中央财经大学	青年基金项目
69	大数据时代的西部报业媒介融合策略研究	詹恂	电子科技大学	规划基金项目（西部和边疆地区项目）
70	20世纪50年代初期上海新闻界思想改造运动研究	丁骋	广西大学	青年基金项目（西部和边疆地区项目）
71	曾留守大学生网络行为及其成因、影响研究——以川、渝地区为例	张仕琼	西华师范大学	青年基金项目（西部和边疆地区项目）
72	西部少数民族地区省级媒体“城镇化报道”与凝聚社会共识的关系研究	俞运宏	西南民族大学	青年基金项目（西部和边疆地区项目）
73	传媒安全视角下中国媒体话语失衡的根源及对策研究：以本土/外国品牌负面事件报道为例	刘进平	重庆文理学院	青年基金项目（西部和边疆地区项目）
74	“新疆民族关系”媒体舆论引导研究	胡小青	新疆大学	青年基金项目（新疆项目）
75	麦西来甫数字化资源库建设与研究	李彩霞	新疆轻工职业技术学院	青年基金项目（新疆项目）

2013年度教育部人文社会科学研究一般项目

序号	项目名称	负责人	工作单位	项目单位
1	转企改制背景下传媒组织冲突的动因分析及管理对策	国秋华	安徽大学	规划基金项目

续表

序号	项目名称	负责人	工作单位	项目单位
2	我国出版企业的专业化与多元化经营研究	顾永才	对外经济贸易大学	规划基金项目
3	出版企业的文化责任研究	刘军	对外经济贸易大学	规划基金项目
4	微博传播中个体行为的集成化研究	刘雪梅	广州大学	规划基金项目
5	网络群体性事件舆论引导与公民理性建构研究	钟剑茜	广州大学	规划基金项目
6	西学东渐与中国近代报刊思想的发展	李滨	湖南师范大学	规划基金项目
7	文化误读与国家影像的广告传达研究	何平华	华东师范大学	规划基金项目
8	上海近代百年广告史研究（1840—1949）	杨海军	华东师范大学	规划基金项目
9	仪式传播对于传统节日信仰重塑的价值与策略研究	郭讲用	华东政法大学	规划基金项目
10	发展传播视角下的贫困地区信息扶贫策略研究	郭琴	华南师范大学	规划基金项目
11	中美新闻评论比较研究	顾建明	华中科技大学	规划基金项目
12	虚拟社区中艾滋病患者的自我表露与社会支持研究	刘瑛	华中科技大学	规划基金项目
13	媒体危机传播与舆论引导研究	张国军	江南大学	规划基金项目
14	数字网络环境下我国公众侵权现状与版权意识提升研究	张利洁	兰州大学	规划基金项目
15	文化体制改革背景下广播电视体制“中国模式”的建构	张春华	南京财经大学	规划基金项目
16	当代中国地下传播现状及对策研究	张德琴	南京艺术学院	规划基金项目
17	遏制新闻假照片传播的防范机制	郭根生	山东师范大学	规划基金项目
18	西部农家书屋信息化建设的系统创新研究	王勇安	陕西师范大学	规划基金项目
19	新媒体赋权与城市公共政策传播	丁未	深圳大学	规划基金项目
20	媒介规制融合的中国困境与路径研究——传播政治经济学视角	黄玉波	深圳大学	规划基金项目

续表

序号	项目名称	负责人	工作单位	项目单位
21	中国新闻从业者的“阐释共同体”——对于当前几种主要新闻话语的研究	黄顺铭	四川大学	规划基金项目
22	中国当代青年亚文化传播的变迁	陈霖	苏州大学	规划基金项目
23	传播学研究的社会心理学传统	柯泽	西南政法大学	规划基金项目
24	社交网络节点的传播影响力评估模型研究	苏俊斌	厦门大学	规划基金项目
25	大众传播与少数民族乡村社会结构转型的民族志考察	杨星星	云南大学	规划基金项目
26	网络素养教育的运行机制和推进策略研究——兼论新加坡网络素养教育对我国的启示	王国珍	湛江师范学院	规划基金项目
27	新闻记者早期职业化研究——以二十世纪三十年代为中心	田中初	浙江师范大学	规划基金项目
28	中国共产党国际传播思想研究	张毓强	中国传媒大学	规划基金项目
29	西方传播思想在中国的早期接受	高海波	中南财经政法大学	规划基金项目
30	美国言论审查的由来与演变	崔明伍	安徽大学	青年基金项目
31	微博消息的多元动态可信度模型研究	段大高	北京工商大学	青年基金项目
32	主流媒体在网络公共领域中的商谈实践研究（2003—2012）	畅榕	北京印刷学院	青年基金项目
33	价值网视角下的数字出版商业模式创新研究	张新华	北京印刷学院	青年基金项目
34	社会救助体系中的公益传播研究	李京丽	成都学院	青年基金项目
35	传媒组织模块化价值创新战略研究——基于传媒跨界整合现实问题的探索与实证	刘茜	成都学院	青年基金项目
36	日本主流舆论与中日关系的互动和影响研究	范颖	东北师范大学	青年基金项目

续表

序号	项目名称	负责人	工作单位	项目单位
37	微博客公益信息传播的亲社会行为动机培养效果研究	刘绩宏	东北师范大学	青年基金项目
38	五四白话文运动与新民主主义革命的传播学考察	黄华	福建师范大学	青年基金项目
39	邻避型环境抗争行动的媒介动员与传播：基于多案例的比较研究	白红义	复旦大学	青年基金项目
40	美国公共空间的中国国家形象传播研究	汤筠冰	复旦大学	青年基金项目
41	网络文化产业动态演化与治理机制顶层设计——基于技术与制度协同创新的实证研究	臧志彭	复旦大学	青年基金项目
42	媒介融合背景下用户生成内容（UGC）的政治参与——路径与对策研究	张帆	复旦大学	青年基金项目
43	转型背景下环境邻避冲突与大众媒介关系研究	覃哲	广西大学	青年基金项目
44	微博突发公共事件传播路径的实时分析及其趋势预测	景东	哈尔滨工业大学	青年基金项目
45	技术驱动与嵌入集群内数字出版产业融合机理、模式及其效应研究	杨庆国	合肥学院	青年基金项目
46	中国传统文化出版“走出去”问题及策略研究	刘燕飞	河北大学	青年基金项目
47	微博舆论中意见领袖影响机制与引导策略研究	芦何秋	湖北大学	青年基金项目
48	《大公报》与中国新闻界集体记忆研究	郭恩强	华东政法大学	青年基金项目
49	香港青年的媒介使用与国家认同——基于社会认同理论的研究视角	唐佳希	华南师范大学	青年基金项目
50	社会监控视阈下的社交媒体实名制研究	刘锐	华中科技大学	青年基金项目
51	明代东北亚信息传播研究	牟邵义	吉林大学	青年基金项目
52	社会转型视角下的中国传媒体制改革研究	李明	江汉大学	青年基金项目

续表

序号	项目名称	负责人	工作单位	项目单位
53	官方话语与民间话语的融通：传播失灵背景下网络舆论引导研究	王凤仙	江西理工大学	青年基金项目
54	微博公共协商的生成与逆向畸变研究	胡菡菡	南京大学	青年基金项目
55	阅读公众的兴起：晚清报刊阅读史研究（1894—1911）	卞冬磊	南京师范大学	青年基金项目
56	日本纪录片中的中国形象——以 NHK 电视台为例	刘忠波	南开大学	青年基金项目
57	微博传播力评价模型及其在遏制网络谣言扩散中的应用	刘峥	山东财经大学	青年基金项目
58	基于文本挖掘的社会热点事件在微博上的生成及扩散机制研究	白建磊	山东工商学院	青年基金项目
59	“执政方式现代化”视野下的新媒体政治传播策略研究	瞿旭晟	上海理工大学	青年基金项目
60	当代驻华外国记者职业共同体研究——一项基于“局内人”视角的考察	钱进	上海外国语大学	青年基金项目
61	国际自媒体涉华舆论领袖特征、机制及引导策略研究	相德宝	上海外国语大学	青年基金项目
62	中国网络传播制度研究——基于新制度经济学的视角	李建华	四川大学	青年基金项目
63	新媒体事件中多元行动者的参与行为及其规范研究	吴世文	武汉大学	青年基金项目
64	印度英文报刊的中国形象研究	周宏刚	西安财经学院	青年基金项目
65	超越制度决定论：两岸互联网政治参与比较研究	乐媛	厦门大学	青年基金项目
66	戊戌维新报刊发行网络研究：以代办人群体为中心	朱至刚	厦门大学	青年基金项目
67	新闻媒体社会责任评价指标体系的构建与应用	田华	湘潭大学	青年基金项目
68	媒介融合背景下西方传媒规制制度理性与实践	张文锋	玉林师范学院	青年基金项目

续表

序号	项目名称	负责人	工作单位	项目单位
69	新媒体时代日常新闻推理与论证模式研究	胡华涛	湛江师范学院	青年基金项目
70	基于语料库的“农民工”媒介话语考古及身份生产研究	赵凌	浙江传媒学院	青年基金项目
71	微博参与社会管理的长效机制建设研究	谢进川	中国传媒大学	青年基金项目
72	新记《大公报》再研究——以“蒋介石档案”为中心的考察	俞凡	中国海洋大学	青年基金项目
73	基于 3G 移动媒体的仪式传播发展与对策研究	魏殿林	中国计量学院	青年基金项目
74	我国网民集体行动框架的实证研究	郝永华	中南民族大学	青年基金项目
75	基于生态学视角的中国传媒企业成长研究	陈瑞群	广西大学	规划基金项目（西部和边疆地区项目）
76	基于语料库的汉语语言符号的网络再生及其生成逻辑研究	曹进	西北师范大学	规划基金项目（西部和边疆地区项目）
77	基于数字出版的学术期刊论文评价模式研究	程琴娟	陕西师范大学	青年基金项目（西部和边疆地区项目）
78	中外媒体关于新疆热点事件报道的比较研究	刘福利	塔里木大学	青年基金项目（新疆项目）
79	哈萨克斯坦教科书中的中国形象研究	闫新艳	新疆师范大学	青年基金项目（新疆项目）

2012 年度教育部人文社会科学研究一般项目

序号	项目名称	负责人	工作单位	项目单位
1	传统电视媒体与视听新媒体融合发展模式及路径研究	王长潇	北京师范大学	规划基金项目
2	国家利益视域下学术期刊国际化出版研究	杨琦	长安大学	规划基金项目
3	植入式广告存在的问题及其预防、监管研究	张淑燕	东北师范大学	规划基金项目

续表

序号	项目名称	负责人	工作单位	项目单位
4	广告传播的社会责任研究	刘泓	福建师范大学	规划基金项目
5	桂林抗战文化城翻译出版研究	袁斌业	广西师范大学	规划基金项目
6	民族村镇广播电视公共服务体系研究	顾雪松	贵州财经学院	规划基金项目
7	价值重构与角色重塑——地方政府新闻发布制度解困的路径研究	王春玲	河北师范大学	规划基金项目
8	从彼得到普京：俄罗斯书刊检查的实践与评价	李淑华	黑龙江大学	规划基金项目
9	低信任环境下的网络广告信号传递有效性研究	阮丽华	湖北大学	规划基金项目
10	三网融合背景下网络电视台运营策略研究	吴俐萍	湖北经济学院	规划基金项目
11	媒介在社会管理中的协同机制研究	郑宇丹	华南理工大学	规划基金项目
12	父母监护与城市中小学生网络媒体使用——发展生态学的视角	王正祥	淮北师范大学	规划基金项目
13	罗伯特·金·默顿传播思想研究	许多澍	吉林大学	规划基金项目
14	报业全媒体内容生产机制研究	严俊	吉林大学	规划基金项目
15	中国电视对外传播创新研究——基于境外电视跨国传播之启示	谢毅	暨南大学	规划基金项目
16	报业体制深化改革与创新发展的路径选择研究	曾建雄	暨南大学	规划基金项目
17	中国近现代媒介批评史（1815—1949）	胡正强	南京理工大学	规划基金项目
18	热播电视剧产生轰动的成因分析及评估标准研究	白小易	南京师范大学	规划基金项目
19	学术期刊网络出版的国际化路径和前景研究	朱栋梁	宁波大红鹰学院	规划基金项目
20	移动阅读系统用户持续使用的理论模型：基于情感视角的实证研究	刘鲁川	山东财政学院	规划基金项目
21	互联网信息消费行为对社会文化的解构与重塑	张冠文	山东师范大学	规划基金项目

续表

序号	项目名称	负责人	工作单位	项目单位
22	微博空间商议民主表征的理论分析与实证研究	尹连根	深圳大学	规划基金项目
23	基于微博的地方政府形象传播研究	陈华明	四川大学	规划基金项目
24	三网融合时代重大灾害中的科学传播及其机制建设研究	彭虹	四川大学	规划基金项目
25	北美媒介环境学派的媒介理论研究：一种传播思想史的视角	刘晗	武汉大学	规划基金项目
26	新闻出版公共服务建设工程项目绩效评价指标体系与应用模型研究	张麦青	武汉理工大学	规划基金项目
27	主导性媒介范式变迁与国家形象的文化建构研究	焦素娥	信阳师范学院	规划基金项目
28	媒介规制论——改革开放后我国传媒业规制制度变迁与实践	史征	浙江传媒学院	规划基金项目
29	突发事件中的微博舆论研究	夏雨禾	浙江工商大学	规划基金项目
30	媒介空间与城市化进程：1978 年以来的城市想象与城市定位	韩素梅	浙江工业大学	规划基金项目
31	中国女性期刊的发展脉络与趋势研究	吴敏娟	浙江万里学院	规划基金项目
32	网络传播伦理案例、问题与对策研究	阴卫芝	中国政法大学	规划基金项目
33	突发公共事件报道法社会学研究	展江	中山大学	规划基金项目
34	突发公共事件网络舆情研判与防控机制研究	张军辉	安徽师范大学	青年基金项目
35	中国农村的媒介使用与社会变迁——以河南 L 村为例	张世海	安阳师范学院	青年基金项目
36	网络环境下由突发性事件引发的公共危机传播和管理研究	董媛媛	北京交通大学	青年基金项目
37	微博集合行为研究：基于传播网络的视角	王贵斌	长安大学	青年基金项目
38	基于 SCP 范式的我国新媒体产业分析及发展策略研究	鲍枫	东北师范大学	青年基金项目
39	微博传播与大学生自我认同	杨桃莲	东华大学	青年基金项目

续表

序号	项目名称	负责人	工作单位	项目单位
40	风险社会视角下谣言的传播规律和防范策略研究	杨慧琼	福建师范大学	青年基金项目
41	基于节日视觉符号设计的国家形象传播研究	崔莉萍	复旦大学	青年基金项目
42	政治博客传播效果和策略的心理学研究	邬心云	广州体育学院	青年基金项目
43	民族形象建构与身份认同的变迁——新时期主流媒体民族报道研究（1978—2010）	张媛	贵州大学	青年基金项目
44	青少年手机沉迷的形成、预警与反转机制研究——媒介依赖的视角	莫梅锋	湖南大学	青年基金项目
45	移动电子阅读终端对传统报业转型的影响研究	谢征	湖南理工学院	青年基金项目
46	媒介话语、权力与资本的联动与角力：五四时期上海报纸副刊场域研究	吴静	华南师范大学	青年基金项目
47	基于社会计算的微博舆论生成模式与引导机制研究	邓秀军	华中科技大学	青年基金项目
48	融合媒介的空间特性与新闻影响力生成扩散研究	陈长松	淮阴师范学院	青年基金项目
49	新媒体与赋权：基于信息社会转型中新生代农民工的实证研究	陈韵博	暨南大学	青年基金项目
50	互联网使用时间、使用方式对现实政治参与的影响	曾凡斌	暨南大学	青年基金项目
51	新时期中国电影中民俗影像的建构与传播（1978—2010）	惠恭健	江南大学	青年基金项目
52	出版体制改革背景下高校期刊功能拓展与可持续发展问题研究	廖彩荣	江西农业大学	青年基金项目
53	网络环境下政府传播力的结构模型与评估体系研究	李云雯	昆明理工大学	青年基金项目
54	互联网对个体的自我建构影响研究	廖建国	乐山师范学院	青年基金项目
55	宋代改革宣传研究	魏海岩	辽宁大学	青年基金项目

续表

序号	项目名称	负责人	工作单位	项目单位
56	基于熵理论的传播融合新模式研究	张成良	鲁东大学	青年基金项目
57	“公共治理”视域下的微博参与社会治理研究	陈世华	南昌大学	青年基金项目
58	现实关怀与职业意识：清末民初知识分子与媒介批评研究	胡丹	南昌大学	青年基金项目
59	基于互联网的传播内容分析法：理论、方法与应用	李明	南京大学	青年基金项目
60	抗争性网络集群行为研究	陈相雨	南京林业大学	青年基金项目
61	中国男性杂志发展研究	陈宁	南开大学	青年基金项目
62	媒介融合中学术期刊转型的适应机制研究	梁小建	南开大学	青年基金项目
63	网络群体事件的舆论引导对社会风险规避的研究	杨斌成	钦州学院	青年基金项目
64	21 世纪美国新媒体理论转型趋势研究	李欣人	山东大学	青年基金项目
65	中国体育文化传播研究	董晋	山西大学	青年基金项目
66	中美媒体医患新闻报道比较研究：实务、效果与评价	庞慧敏	山西大学	青年基金项目
67	中国近代民族品牌的广告传播研究	杜艳艳	上海大学	青年基金项目
68	网络集群行为的舆情引导机制研究	刘津芳	上海交通大学	青年基金项目
69	虚拟社区与老年人社会资本的重建——基于中国老年人虚拟社区的个案研究	吴欢	上海交通大学	青年基金项目
70	影视制作投融资体制机制创新：美国模式及中国借鉴	徐兵	上海交通大学	青年基金项目
71	数字出版的大都市产业集聚发展模式研究	金永成	上海理工大学	青年基金项目
72	公共外交活动的传播效果评价指标体系研究	梁婷婷	上海理工大学	青年基金项目
73	现代中国舆论思想的兴起与演变	倪琳	上海商学院	青年基金项目
74	传媒与现代国家认同建构：《人民日报》医疗队报道研究	李静	上海师范大学	青年基金项目

续表

序号	项目名称	负责人	工作单位	项目单位
75	中国三网融合发展与公共服务问题研究	石力月	上海师范大学	青年基金项目
76	中国城市遗产保护领域公共商议的媒介化特征与影响	陶文静	上海政法学院	青年基金项目
77	风险中的共同体话语建构——《新疆日报》（汉文版）1949—2009年民族报道分析	毛颖辉	石河子大学	青年基金项目
78	全媒体时代政府管理者的媒介素养研究——基于四川省政府管理者的媒介素养调研	刘路	四川师范大学	青年基金项目
79	公共决策视域中地方广电媒体的舆论引导机制研究	杨华	四川文理学院	青年基金项目
80	当前我国网络舆论中意见领袖形成机制研究	陈旭辉	天津财经大学	青年基金项目
81	Web2.0网络舆情的传播演化机制研究	张亮	天津科技大学	青年基金项目
82	社会公正视域下的农民工报道传播模式研究	徐艳	天津外国语大学	青年基金项目
83	中国大陆媒体对“民国”图像的建构及其演进	杨琴	西南交通大学	青年基金项目
84	他者视阈里的中国西南少数民族——以美国《国家地理》杂志的表述为例	罗安平	西南民族大学	青年基金项目
85	制播分离背景下中国广播电视机构治理模式创新研究	殷琦	厦门大学	青年基金项目
86	医疗广告的社会影响及其规制的实证研究	陈静静	云南大学	青年基金项目
87	基于运营模式创新的民营电影产业发展研究——以浙江为例	顾芳芳	浙江工业大学	青年基金项目
88	基于附随扩散模型的我国手机阅读用户扩散的实证研究	程静薇	中国传媒大学	青年基金项目
89	大众传媒与构建和谐劳资关系研究——以新生代农民工为核心对象	吴麟	中国劳动关系学院	青年基金项目

续表

序号	项目名称	负责人	工作单位	项目单位
90	媒介融合趋势下的数字品牌建设	张佰明	中国劳动关系学院	青年基金项目
91	中国传媒产业市场结构演变效应的实证研究	陶喜红	中南民族大学	青年基金项目
92	公共危机传播中的新媒体舆情监测与风险管控研究	祝兴平	中央财经大学	青年基金项目
93	西南少数民族纪录片文化传承与传播研究	汪磊	广西大学	规划基金项目（西部和边疆地区项目）
94	突发事件中的手机舆情生成及对策研究	庹继光	四川师范大学	规划基金项目（西部和边疆地区项目）
95	壮傣文化跨国传播研究——以广西西南部布傣族群与东南亚傣族文化传播为例	黄新宇	广西民族师范学院	青年基金项目（西部和边疆地区项目）
96	维吾尔语主流媒体在新疆少数民族聚居区的影响力产生机制与效果研究	张允	新疆大学	规划基金项目（新疆项目）
97	新疆非物质文化遗产网络传播现状分析与对策研究	郜玉金	新疆大学	青年基金项目（新疆项目）
98	西藏报业影响力评估及提升路径研究	周晓艳	西藏大学	青年基金项目（西藏项目）

2011 年度教育部人文社会科学研究一般项目

序号	项目名称	负责人	工作单位	项目单位
1	当代影像产业中奇观文化的经济分析和文化研究	吴靖	北京大学	规划基金项目
2	时尚文化传播的价值导向研究	王梅芳	东华大学	规划基金项目
3	在线交叉社交网络中链接关联的传播机制研究	肖如良	福建师范大学	规划基金项目
4	传播新科技、知识劳工与市场经济转型	曹晋	复旦大学	规划基金项目
5	互联网与中国政治文化转型研究	章平	复旦大学	规划基金项目

续表

序号	项目名称	负责人	工作单位	项目单位
6	大众传媒在重大突发公共事件中的危机预警和沟通机制研究	朱颖	广东外语外贸大学	规划基金项目
7	“网络水军”问题研究	张波	河北经贸大学	规划基金项目
8	中国传媒产业集簇高端化发展理论建构与实践模式研究	王国平	湖南大学	规划基金项目
9	媒介生态史观：关于建构中国新闻史主体性话语的方法论研究	阳海洪	湖南工业大学	规划基金项目
10	经济新闻传播效果研究	肖鲁仁	湖南师范大学	规划基金项目
11	孔子学院中方教师的跨文化适应和传播能力研究	安然	华南理工大学	规划基金项目
12	基于知识管理的网络舆情监测与应用研究	陈少华	华中科技大学	规划基金项目
13	新媒体广告传播研究	舒咏平	华中科技大学	规划基金项目
14	我国跨界少数民族地区的国家形象传播研究——以傣族为例	薛翠微	昆明理工大学	规划基金项目
15	西北省级卫视困境与出路研究	韩亮	兰州大学	规划基金项目
16	新媒体在西北农村信息传播中的效果研究	王芳	兰州大学	规划基金项目
17	边疆民族地区网络媒介在社会动员中的作用研究	马强	内蒙古大学	规划基金项目
18	我国网络问政长效机制研究——基于网络问政行为偏好的实证分析	刘西平	南昌大学	规划基金项目
19	网民政治性表达法治保障研究	陈堂发	南京大学	规划基金项目
20	传媒产业关联：理论与实证分析	丁和根	南京大学	规划基金项目
21	网络社区关系模型对慈善捐助行为的影响机制研究	王丽	宁波大学	规划基金项目
22	20 世纪 70 年代海外“保钓”时期中国留学生办刊办报活动研究	孟建煌	莆田学院	规划基金项目
23	基于微博的表达权与“理想的传播情景”	王君超	清华大学	规划基金项目

续表

序号	项目名称	负责人	工作单位	项目单位
24	新媒体环境下西部农村信息传播有效性研究	闵阳	陕西理工学院	规划基金项目
25	国家与社会理论视角下的网络反腐研究	程金福	汕头大学	规划基金项目
26	当代密苏里新闻教育新范式及其在中国的应用的可行性研究	李建新	上海大学	规划基金项目
27	报刊舆论与中国近代化进程	刘兴豪	邵阳学院	规划基金项目
28	美国总统选举中的民意调查与政治(1932—2008)	张健	苏州大学	规划基金项目
29	转企改制背景下我国报刊社会责任治理及其模型研究	包国强	武汉工业学院	规划基金项目
30	数字出版存在形态的研究	王汉熙	武汉理工大学	规划基金项目
31	错时空与本土化：比较视野下中国电视纪录片风格衍变 50 年研究	武新宏	扬州大学	规划基金项目
32	中国文化产业评估指标与内涵式发展战略研究	李涛	浙江财经学院	规划基金项目
33	基于国际间环境信息沟通的环境意识转移研究	徐少丹	浙江工商大学	规划基金项目
34	美国公共电视的运作机制及其启示意义研究	王哲平	浙江工业大学	规划基金项目
35	新媒体环境下重大突发危机事件谣言传播与控制研究	王灿发	中国传媒大学	规划基金项目
36	城市抗争型公共事件的议题呈现与媒介生态	张宁	中山大学	规划基金项目
37	网络“社会抗争”的嬗变及信息流动与预警机制研究	金萍华	安徽大学	青年基金项目
38	中国新纪录运动中的底层影像研究(1991—2010)	罗锋	安徽大学	青年基金项目
39	明清文化传播与商业互动研究：基于徽州出版与徽商的考察	秦宗财	安徽师范大学	青年基金项目

续表

序号	项目名称	负责人	工作单位	项目单位
40	移动互联网时代，我国电子阅读产业的现状与发展趋势研究	王平	北京印刷学院	青年基金项目
41	社会性媒体的政治功能研究	郑一卉	北京语言大学	青年基金项目
42	制播分离语境下的中部地区民营电视产业发展研究	刘远军	长江大学	青年基金项目
43	媒体融合背景下提升党报“三农”报道传播力对策研究	冉明仙	长江师范学院	青年基金项目
44	晚清时期大众传媒的政府形象建构研究——以《湘报》为例	阳海燕	长沙学院	青年基金项目
45	网络隐私保护与网民数据安全研究：以网民隐私关注为研究视角	申琦	复旦大学	青年基金项目
46	融合背景下的电信媒介发展研究	聂莉	广东金融学院	青年基金项目
47	族群认同、国家认同良性互动中的文化传播体系研究	卿志军	海南师范大学	青年基金项目
48	新媒介与中国农民致富的实证研究	史梁	合肥工业大学	青年基金项目
49	转型期社会中国电视媒体的价值传播研究	易前良	河海大学	青年基金项目
50	基于 ZMET 的中国当代广告原型研究	刘潆檑	湖南师范大学	青年基金项目
51	中国数字出版十年研究（2000—2010年）	肖洋	华东师范大学	青年基金项目
52	重大突发公共事件的信息发布与传播效果研究	于晶	华东师范大学	青年基金项目
53	大众传媒在中国现代化转型期的社会整合功能研究——以珠三角外来务工人员媒介使用为例	陈娟	华南理工大学	青年基金项目
54	中国网络媒体品牌构建与评估研究	高辉	华南理工大学	青年基金项目
55	海外中国新闻传播研究的范式变迁（1951—2010）	刘兢	华南师范大学	青年基金项目
56	图式的竞争：我国青少年接触海外影视作品及对本国文化的认同危机研究	杨银娟	华南师范大学	青年基金项目

续表

序号	项目名称	负责人	工作单位	项目单位
57	中国国家形象之海外构建的理论与实证研究——以新加坡《联合早报》的传播效果为例	徐明华	华中科技大学	青年基金项目
58	“媒介事件”与转型期政府公信力提升研究	陈奕	华中科技大学文华学院	青年基金项目
59	基于利益博弈的弱势群体诉求表达的传媒功能调适与系统改革研究	钱广贵	华中农业大学	青年基金项目
60	重大突发公共事件舆情衍变的社会网络研究	周莉	华中师范大学	青年基金项目
61	网络公共领域的理论与实践研究——基于新媒体事件的实证分析	许鑫	惠州学院	青年基金项目
62	新媒体语境下的危机沟通研究	汤景泰	暨南大学	青年基金项目
63	藏族影视文化传播效果与策略研究	王晓红	兰州大学	青年基金项目
64	网络即时互动群组的舆论生成机制及引导研究	安珊珊	辽宁大学	青年基金项目
65	中国农业品牌的品牌结构优选模型研究	戴程	闽江学院	青年基金项目
66	网络迷群体文化研究	朱丽丽	南京大学	青年基金项目
67	喉舌与训政：国民党新闻事业研究（1927—1937）	刘继忠	南京师范大学	青年基金项目
68	人民公社的政治传播与社会动员研究（1958—1962）	李乐	宁波大学	青年基金项目
69	大众传媒回应与引领当代社会思潮问题研究	宫京成	宁夏大学	青年基金项目
70	新媒体语境下电视主流媒体的舆论引导研究——以中央电视台为个案	刘波	曲阜师范大学	青年基金项目
71	不同的声音：网络虚拟社区中国女性的情感话题传播研究	李晓梅	山东科技大学	青年基金项目
72	全球化时代我国媒体的非洲移民报道和网络舆论研究	党芳莉	上海财经大学	青年基金项目

续表

序号	项目名称	负责人	工作单位	项目单位
73	李普曼新闻思想研究	叶青青	上海对外贸易学院	青年基金项目
74	大部制改革背景下三网融合的机遇、挑战和对策研究	刘锐	上海交通大学	青年基金项目
75	生态危机报道与可持续发展：环境新闻在我国面临的问题与对策研究	王积龙	上海交通大学	青年基金项目
76	媒体中介的公共商议研究	张田田	深圳大学	青年基金项目
77	城市文化品牌传播战略研究	孙琳琳	沈阳大学	青年基金项目
78	绿色发展与媒体创新：环境传播视阈中的当代中国可持续发展研究	张建中	天津外国语大学	青年基金项目
79	我国城市化进程中的社区传播研究	赵勋	西北大学	青年基金项目
80	符号、语境、传播及意义的生成——网络舆论的符号学分析	李红	西北师范大学	青年基金项目
81	艾滋患者媒介框架与社会距离感的实证研究	蒋宁平	西南交通大学	青年基金项目
82	微博舆论传播风险管理研究	吴闻莺	西南民族大学	青年基金项目
83	电视创新模式的知识产权边界——电视娱乐节目模板的构成与侵权研究	陈笑春	西南政法大学	青年基金项目
84	媒体与社会信任危机研究	郭晓科	西南政法大学	青年基金项目
85	从广告传播表现解读转型期中国城市居民消费观念变迁（1978—2010）	陈素白	厦门大学	青年基金项目
86	媒介传播视域下的少数民族地区受众国家认同研究——基于托台村民族志调查	金玉萍	新疆大学	青年基金项目
87	两岸新闻教育比较研究	黄东英	云南民族大学	青年基金项目
88	转型期我国贪腐新闻的媒介社会学研究——基于新闻语料、新闻生产及传播效果的实证分析	李东晓	浙江大学	青年基金项目
89	为了忘却的纪念：南京大屠杀集体记忆的建构与传播	李红涛	浙江大学	青年基金项目
90	微博动员与集体行动研究	韦路	浙江大学	青年基金项目

续表

序号	项目名称	负责人	工作单位	项目单位
91	三网融合背景下内容提供商的产业地位重塑及发展战略研究	卜彦芳	中国传媒大学	青年基金项目
92	《加强我国广电传媒国际传播能力建设研究》	段鹏	中国传媒大学	青年基金项目
93	我国电影产业国际竞争力测度研究	金雪涛	中国传媒大学	青年基金项目
94	互联网使用与青年农民工社会发展——基于京广沪三地的实证研究	何晶	中国青年政治学院	青年基金项目
95	中国大陆网络广告发展研究	黄河	中国人民大学	青年基金项目
96	基于受众价值增值的视频内容产品创新模式研究	王天铮	中国政法大学	青年基金项目
97	晚清上海娱乐观念的传播学研究	马薇薇	中南大学	青年基金项目
98	媒体权力，企业合法性与制度变迁：新闻媒体推动我国企业采纳社会责任制度的机制研究	邓理峰	中山大学	青年基金项目
99	媒体、集体行动与底层舆论的互动关系研究	曾繁旭	中山大学	青年基金项目
100	网络文化与西南城镇文化生活研究	皮海兵	重庆邮电大学	青年基金项目
101	奥运传播理论体系下的体育国际传播发展策略研究	王大中	中国传媒大学	自筹经费项目
102	马克思、哈贝马斯和麦克卢汉的传播观比较研究	李庆林	广西大学	规划基金项目（西部和边疆地区项目）
103	内蒙古民国报刊史研究	张丽萍	内蒙古大学	青年基金项目（西部和边疆地区项目）
104	西方人际传播学说史研究	刘蒙之	陕西师范大学	青年基金项目（西部和边疆地区项目）
105	新疆少数民族地区宗教人士与媒介接触之研究	封兴中	喀什师范学院	规划基金项目（新疆项目）
106	新疆民语广播电视与少数民族文化的现代建构研究	何斌	塔里木大学	青年基金项目（新疆项目）

续表

序号	项目名称	负责人	工作单位	项目单位
107	新疆维吾尔族中学生国家认同观研究	杨梅	新疆大学	青年基金项目（新疆项目）

2010年度教育部人文社会科学研究一般项目

序号	项目名称	负责人	工作单位	项目单位
1	作为公共组织的传媒绩效考评机制研究	梅笑冬	安徽大学	规划基金项目
2	美国报纸对美国国家形象的建构及其对我国对外传播的启示	李琨	北京大学	规划基金项目
3	大众传媒面对突发事件应急机制研究	吴曼芳	北京电影学院	规划基金项目
4	改制背景下出版企业竞争力评价研究	顾金亮	东南大学	规划基金项目
5	国际舆论调查中的中国国家形象	马凌	复旦大学	规划基金项目
6	隐性的权力：广告政治经济学批判研究	张殿元	复旦大学	规划基金项目
7	报网互动情境下的报纸新闻生产研究	田秋生	广州大学	规划基金项目
8	中国近现代新闻团体研究（1905—1949）	廖声武	湖北大学	规划基金项目
9	媒介融合时代的传媒规制研究	肖赞军	湖南师范大学	规划基金项目
10	出版传播与农村先进文化建设	周国清	湖南师范大学	规划基金项目
11	大众传媒促进新生代农民工融入城镇研究	宋万林	湖州师范学院	规划基金项目
12	我国电视新闻评论员公信力研究	应吉庆	江西农业大学	规划基金项目
13	中国报业网站经营问题研究	黄建远	南京财经大学	规划基金项目
14	中国广播电视研究的演变（1923—2010）	谢鼎新	南京财经大学	规划基金项目
15	中国文化产业跨行业国际运作特性、功能及发展策略研究	李敏	南京航空航天大学	规划基金项目
16	中国古代王朝政治传播制度研究	陈谦	青岛大学	规划基金项目
17	西北少数民族信息需求与传媒信息供给及舆论导向研究	南长森	陕西师范大学	规划基金项目

续表

序号	项目名称	负责人	工作单位	项目单位
18	陕西近现代新闻事业研究（1897—1949）	裴晓军	陕西师范大学	规划基金项目
19	风险社会视阈下网络舆论的生成与涨落规律研究	田大宪	陕西师范大学	规划基金项目
20	风险社会背景下危机报道新闻语篇的意识形态分析	陈岳芬	汕头大学	规划基金项目
21	中国化媒介批评教材体系创新	郝一民	上海大学	规划基金项目
22	大众传播媒介对民俗体育发展的影响力研究	李鹏	天津体育学院	规划基金项目
23	新时期我国文化企业的多层次直接融资模式与体系研究	刘友芝	武汉大学	规划基金项目
24	中日近代新闻交流史	周光明	武汉大学	规划基金项目
25	西藏地方对外传播策略和方式研究	周德仓	西藏民族学院	规划基金项目
26	网络文化产业发展对策研究	李文明	浙江大学宁波理工学院	规划基金项目
27	“扩音效应”及其生成机制：网络环境下社会性突发事件传播规律研究	张淑华	郑州大学	规划基金项目
28	社科论文开放存取出版模式研究	陈健	中国人民大学	规划基金项目
29	传媒资本营运与提升西部软实力对策研究	李晓红	重庆工商大学	规划基金项目
30	媒体奇观视域下的中国电视娱乐文化转型研究	赖黎捷	重庆师范大学	规划基金项目
31	网络学术资源分布和集成现状与传播效率研究	李若溪	重庆师范大学	规划基金项目
32	新媒体使用与青少年虚拟社会关系研究	刘静	北京大学	青年基金项目
33	我国广电媒体跨区域发展模式研究	吴玉玲	北京工商大学	青年基金项目
34	我国文化产业基金运行机制研究	王文杰	对外经济贸易大学	青年基金项目
35	基于文化同源性的海峡两岸传媒业合作模式创新研究	连水兴	福建师范大学	青年基金项目

续表

序号	项目名称	负责人	工作单位	项目单位
36	传受耦合还是传受错位——近年来革命题材影视剧流行现象研究	叶勤	福建师范大学	青年基金项目
37	分裂的图景：住宅议题的媒体互动研究	张梅	福建师范大学	青年基金项目
38	Web2.0时代中国互联网的动员功能与引导机制研究	何国平	广东外语外贸大学	青年基金项目
39	基于语义情感分析模型的网络民意直观化研究	孙佰清	哈尔滨工业大学	青年基金项目
40	新闻报道歧视现象研究	曾庆江	海南师范大学	青年基金项目
41	新媒体环境下重大事件舆论引导策略研究	李栋	河北大学	青年基金项目
42	90年代以来跨族裔导演的电影创作研究	崔军	河南大学	青年基金项目
43	媒介融合背景下的出版企业版权战略研究	王志刚	河南大学	青年基金项目
44	媒介融合理论与数字报业发展战略	郜书锴	河南理工大学	青年基金项目
45	伪满时期东北新闻业研究	齐辉	黑龙江大学	青年基金项目
46	中国对中亚的对外传播研究	罗兵	衡阳师范学院	青年基金项目
47	晚清报刊与民族主义话语建构	唐海江	湖南大学	青年基金项目
48	延安时期中国共产党出版史研究(1937—1947)	刘苏华	湖南师范大学	青年基金项目
49	群体性事件中的网络舆情研究	燕道成	湖南师范大学	青年基金项目
50	新闻从业者职业心理危机干预理论与实践研究	路鹏程	华东师范大学	青年基金项目
51	中国电视节目主持三十年研究(1980—2010)	於春	华东师范大学	青年基金项目
52	基于媒介地理学视角的旅游地形象研究：表征，权力与发展	刘丹萍	华南理工大学	青年基金项目
53	沟通、共鸣与和谐：数字化背景下我国文化传媒产业民生价值探究	于小川	华南理工大学	青年基金项目
54	群体性事件的网络传播与治理机制研究	罗昕	华南师范大学	青年基金项目

续表

序号	项目名称	负责人	工作单位	项目单位
55	云计算环境下移动互联网的传播模式、舆论演化模型及管理机制研究	李卫东	华中科技大学	青年基金项目
56	民主化进程中传媒与政治信任之关系的实证研究	牛静	华中科技大学	青年基金项目
57	网络行动及其效果问题研究	许玲	华中师范大学	青年基金项目
58	关系视角下的全媒体新闻模式研究	麦尚文	暨南大学	青年基金项目
59	数字新媒体环境下突发性群体事件的谣言传播研究	蔡盈洲	江西财经大学	青年基金项目
60	云南 4 个特困民族居住区农业科技信息扩散过程中的传播策略研究	赵长雁	昆明理工大学	青年基金项目
61	西部地区健康教育传播与卫生公平研究	阙岳	兰州大学	青年基金项目
62	黄河上游藏区社会变迁中的媒介角色研究	张硕勋	兰州大学	青年基金项目
63	新媒介环境下新农村建设宣传的媒介认同研究	吴志斌	南京航空航天大学	青年基金项目
64	台湾广播电视发展史研究	张晓锋	南京师范大学	青年基金项目
65	海外华文传媒与中国软实力建设研究	叶虎	厦门大学	青年基金项目
66	电视媒介盈利的品牌延伸机制、路径与模式研究	刘华军	山东财政学院	青年基金项目
67	面向用户兴趣基于本体学习的网络舆情研判体系研究——以论坛为例	郝晓玲	上海财经大学	青年基金项目
68	近代驻华美国记者及其报道研究(1911—1949)	沈荟	上海大学	青年基金项目
69	论媒介研究中的场域范式	张斌	上海大学	青年基金项目
70	新媒体环境下公共危机传播管理策略与效能研究	季丹	上海交通大学	青年基金项目
71	近五年来国内外传播学研究热点比较：基于共词分析的文献计量研究	李武	上海交通大学	青年基金项目

续表

序号	项目名称	负责人	工作单位	项目单位
72	数字化时代的城市影像传播模式研究——运用城市影像建构城市品牌的实证分析	聂艳梅	上海师范大学	青年基金项目
73	中美电视法治节目比较研究——以“社会与法”频道和法庭频道为视域	杨嘉嵋	上海政法学院	青年基金项目
74	当代大学生符号消费形成机制及应对策略	陈振旺	深圳大学	青年基金项目
75	我国重大突发事件的国际舆论表现形态、生成机制与应对策略研究	刘肖	四川大学	青年基金项目
76	公益性出版的制度化创新研究	王炎龙	四川大学	青年基金项目
77	3G应用及其对中国社会文化特质的影响研究	张放	四川大学	青年基金项目
78	协商与仪式：基于网络媒介的政府传播研究	王静	天津大学	青年基金项目
79	媒体危机管理能力评价研究	荣荣	天津师范大学	青年基金项目
80	中国报业数字化转型路径与策略研究	尹良润	天津师范大学	青年基金项目
81	外来务工人员社会认同危机的媒介考察与对策研究	杨嫚	武汉大学	青年基金项目
82	欧美发达国家数字电视转化前沿研究	陈积银	西北师范大学	青年基金项目
83	网络舆论引导的实效性研究——以网络议程设置为视点	蒋忠波	西华师范大学	青年基金项目
84	网络时评论坛意见领袖研究	朱洁	西南交通大学	青年基金项目
85	四川省康巴地区和谐媒介生态与舆论环境构建研究	李谢莉	西南民族大学	青年基金项目
86	西部地区农村留守儿童媒介素养教育模式与实践路径研究	杨靖	长安大学	青年基金项目
87	传媒助推新生代农民工社会融入的路径与可行性——以浙江为例	袁靖华	浙江传媒学院	青年基金项目
88	制播分离与广电媒体运行机制改革研究	张雷	浙江传媒学院	青年基金项目
89	面向移动阅读的数字出版赢利模式研究	陈洁	浙江大学	青年基金项目

续表

序号	项目名称	负责人	工作单位	项目单位
90	健康传播对小学生健康观的影响及介入策略	陈钢	浙江师范大学	青年基金项目
91	全球新闻理论流派、范式及学说体系研究	刘自雄	中国传媒大学	青年基金项目
92	网络动员与社会转型：当代中国网络群体性事件研究	任孟山	中国传媒大学	青年基金项目
93	清末督抚对报刊的认知及管理研究	李卫华	中国人民大学	青年基金项目
94	政治传播视阈下电视媒体社会责任建设研究	赵鸿燕	中国人民大学	青年基金项目
95	当前新闻伦理困境中从业人员道德选择模式研究	范明献	中南大学	青年基金项目
96	媒介素养与性别意识重建	凌菁	中南大学	青年基金项目
97	文化体制改革与报刊转制的风险控制研究	刘琴	中南民族大学	青年基金项目
98	新闻生产中的话语建构：大众媒体都市集体行动报道机制研究	聂静虹	中山大学	青年基金项目
99	民族地区新闻传播功能研究——以西藏、新疆地区少数民族语言广播、电视媒体为研究样本	赵丽芳	中央民族大学	青年基金项目
100	当代媒介转型中的传播规范问题研究	张军华	广东商学院	自筹经费项目
101	民国报人的跨中西文化特质研究	王海	广东外语外贸大学	自筹经费项目
102	融合媒体的受众采纳行为研究	刘强	广西师范大学	青年基金项目（西部和边疆地区项目）

2010—2015 年度教育部哲学社会科学研究重大课题攻关项目

序号	年度	项目名称	负责人	工作单位
1	2015	重大突发事件社会舆情演化规律及应对策略研究	傅昌波	北京师范大学

续表

序号	年度	项目名称	负责人	工作单位
2	2012	大众传媒在文化建设中的功能和作用机制研究	董天策	暨南大学
3	2010	全球化背景下国际新闻传播人才培养模式创新研究	史安斌	清华大学

2010—2015 年度教育部哲学社会科学研究普及读物项目

序号	年度	项目名称	负责人	工作单位
1	2015	生活在“网络社会”	陈昌凤	清华大学
2	2015	身边的数据会说话	丁迈	中国传媒大学
3	2012	微博时代的舆情管理——领导干部通俗读本	喻国明	中国人民大学

2010—2015 年度教育部哲学社会科学研究后期资助项目

序号	年度	项目名称	负责人	工作单位	项目类别
1	2014	媒体监督、媒体治理与资本市场发展：理论分析与微观层面的证据	杨德明	暨南大学	一般
2	2013	新闻美学	张立斌	新疆大学	一般
3	2012	视觉修辞的意义生产机制及典型案例库建设研 究	刘涛	西北师范大学	一般
4	2012	政府与媒体关系研究	谢梅	电子科技大学	一般
5	2011	中国乡村调查	陈刚	北京大学	重大

2010—2015 年度教育部哲学社会科学发展报告项目

序号	年度	项目名称	负责人	工作单位	项目类别
1	2013	新媒体前沿发展报告	胡正荣	中国传媒大学	培育项目

11.4 国家新闻出版广播电视总局科研项目

此处仅列举 2010—2015 年相关数据，详见表 11-3 所示：

表 11-3　**2010—2015 年国家新闻出版广电总局部级社科研究项目立项一览表**

2015 年度国家新闻出版广电总局部级社科研究项目

序号	项 目 名 称	负责人
1	中国广播电视网络融合发展顶层设计研究	赵景春、于保安
2	县级广播电视媒体改革发展研究	张建康
3	媒介融合背景下提升藏语卫视对境外藏胞传播的影响力研究	柳耀辉
4	国际传媒机构管理体系研究	马黎
5	广播电视台利用剩余广告资源进行产业投资的方法研究	戴振宇
6	影视产业发展战略研究——从内生增长单轮驱动到与资本市场结合双轮驱动的突破	乐可锡
7	“互联网+”语境下中国电影产业融合创新	聂伟
8	媒体融合视角下移动互联网 App 视听传播特征研究	黄为群
9	重大主题报道的宣传创新	季建南
10	新媒体技术发展提升我国媒体海外竞争力研究	王联
11	中国纪录片的国际化竞争策略研究	高峰
12	新媒体环境下电视产业发展研究	张子扬
13	广播电视媒体与新兴媒体融合发展研究	邹峰
14	融媒体环境下电视广告创新经营研究	何海明
15	广播电视媒体智能化融合发展研究	谢锦辉
16	传播中国故事——中国东盟电视剧译制、交易、播出对策研究	周文力
17	广播电视语言文字规范化研究	金文雄
18	县级城市数字影院发展面临的问题及对策研究	支菲娜
19	中国乡土题材影视剧创作研究	孙宝国
20	我国重大题材理论文献片创作研究	金德龙、李有兵
21	多元文化视野下的多模态对外宣传话语体系构建	潘章仙

续表

序号	项 目 名 称	负责人
22	媒介融合背景下广播电视传播公信力建设研究	段鹏
23	新媒体语境下电视译制片面临的挑战与机遇研究	秦振贵
24	全媒体视角的东盟传播探索	李德刚
25	新媒体环境下我国影视产业生态集群发展研究——以金田影视产业园为例	胡正荣
26	打工春晚：流动人口的广播影视公共服务模式研究	曹培鑫
27	电视节目跨屏传播效果评估体系研究	刘燕南
28	新时期文献纪录片创作研究	郭本敏
29	新形势下广播电视媒体对台传播效果研究	张丽
30	建立中华文化动画片故事题材库研究	李剑平
31	融合背景下电视台多元化经营模式创新研究	熊艳红
32	媒介融合环境下广播媒体的生态空间拓展研究	宫承波
33	讲好丝路故事——新疆广电中亚传播策略研究	王一婷
34	国际传播视野下媒体对外话语体系建设研究	关娟娟
35	“网生代”电影变革以及政府引领策略研究	李晋林
36	中国电影市场影响力研究	于丽
37	国际传播视野下电影学术期刊对外传播体系建设研究	皇甫宜川

2013—2014 年度国家新闻出版广电总局部级社科研究项目

序号	项 目 名 称	负责人
1	国家广播电视媒体在重大事件中的舆论引导效果研究	张小琴
2	广播电视公共服务标准化均等化建设研究	杨六华
3	中国电影进入国际市场战略研究	张玲
4	我国电视综艺节目创新研究	李岭涛
5	我国影视节目制作经营领域股权问题及对策研究	张炜
6	视听新媒体监管体系建设研究	吕岩梅
7	电视剧书写中国梦——精品电视剧创作生产研究	李汀
8	广播对丝绸之路国家国际传播策略研究	赵铁骑

续表

序号	项 目 名 称	负责人
9	新媒体环境下广播电视战略转型研究	高福安
10	电视节目全媒体传播效果考评体系研究	黎斌
11	影视作品走出去版权战略研究	何敏
12	广播与移动互联网融合发展策略研究	陆地
13	有线电视与互联网技术新型融合发展战略研究	姜文波
14	农村电影放映工程可持续发展问题研究	张红
15	三网融合背景下电视著作权问题研究	戴进
16	完善和改进广播影视干部选拔任用机制研究	许秀中
17	中国电影的非盈利海外推广策略研究	孙向辉
18	县乡广播电视服务体制机制研究	和向东
19	新媒体环境下广播战略转型研究	赵子忠
20	多屏时代电视媒体制播分离改革路径研究	赵多佳
21	直播卫星增值业务发展研究	黄其凡
22	中国电影产业金融平台构建研究	张琦
23	少数民族地区广播影视国际传播策略研究	安思国
24	全媒体语境下边疆民族地区广播发展之路——内蒙古民族地区广播事业现状、前景及发展策略	张兴茂
25	民族语译制与国家安全战略研究——以新疆西藏地区为例	麻争旗
26	改进西藏广播新闻报道研究	张先群
27	基于网络视频的影视剧传播机制研究	张邦卫
28	手语主持现状、存在问题及对策研究	袁伟
29	加强主播队伍建设对于提升广播电视影响力的价值研究	胡智锋
30	“非遗”电视纪录片传播力研究	徐爱华
31	国家应急广播预警信息流转研究	姜海清
32	电视剧对青少年核心价值观的影响及引导机制研究	鲍芳
33	构建中国在中东欧地区舆论新格局	邢博
34	4G 前景下广电行业面临的竞争新格局及其应对策略研究	吴信训
35	探析国有电影公司的核心改革发展策略	张宏
36	城市电影市场规范经营体系建设研究	姜涛

2012年度国家广播电影电视总局部级社科研究项目

序号	项目名称	负责人
1	中国电视国际传播能力建设研究	陈昌凤
2	中国影视动画产业转型升级研究	张慧玲
3	传媒安全研究	李舒东
4	中国电视专业化建设及评估体系研究	李岚
5	媒介融合背景下中国广播创新发展研究	申启武
6	网络视听新媒体国际传播能力建设研究	汪文斌
7	基层广播影视人才队伍建设研究	毕根辉
8	新世纪中国类型电视剧及产业发展研究	杨洪涛
9	媒介发展新态势下广播节目模式创新研究	孟伟
10	三网融合背景下IPTV对有线电视行业的影响与应对策略	沈向军
11	媒体广播的微传播——新媒体环境下广播传播创新研究	韩健
12	国家应急广播体系的系统化运行建设项目研究	王晓晖
13	新形势下省级广电行政主管部门的管理创新	杨金鸢
14	中国民族语言广播发展战略研究	赵连军
15	三网融合下的视听新媒体监管体系建设研究	张仁汉
16	基于数字媒体资产版权开发的广播影视内容产业价值链构建	宋培义
17	全球化语境下中国纪录片的国际传播	刘文
18	电视剧文化对当代青少年价值取向的影响及对策研究	肖芃
19	新形势下广播影视“走出去”民营主体培育与政策引导研究	方德运
20	电视剧质量评估评价体系研究	周文力
21	中国影视动画产业转型升级研究	刘瑾
22	提高广播影视党建科学化水平研究：基于城乡党建统筹的视角	汤兆武
23	中国纪录片发展传播实证研究	周冠宇
24	省级卫视传播地方传统文化与节目创新关系研究	王少春
25	广播影视国际传播与中华文化海外传播战略研究	乐琦
26	基于手机电视的青年亚文化传播与社会整合研究	罗自文
27	创新驱动型城市电视台人才队伍建设的途径与机制研究	吴延熊

续表

序号	项 目 名 称	负责人
28	电视谈话节目与社会管理模式创新研究——以杭州台《我们圆桌会》为例	金月成
29	省级卫视频道管理调控与战略发展研究	郎劲松、邓文卿
30	3D 电视发展与政策研究	邹峰
31	电影产业对国民经济的贡献研究	杨明品
32	云计算技术体系下的数字电影发展升级研究	刘达
33	电影市场发展与规范研究	侯光明
34	中国电影后产品发展研究	谷国庆、赵子忠
35	中国影视行业演艺经纪市场分析研究	赵海城
36	视差与 3D 电影视觉舒适度与健康安全研究	邱章红
37	国产中小成本电影新媒体营销策略研究	彭静宜
38	改革开放以来中外电影交流研究	路春艳
39	滇川藏大三角地区农村电影放映之实地研究	郭建斌
40	现实题材电影创作弘扬社会主义价值观研究	李彩霞

2011 年度国家广播电影电视总局部级社科研究项目

序号	项 目 名 称	负责人
1	中国电影市场需求与票房预测研究——基于 3D 电影市场	张辉
2	中国电影文化价值观的建构	贾磊磊
3	电影票房统计、监管与服务体系研究	姜涛
4	中国特色社会主义理论体系关于新闻工作重要论述研究	陈富清
5	传统媒体与视听新媒体融合发展模及路径研究	黄小雄
6	全媒体时代广播影视教育培训研究	刘继南
7	“四位一体”的乡镇广播影视综合服务站建设及运行模式研究	胡建华
8	影视创作弘扬社会主义核心价值体系研究	陆贵山
9	中国电影发展的“顶层设计”	陆绍阳
10	中国电影创作战略研究——基于十家电影公司的样本分析	杨柳
11	全媒体环境下的中国电影宣传与营销研究	高山

续表

序号	项 目 名 称	负责人
12	我国纪录片产业化发展与行业评价体系建设	何苏六
13	广播电视推进“三网融合”发展研究	罗文
14	主旋律影视剧的有效传播研究	刘永昶
15	媒介融合与电视创新——国外主流电视媒体创新机制研究	俞虹
16	全媒体电视新闻报道模式研究	王玉玮
17	我国电视体育节目主持人队伍现状与发展研究	王大中
18	城镇化加速背景下农村电影发展面临的问题及其对策研究	刘汉文
19	中国制造：电影政策导向与主流价值观建构	陈清洋
20	“中国（动画）学派”核心元素深度研究	丁海祥
21	电影制片的风险管控体系研究	赵海城
22	影视基地建设研究	韩晓黎
23	中国广播电视“走出去”战略研究	王庚年
24	当代中国电影的政治社会化功能研究	宋震
25	我国电影行业统计指标体系的构建	罗良清
26	国产 3D 电影内容创意发展研究	檀秋文
27	国有院线规划建设管理的政策与对策	徐辉
28	多元媒体语境中电影批评空间的拓展与舆论建设	杨俊蕾
29	植入式广告法律规制研究	张海燕
30	三网融合背景下的广电制播分离改革研究——制播分离与广电在三网融合中的挑战与机遇	徐明明
31	广播电视应对群体性事件的舆论引导研究	曾庆香
32	主持人非言语传播力研究	成越洋
33	蒙古语广播电视跨境传播的创新策略研究	张丽萍
34	高校培养面向基层广播影视综合人才队伍的建设研究	白妙青
35	广播电视应对突发公共事件舆论引导研究	戚姚云
36	频道管理基础指标体系研究	张宁
37	三网融合条件下我国云视听的技术平台与内容产业发展模式研究	李本乾
38	我国 3D 电视新型规制研究	李岭涛
39	互联网视听节目内容建设与管理政策研究	罗建辉

续表

序号	项 目 名 称	负责人
40	新媒体视听产品创作与传播引导机制研究	皇甫宜川
41	中国纪录片国际传播发展战略研究	冷冶夫
42	媒介融合背景下我国广播电视产业资本运营制度创新研究	刘逸帆
43	国产电视剧质量评估体系研究	钱蔚
44	央视频道集群的品牌化建设研究	张健
45	广播影视人才队伍建设研究	白玲
46	农村题材影视剧创作研究	王霄冰
47	网络时代提升广电媒体舆论引导力的研究	胡文杰
48	国外 24 小时新闻频道“台网融合”研究	沈国麟
49	中外电视剧产业发展报告（2012）	张海潮
50	广播电视推进“三网融合”发展研究——“三网融合”发展趋势与广播电视发展研究	华鸣
51	电视音乐节目的专业化与大众化研究	吴爱芳
52	国际主流媒体对中国电视国家形象传播的评价及我们的应对策略	刘琛
53	中央电视台电视剧核心竞争力研究	周冠宇
54	文化产业背景下中国电视的媒体责任问题研究	孔令顺
55	提高广播电视舆论引导水平研究	赵忠颖
56	影视剧与地域文化关系研究——以徽文化为例	黄雯
57	传统节日的文化仪式与电视传播研究	周文
58	电视剧可持续发展研究	李京盛
59	传统广播与视听新媒体融合路径及发展模式研究	丁钊
60	数字新媒体内容分类及监管标准体系研究	刘燕南
61	中央电视台品牌化战略实践研究	张利生
62	全球十大网络传媒集团发展特点、趋势研究及启示	伍刚
63	三网融合背景下中国电视新闻发展路径探究——美国三网融合的经验给中国的启示	连少英
64	农村广播电视公共服务体系内容建设研究	刘自雄
65	省级网络电视台发展研究	吕萌
66	三网融合下的高速移动宽带多媒体广播电视发展策略研究	万本庭

续表

序号	项 目 名 称	负责人
67	西部广播电视发展战略研究	魏文楷
68	非洲国际媒体竞争格局及我国电视媒体对非传播策略研究	李向东
69	城市电视频道专业化品牌化发展研究——以本土服务为导向的频道设置	孙健
70	互联网移动终端发展研究报告	黄为群
71	微博传播与广播电视舆论引导力建设研究	谢进川
72	三网融合视域下我国有线电视网络产业绩效与业务发展模式研究	金雪涛
73	新媒体背景下突发群体性事件中的公众心理与电视引导研究	郭小平
74	三网融合背景下的新农村社区数字影视传播平台建设研究	宋宝瑜
75	广播影视基层党建工作考核评价机制研究	杨烁
76	媒体内容资产价值评估及产业化经营模型构建研究	王甫
77	自媒体时代网络广告监管问题研究	徐凤兰
78	我国植入式广告的法规管理研究	刘中望
79	国家应急广播体系建设研究	林长海
80	娱乐真人秀节目形态及其管理标准的对策研究	周凯
81	电视剧市场的运营管理规制研究	杨林书
82	网络影视播放法律问题研究	王贵勤
83	电视购物频道发展及管理政策研究	李云华
84	国家文化战略与中国电影的国家形象研究	陈林侠
85	世界电影内容及运行机制的舆论监管、法律控制与产业引导研究	钟大丰
86	新世纪以来中国电影表现方法与电影产业的发展	张智华
87	关于电影科教片市场化模式研究与探索	李欣
88	中国电影“引进来”问题的研究	徐红
89	新媒体电影受众特点研究	杨永安
90	影视剧创作队伍建设研究	王群
91	新世纪电影批评价值取向的伦理性研究	袁智忠
92	中国主流大片的创作趋势与营销策略研究	俞洁
93	亚洲新电影对中国电影强盛的启示	周安华

续表

序号	项 目 名 称	负责人
94	农民工电影放映研究	蒋东生
95	新疆少数民族题材电影研究	阿不来提·吉力力
96	中外电影博物馆比较研究——以上海电影博物馆筹建为例	任仲伦

2010年度国家广播电影电视总局部级社科研究项目立项名单

序号	项 目 名 称	负责人
1	新媒体国际传播研究	王庚年
2	数字电影发展战略和规划研究	彭吉象
3	全国电视市场收视格局变化趋势及中央电视台核心竞争力建设	梁晓涛
4	广播电视媒体坚持新闻立台的理论与实践研究	雷跃捷
5	边疆少数民族地区广播影视事业发展政策研究	刘永欣
6	广播影视产权交易研究	薛巧珍
7	中国动画电影：历史、现状及产业发展对策研究	孙向辉
8	广电推进三网融合提高新媒体传播力的对策研究	赵玲
9	国家文化安全与传媒制度建设	奚建华
10	中国电视类型节目形态及创新研究	黎刚
11	中国电影大片研究：创作、营销与文化	陈旭光
12	三网融合背景下跨媒体传播效果标准体系研究	夏征宇
13	农村数字电影院线发展对策研究	毛羽
14	电视剧质量综合评价体系研究	罗琴
15	当代中国电影海外营销模式及战略研究	傅红星
16	中国广播电视媒体“走出去”面临的“本土化”困局及出路研究	吕岩梅
17	中国电视节目网络人气指数体系研究	张树庭
18	21世纪头十年广播电视热点问题回顾与思考——下一个十年影响广播电视发展若干关键问题前瞻	张君昌

续表

序号	项 目 名 称	负责人
19	3D 电影发展趋势研究	邢建毅
20	中国纪录片发展现状与对策研究	张同道
21	大众传媒绩效考核模式和机制研究	高福安
22	从贵州有线电视网络整合实践看我国西部地区省级广电网络的改革发展	李新民
23	有线网络整合与应对三网融合竞争	沈向军
24	广播电视视听调查评估体系建设研究	李岚
25	影视产业的版权保护研究	曲三强
26	基于脑认知的影视暴力与色情刺激的定量评测系统研究	喻国明
27	广播电视节目播后监管机制研究	高长力
28	建设中国（云南）面向西南开放的广电传播“桥头堡”研究	和向东
29	“三网融合”背景下电视媒体三屏联动发展战略	王晓东
30	繁荣国产民族类影视纪录片创作对策措施研究	肖芒
31	三网融合体制下广电产业和电信产业发展比较研究	许家奇
32	广播电视播出机构内部科学管理模式研究	杨慧
33	中国农村广播影视公共服务体系建设三大问题及其对策研究	杨乘虎
34	广播电视节目评价指标体系研究	陈浙闽
35	中央电视台英语新闻频道国际传播能力建设研究	黄传芳
36	比较视野中的中国大片发展策略研究	王宜文
37	手机电视发展与管理研究	董年初
38	融合时代中国广播发展战略研究	王晓晖
39	电视传播与青少年“粉丝”引导策略研究	蔡骐
40	影视制作投融资机制创新研究	郑军
41	印度电影产业机制研究	吴延熊
42	中国 3D 电影发展研究	谷国庆
43	三网融合背景下的农村电影市场及其经营策略研究	黎光容
44	中国电影网络评论研究	陆亮
45	民营电影业发展战略与实践研究	丁亚平

续表

序号	项 目 名 称	负责人
46	网络媒体知识产权研究	傅亦轩
47	中国广播影视报刊改革发展与经营模式研究	梁刚建
48	新疆广播影视“走出去”创新研究	徐樟梅
49	广播影视人才发展战略和规划研究	李绍新
50	加强广播影视国际传播能力建设研究	段鹏
51	基层广播电视村村通工程长效管理机制研究	霍华先
52	三网融合趋势下发达地区县级广播电视事业发展战略研究	祁林
53	中国广播影视语言传播与社会影响力研究	曾婕
54	繁荣国产电视剧创作对策措施研究	李宝萍
55	政府（职能部门）在公众媒介素养教育中的主导作用研究	臧海群
56	从全国电视法制栏目的发展看广播电视普法实效	赵欣
57	广播影视普法实效研究	许秀中
58	近十年我国高收视服务类电视节目的内容要素研究	倪大海
59	电视节目资料有偿使用与市场开发管理体系研究	倪代光
60	广电媒体无障碍传播的现状与路径研究	潘祥辉
61	中国经济电视节目发展现状及对策研究	董华峰
62	区域广电推进三网融合过程中的战略重构研究	陈韵强
63	广西广播影视“走出去”研究	阳建国
64	中国对农电视市场供给状况研究	李岭涛
65	广播电视网络在三网融合中的对策研究	张洪斌
66	我国影视剧跨文化传播能力建设研究	徐小立
67	中国电视资源重组发展格局研究	徐舫州
68	我国手机电视产业发展模式及对策研究	丁苗苗
69	三网融合下的广播电视新媒体监管体系建设研究	张伟
70	省级广电新兴媒体发展路径研究	张建红
71	新媒体下广播电视人力资源管理的战略研究	赵子忠
72	农村广播电视公共服务体系研究	吴飞
73	中国电视媒体提升国际话语权与塑造国家形象战略及路径研究	符绍强

续表

序号	项 目 名 称	负责人
74	电台电视台主持人播音员评价标准及管理政策研究	高贵武
75	广播电视推进三网融合对策研究	张小琴
76	民营电视业发展与产业政策研究	颜梅
77	应急广播报道机制研究	凌燕
78	农村数字电影院线建设与经营策略研究	乐可锡
79	中国电影产业投融资机制研究	左衡
80	中国电影发行史及发展趋势研究	韩晓黎
81	区域性广电传媒跨区域发展策略研究	钟家伟
82	广电媒体在城市文化“软实力”提升中的地位与作用研究	刘国红
83	广播电视新闻舆论监督研究	郭卫东
84	全媒体视角下传媒人才培养计划	李文冰
85	电影编剧队伍现状调查与研究	苏小卫
86	“80后”与“90后”：中国新生代电影大片消费行为与营销策略研究	阳翼
87	利用资产证券化方式打通电影融资瓶颈研究	黄树青
88	版权保护对电影产业发展影响的定量评价：理论、机制与实证研究	彭辉
89	新世纪中国儿童电影创作发展研究	侯克明
90	推进西部民族地区县级数字影院建设对策研究	何大新
91	少数民族语电影译制现状和发展策略	杨和平
92	网络影视评论发展对策研究	柴志明
93	以广播影视为创新引擎的“泛媒介革命”发展道路与战略对策研究——中国特色社会主义的广播影视文化产业创新体系研究报告	向勇
94	三网融合背景下网络视频产业运营与规划：web3.0的视角	朱旭光
95	近年来应急广播在突发事件报道中的经验、问题与启示	曾志华
96	三网融合与我国意识形态安全研究	宋眉眉
97	繁荣国产影视纪录片创作对策措施研究	吕新雨
98	提高我国广播电视国际传播能力的另一种方法——以云南无线数字电视“老挝模式”为例	余雷
99	电视购物频道建设与管理政策研究	罗小布

续表

序号	项 目 名 称	负责人
100	广播影视企业海外发展研究	陈晓云
101	影视创作网络评价体系与管理策略研究	朱强
102	高校传媒试验平台与广播影视业界平台的互动	李俊梅
103	中国影视保险体系建设与发展策略研究	王汉生
104	全国电台电视台播音主持人评价体系的研究与构建	杜晓红
105	动漫文化对青少年认知发展和社会性发展的影响	董秀成
106	三网融合下的广电多业务市场拓展研究	张会林
107	网络影视评论研究	周海英
108	日本广播应急体系研究	张彩
109	食品安全公共危机的舆论监督	程景民
110	电视新闻传播创新研究	杜志红
111	西北少数民族地区广播影视发展政策研究	王春丁
112	我国广播电视“新闻立台”的实践分析和对策研究	靳方华
113	重大敏感问题外宣调研报告	刘涛
114	民营影视企业发展研究	陈犀禾
115	中国动漫产业盈利模式与国产动画原创相关之分析	帅民
116	影视传媒对城镇居民休闲生活的影响研究	李经龙
117	中国电视剧质量综合评价体系研究	张国涛
118	中国类型化广播的现状、存在问题及发展策略研究	陈刚
119	2010 亚运期间广州本土电视媒介舆论引导研究	张步中
120	省级电视台节目创新机制研究——以陕西电视台为例	李荣
121	中国电视科普节目创新研究	刘民朝
122	农村广播影视公共服务体系建设研究	韩万里
123	媒介融合的理论与实践研究	沈兵虎
124	西部欠发达省区广电制播分离改革现实困境及新路径探索	谢明辉

续表

序号	项目名称	负责人
125	广播影视事业单位财务精细化科学化管理研究	杨国瑞
126	推进县对乡镇广播电视垂直管理运营体制建设研究	李江玲
127	戏曲电视剧创作策略与文化软实力建设	杨燕
128	我国广播电视期刊的发展历程、现状及未来走向研究	李立
129	中国纪录片对外传播的问题及其策略研究	崔莉
130	广播电视创新新闻报道研究	张卓
131	战略管理视野中的媒介品牌建构调研	陈新
132	广电网络资费与电信资费体系比较研究	姚福平
133	农村广电发展战略与产业化拓展研究	薛瑞
134	事业体制电视制作单位转企改制研究——中国电视剧制作中心转企改制个案分析	张子扬
135	原生态民歌文化在城市背景下的传播研究	朱智忠
136	电视与城市圈文化建设研究——以武汉城市圈为例	董中锋
137	我国影视“走出去”策略创新研究	杨铮
138	繁荣国产电影创作对策研究：3D时代高校影视创意教育及高校影视剧作类型特色研究	田卉群

11.5 国家哲学社会科学成果文库

此处仅列举2010—2015年相关数据，详见表11-4所示：

表11-4 **新闻传播学专业《国家哲学社会科学成果文库》入选名单**

2010—2015年度《国家哲学社会科学成果文库》入选名单

序号	年度	成果名称	负责人	工作单位
1	2013	网络传播管理研究	钟瑛	华中科技大学

11.6　教育部人文社会科学奖

此处仅列举第五届至第七届高等学校科学研究优秀成果奖项相关数据，详见表 11-5 所示：

表 11-5　　教育部人文社会科学奖获奖名单

第七届高等学校科学研究优秀成果奖（人文社会科学）获奖成果名单

序号	成果名称	奖项类别	出版单位、发表刊物或使用单位	出版、发表或使用时间	作者
1	政治传播：历史、发展与外延	一等奖：著作奖	中国传媒大学出版社	2011 年 11 月	段鹏
2	舆擎中国——新形势下舆论引导力提升方略研究	一等奖：著作奖	中国社会科学出版社	2013 年 12 月	蒋晓丽　侯雄飞　王炎龙　肖尧中　操慧　张放 等
3	中国近代图像新闻史：1840—1919	二等奖：著作奖	南京大学出版社	2012 年 1 月	韩丛耀　季芬　范文霈　刘亚　陈玉申　陶开俭 等
4	新传播形态下的中国受众	二等奖：著作奖	复旦大学出版社	2013 年 12 月	李良荣　陆晔　周葆华　沈菲　张志安
5	环境传播：话语、修辞与政治	二等奖：著作奖	北京大学出版社	2011 年 12 月	刘涛
6	中国社会舆情与危机管理报告（2013）	二等奖：研究报告奖	有关部门采纳	2013 年 8 月	谢耘耕　刘锐　刘怡　荣婷　袁会　王理 等
7	中国社会舆情年度报告（2013）	二等奖：著作奖	人民日报出版社	2013 年 6 月	喻国明　李彪
8	批判与重构：英国媒体与传播研究的马克思主义传统	三等奖：著作奖	清华大学出版社	2013 年 11 月	曹书乐

续表

序号	成果名称	奖项类别	出版单位、发表刊物或使用单位	出版、发表或使用时间	作者
9	表达的力量：当中国公益组织遇上媒体	三等奖：著作奖	上海三联书店	2012 年 11 月	曾繁旭
10	舆论学——舆论导向研究	三等奖：著作奖	上海交通大学出版社	2012 年 6 月	陈力丹
11	对外传播及其效果研究	三等奖：著作奖	北京大学出版社	2011 年 5 月	程曼丽　王维佳
12	网众传播：一种关于数字媒体、网络化用户和中国社会的新范式	三等奖：著作奖	清华大学出版社	2011 年 6 月	何威
13	传播学科的奠定：1922—1949	三等奖：著作奖	中国大百科全书出版社	2012 年 3 月	胡翼青
14	消费文化传播与媒体社会责任	三等奖：著作奖	中国社会科学出版社	2011 年 7 月	蒋建国
15	断裂与共识：网络时代的中国主流媒体与主流价值观构建	三等奖：著作奖	复旦大学出版社	2013 年 12 月	林晖
16	“中国梦”的社会化媒体传播研究——防止“中国梦”在民间舆论中被误读	三等奖：研究报告奖	有关部门采纳	2013 年 8 月	孟建　孙祥飞
17	近代报刊与辛亥革命的舆论动员	三等奖：著作奖	黄山书社	2011 年 10 月	王天根　张朋　曹丹　程华芳　王一凡
18	作为劳动的传播——中国新闻记者劳动状况研究	三等奖：著作奖	中国传媒大学出版社	2011 年 1 月	王维佳
19	民国出版史	三等奖：著作奖	福建人民出版社	2011 年 6 月	吴永贵
20	中国报刊发行体制变迁研究	三等奖：著作奖	中华书局	2013 年 3 月	武志勇
21	传播逻辑中的人类自省——马克思对西方传播学理论的贡献与影响	三等奖：论文奖	新闻与传播研究	2011 年第 3 期	支庭荣

第六届高等学校科学研究优秀成果奖（人文社会科学）获奖成果名单

序号	成果名称	奖项类别	出版单位、发表刊物或使用单位	出版、发表或使用时间	作者
1	精神交往论——马克思恩格斯的传播观	一等奖：著作奖	中国人民大学出版社	2008 年 7 月	陈力丹
2	新中国新闻传播 60 年长编（1949—2009）	二等奖：著作奖	暨南大学出版社	2010 年 10 月	刘家林
3	执政党与大众传媒——基于党的执政能力建设的研究	二等奖：著作奖	江苏人民出版社	2010 年 10 月	丁柏铨 等
4	中国报刊法制发展史（5 卷本）	二等奖：著作奖	中国政法大学出版社	2010 年 11 月	倪延年
5	分散与融合——数字报业研究	二等奖：著作奖	中国社会科学出版社	2010 年 7 月	石磊
6	中国近代报刊史探索（第一、二卷）	二等奖：著作奖	合肥工业大学出版社	2010 年 12 月	王天根
7	媒介经济与中国经济	三等奖：著作奖	上海交通大学出版社	2010 年 4 月	李本乾 等
8	当代中国少数民族新闻事业调查报告	三等奖：研究报告奖	中国人类学民族学研究会采纳	2010 年 12 月	白润生　周德仓　崔相哲　阿斯买·尼亚孜　黎明洁　王志敏
9	火塘·教堂·电视——一个少数民族社区的社会传播网络研究	三等奖：著作奖	光明日报出版社	2008 年 11 月	吴飞
10	传媒与文化——文化视角下的传媒研究	三等奖：著作奖	华夏出版社	2008 年 6 月	蒋晓丽　石磊
11	中国电视内容产业建设发展研究	三等奖：著作奖	新华出版社	2010 年 9 月	彭祝斌 等
12	新闻道德论	三等奖：著作奖	中国人民大学出版社	2010 年 5 月	杨保军
13	理性与传媒发展	三等奖：著作奖	上海三联书店	2009 年 4 月	柯泽

续表

序号	成果名称	奖项类别	出版单位、发表刊物或使用单位	出版、发表或使用时间	作者
14	跨文化传播的问题与可能性	三等奖：著作奖	武汉大学出版社	2010年6月	单波
15	中国社会舆情年度报告（2010）	三等奖：研究报告奖	人民日报出版社	2010年4月	喻国明
16	群体性事件：信息传播与政府应对	三等奖：著作奖	中国书籍出版社	2010年8月	曾庆香　李蔚
17	文化与经济的博弈：出版经济学理论研究	三等奖：著作奖	中国社会科学出版社	2009年2月	吴赟
18	广东报业竞争三十年	三等奖：著作奖	暨南大学出版社	2008年12月	林如鹏
19	媒介地理学：媒介作为文化图景的研究	三等奖：著作奖	中国传媒大学出版社	2010年9月	邵培仁　杨丽萍
20	Dragon能否表示龙——对民族象征物跨文化传播的试验性研究	三等奖：论文奖	《中国社会科学》	2008年第1期	葛岩　秦裕林

第五届中国高校人文社会科学研究优秀成果奖名单

序号	成果名称	奖项类别	出版单位、发表刊物或使用单位	出版、发表或使用时间	作者
1	蜕变的尴尬——对百年中国现代化与报刊话语嬗演关系的研究	二等奖：著作类	湖南教育出版社	2006年11月	田中阳
2	新闻活动论	二等奖：著作类	中国人民大学出版社	2006年5月	杨保军
3	媒介批评——立场、范畴、命题、方式	二等奖：著作类	浙江大学出版社	2005年5月	李岩
4	西方媒介生态理论的发展及其理论价值与问题	二等奖：论文类	《新闻与传播研究》	2006年第3期	单波　王冰

续表

序号	成果名称	奖项类别	出版单位、发表刊物或使用单位	出版、发表或使用时间	作者
5	三峡工程及三峡总公司舆情监测分析报告（2006—2007）	二等奖：研究报告类	中国长江三峡工程开发总公司	2006 年 1 月至 2007 年 12 月	罗以澄　强月新　吕尚彬　金长江　夏琼　陈刚
6	传者图像：新闻专业主义的建构与消解	三等奖：著作类	复旦大学出版社	2005 年 12 月	黄旦
7	中国传播思想史（共四卷）	三等奖：著作类	上海交通大学出版社	2005 年 3 月	金冠军　戴元光
8	中国数字娱乐产业发展战略研究	三等奖：著作类	社会科学文献出版社	2007 年 12 月	李杰 等
9	年龄论：社会空间中的社会时间	三等奖：著作类	中华工商联合出版社	2007 年 3 月	刘德寰
10	独乡电视：现代传媒与少数民族乡村日常生活	三等奖：著作类	山东人民出版社	2005 年 5 月	郭建斌
11	民生新闻：中国特色的新闻传播范式	三等奖：论文类	《西南民族大学学报》	2007 年第 6 期	董天策
12	国家形象传播	三等奖：著作类	复旦大学出版社	2005 年 11 月	张昆
13	当代西方传媒制度	三等奖：著作类	上海交通大学出版社	2007 年 11 月	郑涵　金冠军
14	中国危机管理报告（2006）	三等奖：研究报告类	全国政协办公厅	2007 年 8 月	胡百精　宫贺　郭闻捷　强明　孙希　黄彪文
15	西藏新闻传播史	三等奖：著作类	中央民族大学出版社	2005 年 9 月	周德仓

（撰稿人　韦　路）

11.7 新闻传播教育著述

11.7.1 新闻传播教育著作

1. 2015 年

（1）查灿长、许正林：《数字化时代的广告产业与广告教育》，上海交通大学出版社 2015 年版。

简介：《数字化时代的广告产业与广告教育》是“中国高教学会广告教育专业委员会第五届年会暨上海大学广告教育 20 年国际广告学术研讨会”的学术论文集，共收录论文 40 余篇，共分为“广告理论”、“广告教育”、“广告产业”三个部分。在“广告教育”部分，收录《网络新媒体时代广告企业的人才需求与高校广告人才培养方向探究》、《上海近代广告摄影的兴起与发展》等相关论文 9 篇，内容涉及“地区广告教育发展脉络”、“新环境下广告人才培养模式探究”等多个方面，基本体现了当前学术界对我国广告教育发展的新观察与新思考。

（2）许正林：《媒体融合时代的新闻传播教育》，上海交通大学出版社 2015 年版。

简介：《媒体融合时代的新闻传播教育》是讨论当前媒体融合背景下影视、新闻传播教育的专题论文集，内容包括新闻传播教育理念、课程体系改革、实践教学探索、通识教育、专业教育、教学策略、国际化等，基本涵盖了当前学术界在媒体融合时代下关于新闻传播教育探索转型的诸多热点问题。全书收录研究论文 50 余篇，分为 6 个部分：“新闻教育的国际视野”、“课程体系改革与研究”、“实践教学探索与思考”、“通识课程教学研究与探讨”、“专业课程教学研究与创新”、“教学研究策略与方法”。

（3）陈丽菲：《媒介融合背景下的新闻传播教育》，广西师范大学出版社 2015 年版。

简介：该书是“上海市卓越新闻传播人才教育培养基地项目”的成果，针对媒介融合环境下新闻传播行业之巨大变革给高校教学带来的一系列挑战和冲击。通过收集整理和分析 18 所世界名校新闻传播教学课程资料的研究工作，纵览世界范围内高校体制中新闻传播学科的应对态势。该书分为两大部分，第一部分为大学的新闻传播专业面对新媒介新技术环境的大规模变迁，知识传授与教学环境 如何因应的研究与反思；第二部分是对美国密苏里大学、威斯康星大学、西北大学、谢菲尔德大学、哥伦比亚大学，英国爱丁堡龙比亚大学、普利茅斯大学，澳大利亚埃迪斯科文大学，新西兰奥克兰理工大学等十八所大学中新闻传播学科的课程设置做了深入分析。

（4）李建新、郭立群：《当代密苏里新闻传播教育的实证研究》，中国书籍出版社 2015 年版。

简介：该书是对密苏里新闻学院的访学和对美国新闻教育的实证研究的第三部，核心要旨是揭秘密苏里的新闻教育。该书首先指明为什么要实证研究密苏里的新闻教育，然后概括了密苏里新闻教育的总体认知，认为密苏里新闻教育是世界新闻教育的引领者、中国新闻教育发展的参照系和当代新闻教育新模式的建构者。然后，通过对院长迪恩·米尔斯、副院长布鲁克斯、副院长索尔森以及主管国际交流事务的费里茨博士的专访，宏观俯瞰密苏里新闻教育，指出了密苏里新闻教育的分类、层次与重点，管理体制与法规，传媒机构与教学实践平台的搭建，教育课程总体理析，“密苏里方法”和新闻伦理教育。该书详细介绍了密苏里新闻教育微观细览以及典型个例研究、特别关注和关联启示，还概述了密苏里新闻教育的历史流变与重要文献。

（5）刘昶、甘露：《欧洲传媒概览：产业 · 规制 · 教育》，中国传媒大学出版社 2015 年版。

简介：在全球传媒版图中，欧洲的地位十分重要，其发展路径与北美不尽相同，各国之间也存在较大差异。针对我国对欧洲传媒研究相对不足的情况，该书在国内率先开展了欧洲传媒的全面盘点，选择了欧洲 35 个国家，从产业、规制、教育和研究四个维度，对这些国家的传媒相关信息进行归纳、整理，除英国、法国、德国等传媒发达国家外，还观照到了阿尔巴尼亚等传媒欠发达的中东欧地区，力图展示欧洲一体化进程中各国传媒的多样性特点。在对每个国家传媒现状的梳理中，既提供该国传媒的全景概况，又从媒体结构、教育科研以及管理规制三个方面作出具体介绍。

（6）邓绍根：《中国新闻学的筚路蓝缕：北京大学新闻学研究会》，清华大学出版社 2015 年版。

简介：1918 年 10 月 14 日，北京大学蔡元培校长、徐宝璜教授和邵飘萍先生，创立北京大学新闻学研究会，开创了中国新闻史上“四个第一”：它是中国第一个系统讲授新闻课程并集体研究新闻学的新闻学术团体；出版的会刊《新闻周刊》是中国历史上第一份新闻学刊物；出版的著作《新闻学》是中国国人自撰的第一本新闻学著作；促使“新闻学”课程走进了北京大学高等教育的殿堂，成为中国开设的第一门新闻学大学课程。全书共分为十个章节，从北京大学新闻学研究会成立的时代背景着手，系统梳理了其从成立到发展成熟的艰辛历程，对其历史地位、作用和影响进行了点评。“筚路蓝缕，以启山林”反映出北京大学新闻学研究会在中国新闻教育开端和中国新闻学兴起过程中的历史地位。

（7）秦珪：《新闻评论和新闻教育》，新华出版社 2015 年版。

简介：该书展示了秦珪教授长期从事新闻教学和研究的成果，共分四部分："古代论说文和新中国的报刊评论"，涵盖了从古代的论说文直到近当代各个历史阶段的新闻评 论特点的研究；"新闻评论专题研究"，包括对马克思、恩格斯、列宁、毛泽东、鲁迅、瞿秋白、邹韬奋等中外评论名家及其作品写作特色的评析；"报纸评论和杂文写作"，是报纸评论写作特点和技巧等方面的专论；"关于新闻教育问题的思考"，是作者多年从事教育教学管理的切身体会和对新闻教育改革的思考和建议。

2. 2014 年

（1）黄裕峯：《新技术时代的海峡两岸新闻传播教育》，九州出版社 2014 年版。

简介：该书透过对与海峡两岸的新闻传播学院院系负责人系列深度访谈的归纳和总结，探究新闻传播教育存在的问题，面临少子化人口结构的挑战、新媒体环境下课程设置的理念、目标、对策，师资结构的变化及对聘任的要求、学院及学科发展的特色、发展学院的关键成功因素等，试图汇集新的思路，重新认识新技术时代下的新闻传播教育。主要内容包括：经典篇：老字号新闻传播教育；宗教篇：宗教与新闻传播教育；设计与艺术篇：艺术与新闻传播教育；理工篇：理工科与新闻传播教育；东南传播篇：地理位置与新闻传播教育；西北传播篇：地理位置与新闻传播教育等。

（2）黄东英：《台湾新闻传播教育初探》，社会科学文献出版社 2014 年版。

简介：该书基于大量历史资料及对台湾多所高校的考察，根据社会变迁诸因素对台湾新闻传播教育的具体影响，将台湾新闻传播教育发展历程划分为三个时期：以维护"党国"政治统治为主导的新闻传播教育（1951—1973）、以经济建设为主导的新闻传播教育（1974—1991）以及市场与技术引导下的新闻传播教育（1992 年至今）；对各时期主要系所设置、课程设置、教育者研究、受教育者研究等方面作出系统整理，着重探讨新闻学的学科特征以及学科理智对学科制度的影响。展望台湾高等新闻传播教育的发展趋势，试图为中国内地的新闻传播教育提供借鉴。

（3）史安斌：《全球传播与新闻教育的未来》，清华大学出版社 2014 年版。

简介：该书主要分为三个大章节，包括"学理篇：全球传播概念和理论的构建与发展国际化·全球化·跨国化：全球传播理论演进的三个阶段"、"实践篇：国际新闻与全球传播的现状与未来新闻业的未来：兼论新闻研究与新闻教育的挑战与应对"以及"教育篇：全球新闻传播教育的现状与未来全球新闻教育面临的挑战与创新：概念化与理论化的视角"，汇聚了来自中国、美国、英国等新闻传播领域的近百名专家学者和业界精英的研究成果，采用从业者、研究者和教育工作者"三位一体"的复合视角探讨了全球新闻传播理论研究、实践和教育的现状与未来，以期建立一个更为自省、公开和主动的全球新闻传播生态体系，通过强化全球对话与合作共同应对未来新闻传播业所面临的挑战。

（4）单波：《新闻传播学的学术想象与教育反思》，社会科学文献出版社 2014 年版。

简介：该书分为理解新闻传播学、作为志业的新闻传播教育两个部分，第一部分内容包括“‘历史向世界历史转变’与中国新闻业命运的整体观照”、“重建新闻客观性原理”等，从哲学、历史、文化、社会、政治、心理等多角度建立新闻传播学的想象力，并通过学术对话验证了某些学术想象；第二部分内容包括“媒介融合时代的新闻传播教育创新”、“中西新闻比较的问题与方法”等，围绕全面实现新闻教育的综合性、学术性和人文性展开探讨，既有对新闻传播教育的合理性的深思，也有对教学改革、读书与研究方法的分享。

（5）陈俊峰：《学徒制影响下的学院制：英国大学新闻教育研究》，华中师范大学出版社 2014 年版。

简介：全书共分为六章，主要内容包括“英国大学新闻教育的历史、现状”、“英国新闻教育的影响者和决定者”、“英国新闻教育理念在大学新闻教育的投射”、“英国大学新闻教育的启示”以及“对英国和西方新闻教育的肤浅思考”等，梳理了 20 世纪英国新闻教育的历史，对英国新闻教育产生的动机、指导理念、使命、方向、趋势、社会语境、课程设置等方面进行了分析，并将英国模式与美国、日本教育模式进行了比较，同时反观中国的新闻教育，具有现实借鉴意义。

（6）王首程、夏德勇、刘玉萍、林渊渊、王媛：《新闻人才培养模式实验报告》，中国广播影视出版社 2014 年版。

简介：该书是对广州大学新闻与传播学院自 2005 年开始的新闻教育创新实验各教育实践项目的经验总结和在此基础上对新闻人才培养模式创新发展的理论探讨成果。全书主要分为八个章节，从“当代广播电视传媒革新”入手，梳理了目前新闻人才需求和广播电视教育供应能力与水平的现状，在分析广州大学“2+2 新闻人才培养模式创新实验区”计划的基础上，归纳总结了实验区新闻人才尤其是广播电视新闻人才培养的教学经验及效果，进而展开理论总结和反思。书中附录的项目申报书、教育部财政部的相关批文及结题成果目录等资料详细地记录了项目实验全程，可资参考。

（7）王命洪、周松：《西化与西进 四川大学早期新闻教育之路》，五洲传播出版社 2014 年版。

简介：内容包括“现代学术建构下的中国新闻教育”、“先声：成都现代报业的产生与川大师生的早期新闻活动”、“救亡：‘五四’时期川大师生的新闻活动”、“救国：

抗战建国时期川大师生的新闻活动”等。

3. 2013 年

（1）《知行录——中央民族大学文学与新闻传播学院教育研究及学生学术训练成果选编》，中央民族大学出版社 2013 年版。

简介：主要刊载中央民族大学文学与新闻传播学院师生在教学改革与建设、学生学术训练等方面的理论研究成果，共由三大部分组成。第一部分为学院教师撰写的教学研究论文，内容涉及教学理念与实践的关系、学生能力培养的有效途径与方式、新技术手段与教学方法的改革、人才培养过程各相关环节的管理等，其中《关于指导大学生开展科研与创新实践的几点思考》、《广告学创新型人才实践教学体系的探索与研究》以及《“业界管理者”广告人才培养模式设想——兼议〈广告经营与管理〉课程的探索》等数篇论文涉及新闻教育；第二部分文稿来源是学院举办的 2012“立雪论坛”第四届研究生优秀学术论文评选活动中获得一、二等奖的论文；第三部分选录了学院部分本科专业 2012 届优秀毕业论文。

（2）郑保卫：《新闻教学与学术研究：新闻学学科建设与教学改革》，中国文史出版社 2013 年版。

简介：该书是全国新闻学研究会 2012 年中国新闻学学术年会的论文集，年会主题是新闻学学科建设与教学改革。全书收录了会议特邀代表及与会代表的入选论文 39 篇，所涉内容包括“新闻传播学专业设置与教学改革”、“新闻学实践教学”、“新闻传播学学术研究与学科建设”、“新闻学教学改革及课程设置”、“新闻学人才培养与新闻学师资队伍建设”、“新闻与传播学及其他专题研究”等议题。这些论文主题集中，论题广泛，特别是学者们用批判的眼光指出了目前新闻学教学科研、学科建设中存在的一些问题，为媒介融合下的新闻教育发展提出了宝贵建议。

（3）吴廷俊：《新闻传播教育的认知与践行》，复旦大学出版社 2013 年版。

简介：《新闻传播教育的认知与践行》收录了作者历年发表的有关新闻传播教育研究的代表性论文 27 篇。全书分为四个单元：第一个单元为新闻传播教育史论，共 3 篇；第二个单元为新闻传播教育改革论，共 8 篇；第三个单元为新闻传播教育认识论，共 8 篇；第四个单元为新闻传播教育践行论，共 8 篇。作者为华中科技大学新闻与信息传播学院首任院长，在履职期间，他给自己提出了学习和研究教育学的任务，并把新闻教育的理论研究成果运用到本学院学科建设的实践中。这部书就是他担任新闻学院院长的履职答卷——将新闻教育研究的理论成果转化成华中科技大学新闻与信息传播学院学科发展和综合实力跻身全国同行前列的实绩，真正做到了“难能可贵的认知与践行相结合”。

（4）俞家庆等：《中国教育口述史——罗列教授等亲历新闻教育往事回忆（第二辑）》，重庆大学出版社 2013 年版。

简介：《中国教育口述史（第二辑）》选取整理了作者俞家庆和罗列教授等几位在新闻学界赫赫有名的大师级人物的访谈，主题包括“人民新闻教育事业的开创者恽逸群”、“北大新闻专业建设的总结与思考”以及“1957 年‘首都新闻工作座谈会’”等，主要内容是围绕一些核心的理论问题或者鲜为人知的历史事件和人物进行交流，对相关领域的初学者或研究者有很强的借鉴性。

（5）邱沛篁：《新闻传播教育探索：邱沛篁自选图片集》，四川人民出版社 2013 年版。

简介：邱沛篁教授对四川大学文学与新闻学院的创建有筚路蓝缕之功，作出了特殊的贡献。《新闻传播教育探索：邱沛篁自选图片集》分五篇，主题依次为“感恩母校”、“新闻实践”、“新闻教育”、“新闻研究”和“学无止境”，共收入 350 余幅照片，汇集了邱先生几十年来的教学成果和教学经验，既是作者本人的教学和人生经历，同时也是对中国当代生活的一段真实记录，其中的一些照片尤为珍贵。

（6）林牧茵：《移植与流变——密苏里大学新闻教育模式在中国（1921—1952）》，复旦大学出版社 2013 年版。

简介：该书聚焦中美新闻教育交流，以美国密苏里新闻学院作为研究的切入点，结合时代背景、历史事件、著名新闻从业者和知名新闻教育家，考察并分析 20 世纪上半叶密苏里新闻教育模式引入中国后，对中国新闻教育、新闻业及中国近代化进程产生的影响，内容主要包括“密苏里模式”的形成，其在中国的横向移植、纵深发展与流变以及与中国近代化的联系。《移植与流变：密苏里大学新闻教育模式在中国（1921—1952）》综合利用燕京大学历史亲历者口述资料，上海图书馆、北京大学馆藏档案文献、密苏里新闻学院历史资料以及新闻史、近代史相关著作、研究成果等，通过作者细心钩沉和深入探讨，中美教育交流史上一段“沉睡已久”却极为重要的精彩往事得以生动地渐次呈现于读者面前。

（7）申凡：《华中科技大学新闻传播教育史稿》，华中科技大学出版社 2013 年版。

简介：华中科技大学新闻学院 30 年的历史，是这个时期我国新闻传播教育发展的一个缩影：它诞生于改革开放初的教育改革萌动期，成就于我国高等教育的大发展之中。该书主要记录了华中科技大学新闻学院破冰筹办、红火初创、艰辛探索、迎风起飞、发展壮大五个时期的重要事件，向读者展示了该院由小到大，由弱到强，最终成为具有本科、硕士、博士、博士后全面培养能力的学院，成为我国新闻传播教育第一梯队的学院的全过程。另外，从该书中也可以看到华中科技大学新闻学院 30 年凝聚的学院文化：团结，心往一处想；实干，一步一个脚印；创新，特色化发展学科。正是这种学院文化，使这个学院遇到困难能扛住，不退不让，顽强坚守；每逢机遇就大干快上，迎风起飞，才成就了今天欣欣向荣的事业。

（8）周婷婷：《中国新闻教育的初曙：以北京大学新闻学研究会为中心的考察》，华中科技大学出版社 2013 年版。

简介：该书选取中国新闻教育的开端：北京大学新闻学研究会作为主要个案，运用知识社会学的分析思路，详细考察了其与所处社会环境之间的联系互动。这些社会环境包括中国新闻界、高等教育界、北京大学校内等当时的状况。以此探讨了社会因素如何推动中国新闻教育的出现并塑造其最初形貌，揭示出知识与社会之间的深层关联。全书主要包括八章，内容涵盖北京大学新闻学研究会之前基础情况、北大师生与新闻研究关系、蔡元培与北大新闻学研究会关系、徐宝璜与北大新闻学研究会关系等，对北大新闻学研究会做了全新梳理，厘清了若干新闻史进程当中的“疑案”。

4. 2012 年

（1）邱沛篁、吴建、陈祖继：《四川新闻传播教育发展论》，四川大学出版社 2012 年版。

简介：该书主要内容共分为五篇，第一篇介绍 1949 年以前的四川新闻教育，全面系统地回顾了 1949 年以前四川省新闻教育的情况；第二篇介绍改革开放后四川高校新闻传播教育发展概况，具体、详细地介绍了四川省各高校新闻院系的基本情况，展现了改革开放三十多年来四川省高校新闻传播教育事业的蓬勃发展；第三篇四川新闻传播学科教师论新闻传播教育发展，选辑了部分高校新闻传播类专业教师论述新闻传播教育发展的文章，从不同角度、不同方面提出了发展我国新闻传播教育的新思路、新建议；第四篇四川省高校新闻传播学科教授简介，收集了四川省高校新闻与传播类教授（含研究员）的基本情况，展现了教授们在新闻传播教育、学科建设和科学研究方面取得的主要成就；第五篇四川省新闻教育学十年，记述了学会成立十年来的主要工作，体现了四川省高校新闻院系间互相学习、交流所取得的成果。

（2）张昆：《新闻教育改革论》，华中科技大学出版社 2012 年版。

简介：该书收录了作者论述传媒教育的论文、讲话、报告及媒体专访数十篇，分为“人才培养论”和“学科建设论”上下两编，内容涉及新闻人才培养、新闻教学改革、新闻学科建设，既有对实际新闻教育工作的经验总结，也有对人才培养一般规律的理性探讨，包括纪念新闻教育家何微先生、记者风度论、完善实践教学环节，培养创新型、复合型新闻人才、马克思恩格斯的新闻专业理想、媒介化时代传媒工作者的综合素养、中国传媒教育发展的师资瓶颈、新闻传播教育的理想与困惑、拓宽视野，扎稳根基，培养优秀的传媒人才等。

5. 2011 年

（1）范敬宜：《范敬宜文集：新闻教育文选》，清华大学出版社 2011 年版。

简介：该文集辑录了当代著名新闻人、新闻教育家范敬宜先生担任清华大学新闻与传播学院院长以后直到他去世之前，有关新闻教育方面的讲话、短文和个人专访，共分为新闻教育思想、清华大学的新闻教育和访谈录三个部分。范敬宜对于新闻人才培养的方向、路径、方式，都提出了具有普遍意义的观点并亲身实践了这些新闻教育理念。他广博的文化修养、坎坷的人生经历、丰富的新闻经验、杰出的政治智慧和睿智的生活态度，使他的新闻教育思想不仅高瞻远瞩、博大深邃，而且求真务实、循循善诱，对于新闻教育具有重要的启示和指导意义，同时对于青年新闻人的成长也具有实际的引领和教育作用。

（2）曹顺庆、熊兰：《30 而立：四川大学新闻传播教育 30 年》，四川出版集团巴蜀书社 2011 年版。

简介：四川大学新闻专业从 1981 年秋招收首批本科生，至今已 30 余年。《30 而立：四川大学新闻传播教育 30 年》收录《比翼齐飞　共创辉煌——四川大学新闻教育三十年》、《新闻教育在西部的发轫——刍论晚清民国时期的四川大学新闻教育》、《当前四川大学新闻教育改革的几点思考——以新闻系本科毕业论文改革为例》等相关文章数十篇，内容包括对四川大学新闻专业历史的回顾以及对于新闻传播教育的反思和建议等。

（3）崔清活：《中英传播学教育的建构与演变》，山东人民出版社 2011 年版。

简介：西方文化的根基是大体相通的，起源于希腊精神和希伯来精神，并且长期受到基督教教义的熏陶，构成了西方文明的基本格局。正因为欧美有着统一的文化心理基础，传播学的批判学派和经验学派才可以并驾齐驱。不可否认的是，以中国为代表的亚洲人的行为与欧美存在着很大的差异，即使像日本这样已经高度西方化的国家，在一系列的社会制度上也与西方的大异其趣。从这个角度来看，传播学要想在中国本土化并不像想象的那么简单，宏观方面的建构无需多言，传播基本的微观行为机理自然也需要修正。基于此，该书在七个章节中，依次介绍了“中国大陆传播学发展的历史回顾”、“英国媒介和文化研究的发展与演变”、“中英传播学教育的历史与现状”、“中国大陆传播学学科定位的思考”、“中国大陆传播学的本土化思考”以及“英国媒介素养教育”等内容，为传播学在中国实现本土化提供参考借鉴。

（4）伍静：《中美传播学早期的建制史与反思》，山东人民出版社 2011 年版。

简介：该书分为“绪论”、“传播学在美国的早期建制化历程”、“传播学在中国的早期建制化历程”、“对照与反思”四个章节。从宏观来看，由于西学东渐的影响（中国的新闻学与传播学都属于舶来品，起初都是从美国引入），不仅美国的新闻传播学理论在中国大行其道，而且，更为根本的是，其新闻——传播的学科制度也在中国得到某种程度的复制和搬用。对于前者，即知识层面，我们历来不乏关注（尽管有些僵化和滞后）；而对于后者，即制度层面，我们尚不能说有敏锐的感知。也许是因为在既有的制度中浸润日久，我们早已习焉不察地接受了某些外在的制度设计，而绝少有人意识到这种貌似客观化的安排也许未必是历史发展的常态。该书通过对传播学在中美建制化历程进行梳理对照，对这一问题进行了系统的论述。

6. 2010 年

（1）查灿长：《国外高校广告教育研究》，上海三联书店 2010 年版。

简介：该书内容包括国外广告教育的起源与现状、国外高校广告教育的理念目标与课程体系、国外高校广告学的学科归属与学科交叉、国外高校广告教育的主要模式与基本特点、国外广告教育的社会组织与出版刊物以及国外高校广告教育的发展趋势，主要对当今世界上广告产业最为发达的美、英、日等国广告教育发展之历史脉络与现实状态、广告人才培养的理念目标与价值指向、广告教育实务的多元模式与个性特点、广告教育衍生的社会组织与学术活动、广告教育发展的趋势走向与前瞻思考、国外广告教育对中国广告教育的启示等进行了详尽的考察、分析与概述。该书将理论与事例相结合，内容丰富。内涵较深，并辅以大量的图表和资料性附录，具有专业性、可读性和应用性，对我国高等院校的广告教育工作者、广告学院系的学生及广告业界的从业人员等具有一定的现实指导和多向参考意义。

（2）刘益、陈丹、刘俊敏：《出版教育与研究：开拓与创新》，文化发展出版社（原印刷工业出版社）2010 年版。

简介：该书分为“教改篇”和“科研篇”两部分，收录了《不同学科背景下的编辑出版学课程设置研究》、《公关学课程案例教学法初探》等有关新闻教育方面的多篇论文，内容包括双元制教育视角下我国数字出版人才培养模式创新、不同学科背景下的编辑出版学课程设置研究、关于本科生利用网络开展研究性学习的若干思考、以课程的专业力激活学生的主体性、简论研究式教学法在编辑出版学专业教育中的运用、中国文学史课程教学内容改革研究、公关学课程案例教学法初探、借出版专业硕士新建之东风实现业界和学界的无缝对接、传媒经济学课程建设的思路与实践等。

（3）龙伟、任羽中等：《民国新闻教育史料选辑》，北京大学出版社 2010 年版。

简介：该书选编了 1926—1949 年间我国新闻界、教育界关于新闻教育的部分文章资料，包括《中国报业教育之近况》、《新闻教育之目的》、《燕京大学新闻学系概况》

等多篇文章，供研究者参考。其中大多数文章是第一次按专题汇编出版。自 1918 年国立北京大学添设新闻学科，开启了我国近现代新闻教育以来，至今已经过去 90 多个春秋。1949 年之前的民国时代，其新闻教育的发展具有重要的历史价值。该书希望通过搜集整理那些似已湮灭的文字，帮助读者对民国新闻教育事业的发展状况以及新闻教育思想有更多的了解，进而对今日的新闻教育有所思考。

（4）李希光：《新闻教育未来之路》，清华大学出版社 2010 年版。

简介：该书内容分为“新闻教育改革的思考与建议”、“中国新闻教育与教学改革初探”、“关于新闻教育改革的对话”以及“来自国际上新闻教育改革的建议与报告”四个部分，“首届全球新闻教育改革研讨会”上的众家观点、李希光教授对中国新闻学教育的深入思索、新闻教育者与被教育者——青年学生的对话，以及联合国教科文组织集中国际力量编写的《新闻学院课程模板》，这些都在该书中形成了鲜明的思想碰撞。广大读者，特别是新闻传播教育工作者可以从中得到借鉴，中国的教育政策制定者可以了解中国新闻传播的现实、全球新闻传播的现实，并针对中国的新闻院校如何继续办下去展开思考。

（5）吴信训、张咏华、沈荟：《国际新闻传播名校镜鉴》，上海三联书店 2010 年版。

简介：世界新闻传播教育迄今已有百年的历史。百年来，新闻传播教育由最初的简单报业人才的职业培训，发展到迈入高等学府的殿堂，并日益成为普遍的高校乃至社会都十分重视的热门教育领域。但是，随着发展的进程，应如何认识与把握新闻教育与传播教育培养目标及理念的差异等新闻传播教育中的根本性问题，至今仍值得人们高度关注与思考。尤其是在人类社会的各种行业中，新闻传播业由于最敏感地影响着社会舆论的波澜，牵动着社会前行的方向，为新闻传播业培养人才的新闻传播教育，自然或许也更需要人类付出更多探索的代价、求真的智慧。《国际新闻传播名校教育镜鉴》通过遴选、介绍、解析了数十所国际著名新闻传播院校的教育理念与实践，可以为我国的学子、学者提供有益的参考和启示。

（6）赵振宇：《社会进程中的新闻学探寻》，华中科技大学出版社 2011 年版。

简介：该书以作者赵振宇近 30 年来的新闻实践和教学实际，对新闻理论探索、新闻业务研究、新闻人才培养和新闻改革思考等方面课题予以回顾和展望。在第三编“新闻人才培养”部分，收录了《当代新闻人的特质与培养》、《关于建立“评论记者”工作机制》等多篇文章，反映了作者对于新闻教育问题的诸多思考，具有较强的时代性、实践性和理论价值。

7. 2010 年前

（1）辛欣、雷跃捷：《中外新闻传播教育发展研究》，中国传媒大学出版社 2009 年版。

简介：该书内容包括中国近代著名报人成长规律探析、中国新民主主义革命时期新闻人才成长规律探析、美国新闻传播教育综述等，系统地论述了中、美、英、德、法、俄、日等国新闻传播教育的发展轨迹，指明了新闻传播教育的历史使命，明确了新闻传播教育的理念、目标与模式，提出当代新闻传播教育应弘扬人文主义精神，以高等教育为主体，以复式专才教育为途径，以社会责任为专业理念，以国际化为发展目标，以高素质的师资和雄厚的资金投入为保障。该书的读者对象是新闻传播教育工作者、新闻传播从业者、新闻传播史论的研究者和高校新闻传播院系的学生。

（2）李煜：《新闻学与传播学全球化的研究、教育与实践》，中国传媒大学出版社 2009 年版。

简介：全球化为大众媒介的发展提供了一个新的温床，而新闻学和传播学的研究、教育、实践，无不在这个温床上培育出了新的形态，值得不断反思。该书分新闻传播学教育与学科建设，全球化与传播研究，媒介体制、政策与市场，媒介责任与社会学研究，数字电视：科技与产业五个部分，在新闻学教育与学科建设部分收录了《中国新闻教育的缺失、契机与出路——关于中国新闻教育结构机制的再思考》、《试析新闻心理学的研究取向与研究方法》以及《媒介素养教育对中国教育界的启示及我们的任务》等众多研究成果。

（3）詹碧澄：《当代中国新闻教育改革研究》，中国广播电视出版社 2009 年版。

简介：该书概括了新闻传播教育人才培养特点，梳理了中外新闻教育的基本理念和办学模式，详细分析了中国当前新闻教育存在的问题。该书提出了在当今经济社会发展大背景下新闻教育改革的思路与措施，并对新闻教育改革的难点和突破路径做了较深入的分析。

（4）何梓华：《迈入 21 世纪的中国新闻教育》，中南大学出版社 2007 年版。

简介：该书主要探讨了新闻教育的现状和问题、专业办学思路与办学特色、人才培养模式与方式、精品课建设四个方面的问题。该书提出了通过控制办学规模提高新闻学专业教学质量，用全球化的视野开展新闻教育。书中对当前我国新闻传播学博士生教育、培养职业新闻等存在的问题做了分析，并提出了相应的对策。

（5）杨立川：《创新与和谐　当代中国广告学研究与广告教育》，西北大学出版社 2007 年版。

简介：该书汇集了中国广告教育研究会第五届学术年会的优秀成果，共收录论文

40 余篇。全书分为上下两篇，上篇内容主要涉及广告教育研究，收录的论文大部分围绕“如何创新中国广告教育”这一主题展开，如《广告创新型人才的培养》、《对高校广告学本科教学的几点思考》、《大学广告教育的“一个核心”和“三根支柱”》等。这些论文从不同的侧面对中国广告教育的发展提出了建设性的意见。下篇内容则主要以“中国广告在中国社会主义和谐社会建设中的作用、地位”、“中国广告监管体制与和谐社会建设”等作为主题。

（6）陈昌凤：《中美新闻教育传承与流变》，中国广播影视出版社 2006 年版。

简介：新闻教育与传播研究，均发轫于西方。世界主流新闻教育最早起步于美国，从 1869 年华盛顿学院开设的“印刷与速记”课，到 1908 年世界第一所新闻学院在密苏里大学正式创立，美国新闻教育开创了重视人文学科基础和专业技能训练的传统。中国的新闻教育从一开始就沿承了这种传统。中国是在西学东渐的过程中开始新闻教育的。该书从美国新闻与传播教育流变入手，系统梳理了我国新闻教育的开端、变迁与发展以及现状，以求从中国新闻教育的源流与发展的角度，通过中美新闻教育的沿承与变迁，通过历史的纵向论述、中美关照式的横向研究，研究世界主流新闻教育的潮流在中国的影响，以及中国新闻教育自身的演变、现状和发展。

（7）邱沛篁：《邱沛篁自选集——新闻与教育》，四川大学出版社 2006 年版。

简介：该书收录了作者当年采访茅盾、巴金、秦牧等著名作家的采写经历，学习马克思主义新闻观和邓小平新闻思想的心得体会，对于中国报业发展、传媒与文化、新闻发言人制度以及新闻采写编业务的新见解和新思想，以及对于郭沫若与报刊、范长江和黄远生等名记者的独到研究。尤其可贵的是，书中汇辑了作者紧密结合 20 多年新闻教育实践撰写的新闻教育研究论文，总结了新闻教育工作中的宝贵经验，提出了新闻教育改革和发展的新思路，针对性、实用性颇强，对改革和发展我国高等新闻传播教育具有借鉴作用。

（8）周毅：《传媒人才学概论》，上海三联书店 2005 年版。

简介：当代信息社会，传媒事业越来越大，信息传递越来越快，对整个社会活动和人们的思想意识的影响也越来越直接和广泛。特别是进入新世纪以来，传媒事业成为世人颇为关注的“阳光产业”，众多优秀人才纷纷投身这个领域，充分展示才华，但传媒领域的人才资源的发展有其自身的特点，我们应对此有一个清醒的认识；否则就难以推动我国传媒事业朝着健康、稳定、正确的方向不断发展。该书结合作者自身的工作和教学经历，通过传媒人才学的视角，系统分析了传媒人才的人格特征、角色定位、知识结构、能力结构、素质结构、培养与教育等，对我国传媒人才的培养具有极大的借鉴作用。

（9）付程：《播音主持教学法十二讲》，中国传媒大学出版社2005年版。

简介：该书是第一本有关播音主持专业教学方法的文集。该书将播音专业的主干课程以12场讲座的形式进行了讲授，包括中国播音学发展论、广播电视语言传播专业教育与人才培养、播音与主持艺术专业教学指导原则与教学方法以及播音主持发声学与教学法等。该书集中国传媒大学播音与主持艺术专业40年教学经验之精华，是播音主持教学的重要参考书。

（10）张树庭：《广告教育定位与品牌塑造》，中国传媒大学出版社2005年版。

简介：该书主要分为三个部分。上篇题为“2003年广告教育调查的研究报告和数据报告”，介绍了高校广告教育现状和效果、专业在校学生的学习状态与需求以及广告公司人才需求状况等内容。中篇是对我国高等广告教育规律所进行的探索，内容包括高等广告教育概述、广告专业设置与专业定位等。下篇是与广告教育密切相关的两项研究成果：“民国时期广告学术风貌初探”和“中国大陆广告简史”。此外，该书也将2002年当代中国青年广告从业者状况报告收录其中，为教育界的学者专家提供参考。

（11）李建新：《中国新闻教育史论》，新华出版社2003年版。

简介：全书共分为十章，内容包括“中国现代史的开篇与新闻教育在中国出现的历史必然性”、“中国新旧文化的更替与新闻教育的创立”、“中国新政权的建立与新闻教育的调整、发展”等。该书以新闻教育自身的发展变化为根本出发点，同时把新闻教育与政治背景有机地结合起来，步步推进、层层剥笋，鞭辟入里。作为史学研究、求真、求实的精神是至关重要的，该书中作者不人云亦云，诸多的历史事实都是经他反复地取证核实后而确定下来的；他面对人多史料反复遴选，一丝不苟。作者也勇于表白自己的观点，用学术的眼光审视中国新闻教育的发展过程，力图做到不偏不倚，体现了一名研究者的学术良心和坚持真理的勇气。

（12）傅荣校、杨福康：《空中校园 网络传播与教育》，复旦大学出版社2001年版。

简介：该书以前瞻性的视野，阐述了网络教育对人的生存方式和社会发展所产生的重大影响、网络教育模式的变革、国外网络教育的经验、国内网络教育的现状和发展等，并对如何选择网络学校、如何使用网上资源等作了具体的指导。全书分为六章，主题依次为“网络时代与教育的革新”、“基于互联网络的现代远程教育”、“教育模式的大改革”、“网上学校”、“网上资源”、“震荡由此引起”。

（13）郑贞铭：《中外新闻传播教育》，远流出版公司1999年版。

简介：新闻教育自20世纪初开始建立，历90余年普及于各开发中国家。从新闻出版业急速扩充、大大提升新闻记者之专业地位，及至电子媒体兴起，形成专业分工的局面，于是传播学理论的建立及传播方法之研究与新闻学术相结合，促成新闻暨传播教育的影响日益扩大。伴随着传播科技的发展及对社会的影响，新闻传播教育跨越旧有藩篱，而涵盖更全方位之社会教育，对于人才的训练，尤着眼于通才中的专才。该书共分四个单元，完整而详细地介绍世界上包括美国、欧洲地区（英国、德国、意大利、苏联）、亚洲地区（日本、新加坡、中国）之新闻传播教育发展，以及国内外重要相关学者之重要贡献与研究。除了一窥新闻殿堂之堂奥，同时对于新闻传播教育所衍生之相关问题，给予更广泛的关注，被认为国内数十年来最完整、最权威的新闻传播教育著作。

（撰稿人　陶喜红）

11.7.2　新闻传播教育期刊论文

1. 2015 年

[1] 孙敏：《媒介融合前景下的新闻传播变革与新闻教育改革》，《新媒体研究》，2015 年第 18 期。

[2] 金雷磊：《互联网时代地方性高校新闻教育的新特点》，《普洱学院学报》，2015 年第 6 期。

[3] 李敬虎：《实力薄弱高校发展新闻传播学教育的策略研究》，《新闻研究导刊》，2015 年第 24 期。

[4] 侯琰婕、丁颖：《媒介融合背景下新闻教育改革与发展研究——微信公众平台在新闻教学中的应用》，《中国报业》，2015 年第 24 期。

[5] 孟婷、陈应梦：《新媒体时代记者培养的梯级模式》，《青年记者》，2015 年第 35 期。

[6] 李微：《地方高校如何培养优秀新闻人才》，《青年记者》，2015 年第 35 期。

[7] 陈红，薛龙：《融媒时代广告专业教育理念与方式的转型》，《青年记者》，2015 年第 35 期。

[8] 陈薇：《从定制到体验：媒介融合背景下广告学人才培养模式的探索》，《东南传播》，2015 年第 12 期。

[9] 周欢：《新的媒介生态环境下新闻教育如何面向学生实现转型》，《中国培训》，2015 年第 20 期。

[10] 姚道武：《媒介融合视域下的卓越新闻传播人才教育》，《皖西学院学报》，2015 年第 6 期。

[11] 田智辉、梁丽君、赵璠：《社会化媒体环境下的传媒教育》，《现代传播（中国传

媒大学学报）》，2015 年第 12 期。
[12] 彭广林：《媒介融合背景下的全媒体人才培养探论》，《亚太教育》，2015 年第 35 期。
[13] 张志安：《立足新闻传播，面向公共传播——关于新闻传播教育改革的思考》，《青年记者》，2015 年第 34 期。
[14] 吴锡霞：《关于媒介融合视阈下电视新闻人才培养的研究》，《新闻研究导刊》，2015 年第 23 期。
[15] 韩鹏飞：《高校转型背景下应用技术型广告人才培养研究》，《今传媒》，2015 年第 12 期。
[16] 陈晓洁、刘东涛：《高校广告专业基于广告大赛平台的创新人才培养模式研究》，《齐鲁师范学院学报》，2015 年第 6 期。
[17] 王庆福、刘洁韵：《全媒体业务视角下的国际传媒人才培养路径探索——以上海外国语大学媒体融合实验教学为例》，《教学研究》，2015 年第 6 期。
[18] 方堃，陈卓：《大数据背景下日本新闻教育的三个转向》，《青年记者》，2015 年第 33 期。
[19] 张学霞、钱文霞，拓守君，张韧洁：《大数据时代广告学教学实践探索——以北方民族大学广告学专业教学改革为例》，《教育评论》，2015 年第 11 期。
[20] 杜佳凯、叶思蔚：《融媒时代新闻人才培养途径的思考》，《新闻传播》，2015 年第 22 期。
[21] 顾杨丽、洪长晖：《融媒时代新闻教育：话题重启与观念变革——从美国新闻生产和教育的视角观照》，《中国出版》，2015 年第 22 期。
[22] 高晓虹、赵晨：《立足国家“战略”探索国际新闻传播教育的顶层设计》，《对外传播》，2015 年第 11 期。
[23] 章晓英：《“融合国际新闻教育模式”的实践与研究——以北外—博尔顿全媒体国际新闻硕士项目（IMMJ）为例》，《对外传播》，2015 年第 11 期。
[24] 相德宝：《新媒体时代国际传播人才创新培养的目标和路径》，《对外传播》，2015 年第 11 期。
[25] 赵瑞琦：《文明通达：国际传播人才的跨界培养》，《对外传播》，2015 年第 11 期。
[26] 姚丽亚：《新闻传播教育改革的误区与校正》，《青年记者》，2015 年第 32 期。
[27] 欧阳云玲：《浅议新闻教育中校企合作的机制与模式——基于“利益相关者”视角》，《东南传播》，2015 年第 11 期。

[28] 罗星：《高职广告教育中的理论结合实际》，《艺术科技》，2015 年第 11 期。
[29] 贺蕾：《知识社会学视域下体育新闻专业高等教育历史思考》，《新闻大学》，2015 年第 6 期。
[30] 郝红霞：《媒介融合下的全媒体新闻实践教学探索》，《新闻大学》，2015 年第 6 期。
[31] 王敏：《“广人文，重实务”：民国新闻教育的实践性考察》，《新闻春秋》，2015 年第 4 期。
[32] 智慧：《民办高校新闻教育人才培养探析》，《新闻前哨》，2015 年第 11 期。
[33] 李明文、方琪：《人才培养：“互联网+”时代新闻教育的核心问题》，《当代传播》，2015 年第 6 期。
[34] 蔡雯：《新闻传播教育的新使命》，《当代传播》，2015 年第 6 期。
[35] 李京举：《传媒改革背景下广播电视新闻教育的走向研究》，《新闻研究导刊》，2015 年第 21 期。
[36] 饶浩芸：《媒介融合背景下地方高校新闻类人才培养的困境与出路》，《新闻传播》，2015 年第 21 期。
[37] 尹明华：《新闻传播教学的“变”与“不变”》，《新闻与写作》，2015 年第 11 期。
[38] 吉喆：《培养“融媒介”人才的几大方略》，《新闻与写作》，2015 年第 11 期。
[39] 傅琳雅、赵巍：《颠覆与创新　数字时代高等教育广告人才新能力培养的改革》，《声屏世界·广告人》，2015 年第 11 期。
[40] 陈长松、周浒：《论新闻教育中批判性思维的重要性及养成》，《新闻窗》，2015 年第 5 期。
[41] 郭杨：《高校新闻传播人才培养模式创新研究》，《中国报业》，2015 年第 20 期。
[42] 侯琰婕、丁颖：《媒介融合背景下新闻教育的改革与发展研究——浅谈融合新闻教学中的实训创新》，《新闻研究导刊》，2015 年第 20 期。
[43] 冯秋香：《媒介融合背景下高校新闻传播教育研究》，《新闻传播》，2015 年第 20 期。
[44] 张立云：《云计算环境下全媒体新闻人才创新培养模式分析》，《新闻传播》，2015 年第 20 期。
[45] 彭广林：《国家政策引领下的新闻教育改革路径研究》，《科教导刊（下旬）》，2015 年第 9 期。
[46] 宋桂花：《媒体融合时代新闻人才培养理念的转变》，《青年记者》，2015 年第

29 期。
[47] 陈媛媛：《媒介融合背景下的新闻教育：挑战、变革与发展》，《新闻知识》，2015 年第 10 期。
[48] 李泉松：《传媒新格局下的民族新闻教育》，《新媒体研究》，2015 年第 7 期。
[49] 邱沛篁：《改革开放后川渝新闻传播教育的兴起与发展》，《西南民族大学学报（人文社科版）》，2015 年第 10 期。
[50] 陆新蕾：《“学”与“术”孰重：传统议题与当代新闻教育改革》，《西南民族大学学报（人文社科版）》，2015 年第 10 期。
[51] 孙宇：《媒介融合下新闻传播教育的改革》，《新闻研究导刊》，2015 年第 19 期。
[52] 黄合水：《新闻传播教育面临的挑战和对策》，《青年记者》，2015 年第 28 期。
[53] 闫琰：《新媒体时代我国广告教育之反思与展望》，《广告大观（理论版）》，2015 年第 5 期。
[54] 计冬梅、张艳龙：《论大新闻教育理念下的多元融合新闻教学研究》，《戏剧之家》，2015 年第 19 期。
[55] 孙江：《新时代新闻与传播硕士培养模式探究——以西北政法大学新闻与传播硕士培养方案为例》，《新闻战线》，2015 年第 19 期。
[56] 陈丽菲：《国外新闻传播学科教育发展新趋势探讨》，《新闻记者》，2015 年第 10 期。
[57] 林铁：《民族地区高校网络与新媒体专业人才培养模式浅议》，《大众文艺》，2015 年第 18 期。
[58] 党东耀：《媒介融合背景下广西地方高校新闻传播教育特色化改革研究》，《广西师范学院学报（哲学社会科学版）》，2015 年第 5 期。
[59] 吴楠：《从全球化视野探索广告学高等教育模式》，《新闻传播》，2015 年第 18 期。
[60] 沈剑虹：《广告学专业国际化人才培养探析》，《新闻传播》，2015 年第 18 期。
[61] 肖燕雄：《“新闻传播学”专业人才培养模式探索——以部校共建新闻传播学实验班为例》，《东南传播》，2015 年第 9 期。
[62] 徐思凡：《我国新闻传播教育的发展与转型》，《青年记者》，2015 年第 26 期。
[63] 高欢欢、王绪绪：《全媒体时代内蒙古地区新闻教育改革与实践研究》，《内蒙古师范大学学报（教育科学版）》，2015 年第 9 期。
[64] 谢小红：《新媒介技术对当下新闻学教育的影响研究》，《视听》，2015 年第 9 期。
[65] 符冰：《新媒体发展与广告专业教育的转变》，《视听》，2015 年第 9 期。

[66] 崔江宁：《新闻传播类人才继续教育探究》，《中国成人教育》，2015 年第 17 期。
[67] 任雪菲：《大数据时代的新闻教育变革》，《甘肃高师学报》，2015 年第 5 期。
[68] 胡德才：《媒介融合时代新闻传播人才培养的理念与路径》，《新闻大学》，2015 年第 5 期。
[69] 马溧：《以变应变：媒体转型与中国新闻传播教育改革——基于 2014 年中国新闻传播教育研究文献梳理》，《新闻研究导刊》，2015 年第 17 期。
[70] 杜方伟：《论广电传媒应用型人才培养模式的创新》，《新闻研究导刊》，2015 年第 17 期。
[71] 周德仓、贾美娜：《我国少数民族新闻传播教育现状分析——以 15 所民族院校新闻传播教育为例》，《新闻论坛》，2015 年第 4 期。
[72] 韩玉红：《全媒体时代体育新闻教育的多角度分析》，《新闻研究导刊》，2015 年第 16 期。
[73] 吴楠：《高校广告学专业教育现状及特色发展探析》，《新闻传播》，2015 年第 16 期。
[74] 王海燕：《对应用型新闻信息传播人才培养模式的探索与实践》，《科技传播》，2015 年第 16 期。
[75] 向淑君：《新媒体环境下新闻职业和新闻教育变革探究》，《中州大学学报》，2015 年第 4 期。
[76] 李光：《全媒体时代地方高校新闻传播类专业人才培养模式探究》，《临沂大学学报》，2015 年第 3 期。
[77] 汪鹏：《媒介融合视角下新闻传播专业人才培养模式的变革》，《管理观察》，2015 年第 11 期。
[78] 吴小叶、李盛龙：《融媒时代西部民族地区高校新闻传播教育实践教学体系构建意义探析》，《贵州民族研究》，2015 年第 4 期。
[79] 周小情：《新闻传播类人才职业技能校企合作培养模式探讨》，《中国报业》，2015 年第 8 期。
[80] 姜福吉：《广告设计专业的教育研究方法》，《美术教育研究》，2015 年第 4 期。
[81] 柳邦坤：《媒介融合背景下新闻传播类人才培养与创新的思考》，《新闻知识》，2015 年第 2 期。
[82] 姚娟：《论媒体融合背景下新闻教育改革的逻辑与路径》，《黑龙江高教研究》，2015 年第 1 期。
[83] 赵亿：《浅谈媒介融合时代新闻教育的出路》，《湖北师范学院学报（哲学社会科

学版）》，2015 年第 4 期。

[84] 乌兰：《全媒体环境下传统媒体新闻人才的培养模式》，《新闻论坛》，2015 年第 3 期。

[85] 温晓明：《新闻传播人才培养模式的思考》，《西部广播电视》，2015 年第 12 期。

[86] 高晓虹、赵晨、赵希婧：《中国特色国际新闻传播人才培养模式与创新》，《对外传播》，2015 年第 6 期。

[87] 陈少志、刘胜男：《传媒教育需要多途径培养具备专业精神的创新人才》，《中国传媒科技》，2015 年第 6 期。

[88] 董梅：《文学大类下广告专业高级复合型人才培养模式研究》，《传播与版权》，2015 年第 6 期。

[89] 骆波：《浅谈媒介融合时代新闻教育改革的方向》，《新闻研究导刊》，2015 年第 11 期。

[90] 黄姣姣、聂清：《新媒体环境下我国高校新闻专业教育发展的探讨》，《新闻世界》，2015 年第 6 期。

[91] 王小月、刘佳静：《媒介融合背景下高校媒介人才培养模式研究》，《新闻世界》，2015 年第 6 期。

[92] 夏长勇、贾雯：《我们需要什么样的新闻人才——对当前高校新闻教育的几点看法》，《传媒》，2015 年第 11 期。

[93] 张粉琴：《本科院校应用型新闻人才培养方案探析》，《大学教育》，2015 年第 6 期。

[94] 李庚：《地方高校新闻与传播专业硕士培养模式探究》，《黑龙江教育（理论与实践）》，2015 年第 6 期。

[95] 张琳：《新媒介时代地方高校新闻专业学生综合能力的培养》，《西部广播电视》，2015 年第 10 期。

[96] 黎俊：《体育新闻专业应用型人才培养现状及其分析》，《新闻战线》，2015 年第 10 期。

[97] 姚婷：《广告学专业的生态教学模式构筑——创新型人才培养的新思维》，《新闻知识》，2015 年第 5 期。

[98] 王瑞林：《新闻传播双语教育的现状发展与未来转型》，《新闻知识》，2015 年第 5 期。

[99] 陈虹、郑广嘉：《全球新闻传播人才培养模式创新》，《现代传播》，2015 年第 5 期。

[100] 刘毅涛:《通识教育视域下播音主持艺术专业教育教学改革路径》,《现代传播(中国传媒大学学报)》,2015 年第 5 期。
[101] 范以锦:《传媒教育不应伴随传统媒体衰退》,《中国传媒科技》,2015 年第 5 期。
[102] 李建新:《中国新闻传播教育的新变化与新应对》,《新闻大学》,2015 年第 3 期。
[103] 夏青:《媒介融合视阈下广告专业实践教学的新发展》,《湖北第二师范学院学报》,2015 年第 5 期。
[104] 才让卓玛:《媒介融合背景下民族地区高校新闻写作教学浅探》,《传播与版权》,2015 年第 5 期。
[105] 王小月:《论"媒介融合"背景下我国地方高校新闻传播人才的培养》,《新闻研究导刊》,2015 年第 9 期。
[106] 陈一:《媒体融合时代的新闻传播教育改革——兼论"传媒实务"课程的理念与实践》,《唯实(现代管理)》,2015 年第 5 期。
[107] 刘莉:《媒介融合时代新闻传播教育的改革定位及策略》,《新媒体研究》,2015 年第 5 期。
[108] 韦路、谢点:《MOOC(慕课)时代的新闻传播教育》,《新闻与写作》,2015 年第 5 期。
[109] 邱源子:《融合趋势下本科新闻教育转型的探索》,《新闻与写作》,2015 年第 5 期。
[110] 朱志勇:《新媒体视域下地方综合性高校广告学专业人才培养模式革新》,《黑龙江高教研究》,2015 年第 5 期。
[111] 赵超:《媒介融合背景下新闻传播教育创新》,《西部广播电视》,2015 年第 9 期。
[112] 朱秋虹:《创新型体育新闻专业编辑人才培养模式研究》,《新闻窗》,2015 年第 2 期。
[113] 张君浩:《新闻传媒业的变化趋势与新闻教育改革》,《内蒙古教育(职教版)》,2015 年第 4 期。
[114] 吴小叶、李盛龙:《融媒时代西部民族地区高校新闻传播教育实践教学体系构建意义探析》,《贵州民族研究》,2015 年第 4 期。
[115] 吕艳:《成舍我新闻人才培养经验的现实意义》,《安顺学院学报》,2015 年第 2 期。
[116] 韩璐:《新媒体时代下新闻人才培养的方式》,《品牌》,2015 年第 2 期。

[117] 王如一:《媒介融合背景下新闻教育的转型》,《科技传播》,2015 年第 7 期。
[118] 杨秀侃:《新时期技术驱动下的新闻教育》,《新闻传播》,2015 年第 7 期。
[119] 孙彦、洪超:《论我国高校新闻教育实践的重与轻》,《今传媒》,2015 年第 4 期。
[120] 姜小凌:《"卓越计划"背景下地方高校联合培养的探索与实践——以湖北文理学院广播电视学专业为例》,《湖北师范学院学报(哲学社会科学版)》,2015 年第 2 期。
[121] 欧阳云玲:《我国新闻教育实践课程体系的研究——兼论媒介融合情境下新闻课程改革》,《东南传播》,2015 年第 3 期。
[122] 李丁、肖焕禹:《全媒体型体育新闻人才专业素质评估指标研究》,《成都体育学院学报》,2015 年第 2 期。
[123] 张云:《论新媒体时代视阈下体育新闻传媒人才的培养》,《新闻知识》,2015 年第 3 期。
[124] 邬晶晶:《全媒体时代的高职新闻传播人才培养模式研究》,《宁波广播电视大学学报》,2015 年第 1 期。
[125] 刘林翔:《新媒体时代新闻传播教育发展研究》,《新媒体研究》,2015 年第 1 期。
[126] 武斌:《"微时代"提高新闻教学注意力的思考》,《今传媒》,2015 年第 3 期。
[127] 姜福吉:《广告设计专业的教育研究方法》,《美术教育研究》,2015 年第 4 期。
[128] 甄伟锋、朱虹:《高校广告专业教育存在的问题与对策》,《教育与职业》,2015 年第 6 期。
[129] 余丹、陈志强、黄朝钦:《新闻学专业"3+1"人才培养模式探索——以浙江万里学院为例》,《宁波教育学院学报》,2015 年第 1 期。
[130] 刘山河:《传统媒体转型与新闻高等教育改革的几点思考》,《新闻知识》,2015 年第 2 期。
[131] 李茵:《融媒体背景下培养复合型传媒人才的思考》,《北京教育(高教)》,2015 年第 2 期。
[132] 廖秉宜:《广告素养教育的多维价值、推广困境及实施路径》,《广告大观(理论版)》,2015 年第 1 期。
[133] 夏冬梅:《报业新媒体转型给新闻教学带来的启示》,《今传媒》,2015 年第 2 期。
[134] 仇丽琴:《全媒体视角下体育新闻人才实践能力培养探索》,《新闻界》,2015 年

第 2 期。
[135] 郭丽娟：《新闻教育模式探索——以美国模式为例》，《科技传播》，2015 年第 2 期。
[136] 石莹：《国际化背景下的新闻专业建设研究》，《新闻战线》，2015 年第 2 期。
[137] 韩杨：《新闻传播人才培养模式观察与思考》，《新闻传播》，2015 年第 2 期。
[138] 靳舍：《融合趋势下新闻传播教育问题分析》，《新闻传播》，2015 年第 2 期。
[139] 陈燕侠：《我做我写：多重效应的新闻采写实践教学模式探析》，《新闻知识》，2015 年第 1 期。
[140] 张艳萍、周华清：《应用技术大学地方广告人才培养研究》，《合肥学院学报（社会科学版）》，2015 年第 1 期。
[141] 靳舍：《新形势下我国新闻教育面临的挑战及改革探析》，《佳木斯职业学院学报》，2015 年第 1 期。
[142] 王敏：《媒介融合时代的新闻人才培养机制改革——近期媒体招聘启事引发的思考》，《今传媒》，2015 年第 1 期。
[143] 雷跃捷、罗雪：《我国国际新闻传播人才培养机制转型的现状及趋势》，《新闻与写作》，2015 年第 1 期。

（整理者　陶喜红）

2. 2014 年

[1] 严清：《浅析高职广告设计教育中存在的问题与对策》，《品牌》，2014 年第 7 期。
[2] 岳芹芹：《媒介融合时代中国新闻教育的发展出路——美国密苏里新闻教育的启示》，《河北经贸大学学报（综合版）》，2014 年第 4 期。
[3] 王涌、束霞平：《广告产业背景下高等广告教育的发展》，《中国成人教育》，2014 年第 24 期。
[4] 黄强：《媒介融合环境下广播电视新闻教育面临的困境与出路》，《西部广播电视》，2014 年第 24 期。
[5] 邓凌云：《浅论新媒体环境下三本院校广告学人才培养新趋向》，《人才资源开发》，2014 年第 24 期。
[6] 雷雯淇：《媒介融合趋势下网络编辑专业的新闻教育探讨》，《科技传播》，2014 年第 24 期。
[7] 李艳平、贾雪倩、朱宏：《行业背景院校应用型广告专业人才培养探究》，《教育与

职业》，2014 年第 36 期。
［8］高海建：《地方院校新闻学专业应用型人才培养模式研究》，《中国轻工教育》，2014 年第 6 期。
［9］周云倩：《部校共建与新闻人才培养模式改革》，《青年记者》，2014 年第 35 期。
［10］范以锦、陈娜：《新闻教育需要多种学术思想的交锋——访暨南大学新闻与传播学院教授》，《新闻爱好者》，2014 年第 12 期。
［11］赵作为：《媒介融合下高校新闻传播教育改革》，《新闻前哨》，2014 年第 12 期。
［12］任丽华、孟祥武：《培养应用型广告学专业人才的方法与实践》，《辽宁科技学院学报》，2014 年第 4 期。
［13］杨增和、王瑞华：《论新媒体环境下的广告应用型人才培养》，《传播与版权》，2014 年第 12 期。
［14］熊雯婷：《基于媒体产业化时代下新闻传媒类教育的发展趋势探析》，《新闻研究导刊》，2014 年第 17 期。
［15］黄可：《浅谈西方新闻教育对我国新闻“教改”的启示》，《新闻传播》，2014 年第 17 期。
［16］吴凯之：《媒介融合、文化强国及对新闻传播教育的新期待——文化建设背景下新闻传播类人才培养质量标准研究》，《管理观察》，2014 年第 34 期。
［17］赖黎捷：《关于部校共建下新闻人才舆情教育的思考》，《中国广播电视学刊》，2014 年第 12 期。
［18］赵瑞琦：《新闻教育专业化：五种能力的培养和提升——以国际新闻评论课程教学为例》，《中国广播电视学刊》，2014 年第 12 期。
［19］施小萍：《媒体融合背景下高校广电专业教学改革及人才培养对接研究》，《新闻研究导刊》，2014 年第 16 期。
［20］申雪凤：《新媒体对广告业及广告教育的影响与变革》，《传媒》，2014 年第 22 期。
［21］文琼、郝红霞：《全媒体背景下我国新闻人才培养模式创新研究——以上海地区高校特色培养为例》，《新闻传播》，2014 年第 16 期。
［22］赵敏：《新闻专业如何加强职业化教育》，《青年记者》，2014 年第 32 期。
［23］戴蔚：《融媒时代高校广播电视人才培养理念变革》，《东南传播》，2014 年第 11 期。
［24］张超：《媒介融合背景下传媒人才培养模式的实证研究》，《大众文艺》，2014 年第 21 期。

[25] 刘山河：《民办高校传媒类专业如何为基层传媒培养人才的几点思考》，《新闻知识》，2014 年第 11 期。
[26] 蒋晓丽、谢太平：《变与不变：媒介裂变环境下的新闻业、新闻人才及新闻教育》，《湘潭大学学报（哲学社会科学版）》，2014 年第 6 期。
[27] 黄旦：《整体转型：关于当前中国新闻传播学科建设的一点想法》，《新闻大学》，2014 年第 6 期。
[28] 邓建国：《传统与变革：数字时代老牌新闻学院的变与不变——以哥大新闻学院的课程改革为例》，《新闻大学》，2014 年第 6 期。
[29] 郝红霞、刘峰：《基于云计算的全媒体新闻人才创新培养模式探析》，《新闻大学》，2014 年第 6 期。
[30] 花叶：《广电新闻教育应注重培养媒体融合型人才》，《新闻世界》，2014 年第 11 期。
[31] 李林源：《财经类院校新闻传播专业研究生交叉培养模式研究》，《南方论刊》，2014 年第 11 期。
[32] 李琴：《融媒时代我国高校新闻教育数字化转型研究》，《今传媒》，2014 年第 11 期。
[33] 赵云泽、王靖雨：《自媒体时代新闻教育的困境与机遇》，《博览群书》，2014 年第 11 期。
[34] 陈娜：《新闻教育要注重实践品格》，《新闻爱好者》，2014 年第 10 期。
[35] 谈向荣、冯韬：《高校广告设计教育转型与发展研究》，《美术教育研究》，2014 年第 20 期。
[36] 魏曦英：《新闻传播教育人才培养目标的转向及实现路径》，《新闻界》，2014 年第 20 期。
[37] 郑海鸥、王珏：《走好新闻人才培养这盘棋——写在部校共建新闻学院之际》，《中国报业》，2014 年第 19 期。
[38] 周娟：《数字媒体时代新闻人才培养的专业化路径探索》，《中南林业科技大学学报（社会科学版）》，2014 年第 5 期。
[39] 赵然、王倩：《新媒体环境下新闻学创新型人才培养模式研究》，《新闻知识》，2014 年第 10 期。
[40] 宋雯：《媒介融合背景下的新闻教育改革反思》，《新闻知识》，2014 年第 10 期。
[41] 毛德胜：《论校媒合作助推地方新闻院校应用型新闻人才培养——基于“传媒人士进课堂”的调研分析》，《新闻世界》，2014 年第 10 期。

[42] 王健、刘鹏：《融合学界业界资源　共建新闻人才摇篮——复旦大学新闻学院院长尹明华访谈录》，《新闻记者》，2014 年第 10 期。

[43] 刘建萍、陈思达：《全媒体时代广告人才创新创业教育的思考》，《大学教育》，2014 年第 16 期。

[44] 黄瑚：《创新新闻教育　培养复合人才》，《新闻前哨》，2014 年第 9 期。

[45] 欧阳霞：《新闻教育校企合作模式与机制探讨》，《渤海大学学报（哲学社会科学版）》，2014 年第 5 期。

[46] 陈勇、徐小立、刘祥平：《中国新闻学教育现行人才培养模式探讨》，《贵州民族大学学报（哲学社会科学版）》，2014 年第 4 期。

[47] 刘杨：《对当代高校新闻专业教育改革的思考》，《新闻传播》，2014 年第 10 期。

[48] 冀沫含、李思维：《浅析新闻专业应用型人才培养方式的创新》，《新闻传播》，2014 年第 10 期。

[49] 周士超、许意涵：《中国新闻传播教育的未来发展趋势新探》，《新闻传播》，2014 年第 10 期。

[50] 王永辉：《我国高校广告学教育现状的几点思考》，《传播与版权》，2014 年第 8 期。

[51] 曹银、王珩：《我国高校新闻人才培养模式的思考》，《传播与版权》，2014 年第 8 期。

[52] 周晓宇：《高职院校新闻教育人才“融合式”培养模式探析》，《职教论坛》，2014 年第 23 期。

[53] 郑亚灵：《新媒体时代新闻传播学教育改革的取向性思考》，《陕西教育（高教）》，2014 年第 8 期。

[54] 董世斌：《论当代高校广告教育的实战导向》，《教育与职业》，2014 年第 23 期。

[55] 连娜、张筱筠：《“大数据”时代新闻传播人才培养模式的创新》，《新闻界》，2014 年第 15 期。

[56] 罗志超：《美国高校广告教育发展研究》，《广告大观（理论版）》，2014 年第 4 期。

[57] 赵莹：《新媒体环境下应用技术型广告人才培养的思路》，《新闻世界》，2014 年第 8 期。

[58] 叶铁桥、唐惠润、张宇：《新形势下传媒人才培养模式转型思路》，《中国记者》，2014 年第 8 期。

[59] 齐亚宁：《新媒体时代体育院校应用型新闻人才培养模式》，《西部广播电视》，

2014 年第 14 期。
[60] 姜志贤：《广电业发展现状及趋势给广播电视新闻教育的启示》，《西部广播电视》，2014 年第 14 期。
[61] 王静：《我国广告学教育存在的问题及对策分析》，《新闻传播》，2014 年第 8 期。
[62] 许意涵、周士超：《浅析我国新闻传播教育超常规发展的问题与对策》，《新闻传播》，2014 年第 8 期。
[63] 王忠国：《地方高校网络与新媒体专业人才培养研究》，《戏剧之家》，2014 年第 8 期。
[64] 阎立峰：《新闻传播教育中的“变”与“不变”》，《传媒》，2014 年第 14 期。
[65] 王大员、胡晓琳：《我国高校广告创意人才培养模式的创新》，《青年记者》，2014 年第 20 期。
[66] 陈昌凤、张小琴：《融合时代的新闻传播教育》，《中国高等教育》，2014 年第 Z2 期。
[67] 白贵：《搭建创新实践平台　培养卓越新闻传播人才》，《中国高等教育》，2014 第 Z2 期。
[68] 刘卫东：《构建卓越新闻传播人才培养的政策保障体系》，《中国高等教育》，2014 第 Z2 期。
[69] 刘晶晶：《广播电视新闻人才培养模式构建与创新》，《新闻战线》，2014 年第 7 期。
[70] 朱丽莉：《高校新闻传媒教育的问题及对策》，《新闻战线》，2014 年第 7 期。
[71] 代婷婷、严炎：《数字传播时代复合型广告人才培养》，《新闻前哨》，2014 年第 7 期。
[72] 王永辉：《数字化时代高校广告教育的现状与理念创新》，《传播与版权》，2014 年第 7 期。
[73] 李彦冰：《当今新闻传播教育中的价值矛盾问题》，《创新》，2014 年第 4 期。
[74] 龚莹莹：《影视广告专业教育的现状及改革研究》，《赤峰学院学报（自然科学版）》，2014 年第 13 期。
[75] 姜乃力：《传媒转型与新闻教育》，《传媒》，2014 年第 13 期。
[76] 刘丹凌：《全媒体语境下高等传媒教育“共建”现象探析》，《编辑之友》，2014 年第 7 期。
[77] 张新宇：《新媒介环境下的新闻专业人才培养的问题与对策》，《新闻研究导刊》，2014 年第 6 期。

[78] 张真弼、胡胜强:《网络新媒体复合型人才培养模式探讨》,《新闻论坛》,2014年第3期。
[79] 牛丽红:《媒介融合新时态下高校传媒人才培养的若干思考》,《新闻论坛》,2014年第3期。
[80] 卫裕智:《如何培养当代新闻人才》,《新闻采编》,2014年第3期。
[81] 周士超、许意涵:《媒介融合背景下的中国新闻传播教育的发展》,《西部广播电视》,2014年第12期。
[82] 胡远珍:《新媒体环境下双轮驱动人才培养模式》,《新闻前哨》,2014年第6期。
[83] 徐雅璇、李樵、陈博雷:《新媒体时代新闻后备人才的培养——以湖北日报大学生记者团为例》,《新闻前哨》,2014年第6期。
[84] 苏颖:《媒介融合背景下的高校新闻人才培养》,《产业与科技论坛》,2014年第11期。
[85] 李超杰、张君:《高职院校广告教育的现状及对策》,《才智》,2014年第17期。
[86] 尹章池、石闻悦:《传播学专业复合型人才培养的课程链接研究》,《传播与版权》,2014年第6期。
[87] 王琴琴:《全媒体时代高等教育广告人才培养模式探讨》,《新疆职业大学学报》,2014年第3期。
[88] 李变变、马晓娜:《浅析高校广告设计教育如何促进广告业的发展》,《美与时代(上旬)》,2014年第6期。
[89] 黄箐、孙喆:《文化创意产业背景下广告学教育之反思》,《广告大观(理论版)》,2014年第3期。
[90] 苏颖:《媒介融合背景下新闻教育的“热”与“冷”》,《产业与科技论坛》,2014年第10期。
[91] 张淑华:《新闻传播专业学位研究生教育的困境与对策研究》,《郑州大学学报(哲学社会科学版)》,2014年第3期。
[92] 许守蕾:《浅谈广告设计教育教学模式》,《美术教育研究》,2014年第10期。
[93] 田瑛:《全媒体时代新闻学专业实践教学模式的研究》,《吉林化工学院学报》,2014年第2期。
[94] 张辉:《探析广告学应用型人才培养模式的构建》,《美术教育研究》,2014年第3期。
[95] 万晓红:《体育新闻传播学硕士研究生教育的改革》,《体育成人教育学刊》,2014年第1期。

[96] 岳璐、袁方琴：《媒介融合时代广电编导人才培养路径》，《新闻前哨》，2014 年第 2 期。
[97] 尚恒志：《媒体融合背景下新闻传播教育的改革与实践研究》，《新闻传播》，2014 年第 2 期。
[98] 董天策：《新闻传播教育的理想范型》，《新闻与写作》，2014 年第 2 期。
[99] 孙玉：《高校新闻传播学专业教育的反思》，《中国校外教育》，2014 年第 3 期。
[100] 陆高峰：《加强新闻传播高层次应用人才的培养》，《青年记者》，2014 年第 3 期。
[101] 卢有泉：《高校新闻教育的问题与出路》，《教育理论与实践》，2014 年第 3 期。
[102] 廖秉宜：《中国广告高等教育三十年的反思与变革》，《新闻界》，2014 年第 2 期。
[103] 徐承刚：《全媒体时代新闻人才的综合素养分析与对策》，《新闻界》，2014 年第 2 期。
[104] 王笛：《师范院校新闻传媒专业实践培养模式思考》，《成都师范学院学报》，2014 年第 1 期。
[105] 高卫华：《新闻传播教育求索者的智慧结晶——评张昆教授的〈新闻教育改革〉》，《新闻爱好者》，2014 年第 1 期。
[106] 戴佳、史安斌：《“国际新闻”与“全球新闻”概念之辨——兼论国际新闻传播人才培养模式创新》，《清华大学学报（哲学社会科学版）》，2014 年第 1 期。
[107] 胡正荣：《全媒体时代的复合教育》，《新闻大学》，2014 年第 1 期。
[108] 高雁：《大数据时代下的新闻专业教育反思》，《新闻知识》，2014 年第 1 期。
[109] 潘亚楠：《大数据时代新闻人才培养的若干思考》，《湖北广播电视大学学报》，2014 年第 1 期。
[110] 邵云红：《浅谈新闻学专业学生的职业道德素养的培养》，《渤海大学学报（哲学社会科学版）》，2014 年第 1 期。

3. 2013 年

[1] 常庆、钱婕：《超越新闻学：新闻学教育中的合作思路——基于山东师范大学新闻专业现状的分析》，《青年记者》，2013 年第 36 期。
[2] 耿蕊：《应用型新闻传播学人才培养模式的探索与实践——以长沙理工大学为例》，《创新与创业教育》，2013 年第 6 期。
[3] 段丽娜：《新闻教育如何体现广阔视野及求真的治学精神》，《新闻窗》，2013 年第

6 期。
[4] 闫磊：《我国新闻传播教育超常规发展的问题与对策》，《西部广播电视》，2013 年第 20 期。
[5] 项胜利：《广电业现状趋势给广播电视新闻教育的启示》，《西部广播电视》，2013 年第 20 期。
[6] 王英钰：《基于全媒体时代背景下复合型新闻人才培养机制研究》，《科技传播》，2013 年第 24 期。
[7] 刘运来：《大数据时代下高校新闻传播学教育变革的思考》，《新闻知识》，2013 年第 12 期。
[8] 汤晓山：《中国—东盟背景下广西创新型应用型广告人才的培养》，《艺术探索》，2013 年第 6 期。
[9] 吉峰、阳志标：《传统文化视域下新闻传播类学科人文素质培养举要》，《文化与传播》，2013 年第 6 期。
[10] 张杰：《新闻传播人才培养模式的观察与思考》，《西部广播电视》，2013 年第 19 期。
[11] 孙保营：《媒介融合背景下新闻与传播硕士培养体系的构建》，《新闻爱好者》，2013 年第 11 期。
[12] 何平华、李骅：《广告教育的“学”与“术”——从课程设置角度看我国高校广告教育的“术化”倾向》，《新闻界》，2013 年第 22 期。
[13] 梁冬梅：《美国高校广告教育的经验及启示》，《教育探索》，2013 年第 11 期。
[14] 李丁、肖焕禹：《全媒体时代体育新闻教育的特征、困境与转型》，《天津体育学院学报》，2013 年第 6 期。
[15] 朱鸿军：《问题与解答　挑战与应对——“变革中的新闻与传播：实践探索与理论构建”学术研讨会综述》，《新闻与传播研究》，2013 年第 11 期。
[16] 何志武：《学科交叉与媒介融合语境下传媒复合型人才培养模式的转型》，《中国大学教学》，2013 年第 11 期。
[17] 郝小芳：《目前我国高校新闻教育存在的问题》，《文学教育》（中），2013 年第 11 期。
[18] 肖灵：《对当代新闻教育改革的若干思考》，《新闻爱好者》，2013 年第 10 期。
[19] 徐君康：《“融媒时代”新闻传播教育的现状与思考》，《宁波大学学报（教育科学版）》，2013 年第 6 期。
[20] 刘洁：《基于系统论的广告学专业战略发展与建设解析》，《浙江理工大学学报》，

2013 年第 6 期。
[21] 高雁：《大数据时代下的新闻专业教育反思》，《传媒观察》，2013 年第 11 期。
[22] 宋香云、郑春勇：《我国新媒体人才培养模式探索》，《人力资源管理》，2013 年第 11 期。
[23] 赵阳：《传媒复合型人才培养的新思路》，《学术交流》，2013 年第 11 期。
[24] 张芹：《新闻教育须适度“超越”》，《编辑之友》，2013 年第 11 期。
[25] 谭天、刘方远：《试论新媒体专业建设与人才培养》，《渤海大学学报（哲学社会科学版）》，2013 年第 6 期。
[26] 陈思达：《创新应用型广告人才培养模式初探》，《钦州学院学报》，2013 年第 10 期。
[27] 王琰：《论中国广告创新教育的路径》，《新闻知识》，2013 年第 10 期。
[28] 肖娜：《培养什么人？怎样培养人？——谈新媒体时代新闻教育的改革》，《新闻知识》，2013 年第 10 期。
[29] 余林：《融合型广播电视记者的平台化培养模式》，《新闻知识》，2013 年第 10 期。
[30] 李亚星、刘毅：《民族高校新闻实践教育的模式创新——基于中国高校传媒联盟的运作研究》，《民族论坛》，2013 年第 9 期。
[31] 马勇：《体育新闻人才培养面临的问题及对策研究》，《新闻界》，2013 年第 19 期。
[32] 杨海洋：《我国新闻传播学研究生教育的研究范畴和研究方法分析》，《新闻世界》，2013 年第 10 期。
[33] 谭天、刘方远：《探析新媒体专业人才的培养》，《新闻与写作》，2013 年第 10 期。
[34] 林如鹏：《新闻业与新闻教育的“双转型”对接》，《中国记者》，2013 年第 10 期。
[35] 樊艳玲：《新闻传播人才培养模式观察与思考》，《现代交际》，2013 年第 9 期。
[36] 姚江龙：《试论媒介融合趋势下新闻传播人才的培养改革》，《湖北理工学院学报（人文社会科学版）》，2013 年第 5 期。
[37] 陈谦、刘芳：《论数字传播时代的高校广告专业教育创新》，《东南传播》，2013 年第 9 期。
[38] 骆正林：《信息时代新闻教育的三大增长点》，《现代视听》，2013 年第 9 期。
[39] 李展、汪圣云：《地方院校传播学专业人才培养研究》，《新闻知识》，2013 年第

9 期。
[40] 杨春娇:《论芝加哥学派的新闻传播教育观》,《才智》,2013 年第 26 期。
[41] 樊飞:《全民记者背景下新闻传播人才的培养》,《中国地市报人》,2013 年第 9 期。
[42] 邵鹏:《中国融合新闻教育的挑战及改革路径》,《中国成人教育》,2013 年第 16 期。
[43] 张小琴:《数字时代的新闻教育:浸入式全媒体实践——从克朗凯特学院看美国如何教新闻》,《新闻与传播研究》,2013 年第 8 期。
[44] 罗彬:《我国高校新闻伦理教育改革的路径探析》,《新闻爱好者》,2013 年第 8 期。
[45] 刘林山:《媒介融合背景下高校新闻传播教育研究》,《新闻窗》,2013 年第 4 期。
[46] 袁源:《中国综合类大学新闻学教育与就业困境——在中美对比中分析观察》,《西部广播电视》,2013 年第 12 期。
[47] 刘林山:《媒介融合背景下高校新闻传播教育研究》,《宿州教育学院学报》,2013 年第 4 期。
[48] 吴丹:《数字化时代高校广告教育的现状与理念创新》,《设计艺术研究》,2013 年第 4 期。
[49] 祝建华:《大数据时代的新闻与传播学教育:专业设置、学生技能、师资来源》,《新闻大学》,2013 年第 4 期。
[50] 才让卓玛:《浅议新媒体时代民族地区新闻传播人才培养问题》,《传播与版权》,2013 年第 3 期。
[51] 俞运宏:《“就业难”背景下的民族高校特色新闻教育探析》,《中国记者》,2013 年第 8 期。
[52] 孙胜存、许启伟:《新闻传播类学生培养模式改革与思考》,《教育教学论坛》,2013 年第 31 期。
[53] 景巧丽:《浅论网络传播及新闻传播教育面临的变革》,《经营管理者》,2013 年第 17 期。
[54] 马林:《播音主持艺术专业人才培养模式改革》,《西部广播电视》,2013 年第 14 期。
[55] 李凌凌:《启发和互动:新闻专业课堂教学改革的三项尝试》,《黑龙江教育(高教研究与评估)》,2013 年第 7 期。
[56] 杨丽君:《高校广告专业教育现状及对策研究》,《教育与职业》,2013 年第

21 期。
[57] 燕道成、周亚梅：《媒介融合时代新媒体专业教育的策略创新》，《今日中国论坛》，2013 年第 11 期。
[58] 刘泱育：《论中国新闻教育“供大于求”的难题及其解决》，《南京晓庄学院学报》，2013 年第 4 期。
[59] 余海波：《全媒体时代与新闻摄影教育》，《新闻知识》，2013 年第 7 期。
[60] 石长顺、柴巧霞：《广播电视学：作为学科的内涵与知识体系》，《现代传播（中国传媒大学学报）》，2013 年第 7 期。
[61] 姜小凌：《湖北省省属地方高校新闻传播教育困境分析——以湖北文理学院新闻系为例》，《湖北文理学院学报》，2013 年第 7 期。
[62] 王瑜、唐毅、俞雷：《从市场需求探析高职新闻专业人才培养模式》，《今传媒》，2013 年第 7 期。
[63] 姜巍：《再议媒介融合趋势下的新闻教育改革》，《今传媒》，2013 年第 7 期。
[64] 肖灿：《全媒体时代新闻本科教育与人才培养刍议》，《太原大学学报》，2013 年第 2 期。
[65] 王建珂：《实践：当前新闻教育的短板》，《青年记者》，2013 年第 18 期。
[66] 戴姝英：《媒介融合趋势下的新闻人才需求及培养》，《赤峰学院学报（汉文哲学社会科学版）》，2013 年第 6 期。
[67] 陈作平：《培养新闻传播专业学生职业精神的有效途径——“子牛杯”社会调查活动的实践与思考》，《现代传播（中国传媒大学学报）》，2013 年第 6 期。
[68] 李敏霞：《媒介融合环境下新闻学本科人才培养模式研究》，《河套学院学报》，2013 年第 2 期。
[69] 冯广圣：《媒体转型期的地方高校新闻学专业教育问题与对策——以玉林师院广播电视新闻学专业为例》，《玉林师范学院学报》，2013 年第 3 期。
[70] 潘新：《“工作室培养模式”如何创新新闻实践教学——一名新闻教育者的思考与探索》，《中国记者》，2013 年第 6 期。
[71] 刘绍芹：《融媒体时代新闻传媒人才培养的实践教学路径探讨》，《中国成人教育》，2013 年第 10 期。
[72] 万志全：《新闻类复合型人才培养细节探究》，《青年记者》，2013 年第 15 期。
[73] 胡远珍：《通识性的专业教育：新闻教学改革新思维》，《高等继续教育学报》，2013 年第 3 期。
[74] 王杨：《媒介融合时代高校新闻教育面临的二元选择——美国密苏里新闻教育模

式的启示和思考》，《中国报业》，2013 年第 10 期。
[75] 刘赞、王宏：《全媒体背景下新闻学人才培养重点》，《青年记者》，2013 年第 14 期。
[76] 郑琨、郭雅静：《高校新闻学专业与媒体城市文化共建模式的可行性探索》，《齐齐哈尔大学学报（哲学社会科学版）》，2013 年第 3 期。
[77] 王继发：《融媒体背景下我国新闻学教育存在的问题及对策分析》，《新闻传播》，2013 年第 5 期。
[78] 董小玉、何健：《全球化・数字化・融合化——我国新闻传播教育改革的“三个关键词”》，《现代传播（中国传媒大学学报）》，2013 年第 5 期。
[79] 冯广圣：《新闻专业教育中的科学・操作・伦理导向检视》，《新闻知识》，2013 年第 5 期。
[80] 刘祥平：《与时俱进，改革创新：来自新闻教育第一线的探索——评〈新闻教育改革论〉》，《新闻研究导刊》，2013 年第 4 期。
[81] 吴信训：《新媒体时代传媒及创意人才培养模式的再考量》，《新闻与传播研究》，2013 年第 4 期。
[82] 张瑜烨、杨海洋：《我国新闻传播学研究生教育的研究起点及研究进程》，《当代继续教育》，2013 年第 2 期。
[83] 马嘉：《媒介融合时代的日本新闻教育特色分析》，《国际新闻界》，2013 年第 4 期。
[84] 李红祥：《是实务，还是理论？——媒介融合时代传播科技教育的反思》，《衡阳师范学院学报》，2013 年第 2 期。
[85] 倪宁、谢天武：《从两重到双跨：论媒体融合时代新闻传播人才培养中的三种关系》，《中国大学教学》，2013 年第 4 期。
[86] 金册、李妮：《融媒时代的新闻教育改革》，《现代视听》，2013 年第 4 期。
[87] 潘祥辉：《“附属医院”模式：传媒类院系校园媒体实践平台建设新探》，《浙江传媒学院学报》，2013 年第 2 期。
[88] 赵博、滕超：《中美新闻职业化教育比较研究》，《成功（教育）》，2013 年第 7 期。
[89] 王菲：《我国国际传播人才培养的经验、问题与路径》，《今传媒》，2013 年第 4 期。
[90] 张华：《媒介融合背景下的新闻教育改革研究述评》，《中国报业》，2013 年第 6 期。

[91] 郭薇薇：《全媒体时代广播电视学专业人才培养探索》，《青年记者》，2013 年第 8 期。
[92] 刘海贵、张帆：《美日新闻教育及变革对中国的启示》，《新闻爱好者》，2013 年第 3 期。
[93] 李梅：《“创业新闻学”：新媒体生态系统中新闻教育的新尝试》，《科教文汇（中旬刊）》，2013 年第 3 期。
[94] 林渊渊：《从隐性知识的视角看“2+2”新闻人才培养模式创新》，《高教论坛》，2013 年第 3 期。
[95] 王漱蔚：《媒介融合趋势下高校新闻人才培养体系研究》，《学术界》，2013 第 S1 期。
[96] 赫牧寰：《新闻学专业人才培养观念改革的思考》，《齐齐哈尔大学学报（哲学社会科学版）》，2013 年第 2 期。
[97] 丁梅、闫月英：《“密苏里方法”的本土化与应用型新闻人才培养模式的创新》，《新闻知识》，2013 年第 3 期。
[98] 初广志、李晨宇：《中国的新媒体营销教育：挑战及对策——基于广告学专业教师的调查》，《现代传播（中国传媒大学学报）》，2013 年第 3 期。
[99] 李勇、郭煜、董闽红：《对当前高校新闻教育育人机制的一些思考》，《新闻知识》，2013 年第 3 期。
[100] 雷跃捷：《社会转型时期我国新闻传播教育的成就和问题》，《现代传播（中国传媒大学学报）》，2013 年第 3 期。
[101] 刘春侠：《新媒体背景下对地方本科院校广告学专业人才培养模式的思考》，《湖南科技学院学报》，2013 年第 3 期。
[102] 陈文敏：《专业综合改革视阈下的地方高校新闻学教育思考》，《惠州学院学报（社会科学版）》，2013 年第 1 期。
[103] 李涛、乔培基、张云：《试论我国高校体育传播（硕士）学科建设与人才培养》，《山东体育学院学报》，2013 年第 1 期。
[104] 汪宴卿：《全媒体语境下地方高校新闻教育探究——以湖南科技大学为例》，《当代教育理论与实践》，2013 年第 2 期。
[105] 蔡雯：《试论新闻传播的变化与新闻教育改革》，《文化与传播》，2013 年第 1 期。
[106] 高钢：《网络信息时代中国新闻教育的改革思考》，《新闻春秋》，2013 年第 1 期。

[107] 邹火明、张社宁：《广电专业合作教育模式与运行机制研究》，《长江大学学报（社科版）》，2013 年第 2 期。
[108] 李存颉：《国外高校新闻传播人才培养对我国的启示》，《新闻传播》，2013 年第 2 期。
[109] 缪卓群：《中国争夺世界话语权之重要任务——大学新闻教育改革探析》，《新闻传播》，2013 年第 2 期。
[110] 钟剑茜：《在“全能”与“专精”之间把握平衡——全媒体转型战略下的新闻人才培养》，《中国记者》，2013 年第 2 期。
[111] 卿志军：《媒介融合背景下新闻教育要处理好的几个关系》，《海南师范大学学报（社会科学版）》，2013 年第 1 期。
[112] 郭子辉、傅冕：《新闻教育应何处突围——兼谈“美国未来新闻教育计划”的启示》，《中国校外教育》，2013 年第 3 期。
[113] 王果：《创新高校新闻教育模式　提高学生就业竞争能力》，《重庆第二师范学院学报》，2013 年第 1 期。
[114] 李亚玲：《浅议互联网“微时代”新闻专业教育的“红利”》，《教育教学论坛》，2013 年第 4 期。
[115] 郃小丽：《媒介融合背景下对新闻教育改革的思考》，《黑龙江史志》，2013 年第 2 期。
[116] 宋万林：《地方高校新闻教育改革路径研究——基于湖州师范学院新闻学教育改革的实践》，《青年记者》，2013 年第 2 期。
[117] 杜剑峰、郑伟、徐梅香：《媒介融合时代新闻学专业实践教学体系研究》，《实验技术与管理》，2013 年第 1 期。
[118] 颜红：《媒介融合趋势下跨媒体人才的培养》，《教育与教学研究》，2013 年第 1 期。
[119] 哈艳秋、张静、和莹：《民初新闻教育思想对当前新闻教育改革的启示》，《新闻爱好者》，2013 年第 1 期。
[120] 魏少华：《密苏里模式与我国新闻学实践教学体系》，《编辑学刊》，2013 年第 1 期。
[121] 何村：《中国语境下的媒介素养教育：泛化与政治化倾向》，《现代传播（中国传媒大学学报）》，2013 年第 1 期。
[122] 李建新：《新闻之“道”在于“求细”——丁淦林先生新闻教育思想管窥》，《新闻与写作》，2013 年第 1 期。

[123] 韦路：《新媒体时代新闻传播教育的四大转型趋势》，《今传媒》，2013 年第 1 期。
[124] 赵琪、陈小莹、方可成、简光洲、孙磊、李良荣、张志安：《新闻教育与新闻实践相去有多远？——一场新闻业界与学界的对话》，《中国记者》，2013 年第 1 期。
[125] 张霆：《媒介融合发展下高校新闻专业人才培养模式》，《四川理工学院学报（社会科学版）》，2013 年第 1 期。
[126] 黄桂萍、李良荣：《从毕业生就业看新闻教育的理念与模式》，《新闻战线》，2013 年第 9 期。

4. 2012 年

[1] 魏丹丹、朱新晓：《高校媒介素养教育的内容体系构建》，《南昌教育学院学报》，2012 年第 12 期。
[2] 钱晓文：《媒介融合对新闻传播人才培养目标的影响》，《青年记者》，2012 年第 36 期。
[3] 何滢：《广告学专业人才培养同质化问题及拟解决的办法》，《湖南工程学院学报（社会科学版）》，2012 年第 4 期。
[4] 丁小燕：《高职新闻教育的困境及突围》，《经济与社会发展》，2012 年第 12 期。
[5] 叶同春：《新闻教育“四纵三横”实践教学模式探究——以湖北第二师范学院为例》，《湖北第二师范学院学报》，2012 年第 12 期。
[6] 殷俊、柴樱芝：《论范长江新闻实践对当代新闻教育的价值》，《新闻研究导刊》，2012 年第 1 期。
[7] 李建新、王烨、乔飞：《新闻学院还是媒介集团——与密苏里新闻学院院长 DEAN MILLS 关于新闻教育的对话》，《新闻与写作》，2012 年第 2 期。
[8] 徐晓红：《媒介融合背景下新闻教育的价值取向》，《新闻界》，2012 年第 1 期。
[9] 肖娜：《媒介融合时代新闻教育的变与不变》，《新闻界》，2012 年第 2 期。
[10] [美] 赫伯特 J. 甘斯、奚路阳、王哲平：《新闻业、新闻教育及民主》，《声屏世界》，2012 年第 1 期。
[11] 张广宁：《融媒时代对新闻传播教育的思考》，《青年记者》，2012 年第 2 期。
[12] 周鹏：《反思近年新闻教育的缺失与不足》，《传媒观察》，2012 年第 1 期。
[13] 郭苏：《艺术设计背景下广告人才培养模式探讨》，《河南教育（中旬）》，2012 年第 2 期。

[14] 罗朋：《媒介融合与陕西高等新闻教育的变革应对》，《榆林学院学报》，2012年第1期。
[15] 田雷：《全媒体时代新闻学专业本科教育的建设思路——以黑龙江大学新闻学专业为例》，《黑龙江教育（高教研究与评估）》，2012年第2期。
[16] 汪健：《论新闻教育与新闻人公共服务意识的培养》，《黄山学院学报》，2012年第1期。
[17] 季涓：《新媒体语境下宁夏高校传媒人才培养模式研究》，《教育教学论坛》，2012年第10期。
[18] 徐君康：《广告专业复合创新人才的培养》，《宁波大学学报（教育科学版）》，2012年第2期。
[19] 刘磊：《创新型广告人才培养探究》，《新闻界》，2012年第3期。
[20] 樊水科：《论理工院校新闻专业的通识教育——以清华、复旦、华中科技三所院校为例》，《新闻爱好者》，2012年第2期。
[21] 刘贞：《"大媒介时代"语境下的人才战略以及新闻教育面对的困境》，《新闻知识》，2012年第1期。
[22] 何李新：《高校新闻专业建设中人文教育的若干思考》，《东南传播》，2012年第2期。
[23] 苏林森：《我国新闻传播学教育的现状与问题——以2000年以来新办院系为例》，《中华文化论坛》，2012年第2期。
[24] 蒋舟遥：《媒介大融合时代，高校新闻专业教育的探讨》，《佳木斯教育学院学报》，2012年第2期。
[25] 李南：《"融合教育"观下的新闻教育改革》，《新闻爱好者》，2012年第5期。
[26] 黄丹：《媒介融合时代地方高校新闻人才的培养》，《新闻知识》，2012年第2期。
[27] 万萍：《媒介融合时代新闻教育应加强人文素质培养》，《新闻知识》，2012年第2期。
[28] 贾菁：《论媒体融合时代新闻传播教育的变革》，《中国报业》，2012年第6期。
[29] 李建新：《中国新闻传播教育发展趋势探讨》，《编辑之友》，2012年第3期。
[30] 郜书锴：《媒介融合时代新闻教育的三重境界与两个样本》，《东南传播》，2012年第4期。
[31] 刘星河：《全媒体时代广告教育新模式建构》，《中国广告》，2012年第2期。
[32] 徐文松、杨涛：《论现代高等新闻传播教育的理念建构》，《江西教育学院学报》，2012年第2期。

[33] 张顺军、阳秀梅：《论以全媒体记者为培养目标的新闻教育实践体系建构》，《当代教育理论与实践》，2012 年第 4 期。
[34] 何江：《具有民族特色的广播电视艺术教育探索——以广西广播电视艺术人才培养为视角》，《学术论坛》，2012 年第 2 期。
[35] 郝翊菡：《如何培养适应未来发展的新型传媒人才》，《中国传媒科技》，2012 年第 6 期。
[36] 孙肇伦：《当代广告教育的误区及对策》，《新闻知识》，2012 年第 4 期。
[37] 邢丽梅：《媒体融合时代地方高校新闻专业实践教学改革研究》，《新闻知识》，2012 年第 4 期。
[38] 丁立梅、周秦玉、徐思、王娟：《民办高校新闻传播类应用型人才培养模式探索》，《新闻知识》，2012 年第 4 期。
[39] 骆正林：《新闻传播教育发展的思考》，《现代视听》，2012 年第 2 期。
[40] 张霆：《媒介融合发展与我国高校新闻传播教育的走向》，《今传媒》，2012 年第 4 期。
[41] 杨伟、张启亮：《新转型时期的广告设计教育探析》，《大众文艺》，2012 年第 8 期。
[42] 易奇志：《开展跨界合作　培养高质量广告学专业人才》，《广西师范学院学报（哲学社会科学版）》，2012 年第 2 期。
[43] 包扬：《略论少数民族新闻人才的培养》，《中国民族》，2012 年第 5 期。
[44] 徐玉红、陈迎：《市场视角下应用型广告人才培养实践探索》，《现代营销（学苑版）》，2012 年第 4 期。
[45] 施州：《我国广告教育的五大弊病》，《新闻传播》，2012 年第 3 期。
[46] 贺明华、林忠：《中美国际传播人才培养课程比较》，《东南传播》，2012 年第 5 期。
[47] 陈洪友：《论媒介融合背景下基层新闻传播人才的培养》，《文学教育（下）》，2012 年第 5 期。
[48] 向淑君：《自媒体时代新闻教育的路径探析》，《中国校外教育》，2012 年第 15 期。
[49] 吴廷俊、王大丽：《从内容调整到制度创新：中国新闻教育改革出路》，《西南民族大学学报（人文社会科学版）》，2012 年第 7 期。
[50] 申帅芝：《广西高校广告教育现状及出路》，《广西教育学院学报》，2012 年第 3 期。

[51] 王冬杰：《浅议当代新闻传媒人才的培养》，《中国报业》，2012 年第 12 期。
[52] 潘祥辉、王武林：《依仁游艺：全媒体时代的新闻教育实践——新闻传播类专业实践教学五人谈》，《浙江传媒学院学报》，2012 年第 4 期。
[53] 田瑛、李忠春：《论培养“一专多能的复合型”新闻人才》，《新闻爱好者》，2012 年第 12 期。
[54] 汪开庆、张雯：《广告教育中的危机和可能性》，《创意与设计》，2012 年第 3 期。
[55] 印兴娣：《地方高校新闻专业应用型人才培养刍议》，《黑龙江高教研究》，2012 年第 8 期。
[56] 王玮：《开放教育广告专科教育现状与对策》，《福建广播电视大学学报》，2012 年第 3 期。
[57] 马海霞：《泛媒体时代的新闻学教育改革探究》，《长春理工大学学报》，2012 年第 7 期。
[58] 高山冰：《媒介融合背景下高校新闻传播教育研究》，《广播电视大学学报（哲学社会科学版）》，2012 年第 2 期。
[59] 杨清波：《模式建构：新闻传播教育改革的突破口——以公共关系学 PPCA 实践教学模式探究为例》，《新闻研究导刊》，2012 年第 6 期。
[60] 殷倩：《从“报纸学”到“传媒学”——以莱比锡大学为例看德国新闻学教育》，《新闻知识》，2012 年第 7 期。
[61] 史安斌：《论我国对外传播事业的“短板”与国际新闻传播人才培养模式的创新》，《新闻界》，2012 年第 14 期。
[62] 薛双芬：《地方高校新闻传播专业人才培养模式探析》，《湖南大众传媒职业技术学院学报》，2012 年第 4 期。
[63] 王灿发、郭英：《当代中国新闻教育困境之思考》，《新闻爱好者》，2012 年第 11 期。
[64] 牛炳文、王春玲：《探析当前新闻学教育专业的矛盾》，《新闻爱好者》，2012 年第 12 期。
[65] 肖海闽、龙强：《大学传媒教育的困境和策略——以湖南师范大学为例》，《新闻研究导刊》，2012 年第 6 期。
[66] 杨鹏：《敢问路在何方——探索传播学本科专业教育的发展模式》，《新闻研究导刊》，2012 年第 6 期。
[67] 张昆：《中国新闻传播教育的两大困境》，《新闻界》，2012 年第 12 期。
[68] 周根红：《美国财经新闻教育模式与特点》，《青年记者》，2012 年第 18 期。

[69] 王晓乐：《民国时期经济新闻教育的理念与实践》，《中国出版》，2012 年第 12 期。
[70] 邓绍根：《中美新闻教育交流的历史友谊——密苏里新闻学院支持燕大新闻学系建设的过程和措施探析》，《国际新闻界》，2012 年第 6 期。
[71] 宋昭勋、张美凤：《美国财经新闻发展及教育培训模式》，《国际新闻界》，2012 年第 6 期。
[72] 蔡斐：《法制新闻人才培养的检讨与修正》，《青年记者》，2012 年第 17 期。
[73] 刘俊：《文化 · 传媒 · 青年：台湾传媒教育开路人郑贞铭的教育观》，《现代传播（中国传媒大学学报）》，2012 年第 6 期。
[74] 贾敏：《走出象牙塔：精英理念与新闻教育的互动和实践——以哈佛尼曼新闻教育项目为中心的考察（1937—1948）》，《新闻大学》，2012 年第 3 期。
[75] 潘祥辉、孙志刚：《务实创新：媒介融合时代的美国新闻教育及其启示——访美国密苏里大学新闻学院高级社会研究中心主任孙志刚博士（下）》，《浙江传媒学院学报》，2012 年第 3 期。
[76] 贠娜：《高职新闻教育存在的问题与对策研究》，《知识经济》，2012 年第 11 期。
[77] 雷小毅：《携理念与时俱进　倾思想铸就华章——记华中科技大学新闻与信息传播学院院长张昆》，《今传媒》，2012 年第 6 期。
[78] 武欣博：《谈广播新闻的创新与发展途径》，《今传媒》，2012 年第 6 期。
[79] 李习文：《全媒体时代国际新闻传播教育创新论坛在清华大学举行》，《国际新闻界》，2012 年第 5 期。
[80] 史安斌：《全球 · 全民 · 全媒：国际新闻传播教育与研究的路径与前景——以新闻传播大变局中清华大学国际新闻传播教育与研究为例》，《新闻界》，2012 年第 10 期。
[81] 史红梅：《浅析科学发展观语境下的新闻人才培养》，《湖南大众传媒职业技术学院学报》，2012 年第 3 期。
[82] 李锦云：《学术交流与信息共享——高校新闻传播专业联合办学的形式与特点研究》，《新闻知识》，2012 年第 5 期。
[83] 杨莹：《陕西省理工科院校新闻教育特色化的进路》，《今传媒》，2012 年第 4 期。
[84] 陈力丹：《新闻传播学面临传播科技的急速变化》，《新闻记者》，2012 年第 4 期。
[85] 黄伟：《“大新闻理念”在进行新闻教育时的建立》，《南昌教育学院学报》，2012 年第 3 期。
[86] 牛炳文、王春玲：《论媒体融合背景下新闻教育过程中对话机制的建构》，《编辑

之友》，2012 年第 3 期。
[87] 王喜严：《浅析信息传播新趋势及新闻传播类人才培养出路》，《新闻知识》，2012 年第 3 期。
[88] 范以锦、世笑瑾：《传媒新生代，如何叩开职场大门？新老传媒人关于新闻学生就业的“微对话”》，《新闻实践》，2012 年第 3 期。
[89] 刘贺、马文波：《解析高校传媒专业的传媒伦理教育》，《新闻界》，2012 年第 4 期。
[90] 王媛：《两岸新闻传播学人才培养模式对比研究——以播音员主持人为例》，《教育教学论坛》，2012 年第 5 期。
[91] 辛欣：《美国新闻教育思想的源流与发展》，《现代传播（中国传媒大学学报）》，2012 年第 2 期。
[92] 贺明华：《国内三种新闻教育模式比较》，《皖西学院学报》，2012 年第 1 期。
[93] 詹秀华：《论独立学院新闻教育存在的问题及对策》，《今传媒》，2012 年第 2 期。
[94] 孙韵：《教学质量管理监控体系在新闻学中的构建》，《今传媒》，2012 年第 2 期。
[95] 李习文、周庆安：《底蕴涵养与路径整合——国际新闻传播硕士培养三种模式评析》，《中国记者》，2012 年第 2 期。
[96] 何静：《应用型高校新闻专业教师素养的培养策略》，《青年记者》，2012 年第 2 期。
[97] 王鲁美：《媒介融合背景下应用型传媒人才培养探讨》，《前沿》，2012 年第 2 期。
[98] 黄东英、吕波：《合力制约下的台湾新闻传播教育研究》，《新闻界》，2012 年第 2 期。
[99] 杨斌成：《融合新闻环境对传媒人才培养的影响》，《传媒观察》，2012 年第 1 期。
[100] 章戈浩、张磊：《英国媒介教育的学术地形图》，《青年记者》，2012 年第 1 期。
[101] 吴佳：《高职广告教育反思》，《艺术教育》，2012 年第 1 期。

5. 2011 年

[1] 杨琴、严健峰：《中国传播学教育的背离与回归——从中美传播专业本科课程设置谈起》，《东南传播》，2011 年第 12 期。
[2] 佟利平：《广告学人才培养模式探讨》，《产业与科技论坛》，2011 年第 24 期。
[3] 宝辉、张雅明、王秋菊：《从新闻学子调查看当前新闻教育的改革与发展——以河北大学新闻学专业两届本科毕业生为例》，《河北大学成人教育学院学报》，2011 年第 4 期。

[4] 徐宁：《全媒体新闻时代新闻教育软实力的培养》，《新闻窗》，2011 年第 6 期。
[5] 杨施敏：《电视新闻类专业教育困境与思考》，《大众文艺》，2011 年第 24 期。
[6] 康初莹：《基于本土市场需求的地方高校广告教育模式研究》，《教育与职业》，2011 年第 36 期。
[7] 樊水科：《新闻人才培养模式的内涵与要素分析》，《新闻爱好者》，2011 年第 24 期。
[8] 梁长荣：《师徒制对新闻教育的重要性》，《新闻爱好者》，2011 年第 22 期。
[9] 顾黎：《着眼军事新闻传播力提升　深化军事新闻教育改革》，《军事记者》，2011 年第 12 期。
[10] 于德山：《媒介融合背景下美国新闻传播教育面对的挑战与对策》，《现代传播（中国传媒大学学报）》，2011 年第 12 期。
[11] 周晓艳、周红雁：《关于西藏地区藏汉双语新闻人才培养的若干思考》，《西藏大学学报（社会科学版）》，2011 年第 4 期。
[12] 王忠国、贺琛琛：《探索高校本科新闻专业校企联合办学模式》，《昌吉学院学报》，2011 年第 6 期。
[13] 张建中：《让新闻重归社区：大众自我传播时代的新闻教育》，《新闻界》，2011 年第 9 期。
[14] 罗朋：《顺应融合趋势　走法新结合的人才培养之路——法制新闻教育价值定向与目标定位探析》，《新闻界》，2011 年第 9 期。
[15] 高婷、李俊：《媒介融合时代高职新闻专业人才培养模式改革探析》，《佳木斯教育学院学报》，2011 年第 8 期。
[16] 徐文松：《谈新闻传播教育中的技术教育》，《职教论坛》，2011 年第 35 期。
[17] 刘勇：《从"经验总汇"到"知识地图"——试论 1978 年以来新闻写作教材的嬗变》，《中国地质大学学报（社会科学版）》，2011 年第 6 期。
[18] 杨博：《对外新闻教育中的外语教学模式》，《对外传播》，2011 年第 12 期。
[19] 胡新桥：《地方院校广告教育与业界的互动思考》，《孝感学院学报》，2011 年第 6 期。
[20] 李峻岭：《播音与主持艺术专业人才培养模式探析》，《广东外语外贸大学学报》，2011 年第 6 期。
[21] 周玉俊、陈娟：《现代传媒视野下的人才培养探析》，《中国报业》，2011 年第 22 期。
[22] 张莹、付瑞雪：《浅析传媒变革时期的人才培养》，《中国报业》，2011 年第

22 期。
[23] 张巍：《培养复合型人才 应对新媒体挑战》，《中国报业》，2011 年第 22 期。
[24] 王君超：《融合新闻传播教育的理念、实施与对策——香港公立大学新闻传播教育的经验》，《国际新闻界》，2011 年第 11 期。
[25] 邓绍根：《民国新闻教育先行者柏德逊和〈中国新闻业〉探析》，《国际新闻界》，2011 年第 11 期。
[26] 张合斌：《广告学专业本科生新媒介素养教育环境构建及实践研究》，《教育与职业》，2011 年第 33 期。
[27] 王渊明：《积极探索卓越传媒人才培养的新模式》，《中国广播电视学刊》，2011 年第 11 期。
[28] 李永凤：《小议电视新闻专业理想教育的途径》，《内蒙古师范大学学报（教育科学版）》，2011 年第 11 期。
[29] 邹军：《新媒体时代新闻教育变革的逻辑与路径》，《当代传播》，2011 年第 6 期。
[30] 万萍：《媒介融合语境下的新闻人才培养模式探究》，《新闻知识》，2011 年第 11 期。
[31] 田力、赵岚：《建构环境记者培养的新机制——高等院校环境记者双学位培养模式探索》，《新闻界》，2011 年第 8 期。
[32] 牛犇、骆正林：《美国传媒产业转型与新闻传播教育的改革》，《现代视听》，2011 年第 11 期。
[33] 吴文瀚：《多元化背景下的现代广告教育研究》，《教育与职业》，2011 年第 32 期。
[34] 黄晓琴：《试论全球化语境下的国际传播人才培养》，《新闻世界》，2011 年第 11 期。
[35] 马晓晴：《论高校外语复合应用型人才培养模式的构建》，《甘肃联合大学学报（社会科学版）》，2011 年第 6 期。
[36] 张昆：《浅谈如何培养优秀的传媒人才》，《新闻爱好者》，2011 年第 21 期。
[37] 柳溪、刘琛：《媒介融合时代下的高校新闻人才培养》，《当代教育论坛（综合研究）》，2011 年第 11 期。
[38] 黄瑚：《丁淦林教授与新闻教育》，《新闻记者》，2011 年第 11 期。
[39] 樊水科：《理工院校新闻人才培养的目标定位》，《今传媒》，2011 年第 11 期。
[40] 罗永雄：《浅议地方普通高校新闻专业的发展路径》，《今传媒》，2011 年第 11 期。

[41] 于斌:《知行合一:高校新闻教育之意蕴》,《学术交流》,2011 年第 11 期。
[42] 张梅珍:《谈理工科院校培养复合型新闻传播人才的路径》,《中国高等教育》,2011 年第 21 期。
[43] 孟子为:《媒介融合背景下新闻学专业课程设置与教育变革》,《电化教育研究》,2011 年第 11 期。
[44] 黎妙娟、范以锦:《新闻专业毕业生:除了媒体还可去哪儿?——媒体低就业率背景下的新闻教育出路》,《中国记者》,2011 年第 11 期。
[45] 赵晓红、刘术人:《加强人文素质教育　培养“可持续发展”广告人才——谈高职广告教育的人文素质问题》,《长春教育学院学报》,2011 年第 10 期。
[46] 奚路阳、王哲平:《媒介融合趋势下新闻教育的改革》,《新闻爱好者》,2011 年第 20 期。
[47] 王翎、罗朋:《媒介融合背景下陕西新闻传播教育存在的问题及进行改革的可操作性建议——以西北政法大学新闻传播学院本科生教学层次为例》,《佳木斯教育学院学报》,2011 年第 5 期。
[48] 张江南:《全媒体语境下体育新闻教育建设的思索》,《武汉体育学院学报》,2011 年第 10 期。
[49] 李军林:《产学研并重的广告人才培养新路径》,《传媒观察》,2011 年第 10 期。
[50] 赵琼:《数字时代广告学高等教育的变革与创新》,《新闻世界》,2011 年第 10 期。
[51] 辛济:《新闻教育与新闻实践的矛盾——新浪微博上的一场讨论》,《新闻记者》,2011 年第 10 期。
[52] 胡正荣、李巧针:《应对产业发展新形势　培养新型传媒人才》,《中国高等教育》,2011 年第 19 期。
[53] 刘琼秀、邹迎九:《试论广西高校新闻传播创新人才的培养》,《东南传播》,2011 年第 9 期。
[54] 殷俊、何芳:《试论广播电视类型人才培养模式改革——以重庆工商大学长江传媒学院实践为例》,《新闻研究导刊》,2011 年第 9 期。
[55] 陈岩:《新中国建立前中国共产党新闻教育的双重形态》,《新闻研究导刊》,2011 年第 9 期。
[56] 张嘉静:《传媒业人才资源与培养模式》,《新闻爱好者》,2011 年第 18 期。
[57] 路金辉:《中国新闻教育理念的流变》,《北京电子科技学院学报》,2011 年第 3 期。

[58] 伍顺比、董小玉：《多元与特色：新闻传播学实践人才培养的审思——基于传媒类国家级实验教学示范中心的分析》，《现代传播（中国传媒大学学报）》，2011 年第 9 期。
[59] 王葆慧：《全面整合式教育模式——全媒体时代广告教育的必然选择》，《咸宁学院学报》，2011 年第 9 期。
[60] 常民强：《从科学发展观看我国新闻传播学教育存在的问题及对策》，《新闻知识》，2011 年第 9 期。
[61] 郑苏文：《高校新闻专业通识教育的问题与对策分析》，《绵阳师范学院学报》，2011 年第 9 期。
[62] 唐励：《媒介融合时代高校成教类新闻人才培养的思考》，《重庆文理学院学报（社会科学版）》，2011 年第 5 期。
[63] 陈娜：《数字传播环境下我国广告教育的理念创新》，《新闻世界》，2011 年第 9 期。
[64] 车英、闵端、曾芳：《全球化语境下我国新闻改革的新十大趋势》，《武汉大学学报（人文科学版）》，2011 年第 5 期。
[65] 张昆：《新闻传播教育的理想与困惑》，《新闻与写作》，2011 年第 9 期。
[66] 洪丽：《美英新闻传播教育与我国国际传播人才的培养》，《中国成人教育》，2011 年第 16 期。
[67] 夏颖：《媒介整合与中国新闻教育改革认知误区》，《南方电视学刊》，2011 年第 4 期。
[68] 周华清：《美日广告教育模式比较研究》，《中国出版》，2011 年第 16 期。
[69] 朱清河：《市场化趋势下高校新闻教育改革价值取向的反思》，《国际新闻界》，2011 年第 8 期。
[70] 陈俊妮、陈俊峰：《职业行为体系与教育体系：关于新闻教育的十个核心问题》，《国际新闻界》，2011 年第 8 期。
[71] 贺明华：《论美国新闻教育模式的形成及价值》，《国际新闻界》，2011 年第 8 期。
[72] 唐励：《欠发达地区高校新闻人才的培养》，《新闻爱好者》，2011 年第 16 期。
[73] 许椿：《锻造后备军 中国广告高等专业教育与人才发展方向》，《广告人》，2011 年第 8 期。
[74] 许椿：《中国大学广告专业教育与人才培养导向》，《广告人》，2011 年第 8 期。
[75] 黄升民：《关于广告学专业三个关键问题的思考》，《广告人》，2011 年第 8 期。
[76] 郑杰、叶松：《广告摄影教育特点与系统教育模式建构》，《新闻传播》，2011 年

第 8 期。
[77] 丁俊杰、杨旭东：《基于学术分途的新闻教育哲学探索》，《现代传播（中国传媒大学学报）》，2011 年第 8 期。
[78] 樊水科：《理工院校新闻人才培养模式的构建》，《新闻知识》，2011 年第 8 期。
[79] 张立勤：《实现从学科培养模式到社会需要模式的转型——高校财经新闻人才培养模式的探索与反思》，《新闻界》，2011 年第 5 期。
[80] 言靖：《论媒介融合时代全媒体新闻人才的培养》，《新闻界》，2011 年第 5 期。
[81] 郑晓华、杜娟：《安徽地方本科高校新闻教育现状及困境》，《滁州学院学报》，2011 年第 4 期。
[82] 樊东宁：《地方院校广告教育改革的师资培养》，《产业与科技论坛》，2011 年第 15 期。
[83] 董世斌：《河南广告专业人才培养模式探析》，《教育与职业》，2011 年第 23 期。
[84] 孙肇伦：《广告专业"项目实战应用型人才培养模式"探索与实践》，《教育与职业》，2011 年第 23 期。
[85] 陈培爱：《数字化时代中国广告教育改革的思考》，《广告大观（理论版）》，2011 年第 4 期。
[86] 李文冰：《全媒体视角下传媒教育的问题与转型》，《浙江传媒学院学报》，2011 年第 4 期。
[87] 刘品然：《我国国际传播人才培养能力的提升分析》，《黑龙江高教研究》，2011 年第 8 期。
[88] 方八容：《试析我国教育传播学发展面临的挑战与对策》，《东南传播》，2011 年第 7 期。
[89] 刘丽娟、白生良：《民国早期新闻学教育形成探析》，《东南传播》，2011 年第 7 期。
[90] 于丰泽：《从专业新闻到新闻专业——浅析新媒体时代国内新闻专业教育》，《青年记者》，2011 年第 21 期。
[91] 刘艳凤、袁新洁：《成舍我兴办新闻教育事业的动因及其教育理念》，《求索》，2011 年第 7 期。
[92] 彭爱萍：《广播电视新闻专业教育理念的更新》，《新闻爱好者》，2011 年第 14 期。
[93] 梁长荣、陈李龙：《注重新闻专业的实践教育》，《新闻爱好者》，2011 年第 14 期。

[94] 金石、宋慧莹：《关于民族新闻理论教育的几点思考——以西藏新闻理论教育为例》，《西藏教育》，2011 年第 7 期。
[95] 李芒、徐会：《媒介融合情境下新闻专业的媒介素养教育》，《青年记者》，2011 年第 20 期。
[96] 郑晓华：《媒介融合时代地方高校新闻教育的路向》，《重庆邮电大学学报（社会科学版）》，2011 年第 4 期。
[97] 朱清河：《论永恒主义教育观及其对新闻传播教育改革的启示》，《现代传播（中国传媒大学学报）》，2011 年第 7 期。
[98] 郑保卫：《中国特色新闻教育的经验及思考》，《现代传播（中国传媒大学学报）》，2011 年第 7 期。
[99] 时统宇：《传媒批评与传媒教育》，《现代传播（中国传媒大学学报）》，2011 年第 7 期。
[100] 雷跃捷：《我国新闻传播教育的目标和方法》，《现代传播（中国传媒大学学报）》，2011 年第 7 期。
[101] 邓文卿：《旗帜与方向：中国特色传媒教育的经验与思考研讨会综述》，《现代传播（中国传媒大学学报）》，2011 年第 7 期。
[102] 段勃：《中美两国新闻学教育比较研究》，《当代传播》，2011 年第 4 期。
[103] 谢婉若：《传媒教育新路径：专题讲座》，《绵阳师范学院学报》，2011 年第 7 期。
[104] 莫凡：《全媒体时代新闻传播教育的人才需求与教育变革》，《理论导刊》，2011 年第 7 期。
[105] 张宴铭：《全媒体时代的新闻人才培养问题》，《新闻爱好者》，2011 年第 13 期。
[106] 张昆：《中国传媒教育发展的师资瓶颈》，《新闻记者》，2011 年第 7 期。
[107] 张宏树：《媒介融合与新闻传播教育的知识体系重构》，《求索》，2011 年第 6 期。
[108] 周长根：《论数字媒体时代高职新闻人才的培养模式》，《中国报业》，2011 年第 12 期。
[109] 杨天瑜：《高职新闻教育实践教学存在的问题及对策》，《现代交际》，2011 年第 6 期。
[110] 谭舒：《强化高校的新闻专业理念教育》，《新闻爱好者》，2011 年第 12 期。
[111] 潘雁飞：《新闻教育的传媒化教育转向趋势》，《新闻爱好者》，2011 年第 12 期。
[112] 胡鸿影：《从理论和实践看高等广告教育的内涵建设》，《长春理工大学学报》，

2011 年第 6 期。
[113] 丁柏铨:《论新闻学的学科影响力》,《现代传播(中国传媒大学学报)》,2011 年第 6 期。
[114] 王大中、王鸣捷、张雯:《探索我国体育新闻传播教育发展的新路径》,《现代传播(中国传媒大学学报)》,2011 年第 6 期。
[115] 朱小阳、章丽、杨晨美:《媒介融合背景下地方高校新闻传播类人才培养与社会服务能力探究》,《新闻界》,2011 年第 3 期。
[116] 王彦锐:《关于高校新闻传播专业人才培养的再思考》,《新闻知识》,2011 年第 6 期。
[117] 邹迎九:《广西高校新闻传播教育特色建设方略》,《新闻知识》,2011 年第 6 期。
[118] 雷红英、黄兵:《地方高校专业复合型新闻人才培养方案研究》,《新闻知识》,2011 年第 6 期。
[119] 姜卫玲:《媒介融合背景下的新闻教育改革研究》,《新闻界》,2011 年第 4 期。
[120] 李爱哲:《复合型广告人才培养的探讨》,《教育与职业》,2011 年第 17 期。
[121] 李谢莉:《中国少数民族新闻教育 70 年回顾与展望》,《西南民族大学学报(人文社会科学版)》,2011 年第 6 期。
[122] 汤晓芳:《媒介融合环境下广告教育革新的空间维度》,《传媒观察》,2011 年第 6 期。
[123] 徐艳琴:《我国广告教育状况调查报告》,《青年记者》,2011 年第 15 期。
[124] 王飞:《当前我国新闻学本科教育困境与突围之路》,《东南传播》,2011 年第 5 期。
[125] 翟光勇:《基于文献计量法的我国新闻教育研究现状分析》,《东南传播》,2011 年第 5 期。
[126] 丁伟、邱平、邓伟:《南疆少数民族地区高校新闻教育发展探论》,《东南传播》,2011 年第 5 期。
[127] 王莹:《我国新闻教育的问题与对策研究》,《电影评介》,2011 年第 10 期。
[128] 雷桥:《平面广告教育现状的得失》,《美术教育研究》,2011 年第 5 期。
[129] 王健:《融媒时代对新闻人才的要求》,《编辑之友》,2011 年第 5 期。
[130] 王飞:《从大众传媒美育功能看传媒人才培养改革》,《新闻知识》,2011 年第 5 期。
[131] 田中阳:《使命和责任——对新闻传播学科通识教育的认识和实践》,《湖南大众

传媒职业技术学院学报》，2011 年第 3 期。
[132] 曾振华、李铁锤：《全媒体时代广告教育的师资培养》，《当代传播》，2011 年第 3 期。
[133] 方雪琴：《内容生产的变革与新闻教育的转型》，《当代传播》，2011 年第 3 期。
[134] 胡沈明：《记者社会地位变异与新闻教育变革》，《传媒观察》，2011 年第 5 期。
[135] 凯赛拉·穆塔力甫：《对新疆新闻教育发展的回顾与展望》，《新闻世界》，2011 年第 5 期。
[136] 常江：《从梅迪尔新闻学院改名看美国传统新闻教育的变化》，《中国记者》，2011 年第 5 期。
[137] 白嗣新：《高校新闻教育中对出镜人才的培养》，《新闻窗》，2011 年第 2 期。
[138] 王金红：《媒介融合视野下的新闻教育改革》，《新闻窗》，2011 年第 2 期。
[139] 申利娜：《新媒体人才培养应注意的问题》，《青年记者》，2011 年第 11 期。
[140] 张晓静：《新闻与大众传播教育的现状和发展趋势——以对美国新闻与大众传播院系教师的抽样调查为例》，《武汉纺织大学学报》，2011 年第 2 期。
[141] 高慧燃：《以人为本、德育为先：新闻传播人才培养的根本》，《现代传播（中国传媒大学学报）》，2011 年第 4 期。
[142] 彭爱萍：《中国内地广播电视新闻学专业教育现状调查报告》，《现代传播（中国传媒大学学报）》，2011 年第 4 期。
[143] 鲁景超：《关于播音主持人才培养模式的思考——写给“纪念人民广播播音七十年”》，《现代传播（中国传媒大学学报）》，2011 年第 4 期。
[144] 王飞：《从知情意角度探讨新闻教育改革之方向》，《新闻知识》，2011 年第 4 期。
[145] 胡建斌：《找准高校广告教育的学科定位及发展思路》，《传媒观察》，2011 年第 4 期。
[146] 李希光：《中国新闻教育出路在何方?》，《新闻与写作》，2011 年第 4 期。
[147] 高山：《关于兵团高校新闻传播人才培养的思考》，《兵团党校学报》，2011 年第 2 期。
[148] 王军，范东升：《应用型新闻人才培养模式的创新与实践》，《新闻爱好者》，2011 年第 6 期。
[149] 陈秀云：《知行合一创新新闻教育》，《记者摇篮》，2011 年第 3 期。
[150] 孙玉双、刘兆一：《高校新闻院系改革新闻教育的途径》，《记者摇篮》，2011 年第 3 期。
[151] 邓建国：《培养三种核心能力：国际新闻传播硕士课程设计的新思路》，《新闻大学》，2011 年第 1 期。

[152] 倪宁：《面对媒介融合的新闻教育创新》，《中国记者》，2011 年第 3 期。
[153] 石本秀、张超、宋玲：《“全能记者”培养模式的探索与反思》，《中国记者》，2011 年第 3 期。
[154] 刘宏：《我们的新闻教育出了什么问题》，《青年记者》，2011 年第 6 期。
[155] 黄东英：《略论台湾早期的新闻教育》，《新闻爱好者》，2011 年第 4 期。
[156] 王憨：《新媒体环境下的新闻人才培养》，《青年记者》，2011 年第 5 期。
[157] 吴锋、张先龙：《扩张还是紧缩：对中国新闻传播学博士教育规模的审思——基于 2010 年新闻传播学博士招生信息的统计研究》，《现代传播（中国传媒大学学报）》，2011 年第 2 期。
[158] 陈蕾、卢静：《高能素质是播音主持人才培养的内驱力》，《现代传播（中国传媒大学学报）》，2011 年第 2 期。
[159] 邹火明、胡芬：《全媒体背景下市县级传媒与新闻教育的发展——“市县级媒体人才需求与高校传媒人才培养研讨会”透视》，《长江大学学报（社会科学版）》，2011 年第 2 期。
[160] 陈文敏：《媒介融合前景下地方高校新闻学实践教育审思》，《学理论》，2011 年第 4 期。
[161] 刘劲松：《试析媒介融合趋势下的新闻人才培养》，《黑龙江高教研究》，2011 年第 2 期。
[162] 王文娟：《对当前传媒教育与人才培养的思考——访浙江传媒学院管理学院院长陈兵教授》，《今传媒》，2011 年第 2 期。
[163] 耿文静、李淼：《新闻教育要建立“大新闻观念”——访〈渤海大学学报〉主编林喦教授》，《今传媒》，2011 年第 2 期。
[164] 林如鹏、侯东阳：《全媒体时代新闻教育的转型方向》，《中国记者》，2011 年第 2 期。
[165] 曾晓渊：《新闻教育必须与新闻学科错位》，《枣庄学院学报》，2011 年第 1 期。
[166] 郭晶：《河南省新闻传播学高等教育现状研究》，《新乡学院学报（社会科学版）》，2011 年第 1 期。
[167] 刘婷：《国外新闻传播学教育在中国的研究现状、特点及启示》，《东南传播》，2011 年第 1 期。
[168] 易文：《革新时期的越南新闻教育：改革与探索》，《东南亚纵横》，2011 年第 1 期。
[169] 杨成杰、严功军：《媒介融合背景下中国新闻传播教育的对策思考——2010 年全

国新闻传播学教育年会会议综述》,《新闻研究导刊》，2011 年第 1 期。
[170] 陈世华:《美国传播学院系设置初探》,《新闻研究导刊》，2011 年第 1 期。
[171] 朱清河:《高校新闻教育的“道器”之辩》,《当代传播》，2011 年第 1 期。
[172] 谭平剑:《试论我国新闻伦理教育目标与教学内容的重构》,《传媒观察》，2011 年第 1 期。
[173] 李彬:《难忘范敬宜对新闻教育事业的贡献》,《中国记者》，2011 年第 1 期。

6. 2010 年

[1] 周华清:《美国广告教育对我国广告人才培养启示》，《东南传播》，2010 年第 12 期。
[2] 汪露:《论普利策的新闻教育理念》,《国际新闻界》，2010 年第 12 期。
[3] 徐泓:《新闻教育要加强职业价值观培养》,《国际新闻界》，2010 年第 12 期。
[4] 尹鸿:《全球对比下的中国新闻传播教育的国际性》，《国际新闻界》，2010 年第 12 期。
[5] 康秀平:《要重视新闻采写编能力的培养》,《新闻爱好者》，2010 年第 24 期。
[6] 马琳娜:《浅谈广告职业教育》,《佳木斯教育学院学报》，2010 年第 6 期。
[7] 王嘉瑶、陈培爱:《中国广告学教育的开拓者——访厦门大学新闻传播学院教授、博士生导师》,《中国广告》，2010 年第 12 期。
[8] 王晓乐:《全国财经新闻专业本科教育调查报告》，《现代传播（中国传媒大学学报）》，2010 年第 12 期。
[9] 尚京华:《适应媒介融合趋势，培养高素质国际传播人才》,《现代传播（中国传媒大学学报）》，2010 年第 12 期。
[10] 肖燕怜:《新时期新闻教育理念初探》,《新疆财经大学学报》，2010 年第 4 期。
[11] 焦若薇:《社会文化发展与新闻创新人才培养》，《新疆财经大学学报》，2010 年第 4 期。
[12] 张举玺:《俄罗斯当代传媒与新闻教育发展》，《新闻与传播研究》，2010 年第 6 期。
[13] 卿志军:《媒介融合形势下　我们需要培养什么样的新闻人才》，《新闻知识》，2010 年第 12 期。
[14] 肖珊:《高校新闻专业教育的实践意蕴》,《新闻知识》，2010 年第 12 期。
[15] 裴常山:《高校广告教育教学存在问题及对策》，《安阳师范学院学报》，2010 年第 6 期。

[16] 李芳、刘红霞、高萍：《全媒体时代体育院校新闻专业人才培养模式创新研究》，《沈阳体育学院学报》，2010 年第 6 期。
[17] 张芬芳：《广告教育本土化之探讨》，《福建论坛（社科教育版）》，2010 年第 S1 期。
[18] 孙琳：《网络时代传播人才培养模式观察与思考》，《今传媒》，2010 年第 12 期。
[19] 郑亚楠：《新媒体环境下新闻教育与实践的对接》，《中国记者》，2010 年第 12 期。
[20] 李希光：《汪道涵把新闻教育推向对外传播大舞台》，《对外传播》，2010 年第 12 期。
[21] 王文利：《我国广播电视教育的四个历史时期》，《东南传播》，2010 年第 11 期。
[22] 蔡之国：《在开放中进行新闻教育》，《海南师范大学学报（社会科学版）》，2010 年第 6 期。
[23] 吴闻莺：《论媒介融合背景下的新闻传播教育》，《教育与教学研究》，2010 年第 11 期。
[24] 许楚：《建国前中国新闻教育课程设置发展研究》,《新闻世界》，2010 年第 11 期。
[25] 薛双芬：《论高校新闻传播教育中传统文化缺失的原因与对策》，《学理论》，2010 年第 32 期。
[26] 孙宜君、刘进：《媒体融合环境下广播电视新闻专业人才培养的思考》，《现代传播（中国传媒大学学报）》，2010 年第 11 期。
[27] 刁生虎、郑世明：《传媒通识教育的发展历程及存在理据》，《现代传播（中国传媒大学学报）》，2010 年第 11 期。
[28] 邓涛：《中外媒介融合教育的现状与思考》，《现代视听》，2010 年第 11 期。
[29] 史雅娟：《论新闻传播学专业学生的媒介素养教育途径》，《新闻知识》，2010 年第 11 期。
[30] 黄楚新：《媒介融合背景下的新闻传播教育创新》，《当代传播》，2010 年第 6 期。
[31] 周立华：《经济新闻人才培养模式研究》，《当代传播》，2010 年第 6 期。
[32] 田中阳：《对新闻传播专业通识教育的思考和探索——兼对梅贻琦先生〈大学一解〉的解读》，《湖南师范大学教育科学学报》，2010 年第 6 期。
[33] 邱沛篁：《论我国高校新闻传播学科师资队伍建设》，《西南民族大学学报（人文社科版）》，2010 年第 11 期。
[34] 张昆：《略论传媒教育的十大关系》，《西南民族大学学报（人文社科版）》，2010 年第 11 期。

[35] 田中阳：《对新闻传播专业德性教育的思考》，《西南民族大学学报（人文社科版）》，2010 年第 11 期。
[36] 王明华：《“四个有机统一” 促高校新闻教育改革》，《边疆经济与文化》，2010 年第 11 期。
[37] 潘雁飞：《着眼传媒业发展，培养应用型人才》，《湖南科技学院学报》，2010 年第 11 期。
[38] 高钢：《遵循科学发展观的精神　推进中国新闻教育改革》，《国际新闻界》，2010 年第 10 期。
[39] 蔡雯：《以新闻教育改革推进新型新闻传播人才培养》，《国际新闻界》，2010 年第 10 期。
[40] 张举玺：《高校新闻教学要突出德育为先——对加强和改进新闻传播学大学生思想政治教育的思考》，《中州大学学报》，2010 年第 5 期。
[41] 张晓静：《媒介融合趋势下的新闻传播教育》，《新闻爱好者》，2010 年第 20 期。
[42] 郭海鹰：《网络编辑人才媒介素养培育初探》，《教育学术月刊》，2010 年第 10 期。
[43] 赵惠霞：《广播电视新闻教育中的创新思维研究》，《宝鸡文理学院学报（社会科学版）》，2010 年第 5 期。
[44] 戎青、郑丽勇：《广告教育的焦虑：2010 广告前沿问题国际学术研讨会综述》，《现代传播（中国传媒大学学报）》，2010 年第 10 期。
[45] 刘洁：《专业硕士：新闻传播学研究生教育大变局》，《新闻前哨》，2010 年第 10 期。
[46] 童兵：《为高层次新闻人才培养拓宽路径——对新闻与传播硕士专业学位教育的期待》，《新闻前哨》，2010 年第 10 期。
[47] 郑保卫：《实施新闻传播硕士专业学位教育的构想与思考》，《新闻前哨》，2010 年第 10 期。
[48] 徐泓：《新闻传播教育未来的大趋势》，《新闻前哨》，2010 年第 10 期。
[49] 张昆：《从单一模式向双轨体制过渡——中国传媒研究生教育的重大转型》，《新闻前哨》，2010 年第 10 期。
[50] 黄东英：《数字化媒体时代的新闻学科建设》，《新闻界》，2010 年第 5 期。
[51] 赖小萍、高源、韦曦、李思：《基于学生需求的地方院校广告教育探讨》，《经济研究导刊》，2010 年第 29 期。
[52] 沈剑虹：《高校广告学专业教育抽样调查与思考》，《新闻界》，2010 年第 5 期。

[53] 刘隽：《数字时代广告教育的机遇与挑战》，《大众文艺》，2010 年第 19 期。
[54] 黄蜜：《重庆广告教育发展现状及问题研究》，《新闻知识》，2010 年第 10 期。
[55] 陈明：《通识教育是解决新闻本科生就业问题的根本途径》，《媒体时代》，2010 年第 10 期。
[56] 邓涛：《中外媒介融合教育的现状与思考》，《媒体时代》，2010 年第 10 期。
[57] 蔡雯、罗雪蕾：《新闻院校如何培养新型的新闻传播人才？——由胡锦涛总书记在人民大学新闻学院的谈话引发的思考》，《新闻记者》，2010 年第 10 期。
[58] 张立勤：《高校培养财经新闻人才的创新之道》，《青年记者》，2010 年第 27 期。
[59] 魏星：《独立学院应用型广告人才创新培养模式研究》，《东南传播》，2010 年第 9 期。
[60] 马嘉：《中日新闻教育的发生学研究——文化比较的视角》，《现代传播（中国传媒大学学报）》，2010 年第 9 期。
[61] 万婧：《哈萨克族新闻人才现状调查与对策研究》，《新疆大学学报（哲学·人文社会科学版）》，2010 年第 5 期。
[62] 常启云：《媒介融合背景下地方高校新闻教育改革探析》，《河南教育（中旬）》，2010 年第 9 期。
[63] 张昆：《媒介转型对新闻教育的挑战》，《今传媒》，2010 年第 9 期。
[64] 童兵、黄奇萃：《中国新闻教育创新的压力和动力》，《中国记者》，2010 年第 9 期。
[65] 孙凤毅：《新闻专业复合型人才的培养模式探索》，《中国记者》，2010 年第 9 期。
[66] 黄雯：《新闻传播学专业“需求导向型”实践教学模式探索》，《中国科技信息》，2010 年第 17 期。
[67] 罗华：《浅论媒介融合背景下高职新闻专业教育的三个维度》，《南昌教育学院学报》，2010 年第 4 期。
[68] 蒋忠波：《媒介融合背景下新闻人才培养模式探析》，《新闻窗》，2010 年第 4 期。
[69] 唐颖、王鹏：《基于高校广告专业教育理念的思考》，《中国校外教育》，2010 年第 16 期。
[70] 郭光华、侯迎忠：《新闻传播类专业通识教育实证研究——以广东外语外贸大学新闻传播学院为例》，《社科纵横》，2010 年第 8 期。
[71] 匡文波，孙燕清：《美国新媒体专业教育模式分析及对中国的借鉴》，《现代传播（中国传媒大学学报）》，2010 年第 8 期。
[72] 霍华民、牛桂卿、王秋、王冬梅、姜伊昌：《高校新闻专业学生培养计划研究》，

《北方经贸》，2010 年第 8 期。
[73] 陈培爱、杜艳艳：《五四时期广告教育与广告学研究初探》，《新闻与传播研究》，2010 年第 4 期。
[74] 田萱：《西部地方高校广告学专业人才培养模式的创新》，《新闻知识》，2010 年第 8 期。
[75] 岳红记、张仙丽：《我国广告人才的市场现状及对策研究》，《新闻知识》，2010 年第 8 期。
[76] 汤天甜：《媒介融合背景下新闻教育理念与人才培养模式探析》，《中国大学教学》，2010 年第 8 期。
[77] 刿根会：《对当前我国高等学校新闻教育的思考——从四川大学新闻系优化毕业论文设计说开去》，《东南传播》，2010 年第 7 期。
[78] 赵继光：《职业化教育：地方理工科高等院校新闻教育的出路》，《东南传播》，2010 年第 7 期。
[79] 单波、陆阳：《媒介融合时代的新闻传播教育创新》，《湖北大学学报（哲学社会科学版）》，2010 年第 4 期。
[80] 廖声武：《新闻教育如何应对传媒的变革》，《湖北大学学报（哲学社会科学版）》，2010 年第 4 期。
[81] 聂远征：《媒体融合时代的新型编辑人才培养》，《湖北大学学报（哲学社会科学版）》，2010 年第 4 期。
[82] 杨翠芳：《媒介素养教育与新闻学专业大学生培养》，《湖北大学学报（哲学社会科学版）》，2010 年第 4 期。
[83] 李缨、黄基秉：《借力法学教育培养传媒人才的思考》，《教育与教学研究》，2010 年第 7 期。
[84] 孟勇：《新闻专业应用型研究生培养方式的创新》，《青年记者》，2010 年第 20 期。
[85] 廖卫华：《新闻教育要注重提升媒介信息素养》，《新闻爱好者》，2010 年第 6 期。
[86] 赵巍、彭焕萍、白贵：《媒体融合视野下的新闻教育改革》，《新闻爱好者》，2010 年第 14 期。
[87] 陈浩：《论广告教育的价值链重塑》，《新闻爱好者》，2010 年第 14 期。
[88] 褚廷有：《创新新闻专业人才培养模式》，《辽宁工程技术大学学报（社会科学版）》，2010 年第 4 期。
[89] 莫扬、孙昊牧：《中美高校科技新闻人才培养比较研究》，《山西大学学报（哲学

社会科学版）》，2010 年第 4 期。
[90] 乔均：《创新中国广告教育的广告教育家》，《广告人》，2010 年第 7 期。
[91] 张毓强、尚京华、唐艾华：《中国国际传播人才培养的历史沿革》，《当代传播》，2010 年第 4 期。
[92] 王天铮：《美国大学的 T 型教育模式研究——以美国西北大学 Medill 新闻学院为例》，《当代传播》，2010 年第 4 期。
[93] 钟克勋、徐希平：《传媒新格局下的民族新闻教育》，《西南民族大学学报（人文社会科学版）》，2010 年第 7 期。
[94] 陶格图：《内蒙古新闻传播教育发展现状》，《西南民族大学学报（人文社会科学版）》，2010 年第 7 期。
[95] 陶达嫔、范以锦：《传媒教育的分类分层分级值得探索——泛媒体化背景下的传媒教育探讨》，《今传媒》，2010 年第 7 期。
[96] 沈正赋：《坚持用科学发展观统领我国新闻传播学学科建设与发展》，《东南传播》，2010 年第 6 期。
[97] 赵圣健：《媒介融合趋势下我国专业新闻教育的时代走向》，《中国石油大学胜利学院学报》，2010 年第 2 期。
[98] 艾美华：《传媒差异化复合人才培养模式》，《新疆职业大学学报》，2010 年第 3 期。
[99] 周丽：《高校新闻教育面临的困境及应对》，《新疆财经大学学报》，2010 年第 2 期。
[100] 查灿长：《美日广告教育模式简析》，《新闻界》，2010 年第 3 期。
[101] 吕一品：《美国新闻教育的理念与启示》，《传媒观察》，2010 年第 6 期。
[102] 薛敏芝：《知识传播与广告教育的多重架构——西方广告社会组织及其作用的考察》，《广告大观（理论版）》，2010 年第 3 期。
[103] 王建磊：《密苏里大学新闻学院媒体融合教育考察记》，《新闻记者》，2010 年第 6 期。
[104] 张昆：《新闻教育应坚持人文精神的主基调》，《新闻与写作》，2010 年第 6 期。
[105] 刘丹凌：《新闻传播学专业硕士设置与培养模式探微》，《中国记者》，2010 年第 6 期。
[106] 闵阳：《地方高校新闻传播专业教育的困境与出路》，《陕西理工学院学报（社会科学版）》，2010 年第 2 期。
[107] 刘山河：《从传播学“拟态环境的环境化”视角试析高等教育理论——以西安外

事学院高职新闻教育为例》，《新闻知识》，2010 年第 5 期。
[108] 郭颖：《工科院校广告专业教育的竞争及发展》，《中国成人教育》，2010 年第 9 期。
[109] 隋丽、赵嫱：《关于高校新闻教育实践基地建设的思考》，《辽宁广播电视大学学报》，2010 年第 2 期。
[110] 成连虎：《试析媒介融合趋势下网络编辑专业的新闻教育》，《太原师范学院学报（社会科学版）》，2010 年第 3 期。
[111] 樊文强、雷庆：《试论网络教育的高等教育价值》，《江苏高教》，2010 年第 3 期。
[112] 程忠良：《媒介融合时代新闻教育不可或缺的四种能力培养》，《今传媒》，2010 年第 5 期。
[113] 陈栋：《传媒教育要满足业界需求　更要顺应社会期待——访华中科技大学新闻与信息传播学院院长张昆教授》，《今传媒》，2010 年第 5 期。
[114] 杨红莉、张海馨、田建恩：《论新升本科院校传媒专业建设现状与发展路径》，《衡水学院学报》，2010 年第 2 期。
[115] 操慧：《从“大教育观”看媒介融合背景下的新闻传播教育走向》，《教育与教学研究》，2010 年第 4 期。
[116] 郑苏晖、孔清溪：《广告教育：变革期的反思》，《现代传播（中国传媒大学学报）》，2010 年第 2 期。
[117] 范以锦、陶达：《最新媒体教育：技术与理念并举》，《新闻战线》，2010 年第 4 期。
[118] 唐艾华、尚京华、路永民：《国际传播人才教育类型与阶段刍议》，《现代传播（中国传媒大学学报）》，2010 年第 4 期。
[119] 温洪泉：《我国高校新闻教育改革初探》，《重庆交通大学学报（社会科学版）》，2010 年第 2 期。
[120] 言靖：《媒介融合趋势下新闻人才素质培养》，《新闻知识》，2010 年第 4 期。
[121] 邓伟：《对本科阶段新闻传播专业文学教育的教改思考》，《新闻界》，2010 年第 2 期。
[122] 陈长松：《论思辨能力在新闻教育中的重要性及培养途径》，《新闻界》，2010 年第 2 期。
[123] 李明文：《人才培养：现代新闻教育的核心问题》，《电视时代》，2010 年第 4 期。

[124] 李世举：《关于民族院校新闻专业人才的培养问题》，《新闻爱好者》，2010 年第 7 期。
[125] 李明文：《全球化背景下的新闻教育改革》，《东南传播》，2010 年第 3 期。
[126] 罗兵、王志永：《技工 · 通才 · 专才——对新闻学专业人才培养的思考》，《东南传播》，2010 年第 3 期。
[127] 陈相雨、卫欣论：《“职业化”新闻传播人才的培养途径》，《东南传播》，2010 年第 3 期。
[128] 莫扬：《我国科学新闻人才要求与高校培养模式研究》，《湖南大学学报（社会科学版）》，2010 年第 2 期。
[129] 林溪声、温潇：《理念、目标、对策：面向未来的新闻传播教育——“全球知名新闻传播学院院长论坛”综述》，《新闻大学》，2010 年第 1 期。
[130] 吴志文：《传播学教育之冷思考》，《社科纵横》，2010 年第 3 期。
[131] 曾建雄、曾俊、邓文艳：《新闻传播类硕士研究生教育的危机与转机——关于变革国内研究生人才培养模式的深层思考》，《现代传播》，2010 年第 3 期。
[132] 王志国：《地方院校广告教育之我见》，《新闻传播》，2010 年第 3 期。
[133] 王宏昌：《陕西媒体与新闻院校互动模式探析》，《新闻知识》，2010 年第 3 期。
[134] 樊水科：《理工科院校新闻传播教育的现实困境及其反思》，《新闻知识》，2010 年第 3 期。
[135] 彭静：《新闻应用型人才培养方案研究》，《新闻传播》，2010 年第 3 期。
[136] 单波、陆阳：《媒介融合与新闻传播教育的“融合”》，《新闻记者》，2010 年第 3 期。
[137] 李明德，庞瑞，付晓庆：《新闻传播学科发展和人才培养问题思考》，《西安交通大学学报（社会科学版）》，2010 年第 2 期。
[138] 齐辉、王翠荣：《燕京大学新闻教育的理念与实践》，《教育评论》，2010 年第 1 期。
[139] 娜仁图雅，包金山：《地方高校新闻教育改革初探》，《呼伦贝尔学院学报》，2010 年第 1 期。
[140] 韩丛耀：《多层次　实战型　社会化培养复合型传媒人才》，《实验室研究与探索》，2010 年第 2 期。
[141] 程素琴：《新闻传播教育的历史与未来——全国新闻传播教育学术研讨会会议综述》，《现代传播（中国传媒大学学报）》，2010 年第 1 期。
[142] 金璐：《论新媒体新闻人才的培养》，《新闻传播》，2010 年第 2 期。

[143] 李忠昌、李清霞:《新闻教育改革的现实选择》,《新闻界》,2010 年第 1 期。
[144] 田蕾:《草根传播时代的到来与新闻传播教育的价值取向》,《中国商界》,2010 年第 2 期。
[145] 刘勇:《地方本科院校广告设计教育实践与思考》,《长江大学学报(社会科学版)》,2010 年第 1 期。
[146] 陈红艳:《新媒体环境下广告人才培养的思考》,《教育与职业》,2010 年第 5 期。
[147] 倪万、郑丽丽、郑训佐:《新闻传播学研究生教育发展的历程及反思》,《当代教育科学》,2010 年第 3 期。
[148] 陈羽峰、靖鸣:《广西新闻教育办学模式的发展创新及新闻教育前景展望》,《广西师范学院学报(哲学社会科学版)》,2010 年第 1 期。
[149] 齐辉、王翠荣:《试论民国初年中国新闻人才的培养特色——以燕京大学新闻系为中心》,《国际新闻界》,2010 年第 1 期。
[150] 马自泉:《应用型广告人才培养模式的探索与实践》,《湖北经济学院学报(人文社会科学版)》,2010 年第 1 期。
[151] 董晓娟:《新闻传播专业应加强人文素质教育》,《新闻知识》,2010 年第 1 期。
[152] 庞晓虹:《以整合教育资源提升新闻教育质量》,《新闻知识》,2010 年第 1 期。
[153] 孙晓红:《陕西新闻教育的现状与存在的问题》,《新闻知识》,2010 年第 1 期。
[154] 苏艳丽:《试论职业教育理念对新闻人才培养的借鉴意义》,《新闻知识》,2010 年第 1 期。
[155] 曹爱民:《广西新闻教育的历史与现状探析》,《新闻知识》,2010 年第 1 期。
[156] 张立春:《社会转型期俄罗斯的新闻教育透视》,《新闻知识》,2010 年第 1 期。
[157] 郝雨:《新世纪新闻学的体系重建与学派拓展》,《南通大学学报(社会科学版)》,2010 年第 1 期。
[158] 范龙、张荣:《公民新闻时代新闻教育的核心竞争力》,《当代传播》,2010 年第 1 期。
[159] 李春梅:《对广告教育中案例教学法的几点思考》,《传媒观察》,2010 年第 1 期。
[160] 田秋生:《通识教育打造媒体精英——复旦、清华新闻学专业本科人才培养方案考察》,《西南民族大学学报(人文社科版)》,2010 年第 1 期。

(撰稿人　陶喜虹)

11.8　新闻传播教育会议综述

随着中国新闻教育的蓬勃开展，新闻传播教育的组织和队伍不断发展壮大。从 20 世纪 80 年代开始，许多新闻传播教育行业组织相继成立。教育部高等学校新闻学学科教学指导委员会、全国新闻与传播专业学位教育指导委员会、国务院学位委员会学科评议组、中国新闻史学会、中国高等教育学会新闻学与传播学专业委员会、中国高等教育学会广告教育专业委员会、中国高等教育学会公共关系教育专业委员会以及中国新闻文化促进会传播学分会和中国新闻史学会新闻传播教育史研究委员会等都召开了许多新闻传播教育会议，为推动新闻传播教育事业的发展起到了重要的作用。

社会和新闻事业的发展，使我国新闻教育的内容和规模也在不断发生着变化。目前，我国已有新闻传播院校 1000 多所，数字变化的背后也昭示着整个新闻传播教育事业的繁荣。新闻教学单位也突破了从过去的文科类院校或综合类大学办新闻教育的格局，理工类、师范类、外语类以及少数民族大学的新闻教育都提上了日程。新闻教育的布局也从少数地区向全国铺展开来。学科建设也在逐渐完善，从最初的只有新闻学到现在新闻学、传播学、广播电视学、编辑出版学、广告学、媒介经营与管理等多方向共同发展。新闻教育的层次和在校生的数量也有了很大的提高。以中国人民大学新闻学院、复旦大学新闻学院、武汉大学新闻与传播学院、中国传媒大学新闻传播学部、清华大学新闻与传播学院、北京大学新闻与传播学院、华中科技大学新闻与信息传播学院、暨南大学新闻与传播学院等为首的一大批新闻教育单位每年都会召开许多新闻传播教育会议，探讨新闻传播教育方面的问题，完善学科建设和学生教育，为新闻传播事业输送更多优秀人才。

下面，将按照时间顺序，对 2013—1015 年以来举办的有关新闻传播教育会议进行梳理。

11.8.1　2013 年

2013 年，我国新闻教育蓬勃发展，新闻传播教育组织和院校建设不断完善。这一年中，新闻传播教育组织和新闻传播院校召开了许多新闻教育会议，就当年的热点话题进行了探讨，成果颇丰。教育部高等学校教育委员会举办了第一次和第二次全体会议，完成了该年度的热点难点分析报告。中国高等教育学会新闻与传播专业委员会召开了常务会议，新闻学分会、传播学分会、广播电视分会等都各自成功举办了年会，讨论了专业内的相关问题。中国高等教育学会公共关系教育专业委员会、中国新闻史学会新闻传播教育史研究委员会都召开了与新闻传播教育相关的会议。在新闻传播院校方面，武汉大学、厦门大学等都在新闻传播教育中走在前列。

1. 新闻传播教育组织

1）教育部高等学校新闻传播学类专业教学指导委员会

新闻传播学类专业教学指导委员会是教育部聘请并领导的专家组织，开展高等学校新闻传播学科本科教学的研究、咨询、指导、评估、服务等工作。

（1）教育部高等学校新闻传播学类专业教学指导委员会第一次全体会议。

2013 年 7 月 27 日，2013—2017 年教育部高等学校新闻传播学类专业教学指导委员会第一次全体会议，在中国传媒大学图书馆圆形报告厅召开。此次会议由中国传媒大学主办，来自中国人民大学、清华大学、复旦大学、武汉大学、四川大学、暨南大学、北京大学等 38 所高校的 39 位新一届委员出席会议。该届新闻传播学类教指委主任由中国传媒大学副校长胡正荣教授担任。

会上，主任委员胡正荣教授部署了教指委 2013 年的具体工作安排以及未来五年的工作计划。教指委当年的工作重点是研制新闻传播学类专业教学质量国家标准和研讨 2013 年度本领域教育教学改革的热点难点问题，并计划于 2013 年 9 月全面启动“卓越新闻传播人才计划”工作。

在主题讨论环节，会议首先讨论了 2013 年新闻传播学类专业教学质量国家标准研制工作方案，形成了新闻传播学类专业教学质量国家标准研制的总体原则，即以人才培养质量为核心，以行业需求为导向，把促进人的全面发展和适应社会需要作为衡量新闻传播人才培养水平的根本标准。随后，委员会针对 2013 年新闻传播学类专业教育的热点和难点问题进行讨论，并计划于 2013 年 11 月完成该年度热点难点问题研究报告。

（2）教育部高等学校新闻传播学类专业教学指导委员会第二次全体会议。

2013 年 10 月 17 日，教育部新闻传播学教学指导委员会第二次会议召开在浙江传媒学院召开。这次会议的主题，是进一步研讨新闻传播学类专业教学质量国家标准研制工作方案。会上，教育部高等教育副司长刘贵芹作了重要讲话：一要认清形势，把握走势。包括马克思主义新闻观统领的新要求、高等教育职能的新变化、“90 后”大学生对高等教育新闻传播的新期待、教育部机关职能的新转变等。二是要内涵发展，提高质量。随后，委员们汇报了在过节标准拟定前各自的调研情况。

会议召开前，由教育部高等学校新闻传播学类专业教学指导委员会主办的“中国传媒高等教育的现状与未来暨卓越传媒人才培养高峰论坛”在浙江传媒学院举行。论坛中，孙志刚博士主要从未来新闻业的角度来谈新闻教育。郭中实在演讲中谈到了当今新闻教育遭遇的三个困境，即教师结构分裂、话语分裂和新闻从业人员的心态分裂。强月新教授则把重点放在如何制度化推进实验教学与新闻传播人才培养创新上，提出了有针对性的理念、做法并分享了相关经验。

2）全国新闻与传播专业学位教育指导委员会

2013 年 12 月 24 日，全国新闻与传播专业学位研究生教育指导委员会第三次工作会议暨首届 MJC 研究生教育工作研讨会在北京大学举行。出席此次会议的有：国家新闻出版广电总局副局长、“教指委”主任委员孙寿山，国家新闻出版广电总局人事司副司长、教指委委员李宏葵，国务院学位办专业学位处副处长陆敏，北京大学常务副校长刘伟，北京大学研究生院常务副院长严纯华，北京大学新闻与传播学院院长陆邵阳以及各教指委委员和全国 49 所具备新闻与传播专业学位研究生招生资格高校的代表。

此次会议对过去三年全国新闻与传播专业学位研究生教育工作作了全面总结。会上，孙寿山指出，在办学规模、师资队伍体系、课程设置与教学资源、教育质量评价与监督体系、产学研互动机制等方面需要进一步提高。陆敏在讲话中介绍了全国新闻与传播专业学位研究生教育的发展概况，说明了研究生教育的改革发展思路。他表示今后一段时期内要继续加快专业学位研究生发展，提高专业学位研究生教育的质量。随后，北京大学、清华大学等六所高校的代表进行了经验汇报，介绍了各自学校新闻与传播专业学位研究生教育培养情况，与参会嘉宾进行了深入探讨。接下来，与会高校被分成两组，各组内的高校以“MJC 研究生培养模式的改革与发展”为主题进行了深入探讨和交流。

3）中国高等教育学会新闻学与传播学专业委员会

（1）中国高等教育学会新闻学与传播学专业委员会第七届理事会第二次会议。

2013 年 11 月 16 日、17 日，中国高等教育学会新闻学与传播学专业委员会第七届理事会第二次会议在徐州召开。这次会议由江苏师范大学传媒与影视学院承办，来自清华大学、中国人民大学、中国传媒大学等全国 120 多所高校的 150 多位专家学者参加了会议。

这次会议以“多元化时代专业新闻教育的方法和路径”为主题，与会专家围绕多元化时代应该培养怎样的新闻人才、多元化时代如何选择专业新闻教育的方法与路径、新闻传播教育应当建立国际视野等议题展开了广泛交流。

（2）中国高等教育学会新闻学与传播学专业委员会新闻学分会 2013 年中国新闻学学术年会。

2013 年中国新闻学学术年会于 11 月在重庆大学召开，年会的主题是“新闻传播与区域发展”。国内新闻传播学领域的专家、学者和业界人士汇聚重庆大学，共同探讨新闻传播与区域发展的相关问题。该届会议围绕传媒与区域治理、区域经济发展、文化发展、社会发展、区域生态文明建设、新闻教学与研究、新闻学学科建设等相关议题展开研讨。

清华大学新闻与传播学院李彬教授、中国人民大学新闻学院杨保军教授、中国传媒大学新闻学院院长刘昶教授、华中科技大学新闻与信息传播学院赵振宇教授、复旦大学新闻学院系主任张涛甫教授、湖南师范大学新闻与传播学院田中阳教授、浙江大学传媒与国际文化学院韦路教授、西南大学新闻传媒学院院长董小玉教授、重庆大学新闻学院名誉院长马胜荣教授，从不同的角度发表了主题报告。

作为此次年会的一项特色内容，中国人民大学新闻与社会发展研究中心与重庆大学新闻传播与区域发展研究院还就共同承担的教育部重要人文社科基地重大课题“大众传媒与区域发展”开展了专场讨论。来自中国人民大学、重庆大学、云南大学、西南政法大学、广西师范大学、青岛大学等有关高校的课题组成员汇报了各自的阶段性成果，确定了下一步的研究计划及预期目标。

（3）中国高等教育学会新闻学与传播学专业委员会广告学分会中国广告教育研究会第十二届学术年会常务理事会。

2013 年 6 月 15 日，由中国广告教育研究会、河南省广告协会学术委员会主办，河南工业大学新闻与传播学院承办的中国广告教育研究会第十二届学术年会常务理事会、河南省广告协会学术委员会 2013 年年会在河南工业大学莲花街校区举行。来自武汉大学、北京大学、中国传媒大学等高校的全国广告教育学者共商中国广告教育发展大计。中国广告教育研究会会长武汉大学博士生导师张金海教授，副会长北京大学博士生导师陈刚教授、上海外国语大学陈正辉教授等专家参加会议。此次常务理事会由中国广告教育研究会秘书长、武汉大学姚曦教授主持。该届年会确定的中国广告教育研究会 2013 年学术年会的议题是“责任与梦想”。会议还商讨了中国广告教育研究会的其他相关事宜。

随后，“媒介融合时代河南广告教育发展高峰论坛”举办。张金海会长提出广告学科教育要“坚守专业核心，追踪业界前言”，即既要坚持开设营销学、传播学等核心专业课，又要调整策划、创意、媒体等模块方向课程。中国广告教育研究会副会长陈刚教授、陈正辉教授也分别发言对河南的广告教育提出了自己的意见与建议。

（4）中国高等教育学会新闻学与传播学专业委员会广播电视分会 2013 年年会。

2013 年“新媒介环境下广播电视产业转型与传播模式变革”论坛暨中国广播电视年会在中国人民大学召开。“中国高等教育学会新闻学与传播学专业委员会广播电视学与新媒体研究分会”（以下简称“广播电视学与新媒体研究分会”）揭牌，这标志着广播电视学与新媒体共同成为新的研究领域。

此次大会的参会者来自全国高校、媒体、出版社，近百人，创下历年参会人数的最高纪录。广播电视学与新媒体研究分会会长高晓虹教授，中国人民大学新闻学院执行院长倪宁教授，中国高等教育学会新闻学与传播学专业委员会理事长高钢教授，广播电视学与新媒体研究分会副会长孟建、陆地、石长顺、周小普等出席会议。

高钢教授表达了自己的三点希望：一是希望由此次大会建立的交流机制能够推动新一轮课程体系建设；二是希望广大专家学者能够共享教育资源；三是希望对老一辈广播电视教师进行影像记录。高晓虹教授向参会者介绍了新揭牌成立的“中国高等教育学会新闻学与传播学专业委员会广播电视学与新媒体研究分会”。

该届年会的举办开旨在构建学界、业界交流的平台，邀请会员和相关学界、业界专家参加研讨，以期加强双方在教育与实践中的及时互动与合作。

4）中国高等教育学会公共关系教育专业委员会

2013 年 7 月 28 日，中国高等教育学会公共关系教育专业委员会三届理事会在北京举行。理事长阎照武教授代表公共关系教育专业委员会三届理事会向第四次会员代表大会作了题为《增强综合实力 发挥基本职能 为中国高校公共关系教育作出更大贡献》的工作报告。

与会代表认真讨论和审议后一致认为：五年来专委会的组织和队伍建设进一步得到加强，公共关系素质教育教学逐步推进，对理论研究的支持力度明显增大，学科发展调研咨询建议有所作为，学术交流沟通平台稳健拓展，专业培训更加规范和质量被认可，经费管理保障了工作的顺利进行，较好地实现了会员代表特别大会确定的发展规划目标，并实事求是地总结了六点心得体会和存在的不足之处，这是理事会及其工作班子不断提升为会员发展服务的意识和能力，坚持依法照章民主办会，积极认真履行各项职责的结果；对今后发展规划的建议具有前瞻性和可行性，与我国高等教育改革发展的形势、任务相一致，适应政府职能转变之后对社会学术团体组织的角色定位、职责调整的新要求，勇于迎接新的挑战，强调依法民主办会观念和提高创新能力，突出该会主要业务，更加重视教育质量和工作实效，将会对专委会的科学发展和发挥应有功能产生建设性的作用。

5）中国高等教育学会广告教育专业委员会

中国高等教育学会广告教育专业委员会于 2009 年 7 月 25 日由国家民政部正式批准成立。广告教育专业委员会是由全国高等学校广告类专业及相关专业的教师自愿组成的全国性研究广告学、广告教育科学及相关学科的学术团体，是中国高等教育学会所属的二级分支机构。

该会以研究高校广告教育理论和实践问题为对象，以促进国内高校广告教育的发展为目的，以提高大学生的综合素质和能力为目标的学术团体。委员会是高校广告教育学术交流的主渠道。

2013 年 11 月 24 日，中国高等教育学会广告教育专业委员会 2013 年学术年会暨上海大学广告教育 20 年国际学术研讨会在上海大学伟长楼国际会议中心召开。此次会议由中国高教学会广告教育专业委员会主办，上海大学影视学院承办。原国家教育部副部长吴启迪、中国高等教育学会副会长兼秘书长范文曜、中国高等教育学会广告教育专业委员会理事长丁俊杰、中国高等教育学会广告教育专业委员会副理事长兼秘书长刘瑞武、上海市广告协会秘书长薛九委、上海大学党委书记于信汇等领导出席会议。

来自北京大学、复旦大学、中国人民大学、中国传媒大学、韩国翰林大学、武汉大学、四川大学、暨南大学、深圳大学、上海外国语大学等中国高等教育学会广告教育专业委员会理事单位及业界的共 120 多位专家学者集聚一堂，共同研讨中国广告产业的挑战与变革、现状与趋势，同时也共庆上海大学开办广告教育 20 周年。

大会特邀韩国翰林大学金信同教授、北京大学陈刚教授、上海师范大学金定海教授、复旦大学程士安教授等 11 位专家、学者作了主题学术演讲。与会代表们分别就“国家广告产业发展机遇与趋势”、“广告产业发展与国家经济发展”、“广告产业发展与广告教育改革”3 个研讨主题进行了讨论。

2. 新闻教育院校

1）武汉大学新闻与传播学院

2013 年 11 月 29 日下午，武汉大学新闻与传播学院举办了“新闻教育发展论坛”。学院领导分别以主持人身份深入 5 个分会场，与在岗及离退休教职工代表、校友代表、在校学生代表进行座谈。

在各分会场，主持人分别向各位校友简要介绍了学院近年来取得的显著成就和未来一个时期的发展思路，指出了学院发展所面临的机遇和挑战。与会人员就培养方案修订、实践教学、人文通识教育、就业指导、学科建设、科研创新、摄影作品商业化模式、移动互联网和新媒体发展趋势等问题展开了充分的交流与讨论。

2）厦门大学新闻传播学院

2013 年 7 月 27 日，“国际广告教育论坛暨厦门大学广告教育 30 年”会议在厦门大学颂恩楼 220 会议室召开，来自美国，中国大陆、台湾、香港的广告学者汇聚一堂，回顾探讨了中美广告教育的发展历程、业界对广告人才的需求，以及未来广告教育的发展方向。

厦门大学新闻传播学院广告学系陈培爱教授介绍了厦门大学以及中国的广告教育历

史、现状以及存在问题，并就未来发展发表自己的见解。来自美国广告教育“摇篮”的伊利诺伊大学香槟分校传媒学院院长 Janet S. Slater 教授和广告系主任 Michelle R. Nelson 博士介绍了美国广告教育的历史，分析了当今国际广告教育的现状，并就广告教育的未来做出展望。奥美广告中华区 CEO 庄淑芬女士陈述了奥美的人才观。

在圆桌会议上，来自美国，以及中国大陆、香港、台湾等地区的 13 位著名广告专家，就广告专业人才应着重培养“通才”还是“专才”等问题进行了深入的讨论。

11.8.2　2014 年

2014 年，我国的新闻教育依旧稳定地向前发展。随着互联网的发展和新媒体的崛起，新闻传播教育会议的讨论重点放在了数字化和新媒体时代的新闻传播教育上。各新闻传播教育组织和新闻传播院校举办的会议数量较上一年有所增加。教育部高等学校新闻传播类专业教学指导委员会召开了第三次和第四次全体会议。中国高等教育新闻学与传播学专业委员会召开了常务理事会，各个分会也成功举办年会。中国高等教育学会公共关系教育专业委员会、中国新闻史学会等都召开了相关会议。这些会议对一年以来的工作进行总结，对重点热点话题进行讨论，新闻传播学界和业界的专家学者就这些问题提出了自己的观点和看法。在新闻传播院校的新闻传播教育会议中，上海大学、南京大学、华中科技大学举办了新闻教育研讨会，在华东师范大学传媒教育 90 周年庆典中，还对媒介融合时代下人才培养模式的创新进行了总结和讨论。

1. 新闻传播教育组织

1）教育部高等学校新闻传播学类专业教学指导委员会

（1）教育部高等学校新闻传播学类专业教学指导委员会第三次全体会议。

2014 年 3 月 22 日，2013—2017 年教育部高等学校新闻传播学类专业教学指导委员会第三次全体会议在南昌大学召开。来自中国传媒大学、中国人民大学、清华大学、复旦大学、武汉大学等 31 所高校的 32 位委员出席会议。

推进和深化新闻传播学类专业教学质量国家标准的制定工作是此次会议的首要议题。各教指委副主任委员在会上汇报了 2013 年下半年完成的全国各地区新闻传播学类本科专业调研情况和结果。随后，与会委员对由教指委秘书处牵头编写完成的《全国新闻传播学类本科专业 2013 年调研报告》和《新闻传播学类专业教学质量国家标准（草案）》进行了讨论。教指委主任委员胡正荣教授对草案修订工作予以了肯定，并针对进一步细化和修改草案提出了具体建议。

此次会议的第二个重要议题是关于加强新闻传播学类专业学生职业道德法律教育工作的研讨和工作计划的制订。2014 年以来，教育部高等教育司就加强我国新闻传播学类专业学生职业道德法律教育工作接连作出重要指示，并明确提出了我国高校新闻院系学生职业道德法律教育工作科学化、制度化和规范化的建设目标。根据这一目标，会议就建设新闻伦理与法规必修课程以及全国性示范教材的具体细节和工作任务进行了研讨。

（2）教育部高等学校新闻传播学类专业教学指导委员会第四次全体会议。

2014 年 11 月 1 日，教育部高等学校新闻传播学类专业教学指导委员会第四次会议在暨南大学行政办公楼召开。来自包括北京大学、中国传媒大学、武汉大学等多所高等院校的委员出席了此次会议。会议围绕教指委的工作情况和新闻传播学类教育教学改革所遇到的突出问题进行了汇报和讨论，教指委副主任委员林如鹏主持研讨了 2014 年年度新闻传播学类专业教育教学改革热点难点问题。与会委员和列席代表对媒体融合与新闻传播教育改革、加强新闻传播人才的职业道德法律教育、新媒体环境下新闻传播学类专业的教学改革与创新等 8 个热点问题进行了讨论。随后，与会委员就教指委秘书处整理的《新闻传播伦理与法规教材案例参考》其中的问题进行了讨论。各委员还交流了各校“部校共建”方面的收获、体会，并探讨了教指委未来工作将如何开展。

2）中国高等教育学会新闻学与传播学专业委员会

（1）中国高等教育学会新闻与传播委员会第七届理事会第三次会议。

2014 年 10 月 25 日，中国高等教育学会新闻学与传播学专业委员会第七届理事会第三次会议在天津召开。这次会议由中国高等教育学会新闻学与传播学专业委员会主办，天津师范大学新闻传播学院承办，来自中国人民大学、中国传媒大学、武汉大学、华中科技大学、河南省社会科学院，以及美国印第安纳大学、南卡罗来纳大学等国内外有关高校和科研单位的 170 多位专家学者参加了会议。

与会专家围绕“转型·融合·超越：新闻传播教育本土发展与国际视野”的主题，立足国际视野，聚焦新闻教育改革实践，共谋新闻传播教育的未来发展，分别就“新闻教育实践模式创新”、“新媒体时代新闻传播教育改革”、“新闻传播教育国际合作展望”等问题展开了热烈的讨论。

（2）2014 年第七届中国新闻学年会暨全国新闻学研究会第二届二次理事会。

2014 年 11 月 7 日至 9 日，“2014 年第七届中国新闻学年会暨全国新闻学研究会第二届二次理事会”在深圳大学举行。该届年会由全国新闻学研究会、中国人民大学新闻与社会发展研究中心、深圳大学传播学院共同主办。全国新闻学研究会会长、中国人民大学新闻与社会发展研究中心主任郑保卫教授致开幕词。研究会常务副会长雷跃捷教授，副会长曾建雄、刘洁、吕艺、董天策教授，常务理事兼秘书长杨保军教授，以及来自全国各地新闻院校的 100 余名常务理事、理事、会员和专家学者参加了会议。

在主题演讲环节，中国传媒大学传播研究院院长雷跃捷教授在题为“新世纪我国国际新闻传播人才培养的现状和发展趋势”的演讲中，介绍了中国传媒大学在国际新闻传播人才培养方面的做法及经验，剖析了当前我国国际新闻传播人才培养方面存在的问题，并对今后如何改革提出了一些建议。

在分组讨论环节，会议分为“全面深化改革新背景下传媒事业的发展战略及策略”、“全面深化改革新背景下新闻教育的改革、创新与发展”、“新闻传媒与改革开放”三个专题小组展开了研讨，近 30 名学者发表了论文，与会学者围绕当前传媒改革、新闻教育等理论与实践话题进行了深入讨论。

（3）2014 年中国广告教育研究会第 13 届年会暨国际广告论坛。

2014 年 8 月 21 日，中国广告教育研究会第 13 届年会暨广告国际论坛在湖北恩施召开，会议由武汉大学媒体发展研究中心、武汉大学新闻与传播学院、中南民族学院新闻与传播学院、湖北民族学院承办。大会就我国广告学专业教育的模式框架与转型、广告产业发展和广告文化等相关问题展开了研讨。

中国广告教育研究会会长张金海、国家工商总局广告监管司副司长黄新民、广告教育研究会首任会长陈培爱、湖北民族学院党委书记吴建清、中南民族大学文学与新闻传播学院书记桂孙来、百度副总裁朱光以及全国各大院校 200 余位代表出席了本次会议，分享了研究的最新成果。

（4）2014 年全国编辑出版高教学会年会。

2014 年 11 月 15 日，由全国编辑出版高等教育学会、全国出版专业学位研究生教育指导委员会主办，河南大学新闻与传播学院、传媒研究所、编辑出版研究中心承办，《中国编辑》杂志社和《河南大学学报》编辑部协办的“数字时代出版产业发展暨 2014 年全国编辑出版高教学会年会”在河南大学举行。此次会议围绕数字时代产业发展及高层次出版专业人才培养问题展开了深入讨论。

全国编辑出版学会会长李建伟、河南大学副校长张宝明、北京大学现代出版研究所所长肖东发、南京大学出版研究院常务副院长张志强、中原出版传媒集团副总裁王守国以及全国编辑出版学界和业界的代表 60 余人参加了本次年会，北京大学、武汉大学等国内编辑出版专业知名学者 70 余名代表出席本次年会共同研讨出版教育和出版产业发展等问题。

在主题发言环节，四川大学编辑出版与传播系教授李苓汇报了其校出版专硕培养的情况；南开大学传播学系系主任刘运峰强调了关于出版专业硕士书刊纠错能力培养的重要性；王守国以业界人士的角度详细描述了出版产业发展的现状。

在产业论坛中，学界和业界的专家学者们就编辑出版的产业发展、理论框架和教育实践进行了全面而系统的交流，对“学界”和“业界”之间的联系做出了深入的研究与探讨。

3）中国高等教育学会广告教育专业委员会

中国广告教育专业委员会2014年会。

2014年7月4日至5日，中国高等教育学会广告教育专业委员会2014年年会暨第五届中国广告教育论坛在内蒙古科技大学艺术与设计学院举办。来自全国各地的30余所高校、百余名专家学者、高校教师和媒介精英共襄盛举，谋划中国广告教育的未来。

中国高等教育学会副会长范文曜，中国高等教育学会广告教育专业委员会副理事长、南京财经大学副校长乔均、中国高等教育学会广告教育专业委员会副理事长兼秘书长刘瑞武等出席会议。会议主要围绕“广告专业人才的跨界培养”、“产学研视域下的中国广告教育”和“广告边界与概念的变化之于广告教育”3个议题展开。

在学术分论坛研讨中，福建工程学院周华清老师论述了在师资力量行业资源不足的情况下，创建基于学科竞赛的实践教学模式。天津师范大学王晓路老师发表了论文《广告学系毕业生追踪调查与教学反馈》，以严谨、科学的调查分析客观地反映广告学系学生的就业优势和不足，为广告教学改革提供科学的依据。辽宁美术职业学院王爽老师着重探讨了人才培养联盟与高校相关专业教师教学能力互导关联的研究。三江学院王淑兰教授介绍了以东方明珠品牌产业延展到产业柔和顶层设计广告专业人才的跨界培养模式研究。

4）中国新闻史学会

2014年11月1日至3日，“中国新闻史学会2014年年会暨新闻传播专题史研究学术研讨会”在广东省暨南大学顺利召开。此次会议由中国新闻史学会主办，暨南大学新闻与传播学院承办，暨南大学南方传媒研究院协办。来自全国多所高校、新闻研究机构及媒体的二百余名代表参加了会议。中国新闻史学会第四届理事会会长程曼丽教授简要回顾了史学会过去五年的发展历程和各项工作的开展情况。

在分组讨论环节，与会代表分为10个小组，进行了深入的交流和对话。论题涉及广泛，包括新闻传播史论，新闻报刊史，新闻传播界人物专题史，中共革命报刊史，新闻传播体制政策史，新闻教育与少数民族新闻传播史，港澳台及海外新闻传播史，广告、广电、通讯社史等。

5）中国新闻史学会新闻传播教育史研究委员会

2014年11月15日，中国新闻史学会新闻传播教育史研究委员会2014年年会在华中科技大学召开。此次会议决定华中科技大学新闻与信息传播学院院长张昆教授担任中国新闻史学会新闻传播教育史研究委员会会长，石长顺教授担任名誉会长、顾问。

作为新任会长，张昆院长回顾了学会这六年的发展，认为新闻教育史学会在前几任会长的带领下已处于良性发展的状态，发展到今天已经颇有影响力，但他认为，学会还有很大的发展潜力，并就学会未来发展及定位问题阐述了自己的想法。

华中科技大学新闻学院石长顺教授、中国人民大学赵云泽教授、清华大学张小琴教授、武汉大学强月新教授、西藏民族学院周德仓教授分别发表了主题演讲。

此次研讨会以职业发展教育与中国新闻传播教育改革为主题，通过分组讨论的形式，为新闻传播教育同行提供了一个观点交流的宝贵平台。湖南师范大学田中阳教授发表了对新闻学科通识教育的看法，他提到新闻传播教育的保守型，应该懂得“本固邦宁”的道理，守好通识教育这个“本”；来自中国地质大学的老师则分享了范敬宜新闻教育思想的看法；马佳老师以日本新闻教育为例提到新闻传播教育应以“为信息社会培养合格的社会公民”为理念；浙江传媒学院的老师则着眼于自身由职业教育到本科教育转型的历程，提出了本科应是理论教育和实践教育的完美结合的观点。复旦大学陈建云教授提出，目前复旦大学已经开始采用一种“本科生导师制”的做法，即以本科学生为主体，为他们安排导师进行面对面交流与学习。这种做法值得其他高校学习借鉴。

2. 新闻教育院校

1）上海大学上海电影学院

2014 年 9 月 19 日上午，上海大学影视学院影视制作 MFA 教学研讨会在上海大学延长校区乐乎楼举行。上海电影集团公司国家一级导演朱枫先生，银润传媒副总李瑛先生，上海广播电视台纪实频道高级记者、资深编导屠珊小姐，上海电视台纪实频道总监干超先生等多位上海影视人协同上海大学影视学院的多位教授出席了研讨会。

会议针对影视学院影视制作 MFA 专业的发展展开了大讨论，并就 MFA 的教育提出了新的想法，表示要创新 MFA 的教学模式，更加注重教学与实践的结合，为更好地培养影视制作人才指明了方向。

2）南京大学新闻传播学院

2014 年 12 月 15 日上午，由南京大学新闻传播学院和“南京大学—人民日报社新闻传播学类文科实践教育基地”共同主办的“新闻传播学实践化实验教学研讨交流会”在新闻传播学院费彝民楼学术报告厅召开。此次会议旨在研讨在当前传媒业剧烈变革的环境中，新闻传播高等教育应该如何更好地做好实践化人才的培养。来自北京大学、清华大学、中国人民大学、华中科技大学等全国多所新闻学院的专家学者、教师代表以及人民日报社代表与会。

在主题发言会上，中国人民大学新闻传播学院执行院长倪宁教授、华中科技大学信息与传播学院院长张昆教授和清华大学新闻传播学院张小琴副教授等就各自学院所开展的实践教学活动和对新闻传播教学的反思进行了主题发言。

在分会场讨论上，与会代表分别就“实验实践教学的组织与实施”和“社会实践活动与创新项目的组织与实施”进行了深入探讨。

3）华东师范大学传播学院

2014年10月18日上午，华东师范大学传媒教育90周年和传播学院建院10周年庆典在中山北路校区科学会堂举行。会议期间，与会者们围绕“媒介融合背景下传播人才培养模式创新”展开了研讨。

围绕“媒介融合背景下传播人才培养模式创新”这一主题，东方卫视新闻主播雷小雪，中宣部老干部局党委书记、原中宣部办公厅副主任薛启亮，北京师范大学艺术与传媒学院院长、党委书记周星，中宣部新闻阅评组组长、原人民日报社新闻协调部主任曹焕荣分别作了主题发言。南京大学传播学院副院长陈虹与传媒界知名人士作互动研讨。

11.8.3 2015年

2015年，无论是在新闻传播教育组织还是在新闻院校中，新闻传播教育都取得了长足的发展和进步。在媒介融合的背景下，如何进行新闻传播教育，在新媒体时代，如何培养新闻传播专业人才，如何应对互联网的挑战，成为2015年新闻传播教育会议讨论的重点和热点。许多新闻传播教育组织成立了二级分会，新闻传播院校的教育管理机制也在不断健全。教育部高等学校新闻传播类专业教学指导委员会举办了第五次和第六次全体会议。中国高等教育学会新闻学与传播学专业委员会召开了常务理事会，各分会也分别召开了年会。中国新闻史学会及各分会也分别召开了相关会议。中国新闻史学会公共关系史学会、中国新闻史学会广告与传媒发展研究市委员会也相继成立，这也意味着我国新闻教育行业组织建设更加健全和完善。

在新闻院校方面，新闻教育会议的数量不断增加，层次也在不断提高。许多高校与国内外其他高校紧密合作，共同探讨新闻传播教育的相关话题，以更好地适应新媒体时代对新闻传播教育提出的新要求。北京大学、中国人民大学、中国传媒大学、武汉大学、上海大学等全国新闻传播教育的重点院校也召开了新闻传播教育的相关会议。

1. 新闻传播教育组织

1）教育部高等学校新闻传播学类专业教学指导委员会

（1）教育部高等学校新闻传播学类专业教学指导委员会第五次全体会议。

2015年3月21日，由福建师范大学传播学院承办的教育部高等学校新闻传播学类专业教学指导委员会第五次会议在福建师范大学旗山校区召开，来自中国传媒大学、中国人民大学、清华大学、复旦大学、四川大学、暨南大学、北京大学、陕西师范大学等数十所高校的 40 多位知名专家学者出席会议。

会上，教指委主任委员、中国传媒大学副校长胡正荣主持了 2015 年教指委工作规划的研讨。其后，教指委副主任委员兼秘书长、中国传媒大学新闻传播学部高晓虹教授作了“媒介融合与新闻传播教育改革”的调研工作报告；副主任委员、中国人民大学新闻学院倪宁教授主持了“媒介融合背景下新闻传播教育理念及人才培养模式创新”的专项研讨；副主任委员、复旦大学新闻学院黄瑚教授主持了“增设‘国际新闻传播’本科专业可行性”的研讨会。福建师范大学传播学院院长谭华孚教授作为教指委委员出席会议，并作了相关发言。

（2）教育部高等学校新闻传播学类专业教学指导委员会第六次全体会议。

2015 年 12 月 19 日，教育部高等学校新闻传播学类专业教学指导委员会第六次全体会议在广西大学召开。广西大学校长赵艳林出席会议并致辞。来自国内 28 所高校的 30 名委员参加了会议。

会上，教指委主任委员、中国传媒大学副校长胡正荣作了 2015 年新闻传播学教指委工作总结暨 2016 年工作规划报告。他指出，统筹推进世界一流大学和一流学科建设将在 2016 年与国家五年建设规划同步实施，各高校要在“双一流”国家政策的指引下，加快新闻传播学科建设和发展。

副主任委员、暨南大学党委书记林如鹏主持 2015 年新闻传播领域教育教学改革的热点难点问题研讨，讨论涉及马克思主义新闻观教育、传统媒体的存活及转型、媒介融合背景下的新闻课程体系改革、新闻职业伦理道德教育、传播人才的创新创业能力、师资双向及海外交流培训等内容。

广西大学新闻传播学院黎明洁教授向会议汇报了自治区党委宣传部与广西大学共建新闻传播学院的举措和成果，并介绍了以新闻传播学院为依托建设的“新闻出版总署西南人才培养基地”和“中国—东盟文化产业（传媒）人才培养基地”，以及搭建综合性人才培养平台等相关情况。

2）中国高等教育学会新闻学与传播学专业委员会

（1）中国高等教育学会新闻学与传播学专业委员会第七届理事会第四次会议。

2015 年 10 月 23 日，中国高等教育学会新闻学与传播学专业委员会第七届理事会第四次会议在中国人民大学召开，与会者包括来自全国各地新闻院校的代表 120 余人和来自七家媒体机构的代表。

此次会议中，理事长中国人民大学新闻学院高钢教授做了年度工作报告。高钢教授在报告中分析了当前新闻教育中瞩目前沿趋势、优化实习平台等特征，以“信息世界正在发生着什么变化”为主题阐述了传媒生态的变革。

大会注重发挥交流平台的作用，特邀四所有特色的新闻院校分享了教育改革的理念及做法。郑州大学新闻与传播学院董广安、北京联合大学应用文理学院杜建峰、怀化学院文学与新闻传播学院姚劲松、淮阴师范学院传媒学院柳邦坤四位老师作为代表分享了教学改革创新经验。

此外，大会通过了申请入会的六家新理事单位，即华东政法大学人文学院、甘肃政法学院人文学院新闻传播系、长江师范学院传媒学院、北京师范大学新闻传播学院、内蒙古河套学院汉语言文学系、内蒙古大学蒙古学院。

（2）2015 年中国传播学论坛。

2015 年 10 月 16 日至 18 日中国传播学论坛在重庆大学举行。本届论坛由中国传播学会（CAC）主办，重庆大学新闻学院承办。中国人民大学新闻与社会发展研究中心（RCJSD）、复旦大学信息与传播研究中心（CICS）、中国传媒大学广播电视研究中心（NCRTS）以及中华传播学会（CCS）、国际中华传播学会（CCA）等海内外著名学术机构与学术团体的专家学者参与本次论坛的学术研讨。此次论坛以“传媒业变革与传播学创新”为主题。集中研讨 9 个专题，分别为：新媒体发展与传媒业态变化；媒介法治与传播伦理；网络社会与社会治理；政治传播与民主建设；城市文化与城市传播；西方传播学研究前沿与理论发展；中国新闻传播学的创新与重构；华人传播学术社群的治学经验；传媒教育的变革与创新。

（3）2015 年中国广告教育学术年会。

2015 年中国广告教育学术年会在青岛科技大学举行，青岛科技大学校长马连湘、中国广告教育研究会会长陈刚等出席开幕式并致辞。会议由中国广告教育研究会秘书长姚曦主持。来自北京大学、中国传媒大学、山东大学、武汉大学、上海大学、四川大学等全国高校的 160 多名专家学者参加了年会，是参会代表最多的一届。

此次年会由中国广告教育研究会主办，北京大学新闻与传播学院、青岛科技大学传播与动漫学院联合承办，会议主题是“互联网+时代的广告研究与广告教育”。随后，来自学界和业界的 11 位专家学者分别作了精彩的学术报告，此外，此次会议还进行了广告教育转型与创新、大数据与数字营销传播、广告产业发展与理论建构三个分论坛的小组讨论。

（4）2015 年编辑出版学年会。

“媒介融合时代的编辑与出版”高层论坛暨 2015 年编辑出版学年会在南开大学东方艺术楼举行。此次年会由南开大学主办，中国高等教育学会新闻学与传播学专业委员会编辑出版学研究学科组、全国出版专业学位研究生教育指导委员会、《中国编辑》杂志社、南开大学文学院、南开大学出版社共同承办，会议围绕媒介融合与编辑学、媒介融合与出版业、数字出版研究、媒介融合与编辑出版人才培养研究、编辑出版实务与技能研究等议题，安排 5 位专家进行主题学术报告和两个阶段的分组讨论。来自北京大学、清华大学、中国人民大学、南京大学、高等教育出版社、《中国编辑》杂志社等兄弟单位的几十位专家学者与会。

3）中国高等教育学会公共关系教育专业委员会

中国高等教育学会公共关系教育专业委员会成立二十周年庆祝大会暨第十七届学术年会于 2015 年 7 月 29 日至 31 日在山西大学召开。来自全国各高校的 59 位代表出席了此次会议。中国高等教育学会公共关系教育专业委员会理事长姜钟松教授，副理事长冯培教授、彭向刚教授、鲍善冰教授、夏昌祥教授、高教公关专委会顾问邱伟光教授和秘书长陈家义教授出席了此次会议。

第十七届学术年会分两个阶段进行。第一个阶段为高校公关教育论坛。鲍善冰副理事长作了题为“公共关系教育挑战与对策的几点思考”的主题报告。此次论坛上，缪春萍教授作了题为“公关教育在学生素质培养中的地位和作用”的学术报告、马自强教授作了题为“公共关系专业学科建设与发展”的学术报告、庄莉红副教授作了题为“汉字笔迹分析与公关人才的选聘”的学术报告。本届学术的第二个阶段为“优秀微课作品评奖”和“说课交流”，由冯培副理事长主持。

4）中国高等教育学会广告教育专业委员会

中国高等教育学会广告教育专业委员会 2015 年学术年会暨第六届中国广告教育论坛于 2015 年 12 月 8 日在重庆大学举办。本次论坛的主题为：传承 · 颠覆 · 升级——中国高等广告教育体系（内容）的完善与重构。

上海奥维斯市场营销服务公司首席创意长林展贤作了如何对未来广告从业人员的进行通才化教育的演讲。上海大学影视学院博导许正林教授作了题为“近十年来西方广告学术研究的基本走向与主流问题”的演讲，许正林教授梳理了 19 世纪西方广告学研究的起源、20 世纪西方广告理论的流脉与基本问题、近十年西方广告学研究的基本走向与主流问题。中国传媒大学马澈博士作了新媒体专业（本科）教育的发展与一种跨界探索演讲。中国传媒大学丁俊杰教授从广告教育的实践挑战、广告教育的现状和问题、广告教育的变与不变、广告教育的未来可能四个方面对广告教育的可能性进行了分析。

5）中国新闻史学会

2015 年 10 月 31 日，由中国新闻史学会传媒经济与管理研究委员会主办的“2015 年中国传媒经济与管理学术年会暨‘互联网+’时代传媒创新论坛”在华中师范大学召开。华中师范大学副校长蔡红生，中央网信办传播局副局长陈云峰，中国报业协会秘书长胡怀福，湖北省委宣传部副部长、省网信办主任王中桥等出席并致辞。

会上，中国人民大学新闻学院喻国明教授代表中国新闻史学会传媒经济与管理研究委员会发布了《传媒经济学：中国的学科构建》一书。此外，大会还进行了颁奖环节，其中，喻国明教授获“中国传媒经济年度观点奖”、“中国传媒经济学科杰出贡献（个人）奖”，中国人民大学新闻与社会发展研究中心获“中国传媒经济学科杰出贡献（机构）奖”。

“互联网+”时代传媒创新主论坛由中国人民大学新闻学院副教授丁汉青主持，在论坛上，多位专家学者发表主旨演讲，深入探讨了如何创新管理体制、内容生产模式、运营模式、人才培养等问题。

会议还举办了“‘互联网+’时代传媒产业创新研究”、“‘互联网+’时代传媒价值链重构研究”、“传媒从业者与媒体角色管理研究”3 个圆桌论坛，10 多名学者分享了自己的最新研究成果。

6）中国新闻史学会新闻传播教育史研究委员会

2015 年 6 月 27 日上午 9 时，中国新闻教育史学会 2015 年年会暨学术研讨会在重庆工商大学厚德楼 2017 会议室召开。此次会议由中国新闻教育史学会主办，重庆工商大学文学与新闻学院承办。会议开幕式由重庆工商大学文学与新闻学院院长蔡敏教授主持。来自北京大学、中国人民大学、四川大学、武汉大学等近 40 个高校的新闻传播院系近 80 名专家学者与会。

会议由上午的“主题报告”和下午的“分组研讨”两部分构成，内容紧紧围绕“中国大陆新闻院系教育改革探索”、“中国新闻教育学家的教育思想与实践”、“国外新闻教育改革的经验”、“当代中国新闻教育改革的坐标”、“新闻人才的培养目标、培养模式、课程体系的改革与实践”、“新闻教育的其他相关问题”六个议题展开。

2. 新闻教育院校

1）北京大学新闻与传播学院

2015 年 10 月 15 日下午，“马克思主义新闻观在中国的实践”分论坛在新闻与传播学院 107 会议室举行。来自全国各大高校的著名学者、教授出席分论坛。论坛由北京大学新闻与传播学院教授吕艺主持。

复旦大学新闻学院教授童兵就马克思主义新闻观的来源应该多样化的问题作出探讨。随后，华中科技大学新闻与信息传播学院教授赵振宇就培养马克思主义新闻记者的问题发表了讲话。他表示，要从实践上落实校部共建，完善学校与媒体的合作机制，在中宣部框架下拿出学校特色，有所目的、有所侧重地培养马克思主义新闻记者。

中国青年政治学院新闻传播与传播学院院长罗自文教授指出了开设马克思主义新闻观一课在师资、教学内容与方法和学生认同上存在的困难。郑州大学新闻与传播学院的詹续武教授结合本院进行马克思主义新闻观教育的实际经验，总结了引进业界专家与学生实践相结合的一套教学方式，提出了自己教学生涯中的一些思考与感悟。

2）中国人民大学新闻学院

2015 年 10 月 25 日，中国人民大学新闻教育 60 周年纪念大会在人民大学世纪馆举行，来自海内外的校友和各界人士千余人齐聚一堂。原河南省委书记、中央马克思主义理论研究和建设工程咨询委员会主任徐光春，新华社副社长周树春，原中国记协党组书记徐心华，原中央党校副校长杨春贵，原人民日报社副总编辑、人民大学新闻学院兼职博士生导师梁衡，原经济日报社总编辑艾丰，原江苏省政协副主席胡福明，中国记协书记处书记潘岗，全国文联副主席李前光，于庆田少将，中国人民大学党委书记靳诺教授，复旦大学、北京大学、清华大学等一百多家兄弟新闻院系的代表，人民大学各学院、部处代表出席纪念大会。

在大会上，中国人民大学新闻学院院长赵启正回溯了 60 年来新闻学院走过的发展历程，他表示在人才培养、学术研究、学科建设和社会服务等领域，新闻学院一直保持着干劲和优势，作出了杰出的贡献。

中国人民大学新闻学院执行院长郭庆光教授表示，60 年来，人大的新闻教育与新中国的新闻事业和中国新闻教育事业休戚与共，走过了一段极不平凡的历程。他就学院的一些具体改革思路和措施，即学院的“十三五”规划进行了简要汇报。

3）中国传媒大学

（1）国际传媒教育论坛暨数据新闻奖学术沙龙。

2015 年 6 月 12 日至 13 日，由中国传媒大学文科科研处、国际传媒教育学院与中美教育基金会联合承办的 2015 年国际传媒教育论坛暨数据新闻奖学术沙龙在中国传媒大学举行。

论坛期间，美国普利策新闻奖获奖记者，美国外交关系协会、财新传媒、中国日报代表，以及清华大学等国内 30 余所高校代表，共同探讨大数据时代面向全球的数据新闻中国报道，梳理 30 年中美元首峰会新闻报道，以及媒介外交发展经验策略。此次会议推动落实了中国传媒大学英文权威期刊的编辑出版，并基于中国传媒大学与美国密苏里新闻学院合作传播学本科的中外办学，探索数据新闻学的教育创新。

（2）2015 年广播影视远程学历教育暨学历继续教育工作会议。

2015 年 6 月 12 日，中国传媒大学与国家新闻出版广电总局人事司在广西南宁联合召开“2015 年广播影视远程学历教育暨学历继续教育工作会议”。此次会议的主题是推进中国传媒大学与总局人事司合作开展的“广播影视远程学历教育项目”。

新闻出版广电总局人事司副司长张宏在讲话中总结了广播影视远程学历教育的意

义、成效与经验，并对2015年工作做了部署。

（3）中国传媒大学中青年教师教学研讨会。

2015年6月26日至27日，由中国传媒大学人事处教师发展中心举办的中青年教师教学研讨会成功举行。来自全校各个教学单位近90位教师参加了研讨会。此次研讨会以“服务教师成长、促进教师发展、提高教学质量”为主题，旨在总结、交流教学经验，培养和提高中青年教师的教学能力，探索高等人才教育的新方法、新途径。在开幕式上，中国传媒大学人事处处长夏丹向大家介绍了教师发展中心一年来的工作情况和未来的工作计划，努力为老师的成长发展和教学提升做好服务，将中心打造为中国传媒大学的教师共同体。

在主题报告环节，林杰教授首先作了题为“大学教师发展的国际趋势”的主题报告，针对当前国际的教育发展趋势，结合国外著名大学教师发展中心的发展情况，分析了当前国内外教育形势下，教师如何更好地促进自身发展以及教师发展中心未来的发展方向。随后，陈巍教授作了题为“创新型人才培养思考与实践”的主题报告，陈教授结合自己的课堂教学实例和社会发展形势，向老师们讲解了在课堂教学中如何启发学生的创新思维，使学生的知识体系与社会发展需求更好地融合起来。

（4）中国传媒大学新闻传播学部新闻学院“本科教学教法研讨会”。

2015年12月2日下午，新闻传播学部新闻学院召开由全体教师参加的“本科教学教法研讨会”，这场围绕改进新闻传播学本科教学的认真思考和互动交流的学术活动。

此次研讨会由新闻传播学部副学部长、新闻学院院长刘昶教授主持。副院长丁迈教授首先就最新版的本科评教结果进行了数理分析，针对学生反馈信息，总结了当前学院本科教学中存在的优点与不足。应邀与会的胡正荣副校长在介绍全媒体时代的新闻传播学教育发展趋势之后，还详细解读了《统筹推进世界一流大学和一流学科建设总体方案》。

在经验介绍环节，专程应邀与会的首都师范大学博士生导师、课程与教学论专家邢红军教授就如何获得令学生满意的课堂效果，与新闻学院全体教师进行了交流。新闻学院全体教师就课程建设、教师梯队培养、推进教学国际化等议题进行了分组讨论。

4）武汉大学新闻与传播学院

（1）第三届“实践教学与新闻传播人才培养创新”高峰论坛。

2015年3月28日，由武汉大学新闻与传播学院、武汉大学新闻传播学实验教学中心（国家级）和武汉大学—湖北日报传媒集团新闻传播学类文科实践教育基地主办的第三届“实践教学与新闻传播人才培养创新”高峰论坛在新闻与传播学院三楼报告厅举行。来自北京、广州、深圳、上海、长沙和武汉等28家新闻媒体、广告公司和工商企业的近 40 位代表齐聚一堂，共同探讨实践教学与新闻传播人才培养创新问题，并就学界的人才培养与业界的人才需求如何实现对接进行了有益探索。

在论坛上，有 13 位参会嘉宾发表了主题演讲，为实践教学与新闻传播人才培养提出建设性意见：在互联网发展迅速的今天，业界青睐具有创意思维和一专多能的新闻传播专业人才。

（2）"互联网+"时代新闻传播人才培养模式转型研讨会。

2015 年 12 月 5—6 日，"互联网+"时代新闻传播人才培养模式转型研讨会在武汉大学召开。来自全国 12 个省、自治区、直辖市的 34 所高校、57 位专家学者参加了会议，就当前我国新闻传播人才培养所面临的冲击与挑战、存在的问题以及转型的路径选择等议题进行了深入探讨。会上，中南财经政法大学吴玉兰教授、武汉大学吕尚彬教授等人阐述了"互联网+"时代的特征及其对新闻传播人才的新要求。湖北大学廖声武教授、深圳大学王晓华教授、暨南大学莫智勇博士等人对目前高校新闻传播教育模式与"教"、"学"、"业"三个方面存在的问题做了具体分析并进行了反思。武汉大学新闻与传播学院强月新教授梳理了我国正在尝试转型的几种代表性新闻传播人才培养模式。陕西师范大学李文教授、大连民族大学于凤静教授、清华大学戴佳博士等人也对当前形势下我国新闻传播人才的专业教育改革提出了具体的建议。

国家教学名师、武汉大学新闻与传播学院罗以澄教授对会议做了总结。他指出面对互联网新技术的挑战，一方面各高校应及时调整人才培养模式，另一方面不同高校千万不要"定于一尊"，一定要张扬自身的特色，走自己的路。他还强调新技术的出现永远是未知的，但高校教育"探讨人类真理、传播人类知识、引领社会发展"的使命则是永恒的。

5）上海大学上海电影学院

2015 年 5 月 9 日，由上海大学影视艺术技术学院和汕头大学新闻学院联合主办的"媒体大变局与新闻传播教育教学改革研讨会"在上海大学乐乎楼举行。会议就"新闻教育宏观改革"、"新闻教育理论探讨"、"新闻教学方法探讨" 3 个主题进行了探讨。

此次研讨会与会人员分别来自清华大学、复旦大学、上海大学、浙江大学、重庆大学、兰州大学等高校。研讨会共进行了两场大会发言和六场分会场研讨，来自全国各地的 40 多位专家学者分别作了专题发言。此次研讨会的主要议题如下：如何真正以互联网思维改革互联网时代的新闻传播教育；融合媒体时代新闻传播教育的课程结构设置；互联网思维下的新闻传播理论体系；自媒体包围下的新闻专业主义教育；碎片化时代的新闻理想和使命培养。针对这些议题，与会人员提出了许多创新性的观点和建设性的建议。

6）华东师范大学传播学院

2015 年 4 月 24 日，上海卓越新闻传播人才教育基地建设研讨会在华东师范大学传播学院举办。此次研讨会的主题为“数字时代下传播教育的困境与创新”。传播学院副院长陈虹教授、上海交通大学媒体与设计学院院长李本乾教授、《新闻记者》主编刘鹏博士主持研讨会。

台湾政治大学钟适芳教授探讨了数位时代下传播教育的大破、大立与坚守。复旦大学黄瑚教授介绍了新闻学院“大新闻传播”的教学理念以及复合型新闻人才的培养思路，分享了新闻学院从 2012 年起开始实施的“2+2”跨专业培养改革和实践效果。武汉大学肖珺教授和澳门科技大学章戈浩教授就自己在教学实践经验如何贯彻这种教育改革呼声和理念，介绍了他们的经验和收获。在研讨互动环节，传播学院聂欣如教授就如何培养学生的实际操作技能与张小琴教授展开讨论。

综上可以看到，2013—2015 年这 3 年来，我国的新闻传播教育取得了长足的发展，办学体系初步形成，教育的管理机制不断健全，学界和业界的影响力也在逐渐形成。随着互联网与新媒体的不断创新与发展，传媒业正处于前所未有的变革进程中，新闻传播教育的组织和队伍建设也在进一步加强，学术交流的平台也在稳步拓展。对于今天的新闻传播业来说，新媒体、自媒体的崛起等实践界的纷繁变化给新闻传播教育界提出了一系列具有挑战性的问题单，在以媒体融合为主要特征的传播生态下，我们的学科建设、人才培养面临着一个拐点，这需要大家一起积极推动新媒体环境下新闻传播学术研究、课程建设、人才培养模式等各方面的改革创新，进一步增强责任感、使命感，开拓思路，创新方法，夯实基础，把握长效，突出重点，找准抓手，使我国新闻传播教育开创出新的佳绩，创造中国新闻教育事业更美好的未来。

（撰稿人　李文　苏清华）

附录 1　新闻传播学类专业本科教学质量国家标准

1.1　前言

新闻传播学是文学门类下设的一个专业类，主要以文学、政治学和社会学为学科基础，同时又与哲学、经济学、管理学、艺术学、心理学和历史学等学科密切相关。新闻传播学类专业具有较强的政治性，要求学生坚持马克思主义新闻观和正确的政治立场；新闻传播学类专业同时具有较强的实践性与融合性，要求教学能紧跟传媒实践的快速发展，学生掌握扎实的新闻传播知识，能够胜任未来新闻传播相关行业的工作。

新闻传播学类专业在我国高等教育以及国家建设与社会发展中占有重要地位，承担着培养新闻传播、编辑出版、策划营销、媒介管理和文化创意人才的任务。随着媒介在当今世界社会文化生活中作用和地位的不断凸显，新闻传播学类专业教育将在我国经济建设、政治建设和文化建设中起到越来越重要的作用。

新闻传播学专业本科教学质量标准是全国本科新闻传播学类专业教学质量的基本标准，各高校可结合自身的定位和办学特色，对该标准中的条目进行细化规定，但不得低于该标准相关要求。鼓励有条件的高校高于该标准办学。

1.2　适用专业范围

1. 专业类代码

0503　新闻传播学类

2. 该标准适用的专业

该标准施行后，相应的适用专业约为 7 类，具体如表一所示：

表一　　　　新闻传播学类专业本科教学质量国家标准适用专业

专业代码	专业名称
050301	新闻学
050302	广播电视学
050303	广告学
050304	传播学
050305	编辑出版学
050306T	网络与新媒体
050307T	数字出版

1.3　培养目标

新闻传播学类专业教育以符合国家政治、经济和文化建设发展需求为基本原则，以我国高等教育定位和特点为参考框架，同时以行业标准和社会需求为导向，培养坚持马克思主义新闻观，坚持正确政治立场和方向，具有全媒体新闻传播知识和能力的应用型、复合型、创新型人才，以及具有全球视野和跨文化传播能力的国际新闻传播人才。

各高校应根据自身的基本定位制定合适的培养目标。培养目标应保持相对的稳定性，但同时应根据社会、文化、经济的发展需要，定期进行评估，并适时进行修订和完善。

1.4　培养规格

1. 学制与学位

新闻传播学类专业基本学制为四年，各高校可在四年制基础上，实行弹性学制，允许学生在 3~6 年内完成学业，学生可保留学籍休学创业。完成各专业培养方案规定的课程和学分要求，考核合格，准予毕业。符合规定条件的，授予文学学士学位。

总学分建议控制在 140~160 学分。

2. 素质要求

（1）政治素质：坚持马克思主义新闻观，拥护中国共产党的领导，始终坚持新闻工作的党性原则，坚持正确的政治立场和方向，维护国家利益，遵纪守法。

（2）道德素质：始终坚守新闻真实性等基本准则以及服务国家、服务人民、服务中国特色社会主义的社会责任感和职业理想。

（3）专业素质：具有清晰的新闻从业者的角色认知，具备积极乐观、竞争协作的良好个性，掌握新闻传播的基本知识和能力，具备创业基本素质。

（4）身体素质：身心健康，教育部规定的《学生体质健康标准》测试达标。

3. 能力要求

（1）具备与本专业工作相适应的理论学习能力，并掌握持续学习的方法。

（2）具备与新闻传播实践的发展变化相适应的业务动手能力和实践创新能力。

（3）具备良好的语言文字表达能力与沟通能力。

（4）具备计算机和现代新媒体技术的应用能力。

（5）掌握社会科学研究的基本方法，初步具备社会科学调查与研究的能力。

4. 知识要求

（1）掌握新闻传播学相关理论知识和基本业务技能，拥有比较广博和扎实的社会科学和人文科学基本知识。

（2）了解党和国家新闻宣传的方针、政策和相关法规。

（3）掌握业界发展现状与变化趋势，了解外国行业和专业发展动态。

（4）了解并掌握计算机和现代新媒体技术基础知识以及相关应用。

（5）熟练掌握一门外语，在外语的听、说、读、写、译方面达到较高的实际应用水平。

（6）掌握科学的辩证思维方法，具有基本的人文社会科学调查研究能力。

（7）掌握媒介经营管理的相关原理和知识，具备一定的市场营销、媒介调查、媒体策划与运营等方面的知识和能力。

（8）了解并掌握创新创业的基本知识与技能，具备创新思维与一定的创业素质与能力。

1.5　课程体系

1. 课程体系总体框架

根据新闻传播学类专业特点，课程体系应当包括理论课程、实践教学环节和毕业论文（作品）。理论课程主要包含通识类课程、公共基础类课程、专业基础类课程、专业类课程。这四大类课程总体上应能充分反映新闻传播学类专业培养目标以及培养规格的要求，充分反映中国特色社会主义新闻传播实践的最新经验，充分反映本学科领域的最新研究进展情况。课程总体框架设计应当强化专业实践能力，扩大通识类课程覆盖面，增加新媒体知识和技术相关课程，涵盖创新创业教育。

各高校可选择一些反映学科前沿、学校特色的知识单元作为选修科目。有条件的学校可制订并实施国内（外）学生交换计划，建立各类形式和层次的联合培养制度，以及开展双语教学。

2. 课程设置

1）理论课程

（1）通识类课程。主要包括人文社会科学类和自然科学类课程，旨在提升人文素养，培养科学精神，陶冶艺术修养。

（2）公共基础类课程。主要包括“思想政治理论”、“大学外语”、“计算机基础及应用”、“体育”、“职业生涯规划”、“就业指导”，以及“创新创业教育”等。

（3）专业基础类课程。各高校应当根据各专业教学目标和任务，开设新闻传播学类基础课程，主要包括“新闻学概论”、“广播电视概论”、“广告学概论”、“传播学概论”、“网络与新媒体概论”、“出版与数字出版概论”、“新闻传播伦理与法规”、“马克思主义新闻思想”（或马克思主义新闻论著选读）、“数字媒体技术”、“新闻传播学研究方法”等。

（4）专业类课程。各高校根据自身特点以及师资情况，结合专业教学目标和任务，应开设8~10门专业类必修课程，教学内容应涵盖业务方面的核心知识点：

新闻学专业：中外新闻传播史、新闻采访、新闻写作、新闻编辑、新闻评论、融合新闻学、新闻摄影、媒介经营与管理。

广播电视学专业：广播电视史、广播电视采访、广播电视写作、电视画面编辑、广播电视评论、融合新闻学、非线性编辑、电视节目类型与策划、电视摄像。

广告学专业：广告史、广告创意与策划、广告心理学、市场营销学、统计与数据分析、消费者行为与营销策略、电脑图文设计、广告效果评估。

传播学专业：大众传播史、传播研究方法、跨文化传播、调查软件与应用、舆论学、传播效果与测量、传播心理学、受众与视听率分析。

编辑出版学专业：平面媒体编辑、新媒体编辑、网页设计与制作、出版物设计与制作、数字多媒体作品赏析、视觉传播、非线性编辑、出版法规。

网络与新媒体专业：网页设计与制作、数字多媒体作品创作、非线性编辑、融合新闻学、新媒体数据分析与应用、新媒体产品设计与项目管理、电子商务基础与应用、网络舆情监测与研判。

数字出版专业：数字出版技术、数字出版创意与策划、数字多媒体作品创作、数字多媒体作品赏析、网页设计与制作、网络与新媒体广告、出版法规、视觉传播、电子商务基础与应用。

课程具体课程名称可根据各高校实际进行调整。各专业还可以自主设置专业选修课或专业方向课程模块，供学生选择。鼓励开发跨学科、跨专业的新兴交叉课程。目录外特设专业另有专业类课程，由开设院校自行制定。

2）实践教学环节

实践教学环节主要包括专业实训课和专业实习两部分，其中实训课的总学时原则上不少于课程总学时的15%，总学分原则上不低于20学分。

各高校和院系应开发拓展校内与校外的实训基地，为学生创造提高实践动手能力的平台。各高校结合办学实际可在实践教学环节中设置合理的创新创业学分以及创新创业学分积累与转换制度。

（1）专业实训课。各高校根据自身特点以及师资情况，结合专业教学目标和任务，在课程设置中，应包括以下专业实训内容：

新闻学：新闻摄影、新闻采访与写作、报纸版面编排与设计、融合新闻创作、社会调查。

广播电视学：图片摄影创作、电视摄像、电视编辑、广播电视节目策划与创作、融合新闻作品创作。

广告学专业：市场调研与统计分析、电脑图文设计、影视广告创作、广告创意、广告文案写作。

传播学专业：新闻采访与写作、传播调查与统计、传播效果与测量、受众与视听率分析。

编辑出版学：新闻采访与写作、报刊编辑、网页设计与制作、出版物设计与制作、数字多媒体作品创作。

网络与新媒体专业：网页设计与制作、数字多媒体作品创作、非线性编辑、融合新闻作品创作、新媒体数据分析与应用、新媒体产品设计与项目管理。

数字出版专业：数字出版创意与策划、数字多媒体作品创作、网页设计与制作。

（2）专业实习。新闻传播学类专业学生应在第7学期或第8学期到与本专业相关的媒体或企事业单位的相关部门进行不少于3个月（12周）的专业实习，也可在此期间进行创新创业实践。

3）毕业论文（作品）

（1）选题要求：

毕业论文：要求学生根据在校期间专业学习所获得的理论知识并结合自身专业实践进行选题。选题要求关注本专业理论研究的重要问题、实践发展所存在的实际问题或国内外实践发展的前沿动向。选题角度不宜过大，在研究方法上具有可操作性。

毕业作品：新闻传播学类各专业也可以根据专业自身特点采用作品创作或撰写调查

报告的形式毕业。作品创作的选题要密切结合本专业方向的理论知识，主题积极，符合党和国家的政策以及在公共媒体传播的各项要求，并且具有一定的创新性。调查报告的选题要与社会实际和专业领域密切相关，鼓励学生关注具有重要影响和一定典型性、普遍性的社会热点、难点和焦点问题，并且能够对实践具有一定参考和指导意义。

（2）内容要求：

毕业论文：论文选题应与新闻传播专业领域相关，论文内容主要分为绪论（含文献综述）、正文、结论三个部分，能够体现学生对所学专业理论知识的掌握程度以及运用相关理论分析问题的研究能力。毕业论文字数应当不少于 8000 字，论文写作格式以及文献注释应当严格遵守学术规范。

毕业作品：作品创作应当采取各专业方向实践创作的主流作品形式，对于作品长度、格式等应有统一规定，并附有作品创作报告。创作报告在内容上应包括：创作策划与背景、创作流程记录、创作阐述、创作总结与分析。调查报告在内容上应包括：调查背景、方法阐述、调查结果与分析、调查结论。创作报告与调查报告正文字数应不少于 8000 字，并附有原始文字、图片、音视频记录等资料。

（3）指导要求：

各院系专业应为每位学生安排一位毕业论文（作品）指导教师，对论文（作品）的选题、写作、创作或调查进行全程指导。毕业论文（作品）进行过程中，须加强过程管理，指导教师应当与学生进行不少于三次的面对面指导。教师在每次指导中，须对学生的论文或作品提出修改意见建议，确保论文（作品）质量。论文（作品）完成后，组织安排答辩。

1.6　师资队伍

1. 师资队伍结构

新闻传播学类专业师资队伍的年龄结构、学缘结构、职称结构应保持合理性和稳定性。生师比原则上不应超过 18∶1。新闻传播学类各专业的专任教师应不少于 6 人，一般应具有博士学位。各高校结合自身特点和实际情况，可聘请业界人士担任兼职教师。

2. 教师背景与水平要求

1）教师背景

新闻传播学类专任教师应具有相关专业的教育背景，青年教师（40 岁以下，不含）原则上应具有博士学位。从事新闻传播业务课程教学的教师应具有实务工作背景或实务经验。有条件的高校和院系，师资队伍中应有一定数量的教师具有海外留学经历或跨学科教育背景。

2）教师水平要求

新闻传播学类专业教师应始终坚持马克思主义新闻观，热爱本职工作，拥有高尚的道德情操和敬业精神；掌握教育教学基本原理、基本方法，了解教育心理学的基本知识；具有独立从事教学科研的能力，态度认真、作风严谨，对于所教课程具有扎实的理论基础、必要的业界实践经验以及多学科的背景知识；具有创新精神与国际视野；具有用中文普通话或英文授课的能力；善于运用现代多媒体教学手段，能够指导学生创新创业实践。

3）教师发展规划

（1）各院系应对不同年龄层次和学历学科背景的专业教师制订有针对性的教师职业培养和发展计划。

（2）建立增加专业教师实践经验的制度保障，加强学界和业界的联系，探索教师团队灵活发展的模式，要求专业业务类课程教师必须具有在相应媒体工作、挂职半年以上的经历。

（3）积极创造条件加强专业教师的理论学习和业务培训，开拓教师的国际视野，为教师参加业界锻炼和国内外学习提供保障。

（4）强化对教师教学能力的培养，定期对教师进行系统的教育学方面的理论知识和教学技能培训；加强基层教学组织建设，探索教师通过互帮互助提高教学质量的新模式和新途径。

1.7　教学条件

1. 教学设施

各高校应为新闻传播学类各专业提供数量充足、功能完善、能够保障教学正常运行的教学设施。生均教学行政用房面积一般不低于14平方米；生均教学科研仪器设备值不低于5000元；生均图书不低于100册；生均年进书量不低于4册；百名学生配教学用计算机不低于10台；百名学生配多媒体教室和语音实验室座位数不低于7个，年新增教学科研仪器设备所占比例不低于10%。

2. 信息资源

新闻传播学类专业所在高校和院系应在图书馆、音视频资料室和网络信息资源建设上保证教师教学科研以及学生学习的最基本需求，能够保障教学科研以及学习工作的正常开展。

各高校和院系应为教师和学生提供本专业的培养方案、课程教学大纲、教学要求、考核要求、毕业资格审核要求等基本信息；为学生推荐课程所需的教材和必要的教学参考资料；建设精品课程网站，提供丰富的网络教学资源；搭建教务管理、科研管理与学生管理信息系统；为教师和学生提供便捷的校际、国际交流和资源共享的平台。

3. 实践教学

各高校应为新闻传播学类专业提供人才培养所需的实践教学条件。

各高校和院系应根据新闻传播学类专业的特点、教学目标和教学内容建设相应的教学实验室和科学研究实验室；建立完善的实验室规章制度，加强对实验室设备的维护和管理，增强实验室的使用率，保障实训课程及学生实践活动的顺利开展。

各高校和院系应加强与行业之间的联系，建设一批相对稳定的校外实践教学基地，以满足学生的实践教学需要；充分调动和利用各种资源建设大学生科技园、大学生创业园、创业孵化基地和小微企业创业基地，为学生创业提供资金支持与政策保障。

4. 教学经费

新闻传播学类专业所在高校和院系应保证对教学和科研经费的投入并根据社会发展和专业建设需要逐年增加投入。教学经费应严格用于课堂教学和实践教学一线，不得用于其他用途。同时，各高校和院系应通过多种渠道和方法探索社会与学校共办教育的模式，努力开拓教育资金来源，提高新闻传播学类专业教育教学的质量，提升学生和社会满意度。

新闻传播学类专业所在高校的学费收入中用于日常教学的经费不得低于25%，用以保障教学业务、教学仪器设备修理、教学差旅等教学开支。新闻传播学类专业每年的生均日常教学运行经费不低于1200元/人，主要用于购置图书资料、教材建设、教学团队建设、实践教学基地建设和实验室建设等。新开办专业的生均教学经费应能满足专业建设和发展的需要。

1.8　质量管理与保障

1. 质量管理目标

各高校和院系应围绕新闻传播学类专业的办学思路、人才培养目标和用人单位需要建立科学合理且相对稳定的质量管理与评价体系。通过对教学运行、教学过程、教学效果、教学经费、设施建设、教学改革与研究、教学计划修订、实践教学改革、学生日常管理、毕业生质量跟踪、社会和用人单位评价等环节进行全方位、分层次、常态化的质量监控与管理，实现以学生为本、以用人单位需求和标准为要、以结果为导向的质量管理目标。

2. 质量保障规范

各高校和院系应成立专门负责质量监控与管理的部门或机构，建立健全质量监控与管理的规章制度，形成日常管理、定点管理和定期管理相结合的质量保障机制。

(1) 日常管理：由院长（系主任）负责对本科教学运行等情况进行日常管理。

(2) 定点管理：由专门的质量管理组织或个人对教学质量控制点进行定点管理。实施定点管理的组织有教学指导委员会、督导组等，个人则有教师、学生、学生家长、用人单位代表等。

(3) 定期管理：由学校和院系组织定期的管理评审、教学工作水平评估、专业评估（认证）、专项评估等工作。

质量监控与保障体系应加强对教学工作和人才培养的过程管理，主要方式有：(1) 建立领导听课制度。学校、院系各级领导每学期应完成一定的听课任务，以便及时掌握教学一线的信息，把好教学质量关。(2) 建立专家督导制度。校院两级均应聘请一些专职教学专家（退休或在职），定期随堂听课或开展其他教学督导工作，并提出相应的改进建议。(3) 建立同行评议制度。教师之间应形成相互学习、交流、竞争、提高的教学氛围，每个教师每学期须完成一定的听课工作量。(4) 建立学生评教制度。每学期开展学生评教活动，收集学生对教师教学工作的意见和建议，促进教学相长。(5) 与业界建立双挂和互动制度，纳入业界对教学的反馈信息，不断改进。

1.9　名词释义

(1) 学分：计算学生学习量的一种计量单位，18 个小时的教学活动为 1 学分。

(2) 专任教师：指学校在编、具有教师专业技术职务，专门从事本专业课程教学任务的教学、科研和本专业课程教学管理岗位上的教师。非教师专业技术职务的人员和外聘人员、承担本专业课程以外其他课程的教师不计入在内。

(3) 实践教学基地：是指已经签订协议的实践场所或没有签订协议但有明确实践教学目的和任务，配备专门的教师和辅导人员，能满足实践教学需要的场所。

(4) 教学经费：一般指本科业务费、购置图书资料费、学生实践费、教师差旅费、外聘一线人员的专题讲座费和教学仪器设备维修费等。

附录2　新闻传播学一级学科简介及“硕、博士学位要求”

2.1　一级学科简介

一级学科（中文）名称：新闻传播学

（英文）名称：Journalism and Communication

1. 学科概况

新闻传播学是研究新闻活动、传播活动及其他各种传播现象的学科。19世纪末和20世纪初，新闻学分别在德国和美国的大学作为一门学科讲授。传播学作为一个学科，则首先出现于20世纪四五十年代的美国，后被世界各地普遍接受。我国新闻学科创建的起点，是1918年10月北京大学新闻学研究会的成立，传播学则是在20世纪80年代开始兴起。1997年，我国新闻学和传播学组合成一个一级学科，称为“新闻传播学”。

在信息全球化和传播技术急遽发展背景下，渗透到生活几乎所有方面，深刻影响着人们对外部的感知，改变人际交往和社会关系。因而，本学科的重要性愈加凸显。伴随着大量社会传播新现象、新问题的出现，新闻传播学原有的内涵、外延，以及学科建设面临较大的调整；同时，新闻传播教育的培养目标、方式方法也面临着适应新形势的调整。

新闻传播学未来的发展将呈以下主要趋势：（1）重新理解和认识新闻、传播、媒介等概念及其与人类社会的关系，由此将导致整个学科发生新的多方面的变化；（2）在人才培养和专业设置上，将不再是以媒介作为划分的唯一依据，而以传播内容或其他新的尺度为依据重新规划专业类别，改造原有人才培养体系，以适应媒体融合或多媒体传播的需要；（3）以全球传播的视野，全面深入研究中国新闻传播的历史、实践、体制与观念，提出一些既适合中国本土传播特点，又具有普遍意义的新闻与传播理论概念和假设，这将是未来5~10年学术研究的主要目标。

2. 学科内涵

1）研究对象

新闻传播学以人类社会新闻与信息传播活动为对象，从不同维度研究不同形态和类型的新闻与信息传播活动与人类社会的关系。在性质上，兼跨人文学科与社会科学。该学科以往的研究主要是围绕大众传媒的新闻传播而展开，在近些年，其研究视野和范围大大扩展，网络传播、媒介文化、数字传播、信息和文化产业等各个方面，已成为该学科研究的重要内容。

2）理论

新闻传播学的理论大致可分为三部分，一是作为人的存在的传播与交往，包括交往与人的本性，交往沟通与人的主体性，传播、交往与人的日常存在等；二是作为关系的交往和传播，比如传播手段变迁与社会关系的呈现，传播和交往政治及其关系，人们的生存空间与传播，传播与经济、贸易关系等等；三是侧重于传播对于社会的功能，或者侧重于信息生产和传播过程，包括内容、手段、制作、生产机制、政策制度以及受众、效果等；或者视新闻传播为社会文化现象，着力于叙述结构、符号及其表达，揭示其意义价值、现实建构与权力关系。

3）知识基础与研究方法

新闻传播学的知识基础包含人文学科和社会科学两个部分。人文—历史—哲学的研究方法和社会科学研究方法并蓄兼包。

3. 学科范围

新闻传播学下设四个研究方向：新闻学、传播学、广播电视学与数字传播、广告学与传媒经济学。

1）新闻学

新闻学以新闻生产及传播，特别是职业（Profession）新闻传播为研究对象。该学科理论基础是基于新闻采访、写作、编辑、评论等业务实践经验而升华的新闻理论、新闻历史研究。在数字化传播时代，新传播技术渗透日常生活的各个方面，除了职业新闻传播外，大众自我传播已经成为可能。因此，以传统的“采写编评”为主要研究对象的新闻业务研究，正在转变为事实、娱乐、评论等叙事技巧与文字、图像、影像、声音综合运用的研究，而且信息搜集、分析、整合、呈现等综合创造能力的研究，成为新闻学研究的前沿。除了不断对各种新闻传播新现象新问题提供理论支持和说明外，新闻理论研究也在探究数字化时代新闻传播的发生和发展、提升着全民媒介素养；新闻史研究为职业和非职业新闻传播者提供本领域人文历史意识，尤其是提供当代新闻传播历史发展变化的基本概念方面，面临着新的任务。

2）传播学

传播学以人类传播现象为研究对象，重点在于传播、交往与人类的关系及其变迁。作为一个学科，首先出现于 20 世纪四五十年代的美国，后被世界各地普遍接受。传播学既是人文学科又是社会科学。作为人文学科，传播学的特点是从政治、经济、文化层面来透视传播与人类的关系；作为社会科学，传播学主要关注传播，尤其是传统的大众媒介对于现代社会的作用及其效果。大略而言，传播学目前主要分为三个方向：第一，传播理论研究：主要包括传播与人的交往、传播制度、传媒生产、受众、传播效果等；第二，媒介文化研究，主要内容包含媒介生产与政治经济权力、媒介文本的意义呈现、作为文化的传播技术、跨文化传播等；第三，传播史研究，包括媒介史、传播观念史、传播文化史和社会史等。

3）广播电视学与数字传播

广播电视学与数字传播以广播电视和以数字技术为基础的新媒体为主要研究对象。随着多年的发展，广播电视不仅成为特定的研究对象，具有相对完整的理论体系，并且正在与数字媒体合流发展。广播电视与数字媒体是随着新闻传播业的不断发展成型的，既体现新闻传播业的基本特征与要求，又具有自身的独特性。新闻学与传播学的基本原理、媒介经济理论、数字音视频技术与艺术理论等均是该学科的理论基础。该学科的研究主要分为两个方向：第一，广播电视研究，主要包括节目和频道（率）的构架、类型、制作和运营、广播电视节目和社会政治、经济与文化、受众、收视（听）率以及经营管理等方面的研究。第二，数字媒体研究，强调以信息科学和数字技术为主导，以传播理论为依据；内容涉及基本理论研究、内容产制研究、产业模式研究以及传播与技术融合部分的研究，同时，也研究数字媒体与政治、经济、社会、文化等关系。

4）广告学与传媒经济学

广告学与传媒经济学由广告学和传媒经济学两个相关联的部分构成。该学科的研究可以追溯到 19 世纪大众传播的形成时期，其学科基础是传播学理论、社会心理学、经济学和管理学。该学科主要分五个方向：第一，广告传播理论——研究广告的传播特性、功能、类别、程序，广告发展的历史与变化趋势；第二，广告运作与管理——研究广告主、广告公司、媒介的广告运作与广告经营机制，以及社会对广告传播的管理与控制；第三，品牌传播——围绕着品牌建设而进行的广告策划与创意、设计与制作以及媒体运用；第四，传媒经济理论——关注传媒经济的本质，传媒产品的性质与产制方式、传媒的消费结构、行为与绩效、媒体市场失灵与政府规制等内在规律；第五，传媒经济实务——研究传媒组织的决策、战略及其他经营管理问题。

4. 培养目标

学士学位：培养有良好的人文和道德素养、扎实的专业基础知识、较强的思考和分析能力，能胜任新闻传播职业工作的专门人才。具体包括：（1）有职业道德和理想，讲原则重责任，热爱新闻传播工作；（2）关心和贴近现实，善于交往，能发现和捕捉问题，有独立见解；（3）熟悉新闻传播流程和业务，了解不同媒介的特性并能根据需要进行整合，有较强的文字写作、图像拍摄、编辑以及口头表达的能力；（4）视野宽阔，思维灵活，善于汲取新知识，不拘一格，具有创造性。

硕士学位：培养具有宽阔的人文和社会科学知识，全面、扎实的专业知识，经过规范的学术训练，熟悉新闻传播实践，具备学术研究的基本能力并能独立从事新闻传播工作的人才。具体包括：（1）对于人文和社会科学的经典著作，有比较系统的阅读和掌握；（2）对于新闻传播的知识有系统掌握和透彻理解，能创造性地从事新闻实践工作；（3）对于本专业、本领域的研究及其成果，能全面和深入地掌握；（4）拥有研究方法论的基础知识，能够根据具体选题采用适当的研究方法；（5）对于学术、学术研究、学术规范有深刻理解，恪守学术道德；（6）思维严谨，逻辑严密，具有发现问题、提出问题和解决问题的基本能力。

博士学位：培养具有厚实的人文和社会科学知识，熟悉新闻传播的历史和现状，掌握本学科的最新进展，在某一专业领域或研究方向有深入研究，具备独立从事学术研究和教学的高层次人才。具体包括：（1）在已有的人文和社会科学知识基础上，对于与自己研究相关的重要理论、核心概念及其历史脉络，有透彻了解和把握；（2）有敏锐的思辨和分析能力，能够判断问题的价值，跟踪学术前沿，进行理论和知识创新；（3）对某一领域或方向，有深入研究和独特理解，能够作出创新性贡献；（4）有学术研究的感悟力，理解学术研究的真谛，掌握其门径，不断开拓新的领域；（5）忠诚学术，淡泊名利，治学严谨，勤勉进取。

5. 相关学科

社会学、心理学、语言学、文学、法学、政治学、管理学。

2.2　硕、博士学位要求

1. 学科概况和发展趋势

新闻学形成于 19 世纪末和 20 世纪初的德国和美国。中国的新闻学教育和研究开始于 1918 年 10 月，其标志性事件是北京大学新闻学研究会的成立。传播学作为一门学科，大体形成于 20 世纪 40 年代。新闻学与传播学结盟，最早开始于美国，并进而影响到中国。1971 年新闻学和传播学在中国被整合为新闻传播学。

新传播技术的迅猛发展，使我们越来越清楚地认识到，传播媒介不只是一个渠道，不只是一个把信息从一个地方传到另一个地方的载体。媒介就是信息，不同的媒介带承载着不同的文化，同时又会改变原有的文化和社会关系。因此，理解媒介形态所代表的科学技术，不能局限于科技本身。在新媒体发展、媒介形态融合背景下，新闻传播学获得了超越单一媒介形态的研究新视野。

新传播技术形塑了新的新闻传播形态、关系、格局，在这样的背景下，不仅新闻学和传播学的界限变得模糊，而且新闻传播学的很多问题已经不能在原来划分的范围内得到回答。打破新闻传播学科内不同领域的界限，甚至打破新闻传播学与其他学科之间的界限，成为一种较为普遍的新的思考方式。

新传播科技给新闻传播实务的教学和研究也带来了整合的要求。传统的“新闻实务”需转变为“新闻与传播实务”（包含各种非新闻类信息的传播实务），以传统媒体实务为基础的采、写（制作）、编、评等，也需根据数字媒体的新环境重新整合，以期能够适用于各种媒介形态的新闻与非新闻类信息传播的实务。

未来的传播学领域将聚合起不同的学科，借助多学科知识，使用多科学工具与方法，多方面探讨信息传播和人类社会的关系与规律，为认识、理解人类与大千世界广泛而复杂的联系，不断提供新的洞见和理论。

新闻传播学在研究方法上的整合方向，除了实证研究的量化分析与质化分析的结合外，更为长远的整合是人文—历史—哲学的思维方式与“科学方法论”的思维方式的结合。

2. 博士学位的基本要求

1）获得博士学位应掌握的基本知识

新闻传播学是一门交叉学科，该学科的博士生应该具备比较广博而厚实的知识储备，大致包括以下三个方面的内容：

（1）具有相应的人文社科领域的基础知识。具体是指作为新闻传播学之学科基础并且关涉人类信息（尤其是新闻信息）传播研究的所有人文科学和社会科学领域的知识，其中主要涉及社会学、心理学、语言学、人类学、历史学、文学、法学、政治学、管理学、大众经济学、伦理学、国际关系学。

（2）具有厚实的新闻传播学科的专业知识。具体是指掌握新闻传播学科领域里的新闻学、传播学等分支学科的核心概念、基础理论、研究方法与国际国内研究前沿，深入了解新闻传播实务领域的相关知识和同内外媒介发展状况，形成关于该学科较为系统、完备的知识体系。

（3）具有必需的现代传媒实践的基本知识。具体是指对于新闻传播现实变化有相当的敏感性，十分了解现代传媒技术的一般原理及发展趋势，对于传媒科技给传媒业带来的影响有充分的认识和判断。

2）获得博士学位应具备的基本素质

（1）学术素养：

学术素养是每位博士生获取博士学位所必备的核心素质。主要表现为：

第一，尊崇“思想独立，学术自由”的精神，具有求真务实的学术品格，以潜心研究创造知识为目的。

第二，掌握系统的理论知识，了解本领域的研究传统和研究前沿，能够发现有价值的研究问题，并具有自主创新意识。

第三，了解不同的研究取向，掌握各类研究方法，遵守研究规范，能根据不同的研究问题，选择并运用不同的研究路径和方法。

第四，具有系统的学术训练，有一定的参与大型科研课题的研究经验，有能力独立开展并完成科研课题研究。

（2）学术道德。遵守学术道德是专业科研人员所必须具备的一项基本素质。新闻传播学博士生应该做到：

①遵守相关的学术的社会规范，不泄露国家机密，不危害国家利益；不侵犯他人的合法权益，不搞人身攻击，不侮辱或诽谤他人，不侵犯他人的隐私权和名誉权等。

②尊重知识产权，不抄袭，不剽窃，严格遵从学术研究规范。

③坚守学术诚信，不杜撰，不夸大其词；不溢美，不隐讳；客观公正，实事求是。

④坚持学术独立，思想自由，持有公共立场、公益之心和贡献人类的自觉意识，威武不屈，富贵不淫。

3）获得博士学位应具备的基本学术能力

（1）获取学术信息的能力。新闻传播学研究人类信息（包括新闻类信息）传播的各种现象，是一门要求基础理论论与社会应用密切结合的学科，因此，该学科的博士生不仅要具备充足的知识储备，还要能够敏锐、便捷而高效率地获取各种新知识。为此，应该做到：

①懂得利用图书馆、博物馆、档案棺等途径获取各种文献资料。

②正确使用各类网络科研数据库系统和搜索引擎，掌握丰富的中外研究文献。

③深入社会实践，对信息传播活动和大众传媒、“自传媒”运行状况始终保持敏锐观察，有能力通过专项调研了解各方面的最新情况。

④有能力通过参与各类国际国内学术会议掌握研究动态和研究焦点、热点。

⑤对社会文化发展具有一定的洞察力和想象力。

⑥至少熟练掌握一门外语，具有较强的外文文献阅读能力，能够掌握国际学术研究传统和研究前沿。

（2）学术鉴别和评价能力。博士生应当持有公正的学术立场、学术价值取向，并具备敏锐的学术判断力，能够充分调动自身的知识积累，结合文献研究，对自身研究领域内的研究问题、研究程序和研究方法予以合理取舍，同时能够对该领域的既有研究成果做出自己的独立评价。

（3）科学研究能力。博士生学习阶段旨在通过科研训练，培养具有独立从事学术研究能力的高级科研人才，科研能力是博士生培养的终极目标。新闻传播学博士生应当能够提出具有理论价值或实践指导意义的研究问题，并且有能力运用恰当的思辨或实证研究方法，对先前预设的理论假设予以证实或证伪，得出经得起历史检验的学术结论。研究成果或者能够填补此前研究的空白，或者能够矫正或深化对相关问题的探讨；或者具有理论创新价值，或者能够有效地指导传播实践活动。

（4）学术创新能力。博士生不仅要具有较强的科学研究能力，而且必须具有一定的学术创新能力，能够增进知识的生产和积累。就新闻传播学科而言，学术创新能力主要表现在以下三个方面：一是新闻传播领域事实、数据和文献资料等方面的新发现；二是对于新闻传播学研究方法有新的运用或修订；三是新的新闻传播学理论假设的提出和证实。

（5）学术交流能力。鉴于新闻传播学的研究对象是人类信息的传递和沟通，对新闻传播学博士生所要求的不限于科学研究和学术创新能力，还要具备熟练地表达自己的学术思想、清晰地展示自己学术成果的能力。而且在学术或知识全球化背景下，博士生必须具备运用外语进行国际学术交流的能力。

不同于一般人文社会科学，新闻传播学是一门实践性极（较）强的学科，因此，除上述五种能力之外，新闻传播学博士生还应熟悉新闻传播生产和操作的流程，对于新闻传播实践的变化具有敏锐的感受力，使理论和传播实践经验相互参照，从而有效地夯实并提升自己的学术能力。

4）博士学位论文的基本要求

博士学位论文是评判博士生的知识结构、学术素养和科研能力的重要依据，也是判断其综合素质和能力是否达到培养目标、是否能够授予其学位的重要依据。因此，博士学位论文有着极为严格的质量要求。具体来说，新闻传播学博士学位论文撰写的基本要求如下：

（1）选题与综述的要求。新闻传播学博士学位论文的选题必须具有理论视野，致力于解决重要问题，能够展示新的思维或研究空间，具有一定的学术创新或较强的现实指导意义。

作为较高层次的学术成果，新闻传播学博士学位论文要有相当的学术积累，尊重前人的研究成果。做好充分的文献搜集和研究，了解原有研究的基本面貌、成果及其理论脉络，并在此基础上，为自己的问题提出及其研究奠定必要的基础。

（2）规范性要求。新闻传播学博士学位论文必须严格遵循的学术规范，具体包括：

①引文规范。首先要求所引文献的经典、权威。譬如，论文中的核心概念，不能以字典、词典为据，而要援引权威学术论著的界定和阐释。不能引用经验总结、政治报告或随笔杂感等非学术成果作为论据。其次，必须严格区分直接引用和间接引用，前者要原文照录并标注引号，后者则要在相应注释中以“参见”方式表明。最后，力戒断章取义、为我所用的“摘引”、出于非学术目的的“赘引”、有意无意的“漏引”以及编写式的“滥引”。

②注释规范。同引文规范密切相关的是注释规范。首先，注释信息必须完整、准确，原则上使用原典，以便给后续研究者查阅相关文献带来便利。其次，不能“伪引伪注”，即将转引标注为直接引用，将来自译著的引文标注为来自原著。

③方法规范。必须了解不同研究方法的方法论基础，了解其产生的特定语境，了解其所具有的有效性和局限性，不能没有根据地轻率推及整体。要根据自己的研究问题正确选择研究方法，规范地运用研究方法，科学处理研究方法和经验性材料之间的关系。

④语言规范。新闻传播学博士学位论文力戒行政思维，避免使用宣传话语、文学话语以及其他非学术语言的表述。准确使用词汇，不追求话语的时髦。

（3）成果创新性要求。新闻传播学博士学位论文所具有的创新性，分别体现在论文的理论创新、材料创新、方法创新三个方面：

在理论上，要能够提出新的（或修正）新闻传播学观点或理论假设，而不能是学科内一般常识的概括。

在材料上，必须重视恰当和科学的搜集途径和方法，能够发现并提供新的事实材料或文献资料，或者能够对原有的材料做出新的解读，呈现新的意义。

在方法上，要能够根据自己所研究的问题，综合运用，灵活掌握，对于方法在不同情况下的应用必须谨慎，并做足够的考量和必要而又合适的修正，以便更为有效地证实或否证有关论域所预设的学术理论和观点。

3. 硕士学位的基本要求

1）获本学科硕士学位应掌握的基本知识

新闻传播学硕士生的学习应包括三个层面的内容：

（1）人类一般信息传播的基本原理。

（2）社会信息传播中的一类——职业新闻传播活动的原理和表达（制作）技术。

（3）其他各种社会信息传播（诸如广告、公共关系、各种数字化传播途径和平台）活动的原理和表达（制作）技术。

各类社会信息传播的原理建立在一般传播学理的基础之上，而一般信息传播的基本学理，为各种职业和非职业的信息传播提供了认识自身特点的更为广阔的知识基础，是本学科不同研究方向的硕士生必须掌握的知识体系。

信息传播渗透到人类社会的一切事务和活动领域，因而新闻传播学硕士生需要在一定深度基础上适当注重知识的广度，凡与信息传播相关的学科知识，都需要知悉。这方面主要涉及语言学、人类学、文学、社会学、心理学、法学、政治学、历史学、大众经济学等领域的知识以及自然科学常识。

学科专业理论知识方面，本学科硕士生要有比较扎实的新闻传播史、一般传播学理论、新闻理论、公共关系理论、广告理论、数字传播理论等方面的基础知识。

学科专业技术知识方面，本学科硕士生要具备：关于事实、娱乐、评论等的叙事知识与技巧；关于叙述材料的编辑（制作）、广告设计、公关策划等涉及信息传播的创意知识。

在研究方法方面，本学科硕士生要能够掌握一般的实证研究（量化分析、质化分析）方法和人文—历史—哲学的研究方法；同时，具备较为扎实的现代汉语修辞知识和认知逻辑知识。

2）获本学科硕士学位应具备的基本素养

（1）学术素养。本学科的硕士生在学术素养方面应做到：

①具备一定的人文社会科学精神，对学术研究有一定的兴趣，求真务实，善于全面思考问题，具有一定的逻辑思考能力。

②具备参与学术研究的初步理论积淀和科研训练。

③具备在第一时间运用新闻传播学学理对新发生的事件、问题、现象做出合理且有说服力解释的能力。

（2）学术道德。本学科的硕士生在学术道德方面应做到：

①具有学术独立意识，持有公共立场和公益之心。

②遵循学术规范，合理运用他人研究成果，不抄袭；尊重他人隐私权和名誉权，不在论文中诽谤或侮辱他人；规范引证。

③在各种学术交往中不做违法违纪的事情。

3）获本学科硕士学位应具备的基本学术能力

（1）获取知识的能力：

①具备较为广泛的知识储备。

②除了具备通过传统渠道获取知识的能力外，还需具备通过数字媒体的各种途径，有效、快速查阅资料的能力；能够知晓如何面对、有效地找资料、找专家，知道哪些路径较为简便且收效更好、更快。

③具备基本的学术判断能力，面对具体的研究话题，能够借鉴他人的思路和研究框架，知道采用哪些方法进行研究。

（2）科学研究能力：

①能够大体判断本学科著作的质量高下。

②合理选择作为论据的已有成果。

③能够通过科学的论证，自圆其说地证明或证伪某个观点，论证方法符合逻辑，有所发现，有所创新。

④应用研究方面，能够提出可操作的、有一定学术理论支撑的措施或建议，不使用套话空话。

（3）实践能力：

①能够在信息传播机构中作为骨干成员担当工作任务。

②能够参与信息传播机构的信息产品策划、创意和制作工作。

（4）学术交流能力：

①知悉本学科国内的研究动态和研究热点，初步掌握本学科在国际层面的学术研究动态。

②能够较为熟练使用一种外语与国外学者进行一般交流，能够阅读本学科一般性的外文文献，参与学术会议的讨论。

③具有较好的表达能力，能够做到论述简洁扼要，具有内在逻辑。

4）学位论文基本要求

（1）规范性要求：

①论文选题要有一定的理论意义或实际应用价值，理论前提可靠。

②论文的切入口要小，原则上不能以全中国、全世界（即使某一方向的全中国、全世界）作为选题的起点。

③论文必须有关于选题的文献检索，检索要追溯到选题的起点文献；要有对选题涉及的代表性学术专著和专论的评价。在此基础上，论述选定选题的学术意义。

④论文必须以本学科和相邻学科的相关学术理论作为论证自己观点的理论支撑，且在文中体现出运用了自己所选择的学术理论。

论据要可靠、充分、前后一致。不能无论据地主观得出结论或不证自明。不能把教科书关于某一理论的介绍文字直接作为学术理论的论据；不能以经验总结、工作报告和随笔杂感替代学术论述；不能以文艺作品作为论据来证明或证伪真实社会中的传播现象。

⑤论文的核心学术概念要明确、严谨、有效，原则上只能来自学科内公认的学术论著对概念的阐释，不能将生活中的大白话充当学术概念。除了语言考证，不能将普通字典、词典、网络百科的解释作为学术研究的论据。

⑥选择的研究方法可以是实证研究，也可以是人文—哲学—历史的研究方法。要以可靠、有效作为标准，来选择适当的研究方法。

⑦除了少数涉及中国古代的选题，论文必须有适量的外文参考文献，且文中要体现确实参考了某些外文文献。

⑧引文和注释要符合写作要求的规定，引证全面，不断章取义和歪曲引用。

（2）质量要求：

①选题或问题的提出，对本学科某一方面的发展有所启示；或通过科学论证而获得的新认识或结论，对本学科某一方面发展有所启示；或所提供的分析角度或研究方法，对本学科某一方面发展有所启示。

②论文的论证部分能够成为论文的主体。只叙述问题或情况，提不出问题，没有核心观点，没有论证成分的文章（教材章节、领导报道、宣传文章、工作总结、新闻通讯等），不能视为合格的学位论文。

③论文的基本理论依据或前提可靠，实证研究方法的运用符合规范，研究的数据、论据客观、可靠、前后一致。

2.3　编写成员

黄旦、胡正荣、尹韵公、张昆、陈力丹、罗以澄、郭庆光、周葆华

（根据国家相关文件整理）

附录3　全国新闻传播学类本科专业点分布情况①

序号	专业代码	专业名称	年限	学位	学校	管辖归属	所在地补充说明
1	050301	新闻学	四年	文学	安徽财经大学	安徽省	
2	050301	新闻学	四年	文学	安徽大学	安徽省	
3	050301	新闻学	四年	文学	安徽大学江淮学院	安徽省	
4	050301	新闻学	四年	文学	安徽师范大学	安徽省	
5	050301	新闻学	四年	文学	安徽师范大学皖江学院	安徽省	
6	050301	新闻学	四年	文学	安徽新华学院	安徽省	
7	050301	新闻学	四年	文学	安庆师范学院	安徽省	
8	050301	新闻学	四年	文学	鞍山师范学院	辽宁省	
9	050301	新闻学	四年	文学	宝鸡文理学院	陕西省	
10	050301	新闻学	四年	文学	北方民族大学	国家民族事务委员会	宁夏
11	050301	新闻学	四年	文学	北京大学	教育部	北京
12	050301	新闻学	四年	文学	北京第二外国语学院	北京市	
13	050301	新闻学	二年	文学	北京工商大学	北京市	
14	050301	新闻学	四年	文学	北京工商大学	北京市	
15	050301	新闻学	四年	文学	北京联合大学	北京市	
16	050301	新闻学	四年	文学	北京体育大学	国家体育总局	北京
17	050301	新闻学	四年	文学	北京外国语大学	教育部	北京
18	050301	新闻学	四年	文学	北京印刷学院	北京市	
19	050301	新闻学	四年	文学	北京语言大学	教育部	北京
20	050301	新闻学	四年	文学	渤海大学	辽宁省	
21	050301	新闻学	四年	文学	渤海大学文理学院	辽宁省	

① 数据系教育部高等学校新闻传播学类专业教学指导委员会2012年的调查结果。

续表

序号	专业代码	专业名称	年限	学位	学校	管辖归属	所在地补充说明
22	050301	新闻学	四年	文学	昌吉学院	新疆维吾尔自治区	
23	050301	新闻学	四年	文学	长安大学	教育部	陕西
24	050301	新闻学	四年	文学	长春大学光华学院	吉林省	
25	050301	新闻学	四年	文学	长沙理工大学	湖南省	
26	050301	新闻学	四年	文学	长沙理工大学城南学院	湖南省	
27	050301	新闻学	四年	文学	长沙学院	湖南省	
28	050301	新闻学	四年	文学	长治学院	山西省	
29	050301	新闻学	四年	文学	成都理工大学广播影视学院	四川省	
30	050301	新闻学	四年	文学	成都体育学院	四川省	
31	050301	新闻学	四年	文学	滁州学院	安徽省	
32	050301	新闻学	四年	文学	大理学院	云南省	
33	050301	新闻学	四年	文学	大连民族学院	国家民族事务委员会	辽宁
34	050301	新闻学	四年	文学	大连外国语学院	辽宁省	
35	050301	新闻学	四年	文学	德州学院	山东省	
36	050301	新闻学	四年	文学	电子科技大学	教育部	四川
37	050301	新闻学	四年	文学	电子科技大学中山学院	广东省	
38	050301	新闻学	四年	文学	东北财经大学	辽宁省	
39	050301	新闻学	四年	文学	东北大学	教育部	辽宁
40	050301	新闻学	四年	文学	东北农业大学成栋学院	黑龙江省	
41	050301	新闻学	四年	文学	东北师范大学	教育部	吉林
42	050301	新闻学	四年	文学	福建工程学院	福建省	
43	050301	新闻学	四年	文学	阜阳师范学院	安徽省	
44	050301	新闻学	四年	文学	阜阳师范学院信息工程学院	安徽省	
45	050301	新闻学	四年	文学	复旦大学	教育部	上海
46	050301	新闻学	四年	文学	甘肃政法学院	甘肃省	
47	050301	新闻学	四年	文学	赣南师范学院	江西省	
48	050301	新闻学	四年	文学	赣南师范学院科技学院	江西省	
49	050301	新闻学	四年	文学	广东工业大学华立学院	广东省	

续表

序号	专业代码	专业名称	年限	学位	学校	管辖归属	所在地补充说明
50	050301	新闻学	四年	文学	广东海洋大学	广东省	
51	050301	新闻学	四年	文学	广东商学院	广东省	
52	050301	新闻学	四年	文学	广东商学院华商学院	广东省	
53	050301	新闻学	四年	文学	广东外语外贸大学	广东省	
54	050301	新闻学	四年	文学	广西大学	广西壮族自治区	
55	050301	新闻学	二年	文学	广西大学	广西壮族自治区	
56	050301	新闻学	四年	文学	广西大学行健文理学院	广西壮族自治区	
57	050301	新闻学	四年	文学	广西师范大学漓江学院	广西壮族自治区	
58	050301	新闻学	四年	文学	广西师范学院	广西壮族自治区	
59	050301	新闻学	四年	文学	广西师范学院师园学院	广西壮族自治区	
60	050301	新闻学	四年	文学	广州体育学院	广东省	
61	050301	新闻学	四年	文学	贵州大学	贵州省	
62	050301	新闻学	四年	文学	贵州大学科技学院	贵州省	
63	050301	新闻学	四年	文学	贵州民族大学	贵州省	
64	050301	新闻学	四年	文学	贵州民族大学人文科技学院	贵州省	
65	050301	新闻学	四年	文学	哈尔滨商业大学	黑龙江省	
66	050301	新闻学	四年	文学	哈尔滨体育学院	黑龙江省	
67	050301	新闻学	四年	文学	海口经济学院	海南省	
68	050301	新闻学	四年	文学	海南师范大学	海南省	
69	050301	新闻学	四年	文学	汉口学院	湖北省	
70	050301	新闻学	四年	文学	合肥学院	安徽省	
71	050301	新闻学	四年	文学	河北大学	河北省	
72	050301	新闻学	四年	文学	河北大学工商学院	河北省	
73	050301	新闻学	四年	文学	河北经贸大学	河北省	
74	050301	新闻学	四年	文学	河北经贸大学经济管理学院	河北省	
75	050301	新闻学	四年	文学	河北科技大学	河北省	
76	050301	新闻学	四年	文学	河北科技大学理工学院	河北省	
77	050301	新闻学	四年	文学	河北民族师范学院	河北省	

续表

序号	专业代码	专业名称	年限	学位	学校	管辖归属	所在地补充说明
78	050301	新闻学	四年	文学	河北师范大学	河北省	
79	050301	新闻学	四年	文学	河北师范大学汇华学院	河北省	
80	050301	新闻学	四年	文学	河池学院	广西壮族自治区	
81	050301	新闻学	四年	文学	河南大学	河南省	
82	050301	新闻学	四年	文学	黑龙江大学	黑龙江省	
83	050301	新闻学	四年	文学	黑龙江东方学院	黑龙江省	
84	050301	新闻学	四年	文学	衡阳师范学院	湖南省	
85	050301	新闻学	四年	文学	呼和浩特民族学院	内蒙古自治区	
86	050301	新闻学	四年	文学	呼伦贝尔学院	内蒙古自治区	
87	050301	新闻学	四年	文学	湖北大学	湖北省	
88	050301	新闻学	四年	文学	湖北大学知行学院	湖北省	
89	050301	新闻学	四年	文学	湖北第二师范学院	湖北省	
90	050301	新闻学	四年	文学	湖北经济学院	湖北省	
91	050301	新闻学	四年	文学	湖南大学	教育部	湖南
92	050301	新闻学	四年	文学	湖南工业大学	湖南省	
93	050301	新闻学	四年	文学	湖南工业大学科技学院	湖南省	
94	050301	新闻学	四年	文学	湖南科技大学	湖南省	
95	050301	新闻学	四年	文学	湖南科技大学潇湘学院	湖南省	
96	050301	新闻学	四年	文学	湖南理工学院	湖南省	
97	050301	新闻学	四年	文学	湖南理工学院南湖学院	湖南省	
98	050301	新闻学	四年	文学	湖南师范大学	湖南省	
99	050301	新闻学	四年	文学	湖南师范大学树达学院	湖南省	
100	050301	新闻学	四年	文学	湖南文理学院	湖南省	
101	050301	新闻学	四年	文学	湖州师范学院	浙江省	
102	050301	新闻学	四年	文学	湖州师范学院求真学院	浙江省	
103	050301	新闻学	四年	文学	华北科技学院	国家安全生产监督管理总局	河北
104	050301	新闻学	四年	文学	华东师范大学	教育部	上海
105	050301	新闻学	四年	文学	华东政法大学	上海市	
106	050301	新闻学	四年	文学	华南师范大学	广东省	

续表

序号	专业代码	专业名称	年限	学位	学校	管辖归属	所在地补充说明
107	050301	新闻学	四年	文学	华侨大学	国务院侨务办公室	福建
108	050301	新闻学	四年	文学	华中科技大学	教育部	湖北
109	050301	新闻学	四年	文学	文华学院	湖北省	
110	050301	新闻学	四年	文学	武昌首义学院	湖北省	
111	050301	新闻学	四年	文学	华中师范大学	教育部	湖北
112	050301	新闻学	四年	文学	淮北师范大学	安徽省	
113	050301	新闻学	四年	文学	淮海工学院	江苏省	
114	050301	新闻学	四年	文学	淮南师范学院	安徽省	
115	050301	新闻学	四年	文学	黄山学院	安徽省	
116	050301	新闻学	四年	文学	吉林财经大学	吉林省	
117	050301	新闻学	四年	文学	吉林大学	教育部	吉林
118	050301	新闻学	四年	文学	吉林师范大学	吉林省	
119	050301	新闻学	四年	文学	吉首大学	湖南省	
120	050301	新闻学	四年	文学	吉首大学张家界学院	湖南省	
121	050301	新闻学	四年	文学	集宁师范学院	内蒙古自治区	
122	050301	新闻学	四年	文学	暨南大学	国务院侨务办公室	广东
123	050301	新闻学	四年	文学	嘉应学院	广东省	
124	050301	新闻学	四年	文学	江西财经大学	江西省	
125	050301	新闻学	四年	文学	江西财经大学现代经济管理学院	江西省	
126	050301	新闻学	四年	文学	江西科技学院	江西省	
127	050301	新闻学	四年	文学	江西农业大学	江西省	
128	050301	新闻学	四年	文学	江西农业大学南昌商学院	江西省	
129	050301	新闻学	四年	文学	江西师范大学	江西省	
130	050301	新闻学	四年	文学	晋中学院	山西省	
131	050301	新闻学	四年	文学	井冈山大学	江西省	
132	050301	新闻学	四年	文学	兰州城市学院	甘肃省	
133	050301	新闻学	四年	文学	兰州大学	教育部	甘肃
134	050301	新闻学	四年	文学	兰州商学院	甘肃省	

续表

序号	专业代码	专业名称	年限	学位	学校	管辖归属	所在地补充说明
135	050301	新闻学	四年	文学	廊坊师范学院	河北省	
136	050301	新闻学	四年	文学	乐山师范学院	四川省	
137	050301	新闻学	四年	文学	辽宁财贸学院	辽宁省	
138	050301	新闻学	四年	文学	辽宁大学	辽宁省	
139	050301	新闻学	四年	文学	辽宁师范大学	辽宁省	
140	050301	新闻学	四年	文学	辽宁师范大学海华学院	辽宁省	
141	050301	新闻学	四年	文学	临沂大学	山东省	
142	050301	新闻学	四年	文学	吕梁学院	山西省	
143	050301	新闻学	四年	文学	洛阳理工学院	河南省	
144	050301	新闻学	四年	文学	洛阳师范学院	河南省	
145	050301	新闻学	四年	文学	内蒙古大学	内蒙古自治区	
146	050301	新闻学	四年	文学	内蒙古大学创业学院	内蒙古自治区	
147	050301	新闻学	四年	文学	内蒙古科技大学	内蒙古自治区	
148	050301	新闻学	四年	文学	内蒙古民族大学	内蒙古自治区	
149	050301	新闻学	四年	文学	内蒙古师范大学	内蒙古自治区	
150	050301	新闻学	四年	文学	内蒙古师范大学鸿德学院	内蒙古自治区	
151	050301	新闻学	四年	文学	南昌大学	江西省	
152	050301	新闻学	四年	文学	南昌大学科学技术学院	江西省	
153	050301	新闻学	四年	文学	南昌航空大学	江西省	
154	050301	新闻学	四年	文学	南昌航空大学科技学院	江西省	
155	050301	新闻学	四年	文学	南京财经大学	江苏省	
156	050301	新闻学	四年	文学	南京大学	教育部	江苏
157	050301	新闻学	四年	文学	南京大学金陵学院	江苏省	
158	050301	新闻学	四年	文学	南京师范大学	江苏省	
159	050301	新闻学	四年	文学	南京师范大学中北学院	江苏省	
160	050301	新闻学	四年	文学	南京体育学院	江苏省	
161	050301	新闻学	四年	文学	南阳师范学院	河南省	
162	050301	新闻学	四年	文学	宁波大学	浙江省	
163	050301	新闻学	四年	文学	宁夏大学	宁夏回族自治区	

续表

序号	专业代码	专业名称	年限	学位	学校	管辖归属	所在地补充说明
164	050301	新闻学	四年	文学	宁夏大学新华学院	宁夏回族自治区	
165	050301	新闻学	四年	文学	莆田学院	福建省	
166	050301	新闻学	四年	文学	齐齐哈尔大学	黑龙江省	
167	050301	新闻学	四年	文学	钦州学院	广西壮族自治区	
168	050301	新闻学	四年	文学	青岛大学	山东省	
169	050301	新闻学	四年	文学	青海师范大学	青海省	
170	050301	新闻学	二年	文学	清华大学	教育部	北京
171	050301	新闻学	四年	文学	清华大学	教育部	北京
172	050301	新闻学	四年	文学	琼州学院	海南省	
173	050301	新闻学	四年	文学	曲阜师范大学	山东省	
174	050301	新闻学	四年	文学	曲阜师范大学杏坛学院	山东省	
175	050301	新闻学	四年	文学	三江学院	江苏省	
176	050301	新闻学	四年	文学	山东财经大学	山东省	
177	050301	新闻学	四年	文学	山东财经大学东方学院	山东省	
178	050301	新闻学	四年	文学	山东大学	教育部	山东
179	050301	新闻学	四年	文学	山东师范大学	山东省	
180	050301	新闻学	四年	文学	山东师范大学历山学院	山东省	
181	050301	新闻学	四年	文学	山东体育学院	山东省	
182	050301	新闻学	四年	文学	山东政法学院	山东省	
183	050301	新闻学	四年	文学	山西财经大学	山西省	
184	050301	新闻学	四年	文学	山西大同大学	山西省	
185	050301	新闻学	四年	文学	山西大学	山西省	
186	050301	新闻学	四年	文学	山西大学商务学院	山西省	
187	050301	新闻学	四年	文学	陕西师范大学	教育部	陕西
188	050301	新闻学	四年	文学	汕头大学	广东省	
189	050301	新闻学	四年	文学	商丘学院	河南省	
190	050301	新闻学	四年	文学	上海财经大学	教育部	上海
191	050301	新闻学	四年	文学	上海大学	上海市	
192	050301	新闻学	四年	文学	上海对外贸易学院	上海市	
193	050301	新闻学	四年	文学	上海建桥学院	上海市	

续表

序号	专业代码	专业名称	年限	学位	学校	管辖归属	所在地补充说明
194	050301	新闻学	四年	文学	上海杉达学院	上海市	
195	050301	新闻学	四年	文学	上海体育学院	上海市	
196	050301	新闻学	四年	文学	上海外国语大学	教育部	上海
197	050301	新闻学	四年	文学	上海外国语大学贤达经济人文学院	上海市	
198	050301	新闻学	四年	文学	上海政法学院	上海市	
199	050301	新闻学	四年	文学	上饶师范学院	江西省	
200	050301	新闻学	四年	文学	韶关学院	广东省	
201	050301	新闻学	四年	文学	邵阳学院	湖南省	
202	050301	新闻学	四年	文学	深圳大学	广东省	
203	050301	新闻学	四年	文学	沈阳师范大学	辽宁省	
204	050301	新闻学	四年	文学	沈阳体育学院	辽宁省	
205	050301	新闻学	四年	文学	首都体育学院	北京市	
206	050301	新闻学	四年	文学	四川大学	教育部	四川
207	050301	新闻学	二年	文学	四川大学	教育部	四川
208	050301	新闻学	四年	文学	四川大学锦城学院	四川省	
209	050301	新闻学	四年	文学	四川大学锦江学院	四川省	
210	050301	新闻学	四年	文学	四川外语学院	重庆市	
211	050301	新闻学	四年	文学	四川外语学院成都学院	四川省	
212	050301	新闻学	四年	文学	四川外语学院重庆南方翻译学院	重庆市	
213	050301	新闻学	二年	文学	苏州大学	江苏省	
214	050301	新闻学	四年	文学	苏州大学	江苏省	
215	050301	新闻学	四年	文学	苏州大学文正学院	江苏省	
216	050301	新闻学	四年	文学	宿州学院	安徽省	
217	050301	新闻学	四年	文学	天津师范大学	天津市	
218	050301	新闻学	四年	文学	天津师范大学津沽学院	天津市	
219	050301	新闻学	四年	文学	天津体育学院	天津市	
220	050301	新闻学	四年	文学	天津体育学院运动与文化艺术学院	天津市	

续表

序号	专业代码	专业名称	年限	学位	学校	管辖归属	所在地补充说明
221	050301	新闻学	四年	文学	天津外国语大学	天津市	
222	050301	新闻学	四年	文学	天津外国语大学滨海外事学院	天津市	
223	050301	新闻学	四年	文学	皖西学院	安徽省	
224	050301	新闻学	四年	文学	渭南师范学院	陕西省	
225	050301	新闻学	四年	文学	文山学院	云南省	
226	050301	新闻学	四年	文学	武汉长江工商学院	湖北省	
227	050301	新闻学	四年	文学	武汉大学	教育部	湖北
228	050301	新闻学	二年	文学	武汉大学	教育部	湖北
229	050301	新闻学	四年	文学	武汉大学珞珈学院	湖北省	
230	050301	新闻学	四年	文学	武汉东湖学院	湖北省	
231	050301	新闻学	四年	文学	武汉体育学院	湖北省	
232	050301	新闻学	四年	文学	武汉体育学院体育科技学院	湖北省	
233	050301	新闻学	四年	文学	西安财经学院	陕西省	
234	050301	新闻学	四年	文学	西安欧亚学院	陕西省	
235	050301	新闻学	四年	文学	西安培华学院	陕西省	
236	050301	新闻学	四年	文学	西安石油大学	陕西省	
237	050301	新闻学	四年	文学	西安体育学院	陕西省	
238	050301	新闻学	四年	文学	西安外国语大学	陕西省	
239	050301	新闻学	四年	文学	西安外事学院	陕西省	
240	050301	新闻学	四年	文学	西北大学	陕西省	
241	050301	新闻学	四年	文学	西北大学现代学院	陕西省	
242	050301	新闻学	四年	文学	西北民族大学	国家民族事务委员会	甘肃
243	050301	新闻学	四年	文学	西北师范大学	甘肃省	
244	050301	新闻学	四年	文学	西北师范大学知行学院	甘肃省	
245	050301	新闻学	四年	文学	西北政法大学	陕西省	
246	050301	新闻学	四年	文学	西藏大学	西藏自治区	
247	050301	新闻学	四年	文学	西藏民族学院	西藏自治区	
248	050301	新闻学	四年	文学	西华师范大学	四川省	

续表

序号	专业代码	专业名称	年限	学位	学校	管辖归属	所在地补充说明
249	050301	新闻学	四年	文学	西京学院	陕西省	
250	050301	新闻学	四年	文学	西南财经大学	教育部	四川
251	050301	新闻学	四年	文学	西南大学	教育部	重庆
252	050301	新闻学	四年	文学	西南大学育才学院	重庆市	
253	050301	新闻学	四年	文学	西南民族大学	国家民族事务委员会	四川
254	050301	新闻学	四年	文学	西南政法大学	重庆市	
255	050301	新闻学	四年	文学	厦门大学	教育部	福建
256	050301	新闻学	四年	文学	厦门大学嘉庚学院	福建省	
257	050301	新闻学	四年	文学	咸阳师范学院	陕西省	
258	050301	新闻学	四年	文学	湘南学院	湖南省	
259	050301	新闻学	四年	文学	湘潭大学	湖南省	
260	050301	新闻学	四年	文学	湘潭大学兴湘学院	湖南省	
261	050301	新闻学	四年	文学	新疆财经大学	新疆维吾尔自治区	
262	050301	新闻学	四年	文学	新疆财经大学商务学院	新疆维吾尔自治区	
263	050301	新闻学	四年	文学	新疆大学	新疆维吾尔自治区	
264	050301	新闻学	四年	文学	烟台大学	山东省	
265	050301	新闻学	四年	文学	烟台大学文经学院	山东省	
266	050301	新闻学	四年	文学	延安大学	陕西省	
267	050301	新闻学	四年	文学	延边大学	吉林省	
268	050301	新闻学	四年	文学	仰恩大学	福建省	
269	050301	新闻学	四年	文学	榆林学院	陕西省	
270	050301	新闻学	四年	文学	玉溪师范学院	云南省	
271	050301	新闻学	四年	文学	云南财经大学	云南省	
272	050301	新闻学	四年	文学	云南大学	云南省	
273	050301	新闻学	四年	文学	云南大学滇池学院	云南省	
274	050301	新闻学	四年	文学	云南大学旅游文化学院	云南省	
275	050301	新闻学	四年	文学	浙江传媒学院	浙江省	
276	050301	新闻学	四年	文学	浙江大学	教育部	浙江
277	050301	新闻学	四年	文学	浙江大学城市学院	浙江省	
278	050301	新闻学	四年	文学	浙江大学宁波理工学院	浙江省	

续表

序号	专业代码	专业名称	年限	学位	学校	管辖归属	所在地补充说明
279	050301	新闻学	四年	文学	浙江工商大学	浙江省	
280	050301	新闻学	四年	文学	浙江工商大学杭州商学院	浙江省	
281	050301	新闻学	四年	文学	浙江树人学院	浙江省	
282	050301	新闻学	四年	文学	浙江万里学院	浙江省	
283	050301	新闻学	四年	文学	郑州成功财经学院	河南省	
284	050301	新闻学	四年	文学	郑州大学	河南省	
285	050301	新闻学	四年	文学	郑州升达经贸管理学院	河南省	
286	050301	新闻学	四年	文学	中国传媒大学	教育部	北京
287	050301	新闻学	二年	文学	中国传媒大学	教育部	北京
288	050301	新闻学	四年	文学	中国传媒大学南广学院	江苏省	
289	050301	新闻学	四年	文学	中国海洋大学	教育部	山东
290	050301	新闻学	四年	文学	中国劳动关系学院	中华全国总工会	北京
291	050301	新闻学	四年	文学	中国青年政治学院	共青团中央	北京
292	050301	新闻学	四年	文学	中国人民大学	教育部	北京
293	050301	新闻学	二年	文学	中国人民大学	教育部	北京
294	050301	新闻学	四年	文学	中国政法大学	教育部	北京
295	050301	新闻学	四年	文学	中南财经政法大学	教育部	湖北
296	050301	新闻学	四年	文学	中南财经政法大学武汉学院	湖北省	
297	050301	新闻学	四年	文学	中南民族大学	国家民族事务委员会	湖北
298	050301	新闻学	四年	文学	中山大学	教育部	广东
299	050301	新闻学	四年	文学	中山大学南方学院	广东省	
300	050301	新闻学	四年	文学	中央财经大学	教育部	北京
301	050301	新闻学	四年	文学	中央民族大学	国家民族事务委员会	北京
302	050301	新闻学	四年	文学	重庆大学	教育部	重庆
303	050301	新闻学	四年	文学	重庆工商大学	重庆市	
304	050301	新闻学	四年	文学	重庆师范大学	重庆市	
305	050301	新闻学	四年	文学	重庆师范大学涉外商贸学院	重庆市	

续表

序号	专业代码	专业名称	年限	学位	学校	管辖归属	所在地补充说明
306	050301	新闻学	四年	文学	周口师范学院	河南省	
307	050301H	新闻学	四年	文学	北京师范大学—香港浸会大学联合国际学院	广东省	
308	050302	广播电视学	四年	文学	安徽大学	安徽省	
309	050302	广播电视学	四年	文学	安徽师范大学皖江学院	安徽省	
310	050302	广播电视学	四年	文学	安庆师范学院	安徽省	
311	050302	广播电视学	四年	文学	白城师范学院	吉林省	
312	050302	广播电视学	四年	文学	北京大学	教育部	北京
313	050302	广播电视学	四年	文学	北京工商大学	北京市	
314	050302	广播电视学	四年	文学	北京航空航天大学北海学院	广西壮族自治区	
315	050302	广播电视学	四年	文学	毕节学院	贵州省	
316	050302	广播电视学	四年	文学	渤海大学	辽宁省	
317	050302	广播电视学	四年	文学	渤海大学文理学院	辽宁省	
318	050302	广播电视学	四年	文学	长江大学	湖北省	
319	050302	广播电视学	四年	文学	长江大学文理学院	湖北省	
320	050302	广播电视学	四年	文学	长江师范学院	重庆市	
321	050302	广播电视学	四年	文学	巢湖学院	安徽省	
322	050302	广播电视学	四年	文学	成都理工大学	四川省	
323	050302	广播电视学	四年	文学	成都理工大学广播影视学院	四川省	
324	050302	广播电视学	四年	文学	成都学院	四川省	
325	050302	广播电视学	四年	文学	大连理工大学	教育部	辽宁
326	050302	广播电视学	四年	文学	大连理工大学城市学院	辽宁省	
327	050302	广播电视学	四年	文学	东北农业大学成栋学院	黑龙江省	
328	050302	广播电视学	四年	文学	东北师范大学	教育部	吉林
329	050302	广播电视学	四年	文学	东莞理工学院	广东省	
330	050302	广播电视学	四年	文学	福建师范大学	福建省	
331	050302	广播电视学	四年	文学	阜阳师范学院信息工程学院	安徽省	

续表

序号	专业代码	专业名称	年限	学位	学校	管辖归属	所在地补充说明
332	050302	广播电视学	四年	文学	复旦大学	教育部	上海
333	050302	广播电视学	四年	文学	广东工业大学华立学院	广东省	
334	050302	广播电视学	四年	文学	广西大学	广西壮族自治区	
335	050302	广播电视学	四年	文学	广西大学行健文理学院	广西壮族自治区	
336	050302	广播电视学	四年	文学	广西师范学院	广西壮族自治区	
337	050302	广播电视学	四年	文学	广州大学	广东省	
338	050302	广播电视学	四年	文学	贵阳学院	贵州省	
339	050302	广播电视学	四年	文学	贵州民族大学	贵州省	
340	050302	广播电视学	四年	文学	贵州师范大学	贵州省	
341	050302	广播电视学	四年	文学	贵州师范大学求是学院	贵州省	
342	050302	广播电视学	四年	文学	贵州师范学院	贵州省	
343	050302	广播电视学	四年	文学	哈尔滨师范大学	黑龙江省	
344	050302	广播电视学	四年	文学	海南师范大学	海南省	
345	050302	广播电视学	四年	文学	韩山师范学院	广东省	
346	050302	广播电视学	四年	文学	河北传媒学院	河北省	
347	050302	广播电视学	四年	文学	河北大学	河北省	
348	050302	广播电视学	四年	文学	河北大学工商学院	河北省	
349	050302	广播电视学	四年	文学	河北经贸大学	河北省	
350	050302	广播电视学	四年	文学	河北经贸大学经济管理学院	河北省	
351	050302	广播电视学	四年	文学	河北师范大学	河北省	
352	050302	广播电视学	四年	文学	河海大学	教育部	江苏
353	050302	广播电视学	四年	文学	河南财经政法大学	河南省	
354	050302	广播电视学	四年	文学	河南大学	河南省	
355	050302	广播电视学	四年	文学	河南工业大学	河南省	
356	050302	广播电视学	四年	文学	河南师范大学	河南省	
357	050302	广播电视学	四年	文学	河西学院	甘肃省	
358	050302	广播电视学	四年	文学	菏泽学院	山东省	
359	050302	广播电视学	四年	文学	黑河学院	黑龙江省	
360	050302	广播电视学	四年	文学	衡水学院	河北省	

续表

序号	专业代码	专业名称	年限	学位	学校	管辖归属	所在地补充说明
361	050302	广播电视学	四年	文学	衡阳师范学院	湖南省	
362	050302	广播电视学	四年	文学	衡阳师范学院南岳学院	湖南省	
363	050302	广播电视学	四年	文学	红河学院	云南省	
364	050302	广播电视学	四年	文学	湖北大学	湖北省	
365	050302	广播电视学	四年	文学	湖北工程学院	湖北省	
366	050302	广播电视学	四年	文学	湖北民族学院	湖北省	
367	050302	广播电视学	四年	文学	湖北民族学院科技学院	湖北省	
368	050302	广播电视学	四年	文学	湖北师范大学	湖北省	
369	050302	广播电视学	四年	文学	湖北师范大学文理学院	湖北省	
370	050302	广播电视学	四年	文学	湖北文理学院	湖北省	
371	050302	广播电视学	四年	文学	湖北文理学院理工学院	湖北省	
372	050302	广播电视学	四年	文学	湖南第一师范学院	湖南省	
373	050302	广播电视学	四年	文学	湖南科技学院	湖南省	
374	050302	广播电视学	四年	文学	湖南师范大学	湖南省	
375	050302	广播电视学	四年	文学	华侨大学	国务院侨务办公室	福建
376	050302	广播电视学	四年	文学	华中科技大学	教育部	湖北
377	050302	广播电视学	四年	文学	华中科技大学武昌分校	湖北省	
378	050302	广播电视学	四年	文学	华中师范大学	教育部	湖北
379	050302	广播电视学	四年	文学	武汉传媒学院	湖北省	
380	050302	广播电视学	四年	文学	怀化学院	湖南省	
381	050302	广播电视学	四年	文学	淮北师范大学信息学院	安徽省	
382	050302	广播电视学	四年	文学	淮阴师范学院	江苏省	
383	050302	广播电视学	四年	文学	黄冈师范学院	湖北省	
384	050302	广播电视学	四年	文学	黄河科技学院	河南省	
385	050302	广播电视学	四年	文学	黄淮学院	河南省	
386	050302	广播电视学	四年	文学	惠州学院	广东省	
387	050302	广播电视学	四年	文学	吉林动画学院	吉林省	
388	050302	广播电视学	四年	文学	吉林艺术学院	吉林省	
389	050302	广播电视学	四年	文学	济南大学	山东省	
390	050302	广播电视学	四年	文学	济南大学泉城学院	山东省	

续表

序号	专业代码	专业名称	年限	学位	学校	管辖归属	所在地补充说明
391	050302	广播电视学	四年	文学	暨南大学	国务院侨务办公室	广东
392	050302	广播电视学	四年	文学	江苏师范大学	江苏省	
393	050302	广播电视学	四年	文学	江苏师范大学科文学院	江苏省	
394	050302	广播电视学	四年	文学	江西财经大学	江西省	
395	050302	广播电视学	四年	文学	江西科技师范大学	江西省	
396	050302	广播电视学	四年	文学	江西科技师范大学理工学院	江西省	
397	050302	广播电视学	四年	文学	江西师范大学	江西省	
398	050302	广播电视学	四年	文学	井冈山大学	江西省	
399	050302	广播电视学	四年	文学	喀什师范学院	新疆维吾尔自治区	
400	050302	广播电视学	四年	文学	昆明学院	云南省	
401	050302	广播电视学	四年	文学	兰州大学	教育部	甘肃
402	050302	广播电视学	四年	文学	辽宁大学	辽宁省	
403	050302	广播电视学	四年	文学	辽宁工程技术大学	辽宁省	
404	050302	广播电视学	四年	文学	聊城大学	山东省	
405	050302	广播电视学	四年	文学	龙岩学院	福建省	
406	050302	广播电视学	四年	文学	绵阳师范学院	四川省	
407	050302	广播电视学	四年	文学	牡丹江师范学院	黑龙江省	
408	050302	广播电视学	四年	文学	内江师范学院	四川省	
409	050302	广播电视学	四年	文学	南昌大学	江西省	
410	050302	广播电视学	四年	文学	南昌工程学院	江西省	
411	050302	广播电视学	四年	文学	南昌理工学院	江西省	
412	050302	广播电视学	四年	文学	南京大学	教育部	江苏
413	050302	广播电视学	四年	文学	南京航空航天大学	工业和信息化部	江苏
414	050302	广播电视学	四年	文学	南京理工大学	工业和信息化部	南京
415	050302	广播电视学	四年	文学	南京林业大学	江苏省	
416	050302	广播电视学	四年	文学	南京师范大学	江苏省	
417	050302	广播电视学	四年	文学	南京晓庄学院	江苏省	
418	050302	广播电视学	四年	文学	南开大学	教育部	天津
419	050302	广播电视学	四年	文学	南通大学	江苏省	

续表

序号	专业代码	专业名称	年限	学位	学校	管辖归属	所在地补充说明
420	050302	广播电视学	四年	文学	南阳师范学院	河南省	
421	050302	广播电视学	四年	文学	宁波大红鹰学院	浙江省	
422	050302	广播电视学	四年	文学	平顶山学院	河南省	
423	050302	广播电视学	四年	文学	齐鲁师范学院	山东省	
424	050302	广播电视学	四年	文学	齐齐哈尔大学	黑龙江省	
425	050302	广播电视学	四年	文学	黔南民族师范学院	贵州省	
426	050302	广播电视学	四年	文学	青岛滨海学院	山东省	
427	050302	广播电视学	四年	文学	青海民族大学	青海省	
428	050302	广播电视学	四年	文学	泉州师范学院	福建省	
429	050302	广播电视学	四年	文学	三峡大学	湖北省	
430	050302	广播电视学	四年	文学	三峡大学科技学院	湖北省	
431	050302	广播电视学	四年	文学	山东女子学院	山东省	
432	050302	广播电视学	四年	文学	山东青年政治学院	山东省	
433	050302	广播电视学	四年	文学	山东师范大学	山东省	
434	050302	广播电视学	四年	文学	陕西理工学院	陕西省	
435	050302	广播电视学	四年	文学	汕头大学	广东省	
436	050302	广播电视学	四年	文学	商丘师范学院	河南省	
437	050302	广播电视学	四年	文学	上海大学	上海市	
438	050302	广播电视学	四年	文学	上海师范大学	上海市	
439	050302	广播电视学	四年	文学	上海外国语大学	教育部	上海
440	050302	广播电视学	四年	文学	上饶师范学院	江西省	
441	050302	广播电视学	四年	文学	石河子大学	新疆生产建设兵团	
442	050302	广播电视学	四年	文学	石河子大学科技学院	新疆维吾尔自治区	
443	050302	广播电视学	四年	文学	石家庄学院	河北省	
444	050302	广播电视学	四年	文学	首都师范大学科德学院	北京市	
445	050302	广播电视学	四年	文学	四川大学	教育部	
446	050302	广播电视学	四年	文学	四川理工学院	四川省	
447	050302	广播电视学	四年	文学	四川师范大学	四川省	
448	050302	广播电视学	四年	文学	四川师范大学文理学院	四川省	
449	050302	广播电视学	四年	文学	四川外语学院	重庆市	

续表

序号	专业代码	专业名称	年限	学位	学校	管辖归属	所在地补充说明
450	050302	广播电视学	四年	文学	四川文理学院	四川省	
451	050302	广播电视学	四年	文学	苏州大学	江苏省	
452	050302	广播电视学	四年	文学	苏州科技学院	江苏省	
453	050302	广播电视学	四年	文学	塔里木大学	新疆生产建设兵团	
454	050302	广播电视学	四年	文学	唐山师范学院	河北省	
455	050302	广播电视学	四年	文学	天津财经大学	天津市	
456	050302	广播电视学	四年	文学	天津工业大学	天津市	
457	050302	广播电视学	四年	文学	天津师范大学	天津市	
458	050302	广播电视学	四年	文学	同济大学	教育部	上海
459	050302	广播电视学	四年	文学	潍坊学院	山东省	
460	050302	广播电视学	四年	文学	渭南师范学院	陕西省	
461	050302	广播电视学	四年	文学	武汉大学	教育部	湖北
462	050302	广播电视学	四年	文学	武汉纺织大学	湖北省	
463	050302	广播电视学	四年	文学	武汉纺织大学外经贸学院	湖北省	
464	050302	广播电视学	四年	文学	西安财经学院	陕西省	
465	050302	广播电视学	四年	文学	西安财经学院行知学院	陕西省	
466	050302	广播电视学	四年	文学	西安翻译学院	陕西省	
467	050302	广播电视学	四年	文学	西安外国语大学	陕西省	
468	050302	广播电视学	四年	文学	西安外事学院	陕西省	
469	050302	广播电视学	四年	文学	西北大学现代学院	陕西省	
470	050302	广播电视学	四年	文学	西北民族大学	国家民族事务委员会	甘肃
471	050302	广播电视学	四年	文学	西北师范大学知行学院	甘肃省	
472	050302	广播电视学	四年	文学	西北政法大学	陕西省	
473	050302	广播电视学	四年	文学	西藏民族学院	西藏自治区	
474	050302	广播电视学	四年	文学	西昌学院	四川省	
475	050302	广播电视学	四年	文学	西南科技大学	四川省	
476	050302	广播电视学	四年	文学	西南民族大学	国家民族事务委员会	四川
477	050302	广播电视学	四年	文学	西南政法大学	重庆市	
478	050302	广播电视学	四年	文学	厦门大学	教育部	福建

续表

序号	专业代码	专业名称	年限	学位	学校	管辖归属	所在地补充说明
479	050302	广播电视学	四年	文学	厦门大学嘉庚学院	福建省	
480	050302	广播电视学	四年	文学	湘潭大学	湖南省	
481	050302	广播电视学	四年	文学	湘潭大学兴湘学院	湖南省	
482	050302	广播电视学	四年	文学	新疆大学	新疆维吾尔自治区	
483	050302	广播电视学	四年	文学	信阳师范学院华锐学院	河南省	
484	050302	广播电视学	四年	文学	兴义民族师范学院	贵州省	
485	050302	广播电视学	四年	文学	延安大学	陕西省	
486	050302	广播电视学	四年	文学	延安大学西安创新学院	陕西省	
487	050302	广播电视学	四年	文学	盐城师范学院	江苏省	
488	050302	广播电视学	四年	文学	燕山大学	河北省	
489	050302	广播电视学	四年	文学	燕山大学里仁学院	河北省	
490	050302	广播电视学	四年	文学	扬州大学	江苏省	
491	050302	广播电视学	四年	文学	扬州大学广陵学院	江苏省	
492	050302	广播电视学	四年	文学	仰恩大学	福建省	
493	050302	广播电视学	四年	文学	伊犁师范学院	新疆维吾尔自治区	
494	050302	广播电视学	四年	文学	宜宾学院	四川省	
495	050302	广播电视学	四年	文学	宜春学院	江西省	
496	050302	广播电视学	四年	文学	玉林师范学院	广西壮族自治区	
497	050302	广播电视学	四年	文学	云南大学	云南省	
498	050302	广播电视学	四年	文学	云南大学滇池学院	云南省	
499	050302	广播电视学	四年	文学	云南民族大学	云南省	
500	050302	广播电视学	四年	文学	云南师范大学	云南省	
501	050302	广播电视学	四年	文学	云南艺术学院	云南省	
502	050302	广播电视学	四年	文学	云南艺术学院文华学院	云南省	
503	050302	广播电视学	四年	文学	湛江师范学院	广东省	
504	050302	广播电视学	四年	文学	漳州师范学院	福建省	
505	050302	广播电视学	四年	文学	肇庆学院	广东省	
506	050302	广播电视学	四年	文学	浙江传媒学院	浙江省	
507	050302	广播电视学	四年	文学	浙江大学	教育部	浙江
508	050302	广播电视学	四年	文学	浙江大学城市学院	浙江省	

续表

序号	专业代码	专业名称	年限	学位	学校	管辖归属	所在地补充说明
509	050302	广播电视学	四年	文学	浙江工业大学	浙江省	
510	050302	广播电视学	四年	文学	浙江工业大学之江学院	浙江省	
511	050302	广播电视学	四年	文学	郑州大学	河南省	
512	050302	广播电视学	四年	文学	郑州师范学院	河南省	
513	050302	广播电视学	四年	文学	中北大学	山西省	
514	050302	广播电视学	四年	文学	中国传媒大学	教育部	北京
515	050302	广播电视学	四年	文学	中国传媒大学南广学院	江苏省	
516	050302	广播电视学	四年	文学	中国地质大学（武汉）	教育部	湖北
517	050302	广播电视学	四年	文学	中国地质大学江城学院	湖北省	
518	050302	广播电视学	四年	文学	中国矿业大学	教育部	江苏
519	050302	广播电视学	四年	文学	中国矿业大学（北京）	教育部	北京
520	050302	广播电视学	四年	文学	中国青年政治学院	共青团中央	北京
521	050302	广播电视学	四年	文学	中国人民大学	教育部	北京
522	050302	广播电视学	四年	文学	中南财经政法大学	教育部	湖北
523	050302	广播电视学	四年	文学	中南大学	教育部	湖南
524	050302	广播电视学	四年	文学	中南民族大学	国家民族事务委员会	湖北
525	050302	广播电视学	四年	文学	中原工学院	河南省	
526	050302	广播电视学	四年	文学	中原工学院信息商务学院	河南省	
527	050302	广播电视学	四年	文学	重庆大学	教育部	重庆
528	050302	广播电视学	四年	文学	重庆工商大学	重庆市	
529	050302	广播电视学	四年	文学	重庆工商大学派斯学院	重庆市	
530	050302	广播电视学	四年	文学	重庆交通大学	重庆市	
531	050302	广播电视学	四年	文学	重庆三峡学院	重庆市	
532	050302	广播电视学	四年	文学	重庆文理学院	重庆市	
533	050303	广告学	四年	文学	安徽财经大学	安徽省	
534	050303	广告学	四年	文学	安徽财经大学商学院	安徽省	
535	050303	广告学	四年	文学	安徽大学	安徽省	
536	050303	广告学	四年	文学	安徽工程大学	安徽省	
537	050303	广告学	四年	文学	安徽师范大学	安徽省	

续表

序号	专业代码	专业名称	年限	学位	学校	管辖归属	所在地补充说明
538	050303	广告学	四年	文学	安徽师范大学皖江学院	安徽省	
539	050303	广告学	四年	文学	安徽新华学院	安徽省	
540	050303	广告学	四年	文学	蚌埠学院	安徽省	
541	050303	广告学	四年	文学	宝鸡文理学院	陕西省	
542	050303	广告学	四年	文学	北方工业大学	北京市	
543	050303	广告学	四年	文学	北方民族大学	国家民族事务委员会	宁夏
544	050303	广告学	四年	文学	北京大学	教育部	北京
545	050303	广告学	四年	文学	北京电影学院	北京市	
546	050303	广告学	四年	文学	北京服装学院	北京市	
547	050303	广告学	四年	文学	北京工商大学	北京市	
548	050303	广告学	四年	文学	北京工商大学嘉华学院	北京市	
549	050303	广告学	四年	文学	北京工业大学	北京市	
550	050303	广告学	四年	文学	北京工业大学耿丹学院	北京市	
551	050303	广告学	四年	文学	北京化工大学北方学院	河北省	
552	050303	广告学	四年	文学	北京联合大学	北京市	
553	050303	广告学	四年	文学	北京师范大学珠海分校	广东省	
554	050303	广告学	四年	文学	北京体育大学	国家体育总局	北京
555	050303	广告学	四年	文学	北京印刷学院	北京市	
556	050303	广告学	四年	文学	渤海大学	辽宁省	
557	050303	广告学	四年	文学	渤海大学文理学院※	辽宁省	
558	050303	广告学	四年	文学	长安大学	教育部	陕西
559	050303	广告学	四年	文学	长春大学光华学院	吉林省	
560	050303	广告学	四年	文学	长春工业大学	吉林省	
561	050303	广告学	四年	文学	长春建筑学院	吉林省	
562	050303	广告学	四年	文学	长春理工大学	吉林省	
563	050303	广告学	四年	文学	长春理工大学光电信息学院	吉林省	
564	050303	广告学	四年	文学	长春师范学院	吉林省	
565	050303	广告学	四年	文学	巢湖学院	安徽省	
566	050303	广告学	四年	文学	成都理工大学	四川省	

续表

序号	专业代码	专业名称	年限	学位	学校	管辖归属	所在地补充说明
567	050303	广告学	四年	文学	成都理工大学广播影视学院	四川省	
568	050303	广告学	四年	文学	池州学院	安徽省	
569	050303	广告学	四年	文学	滁州学院	安徽省	
570	050303	广告学	四年	文学	大理学院	云南省	
571	050303	广告学	四年	文学	大连艺术学院	辽宁省	
572	050303	广告学	四年	文学	东北财经大学	辽宁省	
573	050303	广告学	四年	文学	东北林业大学	教育部	黑龙江
574	050303	广告学	四年	文学	东北农业大学成栋学院	黑龙江省	
575	050303	广告学	四年	文学	东北师范大学	教育部	吉林
576	050303	广告学	四年	文学	东北师范大学人文学院	吉林省	
577	050303	广告学	四年	文学	东华理工大学	江西省	
578	050303	广告学	四年	文学	防灾科技学院	中国地震局	北京
579	050303	广告学	四年	文学	福建工程学院	福建省	
580	050303	广告学	四年	文学	福建农林大学	福建省	
581	050303	广告学	四年	文学	福建农林大学东方学院	福建省	
582	050303	广告学	四年	文学	福建农林大学金山学院	福建省	
583	050303	广告学	四年	文学	福建师范大学	福建省	
584	050303	广告学	四年	文学	福建师范大学闽南科技学院	福建省	
585	050303	广告学	四年	文学	福建师范大学协和学院	福建省	
586	050303	广告学	四年	文学	福州大学阳光学院	福建省	
587	050303	广告学	四年	文学	复旦大学	教育部	上海
588	050303	广告学	四年	文学	甘肃政法学院	甘肃省	
589	050303	广告学	四年	文学	赣南师范学院	江西省	
590	050303	广告学	四年	文学	广东培正学院	广东省	
591	050303	广告学	四年	文学	广东商学院	广东省	
592	050303	广告学	四年	文学	广东商学院华商学院	广东省	
593	050303	广告学	四年	文学	广东外语外贸大学	广东省	
594	050303	广告学	四年	文学	广西财经学院	广西壮族自治区	

续表

序号	专业代码	专业名称	年限	学位	学校	管辖归属	所在地补充说明
595	050303	广告学	四年	文学	广西大学	广西壮族自治区	
596	050303	广告学	四年	文学	广西大学行健文理学院	广西壮族自治区	
597	050303	广告学	四年	文学	广西师范学院	广西壮族自治区	
598	050303	广告学	四年	文学	广西师范学院师园学院	广西壮族自治区	
599	050303	广告学	四年	文学	广西艺术学院	广西壮族自治区	
600	050303	广告学	四年	文学	广州大学	广东省	
601	050303	广告学	四年	文学	贵州财经大学	贵州省	
602	050303	广告学	四年	文学	贵州民族大学	贵州省	
603	050303	广告学	四年	文学	桂林理工大学	广西壮族自治区	
604	050303	广告学	四年	文学	桂林理工大学博文管理学院	广西壮族自治区	
605	050303	广告学	四年	文学	哈尔滨德强商务学院	黑龙江省	
606	050303	广告学	四年	文学	哈尔滨工业大学	工业和信息化部	黑龙江
607	050303	广告学	四年	文学	海南大学	海南省	
608	050303	广告学	四年	文学	合肥工业大学	教育部	安徽
609	050303	广告学	四年	文学	河北传媒学院	河北省	
610	050303	广告学	四年	文学	河北大学	河北省	
611	050303	广告学	四年	文学	河北大学工商学院	河北省	
612	050303	广告学	四年	文学	河北工程大学	河北省	
613	050303	广告学	四年	文学	河北经贸大学	河北省	
614	050303	广告学	四年	文学	河北美术学院	河北省	
615	050303	广告学	四年	文学	河北师范大学	河北省	
616	050303	广告学	四年	文学	河北师范大学汇华学院	河北省	
617	050303	广告学	四年	文学	河南财经政法大学	河南省	
618	050303	广告学	四年	文学	河南大学	河南省	
619	050303	广告学	四年	文学	河南大学民生学院	河南省	
620	050303	广告学	四年	文学	河南工业大学	河南省	
621	050303	广告学	四年	文学	河南理工大学	河南省	
622	050303	广告学	四年	文学	河南理工大学万方科技学院	河南省	

续表

序号	专业代码	专业名称	年限	学位	学校	管辖归属	所在地补充说明
623	050303	广告学	四年	文学	菏泽学院	山东省	
624	050303	广告学	四年	文学	黑龙江大学	黑龙江省	
625	050303	广告学	四年	文学	衡水学院	河北省	
626	050303	广告学	四年	文学	衡阳师范学院	湖南省	
627	050303	广告学	四年	文学	衡阳师范学院南岳学院	湖南省	
628	050303	广告学	四年	文学	红河学院	云南省	
629	050303	广告学	四年	文学	湖北大学	湖北省	
630	050303	广告学	四年	文学	湖北大学知行学院	湖北省	
631	050303	广告学	四年	文学	湖北第二师范学院	湖北省	
632	050303	广告学	四年	文学	湖北工程学院	湖北省	
633	050303	广告学	四年	文学	湖北工程学院新技术学院	湖北省	
634	050303	广告学	四年	文学	湖北工业大学	湖北省	
635	050303	广告学	四年	文学	湖北工业大学工程技术学院	湖北省	
636	050303	广告学	四年	文学	湖北经济学院	湖北省	
637	050303	广告学	四年	文学	湖北师范大学	湖北省	
638	050303	广告学	四年	文学	湖南城市学院	湖南省	
639	050303	广告学	四年	文学	湖南大学	教育部	湖南
640	050303	广告学	四年	文学	湖南工程学院	湖南省	
641	050303	广告学	四年	文学	湖南工程学院应用技术学院	湖南省	
642	050303	广告学	四年	文学	湖南工业大学	湖南省	
643	050303	广告学	四年	文学	湖南工业大学科技学院	湖南省	
644	050303	广告学	四年	文学	湖南科技大学	湖南省	
645	050303	广告学	四年	文学	湖南科技大学潇湘学院	湖南省	
646	050303	广告学	四年	文学	湖南科技学院	湖南省	
647	050303	广告学	四年	文学	湖南理工学院	湖南省	
648	050303	广告学	四年	文学	湖南理工学院南湖学院	湖南省	
649	050303	广告学	四年	文学	湖南商学院	湖南省	

续表

序号	专业代码	专业名称	年限	学位	学校	管辖归属	所在地补充说明
650	050303	广告学	四年	文学	湖南商学院北津学院	湖南省	
651	050303	广告学	四年	文学	湖南师范大学	湖南省	
652	050303	广告学	四年	文学	湖南师范大学树达学院	湖南省	
653	050303	广告学	四年	文学	湖州师范学院	浙江省	
654	050303	广告学	四年	文学	湖州师范学院求真学院	浙江省	
655	050303	广告学	四年	文学	华北电力大学	教育部	北京
656	050303	广告学	四年	文学	华东理工大学	教育部	上海
657	050303	广告学	四年	文学	华东师范大学	教育部	上海
658	050303	广告学	四年	文学	华南理工大学	教育部	广东
659	050303	广告学	四年	文学	华侨大学	国务院侨务办公室	福建
660	050303	广告学	四年	文学	华中科技大学	教育部	湖北
661	050303	广告学	四年	文学	文华学院	湖北省	
662	050303	广告学	四年	文学	华中农业大学	教育部	湖北
663	050303	广告学	四年	文学	华中农业大学楚天学院	湖北省	
664	050303	广告学	四年	文学	武汉传媒学院	湖北省	
665	050303	广告学	四年	文学	淮北师范大学	安徽省	
666	050303	广告学	四年	文学	淮北师范大学信息学院	安徽省	
667	050303	广告学	四年	文学	淮海工学院	江苏省	
668	050303	广告学	四年	文学	淮南师范学院	安徽省	
669	050303	广告学	四年	文学	淮阴师范学院	江苏省	
670	050303	广告学	四年	文学	黄冈师范学院	湖北省	
671	050303	广告学	四年	文学	吉林财经大学	吉林省	
672	050303	广告学	四年	文学	吉林大学	教育部	吉林
673	050303	广告学	四年	文学	吉林大学珠海学院	广东省	
674	050303	广告学	四年	文学	吉林动画学院	吉林省	
675	050303	广告学	四年	文学	吉林工商学院	吉林省	
676	050303	广告学	四年	文学	吉林建筑工程学院	吉林省	
677	050303	广告学	四年	文学	吉林农业大学	吉林省	
678	050303	广告学	四年	文学	吉林农业大学发展学院	吉林省	
679	050303	广告学	四年	文学	吉林艺术学院	吉林省	

续表

序号	专业代码	专业名称	年限	学位	学校	管辖归属	所在地补充说明
680	050303	广告学	四年	文学	吉首大学	湖南省	
681	050303	广告学	四年	文学	吉首大学张家界学院	湖南省	
682	050303	广告学	四年	文学	济南大学	山东省	
683	050303	广告学	四年	文学	济南大学泉城学院	山东省	
684	050303	广告学	四年	文学	暨南大学	国务院侨务办公室	广东
685	050303	广告学	四年	文学	江汉大学	湖北省	
686	050303	广告学	四年	文学	江汉大学文理学院	湖北省	
687	050303	广告学	四年	文学	江南大学	教育部	江苏
688	050303	广告学	四年	文学	江苏理工学院	江苏省	
689	050303	广告学	四年	文学	江苏师范大学	江苏省	
690	050303	广告学	四年	文学	江苏师范大学科文学院	江苏省	
691	050303	广告学	四年	文学	江西财经大学	江西省	
692	050303	广告学	四年	文学	江西服装学院	江西省	
693	050303	广告学	四年	文学	江西科技师范大学	江西省	
694	050303	广告学	四年	文学	江西科技师范大学理工学院	江西省	
695	050303	广告学	四年	文学	江西理工大学	江西省	
696	050303	广告学	四年	文学	江西农业大学南昌商学院	江西省	
697	050303	广告学	四年	文学	江西师范大学	江西省	
698	050303	广告学	四年	文学	江西师范大学科学技术学院	江西省	
699	050303	广告学	四年	文学	景德镇陶瓷学院	江西省	
700	050303	广告学	四年	文学	九江学院	江西省	
701	050303	广告学	四年	文学	昆明理工大学	云南省	
702	050303	广告学	四年	文学	兰州大学	教育部	甘肃
703	050303	广告学	四年	文学	兰州交通大学	甘肃省	
704	050303	广告学	四年	文学	兰州交通大学博文学院	甘肃省	
705	050303	广告学	四年	文学	兰州商学院	甘肃省	
706	050303	广告学	四年	文学	兰州商学院长青学院	甘肃省	

续表

序号	专业代码	专业名称	年限	学位	学校	管辖归属	所在地补充说明
707	050303	广告学	四年	文学	辽宁大学	辽宁省	
708	050303	广告学	四年	文学	辽宁工业大学	辽宁省	
709	050303	广告学	四年	文学	辽宁何氏医学院	辽宁省	
710	050303	广告学	四年	文学	辽宁科技学院	辽宁省	
711	050303	广告学	四年	文学	辽宁师范大学	辽宁省	
712	050303	广告学	四年	文学	辽宁师范大学海华学院	辽宁省	
713	050303	广告学	四年	文学	临沂大学	山东省	
714	050303	广告学	四年	文学	鲁东大学	山东省	
715	050303	广告学	四年	文学	闽江学院	福建省	
716	050303	广告学	四年	文学	内蒙古科技大学	内蒙古自治区	
717	050303	广告学	四年	文学	内蒙古师范大学	内蒙古自治区	
718	050303	广告学	四年	文学	南昌大学	江西省	
719	050303	广告学	四年	文学	南昌理工学院	江西省	
720	050303	广告学	四年	文学	南京财经大学	江苏省	
721	050303	广告学	四年	文学	南京大学	教育部	江苏
722	050303	广告学	四年	文学	南京大学金陵学院	江苏省	
723	050303	广告学	四年	文学	南京林业大学	江苏省	
724	050303	广告学	四年	文学	南京师范大学	江苏省	
725	050303	广告学	四年	文学	南京师范大学泰州学院	江苏省	
726	050303	广告学	四年	文学	南京师范大学中北学院	江苏省	
727	050303	广告学	四年	文学	南京艺术学院	江苏省	
728	050303	广告学	四年	文学	南京邮电大学	江苏省	
729	050303	广告学	四年	文学	南京邮电大学通达学院	江苏省	
730	050303	广告学	四年	文学	南开大学滨海学院	天津市	
731	050303	广告学	四年	文学	宁波大红鹰学院	浙江省	
732	050303	广告学	四年	文学	宁波大学	浙江省	
733	050303	广告学	四年	文学	宁波大学科学技术学院	浙江省	
734	050303	广告学	四年	文学	宁波工程学院	浙江省	
735	050303	广告学	四年	文学	宁夏大学	宁夏回族自治区	
736	050303	广告学	四年	文学	平顶山学院	河南省	

续表

序号	专业代码	专业名称	年限	学位	学校	管辖归属	所在地补充说明
737	050303	广告学	四年	文学	莆田学院	福建省	
738	050303	广告学	四年	文学	青岛滨海学院	山东省	
739	050303	广告学	四年	文学	青岛大学	山东省	
740	050303	广告学	四年	文学	青岛科技大学	山东省	
741	050303	广告学	四年	文学	青岛理工大学	山东省	
742	050303	广告学	四年	文学	青岛农业大学	山东省	
743	050303	广告学	四年	文学	青岛农业大学海都学院	山东省	
744	050303	广告学	四年	文学	青海民族大学	青海省	
745	050303	广告学	四年	文学	清华大学	教育部	北京
746	050303	广告学	四年	文学	曲阜师范大学	山东省	
747	050303	广告学	四年	文学	曲靖师范学院	云南省	
748	050303	广告学	四年	文学	泉州师范学院	福建省	
749	050303	广告学	四年	文学	三江学院	江苏省	
750	050303	广告学	四年	文学	三亚学院	海南省	
751	050303	广告学	四年	文学	山东财经大学	山东省	
752	050303	广告学	四年	文学	山东大学	教育部	山东
753	050303	广告学	四年	文学	山东工商学院	山东省	
754	050303	广告学	四年	文学	山东工艺美术学院	山东省	
755	050303	广告学	四年	文学	山东建筑大学	山东省	
756	050303	广告学	四年	文学	山东科技大学	山东省	
757	050303	广告学	四年	文学	山东理工大学	山东省	
758	050303	广告学	四年	文学	山东轻工业学院	山东省	
759	050303	广告学	四年	文学	山东艺术学院	山东省	
760	050303	广告学	四年	文学	山西财经大学	山西省	
761	050303	广告学	四年	文学	山西大学	山西省	
762	050303	广告学	四年	文学	山西大学商务学院	山西省	
763	050303	广告学	四年	文学	山西工商学院	山西省	
764	050303	广告学	四年	文学	汕头大学	广东省	
765	050303	广告学	四年	文学	商丘学院	河南省	
766	050303	广告学	四年	文学	上海大学	上海市	

续表

序号	专业代码	专业名称	年限	学位	学校	管辖归属	所在地补充说明
767	050303	广告学	四年	文学	上海工程技术大学	上海市	
768	050303	广告学	四年	文学	上海建桥学院	上海市	
769	050303	广告学	四年	文学	上海理工大学	上海市	
770	050303	广告学	四年	文学	上海商学院	上海市	
771	050303	广告学	四年	文学	上海师范大学	上海市	
772	050303	广告学	四年	文学	上海外国语大学	教育部	上海
773	050303	广告学	四年	文学	上海外国语大学贤达经济人文学院	上海市	
774	050303	广告学	四年	文学	深圳大学	广东省	
775	050303	广告学	四年	文学	沈阳工业大学	辽宁省	
776	050303	广告学	四年	文学	沈阳航空航天大学	辽宁省	
777	050303	广告学	四年	文学	沈阳建筑大学	辽宁省	
778	050303	广告学	四年	文学	石家庄经济学院	河北省	
779	050303	广告学	四年	文学	石家庄经济学院华信学院	河北省	
780	050303	广告学	四年	文学	石家庄学院	河北省	
781	050303	广告学	四年	文学	首都经济贸易大学	北京市	
782	050303	广告学	四年	文学	四川大学	教育部	四川
783	050303	广告学	四年	文学	四川大学锦城学院	四川省	
784	050303	广告学	四年	文学	四川美术学院	重庆市	
785	050303	广告学	四年	文学	四川农业大学	四川省	
786	050303	广告学	四年	文学	四川师范大学	四川省	
787	050303	广告学	四年	文学	四川师范大学成都学院	四川省	
788	050303	广告学	四年	文学	四川外语学院	重庆市	
789	050303	广告学	四年	文学	四川外语学院重庆南方翻译学院	重庆市	
790	050303	广告学	四年	文学	苏州大学	江苏省	
791	050303	广告学	四年	文学	苏州大学文正学院	江苏省	
792	050303	广告学	四年	文学	苏州大学应用技术学院	江苏省	
793	050303	广告学	四年	文学	泰山学院	山东省	

续表

序号	专业代码	专业名称	年限	学位	学校	管辖归属	所在地补充说明
794	050303	广告学	四年	文学	唐山学院	河北省	
795	050303	广告学	四年	文学	天津财经大学	天津市	
796	050303	广告学	四年	文学	天津财经大学珠江学院	天津市	
797	050303	广告学	四年	文学	天津工业大学	天津市	
798	050303	广告学	四年	文学	天津师范大学	天津市	
799	050303	广告学	四年	文学	天津师范大学津沽学院	天津市	
800	050303	广告学	四年	文学	天津外国语大学	天津市	
801	050303	广告学	四年	文学	同济大学	教育部	上海
802	050303	广告学	四年	文学	同济大学同科学院	上海市	
803	050303	广告学	四年	文学	铜陵学院	安徽省	
804	050303	广告学	四年	文学	皖西学院	安徽省	
805	050303	广告学	四年	文学	渭南师范学院	陕西省	
806	050303	广告学	四年	文学	温州大学	浙江省	
807	050303	广告学	四年	文学	温州大学城市学院	浙江省	
808	050303	广告学	四年	文学	温州大学瓯江学院	浙江省	
809	050303	广告学	四年	文学	无锡太湖学院	江苏省	
810	050303	广告学	四年	文学	武昌工学院	湖北省	
811	050303	广告学	四年	文学	武汉长江工商学院	湖北省	
812	050303	广告学	四年	文学	武汉大学	教育部	湖北
813	050303	广告学	四年	文学	武汉东湖学院	湖北省	
814	050303	广告学	四年	文学	武汉纺织大学	湖北省	
815	050303	广告学	四年	文学	武汉纺织大学外经贸学院	湖北省	
816	050303	广告学	四年	文学	武汉工程大学	湖北省	
817	050303	广告学	四年	文学	武汉工程大学邮电与信息工程学院	湖北省	
818	050303	广告学	四年	文学	武汉工业学院	湖北省	
819	050303	广告学	四年	文学	武汉理工大学	教育部	湖北
820	050303	广告学	四年	文学	武汉理工大学华夏学院	湖北省	
821	050303	广告学	四年	文学	武汉体育学院	湖北省	

续表

序号	专业代码	专业名称	年限	学位	学校	管辖归属	所在地补充说明
822	050303	广告学	四年	文学	西安财经学院	陕西省	
823	050303	广告学	四年	文学	西安财经学院行知学院	陕西省	
824	050303	广告学	四年	文学	西安翻译学院	陕西省	
825	050303	广告学	四年	文学	西安工程大学	陕西省	
826	050303	广告学	四年	文学	西安工业大学	陕西省	
827	050303	广告学	四年	文学	西安工业大学北方信息工程学院	陕西省	
828	050303	广告学	四年	文学	西安培华学院	陕西省	
829	050303	广告学	四年	文学	西安石油大学	陕西省	
830	050303	广告学	四年	文学	西安思源学院	陕西省	
831	050303	广告学	四年	文学	西安外国语大学	陕西省	
832	050303	广告学	四年	文学	西安文理学院	陕西省	
833	050303	广告学	四年	文学	西北大学	陕西省	
834	050303	广告学	四年	文学	西北大学现代学院	陕西省	
835	050303	广告学	四年	文学	西北民族大学	国家民族事务委员会	甘肃
836	050303	广告学	四年	文学	西北师范大学知行学院	甘肃省	
837	050303	广告学	四年	文学	西藏民族学院	西藏自治区	
838	050303	广告学	四年	文学	西昌学院	四川省	
839	050303	广告学	四年	文学	西南交通大学	教育部	四川
840	050303	广告学	四年	文学	西南石油大学	四川省	
841	050303	广告学	四年	文学	厦门大学	教育部	福建
842	050303	广告学	四年	文学	厦门大学嘉庚学院	福建省	
843	050303	广告学	四年	文学	咸阳师范学院	陕西省	
844	050303	广告学	四年	文学	湘潭大学	湖南省	
845	050303	广告学	四年	文学	湘潭大学兴湘学院	湖南省	
846	050303	广告学	四年	文学	新疆大学	新疆维吾尔自治区	
847	050303	广告学	四年	文学	新疆艺术学院	新疆维吾尔自治区	
848	050303	广告学	四年	文学	徐州工程学院	江苏省	
849	050303	广告学	四年	文学	仰恩大学	福建省	
850	050303	广告学	四年	文学	宜春学院	江西省	

续表

序号	专业代码	专业名称	年限	学位	学校	管辖归属	所在地补充说明
851	050303	广告学	四年	文学	玉林师范学院	广西壮族自治区	
852	050303	广告学	四年	文学	云南财经大学	云南省	
853	050303	广告学	四年	文学	云南大学滇池学院	云南省	
854	050303	广告学	四年	文学	云南民族大学	云南省	
855	050303	广告学	四年	文学	云南师范大学	云南省	
856	050303	广告学	四年	文学	云南师范大学商学院	云南省	
857	050303	广告学	四年	文学	漳州师范学院	福建省	
858	050303	广告学	四年	文学	浙江财经学院	浙江省	
859	050303	广告学	四年	文学	浙江财经学院东方学院	浙江省	
860	050303	广告学	四年	文学	浙江传媒学院	浙江省	
861	050303	广告学	四年	文学	浙江大学	教育部	浙江
862	050303	广告学	四年	文学	浙江大学城市学院	浙江省	
863	050303	广告学	四年	文学	浙江大学宁波理工学院	浙江省	
864	050303	广告学	四年	文学	浙江工商大学	浙江省	
865	050303	广告学	四年	文学	浙江工商大学杭州商学院	浙江省	
866	050303	广告学	四年	文学	浙江工业大学	浙江省	
867	050303	广告学	四年	文学	浙江工业大学之江学院	浙江省	
868	050303	广告学	四年	文学	浙江理工大学	浙江省	
869	050303	广告学	四年	文学	浙江理工大学科技与艺术学院	浙江省	
870	050303	广告学	四年	文学	浙江农林大学	浙江省	
871	050303	广告学	四年	文学	浙江农林大学天目学院	浙江省	
872	050303	广告学	四年	文学	浙江师范大学	浙江省	
873	050303	广告学	四年	文学	浙江师范大学行知学院	浙江省	
874	050303	广告学	四年	文学	浙江万里学院	浙江省	
875	050303	广告学	四年	文学	郑州成功财经学院	河南省	
876	050303	广告学	四年	文学	郑州大学	河南省	
877	050303	广告学	四年	文学	郑州航空工业管理学院	河南省	
878	050303	广告学	四年	文学	郑州升达经贸管理学院	河南省	

续表

序号	专业代码	专业名称	年限	学位	学校	管辖归属	所在地补充说明
879	050303	广告学	四年	文学	中国传媒大学	教育部	北京
880	050303	广告学	四年	文学	中国传媒大学南广学院	江苏省	
881	050303	广告学	四年	文学	中国计量学院	浙江省	
882	050303	广告学	四年	文学	中国计量学院现代科技学院	浙江省	
883	050303	广告学	四年	文学	中国矿业大学徐海学院	江苏省	
884	050303	广告学	四年	文学	中国人民大学	教育部	北京
885	050303	广告学	四年	文学	中南林业科技大学	湖南省	
886	050303	广告学	四年	文学	中南林业科技大学涉外学院	湖南省	
887	050303	广告学	四年	文学	中南民族大学	国家民族事务委员会	湖北
888	050303	广告学	四年	文学	中山大学	教育部	广东
889	050303	广告学	四年	文学	中央财经大学	教育部	北京
890	050303	广告学	四年	文学	中央民族大学	国家民族事务委员会	北京
891	050303	广告学	四年	文学	中原工学院信息商务学院	河南省	
892	050303	广告学	四年	文学	重庆大学城市科技学院	重庆市	
893	050303	广告学	四年	文学	重庆工商大学	重庆市	
894	050303	广告学	四年	文学	重庆工商大学派斯学院	重庆市	
895	050303	广告学	四年	文学	重庆交通大学	重庆市	
896	050303	广告学	四年	文学	重庆理工大学	重庆市	
897	050303	广告学	四年	文学	重庆三峡学院	重庆市	
898	050304	传播学	四年	文学	北方民族大学	国家民族事务委员会	宁夏
899	050304	传播学	四年	文学	北京城市学院	北京市	
900	050304	传播学	四年	文学	北京服装学院	北京市	
901	050304	传播学	四年	文学	北京交通大学	教育部	北京
902	050304	传播学	四年	文学	北京师范大学	教育部	北京
903	050304	传播学	四年	文学	北京师范大学珠海分校	广东省	
904	050304	传播学	四年	文学	北京信息科技大学	北京市	
905	050304	传播学	四年	文学	北京印刷学院	北京市	

续表

序号	专业代码	专业名称	年限	学位	学校	管辖归属	所在地补充说明
906	050304	传播学	四年	文学	北京邮电大学世纪学院	北京市	
907	050304	传播学	四年	文学	成都理工大学广播影视学院	四川省	
908	050304	传播学	四年	文学	东华大学	教育部	上海
909	050304	传播学	四年	文学	复旦大学	教育部	上海
910	050304	传播学	四年	文学	贵州财经大学	贵州省	
911	050304	传播学	四年	文学	贵州民族大学	贵州省	
912	050304	传播学	四年	文学	国际关系学院	国家安全部	北京
913	050304	传播学	四年	文学	杭州电子科技大学	浙江省	
914	050304	传播学	四年	文学	黑龙江大学	黑龙江省	
915	050304	传播学	四年	文学	湖北大学	湖北省	
916	050304	传播学	四年	文学	华南理工大学	教育部	广东
917	050304	传播学	四年	文学	华南师范大学	广东省	
918	050304	传播学	四年	文学	华侨大学厦门工学院	福建省	
919	050304	传播学	四年	文学	华中科技大学	教育部	湖北
920	050304	传播学	四年	文学	武汉传媒学院	湖北省	
921	050304	传播学	四年	文学	吉林农业大学	吉林省	
922	050304	传播学	四年	文学	江西师范大学	江西省	
923	050304	传播学	四年	文学	江西师范大学科学技术学院	江西省	
924	050304	传播学	四年	文学	昆明理工大学	云南省	
925	050304	传播学	四年	文学	辽宁工业大学	辽宁省	
926	050304	传播学	四年	文学	聊城大学东昌学院	山东省	
927	050304	传播学	四年	文学	青岛农业大学	山东省	
928	050304	传播学	四年	文学	上海建桥学院	上海市	
929	050304	传播学	四年	文学	上海交通大学	教育部	上海
930	050304	传播学	四年	文学	上海理工大学	上海市	
931	050304	传播学	四年	文学	深圳大学	广东省	
932	050304	传播学	四年	文学	沈阳大学科技工程学院	辽宁省	
933	050304	传播学	四年	文学	首都经济贸易大学	北京市	

续表

序号	专业代码	专业名称	年限	学位	学校	管辖归属	所在地补充说明
934	050304	传播学	四年	文学	天津外国语大学	天津市	
935	050304	传播学	四年	文学	温州大学城市学院	浙江省	
936	050304	传播学	四年	文学	武汉大学	教育部	湖北
937	050304	传播学	四年	文学	西安交通大学城市学院	陕西省	
938	050304	传播学	四年	文学	西南交通大学	教育部	四川
939	050304	传播学	四年	文学	西南政法大学	重庆市	
940	050304	传播学	四年	文学	厦门大学	教育部	福建
941	050304	传播学	四年	文学	浙江传媒学院	浙江省	
942	050304	传播学	四年	文学	浙江理工大学	浙江省	
943	050304	传播学	四年	文学	浙江越秀外国语学院	浙江省	
944	050304	传播学	四年	文学	中国传媒大学	教育部	北京
945	050304	传播学	四年	文学	中国传媒大学南广学院	江苏省	
946	050304	传播学	四年	文学	中国科学技术大学	中国科学院	
947	050304	传播学	四年	文学	中国农业大学	教育部	北京
948	050304	传播学	四年	文学	中国人民大学	教育部	北京
949	050304	传播学	四年	文学	中山大学	教育部	广东
950	050304H	传播学	四年	文学	北京师范大学—香港浸会大学联合国际学院		
951	050304H	传播学	四年	文学	宁波诺丁汉大学	浙江省	
952	050304H	传播学	四年	文学	西交利物浦大学	江苏省	
953	050305	编辑出版学	四年	文学	安徽大学	安徽省	
954	050305	编辑出版学	四年	文学	安徽科技学院	安徽省	
955	050305	编辑出版学	四年	文学	安徽新华学院	安徽省	
956	050305	编辑出版学	四年	文学	北京大学	教育部	北京
957	050305	编辑出版学	四年	文学	北京师范大学珠海分校	广东省	
958	050305	编辑出版学	四年	文学	北京印刷学院	北京市	
959	050305	编辑出版学	二年	文学	北京印刷学院	北京市	
960	050305	编辑出版学	四年	文学	成都理工大学广播影视学院	四川省	
961	050305	编辑出版学	四年	文学	广东海洋大学	广东省	

续表

序号	专业代码	专业名称	年限	学位	学校	管辖归属	所在地补充说明
962	050305	编辑出版学	四年	文学	广西民族大学	广西壮族自治区	
963	050305	编辑出版学	四年	文学	广西民族大学相思湖学院	广西壮族自治区	
964	050305	编辑出版学	四年	文学	广西师范大学	广西壮族自治区	
965	050305	编辑出版学	四年	文学	杭州电子科技大学	浙江省	
966	050305	编辑出版学	四年	文学	合肥师范学院	安徽省	
967	050305	编辑出版学	四年	文学	河北传媒学院	河北省	
968	050305	编辑出版学	四年	文学	河北大学	河北省	
969	050305	编辑出版学	四年	文学	河北大学工商学院	河北省	
970	050305	编辑出版学	四年	文学	河北经贸大学	河北省	
971	050305	编辑出版学	四年	文学	河南大学	河南省	
972	050305	编辑出版学	四年	文学	黑龙江大学	黑龙江省	
973	050305	编辑出版学	四年	文学	衡阳师范学院	湖南省	
974	050305	编辑出版学	四年	文学	湖北第二师范学院	湖北省	
975	050305	编辑出版学	四年	文学	湖北民族学院	湖北省	
976	050305	编辑出版学	四年	文学	湖北民族学院科技学院	湖北省	
977	050305	编辑出版学	四年	文学	湖南商学院	湖南省	
978	050305	编辑出版学	四年	文学	湖南商学院北津学院	湖南省	
979	050305	编辑出版学	四年	文学	湖南师范大学	湖南省	
980	050305	编辑出版学	四年	文学	华东师范大学	教育部	上海
981	050305	编辑出版学	四年	文学	华南理工大学	教育部	广东
982	050305	编辑出版学	四年	文学	华南师范大学	广东省	
983	050305	编辑出版学	四年	文学	吉林工程技术师范学院	吉林省	
984	050305	编辑出版学	四年	文学	吉林华桥外国语学院	吉林省	
985	050305	编辑出版学	四年	文学	吉林师范大学	吉林省	
986	050305	编辑出版学	四年	文学	吉林艺术学院	吉林省	
987	050305	编辑出版学	四年	文学	济南大学	山东省	
988	050305	编辑出版学	四年	文学	昆明理工大学	云南省	
989	050305	编辑出版学	四年	文学	辽宁大学	辽宁省	
990	050305	编辑出版学	四年	文学	临沂大学	山东省	

续表

序号	专业代码	专业名称	年限	学位	学校	管辖归属	所在地补充说明
991	050305	编辑出版学	四年	文学	内蒙古大学	内蒙古自治区	
992	050305	编辑出版学	四年	文学	内蒙古民族大学	内蒙古自治区	
993	050305	编辑出版学	四年	文学	南昌工程学院	江西省	
994	050305	编辑出版学	四年	文学	南京大学	教育部	江苏
995	050305	编辑出版学	四年	文学	南京医科大学	江苏省	
996	050305	编辑出版学	四年	文学	南开大学	教育部	天津
997	050305	编辑出版学	四年	文学	宁波大红鹰学院	浙江省	
998	050305	编辑出版学	四年	文学	青岛科技大学	山东省	
999	050305	编辑出版学	四年	文学	青海师范大学	青海省	
1000	050305	编辑出版学	四年	文学	山东财经大学	山东省	
1001	050305	编辑出版学	四年	文学	山东工商学院	山东省	
1002	050305	编辑出版学	四年	文学	山东工艺美术学院	山东省	
1003	050305	编辑出版学	四年	文学	山东政法学院	山东省	
1004	050305	编辑出版学	四年	文学	山西师范大学	山西省	
1005	050305	编辑出版学	四年	文学	山西师范大学现代文理学院	山西省	
1006	050305	编辑出版学	四年	文学	陕西师范大学	教育部	陕西
1007	050305	编辑出版学	四年	文学	汕头大学	广东省	
1008	050305	编辑出版学	四年	文学	上海理工大学	上海市	
1009	050305	编辑出版学	四年	文学	上海师范大学	上海市	
1010	050305	编辑出版学	二年	文学	四川大学	教育部	四川
1011	050305	编辑出版学	四年	文学	四川大学	教育部	四川
1012	050305	编辑出版学	二年	文学	武汉大学	教育部	湖北
1013	050305	编辑出版学	四年	文学	武汉大学	教育部	湖北
1014	050305	编辑出版学	四年	文学	武汉理工大学	教育部	湖北
1015	050305	编辑出版学	四年	文学	武汉理工大学华夏学院	湖北省	
1016	050305	编辑出版学	四年	文学	西安欧亚学院	陕西省	
1017	050305	编辑出版学	四年	文学	西北大学	陕西省	
1018	050305	编辑出版学	四年	文学	西北政法大学	陕西省	
1019	050305	编辑出版学	四年	文学	湘潭大学	湖南省	

续表

序号	专业代码	专业名称	年限	学位	学校	管辖归属	所在地补充说明
1020	050305	编辑出版学	四年	文学	云南民族大学	云南省	
1021	050305	编辑出版学	四年	文学	云南师范大学商学院	云南省	
1022	050305	编辑出版学	四年	文学	漳州师范学院	福建省	
1023	050305	编辑出版学	四年	文学	浙江传媒学院	浙江省	
1024	050305	编辑出版学	四年	文学	浙江大学	教育部	浙江
1025	050305	编辑出版学	四年	文学	浙江工商大学	浙江省	
1026	050305	编辑出版学	四年	文学	浙江工商大学杭州商学院	浙江省	
1027	050305	编辑出版学	四年	文学	浙江万里学院	浙江省	
1028	050305	编辑出版学	四年	文学	浙江越秀外国语学院	浙江省	
1029	050305	编辑出版学	四年	文学	中国传媒大学	教育部	北京
1030	050305	编辑出版学	四年	文学	中国传媒大学南广学院	江苏省	
1031	050305	编辑出版学	四年	文学	中国海洋大学	教育部	山东
1032	050305	编辑出版学	四年	文学	中国人民大学	教育部	北京
1033	050306T	网络与新媒体	四年	文学	北京联合大学	北京市	
1034	050306T	网络与新媒体	四年	文学	北京信息科技大学	北京市	
1035	050306T	网络与新媒体	四年	文学	北京印刷学院	北京市	
1036	050306T	网络与新媒体	四年	文学	成都理工大学广播影视学院	四川省	
1037	050306T	网络与新媒体	四年	文学	东华理工大学长江学院	江西省	
1038	050306T	网络与新媒体	四年	文学	广西师范大学	广西壮族自治区	
1039	050306T	网络与新媒体	四年	文学	贵州民族大学	贵州省	
1040	050306T	网络与新媒体	四年	文学	韩山师范学院	广东省	
1041	050306T	网络与新媒体	四年	文学	汉口学院	湖北省	
1042	050306T	网络与新媒体	四年	文学	合肥师范学院	安徽省	
1043	050306T	网络与新媒体	四年	文学	河北传媒学院	河北省	
1044	050306T	网络与新媒体	四年	文学	河南工业大学	河南省	
1045	050306T	网络与新媒体	四年	文学	黑龙江工程学院	黑龙江省	
1046	050306T	网络与新媒体	四年	文学	湖南理工学院	湖南省	
1047	050306T	网络与新媒体	四年	文学	湖南师范大学	湖南省	

续表

序号	专业代码	专业名称	年限	学位	学校	管辖归属	所在地补充说明
1048	050306T	网络与新媒体	四年	文学	武昌首义学院	湖北省	
1049	050306T	网络与新媒体	四年	文学	淮北师范大学信息学院	安徽省	
1050	050306T	网络与新媒体	四年	文学	吉林动画学院	吉林省	
1051	050306T	网络与新媒体	四年	文学	吉林艺术学院	吉林省	
1052	050306T	网络与新媒体	四年	文学	暨南大学	国务院侨务办公室	广东
1053	050306T	网络与新媒体	四年	文学	佳木斯大学	黑龙江省	
1054	050306T	网络与新媒体	四年	文学	兰州商学院	甘肃省	
1055	050306T	网络与新媒体	四年	文学	南京大学金陵学院	江苏省	
1056	050306T	网络与新媒体	四年	文学	上海外国语大学	教育部	上海
1057	050306T	网络与新媒体	四年	文学	上海戏剧学院	上海市	
1058	050306T	网络与新媒体	四年	文学	沈阳体育学院	辽宁省	
1059	050306T	网络与新媒体	四年	文学	四川大学锦城学院	四川省	
1060	050306T	网络与新媒体	四年	文学	四川民族学院	四川省	
1061	050306T	网络与新媒体	四年	文学	四川师范大学	四川省	
1062	050306T	网络与新媒体	四年	文学	绥化学院	黑龙江省	
1063	050306T	网络与新媒体	四年	文学	武汉长江工商学院	湖北省	
1064	050306T	网络与新媒体	四年	文学	武汉理工大学华夏学院	湖北省	
1065	050306T	网络与新媒体	四年	文学	武汉体育学院体育科技学院	湖北省	
1066	050306T	网络与新媒体	四年	文学	西北大学	陕西省	
1067	050306T	网络与新媒体	四年	文学	浙江传媒学院	浙江省	
1068	050306T	网络与新媒体	四年	文学	浙江大学宁波理工学院	浙江省	
1069	050306T	网络与新媒体	四年	文学	浙江万里学院	浙江省	
1070	050306T	网络与新媒体	四年	文学	中国传媒大学	教育部	北京
1071	050306T	网络与新媒体	四年	文学	中国传媒大学南广学院	江苏省	
1072	050306T	网络与新媒体	四年	文学	中南财经政法大学武汉学院	湖北省	
1073	050306T	网络与新媒体	四年	文学	中山大学	教育部	广东
1074	050306T	网络与新媒体	四年	文学	中原工学院	河南省	
1075	050306T	网络与新媒体	四年	文学	重庆大学城市科技学院	重庆市	

续表

序号	专业代码	专业名称	年限	学位	学校	管辖归属	所在地补充说明
1076	050307T	数字出版	四年	文学	北京印刷学院	北京市	
1077	050307T	数字出版	四年	文学	天津科技大学	天津市	
1078	050307T	数字出版	四年	文学	武汉大学	教育部	湖北
1079	050307T	数字出版	四年	文学	湘潭大学	湖南省	
1080	050307T	数字出版	四年	文学	中南大学	教育部	湖南

专业名称	数量（个）
新闻学	307
传播学	55
广播电视学	225
广告学	365
编辑出版学	80
网络与新媒体	43
数字出版	5
小　计	1080

（根据国家相关数据整理）

附录4　新闻传播学院基本数据统计表

注：本表格以2012年学科评估的结果进行排序，统计了截至2016年5月1日36所新闻传播学院的基本数据，包括专业布局、学生统计、教师统计等。仅统计新闻传播学下设的相关专业，自设专业或方向等未统计。

1. 中国人民大学

本科专业	在校人数	研究生专业	在校人数	博士专业	在校人数
新闻学	462	国际新闻学	47	广播电视学	13
传播学	156	新闻学	54	新闻学	39
广播电视新闻学	76	传播学	59	传播学	47
广告学	66	专业硕士	66	传媒经济学	13
		传媒经济学	20		
		广播电视学	25		

	本科生	研究生	博士生	留学生、交换生
总人数	775	271	102	96

	讲师	副教授	教授	研究员
总人数	11	24	20	0

2. 中国传媒大学

本科专业	在校人数	研究生专业	在校人数	博士专业	在校人数
广播电视新闻学	52	编辑出版学	17	编辑出版学	19

续表

本科专业	在校人数	研究生专业	在校人数	博士专业	在校人数
编辑出版学（新媒体编辑方向）	32	传播心理学	3	传播学	100
广播电视学	135	传媒教育	20	传媒经济学	33
编辑出版学（新媒体方向）	59	传媒经济学	33	广播电视新闻学	30
广播电视学（国际新闻传播方向）	40	传播学	157	广播电视学	33
广播电视学（电视摄影）	12	广播电视语言传播	24	广播电视语言传播	17
广告学	235	广告学	80	广告学	50
公共关系	136	国际新闻学	117	国际新闻学	29
网络与新媒体（新媒体网络经营）	148	新媒体	20	新媒体	5
视觉传达设计	164	舆论学	16	新闻学	22
新闻学	194	公共关系	11	舆论学	8
传播学	226	广播电视新闻学	6		
传播学（媒体市场调查与分析）	128	广播电视学	96		
网络与新媒体（媒体创意）	162	新闻学	102		
新闻学（数据新闻报道）	36	传媒政策与法规	11		
		新闻与传播学	180		

	本科生	研究生	博士生	留学生、交换生
总人数	1759	893	346	231

	讲师	副教授	教授	研究员
总人数	40	62	75	2

3. 复旦大学

本科专业	在校人数	研究生专业	在校人数	博士专业	在校人数
新闻学	123	新闻学	122	新闻学	34
传播学	59	传播学	33	传播学	19
广播电视学	79	广播电视学	18	广播电视学	5
广告学	100	媒介管理学	6		
新闻传播类（大一大二）	190	广告学	24		
		专业硕士（新闻与传播方向）	38		
		专业硕士（财经新闻方向）	37		
		专业硕士（新媒体传播方向）	31		

	本科生	研究生	博士生	留学生、交换生
总人数	551	309	58	145

	讲师	副教授	教授	研究员
总人数	11	20	21	0

4. 清华大学

本科专业	在校人数	研究生专业	在校人数	博士专业	在校人数
新闻学	281	新闻传播学	171	新闻传播学	71
		新闻与传播（媒介经营管理与传播战略方向）	58		
		新闻与传播（全球财经新闻方向）	35		

	本科生	研究生	博士生	留学生、交换生
总人数	281	264	71	128

	讲师	副教授	教授	研究员
总人数	3	10	15	0

5. 华中科技大学

本科专业	在校人数	研究生专业	在校人数	博士专业	在校人数
新闻学	226	新闻学	36	新闻学	10
传播学	112	传播学	32	传播学	12
广播电视新闻学	131	新闻与传播学	48	公共关系学	11
广告学	128	广告与媒介经济	22	广播电视与数字媒体	10
播音主持	100	广播电视与数字媒体	22	广告与媒介经济	10
		出版学	43		

	本科生	研究生	博士生	留学生、交换生
总人数	697	203	53	23

	讲师	副教授	教授	研究员
总人数	6	17	13	0

6. 四川大学

本科专业	在校人数	研究生专业	在校人数	博士专业	在校人数
新闻学	232	新闻学	49	新闻学	14
广播电视新闻学	194	传播学	51	传播学	14
广告学	188	广播电视	6	广播电视	5
编辑出版	93	编辑出版	33	文艺与传媒	4
网络与新媒体	30	网络与新媒体	4	符号学	4

续表

本科专业	在校人数	研究生专业	在校人数	博士专业	在校人数
		新闻与传播专业硕士	240	网络与新媒体	2

	本科生	研究生	博士生	留学生、交换生
总人数	747	383	43	22

	讲师	副教授	教授	研究员
总人数	10	12	14	2

7. 暨南大学

本科专业	在校人数	研究生专业	在校人数	博士专业	在校人数
新闻学	255	新闻学	67	新闻学	13
新闻学（国际新闻）	157	传播学	52	传播学	5
广告学	311	广告学	39	广告学	5
广告学专业（数字媒体广告创意）	22	广播电视学	27	传媒经济学	7
广播电视新闻学	221	传媒经济学	7	新闻传播学	9
播音与主持艺术	133	新闻与传播（专业硕士）	268		
网络与新媒体	40	艺术硕士（广播电视方向专业学位）	29		

	本科生	研究生	博士生	留学生、交换生、港澳台生
总人数	673	479	39	476

	讲师	副教授	教授	研究员
总人数	16	20	27	2

8. 上海大学

本科专业	在校人数	研究生专业	在校人数	博士专业	在校人数
新闻学	161	策略传播专业硕士	44	新闻传播学	67
广播电视学	158	全媒体专业硕士	56		
广告学	260	新闻传播学术硕士	153		

	本科生	研究生	博士生	留学生、交换生
总人数	479	253	67	7

	讲师	副教授	教授	研究员
总人数	22	18	14	0

9. 浙江大学

本科专业	在校人数	研究生专业	在校人数	博士专业	在校人数
新闻学	92	新闻学	6	新闻传播学	59
广播电视学	108	传播学	6		
广告学	145	新闻与传播学（专业硕士）	84		
		广播电视（专业硕士）	32		

	本科生	研究生	博士生	留学生、交换生
总人数	345	128	59	142

	讲师	副教授	教授	研究员
总人数	11	26	17	0

10. 华东师范大学

本科专业	在校人数	研究生专业	在校人数	博士专业	在校人数
新闻学	156	新闻学	20	新闻学	4
广播电视编导	120	传播学	20	传播学	4
播音与主持艺术	120	文学与传媒	15	文学与传媒	10
广告学	120	电影学	10		
编辑出版学	120	广播电视艺术学	20		

	本科生	研究生	博士生	留学生、交换生
总人数	636	85	18	10

	讲师	副教授	教授	研究员
总人数	16	23	14	0

11. 南京大学

本科专业	在校人数	研究生专业	在校人数	博士专业	在校人数
新闻学	193	新闻学	48	大众传播与媒介管理	40
广播电视学	67	传播学	72		
广告学	93	新闻与传播学（专业硕士）	89		
新闻传播类（大一）	91				

	本科生	研究生	博士生	留学生、交换生
总人数	444	209	40	1

	讲师	副教授	教授	研究员
总人数	2	12	18	5

12. 河北大学

本科专业	在校人数	研究生专业	在校人数	博士专业	在校人数
新闻传播学类	714	新闻学	88	新闻传播学	17
广告学	173	传播学	79		
播音与主持艺术	150	新闻与传播学（专业硕士）	131		
		出版（专业硕士）	28		

	本科生	研究生	博士生	留学生、交换生
总人数	1037	326	17	10

	讲师	副教授	教授	研究员
总人数	2	12	18	5

13. 南京师范大学

本科专业	在校人数	研究生专业	在校人数	博士专业	在校人数
新闻学	173	新闻学	65	新闻学	22
广播电视新闻学	98	传播学	52		
广告学	101	新闻与传播（专业硕士）	95		
网络与新媒体	94	广播电视（专业硕士）	17		
广播电视编导	172				
影视摄影与制作	104				

	本科生	研究生	博士生	留学生、交换生
总人数	742	266	22	14

	讲师	副教授	教授	
总人数	15	18	14	

14. 北京印刷学院

本科专业	在校人数	研究生专业	在校人数	博士专业	在校人数
新闻学	129	新闻传播学	60		
广告学	148	出版（专业硕士）	73		
编辑出版	406	新闻与传播（专业硕士）	12		
网络与新媒体	60				
数字出版	294				

	本科生	研究生	博士生	留学生、交换生
总人数	1106	145	0	0

	讲师	副教授	教授	实验员
总人数	22	29	13	0

15. 安徽大学

本科专业	在校人数	研究生专业	在校人数	博士专业	在校人数
新闻学	369	新闻传播学	164		
编辑出版学	170	新闻与传播（专业硕士）	126		
广告学	216	出版	34		
广播电视学	216				
网络与新媒体	53				

	本科生	研究生	博士生	留学生、交换生
总人数	1024	324	0	0

	讲师	副教授	教授	研究员
总人数	17	11	9	0

16. 河南大学

本科专业	在校人数	研究生专业	在校人数	博士专业	在校人数
新闻传播学类（15级未分专业）	187	新闻学	24	跨文化传播	0
新闻学	162	传播学	38		
广播电视学	81	编辑出版学（自设）	13		
广告学	170	新闻与传播（专业硕士）	61		
编辑出版学	82	出版（专业硕士）	23		
编辑出版学（新媒体编辑方向）	72	广播电视（专业硕士）	158		
播音与主持艺术	426				
广播电视编导	452				

	本科生	研究生	博士生	留学生、交换生
总人数	1629	344	0	0

	讲师	副教授	教授	研究员
总人数	42	24	17	0

17. 陕西师范大学

本科专业	在校人数	研究生专业	在校人数	博士专业	在校人数
新闻学	248	新闻学	52	媒介与社会变迁	5

续表

本科专业	在校人数	研究生专业	在校人数	博士专业	在校人数
编辑出版学	215	传播学	69	文艺与文化传播	8
网络与新媒体	80	新闻与传播（专业硕士）	80		
广播电视编导（新闻方向）	100	文化与文艺传播	15		
广播电视编导（文艺方向）	94	广播电视（专业硕士）	18		
播音与主持艺术	199	出版（专业硕士）	14		

	本科生	研究生	博士生	留学生、交换生
总人数	942	323	13	9

	讲师	副教授	教授	研究员
总人数	20	22	11	0

18. 上海理工大学

本科专业	在校人数	研究生专业	在校人数	博士专业	在校人数
传播学	367	传播学	83		
编辑出版	247	数字出版	61		
广告学	257	新闻与传播学（专业硕士）	15		

	本科生	研究生	博士生	留学生、交换生
总人数	871	159	0	10

	讲师	副教授	教授	研究员
总人数	29	8	4	0

19. 郑州大学

本科专业	在校人数	研究生专业	在校人数	博士专业	在校人数
新闻学	360	新闻学	39		
广告学	240	传播学	27		
广播电视学	330	戏剧影视学	15		
		新闻与传播学（专业硕士）	150		

	本科生	研究生	博士生	留学生、交换生
总人数	930	231	0	1

	讲师	副教授	教授	研究员
总人数	10	27	6	0

20. 上海师范大学

本科专业	在校人数	研究生专业	在校人数	博士专业	在校人数
广告学	295	传播学	24	广告传播与都市文化	5
广播电视新闻学	124	广播电视	25		
编辑出版学	129	新闻学	36		
公共关系	53	广播电视（专业硕士）	109		

	本科生	研究生	博士生	留学生、交换生
总人数	601	194	5	0

	讲师	副教授	教授	研究员
总人数	16	17	5	0

21. 上海外国语大学

本科专业	在校人数	研究生专业	在校人数	博士专业	在校人数
新闻学	197	新闻学	85		
网络与新媒体	51	传播学	42		
广告学	95	广告学	10		
广播电视新闻学	26				
广播电视学	74				

	本科生	研究生	博士生	留学生、交换生
总人数	29	169	0	18

	讲师	副教授	教授	研究员
总人数	17	21	5	2

22. 北京外国语大学

本科专业	在校人数	研究生专业	在校人数	博士专业	在校人数
新闻学	200	国际新闻	25	战略传播	3
		国际传播	38		

	本科生	研究生	博士生	留学生、交换生
总人数	200	63	3	0

	讲师	副教授	教授	研究员
总人数	7	3	5	6

23. 中国政法大学

本科专业	在校人数	研究生专业	在校人数	博士专业	在校人数
新闻学	247	法学理论	30		

续表

本科专业	在校人数	研究生专业	在校人数	博士专业	在校人数
		新闻学	44		
		传播学	16		
		法学硕士（专业硕士）	17		

	本科生	研究生	博士生	留学生、交换生
总人数	247	107	0	0

	讲师	副教授	教授	研究员
总人数	9	13	5	0

24. 天津师范大学

本科专业	在校人数	研究生专业	在校人数	博士专业	在校人数
新闻学	242	新闻学	15		
广播电视学	194	传播学	24		
广告学	239	广播电视艺术学	10		
播音与主持艺术	558	新闻与传播（专业硕士）	66		
广播电视编导	353				
摄影	226				

	本科生	研究生	博士生	留学生、交换生
总人数	1812	115	0	1

	讲师	副教授	教授	研究员
总人数	28	9	13	0

25. 中南财经政法大学

本科专业	在校人数	研究生专业	在校人数	博士专业	在校人数
新闻学	468	新闻学与传播学	76		

	本科生	研究生	博士生	留学生、交换生
总人数	200	63	3	0

	讲师	副教授	教授	研究员
总人数	7	3	5	6

26. 重庆大学

本科专业	在校人数	研究生专业	在校人数	博士专业	在校人数
新闻学	320	新闻传播学	73	新闻法学	6
广播电视学	131	新闻与传播学（专业硕士）	148		

	本科生	研究生	博士生	留学生、交换生
总人数	451	216	6	7

	讲师	副教授	教授	研究员
总人数	15	6	7	4

27. 中国农业大学

本科专业	在校人数	研究生专业	在校人数	博士专业	在校人数
传播学	120	传播学	8		
		影视	7		

	本科生	研究生	博士生	留学生、交换生
总人数	120	15	0	0

	讲师	副教授	教授	研究员
总人数	2	11	1	0

28. 中央民族大学

本科专业	在校人数	研究生专业	在校人数	博士专业	在校人数
新闻学	299	新闻学	57		
广告学	126	传播学	37		
新闻学（藏语基地班）	46	新闻与传播（专业硕士）	17		

	本科生	研究生	博士生	留学生、交换生
总人数	471	111	0	0

	讲师	副教授	教授	研究员
总人数	10	7	4	0

29. 内蒙古大学

本科专业	在校人数	研究生专业	在校人数	博士专业	在校人数
新闻学	154	新闻学	15		
编辑出版学	158	传播学	12		
播音与主持艺术	63	新闻与传播（专业硕士）	85		

	本科生	研究生	博士生	留学生、交换生
总人数	375	112	0	9

	讲师	副教授	教授	研究员
总人数	10	3	4	0

30. 辽宁大学

本科专业	在校人数	研究生专业	在校人数	博士专业	在校人数
新闻学	376	新闻学	47	文学传播与媒介文化	1
广告学	147	传播学	41		
广播电视学	115	新闻与传播（专业硕士）	85		
网络与新媒体	20				
编辑出版学	78				

	本科生	研究生	博士生	留学生、交换生
总人数	753	188	1	31

	讲师	副教授	教授	研究员
总人数	8	12	4	0

31. 东北师范大学

本科专业	在校人数	研究生专业	在校人数	博士专业	在校人数
新闻学	182	传播学	15		
广播电视学	79	新闻学	30		
		新闻与传播（专业硕士）	71		

	本科生	研究生	博士生	留学生、交换生
总人数	261	116	0	1

	讲师	副教授	教授	研究员
总人数	7	9	7	0

32. 河海大学

本科专业	在校人数	研究生专业	在校人数	博士专业	在校人数
广播电视学	170	新闻学	18		
播音与主持艺术	150	传播学	18		

	本科生	研究生	博士生	留学生、交换生
总人数	320	36	0	10

	讲师	副教授	教授	研究员
总人数	12	3	2	0

33. 浙江工业大学

本科专业	在校人数	研究生专业	在校人数	博士专业	在校人数
广播电视新闻学	243	新闻传播学	35		
广告学	272	新闻与传播（专业硕士）	20		
播音与主持艺术	234				

	本科生	研究生	博士生	留学生、交换生
总人数	1172	106	0	129

	讲师	副教授	教授	研究员
总人数	17	13	7	0

34. 中国地质大学

本科专业	在校人数	研究生专业	在校人数	博士专业	在校人数
广播电视新闻学	216	传播学	78		

	本科生	研究生	博士生	留学生、交换生
总人数	216	78	0	2

	讲师	副教授	教授	研究员
总人数	7	6	3	0

35. 云南师范大学

本科专业	在校人数	研究生专业	在校人数	博士专业	在校人数
新闻传播学类	226	新闻学	25		
广播电视学	139	戏剧与影视学	53		
广播电视新闻学	114				

	本科生	研究生	博士生	留学生、交换生
总人数	479	78	0	0

	讲师	副教授	教授	研究员
总人数	4	4	1	0

36. 重庆工商大学

本科专业	在校人数	研究生专业	在校人数	博士专业	在校人数
广播电视学	360	新闻学	31		
新闻学	180	传播学	46		
网络与新媒体	90	广告学	18		
广告学	90	传媒经济学	15		

	本科生	研究生	博士生	留学生、交换生
总人数	990	110	0	1

	讲师	副教授	教授	研究员
总人数	1	22	28	1

附录 5　中国新闻传播教育大事记（2015）

2015 年 1 月

1 月 5 日，外交部、教育部批准中国传媒大学为“中国—东盟教育培训中心”承办单位。

1 月 9 日，河北大学中美媒介研究所正式成立。

1 月 9 日，《中国大百科全书·传播学卷》（第三版）编委会第一次会议在中国传媒大学召开，传播学卷编撰工作正式启动。

1 月 10 日，“新青年·新思维·新载体——2015 年全国高校研究生新媒体发展论坛”在中国人民大学召开。

1 月 11 日，华南地区首个大数据传播实验室在中山大学传播与设计学院揭牌。同日，中山大学主办的第一届“大数据与传播”圆桌论坛开幕。

1 月 12—13 日，首届“向世界传播中国”学术研讨会在纽约召开。该会议由哥伦比亚大学与纽约州立大学两校的孔子学院主办，中国新闻史学会协办。

1 月 13 日，《河南日报》“丝绸之路经济带”报道总结会暨新书《河南和丝绸之路经济带》首发式在清华大学新闻与传播学院举行。

1 月 14 日，中国传媒大学新闻传播学部传播研究院与北京市人民政府新闻办公室举行“当代世界主流媒体研究”项目签约仪式。

1 月 15 日，社会学家、耶鲁大学杰弗里·亚历山大教授访问复旦大学新闻学院，并以“新闻业危机再思考：文化的权力”为主题作了学术演讲。

1 月 18 日，中国新闻文化促进会 2015 年年会在北京举办。年会主题是“深化改革推动媒体融合建设 新常态下促进新闻文化发展”。

1 月 23 日，“2015 中国电影长江论坛”在武汉举行。该论坛由湖北长江电影集团与清华大学新闻与传播学院联合主办。

1 月 24 日，“第二届新闻·出版类期刊主编圆桌论坛”在中国传媒大学召开。

1 月 25 日—2 月 4 日，清华大学新闻与传播学院师生赴台参加海峡两岸大学生新闻营活动。

1 月 28 日，中国新闻史学会在京常务理事会 2015 年会在清华大学新闻传播学院召开。

1 月 29 日，浙江大学中国海洋文化传播研究中心被国家海洋局确定为“全国海洋文化产业示范基地”。

2015 年 2 月

2 月 3 日，《中国新闻传媒人物志》丛书正式出版。该丛书由河北大学新闻传播学院乔云霞教授、北京大学新闻与传播学院程曼丽教授共同主编。

2015 年 3 月

3 月 5 日，美国著名新闻学者、哥伦比亚大学新闻学院教授迈克尔·舒德森访问复旦大学新闻学院。

3 月 13 日，“比较文化视野下的全球媒介融合研讨会”在上海大学电影学院举办。

3 月 20 日，中国人民大学新闻学院陈力丹教授荣获“宝钢优秀教师特等奖提名奖”。

3 月 20 日，“第三届中国大学生新媒体创意大赛”启动仪式在北京举行。

3 月 21 日，教育部高等学校新闻传播学类专业教学指导委员会第五次全体会议在福建师范大学召开。

3 月 21 日，“首届中国大学生‘方正·飞翔奖’PAD 版面创意大赛颁奖典礼”在北京举行。

3 月 23 日，浙江大学传媒与国际文化学院与杭州上城区委宣传部启动“社会主义核心价值观暨马克思主义新闻观”教育实践基地项目。

3 月 26 日，美国南加州大学安尼伯格传播学院教授、公共外交硕士项目主任及创始人尼古拉斯·卡尔访问中国人民大学新闻学院。

3 月 28 日，“高校文学院、新闻传播学院院长论坛暨教材建设研讨会”在三峡大学召开。

2015 年 4 月

4 月 1—3 日，中宣部、教育部调研组到南京大学调研部校共建新闻学院工作。

4 月 7 日，中国人民大学新闻学院“教育部普通高等教育‘十二五’规划教材”《外国新闻史》出版。

4 月 10 日，南加州大学安娜堡传播与新闻学院同上海交通大学、上交大媒体与设计学院签署三方协议，共建文化创意产业研究院。

4月10—12日，中国高等教育学会公共关系教育专业委员会四届三次理事长工作会议在电子科技大学（成都）召开。

4月11日，“华南新闻传媒协同育人中心”暨“舆情与社会管理协同创新中心”第一届理事会成立。

4月12日，第二届华南地区新闻传播学科研究生学术论坛在中山大学举行。

4月13—17日，清华大学新闻与传播学院联合美国国际研究与交流协会（IREX）共同举办了第一期“数据新闻工作坊”。

4月19日，广州市广告行业协会学术委员会在暨南大学成立。

4月24日，“数字时代传播教育的困境与创新研讨会”在华东师范大学举行。

4月25日，第十届中国传媒大会在西安隆重召开，大会的主题是“中国梦、传媒梦，新思维、新策略”。

4月25日，清华大学新闻与传播学院与国务院国资委新闻中心签署合作协议。

4月25日，中国新闻史学会常务理事会年度会议在湖北大学召开，增设二级学会“公共关系史研究委员会”。

4月26日，“甘惜分新闻思想研讨会”在中国人民大学举行，学界共贺甘惜分先生百岁寿辰。

4月26日，中宣部、教育部在南京大学召开“部校共建新闻学院工作推进会”。

4月27日，国务院学位委员会发布通知，宣布国务院第七届学位委员会新闻传播学科评议组成立。

2015年5月

5月9日，由教育部主管、清华大学主办的新闻学与传播学专业期刊《全球传媒学刊》在清华大学举行创刊座谈会。

5月9日，“第六届传媒发展论坛”在清华举行，并发布了《中国传媒产业发展报告（2015）》。

5月9—10日，“第三届数字营销传播研究与应用国际研讨会”在暨南大学新闻与传播学院召开。

5月13日，由新加坡联合早报网发起，复旦大学新闻学院等国内多家高校参与联办的“首届全球华文网络互动新闻大赛”开赛。

5月16—17日，“中国新闻史学会网络传播史研究委员会理事会暨2015年中国新媒体传播学年会”在重庆大学召开。

5月24日，由中国多民族文化凝聚与国家认同协同创新中心主办的“‘一带一路’国家战略专题研讨会”在四川大学文学与新闻学院举行。

5月24日，第八届上海大学生电视节在华东师范大学举行。

5月27日，首届“新闻传播学国家学会奖”评选结果揭晓。方汉奇等获“卓越学术奖”，周海燕、何扬鸣等获“优秀学术奖”，韦路、张志安获“杰出青年奖”，方汉奇、甘惜分、宁树藩三位学者获“终身成就奖”。

5月28日—6月1日，复旦大学新闻学院“第一期数据新闻工作坊”成功举办。

5月30日，“第三届中国影视青年论坛”在上海大学召开。论坛主题是“泛屏与跨界：中国影视发展新图景”。

2015年6月

6月6日，中国人民大学新闻学院60周年院庆首场论坛举行，主要探讨了新媒体时代的新闻业务与教育变革。

6月8日，第十一届广东新闻“金梭奖”、“金钟奖”评选结果出炉。中山大学传播与设计学院张志安教授荣获广东新闻“金钟奖”。

6月11日，陕西省委宣传部、西安交通大学举办共建新闻与新媒体学院签约揭牌仪式。

6月11日，由国务院新闻办公室主办、中国外文局承办的“第四届全国对外传播理论研讨会”在重庆举行。

6月12日，“2015两岸传播、电商与社会发展论坛”在厦门大学召开。

6月13—14日，“经典艺术欣赏与跨文化交际研讨会”在浙江大学传媒与国际文化学院召开。

6月13—14日，“社交媒体与公共参与——传播与公共性国际学术研究会”在浙江大学传媒与国际文化学院召开。

6月15—16日，中国传媒大学新闻学院与美国普利策中心联合主办的“生态文明与环境报道国际会议”在耶鲁北京中心举行。

6月17日，“大数据时代国家形象如何传播？——大数据与国家形象传播论坛”在重庆举行。

6月24日，中国社会科学院新闻与传播研究所和社会科学文献出版社联合在京发布了《中国新媒体发展报告（2015）》。

6月26—28日，“中国新闻史学会新闻传播教育史研究委员会2015年年会暨学术研讨会”在重庆召开。

6 月 27—28 日，“大数据与全球传播变革国际学术研讨会”在河北大学召开。

2015 年 7 月

7 月 4 日，“第一届文化与传播符号学国际学术研讨会”在四川大学召开。

7 月 5 日，上海大学上海电影学院成立。

7 月 5 日，由国务院台湾办公室、中国记者协会和台湾地区“中国新闻学会”共同组织的“第二十一届海峡两岸新闻营”在广西大学开营。

7 月 6—7 日，“第十一届国际博士生论坛”在清华大学新闻与传播学院举办。

7 月 10 日，“第二届中欧对话：媒介与传播研究暑期班”在北京大学圆满结业。

7 月 17 日，由中国传媒大学媒介与公共事务研究院主办的“中美关系与国际传播学术工作坊”落幕。

7 月 19—27 日，“第三届中国大学生传媒节暨第六届中国传媒领袖大讲堂”在上海交通大学举办。

7 月 23 日，“2015 中国新媒体高峰论坛”在北京国际会议中心举行。

7 月 24—27 日，中国高等教育学会新闻学与传播学专业委员会新闻学组主办的“2015 年新闻学教学科研高级研讨班”在湖南长沙举办。

7 月 25—26 日，“注意力科学——集智 2015 年会”在南京大学举行。

7 月 25—26 日，“第 13 届中国大学生广告艺术节学院奖颁奖盛典”在北京梅地亚中心成功举办。

7 月 29—31 日，“中国高等教育学会公共关系教育专业委员会成立二十周年庆祝大会暨第十七届学术年会”在山西大学召开。

2015 年 8 月

8 月 15 日，清华大学新闻与传播学院与湖南日报社新媒体中心签署战略合作协议。

8 月 16 日，“2015 年两岸大学生创客营”在北京大学正式启动。

8 月 20 日，“第九届世界华文传媒与华夏文明国际学术研讨会”在华中科技大学召开。会议主题是“大国形象与华人发声”及“华夏文明传播的多元探索”。

8 月 21 日，中国新闻史学会公共关系史研究委员会在华中科技大学成立。

8 月 21 日，首届新闻传播学国家级学会奖颁奖典礼在武汉隆重举办。

8 月 25 日，“第九届全国高校计算机基础教育研究会文科专委会学术年会”在浙江传媒学院圆满落幕。

8 月 28 日，奥地利维也纳大学汉学家魏格林教授来四川大学文学与新闻学院讲学。

2015 年 9 月

9 月 10 日，暨南大学新闻与传播学院同南方电网传媒有限公司签订了战略合作协议。

9 月 14 日，“合作与共赢：中阿传播创新与发展国际研讨会”在北京语言大学举行，会议发出了发起“中阿高校与媒体合作论坛”的倡议。

9 月 19 日，中国人民大学新闻学院 60 周年院庆系列学术论坛之“新闻传播业的变革：历史与现实”成功举办。

9 月 23 日，清华大学新闻与传播学院和中共延庆县委宣传部签订了共建社会实践基地的合作协议。

9 月 25 日，人民日报社同清华大学共建新闻与传播学院的签约仪式在清华大学举行。

9 月 25 日，中国人民大学新闻学院 60 周年院庆系列学术论坛之“转型与超越：新媒体环境下的视听信息传播”开幕。

9 月 25 日，“第五届中国大学生公共关系策划大赛总决赛暨颁奖典礼”在浙江传媒学院举行。

2015 年 10 月

10 月 9 日，中国传媒大学主办了“联合国教科文组织媒介与女性教席十周年论坛”。

10 月 13 日，清华财经新闻论坛之“首届经济传播创新峰会”在北京举行。论坛主题是“经济传播中的媒介融合与技术创新”。

10 月 15 日，“新闻与传播发展论坛”在北京大学新闻与传播学院开幕。

10 月 16—18 日，“四川省写作学会 2015 年学术年会暨学术成果颁奖会”在四川大学文学与新闻学院举行。

10 月 17 日，“2015 清华国家形象论坛”在清华大学举行。论坛主题是“讲好中国故事——‘一带一路’上的国家形象”。

10 月 18 日，华东师范大学举办了“传媒教育九十周年和传播学院建院十周年”庆典。

10 月 21 日，“媒介融合：跨媒体制作中的视觉叙事研讨会”在中国传媒大学开幕。

10 月 22 日，“洞见数据的力量——电视媒体高峰论坛”在北京举办。

10 月 23 日，“第十四届上海国际大学生广告节”在上海大学电影学院开幕。

10 月 23 日，中国高等教育学会新闻学与传播学专业委员会第七届理事会第四次会议在中国人民大学召开。

10 月 24 日，中国人民大学亚信媒体融合实验室揭牌仪式举行。这是中国高校第一家媒体融合实验室。

10 月 24—25 日，由上海交通大学媒体与设计学院与国际传播学会共同主办的“2015 新媒体国际论坛”在上海举办，论坛主题是“互联网+时代的传播：颠覆与重建”。

10 月 25 日，“世界传播论坛：上海 2015——全球比较视野下的媒体融合研讨会”在上海大学召开。

10 月 25 日，中国新闻史学会常务理事会第五届第三次会议在清华大学召开。

10 月 25 日，中国人民大学举行了开办新闻教育六十周年的纪念大会。

10 月 17 日，“2015 清华国家形象论坛”在清华大学举行，论坛主题是“‘一带一路’上的国家形象”。

10 月 30—31 日，中国新闻史学会传媒经济与管理研究委员会在武汉华中师范大学举行了成立大会及首届学术年会。

10 月 31 日，“北京大学新闻学研究会年会暨第四届新闻史论青年论坛”在厦门大学新闻传播学院开幕。

10 月 31 日，中国新闻史学会广告与传媒发展史研究委员会成立大会在华东师范大学召开。

2015 年 11 月

11 月 3 日，纪念邹韬奋同志诞辰 120 周年座谈会在北京举行。

11 月 4 日，中国人民大学新闻系首任系主任，著名新闻工作者、新闻教育家、新闻学者安岗先生的文集：《我是一名新闻记者》、《安岗新闻论集》出版。

11 月 5 日，由中国教育部和日本电通公司联合主办的“第六届电通学生广告讲座”在武汉大学新闻与传播学院举行。

11 月 8 日，第 11 届中国记者节系列交流活动在中国传媒大学举行。

11 月 8 日，“‘一带一路’沿线国家研究智库联盟”在北京宣布成立。联盟由中国青年政治学院新闻传播学院政治传播研究中心参与发起。

11 月 9 日，中国人民大学新闻学院王润泽教授以“百年中国新闻史史料整理与研究”为选题获得了 2015 年度国家社科基金重大项目立项。

11 月 9 日，中国传媒大学新闻传播学部隋岩教授作为首席专家的课题“互联网群体传播的特点、机制与理论研究”，被确立为国家社会科学基金重大项目。

11 月 9 日，保加利亚记协主席斯杰内卡·托多洛娃女士率该国新闻代表团访问了中国人民大学新闻学院。

11 月 13 日，“2015 首届东方设计论坛”在上海交通大学成功举办。

11 月 13—14 日，“第十五次中国传播论坛暨全国外语类高校新闻传播学科建设与教学改革研讨会”在四川外国语大学召开，论坛主题为“现代传播体系建设：融合与秩序”。

11 月 13—15 日，“2015 年高等教育国际论坛暨中国高等教育学会学术年会”在珠海召开。

11 月 16 日，天津师范大学新闻传播学院学术论坛举行，最高人民法院司法信息策划专家王军教授作了题为“新闻侵权责任与预防”的学术报告。

11 月 20 日，“第三届范敬宜新闻教育奖颁奖仪式暨首届主流媒体总编与新闻传播学院院长高层论坛”在清华大学举行。

11 月 21—22 日，“2015 年新媒体信息传播与法制建设高峰论坛”在西北政法大学新闻传播学院举行。

11 月 22 日，由中国传媒大学播音主持艺术学院与中广互联共同承办的“融媒时代播音主持发展论坛”在北京国际会议中心成功举办。

11 月 26 日，由南京大学新闻传播学院多位教授合作完成的《大学研究型课程专业系列教材·新闻学类》第一批教材出版。

11 月 28 日，“2015 年东方印迹——中韩日雕版印刷国际学术研讨会”在北京大学新闻与传播学院举行。

11 月 28 日，“海外华文传媒与中华文化传播学术会议”在厦门大学新闻传播学院召开。

11 月 30 日，《中国高等教育舆情报告（2015）》在中国传媒大学发布。

2015 年 12 月

12 月 4 日，由鲁迅文化基金会和中国人民大学新闻学院共同承办的“2015 鲁迅文化论坛”在全国政协礼堂举行。

12 月 5 日，“中国高等教育学会广告教育专业委员会 2015 年学术年会暨第六届中国广告教育论坛”在重庆大学举行。

12 月 5 日，“第五届全国广播学术研讨会暨中国新闻史学会视听传播研究委员会成立大会”在暨南大学召开。

12 月 5 日，2015 鲁迅文化论坛之“新媒体技术与新闻传播主题论坛”在中国人民大学举行。

12 月 6 日，“第二届互联网与国家治理智库论坛暨《互联网与国家治理年度报告（2015）》发布会”在北京商务印书馆举行。

12 月 6 日，第三届国家传播战略高峰论坛在华中科技大学举行。论坛主题是“‘互联网+’时代的国家传播战略”。

12 月 7 日，中国新闻文化促进会第六次会员代表大会在京召开。

12 月 12 日，“2015 年中国新闻学传播学学科发展论坛”在武汉大学举行。

12 月 12 日，“中国新闻教育史学会《中国新闻传播教育年鉴（2016）》编委会第一次会议”在中山大学召开。

12 月 16 日，“2015 年中法大学生新闻奖颁奖仪式暨第二届启动仪式”在中国传媒大学举行。

12 月 18—20 日，“中国新闻史学会舆论学研究委员会成立大会暨首届中国舆论学论坛”在上海交通大学召开。

12 月 19 日，教育部高等学校新闻传播学类专业教学指导委员会第六次全体会议在广西大学召开。

12 月 19 日，“2015 年传播与中国 · 复旦论坛”开幕。论坛以“移动城市”为中心议题。

12 月 19 日，“2015 年中国电视健康传播论坛”在中国传媒大学举行。

12 月 20 日，“新闻学与传播学名词审定委员会第三次审定工作会议”在北京中国社会科学院新闻与传播所召开。

12 月 22—23 日，由中国传媒大学、韩国东国大学、中国文艺评论基地主办的“中韩电视艺术与传媒文化研讨会”成功举办。

12 月 25 日，“2016 年《现代传播》年度对话”在中国传媒大学举行。

12 月 26 日，由中国传媒大学、《文艺研究》杂志社主办的“艺术与传媒高端论坛暨中国文艺评论基地揭牌仪式”在中国传媒大学举行。

12 月 26 日，“光影纪年第五届中国纪录片学院奖颁奖典礼”在中国传媒大学隆重举行。

（撰稿人　郑亚楠）